중국군벌전쟁

中國 軍閥 戰爭

中國軍閥戰爭

중국군벌전쟁

현대 중국을 연
군웅의
천하 쟁탈전
1895~1930

권성욱 지음

미지북스

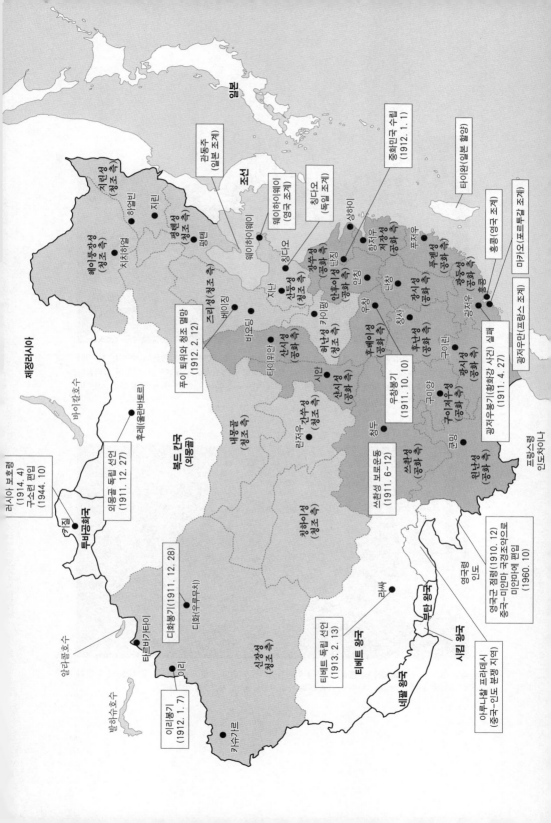

러시아의 보호령
(1914. 4)
구소련 편입 (1944. 10)

제정러시아

마이콘호수

외몽골 독립 선언
(1911. 12. 27)

후레(울란바토르)

투바공화국

카잔

일카콜호수

카슈가르

발하슈호수

테린바기타이

이리봉기
(1912. 1. 7)

이리

디화봉기(1911. 12. 28)

디화(우루무치)

신장성 (청조 측)

북부 간쑤
(외몽골)

즈리성(청조 측)

베이징

바오딩

톈진

보관

카이펑

산둥성 (청조 측)

지난

신장성 (청조 측)

산시성 (공화 측)

타이위안

린펀

하난성 간쑤성 (청조 측)

산시성 (공화 측)

시안

카이펑

칭하이성 (청조 측)

쓰촨성 보로운동
(1911. 6~12)

쓰촨성 (공화 측)

청두

충칭

구이저우성 (공화 측)

구이양

윈난성 (공화 측)

쿤밍

영국령 인도

영국군 점령(1910. 12)
중국·미얀마 국경조약으로 미얀마에 편입
(1960. 10)

아루나찰 프라데시
(중국·인도 분쟁 지역)

티베트 독립 선언
(1913. 2. 13)

티베트 왕국

라싸

프랑스령 인도차이나

네팔 왕국

부탄 왕국

시킴 왕국

만주

헤이룽장성 (청조 측)

치치하얼

하얼빈

지린

지린성 (청조 측)

펑톈성 (청조 측)

펑톈

관동주 (일본 조계)

카이하이웨이

조선

카이하이웨이 (영국 조계)

칭다오 (독일 조계)

중화민국 수립
(1912. 1. 1)

상하이

장쑤성 (공화 측)

지장성 (공화 측)

장쑤성 직장성 공화 측

우쑤

후저우

항저우

푸저우

무저우

장시성 (공화 측)

후베이성 (공화 측)

후베이성 (공화 측)

우창봉기
(1911. 10. 10)

우한

창사

구이린

난징

인천

인촨성 (공화 측)

광시성 (공화 측)

난닝

푸젠성 (공화 측)

광둥성 (공화 측)

광저우

광저우봉기(황화강 사건) 실패
(1911. 4. 27)

홍콩 (영국 조계)

마카오 (포르투갈 조계)

광저우만 (프랑스 조계)

타이완(일본 할양)

일본

푸이 퇴위와 청조 멸망
(1912. 2. 12)

인자우 간쑤성 (청조 측)

네멍구 (청조 측)

●─1915년 상하이 프랑스 조계의 모습. 19세기 초만 해도 작은 어촌에 불과했던 상하이는 1910년에 오면 인구 100만 명에 달하는 중국 최대의 대도시이자 국제도시로 발돋움한다. 하지만 화려함의 뒤쪽에는 중국의 법이 닿지 않는 치외법권의 허점을 이용해 온갖 범죄와 마약, 향락이 판을 치는 범죄 도시의 어둠이 존재했다.

●─1900년 초반의 홍콩 주룽항. 중국이 아편전쟁에서 패하면서 영국에 할양된 후 1997년에 반환될 때까지 150여 년 동안 영국의 지배 아래 동아시아의 무역 거점으로 발전했다.

●─1907년의 만리장성. 총연장 6,352킬로미터에 이르는 만리장성은 인류 최대의 건축물로, 연간 1,600만 명이 방문하는 중국의 대표적인 관광지이다. 1987년에는 유네스코에서 세계문화유산으로 지정했다. 그러나 근대 중국의 대문호 루쉰은 만리장성을 가리켜 '저주스러운 전통의 상징'이라며 혹평하기도 했다.

●─1900년 초반의 베이징 시가지. 중국의 오랜 수도인 베이징은 겉으로는 여전히 웅장하고 거대했지만 그 내부는 청조의 운명과 더불어 쇠락하는 도시였다. 1899년에 베이징을 방문한 일본의 저널리스트이자 중국 사학자 나이토 고난內藤湖南은 베이징을 잡초와 인분 냄새가 가득한 '거대한 화장실'이라고 불렀다.

●─영국제 마티니 헨리 소총Martini-Henry rifle으로 사격 훈련 중인 신군 병사들. 양무운동 시절 중화 사상에 사로잡혀 '중체서용'을 고집하던 청조도 청일전쟁과 의화단의 난으로 호된 대가를 치른 뒤에 는 비로소 진정한 서구식 군대 편성에 나섰다.

●─1905년 톈진 샤오좐小站에서 훈련 중인 신군 병사들. 창설 초기의 모습이다. 프랑스식 케피kepi 를 쓰고 독일제 마우저 Gew 88 소총에, 허리에는 일본식 가죽 탄약대를 차고 있다. 신군의 복식은 그 후로도 여러 차례 변화했다. 신해혁명 직전에 이르면 독일과 일본을 모델로 했다.

●—1905년 가을 야전 훈련 중인 북양군. 북군과 남군으로 나뉘어 진지 쟁탈전을 벌였다.

●— 신군 병사의 군장. 병사들은 군모와 군복, 소총, 탄약대, 군화, 반합, 총검 등을 지급받았다. 청군의 모습은 구미 군대와 다를 바 없었으며, 더 이상 청일전쟁 때처럼 창이나 활과 같은 낡은 냉병기로 무장하는 일은 없었다.

●─ 신해혁명 당시 청군 기병의 모습. 혁명군에게 점령당한 한커우 전선으로 출동하고 있다.

●─독일제 크루프 75mm 속사포로 혁명군 진지를 향해 포격하는 청군 병사들. 위안스카이는 오합지졸에 불과한 혁명군을 간단히 진압할 수 있었지만, 청조를 위해 싸우는 대신 혁명군과 타협하여 새로운 공화국의 지배자가 되는 쪽을 선택했다.

군벌 시대는 근대 중국의 '암흑기'였나?

빅토리아 시대 영국의 저명한 여류 작가 이사벨라 버드 비숍은 중국 남부를 여행한 뒤 1899년에 쓴 『양자강을 가로질러 중국을 보다The Yangtze Valley and Beyond: An Account of Journeys in China』에서 외국인의 눈으로 관찰한 청나라 말기의 모습을 서사적으로 묘사한다. 드넓은 중국 대륙의 장엄한 풍광, 크고 시끄러운 도시, 양쯔강을 메운 채 부지런히 오가는 정크선 무리, 자국민에게는 사정없지만 외국인에게는 꼼짝도 못하는 지방관들, 이방인을 '양귀洋鬼'라 부르며 두려워하면서도 한편으로는 호기심 어린 눈으로 바라보는 현지 사람들. 비숍의 눈에 비친 중국은 미개하고 우매한 사람들이 혼돈 속에서 근근이 살아가는 세계가 아니라 수많은 현실적 모순 속에서도 무한한 잠재성을 안고 새로운 미래를 향해 역동적으로 나아가는 세계였다.

1842년 아편전쟁의 패배는 오랫동안 '우리야말로 세상의 중심'이라고 여기던 중국 엘리트 계층에게는 굴욕이었지만 중국을 세계 질서에 처음으로 편입시킨 사건이었다. 오랫동안 굳게 닫혀 있던 중국의 문호가 열리면서 구미 사회의 근대 문물이 쏟아져 들어왔다. 흔히 교과서에서 배우듯 외국 상인들이 총포와 압도적인 자금력을 앞세워 중국 시장을 일방적으로 잠식해나갔으리라는 막연한 편견은 실제와 거리가 멀다. 중국 상인들은 빠르게 자본주의를 배우고 조정의 보호 아래 외국 상인들과 치열한 경쟁을 벌였다. 그 와중에 수많은 거부가 탄생했다. 반면, 외국 상인들은 중국 상인들의 도움 없이는 중국의 두터운 보호막을 뚫고 내륙으로 쉽사리 진출할 수 없었다. 무모한 투자는 막대한 손실로 이어지기 십상이었다.

텐진과 상하이, 한커우, 광저우, 홍콩 등 아편전쟁 이전만 해도 조그만 어촌 마을에 불과했던 해안가 도시들은 개방 이후 빠르게 서구화했다. 20세기 초에 이르면 미국이나 유럽의 웬만한 도시 못지않을 정도였다. 그중에서도 '동양의 파리'라고 일컬어진 상하이는 인구가 100만 명으로, 아시아에서는 도쿄 다음으로 큰 국제도시였다. 동남아로 진출한 화교들은 그 지역의 상권을 장악했고, 수많은 중국인 노동자들이 자신들의 새로운 미래를 찾아 배를 타고 세계 각지로 향했다. 동남 연해에서 시작된 근대화의 물결은 점차 내륙 깊숙한 곳까지 전파되었다. 정부의 세수 또한 쇄국정책을 버린 뒤 폭발적으로 늘어났다. 1840년 4,000만 냥에 불과했던 연간 세입은 70년 뒤인 1911년에는 2억 냥으로 늘었다. 중국으로서는 '상업혁명'이라 할 만했다.

청나라에서 중화민국으로 넘어오는 40여 년의 시간은 중국 역사에서 매우 중요한 시기이다. 현대 중국의 시작점이기 때문이다. 서구의 문물과 사상이 쏟아져 들어오면서 지식인들은 민중을 계몽하고 근대 시민의식과 민족주의를 보급했다. 중국인들은 자신들이 더 이상 왕조의 백성이 아니라 국가의 국민이라는 사실을 처음으로 인식했다. 또한 중국의 낙후한 현실을 개탄하고 개혁운동에 나섰다. 공산당이 내전에서 승리하고 대륙의 주인이 될 때까지의 복잡한 과정 또한 여기에 포함되어 있다.

그러나 중국에서는 근대사가 그다지 주목받지 못한다. 1911년 신해혁명으로 청조가 망한 뒤 1949년 국공내전에서 공산당이 승리할 때까지의 역사는 거의 공백이나 다름없다. 단편적인 사건이나 군벌 개개인을 다룬 연구는 많지만 한 시대 전반을 다룬 것은 아니다. 기껏해야 쑨원과 마오쩌둥 두 사람을 주인공으로 삼아서 신해혁명 과정의 혼란상과 공산혁명이 어떻게 일어났으며, 오늘날의 중화인민공화국이 어떻게 탄생했는지를 설명할 뿐이다. 여기에는 수많은 허구와 날조, 신화가 있다.

'좁쌀과 소총'만으로 장제스의 현대화한 군대를 농락하고 민중을 영도하여 천하를 얻었다는 마오쩌둥의 영웅적인 투쟁사는 마치 영국의 의적 로빈 후드 이야기를 떠올리게 한다. 장제스를 비롯한 대부분의 군벌은 제국주의 열강과 결탁하여 민중의 고혈을 빨아먹은 '매판' 세력으로 치부되었다. 반면, '붉은 장군' 펑위샹^{馮玉祥}이나 시안사건의 주인공 장쉐량^{張學良}처럼 공산당에 우호적인 군벌들은 '항일 영웅'으로 포장되었다. 장쉐량이 동북역치를 한 것은 국가와 민족을 위한 결단이었으며, 일본군이 만주사변을 일으켰을 때 싸우지 않고 물러난 것은 자신의 의지가 아니라 장제스의 부당한 지시 때문이라고 말한다. 이러한 주장은 사실이 아닐뿐더러 '마오쩌둥식 혁명사관'이 만들어낸 왜곡이다. 국공내전에서 마오쩌둥의 오합지졸 농민 군대가 최신 무기를 갖춘 장제스의 군대를 격파한 것은 오늘날 '위대한 신화'로 포장되었다. 그러나 장제스 또한 북벌전쟁에서 그에 못지않게 빈약한 무기와 오합지졸을 이끌고 훨씬 잘 무장하고 막강한 군벌 세력을 이겼다는 사실은 거의 알려져 있지 않다.

1911년 10월 10일 우창봉기가 일어났다. 3개월 뒤인 1912년 2월 12일 선통제 푸이溥儀가 퇴위하면서 중화민국이 건국되었다. 중국 역사상 처음으로 황제 시대가 끝나고 공화정의 시대가 열렸지만 그 과실을 차지한 쪽은 혁명파가 아니라 청 조정 내에서도 수구파였던 위안스카이袁世凱(원세개)였다. 위안스카이는 탁월한 정치가이자 유능한 관료였지만 공화정에 대한 이해가 전혀 없었다. 그는 청조가 남겨놓은 관료 집단과 자신의 사병인 북양군을 앞세워 정권을 유지했다. 하지만 위안스카이는 '중국의 조지 워싱턴'도, '중국의 나폴레옹'도 될 수 없었다. 그의 역량은 중국의 위기를 극복하기에 역부족이었다. 게다가 위안스카이가 죽자 더 큰 혼란이 시작되었다. 각지의 군사 실력자들이 천하 패권을 놓고 싸움을 시작했다. '군벌 시대'의 개막이었다.

군벌軍閥이란 무엇인가. 군벌 이전에는 문벌門閥이라는 말이 있었다. 쉽게 말해서 '가문빨'을 믿고 권력을 전횡하는 세력이라는 뜻이다. '가문' 대신 '총칼'로 바꾼 것이 군벌이다. 1922년 제1차 펑즈전쟁 당시 장쭤린과 우페이푸는 서로를 향해 '군벌'이라고 불렀다. 그 전에도 지식인들 사이에서 '군벌'이라는 단어가 쓰인 적이 있었지만 사람들의 입에 오르내리기 시작한 것이 이때부터라고 한다. 장제스는 북벌전쟁에 나서면서 북방의 군사 지도자들을 군벌이라고 불렀으며, 공산당은 그 장제스까지 포함해 죄다 군벌로 치부했다. 아이러니하게도 상대방을 향해 군벌이라고 부르면서도 자기 자신은 군벌이라고 생각하지 않았다. '북양군벌'이라고 불리는 위안스카이 집단 역시 남들이 그렇게 부른 것이지 그들은 자신들을 중국의 정통 정권이라고 여겼다.

중국 근대사에서 군벌이란 중국의 발전에 걸림돌이 되었으며 국가와 민족에 큰 해악을 끼친 악당이라는 것이 오랜 통념이다. 실제로 군비 확보에 혈안이 되었던 많은 군벌들은 총칼을 이용해 온갖 가렴주구를 일삼았다. 특히 군벌들의 폐해가 가장 심했던 쓰촨성의 경우, 심지어 100년 뒤에 낼 세금까지 미리 징수당하기도 했다. 마오쩌둥은 군벌이 등장하게 된 이유가 서구 제국주의와 중국의 봉건 잔재 때문이며, 군벌을 가리켜 서구 제국주의와 봉건 지주, 자본가를 등에 업고 농민들을 수탈한 집단이라고 규정했다. 그리고 이러한 군벌들을 타도하기 위해 공산혁명은 필연적이었다고 단언했다. 그가 창시한 공산주의 혁명사관은 오늘날까지도 중국 학계에서 지도적인 위치를 차지하고 있다. 그러나 현실 정치란 선과 악이라는 이분법적인 논리로 칼로무를 베듯 말할 수 없다. 또한 오늘날의 잣대에서는 지탄받아 마땅할지라도 당대의 사고방식에서는 당연하게 받아들여질 수 있고, 또 부득이한 선택이었을 수 있다. 누가 군벌이고 군벌이 아닌지조차 분명하게 말하기 어렵다. 쑨원과 공산당을 군벌이라고 하지 않지만 과연 그들이 군벌과 어떤 차이가 있었던가. 애초에 군벌들은 정말로 악당이었던가. 과연 군벌 시대는 일본 만화 『북두의 권』에 나오는 것마냥 빌런들이 치고받고 싸우는 암흑 시대였던가. 공산당이 집권하고서야 비로소 살 만한 세상이 되었던가. 놀랍게도 중국은 시대의 거친 풍파에도 불구하고 그럭저럭 잘 돌아갔다.

대개 군벌 내전이라고 하면 소말리아나 아프가니스탄, 시리아처럼 "총이 곧 법"인 무법천지 세상을 연상하게 된다. 이 나라들은 질서가 무너지면서 정치와 경제가 마비되고 나라 전체가 폐허가 되었다. 사람들은 옛 추억이 된 과거의 안정을 갈구하지만 언제쯤 상처를 딛고 다시 일어설지 요원하다. 반면, 군벌 시대의 중국은 로마제국의 멸망처럼 한 국가가 붕괴하는 과정이라기보다는 새로 태어나는 과정이었다.

청조가 몰락한 뒤 각지에서 군벌들이 일어서면서 춘추전국시대가 시작되었다. 이들은 중국의 패권을 놓고 싸움을 벌였다. 그러나 내전이 중국의 발전을 얼마간 저해했을 수는 있어도 파멸의 구렁텅이로 몰아넣은 것은 아니었다. 또한 군벌들이 아무리 봉건적이고 억압적이라고 해도 식민지 국가들이 경험한 것에 견줄 수는 없었다. 오히려 이들의 존재는 청조 몰락 이후 무정부의 혼란과 외세의 침략을 저지하는 긍정적인 역할도 했다. 이들은 흉포한 도적 떼가 아니라 한 지역을 통치하는 정치 지도자들이었다. 그중에는 소말리아의 악명 높은 군벌 수장인 모하메드 파라 아이디드^{Mohamed Farrah Aidid}와 다를 바 없는 무뢰배도 있었지만, 대개는 청조의 명망 있는 관료나 지방 사대부, 상인, 해외 유학파 등 부르주아계급의 엘리트였다.

군벌들이 폭정을 일삼았으리라 단정하는 것은 성급한 판단이다. 대표적인 예가 동북왕 장쭤린^{張作霖}이다. 그는 제 이름 석 자도 쓰지 못하는 토비 출신이었지만 중국을 병들게 한 아편 밀매를 엄격하게 금지하고, 교육의 보급과 인재 양성, 근대산업 육성에 힘써 동북 사람들에게 존경받았다. 광둥 군벌 천중밍은 민중 계몽가였다. 옌시산^{閻錫山}은 낙후한 산시성을 발전시켜 전국에서 손꼽히는 '모범 성'으로 만들었다. 윈난 군벌 룽윈은 민주운동을 적극적으로 후원했다. 우페이푸^{吳佩孚}는 대표적인 반일 민족주의자였다. 많은 군벌 지도자들이 젊은 시절 쑨원의 동맹회에 가입했으며 신해혁명이 일어나자 혁명의 선봉장이 되었다. 이들은 도덕군자도 아니었지만 사리사욕에만 눈이 먼 정치 모리배였던 것도 아니었다. 선과 악이라는 이분법적인 논리로 얘기할 수 없는 다양한 얼굴을 가진 현실 정치인들이었다.

그 시절 동남 연해에서 시작된 근대화의 물결은 서부 내륙으로 빠르게 확산되었다. 외국인의 투자와 대외 무역은 글로벌 경기에 따라

등락은 있어도 대체로 증가 일로를 걸었다. 1913년에 약 4억 냥이던 수출액은 1928년에는 9억 9,000만 냥에 달했다. 1920년대 내내 근대 공업은 연평균 10퍼센트 이상 성장하여 '민족산업의 황금기'라고 불렸다. 같은 시기 인도나 동남아 식민지 국가들이 식민제국의 수탈 때문에 실질성장률 0퍼센트였던 것에 견주면 놀라운 성장이었다.

나라가 아무리 약해도 주권이 있는 것과 다른 나라의 지배를 받는 것은 차이가 있는 법이다. 일부 군벌이 외채를 함부로 끌어다 쓰고 공채를 남발하는 일도 있었지만 중국은 은본위제와 보호무역을 유지했다. 독일 제2제국이 패망한 뒤 무능한 바이마르 정권 치하에서 빵 한 덩이를 사기 위해 휴지 조각이나 다름없는 돈 뭉치를 수레에 싣고 다닌 하이퍼인플레이션* 같은 경제 재앙은 벌어지지 않았다. 내전의 혼란과 경제정책의 부재에도 불구하고 중국 경제가 그럭저럭 성장할 수 있었던 이유는 중국의 잠재력이 거대했기 때문이다. 더욱이 그 잠재력은 물정 모르는 권력자가 쓸데없이 간섭하지 않을 때 한층 더 발휘되었다. 일례로, 마오쩌둥은 정권을 잡은 뒤 사사건건 간섭하고 민간통제를 강화했다가 최악의 결과를 초래했다.

군벌 시대는 온 국민을 둘로 나누어 잔혹한 보복과 학살극을 벌인 미국 남북전쟁이나 스페인 내전, 소말리아 내전과는 본질적인 차이가 있다. 국공내전 말기에 보여준 장제스 정권의 극심한 혼란상과도 다르다. 미국 남북전쟁 때 북군의 대표적인 명장인 윌리엄 셔먼 장군은 이른바 '셔먼의 대행진Sherman's March to the Sea'이라는 대대적인 초토화 작전을 펼쳤다. 이 때문에 그가 지나가는 곳에는 풀 한 포기 남지 않았으며, 온갖 약탈과 방화·살육이 자행되어 광대한 남부 지역이 철저

---

* 1923년 11월 말 기준으로 1달러에 최고 11조 제국마르크였다.

하게 황폐해졌다. 중국의 군벌이 제아무리 잔혹하고 농민을 수탈했다고 해도 여기에 견주지는 못할 것이다.

군벌 내전이 그다지 파괴적이지 않았던 이유는 첫째로 이념이나 민족 갈등 같은 증오심에서 비롯된 싸움이 아니었기 때문이다. 따라서 상대를 완전히 말살할 요량으로 죽기 살기로 싸울 이유가 없었다. 또한 열강은 1차대전이 끝난 뒤 중국에 무기를 팔아먹는 대신 군축 분위기와 세력균형을 위해 무기 금수 조치를 내렸다. 유럽 전선에서 악명을 떨친 독가스와 잠수함, 대구경 중포, 전차 같은 최신 무기는 중국에서 거의 찾아볼 수 없었다.

또 다른 이유는 중국이 전통적으로 황제 중심의 중앙집권 국가이면서도 지방 권력 또한 강력했기 때문이다. "산은 높고 황제는 멀다山高皇帝遠"는 오랜 격언은 중국의 광대한 영토와 막강한 지방 권력을 상징한다. 향촌 정부들은 명목상 중앙에서 파견되는 수령이 절대 권력자이지만 실권은 지역의 존경받는 엘리트들이 쥐고 있었다. 중앙 정권의 교체는 단지 지배자가 A에서 B로 바뀌는 것에 불과했다. 국가는 일반 민중의 생활 방식에 쓸데없이 관여하거나 자유를 제약하는 일이 없었다. 중국 농민들은 대부분 가난했지만, 지배층의 사치와 전쟁 비용 마련을 위해 온갖 명목으로 국민을 끝없이 수탈하던 동시대 대다수 유럽 국가나 일본에 견주면 부담이 훨씬 적은 편이었다.

중국의 가난은 공산당의 주장처럼 봉건적인 착취나 토지의 집중 때문이 아니라 인구는 지나치게 많은데 쓸 만한 땅이 적고 농업기술이 뒤떨어진 탓이었다. 많은 군벌이 자신의 영토 안에서 교육의 보급과 산업 진흥, 토비 척결, 빈민 구제에 나서는 등 민생 안정과 지역 발전에 기여했다. 민심을 잃으면 정권 또한 끝장이라는 사실을 알고 있는 것은 공산당만이 아니었다. 정치가 어떠하건 대다수 중국인들은 조상

대대로 살아온 터전에서 농사에 전념했으며, 내전은 다른 세상의 일에 지나지 않았다. 야심만만하고 혈기 왕성한 젊은이들은 고향을 떠나 더 큰 세계를 찾아 나서기도 했다. 장제스와 마오쩌둥도 그 가운데 한 사람이었다.

아편전쟁 이후 100여 년이 지난 뒤, 국공내전에서 승리한 마오쩌둥은 중국의 빗장을 굳게 걸어 잠갔다. 의화단만큼이나 외세에 대한 극도의 증오심을 숨기지 않았던 마오쩌둥의 시대착오적인 쇄국정책은 명나라 시절의 해금령과 비교할 바가 아니었다. 중국은 아무도 안으로 들어갈 수 없고 밖으로 나갈 수도 없는 은둔의 나라가 되었다. 더욱이 공산당은 인민이 할 수 있는 일과 해서는 안 되는 일을 엄격히 구분했다. 민중은 일거수일투족을 간섭받았고 당에서 정해준 대로만 기계처럼 움직였다. 조금이라도 따르지 않으면 혹독한 처벌을 각오해야 했다. 마오쩌둥은 토지개혁으로 농민들을 소작료에서 해방시켰다고 자랑했지만 농민들의 부담은 오히려 늘어났다. 공산당이 그 이상으로 수탈했기 때문이다.

서구를 향한 적개심과 편집광적인 공포심을 품고 있었던 마오쩌둥은 스탈린식 공업화를 강행하고 미국과의 전쟁에 대비한다는 명목으로 무기 생산에 열을 올렸다. 하지만 외화가 없었기에 소련에서 최신 기계와 무기를 수입하는 비용을 모두 농산물로 지급하면서 중국 국민들은 끝없이 착취를 당했다. 중국을 방문했던 서구 언론인들은 중국인들을 일컬어 '푸른 개미 떼'라고 했다. 수억 명의 사람들이 천편일률적으로 푸른 옷을 입고 들판에서 똑같은 일을 하는 모습이 개미 떼나 다름없었기 때문이다. 20세기 초 세계 GDP의 약 8퍼센트를 차지했던 중국은 마오쩌둥 정권 말기 1퍼센트 미만으로 추락했다.

영국의 저명한 언론인이자 작가인 필립 쇼트Philip Short는 『마오쩌둥

평전Mao: The Man Who Made China』에서 "젊은 시절 마오쩌둥 세대가 유교 전통의 속박에서 벗어나 새로운 자유를 위해 투쟁했다면 마오쩌둥이 만들어낸 1960년대의 홍위병 세대는 마오주의라는 새로운 속박으로 중국을 바꾸려 했다"고 신랄하게 비판한다. 마오쩌둥의 혁명이 진짜로 부순 것은 봉건 잔재가 아니라 변화와 자유였다. 길고 고통스러운 악몽은 마오쩌둥의 죽음과 함께 비로소 끝났다. 덩샤오핑이 '개혁개방'이라는 이름 아래 굳게 닫혔던 문호를 다시 연 것은 공산당 스스로도 마오쩌둥의 방식이 틀렸음을 인정한 셈이다.

중국공산당은 처음부터 하지 않았으면 좋았을 시행착오로 국민들에게 큰 고통을 안겨주었다. 하지만 자신들의 오류를 솔직하게 인정할 생각은 없는 것 같다. "신분이 바뀐 것은 마오쩌둥 덕분이고, 잘살게 된 것은 덩샤오핑 덕분이니 두 사람을 잊어서는 안 된다飜身不忘毛澤東, 致富不忘鄧小平"는 것이 공산당의 사고방식이다. 학생들이 배우는 교과서에서는 마오쩌둥의 말을 빌려 "첫째로 가난하고, 둘째로 지식이 없었다一窮二白", "성냥과 못 하나조차 중국인의 손으로 스스로 만들지 못했다洋火洋釘"라고 강조한다. 청말부터 북양, 장제스 시절까지의 근대적인 변화에 대해서는 이른바 '매판자본'이라 하여 외세와 결탁한 군벌 관료들의 부패와 특권, 수탈 등 부정적인 면만을 부각시킨다. 마오쩌둥이 모스크바로 가서 스탈린의 도움을 얻은 뒤에야 비로소 중국은 공업화의 길에 들어섰다는 것이다. 베이징 국가박물관 근현대사 전시관 입구에는 '부흥의 길復興之路'이라고 씌어 있는 안내판이 걸려 있다. 중국 근현대사에는 오직 공산당만이 있으며, 마오쩌둥의 영도 아래 공산주의혁명이 열강의 침략과 봉건 잔재에 고통받던 중국 민중을 어떻게 구원했는가를 선전한다. 중국인들은 마오쩌둥 숭배를 위해 자신들의 역사를 스스로 부정하고 폄하하는 셈이다. 공산당 일당독재라는 중국의 특수한 정치적 여건 때문이지만 공산당 또한 엄연히 구시대의 유산을 물려받은 것이지 폐허 위에서 재건한 것이 아니다. 근현대사 전체를 공산주의 혁명사관만으로 설명할 수 없다보니 근래에 와서는 중국 학계도 구태의연한 태도를 버리고 '실사구시' 측면에서 조심스레 재평가하는 추세이다.

하지만 자신들이 정당하고 평화적인 방법이 아니라 총칼과 폭력으로 무너뜨렸던 구체제를 이제 와서 긍정적으로 평가하기가 쉽지 않다는 점이 그들의 딜레마다. 자칫 자기부정으로 이어질 수 있기 때문이다. 중국 정부는 근현대사 연구의 가장 큰 목적을 공산혁명에 정당성을 부여하는 데 두고 있으며, 이 때문에 학계 또한 많은 제약을 받고 있다. 역사는 정치와 무관해야 하지만 무관할 수 없는 것이 현실이다. 중국은 정치적 다양성을 인정하지 않는 데다 진실 여부를 떠나서 자신들에게 불편한 부분을 함부로 건드리는 행위를 엄중히 처벌하여 입을 막는다. 2016년 10월에는 중일전쟁에서 영웅적으로 싸웠던 팔로군 병사들의 이야기에 조작 의혹을 제기한 역사학자 훙전콰이洪振快와 그의 글을 실은 진보 성향의 잡지 『옌황춘치우炎黃春秋』에 유죄를 선고하기도 했다. 시진핑 집권 이후에는 중국몽中國夢이라 하여 '중화민족의 위대한 부흥'을 강조하면서 공산주의 사관에 대한 우상 숭배를 더욱 강화하는 분위기다.

＼오늘의 중국을 알려면 군벌 시대를 봐야

1992년 8월 24일 한국과 중국이 처음 수교한 이래 사반세기가 지났다. 우리에게 중국은 서로 좋든 싫든 떼려야 뗄 수 없는 관계가 되었다. 시중에는 중국과 관련된 서적이 밤하늘의 별처럼 많다. 그러나 그 많은 책들 중에서 중국 근현대사를 다룬 책은 손꼽을 정도이다. 중국을 알아야 한다면서도 우리의 관심은 경제 분야나 철학, 『삼국지』『사기』와 같은 고전에만 편중된 느낌이다. 그나마 신중국이 건국된 이후의 역사, 이를테면 마오쩌둥 치하에서 저질러진 수많은 실정失政, 공산당 내부의 첨예한 권력투쟁, 마오쩌둥이 죽은 뒤 덩샤오핑의 개혁개방으로 이어지는 과정은 해리슨 솔즈베리의 『새로운 황제들』이나 프랑크 디쾨터의 '인민 3부작'(『해방의 비극』, 『마오의 대기근』, 『문화대혁명』), 산케이신문에서 나온 『모택동 비록』 등을 통해 비교적 상세히 다루어졌다.

그러나 그 앞의 역사는 거의 찾아보기 어려울뿐더러 공산당의 '혁명사관'에 편향되어 있다. 한중수교를 전후하여 중국에 관한 변변한 정보가 없는 상황에서 고 리영희 교수를 비롯한 많은 진보 진영 지식인들은 베일에 가려 있던 중국공산당에 환상을 품고 마오쩌둥 투쟁사를 경쟁적으로 받아들였다. 그러나 충분한 검증과 객관적이고 냉철한 시각을 취하기보다는, 중국공산당이 창조하고 중미 데탕트가 한창이던 1970년대에 서구 좌파 학자들이 무비판적으로 수용한 관점을 그대로 받아들였다. 조금만 생각해도 많은 모순과 오류를 발견할 수 있는데, 30여 년이 지난 지금도 우리는 여전히 이 프레임에 갇혀 있다.

2003년 7월 중국을 방문한 고 노무현 대통령은 청화대학에서 한 연설을 통해 '존경하는 중국 지도자'로서 마오쩌둥과 덩샤오핑을 거론하여 논란을 부른 적이 있다. 두 사람은 영웅이라고는 할 수 있어도 우리가 존경할 상대는 아닐 것이다. 물론 대통령이 역사 전문가도 아닐뿐더러 국빈 방문 중에 예우 차원에서 한 발언이라고 생각하지만, 한편으로는 중국을 바라보는 우리 사회의 좁은 시각을 보여준 것이 아닐까 싶다.

국내에서 나름 중국통이라는 분들도 다르지 않다. JTBC에서 방영한 〈차이나는 도올〉에서 도올 김용옥 선생은 동북을 2대에 걸쳐 통치한 장쭤린-장쉐량 정권을 설명하면서 위대한 영웅이라며 극찬했다. 심지어 이른바 '고구려 패러다임'이라는 말을 만들어 우리 역사와도 연결 지었다. 그러나 동북 정권은 결코 우리 민족에게 관대하지 않았다. 오히려 일본과 결탁하여 독립운동을 가혹하게 탄압하고 배척했다. 1910년대만 해도 만주를 배경으로 활발했던 독립투쟁이 장쭤린이 동북을 지배한 이후 크게 위축되어 일부는 연해주로, 일부는 상하이로 옮겨야 했던 이유도 이 때문이다. 그런 점에서 우리가 그들을 호의적으로 바라볼 이유는 별로 없다.

시안사건과 관련해서는 장쉐량과 쑹메이링의 로맨스를 강조하며, 장제스를 능히 죽일 수도 있었지만 사랑하는 쑹메이링을 위해 살려주었다고 말한다. 시청자들의 호기심을 끌기 위한 의도적인 비약인지는 모르겠지만, 대부분 근거 없는 야사이며 복잡했던 정치 상황과 주변 정세에 대한 몰이해이다. 부패한 수구 군벌의 전형인 장제스는 '나쁜' 군벌이요, 나라와 민족을 위해 자신을 희생한 장쉐량은 '좋은' 군벌이라는 도올의 역사 해석은 사실에 근거했다기보다 중국공산당의 주장을 그대로 가져온 것이다. 애초에 장쉐량이 제 잇속을 챙기는 대신 본분에 맞게 동북을 철저히 지켰더라면 만주사변도, 벼랑 끝으로 내몰리는 일도 없었을 것 아닌가. 중국에 큰 해악을 끼친 장쉐량이 거꾸로 '민족의 영웅'으로 둔갑한 것은 중국공산당이 만들어낸 가짜 역사이다.

한 시대의 역사에 대한 혁명과 반혁명, 군벌과 반군벌이라는 식의 이분법적 접근은 지나친 단순화이자 정치적인 평가이다. 군벌 시대는 결코 암울했던 시대가 아니며, 공산당의 승리 역시 당연한 역사적 귀결은 아니다. 공산당이 민심을 얻었고 장제스는 민심을 잃었기에 쫓겨났다는 주장 또한 너무나 단순한 논리이다. 실제 상황은 그렇게 간단하지 않았다. 그 과정에는 수많은 우연과 필연이 있었다. 어쩌면 지금 우리가 아는 것과는 전혀 다른 미래를 맞이할 수도 있었다. 청조는 역사의 뒤안길로 사라지지 않을 수도 있었다. 반대로 구소련이나 유고슬라비아처럼 중국 역시 수십 개의 작은 나라로 쪼개졌을지도 모른다. 예전에 명나라에 쫓긴 원나라가 북쪽에서 '북원'을 세운 것처럼 청조의 마지막 황제 푸이 또한 만주와 내몽골에서 새로운 나라를 세울 수도 있었다.

쑨원은 '중국의 국부'라는 호칭에 걸맞은 인물일까. 그는 당시 젊은 학생들에게 가장 존경받는 인물로 손꼽히긴 했지만 실제로는 제대로 한 일이 아무것도 없다. 쑨원이 대중적인 인기를 누린 이유는 그의 진짜 모습과 이중성이 사람들에게 제대로 알려지지 않았기 때문이다. 그 밖에도 우리가 모르는 역사의 진실은 얼마든지 있다. 서태후西太后가 청조를 망친 장본인일까. 난세의 간웅이었지만 치세의 능신이기도 했던 위안스카이의 또 다른 모습. 군벌이나 소수민족들은 어째서 분리 독립을 선택하지 않았던가. 국공합작에 대한 국민당과 공산당의 복잡했던 속내, 장제스가 공산주의 대신 반공을 선택한 진짜 이유, 혁명을 배신한 쪽은 장제스가 아니라 공산당이었다는 사실, 권력을 민심이 아니라 총구에서 찾아야 한다고 말했던 마오쩌둥의 실체, 중국 최초의 퍼스트레이디이며 '권력'이 아니라 '중국'과 결혼했던 외교 부인 쑹메이링의 활약, 관동군과 장쭤린의 복잡한 관계, 중국인들이 항일 영웅이라 부르는 장쉐량이 일본과 결탁하여 중국에서 독립할 수도 있었던 내막, 중국식 민주주의를 외치며 국민당과 공산당 모두를 상대로 투쟁했던 '제3의 혁명 정당' 중국청년당 등…. 시중의 서적들은 이런 얘기를 쏙 빼놓고 있다. '혁명사관'에서 다루기에는 민감하고 불편한 주제이기 때문이다. 이것이 내가 글을 쓰게 된 이유이다.

 이 책은 학술적인 역사서가 아니다. 나는 전문적인 학자가 아닐뿐
더러 학문적인 연구를 목적으로 쓴 것도 아니기 때문이다. 따라서 부
족한 점도 많다. 대신 학계라는 틀에 얽매일 필요가 없다보니 고정된
역사관을 벗어나 자유로운 시각에서 접근했다는 점이 이 책의 가장
큰 장점이라고 자부한다. 독자들이 가장 궁금해하는 사실은 인물과
사건의 기계적인 나열이나 누가 이기고 졌는지 따위의 단편적인 결과
가 아니다. 그러한 결과가 어떻게 나왔으며 어떤 의미가 있는지, 그다
음에 어떻게 되었는가이다. 나는 그동안 혁명사관을 무비판적으로 받
아들이면서 잘못 알려졌던 점을 바로잡는 한편, 누구나 술술 읽을 수
있는 대중 서적으로서 지금까지 중국사 관련 서적들에서는 언급하지
않은 다양한 주제를 두루 다루고자 했다. 군벌의 치열한 각축전, 하늘
과 바다의 싸움, 전차부대의 등장, 독가스 전쟁 등 독자들 시각에서는
충분히 흥미로우리라 기대한다.

 마오쩌둥 신화에 가려지긴 했지만 군벌 시대는 『초한지』, 『삼국지』
의 재현이었다. 항우와 유방의 싸움을 떠올리게 하는 장제스와 마오
쩌둥의 파란만장한 대결도 있지만 그에 못지않은 수많은 영웅들이 있
었다. 일본 육사에서 '중국 장교 3걸 중 으뜸'이라고 불렸으며 위안스
카이를 몰락시킨 차이어蔡鍔, 문무를 겸비한 '수재 장군' 우페이푸, 관
동군도 높이 평가했던 동북 제일의 장군 궈쑹링郭松齡, 장제스를 대신
하여 북벌군의 총사령관이 될 수도 있었던 탕성즈唐生智, 스틸웰이 중
국 제일의 전략가라고 일컫은 바이충시白崇禧, 천하통일의 문턱까지
갔던 장쭤린, 장제스와 천하 패권을 놓고 다투었던 붉은 장군 펑위샹,
북벌군을 거의 패배 직전까지 몰아붙였던 남방의 명장 쑨촨팡孫傳芳,
칠천팔기의 오뚝이 옌시산, 장제스와 세 번 겨룬 리쭝런李宗仁, 철군을

거느리고 북벌의 선봉에 섰던 예팅葉挺, 재상의 그릇을 지녔다는 저우 언라이, 한나라의 명장 반초의 재현이라며 쑨원이 극찬했던 서북왕 쉬수정徐樹錚 등등. 군벌 시대는 기라성 같은 군웅의 천하 쟁탈전 시대였다. 『삼국지』와 차이가 있다면 보다 현실적이면서 과장과 허구가 없다는 점이다.

우리에게 중국은 일본만큼이나 가깝고도 먼 나라이다. 어떤 의미에서는 중국을 향한 반감이 반일 감정 이상이다. 역사적으로도 한국과 중국 두 나라가 항상 우호적이지는 않았다. 오히려 수많은 부침과 대립이 있었다. 70년 전만 해도 서로를 향해 총부리를 겨누었다. 오늘날에도 경제적으로는 긴밀하지만 정치·안보적으로는 여전히 갈등의 골이 깊다. 2016년 사드 문제가 불거졌을 때 중국은 우리의 처지는 고려하지 않은 채 이른바 '금한령'을 선포하고 한류 문화를 금지하는 등 속 좁은 보복으로 한중 관계를 악화시켰다. 중국이 거만하고 고압적인 행태를 보이는 이유는 동아시아의 종주국 노릇을 하던 시절을 잊지 못한 탓도 있지만 우리에 대한 몰이해 때문이라고 생각한다.

특히 한국전쟁은 양국의 해묵은 과거사이다. 우리는 중국을 향해 총 한 발 쏘지 않았음에도 마오쩌둥이 부당하게 끼어들면서 통일이 무산되었다. 그러나 중국인들은 자신들이 남의 나라 전쟁에 끼어든 이유가 무엇이며, 우리가 어떤 고통을 당했는지에는 관심이 없다. 세계 최강대국 미국에 강렬한 어퍼컷 한 방을 먹였다는 사실을 자화자찬할 뿐이다. 하지만 우리 책임도 전혀 없다고 할 수는 없다. 한중수교 때 노태우 정권은 대북 문제나 과거사를 확실하게 매듭지을 수 있는 최고의 호기를 맞이했다. 그러나 자신의 임기 내 '북방외교' 완성이라는 치적에 눈이 먼 나머지, 양국의 민감한 문제를 적당히 덮어버린 채 후대의 과제로 넘겨버렸다. 역사에 대한 무지, 외교 역량의 부재, 정권의 치적에만 눈이 먼 위정자의 행태 등, 이런 모습은 그 뒤를 이은 정권들 또한 크게 다를 바 없다. 대륙과는 또 다른 '중국'인 타이완에 대해서는 어떤가. 우리는 국교단절 당시 타이완 사람들이 보여준 과격한 혐한 감정은 지금껏 되뇌면서도 한국전쟁에서 그들이 내밀었던 도움의 손길이나, 우리 사회가 화교들을 차별하고 탄압했던 역사는 망각한다. 서로 자기가 기억하고 싶은 것만 기억하기는 마찬가지인 셈이다.

중국이 우리를 대하는 법이 서툴다면 우리 역시 중국을 대하는 법이 서툴다. 경제적으로 중국이 미국을 제치고 최대 무역 상대국이 되면서 혹시라도 중국의 심기를 건드릴까 앞에서는 말 한마디 제대로 못하고 있다. 그렇다고 한국전쟁 이래의 불신 어린 시선을 시원하게 털어버리는 것도 아니다. 우리의 해묵은 감정을 솔직하게 드러내기보다 아픈 과거사를 회피하고 속을 끓일 뿐이다. 우리 스스로 '사대주의' 관념을 쉽사리 벗어던지지 못하는 탓이라고 할 수도 있겠지만, 그보다는 중국의 실체를 제대로 모르기 때문 아닐까 싶다.

지금의 중국을 논하려면 지난 100년의 역사를 빼놓고 말할 수 없다. 중국인들이 그토록 강조하는 '중화사상'이 등장한 것도 그리 오래된 일이 아니다. 이제는 우리가 그들을 알고 그들에게 우리를 알리려는 노력을 기울일 때라고 생각한다. 이 책이 오늘의 중국을 아는 데 도움이 되었으면 한다.

5년 전 무명이었던 필자의 『중일전쟁: 용, 사무라이를 꺾다 1928~1945』에 이어 두 번째 책의 출간을 흔쾌히 받아준 미지북스 이지열 대표님에게 다시 한 번 감사드린다. 또한 편집을 맡아서 오랜 기간 방대한 원고를 꼼꼼히 다듬느라 고생해주신 김미경 님, 블로그 연재 글에 많은 의견과 격려를 보내주신 블로그 이웃들에게도 깊이 감사한다. 무엇보다도 퇴근 후 컴퓨터 앞에 앉아서 작업에 여념이 없는 남편을 물심양면으로 지원해준 아내와 딸 나은이에게 사랑한다는 말을 전한다.

1부

자금성의 황혼

1
우창봉기

＼반란의 횃불

1911년 10월 10일 저녁 7시. 후베이성^{湖北省}의 성도 우창^{武昌}에서 반란
의 횃불이 타올랐다. 우창성 밖 북쪽에는 후베이성 신군^{新軍} 제8진^鎭
(사단) 공병 제8영^營(대대)이 주둔하고 있었다. 한 시간 전 초관^{哨官}(소
대장)인 타오야오셩^{陶啓勝}은 야간 점호를 위해 병영을 순시하다가 몇몇
병사들이 살기 어린 표정으로 소총에 총알을 장전하고 있는 모습을
발견했다. 그는 진자오룽^{金兆龍}이라는 병사를 향해 호통 쳤다. "네놈들
지금 뭐 하고 있는 거냐? 반란을 일으킬 생각이냐?" 진자오룽도 맞받
아쳤다. "그래, 반란이면 어쩔 거냐?" 화가 난 타오야오셩은 그의 팔
을 비틀어 결박하려 했다. 하지만 또 다른 병사가 소총으로 타오야오
셩의 머리를 내리쳤다. 그러고는 머리를 움켜쥐고 달아나는 그의 등
뒤에 총을 쏘았다. 총알은 빗나갔지만 총소리가 병영 전체에 울려퍼
졌다. 이 한 발의 총성이 우창봉기의 신호탄이었다.

총소리에 깜짝 놀란 관대管帶(대대장) 루안룽파阮榮髮가 몇 명의 장교들과 함께 허둥지둥 뛰어왔다. 그는 엉뚱하게도 타오야오성을 혁명파라고 착각하고 그 자리에서 사살했다. 그러고는 병사들을 향해 "너희는 속고 있다"고 외쳤지만 그 또한 총에 맞고 쓰러졌다. 나머지는 달아났다. 홧김에 일어난 일이지만 일단 저지른 이상 돌이킬 수 없었다. 정목正目(분대장) 슝빙쿤熊秉坤이 "이래 죽으나 저래 죽으나 어차피 마찬가지다"라고 외치자 그때까지 우물쭈물하던 병사들도 반란에 가담했다. 슝빙쿤을 선두로 40여 명의 병사들이 한 덩어리가 되어 달려나갔다. 목표는 추왕타이楚望台의 무기고였다.

한편, 우창성 밖에 주둔하고 있던 제21혼성협協(여단) 제11표標(연대)와 치중대 제8영의 병사들도 총성을 듣고 병영에서 뛰어나왔다. 성안에서는 제15협 제29표와 제30표가 반란을 일으켰다. 수십 명에 불과했던 반란군은 단숨에 2,000명 가까이로 불어났다. 사방에서 떼 지어 몰려오는 이들의 기세에 무기고를 지키던 경비병들은 겁을 먹고 도주하거나 반란에 합세했다. 무기고의 문을 열자 엄청난 양의 무기가 산처럼 쌓여 있었다. 한양식 7.92mm 5연발 소총 수만 정, 독일제 7.92mm 5연발 마우저 소총 1만여 정, 일본제 무라타 6.5mm 5연발 소총 1만 5,000여 정, 맥심 기관총, 산포, 야포, 탄약 등. 그때까지 거의 맨주먹이나 다름없었던 반란군은 단숨에 막강한 화력으로 무장했다.

반란군의 수는 3,000명이 넘었다. 하지만 이들을 통솔할 지휘관이 없었다. 우한 신군 중 3분의 1 이상이 혁명파에 가입했지만 대부분 부사관이나 졸병이었고, 장교들 중에는 동조자가 거의 없었기 때문이다. 가장 계급이 높은 장교가 소대장이었다. 수천 명의 성난 병사들을 통제하기에는 역부족이었다. 때마침 공병 제8영 좌대 대관左隊隊官(중대장) 우자오린吳兆麟을 발견했다. 그는 추왕타이의 경비 책임자였지만

●— 우창봉기에 참여한 혁명군 병사들. 이들이 홧김에 일으킨 반란은 중국의 운명을 하루아침에 바꾸어놓았다.

반란군을 피해 성벽 한쪽에 숨어 있다가 붙들렸다. 병사들은 그를 억지로 총대장에 추대했다. 우자오린은 거절하면 반란군에게 맞아 죽을까 두려워 마지못해 승낙했다.

밤 10시 30분, 반란군은 우자오린의 지휘에 따라 셋으로 나뉘어 후광 총독胡廣總督* 루이청瑞澂의 관저와 제8진 사령부를 공격했다. 우창성 남쪽에 주둔했던 제32표와 포병 제8표, 기병 제8표 등도 반란군에 가세했다. 포병 제8표의 병사들이 대포를 끌고 와서 총독부를 향해 포격을 시작했다. 총독부의 저항도 만만치 않았다. 수비병들은 맹렬하게 사격을 퍼부으며 반란군의 공격을 격퇴했다. 제8진의 통제統制 (사단장) 장뱌오張彪는 "즉시 원대로 복귀하면 죄를 묻지 않겠다"면서

---

* 후베이성과 후난성을 관할하는 지방장관.

진두지휘에 나섰다. 전황은 일진일퇴였다. 제아무리 반란군의 기세가 만만찮다고 해도 오합지졸인 데다 지휘계통도 엉망이었다. 루이청이 강경하게 진압에 나섰다면 우창봉기는 하룻밤의 소란으로 끝났을 일이었다.

그러나 루이청은 관료로서는 유능하지만 겁이 많고 우유부단했다. 입으로는 죽을 각오로 총독부를 지키겠다고 호언했지만 막상 저택 주변에 포탄이 떨어지자 혼비백산했다. 겁을 먹은 그는 담벼락에 구멍을 뚫고 처첩과 자식, 측근들과 함께 몰래 빠져나갔다. 그리고 우창 강가에서 대기하고 있던 강방함대 소속 포함 '추이楚豫'에 오른 뒤 그대로 도망쳤다. 우두머리가 도망쳤다는 소식이 퍼지자 총독부를 굳게 지키고 있던 수비대는 전의가 땅에 떨어져 사방으로 흩어졌다. 장뱌오 또한 한커우로 도망쳤다.

11일 새벽 1시 30분, 봉기가 시작된 지 3시간 만에 우창 전체가 반란군의 손에 넘어갔다. 반란군의 손실은 전사자 10여 명에 부상자 20명이 전부였다. 반면 청군의 사상자는 500명이 넘었다. 이것이 중국 역사에서 말하는 '우창봉기'이다. 루이청이 버리고 간 총독부 건물 앞에는 혁명군을 상징하는 '철혈 18성기鐵血十八星旗'가 내걸렸다. 후베이 성 자의국諮議局* 건물에 후베이 군정부가 수립되었다. 반란군은 단순한 폭병爆兵이 아니라 대의명분을 가진 혁명군이 되었다. 11일 한양漢陽에서, 12일에는 한커우漢口에서도 반란이 일어나면서 우한3진武漢三鎭 전체가 혁명군의 손에 넘어갔다. 우한의 주민들도 혁명의 성공을 열렬히 지지했다. 많은 사람들이 혁명군에 입대했다. 민심은 이미 청조에서 멀어져 있었다.

---

* 청말 입헌군주제를 실시하기 위해 각 성마다 설치한 지방의회.

●─ 1911년 10월 11일 혁명군의 철혈 18성기가 내걸린 후베이성 자의국 건물. 혁명군은 이곳을 사령부로 삼아 후베이 군정부를 세웠다. 우창봉기는 신해혁명의 서막을 여는 사건이었다.

　총독부의 금고에는 은화 120만 냥을 비롯해 4,000만 냥이 넘는 자금이 있었다. 루이청이 그대로 놔두고 도망친 덕분에 전리품은 모조리 혁명군 수중에 들어갔다. 또한 한양에는 청나라 4대 명신의 한 사람인 장즈둥張之洞이 양무운동 시절 건설한 중국 최대의 군수공장인 한양병공창이 있었다. 무기고에는 한양병공창에서 생산하거나 해외에서 수입한 막대한 무기가 쌓여 있었다. 작은 구멍이 큰 둑을 무너뜨리듯, 혁명군은 청조도 쉽사리 진압할 수 없을 만큼 막강한 전력을 갖추게 되었다.

신해혁명의 숨은 주인공 슝빙쿵

신해혁명은 중국 근현대사를 얘기할 때 빼놓을 수 없는 유명한 사건이다. 그런데 신해혁명을 일으킨 주인공이 쑨원처럼 저명한 혁명 지도자가 아니라 슝빙쿵이라는 무명의 병졸이었다는 사실은 거의 알려지지 않았다.

숩빙쿵(1885~1969년)은 후베이성 장사^{江夏} 출신으로 본래는 짐을 나르는 노동자였다. 신군에 입대한 그는 부사관인 정목(분대장)으로 승진했다. 그러나 반청혁명에 동조하여 비밀결사 조직인 공진회의 회원이 되었다. 후광 총독 루이청이 혁명파 조직을 일망타진하는 상황에서 숩빙쿵은 눈치만 보고 있던 병사들을 선동하여 우창봉기의 첫 방아쇠를 당겼다. 우창봉기 이후 그는 후베이 민군 제5협의 통령(여단장)에 임명되어 청군과의 싸움에 앞장섰다. 위안스카이 정권에서 육군 소장으로 승진했으며, 신해혁명 일등 공신 중 한 명으로 인정받았다. 그러나 2차 혁명이 일어나자 쑨원 편에 섰다가 패배하여 일본에 망명한 뒤 쑨원의 중화혁명당에 가담했고, 토원전쟁과 호법전쟁에 참전했다. 쑨원과 장제스 정권에서 국민당 원로이자 군사고문으로 육군 중장의 대우를 받았다. 국공내전이 일어나자 내전 반대와 평화운동을 펼쳤다. 공산당이 승리한 뒤 대륙에 남아서 후베이성 인민위원과 전국정협위원 등을 맡았다.

신해혁명 50주년을 맞은 1961년에는 베이징에서 열린 경축 행사에 초청받았다. 이 자리에는 청조의 마지막 황제 푸이도 있었다. 푸이는 10년 가까이 푸순전범관리소에서 혹독한 시간을 보내고 특사로 석방된 후 평민으로 조용히 살아가고 있었다. 우창봉기의 주모자인 숩빙쿵이 행사에 참석한다는 소식을 들은 푸이는 꼭 만나고 싶다며 면담을 요청했다. 총리 저우언라이가 직접 주선하여 두 사람의 회견이 정식으로 성사되었다. 망국의 황제와 그 망국을 일으킨 사람이 꼭 50년 만에 한자리에서 만났으니 '세기의 만남'이라 할 수 있었다. 푸이는 숩빙쿵에게 "당신은 총 한 자루로 신해혁명을 일으켰으니 가히 영웅이라 할 만하다. 실로 놀랍다. 그때 나는 어린 황제였지만 역사의 조류를 타고 새로운 사람이 되었다"고 말했다. 숩빙쿵은 "우리는 예전에 원수였다. 당신은 황제였고 나는 반란군이었다. 지금은 새로운 세상이 되어서 모두가 친구가 되었다"고 대답했다.

공산당은 숩빙쿵을 혁명열사로 인정했지만, 말년에 문화대혁명이 일어나자 그는 어린 홍위병들에게 박해를 받기도 했다. 신해혁명의 공로로 위안스카이에게 받았던 훈장마저 홍위병들에게 빼앗기는 수모를 당하기도 했으나 나중에 돌려받았다. 1969년 5월 84세의 나이로 사망했다. 저우언라이가 직접 애도하면서 우창 주펑산^{九峰山}의 혁명열사 묘역에 묻도록 했다.

어설픈 계획, 싱거운 성공

신해혁명의 방아쇠가 된 우창봉기는 처음부터 치밀하게 계획된 것이 아니라 우발적인 사건이었다. 봉기에 가담한 사람들은 현지의 신군 병사들이었고, 외부 지원은 거의 없었다. 혁명파 지도자인 쑨원은 자금을 모으기 위하여 미국에 체류하고 있었다. 황싱黃興, 쑹자오런宋教仁 등 중국동맹회 간부들은 우창에서 반청혁명을 준비하면서도 성공 가능성이 거의 없다고 비판할 정도였다. 우창은 지형이 평탄하고 사방이 틔어 있어서 방어에 불리했기 때문이다. 설령 봉기에 성공한다 해도 사방에서 몰려올 진압군에게 제압당할 것이 뻔했다. 게다가 이들의 준비는 어설프기 짝이 없었다.

후베이성에는 제8진과 제21혼성협 등 1만 5,000여 명의 신군이 주둔하고 있었다. 그런데 쓰촨성四川省 청두成都에서 대규모 반란이 일어났다. 우창에 주둔한 제8진 소속 2개 연대(제31표, 제32표)가 급히 출동했다. 이 때문에 우창의 방비가 허술해지자 동맹회는 혁명을 일으킬 수 있는 호기라고 여겼다. 남은 병력은 1만 명 정도였다. 그중 상당수가 혁명파에 동조했다. 황싱은 중추절인 10월 6일을 거사일로 잡았다. 우창봉기가 성공하면 주변의 여러 성으로 혁명을 전파할 계획이었다. 총대장에는 장이우蔣翊武가, 군무부장(참모장)에는 쑨우孫武가 임명되어 거사를 준비했다. 이들은 우창의 비밀 혁명 조직인 문학사文學社 간부였다. 하지만 두 사람 모두 20대 중반의 혈기 왕성한 젊은이였다. 군사교육을 받은 적도 없고 군대를 지휘할 역량과 경험 또한 전혀 없는 풋내기들이었다.

거사를 준비하는 도중에 발각되거나 무산될 위기도 여러 번 있었다. 봉기 보름 전인 9월 24일에는 포병 제8표 제3영 소속의 병사 몇 명이 병영에서 술자리를 벌이다 소란을 일으키는 사건이 일어났다.

이들은 평소 사이가 나빴던 소대장과 언쟁을 벌이다 홧김에 무기고에서 총을 꺼내 공포탄을 난사했다. 심지어 무기고에서 대포까지 끌고 나왔다가 진압군이 출동하자 겁을 먹고 그대로 도망쳤다. 이들은 혁명당 회원들이었기에 자칫 우창의 혁명파 전체가 일망타진당할 판이었다. 그러나 보고를 받은 루이청과 장뱌오는 취중 소란쯤으로 여기고 한동안 병영 내에서 회식을 금지한다는 지시를 내렸다. 그런데 며칠 뒤 우창 시내에 "중추절에 봉기가 일어나 만주족을 살육할 것"이라는 소문이 파다하게 퍼졌다. 정보가 밖으로 새어나간 것이다. 루이청은 부랴부랴 병사들의 외출을 취소하고 무기와 실탄을 회수하는 한편 시내 순찰을 강화했다. 또한 베이징에 급히 원군을 요청했다. 경계가 삼엄해진 데다 무기 확보에 차질이 빚어졌다. 우창으로 오기로 했던 황싱·쑹자오런의 도착 또한 늦어지면서 상황이 여의치 않았다. 혁명파는 일단 거사일을 16일로 연기하기로 했다.

그런데 10월 9일 아침, 이번에는 한커우에서 뜻밖의 사건이 벌어졌다. 공진회共進會* 회원들이 한커우의 러시아 조계에 있는 한 비밀 거점에서 봉기에 쓸 폭탄을 제조하던 중, 화약이 가득한 곳에서 누가 부주의하게 담배를 피우다가 담뱃불이 화약에 튀어 크게 폭발한 것이다. 쑨우는 부상을 입었지만 재빨리 도망쳐 몸을 숨겼다. 하지만 그 자리에 있던 다른 회원들은 폭음을 듣고 현장에 출동한 러시아 경찰에게 모조리 체포되었다. 게다가 혁명파 회원 명부와 봉기 계획, 무기, 자금까지 러시아 경찰에 압수되어 우한 당국에 넘겨졌다. 장이우는 16일까지 기다리다가는 죄다 붙잡혀서 목이 내걸릴 판이라 생각

---

* 1907년에 조직된 중국동맹회 산하 단체의 하나. 후베이성과 후난성, 쓰촨성 등 남방 여러 성에서 활동했다. 신해혁명 당시 회원 수는 70여 명 정도였다.

하고 부랴부랴 동지들을 모았다. 그리고 그날 밤 12시에 봉기를 지시했다. 하지만 루이청이 한발 빨랐다. 그는 즉각 계엄령을 선포하고 군경을 출동시켜 혁명파 거점들을 습격했다. 장이우를 비롯한 일부 간부는 피신했지만 30여 명이 체포되었다. 우창 신군에 대해서도 혁명파에 가입한 자들의 색출이 시작되었다. 혁명파 지도부는 봉기를 시도해보지도 못한 채 일망타진당한 셈이었다.

이튿날 아침 루이청은 운 나쁘게 붙들린 병사 셋을 본보기로 참수하여 성문 앞에 내걸었다. 우창의 모든 성문은 폐쇄되었고, 거리는 경계가 삼엄했다. 10일 아침, 병영에 남아 있던 슝빙쿵에게 봉기를 강행하라는 명령이 전달되었다. 전날 장이우가 내린 명령이 그제야 전달된 것이다. 그러나 거사를 지휘해야 할 동맹회 간부들은 모두 도망치거나 체포되었고 일반 병사들만 남아 있었다. 하지만 우물쭈물할 여유는 없었다. 슝빙쿵은 동지들에게 앉아서 죽느니 계획대로 봉기하여 싸우다 죽자고 했다.

루이청은 혁명파 회원 명부를 확보하고도 신속하게 움직이려 하지 않았다. 섣불리 탄압했다가 도리어 혁명파를 자극하여 사건이 커질까 겁을 냈기 때문이다. 청조 말기의 여느 관료들과 마찬가지로 그는 자기 보신에나 능할 뿐 위기 상황에 능동적으로 대처할 결단력이 없었다. 우물쭈물하는 와중에 혁명파 병사들이 우창봉기를 일으키자 루이청은 무책임하게도 부하들을 버리고 가장 먼저 도망쳤다. 그리고 군함을 타고 상하이로 달아났다. 그나마 베이징의 조정에 반란을 보고한 것이 유일한 공적이었다.

주먹구구식으로 시작된 우창봉기가 싱거울 만큼 손쉽게 성공한 비결은 현지 책임자였던 루이청과 장뱌오의 무능함 덕분이었다. 우한에 주둔한 1만여 명 신군 병사들 중 반란에 적극적으로 나선 사람은

1,000여 명도 채 되지 않았다. 나머지는 눈치만 보다가 상황이 유리해지자 가담하거나 마지못해 분위기에 휩쓸리는 식이었다. 게다가 변변한 지휘관도 없었기에 봉기 초반에 두 사람이 마음만 먹었다면 진압하는 것쯤은 식은 죽 먹기였지만, 이들은 지레 겁을 먹은 나머지 허둥대다가 도망쳐버렸다. 그나마 두 사람이 청조의 관료들 중에서는 가장 나은 축에 속하는 자들이라는 점에서 청조가 왜 망할 수밖에 없었는지 단적으로 보여준다. 미국에서 우창봉기의 성공을 들은 쑨원은 이렇게 말했다.

우창의 성공은 그야말로 뜻밖의 일이었다. 성공의 가장 큰 원인은 루이청이 달아났기 때문이다. 그가 달아나지 않았다면 장뱌오도 끝까지 버텼을 것이다. 우창 신군 중에서 혁명파 병사들은 대부분 쓰촨성으로 출동해 있었고 소수의 동지들만 남아 있었다. 그 소수가 모험을 감행하여 공을 세웠다. 하늘이 한족을 도왔기에 만주족을 멸망시켰다.

그러나 우창봉기의 성공이 그저 몇몇 무능한 청조의 관료들 때문이라고만 할 수 있을까. 청조가 건재하던 시절이었다면 어쨌든 혁명군은 버티지 못하고 진압되었을 것이다. 우창봉기가 성공할 수 있었던 이유는 민심이 청조에 등을 돌렸기 때문이다. 만주족의 보수 반동적인 정치에 불만을 품고 있던 향신鄕紳*과 상인들은 혁명군에게 적극적으로 동조하고 나섰다. 대표적인 인물이 후베이성 자의국 의장 탕화룽湯化龍이다. 그는 우창봉기가 일어난 이튿날 봉기의 성공과 청나라

---

* 한족 지방 사대부와 지주 계층.

의 죄상을 고발하는 성명서를 전국 각지로 발신했다. 또한 그때까지 변변한 통솔자가 없는 혁명군에게 제21혼성협의 통령統領인 리위안훙黎元洪을 총대장으로 추대할 것을 추천하고, 자신이 직접 리위안훙을 설득했다. 50여 년 전 참담한 실패로 끝난 태평천국의 난과 신해혁명의 운명이 전혀 달랐던 이유는 다름 아닌 향신 계층이 어느 편에 섰는가에 있었다.

비겁하게 달아나 청조 몰락의 단초를 제공한 루이청과 장뱌오 두 사람은 그 뒤 어떻게 되었을까. 조정은 루이청의 관직을 삭탈하되, 일단 처벌을 유예하고 반란을 진압한다면 용서하겠다고 했다. 그러나 잔뜩 겁먹은 그는 일본으로 망명했다. 신해혁명으로 청조가 무너진 뒤에야 상하이로 돌아온 루이청은 일본 조계에서 쓸쓸하게 살다가, 4년 후인 1915년 병으로 죽었다.

또 한 사람의 책임자인 제8진 통제 장뱌오는 혁명군을 피해 한커우의 자기 집 사당에 한동안 숨어 있었다. 위안스카이가 이끄는 중앙군이 내려온다는 보고를 듣고서야 슬그머니 나와 진압군에 참여했지만 패주했다. 신해혁명으로 청나라가 몰락하자 일본으로 망명했고, 이듬해에 귀국하여 톈진天津의 일본 조계에 은거했다.

장뱌오는 무능하기 짝이 없는 인물이었지만 청조에 대한 충성심만은 변함이 없었다. 13년 뒤 베이징정변을 일으킨 펑위샹이 마지막 황제 푸이를 자금성에서 내쫓자 갈 곳 없는 신세가 된 푸이를 자기 집으로 모셨다. 그는 아침저녁으로 푸이의 시중을 들면서 황제의 처소를 직접 청소했다. 이후 육군 중장 대우로 북양 정부의 군사고문을 맡기도 했지만, 장제스의 북벌군이 한창 북상 중이던 1927년 병사했다. 그가 죽은 뒤 경제적으로 곤란에 직면한 푸이는 일본의 회유에 넘어가 만주국 건설에 참여한다.

혁명의 확산

나중에 위안스카이의 뒤를 이어서 중화민국 대총통이 되는 리위안훙은 톈진의 북양수사학당北洋水師學堂*을 졸업한 인재였다. 청일전쟁 중에는 황해해전에서 1,300톤급 순양함 '광찌아廣甲'를 지휘했지만 격침당했다. 전쟁이 끝난 뒤 청조는 군사력을 재건하기 위하여 조정의 우수한 인재들을 구미와 일본 등지로 파견했다. 리위안훙도 후광 총독 장즈둥의 추천을 받아 일본에서 공부하는 한편 일본의 선진적인 군사 제도를 시찰했다. 이후 장즈둥을 도와서 후베이 신군 창설에 앞장섰고 제21혼성협의 통령이 되었다. 하지만 루이청이나 장뱌오와 마찬가지로 보수적이고 구태의연하면서 청조에 대한 충성심이 남아 있는 구시대의 사람이기도 했다. 이런 인물이 청조 타도에 동조할 리 없었다.

우창봉기가 일어났을 때 리위안훙도 장뱌오와 함께 반란군 진압에 나섰다. 그러나 루이청과 장뱌오가 도망치자 그 역시 달아나 부하의 집에 숨었다가 금방 병사들에게 발각되어 끌려나왔다. 그는 혁명군에 가담하라는 병사들의 협박과 회유에도 입을 굳게 다문 채 아무 말도 하지 않았다. 그러나 탕화룽이 설득하자 비로소 혁명군과 함께하기로 했다. 그는 자기 손으로 만주족의 상징인 변발을 잘랐다. 리위안훙은 후베이 군정부의 도독으로 추대되었다. 봉기 초반의 지휘관이던 우자오린은 참모장이 되었다. 오합지졸에 불과했던 혁명군도 드디어 군대

---

* 북양대신 리훙장(이홍장)이 북양함대에 필요한 장교를 양성하기 위하여 1881년 톈진에 설립한 해군사관학교. 14~17세 청소년들이 입교할 수 있었으며, 영국인 교관들에게 영어·수학·천문·해도·항해·측량·포술 등 서구의 지식을 배웠다. 교육 기간은 5년이었다. 4년 동안 이론교육을 받은 후 마지막 1년은 실제 항해에 나섰다. 푸저우에 있는 푸저우선정학당과 함께 양무운동 시절 중국의 대표적인 해군사관학교였다. 1900년 의화단의 난으로 톈진이 8개국 연합군에게 점령당하면서 북양수사학당도 포격으로 파괴되어 문을 닫았다. 20년 동안 210명의 졸업생을 배출했다.

● ── 후베이 군정부의 수장이 된 리위안훙. 신해혁명의 진정한 수혜자이자 행운아이기도 했다. 때마침 그가 있던 우창에서 혁명이 시작되지 않았더라면 평범한 일개 관료로 인생을 마감했을 것이다.

다운 모습을 갖추게 되었다. 가장 먼저 우창봉기의 선봉에 섰던 슝빙쿵은 일개 분대장에서 단숨에 제5협의 통령으로 승진했다. 원래 봉기군을 지휘하기로 했던 장이우와 쑨우는 피신해 있다가 봉기가 끝난 뒤에야 합류했고 리위안훙의 고문을 맡았다.

지방을 실질적으로 지배하는 향신들의 가세는 우창봉기를 단순한 반란에서 전국적인 반체제운동으로 확산시키는 데 결정적인 역할을 했다. 쑨원의 동맹회나 혁명군 병사들은 의욕만 앞설 뿐 경험도 없고 조직도 엉성하기 짝이 없었으며 봉기 이후의 혼란을 수습할 역량도 없었다. 하지만 탕화룽을 비롯한 우창의 향신들이 혁명파의 편에 서자 다른 지역의 향신들도 호응하여 반청혁명에 동참했다. 한커우 상단은 혁명군과 연합하여 우한의 치안 유지를 도왔다. 심지어 우창봉기에 참여하지 않았던 청군과 관청, 치안 조직도 향신들에게 설득되어 줄줄이 혁명군에 투항하거나 중립을 지켰다. 반란을 진압하라는 조정의 명령은 먹혀들지 않았으며, 우창봉기는 점차 주변으로 확대되었다.

우창봉기의 성공은 중국 밖으로도 전파되었다. 해외에서 공부하고 있던 사람들까지 그 소식에 고무되어 너도나도 귀국해서 혁명전쟁에 뛰어들었다. 그중에는 24세의 젊은 장제스도 있었다. 그는 일본의 도쿄진무학교東京振武學校*를 졸업한 뒤 일본군 제13사단의 견습 장교로 근무하면서 일본 육군사관학교 진학을 준비하고 있었다. 그러나 신해혁명이 일어났다는 소식을 듣자 육사 진학을 포기하고 당장 배에 올랐다. 장제스는 10월 30일 상하이에 들어와 혁명군에 참여했다.

물론 청 조정도 손 놓고 있지는 않았다. 어린 황제 푸이의 친아버지이자 조정의 섭정이었던 순친왕 짜이펑載灃은 즉시 육군대신 인창蔭昌에게 후베이성 모든 군대의 지휘를 맡기면서 반란을 진압하라고 명령했다. 10월 14일 군자사軍諮使(육군참모총장) 펑궈장馮國璋을 지휘관으로 중앙군 최강 부대인 북양 6진의 제1진과 제4진, 제5진이 출동했다. 진압군은 5만 명에 달했다. 무기와 장비, 훈련 어느 면에서나 혁명군을 압도했다. 이와 별도로 해군대신 싸전빙薩鎭冰이 지휘하는 해군 함대가 상하이에서 출동하여 창장長江(장강/양쯔강)을 거슬러 한커우로 향했다.

달아난 루이청을 대신하여 새로운 후광 총독에 임명된 사람은 북양

---

* 일본 참모본부장이었던 후쿠시마 야스마사福島安正 소장의 건의로 중일 양국의 우호를 위해 1903년 7월에 설립한 예비 군사학교. 도쿄 신주쿠 가와타초에 있었다. 주로 일본 사관학교 진학을 꿈꾸는 중국군 장교들이 입교했다. 교육 기간은 처음에는 1년 3개월이었다가 나중에 3년으로 늘어났고, 기초 군사 학문과 교양, 일본어를 가르쳤다. 졸업생 중에는 장제스, 허잉친, 차이어, 황푸, 옌시산, 쑨촨팡, 양위팅, 자오헝티 등 훗날 중국의 군사 실력자가 많았다. 1914년에 폐교되고, 지금은 그 자리에 도쿄여자의료대학이 있다.

군의 영수인 위안스카이였다. 3년 전 조정에서 쫓겨났던 그는 고향에 은거하면서 권토중래할 기회만 노리고 있었다. 하지만 짜이펑이 자신을 후광 총독에 임명했다는 소식을 듣고도 그는 조정에 나오지 않은 채 병을 핑계로 꼼짝도 하지 않았다. 자신의 몸값을 높일 속셈이었다. 당황한 짜이펑은 위안스카이를 달래기 위해 흠차대신欽差大臣**으로 지위를 격상하고 청나라 육해군의 모든 군권을 맡기겠다고 약속했다. 그제야 위안스카이도 무거운 엉덩이를 움직였다. 하지만 교활한 마음속에는 또 다른 꿍꿍이가 싹트고 있었다.

** 명청 시절 국가적으로 중요한 사안이 발생했을 때 황제의 특명을 받들어 지방 또는 외국에 파견된 전권대신.

2

몰락하는 제국

＼개혁과 좌절

우창봉기는 260여 년에 걸쳐 광대한 중국을 통치해온 만주족 천하가 끝장났음을 알리는 신호탄이었다. 하지만 지난 100여 년 동안 아편전쟁과 태평천국의 난, 의화단의 난 등 많은 부침을 견뎌온 청조가 어째서 고작 수십 명의 병사들이 일으킨 반란은 막지 못했을까. 우창봉기는 어떤 배경에서 일어났고, 어떻게 청조를 무너뜨렸는가. 이 점을 살펴보기 위해 시간을 조금 앞으로 돌려보겠다.

한때 세계에서 가장 강성했던 청나라는 아편전쟁을 시작으로 국운이 기울고 있었다. 장장 14년에 걸친 태평천국의 난은 중국의 절반을 초토화했다. 전쟁과 학살, 기근 등으로 죽은 사람이 어림잡아도 2,000만 명이 넘었다. 잇달아 일어나는 반란은 전 국토를 전쟁터로 만들었다. 대다수 중국인들의 삶은 비참했다. 그러나 무기력한 만주족 황실은 스스로의 힘으로는 상황을 헤쳐나갈 능력이 없었다. 서구 열강의 침탈이 더욱 가속화하면서 많은 영토가 외세의 손에 넘어갔다. 대규모 자본과 기계를 이용해 대량생산한 값싼 외국산 물품 앞에서 여전히 가내수공업 수준을 벗어나지 못했던 중국의 민족 산업이 큰 타격을 받는 등 청나라는 총체적인 위기에 놓여 있었다.

한편, 태평천국의 난은 지난 200여 년 동안 만주 귀족들의 수족 노릇에 만족해야 했던 한족을 중앙 정치의 핵심 세력으로 격상시켰다. 만주족도 더 이상 자신들의 역량만으로는 위기를 극복할 수 없다는 사실을 솔직하게 인정하고 권력의 일부를 한족에게 나눠주어야 했다. 그렇게 하지 않았다면 청조는 원나라의 전철을 밟아 한족이 일으킨 태평천국의 난으로 멸망했을 것이다. 리훙장李鴻章(이홍장)을 비롯하여 태평천국의 난에서 활약했던 일부 한족 관료들은 청조의 부흥을 위해 양무운동에 착수했다. 이들은 다 쓰러져가는 제국의 수명을 적어도 50년은 연장시켰다. 또한 땅에 떨어졌던 중국의 위상을 일시적이나마 회복하여 동아시아의 오랜 종주국으로서 조선과 베트남에 다시 영향력을 행사하기도 했다.

그러나 청일전쟁은 야심 찬 양무운동의 30년 성과를 무색하게 만들었다. 일본인들에게 청일전쟁은 임진왜란 이후 300년 만에 벌이는 국제 전쟁이었다. 하지만 조선-명나라 연합군에게 고전을 면치 못했던 그 시절과 달리 이번에는 일본군이 도처에서 청군을 격파했다. 서양의 무기로 무장한 청군의 최정예부대조차 상대가 되지 못했다. 아시아에서 가장 강력한 함대였던 북양함대는 규모 면에서 우세했음에도 압록강해전(황해해전)에서 완전히 괴멸했으며, 모항인 산둥성山東省의 웨이하이웨이威海衛는 일본군의 손에 넘어갔다. 조선을 정복한 일본군은 여세를 몰아서 압록강을 건넜고, 동양 최강의 요새로 불리던 뤼순旅順을 점령했다.

청군으로서는 매우 불리한 상황이었지만 그렇다고 절망적이지는 않았다. 일본군의 병참선이 지나치게 늘어나고 겨울이 닥치면서 진격이 점점 둔화했기 때문이다. 또한 식량을 조달할 수 없어 전염병과 기근에 허덕였다. 조선과 만주에서의 패전으로 청군은 1만 6,000여 명이나 되는 사상자를 냈지만 전체 병력에 견주면 대수롭지 않은 수였다. 또한 얼마든지 보충할 수 있었다. 청군은 각지에서 게릴라전으로 일본군을 괴롭혔다. 병참이 빈약한 일본군이 천하의 관문인 산하이관山海關을 돌파하고 베이징까지 진격할 가능성은 거의 없었다. 청조가 끝까지 싸우려고 마음먹었다면 아무리 청군이 형편없다고 해도 국력이 열세하고, 장기전 준비가 부족했던 일본은 결국 압록강으로 후퇴했을 것이다. 그리고 중국인들의 자존심을 건드리지 않는 적당한 조건으로 협상을 제안했을 것이다.

그러나 청조는 항전 대신 백기를 드는 쪽을 선택했다. 조정 내에 패배주의가 만연한 탓도 있지만 수구파 관료들이 그동안 눈엣가시로 여기던 리훙장을 끌어낼 호기로 여겼기 때문이다. 무사태평하고 이기적이기 짝이 없던 이들은 권력만 잡을 수 있다면 국가의 운명이 어찌 되건 알 바 아니었다.

1895년 4월 17일 리훙장과 이토 히로부미 사이에 시모노세키조약이 체결되었다. 대가는 컸다. 전쟁배상금은 이자를 제외하고도 2억 3,150만 냥(3억 5,000만 엔)에 달했다. 1894년 당시 8,300만 냥 정도였던 연간 세수의 약 3배였다. 아편전쟁의 배상금이 1,470만 냥에 불과했던 것에 비해 무려 15배가 넘었다. 청조도 이 엄청난 배상금을 한꺼번에 부담할 여력은 없었기에 7년 동안 8번에 걸쳐서 일본에 지불해야 했다. 일본 입장에서는 그야말로 횡재였다. 연간 8,500만 엔 정도였던 국가 세수의 4배이며 청일전쟁에서 지출한 총 전비 1억 9,600만

●— 청일전쟁 당시 평양성전투에서 일본군의 포로가 된 청군 병사들. 쌍방의 병력과 화력은 거의 차이가 없었지만, 구미 군대 못지않게 조직적으로 일사불란하게 싸우는 일본군과 달리 청군은 지휘부의 갈등에다 작전상의 혼선, 수백 년 전과 다를 바 없는 구식 전술 때문에 일부 부대의 용전에도 불구하고 괴멸했다. 전투는 무기만으로 하는 것이 아니라 사람이 하는 것이기 때문이었다.

엔을 충분히 보상하고도 남았다.

청일전쟁으로 청조는 하루아침에 '잠자는 사자'에서 '잠자는 돼지'로 전락했다. 이전에도 아편전쟁과 태평천국의 난, 양무운동의 차관 도입 등으로 상당한 재정적 압박을 받았지만 청일전쟁의 패전에 비할 바가 아니었다. 양무운동 30년 동안 해외에서 빌린 차관은 800만 냥에 불과했다. 그중 76퍼센트는 지방의 채무였다. 아편전쟁의 배상금을 포함하여 모든 채무를 합해도 4,000만 냥 정도였다. 그러나 청일전쟁 중에 지출한 군비와 배상금은 무려 6억 냥에 달했다. 산술적으로 계산해도 20년 동안 매년 최소한 3,000만 냥 이상을 지출해야 한다는 의미였다. 그런대로 건실하게 유지되던 재정은 파산 직전에 내몰렸다. 더욱이 근대적인 금융제도가 없었던 청조는 국내에서 돈을 마련할 수 없어 관세와 이금세釐金稅(국내 통행세)를 담보로 높은 이자를 주고 열강으로부터 빌려야 했다.

리훙장이 야심 차게 건설한 북양함대는 하루아침에 전멸했다. 격침을 면한 군함들도 전리품으로 끌려갔다. 일본군에게 노획된 군함, 무기, 대포, 탄약, 군수품, 식량을 합하면 1억 냥이 넘었다. 동북에서의 군사력은 완전히 와해되어 러시아의 남하와 일본의 북상에 대응할 능력을 잃었다. 또한 타이완과 평후澎湖열도, 랴오둥遼東(요동)반도를 할양해야 했다.

청조의 권위가 땅에 떨어지면서 반청운동은 각계각층으로 확산되었다. 대표적인 인물이 하와이에서 흥중회興中會를 조직한 쑨원이었다. 그는 청일전쟁 직후인 1895년 10월 광저우廣州에서 반란을 일으키려다 실패한 뒤 일본으로 건너가 젊은 중국인 유학생들 사이에 혁명사상을 전파하고 반청봉기를 선동했다.

캉유웨이康有爲를 비롯한 많은 한족 지식인들은 패전의 책임을 모두 서태후에게 돌렸다. 청일전쟁을 목전에 두고 제2차 아편전쟁 당시 파괴되었던 이허위안頤和園(이화원)의 재건과 서태후의 60세 생일을 축하한다는 명목으로 약 200만 냥에 달하는 해군 예산을 쓰는 바람에 리훙장이 신형 군함의 구매를 취소했다는 이유 때문이었다. 이들의 비판이 전적으로 틀렸다고 할 수는 없지만 엄밀히 말하면 초점이 빗나갔다. 서태후의 생일잔치와는 상관없이 북양함대의 예산은 청일전쟁이 일어나기 몇 년 전부터 크게 줄어들고 있었다. 청나라가 1870년부터 1890년까지 20년 동안 해군력 건설에 투자한 돈은 은화로 약 1억 냥에 달했다. 일본은 문무 관료들의 봉급을 10퍼센트씩 일괄 절감하고 대대적인 모금운동까지 벌였음에도 겨우 6,000만 냥(9,400만 엔)을 투자했을 뿐이다. 북양함대는 일본 해군보다 월등히 우세했으며, 특히 7,300톤급 장갑순양함 딩위안定遠과 전위안鎭遠은 동아시아 최강의 전함으로, 일본에게는 그야말로 두려움의 존재였다. 그러니 서태후가 얼마간의 돈을 엉뚱한 데 썼다고 단순히 그 때문에 전쟁에 패했다고 말할 수 있을까. 애초에 서태후의 적극적인 후원이 없었다면 북양함대는 존재할 수도 없었다.

전쟁이 일어났을 때 딩위안과 전위안의 305mm 거포에는 포탄이 각각 1발과 2발, 도합 3발이 남아 있었다. 게다가 그중 2발은 탐욕스러운 납품업자가 포탄 장약에 화약 대신 진흙을 채워넣어 아무런 쓸모도 없었다. 뒤늦게 탄약 재고가 없다는 보고를 받은 리훙장이 부랴부랴 포탄을 구입하라고 지시했지만 실행되지 않았다. 만주족 귀족들이 한족인 리훙장에게 지나치게 권력이 집중될까 두려워 훼방을 놓았기 때문이다. 북양함대의 위용은 일본뿐 아니라 만주족 귀족들에게도 두려움의 대상이었던 것이다.

또한 조정 내 양무파와 완고파의 갈등, 아편에 찌들어 있던 병사들과 근대 전술에 어두운 지휘관들, 청조 해군을 양분하고 있던 북양수사학당 출신과 푸저우선정학당 출신 간부들의 파벌 싸움, 리훙장의 전략적 지도 능력 결여, 능력보다는 출신 배경과 윗사람과의 친분을 중시하는 중국 특유의 측근 인사, 관료들의 뿌리 깊은 태만과 부정부패 등 설령 서태후가 생일잔치를 하지 않았다고 한들 청군에게 승산은 없었으리라.

리훙장은 그나마 조정에서 가장 유능한 관료였지만 진정한 의미의 개화 정치인은 아니었다. 오히려 유교적인 사고의 테두리를 벗어나지 못한 구식 정치가에 가까웠다. 그의 방식은 서양 그 자체를 배우기보다 구체제의 전통을 깨뜨리지 않는 선에서 조정이 필요한 것만 선별적으로 수용하는 식이었다. 그런 점에서 "흰 고양이든 검은 고양이든 쥐만 잘 잡으면 된다"며 실사구시적인 사고를 강조했던 덩샤오핑에는 비할 수 없었다. 다른 양무 대신들도 마찬가지였다. 서구를 배우자면서도 중국과 서구가 어떻게 다른지, 서구보다 무엇이 뒤처졌는지, 무엇을 배워야 하는지 알지 못했다. 중국 밖을 나가본 적이 없었기 때문이다. 일본이 메이지유신 직후 이와쿠라 사절단*을 조직하여 2년에 걸쳐 구미 각국의 발전상을 눈으로 보고 몸으로 체험했던 것이나, 덩샤오핑이 정권을 잡은 뒤 일본과 서방을 몸소 돌아보고 개혁개방의 방향을 잡았던 것과는 대조적이었다. 청조 관료들은 최신 소총이나 대포, 군함처럼 눈에 보이는 것에만 관심을 두었다.

대표적인 예가 1894년 후베이성 우한의 한양 다바산에 설립된 중국 최초의 근대 제철공장인 한야평공사漢冶萍公司였다. 양무 4명신 중한 사람인 장즈둥이 건설한 한야평공사는 1901년에 문을 연 일본 야와타제철소八幡製鐵所보다 7년이나 먼저 건설됐으며 중국 최대의 제철공장이자 양무운동의 상징이기도 했다. 하지만 겉보기에만 그럴듯할 뿐 내실이 없었다. 가장 큰 문제는 그곳이 제철소를 지을 자리가 아니라는 점이다. 부지 위치가 홍수에 취약한 저지대였기 때문이다. 홍수를 막기 위해 건설 과정에서 주변의 땅을 메우느라 30만 냥이나 되는 비용이 추가되었다. 또한 가까운 곳에서 원료와 연료를 확보할 수 없

---

* 메이지유신 직후 일본 신정부가 서구와의 불평등조약 개정과 근대화에 필요한 정보 수집을 위해 파견한 대규모 해외 사절단. 사절단은 외무대신 이와쿠라 도모미岩倉具視를 전권대사로 107명에 달했으며, 기도 다카요시木戸孝允, 오쿠보 도시미치大久保利通, 이토 히로부미 등 정부 주요 인사들도 포함되었다. 이들은 1871년 12월 23일 요코하마를 출발해 미국과 영국·프랑스·독일·러시아 등 12개국과 동남아에 있는 유럽 식민지까지 돌아본 후 근 2년 만인 1873년 9월 13일 귀국했다.

어 수백 킬로미터 떨어진 곳에서 값비싼 운임을 주고 석탄과 코크스를 수송하거나 해외에서 수입해야 했다. 운영하면 할수록 부채만 끝없이 늘어났다. 결국 장즈둥도 2년 만에 두 손 들고 민간에 넘겼다. 이런 공장에 무슨 경쟁력이 있을 것인가. 1912년에 이르면 누적 부채가 2,400만 냥에 달하면서 일본으로 경영권이 넘어갔다. 철 생산품의 절반 이상이 일본으로 수출되었고, 일본제 무기와 군함을 생산하여 나중에 중국을 침략하는 데 사용되었다.

장즈둥이 하필이면 이런 곳을 고른 이유는 오직 한 가지였다. 한양이 자신의 정치 근거지였기 때문이다. 그 밖의 다른 점은 알 바가 아니었다. 공장을 하나 짓더라도 부지 선정부터 자금 확보, 원료와 연료 수송, 제품 판매, 생산 비용과 이윤 계산 등 치밀한 사전 준비와 계획이 필요한 법이다. 그러나 자본주의나 경제, 경영에 관한 기초 상식조차 없다보니 주변의 조언과 정치적인 판단만 앞세워 나중에야 어찌되건 일단 짓고 보자는 식이었다.

양무운동의 성과란 대부분 이런 식이었다. 막대한 예산만 낭비했을 뿐 효율성이 없었다. 거액의 적자에 허덕이다가 결국에는 민간이나 외국 자본으로 넘어갔다. 그나마 면제품 같은 경공업은 그럭저럭 유지할 수 있었지만 외세의 침략에 대항하고 부국강병에 필요한 중공업 육성은 대부분 실패로 끝났다. 중국군의 근대화에 필요한 무기와 군함은 대부분 해외에서 수입했고 극히 적은 양만 국내에서 조달할 수 있었다. 또한 일본처럼 무기의 국산화에 성공한 사례도 없었다. 가장 기본적인 소총조차 외국 제품의 라이선스에 의존했다.

양무운동의 한계는 황제나 조정이 아니라 서구화의 필요성에 공감하는 몇몇 한족 관료가 개인적으로 추진했다는 점이다. 따라서 통일성이 결여되고 체계적이지 못했다. 또한 이들의 노력은 조정 내 보수파의 완강한 반발에 부딪히기 일쑤였다. 특히 철도 건설은 격렬한 논쟁으로 이어졌다. 철도는 전국을 연결하여 대량의 원료와 제품을 값싼 비용으로 운반함으로써 국내 경제의 발전을 촉진할뿐더러 유사시 군대를 신속하게 수송하는 데 꼭 필요했다. 서구에서 산업혁명이 일어날 수 있었던 것도 철도가 있었기 때문이다.

아편전쟁의 발단이 된 흠차대신 린저쉬林則徐(임칙서)는 청조의 관료로는 처음으로 서양 문물에 눈뜬 사람이다. 그는 영국의『지리백과사전An Encyclopaedia of Geography』을 번역한『사주지四洲志』에서 철도를 이렇게 소개했다. "수운이 통하지 않는 지역이라도 기차를 통해 육상으로 화물을 수송할 수 있다. 한 시간에 20~30리를 달리고 산맥을 관통한다. 기차는 막대한 인력의 소모를 줄일 수 있다." 태평천국의 지도자 중 한 사람이었던 홍런간洪仁玕(홍인간)도 철도에 주목하고 "전국 21개 성에 21개의 간선철도를 건설하자"고 주장했다.

중국에 철도가 처음 등장한 때는 1865년 8월이었다. 월터Duranty Walter라는 영국인 기업가가 베이징 쉬안우먼宣武門 밖에서 길이 500미터의 철도를 건설하고 소형 기관차를 시운전했다. 그러나 기관차가 내는 요란한 소리에 사람들이 놀라면서 한바탕 소동이 벌어지자 조정은 보군통령아문步軍統領衙門*을 시켜서 죄다 철거했다. 1876년 2월에는 상하이의 영국계 무역회사 이화양행怡和洋行이 석탄 수송을 위하여 상하이와 우쑹吳淞을 연결하는 철도를 건설했다. 길이는 약 15킬로미터로 중국 최초의 상업용 철도였다. 그러나 철도가 지맥을 끊어서 풍수지리를 망친다고 믿은 주민들의 저항에 부딪히면서 민란까지 일어날 지경이 되었다. 결국 조정은 8개월 만에 28만 5,000냥에 철도를 매

---

* 베이징의 경비와 치안을 맡은 팔기 부대로, 우리로 치면 수도방위사령부에 해당한다.

입한 뒤 모조리 철거하여 바다에 내다버렸다.

1881년 6월에야 리훙장의 주도로 즈리성直隸省(지금의 허베이성)에서 탕산唐山과 쉬거좡胥各莊을 연결하는 길이 9킬로미터의 탕쉬철도唐胥鐵道가 개통되면서 중국에 철도 시대가 열렸다. 그러나 그 후로도 철도 건설은 여전히 지지부진했다. 1881년부터 1894년까지 14년 동안 건설된 철도는 447킬로미터에 불과했다. 반면 구미 열강은 철도 확장에 혈안이었다. 1896년 기준으로 미국은 29만 킬로미터, 영국은 3만 3,600킬로미터, 프랑스는 4만 킬로미터, 일본은 3,700킬로미터를 건설했다. 중국과는 비교할 수조차 없었다. 또한 중국이 직접 건설한 철도는 20퍼센트에 불과하고 80퍼센트는 서구의 자본으로 건설되었기에 철도 소유권도 대부분 서구가 쥐고 있었다.

리훙장을 비롯한 양무 대신들은 철도의 필요성을 절감했지만 조정에 상주할 때마다 격렬한 논쟁과 우여곡절을 겪어야 했다. 보수파는 철도가 중국에는 맞지 않으며 풍수지리를 믿는 백성들의 폭동을 불러올 수 있고, 철도를 건설해봐야 오히려 서양인들이 중국 내륙으로 마음대로 오갈 수 있게 되어 외세의 침략을 더욱 부추긴다고 주장했다. 전적으로 틀렸다고만 할 수는 없지만 아무런 대안 없이 무작정 두려워하고 배척했다는 점에서 결국 중국의 가장 큰 걸림돌은 다름 아닌 중국인 자신이었다.

양무 대신들끼리도 서로를 정치적 경쟁 상대로만 여길 뿐 초당적인 협력을 거부했다. 그러나 이들이 설사 힘을 모으려고 했어도 도리어 황실과 만주족의 강력한 탄압에 직면했을 것이다. 나태하고 무능하기 짝이 없는 만주족은 중국의 장래보다 한족 관료들을 견제하기 급급했다. 자신들의 부귀영화만 지킬 수 있다면 다른 것은 아무래도 좋았다. 따라서 한족의 힘으로 중국이 부강해져서 천하를 한족에게 내주기보다는 차라리 외세에 기대는 편이 더 낫다는 식이었다. 사정이 이러하니 설령 덩샤오핑이 있었다고 한들 청조의 명줄을 늘리지는 못했으리라. 쑨원은 만주족의 이기적이고 근시안적인 행태에 대해 "차라리 친구에게 줄망정 머슴에게는 주지 않는다는 속담처럼, 천하가 한인들의 손아귀에 넘어갈까 두려워 중국의 영토와 주권을 외세에 넘겨주었다"고 비판했다.

\의화단의 난

청일전쟁에서 패배한 이후 청나라는 공전의 위기에 놓였다. 중국 앞바다를 지키던 북양함대는 해체되었다. 전투에서 목숨을 건진 장교는 파면되고, 병사들도 해산되었다. 그런데 조정의 감정적인 처벌은 도리어 자신의 앞바다를 무주공산으로 만들었다. 일본이 청일전쟁의 보상으로 타이완과 평후열도를 차지하자 다른 열강까지 너도나도 중국 분할에 뛰어들었다.

아편전쟁에서 승리해 홍콩을 할양받은 영국은 홍콩 북단의 신계新界와 주룽九龍반도 그리고 북양함대의 사령부가 있던 산둥반도 끝자락의 항구도시 웨이하이웨이를 차지했다. 칭다오와 자오저우만膠州灣은 독일에, 광둥성廣東省 남쪽의 광저우만은 프랑스에 넘어갔다. 러시아는 뤼순을 차지하고 남하 정책의 거점으로 삼기 위하여 대규모 군항과 요새를 건설했다. 중국의 주요 도시와 전략적 요충지, 항구를 모조리 열강이 차지하면서 청나라는 해군 재건은커녕 군함을 정박할 항구조차 제대로 확보할 수 없었다.

그나마 체면을 세울 수 있었던 유일한 사건은 1899년 이탈리아의 침략을 저지한 일이다. 열강이 중국 분할에 나서자 이탈리아도 여기에 끼어들어 한 조각 차지할 욕심으로 6척의 군함으로 편성된 함대를

●― 프랑스 언론 『르프티주르날Le Petit Journal』의 1898년 1월 16일 삽화 '왕과 황제들의 파이'. 영국의 빅토리아 여왕, 독일의 빌헬름 2세, 러시아의 니콜라이 2세가 칼을 들고 중국이라는 파이를 놓고 서로 싸우고 있고, 일본도를 옆에 둔 일본 사무라이는 표독스러운 표정으로 생각 중이다. 그 뒤에서 온화한 표정으로 바라보는 여성은 프랑스를 상징한다. 열강의 먹이가 된 중국의 현실을 묘사한 상징적인 그림이다.

파견했다. 그리고 저장성浙江省의 요충지인 싼먼만三門灣의 조차를 요구하며 해상에서 무력시위를 벌였다. 이들의 행패는 청나라로서도 뜻밖이었다. 이탈리아는 아두와전투에서 에티오피아군에게마저 크게 참패하고 치욕적으로 쫓겨나면서 '유색인종에게도 진 나라'라고 웃음거리가 되는 등, 열강 축에 낄 만한 나라도 아닌 데다 중국에 이렇다 할 이해관계도 없었기 때문이다.

청일전쟁 이래 열강이 호시탐탐 우리의 영토를 차지하려고 기회를 노리며 우리를 핍박하고 있다. 이제는 소국까지 무분별하게 덤벼드니 힘으로 대적하지 않으면 어떻게 국가를 지킬 수 있겠는가?

청조의 대신들은 이전의 무력한 모습과는 달리 이탈리아가 무력을 사용할 경우 결전을 불사하기로 결정하는 등 초강경으로 대응했다. 충분한 준비 없이 시류에 편승하여 재미를 보려고 했던 이탈리아는 약 10개월이나 대치한 끝에 망신만 당하고 물러났다.

중국이 청일전쟁에서 일본에 패배한 이유는 결코 군사력의 열세 때문도, 재정의 빈약함 때문도, 국력의 열악함 때문도 아니다. 오히려 일본은 철강, 석탄, 근대 공업 등 전반적인 국력에서 중국보다 열세에 있었다. 바꾸어 말하면 패배의 원인은 다른 곳에 있다는 얘기이다. 캉유웨이, 량치차오梁啓超, 탄쓰퉁譚嗣同 등 명망 있는 한족 지식인들은 중국이 살아남으려면 일본의 메이지유신처럼 정치와 사회 구조 전반에 걸친 대대적이고 급진적인 개혁을 추구해야 한다고 주장했다.

광서제는 이들의 건의를 받아들여 1898년 6월 11일 '무술변법戊戌變法'을 선언하고 정치, 사회, 교육 전반에 걸친 개혁에 나섰다. 특히 서구를 따라잡으려면 단순히 서구식 무기만 도입할 것이 아니라 인재를 양성해야 한다는 데 인식을 같이했다. 가장 먼저 국자감이 폐지되고 중국 최초의 서구식 대학인 경사대학당京師大學堂(지금의 베이징대학)이 설립되었다. 변법파는 수도를 상하이로 옮기고 황제가 앞장서 변발을 자를 것, 연호를 바꿀 것을 건의했다.

그러나 광서제의 개혁 정책은 얼마 지나지 않아 강력한 반발에 직면했다. 서태후를 비롯한 조정의 보수파 관료들이 반격에 나선 것이다. 사실 서태후는 광서제에게 권력을 빼앗길까 두려워했지 변법變法

(제도를 개혁한다는 뜻) 그 자체를 반대한 것은 아니었다. 하지만 궁지에 몰린 변법파는 군대를 동원하여 쿠데타를 일으킬 생각으로 성급하게 위안스카이에게 접근했다. 이들의 가장 어리석은 선택이었다. 위안스카이는 서태후와 광서제를 놓고 저울질하다가 결국 서태후의 편을 들기로 했다. 도저히 승산이 없었기 때문이다. 광서제는 연금되었고, 캉유웨이와 량치차오 등 변법파 지도자들은 해외로 피신하거나 체포되어 참혹하게 처형당했다.

변법파의 몰락은 조정 내 권력 싸움에서 보수파에게 패한 탓이지만, 그보다는 전통적인 질서에 익숙했던 중국 사회의 지지를 받지 못했기 때문이다. 조정 관료들은 물론이고 지방을 장악하고 있던 향신 세력 역시 매우 보수적이었으며, 서구 열강의 침략과 기독교의 유입에 깊은 증오심을 품고 있었다. 결과적으로 변법은 자강은커녕 국론을 더욱 분열시켰다. 외세에 대한 배척은 '의화단의 난'으로 폭발했다.

의화단義和團이란 18세기부터 산둥성과 허난성河南省, 장쑤성江蘇省 등지에서 활동한 종교적 비밀결사 조직이다. 교리는 유교와 불교, 도교 등이 뒤섞여 있었다. 신도들은 『서유기』에 나오는 손오공, 저팔계 따위를 신으로 숭상하면서 자신을 보호하고 외세에 맞선다는 명목으로 무술을 익혔다. 또한 교회를 공격하고 선교사를 살해하기도 했다. 조정에서는 이들이 어떤 교리에 따라 활동하건 묵과할 수 없는 노릇이었다. 백련교도나 태평천국의 난처럼 조직화하여 무서운 세력이 될 경우 언제라도 이들의 칼끝이 조정을 향할 수 있었기 때문이다. 하지만 엄격하게 단속했던 처음과 달리 청일전쟁에 패하면서 조정의 힘으로는 더 이상 외세를 몰아낼 수 없게 되자 관료들 중에도 의화단에 동조하는 자들이 점차 늘어났다.

1900년 6월 20일에는 베이징에서 독일 전권대사인 폰 케틀러^{Von} ^{Ketteler} 남작이 의화단원에게 살해당하는 사건이 일어났다. 안 그래도 서태후는 서구 열강이 자신을 끌어내리고 광서제를 복귀시키려 한다는 정보를 듣고 분노하고 있었기에 상황은 최악으로 치달았다. 다음 날 서태후는 선전포고를 하고 베이징의 각국 공사들에게 24시간 내에 무조건 중국을 떠나라고 통보했다. 또한 의화단원들을 베이징으로 끌어들였다. 그러나 조정 내에서 충분한 논의 없이 이루어진 서태후의 이러한 즉흥적인 결정은 산소호흡기를 단 채 간신히 연명하던 청조에 죽음의 선고를 내린 것이나 다름없었다.

'부청멸양'을 외치며 베이징으로 들어온 의화단은 20만 명이 넘었다. 서태후의 비호를 받은 의화단은 조정을 상대로 그동안 의화단을 탄압하거나 외세와 가까웠던 관료들을 처벌하고 배외적인 인물로 교체할 것을 요구했다. 특히 무위전군을 지휘하는 녜스청聶士成은 의화단 탄압에 앞장섰기 때문에 양측의 감정은 극도로 나빴다. 연합군이 톈진을 침공하자 녜스청은 의화단 진압을 중지하고 쑹칭宋慶과 함께 톈진 방어에 나섰지만 의화단은 오히려 그를 공격했다. 녜스청은 앞에는 연합군을, 뒤로는 의화단을 놓고 싸우다가 의화단원들의 습격을 받아 전사했다.

무위후군을 지휘하는 둥푸샹董福祥은 처음부터 조정이 의화단과 손잡아야 한다고 주장했다. 그는 서태후가 서구 열강에 선전포고를 한 뒤 베이징으로 들어와서 외국 조계가 있는 둥자오민샹東交民巷 공격을 지휘했다. 하지만 의화단은 농민과 무뢰배들이 종교를 구심점으로 뭉쳤을 뿐, 제대로 된 지도자가 없고 오합지졸에 불과하여 제멋대로 행동하기 일쑤였다. 수십만 명의 청군과 의화단이 포위하고도 한 줌밖에 안 되는 외국 경비대조차 제압하지 못한 채 두 달에 걸쳐 지루한 싸움이 벌어졌다.

그사이 군함 50척과 병력 2만 명으로 구성된 8개국 연합군(팔련군)이 톈진에 상륙한 뒤 베이징으로 진격했다. 톈진에 배치된 중국 해군은 싸우지도 않고 손을 들었고, 청군과 의화단은 패주하여 사방으로 흩어졌다. 8월 13일, 베이징은 연합군의 손에 넘어갔다. 둥푸샹은 서태후와 광서제, 조정 대신들을 호위하여 시안西安으로 도주했다. 서태후는 적의 눈을 피하기 위해 낡은 옷을 입고 시골 아낙네처럼 변장해야 했다. 이때의 상황은 할리우드에서 만든 고전 영화 〈베이징의 55일55 Days At Peking〉과 중국에서 제작된 공리 주연의 〈서태후〉가 서로 각자의 처지에서 묘사한 점을 비교해가며 보면 무척 재미있을 것이다.

열강은 서태후를 비롯한 전범들을 처형할 것과 10억 냥에 이르는 배상금 지불, 외국군의 주둔을 요구했다. 2만 명 정도였던 연합군은 꾸준히 늘어나면서 1년 뒤에는 12만 8,700명에 달했다. 이들은 베이징 주변에서 의화단을 소탕한다는 명목으로 온갖 학살과 약탈을 저지르고 수많은 보물을 가져갔다. 약 1년 동안 살해된 중국인은 어림잡아 100만 명을 넘는 것으로 추산된다. 또한 동북에서는 16만 명의 러시아군이 남하하여 만주를 점령했다.

1901년 9월 7일 신축조약이 체결될 때까지 중국의 수도는 열강이 좌지우지했다. 조정의 원로인 리훙장이 나서서 기나긴 협상을 벌인 끝에 신축조약을 맺고 간신히 이들을 돌려보낼 수 있었다. 그 대가로 4억 5,000만 냥*의 배상금을 지불해야 했다. 중국 인구가 4억 5,000만

---

* 의화단의 난이 일어난 1900년이 경자년이어서 '경자배상庚子賠款'이라고도 한다. 배상금은 러시아가 28.97퍼센트, 독일이 20.02퍼센트, 프랑스가 15.75퍼센트, 영국이 11.25퍼센트, 일본이 7.73퍼센트, 미국이 7.32퍼센트, 이탈리아가 5.91퍼센트, 벨기에가 1.89퍼센트, 오스트리아가 0.89퍼센트, 네덜란드가 0.17퍼센트, 그 밖의 국가가 0.1퍼센트를 각각 나누어 가졌다.

●── 의화단의 난 동안 팔련군의 포격으로 참혹하게 파괴된 베이징의 성곽.
몰락하는 청조의 운명을 단적으로 보여준다.

명 정도였으니 열강에게 '대든' 벌금이 1인당 1냥씩 부여된 셈이었다.
연 4퍼센트의 이자까지 합하면 약 9억 8,224만 냥에 달했다. 이 거금
을 청조는 장장 39년(1940년 만기)에 걸쳐 나누어 갚아야 했다. 주요
세수인 관세와 염세가 차압당했고 민중에게 가혹한 세금이 부과되었
다. 이 때문에 청조의 재정난을 한층 악화시켜 근대화를 가로막았으
며, 극심한 인플레이션과 경기 침체로 이어졌다. 결국 민중의 불만이
폭발하면서 신해혁명이 일어나게 된다. 하지만 청조가 무너진 뒤에도

위안스카이의 북양 정권은 신축조약과 청조 시절의 불평등조약을 계승하겠다고 선언했다. 열강의 심기를 건드리지 않기 위해서였다.

1차대전이 일어나자 중국으로서는 다행스럽게도 독일·오스트리아에 대한 배상금 지불이 중지되었다. 10월혁명으로 제정러시아가 붕괴된 후에는 러시아에 대한 배상금 지불 역시 중지되었다. 그러나 미국과 영국, 일본, 프랑스 등 다른 열강에 대한 배상금은 남아 있었다. 장제스가 북벌에 성공한 뒤 외교 교섭으로 일부 탕감되긴 했지만 여전히 연간 세출의 20퍼센트 이상을 차지했다. 중일전쟁이 일어나면서 배상금 지불은 중지됐지만 1902년부터 1938년까지 37년 동안 중국 정부가 실제로 지불한 액수는 6억 6,420만 냥으로, 전체 액수의 67.6퍼센트에 달했다.

일부는 학교를 건립하거나 중국인 유학생을 위해 쓰이기도 했다. 대표적인 예가 1911년에 미국이 설립한 칭화대학이다. 그러나 전체 액수에 견주면 미미했으며, 배상금을 완전히 탕감받은 때는 태평양전쟁 중인 1943년이었다. 장제스 정권은 루스벨트 행정부와 교섭하여 열강의 중국 내 모든 이권과 불평등조약을 폐기하는 데 성공하면서 굴욕적인 역사를 완전히 청산했다. 물론 먼 훗날의 일이다.

청조는 거액의 배상금 지불 이외에도 베이징과 톈진을 비롯한 중국의 주요 대도시와 전략적 요충지마다 외국 조계와 군대의 주둔을 받아들여야 했다. 조계는 중국의 주권이 미치지 못하는 치외법권 지역이었기에 영토를 열강에게 할양한 것이나 다름없었다. 특히 청조의 성지였던 동북은 러시아의 반半식민지로 전락했다. 러시아는 동북의 주요 도시를 관통하여 시베리아 횡단철도와 연결되는 둥칭철도東淸鐵道*를 건설하고 뤼순을 부동항으로 삼아 태평양함대를 주둔시켰다. 심리적인 충격은 더욱 컸다. 외세가 보여준 압도적인 힘은 중국인들의 자존심을 박살 낸 것은 물론이고 잊을 수 없는 공포심을 남겼다. 중국의 지도자들이 그토록 외세를 두려워한 것도 의화단의 난이 남긴 트라우마였다.

＼서태후는 여걸인가 악녀인가

의화단의 난 실패는 청조에게 결정타였다. 광대한 중국 대륙은 열강의 각축장으로 전락했다. 의화단만 믿고 성급하게 열강에게 선전포고한 것은 서태후의 최대 실책이었다. 군기대신 룽루榮祿와 위안스카이 등 많은 관료들이 반대했음에도 그녀의 오판은 결국 최악의 재앙으로 돌아왔다. 오늘날 중국에서 서태후에 대한 평가 또한 극과 극이다. 어떤 학자는 청나라는 어차피 '천명'이 다했으며, 그나마 서태후가 있었기에 조금이라도 더 오랫동안 존속할 수 있었다고 말한다. 그러나 푸이의 스승이었던 레지널드 존스턴을 비롯해 청조의 몰락을 가장 가까운 곳에서 지켜본 사람들과 대부분의 중국인들은 서태후가 제국의 마지막 숨통을 끊었다고 믿는다.

역사를 칼로 무를 베듯 이분법적으로 평가할 수는 없다. 『대륙의 딸』로 알려진 중국계 베스트셀러 작가 장융은 『서태후Empress Dowager Cixi』에서 그동안의 통념을 비판하고 그녀를 '난세의 여걸'이라며 칭송

---

* 중국 동북 지방을 관통하는 철도로 현재는 하얼빈철도라고 한다. 청일전쟁에서 청나라가 패배하자 러시아는 삼국간섭으로 일본을 견제하고 그 대가로 철도 부설권을 얻었다. 1897년 8월 공사에 착수하여 1903년 1월에 완공했다. 러일전쟁 중 러시아는 둥칭철도를 이용하여 대량의 병력과 물자를 수송했다. 그러나 러일전쟁에 패하면서 창춘 이남의 735킬로미터를 일본에 넘겨주었다. 이것이 일본이 대륙 침략의 첨병으로 활용한 남만주철도이다. 만주사변 이후 일본이 북만주까지 장악하자 소련 정부는 1935년 3월 23일 만주국과 북만철도 양도협정을 맺고 1억 4,000만 엔에 권리를 넘겼다. 태평양전쟁에서 일본이 패배하자 소련은 중소불가침조약에 따라 둥칭철도의 권리를 되찾았지만, 국공내전에서 마오쩌둥이 승리하면서 중소우호를 위하여 1952년 12월 31일 중국에 무상으로 넘겨주었다.

한다. 청 황실의 사내들은 하나같이 나약하고 무기력했다. 그들에게 견주면 서태후는 분명 여걸이었으며 강력한 지도력과 결단력을 갖추었다. 남성 중심의 봉건적인 풍토 속에서 여성인 서태후가 여러 경쟁자들을 물리친 뒤 조정의 실권을 쥐고 장장 47년이나 수렴청정을 할 수 있었던 이유는 그들 중에서는 그나마 가장 나았기 때문이다. 서태후는 청조의 마지막 구심점이었다. 리훙장이 완고한 관료들의 반발을 무릅쓰고 반쪽짜리 개혁이나마 밀고 나갈 수 있었던 것도 서태후 덕분이었다. 그녀가 있었기에 청조가 지탱되었다는 사실은 부정할 수 없으며, 서태후가 죽자 청조 또한 몰락했다. 만약 그녀가 없었다면 청조는 일찌감치 껍데기로 전락하거나 역사 속으로 사라졌을 것이다.

한편으로, 서태후는 청나라를 소생시키지 못한 채 꺼져가는 생명을 조금 더 연장시켰을 뿐이다. 아무리 재능이 뛰어났다고 한들 결코 시대를 앞서가는 신여성은 아니었다. 오히려 자금성 깊숙한 곳에 갇힌 채 세상 돌아가는 데 어둡고 무지몽매한 노파였다. 또한 중국의 운명보다 자신의 권좌를 우선시하는 보수 반동적인 정치가이기도 했다. 광서제의 개혁에 반발하여 쿠데타를 일으키고 변법파 관료들을 잔혹하게 참수한 사람은 다름 아닌 그녀였다. 정치적인 감각과 노련함은 있었지만 과감한 정치 개혁을 통해 위기를 기회로 삼을 만한 역량은 없었다. 또한 온갖 사치와 향락으로 가뜩이나 피폐한 국가 재정을 함부로 탕진하여 민중의 원성을 샀다. 그녀의 한 끼 식비는 은화로 100냥에 달했다. 당시 일반 농민이 1년 동안 먹고살 수 있는 돈이었다고 하니, 그 호사스러움은 비할 바가 없을 것이다. 청조를 지탱한 것도 서태후였지만 청조를 무너뜨린 것 또한 서태후였다.

그렇지만 왕조가 멸망한 원인을 한 여인에게 죄다 뒤집어씌우는 것이 과연 공정한 평가라고 할 수 있을까? 서태후는 오랫동안 청조의 몰락을 초래한 반동의 전형으로 지탄받았지만 실제로는 개혁을 지지했으며, 청말의 자강운동은 그녀의 후원이 있었기에 가능했다. 의화단의 난 이후에는 광서신정光緖新政을 선포하고 일련의 개혁 정책에 착수했다. 개혁 중에는 당시로서는 상당히 급진적인 내용들도 포함되어 있었다. 청조가 10년을 더 갈 수 있었던 이유는 이 덕분이었다. 개혁의 진짜 걸림돌은 서태후가 아니라 조정을 장악하고 있던 대다수 관료들과 청조 그 자체였다. 뛰어난 통찰력과 리더십을 갖추어 '동양의 비스마르크'라 불렸으며 이토 히로부미에도 견줄 만한 리훙장조차 시대의 벽을 넘어서기에는 역부족이었는데, 하물며 서태후가 무엇을 할 수 있었을까.

서태후가 죽은 지 꼭 70년 후 덩샤오핑은 개혁개방에 착수하여 비로소 신新중화제국의 부활을 실현하게 된다. 서태후와 리훙장이 그토록 꿈꾸었던 중국판 '메이지유신'이었다. 덩샤오핑의 개혁개방은 오늘날 중국인들에게 온갖 찬사를 받지만 엄밀히 말해 진정한 서구화는 아니다. 오히려 공산당의 지배 체제를 고수하면서 서구의 자본과 기술을 받아들이는 조건부 개방이라는 점에서 '중체서용中體西用'을 제창한 청조의 방식과도 어떤 의미에서는 일맥상통한다. 그렇다면 어째서 청조는 덩샤오핑처럼 성공하지 못했을까.

덩샤오핑이 개혁개방에 착수했을 때 외부의 관찰자들은 청나라가 그러했던 것처럼 공산주의 체제 또한 오래지 않아 무너지리라 예상했다. 하지만 그렇게 되지 않은 이유는, 덩샤오핑의 식견이 리훙장이나 서태후보다 뛰어나기도 했지만 마오쩌둥의 죽음과 문화대혁명의 후유증에도 불구하고 공산당의 지배력이 여전히 강력했기 때문이다. 보다 중요한 사실은 주변국들이 훨씬 우호적이고, 중국을 도울 준비가 되어 있었다는 점이다. 덩샤오핑이 성공할 수 있었던 것은 한 사람의 탁월한 리더십 때문만이 아니라 주변 여건이 안정된 덕분이었다.

서태후의 처지는 덩샤오핑보다 훨씬 불리했다. 서구 열강은 가뜩이나 빈사 상태였던 청조를 끝없이 닦달하고 내정에 간섭하며 벼랑 끝으로 내몰았다. 무모한 줄 알면서도 서태후가 의화단을 끌어들인 이유도 서구 열강이 중국의 마지막 자존심을 건드렸기 때문이다. 19세기 말 영국의 저명한 작가로 그 시절의 중국을 직접 돌아본 이사벨라 비숍 여사는 "열강이 개혁을 빙자하여 중국인들에게 너무나 급작스러운 변화를 강요하는 것은 청조의 붕괴를 부채질할 것"이라고 경고했다. 결국 비숍 여사의 말대로 된 셈이다.

서태후는 죽기 전 유언으로 "다시는 나처럼 여인이 정사에 나서는 일이 없도록 하라"고 했다. 자신의 어깨에 짊어진 운명의 무게가 스스로도 너무나 무거웠던 셈이다. 그것을 감당하기에는 역부족이었고, 그렇다고 자유롭게 벗어던질 수도 없었던 것이 그녀의 딜레마였다. 물론 서태후의 도를 넘은 사치와 실정은 변명의 여지가 없지만 그녀에 대한 평가는 당시의 상황과 공과를 구분해서 따질 일이다. '암탉이 울면 집안이 망한다'는 케케묵은 논리로 죄다 그녀 탓으로 뒤집어씌우는 것은 부당하지 않을까.

3

풍운아 위안스카이

＼광서신정

오랫동안 '천하의 중심'이라는 중화사상에 젖어 있던 청조도 수도가
외국 군대에 짓밟히자 비로소 정신이 번쩍 들었다. 충격은 아편전쟁
이나 청일전쟁에 비할 바가 아니었다. 만주족의 세상이 끝나는 것도
시간문제였다. 열강의 군대가 베이징을 점령하고 있던 1901년 1월 29
일, 서쪽으로 도망쳤던 광서제와 서태후는 샨시성陝西省 시안의 행궁에
서 전면적인 정치 개혁, 이른바 '광서신정'을 선언했다.

청나라의 마지막 개혁인 광서신정은 실권자였던 서태후가 주도한
까닭에 자희신정慈禧新政이라고도 한다. 광서신정은 '중체서용'이라 하
여 겉모습만 서구를 흉내 냈던 양무운동과 달리 그야말로 교육과 행
정, 산업, 관제, 민생, 조세 등 정치와 사회, 경제 전반에 걸친 전 방위
적 개혁이었다. 또한 양무운동은 몇몇 한족 관료가 주도했다면 광서
신정은 황실과 조정이 직접 나섰다. 이와 같은 개혁이 10년만 일찍 시

작되었더라도 이후의 역사가 어떻게 바뀌었을지 모른다. 광서신정의 최우선 과제는 군사 개혁이었으며, 개혁의 중심에 선 사람은 리훙장의 계승자인 위안스카이였다.

독자들 중에는 2001년에 방영된 KBS 드라마 〈명성황후〉에서 박진성 씨가 위안스카이 역을 맡아 뻔뻔하고 교활한 미소를 머금은 채 고종과 조선 조정을 들었다 놓았다 하던 장면을 기억할지도 모르겠다. 20세기 중국사에서 위안스카이는 결코 빼놓을 수 없는 인물이다. 신해혁명 이후 장제스가 통일할 때까지 치열하게 벌어진 군벌 내전은 위안스카이가 남겨놓은 유산이었기 때문이다.

시대가 낳은 풍운아 위안스카이는 허난성 샹청項城 출신이다. 집안은 매우 부유했으며 대대로 명문세도가이기도 했다. 부친 위안바오중袁保中은 벼슬을 하지 않았지만 태평천국의 난이 일어나자 의병을 조직하여 싸웠다. 일가친척 중에도 고관대작을 지낸 이들이 많았고 당대의 실력자 쩡궈판曾國藩(증국번)·리훙장과도 친밀했다. 그런 집안에서 태어났으니 요샛말로 하자면 '푸얼다이富二代(금수저)'인 셈이다. 젊은 시절 위안스카이는 무위도식하면서 놀기만 좋아하는 한량이었다. 과거 시험에도 번번이 낙방하다가 포기했을 정도로 부잣집 망나니 도련님이었다. 관료가 아니라 군인이 되기로 결심한 그는 집안의 연줄을 이용해 숙부의 의형제이자 칭군慶軍*의 우두머리였던 우창칭吳長慶 휘하에 들어갔다.

위안스카이가 출세의 기회를 잡은 것은 조선에서 일어난 임오군란 덕분이었다. 임오군란은 엄연히 조선 내부의 문제였다. 그런데 양무

---

* 리훙장 휘하의 회군 중 하나로 태평천국의 난 당시 우창칭이 산둥성에서 조직했다. 임오군란과 갑신정변 당시 조선에 출병했으며, 청일전쟁 당시 진저우에서 주둔 중 일본군과 싸우다 전멸했다.

운동을 통해 동아시아의 종주국이라는 자신감을 어느 정도 회복한 청조는 오랫동안 번국으로 취급했던 조선에서 병란이 일어나자 일본 세력을 몰아내고 땅에 떨어진 위신을 되찾을 기회로 여겼다. 우창칭은 조선 군무대신으로 임명되어 4,000여 명의 청군을 이끌고 출동했다. 그중에는 23세의 젊은 위안스카이도 있었다.

위안스카이는 근대적인 군사교육을 받은 적도 없고 군인으로서의 역량도 그다지 뛰어나지 않았다. 그 대신 총명한 두뇌와 사교적인 성격, 뛰어난 정치적 수완을 갖추고 있었다. 특히 임오군란과 갑신정변을 재빨리 진압하고 조선을 청나라에 종속시킨 것은 전적으로 그의 공이었다. 그는 조선의 내정에 간섭하면서 총독 행세를 했다. 고종과 조선의 대신들은 청나라의 굴레에서 벗어나려고 온갖 애를 썼지만 기민하고 능수능란한 위안스카이 앞에서 꼼짝할 수 없었다.

청나라는 위안스카이를 앞세워 조선의 정치와 경제를 빠르게 잠식했다. 임오군란 이전만 해도 조선 경제는 일본이 장악하고 있었다. 수입의 85퍼센트 이상을 일본 제품이 차지한 반면, 청나라 제품은 겨우 15퍼센트에 불과했다. 그러나 위안스카이가 조선으로 온 후 청나라의 영향력이 급격히 커지면서 청일전쟁 직전인 1893년에는 거의 대등한 수준까지 성장했다. 임오군란부터 청일전쟁 직전까지 조선과 청의 무역 규모는 무려 96배나 증가했고 청나라는 조선에서 막대한 무역 흑자를 냈다. 베트남이나 타이완 등 다른 지역에서 굴욕을 당하던 모습과는 대조적이었다. 그러나 조선에서 완전히 밀려나기를 원치 않았던 일본이 결국 무력으로 승부를 내기로 하면서 청일전쟁이 일어났다. 위안스카이는 일본군에게 체포되기 직전에 겨우 도망쳤다. 청군은 막강한 일본군에게 연전연패하며 조선에서 쫓겨났다. 1884년 갑신정변 때만 해도 청군 앞에서 무기력하게 무너졌던 일본군은 10여 년 만에 정반대 위치에 선 것이다. 청일전쟁의 패전으로 리훙장은 정치적으로 몰락했다. 하지만 위안스카이는 아무런 타격도 입지 않았다. 청나라 조정에서는 그가 조선에서 신식 군대를 조직했던 경험에 주목하고 새로운 근대식 군대인 신군新軍의 편성을 맡겼다.

＼무력했던 팔기군

청나라의 전통적인 주력부대는 만주족을 중심으로 하는 팔기군이었다. 팔기八旗는 본래 중국 북부에서 사냥과 유목으로 생활하던 여진족의 수렵 조직에서 시작되었다. 누르하치는 여러 부족을 팔기로 통합했다. 15세부터 60세까지 모든 만주족 남자들은 팔기에 편입되어 평소에는 생업에 종사하다가 전시에 동원되는, 병농 일치의 제도였다. 나중에는 만주족 외에 몽골족과 한족 등 다른 민족으로까지 확대되면서 24기로 늘어났다. 군사 기술이나 무기, 장비에서는 명군보다 훨씬 빈약했지만 명령에 철저하게 복종하면서 죽음을 두려워하지 않고 일사불란하게 움직이는 팔기군은 그야말로 공포의 대상이었다. 인구가 100만 명에 불과했던 만주족이 중원을 침공하여 100배가 넘는 한족을 정복할 수 있었던 비결도 팔기군의 용맹함 덕분이었다.

청군 총사령관 도르곤이 산하이관을 넘어 베이징을 침공했을 때 20만 명에 이르는 청군 중 만주족 출신은 5~6만 명에 불과했다. 다수는 투항한 한족이나 몽골족이었다. 그러나 팔기는 한족에 견주어 수적으로 압도적 열세에 놓인 데다 문화적으로도 뒤떨어진 만주족을 군과 민의 구분 없이 하나의 군사 조직으로 뭉치게 했으며, 청조가 광대한 중원을 지배할 수 있게 해주는 무력 수단이 되었다. 전성기 팔기군의 수는 15만 명에서 20만 명 정도였다. 그중 절반인 10만 명은 '금려팔기禁旅八旗'라 하여 수도 베이징의 방어를 맡았으며, 나머지 10만 명은 '주방

●— 19세기 말 푸젠성에 주둔하던 팔기군 병사들. 창과 칼로 무장한 모습은 청나라 초기와 다를 바 없었으며 소수의 신식 군대를 제외한 대다수 청나라 군대의 모습이기도 했다. 양무운동의 가장 큰 목적이 서구의 침략에 대항하는 데 필요한 국방력의 근대화였음에도 현실이 뒤따르지 못했다.

팔기^{駐防八旗}'라 하여 동북3성과 각 성의 요지에 주둔했다.

또한 팔기군을 보조하는 군대로 녹영병^{錄營兵}이 있었다. 녹영병이란 원래 청나라가 중원을 정복하는 과정에서 항복한 명나라 군대를 개편한 것으로, 한족에서 모집한 용병 부대였다. 청조는 전국을 11개 군사 구역으로 나누고 군사령관으로 총독^{總督}*과 순무^{巡撫}**를 임명했다. 녹영은

---

* 명청 시대 정2품의 지방장관. 통상 2~3개의 성을 묶어 1명의 총독이 파견되어 행정과 사법, 군사 업무를 관장했다. 청조 시절 전국에는 9명의 총독(즈리 총독, 양장 총독, 쓰촨 총독, 민저 총독, 윈구이 총독, 후광 총독, 양광 총독, 동3성 총독, 산간 총독)이 있었다.
** 명청 시대 종2품 관직으로 총독을 보좌하면서 각 성의 군사, 행정, 사법을 담당했다. 신해혁명 이후 총독은 폐지되고 순무는 군민 분치의 원칙에 따라 군정을 맡은 독군과 민정을 맡은 성장으로 분리되었다.

주로 창장 이남에 주둔하면서 지역 방어와 치안 유지를 맡았다. 녹영의 전술 단위는 대대에 해당하는 영^營이었다. 영 아래에는 중대에 해당하는 초^哨가 있었다. 보병영은 4개 초, 기병영은 5개 초로 편성되었다. 또한 1개 초는 6~8개 대^隊(소대)로 편성되었다. 정원은 보병영이 505명, 기병영은 263명이었다. 그러나 실제로는 적게는 수십 명에서 많게는 수천 명에 이르는 등 편제가 통일되지 못하고 주먹구구식이었다. 평소에는 영이 최상위 편제였다. 전란이 일어나면 여러 개의 영을 임시로 묶어서 큰 단위의 부대를 편성했다. 전성기에 녹영은 전국에 860개가 있었으며, 병력은 60~80만 명에 달했다. 청조의 군대는 중앙군인 팔기군과 지방군인 녹영의 이중 체제였다.

그러나 청조가 세워진 지 200여 년이 지나면서 팔기군은 완전히 쇠락했다. 청조는 한족을 지배하기 위한 무력 수단으로 만주족에게 군인 이외의 다른 직업을 갖지 못하게 하면서 주택과 생활비를 대주고 노후에는 연금까지 제공했다. 또한 팔기군은 청조를 지키는 최후의 울타리였으므로 변방의 소규모 분쟁이나 지방에서 일어나는 민란에는 투입되지 않았다. 이런 관행에 점점 익숙해지면서 팔기군 병사들은 전투를 한족에게 떠넘기고 자신들은 뒤에서 구경만 했다.

사회적 특권과 오랜 평화, 실전 경험의 부족은 팔기군을 나태하게 만들었다. 조상들의 역동적이고 진취적인 모습이 사라지면서 팔기군은 타성에 젖은 채 나라에서 주는 녹봉으로 생계를 유지하는 온실 속의 화초나 다름없었다. 또한 유능한 인재를 우대하고 나태한 자를 배제하려는 제도가 없었기 때문에 굳이 애써서 새로운 것을 배우려는 의지도 없었다. 심지어 신해혁명 이후 동북과 내몽골로 돌아간 만주족의 상당수가 농업이나 다른 업종에 종사하는 대신 수렵으로 먹고살았다는 점에서 이들의 시곗바늘은 수백 년 전에서 멈춘 셈이었다. 한족은 하는 일 없이 무위도식하는 팔기군을 '팔기 자제'라고 부르며 멸시했다.

조정의 입장에서 본다면 팔기는 아무 재주도 없으면서 재정만 축내는 존재였다. 나름대로는 팔기군의 쇠락을 막기 위하여 군사훈련과 관료로서의 교육을 실시하기도 했다. 건륭제 시절인 1740년에는 동3성에 봉금령封禁令을 선포하고 한족이나 다른 민족의 이주를 엄격하게 막았다. 갈수록 나태해지는 팔기 자제들을 동북에서 둔전을 경작하게 하여 만주족으로서의 정체성을 유지하기 위해서였다. 그러나 세습적인 특권을 폐지하지 않는 한 근본적인 해결책은 될 수 없었다. 오히려 봉금령 때문에 동북의 발전이 정체되었고, 조선인들이 압록강과 두만강을 건너 만주로 월경하는 일이 점차 늘어나면서 양국의 국경 문제가 발생했다. 19세기 중엽, 러시아가 남하하자 청조는 동북의 방비를 강화하기 위해 140년 만인 1870년 봉금령을 풀어야 했다.

청말에 오면 팔기군은 외세의 침략은커녕 국내의 반란을 진압할 능력마저 상실했다. 200여 년의 평화에 익숙해진 나머지 유흥과 놀이에나 관심이 있을 뿐, 무예를 닦지도 않았고 말을 타거나 무기를 다루는 방법조차 몰랐다. 기강도 엉망이었다. 군인다운 모습은 도무지 찾아볼 수 없었다. 유일한 소일거리는 아편을 피우거나 귀뚜라미에게 씨름을 시키며 즐거워하는 것이었다. 청조의 재정난이 심화하면서 팔기군의 특권은 점차 축소되었다. 하지만 너무 오랫동안 타성에 젖어 있던 탓에 어떤 방법으로도 새로운 동기를 부여할 수가 없었다.

무기력한 팔기군의 모습은 만주족의 운명이 끝나가고 있다는 의미이기도 했다. 신해혁명이 일어나고 쑨원과 위안스카이가 서로 손잡고 청조를 끝장내기로 했을 때 만주족은 총 한 발 쏘지 못하고 저항을 포기했다. 왕조와 함께 흥했으니 왕조의 쇠락과 운명을 같이하는 것은 당연한 결과였다.

태평천국의 난이 일어났을 때 오합지졸에 불과한 팔기군과 녹영은 도저히 반란군의 상대가 되지 못했다. 태평천국을 진압한 쪽은 쩡궈판의 상군湘軍과 리훙장의 회군淮軍 등 한족 출신의 사대부들이 지휘하는 지방 의용군 그리고 찰스 고든Charles George Gordon 소령이 이끄는 외국인 용병 부대인 '상승군常勝軍'이었다. 본래 상군과 회군은 정규군이 아니라 지방의 단련團練(민병)이었다. 관군의 무능함에 실망한 함풍제는 쩡궈판에게 의병 모집을 지시했다. 쩡궈판은 팔기나 녹영 출신 대신에 명망 있는 유생들을 선발해 지휘관으로 임명하고, 농민 중에서 신체 건강한 자들을 병사로 삼았다.

지휘관과 병사들은 고향이 같은 경우가 많아 서로 친밀했고 동고동락하여 결속력이 강했다. 규율은 매우 엄격했으며 아편 흡입은 엄격히 금지되었다. 또한 서양식 소총과 장비를 갖추고 서양인 교관을 초빙하여 서양식 훈련을 받았다. 아무 능력 없이 세습으로 군인의 신분을 물려받았을 뿐인 팔기나 녹영에 견주면 훨씬 뛰어났다. 태평천국의 난이 끝나자 상군과 회군은 당연히 해산해야 했지만, 청조는 이들 중에서 우수한 자를 뽑아 '용영勇營'이라는 부대로 재편하고 정규군에 편입시켜 팔기와 녹영을 대체하는 새로운 군대로 삼으려 했다. 이들이 청일전쟁에서 일본군을 상대로 싸운 군대였다.

중국에서는 최강의 군대였지만 서구의 관점에서 보면 여전히 구식 군대에게 신식 무기를 쥐여준 것에 불과했다. 지방 사대부와 문관 출신 간부들은 근대적인 전술에 아무런 이해가 없었다. 군대의 편성과 지휘도 녹영의 방식을 그대로 답습했다. 게다가 태평천국의 난이 끝난 뒤 약 30여 년의 평화가 이어지는 동안 용영은 현실에 안주하고 팔기와 녹영처럼 타락해버렸다.

●— 19세기 말 용영 병사들의 사격 훈련 모습. 서양식 화기로 무장하고 청조에 대한 충성심을 갖추어 청군 중에서는 그나마 가장 뛰어난 군대였지만, 일본군의 상대가 되기에는 역부족이었다.

반면, 일본군은 구미 군대에 비견될 정도로 강군이었다. 비록 봉건 잔재가 남아 있다고 해도 근대적인 징병제도에 따라 소집된 병사들은 프로이센식으로 철저하게 훈련받았다. 그리고 서구식 전술을 익힌 지휘관들의 지휘 아래 일사불란하게 움직였다. 1888년 5월에는 서구식 사단 편제를 채택했다. 1개 사단은 4개 보병연대(12개 보병대대)와 1개 포병연대, 기병·포병·공병·수송 각 1개 대대로 편성됐으며 체계적이고 독립된 작전을 수행할 수 있었다. 인원은 평시 기준으로 9,000여 명, 전시에는 보충병과 잡역부까지 포함하여 1만 5,000여 명에서 1만 9,000여 명, 말 5,500필에 달했다. 청일전쟁을 직접 관전한 구미 열강의 군사 전문가들은 일본군의 작전 역량이 자신들에게도 결코 뒤지지 않는다고 평가했다. 청조는 용영의 전투력을 기대했지만, 청일전쟁에서 여지없이 깨지면서 이들조차 시대에 완전히 뒤떨어졌다는 사실을

절감했다. 그리하여 기존의 군대와는 다른 새로운 군대, 즉 신군 창설
에 나섰다.

＼최초의 서구식 군대 '신건육군'

신군의 모체는 청일전쟁 당시 순천부 부윤^{順天府府尹}(베이징시장)이었
던 후위펀^{胡燏棻}이 조직한 '정무군^{定武軍}'이었다. 청군은 조선에서 완전
히 쫓겨나고, 일본군은 랴오둥(요동)을 거쳐 베이징까지 진격할 태세
였다. 그는 일본군을 저지하기 위해 1894년 10월 톈진에서 의용군을
모집했다. 정무군은 10개 영(대대)으로 편성되었다. 병력은 보병 3,000
명, 포병 1,000명, 기병 250명, 공병 500명 등 모두 4,750명이었다. 이
부대는 녹영의 낡은 편제를 답습했던 용영과 달리 훈련과 편제, 무기
모두 서양식 군제를 모방했다. 그러나 일본군이 산하이관 이북에서
진격을 멈추고 정전에 합의하면서 실전에 참여할 일은 없었다.

　청일전쟁이 끝난 뒤, 1895년 10월 후위펀은 징한철도^{京漢鐵道}* 건설
의 감독으로 부임했다. 군기대신 룽루와 장즈둥, 리훙장 등 조정의 실
권자들은 위안스카이에게 정무군을 맡길 것을 추천했다. 정무군의 새
로운 사령관이 된 위안스카이는 부대를 대대적으로 확대 개편했다.
노약자들은 퇴출하고 건강한 장정들을 새로 뽑았다. 또한 오스트리
아제 만리허 M1895 소총 7,200정, 마우저 C95 권총 1,000정, M1893
57mm 속사포 40문을 구입하여 최신 무기로 무장시켰다. 1895년 12
월 16일 청나라 최초의 신식 군대인 '신건육군^{新建陸軍}'이 창설되었다.

---

* 중국 대륙을 남북으로 종단하면서 베이징과 창장 북안의 한커우를 연결하는 1,220킬로미
터의 철도. 중국 최대의 간선철도이다.

1895년 신건육군의 조직도

신건육군 독판^{新建陸軍督辦}: 위안스카이

참모영무처 총판^{參謀營務處總辦}(참모장): 쉬스창^{徐世昌}

집법영무처 총판^{執法營務處總辦}: 왕잉카이^{王英楷}

독조영무처 방판^{督操營務處幫辦}: 펑궈장^{馮國璋}

제조^{提調}: 루젠장^{陸建章}

보병 제1영 통대^{統帶}(대대장): 지앙구이티^{姜桂題}

보병 제2영 통대: 우창춘^{吳長純}

보병 제3영 통대: 레이전춘^{雷震春}

기병 제1영 통대: 우펑린^{吳鳳岭}

공병 제1영 통대: 왕스전^{王士珍}

공병 제2영 통대: 장쉰^{張勳}

포병 제1영 통대: 돤치루이^{段祺瑞}

속사포대 대관^{快炮隊隊官}(중대장): 텐중위^{田中玉}

산포대 대관: 장화이즈^{張懷芝}

신건육군 창설에는 위안스카이 말고도 회군 출신 간부들과 1885년 북양대신 리훙장이 설립한 중국 최초의 서구식 군사학교인 톈진의 북양무비학당^{北洋武备學堂} 교관과 생도들도 대거 참여했기에 '북양신군^{北洋新軍}'이라고도 일컬었다. 참고로, 북양이란 펑톈성^{奉天省}(지금의 랴오둥성)과 즈리성·산둥성의 화북 연안 3개 성을 통칭한다. 신건육군은 앞으로 신식 군대 창설에 필요한 간부와 기간병을 양성하기 위한 교군^{校軍}이었다. 이때 겨우 20, 30대에 불과했던 젊은 중하급 장교들은 위안스카이의 비호 아래 빠르게 승진하며 금세 막강한 군부 실력자가 되었다.

신해혁명으로 청이 무너진 뒤 중국의 권력은 이들에게 넘어갔다.

위안스카이를 정점으로 하는 거대한 군벌 집단을 '북양군벌'이라고 한다. 이들은 베이징 정부와 각 성의 독군督軍(성의 군사장관)이 되어 군 통수권을 완전히 장악했다. 위안스카이의 참모장이던 쉬스창徐世昌과 차오쿤曹錕은 각각 2대 대총통과 3대 대총통을 지냈으며, 돤치루이는 국무총리를 네 번, 임시 집정(대총통)을 한 번 역임했다. 1915년 당시 군권을 쥔 22명의 독군 중에서 12명이 위안스카이가 직접 키워낸 북양군벌 출신이었다. 나머지 7명 역시 위안스카이의 옛 부하이거나 그의 추천으로 출세했다. 위안스카이와 상관없는 사람은 겨우 3명에 불과했다.

신건육군은 독일식 편제에 따라 보병 3개 영과 공병 2개 영, 포병과 기병 각 1개 영 등 도합 7개 영으로 구성되었다. 인원수도 4,750명에서 보병 2,000명과 기병 550명을 증원하여 2개 여단 규모인 7,300명으로 늘어났다. 1898년 9월에는 2,000명을 증원하여 보충병 1개 영을, 1899년 3월에는 치중병 1개 영을 추가 편성했다. 보병과 포병·기병·공병 외에 보충부대와 치중부대·의무대까지 편성되어 총병력은 일개 사단에 필적하는 1만여 명이나 되었다. 청군 중에서는 유일하게 근대적인 군사작전을 수행할 수 있는 능력을 갖추었다.

위안스카이는 신건육군을 훈련하기 위해 신건육군 독련처督練處를 조직했다. 또한 독일인 군사고문을 영입하고 독일과 일본의 군사제도를 모방하여 신건육군을 철저하게 훈련했다. 특히 청군에 만연했던 아편을 엄격하게 금지했다. 만약 흡입하다가 발각되면 지위 고하를 막론하고 참수형에 처했다. 청일전쟁 이후 의화단의 난 직전까지 청나라의 대표적인 정예 군대는 신장성에서 위구르 반란을 진압한 둥푸샹의 감군甘軍 1만 명과 청불전쟁·청일전쟁에서 명장으로 이름을 떨친 녜스청의 무의군武毅軍 1만 3,000명 그리고 위안스카이의 신건육군

구분	영營(대대)	대隊(중대)	초哨(소대)	붕棚(분대)	인원
보병	4개 대 (전대, 후대, 좌대, 우대)	3개 초 (좌초, 우초, 중초)	6개 붕	8명	1,128명
포병	3개 대 (좌대, 우대, 접응대接應隊)	3개 초 (좌초, 우초, 중초)	야포 6~8문 4개 붕	–	1,084명, 말 298필, 57mm 속사포 42문
기병	4개 대 (전대, 후대, 좌대, 우대)	3개 초 (좌초, 우초, 중초)	–	10명	580명
공병	–	–	–	–	521명, 말 6필

●— 신건육군의 병종별 편제 및 인원. 공병은 다른 병종과 달리 초와 붕의 편제가 없고, 영 아래에 교량·전보·축성·기계 등 6개 부서司가 있어 각 부서별로 몇 개의 대를 관할했다.

1만 명이었다. 이들을 '북양 3군'이라 일컬었다.

1898년 12월, 군기대신 룽루는 이 3개 부대를 무위군武衛軍으로 개편했다. 무의군은 무위전군으로, 감군은 무위후군으로, 신건육군은 무위우군으로 바뀌었다. 여기에 더하여 진저우錦州에 주둔한 노장 쑹칭의 의군毅軍 1만 명이 무위좌군으로 개편되었다. 룽루는 팔기군에서 직접 정예를 차출하여 무위중군 1만 명을 편성한 후 난위안南苑에 주둔시켰다. 5개 부대 5만 3,000명이 청나라 군사력의 중핵이었다. 그러나 무의군과 의군은 리훙장의 회군에서 나온 구식 군대였다. 감군은 대부분 신장성의 반란을 진압하는 과정에서 투항한 반란군이었으며, 룽루의 무위중군 역시 팔기 자제들답게 도박과 음주에 열을 올리는 등 군기가 매우 문란했다. 엄밀히 말하면 청군 전체를 통틀어 '진짜' 군대다운 군대는 위안스카이의 신건육군밖에 없었다.

베이징에서 위안스카이가 신건육군을 조직하는 동안 난징에서는 양무 대신의 한 사람인 양장 총독兩江總督* 장즈둥이 또 다른 신식 군

●── 산둥성의 의화단을 진압하기 위해 출동하는 신건육군. 신건육군의 초기 군복은 구식 군대에서 신식 군대로 넘어가는 과도기답게 전통적인 만주족 복장과 서구식을 혼용한 중양절충中洋折衷이었다.

대를 만들고 있었다. 그는 1896년 2월 '자강군自強軍'을 창설했다. 자강군은 '남양신군南洋新軍'이라고도 불렸다. 자강군도 신건육군과 마찬가지로 독일 군사고문단의 협력을 얻어 독일식으로 양성했다. 독일인 장교들은 훈련만 맡은 것이 아니라 대대와 중대 단위까지 배치되어 병사들을 직접 지휘했다. 병력은 보병 8개 영, 기병 2개 영, 포병 2개 영, 공병 1개 영 등 2,860명 정도였다. 장즈둥은 자강군을 1만 명으로 늘리려 했지만 자금 부족으로 실현하지 못했다.

자강군은 위안스카이의 신건육군과 비견되는 신식 군대로, 난징에 주둔하면서 창장 하류의 방어를 맡았다. 1901년에 조정은 자강군을 산둥성으로 이동시켜 위안스카이 휘하에 편입시켰다. 1905년 2월에

─────────
* 청조 시절 총독의 하나로, 장쑤성과 장시성을 관할했다.

는 북양신군 제6진이 되었다. 덕분에 위안스카이의 위세는 한층 높아졌다. 후광 총독에 임명된 장즈둥은 자강군 500명을 대동하여 우창으로 부임했고, 이들을 근간으로 후베이 신군을 창설했다. 이 군대가 몇 년 뒤 후베이 육군 제8진이 되어 우창봉기를 일으킨다.

무과를 폐지하다

전통적으로 중국 사회에서 장교가 되려면 야전에서 전공을 쌓거나 무과 시험을 통과해야 했다. 무과 시험에서는 무거운 돌을 이용해 완력을 측정하고, 말을 얼마나 잘 타고 창과 칼을 얼마나 잘 다루는지를 테스트했다. 중국의 옛 속담에 "쓸 만한 쇠는 못으로 만들지 않고, 쓸 만한 사내는 군인으로 만들지 않는다好鐵不打釘, 好男不當兵"는 말이 있을 만큼 중국인들에게 군인이란 천한 직업이었다. 명목상으로는 문무 관료의 구분이 있지만, 실제로 주요 군사 보직은 문관이 독점하고 무관은 이들의 보좌관에 불과했다. 하지만 전투의 양상이 단순하고 용맹함과 충성심이 장수의 가장 큰 덕목이었던 봉건 시절이라면 몰라도 다양한 병종과 복잡한 전술, 기계화한 무기를 사용하는 근대전에 이런 방식이 걸맞을 리 없었다.

양무운동 시절에 이미 한계를 인식하고 서구식 군사학교를 설립하려는 운동이 시도되었다. 1885년 10월 리훙장이 톈진에 설립한 톈진무비학당天津武備學堂은 중국 최초의 육군사관학교였다. 리훙장이 북양 대신이었기에 대개는 북양무비학당이라고 불렀다(해군은 좀 더 빨랐다. 1866년 쭤쭝탕左宗棠[좌종당]은 남양 해군의 중심지였던 푸젠성福建省 푸저우福州에 선정학당船政學堂을 설립했다). 북양무비학당에는 보병과 기병·포병·공병 4개 병과가 있었고, 1890년에는 철도과가 추가되었다. 교관은 독일인 퇴역 군인들이 맡아 독일식 전술을 가르쳤다. 교육 기간은 1년이었으며, 한 기수당 입학생은 처음에는 100명 정도였지만 나중에는 500명까지 늘어났다. 졸업 성적이 우수하면 과거에 합격한 것과 동일하게 생원이나 진사 칭호를 내리기도 했다.

리훙장은 북양무비학당을 통해 젊은 엘리트 간부들을 확보하여 나태한 청군에게 새로운 활력을 불어넣을 생각이었다. 1889년부터는 우수한 학생들을 뽑아서 독일의 베를린사관학교에 유학 보냈다. 하지만 구식 무관들은 북양무비학당의 존재가 자신들의 지위를 위태롭게 한다고 여겼기에 거세게 반발했다. 북양무비학당을 확대하거나 새로운 사관학교를 설립하려는 노력은 번번이 격렬한 저항에 부딪혔다. 1년에 고작 수백 명의 졸업생을 배출하는 정도로는 100만 명이나 되는 청군 전체를 근대화하는 일은 어림도 없는 데다, 이들조차도 기득 세력의 견제로 요직은커녕 한직으로 내몰렸다.

생도들의 자질도 천차만별이었다. 그중에는 나이가 이미 장년이라 신식 교육을 받기에는 너무 늦은 사람들도 있었다. 외국인 교관들은 대개 중국어를 몰라서 서로 소통이 제대로 되지 않는 데다 비싼 봉급만 축낼 뿐 태만했다. 게다가 막연한 서구 우월주의에 빠져서 중국인을 경멸하고 중국 문화를 이해하려 들지 않았다. 이 때문에 돈과 시간만 낭비한다는 비판이 끊임없이 쏟아졌다. 수업은 서구식 학문과 근대 전술을 가르치기보다는 전통적인 덕목을 갖춘 유장儒將을 양성할 요량으로 유교적 소양과 예의범절, 낡은 경전을 외게 하는 등 진정한 사관학교라고 하기는 어려웠다.

시간이 지나면서 문제점들은 점차 개선되었다. 그러나 1900년 6월 톈진이 열강 군대에 점령당한 뒤 신축조약에 따라 톈진 주변 20리(8킬로미터) 안에는 중국군의 주둔이 금지되면서 북양무비학당도 폐쇄되었다. 문을 연 지 15년 만이었다. 1885년부터 1900년까지 졸업생은 총 6기 1,000여 명이었다. 팔련군이 톈진을 침공했을 때는 북양무비학당 생도들도 용감하게 저항하여 그중 90여 명이 전사했다. 북양무비학당 졸업생들은 위안스카이와 함께 북양신군 건설에 참여하거나 각지의 군사학교에서 교관으로 활약했다. 대표적인 인물이 돤치루이·펑궈장·우페이푸吳佩孚·차오쿤 등으로, 청조가 멸망한 뒤 군벌의 영수가 되어 천하를 다투게 된다.

중국군의 근대화에 가장 앞장선 사람은 리훙장이었지만 동시에 가장 큰 걸림돌이기도 했다. 청군의 주력부대인 용영은 원래 리훙장의 사병인 회군을 재편한 부대였다. 태평천국 시절만 해도 젊고 활기 넘쳤던 회군의 장수들은 30여 년의 시간이 흐르면서 노쇠하여 팔기나 녹영과 다를 바 없었다. 그러나 리훙장은 이들을 애써 개혁하지 않았다. 자신의 권력 기반을 섣불리 건드렸다가는 자기 손으로 한쪽 팔을 자르는 꼴이 될 수 있었기 때문이다. 양무운동의 가장 큰 목적이 군사력의 근대화였지만 리훙장의 모순 때문에 청군은 반구반신半舊半新의 군대에서 벗어나지 못한 채 일본군에게 완패했다.

광서신정과 함께 청조는 청일전쟁과 의화단의 난으로 와해된 군사력을 하루빨리 재건하고 외세의 침략에 맞설 역량을 확보하기 위해 근대 군대의 창설을 서둘렀다. 그동안 양무운동을 반대했던 청조의 고루한 대신들도 군대를 혁신하지 않은 채 서양의 무기를 수입하는 방식으로는 외세를 이길 수 없다는 사실에 공감했다. 양무운동의 원칙이었던 '중체서용'에서 중체中體는 단순히 정책의 문제가 아니라 수천 년에 걸쳐 형성된 중국인의 전통적인 가치관이자 청조 그 자체이기도 했다. 따라서 하루아침에 천지개벽하듯 바꿀 수는 없었다. 그러나 광서신정을 기점으로 중체는 점점 축소되고 서용西用이 확대되었다.

광서신정의 중심은 위안스카이와 장즈둥이었다. 두 사람은 근대적인 군사교육을 전혀 받지 않았지만 리훙장의 뒤를 이어서 조정 관료들 중 가장 뛰어난 식견을 갖추었다. 이들은 일본이나 구미 국가들처럼 군대의 통수권을 일원화할 것과 오늘날 국방부와 참모본부에 해당하는 군사통수기관을 설립해야 한다고 주장했다. 또한 기병·보병·궁병이 직사각형의 밀집대형을 갖추고 적에게 대항하는 구시대적인 방진方陣 전술을 폐지할 것, 여러 개의 병종을 혼합하여 각 부대의 독립된 작전과 상호 연계, 병사들이 각개 전술을 수행하도록 편제와 전술을 서구식으로 바꿀 것을 건의했다.

> 군대를 정비하고 외침을 막는 것은 장수가 앞장서야 한다. 독일 육군은 전국 상하가 군인이 아닌 자가 없고 장군에서 초급장교까지 군사학당 출신이 아닌 사람이 없어서 장재將材가 아주 풍부하다. 독일의 군제를 모범으로 하여 전국에 군사학당을 설치하고 힘껏 군사를 양성해서 장재를 키워야 비로소 강한 군대를 만들 수 있다.

청군의 새로운 모델은 독일이었다. 유럽의 2류 국가에 불과했던 독일은 19세기 중엽에 이르러 강력한 군대를 건설했다. 보불전쟁에서는 유럽 최강의 군대로 불리던 프랑스군을 완파하고 승리를 거두었다. 독일군의 전술과 교리는 열강 중에서도 가장 선진적이며 전투력이 우수하다고 여겨졌다. 청조의 관점에서 독일의 더 큰 매력은 따로 있었다. 독일군은 의회가 군대를 통제하는 영국·프랑스처럼 '국민의 군대'가 아니라 '황제의 군대'라는 사실이었다. 독일은 황제가 다스리는 전제국가였고 모든 군령권은 황제에게 있었다. 일본은 처음에는 프랑스식 군제를 모방하다가 나중에는 독일식 군제로 철저하게 탈바꿈했다. 오스만제국도 독일 장교들을 초빙하여 독일식 훈련을 실시했다.

중국 역시 독일이나 일본, 오스만제국처럼 황제가 다스리는 전제국가였으므로 입맛에 딱 맞을 수밖에 없었다.

1901년 8월 29일 중국 역사에 한 획을 긋는 중대한 사건이 있었다. 문무 관료를 뽑는 과거제도의 폐지가 결정된 것이다. 우선 무과가 폐지되고, 3년 뒤에는 문과도 폐지되었다. 과거제는 수나라가 처음 시행한 이래 1,300여 년 만에 역사 속으로 사라졌다. 변법개혁 때도 광서제는 캉유웨이 등의 건의를 받아들여 과거제 폐지를 시도한 바 있지만 서태후의 쿠데타로 변법이 실패하면서 흐지부지되었다. 그러나 교육 개혁에 앞장선 위안스카이가 강력하게 상주하자 서태후도 결국 고집을 꺾었다.

이와 함께 무과를 대신하여 신식 장교를 양성하기 위한 '무비학당' 설치안이 공포되었다. 1903년 12월 4일 경친왕 이쾅奕劻을 수장으로 하는 연병처練兵處가 설치되었다. 연병처는 전국의 신군 훈련을 총감독하는 기관으로 군정과 군령·교육을 전담했다. 연병처 회판대신에 임명된 위안스카이는 '육군학당판법陸軍學堂辦法'을 선포했다. 육군학당판법은 전국의 군사학교 설립과 운영에 관한 사항을 규정했다. 군사학교의 학제는 소·중·대 3단계로 구성됐으며 편제나 교육은 독일과 일본의 방식을 모방했다.

기초 과정에 해당하는 육군소학당은 각 성의 성도마다 1개씩 설립되었다. 교육과정은 3년이며, 15세부터 18세 사이의 지역 청년들이 입학시험을 거쳐서 입교할 수 있었다. 신해혁명 당시 전국에는 19개의 육군소학당이 있었으며 총정원은 6,000명 정도였다. 육군소학당을 졸업하면 육군중학당에 입교할 수 있었다. 육군중학당은 즈리성과 샨시성, 후베이성, 장쑤성 등 전국에 4군데 있었다. 교육과정은 2년이며, 육군중학당을 졸업하면 초급장교로 배치되었다. 총정원은 4,000명 정도였다.

육군대학당은 참모장교를 양성하는 중국의 최고 군사 학부로, 일본의 육군대학이나 오늘날 우리의 합동군사대학에 해당한다. 1906년 4월 24일 위안스카이는 즈리성의 성도 바오딩保定에 '바오딩육군학당'을 설립했다. 1910년에는 '육군예비대학당'이라고 명칭을 바꾸고 베이징으로 옮겼다. 바오딩육군학당이 있던 자리에는 바오딩육군군관학교가 설립되었다. 얼마 뒤 신해혁명으로 청조가 몰락하고 중화민국이 수립되자, 1912년 4월 육군예비대학당은 일시 폐교되었다가 이듬해인 1913년 10월 베이징육군대학으로 부활했다.

육군대학당의 교육 기간은 3년이었고, 입학생은 육군중학당을 졸업한 25세부터 28세 사이의 초·중급 장교들 중에서 선발했다. 정원은 60~100명이었다. 초대 교장은 위안스카이였다. 신해혁명 이후에는 소장 계급의 장군이 교장을 맡았다. 교관들은 상교(대령)에서 소교(소령) 계급의 중견 장교들이었다. 대부분 해외나 일본 육사를 졸업한 인재들로 근대 무기와 전술에 관한 풍부한 지식을 갖추는 등 구미 열강과 비교해도 결코 손색없는 수준이었다. 베이징육군대학은 장제스의 북벌전쟁 이후 난징으로, 중일전쟁 중에는 충칭重慶으로 이동했다. 국공내전에서 장제스가 패배하면서 타이완으로 이동해 지금의 타이완 국방대학이 되었다. 1906년부터 1949년까지 44년 동안 배출한 전체 졸업생은 3,200명에 달한다. 이들은 군벌 내전기부터 장제스 정권까지 중국군의 주요 요직을 도맡았다.

그 밖에도 육군속성학당과 육군강무당이 있었다. 육군속성학당은 초급장교들을 속성으로 확보하기 위한 기관으로, 교육 기간은 1~1년 반이었다. 강무당은 초급장교들을 대상으로 보충 교육을 실시했으며 교육 기간은 1년 반이었다. 장교로서 엘리트 코스를 밟으려면 17세에 육군소학당에 입교하여 20세에 육군중학당으로 진학한 뒤 초급장교가 되어 일선 부대나 강무당에서 2~3년 경험을 쌓고 20대 후반에 육군대학당에 입교하는 것이 일반적이었다.

신해혁명 직전 전국의 군사학교는 약 40개였으며 생도는 약 7,000명이었다. 또한 일본과 구미 등지로 국비 유학생들을 대거 파견했다. 유학생들이 가장 선호한 곳은 일본이었다. 지리적으로 가깝고 비용이 저렴한 데다 같은 한자 문화권이기 때문이었다. 신해혁명 직전에는 일본 유학생만 해도 연간 1,000여 명에 달했다. 능력 있는 젊은이들은 더 이상 낡은 경전이나 붙잡고 외지 않았다. 신식 군사교육을 받고 장교가 되는 것이 최고의 엘리트 코스이자 신분 상승의 통로였다. 북양군벌과 장제스 정권 시절의 주요 정치가, 군인들은 물론 공산당의 핵심 간부들도 이런 군사학교 출신이 태반이었다.

＼북양 6진을 편성하다

1901년 11월, 위안스카이는 즈리 총독 겸 북양대신에 임명되었다. 이로써 리훙장의 뒤를 이어 명실상부한 조정 최고의 실력자가 되었다. 조정에서는 그에게 신군 창설과 함께 구식 군대의 개혁을 지시했다. 그해 연말까지 팔기군을 제외한 녹영과 용영 등 구식 군대에서 노약자를 대거 퇴출하여 약 30퍼센트에 이르는 병력을 감축하고 군제를 신식으로 바꾸라는 것이었다. 그러나 위안스카이는 구식 군대의 감축에 대해서는 당분간 유예할 것을 건의했다. 전국 각지에서 의화단의 잔당을 비롯해 반란과 토비가 준동하고 있어 성급하게 군대를 축소했다가는 치안 공백으로 이어질 수 있었기 때문이다.

대신 그는 신식 군대 창설을 서둘렀다. 1902년 2월 '신군 모집과 훈련에 관한 장정募練新軍章程'이 선포되었다. 막료인 왕스전王士珍을 시켜 즈리성에서 20세부터 25세 사이의 신체 건장한 장정 6,000여 명을 새로 모집했다. 6월 21일에는 신군의 편성과 훈련을 총괄하기 위한 최고 기관으로 군정사軍政司를 설립했다. 군정사는 바오딩에 있었으며 신군을 포함한 즈리성의 모든 군대를 관할했다. 그리고 '북양상비군北洋常備軍'을 창설했다. 광서신정 이후 위안스카이가 편성한 첫 번째 신군 부대였다. 청조는 위안스카이에게 팔기군 중에서 3,000명을 선발하여 신식 군대로 훈련할 것을 지시했다. 이 병력을 토대로 수도 베이징의 경비를 담당하는 경기상비군京旗常備軍이 창설되었다. 경기상비군은 얼마 뒤 북양 제1진으로 개편되었다.

동북에서는 러시아와 일본 사이에 전운이 감돌았다. 외세가 중국의 영토를 놓고 한판 싸움을 벌일 분위기였지만 청조는 속수무책이었다. 위안스카이는 신군의 편성을 하루라도 빨리 서둘러야겠다고 판단했다. 그는 1904년 7월까지 제2진과 제3진의 편성을 완료하고, 이듬해인 1905년 5월까지 제4진과 제5진을 편성했다. 또한 기존의 무위우군과 자강군을 재편하여 제6진을 편성했다. 이로써 러일전쟁 직전까지 북양 6진이 편성되었다.

북양 6진은 팔기와 녹영, 용영 등 구식 군대를 대체하여 중국의 국방을 맡은 새로운 중앙군이었다. 진이란 서구의 사단에 해당한다. 구미 군대에서 보편적이었던 4단위(2개 여단 4개 연대) 편제를 갖췄다. 최소 단위인 붕棚(분대)은 분대장을 포함하여 14명이었으며, 배排(소대)-대隊(중대)-영營(대대)-표標(연대)-협協(여단)-진鎭(사단)순으로 구성되었다. 1개 진은 4개 보병표(12개 영)와 1개 포병표(3개 영), 1개 기병표(3개 영), 1개 공병영, 1개 치중영으로 구성됐으며, 모두 합하여 20개 영이 있었다. 병력은 장교 748명, 병사 1만 436명, 노역부 1,328명 등 총 1만 2,500여 명이었다.

부대명	창설 시기	모체	주둔지	초대 통제 (사단장)
육군 제1진	1903년	경기상비군	베이징 양산와仰山洼	티에량鐵良
육군 제2진	1904년	북양상비군 좌진	산하이관	왕잉카이
육군 제3진	1904년	신병 모집	바오딩→펑톈→ 창춘→베이징	돤치루이
육군 제4진	1905년	북양상비군 우진	톈진→베이징 난위안	우창춘
육군 제5진	1905년	무위우군 선봉대	산둥성 지난濟南	우창춘
육군 제6진	1905년	무위우군, 자강군	베이징 난위안	왕스전

●— 북양 6진의 편성.

청일전쟁 시절의 스나이더 엔필드 소총Snider-Enfield rifle이나 레밍턴 소총Remington M1867 rifle 같은 단발식 소총을 버리고 당시로는 최신식이 었던 일본제 30년식 6.5mm 소총과 독일제 M1888 마우저 7.92mm 소총 그리고 마우저 소총을 국산화한 한양식 소총을 장비했으며, 1인 당 200발의 탄약을 지급받았다. 장교와 기병들은 군도를 착용했다. 포병은 청동제 대포 대신 독일제 크루프 M1903 75mm 속사포, 오스 트리아제 스코다 M1907 72.5mm 속사포, 프랑스제 슈나이더 M1907 75mm 속사포 등으로 무장했으며, 대포 한 문당 400발의 포탄을 보 유했다. 포병연대는 3개 대대(9개 중대)로 편성되었다. 각 중대마다 6 문의 대포를 보유했으므로 1개 진은 모두 54문의 대포(야포 36문, 산 포 18문)를 갖추었다. 각 보병연대에는 맥심 중기관총으로 무장한 1개 기관총중대가 있었다. 창이나 활 같은 구식 병기는 더 이상 찾아볼 수 없었다. 반구반신이 아닌 진정한 의미의 신식 군대였다. 병력과 장비 의 충실함은 일본군과 비교해도 손색이 없었다.

약 7만 4,000명에 달하는 북양 6진은 베이징을 비롯한 수도 주변에 배치되었다. 의화단의 난 때 열강의 침공으로 베이징이 함락당했던 뼈저린 교훈 때문이었다. 또한 즈리 총독인 위안스카이가 창설을 주도하면서 북양 6진은 자연스레 그의 권력 기반이 되었다. 청조의 입장에서 보면 위안스카이는 황실과 조정을 지켜주는 든든한 방패막이인 동시에, 언제라도 자신들을 겨눌 수 있는 칼날이기도 했다. 청조와 위안스카이 사이의 보이지 않는 갈등은 광서제와 서태후가 연달아 죽고 나이 어린 선통제 푸이가 등극한 뒤에 폭발한다.

구식 군대에서 신식 군대로

1904년 2월 8일, 도고 헤이하치로東鄕平八郎가 지휘하는 일본 연합함대가 중국 랴오둥반도의 뤼순항을 기습했다. 같은 날 오후 4시, 조선의 제물포(인천)에서도 러시아 분견함대가 일본군의 공격으로 전멸하고, 일본군 제12사단이 인천항에 상륙했다. 러일전쟁이 일어난 것이다. 러시아와 일본이 동아시아의 패권을 놓고 벌인 전쟁에서 정작 싸움터는 그들의 영토가 아니라 그 사이에 있는 조선과 중국 동북이었다.

청조에게 동북은 단순한 변방이 아니라 선조가 발흥한 '성지'였다. 그런 곳에 외세의 군대가 들어와서 서로 치열한 싸움을 벌이고 있었지만 청조는 막을 힘이 없었다. 동북의 군사력은 청일전쟁과 의화단의 난으로 와해되어 동북은 군사적 공백지나 다름없었기 때문이다. 그렇다고 러시아와 일본 중 유리한 편에 붙어서 어부지리를 얻어보겠다는 의지도 없었다. 그저 여기에 휘말리지 않으면서 누가 이기건 승

●— 러일전쟁 직전 러시아 잡지 『조국』에 실린 삽화. 러시아인들이 보기에 러시아 같은 대국에게 소국에 불과한 일본이 덤빈다는 것 자체가 말도 안 되는 짓이라고 여겼다.

자의 선처를 바랄 뿐이었다. 러시아와 일본의 무력 충돌이 초읽기에 들어간 1904년 1월 27일, 청조는 '중립'을 선언하고 전쟁을 방관하기로 결정했다.

사람들은 누구나 세계 최대의 육군을 보유한 데다 국력에서 월등히 우세한 강대국 러시아가 동양의 소국 일본에 패할 리 없다고 여겼다. 일본이 전쟁 자금을 마련하기 위해 미국과 영국에서 시세의 두 배가 넘는 금리를 약속하며 채권 판매에 나섰지만 처음에는 아무도 사지 않았던 것도 그 때문이다. 당연히 러시아가 이기리라 예상했던 것이다. 그러나 위안스카이는 막료인 쉬스창에게 일본의 승리를 예견했다.

러시아와 일본 양국이 서로 병력 증원을 준비하고 있으니 큰 싸움을 피할 수는 없을 것이다. 곧 결전이 벌어질 것이다. 그런데 일본은 교활하고 러시아는 우둔하다. 싸움을 기다리지 않아도 승패는 분명하다.

그의 예상대로 러시아는 연전연패했고, 국내에서 1월혁명(피의 일요일 사건)까지 일어나 체제가 붕괴될 위기에 직면했다. 차르는 1905년 9월 5일 일본과 포츠머스조약을 체결했다. 러시아와 일본은 북위 50도를 경계로 서로의 세력권을 정했다. 한반도와 남부 사할린, 창춘長春 이남의 남만주는 일본이 차지했다. 러시아가 조차하던 뤼순항을 비롯한 랴오둥반도 남부는 일본의 식민지가 되어 '관동주'라고 불렸다. 양국의 전장이 된 동북은 막대한 피해를 입었지만 중국은 한 푼의 보상조차 받을 수 없었다. 그렇지만 청조가 성급하게 러시아와 한편이 되어 일본과 또다시 싸웠다가 패배했더라면 결과는 훨씬 참담했으리라.

＼북양 36진

러일전쟁 직전에 북양 육군 제1진을 편성한 위안스카이는 러일전쟁이 끝날 때까지 5개 진을 창설하여 북양 6진을 완성했다. 북양 6진은 서구식 화기와 근대 장비로 무장했으며 서구식 사단 편제를 갖춘 진정한 의미의 근대적 군대였다. 이들은 수도 베이징과 톈진을 중심으로 수도권의 주요 요충지에 배치되어 외세의 침입에 대비했다.

러일전쟁 중인 1904년 9월에는 '육군영제향장陸軍營制餉章'이 반포되었다. 일본의 육군 군제를 모방해 중국 육군의 군사제도와 병역, 편제 등을 규정했다. 모병은 20세 전후의 건장한 장정을 대상으로 했으며 학력이 높을수록 급여와 대우가 좋았다. 갓 입대한 신병이라도 병사의 급여가 일반 농민의 수입보다 두 배 이상 많아서 혈기 왕성한 젊은이들이 너도나도 지원했다. 대부분은 생계를 목적으로 하는 가난한 하층민이었지만 교육 수준이 꽤 높은 지식인 계층도 많았다. 병사들은 제식훈련과 총기 사용법 이외에 야전에서 전술 연습을 익혔으며 대포 사용, 지뢰 매설, 교량 가설, 전보 사용, 독도법讀圖法* 등 다양한 전문 기능을 배웠다. 창칼과 서구식 화기를 함께 사용하고 낡은 진법을 익혔던 과거의 훈련 방식과는 비교가 되지 않았다.

북양군의 군제는 독일·일본과 마찬가지로 상비군과 속비군續備軍, 후비군後備軍 3단계로 구성되었다. 현역에 해당하는 상비군에 입대해서 3년 동안 복무한 뒤, 그다음 3년은 예비군인 속비군에 편입되어 분기마다 일정 기간 훈련을 받았다. 대신 상비군에 비해 급료는 줄어들었다. 다시 3년 후에는 후비군으로 편입되어 분기마다 소집되고, 4년 후에는 일반인으로 돌아갔다. 전시에 대규모 예비군을 신속하게 확보하기 위해서였다. 그러나 중국의 낙후한 행정 시스템과 봉건적인 사회구조에서는 징병제를 뒷받침할 수 없었기에 실제로는 시행되지 못했다.

1905년 9월 17일부터 북양대신 위안스카이와 군기대신 티에량鐵良이 주관하여 즈리성 중부의 허젠현河間縣(지금의 허젠시)에서 제1차 가을 북방대연습을 실시했다. 북양 1진부터 6진까지 각 진마다 1개 혼성협이 차출되어 총 4만 6,000명, 말 5,800필, 마차 1,500여 대가 참여한 전례 없는 대규모 야전 기동훈련이었다. 참가 부대는 북군과 남군으로 나뉘어 공격과 방어 훈련을 교대로 실시했다. 양쪽 진영의 길이가 14킬로미터에 달할 정도였다. 30여 명의 외국 무관들을 비롯하여

---

* 야전에서 지도를 해석하는 방법.

국내외 참관단과 신문기자만도 200명이 넘었다. 약 한 달 동안 실시된 추계 훈련은 10월 28일 대규모 열병식을 끝으로 막을 내렸다. 중국의 군사력이 의화단의 난이 일어났던 4년 전과 비교해 완전히 달라졌음을 보여주었다. 그 후로도 야전 기동훈련은 신해혁명 직전까지 매년 가을마다 정기적으로 실시됐으며, 평균 3만 명이 넘는 인원이 참여했다.

위안스카이가 북양 6진의 편성을 완료하자 청조는 북양 6진을 모델로 삼아 신군 편성을 전국으로 확대하라고 지시했다. 1906년 4월 연병처練兵處는 36개 진 편성 계획을 수립했다. 편성 기한은 10년이었으며 티베트를 제외한 각 성마다 1~3개의 진을 배치하기로 했다. 신군 편성은 즈리성과 후베이성을 시작으로 전국으로 확대되었다. 각 신군 부대에는 구식 군대와 달리 국가 상비군으로서 서구처럼 단대호單隊號(부대 번호)가 부여되었다. 단대호 앞에는 주둔성의 이름이 붙었다. 예컨대 우창봉기를 일으킨 '후베이 육군 제8진'은 후베이성 정부에 속한 지방 부대가 아니라 후베이성에 주둔한 중앙군이라는 뜻이었다.

1906년 11월 6일 청조의 중앙 관제가 개편되었다. 국방부에 해당하는 병부兵部가 신설되고 신군의 훈련을 맡았던 연병처가 육군부로 개편되었다. 육군부는 전국 육군의 훈련과 편성, 전략 수립 등 군정과 군령 대권을 총괄했다. 육군부 산하에는 참모본부에 해당하는 군자부軍咨府가 설치되었다. 군자부는 중국 역사상 최초의 근대적인 참모 부서로, 작전 수립과 지도, 정보 수집 등을 담당했다. 1909년에 육군부에서 분리되어 독립된 부처가 된다. 병부와 육군부의 설립은 위안스카이에게 지나치게 집중된 군권을 조정으로 되돌리려는 시도이기도 했다. 위안스카이의 사병이나 다름없던 북양 6진 중 제2진과 제4진만 남기고 나머지 4개 진은 육군부 관할로 넘어갔다. 청조 입장에서 본다면 당연한 조치였지만, 위안스카이의 불만을 샀을 뿐 아니라 어차피 북양 6진의 핵심 간부들이 위안스카이의 심복이었기에 그의 영향력을 줄일 수는 없었다.

일본 육군의 군제를 모방하여 평상시 최상위 제대는 진이었다. 그 이상의 제대는 전시에만 편성하는 것이 원칙이었다. 재정이 궁핍한 일부 성은 진 대신 혼성협(혼성여단)을 편성하기도 했다. 혼성협이란 보병, 포병, 기병 등 몇 개 대대를 섞어서 편성한 것이다. 1개 진이 2개 협으로 구성되므로 혼성협의 전력은 진의 절반 정도였다. 전시에는 2~3개 진과 몇 개의 혼성협으로 우리의 군단에 해당하는 군軍을 편성했다. 신해혁명 직전까지 편성을 완료한 신군은 16개 진, 14개 혼성협, 4개 독립표, 금위군 2개 협 등 모두 합해 약 30만 1,800명이었다. 그중에서 위안스카이의 입김이 닿는 북양계가 절반 정도였다. 1909년에는 철도와 전신, 열기구를 전담하는 특수부대로 교통여단交通旅團이 편성되었다.

북양군을 청일·러일 전쟁 시절의 일본군과 비교해보자. 편제는 기병연대를 제외하고 거의 차이가 없었다. 그러나 북양군 1개 진의 인원수는 약 1만 2,000명으로 청일전쟁 때의 일본군보다 다소 많지만 러일전쟁 때 1만 8,000명 정도였던 일본군 상비 사단의 약 60퍼센트에 불과했다. 일본이 러시아와의 전쟁을 앞두고 1896년과 1899년 두 차례에 걸쳐 사단 전투력을 대폭 증강했기 때문이다. 만약 청일전쟁 당시의 일본군과 싸운다면 북양군은 조잡하고 명중률도 별로 좋지 않은 영국제 스나이더 엔필드 단발식 소총과 무라타 18년식 소총, 70mm 구경의 구식 청동 대포를 사용하는 일본군을 간단하게 제압했을 것이다. 러일전쟁 때의 일본군과 비교해도 장비 면에서는 손색이 없었다. 그러나 중국은 대규모 예비군을 동원할 수 없고 현대전을 수

헤이룽장성

치치하얼

후레(울란바토르)

하얼빈

지린

지린

제23진

외몽골

펑톈성

펑톈

제3진, 제20진, 제2혼성협

내몽골

산시성

제3혼성협

융핑

즈리성

베이징

제1진, 제6진, 제1혼성협

톈진

제4진

바오딩

제2진

타이위안

제43혼성협

지난

산둥성

제5진

샨시성

간쑤성

쉬저우

장쑤성

제13혼성협

시안

허난성

제29혼성협

신양

안후이성

난징

제9진, 제13혼성협

상하이

제39혼성협

쓰촨성

후베이성

제8진, 제21혼성협

우창

안칭

제31혼성협

항저우

제21진, 제23혼성

저장성

청두

제17진, 제33혼성협

후난성

창사

제25혼성협

난창

제27혼성협

장시성

푸저우

푸젠성

제10진

구이저우성

구이양

구이린

제25진

제26진

광저우

쿤밍

제19진

원난성

광시성

홍콩

광둥성

프랑스령
인도차이나

신해혁명 직전 전국의 신군 부대 배치 현황.

구분	북양군	일본군(청일전쟁)	일본군(러일전쟁)
본부 인원	97명	175명	230명
보병	12개 영(7,908명)	12개 대대(6,898명)	12개 대대(1만 1,634명)
기병	3개 영(1,098명)	3개 중대(477명)	4개 중대(724명)
포병	3개 영(1,782명/54문)	3개 대대(456명/32문)	3개 대대(1,190명/54문)
공병	1개 영(667명)	1개 대대(408명)	1개 대대(788명)
치중(수송)	1개 영(752명)	1개 대대(622명)	1개 대대(1,530명)
총인원	약 1만 2,500명	약 9,200명	약 1만 8,400명

●─ 북양군과 일본군의 사단 편제 비교.

행한 경험이 없는 데다 병참 능력이 결여되었다. 따라서 러일전쟁에
서 일본군이 보여준 대륙 작전을 수행하기는 거의 불가능했다. 종합
적으로 평가한다면 북양군의 수준은 10여 년 전의 일본군은 뛰어넘
었지만 일본은 그사이에 '넘사벽'의 존재가 되었다.

신군과 별도로 순방영巡防營이라는 준군사 조직도 있었다. 육군부는
'순방대시판장정巡防隊試辦章程'을 선포하고 녹영과 용영 등 구식 군대의
일부를 순방영으로 개편했다. 주요 임무는 일반 경찰이 수행하기 어
려운 토비 척결과 성의 치안 유지였다. 20세부터 35세까지의 신체 강
건한 장정 중에서 병사를 선발했다. 북양 36진이 중앙 국방군이라면
순방영은 향토 부대로 오늘날 중국의 인민무장경찰대에 해당한다. 순
방영의 편제는 신군과 달랐다. 각 성의 순방영에는 몇 개의 '로路'가
있었는데, 중로·좌로·우로·전로·후로라고 했다. 로의 수는 일정하지
않고 성마다 제각각이었다. 각 로에는 보병영과 기병영이 각각 1개씩
있었고 포병은 없었다. 보병영은 301명, 기병영은 189명과 말 135필
이 있었다. 이들은 모두 서구식 소총으로 무장했으며, 통솔권은 중앙

●— 순방영 병사들의 열병 모습. 순방영은 정규 군대가 아니라 성의 치안을 맡은 준군사 조직이었기에 신군과는 달리 보병과 기병은 있되 포병은 없었다.

의 육군부가 아니라 성정부에게 있었다. 신해혁명까지 전국의 순방영은 총 27만 6,000명에 달했다. 청조의 군사력은 중앙군인 북양 36진과 지방군인 순방영의 이원 체제였다. 신해혁명 이후에는 지방 경비대 또는 보안대로 개편되었다.

＼재정이 발목을 잡다

위안스카이의 군제 개혁은 야심 찼지만, 가장 큰 걸림돌은 역시 자금이었다. 1개 진을 편성·유지하는 데 매달 18만 냥, 연간 200만 냥 이상이 필요했다. 이와 별도로 무기와 탄약 구매에도 거액의 예산이 소요되었다. 군비가 눈덩이처럼 불어나면서 청일전쟁 직전인 1893년 2,600만 냥에 불과하던 청조의 군비는 1911년 9,100만 냥에 달했다.

그렇다면 청조의 재정 상황은 어떠했을까. 건국 이후 19세기 초반까지 200여 년 동안 거의 변동이 없었던 청조의 세수는 아편전쟁 당시 약 4,000만 냥에서 50년 뒤 청일전쟁이 일어났을 때는 두 배인 8,000만 냥으로 늘어났고, 광서 29년(1903년)에 1억 500만 냥, 신해혁명 직전인 선통 3년(1911년)에는 2억 1,000만 냥이었다. 규모만 본다면 이전에는 상상도 할 수 없을 만큼 풍족해진 셈이다.

세수가 늘어난 주된 이유는 관세와 이금세 덕분이었다. 청조는 관세 자주권이 없었기 때문에 관세가 5퍼센트에 불과하여 다른 나라보다 상당히 낮은 편이었지만 쇄국정책을 포기하면서 외국과 교역이 활발해졌기 때문이다. 18세기만 해도 국가 세수의 80퍼센트를 차지하던 전세田稅(토지세)의 비중은 1911년에는 24퍼센트에 불과했고 염세가 23퍼센트, 관세가 20퍼센트, 이금세가 21퍼센트, 그 밖의 잡세가 12퍼센트를 차지했다. 그러나 세수의 폭발적인 증가에도 여전히 해마다 3,000만 냥 이상의 적자를 냈다. 적자의 이유는 청일전쟁과 신축조약으로 인한 거액의 배상금 탓도 있었지만, 보다 근본적으로는 방만한 재정 운영과 관료들의 부정부패, 낙후한 행정 시스템 때문이었다. 청조의 조세제도는 매우 비효율적이었으며, 건실한 재정과는 거리가 멀었다.

중국 세관의 총감독이자 재정고문이었던 로버트 하트Robert Hart는 무술변법 당시 광서제에게 전세 개혁을 건의한 바 있었다. 전세의 연간 수입은 3,500만 냥 정도에 불과했고 100여 년 전과도 크게 다를 바 없었다. 그러나 자신의 계산에 따르면 적어도 10배가 넘는 4억 냥은 확보할 수 있다고 장담했다. 중국은 비록 구미 열강보다 산업화에서 뒤처졌지만 여전히 세계에서 가장 거대하고 부강한 나라였다.* 또한 광대한 토지와 인구의 80퍼센트가 농업에 종사하는 전형적인 농업국가이기도 했다. 하지만 국가 재정에 들어오는 세수는 극히 일부에 지나지 않았다. 많은 토지가 토지대장에서 누락되거나 실제와 맞지 않았기 때문이다. 누락된 토지를 찾고 수확량에 따라 법과 원칙대로 거두기만 한다면 농민들에게 큰 부담을 주지 않고도 세수를 지금보다 10배 이상 늘릴 수 있다는 것이 하트의 생각이었다.

그러나 오랜 관료 생활로 중국의 상황을 누구보다 잘 아는 위안스카이의 눈에 하트의 주장은 비현실적이었다. 국가가 비교적 쉽게 통제할 수 있는 염세나 관세와 달리 전세의 확충은 결코 쉬운 일이 아니었다. 전국의 토지와 수확량을 체계적으로 조사해야 하는데, 중국의 광대한 영토를 생각한다면 상상을 초월하는 막대한 자금과 인력, 시간이 소요될 것이 뻔했다. 자칫 배보다 배꼽이 더 커지는 일이었다. 또한 대토지를 소유한 사람들은 대개 힘 있는 관료들과 토착 호족들이었다. 이들의 저항을 누른다는 것은 50년 뒤 마오쩌둥의 공산 정권처럼 강력한 권위와 폭력적인 방법이 뒤따를 때나 가능한 얘기였다. 권위가 취약한 청조에게는 불가능한 일이었다.

좀 더 적은 대가로 할 수 있는 방법은 징수를 맡은 세리稅吏들이 함부로 착복하지 못하도록 철저하게 단속하는 것이었다. 일반 농민들이 실제로 부담하는 세금은 국고로 들어오는 액수의 두 배가 넘을 것으로 추정되었다. 말하자면 세수의 절반은 부패한 관리들이 중간에서 가로채 자기 뱃속을 채운 셈이다. 따라서 이런 짓만 철저하게 단속해

---

* 영국의 저명한 경제학자 매디슨Angus Maddison 교수의 『세계경제사The World Economy』에 따르면 1913년 중국의 GDP는 2,413억 달러(1990년 구매력으로 환산)로, 같은 시기 일본의 3배이며, 영국보다는 10퍼센트 정도 많고 독일과는 거의 비슷했다. 전 세계 GDP의 4분의 1을 차지했던 19세기 초에 견주면 쇠퇴했지만, 여전히 미국 다음의 경제 규모로 전 세계 GDP의 약 8퍼센트를 차지했다.

도 수천만 냥의 추가 세수를 확보할 수 있다는 계산이 나온다.

그러나 중국 관료 사회에 만연한 부정과 비리를 무슨 수로 하루아침에 개혁할 것인가. 실제로 위안스카이가 즈리성에서 부패 척결을 위하여 많은 노력을 쏟았지만 세수는 겨우 십수만 냥이 더 늘어났을 뿐이었다. 그렇다고 무작정 세율을 인상해서 농민들을 쥐어짠다면 거센 반발에 부딪힐 것은 불 보듯 뻔했다. 진나라 이래 중국의 많은 왕조들이 농민반란으로 붕괴됐다는 점을 생각하면 매우 위험한 선택이었다. 청조의 세입은 국가 총생산량의 3퍼센트 미만에 머물렀고, 봉건적이고 낙후한 구조를 개혁하지 않는 한 세수 확대는 한계가 있었다.

일본은 어떠했을까. 중국과 마찬가지로 농업국가였던 일본은 1873년 7월 '지조개정법地租改正法'을 실시하여 모든 토지에 대해 일괄적으로 토지 가격의 3퍼센트를 매년 세금으로 납부하게 했다. 농민들에게는 매우 무거운 부담이었던 탓에 각지에서 폭동이 일어나기도 했지만, 메이지 정부는 재정 안정을 위해 강력하게 밀어붙였다. 일본의 세수 중 토지세의 비중은 1870년에 약 80퍼센트, 1880년에도 64퍼센트를 차지했다. 덕분에 일본은 중국보다 경제 규모는 훨씬 작아도 근대화에 필요한 자금을 비교적 안정적으로 확보할 수 있었다. 지주들의 반발을 우려하여 전세 개혁을 시도조차 할 수 없었던 청조와는 대조적이었다.

중국의 저명한 개명 학자이자 외교관이기도 했던 황준셴黃遵憲(황준헌)은 일본이 근대화에 성공할 수 있었던 비결 중 하나로 근대 재정의 개혁을 꼽았다. 우리에게는 조선의 개항 직전 일본을 방문한 수신사 김홍집에게 『조선책략』을 전달한 사람으로 잘 알려져 있다. 그는 1887년 『일본국지日本國志』에서 일본의 예산 제도를 소개하고 중국도 도입해야 한다고 주장했다. 그의 주장은 10년도 더 지난 뒤에야 비로소 광서제의 주목을 받았지만 무술변법이 백일천하로 끝나면서 흐지부지되었다. 1908년에 와서야 재정을 전담하는 탁지부는 전국 22개 성에 감독관을 파견하여 성의 재정을 항목별로 파악하고 국세와 지방세의 분리 작업에 착수했다. 나름의 성과는 있었지만 재정 개혁이 본 궤도에 오르기도 전에 신해혁명이 일어나면서 청조의 노력은 좌절되었다. 그 후로도 정치적인 혼란 속에서 북양 정부는 물론 장제스의 난징 정권에 이르기까지 재정 근대화는 실현되지 못했다.

청조의 재정난은 중앙과 지방의 갈등, 지휘권의 혼란으로 이어졌다. 북양 36진은 청조의 중앙군이므로 마땅히 중앙에서 군대의 편성부터 유지까지 일괄적으로 맡아야 했다. 그러나 북양 6진의 편성에만 1,000만 냥이라는 거금이 소요되었다. 36개 진을 모두 편성한다면 산술적으로 계산해도 6,000만 냥이 들었다. 무기와 장비, 탄약을 구매하는 데 들어가는 비용은 별개였다. 연간 세수의 20~30퍼센트를 배상금으로 뜯기고 교육과 철도 건설, 군수공장 설립 등 근대화에 필요한 다양한 공공사업에도 막대한 돈이 들어가는 청조로서는 감당하기 힘들었다. 대안은 지방에 떠넘기는 것이었다. 비용은 지방정부가 부담하되 지휘권은 중앙에서 차지하겠다는 속셈이었다.

이러한 조치는 군사 개혁을 저해하고 중앙과 지방의 갈등으로 이어졌다. 재정적으로 극심한 압박을 받고 있던 지방정부는 굳이 신군 편성을 서두를 필요가 없었다. 또한 자신들이 애써 조직한 신군의 통솔권을 중앙에 빼앗기지 않으려 했으며, 신군도 멀리 있는 황제가 아니라 가까이에서 자신들에게 직접 급료를 주는 지방의 실권자들에게 충성했다. 이런 군대에게 국가에 대한 충성심이나 결속력을 기대할 수 있을까. 오히려 군권을 쥔 성의 장관들을 군벌화하는 등 많은 폐단을 남겼고, 결과적으로 청조의 몰락을 앞당겼다.

1911년 5월 후베이성 정부는 군인들의 봉급을 20~40퍼센트씩 일괄 삭감하기로 했다. 후베이성의 재정적자가 300만 냥이나 됐기 때문이다. 창장 일대에서는 장마철에 쏟아진 비로 수십만 가구가 침수되었다. 농작물을 전혀 수확하지 못하면서 민중의 생활은 극도로 궁핍해졌다. 신해혁명이 후베이성의 성도 우창에서 제일 먼저 시작된 것도 결코 우연은 아니었다. 신해혁명 직전 청조는 총체적인 난국에 직면했다.

중국의 군사혁명

19세기 말부터 20세기 초반은 인류 역사에서 '군사혁명 시기'라 불릴 만했다. 유럽에서는 왕정 시대의 용병 군대나 병농 일치의 오합지졸 농민 군대를 대신하여 전문화한 대규모 상비군이 등장했다. 병사는 대부분 병역법에 따라 입대한 징집 군인들이었고 신체적으로나 정신적으로 가장 우수한 젊은이들이었다. 이들은 대개 2년에서 3년 정도 단기 복무한 후 예비군으로 편성되어 사회로 돌아갔다. 군대는 꾸준히 젊은 피를 유지하면서 전시에는 중장년층까지 망라하는 거대한 군제를 편성했다. 벨기에나 세르비아 같은 소국들조차 1차대전이 일어나자 수십만 명에서 많게는 100만 명 이상을 동원했다. 한 세기 전이었다면 상상도 못할 일이었다.

프로이센에서 처음 시작된 참모 제도는 군대의 작전 능력을 크게 향상했다. 과거에는 사령관 한 사람이 모든 것을 혼자 관리했으며 군대의 전투력은 사령관의 역량에 좌우되었다. 그러나 전쟁의 규모가 커지고 복잡해지면서 나폴레옹이나 몰트케 같은 천재적인 장군조차 군대의 일부만을 지휘할 수 있었다. 참모는 각각의 분야에서 가장 잘 훈련되고, 풍부한 경험을 갖추었으며 육군대학에서 참모 교육을 받은 엘리트 장교들로 구성되었다. 이들은 사령관의 책무를 나누어 가졌다. 전쟁은 더 이상 영웅과 영웅의 싸움이 아닌 조직과 조직의 싸움이 되었다. 한 사람의 명장이 승패를 좌우할 수 없게 된 것이다.

지난 수백 년 동안 모든 군대의 보편적인 무기였던 냉병기冷兵器와 전장식 소총, 청동 대포는 완전히 사라졌다. 그 대신 후장식 연발 소총과 강철로 만든 강선식 속사포, 기관총이 보급되었다. 신형 무기들은 화력과 명중률이 훨씬 무시무시했으며, 사거리 또한 몇 킬로미터에 달했다. 한 세대 이전만 해도 적에게 사격을 하려면 "상대의 흰자위가 보일 때까지 접근하라!"고 했지만 이제는 적의 그림자조차 보이지 않는 먼 곳에서도 상대의 진지를 향해 치명적인 공격을 퍼부을 수 있었다. 철도는 대규모 병력과 물자를 신속하게 전선으로 수송했고, 병참의 부담을 줄임으로써 장기전과 소모전을 실현했다. 장군들은 전신을 이용해 수백 킬로미터 떨어진 부대에 명령을 내렸다. 전쟁 규모가 비약적으로 커지고 정부가 국가의 자원을 훨씬 효율적으로 동원하면서 전쟁은 더 이상 정치인과 군인들의 싸움이 아닌 온 국민이 참여하는 총력전이 되었다.

그러나 '군사혁명'은 어느 나라나 할 수 있는 일이 아니었다. 대규모 상비군의 유지는 그만큼 농촌과 공장에서 노동력을 빼앗아간다는 의미였다. 또한 군대의 규모가 크면 클수록 병사들에게 군복과 무기, 탄약, 식량, 군수품 등 막대한 물자를 보급할 수 있어야 했다. 기술이 급격하게 발전하면서 더 우수한 신형 무기가 하루가 멀다 하고 쏟아져 나왔다. 산업혁명에 착수한 나라들은 저렴한 비용으로 새로운 무기를 손쉽게 확보할 수 있었지만, 그러지 못한 나라들은 값비싼 돈을 주고 외국에서 수입하거나 구식 무기에 만족해야 했다. 병사들은 복잡한 전술과 신형 무기를 익히기 위하여 높은 지적 수준이 필요했다. 전투의 격렬함과 혹독한 환경, 엄청난 손실을 묵묵히 감내하려면 애국심과 함께 "왜 싸워야 하는가?"에 대한 동기 부여가 필요했다. 그러지 않으면 군대는 전장의 공포를 이기지 못하고 쉽게 무너져버렸다. 오직 사회가 고도로 발전하고 국민교육이 보급됐으며 상당한 공업 생산력을 갖춘 나라들만이 가능했다. 군대의 전투력은 그 사회의 수준을 보여주는 바로미터였다. 유럽 선진 군대와 낙후한 비유럽권 군대의 격차는 전에 없이 벌어졌다.

1898년 수단 옴두르만에서 잘 훈련된 2만 5,000여 명의 영국군 부대는 수적으로 두 배 이상 우세하지만 창과 구식 소총으로 무장한 아랍 군대를 일방적으로 쓸어버렸다. 전투가 시작되자 1만 명이 넘는 아랍인들이 160여 명에 불과한 영국군의 진지를 향해 용감하게 돌격했지만 분당 600발이 넘는 기관총의 화망 앞에서 줄줄이 쓰러졌다. 전투가 끝났을 때 영국군의 손실은 전사 47명, 부상 382명에 불과했지만 아랍군은 전 병력의 반수에 이르는 2만 3,000여 명의 사상자를 냈다. 이것이 근대 전쟁의 모습이었다. 고도의 규율과 최신 무기로 무장했으며 잘 훈련받은 근대적인 군대 앞에서 전근대적인 군대는 아무리 머릿수가 많아도 이길 수 없었다. 설령 용맹하게 싸워서 잠시 이긴들 유럽 국가들은 더 많은 군대와 더 우수한 무기를 투입할 수 있었으므로 비유럽 국가들은 결국 굴복해야 했다.

물론 이 시기에도 메넬리크 2세의 에티오피아 군대가 아두와에서 에리트레아 식민지병으로 편성된 2만 명의 이탈리아군을 격파한 사례나 2,000여 명의 수족^{Sioux} 인디언 군대가 250명의 미국 기병대를 전멸시킨 리틀빅혼전투, 1,300여 명의 영국군이 4만 명의 줄루족에게 포위 섬멸당한 이산들와나전투 등 비유럽권 군대가 유럽 군대를 이긴 사례가 없지는 않았다. 그러나 극소수의 예외일 뿐이었다. 폴 케네디 교수는 『강대국의 흥망The rise and fall of the great powers』에서 산업혁명기의 전쟁을 이렇게 평가한다.

당시의 전쟁들은 한 가지 결론을 증명해주었다. 패전국들은 새로운 무기와 대규모 상비군, 철도와 전신과 같은 개량된 커뮤니케이션, 군대의 지탱에 필요한 산업기반을 확립하는 노력을 공통적으로 소홀히 했다는 점이다. 승전국의 장군들 또한 한심스러운 실수를 저지르기도 했지만 그러한 실수 때문에 자신들이 가지고 있던 이점이 결코 상쇄되지는 않았다.

비서구권 국가로는 일본만이 유일하게 근대화한 군대를 건설하는 데 성공했다. 일본 역시 개국 직후만 해도 군사력은 변변치 않았다. 프랑스인 군사고문이 훈련시킨 막부 육군은 최신 무기로 무장한 일본의 정규군이었지만 알맹이는 팔기군과 다를 바 없는 오합지졸이었다. 이들은 보신전쟁戊辰戰爭에서 무장은 변변찮지만 훨씬 잘 훈련된 천황파 군대에게 여지없이 박살 난 채 몰락했다. 1880년대 초 육군대신 오야마 이와오大山巖, 육군차관 가쓰라 다로桂太郎는 일본군의 근대화를 위해 기존의 프랑스식 군제 대신 유럽 최강의 군대인 독일군을 새로운 모델로 삼기로 결정하고 독일에서 군사고문을 초빙했다. 독일군 참모총장이자 보불전쟁의 영웅이었던 대大몰트케는 자신이 총애하던 제자이자 뛰어난 전술 이론가 메켈Klemens Wilhelm Jacob Meckel 소령을 일본으로 파견했다.

메켈은 일본군의 근대화를 위해 독일의 전략과 전술을 가르쳤으며 독일식 군사문화의 특징인 군인으로서의 절대적인 규율과 복종을 주입했다. 또한 징병제도의 문제점을 보완하고 국민개병의 원칙을 강화하여 국민 군대를 실현했다. 임오군란과 갑신정변 때만 해도 일본군은 국내의 반란을 겨우 진압하는 수준이었고 심지어 청군에게도 밀렸지만, 메켈 덕분에 겨우 10여 년 만에 유럽 열강처럼 나라 밖으로 무력을 투사할 수 있는 역량을 갖춘 강군이 되었다. 그러나 전투와 작전만 중시하고 병참을 경시한 것, 군략과 정략의 불일치, 대국적 판단 능력의 부족 등 그가 남긴 한계 또한 명확했다. 일본군이 태평양전쟁에서 패망할 때까지 메켈의 그늘을 벗어나지 못했다는 점은 후발주자의 한계일지 모른다.

위안스카이의 북양 6진 창설을 시작으로 약 10년에 걸친 시간은 중국의 '군사혁명' 기간이었다. 병사들은 더 이상 양무운동 시절의 허울뿐인 서양식 군대가 아니라, 머리부터 발끝까지 서구식 군복과 군화를 갖추고 최신 화기로 무장한 근대화한 군대였다. 국방의 최일선을 맡은 북양군은 독일군과 일본군을 모델로 삼았으며 병력은 약 30만 명에 달했다. 유럽 5대 열강인 영국·프랑스·독일·러시아·오스트리아에 견줄 바는 아니어도 어지간한 중위권 국가를 능가하는 규모였다. 또한 전국 각지에 설립된 사관학교들은 엘리트 장교를 양성했다. 개인의 용력에 의존하는 구식 장군들은 근대 전술을 배운 신식 군인들과 우수한 화기 앞에서 설령 항우와 장비의 용맹함을 지녔다고 한들 더 이상 설 자리가 없었다.

육해군부와 참모본부가 설립되면서 군의 통수권을 체계화하고 전략과 작전을 통합적으로 수립하는 역량을 점차 갖춰나갔다. 사상 면에서도 서구의 교리와 군사 사상을 중국에 맞추려는 많은 노력이 있었다. 클라우제비츠의 『전쟁론』을 비롯하여 서양과 일본의 유명한 군사 서적들이 중국어로 번역되고 서구식 근대 병학을 종합적으로 연구한 책이 출간되기도 했다. 대표적인 예로 난징 진링金陵기기국과 한양

화약창 독판을 지낸 쉬젠인徐建寅이 구미 각국의 군사제도와 훈련, 교리를 다룬 『병학신서兵學新書』가 있었다. 량치차오의 제자로 훗날 위안스카이에게 맞서 호국전쟁을 일으키는 차이어蔡鍔는 중국의 대표적인 군사 사상가였다. 그는 전략과 정략의 중요성을 강조했으며, 서양의 침략에 맞서려면 각 성이 개별적으로 군대를 운용할 것이 아니라 여러 성이 연합해서 적군의 침입에 대항하는 '전구戰區 제도' 설치를 제안했다.

그러나 이러한 변화조차 구미 군대에 견주면 겨우 걸음마를 뗀 수준이었다. 장병들의 정신교육은 철저하지 못했고 전투 능력도 부족했다. 장비와 무기도 충실하지 않았으며 각 부대의 편제 또한 균일하지 않았다. 군사 조직은 비효율적이었고 운영은 미숙했으며 전술적으로는 무능했다. 특히 병참이 매우 빈약했기 때문에 해외 원정이나 장기전을 수행하기는 매우 어려웠다. 기껏해야 국내의 반란을 진압할 수 있는 수준에 도달했을 뿐이었다. 아마도 1894년의 일본처럼 주변국에 대한 제한적인 무력 투사는 가능했을 것이다.

종합적으로 볼 때 중국의 군사력은 일본이나 구미 열강은 물론이고, 2류 군사 국가였던 오스만제국이나 발칸 국가들과 비교하더라도 결코 수준이 높다고 할 수 없었다. 오스만제국은 발칸전쟁과 이탈리아와의 전쟁에서 연전연패하며 '유럽의 환자'라는 비아냥을 받았지만, 1차대전에서는 나름 선전하여 러시아령 캅카스를 침공했으며, 연합군의 대부대가 갈리폴리에 상륙하자 9개월에 걸쳐 쌍방 50만 명의 사상자를 낸 치열한 전투 끝에 격퇴했다. 과연 중국이 이러한 영웅적인 승리를 재현할 수 있었을까.

청조도 다른 비非유럽권 국가들처럼 서구의 선진적인 군사제도와 용병술을 배우기 위해 값비싼 돈을 주고 전문가를 초빙했으며 각지에 유학생을 파견했다. 하지만 소총과 대포 같은 군사적 하드웨어는 모방할 수 있어도 군대를 운용하는 데 필요한 군사 교리, 사상, 노하우 같은 소프트웨어는 쉽사리 따라 할 수 있는 것이 아니었다. 국내의 군사학교를 졸업하거나 해외에서 서구의 학문을 배우고 돌아온 장교들이 점점 많아졌지만, 폭발적으로 늘어나는 군대의 수요를 맞추기에는 턱없이 부족했다. 장교의 대부분은 여전히 무과나 출신 배경, 권력자와의 연줄로 출세한 자들이었다. 근대 군사교육을 받은 장교들도 자질과 경험이 부족했다. 겨우 초급 수준의 교육을 이수한 20대의 젊은 장교가 연대장·여단장에 임명되는 것은 흔한 일이었다. 지휘관을 보좌하고 정보와 인사·작전·군수·훈련 등 부대의 실무를 전반적으로 관리하려면 고도의 전문성을 갖춘 참모들이 필요했지만 그런 인재는 거의 없었다. 참모에 걸맞은 역량을 갖추는 데 오랜 시간이 걸리기 때문이다. 장교들의 자질은 낮았고 경험이 부족했으며 부패와 나태가 만연했다.

세계 각국의 모델이 되었던 독일군의 비결은 단순히 제도와 교리가 아니라 국민교육의 보급 덕분이었다. 독일의 의무교육은 벌써 100여 년 전부터 시작되었다. 나폴레옹 전쟁에서 패한 프로이센은 1806년 대대적인 개혁에 착수했다. 베를린대학 총장이었던 빌헬름 폰 훔볼트 남작Wilhelm von Humboldt은 그동안 소수의 귀족들이 독점해오던 교육을 일반 국민들에게 개방하고 의무교육 보급에 나섰다. 신분과 관계없이 누구나 최소한 초등교육은 받을 수 있었다. 독일은 영국이나 프랑스보다 교육 수준이 월등히 높았으며, 문맹률은 1퍼센트 미만이었다. 병사들은 더 이상 무지한 농부들이 아니라 고도의 전술과 복잡한 무기를 다루는 데 필요한 지적 능력을 갖추었다. 덕분에 독일군은 여전히 무지한 농민들이 대부분을 차지했던 러시아군이나 오스트리아군을 간단하게 압도했다.

그러나 독일 이외에 국민교육 보급에 적극적으로 나선 나라는 미국·영국·프랑스 등 몇몇 구미 선진국뿐이었다. 이탈리아는 전체 인구의 30퍼센트, 러시아는 50퍼센트가 문맹이었다. 구미 국가를 제외하고 독일을 가장 잘 모방한 나라는 일본이었다. 일본은 정부가 적극적으로 앞장서면서 19세기 말에 이르러 문맹을 거의 퇴치했을 정도였다. 반면, 중국은 학문이 지배계층의 전유물이라는 사고에서 벗어나지 못했다. 그나마 서양 선교사들을 통해 신학문이 조금씩 보급되고 있었지만 대다수 민중은 여전히 무지몽매했다. 1903년에야 일본의 제도를 흉내 내어 '학당장정學堂章程'을 선포하고 근대 교육을 시작했다. 전국 각지에서 근대 학교가 빠르게 늘어났다. 하지만 1910년에도 초등학생 160만 명에 졸업생은 2만 명, 중학생은 겨우 4만 명이었다. 대학은 겨우 3개에 학생 수는 750명이었다. 4억 명이 넘는 전체 중국 인구에 견주면 보잘것없는 수치였다.

무를 천시하는 중국 사회의 가치관 속에서 군인이 되려는 자들은 대개 가난한 소작농이나 유랑민, 걸인 같은 하층민이었다. 이들은 강인하고 인내심은 있었지만 무지하여 근대 무기를 사용하는 법이나 복잡한 전술을 배우기 어려웠다. 훗날 대군벌의 한 사람이 되는 평위샹은 신병들을 한자리에 모아놓고 대뜸 "차려立正!" 하고 외친 뒤, 부동자세를 취하는 모습으로 쓸 만한 병사와 그렇지 않은 병사를 구분했다는 일화도 있다. 1차대전 직전 오스만제국 황제의 군사고문으로 오스만제국군의 현대화를 수행했던 독일 장군 리만 폰 잔더스Otto Liman von Sanders 중장은 오스만군의 형편없는 수준에 두 손을 들면서 "돈과 식량이 없어서 전쟁을 시작하기도 전에 제 풀에 쓰러질 것"이라고 했는데, 중국의 신군도 다를 바 없었다.

중국군의 개혁을 방해하는 데는 청조의 일관성 없는 태도도 한몫 했다. 신해혁명 직전 청군에는 신군과 순방영 외에 팔기군·녹영·용영 등 잡다한 구식 군대가 잔존했다. 모두 합하면 120만 명에 달했다. 청조는 북양군을 편성하면서 구제 불능이나 다름없는 구군을 애써 신군으로 만들려고 헛된 노력을 하는 대신 새로운 군대를 모집하는 쪽을 택했다. 이것은 분명 현명한 선택이었지만, 더불어 신군 확충에 맞춰 구군을 재빨리 해체하는 것이 마땅했음에도 오히려 존속시키는 쪽을 선택했다. 신해혁명 직전 청조의 연간 군사비는 전체 세수의 40퍼센트가 넘는 9,100만 냥이었다. 그중에서 신군이 차지하는 액수는 5,400만 냥으로 60퍼센트 정도였다. 6퍼센트 정도였던 무비학당(사관학교) 경비를 제외하고 나머지 34퍼센트(3,100만 냥)는 팔기와 용영, 녹영 등 아무 쓸모도 없는 구군의 경비가 차지했다.

구군 혁파가 지지부진한 이유는 이들의 반발 때문이기도 했지만, 그보다는 신군을 견제하려는 의도 때문이었다. 청조는 신군을 신뢰하지 않았다. 신군 중에는 봉건 의식에서 탈피하기 시작한 혈기 왕성한 한족 청년들이 많았다. 이들은 한 줌에 불과한 만주족이 자신들을 지배하는 현실에 의문을 품었다. 또한 재정난이 심해지면서 걸핏하면 봉급이 체불되자 불만이 더욱 커졌다. 쑨원의 혁명당은 이런 불만을 파고들어 병사들을 선동하고 혁명사상을 주입했다. 이 때문에 군대의 사기는 급격히 떨어지고 무장 탈영과 반란이 빈번해졌다. 물론 조정도 이런 사실을 모르지 않았다. 그러나 신군의 처우를 개선하는 대신 도리어 구군에게 최신 무기와 장비를 지급해 신군을 감시하게 했다. 청조는 자신들을 지키기 위해 신군을 만들고도 잠재적인 반란군으로 취급하는 모순을 저질렀다.

결과적으로 본다면 실제로 신군이 청조를 무너뜨렸으니 조정 관료

●── 청말 녹영 병사(왼쪽)와 팔기군 병사(오른쪽)의 모습. 이들은 실전에는 아무 쓸모도 없는 나약한 존재였지만, 신군에 대한 증오심과 경쟁심을 품고 있었다. 거리에서 신군 병사들을 만나면 폭행하기도 했다. 게다가 신군 내부에서 반청 혁명사상이 확산되자 청조는 구식 군대로 신군을 견제하려했다. 그러나 신해혁명이 일어났을 때 구식 군대는 총 한 발 쏘지 않고 모조리 달아나버렸다.

들의 우려를 기우라고만 할 수는 없을 것이다. 청조가 그토록 '중체서용'을 고집한 이유 또한 자신들의 지배 구조를 무너뜨리지 않을까 두려워했기 때문이다. 하지만 중체서용을 포기했기에 청조가 멸망했다고 말할 수는 없을 것이다. 청 황실과 만주족 귀족들이 시대의 변화를 따라잡지 못했기 때문이다. 어느 시대 어느 사회든 주위의 변화에 둔감하면 도태되는 것은 필연이다.

다른 한편으로, 중국군의 수준이 낮았던 이유를 단순히 서구가 우월하고 중국은 열등한 탓이라고 결론 내리는 것은 단순하면서 이분법적인 접근이다. 군대란 원래 보수적인 집단이며, 아무리 개혁적인 지도자라도 수천 년에 걸쳐 형성된 사회구조를 하루아침에 바꿀 수는 없는 노릇이기 때문이다. 비유럽권 국가만이 아니라 같은 유럽의 군대라도 자질과 전투력은 천양지차였다. 1866년 독오전쟁에서 오스트리아군은 구식 머스킷인 로렌츠 M1854 소총으로 무장하고 총검 돌격을 고집했다가 드라이제 니들 후장식 강선소총으로 무장한 프로이센군에게 여지없이 완패했다. 4년 후에 일어난 보불전쟁에서는 반대로 프랑스군이 훨씬 위력적인 샤스포 소총을 가지고 있었지만, 구식 대포와 구태의연한 전술로 싸우다가 독일군에게 항복하는 수모를 겪었다. 남북전쟁에서 북군의 병기국장이었던 제임스 리플리^{James W. Ripley}준장은 신형 라이플이 재장전이 쉽고 사격 속도가 훨씬 빠른데도 "무지한 병사들이 마구 사격하여 귀중한 총알을 낭비하게 만들 것"이라는 개인적인 편견 때문에 소총 교체를 완강히 반대하여 전쟁이 길어지는 데 일조했다. 신무기와 기술, 새로운 전술의 도입 그리고 제도 개선은 번번이 변화를 거부하는 거대한 벽에 부딪히기 일쑤였다. 이런 모습은 어느 나라도 예외가 없으며, 청조에만 국한할 수 없다. 인간의 사고가 기술의 변화를 따라가지 못하기 때문이다.

또 한 가지 간과해서는 안 될 사실이 있다. 전쟁을 바라보는 시각에서 중국은 서구와 본질적인 차이가 있다는 점이다. 서구는 정치와 군사를 분리하고 전투의 승리를 곧 전쟁의 승리로 바라본다. 또한 야전에서의 결전으로 적의 군사력을 철저하게 부수는 포위 섬멸전을 선호한다. 서구의 대표적인 병서인 클라우제비츠의 『전쟁론^{Vom Kriege}』에서는 "적의 군대를 섬멸하고 적국의 완전한 타도를 목표로 하라"면서 회전會戰의 중요성을 강조한다. 군대가 전투에서 이기려면 전술적인 유연성과 무기의 성능, 작전 역량, 병사들의 전투력 향상 등 기능적인 면에 총력을 기울일 수밖에 없다. 단적인 예가 오늘날의 미군이다. 미군은 철저하게 전투에 특화한 군대이다. 병사들은 고도로 훈련된 반면, 정치인들은 전쟁을 모르는 경우가 태반이다. 이 때문에 베트남전쟁에서는 전투에서는 승리하고도 정치에서 패배하여 두 손을 들기도 했다.

반면, 중국은 군사를 정치의 보조적인 수단으로 바라본다. 중국의 대표적인 병법서인 『손자병법』「모공편」에서는 "백전백승이 최선책이 아니며, 싸우지 않고 적을 굴복시키는 것이 가장 좋은 승리^{是故百戰} ^{百勝非善之善者也, 不戰而屈人之兵善之善者也}"라고 말한다. 이러한 부전승^{不戰勝} 사상은 중국인들의 가치관을 보여준다. 서구가 적군과 싸워서 섬멸하는 '직접 전략'을 선호한다면 중국은 상대를 위압하고 책략과 기습으로 적의 심리를 교란하며 전의를 꺾은 다음 정치와 외교적인 수단으로 해결하는 '간접 전략'을 선호한다. 또한 소수 정예나 무기의 우수함을 추구하기보다는 인해전술과 대량 투입으로 적을 물량에서 압도하는 쪽이다. 이러한 모습은 고대 중국은 물론이고, 베트남 병사들이 "마치 논의 벼처럼 떼 지어 몰려왔다"고 표현했던 중월전쟁*, 덩샤오

---

* 1979년 2월 17일부터 3월 16일까지 한 달 동안 벌어진 중국과 베트남 사이의 전쟁을 가리킨다. 명목은 국경분쟁이었지만, 두 나라 사이의 뿌리 깊은 반감과 패권 다툼에서 비롯된 싸움이다. 1977년 12월, 20만 명의 병력으로 캄보디아를 침공한 베트남은 1979년 1월 7일 프놈펜을 점령하고 크메르루주 정권을 무너뜨렸다. 그리고 헹 삼린을 수반으로 하는 친^親베트남 정권을 수립했다. 이로 인해 자극을 받은 덩샤오핑은 중국에 고분고분하지 않은 베트남을 손봐주기로 결심했다. 그는 미국과 동남아 여러 나라를 순방하면서 국제사회를 중국 편으로 끌어들이고 베트남을 외교적으로 고립시키는 데 성공했다. 1979년 2월 17일 새벽 5시, 대규모 포격을 시작으로 중국군의 침공이 시작되었다. 그런데 덩샤오핑은 정략과 외교에서는 매우 치밀하게 준비했지만, 군사적인 측면에서는 준비가 형편없었다. 변변한 훈련도 받지 못하고 구식 무기만 가진 중국군은 베트남군을 상대로 인해전술로 밀어붙였지만, 큰 희생만 치른 채 물러나야 했다. 중국군의 손실은 2만 6,000여 명에 달했다.
그나마 중국은 미국이나 소련처럼 권력자의 체면치레를 위해 병력과 물자를 무리하게 쏟아붓고 수렁에 빠지는 대신 실패를 솔직하게 인정하고 재빨리 발을 뺐다. 덕분에 더 큰 망신을 당하지 않았으며, 개혁개방 정책에도 영향을 받지 않았다.

핑 이후 현대화에도 여전히 병력 집약에서 벗어나지 못하는 현재의 중국군에도 여전히 남아 있다.

전통적으로 중국 사회는 무를 천시하고 문을 무보다 우위에 놓기 때문에 전쟁을 지휘하는 사람은 문관이었으며, 무관은 서구처럼 군사 전문가가 아닌 문관의 보좌관에 지나지 않았다. 중국 역사에 조조나 제갈량, 장량처럼 뛰어난 정치가는 얼마든지 있지만 한니발이나 나폴레옹처럼 전쟁사에 한 획을 그은 위대한 장군은 찾아보기 어려운 이유가 이 때문이다. 물론 그렇다고 해서 중국이 서구보다 덜 호전적이라는 뜻은 결코 아니다. 거대한 만리장성으로 상징되는 중국은 역사적으로 대개 공세보다 수세 전략을 선호한 것이 분명하지만, 자국의 이익에 필요하거나 충분한 힘이 있을 때면 언제라도 주변국에 무력을 투사할 준비가 되어 있는 나라이다.** 그러나 지도자들의 야심과는 별개로, 대다수 중국인들은 과거 일본 전통사회에서 볼 수 있던 상무정신과는 거리가 멀다는 얘기이다. 군사력은 그 사회의 문화나 가치관과 결코 무관할 수 없다.

위안스카이가 만들어낸 북양군은 봉건과 근대 사이의 과도기 군대였다. 이들은 신해혁명을 일으켜 구체제를 무너뜨렸지만 공화정을 수호하는 대신 군벌들의 사병 집단이 되었다. 북양군의 수장들은 국가방위라는 본연의 임무는 팽개친 채 정치에 열을 올렸다. 위안스카이

***

** 실제로 중국은 공산 정권 수립 이후 1949년부터 1992년까지 43년 동안 '적극 방어'라는 명목으로 무려 118차례에 걸쳐서 주변국을 무력으로 위협하거나 선제공격하는 등 그 어느 때보다도 호전적이었다. 한국전쟁, 중국-인도 국경분쟁, 전바오섬 전투, 타이완해협 위기, 중국-베트남 전쟁 등은 모두 중국의 선제공격으로 시작되었다. 그러면서도 중국인들 스스로는 자신들이 평화를 사랑하는 민족이며 주변국이 먼저 중국을 위협했기 때문에 부득이 군사력을 사용할 수밖에 없었다고 주장한다. 미국 비영리 연구기관인 랜드연구소의 앤드루 스코벨Andrew Scobell 선임연구원은 중국인들의 이러한 자기중심적인 논리를 '방어의 신화Cult of defense'라고 표현했다.

가 죽은 뒤에는 그의 후계자들이 권력을 놓고 치열한 암투를 벌였다. 지방의 실력자들 또한 자신들의 무력으로 중앙에 대항했다. 이 때문에 내전이 시작되었다. 하지만 중국이 새로운 시대로 넘어가기 위해 불가피하게 겪어야 하는 진통이기도 했다.

철도, 청조를 무너뜨리다

필자가 어렸을 때 '주말의 명화'라는 텔레비전 프로그램에서 종종 〈마지막 황제The Last Emperor〉를 상영했던 것이 기억난다. 이탈리아 출신의 베르나르도 베르톨루치 감독이 1987년에 제작한 이 영화는 격변의 시대에 대청제국의 마지막 황제로 시작하여 평민으로 생을 마감한 푸이의 파란만장하고 비극적인 인생 역정을 사실적으로 묘사한다.

1908년 11월 14일 광서제가 죽었다. 광서제는 자식이 없었기 때문에 후계자를 선택하는 권한은 서태후에게 있었다. 이전에 서태후는 순친왕과 룽루의 딸을 결혼시키면서 두 사람 사이에 자녀가 태어난다면 황위를 계승시키겠다고 약속했다. 서태후가 제 마음대로 정한 것이 아니라, 순친왕이 광서제의 동생이고 황실의 오랜 관행에 따라 광서제 다음 항렬인 순친왕의 자식에게 황위 계승권이 있었기 때문이다. 광서제가 죽었을 때 마찬가지로 사경을 헤매고 있던 서태후는 순친왕 짜이펑을 불러 그의 아들 푸이에게 황위를 넘긴다는 조서를 내렸다. 푸이는 겨우 세 살짜리 어린아이였으므로 짜이펑이 섭정을 맡게 되었다. 이튿날 서태후도 눈을 감았다.

섭정을 맡은 짜이펑은 25세에 불과한 풋내기였다. 그는 싹싹하고 사교적인 성격이었다. 의화단의 난이 실패한 뒤 중국 정부를 대표하는 사죄사로 임명되어 유럽을 방문하기도 했다. 학문에도 상당한 재능이 있었다. 하지만 우유부단하고 의지가 박약한 전형적인 온실 속의 도련님이었다. 그의 관심사는 정치가 아니라 경극이나 유희였다. 이런 인물이 전례 없는 국난의 위기 속에서 무슨 수로 거대한 제국을 떠맡을 수 있단 말인가. 서태후로서는 황실의 오랜 법통을 따랐을 뿐이지만 자금성 밖의 위기가 얼마나 심각한지 깨닫지 못했던 셈이다.

조정의 실권자였던 위안스카이는 푸이를 후계자로 삼는 데 반대했다. 그는 짜이펑과 사이가 몹시 나빴기 때문에 만약 푸이가 황제가 된다면 당장 정치적 보복을 당할 것이 뻔했다. 그가 내세운 인물은 도광제의 증손자이자 황실의 장손으로 자정원資政院 총재를 맡고 있던 푸룬溥倫이었다. 그는 나이가 34세였으므로 적어도 세 살짜리 어린아이보다는 좀 더 옥좌에 어울렸을 것이다. 푸이 대신에 푸룬이 황제가 되었더라면 위안스카이는 그에게 충성을 바쳤을 것이며, 청조의 수명은 조금 더 연장됐을지 모른다. 그렇다고 얼마나 달라졌을 것인가. 옥좌에 오르지 못한 푸룬은 죽는 날까지 위안스카이와 관계를 돈독하게 유지했다. 훗날 청조를 멸망시킨 위안스카이가 보위에 앉자 푸룬은 청 황실의 대표를 자처하면서 가장 먼저 위안스카이 앞에서 '고두의 예三跪九叩'*를 올렸다. 지조도 체면도 없이 아첨만 남은 것이 망국의 황족들이었다.

1908년 12월 2일, 자금성 태화전太和殿**에서 황제 즉위식이 거행되었다. 아이신쿼러 푸이가 청조의 12번째 황제이자 마지막 황제로 즉위했다. 즉위식은 성대했고, 치세가 3년도 가지 못하리라고는 그 자리에 있던 누구도 생각하지 못했을 것이다. 짜이펑이 섭정이 되자 조정에서는 만주족 친귀親貴(황실과 귀족의 자제)들이 득세했다. 그들에게 가장 큰 눈엣가시는 한족이면서 군권을 쥐고 있던 위안스카이였다. 위안스카이가 사사로이 패거리를 만들어 황제와 조정을 농단한다며 목을 베어야 한다는 상소문이 사방에서 빗발치듯 올라왔다. 물론 짜이펑도 위안스카이를 죽이고 싶었지만 마땅한 명분이 없었다. 위안스카이는 북양군을 장악하고 있었기 때문에 함부로 그를 죽였다가는 어떤 사태가 벌어질지 몰랐다. 짜이펑은 측근들을 불러 위안스카이를 어떻게 처리할지 물었다.

뜻밖에도 황실의 원로인 경친왕 이쾅이 위안스카이 편을 들었다. 청나라 제일의 탐관오리라 일컬어진 이쾅은 평소 매관매직과 뇌물 수수로 소문난 사람이었다. 위안스카이에게서도 많은 뇌물을 받았다. 그는 짜이펑에게 "만약 북양군이 반란을 일으키면 어떻게 할 것이냐?"고 질타했다. 조정의 원로로서 리훙장과 함께 명성을 떨친 장즈둥도 위안스카이를 죽여서는 안 된다면서, 다만 조정에서 물러나 낙향시킬 것을 제안했다. 결단력 없는 용렬한 소인배였던 짜이펑은 두 원로가 반대하는 이상 아무리 위안스카이가 미워도 자신의 뜻을 끝까지 밀어붙일 수 없었다.

위안스카이는 겁에 질린 채 전전긍긍했다. 제아무리 북양군의 영수

---

* 청조 시절 황제 앞에서 세 번 무릎을 꿇고 각각 세 번씩 머리를 땅에 닿도록 조아리는 신하의 예.
** 자금성에서 가장 큰 건물. 황제가 행사를 주관하고 문무백관과 외국 사신을 접견하던 장소이다.

이며 입궐할 때마다 수백 명의 무장 친위대를 대동하고 다닌다고 해도 황제의 신하일 뿐이었다. 짜이펑의 말 한마디면 하루아침에 목이 달아날 수 있었다. 정치적으로 기민한 그는 짜이펑에게 무모하게 맞서는 대신, 현명하게도 무조건 납작 엎드린 채 황실과 만주족 귀족들에게 거액의 뇌물을 뿌리며 부지런히 구명 활동을 하러 다녔다. 관직을 내놓고 고향에서 은거하라는 명령이 떨어지자 비로소 얼굴에 화색이 돌았다.

그는 재빨리 병을 핑계 삼아 베이징을 벗어나 톈진으로 향했다. 호랑이 아가리에서 벗어나는 기분이었다. 조정에서 쫓겨나는 것은 하나도 아깝지 않았다. 목숨을 부지한 것만도 다행이라고 여겼다. 고향에서 가까운 허난성 장더부彰德府(지금의 안양시)에서 일개 촌부로 유유자적 지내면서 느긋하게 천하의 정세를 지켜볼 생각이었다. 그의 나이 49세. 야심가로서는 충분히 숙련되고 자신감이 넘칠 시기였다.

청 황실이 산소호흡기를 단 채 겨우 연명하고 있다고 해도, 위안스카이가 순순히 물러난 것은 청조의 권위가 여전히 살아 있음을 보여주는 증거였다. 만약 신해혁명 이후 무기력하기 짝이 없는 공화국 정부가 그를 내쫓으려고 했다면 어땠을까? 위안스카이는 코웃음 치면서 당장 자신의 군대를 동원해 정부를 뒤엎었을 것이다. 그러나 짜이펑이 위안스카이를 굴복시킬 수 있는 것도 오직 이번 한 번뿐이었다. 그는 청조를 살릴 수 있는 마지막 기회를 내버렸다. 기회는 두 번 다시 오지 않았다.

섭정이 된 짜이펑은 쇠락해가는 국운을 어떻게든 회복해보려고 안간힘을 썼다. 그는 입헌군주제를 비롯해 서태후가 추진하던 각종 개혁을 중단하지 않았다. 광서제가 죽기 직전인 1908년 8월 27일 조정은 예비 헌법으로 '흠정헌법대강欽定憲法大綱'을 발표하면서, 9년 후인

●— 낙향한 뒤 낚싯대를 드리운 채 어부 흉내를 내고 있는 위안스카이. 사실은 조정의 의심을 피하려고 연출한 사진이다. 짜이펑에게 밀려난 그는 청조에 대한 마지막 충성심마저 버렸다. 대신 위수 강가에서 바늘 없는 낚싯대로 천하를 낚았다는 강태공처럼 화려하게 재기할 날만을 손꼽아 기다렸다.

1917년에는 정식으로 헌법을 제정하겠다고 약속했다. 하지만 그 내용은 일본의 메이지 헌법을 모방한 것으로, "대청 황제는 무한한 권리를 누린다"고 되어 있다는 점에서 진짜 목적은 헌법을 통해 전제군주권을 확립하겠다는 것이었다. 서구의 입헌군주제가 황제의 권력을 제한하는 데 목적이 있는 것과는 정반대였다. 또한 중앙에는 자정원資政院, 지방에는 자의국을 각각 설치하여 의회제 실시를 약속했지만 실제로는 조정의 자문 역할만 맡을 수 있을 뿐 권한이 전혀 없었다. 서구식 의회와는 거리가 멀었다.

하루라도 빨리 국회를 수립하라는 입헌파의 상소가 빗발치자 짜이펑은 1910년 11월 4일 새로운 칙령을 발표했다. 그리고 국회 개설 시기를 1913년으로 앞당겨 민심 달래기에 나섰다. 짜이펑에게는 상당한 양보였겠지만 입헌파에게는 결코 만족스럽지 못했다. 만약 그가 욕심을 버리고 입헌군주제 실시와 황제의 통치권 제한에 과감히 찬성했다면 청조의 수명은 좀 더 연장되었으리라.

그러나 1911년 5월 10일 출범한 새로운 내각은 민심의 기대와는 정반대였다. 13명의 각료 중에 만주족이 9명이었고 한족은 4명이었다. 절반이 넘는 7명이 황족이었기에 사람들은 '황족 내각'이라고 불렀다. 짜이펑의 목표가 새로운 중국을 만드는 것이 아니라 자신의 아들을 중심으로 만주족의 지배를 더욱 강화하는 데 있음을 보여준 것이다. 시곗바늘을 거꾸로 돌리겠다는 얘기였다.

그렇다고 청나라의 몰락이 이미 초읽기였을 것이라고 생각한다면 성급하다. 겉으로 보기에 청조의 앞날은 여전히 탄탄했다. 의화단의 난 이후 한동안 중국 대륙에 몰아쳤던 무정부의 혼란은 이 시기에 오면 어느 정도 안정을 찾고 있었다. 한 세기 전 아편전쟁을 불러왔던 아편 판매를 놓고 1907년 청조와 영국이 '중영금연조약'을 맺어, 영국은 더 이상 중국에 아편을 수출하지 않기로 합의했다. 또한 아편 재배를 불법화하고 전국적인 아편 반대 캠페인을 전개하는 등 오랫동안 중국을 좀먹었던 아편 문제도 점점 해결되고 있었다.

톈진과 상하이, 광저우, 우한 등 동남 연해의 도시들을 중심으로 근대화가 빠르게 진행되면서 경제 규모가 커지고 대외무역 또한 꾸준히 확대되었다. 1896년부터 1913년까지 중국의 무역 규모는 약 3배 늘어났다. 그중에서도 비약적으로 발전한 곳은 그동안 변방으로 취급되던 동북3성, 특히 펑톈성이었다. 19세기 초반만 해도 동북은 청조의 봉금령 때문에 인구가 100만 명에 불과하고 황무지가 대부분이었다. 그러나 봉금령 해제와 러시아·일본 세력의 유입에 힘입어 빠르게 성장했다. 신해혁명 직전에는 인구 1,800만 명, 무역 규모에서 중국 전체의 16퍼센트를 차지했다.

●— 청나라 마지막 내각이었던 황족 내각. 맨 앞줄 왼쪽에서 세 번째가 경친왕 이쾅이다. 짜이펑의 보수 반동적인 정치는 근근이 연명하던 청조에 몰락을 향한 결정타를 안겼다.

이 시기의 중국은 이자성의 반란군이 베이징으로 몰려오던 명말의 망국적인 모습과는 거리가 멀었다. 반청운동에 동조하는 세력은 일부 지식인 계층에 국한되었고, 대다수 농민들에게 황실과 조정은 여전히 절대적인 존재였다. 종종 쑨원의 혁명파가 조정에 무모하게 도전했지만 그의 엉성한 계획은 여지없이 박살 나기 일쑤였다. 실제로 우창봉기가 일어날 때까지 모든 반체제운동은 모조리 실패로 끝났다. 조정의 최고 실권자이자 군권을 쥐고 있던 위안스카이조차 짜이펑의 말한마디에 생사가 좌지우지될 정도였다. 그러니 누가 청조를 타도하겠다고 나설 수 있겠는가. 신해혁명부터 마오쩌둥의 철권통치가 시작될 때까지 약 40년의 공화정이 짜이펑보다 더 강력한 치세를 누렸다고 말할 수는 없으리라.

그러나 짜이펑은 모든 면에서 덩샤오핑은커녕 서태후에도 미치지 못하는 인물이었다. 그는 나름대로 개혁을 추진했지만 역량이 부족하고 추진력이 없었다. 서구식 입헌제도가 무엇인지, 중국의 무엇을 어떻게 바꿔야 하는지도 제대로 몰랐다. 그의 개혁은 서태후의 연장선에 있을 뿐 어떤 면에서는 되레 거꾸로 갔다. 짜이펑은 태평천국의 난이 일어났을 때의 중국이 아니라는 사실을 간과했다. 언론과 전보電報의 등장은 중국의 광대한 대륙을 좁은 세상으로 만들었다. 중국 안팎에서 일어난 어떤 사건이든 다음 날이면 전국으로 퍼져서 사람들은 무슨 일이 일어났는지 알 수 있었다. 짜이펑과 만주 친귀들은 조정의 위세만 믿고 권력을 함부로 휘둘렀지만 얼마나 갈 수 있을까.

청조가 시곗바늘을 거꾸로 돌리려고 아무리 용을 써도 세상은 바뀌고 있었다. 민중은 더 이상 아무것도 모르는 존재가 아니었다. 이들도 청조가 얼마나 나약한 존재인지 깨닫고 있었다. 청조를 무너뜨린 것은 쑨원의 혁명당도, 위안스카이의 군대도 아닌 민중의 각성이었다.

＼보로운동의 폭발

청조의 운명에 종지부를 찍은 것은 철도였다. 메이지유신 초기부터 철도의 중요성을 인식한 일본과 달리, 청조의 관료들은 양무운동 내내 철도에 부정적인 시각을 버리지 않았다. 청일전쟁에 패한 뒤에야 비로소 철도 건설에 나섰지만, 극심한 자금난에 부딪히면서 철도 부설권을 열강에게 무계획적으로 나눠주었다. 영국, 독일, 러시아, 미국, 일본 등 열강은 철도 건설에 경쟁적으로 뛰어들었다. 1902년까지 열강이 청조에 제공한 철도 차관은 4,800만 달러, 신해혁명 직전에는 무려 2억 달러나 되었다.

1895년부터 1911년까지 중국에 건설된 철도는 9,100킬로미터에 달했다. 본토가 5,700킬로미터, 동북이 3,400킬로미터였다. 주요 노선은 베이징·톈진을 중심으로 중국을 남북으로 연결하는 징펑철도(베이징-펑톈)·징한철도(베이징-한커우)·징장철도(베이징-장자커우)·진푸철도(톈진-난징 푸커우) 그리고 중국을 동서로 연결하는 룽하이철도(카이펑-뤄양) 등이었다. 그 밖에 허난성 스좌장石家莊과 산시성山西省 타이위안太原을 연결하는 정타이철도, 한커우와 광저우를 연결하는 웨한철도粤漢鐵道, 광저우와 홍콩을 연결하는 광주철도廣九鐵道, 하노이와 쿤밍昆明을 연결하는 뎬웨철도滇越鐵道 등이 건설되면서 주요 도시들이 하나로 연결되었다.

철도가 대량의 물자를 빠르게 실어 나르면서 중국 경제는 크게 활성화되었다. 근대화의 물결은 해안가에서 중국 내륙 깊숙한 곳까지 확산되었다. 하지만 철도는 중국이 열강의 반식민지로 전락하는 데도 일조했다. 열강은 마음대로 군대를 태워 나르고 자원을 채굴하여 운송했다. 스스로의 힘으로 외세를 몰아낼 수 없었던 청조는 전통적인 외교 전략인 '이이제이'로 외세를 경쟁시켜서 어부지리를 얻으려 했지만, 냉엄한 국제 외교에 대한 인식 부족이었다. 열강은 청조가 생각하는 것마냥 호락호락하지 않았다. 오히려 서로의 이해관계가 충돌하지 않도록 사전에 야합하여 중국을 이리저리 분할하고 세력권을 정하여 철도 부설권을 나눠 가졌다. 이 때문에 청조는 아주 불리한 조건으로 열강과 협상해야 했다. 심지어 국내 자본으로 철도를 건설하는 것조차 심한 제약을 받았다.

뒤늦게야 조정도 문제를 인식하고 1903년 11월 '철로간명장정鐵路簡明章程'을 발표했다. 철도 경영을 원하는 사람은 철도공사를 설립하고 주식을 발행해 자금을 모으되 50만 냥 이상을 모아야 하며, 허가일부터 반드시 6개월 이내에 공사를 시작해야 한다는 내용이었다. 또한 철도 부설권을 차관의 담보로 제공하거나 외국 자본을 함부로 끌어모으는 것을 엄격히 금지했다. 대신 국내 자본에 의한 철도 건설을 장려함으로써 더 이상의 철도 이권 유출을 막고 열강에게 넘어간 철도 부설권을 되찾으려 했다. 중국 각지에서는 "중국의 철도는 중국인의 손으로"라는 슬로건 아래 지방정부와 민간이 협력해 철도공사를 설립하고 철도부설운동을 대대적으로 벌였다. 쓰촨성에서는 민간 자본으로 청두와 한커우를 연결하는 촨한철도川漢鐵道 건설을 계획했고, 광둥성에서는 미국인이 소유한 웨한철도 부설권을 사들였다. 국권회수운동을 위한 자본은 중국에서뿐만 아니라 미국과 유럽, 동남아 등지에서 화교들이 피땀 흘려 벌어서 송금한 돈을 모은 것이었기에 중국인들로서는 의미가 컸다.

그러나 목표대로 건설된 경우는 거의 없었다. 낙후하고 가난한 중국의 현실상 민간 자본은 매우 빈약한 데다 무작정 민족주의만 앞세운 채 아무런 노하우도 없이 철도를 건설하고 경영할 수는 없었기 때문이다. 예를 들어, 1906년 11월 광둥성 산터우汕頭와 차오저우潮州를 연결하는 총연장 42.1킬로미터의 차오산철도潮汕鐵道가 개통되었다. 광둥성 출신의 화교 기업가 장위난張煜南·장훙난張鴻南 형제가 주도했다. 광둥성과 동남아시아의 화교들로부터 자금을 모아서 순수한 중국 자본으로 건설한 중국 최초의 철도라는 이유로 중국 사회는 크게 고무되었다. 그러나 실제로는 200만 냥의 자금 가운데 절반이 타이완의 일본 총독부에서 몰래 빌린 것이었다. 그들도 국내에서 충분한 자본을 모을 수 없었기 때문이다.

조정 관료들끼리도 의견이 엇갈렸다. 외세를 배격하고 민족 감정을 지지하는 이가 있는가 하면, 부국강병을 위해서는 잠시 외세에 양보하고 돈을 빌려서 하루라도 빨리 철도를 건설한 다음 얼른 갚으면 된다고 주장하는 이도 있었다. 어느 쪽이건 나름 일리가 있었지만 조정의 뜻이 일치되지 못하다보니 원칙도 방향도 없고 정책은 주먹구구식이었다. 관료들은 저마다 자신의 입장과 이해관계만 고집했다. 하지만 정치 경험이 없는 짜이펑은 결정을 내리지 못하고 중간에서 우물쭈물할 뿐이었다. 위안스카이가 사라진 조정은 리더십 부재로 총체적인 난맥상이었다.

쓰촨성 정부는 청두에서 시작해 충칭과 이창宜昌을 거쳐 한커우까지 연결하는 총연장 3,000킬로미터의 서부 대철도 건설을 계획하고 1903년부터 촨한철도 공사에 착수했다. 그러나 지형이 워낙 험준한데다 기술과 자금 부족에 직면하면서 겨우 20킬로미터를 건설한 뒤 중단하고 말았다. 처음부터 의욕만 앞세웠을 뿐 중국의 역량을 고려하지 않은 결과였다. 그러자 쓰촨성 정부는 부족한 자금을 마련하기 위해 주민들에게 강제로 은화를 징수하고, 은화 50냥당 철도 주식 한 장씩을 나눠주었다. 철도 건설에 투자한 사람들은 쓰촨 총독부터 향신과 상인, 일반 농민에 이르기까지 광범위했다. 가난한 농민들에게는 큰 부담이었다. 그렇게 하고도 자금은 턱없이 부족했고 철도 건설은 지지부진하기만 했다.* 쓰촨성뿐만 아니라 중국 전역에서 볼 수 있는 모습이었다.

1911년 1월 우선부상서郵船部尚書(교통부 장관)에 성쉬안화이盛宣懷(성선회)가 임명되었다. 성쉬안화이는 대대로 상인이 많기로 유명한 저장성 출신이었다. 리훙장의 막료였던 그는 양무운동에 참여하면서 국

---

* 촨한철도는 장제스 정권을 거쳐 마오쩌둥 시대까지도 여러 차례 논의됐지만 서부의 험준한 지형 때문에 공사가 지지부진했다. 2003년에야 공사가 재개되어 2010년 12월 22일 충칭과 후베이성 이창을 연결하는 376킬로미터의 이완철도宜萬鐵路가 개통되었다. 장장 107년 만의 일로, 세계에서 가장 오래 걸린 철도 건설이라고 일컬어진다.

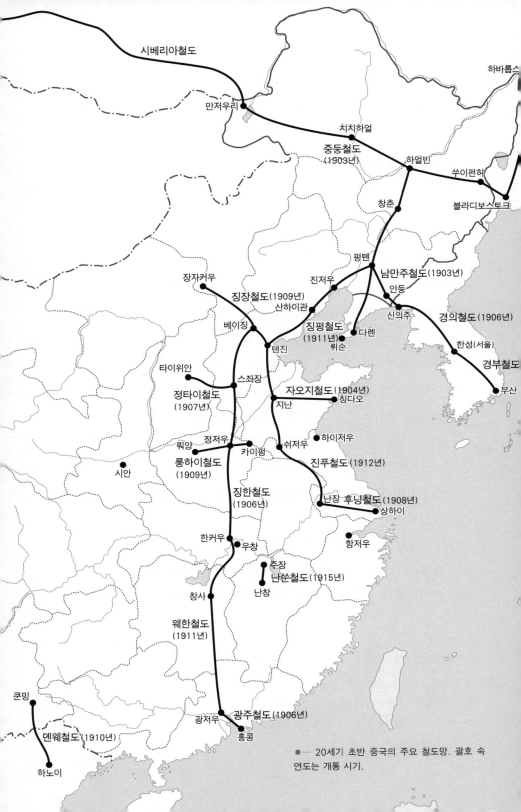

20세기 초반 중국의 주요 철도망. 괄호 속 연도는 개통 시기.

가 자본을 이용해 조선소와 제철소, 방직공장, 전신 사업 등 근대산업을 육성하고 자신도 막대한 부를 축적했다. 19세기 말 청나라 제일의 거상이었던 후쉐엔胡雪岩(호설암)과 함께 '중국 실업實業의 아버지'라고도 불린다. 그는 톈진에 중국 최초의 공업대학인 북양대학당(지금의 톈진대학)을 설립하여 근대 교육 보급에 앞장서는 등 청말의 근대화 역사에서 빼놓을 수 없는 인물이다.

성쉬안화이는 한편으로 완고한 보수 관료이기도 했다. 철도는 국가 동맥이기 때문에 이렇게 중요한 사업은 마땅히 국가가 주도해야 한다고 여겼다. 국가가 돈이 없으면 외채를 빌려서라도 신속하게 추진해야지, 민족 감정에만 매달려 자금도 빈약하고 경험도 없는 민간에 맡겨서는 죽도 밥도 안 된다는 것이 그의 생각이었다. 성쉬안화이는 짜이펑에게 철도 국유화를 건의했다. 짜이펑은 영국·프랑스·미국·독일 4개국 은행단과 논의한 뒤 연이율 5퍼센트의 조건으로 550만 파운드의 철도 차관을 들여오기로 했다. 철도 건설을 명목으로 해외 차관을 함부로 끌어오지 않기로 했던 원칙을 황실 스스로 깨뜨린 것이다.

1911년 5월 9일에는 전국 철도에 대해 국유화가 선언되었다. 황족 내각이 수립된 바로 이튿날이었다. 짜이펑으로서는 불가피한 결정이기도 했다. 국내 자본과 전문 인력의 부족으로 철도 건설이 몇 년째 지연되면서 손실이 눈덩이처럼 불어나고 있었기 때문이다. 하지만 이유야 어떻든 철도 이권을 다시 외세에 넘겨주기로 한 것은 청조의 무능함을 자인한 꼴이었으며 중국 사회에서 고조되는 민족주의 분위기를 무시한 처사였다. 특히 철도 주식을 구매한 사람들에 대한 보상이 형편없었다는 사실이 민중의 불만에 불을 지폈다. 액면가의 60퍼센트만 현금으로 돌려준 데다 그동안의 이자는 한 푼도 없었다. 40퍼센트만큼의 손실을 백성에게 떠넘긴 셈이다. 짜이펑이나 성쉬안화이 등 오랫동안 백성 위에 군림하면서 조정의 권위를 누리는 데 익숙했던 중국의 권력자들은 열강에게는 한없이 저자세를 취하면서도 민중의 불만이나 여론에는 둔감했다. 그들에게 백성은 억압하고 다스려야 할 존재이지 타협할 존재가 아니었기 때문이다. 불만이 폭발하지 않을 리 없었다. 당장 창사長沙, 우한, 광저우 등 전국 곳곳에서 대규모 반대 집회가 열렸다. 이것을 '보로운동保路運動(철도수호운동)'이라고 한다.

보로운동이 가장 격렬하게 일어난 곳은 쓰촨성이었다. 쓰촨 총독 자이얼펑趙爾豊은 처음에는 보로운동에 우호적이었으며, 조정에도 철도를 국유화하면 안 된다고 건의했다. 그러나 조정의 강력한 질책을 받자 태도를 바꿀 수밖에 없었다. 그는 쓰촨성 전역에 계엄령을 선포하고 자의국 의장 푸뎬쥔蒲殿俊을 비롯한 보로동지회의 주요 간부를 체포하는 등 대대적인 탄압에 나섰다. 9월 7일, 탄압에 반발한 군중이 총독 관저로 몰려가 체포된 사람들의 석방을 요구하는 시위를 벌였다. 그러나 경비병들의 무차별 발포로 시위대 수십 명이 죽거나 다쳤다.

이 사건은 민중의 감정을 더욱 자극했다. 격분한 보로동지회 회원들은 무장봉기를 일으켜 청군을 격파하고 여러 현성을 점령했다. 반란은 쓰촨성 전체로 확산되어 9월 말에 이르자 반란군의 수는 10만 명이 넘었다. 짜이펑은 자이얼펑을 파면하고 즈리 총독이자 철도 국유화 책임을 맡고 있던 돤팡端方에게 진압을 명령했다. 돤팡은 후베이 제8진의 2개 연대를 이끌고 청두로 진군했다. 그러자 우한의 방비가 취약해지면서 우창봉기가 일어났다. 쓰촨성으로 들어가던 도중 우창 봉기 소식을 들은 병사들이 반란을 일으키면서 돤팡도 참혹하게 살해당했다. 성쉬안화이는 철도 국유화를 건의했다는 죄목으로 모든 책임을 뒤집어쓰고 삭탈관직당했으며, 분노한 백성들을 피해 일본으로 도망쳐야 했다.

●── 보로운동을 진압하기 위해 쓰촨성으로 출동하는 후베이 신군 제8진 병사들.

황족 내각 구성과 철도 국유화 강행은 청조의 숨통을 끊어놓는 최후의 일격이었다. 청조에 충성하던 사람들마저 더는 희망이 없다면서 체제 타도에 앞장섰다. 그러나 짜이펑은 어떻게든 체제를 유지해보겠다는 속셈에서 한층 보수 반동적으로 행동했다. 보로운동에서 시작된 우창봉기가 방아쇠를 당겼고, 기름에 불이 붙은 것처럼 순식간에 중국 전역으로 확산되자 청조도 더 이상 버티지 못하고 도미노처럼 무너져내렸다. 뒷날 쑨원은 "만약 보로운동이 아니었다면 신해혁명은 적어도 1년 반은 늦춰졌을 것"이라고 회고했다.

6

북양함대의 부활

＼해군력을 모두 잃다

청일전쟁에서 가장 치욕적인 패배를 당한 쪽은 북양함대였다. 리훙장이 30년에 걸쳐 야심 차게 건설한 북양함대는 황해해전이 시작되자마자 기함인 딩위안이 포격을 받아 수뇌부가 전멸하면서 지휘 체계가 마비되었고, 우왕좌왕하다가 패배했다. 그러니 패전의 원인을 단순히 운이 나빴거나 서태후가 생일잔치를 위해 해군의 예산을 전용한 탓으로 돌릴 수는 없을 것이다.

북양함대의 주력 전함인 독일제 7,300톤급 철갑함 딩위안과 전위안 2척만으로도 일본 해군 전체를 압도할 정도였다. 그러나 실전에서 이들이 자랑하는 크루프 305mm 거포는 단 한 발만 발사되었다. 포탄이 없었기 때문이다. 각각의 군함은 일본 군함에 뒤지지 않았지만 최신함과 노후함이 뒤섞여 있어 일제사격이나 조직적인 함대 기동이 불가능했다. 통합적인 전략 수립과 작전 지휘, 병참 지원도 결여되어 있었다. 이런 상황에서 병사들이 제아무리 용감하게 싸운들 의미가 없었다. 근대 해전은 용기만으로 이길 수 없기 때문이다.

북양함대는 진정한 근대 해군이 아니었다. 고색창연한 변발을 한 병사들, 전문 지식이 결여된 지휘관들, 내부 파벌 싸움, 낙하산식 인사 제도, 조정의 권력 구도에 따라 오락가락하는 해군 정책 등, 수백 년 전의 구식 수군이 단지 배만 갈아탄 꼴이었다. 북양함대에도 영국과 독일에서 공부한 유학파 출신이 없지 않았지만 손에 꼽을 정도였고, 그들 또한 전통적인 유교적 사고방식에서 벗어나지 못하는 한 구식 장군들과 크게 다를 바 없었다. 근본적인 문제는 무기가 아니라 사람과 제도였다.

또 한 가지 빼놓을 수 없는 사실은 딩위안과 전위안이 덩치만 클 뿐 시대에 뒤떨어진 구식함이었다는 점이다. 두 함은 1870년대 독일 해군의 주력함이었던 작센급 철갑 전함Sachsen-class ironclad warship으로, 특히 선체 전후방에 배치된 두 문의 크루프 305mm 거포는 당대 최강의 위력을 자랑했다. 그러나 발사 속도가 너무 느렸으며, 1890년에 속사포가 등장하면서 쓸모없는 구식 대포가 되었다. 군함의 속도 역시 겨우 15노트에 불과해 현대 해전에는 맞지 않았다. 유일한 장점은 장갑이 두껍다는 사실밖에 없었다.

10년 만에 최강 전함이 구식함으로 전락한 이유는 열강의 치열한 해군 경쟁으로 하루가 다르게 기술이 발달했기 때문이다. 일본은 이 사실을 재빨리 깨달은 반면, 청조는 그러지 못했다. 리훙장도 뒤늦게 북양함대의 구식 함포를 최신 속사포로 교체하려고 했지만 예산 부족으로 실현할 수 없었다. 황해해전에서 일본 해군은 함포의 구경은 작지만 발사 속도가 훨씬 빠른 최신 속사포를 앞세워 북양함대를 일방적으로 난타했다. 의외로 일본 해군의 명중률이 12퍼센트에 불과한

●── 청일전쟁 직전 딩위안의 수병들. 엄밀히 말해 이들은 해군이 아니라 근대 군함에 탑승한 구식 수군이었다.

반면 북양함대의 명중률은 20퍼센트에 달했다는 점에서 청군의 용기와 숙련도가 결코 일본 해군보다 부족했다고 말할 수는 없다. 그러나 북양함대가 1발을 쏠 때 일본 해군은 10발을 쏘았으니, 중국이 싸움에서 지는 것은 당연했다.

북양함대의 괴멸로 중국은 거의 모든 해군력을 잃었다. 청일전쟁에서 살아남은 장교는 파면되고, 병사들도 해산되었다. 2척의 철갑함을 비롯해 북양함대의 군함은 모두 격침되거나 일본에 전리품으로 빼앗겼다. 북양함대 외에도 동남 연안의 방어를 맡은 푸젠 수군과 광둥 수군, 남양 수군 등이 남아 있었지만 주로 중국 내에서 건조된 1,000톤 미만의 소형 포함과 구식 목선을 보유했다. 적 함대와의 결전보다는 연해와 강상의 경비를 맡은 함대였기에 근대 해전에서는 아무 쓸모가 없었다. 그동안 청조의 해군 정책이 북양함대에만 집중된 결과였다. 북양함대가 소멸하자 중국의 바다는 열강의 손으로 넘어갔다.

북양대신 리훙장이 패전에 책임을 지고 정계에서 은퇴한 뒤, 양광 (광둥성과 광시성廣西省) 총독 장즈둥은 중국의 바다를 지키기 위해서는 해군력을 하루빨리 재건해야 한다고 주청했다. 하지만 패전의 충격에서 벗어나지 못한 조정의 상황에서는 어림도 없는 소리였다. 오히려 극심한 재정난과 위정자들의 인식 부재 속에 1895년 3월 12일 예산 절감을 명목으로 해군 정책을 담당하는 해군아문海軍衙門을 폐지했다. 리훙장의 뒤를 이어 새로운 북양대신이 된 왕원류王文留 또한 해군 재건에는 관심이 없었다. 다른 관료들도 마찬가지였다. 그동안 막대한 돈을 들여 북양함대를 건설했지만 청일전쟁에서 완패하여 예산만 낭비한 꼴이 되었는데, 누가 감히 나서서 '해군 재건' 운운할 것인가. 남양대신 류쿤이劉坤一는 돈도 없고 인재도 없는데 성급하게 해군을 재건하기보다는 일단 정세를 지켜보면서 재정이 안정된 후에 천천히 해야 한다고 주장했다. 해군에 대한 청조 관료들의 인식 수준이 얼마나 낮았는지 단적으로 보여준다.

＼리훙장의 복귀

한동안 지지부진했던 해군 재건 작업은 청일전쟁의 충격에서 어느 정도 벗어난 1896년에야 시작되었다. 청조는 구미와 일본에 대표단을 파견하여 신조함의 구입에 나섰다. 1895년 말, 청일전쟁 직전에 구입을 의뢰했던 850톤급 영국제 구축함 '페이루飛露', '페이잉飛鷹'과 독일제 어뢰정 4척이 인도되었다. 1898년에는 독일 불칸Vulcan사에서 건조한 2,950톤급 방호순양함 '하이처우海籌', '하이룽海容', '하이첸海琛' 3

척이 인도되었다. 이듬해인 1899년에는 영국 암스트롱사에서 건조한 4,300톤급 방호순양함 '하이톈海天'과 '하이치海圻'가 인도되었다.

하이톈과 하이치는 청일전쟁 이후 중국이 구입한 가장 큰 군함이었다. 1만 7,000마력급 엔진을 탑재하고 최대속도 24노트, 승무원 476명, 203mm 45구경 속사포 2문, 120mm 40구경 속사포 10문, 어뢰 등으로 무장했다. 딩위안·전위안보다는 크기가 작고 함포 구경도 작았지만 속도가 빠르고 기동성과 화력이 훨씬 우수했다. 황해해전의 경험을 교훈으로 삼았기 때문이다. 일본 함대는 함포의 구경은 작지만 속사포를 사용하여 사격 속도가 훨씬 빨랐고 화력에서 북양함대를 완전히 압도했다. 황해해전을 통해 단순히 덩치와 방어력에만 치중하는 것은 근대 해전에서는 오히려 약점이라는 사실을 청조도 비로소 절감한 셈이다.

1898년 리훙장이 양광 총독에 임명되어 3년 만에 정계에 복귀했다. 그는 쫓겨났던 옛 북양함대의 지휘관들을 복직시키며 해군 재건에 나섰다. 또한 낡은 구식 병선을 폐기 처분하여 예산을 절감하고 그 돈을 신조함 구입에 보탰다. 황해해전으로부터 6년 뒤인 1900년에 오면 중국 해군은 어느 정도 구색을 갖추었다. 그러나 의화단의 난 중에 8개국 연합군이 톈진을 침공하자 중국 해군은 당당하게 일본 해군과 겨루었던 청일전쟁 때와 달리 아예 싸우기를 포기한다. 전력 차이가 너무 큰 데다 지휘부에 패배주의가 만연했기 때문이다. 톈진항에는 새로 구입한 최신 군함이 여러 척 있었지만 대포 한 발 쏘지 않고 백기를 들어 연합군에 항복했다. 일부 군함들은 상하이로 탈출했다.

의화단의 난이 끝난 뒤 신축조약을 맺는 과정에서 일부 관료들은 열강의 심기를 건드리지 않으려면 중국이 보유한 군함을 모두 팔고 해군을 완전히 해체하여 더 이상 싸울 힘이 없음을 보여줘야 한다고 주장했다. 칠천량해전에서 패한 뒤 조선 조정에서 '수군 철폐론'이 나왔던 꼴과 마찬가지였다. 그러나 이순신이 "신에게는 아직 12척의 전선이 있나이다"라는 명언을 남긴 것처럼, 조정 대신들의 무책임한 주장은 북양수사 통령統領이었던 싸전빙의 강력한 반대로 유야무야되었다. 중국 해군으로서는 다행한 일이었다.

'중국 근대 해군의 아버지' 싸전빙은 영국 그리니치해군학교에 입교하여 선박 설계와 항해술을 배웠다. 또한 영국 군함을 타고 세계 각지를 여행하면서 포술, 어뢰술 등을 배우고 견문을 넓혔다. 청일전쟁 중에는 상선을 개조한 군함 '캉지康濟'의 함장이 되어 북양함대의 모항 웨이하이웨이에서 근무했다. 그러나 별다른 전투를 치러보지 못한 채 북양함대가 항복하자 그도 일본군에 투항할 수밖에 없었다. 그 뒤 싸전빙은 신형 순양함 하이치의 함장을 거쳐 광둥수사제독, 해군대신, 해군통제(해군참모총장)를 역임하며 중국 해군의 최고 수장으로서 해군 재건에 온 힘을 바쳤다. 우창봉기가 일어났을 때 혁명군을 진압하라는 조정의 명령을 묵살한 그는 청조가 멸망한 뒤 위안스카이 정권에서 해군총장을 지냈으며, 푸젠성장을 역임한 뒤 1923년 퇴역했다. 장제스 정권에서도 해군 원로로서 조언을 아끼지 않았다.

1901년 리훙장이 죽었다. 중국 해군에는 치명타였다. 리훙장은 고루한 대신들이 장악한 조정을 통틀어서 근대 해군의 중요성을 인식하고 있던 몇 안 되는 인물 중 하나였다. 해군 건설은 한동안 중지됐다가 위안스카이와 장즈둥에 의해 다시 시작되었다. 장즈둥은 양장 총독과 후광 총독을 지내는 1905년부터 1909년까지 일본에서 창장 항해에 용이한 연안용 포함 10척을 수입했다. 1907년 6월 7일에는 병부가 육군부로 개편되면서 예하 부처로 해군처가 신설됐다. 해군아문이 폐지된 지 12년 만이었다. 그동안 지역 단위로 개별 운용되었던 중국 해군 함대는 해군처의 설립으로 모든 지휘권이 중앙으로 일원화되었다.

청 해군의 새로운 모델은 일본 해군이었다. 아시아에서 유일하게 근대화에 성공한 일본은 놀라울 만큼 빠르게 성장하고 있었다. 특히 해군에 대대적으로 투자하여 러일전쟁에서 막강한 러시아 발틱함대를 대파함으로써 전 세계에 큰 충격을 주었다. 일본 해군은 구미 열강의 해군과도 어깨를 나란히 할 정도였다. 청조가 같은 아시아 국가이자 후발주자이면서도 짧은 시간에 구미를 따라잡은 일본을 자국의 모델로 삼으려는 것은 당연했다.

청조는 해군 근대화와 함께 꾸준히 신형 군함 확보에 나섰다. 1895년부터 1911년까지 구입한 외국 군함은 총 39척에 배수량 3만 4,000톤이었다. 러일전쟁 이전에는 영국, 독일 등지에서 수입했지만 러일전쟁 이후에는 일본에서 수입했다. 일본의 조선 기술이 구미 열강 못지않다고 인정했기 때문이다. 외국산 군함 외에 국산 군함의 제조에도 도전했다. 대표적인 조선소로는 상하이의 강남조선소, 푸저우의 마미선정국, 톈진의 다구조선소 등이 있었다. 그러나 하나같이 양무운동 시기에 건설된 조선소였기에 시대에 뒤떨어졌으며, 기술력이 부족하여 대형함 건조는 불가능했다. 신해혁명까지 중국이 건조한 국산 군함은 24척이었지만 대부분 1,000톤급 미만의 소형 포함이었다. 배수량을 모두 합해도 1만 톤 정도에 불과했다. 하지만 푸젠선정국에서 1,900톤급 순양함 퉁지, 푸안을 건조하기도 했다.

1909년 8월 섭정 짜이펑은 해군처의 독립을 위해서 자신의 동생이자 선통제 푸이의 숙부인 짜이쉰載洵을 예비 해군대신으로 임명하고 해군 재건을 지시했다. 겨우 23세의 애송이였던 짜이쉰은 해군처장 싸전빙의 보좌를 받아서 해외 시찰단을 구성했다. 목적은 열강의 선진 해군 기술을 배우는 것과 신형 군함의 구입이었다. 이들은 1909년 10월부터 이듬해 1월, 1910년 8월부터 11월까지 두 차례에 걸쳐서 영국·프랑스·일본·미국 등을 방문해 해군의 조직과 제도를 살펴보고 해군대학, 군수공장 등을 시찰했다. 또한 영국에서 2,500톤급 방호순양함 2척(잉루이應瑞, 자오화肇和)을 주문하고 오스트리아·이탈리아·독일·일본 등지에서도 여러 척의 구축함과 포함을 구입했다. 짜이쉰이 구매한 군함은 총 12척으로, 당시로서는 모두 최신형이었다. 싸전빙은 귀국한 뒤 조정에 해군부의 설립을 정식 상주했다. 싸전빙은 1910년 12월 4일 육군부에서 독립한 해군부의 초대 해군대신이 되었다.

신해혁명 직전에 이르면 중국 해군은 세계적인 수준까지는 아니라도 청일전쟁 이전의 수준은 회복했다. 해군 지휘관들은 이제 구식 무관이 아닌 전문성을 갖춘 군인들이었다. 수병들도 변발을 자르고 서구식 복장을 했다. 육군의 보조나 연안을 방비한다는 소극적인 사고를 벗어나면서 구시대적인 '수군'이 아니라 진정한 의미에서 근대적인 '해군'으로 발돋움했다. 중국 해군의 주력함은 다음 표와 같았다.

함명	구분	배수량	주포	최대 속도	승무원	취역 시기	구입 국가	비고
하이톈	방호순양함	4,300톤	203mmx2문	24노트	476명	1899년	영국	1904년 침몰
하이치	방호순양함	4,300톤	203mmx2문	24노트	476명	1899년	영국	
하이처우	방호순양함	2,950톤	150mmx3문	19.5노트	324명	1898년	독일	
하이룽	방호순양함	2,950톤	150mmx3문	19.5노트	324명	1898년	독일	
하이첸	방호순양함	2,950톤	150mmx3문	19.5노트	324명	1898년	독일	
페이잉	구축함	850톤	105mmx2문	22노트	145명	1895년	영국	
자오화	방호순양함	2,500톤	152mmx2문	20노트	283명	1912년	영국	
잉루이	방호순양함	2,460톤	152mmx2문	20노트	270명	1911년	영국	

페이훙飛鴻	방호순양함	2,600톤	152mm×3문	26노트	238명	1913년	미국	
퉁지通濟	방호순양함	1,900톤	120mm×5문	13노트	250명	1895년	중국	
합계		2만 7,960톤						

●— 중국 해군의 주요 함선 현황.

이전의 북양함대와 비교해 딩위안·전위안에 비견될 만한 대형 군함은 없지만 시대적인 흐름에 맞춰 빠른 발사 속도를 자랑하는 속사포와 뛰어난 기동성을 갖추었다. 군함들의 성능 또한 비슷하여 체계적인 작전 수행이 가능했다. 황해해전 당시의 일본 해군과 비교해보면, 배수량에서는 중국 해군이 약간 열세이지만 속도가 빠르고 화력은 대등했다. 덩치만 클 뿐 속도가 느린 철갑선 2척을 철석같이 믿고 있다가 일본 해군의 속사포에 정신없이 난타당했던 북양함대보다는 훨씬 좋은 상대가 되지 않았을까 싶다. 하지만 그럼에도 일본보다 겨우 15년이 뒤처졌을 뿐인 이 시간 차이는 중국과 일본의 운명을 완전히 갈라놓게 된다.

신해혁명 직전인 1909년에는 모든 함대를 통합하여 순양함대와 창장함대로 재편했다. 중국의 주력함대인 순양함대에는 방호순양함 4척, 구축함 1척, 어뢰정 8척 등 15척의 군함이 있었으며 외국에서 구매한 대형 군함을 배치했다. 창장함대는 창장 중하류에서 활동했으며 방호순양함 1척, 포함 12척 등 17척의 군함이 있었다. 주로 중국에서 건조한 군함이나 일본에서 구매한 1,000톤급 이하의 포함과 어뢰정이었다. 해군의 전체 인원은 8,500명에, 총배수량은 4만 5,000톤 정도였다.

중국 해군은 더 이상 연안 경비에 머물러 있지 않았다. 둥사군도東沙群島*를 놓고 일본과 분쟁이 일어나자 군함을 파견했으며, 중국 연해

함명	구분	배수량	주포	최대 속도	승무원	취역 시기	구입 국가	비고
요시노吉野	방호순양함	4,150톤	152mmx4문	23노트	360명	1893년	영국	
다카치호高千穂	방호순양함	3,700톤	260mmx2문	18.5노트	325명	1886년	영국	
나니와浪速	방호순양함	3,700톤	260mmx2문	18.5노트	325명	1886년	영국	
아키쓰시마秋津島	방호순양함	3,150톤	150mmx4문	19노트	330명	1894년	일본	
마쓰시마松島	방호순양함	4,200톤	320mmx1문	16노트	360명	1892년	프랑스	
지요다千代田	방호순양함	2,500톤	120mmx10문	19노트	350명	1891년	영국	
이쓰쿠시마嚴島	방호순양함	4,200톤	320mmx1문	16노트	360명	1892년	프랑스	
하시다테橋立	방호순양함	4,200톤	320mmx1문	16노트	360명	1894년	일본	
후소扶桑	장갑함	3,700톤	240mmx4문	13노트	250명	1878년	미국	
히에이比叡	콜벳함	2,300톤	170mmx3문	13노트	234명	1878년	중국	
합계		3만 5,800톤						

●— 청일전쟁 당시 일본 연합함대의 주력함 현황.

의 섬들에 대한 순찰을 강화하는 등 자국의 영해를 보다 적극적으로 보호하려고 노력했다. 순양함 하이치는 화교 보호와 중국의 국위 선양을 위해 동남아와 멕시코 등지를 방문했다. 1911년 4월에는 순양함대 통령統領(함대 사령관) 청비광程璧光이 인솔하는 외교 사절단이 영국의 조지 5세 대관식에 참석하기 위해 하이치를 타고 중국 군함으로서는 처음으로 세계 일주를 했으며, 영국·미국 등 8개국을 방문했다. 하이치가 항해한 거리는 5만 4,000킬로미터나 되었다.

---

* 광저우에서 남쪽으로 260킬로미터 떨어진 남중국해상의 산호초 군도. 광저우와 필리핀의 마닐라를 연결하는 항로로, 전략적으로 매우 중요하다.

＼건함 경쟁에서 밀려나다

중국 해군이 조정의 무관심과 열악한 재정에 맞서 싸우는 사이, 구미 열강과 일본은 본격적인 거함거포 경쟁을 벌이며 드레드노트급 신형 전함 확보에 총력을 기울이는 등 하루가 다르게 바뀌고 있었다. 일본은 1912년 최초의 국산 드레드노트급 전함인 가와치河內와 셋쓰攝津를 건조했다. 두 전함은 배수량 2만 1,000톤급에 305mm 주포 2연장 4문을 탑재했으며, 열강의 전함에 견주어도 전혀 손색이 없었다. 그러나 이조차 시대에 뒤떨어졌다며 더 강력한 신형 전함 건조에 착수했다.

반면, 중국은 드레드노트급 전함을 단 한 척도 보유하지 못했다. 중국 해군이 보유한 최강의 군함조차 구미 기준에서는 화력과 장갑이 빈약한 2등 순양함이었다. 또한 해군 육성에 적극적이었던 리훙장이

●— 1911년 신해혁명 직전에 촬영한 순양함 하이치의 승무원들. 140쪽의 딩위안 수병들과 비교해보면 많은 차이가 있다. 전통적인 만주 복장에 서구식 군함에 탄 구식 수군이 아니라 독일·일본 등을 모방하여 머리끝부터 발끝까지 근대화한 해군으로 거듭났다.

죽은 뒤에는 대형 군함을 확보하는 데 심한 어려움을 겪어야 했다. 광서신정 말기에 구입한 몇 척의 방호순양함을 제외하면 대부분 1,000톤 미만의 소형함이었다. 중국의 해군력은 열강의 거대한 함대에 비하면 초라하기 짝이 없었다. 심지어 오스만제국이나 그리스, 아르헨티나 등 어지간한 중위권 국가에도 미치지 못했다. 중국은 해군 경쟁에서 완전히 탈락했다.

해군 교리나 사상 측면에서도 뒤떨어졌다. 미국의 앨프리드 머핸Alfred Thayer Mahan 제독은 1890년 『해양력이 역사에 미친 영향The Influence of Sea Power upon History』에서 오늘날 국가의 흥망은 해양에 있다고 주장했다. 전쟁에서 승리하려면 적 함대와 결전하여 격멸하고, 적의 항구를 봉쇄 파괴하여 적의 전쟁 수행 능력을 마비시켜야 하며, 이를 위해서 강력한 함대의 건설이 필요하다는 논리였다. 그의 저서는 당시는 물론이고 오늘날까지도 많은 영향을 주고 있다. 일본 수뇌부는 육군이 우선인가 해군이 우선인가를 놓고 꾸준히 논쟁을 벌였지만, 머핸의 저서가 출간되자마자 일본어로 번역한 다음 철저하게 연구하여 자국의 해군 교리에 반영했다. 그러나 청조는 청일전쟁이 일어날 때까지도 관심을 두지 않았다.

청일전쟁이 끝난 뒤에야 해군 유학파를 중심으로 늦게나마 머핸의 해양론에 주목하기 시작했다. 대표적인 사람이 북양무비학당을 졸업하고 리훙장의 막료를 지냈던 야오시광姚錫光이었다. 그는 청일전쟁을 연구하고 향후 해군의 발전 방안을 내놓으면서 머핸의 이론에 따라 원양 작전 능력을 갖춘 대규모 함대를 건설해야 한다고 주장했다. 또한 아편전쟁부터 의화단의 난까지 청나라가 외세의 침략에 속수무책이었으며, 청일전쟁에서 일본에 참패한 이유도 근본적으로 해군력이 약하여 제해권을 빼앗겼기 때문이라고 결론 내렸다. 그는 근해를 통제하려면 우선 원양으로 나갈 수 있어야 하며, 중국은 7개 성에 걸쳐 바다에 접하고 있기 때문에 만약 해군이 없으면 제해권을 상실하여 결국 육군도 활동할 수 없게 될 것이라고 주장했다. 중국의 해안선은 거의 지구 반 바퀴와 맞먹는 1만 8,000킬로미터에 달하기에 제아무리 방비를 철저히 해도 마음만 먹으면 적이 어디서건 상륙할 수 있기 때문이다. 그의 사상은 일본과 구미에 유학 중이던 많은 해군 유학생들의 지지를 받았다.

연병처 제조提調(감독관)였던 야오시광은 1905년 5월 앞으로 12년 동안 1억 2,000만 냥을 투입해 드레드노트급 전함 2척을 포함한 대규모 함대를 건설하는 야심 찬 계획을 조정에 상주했다. 그러나 조정에서는 현실성이 없다며 거부했다. 청일전쟁과 신축조약에 따른 거액의 배상금 지불에다 전국에 신군을 편성하고 철도 건설 등 근대화 사업을 추진하는 것만도 벅찼기 때문이다. 해군 건설은 뒷전으로 밀려날 수밖에 없었다. 가장 큰 문제는 예산이었다.

일본 해군은 메이지유신 이래 육군과의 치열한 주도권 싸움 속에서도 비교적 안정적으로 예산을 확보할 수 있었다. 1894년부터 1910년까지 일본의 전체 군사비에서 해군의 비중은 40~50퍼센트를 차지했다. 1차대전 이후 열강의 건함 경쟁이 벌어지자 한때 전체 예산의 3분의 2에 달하기도 했다. 일본 해군은 1920년대에 오면 소련과 프랑스·이탈리아를 능가했으며, 세계의 바다를 지배한 영국과 미국 해군에 필적할 정도로 성장한다.

그러나 청조는 육군의 근대화에 총력을 기울였기 때문에 해군에 대한 투자는 소홀했다. 1909년 탁지부에서 책정한 해군의 연간 예산은 겨우 500만 냥이었다. 전체 예산의 2.4퍼센트, 육군 예산의 20분의 1에 불과한 액수였다. 해군 양성은 많은 비용이 들뿐더러 오랜 시간이 걸리는 일이다. 예컨대 순양함 하이치의 구입가는 33만 파운드(약 140만 냥) 정도였다. 1개 진을 편성하는 비용에 필적하는 액수였다. 장즈 등이 일본에서 포함(760톤급 6척, 96톤급 4척) 10척을 구입하는 데 들어간 비용은 425만 엔(약 370만 냥)에 달했다. 1만 5,000~2만 톤급의 드레드노트급 전함을 확보하려면 1척당 적어도 1,000만 냥 이상의 예산이 소요될 터였다. 도저히 감당할 수 없는 금액이었다. 그렇지만 중국과 사정이 크게 다르지 않았던 오스만제국조차 자국의 바다를 지키려는 일념으로 국민 성금을 끌어모아 영국에서 2만 5,000톤급의 드레드노트급 전함 2척(술탄 오스만 1세, 레샤디예)을 구입했다는 사실을 보면 결국 위정자의 의지에 달린 문제였다. 그러나 청조의 관료들은 제해권의 필요성에 막연히 공감할 뿐 전통적인 대륙 중심 사상에서 벗어나지 못했고, 바다의 무한한 잠재성을 깨닫지 못했다. 따라서 대륙 국가인 중국이 굳이 막대한 돈을 들여서 해군력을 건설해야 하는지, 어째서 해상무역로를 방어해야 하는지 알 리 없었다.

1909년에야 청나라는 해군 건설 7개년 계획을 수립하여 구식 군함을 폐선 처리할 것과 매년 200만 냥, 총 1,800만 냥의 예산을 투입해 신형 순양함과 구축함으로 편성된 새로운 원양함대를 건설할 것을 결정했다. 1912년에는 1,200만 냥의 예산을 해군에 배정할 계획이었다. 하지만 1911년 10월 10일 우창봉기를 시작으로 신해혁명이 일어나면서 물거품이 되고 말았다. 중국 해군에게 광서신정은 짧은 황금기였다. 청조가 무너진 뒤 군사 지도자들의 관심사는 바다에서 더욱 멀어졌고, 내전에만 집중하면서 기나긴 시련을 맞이해야 했기 때문이다.

7

혁명이냐, 입헌이냐

한쪽에서 청조의 위정자들이 만주족의 천하를 어떻게든 끌고 가려 했다면, 다른 한쪽에서는 구체제를 부수고 중국의 새로운 미래를 열려고 한 사람들도 있었다. 가장 대표적인 지도자가 쑨원 그리고 량치차오였다. 쑨원은 혁명을 일으켜 왕정 시대를 끝내고 국민이 다스리는 공화제를 세우려 했다. 반면 량치차오는 "임금은 있되 다스리지 않는" 입헌군주제를 꿈꾸었다. 태어난 환경도 걸어간 길도 전혀 달랐지만, 두 사람이 있었기에 신해혁명이 있었으며 격동의 시대를 넘어 지금의 중국이 있다고 하겠다.

＼혁명의 아버지

중국 대륙과 타이완 그리고 홍콩. 정치체제와는 상관없이 오늘날 중화권 전체에서 '국부國父'라 불리며 중국인들에게 추앙받는 유일한 인물이 쑨원이다. 중국 곳곳에는 쑨원의 호를 딴 공원과 거리, 기념비가 있으며, 그의 묘는 황제의 묘를 가리키는 '능陵'이라고 불린다. 황제가 아니면서 황제와 동격으로 치부되는 셈이다. 그는 한 시대를 스쳐 지나간 수많은 혁명가 중의 한 사람이 아니라 '혁명'의 상징이다. 중국 근대사의 인물들 중에 쑨원처럼 화려한 명성을 얻은 사람은 없다. 국민당과 공산당 두 진영을 각각 대표하는 장제스와 마오쩌둥은 여전히 공과를 놓고 평가가 엇갈리고 있다. 심지어 중국의 전통문화를 상징하는 공자조차 근대에 와서는 루쉰을 비롯한 개화 지식인들에게 '위선과 허세의 상징'이라 여겨졌으며, 문화대혁명 시기에는 홍위병들에게 우상이라며 철퇴를 맞기도 했다. 이들에 견주면 쑨원은, 근래에 다소 거품이 있다는 논란은 있지만 여전히 중국의 '조지 워싱턴'으로서 성역이나 다름없는 존재이다.

쑨원은 광둥성 동북쪽에 있는 시골 마을 향산현香山縣(지금의 중산현)의 빈농 집안에서 태어났다. 쑹칭링宋慶齡은 회고록에서 그가 주변 사람들에게 자신의 어린 시절을 이렇게 말했다고 소개한다. "나는 가난한 소작인의 아들로 태어나 초라한 집에 살면서 쌀밥을 먹을 수 없어 고구마만 먹고 자랐다. 나는 아이들의 발에 신발을 신겨주고 배에 밥을 채워주겠다는 생각으로 혁명가가 되었다." 쑨원은 어릴 때부터 자신과 같은 광둥성 출신이며 태평천국의 지도자였던 홍슈취안洪秀全(홍수전)을 가장 존경했다. 친구들에게도 훗날 어른이 되면 제2의 홍슈취안이 되겠다고 말하곤 했다.

쑨원이 어린 시절에는 많은 중국인들이 먹고살기 위해 미국과 남미, 유럽 등지로 이민을 떠났다. 19세기에 들어 중국의 인구가 급격하게 늘면서 이들을 부양할 농토가 부족했기 때문이다. 미국에서는 남북전쟁으로 흑인 노예가 해방되었다. 남부의 해방 노예들은 노동자가 되어 북부의 공장으로 가고 이들의 빈자리를 중국인들이 대신했다.

그러나 삶은 녹록지 않았다. 중국인 이민자들은 '쿨리苦力'라고 불리며 미국 사회의 최하층 계급으로 노예나 다름없는 차별과 멸시를 당해야 했다. 쑨원의 큰형과 숙부도 그런 쿨리였다. 이들은 하와이에서 장사를 하면서 어느 정도 자리를 잡자 쑨원을 불렀다.

14세였던 쑨원에게 미국 유학은 고향의 좁은 시골 마을에서 벗어나 세상이 얼마나 넓은지 절감할 수 있는 일생일대의 기회가 되었다. 쑨원은 호놀룰루에 있는 형의 가게 점원으로 일하며 학교를 다니면서 영어와 수학, 화학, 물리, 성경 등 서구 학문을 배웠다. 그러나 그의 형 쑨메이孫眉는 쑨원이 기독교에 심취하여 중국의 전통문화를 배척하자 화가 난 나머지 4년 만에 쫓아내듯 고향으로 돌려보냈다. 쑨원은 몇 달 뒤 이번에는 홍콩으로 향했다. 21세에 홍콩의 서의서원西醫書院(지금의 홍콩대학 의학부)에 들어간 그는 5년 후 우수한 성적으로 졸업하고 의사가 되었다.

쑨원은 마카오에서 병원을 개업하여 한동안 유능한 의사로 명성을 떨쳤지만 마음속에는 여전히 세상을 바꿔보겠다는 뜻이 있었다. 훗날 그는 젊은 시절에 의술을 배운 이유가 사람이 아니라 중국을 구제하기 위해서였다고 말했다. 광둥성은 전통적으로 상업이 발달하고 중앙의 간섭을 싫어하는 데다 특히 만주족을 향한 반감이 컸다. 쑨원은 한족 민족주의자들과 교류하면서 혁명사상에 눈뜨게 되었다. 그는 소수의 만주족이 다수의 한족을 지배하고 차별하는 현실과 아편전쟁 이래 만주족 황실이 보여준 무능함, 봉건 관료들의 나태함을 비판하면서 체제를 바꿔야 한다고 주장했다.

쑨원이 본격적으로 반청혁명에 나선 계기는 청일전쟁이었다. 일본군의 공격 앞에 무기력했던 청군의 모습은 중국의 지식인들에게는 충격이자 굴욕이었다. 그는 톈진으로 가 조정의 실권자 리훙장에게 편지를 써서 국가 개혁과 부국강병에 관한 자신의 생각을 건의했다. 심지어 직접 쿠데타를 일으켜 공화국의 지도자가 될 것을 권유하기까지 했다. 리훙장에게는 황당한 소리였을 것이다. 그 시절은 과거에 급제하지 못한 사람은 지식인 축에 넣어주지도 않았던 시대였다. 아마도 리훙장은 이름 없는 한족 젊은이가 쓴 편지를 제대로 읽어보지도 않았겠지만, 설령 읽어보고 공감했더라도 청조의 권위가 멀쩡히 살아 있는 현실에서 그의 힘으로는 어림도 없는 일이었다. 이 일화는 젊은 시절 쑨원의 몽상가적인 면모를 보여준다고 할 수 있다. 쑨원은 아무리 기다려도 회답이 없자 결국 자신의 손으로 직접 청조를 뒤엎기로 결심했다. 그가 생각한 방법은 무장 혁명이었다.

1894년 11월 24일, 쑨원은 하와이의 호놀룰루에서 형 쑨메이와 현지 화교들의 협조를 얻어 흥중회를 창설했다. 그의 나이 28세. 혁명의 기치를 처음으로 든 순간이었다. 흥중회는 중국 최초의 반청혁명 단체로, 초기의 회원 수는 120여 명 정도였다. 여기서 '흥중'이란 만주족 정권을 타도하고 중원을 회복하여 한족이 통치하는 중국을 부활시키겠다는 의미였다. 흥중회에 입회하는 사람은 반드시 '회복중화恢復中華(한족의 나라를 되찾자)'를 외쳐야 했다. 쑨원은 또한 청조를 타도하고 혁명에 성공한다면 액면가의 10배로 갚아주겠다면서 화교들을 상대로 '혁명 채권'을 팔아서 700달러를 모았다. 최초의 혁명 자금이었다.

쑨원은 뜻을 함께하는 동지들을 모으고 불만에 찬 신군 병사들을 선동하여 반란을 일으킨다면 중국 서남부를 점령하는 것쯤은 쉬운 일이며, 일단 기치만 들면 반란의 물결이 중국 전역으로 확산되어 청조를 타도할 수 있으리라 여겼다. 청일전쟁이 끝나고 얼마 뒤인 1895년 10월, 중국으로 돌아온 쑨원은 광저우에서 비밀결사 조직을 만들고 몰래 무기를 들여오는 등 반란을 준비했다.

　야심만만한 첫 시도였지만 지도부의 분열과 배신자의 밀고로 이 계획은 발각되었다. 봉기는 해보지도 못한 채 많은 동지들이 체포되어 처형당했다. 쑨원은 간신히 몸을 피해 마카오로 달아났다. 그의 목에는 1,000냥의 현상금이 걸렸다.

　홍콩을 거쳐 일본으로 도망친 그는 미야자키 도텐宮崎滔天이라는 사회운동가를 만났다. 미야자키 도텐은 메이지 시대의 대표적인 자유민권운동가 중 한 사람으로, "일본은 강력한 군사력을 갖춘 야만적인 문명국일 뿐, 중국이야말로 동양의 참모습을 회복할 수 있는 실력을 가진 나라"라고 주장했다. 그는 쑨원의 사상에 적극 동조하고 아낌없이 지원했다. 훗날 여러 혁명 조직이 일본에서 쑨원을 구심점으로 뭉치고 중국동맹회를 수립하는 데는 도텐의 역할이 매우 컸다. 또한 일본 내 중국 유학생들을 후원하고 제국주의 침략을 반대하여 중국인들에게 많은 추앙을 받았다. 덧붙여, 현재 난징 시내에 자리 잡은 중국 근대사박물관에는 쑨원의 동상 옆에 도텐의 동상이 나란히 서 있다.

　잠시 일본에 머무르던 쑨원은 미국을 거쳐 영국으로 갔다가 다시 일본으로 돌아오는 등 한동안 세계 각지를 떠돌며 혁명사상을 전파하고 흥중회 세력을 넓혀나갔다. 또한 필리핀 독립전쟁을 후원했으며, 중국 북부에서 의화단의 난이 일어나자 은거 중이던 리훙장을 부추겨 광둥성에서 독립국가를 세우겠다는 야심만만한 계획을 세우기도 했다. 하지만 쑨원의 혁명은 참담한 실패의 연속이었다. 무장봉기는 하나같이 사전에 발각되거나 현지 군대에 의해 간단하게 진압되기 일쑤였다. 설령 잠깐 승리했다 해도 주변의 동조를 얻지 못해 실패로 끝났다. 그 과정에서 많은 동지들이 목숨을 잃었다. 첫 번째 봉기였던 1895년 광저우기의起義를 시작으로 우창봉기 직전까지 15년 동안 모

●— 일본 망명 시절의 쑨원(오른쪽 끝)과 미야자키 도텐(왼쪽에서 세 번째). 오늘의 쑨원이 있는 것은 도텐의 후원 덕분이었다.

두 10번에 걸쳐 청조에 도전했지만, 그때마다 호된 대가만 치르고 성과는 없었다. 청조는 몇몇 혁명가의 의지만으로 무너뜨릴 수 있을 만큼 호락호락한 존재가 아니었다.

＼총 대신 글로 싸운 혁명가

오늘날 중국인들은 자신들을 높여 '중화中華'라고 일컫는다. 중화란 '세계의 가운데에 있는 나라'라는 '중中'과 '한족을 중심으로 중국을 구성하는 수십여 개의 민족'이라는 '화華'를 합한 말이다. 시진핑을 비롯해 중국 지도자들은 입만 열면 '중화'를 강조하며 국민들의 자긍심을 고취하려 한다. 물론 편협한 자국 우월주의와 국내 소수민족 탄압에 정당성을 부여하기 위한 정치적인 용어에 지나지 않는다는 비판도 많다.

중국인들 사이에서 중화라는 말이 쓰이기 시작한 것은 겨우 100여 년 전으로 그리 오래된 일도 아니다. 오랫동안 중국 사회에는 '한족과 한족이 아닌 자'라는 이분법적 구분이 있었을 뿐이다. 서구 열강의 침탈에 놓인 근대에 와서야 일부 지식인들이 국가와 국민이라는 개념을 인식했다. 그리고 중화라는 말을 만들어낸 사람이 량치차오이다. 그는 처음에는 '동방민족'이라고 했지만 1902년 일본에서 「중국학술사상의 변천과 대세中國學術思想之變遷之大勢」라는 글을 발표하면서 '중화민족'이라는 말을 썼다.

쑨원은 서구 열강보다 만주족이 더 나쁘니 만주족을 쫓아내고 한족만의 새로운 나라를 세우자고 주장한 반면, 량치차오는 한족과 만주족·몽골족·티베트족·후이족回族 등 중국을 구성하는 5대 민족이 힘을 모아 외세에 대항하자는 '대민족주의'를 제창했다. 량치차오의 사상은 각계각층의 많은 호응을 얻었다. 청조가 망한 뒤 새로운 나라의 이름을 '중화민국'이라고 정했다. 신생 공화국 정부가 한족만을 상징하는 쑨원의 청천백일기靑天白日旗가 아닌 다섯 민족을 공평하게 상징하는 오색기五色旗를 채택한 것이나, 오늘날 중국공산당의 오성홍기도 량치차오의 영향이다. 쑨원도 뒤늦게야 '오족공화五族共和'를 제창했지만 실제로는 한족 이외의 민족에는 관심이 없었고 소수민족들을 한족의 들러리로 여겼다.

오늘날 량치차오는 쑨원의 명성에 가려 백화문白話文을 보급한 민중 계몽가의 한 사람 정도로 알려져 있지만, 청말의 위대한 혁명 지도자이자 정치가로서 쑨원과 쌍벽을 이룰 만한 인물이었다. 또한 변법파의 거두로 명성을 떨친 캉유웨이의 수제자였다. 쑨원과 량치차오 모두 공화와 혁명을 추구했지만 쑨원은 무력을 선호했고, 량치차오는 평화를 선호했다. 해프닝으로 끝날 수도 있었던 우창봉기가 전국으로 확산돼 신해혁명으로 이어져서 큰 희생 없이 정권 교체에 성공할 수 있었던 데에는 쑨원보다 오히려 량치차오의 영향이 컸다. 우창봉기의 방아쇠는 쑨원의 혁명파가 당겼지만 신해혁명은 량치차오의 사상을 따르는 입헌파가 앞장섰기 때문이다.

쑨원과 마찬가지로 광둥성 출신인 량치차오는 캉유웨이보다 15살, 쑨원보다 7살 아래였다. 재미있는 사실은 세 사람이 태어난 곳이 서로 그리 멀지 않다는 점이다. 이들이 당대 가장 진보적인 인사이면서 세상을 바꾸겠다고 앞장선 것도 어쩌면 우연이 아닐지 모른다. 차이가 있다면 쑨원은 빈농의 아들이었고, 캉유웨이와 량치차오는 명망 있는 지방 사대부 출신이었다. 량치차오는 어릴 때부터 매우 총명하고 학문을 좋아했다. 네다섯 살 때 『시경』을 배우고, 여섯 살에 『사략』과 『오경』을 읽었다고 한다. 12살에는 과거에 합격하여 수재秀才*가 되었다. 중국 역사를 통틀어도 찾아보기 어려운 사례였다. 부유한 명문 집안 출신이지만 학문을 멀리하고 방탕하게 살면서 20세가 넘을 때까지 과거에 합격하지 못했던 위안스카이의 모습과는 대조적이었다.

평화로운 시대였다면 량치차오는 일찌감치 조정에서 관료로 출세했을 것이다. 그러나 그의 어린 시절은 격동의 시대였다. 열강의 침탈과 태평천국의 혼란에서 어느 정도 벗어나 서구의 학문과 기술을 배우기 위한 양무운동이 한창이었다. 동광(동치제와 광서제) 중흥의 시

---

* 명청 시대에 초시를 통과한 사람을 일컫는 호칭. 생원이라고도 한다. 중국의 과거제도는 우리나라보다 훨씬 복잡했다. 생원이 되려면 현시縣試와 부시府試, 원시院試를 통과해야 했다. 그러고도 관료가 되기 위해서는 몇 단계의 시험을 더 통과해야 비로소 진사가 되어 조정에 출사할 수 있었다. 문이 워낙 좁았기 때문에, 생원만 되어도 지역 사회에서 사대부로 인정받으며 존경과 명예를 누렸다.

대였다. 18세가 된 량치차오는 변법을 광서제에게 상소하여 '정계의 떠오르는 혜성'이 된 캉유웨이를 찾아가 제자가 되었고, 그에게 서양의 학문을 배웠다. 지금까지 유교 경전을 학문의 전부로 여겼던 그는 "태어나서 처음으로 세상에 학문이 있다는 것을 깨달았다"고 탄식할 만큼 큰 충격을 받았다.

청일전쟁에서 중국이 완패하자 량치차오는 스승 캉유웨이와 함께 뜻이 통하는 젊은 지식인들을 모아 변법파를 조직했다. 이들은 중국의 낡은 봉건제도가 가장 큰 걸림돌이며 서구처럼 입헌군주제를 실시해야 한다고 주장했다. 광서제는 변법파의 건의를 받아들여 '무술변법'에 착수했지만 서태후를 앞세운 수구파의 반격으로 103일 만에 무너졌다. 권력을 놓고 벌인 싸움에서 광서제가 패한 것이다. 서태후는 철저한 응징에 나섰다. 광서제는 탈출에 실패하여 중난하이中南海에 연금된 채 죽는 날까지 나올 수 없었다. 변법파 관료들 역시 참혹하게 처형당했다. 그중에는 캉유웨이의 동생 캉광런康廣仁도 있었다. 캉유웨이와 량치차오만 겨우 목숨을 건져 일본으로 달아났다.

무술변법이 실패한 직접적인 이유는 신군을 장악하고 있던 위안스카이가 서태후 편을 들었기 때문이다. 그러나 보다 근본적인 이유는 변법파가 힘은 미약하면서 하려는 일은 너무 컸기 때문이다. 이상만 앞세울 뿐 정치 경험이 없는 젊은 지식인들은 황제의 신임만 믿고 무리하게 자신들의 생각을 밀고 나가면서 보수적인 관료 집단과 갈등을 빚었다. 결정적인 사건은 과거제도를 놓고 벌어진 충돌이었다. 캉유웨이는 중국이 구미 열강보다 뒤처진 가장 큰 이유가 인재가 없기 때문이며, 인재가 없는 것은 낡은 과거제도 때문이라고 여겼다. 명나라 이래 중국의 시험 방식은 '팔고문八股文'이라 하여 사서오경을 비롯한 몇몇 경전의 문구를 달달 외운 후 암기력을 테스트하는 식이었다. 시험에 출제되는 내용과 답안까지 모두 정해져 있었으며 다른 의견이나 새로운 해석의 여지가 없었다.

조선의 과거제도는 다양한 정치 현안을 다루고 임금이 직접 시험관으로 참여해 국가 대사와 민생을 묻기도 했지만, 중국의 과거제도는 국가 경영에 필요한 엘리트를 뽑는다기보다는 황제가 내리는 교지를 받아서 쓸 수 있는 심부름꾼을 뽑는 것에 불과했다. 게다가 관직에 올라 입신양명하는 것을 최고의 성공으로 여기는 중국인들의 가치관에서 학문이란 오로지 과거를 위한 공부였다. 과거와 상관없는 실용적인 학문은 아무도 배우려 하지 않았다. 캉유웨이는 중국이 발전하려면 제일 먼저 과거제도부터 폐지해야 한다고 주장했다. 광서제도 공감하여 팔고문의 폐지와 과거제 개혁을 지시했다.

변법파로서는 큰 승리였지만 오랫동안 팔고문이 배움의 전부인 양온 힘을 쏟았던 전국의 수험생들이 들고일어나는 것은 당연지사였다. 캉유웨이가 의욕만 앞세워 아무런 사전 준비도 없이 하루아침에 팔고문을 폐지하자 중국 전역이 들끓고 사방에서 비난이 쏟아졌다. 게다가 베이징부터 지방 말단에 이르기까지 대대적인 구조조정을 실시하여 쓸모없는 관료들을 대폭 줄였다. 원론적으로는 옳다고 해도 거대한 관료 집단 전체를 적으로 돌릴 수밖에 없었다. 변법파는 광서제의 신임만 믿고 몹시 비타협적이었으며 자신들과 뜻이 다르면 배척했다. 이 때문에 변법파에 우호적인 사람들까지 등을 돌렸다. 조정의 모든 당파가 단결하여 변법파를 공격했다. 궁지에 몰린 변법파는 일거에 판세를 뒤엎을 요량으로 자포자기나 다름없는 쿠데타를 계획했다가, 이 사실을 안 서태후와 보수파가 반격하면서 광서제와 함께 하루아침에 몰락했다. 백일천하의 끝이었다.

변법파의 실패는 그들의 미숙함이 자초한 결과였다. 이들은 중국판

메이지유신을 꿈꿨지만 일본 유신파가 가지고 있던 무력이 없었다. 지지 세력도 미미했다. 쑨원의 혁명파보다도 더 무력한 세력이 변법파였다. 믿는 구석이라고는 광서제뿐이었지만 황제도 서태후 앞에서는 고양이 앞의 쥐 신세였다. 그나마 광서제의 경고가 없었더라면 캉유웨이와 량치차오의 목도 떨어졌으리라. 서태후의 칼날을 피해 일본으로 달아난 캉유웨이와 량치차오는 자신들의 적은 만주족 전체가 아니라 서태후와 그 주변에 있는 간신배들이라며 이를 갈았다. 그리고 언젠가 이들을 타도하고 광서제를 옥좌에 복위시키겠다는 꿈을 버리지 않았다. 이들이 추구한 정치 모델은 일본의 메이지유신이었다. 메이지 천황처럼 광서제를 중국의 상징적인 국가원수로 삼고 헌법과 의회를 열어서 입헌군주제를 실시하겠다는 생각이었다.

중국에서 더 이상 활동할 수 없었던 두 사람은 일본에 잠시 머물다 캐나다로 향했다. 그들은 1899년 6월 13일 캐나다의 빅토리아에서 보황회保皇會를 조직했다. 캉유웨이는 민심을 얻을 요량으로 광서제가 내린 밀조密詔를 위조하여 선전에 적극 활용했다. 이 때문에 몇 년 뒤 위조 사실이 들통나면서 캉유웨이는 큰 망신을 당하게 되지만, 보황회는 캐나다 이외에도 미국과 남미·오스트레일리아·마카오 등지의 화교 사회에서 조직을 빠르게 넓혀갔다. 일자리를 찾아 이역만리로 떠난 수많은 중국인들이 너도나도 보황회에 가입하면서 한때 회원이 100만 명에 달하기도 했다. 그만큼 대다수 중국인들에게는 여전히 청조가 중국이었다.

스승을 따라 처음으로 중국의 울타리를 벗어난 량치차오가 일본에 온 뒤 가장 놀란 사실은 서양 학문의 번역과 연구가 중국에서는 감히 상상도 못할 수준이라는 점이었다. 중국의 서양 연구란 군사와 기술 등 정부에 필요한 몇몇 학문에 국한되어 있었다. 반면, 일본에서는 정치·경제·철학·사회학 등 온갖 분야를 막론하고 방대한 연구가 진행되고 있었다. 또한 메이지 정부는 1890년 '교육칙어敎育勅語'를 발표하여 서구를 모델 삼아 국민교육에 적극적으로 나섰다. 1900년경에는 일본 사회에서 문맹이 퇴치됐고, 여성들도 90퍼센트 넘게 초등 이상의 교육을 받았다. 이제 겨우 몇몇 지역에서 소수의 서양인 선교사에 의해 신식 교육이 느리게 보급되고 있던 중국과는 천양지차였다. 이것이 중국과 일본의 운명을 가른 가장 큰 이유였다.

중국이 깨어나려면 무엇보다도 민중의 계몽이 중요하다고 여긴 량치차오는 『청의보淸議報』와 『신민총보新民叢報』라는 계몽 잡지를 창간했다. 두 잡지는 일본에서 발간됐음에도 중국에서 발간되는 잡지와 신문보다 더 많이 팔릴 정도로 큰 호응을 얻었다. 량치차오의 명성은 스승인 캉유웨이와 쑨원을 능가했으며, '중국의 여론을 장악한 지도자'라고 불렸다.

그런데 끈끈한 사제지간이었던 두 사람의 관계가 이즈음부터 점점 악화되었다. 무슨 일이 있어도 황제에 대한 충성을 버릴 수 없다며 완고한 태도를 고집하던 캉유웨이와 달리 량치차오는 서구식 민주주의에 눈떴기 때문이다. 량치차오에 견주면 캉유웨이는 훨씬 보수적이었다. 캉유웨이는 스스로 "나의 학문은 서른에 이미 완성되어 더 이상 발전하지도, 발전할 필요도 느끼지 못한다"고 할 만큼 오만하고 독선적이었다. 반면 량치차오는 "나는 아직 학문이 완성되지 못했으며 앞으로도 완성되지 못할까 근심하여 날마다 올바름을 찾고자 방황했다"면서 마치 갈증을 느끼는 사람처럼 새로운 것을 배우는 데 주저함이 없었다.

혁명파의 수장인 쑨원에 대해서도 량치차오는 비교적 시각이 유연했지만 캉유웨이는 '난신적자'라며 배척했다. 캉유웨이가 그토록 완고했던 이유는 사상의 차이라기보다 광서제가 생명의 은인이라는 개인적인 이유 때문이었다. 변법파가 몰살당할 때 광서제가 아니었다면 자신 또한 죽었을 것이다. 따라서 광서제에 대한 충성심은 맹목적인 숭배에 가까웠다. 일본에 온 캉유웨이는 '보황'을 굳게 다짐하면서 이렇게 맹세했다.

중국은 멸망하지 않을 것이고 도리 또한 사라지지 않을 것이다. 하늘을 따르고 천명을 기다리며 수많은 백성을 구하기 위하여 내 의지대로 홀로 실천할 것이다.

또한 캉유웨이는 량치차오를 동등한 동지가 아니라 봉건적 관념의 사제지간으로만 여겼다. 스승은 부모와 같은 존재이며, 스승이 제자를 가르칠 수는 있어도 제자가 스승을 가르칠 수 없다는 것이 전통적인 중국의 가치관이다. 량치차오가 뭐라고 하건 들은 척도 하지 않고 스승의 권위를 앞세워 무조건 굴종하기를 요구했다. 주변 사람들조차 량치차오더러 캉유웨이가 지독한 고집불통에다 시대에 뒤떨어졌으니 따르지 말라고 권유할 정도였다.

⟍쑨원과 량치차오의 만남

쑨원과 량치차오가 처음 만난 것은 무술변법이 실패하고 캉유웨이·량치차오가 일본으로 망명했을 때였다. 쑨원 또한 광저우 반란에서 실패한 뒤 일본에 머무르고 있었다. 셋 다 큰 뜻을 품었다가 타향에서 처량한 신세가 되었다.

쑨원은 혁명에 뛰어들기 전에도 같은 광둥 사람으로서 한창 명성이 자자하던 캉유웨이와 친교를 맺고 싶어했다. 그러나 오만하기 이를 데 없는 캉유웨이는 "쑨 아무개가 나를 만나고 싶다면 마땅히 제자로서의 예를 갖추고 스승으로 찾아뵈어야 할 것이다"면서 콧대를 세웠다. 지체 높은 출신인 그로서는 아무리 세상이 달라졌기로서니 관위도 없는 무명의 백성 따위가 눈에 찰 리 없었다. 그 무렵 캉유웨이는 광저우에서 만목초당萬木草堂이라는 학당을 운영하면서 량치차오를 비롯한 제자들을 양성하고 있었다. 쑨원은 직접 찾아가서 어떻게든 그를 만나려 했지만 결국 만날 수 없었다. 광저우 반란을 준비할 때도 캉유웨이에게 편지를 보내 동참을 요청했지만 캉유웨이는 거들떠보지 않았다. 쑨원과 캉유웨이의 관계는 애초에 궁합이 맞지 않았던 모양이다.

쑨원은 본격적으로 혁명에 나선 뒤에도 캉유웨이·량치차오와 손잡으려고 꾸준히 시도했다. 이들은 조정을 장악하고 있던 수구파에 대항하는 대표적인 진보 세력이면서 쑨원과는 비교할 수 없을 만큼 영향력이 컸다. 만약 연합에 성공한다면 혁명파로서는 천군만마를 얻는 셈이었다. 수구파 역시 변법파가 몰래 혁명파와 손잡았을지 모른다고 촉각을 곤두세웠다. 그러나 캉유웨이는 "혁명은 대역무도한 짓"이라고 여기는 사람이었으며, 무술변법에 실패하여 일본으로 쫓겨간 뒤에도 쑨원에게 심한 거부감을 드러냈다.

미야자키 도텐은 캉유웨이와 량치차오가 도쿄에 오자 쑨원과 만나게 주선하려 했지만 실패했다. 그는 옹고집인 캉유웨이를 가리켜 "도량이 좁고 식견과 경험도 부족하다"고 비판하면서도 초야의 일개 서생으로서 황제를 움직였다는 사실에 무한한 자부심을 느끼는 것은 당연하다고 말했다. 중국 고사에는 '사위지기자사士爲知己者死'라 하여 '선비는 자기를 알아주는 사람을 위해 목숨을 바친다'는 말이 있다. 캉유웨이는 황제가 자신을 알아주었다는 사실에 지나치게 감동한 나머지,

그 이상을 생각할 수 없었다. 개인의 교유라면 아름답다 하겠지만 공사를 구분하지 못한 셈이다. 캉유웨이는 리훙장을 능가할 만한 탁월한 재능을 가졌음에도 편협한 사고방식에서 벗어나지 못했다는 점에서 현실 정치인이라기보다는 춘추시대의 협객에 가까웠다.

스승의 영향을 받아 량치차오도 처음에는 쑨원을 대수롭지 않게 여겼다. 그러나 무술변법의 참담한 실패를 경험하면서 생각이 크게 바뀌었다. 동지들이 수구파의 칼날에 처참하게 죽어가는 모습을 보고 자신들의 무력함과 청조의 앞날이 얼마나 암담한지 비로소 절감했다. 그는 "오늘날 중국에는 수천 년 지속된 지병이 겹쳐 있고, 수억 가지 고질이 한데 모여 있다. 몸속에 불치의 병이 도사리고 있어 목숨이 아침저녁에 달려 있다"고 절망감을 토로하면서 중국을 살리는 방법은 혁명 말고는 없다고 믿게 되었다. 쑨원 못지않은 과격파가 된 그는 일본에 온 지 얼마 안 되어 캉유웨이와 아무 상의도 없이 쑨원과 만났다. 두 사람의 첫 만남이었다. 그 자리에서 량치차오는 쑨원에게 "우리가 너무 늦게 만났습니다"라고 탄식할 만큼 쑨원의 혁명론에 깊은 관심을 드러냈다.

두 사람은 격의 없이 수시로 만나 의견을 나누었다. 캉유웨이의 제자들 중에는 량치차오 말고도 쑨원에게 동조하는 사람이 여럿 있었다. 보황파와 혁명파 인사들은 쑨원을 수장으로, 량치차오를 부수장으로 하여 함께 힘을 모으기로 했다. 쑨원과 의기투합한 량치차오는 들뜬 나머지 캐나다에 가 있던 스승에게 편지를 썼다. "지금의 황상이 현명함은 누구나 아는 것이고 장래에 혁명이 성공하고 민심이 허락한다면 총통으로 추대할 수 있을 것입니다. 스승님께서는 이미 연세가 많으시니 자연 속에서 휴식하며 저녁 경치를 즐기실 때가 되었습니다. 나머지는 저희가 알아서 스승님의 은혜에 보답하겠습니다."

이제 마흔 남짓밖에 안 된 캉유웨이가 총애하던 제자에게 퇴물이나 다름없다는 소리를 듣고 가만있을 리 없었다. 분노한 그는 량치차오를 호되게 질책하고 일본을 떠나게 했다. 그리하여 쑨원과의 합작 또한 흐지부지되고 말았다.

량치차오는 캉유웨이와 쑨원 사이에 끼어 난감한 처지가 되었다. 그는 속으로는 쑨원을 추종하면서도 스승에 대한 도리를 저버릴 수가 없었다. 캉유웨이는 량치차오를 만난 자리에서 "백일유신 때 황상께서 전력으로 보호해주지 않았더라면 우리는 일찌감치 목이 잘렸을 것이다. 예전의 너는 말끝마다 황제의 은덕을 찬양하다가 지금은 황제를 상대로 혁명을 하려는 것인가!" 하며 호되게 꾸짖었다. 량치차오는 스승 앞에 무릎 꿇고 사죄하면서 "저는 만주족을 타도하려는 것일 뿐 황상을 끌어낼 생각은 없으며 오히려 새로운 중국의 초대 대총통을 맡길 생각입니다"라고 변명했다. 그의 대답은 광서제를 세상에 둘도 없는 성군으로 여기며 보황이 전부라고 여겼던 캉유웨이와의 좁힐 수 없는 간극을 보여준다. 동시에 쑨원과의 차이도 분명했다. 쑨원은 만주족을 타도의 대상으로 본 반면, 량치차오는 타협과 포용의 대상으로 보았다.

량치차오는 캉유웨이에 견주면 진보적이었지만 쑨원보다는 덜 급진적이었다. 그가 생각하는 혁명은 쑨원이 생각하는 혁명과 달랐다. 쑨원이 혁명을 하는 목적은 한족의 천하를 되찾기 위해서였다. 량치차오의 목적은 중국을 구하는 데 있었다. 청조가 스스로 변혁을 선택하고자 한다면 굳이 역성혁명을 강행하여 서로 피를 흘릴 필요는 없지 않은가. 그것이 량치차오의 생각이었다. 그는 유혈과 쿠데타로 점철된 프랑스 대혁명사를 읽은 다음 큰 충격을 받고 "프랑스도 이럴진대 하물며 중국에서 어떻게 공화제를 할 수 있단 말인가!" 하고 외쳤다. 서구의 의회정치는 오랜 시간에 걸쳐 자연스레 형성되었다. 수천 년 동안 황제가 다스린 전제국가였으며 민중의 정치의식이 낮은 중국이 하루아침에 흉내 낼 수 있는 것이 아니었다. 공화제 실현은커녕 공화제가 무엇인지조차 제대로 아는 사람이 없었다. 그런데 아무 준비도 없이 미국이나 프랑스를 흉내 낸다면 어떻게 될 것인가. 오히려 더 큰 재난을 불러와서 국민을 도탄에 빠뜨릴 수 있었다.

공화제를 외치는 쑨원도 중국의 현실에서 어떻게 민주주의를 실현할지 구체적인 방안을 제시하지 못한 채 "중국 민중을 가르쳐 공화제를 할 여건을 만들어나간다"는 추상적인 원칙만 세웠다. 이른바 '정치발전 3단계론'*이다. 실제로 신해혁명 이후의 혼란상과 쑨원의 무능함을 본다면 량치차오의 주장이 결코 틀렸다고 할 수 없으리라. 쑨원에게는 애초에 만주족을 타도하는 것이 목적일 뿐 공화제는 부차적인 것에 지나지 않았다. 따라서 혁명이 성공한 이후의 구체적인 계획이나 구상이 없었다. 한때 쑨원에게 동조했던 량치차오는 미국과 캐나다를 여행하면서 화교 사회를 둘러본 뒤 중국인들의 낮은 정치의식에 크게 실망하여 "우리가 지금 민주주의를 선택하는 것은 국가 차원의 자살행위나 다름없다"면서 쑨원의 혁명론은 시기상조라고 생각을 바꿨다. 대신 평화와 안정 속에서 민중을 계몽하여 자연스레 민주주

* 쑨원은 삼민주의 이론에서 국민혁명의 단계로 군정軍政→훈정訓政→헌정憲政이라는 3단계 발전론을 제시했다. 민주주의 수준이 낮은 중국이 민주주의 사회가 되려면 중간 단계로서 국민을 무력으로 다스리는 군사독재와 유능한 현인이 우매한 대중을 지도하는 훈정 시대를 거친 다음에야 비로소 법치에 의한 헌정으로 나아갈 수 있다는 논리였다. 위안스카이에게 패배하여 광저우로 간 쑨원은 광저우 군정부를 수립하고 대원수가 되었다. 그의 뒤를 이어 북벌전쟁에서 승리한 장제스는 1928년 10월 3일 훈정 강령을 발표하고 오원 정부를 수립하여 군정의 종식과 훈정 시대를 열었지만, 군사정권의 성격을 완전히 벗어나지는 못했다. 중일전쟁에서 승리한 뒤 각계각층에서 민주화 요구가 쏟아지자 장제스는 1947년 1월 1일 '중화민국 헌법'을 공포하고 전국 총선거를 실시하여 혁명의 마지막 단계인 헌정을 실현했다.

의를 실현해야 한다고 주장했다.

그러나 초지일관 만주족 타도를 내세운 쑨원이 보기에 량치차오의 일관성 없는 모습은 우유부단함이었다. 또한 량치차오는 청조가 스스로 부흥할 수 있다면 중국 사람으로서 그보다 더 좋을 수 없다고 생각했지만, 쑨원으로서는 기를 쓰고 막아야 할 일이었다. 청조가 되살아나면 자신이 혁명을 할 가능성이 없어지기 때문이다. 한족이나 만주족이나 똑같은 중국인으로 여기는 량치차오, 오직 한족만이 중국인이라는 쑨원. 섞이려야 섞일 수 없는 두 사람의 갈등이 여기에 있었다. 량치차오는 쑨원의 파괴주의와 배만排滿혁명이 망국을 불러올 수 있다면서 단호히 반대한다고 선언했다.

지금 중국에서 혁명이 시작된다면 틀림없이 사방에서 혁명군이 한꺼번에 들고일어나서 벌판은 시체로 가득 차고 강과 계곡은 피로 넘칠 것이다. 온 나라가 피폐해지고 살아남는 자는 거의 없을 것이다.

시간이 지나면서 두 사람 사이의 골은 한층 깊어졌다. 보황파가 혁명파의 토대를 잠식해갔기 때문이다. 1900년 1월 량치차오는 호놀룰루로 향했다. 호놀룰루는 6년 전 쑨원이 처음으로 흥중회를 세운 곳으로, 혁명파에게는 발상지이기도 했다. 량치차오가 무력 혁명을 반대하고 보황 입헌을 호소하자 화교들은 너도나도 보황회에 가입했다. 그중에는 쑨원의 형 쑨메이도 있었다. 주변 사람들을 매료하는 인간 됨이나 언변에서는 량치차오가 쑨원보다 한 수 위였다. 량치차오가 가는 곳마다 사람들이 모여들었다. 많은 화교들이 혁명을 버리고 보황을 지지하면서 쑨원의 혁명파는 한때 존립을 위협받을 정도였다.

쑨원도 크게 낙담하여 "보황당은 호가호위하는 기세로 세력을 넓혔다. 혁명을 반대하고 공화를 반대한다는 측면에서는 조정보다도 더 악랄하다"고 썼다. 쑨원은 진정한 지기라고 믿었던 량치차오에게 배신당하자 분노했다. 한때 의기투합했던 두 사람의 관계는 소원해졌으며, 끝내는 서로를 불구대천의 원수로 여겼다. 혁명파 인사들은 이때의 감정을 평생 잊지 못하여 량치차오에게 두고두고 이를 갈았다. 훗날 북벌에 성공하여 천하를 얻은 뒤, 국민당은 적이었던 우페이푸나 차오쿤·쉬스창 등 북양파 군벌에게까지 나름의 공로를 인정하여 포상했다. 그러나 량치차오에 대해서는 국민당 원로들의 완강한 반대로 어떠한 상도 내리지 않았다. 그의 가족들 또한 몹시 곤궁한 생활을 해야 했다.

서로에게 칼을 겨누다

청말 중국 사회는 쑨원의 혁명을 지지하는 사람과 량치차오의 보황 입헌을 지지하는 사람으로 양분되었다. 한족이라고 해서 무조건 쑨원처럼 만주족에게 증오심을 품지는 않았으며, 역성혁명이 불러올 혼란을 우려하는 사람들도 많았다. 완고했던 청조의 태도가 점차 바뀌면서 조정 대신들 중에도 정치 개혁과 서구식 입헌군주제의 도입에 찬성하는 자들이 늘어났다. 서태후 또한 시대의 흐름을 거스를 수 없다고 여겼다. 1905년에는 황족 중 한 사람인 짜이쩌載澤와 쉬스창·돤팡端方·사오잉紹英 등 5명의 대신을 파견하여 일본과 미국, 유럽 여러 나라의 정치제도를 시찰하게 했다. 입헌군주제 실시를 준비하기 위해서였다. 캉유웨이와 량치차오는 환호하면서 국회 설립에 대비하여 헌정회憲政會라는 단체를 조직했다. 또한 입헌의 조속한 실현을 청조에 촉구했다.

반면, 쑨원의 영향력이 컸던 일본에서는 무력 혁명의 구호가 대세였다. 그는 국내에서 꾸준히 반청혁명을 시도하는 한편, 일본의 젊은 중국인 유학생들 사이에 파고들어 이들을 선동하고 지지기반으로 삼았다. 쑨원의 혁명은 번번이 실패로 끝났지만, 혈기 왕성한 젊은이들에게는 오히려 불굴의 의지로 각인되었다. 이들에게 쑨원은 혁명의 구심점이었다. 그중에는 뒷날 국민당의 지도자가 되는 랴오중카이廖仲愷, 후한민胡漢民, 왕징웨이汪精衛, 장제스도 있었다.

중국에서도 많은 사람들이 쑨원에게 동조하여 반청투쟁에 뛰어들었다. 가장 대표적인 단체가 1903년 11월 후난성湖南省 창사에서 설립된 화흥회華興會였다. 황싱·쑹자오런·천톈화陳天華·장지張繼 등 일본 유학파 출신 젊은이들이 주축이 된 후난성 최초의 혁명 조직으로, 회원 수는 600여 명이었다. 이들은 쑨원의 방식을 추종하여, 1904년 11월 서태후의 70세 생일에 맞춰 폭탄을 터뜨리고 봉기를 일으키려 했지만 계획이 사전에 누설되어 실패했다.

1905년 8월 20일, 도쿄 아카사카구赤坂區의 한 민가 2층 다다미방에서 국내외에서 활동 중이던 여러 혁명 단체와 비밀결사 조직이 한자리에 모였다. 그동안 혁명 단체들의 연합을 외친 쑨원의 호소에 호응한 결과였다. 쑨원의 흥중회와 황싱의 화흥회, 차이위안페이蔡元培의 광복회光復會, 청방靑幇, 흑룡회, 과학보습소 등 약 300명이 참석하여 중국 17개 성을 대표했다. 너무 많은 사람들이 모인 까닭에 회의 도중 방바닥이 내려앉았지만 사람들은 "이것이야말로 만주족 천하를 전복할 징조"라며 기뻐했다.

새로운 단체의 이름은 '중국동맹회'였다. 초대 총리에는 쑨원이 만장일치로 선출되고 황싱이 부총리, 왕징웨이가 입법부 의장, 쑹자오런이 사법부 검사장에 추대되었다. 집행부에는 황싱·천톈화·랴오중카이 등이 임명되었다. 이들이 앞으로 새로운 중국을 이끌어갈 지도자들이었다. 중국동맹회는 중국 혁명의 전환점이었다. 그동안 우후죽순으로 생겨난 혁명 단체들이 개별적으로 활동하던 데서 벗어나 처음으로 전국적인 조직이 결성되었다. 또한 혁명 지사들의 사사로운 모임을 뛰어넘어 집행부·입법부·사법부로 삼권을 분립하고 만주족 타도와 한족의 부흥, 공화정의 실시, 토지의 균등 분배 등 진보적인 사상을 강령으로 정하여 혁명정부로서의 형태를 갖추었다. 그래봐야 한 줌에 불과한 세력이었지만 청조로서는 가장 위협적인 존재였다.

쑨원이 중국동맹회를 결성하자 량치차오는 캉유웨이에게 우려의 편지를 보냈다. "요즘 온 나라가 미쳐 돌아가는 듯합니다. 이제 조정과 싸우는 것은 부차적인 문제이고 혁명당과 싸우는 것이 가장 중요한 문제입니다." 량치차오와 혁명파 사이에 치열한 설전이 벌어졌다. 량치차오는 쑨원이 말하는 민족주의가 만주족에 대한 복수심일 뿐이며, 폭력에 의한 복수는 나라의 혼란으로 이어져 결국 중국을 멸망시킬 것이라고 주장했다.

한족은 새로운 나라를 세울 자격이 있는가? 혁명당이 만주족을 배척하는 이유는 만주족이기 때문인가, 아니면 부패했기 때문인가? 새로운 건국은 반드시 만주족을 배척해야만 가능한가?

량치차오는 중국에 해악을 끼치는 것은 만주족만이 아니라 부패한 대다수 한족 관료들도 마찬가지 아니냐면서 쑨원의 논리는 앞뒤가 맞지 않다고 꼬집었다. 그는 만주족의 무능함을 인정하면서도 반청혁명이 자칫 내란으로 이어지고 외세가 개입한다면 다 같이 망하는 꼴이 될까 우려했다. 실제로 신해혁명 이후의 상황은 그의 우려대로 되고 말았다. 그러나 혁명파는 량치차오의 주장이 만주족의 전제정치를 옹호하려는 것이라며 온갖 비난을 퍼붓고 인신공격과 유언비어를 퍼뜨리는 짓도 서슴지 않았다. 량치차오는 당대 제일의 문장가였기에 혁명파는 청조보다 오히려 그를 첫 번째 적으로 여겼다.

동맹회를 대표하는 『민보民報』와 량치차오의 『신민총보』는 연일 서로를 비방하고 치열한 설전을 벌였다. 혁명파 진영에도 많은 문장가들이 있었다. 그중에서도 왕징웨이는 량치차오의 가장 만만치 않은 호적수였다. 량치차오보다 10살 아래인 그는 광둥성 싼수이현三水縣 출신이며 어릴 때부터 총명하기로 이름났다. 18세에는 현시縣試와 부시府試에서 잇달아 장원급제했으며, 조정의 관비 장학생으로 뽑혀 일본 호세이대학法政大學을 다니다 쑨원의 측근이 되었다. 설전이 지나치게 감정적으로 흐르고 소모전이 되자 량치차오는 휴전을 제안했다. 그는 혁명파와의 신경전보다 청조를 상대로 하는 입헌운동에 온 힘을 쏟고 싶었다. 그러나 깊은 증오심을 품은 혁명파는 그의 제안을 거부하고 공격의 끈을 늦추지 않았다.

╲황화강 사건

중국동맹회를 세운 쑨원은 세력을 확충하고 세계 각지를 돌면서 화교들을 상대로 군자금을 모았다. 우창봉기가 일어날 때까지 그가 모은 자금은 140만 냥에 달했다. 혁명에 동조하는 사람들이 늘어나면서 일각에서는 혁명의 시기가 가까워졌다는 성급한 관측까지 나왔다. 그러나 그의 앞에 놓인 혁명의 길은 여전히 멀고도 험난했다.

우창봉기 반년 전인 1911년 4월 27일 광저우에서 무장봉기가 일어났다. 주모자는 중국동맹회 지도자의 한 사람이자 쑨원의 맹우였던 황싱이었다. 쑨원은 '변경혁명邊境革命'이라 하여 베이징에서 멀리 떨어진 서남 변경에서 반란을 일으킨 후 차츰 전국으로 넓혀 청조의 항복을 받아내겠다는 구상을 끈기 있게 밀어붙였다. 나중에 '황화강 사건黃花崗起義' 또는 '72열사 사건'이라고도 불리는 이날 봉기는 쑨원의 10번째 시도였다.

황싱의 계획은 저장성과 푸젠성 등 남부 여러 성에 있는 혁명파 회원들이 동시다발적으로 봉기한 뒤 양광 총독부가 있는 광저우로 진격하고, 신군 부대와 순방영 병사들을 선동하여 중국 남방을 일거에 평정한다는 것이었다. 그는 그동안의 실패를 거울 삼아 이번만큼은 반드시 성공하겠다는 일념으로 심혈을 기울였으며, 동맹회의 모든 인력과 자금을 총동원했다. 사용한 자금만도 17만 냥이 넘었다. 봉기 예정일은 4월 13일이었다. 그런데 시작부터 여의치 않았다. 거사를 한창 준비하는 사이 뜻밖의 사건이 벌어졌다. 원성차이溫生才라는 회원이 멋대로 행동하여 광저우 장군廣州將軍* 푸치孚琦를 암살한 것이다.

본래 그가 노린 목표는 혁명파 탄압에 앞장서고 있던 수사제독 리준李准이었다. 그런데 사람들 속에서 푸치가 가마 위에 앉아 그때로서는 신기한 물건이었던 비행기가 날아가는 광경을 구경하는 모습을 우연히 발견했다. 원성차이는 그를 리준이라 지레짐작하고 뛰쳐나가서 방아쇠를 당겼다. 웬 괴한이 자신을 향해 총구를 들이대는 것을 보고 깜짝 놀란 푸치는 겁에 질려 체통도 버리고 살려달라고 소리쳤지만 온몸에 세 발의 총알을 맞고 그 자리에서 즉사했다. 푸치로서는 엉뚱한 참변을 당한 셈이었다. 주변을 호위하고 있던 10여 명의 만주족 팔기 기병들은 암살범을 잡기는커녕 놀라서 허둥지둥 달아나버렸다.

원성차이는 도망쳤다가 뒤늦게 경찰에 체포되어 혹독한 심문을 받

---

* 청조 시절 광둥성에 주둔한 팔기군과 녹영 부대를 지휘한 종1품 무관.

고 며칠 후 참수당했다. 황싱의 거사도 누설되었다. 광저우의 분위기는 흉흉했고 경계가 매우 삼엄했다. 무기 확보에도 차질이 생겼다. 일본에서 권총 100여 정과 4,000여 발의 총탄을 홍콩을 통해 들여오다가 이 소식을 들은 책임자가 지레 겁을 먹고 바다에 버렸다. 무기의 태반을 잃은 데다 봉기 계획이 누설되어 청군이 대비하는 이상 거사를 연기해야 한다는 의견도 나왔지만 황싱은 강행하기로 했다.

거사의 총지휘자는 자오성趙聲이었다. 얼마 전까지 난징 주둔 저장 육군 제9진의 제33표 통대(연대장)를 역임한 30세의 젊은 군인으로, 황싱과 함께 혁명파의 대표적인 무장 지도자였다. 황싱은 총독부 공격의 지휘를 맡았다. 그러나 봉기에 참여한 인원은 400명이 채 되지 않았다. 그중에서 황싱과 함께 총독부를 공격한 사람은 겨우 120여 명이었다. 이들은 대부분 군사교육을 받은 적이 전혀 없는 20대 초반의 청년들로 오합지졸에 불과했다. 이런 한 줌의 무리로 수천 명이나 되는 청군을 제압하고 광저우 전체를 장악하겠다는 것은 어불성설이었다. 그럼에도 황싱은 자신들이 반청의 깃발만 올리면 광저우의 신군 부대와 민중이 동참할 것이며, 오합지졸에 불과한 청군 따위는 금방 흩어져서 양광 총독 장밍치張鳴岐를 사로잡을 수 있으리라 기대했다.

4월 27일 오후 5시 30분경, 황싱이 권총을 들고 선두에 서서 총독부 정문을 향해 돌격했다. 그러나 공관은 벌써 텅 비어 있었다. 게다가 수사제독 리준이 순방영의 병사들을 동원해 황싱의 혁명군을 포위한 뒤 소탕해버렸다. 황싱은 겨우 목숨만 건져 사지를 벗어났지만 다른 동지들은 대부분 그 자리에서 사살당했다. 뒤늦게 자오성과 후한민이 200여 명을 이끌고 광저우성 외곽까지 왔다가 이미 거사가 실패했다는 소식을 듣고 싸워보지도 못한 채 그대로 물러나야 했다(2011년 중국에서 신해혁명 100주년을 기념하여 영화 〈신해혁명辛亥革命〉을 개봉했다. 성룡이 감독과 극중 황싱 역을 맡았다. 오락성보다는 중국 정부를 선전하는 성격이 강하지만, 광저우봉기부터 신해혁명까지의 상황을 사실적으로 묘사하고 있어 감상을 추천한다).

광저우봉기의 실패는 혁명파에게 치명타였다. 거사에 참여한 지사들은 대부분 20대의 젊은 학생들이었다. 혈기만 왕성할 뿐 변변한 훈련도 받지 못했다. 정부군의 공격에 여지없이 무너지는 것은 당연했다. 허술한 준비, 성급한 거사, 막연한 낙관 등 총체적인 역량 부족이었다. 황싱은 우리에게는 별로 알려지지 않았지만 쑨원에 비견되는 인물로, 강한 추진력과 결단력을 갖추고 문무의 재능을 겸비한 영웅이라고 일컬어졌다. 그렇지만 학자이자 사상가이지, 군사 전문가는 아니었다. 평소 서구의 군사사상에 관심을 두고 직접 사격술을 배우기도 했지만 개인적인 수양에 불과했다. 선두에 용감하게 나서서 목숨 걸고 싸울 수는 있어도 장수로서 군대를 조직하고 통솔하는 역량과는 거리가 멀었다.

야심 차게 준비한 광저우봉기가 실패로 끝나면서 쑨원의 위신은 땅에 떨어지고 사방에서 비난이 쏟아졌다. 인명 손실도 컸다. 총지휘를 맡았던 자오성은 죄책감을 이기지 못한 나머지 병이 들어 얼마 뒤 세상을 떠났다. 이 또한 혁명파에게는 큰 손실이었다. 량치차오는 쑨원이 무모한 거사로 사람들을 죽음으로 몰아넣으면서 자신은 뒤에 물러나 안락한 삶을 누린다며 신랄한 공격을 퍼부었다. 게다가 쑨원이 이전에 일본 정부에서 지원한 1만 5,000엔의 자금 가운데 일부만 공금으로 내놓고, 5,000엔을 자신의 비자금으로 사용했다는 말이 돌았다. 이 때문에 동맹회 언론지 『민보』 편집장이었던 장빙린章炳麟마저 쑨원을 격렬하게 비난하면서 동맹회는 분열 직전에 내몰렸다. 나중에 쑨원이 한 푼도 사적으로 유용하지 않았다는 사실이 밝혀지긴 했지만 그의 도덕성은 큰 타격을 입었다. 일부 동지들은 쑨원의 리더십 부재와 독선적인 태도에 반발하여 황싱이 동맹회의 지도자를 맡아야 한다고 주장했다. 쑨원의 오랜 맹우였던 쑹자오런도 쑨원의 노선에 반발하여 독자 노선을 걷는 등 자중지란에 빠졌다. 이것이 신해혁명 직전 혁명파의 모습이었다.

혁명파의 가장 큰 한계는 쑨원의 구태의연한 투쟁 방식이었다. 그의 혁명은 소수 정예를 추구하면서 청방이나 삼합회 같은 비밀결사 단체와 연계하여 반란을 꾀하고 암살·테러를 저지르는 식이었다. 중국에는 역사적으로 많은 비밀결사 단체가 있었고 홍건적이나 태평천국·의화단 역시 비밀결사 단체에서 시작했다. 당시 관념에서 보면 쑨원이 그런 방법에 매달린 것도 당연한 일인지 모른다. 그러나 이합집산으로 뭉친 비밀결사 단체들은 '반만흥한反滿興漢'에서만 의견이 일치할 뿐 동질성이 없었고 결속력도 몹시 취약했다. 서로의 이해관계가 엇갈리면 쉽게 등을 돌렸다.

또한 중국동맹회의 수장은 쑨원이지만 그 안에서 가장 큰 세력은 쑨원의 흥중회가 아니라 황싱의 화흥회였다. 광복회와 화흥회 회원들 중에는 쑨원을 탐탁잖게 여기는 사람도 많았기에 쑨원의 영향력은 많은 제약을 받을 수밖에 없었다. 황싱의 적극적인 노력과 설득이 아니었다면 동맹회는 처음부터 성립되지 못했을 것이다. 그러나 쑨원은 설득과 포용이 아니라 권위적이면서 무조건적인 복종을 요구한 탓에 많은 갈등을 빚었다. 동맹회는 여러 차례 분열의 위기에 직면했다. 혁명의 깃발을 정하는 문제를 놓고도 쑨원과 황싱은 서로 자기네가 도안한 청천백일기와 정자기井字旗를 각기 고집하면서 고성을 지르며 말다툼을 벌였다. 황싱은 한때 동맹회에서 탈퇴하는 것까지 고민하다가 주변의 만류로 마지못해 쑨원에게 양보했다. 그러면서도 쑨원의 비서 후한민에게 "당과 대세를 위해 쑨원 선생의 뜻을 따르는 것일 뿐"이라고 불만을 토로했다.

쑨원의 계획은 엉성했으며 요행에 매달렸다. 청조의 힘을 과소평가했고, 민중의 지지를 얻기보다는 외세에 의존하려다 뒤통수를 얻어맞기 일쑤였다. 『쑨원 평전』을 쓴 해럴드 시프린Harold. Z. Schiffrin 교수는 쑨원을 가리켜 "그에게 한 가지 한결같은 재주가 있다면 다름 아닌 실패하는 재주였다"고 신랄하게 비판한다. 쑨원은 본질적으로 사상가이자 이론가이지 행동가는 아니었기 때문이다. 주변 사람들도 마찬가지였다. 동맹회에는 쑨원에게 동조하는 몇몇 혈기 넘치는 젊은이들이 동참했을 뿐, 러시아 볼셰비키처럼 각계각층을 아우르는 거대한 대중조직으로 발전하지 못했다. 또한 혁명의 범위는 항상 쑨원 자신에게 익숙한 광저우 주변에만 국한되었다. 그 울타리를 뛰어넘어 중앙을 위협하지 못했다. 50여 년 전 홍슈취안의 태평천국이 광시성에서 처음 거병한 지 2년 만에 난징을 점령하고 베이징 코앞까지 진격했던 것에 견주면 쑨원의 역량은 그것에도 미치지 못했던 셈이다.

＼멀고도 험난한 공화의 길

쑨원이 청조를 상대로 꾸준히 소란을 일으키는 동안, 량치차오는 일본에서 암울한 망명 생활을 하고 있었다. 한때 위세가 대단했던 보황파는 시간이 지날수록 쇠락했다. 캉유웨이는 제자인 량치차오의 명망이 커지면 커질수록 기뻐하는 대신, 자신을 밀어내고 그 자리를 차지하지 않을까 끊임없이 의심했다. 량치차오는 끝까지 제자로서의 도리를 지켰지만, 캉유웨이의 독선과 아집 때문에 갈등이 빚어져 두 사람의 관계는 더 이상 회복될 수 없었다. 게다가 사리사욕에 눈먼 보황회 간부들이 권력투쟁을 벌이고 거액의 공금을 착복하는 일이 거듭되자,

1909년에 이르러 완전히 공중분해되고 말았다. 캉유웨이는 멕시코 부동산에 큰돈을 투자했다가 실패하여 엄청난 손실을 보기도 했다. 생계마저 몹시 어려워진 캉유웨이와 량치차오는 글을 써서 간신히 호구를 면했다. 보황파가 와해되자 혁명의 주도권은 쑨원의 동맹회로 넘어갔다. 그나마 량치차오에 의해 겨우 명맥이나마 이어가는 형편이었다.

쑨원의 무기가 총과 폭탄이었다면 량치차오의 무기는 펜이었다. 그는 청조를 상대로 입헌을 재촉하면서 혁명파와도 치열한 설전을 벌였다. 청말의 상황은 청조, 쑨원의 혁명파, 량치차오의 입헌파 사이의 3파전이었다. 그는 꾸준히 글을 써서 입헌을 호소하고 의회 설립 운동을 주도했다.

량치차오의 주장에 공감하는 사람들은 주로 한족 사대부 계층이었다. '신사紳士' 또는 '향신鄕紳'이라고 불리는 이들은 퇴직 관료이거나 과거에 합격했지만 관직에는 나가지 않은 사람들로 향촌의 실질적인 지배자들이었다. 경제적으로 부유하고 높은 학식과 교양을 갖추었다. 그렇지만 신분이 세습되지 않는다는 점에서 서구 귀족보다는 부르주아 계층에 더 가까웠다. 향신들은 만주족과 함께 청조를 지탱하면서 국난이 일어나면 앞장서서 싸웠다. 구체제에 순응하면서도 온건한 개혁으로 자신들의 기득권을 향상하기를 원했다.

량치차오의 입헌사상에 공감한 많은 향신들은 힘을 모아 조정을 상대로 청원에 나섰다. 이들이 여러 차례 목이 터지라 외친 끝에 완고한 짜이펑도 마지못해 국회 설립에 찬성했고, 예비 국회로서 자정원과 자의국이 설치되었다. 향신들로서는 오랜 노력 끝에 겨우 얻어낸 양보였지만 반년도 안 되어 '황족 내각'이 수립되자 실망하지 않을 수 없었다. 짜이펑의 속내는 만주족의 권력을 한족과 나눌 생각이 없다는 얘기였다. 오히려 향신들이 많은 자금을 투자한 철도와 광산 소유권을 강제로 빼앗으려 했다. 그러자 그동안 억눌렸던 분노가 한꺼번에 폭발하면서 민심은 청조에 완전히 등을 돌렸다.

신해혁명에서 가장 큰 역할을 한 쪽은 쑨원의 혁명파가 아니라 량치차오의 입헌파였다. 혁명파 세력은 미약하기 짝이 없었고, 그나마 대부분은 봉기가 일어나기도 전에 죽거나 도망쳐버렸기 때문이다. 우창봉기에서 우두머리가 없는 혁명군 병사들을 수습하고 리위안훙을 설득하여 혁명군의 수장으로 추대한 것도 입헌파인 탕화룽이었다. 만약 입헌파의 적극적인 참여가 없었다면 우창봉기는 한낱 병변으로 끝났을지 모른다. 그러나 입헌파도 혁명파가 앞장서지 않았더라면 자신들이 먼저 조정을 향해 총을 겨누지는 못했을 것이다. 혁명파와 입헌파 어느 한쪽의 역량만으로 청조를 무너뜨리기는 불가능했다. 쑨원과 량치차오 두 지도자는 서로에 대한 감정을 버리지 못한 채 손잡기를 거부했지만, 청조를 무너뜨리고 공화제를 실현한 것은 혁명파와 입헌파의 연합이었다. 중국의 저명한 학자 셰시장解璽璋은 『량치차오 평전』에서 그의 공헌을 이렇게 말한다.

오늘날 신해혁명을 말하는 사람들은 쑨원과 황싱의 공만 거론하면서 위안스카이에 대해서는 나라를 훔쳤다고 말하고, 량치차오와 입헌파는 아예 언급하지 않는다. 이것은 옳지 못한 태도이며 신해혁명의 진면목을 제대로 드러낸다고 할 수 없다. 혁명 과정에서 입헌파는 큰 영향력을 발휘했다. 만약 이들 없이 혁명파와 위안스카이에게만 의지했다면 청 왕조를 뒤엎고 2,000여 년 동안 이어져온 봉건체제를 무너뜨릴 수 없었을 것이다. 량치차오는 입헌파의 정신적인 스승이자 영도자였다. 그가 혁명파와 위안스카이 어느 한쪽과 손을 잡았다면 힘의 균형은 크게 변했을 것이다. 량치차오도 알고 위안스카이도 알았지만 공교롭게도 혁명당만 몰랐던 것 같다.

쑨원과 량치차오는 가장 진보적인 인사였으며 대표적인 혁명 지도자였다. 두 사람 모두 중국의 앞날을 걱정했고 새로운 미래를 꿈꾸었다. 중국에서 오랜 봉건시대를 끝내고 서구식 공화정을 실현하려고 한 것도 일치했다. 장제스와 마오쩌둥을 비롯한 20세기의 수많은 혁명가와 정치인, 지식인들치고 이들의 영향을 받지 않은 사람은 거의 없다고 해도 과언이 아니다. 그러나 두 사람은 마지막까지 생각의 차이를 좁히지 못한 채 협력하기를 거부했을 뿐만 아니라 오히려 상대를 적으로 여겼다. 이로 인해 혁명 역량은 분산되었다.

충분한 준비 없이 시작된 신해혁명은 량치차오가 그토록 우려한 것보다는 큰 유혈 없이 평화적으로 정권 교체에 성공했다. 그러나 그 열매는 쑨원도, 량치차오도 또는 다른 혁명파 지도자도 아닌 수구파 위안스카이에게 돌아갔다. 혁명에 아무런 이해도 없었던 위안스카이는 신해혁명을 기회 삼아 권력을 찬탈했다. 그의 정권은 공화정이라는 새로운 시대를 열기는커녕 청조의 연장선에 불과했다.

혁명은 왜 실패했을까. 책임은 두 사람 모두에게 있다. 량치차오는 혁명이 불러올 뒷일을 두려워하면서도 청조의 수구파를 어떻게 설득할 것인지 방법을 제시하지 못했다. 그는 서태후의 뒤를 이어 실세가 된 짜이펑이 개혁은커녕 시곗바늘을 거꾸로 돌리자 "전국의 민심이 혁명에 쏠려도 할 말이 없다"고 한탄할 뿐이었다. 쑨원은 더 무책임했다. 청조만 때려 부수면 그다음에는 어떻게든 될 것이라는 식이었다. 량치차오가 쑨원의 혁명사상에 어느 정도 공감하면서도 함께할 수 없었던 이유는 쑨원의 무계획성 때문이었다.

어째서 쑨원은 그토록 혁명에 매달렸는가. 임시 대총통 자리를 순순히 위안스카이에게 양보했다는 점에서 '제2의 훙슈취안'이 되겠다는 야심이 없었던 것은 분명하다. 만약 장제스나 마오쩌둥이라면 남에게 내주느니 마지막까지 건곤일척의 싸움을 벌이려 했을 것이다. 쑨원은 훨씬 담백했다. 문제는 권력을 향한 욕심이 아니라 만주족을 향한 증오심이었다. 야만스러운 오랑캐의 지배를 받는 한족 백성을 자신이 해방하겠다는 영웅 심리에 가까웠다. 그가 말하는 공화제란 청조를 타도하기 위한 명분이지 목적은 아니었다. 공화제를 제대로 이해한 것도 아니고, 어떻게 실현할 수 있는가에 대한 고민도 없었다. '반만흥한'을 외치던 쑨원은 신해혁명 뒤에는 '오족공화'로 말을 바꾸었다. 그 속내는 청제국 시절의 판도를 유지하고 만주족을 포함한 소수민족들의 분리 독립을 억압하기 위함이었다. 소수민족들의 자결권이나 그들이 무엇을 바라는지는 알 바가 아니었다.

청조의 몰락이 상당 부분 스스로 자초한 일이기는 했지만, 또 다른 관점에서 보았을 때 쑨원이 외쳤던 혁명이 정말로 대다수 중국인들이 원하던 바였을까. 혁명에 동조하는 자는 도시의 일부 한족 지식인 계층에 국한되었고, 중국 사회의 대부분을 차지하는 농촌 지역에서는 거의 찾아볼 수 없었다. 오히려 신해혁명 이후 혁명정부가 강제로 변발을 자르게 하는 등 전통문화를 금지하자 격렬하게 저항했다. 민중이 보기에 현실이 다소 마음에 들지 않는다 해도 반드시 때려 부숴야 할 정도는 아니었다. 대다수 사람들의 바람은 불확실한 미래가 아니라 평화로운 일상이었다. 혁명은 어떤 의미에서는 이들의 평화를 깨뜨린 셈이었다. 쑨원을 비롯한 혁명 지도자들은 입만 열면 민의와 공화를 떠들었지만, 그것은 다수의 민중이 아니라 자신들과 같은 소수 선각자들의 전유물이었다. 예컨대, 혁명파가 "변발은 나쁜 것"이라고 선언하면 변발을 자르는 것은 혁명의 은혜이지만, 반대로 그냥 놔둘 수 있는 권리는 민중에게 없었다. 이것이 그들의 혁명 방식이었다.

훗날 마오쩌둥은 자신이 량치차오의 영향을 많이 받았다고 말했다. 그러나 그가 공산혁명의 모델로 삼은 쪽은 점진적인 변혁을 꿈꾼 량치차오보다 유혈과 파괴로 세상을 엎으려 한 쑨원이었다.

신해혁명

＼우한의 공방전

우창에서 반란이 일어났다는 보고가 베이징으로 올라간 때는 이틀이
나 지난 뒤인 10월 12일이었다. 조정은 변방에서 일부 신군 병사들이
산발적으로 일으킨 반란이나 쓰촨성의 보로운동과는 차원이 다르다
고 판단했다. 때마침 북양군은 융핑永平*에서 '가을 북방대연습'이라
하여 대규모 야지 합동군사훈련을 실시하는 중이었다. 짜이펑은 군사
훈련을 중지하는 한편, 육군대신 인창蔭昌에게 반란 진압을 명령했다.
북양 6진 가운데 베이징의 제1진과 톈진의 제4진, 산둥성 지난의 제5
진 등 3개 사단과 4개 혼성여단 약 5만 명에 이르는 대군이 출동했다.
진압군의 편성은 다음과 같았다.

---

* 베이징 동북쪽에 있는 도시로 지금의 루룽현盧龍縣. 행정구역상 친황다오시에 속한다.

제1군: 군통軍統(군단장) 육군대신 인창
-육군 제4진 및 제2진 제3협, 제6진 제11협
제2군: 군통 군자사(육군참모총장) 펑궈장
-육군 제5진, 제3진 일부, 제20진 일부
제3군: 군통 진국장군鎭國將軍 짜이타오載濤
-육군 제1진, 금위군 제1협 및 제2협

청군 최강 부대로 구성된 진압군은 베이징을 출발해 징한철도를 타고 속속 남하했다. 닷새 뒤에는 선봉부대가 후베이성에 진입했다. 육군과 별도로 하이첸·하이룽·하이처우 등 2,950톤급 방호순양함 3척을 주축으로 포함·어뢰정 등으로 구성된 15척의 군함이 상하이에서 출동했다. 해군통제 싸전빙의 지휘 아래 해군 함대는 창장을 거슬러 한커우로 향했다.

진압군의 막강한 위용은 반란군 따위는 단숨에 분쇄할 기세였다. 문제는 이들을 지휘하는 사람들이 형편없다는 점이었다. 그나마 제2군을 맡은 펑궈장은 '북양 3걸'이라 불리는 인물로 톈진의 북양무비학당을 졸업했으며 위안스카이 휘하에서 신군의 훈련을 맡은 경험도 있었다. 그러나 인창과 짜이타오는 전형적인 팔기 자제였다. 서구식 군사교육을 받은 적도 없고, 실전 경험은커녕 군대를 지휘해본 적도 없는 위인들이었다. 여느 만주 귀족들과 마찬가지로 아편중독에 재주라고는 노래와 마작이 전부였다.

우창에서 혁명군의 기세는 갈수록 높아졌다. 우창봉기 다음 날인 10월 11일 제41표 제2영이 한양에서 봉기를 일으켰고, 이어서 한커우까지 공략하여 우한3진을 장악했다. 이들이 손쉽게 이길 수 있었던 이유는 청조의 책임자들이 겁을 먹고 달아난 덕분이었다. 혁명군은 불타버린 총독 관저 대신 후베이성 자의국 건물을 본부로 삼아 리위안훙을 도독으로 하는 후베이 군정부를 수립했다. 14일에는 중국동맹회 중부총회 회장 탄런펑譚人鳳이 쑨원을 대신하여 리위안훙에게 혁명정부 깃발과 지휘권을 상징하는 칼을 수여했다. 이로써 우창봉기는 단순한 병변이 아니라 혁명전쟁이 되었고, 군정부는 혁명정권으로서 정통성을 얻었다.

우한의 금고와 무기를 손에 넣은 혁명군은 청군의 공격으로부터 우한을 지키기 위해 주변의 신군을 회유하고 신병을 모집했다. 내륙 교통과 상업의 중심지인 우한은 풍요롭고 온갖 산물이 모이며 상하이·톈진·광저우와 함께 중국에서 가장 먼저 근대화한 곳이기도 했다. 후광 총독 루이청이 남기고 간 금고에는 돈이 풍족했다. 막대한 무기까지 비축되어 있어서 병사를 모으기는 쉬운 일이었다. 군인들은 혁명이건 청조에 대한 충성이건 관심 밖이었다. 자신의 생계가 더 우선이었다. 무조건 돈 많이 주는 쪽에 붙었다. 3,000명이 채 되지 않았던 혁명군은 며칠 사이 4개 여단 2만 명 이상으로 늘어났다.

허난성과 후난성·장시성 등 주변 지역의 지방장관들과 청군 장군들은 우한 탈환은커녕 자기 지역을 지키기도 벅차다 생각하고 중앙에서 군대가 내려오기만 기다렸다. 그나마 허난성에서 신군 제52표 2개 대대와 순방영 부대를 출동시켰지만, 이들은 혁명군의 기세를 보자마자 겁을 먹고 투항하여 혁명군에 가세했다. 혁명군의 수는 갈수록 불어났다. 그러나 혁명군에는 역량 있는 장교가 거의 없었다. 사병이 장교가 되고 부사관이 대대장과 연대장을, 소대장이 여단장을 맡았다. 지휘계통은 혼란스러웠고 군기는 엉망이었다. 신병을 훈련할 여유도 없었다. 전투 경험은 고사하고 총에 총알을 넣을 줄조차 모르는 자들이 태반이었다. 이런 오합지졸로 잘 훈련되고 우수한 무기와 장비를 갖춘 막강한 북양 6진을 이길 수 있을 것인가.

제8진 통제 장뱌오는 우창봉기 때 혁명군을 피해 달아난 뒤 한동안 숨어 있었다. 그는 중앙군이 출동했다는 소식을 듣고 부랴부랴 주변의 청군을 끌어모았다. 보병, 기병, 포병 등 모두 2,000여 명이었다. 장뱌오가 한커우 외곽의 류자먀오劉家廟역에 부하들을 모으고 한커우를 탈환할 태세를 갖추자 10월 18일 혁명군이 선제공격에 나섰다.

장뱌오의 청군과 혁명군 사이에 치열한 전투가 벌어졌다. 한커우의 강상江上에 싸전빙이 지휘하는 청군 함대가 도착하면서 시가지를 향해 포문을 열었다. 장뱌오는 함포의 지원을 받으며 한때 혁명군의 공격을 격퇴하고 한커우 시가지 쪽으로 밀어냈지만 혁명군은 시민들과 협력하여 재차 반격했다. 이틀에 걸친 전투 끝에 청군은 패주하여 사방으로 흩어졌다. 해군 역시 청조를 위해 싸울 마음이 별로 없었다. 싸전빙은 옛 제자 리위안홍의 간곡한 설득에 마음이 흔들렸다. 그는 어느 편도 들지 않은 채 중립을 지키기로 하고 전 함대에 뱃머리를 돌리라고 명령했다.

19일 밤, 인창이 지휘하는 북양군 3개 군이 한커우 북쪽 교외까지 진출했다는 정보가 혁명군 사령부에 들어왔다. 리위안홍은 제29표 통대(연대장)인 장징량張景良에게 한커우 방면의 지휘를 맡기고 북양군을 격퇴하라고 명령했다. 그러나 장징량은 최일선 진지를 시찰하던 중 청군의 기습을 받아 목숨을 잃었다. 장징량이 실종됐다는 보고를 받은 리위안홍은 주력부대를 이끌고 21일 새벽부터 한커우 북쪽의 셔커우瀋口를 공격했다. 그러나 북양군의 선두부대가 도착하면서 청군 방어선이 강화되었다. 혁명군은 엄청난 손실만 입은 채 격퇴당했다.

╲위안스카이, 군권을 장악하다

전세는 청군에 유리했다. 하지만 인창의 지휘는 무능하기 짝이 없었다. 한커우에서 장뱌오와 혁명군이 일진일퇴의 싸움을 벌일 때도 협공에 나서기는커녕 우물쭈물하다가 기회를 놓쳐버렸다. 더욱이 자신은 최일선에서 한참 떨어진 허난성 신양信陽에서 멈춘 채 무장 열차에서 내리지 않고 시간만 보냈다. 여차하면 도망칠 생각이었다. 심지어 기차 근처로 한 무리의 사람들이 지나가자 반란군이라고 지레 겁을 먹은 인창은 당장 기차를 출발시키라고 명령했다. 알고 보니 밭으로 면화를 따러 가는 농민들이었다. 그의 한심한 꼴에 짜이펑도 참지 못하고 파면했다. 인창을 대신하여 기용한 사람은 3년 전 조정에서 쫓아낸 위안스카이였다.

고향에 은거 중이던 위안스카이는 조정에서 자신을 후광 총독에 임명한다는 얘기에도 느긋했다. 그동안 찬밥 대접을 받은 데다 목숨까지 빼앗길 뻔한 그로서는 새삼스레 짜이펑을 위해 충성을 다할 이유가 없었다. 그는 "발의 병이 낫지 않았다"는 말만 반복하면서 집에서 꼼짝도 하지 않은 채 조정의 동태를 지켜보았다. 그 와중에 반란이 전국 각지로 확산되었다.

발등에 불이 떨어진 짜이펑은 조급해졌다. 어떻게든 위안스카이를 달래볼 요량으로 흠차대신에다 육군대신, 창장수사의 직책까지 더하여 육해군의 모든 군권을 맡겼다. 청나라의 운명을 통째로 맡긴 셈이었다. 인창이 아무리 무능하다 해도 북양군의 전력이 압도적이었기에 그냥 놔두어도 오합지졸인 혁명군을 격파하고 우한을 탈환하는 데 아무 문제가 없었을 것이다. 하지만 우유부단하고 겁 많은 짜이펑은 스스로 호랑이를 불러들였다. 조정의 권위가 건재할 때는 그럭저럭 위안스카이를 억누를 수 있었지만 그 권위가 사라진다면 이 야심가를 무슨 수로 통제할 것인가. 베이징의 언론지 『신보』의 사설은 "위안스카이의 기용은 그동안 부처의 얼굴에 소변을 보다가 급박하다고 부처의 발을 끌어안는 것과 같다"면서 위안스카이가 과연 혁명을 진압할 수 있을지 의문스럽다고 했다.

위안스카이는 비로소 조정의 소환에 응했지만 여전히 서두르지 않았다. 10월 27일에야 신양에 도착한 그는 북양군과 허난성·후베이성에 주둔한 모든 군대의 지휘권을 장악했다. 또한 진압군을 재편성하여 제1군의 지휘권을 펑궈장에게, 제2군의 지휘권을 돤치루이에게 맡겼다. 그 와중에 후난성 창사에서는 제25혼성협이 반란을 일으켰고, 장시성 주장九江에서도 일부 군함이 반란을 일으켰다. 반란군은 우한으로 달려와 혁명군 진영에 가세했다. 28일에는 '혁명 장군' 황싱이 우창에 도착했다. 리위안홍은 그에게 전선 총지휘권을 넘겨주었다. 황싱은 일본 육사 출신의 리수청李書城을 참모장으로 삼고 자신의 '황黃' 자를 크게 써넣은 군기를 앞세워 진두지휘에 나섰다.

한커우에 대한 청군의 공격은 27일부터 재개되었다. 맹렬한 포격과 함께 양군은 일진일퇴를 거듭하며 치열한 공방을 벌였다. 그러나 황싱의 독전에도 불구하고 혁명군은 북양군의 맹렬한 공격 앞에 결국 무너져내렸다. 11월 1일 한커우는 청군의 손에 넘어갔다. 혁명군은 한양과 우창으로 퇴각했다. 위안스카이는 청조와 혁명군 양쪽에 자신의 막강한 실력을 한껏 증명해 보인 셈이었다. 혁명군은 병력과 무기, 훈련 모든 면에서 열세한 데다 각지의 군대가 이합집산으로 뭉쳤기에 지휘권이 혼란스럽고 내부의 갈등도 심각했다. 심지어 우한을 버리고 동쪽으로 이동하여 난징을 공략하자는 주장까지 나왔다.

우한의 전황은 혁명군에게 매우 불리했지만, 혁명은 점점 전국으로 확산되었다. 10월 말까지 7개 성이, 11월 초에는 14개 성이 혁명에 가

●— 혁명군 진지를 포격 중인 청군 포병대. 대포는 북양군의 주력 야포인 독일제 크루프 M1903 75mm 속사포이다.

담했다. 11월 말에 이르러 청조는 즈리성과 내몽골, 동3성만 겨우 통제했다. 혁명 조직이 지도력이나 통일성이 없는데도 여러 성이 자발적으로 호응했다는 사실은 청조의 운이 완전히 끝났다는 의미였다. 11월 15일 상하이에서 전국의 성 대표들이 모여 '각 성 도독부 대표 연합'을 결성하고 신정부 구성에 착수했다. 황싱에게는 상하이로 돌아와서 혁명군의 대원수가 되어달라고 요청했다. 그가 요청을 받아들였다면 신생 중화민국의 첫 번째 수장은 쑨원이 아니라 황싱이 되었을 것이다. 그러나 야심과는 거리가 멀었던 그는 "동지들을 분열시킬 수 있다"면서 거절하고 미국에 체류 중인 쑨원이 귀국할 때까지 기다리겠다고 말했다.

11월 1일, 짜이펑은 어떻게든 민심을 수습해볼 요량으로 신해혁명의 발단이 된 황족 내각을 해산했다. 위안스카이가 경친왕을 대신하여 새로운 내각 총리대신에 임명되었다. 그는 자신의 심복들을 중심

으로 내각을 새로 구성하는 한편, 량치차오·장젠張謇 등 입헌파 지도
자들까지 끌어들여 연합정권을 구축하려 했다. 그러나 이들은 위안스
카이 내각에 들어가기를 거부했다. 위안스카이는 우한의 혁명군에 대
해서는 펑궈장을 앞세워 공격을 한층 강화하면서도 뒤로는 돤치루이
를 시켜서 몰래 혁명파와 협상을 시도했다. "한 손으로는 싸우고, 한
손으로는 대화한다"는 중국 특유의 정치 방식이다.

위안스카이의 태도는 모호하기 짝이 없었다. 그는 조정의 소환을
받은 직후부터 한커우 주재 영국 총영사 허버트 고프Herbert Goffe의 중
재로 혁명군과 몰래 접촉에 나섰다. 11월 11일에는 후난 자의국 의장
인 탄옌카이譚延闓를 통해 후베이성 군정부와 비밀 협상을 시작했다.
황싱 또한 위안스카이에게 밀서를 보내 만주족이라면 몰라도 같은 한
족과 싸울 이유가 없으며, 자신들과 손잡고 청조를 끝장낸다면 중화
민국의 대총통으로 밀어주겠다고 제안했다. 위안스카이로서는 나쁠
것이 없는 얘기였다.

위안스카이에게 신해혁명은 일생일대의 기회이기도 했다. 어차피
황실을 위한 충성심은 남아 있지 않았다. 비록 상황이 급박해서 조정
으로 돌아올 수는 있었지만 시한부에 불과한 지위였다. 평생 조정에
몸담은 그로서는 권력자에게 한 번 신임을 잃는 것이 얼마나 위태로
운 일인지 모를 리 없었다. 융유태후隆裕太后와 순친왕 짜이펑은 자신
들의 기대를 저버리지 말라며 신신당부했지만 그의 마음은 진작에 혁
명군 진영으로 기울었다. 물론 위안스카이는 공화제 따위에는 관심이
없었다. 그의 머릿속에는 이 상황을 기회 삼아 자신의 주가를 어떻게
높일 수 있을 것인가 하는 생각뿐이었다.

11월 17일, 황싱은 재차 한커우 공략에 나섰다. 그러나 북양군의 강
력한 화력 앞에 여지없이 격퇴당하여 수백 명의 사상자만 낸 채 한양

으로 퇴각했다. 펑궈장은 여세를 몰아 한양을 공격했다. 북양군은 혁명군의 거점을 하나씩 빼앗았다. 11월 27일에는 북양군 제6진이 한양을 점령했다. 북양군의 전사자는 800여 명에 불과한 반면, 혁명군의 전사자는 4,200여 명이나 되었다. 우창 함락도 시간문제였다. 리위안홍은 "성이 있어야 우리도 있고, 성이 망하면 우리도 죽는다"면서 죽음으로 우창을 지키겠다고 선언했지만, 후베이성 도독부에 청군의 포탄을 떨어지자 황급히 피신했다. 위안스카이가 마음만 먹었다면 이대로 우창을 점령하는 것은 식은 죽 먹기였다.

하지만 공격은 멈추었다. 양군은 남북으로 대치한 채 교착상태에 들어갔다. 전선의 지휘를 맡고 있던 펑궈장은 위안스카이의 복잡한 속내도 모르고 우창 공격을 허락해달라는 전보를 거듭 보냈다. 그러나 위안스카이는 그를 베이징으로 소환하고 또 다른 심복인 돤치루이에게 지휘를 맡겼다. 성격이 우직한 펑궈장과 달리 정치적으로 기민했던 돤치루이는 상전의 꿍꿍이를 재빨리 눈치채고 모든 군사행동을 멈추게 했다.

11월 30일, 한커우의 영국 조계에서 11개 성의 대표 23명이 모인 가운데 제1차 성 대표 회의가 열렸다. 이 자리에서 21개조로 구성된 중화민국 정부 조직 대강과 쑹자오런이 초안을 잡은 후베이성 약법約法이 발표되었다. 약법이란 일종의 예비 헌법으로, 봉건적 신분제도의 철폐와 언론·집회·결사의 자유 보장, 의회의 수립, 직접선거제 실시 등 근대적인 내용이 포함되어 있었다. 가장 큰 논란은 앞으로 누구를 새로운 중국의 지도자로 삼는가였다. 혁명의 구심점이 명확하지 않다보니 어떤 사람은 리위안홍을, 어떤 사람은 황싱을, 또 어떤 사람은 쑨원을 지도자로 추천했다.

그러나 대부분은 혁명파가 아니라 조정의 대표적인 완고파이자 토벌군의 수장인 위안스카이를 지지했다. "청조는 이미 망한 것이나 다름없다. 앞으로는 혁명군과 청조의 문제가 아니라 혁명군과 위안스카이의 문제로 보아야 한다. 더 이상 한족끼리 싸우는 일을 피하기 위해서는 위안스카이를 대총통으로 추대해야 한다"는 것이 이들의 속내였다. 혁명파 내부의 복잡한 동태를 상세하게 알고 있던 위안스카이가 각 성의 대표들을 상대로 부지런히 공작하여 자기편으로 만든 덕분이었다.

＼전국으로 확대된 혁명

우창봉기의 여파는 중국 전역으로 확산되었다. 부사관과 사병들이 중심이었던 우창봉기와 달리 다른 성에서는 사단장·여단장 등 고급 지휘관들까지 혁명에 동참했다. 만주족 관리들과 팔기군 장군들은 진압은커녕 제 목숨 구하기 급급하여 도망치거나 투항했다. 팔기군에게도 대포가 있고 신군 못지않은 우수한 무기가 있었지만 오랜 타성에 젖어 있던 이들은 싸울 생각이 없었다. 오히려 자신들의 무기를 스스로 혁명군에 넘겨버렸다. 각지의 혁명군은 총 한 번 쏘지 않고 봉기에 성공했다.

광시성에서는 광시 순무 선빙쿤沈秉堃이 우창봉기에 호응하여 광시성의 독립을 선언하고 1911년 11월 17일 광시 군정부를 수립했다. 그러나 얼마 뒤 광시 좡족壯族 출신으로 난폭하기로 이름난 광시 제독 루룽팅陸榮廷이 자신의 토비 군대를 이끌고 난닝南寧을 점령했다. 그리고 선빙쿤을 밀어내고 광시성의 실권을 장악했다.

광저우에서는 상인과 향신들이 주도하여 광둥성의 독립을 선언하고 동맹회 간부인 후한민을 도독으로 추대했다. 그런데 얼마 뒤 후한민이 쑨원을 따라 난징으로 떠나자 현지 민군의 세력이 커지면서 약탈을 일삼는 등 혼란에 빠졌다. 또 다른 동맹회 간부인 천중밍陳炯明은 신군 부대를 동원하여 민군을 강제로 무장해제하고 쫓아버렸다. 광둥성은 현지 군인들과 향신 세력이 중심이 된 여느 성과 달리 중국동맹회가 직접 장악한 유일한 성이었다.

산시성에서는 1911년 10월 29일 제43혼성협 제86표 통대이자 동맹회원이었던 옌시산이 성도 타이위안에서 반란을 일으켰다. 그리고 산시 순무 루중치陸鐘琦를 살해하고 팔기군을 무장해제한 뒤 산시 군정부를 수립했다.

푸젠성의 성도 푸저우에서는 제10진 제20협 통령 쉬충즈許崇智가 푸젠 제독 쑨다오런孫道仁과 손을 잡고 반청봉기를 일으켰다. 그는 치열한 전투 끝에 푸저우 장군 푸서우樸壽의 팔기군을 격파하고, 11월 11일 푸젠성의 독립과 군정부 수립을 선언했다. 쑨다오런은 푸젠 도독으로 추대되었다. 보로운동이 한창이던 쓰촨성에서는 쓰촨 자의국 의장 푸뎬쥔이 현지 관료들과 향신들의 추대를 받아 11월 22일 청두에서 독립을 선언하고 대한쓰촨군정부大漢四川軍政府를 수립했다. 쓰촨 총독 자오얼펑趙爾豊은 평화적으로 푸뎬쥔에게 권력을 넘겨주기로 합의했지만 얼마 뒤 병변이 일어나 반란군이 총독부를 점령하자 붙들려 참수당했다.

산둥성 옌타이烟台에서는 혁명당원들이 반청봉기를 일으키고 산둥 군정부를 수립했다. 산둥 순무 쑨바오치孫寶琦 또한 대세가 기울었다고 여기고 11월 13일 독립을 선언했다. 그러나 얼마 뒤 위안스카이가 정계에 복귀하고 혁명 진압에 나서자 즉시 독립을 취소하는 등 눈치보기 작전에 들어갔다.

상하이에서는 쑨원의 최측근이자 중국동맹회 중부총회 회장인 천치메이陳其美가 봉기를 준비했다. 이와 함께 항저우杭州 봉기를 맡은 사람이 천치메이 휘하에 있던 장제스였다. 훗날 쑨원이 죽은 뒤 중국의 지도자가 되는 그는 당시 24세의 젊은이로, 쑨원보다 21살 아래였다. 중국 본토와 서방에서는 흔히 '장제스' 또는 광둥식 발음으로 '장카이섹'이라고 부르는 그의 본명은 장중정莊中正이다. 장제스라는 이름은 일본 유학 시절 그가 직접 만든『군인의 목소리軍聲』라는 잡지에서 사용했던 필명으로 나중에 자신의 자字로 삼았다.

일본에 유학 중이던 장제스는 우창봉기 소식을 듣고 귀국을 서둘러 10월 30일 상하이에 들어왔다. 그는 항저우로 가 항저우성 주변에 주둔한 신군 제81표와 제82표의 혁명 세력과 연계하는 한편, 100여 명의 결사대를 모집했다. 11월 3일 밤 그가 결사대와 함께 저장 순무의 관저를 공격하자 수비대는 총 한 발 쏘지 않고 흩어져버렸다. 이튿날 항저우에도 군정부가 수립되었다. 항저우성 외곽에 있던 팔기군이 끝까지 저항했지만 장제스가 대포를 끌어와서 포탄을 두어 번 날리자 백기를 들었다. 저장 순무 쩡윈增韞은 포로가 되었다. 이로써 장제스는 자신의 존재를 처음으로 세상에 알렸다. 그렇지만 내로라하는 군웅에 견주면 아직 변변한 계급도 세력도 없는 애송이에 불과했다. 그가 역사의 전면으로 나오는 것은 먼 훗날의 일이다. 11월 5일 저장성 자의국 의장 탕서우첸湯壽潛이 저장성의 독립을 선언하고 저장 도독에 추대되었다.

100여 명으로 단 하루 만에 저장성의 성도 항저우를 공략해 자신의 역량을 증명한 장제스와 달리, 천치메이의 상하이봉기는 졸렬하기 짝이 없었다. 중국 최대의 국제도시 상하이에는 조계를 경비하는 열강의 군대 외에 청군의 정규군은 없었다. 대신 도시의 치안을 맡은 순방영 5개 영 1,200여 명이 있었다. 경찰과 해군 수병까지 합하면 4,000여 명의 병력이 있었다. 상하이 도대道臺(시장) 류옌이劉燕翼는 우창봉기 소식을 듣고 경계를 강화하면서 유언비어를 유포하는 자는 체포하겠다고 엄포를 놓았다. 그러나 뒤로는 여차하면 달아날 태세였다. 그는 11월 2일 자베이閘北 경찰을 시작으로 상하이 전역에서 봉기가 시작되자 제일 먼저 도망쳤다.

상하이에서 청조의 가장 큰 거점은 강남제조국이었다. 양무운동 시절 리훙장이 건설한 강남제조국은 상하이에서 가장 중요한 정부기관이자 한양공병창과 함께 중국 최대의 군수공장이었다. 이곳을 점령한다면 무기가 빈약한 혁명군은 천군만마를 얻는 셈이었다.

장제스가 항저우를 점령한 11월 3일 천치메이도 200여 명의 혁명당원을 이끌고 강남제조국으로 쳐들어갔다. 그러나 1,000여 명의 수비대가 철저하게 지키고 있었다. 천치메이의 오합지졸 군대는 맹렬한 사격을 받자 여지없이 격퇴되었다. 반란군은 뿔뿔이 흩어지고 천치메이는 포로가 되었다. 천치메이로서는 다행스럽게도 제조국 총판 장스옌張士衍은 겁이 많고 우유부단한 인물이었다. 장스옌은 강경하게 나갈 경우 혁명파를 자극하지 않을까 우려하여 천치메이의 목을 치는 대신 옥에 가두었다. 협상에 써먹을 생각이었다. 그런데 제조국 안에도 혁명에 동조하는 세력이 있었다. 이들은 반란을 일으켜 천치메이를 구해냈다. 또한 상하이 해군도독부 해군부장이던 마오중팡毛仲芳이 수병들을 선동하여 반란을 일으켰다. 그는 강남제조국으로 진격했다. 사방에서 수천 명의 혁명군이 몰려오자 장스옌과 경비병들은 싸우지도 않고 달아났다.

11월 4일, 상하이는 혁명파의 손에 들어가고 천치메이는 상하이 도독이 되었다. 장제스도 항저우봉기의 공을 인정받아 천치메이의 심복인 황푸黃郛가 지휘하는 제2사단 산하 제5연대를 맡았다. 다른 혁명군이 반란을 일으킨 신군 부대를 재편한 것과 달리 제5연대는 신해혁명 이후 상하이 군정부가 현지 자원자들을 모아서 조직한 첫 번째 혁명군이었다. 장쑤 순무 청더취안程德全은 천치메이의 설득을 받아들여 11월 5일 쑤저우蘇州에서 장쑤성의 독립을 선언했다. 혁명사상에 물든 신군의 젊은 장교들은 그렇다 처도, 조정의 오랜 원로이며 헤이룽장黑龍江 장군과 펑톈 순무 등을 역임한 청더취안마저 등을 돌리고 혁명에 동참하자 청조는 큰 충격에 빠졌다.

혁명이 실패한 곳은 즈리성과 허난성 그리고 동3성이었다. 동북은 만주족의 발흥지였지만 반청운동이 거세기는 마찬가지였다. 펑톈에 주둔한 북양 제3진과 제2혼성협의 지휘관들은 모두 중국동맹회에 가입한 혁명파였다. 특히 란텐웨이藍天尉가 지휘하는 제2혼성협은 동3성 총독부가 있는 펑톈 교외의 베이다잉北大營에 주둔하고 있어 목젖을 겨눈 칼끝이나 다름없었다. 동3성 총독인 자오얼쉰趙爾巽은 관료로는 그런대로 유능했지만 위기를 헤쳐나갈 위인은 아니었다. 각지에서 혁명이 일어나 상황이 위태로워지자 지레 겁을 먹은 나머지 혁명파에게 정권을 넘기고 베이징으로 도망치려 했다.

그런데 펑톈성 자의국 부의장이었던 위안진카이袁金鎧는 자오얼쉰에게 펑톈성 순방영의 통령 중 한 사람인 장쭤린의 힘을 빌리자고 제안했다. 그 말을 들은 자오얼쉰은 눈이 번쩍 뜨였다. 당장 장쭤린을 불러서 펑톈성의 순방영 15개 영 5,000여 명의 지휘를 맡겼다. 장쭤린은 일개 부대장에서 펑톈성의 가장 강력한 군사 실력자가 되었다. 동북의 혁명파는 무장봉기를 일으키는 대신 평화적인 방법으로 자오얼쉰을 몰아낸다는 생각으로 태평스럽게 있다가 장쭤린의 선제공격을 받아 쫓겨나거나 죽임을 당했다. 장쭤린은 황제에게 충성을 맹세하면서 혁명파 소탕에 앞장섰다. 하지만 얼마 뒤 신해혁명으로 청조가 몰락하자 손바닥 뒤집듯 이번에는 신정부를 지지했다. 또한 중앙의 혼란을 이용해 다른 경쟁자들을 제거하고 동3성을 장악하여 자신의 거대한 왕국으로 만들었다. 동3성에는 혁명파 세력이 미칠 수 없었다.

즈리성에서도 반란이 일어났다. 1912년 1월 3일 베이징에서 동북쪽으로 220킬로미터 떨어진 롼저우灤州에 주둔한 제20진 제79표와 제80표가 봉기한 것이다. 반란군의 지휘관 중에는 제3영의 관대(대대장)로 훗날 장제스와 어깨를 나란히 하며 '서북왕'이라 불리는 펑위샹도 있었다. 이들은 롼저우에 '북방혁명군정부'를 수립하고 제79표 제1영 관대 왕진밍王金銘이 도독을, 펑위샹이 참모총장을 맡았다. 그리고 징펑철도를 타고 베이징으로 진격하려 했지만 위안스카이의 심복 차오쿤이 지휘하는 제3진과 순방영 부대의 협공을 받아 괴멸했다. 펑위샹은 포로가 됐지만 경방영무처 총판京防營務處總辦 루젠장陸建章이 그의 기개를 높이 산 덕분에 운 좋게 참수를 면하고 직위만 박탈되어 풀려났다. 퉁저우通州와 톈진 주변에서도 몇 차례 봉기 시도가 있었다. 그러나 행동으로 옮기기 전에 모조리 진압당하는 등, 베이징을 한 방에 뒤집어보려던 혁명파의 시도는 실패했다. 베이징은 위안스카이의 손아귀에 확실히 있었다. 허난성에서는 잡지 『허난』의 사장이자 동맹회 간부였던 장중돤張鐘端이 혁명당원들을 이끌고 반란을 준비했다. 그러나 거사 바로 전날인 12월 22일 밤 청군에게 발각되어 그를 비롯한 11명이 참수당하면서 실패로 끝나고 말았다.

우창봉기가 일어났을 때 입헌파의 거두인 캉유웨이와 량치차오는 일본에서 오랜만에 대면 중이었다. 두 사람은 지난 몇 년 동안의 섭섭한 마음을 접고 회포를 풀면서 시국을 논했다. 캉유웨이는 중국에서 혁명이 일어났다는 소식에 "만약 쑨원의 혁명당이 주도권을 잡고 남북의 내전을 확대한다면 중국은 구미 열강의 손에 갈가리 찢길 것이

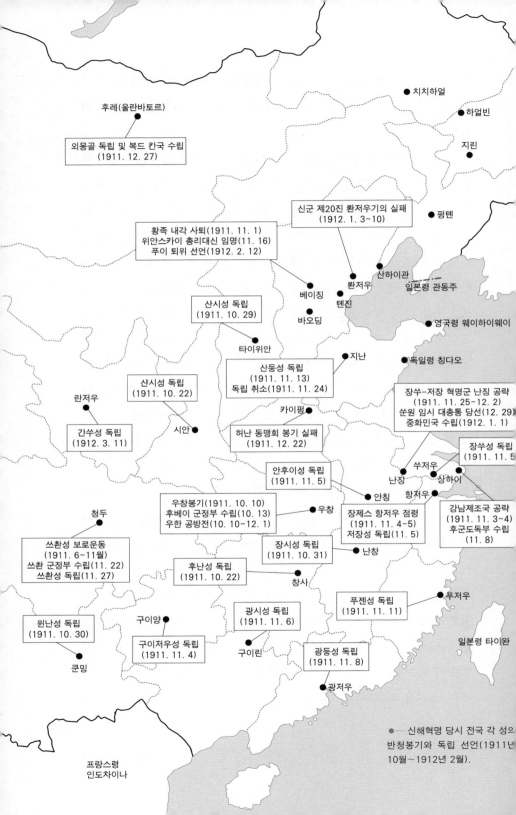

후레(울란바토르)

외몽골 독립 및 복드 칸국 수립
(1911. 12. 27)

● 치치하얼

● 하얼빈

지린

신군 제20진 롼저우기의 실패
(1912. 1. 3~10)

● 펑톈

황족 내각 사퇴(1911. 11. 1)
위안스카이 총리대신 임명(11. 16)
푸이 퇴위 선언(1912. 2. 12)

베이징

롼저우
산하이관

일본령 관동주

톈진

바오딩

영국령 웨이하이웨이

산시성 독립
(1911. 10. 29)

타이위안

산둥성 독립
(1911. 11. 13)
독립 취소(1911. 11. 24)

지난

독일령 칭다오

산시성 독립
(1911. 10. 22)

란저우

카이펑

장쑤-저장 혁명군 난징 공략
(1911. 11. 25~12. 2)
쑨원 임시 대총통 당선(12. 29)
중화민국 수립(1912. 1. 1)

시안

간쑤성 독립
(1912. 3. 11)

허난 동맹회 봉기 실패
(1911. 12. 22)

장쑤성 독립
(1911. 11. 5

쑤저우

안후이성 독립
(1911. 11. 5)

난징
상하이

우창봉기(1911. 10. 10)
후베이 군정부 수립(10. 13)
우한 공방전(10. 10~12. 1)

우창

안칭

항저우

강남제조국 공략
(1911. 11. 3~4)
후군도독부 수립
(11. 8)

청두

장제스 항저우 점령
(1911. 11. 4~5)
저장성 독립(11. 5)

쓰촨성 보로운동
(1911. 6~11월)
쓰촨 군정부 수립(11. 22)
쓰촨성 독립(11. 27)

장시성 독립
(1911. 10. 31)

난창

후난성 독립
(1911. 10. 22)

창사

푸젠성 독립
(1911. 11. 11)

푸저우

윈난성 독립
(1911. 10. 30)

구이양

광시성 독립
(1911. 11. 6)

쿤밍

구이저우성 독립
(1911. 11. 4)

구이린

광둥성 독립
(1911. 11. 8)

일본령 타이완

광저우

프랑스령
인도차이나

● — 신해혁명 당시 전국 각 성의
반청봉기와 독립 선언(1911년
10월~1912년 2월).

다"면서 한탄했다. 그는 량치차오에게 베이징으로 가서 쿠데타를 일으킬 것을 제안했다. 군자대신 짜이타오에게 금위군을 움직여 만주귀족의 우두머리 경친왕 이쾅과 탁지대신度支大臣(재정장관) 짜이쩌를 쫓아낸 다음 짜이타오를 총리로, 푸이를 실권 없는 군주로 세워서 입헌군주제를 실현한다는 계획이었다.

나와 친분이 있는 북양군 제6진의 사단장 우루전嗚祿貞이 베이징으로 출동하여 수도를 지킨다면 위안스카이도 어떻게 할 방법은 없을 것이다. 다행히 이번 반란은 쑨원이 주도한 것도 아니고 한족이 만주족을 엎으려는 것도 아니다. 황제의 이름으로 죄기조罪己詔*를 선포하고 의회를 소집한 다음 남방의 혁명군과 교섭한다면 서로 싸울 필요도 없을 것이고, 자연스레 타협을 이루어 천하를 안정할 수 있지 않겠느냐?

량치차오도 스승의 계획이 일리가 있다면서 찬성했다. 량치차오는 큰 꿈을 안고 일본을 출발해 다롄大連으로 향했다. 무술변법에 실패하여 망명길에 오른 지 13년 만이었다. 여전히 청조에서 위험 분자로 낙인 찍혀 있던 그는 짜이타오와의 교섭에 우루전의 도움을 받을 생각이었다. 그러나 우루전은 량치차오가 일본을 출발하기 직전인 11월 6일 스좌장에서 베이징으로 가던 중 사고사로 죽었다. 그의 죽음은 평소 그를 껄끄럽게 여기던 위안스카이가 사주했다는 설도 있다. 우루전이 없으면 교섭도 쿠데타도 불가능했다. 그렇다고 홀몸으로 베이징에 들어가는 것은 너무 위험했다. 그는 주변 사람들과 의논한 다음 아

---

* 황제가 스스로를 꾸짖어 죄를 반성하는 조칙.

직 때가 아니라면서 일본으로 돌아가 시국을 관망하기로 했다.

남방의 여러 성이 차례로 혁명군의 손으로 넘어가는 와중에 강남의 정치적 중심지인 난징만은 아직 청조의 손에 있었다. 강녕장군江寧將軍 티에량과 강남 제독 장쉰張勳이 굳건히 지키고 있었기 때문이다. 티에량은 만주 귀족 출신으로 룽루의 막료였으며, 위안스카이와는 군 통수권을 놓고 경쟁하는 등 정치적인 라이벌이었다. 장쉰이 거느리는 순방영 제23영은 녹영을 개편한 구식 군대였지만 청군으로서는 보기 드물게 잘 훈련되고 실전 경험 또한 풍부하여 실제 전투력에서는 신군을 훨씬 능가했다. 두 사람은 청조의 여느 겁 많은 관료들과는 달리 뛰어난 역량과 기개를 갖추었다.

11월 7일 난징 외곽에서 신군 제9진과 순방영의 일부 병사들이 반란을 일으켰다. 제9진의 통제 쉬사오전徐紹楨이 혁명군을 지휘하여 난징 공격에 나섰다. 다른 팔기 부대였다면 총 몇 발 쏘는 것만으로도 흩어졌을 것이다. 그러나 장쉰은 과감하게 반격하여 혁명군을 격파했고, 끝까지 추격하여 완전히 분쇄해버렸다. 여지없이 박살 난 쉬사오전은 상하이의 천치메이를 찾아가 도움을 요청했다. 장쑤성·저장성의 혁명군이 연합하면서 '장저연합군江浙聯合軍'이 결성되었다. 혁명군은 11월 23일 재차 공격에 나서 격전 끝에 12월 1일 난징을 점령했다. 장쉰은 지연전을 펼치면서 군대를 쉬저우徐州로 철수했다.

난징이 함락되자 혁명파 대표들은 난징을 임시정부의 수도로 삼기로 결정했다. 그리고 황싱을 임시 대원수로, 리위안훙을 부원수로 선출했다. 그렇지만 두 사람의 의중을 물어보지도 않은 데다, 후베이 군정부는 당연히 혁명의 중심지는 우한이 되어야 한다는 쪽이었다. 혁명 세력은 난징파와 우한파로 갈라져 주도권 싸움을 벌였다. 무력으로 난징을 점령한 장저연합군 측은 황싱을 가리켜 위안스카이에게 패하여 한양을 상실한 패전지장이라며 대원수로 추대할 수 없다고 반대했다. 결국 두 사람의 지위를 맞바꾸어 리위안훙을 대원수로, 황싱을 부원수로 추대했다.

우한의 전황은 여전히 북양군이 우세했지만 전국으로 반청혁명이 확산하면서 어느 쪽이 유리한지 한 치 앞도 내다볼 수 없었다. 더구나 난징 함락으로 어느 정도 힘의 균형이 이루어지자 위안스카이도 우한에만 매달릴 형편이 아니었다. 설령 우한을 탈환한다고 해도 중국을 우창봉기 이전으로 되돌리기에는 너무 늦었다. 태평천국의 난 때와는 사정이 전혀 달랐다. 그동안 양쪽을 저울질하면서 어느 편에 설지 신중하게 고민하던 위안스카이도 대세는 이미 결정났다는 결론을 내렸다. 그는 혁명파에 가담하여 총부리를 청조에 돌리기로 결심했다.

＼청조, 망하다

청조의 운명은 바람 앞의 등불이나 다름없었다. 신해혁명이 중국 전역으로 확대되자 열강들도 청조가 더는 희망이 없으며, 설령 반란이 진압된다고 해도 왕조가 끝장나는 것은 시간문제라고 결론 내렸다. 베이징의 주중 영국 공사 존 조던John Jordan은 1911년 10월 16일 영국 외교부에 "청 황실은 이미 국민들의 신임을 얻지 못하고 있어 앞날이 캄캄하다"고 비관적인 보고를 했다. 일본 무관 아오키 노부즈미青木宣純 소장도 "이번 혁명으로 청 황실은 끝장날 것"이라고 말했다.

12월 7일 조정은 위안스카이를 남방과의 평화회담 전권대표로 임명했다. 그 와중에도 일부 만주족 귀족은 평화회담을 반대하면서 위안스카이에게 따져 물었다. "예전에 홍슈취안 등이 태평천국의 난을 일으켰을 때 13개 성이 함락됐지만 쩡궈판과 리훙장이 평정했다. 남방의 혁명당은 그리 큰 힘이 없고 리위안훙·청더취안은 조정의 관리이면서 반역을 했는데 토벌하지 않는다면 조정의 체면이 뭐가 되겠는가?" 그러나 천하 대권을 손에 넣은 위안스카이에게 이제 와서 이들의 호통 따위가 먹힐 리 없었다. 그는 능청스럽게 대답했다. "그들은 백성의 대표이다. 내가 그들을 어떻게 토벌하겠는가?"

12월 18일 상하이에서 위안스카이 쪽의 대표 탕사오이唐紹儀와 혁명파 대표 우팅팡伍廷芳이 만나 남북 협상을 개최했다. 양측은 청조를 무너뜨리고 공화정을 실시하자는 데 의견을 모았다. 위안스카이는 여섯 살 황제를 퇴위시키는 대가로 대총통 자리를 확약받았다. 조정에서 그를 막을 수 있는 사람은 더 이상 없었다. 조정을 호령하던 서태후도 없고 광서제도 없으며 위안스카이의 경쟁자였던 군기대신 룽루, 양광 총독 장즈둥 또한 이미 고인이었다. 이들 중 어느 한 사람이라도 살아 있었다면 위안스카이 뜻대로 되지는 않았을 것이다. 남은 자들은 하나같이 겁 많고 무능하며 뇌물 받기와 노는 것 이외에는 할 줄 아는 것이 없는 만주 친귀들이었다.

그나마 역량을 갖춘 사람이 량비良弼였다. 당시 34세였던 그는 황실의 종친으로, 게을러빠진 만주족치고는 보기 드물게 일본 육사를 졸업한 동량이었다. 위안스카이와 함께 신군의 조직과 훈련을 맡았으며, 금위군의 지휘를 비롯해 여러 군직을 두루 역임하는 등 유능한 군재로 꼽혔다. 청대의 역사서 『청사고淸史稿』에서는 량비를 "과감하고 기개가 있었다"고 평했다.

만약 량비가 인창이나 위안스카이를 대신하여 북양군을 지휘했다면 이후의 역사는 어떻게 흘러갔을지 모른다. 그러나 짜이펑은 그가 몰락한 가문 출신이라는 이유로 홀대하고 훨씬 위험한 위안스카이에게 군권을 넘겨줌으로써 제 발등을 찍었다. 량비가 위안스카이의 복직을 끝까지 반대했지만, 짜이펑은 위안스카이의 뇌물을 받은 만주

친귀들과 외국인 고문들의 감언이설에 넘어갔다. 량비는 위안스카이에 대항하기 위해 일부 황족과 대신을 규합하여 종사당宗社黨을 조직했다. 청조로서는 최후의 발악이었다.

하지만 위안스카이가 조정에서 황제의 퇴위를 종용하고 있던 1912년 1월 29일, 량비는 혁명파 자객의 폭탄 테러로 암살당했다. 위안스카이는 혁명파 덕분에 손대지 않고 눈엣가시를 제거한 셈이었다. 청조는 마지막 버팀목마저 사라지자 량비가 죽은 바로 이튿날인 1월 30일 백기를 들었다. 1644년 예친왕 도르곤이 이끄는 청군이 산하이관을 돌파하고 베이징을 점령한 이래 268년 동안 중국을 통치했던 청조의 마지막 순간이 왔다.

9

중화민국의 건국

지금 온 나라가 공화제로 기울어 있다. 신민이 열망하는 바를 살펴서 우리는 천명을 알았다. 황실의 영광만을 위하여 신민의 요구를 거스르는 것은 옳지 않다. 우리는 시대의 조짐을 알았고 민심의 흐름을 판단했다. 황제의 동의를 얻어 주권을 신민에게 부여하고 입헌정부의 수립을 선언한다.

_1912년 2월 12일 선통제 푸이의 퇴위를 알리는 융유태후의 조서

＼쑨원, 임시 총통이 되다

1911년 12월 25일, 쑨원이 상하이를 통해 귀국했다. 우창봉기가 일어났을 때 그는 미국에 체류하면서 혁명 자금을 모으고 있었다. 그는 캔자스행 기차 안에서 신문 기사를 통해 우창봉기 소식을 알았다. 하지만 귀국을 서두르지 않았다. 광저우봉기가 실패한 이후 동맹회는 해체 직전이었다. 또한 우창봉기는 쑨원이 직접 관여하지 않았기에 당

●― 1911년 12월 21일 홍콩에서의 쑨원(앞줄 왼쪽에서 네 번째). 우창봉기와 신해혁명이 확산되는데도 그는 서둘러 중국에 돌아오지 않고 모호한 태도로 정세를 지켜보았다. 혁명의 구심점 역할을 해야 할 그의 귀국이 늦어지면서 혁명파의 분열과 혼란이 더욱 심해졌다.

장 자신이 할 수 있는 일은 없다고 생각했다. 쑨원에게는 소수의 혁명 동지들 외에는 정치적 기반이라고 할 만한 것이 아무것도 없었다. 자체적인 무장 역량을 양성하기보다는 암살이나 테러, 신군을 선동하는 방식에만 의존했던 한계를 새삼 절감하지 않을 수 없었다. 쑨원은 런던으로 건너간 뒤 영국 정부와 접촉하여 열강이 청조를 더 이상 지원하지 못하도록 설득했다. 이 교섭이 웬만큼 성공하면서 청조를 더욱 궁지로 내몰았고, 그의 위상을 회복하는 데도 많은 도움이 되었다. 그가 상하이를 통해 귀국한 것은 두 달도 더 지난 12월 25일이었다.

겉보기에는 여전히 탄탄했던 청조의 통치가 우창봉기를 신호탄으로 한순간에 와르르 무너진 이유는 혁명군이 청군을 무력으로 격파했기 때문이 아니라 각 성의 한족 독무督撫(성의 장관)나 지방 실력자들이 향신 계층의 지지를 받아서 일제히 독립을 선언했기 때문이다. 극심한 재정난으로 조정의 권위는 땅에 떨어진 반면 지방의 힘은 강해졌다. 더 이상 중앙에 의존하지 않아도 재정적으로나 군사적으로 자립할 수 있었다. 청조의 몰락은 지방의 군사력과 재정권을 상실한 결과였다.

신해혁명 이후 가장 시급한 문제는 청조를 대신할 새로운 정부의 수립이었다. 각 성의 대표들은 리위안훙이나 황싱을 지도자로 추대하려 했지만, 내부의 알력으로 쉽게 결론이 나지 않았다. 해외에 체류 중이던 쑨원은 조기 귀국 요청에도 불구하고 "나는 대총통 자리에 야심이 없다"면서 청조만 끝장낼 수 있다면 누가 새로운 지도자가 되건 상관없다고 대답했다. 그러나 막상 귀국하자 말을 뒤집어 대총통 후보로 나섰다. 12월 29일 상하이의 장쑤성 자의국 건물에서 대총통 선거가 실시되었다. 17개 성 대표 45명이 투표에 참여했다. 후보는 쑨원, 황싱, 리위안훙이었다. 쑨원이 16표, 황싱이 1표를 얻었다.

1912년 1월 1일 밤 11시, 쑨원은 난징의 양장 총독 관저에서 신생 공화국의 초대 임시 대총통에 취임하고 공화국의 수립을 선포했다. 그는 다음과 같이 선서했다.

만주 전제 정부를 무너뜨리고 중화민국을 공고히 하며 민생의 행복을 도모하고 국민의 뜻을 따른다. 그리하여 나라에 충성하고 대중을 위해 복무한다.

리위안훙은 부총통에, 황싱은 육군총장에 각각 선출되었다. 새로운 국명은 중화민국이었다. 중화민국은 중국이라는 울타리 안에 있는 수십여 개 민족을 아우르는 하나의 통일국가라는 의미였다. 얼마 전만 해도 이민족을 배척하고 한족만의 나라를 세우자고 주장했던 쑨원은 중국의 부국강병을 위해서는 다섯 민족(한족·만주족·몽골족·후이족·티베트족)이 힘을 합해야 한다고 말을 바꾸고 이른바 '오족공화'와 '중화민족'을 제창했다. 1949년에 중화민국을 대신하여 수립된 중화인민공화국 역시 쑨원의 주장을 그대로 계승한다.

쑨원은 의도치 않은 행운 덕분에 평생의 숙원을 하루아침에 이루었다. 그러나 쑨원 자신의 힘이 아니라 남의 힘으로 얻어낸 것이었다. 따라서 언제라도 쉽게 잃을 수 있었다. 청조는 껍데기에 불과했지만 베이징에는 중국 최강의 실력자인 위안스카이가 건재했다. 위안스카이는 마음만 먹으면 혁명을 박살 낼 만한 힘이 있었다. 그가 있는 한 혁명은 한낱 모래 위의 성에 불과했다. 전국 대표들이 쑨원을 추대한 이유는 정말로 자신들의 지도자에 걸맞다고 여겨서가 아니라 위안스카이와의 협상에 내세우기 가장 적당한 얼굴 마담이라고 여겼기 때문이다. 이들에게 쑨원 정권은 한낱 과도기 정권에 지나지 않았다.

열강 또한 위안스카이 편이었다. 위안스카이는 외국 공사들과 친밀한 관계를 유지했고 외국인들의 이권을 보장했다. 또한 정치·군사적으로 중국에서 가장 강력한 실력자이기도 했다. 열강은 누가 정권을 쥐건 알 바 아니며, 중국의 정세가 하루빨리 안정되어 자신들의 돈벌이에 차질이 없기만 바랐다. 그러니 힘없는 쑨원의 혁명정부보다는 위안스카이가 다음 대세라고 여겼다.

쑨원은 4개국 은행단(미국·영국·프랑스·독일)과 교섭하여 차관을 요청했지만 거절당했다. 혁명정부는 심각한 재정난에 허덕였다. 또한 혁명의 가장 큰 명분이 중국의 주권을 회복하는 것이지만 열강을 적으로 돌릴 수 없는 이상 청나라가 체결했던 수많은 불평등조약을 고

스란히 계승할 수밖에 없었다.

일본 정부는 신해혁명이 일어나자 이주인 히코키치伊集院彦吉 주중 공사의 제안에 따라 중국을 '지나支那'라고 부르기로 결정했다. 청나라가 무너진 이상 새로운 국명을 붙여야 한다는 이유였다. 그러나 이전부터 청나라를 경멸했던 일본은 세계의 중심이라는 뜻의 '중국'은 걸맞지 않다고 여겼다. 뒷날 중일전쟁이 일어났을 때도 '중일전쟁'이라고 하지 않고 '지나사변'이라고 일컬었다. 중국인들은 '지나'라는 용어가 자신들을 멸시하는 의미라며 분개했다.

난징에서 쑨원이 대총통에 추대됐다는 소식을 들은 위안스카이는 격분하여 즉각 혁명군을 공격할 태세를 갖추었다. 또한 측근들을 동원해 공화제 반대와 입헌군주제 찬성을 선언하게 했다. 혁명정부를 압박하기 위해서였다. 위안스카이는 청 황제가 퇴위한 뒤 48시간 내에 난징 정부를 해산할 것과 자신을 대총통으로 임명할 것을 요구했다. 최후통첩이었다. 쑨원은 위안스카이의 요구를 받아들이든지 아니면 일전을 벌이든지 양자택일을 해야 했다. 그는 백기를 들었다.

쑨원의 처지에서 위안스카이는 그동안 혁명을 앞장서서 탄압한 원흉이었다. 혁명의 가장 큰 방해물로, 엄연히 타도의 대상이었다. 하지만 혁명파로 끌어들이기 위해 손을 내밀어야 했다. 혁명파 지도부가 각자의 이해관계를 앞세워 분열되고 극심한 재정난에 허덕였기 때문이다. 또한 혁명군은 30만 명이나 되어 10만 명에 불과한 북양군을 수적으로는 압도했지만, 대부분 오합지졸이고 군기도 엉망이었다. 전투가 벌어지면 승패를 장담할 수 없었다. 중국은 남북으로 분열될 것이며, 내전이 장기화할 경우 태평천국의 난처럼 열강이 무력 개입할 수도 있었다.

쑨원은 위안스카이를 제대로 알지 못했고 같은 한족이라는 환상도 품고 있었다. 그가 청조를 무너뜨리고 스스로 옥좌에 앉으리라고는 전혀 생각하지 못했다. 어수룩한 쑨원에 견주면 위안스카이는 훨씬 고단수였다. 야심가에다 기회주의자이면서 정치적 수완이 뛰어난 그는 청조와 혁명파 사이에 양다리를 걸쳤다. 그리고 양쪽의 약점을 교묘하게 파고들면서 능수능란하게 술책을 부렸다.

＼푸이의 퇴위

1898년에 광서제를 배신했던 위안스카이는 이번에는 선통제를 배신하기로 결심했다. 그는 상하이의 외국인 상인들을 몰래 사주하여 "열강은 공화제에 찬성한다"면서 푸위의 퇴위를 권고하는 건의문을 자신과 순친왕 짜이펑에게 올리게 했다. 베이징의 신문들은 프랑스혁명 때 루이 16세가 처형당한 사실을 상기하면서 혁명파에 의해 강제로 끌어내려지기 전에 황제 스스로 물러나라고 촉구했다. 위안스카이와 결탁하고 있던 황족과 조정 대신들도 한패가 되었다. 대표적인 사람이 경친왕 이쾅과 푸룬이었다. 1912년 1월 17일 어전회의에서 그들은 뻔뻔스럽게도 "황실을 보존하려면 공화의 길을 가는 것 말고는 다른 좋은 방법이 없는 듯합니다"라며 황제의 퇴위를 종용했다.

분위기가 어느 정도 무르익었다고 판단한 위안스카이는 드디어 행동에 나섰다. 푸이의 어머니 융유태후에게 당장 황제가 보위에서 내려오지 않으면 루이 16세처럼 될지 모른다며 협박했다. 서태후와 달리 연약하고 평범한 융유태후는 울음만 터뜨렸다. 청조는 사면초가나 다름없었지만 기개가 남아 있는 사람들도 있었다. 앞서 말했던 량비와 공친왕恭親王 푸웨이溥偉, 숙친왕肅親王 산치善耆 등이었다. 두 달 전 짜이펑이 위안스카이에게 군정대권을 맡기려고 했을 때 이들은 위안스카이를 한헌제를 핍박했던 조비와 위를 찬탈한 사마염에 비유하면서 "호랑이를 불러 집을 지키려는 어리석음을 범해서는 안 된다"고 경고했다. 그러나 짜이펑은 위안스카이에게 매수된 황족들과 외국인들의 말에 넘어가 묵살했다. 이제 그 대가를 톡톡히 치를 참이었다.

조정에서는 연일 어전회의가 열렸고 격렬한 찬반양론이 대립했다. 이쾅은 "이미 전국의 반을 잃었다. 우리 군대는 싸울 의지가 없다. 설령 일부 지역을 유지한다고 해도 오래 버틸 수 없다. 황실을 보존하려면 공화를 선택해야 한다. 다른 좋은 방법은 없다"고 주장했다. 짜이펑은 이쾅 앞에서 대성통곡을 했다. 푸웨이와 산치, 염정대신鹽政大臣 짜이쩌 등 일부 황족과 강경파 대신들은 궁중의 금은 그릇을 모두 긁어모아서라도 전비를 마련해 최후의 일전을 벌이자고 외쳤다. 량비는 종사당을 조직하고 위안스카이에게 끝까지 맞서려 했다.

조정이 직접 움직일 수 있는 군사력은 북양 6진 이외에 황실의 호위를 맡은 금위군 2개 여단, 동북3성에 배치된 제20진, 제23진, 순방영 부대까지 합할 경우 약 13만 9,000명이나 되었다. 또한 전국 각지에는 혁명에 가담하지 않고 청조에 충성하는 지방 군대와 관리들도 많았다. 조정의 권위가 건재하고 싸울 의지만 있다면 반격할 기회는 얼마든지 있었다. 상황이 여의치 않더라도 적어도 중국의 절반은 통치할 수 있는 셈이었다. 그런데 누가 싸울 것인가.

진국장군 짜이타오는 도광제와 순친왕의 동생이자 황제 푸이의 숙부로, 프랑스 소뮈르국립기마학교를 졸업하고 금위군과 몽골 팔기를 지휘했다. 우창봉기 때는 군자대신으로 제3군을 지휘하는 등 청군 최고 사령관의 하나였다. 푸웨이가 "그대는 육군을 맡아보았으니 우리 군대의 상황을 잘 알겠지?" 하고 물었을 때 짜이타오의 대답은 이러했다. "난 전쟁을 해보지 않아서 잘 모르겠다." 나태한 생활에만 젖어 있던 만주 친귀들의 현실이었다.

1월 26일에는 위안스카이의 심복인 돤치루이를 비롯해 북양군의 고급 지휘관 47명이 우르르 몰려가 황제의 퇴위를 종용했다. 이들의 협박은 연일 계속되었고 위안스카이의 군대가 자금성 주변을 포위한 채 당장이라도 공격할 태세였다. 사흘 뒤인 29일에는 종사당의 지도자인 량비가 혁명파에게 살해당했다. 청조의 마지막 기둥이었던 량비마저 사라지자 황실과 조정에는 더 이상 위안스카이에 맞설 사람이 없었다. 1월 30일 어전회의에서 황제의 퇴위가 결정되었다. 융유태후는 위안스카이에게 황제의 구체적인 퇴위 조건을 놓고 난징의 혁명정부와 협상하라고 지시했다. 2월 9일 이른바 '대청 황제 퇴위 후 우대 조건에 관한 사항'이 확정되었다. 주요 내용은 다음과 같다.

1. 대청 황제는 퇴위 후에도 존칭을 그대로 보존하며 민국 정부는 외국 군주의 예로 대한다.
2. 황실의 경비는 연 400만 냥으로 하며 민국 정부가 지급을 보장한다.
3. 대청 황제는 퇴위 후 잠시 궁성에 거처하다가 훗날 이허위안으로 옮긴다. 궁인들은 그대로 부릴 수 있다.
4. 대청 황제의 종사와 능묘는 영원히 보존할 것이며 민국 정부가 위병을 배치하여 보호한다.
5. 아직 미완성인 도광제의 묘는 민국 정부가 끝까지 책임진다.
6. 대청 황제의 사유재산은 민국 정부가 보호한다.
7. 금위군은 중화민국 육군부의 편제에 편입하며 정원과 보수는 이전대로 한다.

2월 12일 융유태후는 황제 푸이를 대신하여 퇴위를 수락하는 조서를 내렸다. 황제를 뒤로한 채 비통해하는 융유태후와 순친왕 짜이펑 앞에서 위안스카이는 "협정으로 황제가 잃는 것은 통치권뿐이며, 황제는 여전히 황제로 남을 것"이라고 장담했다. 또한 난징의 혁명정부에도 서신을 보내 "너희들은 공화국을 얻게 될 것이며 황제에게는 이름만 남을 것"이라면서 황실을 그대로 둔다고 해서 결코 손해가 아님을 강조했다.

청조는 1616년 태조 누르하치가 후금을 세운 지 12대 296년 만에 선통제 푸이를 마지막으로 역사 속으로 사라졌다. 또한 진시황이 처음으로 황제를 칭한 이래 중국 5,000년 역사에서 황제의 시대가 끝나는 순간이기도 했다. 훗날 푸이는 어린 시절 자신과 어머니 앞에서 어떤 뚱뚱한 노인이 무릎을 꿇은 채 슬프게 울었다고 회상했다. 푸이는 그 노인이 무엇을 그리 슬퍼했는지 몰랐지만, 다름 아닌 자신의 퇴위를 요구하는 위안스카이였다. 그러나 두 사람 앞에서 눈물 연기를 한 위안스카이는 자기 집으로 돌아가자마자 당장 변발을 자르고 가가대소했다고 한다.

위안스카이는 황족과 만주 귀족들에게도 한족과 동등한 지위를 누리되, 재산의 보호와 병역을 면제하는 권리를 약속했다. 팔기군은 지금까지와 똑같은 조건으로 연금을 받을 수 있었다. 특권도 차별도 사라졌다. 역대 중국 왕조들이 정권을 차지한 뒤에는 망국의 왕조에 혹독하게 보복했던 것에 비하면 관대한 조건이었다. 노련한 위안스카이의 수완 앞에 황실과 만주족은 스스로 싸우기를 포기했다. 혁명정부 역시 청조와 최후의 결판을 내는 대신 더 시급한 사안으로 눈을 돌렸다.

1911년 10월 10일 우창봉기가 시작된 지 겨우 석 달 만에 혁명은 끝났다. 유혈도 내전도 없었다. 반년 전만 해도 청나라가 이렇게 어이없이 끝나리라 예상한 사람은 아무도 없었다. 위안스카이가 그만큼 노련했기 때문이다. 그의 사탕 발린 말이 아니었다면 청조가 저항 한 번 해보지 않고 손을 드는 일은 없었을 것이다. 결과적으로 혁명파건 청조건 그의 손에 놀아난 꼴이었다. 자신들이 기만당했다는 사실을 깨닫는 데는 그리 오랜 시간이 걸리지 않았지만 그때는 이미 늦었다.

만주족은 위안스카이에게 굴복하는 대신 또 다른 선택을 할 수도 있었다. 황제와 함께 베이징을 벗어나 자신들의 옛 선조가 살던 만주로 가서 중국 본토와 분리된 새로운 정부를 수립하는 것이다. 결코 불가능한 일이 아니었다. 조정에는 금위군을 비롯해 충성스러운 군대가 상당수 남아 있었고, 혁명파 손에 넘어간 여느 성들과 달리 만주와 내몽골은 청조에 복종했다. 만주는 광대하고 더 이상 거친 황무지가 아니라 러시아와 일본에 의해 중국에서 가장 빠르게 발전하는 무궁무진한 잠재력이 있는 개척지였다. 황제가 펑톈에서 신정권을 수립했다면 만주족 관리들은 공화국에 남는 대신 틀림없이 황제 곁으로 달려와서 새로운 국가를 건설하기 위해 노력했을 것이다.

청조가 이런 계획을 간과한 것은 아니다. 실제로 일부 대신은 황제가 만주로 퇴각하는 방안을 건의했다. 그러나 황제는 어렸고 섭정과 태후는 무능했다. 이쾅을 비롯한 황실의 원로들은 대부분 위안스카이의 제안을 받아들여야 한다고 주장했다. 짜이펑과 황족들은 통치권을 끝까지 지키는 대신 이들의 주장을 받아들여 베이징에 그대로 남는 쪽을 선택했다. 만주에서 불확실한 미래에 도전하는 것보다는 위안스카이가 약속한 안락한 생활이 훨씬 만족스러워 보였기 때문이다. 게다가 순진하게도 약속이 반드시 지켜지리라 한 치의 의심도 없이 믿었다.

공친왕 푸웨이와 숙친왕 산치 두 사람만 끝까지 저항했다. 그러나 이들의 힘만으로는 대세를 바꿀 수 없었다. 황족들의 비겁함에 분노를 참을 수 없었던 두 사람은 훗날을 기약하면서 종사당의 잔당을 이끌고 뤼순의 일본 조계로 갔다. 이들은 일본의 힘을 빌리고 현지의 몽골족 토비를 규합해서 이른바 '근왕군'을 조직하고 만몽 독립운동을 전개하게 된다. 그나마 260여 년에 걸쳐 중국을 지배했던 청조의 유일한 항거였다. 나머지 만주족 사람들은 제 손으로 변발을 자르고 한족의 일부가 되는 쪽을 택했다. 그중에는 변발을 자르는 것이 한족에 대한 소극적인 저항이라고 여긴 사람들도 있었다. 변발이 자신들의 문화가 아니라 한족의 문화라고 착각했기 때문이다.

만몽의 분리 독립을 꿈꾼 만주족의 마지막 황족들

만주 황실은 위안스카이의 감언이설에 넘어가 저항 한 번 해보지 않고 백기를 들었다. 그러나 푸웨이와 산치 두 황족은 소수의 추종자들을 이끌고 동북으로 향했다. 이들은 일본 첩자 가와시마 나니와川島浪速를 통해 일본의 원조를 받고 만몽 독립운동에 나섰다. 동북과 내몽골에는 청조를 지지하는 만주족과 몽골족이 있었다. 일본 역시 만주족을 이용하여 동북에 친일 괴뢰정권을 수립한 뒤 중국에서 분리할 속셈이었다. 산치의 야심이 실현됐다면 만주국의 건국은 20년 앞당겨졌을지도 모른다.

산치는 일본 낭인들과 몽골족 토비들을 규합하는 한편, 때마침 중국에서 분리 독립을 선언한 외몽골과도 연계했다. 자신을 임금으로 하는 '만몽 연합왕국'을 세울 속셈이었다. 그는 동북 각지에 종사당원들을 몰래 침투시킨 후 거병을 준비했다. 1912년 6월 일본이 보내준 대량의 무기와 탄약을 짐마차 50여 대에 싣고 300여 명의 토비를 변장시켜 지린성 남쪽의 궁주링公主嶺으로 출발시켰다. '근왕군'에게 전달할 무기였다. 그런데 펑톈성의 순방영 통령을 맡고 있던 우쥔성吳俊陞에게 우연히 발각되면서 전투가 벌어졌다. 전투가 끝난 뒤 토비들의 시체를 조사해본 결과 상당수가 일본 낭인들이었으며, 포로들의 심문을 통하여 만주족이 동북에서 반란을 일으키려 했다는 사실이 밝혀졌다. 이 때문에 동북의 경비가 강화되고 대대적인 종사당 색출 작업이 실시되었다. 종사당은 거병을 해보지도 못한 채 큰 타격을 받았다.

　두 달 뒤인 8월에는 지린성 바이먀오白廟에서 몽골족의 반란이 일어났다. 이들은 동몽골의 독립을 선언하고 중국과 영원히 통교하지 않을 것을 맹세했다. 반란에 가담한 자는 수천 명이나 되었다. 우쿼성은 10개 보병대대와 1개 산포대대 등 3,000여 명의 병력을 이끌고 출동했다. 9월 7일 헤이룽장성 남쪽의 타오난洮南에서 전투가 벌어졌다. 맹장으로 이름난 우쿼성은 반란군을 여지없이 무찔러버렸다. 잔존 세력은 겨우 목숨을 건져 외몽골로 달아났다. 우쿼성은 육군 소장으로 승진하고 기병 제2여단장에 임명되었다. 푸웨이와 산치는 그 후로도 일본과 뤼순을 오가며 꾸준히 독립운동에 나섰지만 꿈을 이룰 수 없었다. 게다가 이들은 만주족의 나라를 되찾으려 한 것이지 푸이를 추대한 것이 아니므로 만주국 건설에도 참여할 수 없었다. 산치는 1922년에, 푸웨이는 1936년에 쓸쓸하게 눈을 감았다.

　중국 역사에서 청나라는 원나라 다음으로 광대한 영토를 자랑한 대제국이었다. 막강한 군사력을 토대로 활발한 정복 활동을 펼치며 주변 이민족들을 정벌하는 등 한때 세계 최강대국으로 군림했다. 오늘날 중국의 거대한 영토는 청나라가 물려준 유산이다. 그러나 청말에 이르면 안락한 생활에 젖어 과거의 상무 정신과 기개는 사라진 지 오래였다. 그나마 한족이 청조를 지탱했지만 그 한족마저 등을 올리자 하루아침에 멸망했다. 왕조가 교체되는 시기에는 임금이 망국의 책임을 안고 자결하거나 남송의 마지막 유신 문천상처럼 자신의 충절과 절개를 지키기 위해 순절하는 사람도 있었지만, 청조가 멸망하는 과정에서는 그조차 찾아볼 수 없었다. 만주족 황족과 귀족들은 청조를 지키지도 못하고 신생 공화국에도 참여하지 못한 채, 일부는 은거하고 일부는 외국 조계로 달아나 역사의 뒤안길로 사라졌다.

＼위안스카이, 권력을 잡다

권력 찬탈에 성공한 위안스카이는 혁명정부에 권력을 넘겨줄 생각이 전혀 없었다. 좀 더 뒷날의 일이지만 그는 결코 서두르지 않고 차근차근 자신의 원대한 계획을 실현해가면서 쑨원과 혁명파의 뒤통수를 친다. 통치권을 포기한 대가로 거액의 연금을 약속받았던 푸이는 단 한 번도 제대로 지급받지 못했다. 황실의 보물은 베이징을 차지한 군벌들에게 수시로 약탈당했다. 십수 년 뒤 푸이는 자금성에서 쫓겨나 톈진의 일본 조계로 도망치는 신세가 되었다.

황제의 퇴위가 선언된 이튿날인 2월 13일 쑨원도 대총통에서 물러나고 후임자로 위안스카이를 추천했다. 참의원에서는 위안스카이를 임시 대총통으로 선출하는 데 만장일치로 찬성했다. 2월 15일, 위안스카이는 중화민국 제2대 임시 대총통으로 선출되었다. 쑨원은 고별사에서 "삼민주의 중에서 이미 민족(만주족 지배의 청산)과 민권(공화제의 수립)을 달성했으니 민생(경제발전과 부국강병)만 남았다"면서 감개무량해했다. 쑨원은 임시 대총통에서 물러나되 조건을 달았다. 신생 중화민국의 수도는 반드시 난징으로 해야 한다는 것이었다. 위안스카이를 베이징에서 떼어놓아 힘을 약화하기 위해서였다. 그는 위안스카이에게 전문을 보내 난징으로 와서 대총통에 취임할 것을 요구했다.

쑨원의 속셈을 모를 리 없는 위안스카이는 베이징에서 나올 생각이 없었다. 그는 난징을 새로운 수도로 삼는다면 청 황실의 복귀를 꾀하는 세력의 준동이 우려되며, 열강들도 난징보다는 베이징이 중국의 수도에 더 걸맞다고 여긴다는 이유로 거절했다. 혁명정부가 끝까지 난징 천도를 고집하겠다면 자신은 물러날 테니 직접 힘으로 해결해보라고 엄포를 놓았다. 약속을 먼저 번복한 쪽은 위안스카이였지만, 혁명정부는 위안스카이를 비난하는 대신 자기들끼리 싸웠다. 쑨원의 혁명파는 난징을 고집한 반면, 부총통 리위안훙을 비롯한 구체제의 인사들은 난징 천도를 반대했다.

그러나 진짜 문제는 수도를 어디로 정할지가 아니라 위안스카이를 어떻게 견제할 것인가였다. 베이징은 위안스카이의 기반이므로 이곳을 수도로 삼는다면 어렵사리 성공한 혁명의 열매를 고스란히 그에게 바치는 꼴이었다. 제아무리 순진한 쑨원이라도 그 정도 이치조차 모를 만큼 어리석지는 않았다. 쑨원은 위안스카이를 재촉하기 위해 왕징웨이·쑹자오런·차이위안페이 등을 '남하 권유사'로 베이징에 보냈다. 위안스카이는 이들을 환대했지만, 난징으로 가는 문제에 대해서는 "나중에 공의公意를 모아서 정할 일"이라고 얼버무렸다.

그런데 남하 권유사 일행이 베이징에 도착한 다음 날인 2월 29일 밤, 제3진의 병사들이 폭동을 일으켰다. 폭동은 순식간에 바오딩과 톈진으로 확산되었다. 폭도들은 왕징웨이 등이 머무르는 숙소까지 난입했다. 폭도를 진압하기 위해 열강 군대가 출동하는 등 한바탕 소동이 벌어졌다. 돤치루이와 펑궈장 등 북양군의 장군들은 천하가 아직 어지러우니 수도를 바꿔서는 안 된다는 성명을 발표했다. 위안스카이의 사주가 있었음은 말할 필요조차 없다. 하지만 생각지도 못한 난동으로 혼비백산한 차이위안페이는 쑨원에게 전문을 보내 난징 천도는 포기해야 한다고 건의했다. 여러 언론사와 혁명파 도독들까지 "남북의 통일이 지지부진한 이유는 쑨원이 난징 천도를 고집하기 때문"이라고 비난하자 쑨원도 물러설 수밖에 없었다.

3월 10일, 위안스카이는 베이징에서 중화민국 제2대 임시 대총통에 취임했다. 내각을 맡을 국무총리에는 위안스카이의 측근인 탕사오이가 임명되었다. 또한 위안스카이는 참의원을 향해 자신의 측근들을 내각의 요직에 임명하는 데 동의하라고 윽박질렀다. 쑨원은 육군부장(장관)에 황싱을 추천했지만 위안스카이는 돤치루이를 임명했다. 황싱은 난징 유수가 되어 혁명파 군대의 개편과 축소를 맡았다. 10명의 내각 인원 가운데 4명(사법부장 왕충후이王寵惠, 공상부장 천치메이, 농림부장 쑹자오런, 교육부장 차이위안페이)이 혁명파 간부였다. 인원수만 본다

●— 위안스카이(앞줄 가운데)가 중화민국 임시 대총통으로 취임한 직후 각국 공사들과 함께 찍은 사진.

면 나름대로 균형 있게 안배한 셈이다. 그러나 요직인 외교부장과 내무부장 그리고 가장 중요한 육해군의 통수권은 모두 위안스카이의 심복들이 차지했다. 혁명파는 실권 없는 들러리였다.

위안스카이는 쑨원과 황싱을 베이징으로 초대했다. 혁명파는 위안스카이의 속셈을 알 수 없다면서 쑨원의 베이징 방문을 반대했다. 황싱은 출발을 잠시 미루었지만 쑨원은 북상을 강행하여 8월 24일 베이징에 도착했다. 그는 위안스카이의 성대한 환대를 받았다. 두 거물이 처음으로 만나는 순간이었다. 쑨원의 나이 46세, 위안스카이의 나이 53세였다.

위안스카이는 쑨원을 융숭히 대접하면서 많은 가르침을 달라고 겸손하게 청했다. 예상외의 환대에 크게 감격한 쑨원은 위안스카이를 붙잡고 밤새 떠들었다. 위안스카이는 쑨원이 뭐라고 하건 무조건 고개를 끄덕이면서 연신 "하오^好"라고 말했다. 의견이 다른 점이 있어도 "일리가 있다"면서 쑨원의 비위를 맞췄다. 위안스카이에게 흠뻑 빠진 쑨원은 앞으로 자신은 정치에 결코 관여하지 않겠다고 맹세했다. 혁명파 당원들에게도 전문을 보내 위안스카이를 칭찬하면서 전력을 다해 도와주라고 호소했다. "그는 능력도 있고 두뇌도 명석하다. 통찰력도 있고 사상도 새롭다. 방법이 조금 구식이긴 하지만 지금 같은 상황에서는 나라를 다스리는 데 이런 사람이 적격이다."

상하이로 돌아온 쑨원은 환영회에서도 이렇게 말했다. "남쪽 인사들 중에는 위안스카이가 공화제를 찬성한 것이 진정한 마음이 아니라고 의심하는 사람들이 있다. 현재의 중화민국을 가짜 공화국이라고 비난한다. 하지만 나는 그의 마음이 참되고 성실함에서 나온 것이라고 믿는다. 혁명군의 세력 기반인 남방과 위안스카이의 기반인 북방을 분리하자는 주장도 있지만 나는 찬성할 수 없다. 남과 북을 조화시키는 데 힘써야 한다. 앞으로 혁명 동지들은 전력을 다해 위안스카이 총통을 도와야 한다."

그동안 위안스카이를 은근히 경계하던 황싱도 쑨원의 재촉을 받자 9월 11일 베이징에 도착했다. 그 역시 위안스카이의 융숭한 대접에 홀딱 넘어갔다. 위안스카이는 황싱에게 육군 최고위 계급인 상장上將(대장에 해당)을 수여했다. 육군을 통틀어 상장 계급을 받은 사람은 북양파의 돤치루이와 펑궈장, 혁명파의 리위안훙과 황싱 네 사람밖에 없었다. 위안스카이로서는 혁명파에게 최고의 우대를 한 셈이었다.

그러나 순진한 두 사람과 달리 노회한 위안스카이는 측근들에게

"쑨원은 뜻이 있고 견해가 탁월하지만 추진력이 없다. 황싱도 성품이 곧고 단호하지만 배포가 작고 식견이 짧다. 남의 속임수에 잘 넘어간다"고 말하며 비웃었다. 온갖 권모술수가 난무하는 조정에서 평생을 보낸 위안스카이의 눈에는 조금 추어올리기만 해도 기뻐하면서 우쭐대는 혁명파 지도자들의 모습이 어리석기 짝이 없어 보였던 것이다.

9월 9일, 위안스카이는 쑨원을 전국철로 총판에 임명했다. 그다지 요직이라고 할 수는 없지만 쑨원은 매우 기뻐하면서 "앞으로 10년 안에 전국에 20만 킬로미터의 철도를 놓아 중국을 세계 제일의 강국으로 만들겠다"며 호기롭게 뜻을 밝혔다. 그는 즉시 철도 건설 계획을 수립하는 데 착수했다. 그러나 1860년부터 1911년까지 50년 동안 중국에 건설된 철도는 1만 킬로미터가 채 되지 않았다.

쑨원의 계획은 실현 가능성이 없었다. 그의 방식이란 테이블 위에 커다란 지도를 펼쳐놓고 여러 도시를 연결점으로 삼아 죽죽 줄을 그어보는 식이었다. 어떤 지형인지, 기술적으로 철로가 놓일 수 있는 곳인지는 알 바가 아니었다. 오스트레일리아의 저널리스트이자 쑨원의 고문이기도 했던 윌리엄 헨리 도널드William Henry Donald가 그 모습을 직접 보고는 이렇게 기록했다. "나는 쑨원이 미친 정도가 아니라 그 이상이라는 가장 확실한 증거를 보았다. 왜냐하면 그가 충분한 돈과 시간만 있으면 얼마든지 할 수 있다고 믿어서가 아니라, 자신이 그렸으니 외국 자본가들이 얼마든지 돈을 내놓으리라고 믿었기 때문이다!" 쑨원은 평소 철도의 중요성에 대하여 "인체의 혈관과 같다"고 강조했지만 막연한 인식에 머물렀을 뿐 기초 상식조차 없었다.

10월 8일, 량치차오가 오랜 망명 생활을 끝내고 성대한 환영 속에 개선장군처럼 톈진을 통해 귀국했다. 쑨원과 어깨를 나란히 할 만큼 명망이 높은 그의 귀국은 중국 정치의 판도를 흔들 만한 일이기도 했다. 항구는 환영 인파로 발 디딜 틈이 없었다. 베이징 정부와 각 당파, 각계각층의 인사들이 환영식에 참석했다. 평생 큰 뜻을 품고도 타향에 머무른 채 아무것도 할 수 없었던 그로서는 예상 밖의 환대에 천진난만하게도 "쑨원과 황싱이 귀국했을 때보다 환영 인파가 10배는 더 많다. 사람들이 나를 우러러본다"며 기쁨을 감추지 못했다. 이 순간이 그에게는 인생의 최절정기였을 것이다.

서로 해묵은 감정이 있었지만 위안스카이는 량치차오도 대총통부로 불러서 극진하게 대접하고 그가 하는 말에 귀를 기울이는 척했다. 또한 국무회의에 초빙해 의견을 묻기도 했다. 쑨원·황싱과 마찬가지로 량치차오도 위안스카이에게 완전히 넘어갔다. 그는 예전의 원한마저 모두 잊은 채 주변 사람들에게 "위안스카이가 생각했던 것보다 겸손하고 솔직한 사람"이라고 말했다. 위안스카이는 특유의 사교법으로 량치차오를 녹여버리고 그가 쑨원과 손을 잡아 자신에게 대항하는 것을 차단해버렸다. 쑨원과 량치차오는 힘을 모아 위안스카이를 견제하기는커녕 위안스카이를 위해 서로를 견제하는 꼴이 되었다.

위안스카이를 진짜로 위협하는 존재는 따로 있었다. 쑨원·황싱과 함께 혁명파의 또 다른 지도자였던 쑹자오런이다. 나이는 쑨원이나 위안스카이보다 한참 어린 30세에 불과했지만 탁월한 식견과 카리스마, 뛰어난 조직력을 갖춘 수완가였다. 1912년 12월부터 1913년 2월까지 제헌국회의 수립을 위해 전국에서 총선거가 실시되었다. 중국 역사상 최초의 선거이자 의회민주주의의 시작이었다. 쑹자오런은 선거를 앞두고 중국동맹회와 여러 정치 단체를 규합해 국민당을 창설했다.* 국민당 외에 리위안훙을 수장으로 하는 공화당, 량치차오를 비롯한 입헌파가 중심이 된 민주당 등 여러 정당이 경쟁을 벌였다. 결과는 국민당의 압승이었다. 중의원 596석 중 269석을, 참의원 274석 중

●— 1913년 4월 8일에 열린 국회 개원식. 중국에서 처음으로 의회정치가 시작된 날이지만 개원 내내 각종 정변과 파행을 겪어야 했고, 2년도 채 안 되어 위안스카이에 의해 해산되었다.

132석을 국민당이 차지하면서 제1당의 자리에 올랐다.*

산전수전 다 겪은 위안스카이에게도 쑹자오런만큼은 호락호락한 인물이 아니었다. 위안스카이가 권한을 남용한다면서 사사건건 걸고 넘어졌다. 그야말로 눈엣가시였다. 쑹자오런의 국민당이 선거에서 승리하여 의회의 다수당을 차지하자 위안스카이는 발등에 불이 떨어졌

---

* 쑹자오런의 국민당은 오늘날 타이완 국민당의 전신에 해당한다. 그러나 위안스카이에게 한 번 해산당하고 몇 년 뒤 쑨원이 새로 창설하기 때문에, 이름만 같을 뿐 같은 정당은 아니다. 국민당은 쑹자오런이 설립한 1912년 8월 25일이 아닌 쑨원이 설립한 1919년 10월 10일을 창당일로 한다.

---

* 그 외에 리위안훙의 공화당이 중의원 120석, 참의원 46석을, 입헌파의 장젠이 이끄는 통일당이 중의원 18석, 참의원 6석을, 량치차오의 민주당이 중의원 16석, 참의원 8석을 각각 차지했다.

다. 쑹자오런이 총리가 되어 내각을 장악할 경우 위안스카이는 종이 호랑이가 될 판이었다.

위안스카이는 그를 제거하기로 결심했다. 전국 각지를 돌면서 위안스카이 정권의 독선적인 태도를 비판하던 쑹자오런은 3월 20일 밤 베이징행 열차를 타기 위해 상하이역 플랫폼에서 기다리다가 저격을 받아 숨을 거두었다. 이 사건을 조사한 장쑤성 정부는 암살의 배후에 위안스카이가 있다고 결론을 내렸다. 철도 건설을 위한 차관을 얻으려고 일본을 방문 중이던 쑨원은 큰 충격을 받았다. 그제야 자신이 위안스카이에게 농락당했다는 사실을 깨달았다.

2차 혁명

＼야심만만했던 쑹자오런

1913년 3월 20일 저녁, 상하이역에서 쑹자오런을 겨눈 한 발의 총탄은 위안스카이와 혁명파의 밀월 관계가 1년 만에 끝장났음을 알리는 신호탄이었다. 복부에 중상을 입은 쑹자오런은 급히 병원으로 옮겨져 몇 차례 봉합 수술을 받았지만 이튿날 새벽 4시 40분 절명하고 말았다. 쑹자오런의 죽음은 중국 현대사에서 가장 큰 비극으로 꼽히며, 이 사건을 시작으로 위안스카이와 쑨원의 전쟁이 본격화한다.

쑹자오런은 권력욕과는 거리가 멀었던 쑨원·황싱과 달리 젊고 야심만만했다. 그는 황싱·마오쩌둥과 같은 후난성 출신으로 쑨원과는 16살 차이였다. 대대로 초야에 묻힌 채 벼슬을 하지 않은 선비 집안에서 태어난 그는 어릴 때부터 매우 총명했으며, 19세에 과거에 합격하여 수재가 되었다. 그러나 얼마 뒤 과거제도가 폐지되었고, 청조는 청일전쟁과 의화단의 난에서 연전연패하는 등 무기력하기 짝이 없었다.

관직 대신 반청운동에 관심을 둔 그는 황싱과 친교를 맺고 혁명가의 길을 걸었다.

1903년 11월 4일, 쑹자오런과 황싱·장스자오^{章士釗} 등이 창사에 모여 화흥회를 조직했다. 화흥회는 후난성 출신 혁명가들을 중심으로 뭉친 비밀결사 단체로, 홍콩과 광저우를 기반으로 하는 쑨원의 흥중회, 상하이 일대를 기반으로 하는 광복회光復會와 함께 대표적인 반청 혁명 단체였다. 이듬해에 쑹자오런은 서태후의 생일을 기하여 창사에서 무장봉기를 일으킬 계획을 세웠지만 사전에 발각되면서 지명수배자가 되어 일본으로 망명했다. 와세다대학을 다니던 도중 쑨원을 만나자 의기투합하여 화흥회와 광복회·흥중회가 합작한 중국동맹회를 결성했다. 일본으로 건너간 중국 유학생들의 절반 이상이 후난성 출신이었기 때문에 쑨원과 쑹자오런의 합작은 중국동맹회의 세력을 비약적으로 확대했다. 그렇지만 '청조 타도'라는 공통된 목적 외에는 출신과 배경, 투쟁 노선이 제각각인 탓에 쑹자오런은 쑨원과 점차 갈등을 빚었다.

쑨원은 자신의 고향인 광저우를 반청투쟁의 토대로 삼고 싶어했다. 그리고 '정예주의'를 고집하면서 10명, 20명의 소수 집단으로 거사를 일으키면 혁명에 동조하는 세력이 전국에서 봉기할 것이라고 주장했다. 쑹자오런은 쑨원의 생각이 지나치게 낙관적이라며 비판했다. 또한 쑨원이 독선적이고 아집이 강하여 남의 말을 듣지 않는 면에 실망감을 드러내며 주변 사람들에게 "쑨 선생은 자신의 속마음을 솔직하게 털어놓지 않고 일처리를 독단적으로 하며 즉흥적이어서 사람을 곤란하게 한다"고 토로하기도 했다.

쑨원의 삼민주의에 대해서도 '민족' 항목 이외에는 동조하지 않는 등 사상에서도 많은 차이가 있었다. 쑨원이 주도한 무장봉기가 준비

부족으로 번번이 실패한 데다 돈 문제를 놓고 잡음이 발생하면서 중국동맹회 내부에서 쑨원에 대한 신뢰는 갈수록 땅에 떨어졌다. 또한 쑨원의 눈이 중국 서남부에서 벗어나지 못한 반면, 쑹자오런은 만주에 관심을 기울였다. 만주는 만주족의 고향이며, 청조는 오랫동안 봉금령을 선포하여 성지로 취급했다. 그러나 청일전쟁과 러일전쟁을 겪으면서 만주에서 청조의 영향력은 급격히 줄어들고 토비가 준동하는 등 무정부상태나 다름없었다. 반청혁명에 동조하는 사람들도 점점 늘어났다.

쑹자오런이 주목한 곳은 간도였다. 두만강을 사이에 두고 조선과 인접한 간도는 오래전부터 조선인들의 월경이 잦았다. 19세기 말에 이르면 청조의 통제가 약해진 틈을 타고 조선인들이 본격적으로 정착하기 시작했다. 1882년 청조가 조선 정부에 조선인들의 철수를 요구하면서 청과 조선 사이에 간도 분쟁이 일어났다. 쑹자오런은 간도를 혁명의 발상지로 삼아 이곳에서 군대를 양성하고 청조를 정벌하겠다는 거창한 계획을 세웠다. 황싱은 그의 생각에 동의하지 않았지만, 쑹자오런은 간도로 가기로 결심하고 쑨원에게 사직서를 낸 후 1907년 3월 23일 간도를 향해 출발했다. 오사카에서 배를 타고 인천과 남포를 거쳐 압록강 북단의 안동安東에 도착한 그는 펑텐에서 중국동맹회 랴오둥 지부를 결성하고, 하얼빈과 지린성 일대를 돌면서 현지 마적들과 손잡으려 했지만 여의치 않았다. 현지 사정에 어두운 탓에 별다른 성과 없이 일본으로 되돌아가야 했다.

그러나 쑹자오런의 간도 방문은 본래 의도한 바는 아니지만 중국에는 크게 공헌했다. 대한제국과 청은 간도 영유권을 놓고 분쟁 중이었다. 1905년 을사늑약 체결로 조선의 주권이 일본에 넘어가자, 통감이었던 이토 히로부미는 조선의 외교권을 일본이 대신한다는 명목으로 간도 영유권을 주장했다. 일본과 청의 협상은 1908년 12월 28일부터 시작되었다. 쑹자오런은 일본으로 돌아온 뒤 간도와 관련된 자료를 찾아서 『간도문제間島問題』를 출간했다. 이 책은 김정호의 대동여지도를 비롯해 각종 고문서와 신문·국제법 등을 참고한 것으로, 조정의 실권자 위안스카이에게까지 들어가면서 일본과의 담판에 적극 활용되었다.

1909년 9월 일본은 남만주철도 부설권과 푸순撫順의 탄광 개발권 등을 받아내는 대가로 간도를 청의 영토로 인정했다. 위안스카이는 쑹자오런의 공을 높이 평가하여 수배령을 취소하고 4품의 관직을 제안했지만 거절당했다. 『민보』 편집자이자 같은 혁명 지도자였던 장빙린은 쑹자오런을 가리켜 '원수의 지재'라고 했다. 쑨원의 측근인 후한민 또한 "던추鈍初(쑹자오런의 자)는 대총통과 총리가 되겠다는 야심이 있었다"고 말했다. 쑹자오런은 언변에 능하고 카리스마와 정치 수완을 갖추고 있었다. 그는 쑨원을 대신하여 혁명파의 실질적인 중심이었다.

신해혁명 이후 위안스카이 정권에서 철도 감독을 맡은 쑨원이 "10년 안에 20만 킬로미터의 철도를 건설하겠다"는 허황된 계획을 발표하자 쑹자오런은 "그는 아직 국내 경험이 부족하니 좀 더 경험을 쌓아야 요령이 생길 것이다"라고 에둘러 비판했다. 쑹자오런은 영국식 내각제를 지지한 반면, 오랫동안 미국에서 생활한 쑨원은 미국식 대통령제를 지지했다. 이 때문에 두 사람은 크게 충돌했다. 둘의 갈등은 어느 쪽이 옳고 그른가를 떠나, 같은 혁명파끼리도 의견이 다르고 감정의 골이 깊었으며 결속력마저 부족했음을 보여준다.

쑹자오런이 남긴 가장 큰 업적 중 하나는 임시 약법의 제정이었다. 약법約法이란 한나라 유방 시절 장량이 '약법3장約法三章'이라 하여 민심을 수습하기 위한 임시방편으로 법의 세 가지 원칙만 세웠던 고사에서 나온 말이다. 쑹자오런은 영국과 프랑스의 헌법을 참고하여 주권재민의 원칙에서 인민의 권리와 의무, 내각책임제, 정부 구성, 대총통의 권한 등을 규정하는 7장 56조로 구성된 임시 약법을 제정했다. 중국 최초의 근대 헌법으로, 영국식 의원내각제를 지향하여 의회에 강력한 권한을 부여하고 대총통의 권한을 제한했다. 또한 위안스카이가 주도하는 중앙집권화에 반대하고 지방분권 정치를 주장했다. 혁명파의 정치적 기반은 남방 각 성의 혁명정부에 있었기 때문이다.

약법은 앞으로 국회가 설립된 뒤 정식 헌법을 제정한다는 전제 아래 만들어진 예비 헌법이었다. 그러나 정식 헌법 제정이 늦어지면서 중화민국 내내 사실상의 헌법 역할을 했으며, 중일전쟁이 끝난 뒤인 1946년 12월 25일 장제스 정권은 쑹자오런의 약법을 기초로 삼아 중화민국 헌법을 제정하여 1947년 1월 1일 정식 공포한다.

1912년 4월 4일에는 쑹자오런이 제출한 '국무원 관제'가 참의원 의결을 통과했다. 총리가 국무회의를 주재하여 내정의 모든 권한을 가진다는 내용으로, 내각제 정치를 의미했다. 삼권이 엄격히 분리된 대통령제와 달리 의회가 행정부보다 우위를 차지하며, 의회가 불신임할 경우 내각은 총사퇴해야 했다. 대총통이 내리는 모든 명령은 반드시 총리의 동의를 받아야 했다. 이대로라면 대총통은 상징적인 국가원수로서 대외적인 행사만 주관하므로 아무런 실권이 없었다. 위안스카이는 "그따위 대총통 자리에는 앉지 않겠다"면서 불만을 터뜨렸다.

과연 간도는 우리 땅인가

언제부터인가 우리 사회에서 뜨거운 감자로 등장한 이슈가 이른바 '간도 영유권'이다. 엄밀히 말하면, 간도 얘기가 나온 것은 그리 오래된 일이 아니다.

그 전까지 간도 영유권 문제는 국내의 일부 재야 학자들 사이에서 간간이 제기되었다. 1990년대 이후 우리 사회에 민족주의 열풍이 불고, 중국이 이른바 동북공정이라 하여 고구려사를 자국의 역사에 강제로 편입하려 시도하자 일종의 맞불 논리로 국민적인 관심을 끌게 되었다.

그런데 재야 학자들은 전후 사정을 제대로 설명하지 않은 채 "일본이 부당하게 개입하여 조선의 영토를 중국에 멋대로 넘겼다"는 사실만 강조하고 간도를 마치 '잃어버린 고토'쯤으로 묘사했다. 또한 충분한 역사 지식이 없는 일부 정치인들까지 인기에 영합하기 위해 편승하면서 역사 교과서에 실리기도 했다.

그러나 이러한 주장은 사실이 아니다. 간도협약 당시 언론의 왜곡된 보도 등 선별적인 근거를 적당히 끼워맞추어, 우리 사회 특유의 국수주의 감정을 아니면 말고 식으로 부추기는 것에 지나지 않는다. 또한 쌍방의 주장을 객관적이고 냉철하게 비교하기보다는 우리의 시각만 일방적으로 강조할 뿐, 중국 쪽의 논리에 대해서는 덮어놓고 '들어볼 가치조차 없다'는 식으로 폄하한다. 이래서야 우리끼리 맞장구칠 수 있을지는 몰라도 상대를 논리적으로 설복하거나 국제사회의 동조를 얻기는 어렵다. 게다가 우리 정부는 중국과 국내 여론 사이에 끼어 이도저도 아닌 모호한 태도를 취하면서 책임을 회피하기에만 급급하다. 학계 역시 간도 영유권에 대한 비판론이 나오긴 하지만 대체로 국민감정에 호응하거나 입을 다물고 침묵을 지키는 쪽이다.

국수주의적 재야 학자들은 간도를 언제 어떻게 개척했으며 언제부터 실효적으로 지배했는지 역사적인 근거를 내놓는 대신, 일제 때문에 우리 영토를 부당하게 빼앗겼다는 사실만 강조하면서 민족감정에 호소한다. 양국 사이에 분쟁의 씨앗이 된 '간도'가 구체적으로 어디를 지칭하는지조차 학자들 사이에 의견이 일치하지 않다보니 연해주까지 "본래는 우리 영토였다"는 주장이 나오기도 한다. 이러한 모순과 논리 비약은 우리 사회가 간도 분쟁을 제대로 알지 못하고 막연하게 바라본다는 반증이기도 하다.

간도 분쟁의 기원은 숙종 시절 양국 관리들이 백두산 정계비를 세우는 과정에 빚어진 착각과 오해에서 비롯되었다. 『조선왕조실록』 숙종 38년(1712년) 12월 7일 기사에는 백두산 정계비를 놓고 숙종과 신료들이 고심하는 내용이 나온다. 양국의 담당 관리들이 일을 소홀히 처리하여 두만강이 아니라 엉뚱한 곳을 경계로 정한 것에 대하여 영의정 이유와 형조판서 박권은 훗날 문제가 될 수 있다는 이유로 "멋대로 푯말을 세운 자들을 처벌하고 청나라에도 이 사실을 알려야 한다"고 건의했다. 그러나 숙종은 청나라 쪽 대표인 목극동의 체면이 깎일 수 있다는 이유로 신중하게 접근하라고 지시했다. 이미 양국의 국경을 압록강과 두만강으로 인식하고 있었던 것이다. 조선 처지에서는 어차피 직접적인 손해가 될 일도 아닌 데다 괜히 긁어 부스럼이 될까 우려하여 입을 다물었다. 그리고 더 이상 논의되지 않은 채 흐지부지되었다.

19세기 한반도 북부에서 극심한 기근이 들어 가난을 피해 만주로 월경하는 조선인이 날로 늘어났다. 남만주에 정착한 조선인의 수가 수천 명에 이르렀다. 1870년 청조가 봉금령을 해제한 뒤 한족 또한 빠르게 만주로 흘러들면서 분쟁이 급격히 늘어났다. 뒤늦게 청조가 조선인들을 불법 귀화자라고 추방하면서 조선과 외교적인 마찰을 빚었다. 즉 처음부터 국경을 놓고 첨예하게 대립한 것이 아니라 100여 년도 더 지난 뒤에야 문제가 된 것이다.

1902년 고종은 청조가 내우외환으로 영향력이 약해지고 만주가 러시아의 세력권에 편입된 것을 기회 삼아 숙종 시절의 백두산 정계비를 근거로 간도 관리사를 파견하고 간도를 조선 영토에 편입하려 했다. 이 때문에 양국 사이에 간도 분쟁이 본격화했다. 그러나 조선이 실질적으로 간도에 대한 주권을 행사한 적은 단 한 번도 없었다는 점에서 치적을 위한 고종의 무리한 욕심이었을 뿐, 논리적으로도 불리했고 별다른 성과도 없었다. 그로서는 적극적인 대외정책을 통해 땅에 떨어진 자신의 권위를 되찾으려는 시도였을 것이다. 그러나 가뜩이나 국제사회에서 고립된 상황에서 서툴고 근시안적인 외교 행태는 전통적 우방국인 중국과의 관계까지 악화함으로써 조선의 입지를 한층 좁게 만들었을 뿐이다.

3년 뒤에는 을사늑약으로 조선의 외교권을 빼앗은 일본이 조선인들이 많이 사는 간도를 만주 침략의 발판으로 삼을 욕심을 품었다. 조선 통감 이토 히로부미는 "간도는 조선의 영토"라고 주장하며 청조를 압박했다. 그리고 조선통감부 간도파출소 총무과장이자 국제법 학자인 시노다 지사쿠篠田治策를 시켜 백두산 정계비 답사와 각종 자료 조사에 착수했다. 간도의 지역적 범위, 간도가 조선과 청 어느 쪽에도 속하지 않은 중립지대였다거나 본래 한중 국경은 두만강이 아니라 쑹화강의 지류인 토문강이었다는 등, 오늘날 재야 학자들의 논리는 아이러니하게도 당시 일본이 만들어낸 주장 가운데 우리에게 유리한 부분만 선별적으로 수용한 것이다.

간도협약은 결과적으로 청조의 승리로 끝났지만, 일본은 청조와 밀실 야합하여 조선의 영토를 멋대로 넘긴 것이 아니었다. 일본은 협상 과정에서 도저히 승산이 없자 청조의 체면을 살려주는 대가로 남만주의 이권을 따로 챙겼다. 청조가 외교적으로 허약했기 때문이다. 일본은 간도협약으로 자신들이 필요할 때는 언제라도 남만주에 병력을 출동시킬 수 있는 근거를 마련했다. 이 때문에 중국은 청조가 망한 후에도 두고두고 발목을 잡혔다. 또한 일본군은 여러 차례 간도로 출병하여 지린성 일대에서 활동하던 우리 독립군을 무력으로 토벌했다.

그러나 이러한 전후 상황은 제대로 알려지지 않고 조선을 빼놓은 채 일본과 청조가 야합했다는 사실만 부각되어 한중 두 나라 국민들은 서로 배척하고 증오심을 품게 되었다. 교과서에서는 나라를 잃은 뒤 우리 독립운동가들이 중국을 무대로 독립투쟁에 나섰다는 사실만 강조할 뿐, 한국과 중국 민족 사이의 미묘한 감정과 갈등에 관해서는 언급하지 않는다. 불편한 역사이기 때문이다.

그동안 우리 사회는 간도에 누가 살고 있으며, 어떤 삶을 사는지 관심조차 없었다. 그곳에 사는 교포들에 대해서도 우리와 같은 동포가 아니라 '조선족'이라 부르며 이방인 취급을 하고 불신과 경멸 섞인 시선으로 바라본다. 그러면서도 간도라는 땅에만 욕심을 내는 것은 이율배반적인 태도가 아닐까.

＼쑹자오런 암살

쑹자오런으로서는 위안스카이의 전횡을 견제하기 위해서였지만 무력의 뒷받침 없이 성급하게 궁지로 내몬 것은 선전포고나 다름없었다. 위안스카이 수중에는 북양군이라는 막강한 군사력이 있었지만 쑨원과 쑹자오런에게는 병사 한 명 없었다. 혁명군은 쑨원의 혁명사상에 동조했을 뿐, 쑨원 한 사람에게 충성하는 군대가 아니었기 때문이다.

또한 순수하게 혁명에 동조하는 사람보다는 혼란을 이용해 한몫 잡겠다는 기회주의자들이 훨씬 많았다. 심지어 범죄 집단과 토비까지 가세했다. 신해혁명이 끝나자 혁명군은 대부분 흩어지거나 제 갈 길을 갔다.

쑨원을 비롯한 혁명가들은 대다수 중국 민중이 바라는 것이 혁명과 동란이 아니라 평화와 안정, 즉 태평성대라는 사실을 간과했다. 누가 통치하건 어떤 체제건 상관없었다. 중국의 오랜 역사에서 끝없는 외침과 내란에 시달리는 가운데 자연스레 생겨난 생존 본능이었다. 훗날 중국을 통일한 마오쩌둥의 공산당 정권이 많은 실정을 저질렀음에도 민중이 자기 손으로 때려부수는 대신 묵묵히 순응한 이유도 이 때문이었다. 쑨원 정권이 민중의 지지를 받지 못하고 괴리된 까닭은 사람들이 진정으로 무엇을 바라는지 잊은 채 외형적으로만 자신들이 생각하는 이상향을 실현하기에 급급했기 때문이다.

전국 총선거를 앞두고 쑹자오런은 1912년 8월 25일 국민당을 창당했다. 처음에는 정당 이름으로 '민주당'을 고려했지만, 국민에 의한 국가라는 의미에서 '국민당'으로 결정했다. 쑨원은 국민당 창당에 직접 관여하지 않았지만 쑹자오런은 그의 위상을 고려하여 명예 이사장으로 추대했다. 그리고 자신은 대리 이사장이 되어 국민당의 실질적인 당수가 되었다. 그러나 정당정치 경험이 부족한 중국의 여건상, 색채가 불분명하고 여러 정치세력이 이해타산으로 뭉친 연합 정당에 불과했기에 결속력과 지도력이 허약했다. 계파 간의 극심한 갈등과 대립으로 쑹자오런이 죽자마자 분열되었고, 마침내는 흩어져 사라져버렸다. 훗날 몇몇 의원이 쑨원과 함께 광저우로 내려가서 국민당을 재건하지만, 이름만 같을 뿐 쑹자오런의 국민당과는 정당의 색채나 성격에서 많은 차이가 있으므로 서로 별개의 정당이다.

1912년 12월부터 다음 해 2월까지 전국에서 총선거가 실시되었다. 선거에 참여할 수 있는 자는 21세 이상의 남성이면서 연간 납세액이 2위안 이상이거나 500위안 이상의 부동산을 가진 자, 학력이 소학당(초등학교) 졸업 이상인 자였다. 국회 조직은 미국식 양원제를 모방하여 임기 3년의 중의원 596명, 임기 6년의 참의원 274명을 선출했다. 주요 정당으로는 쑹자오런의 국민당 이외에 리위안훙을 비롯한 후베이성 출신이 중심이 된 공화당, 입헌파 정치가 량치차오를 중심으로 하는 민주당, 통일당 등이 있었다. 선거 열기는 대단했지만 중국의 낙후한 정치 여건상 뇌물 수수와 부정도 많았고, 투표율도 천차만별이었다. 선거권이 있는 사람은 10만 명이 넘는데 실제 투표자는 겨우 35명에 불과한 곳도 있었다.

선거 결과는 국민당의 압승이었다. 중의원과 참의원을 합해 총 870석 중에서 국민당이 45퍼센트에 해당하는 401석을 얻은 반면, 리위안훙의 공화당은 166석, 량치차오의 민주당은 24석을 차지했다. 임시약법에 따르면 국회가 수립된 후 10개월 안에 정식 대총통 선거를 실시해야 했다. 쑨원과 황싱은 여전히 위안스카이를 지지했지만, 위안스카이와 대립하던 쑹자오런은 좀 더 만만한 리위안훙을 밀었다. 쑹자오런의 명망과 실력은 쑨원마저 능가하여 국민당의 실질적인 1인자였다. 위안스카이로서는 쑨원이나 황싱·리위안훙·량치차오 등 얘기가 웬만큼 통하는 다른 혁명파나 입헌파 지도자들과 달리 쑹자오런은 아예 협상 자체가 불가능한 상대였다. 이대로라면 쑹자오런에게 정권을 넘기고 정계에서 완전히 물러나야 할 판이었다.

신해혁명 당시 위안스카이가 청조를 끌어내리는 데 합의한 이유는 혁명파가 새로운 공화국의 총통 자리를 보장하겠다고 약속했기 때문이다. 그게 아니라면 위안스카이로서는 혁명파와 손을 잡을 이유가 없었다. 또한 난징의 임시정부는 대총통이 절대 권력을 가지는 형태였다. 쑨원의 강력한 요구 때문이었다. 독선적이라는 점에서 위안스카이와 공통점이 있던 쑨원도 쑹자오런이 말하는 의원내각제는 원하는 바가 아니었다. 위안스카이가 바란 것도 절대 권력자로서의 대총통이지, 의회의 허수아비가 될 생각은 없었다. 위안스카이는 쑹자오런에게 뒤통수를 맞았다며 분노했다.

쑹자오런이 이제 와서 위안스카이가 순순히 물러나리라 여겼다면 그야말로 순진한 생각이었다. 설령 그렇게 한들 야심 넘치는 북양군을 무슨 수로 통제할 것인가. 북양군은 위안스카이에게만 충성했다. 위안스카이가 죽자마자 승냥이처럼 야심을 드러내면서 내전에 들어갔다는 사실을 생각한다면 쑹자오런은 자기 이상만 앞세워 현실을 간과한 셈이다. "권력은 총구에서 나온다"는 마오쩌둥의 말대로 무력없이 위안스카이를 누르는 것은 불가능했다.

쑹자오런을 암살한 사람은 우스잉武士英이라는 22세의 신군 출신 퇴역 군인이었다. 많은 사람들은 배후에 위안스카이가 있다고 믿었지만, 정황적인 증거만 있을 뿐 확실하지는 않다. 게다가 사건 한 달 후인 4월 24일 감옥에 있던 우스잉이 의문의 죽음을 당하면서 사건의 전모는 미궁으로 빠져들었다. 정작 쑹자오런 자신은 죽는 순간까지도 위안스카이를 범인으로 여기지 않았다. 그는 숨을 거두기 전 주변 사람들에게 "나는 남방과 북방을 타협시키려고 하면서 사람들의 많은 오해를 샀다"고 했다. 위안스카이에게도 "아직 국가의 장래가 견고하지 않습니다. 죽음을 눈앞에 두고 여한이 많지만, 대총통께 엎드려 청하오니 공도를 펼치고 민권을 보장하며 국가를 위해 든든한 헌법을 만들어주기를 바랍니다"라는 유서를 남겼다. 쑹자오런의 적이 위안스카이 한 사람만이 아닌 데다 두 사람의 갈등이 세간의 생각만큼 심하지 않았다는 얘기도 된다. 따라서 쑹자오런을 누가 죽였는가를 놓고 위안스카이 배후설을 정설로 여기면서도 학자들 사이에 여전히 논란이 있다. 쑨원이나 천치메이 등 혁명파 내부의 사주설, 심지어 비밀결사 조직에 의한 암살설을 제기하는 학자도 있다.

범인이 누구건 간에 혁명파에게는 치명타였다. 일본을 방문 중이던 쑨원은 쑹자오런이 죽었다는 소식을 듣고 급히 귀국했다. 그가 상하이에 돌아온 날은 쑹자오런이 죽은 지 닷새 후인 3월 25일이었다. 그날 밤 국민당 긴급 간부회의가 열렸다. 분기탱천한 일부 간부들은 당장 위안스카이와 일전을 벌이자고 주장했다. 그러나 쑨원은 현실적으로 무력이 열세한 이상 이길 수 없다는 이유로 반대했다. 쑨원은 그동안 동지들에게 위안스카이에 대한 신뢰를 강조해왔는데 이제 와서 칼을 뽑으라고 선동할 수도 없는 처지였다.

쑨원은 "이 사건으로 남북이 대립하는 상황은 원치 않는다"면서 국회의 개원을 기다려 위안스카이를 탄핵하거나 대총통 후보에 다른 사람을 추대하는 방안을 거론했다. 황싱도 쑨원의 편을 들어서 무력 대응을 반대하고 법정에서 조사해 법률로 해결하자고 주장했다. 물론 대총통이며 막강한 군권을 쥔 위안스카이를 국회의 힘으로 탄핵하거나 법으로 시시비비를 가리기는 불가능했다. 그렇지만 쑨원과 황싱은 어차피 싸워봐야 승산도 없을뿐더러, 모처럼 남북 화해로 청조를 무너뜨리고 공화정을 수립했는데, 1년 만에 다시 내전을 시작하는 것만큼은 피하고 싶은 마음이었다.

＼쑨원, 칼을 뽑다

그러나 주변 상황은 이들이 원하는 대로 흘러가지 않았다. 결정적인 사건은 위안스카이와 장시 도독 리례쥔李烈鈞의 대립이었다. 리례쥔은 일본 육사 포병과를 졸업한 유학파 군인으로, 산시 군벌 옌시산, 후난 군벌 청첸程潛과 동문수학한 사이였다. 또한 중국동맹회 간부를 맡는 등 쑨원과도 절친했다. 그는 신해혁명이 일어나자 장시성 주장에서 반란을 일으켜 장시 도독이 되었다. 그 뒤 우창으로 군대를 보내 리위안훙을 원조하고 안후이성安徽省의 반청혁명을 원조하여 남방 5성 연합군의 총사령관으로 추대되는 등 혁명파의 대표적인 무장 역량이기도 했다.

신해혁명을 거치면서 많은 성 정부들이 독립을 선언했다. 여기서의 독립은 중국에서 분리 독립한다는 것이 아니라 중앙에 복종하지 않는다는 의미였다. 신해혁명 이후 각 성은 군사와 행정·재정·사법을 한손에 쥐는 등 반半독립국가나 다름없었다. 지방을 다스리는 주인은 군정대권을 장악한 도독들이었다. 위안스카이는 베이징 주변을 통치하는 과도정부의 수장에 지나지 않았다. 그는 중앙의 권위를 회복하기 위해서 '군민분치론'이라 하여 도독은 군정만 맡고 민정 장관은 중앙정부가 임명하는 방안을 추진했다.

그러나 자신들의 권력을 제한하려는 조치에 도독들이 가만있을 리 없었다. 그중에서도 장시 도독 리례쥔과 광둥 도독 후한민이 가장 앞장서 반대했다. 리례쥔은 위안스카이가 장시성장으로 임명한 왕루이카이王瑞闓를 멋대로 쫓아냈다. 또한 중앙의 허락 없이 소총 7,000정과 탄약 300만 발을 일본에서 밀수입하려다 무기를 실은 수송선이 발각되어 압류당했다. 쑨원이 직접 나서서 리례쥔을 설득하려 했지만 소용없었다. 쑨원의 권위는 같은 혁명파에조차 미치지 못했다.

위안스카이와 국민당의 갈등도 폭발 직전이었다. 위안스카이는 재정난을 해결하기 위해 염세를 담보로 일본·영국·프랑스·러시아·독일 5개국에서 급히 250만 파운드의 차관을 얻었다. 그러나 국회의 사전 승인을 받지 않았기에, 국회 다수당인 국민당은 절차를 무시한 행위라며 반발했다. 위안스카이도 물러서지 않았다. 쑨원과 결별하기로 결심한 그는 리춘李純이 지휘하는 북양군 제6사단을 바오딩에서 우한으로 남하시켰다. 쉬저우 방면에는 펑궈장의 제2군을 배치하는 등 남방을 공격할 태세를 갖추었다. 병력 배치를 끝낸 그는 혁명파를 향해 이렇게 엄포를 놓았다.

쑨원과 황싱은 난동이 본업이다. 이쪽에서도 난동이고 저쪽에서도 난동이다. 나는 4억 인민의 생명과 재산을 보호하는 중대한 업무를 맡은 사람으로서 이런 난동을 지켜볼 수 없다. 나는 정치와 군사 경험과 외교에서 누구 못지않다고 자신한다. 너희의 능력이 나를 대신할 수 있다면 나 역시 원하는 바다. 그러나 너희가 감히 다른 정부를 만들겠다면 나는 군대로 너희를 토벌할 것이다.

6월 9일 리례쥔이 장시 도독에서 파면되고 그 자리에 리위안훙이 임명되었다. 쑨원에 대한 선전포고였다. 리례쥔은 장시성의 독립을 선언했다. 6월 13일에는 쑨원의 측근이자 광둥 도독인 후한민을 티베트 선무사西藏宣撫使라는 한직에 임명하고 그 자리에 또 다른 혁명파 간부인 천중밍을 앉혔다. 혁명파를 분열시키려는 책동이었다. 6월 30일에는 안후이 도독 바이원웨이柏文蔚를 파면하고 제6사단에게 장시성에 대한 총공격을 명령했다.

상황이 여기까지 오자 쑨원과 황싱도 가만히 있을 수만은 없었다. 쑨원은 황싱에게 당장 난징으로 가 토원군討袁軍을 조직하고 '2차 혁명'을 시작하라고 지시했다. 7월 15일 황싱은 난징에서 위안스카이 타도의 기치를 올렸다. 그는 장쑤 도독 청더취안에게 혁명군 총사령관에 취임할 것을 요청했지만, 위안스카이의 무력에 겁을 먹은 그는 도저히 승산이 없다고 보고 상하이로 도망쳐버렸다. 안후이성·장쑤성·상하이·푸젠성·광둥성·후난성·쓰촨성 등 국민당 계열이 장악하고 있던 남방의 여러 성은 토원전쟁 참여를 선언했다.

그러나 2차 혁명은 고작 한 달 보름여 만에 참담하게 끝났다. 군사력에서도 열세했지만 신해혁명을 이끌었던 향신 계층이 등을 돌렸기 때문이다. 전국상인연합회를 이끄는 상하이의 총상회는 쑨원이 중국의 질서를 흔든다면서 내전을 반대하는 성명을 발표했다. 향신 계층은 2차 혁명을 이데올로기나 공화정을 지키기 위함이 아니라 위안스카이와 쑨원의 권력 다툼으로 여겼다. 옛 청조의 관료들과 군인들, 량치차오 등 입헌파 지도자들은 위안스카이를 지지했다.

혁명파도 분열했다. 위안스카이와 쑨원 어느 쪽에도 속하지 않았던 리위안훙은 위안스카이 쪽에 섰다. 저장 도독 주루이朱瑞와 윈난 도독 차이어는 중국동맹회 회원으로 쑨원과 가까운 사이였지만 상황을 관망하다가, 전세가 위안스카이 쪽으로 기울자 혁명군을 공격했다. 혁명파 진영에 가담한 성은 장시성과 광둥성·장쑤성·안후이성·쓰촨성·후난성·푸젠성 등 7개 성에 불과했다. 그나마도 혁명파 도독들은 부하들이 대부분 복종하기를 거부했기에 휘하 군대조차 제대로 장악할 수 없었다. 이들은 현지 향신들과 손잡고 그 자리에 추대되어 실력이 부족하고 권위가 취약했다. 여론이 위안스카이를 지지하는 이상 쑨원은 고립무원이었다.

위안스카이는 발 빠르게 남방 군대를 회유하는 한편, 제1군과 제2군의 군장으로 돤즈구이段芝貴와 펑궈장을 각각 임명하고 혁명군에 대한 선제공격에 나섰다. 또한 해군 총사령관 리딩신李鼎新에게도 해군함대의 출동을 명령했다. 위안스카이의 군사력은 직계부대인 북양군

6개 사단을 중심으로 12개 사단과 16개 독립혼성여단 22만 명에 달했으며, 순방영과 동북의 장쭤린 군대까지 합하면 30만 명이 넘었다. 반면 쑨원은 직접 움직일 수 있는 군대가 없다보니 개인적인 친분을 이용해 남방의 여러 군대를 일일이 설득해야 했다. 그러나 이미 위안스카이가 손을 썼기 때문에 대부분의 지휘관들은 혁명군에 가담하기를 거부했다. 쑨원 쪽 병력은 3,000~4,000명에 불과했다.

7월 3일, 상하이 진수사上海鎭守使 정루청鄭汝成이 이끄는 제19여단 1,300여 명이 움직여 상하이 강남제조국과 해군 제1함대를 신속하게 장악했다. 혁명군에게는 치명타였다. 7월 22일, 황싱이 지휘하는 장쑤성-장시성 연합군은 쉬저우에서 펑궈장·장쉰의 군대와 결전을 벌였지만 여지없이 패하여 난징으로 후퇴했다. 상하이 도독 천치메이는 강남제조국 탈환에 나섰지만 해군의 함포사격과 정루청의 매서운 반격에 패주했다. 자베이에서는 상하이 상인단의 요청을 받고 출동한 영국군에 의해 혁명군이 무장해제당했다. 천치메이는 잔존 병력을 수습한 뒤 우쑹으로 후퇴했다. 그러나 리허우지李厚基가 지휘하는 북양군 제7여단과 해군 육전대가 상륙하고 정루청의 제19여단과 해군 경비대대가 양면에서 포위 공격했다. 혁명군은 괴멸했다. 천치메이는 배를 타고 일본으로 달아났다. 천치메이와 함께 봉기에 참여했던 장제스도 상하이 조계로 도망쳐 한동안 몸을 숨겨야 했다. 7월 28일, 펑궈장은 상하이에 입성했다.

광둥성에서는 8월 13일 광둥 진무사廣東鎭撫使 룽지광龍濟光이 후한민과 천중밍을 쫓아내고 광저우를 접수했다. 8월 18일에는 장시성의 성도 난창南昌이 함락되면서 리례쥔이 일본으로 도망쳤다. 8월 28일에는 안후이 호군사安徽護軍使 니쓰충倪嗣冲이 안후이성의 성도 안칭安慶을 점령했다.

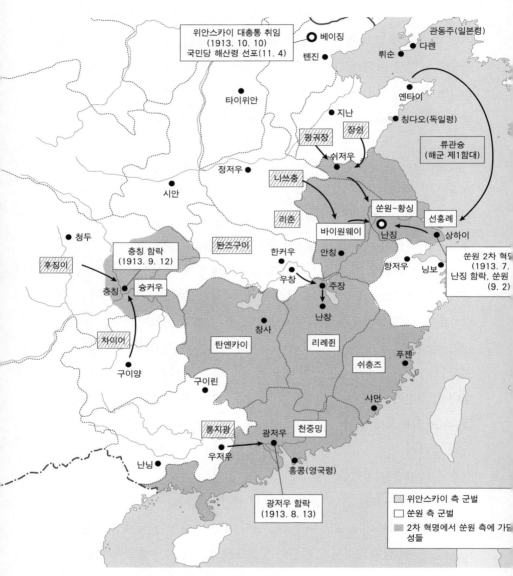

위안스카이 대총통 취임
(1913. 10. 10)
국민당 해산령 선포(11. 4)

관동주(일본령)

베이징
톈진   뤼순   다롄

타이위안   옌타이

지난   칭다오(독일령)

평궈장   장쉰
쉬저우

정저우   니쓰충

시안   리춘   쑨원-황싱   선훙례
바이원웨이   난징   상하이

청두   둬즈구이   쑨원 2차 혁
충칭 함락   한커우   안칭   난징 함락, 쑨원
(1913. 9. 12)   우창   항저우   닝보   (9. 2)
후징이   충칭 슝커우   주장

차이어   난창

구이양   탄옌카이   리례쥔

창사   쉬충즈   푸젠

류관슝
(해군 제1함대)

구이린

룽지광   광저우   천중밍
우저우   샤먼

난닝   홍콩(영국령)

광저우 함락
(1913. 8. 13)

▨ 위안스카이 측 군벌
☐ 쑨원 측 군벌
■ 2차 혁명에서 쑨원 측에 가담
  성들

●— 2차 혁명(1913년 7~10월)의 상황과 주요 사건.

남은 것은 난징이었다. 8월 19일 난징으로 가는 길목인 장인江陰 포대*가 점령되었다. 8월 25일에는 장쉰의 무위전군과 해군총장 류관슝劉冠雄의 해군 제1함대가 난징을 포위했다. 장쉰은 난징 교외의 쯔진산紫金山과 톈바오청天堡城 등을 차례로 점령했다. 또한 펑궈장이 지휘하는 북양군 제2군이 난징 북쪽의 강기슭을 점령했다. 하이치·하이룽 등 5척의 주력함이 난징 성내를 향해 맹포격을 퍼붓는 사이 북양군은 일제히 도강에 나섰다. 혁명군 소속의 어뢰정 2정이 출동하여 저지했지만 역부족이었다. 27일, 북양군 선봉부대가 치열한 전투 끝에 난징 성의 서쪽 일각을 점령했다.

혁명군은 난징 성내에 고립되었다. 함락은 시간문제였다. 30일, 펑궈장이 총공격 명령을 내렸다. 지상과 해상에서 대포가 쉴 새 없이 불을 뿜고 북양군 병사들이 돌격하여 혁명군을 성내로 밀어붙였다. 9월 2일, 난징은 함락되었다. 쑨원과 황싱은 간신히 일본으로 도망쳤다. 두 번째 망명이었다. 9월 12일, 윈난 도독 차이어가 쓰촨 도독 슝커우熊克武를 격파하고 충칭을 점령했다. 나머지 성들은 스스로 독립을 취소하고 백기를 들면서 2차 혁명은 혁명파의 완패로 끝났다.

2차 혁명이 허망하게 실패한 이유는 쑨원의 준비 부족과 혁명파 사이의 보조가 맞지 않은 탓이었다. 쑨원을 비롯한 혁명파 지도자들은 흔히 말하는 '협객俠客'에 불과했다. 개개인을 본다면 상당한 식견과 역량을 갖춘 이들도 없지 않았지만, 정치 경험이 없고 군대를 지휘하기에 역부족이었다. 탄탄한 토대와 막강한 군사력을 갖춘 위안스카이에게 맞서는 것은 달걀로 바위 치기였다.

---

* 상하이에서 서북쪽으로 130킬로미터 거리에 있으며, 창장 하류 삼각주에 위치한 전략적 요충지이다. 창장의 입구와 다름없어 청조 시절 이래 항구와 포대가 설치되어 있었다.

근본적으로는 중국이 아직은 공화정을 실시할 준비가 안 됐기 때문이다. 대다수 중국인들은 잘 알지도 못하는 민주주의보다는 황제가 다스리는 전제정치에 더 익숙했다. 쑨원이 떠드는 삼민주의에 대한 이해도 없었고 위안스카이의 전횡에 대한 거부감도 없었다. 청조 타도와 공화정은 별개의 얘기였다. 신해혁명에서는 혁명의 편에 섰던 사람들이 이번에는 위안스카이에게 붙었다. 열강도 위안스카이를 지지하고 쑨원에게 자금을 제공하기를 거부했다. 민심이 쑨원이 아닌 위안스카이를 지지하는 이상 쑨원이 이길 방법은 없었다.

10월 6일, 위안스카이는 초대 대총통에 선출되었다. 리위안훙은 부총통이 되었다. 초대 총리에는 입헌파 지도자의 한 사람이자 무술변법에도 참여한 바 있는 슝시링熊希齡이 임명되었다. 량치차오도 내각에 입각하여 사법총장이 되었다. 미국을 비롯한 열강은 차례로 위안스카이 정권을 승인했다. 반면 쑨원을 비롯해 2차 혁명을 주도한 혁명파 지도자들은 일본으로 도망쳤다. 후난 도독 탄옌카이는 체포되어 군사법정에서 4년형을 선고받았다. 혁명파 수중에 있던 남방의 여러 성이 모두 위안스카이에게 넘어가면서 혁명파는 몰락했다. 신해혁명이 쑨원과 위안스카이가 손잡고 청조를 몰락시켰다면, 2차 혁명은 두 사람이 신해혁명의 연장선에서 '천하'라는 전리품을 놓고 벌인 투쟁이었다.

승자는 위안스카이였다. 그가 중국의 안정과 부국강병에 애썼다면 터키의 위대한 지도자 케말 파샤나 미국의 조지 워싱턴에 견줄 만한 국민적인 존경을 받았을 것이다. 그러나 쑨원이라는 걸림돌이 사라지고 주변의 선동과 개인적인 야심이 결합하면서 위안스카이는 역사를 거꾸로 돌리는 최악의 선택을 하게 된다.

일본으로 망명한 쑨원은 위안스카이를 혁명의 배신자로 규정하고 흩어진 동지들을 모아서 반격의 기회를 노렸다. 참담한 실패를 경험한 쑨원은 스스로를 반성하고 와신상담하는 대신 한층 독선적으로 변했다. 그는 2차 혁명의 실패가 황싱의 우유부단함과 자신의 지시를 따르지 않은 동지들 탓이라며 책임을 떠넘겼다. 쑨원의 이런 태도는 사람들을 더욱 실망시켰을 뿐 아니라, 오랜 맹우였던 황싱마저 곁을 떠나게 했다.

11

위안스카이, 황제를 꿈꾸다

＼ 대총통이 되다

9월 1일, 장쉰의 무위군이 난징을 점령하면서 토원군은 와해되었다. 쑨원과 황싱 등 지도부는 일본으로 도망쳤다. 걸림돌이 없어진 위안스카이는 다음 수순에 착수했다. 쑨원의 망명으로 지도자를 잃은 국민당의 해체였다. 방법은 매수와 체포·암살이었다. 중의원으로 쑹자오런과 함께 위안스카이 비판에 앞장서던 우한치^{伍漢持}가 톈진에서 암살당했다. 장시성 주장에서는 중의원 쉬슈쥔^{徐秀鈞}이 살해되고 참의원 8명이 체포되었다. 모두 위안스카이가 눈엣가시로 여기던 이들이었다. 국민당 의원 중 일부는 달아났지만 대부분은 위안스카이가 주는 뇌물을 받고 편안하게 고향으로 돌아가는 쪽을 선택했다.

위안스카이는 국회를 소집하여 대총통 선거를 강행했다. 이미 국회를 손에 넣은 것이나 다름없었지만, 그 정도로는 마음이 놓이지 않는다면서 경찰과 무뢰배들을 모아 국회를 포위했다. 이들은 평복 차림을 하고 "공민이 원하는 대총통을 선출하지 않는다면 너희 의원들은 여기서 한 발짝도 나올 수 없을 것이다"라며 으름장을 놓았다.

대총통 선거법에 따르면 국회의원 3분의 2 출석에 4분의 3 득표를 받아야만 당선될 수 있었다. 그러나 위안스카이의 도를 넘은 협박이 오히려 의원들의 반감을 사는 바람에 많은 의원들이 일부러 출석하지 않거나 반대표를 던졌다. 정족수에 미달하자 어용 세력을 동원해 이들을 자택에서 억지로 끌어내 투표에 참여시켰다. 10월 6일 오전 8시부터 시작된 선거는 여러 번 부결되어 3차 투표까지 갔다. 전체 의원 870명 가운데 703명이 출석했다. 위안스카이는 500표를 얻었다. 득표수가 4분의 3에 미치지 못했지만 어쨌든 위안스카이는 대총통에 당선되었다. 이번에도 부총통은 리위안홍이었다. 억지나 다름없는 선거였다.

1913년 10월 10일, 위안스카이는 중화민국의 초대 대총통에 취임했다. 약법대로라면 국회에서 취임해야 하지만 위안스카이는 법을 바꿔 청나라 황궁인 자금성의 태화전에서 성대한 취임식을 치렀다. 화려함은 황제의 즉위식을 연상케 할 정도였다. 공교롭게도 청조를 무너뜨린 우창봉기 2주년이 되는 날이기도 했다. 그러나 중국의 시곗바늘은 새로운 시대를 향하기는커녕 거꾸로 돌아가고 있었다.

절차야 어떻든 이날 위안스카이 정권은 일본·오스트리아·네덜란드·영국·프랑스 등 12개 국가의 승인을 받았다. 열강 중에서 가장 먼저 승인한 나라는 미국이었다. 윌슨 대통령은 2차 혁명이 일어나기 전인 1913년 5월 2일 중국의 정식 정부로 인정한다는 편지를 위안스카이 앞으로 보냈다. 열강이 별다른 잡음 없이 위안스카이를 지지한 이유는 아편전쟁 이래 외국과 맺은 모든 불평등조약과 권익을 그대로 유지하겠다고 선언했기 때문이다.

국제사회에서 정통성을 확보한 위안스카이는 쑨원, 황싱, 천치메이 등 일본으로 망명한 혁명파 지도자들의 수배와 체포령을 내렸다. 11월 4일에는 국민당이 반란에 가담했다는 명목으로 국민당 해산령과 의원증 반납을 요구했다. 의원증을 반납한 사람은 438명으로, 전체 국회의원의 절반이나 되었다. 국회는 껍데기로 전락했다.

량치차오는 국회를 재건한 뒤 헌법을 제정하여 중국에 진정한 의회 정치를 실현할 생각이었지만, 위안스카이는 대총통이 되자 본색을 드러냈다. 1914년 1월 10일에는 참의원과 중의원마저 해산했다. 그리고 고향으로 돌아가는 여비에 보태라며 의원 한 사람당 400위안씩 나눠주고는 죄다 쫓아버렸다. 2월 28일에는 지방의 성 의회를 해산했다. 량치차오는 위안스카이에게 "무력만 믿고 의회정치를 파괴한다면 앞으로 천하를 그르치게 될 것"이라며 호소했지만 씨알도 먹히지 않았다. 위안스카이는 "800명의 의원 중에서 200명만 그런대로 괜찮고 나머지 600명은 아무짝에도 쓸모없다. 도대체 그들이 뭘 했던가!"라면서 의회정치에 대한 노골적인 경멸감을 숨기지 않았다. 중국의 공화정은 2년 만에 끝장났다.

5월 1일, 중화민국 신약법新約法이 공포되었다. 절차대로라면 국회에서 쑹자오런이 기초했던 약법을 대신하여 정식으로 헌법을 제정해야 했다. 그러나 위안스카이는 국회를 해산한 다음 어용 세력을 끌어모아서 약법의 내용을 일부 수정한 뒤 일방적으로 통과시켰다. 신약법은 의원내각제를 실시하고 대총통의 권한을 제한했던 구약법과 달리 위안스카이에게 선전포고와 강화조약 체결 등 외교대권과 입법권, 모든 문무 관료와 외교관 임명권, 긴급명령권, 재정 운용과 긴급처분권 등 광범위한 권한을 부여했다. 황제에 버금가는 권력이었다. 대총통 선거법을 개정하여 5년 중임제였던 대총통의 임기를 10년으로 늘리고 연임 제한마저 없애버렸다. 위안스카이와 그가 추천한 사람들만 대총통 후보로 입후보할 수 있었기 때문에 대총통 선거란 허울에 불과할 뿐 종신 대총통이나 다름없었다. 해산된 국회를 대신하여 참정원參政院이라는 기구를 신설했지만 대총통의 자문 이외에는 권한이 없었다. 참정원은 리위안훙을 원장으로 70명의 의원으로 구성되었다. 고리타분한 청조 시절의 고관대작들과 량치차오·왕타이셰汪太燮 같은 입헌파 정치가들이 자리 잡았다.

위안스카이는 국민당의 정치적 기반을 무너뜨리고 쑨원과의 연결고리를 끊었다. 2차 혁명의 도화선이 되었던 장쑤성에는 펑궈장을 도독으로 임명했다. 장시 도독에는 리춘을, 안후이 도독에는 니쓰충을, 후베이 도독에는 부총통이 된 리위안훙을 대신하여 돤치루이를, 후난 도독에는 탕샹밍湯薌銘을, 푸젠 도독에는 류관슝을 임명했다. 하나같이 위안스카이의 심복들이었다. 동3성에서는 위안스카이와 가까운 장스란張錫鑾이 펑톈 도독을 맡고 있었다. 산시 도독 옌시산은 위안스카이의 직계는 아니지만 눈치 빠르게 충성을 맹세했다. 옌시산만큼이나 교활한 광시 도독 루룽팅도 자기 아들을 인질 삼아 베이징으로 보내고 지위를 인정받았다. 광둥성에서는 후한민과 천중밍을 쫓아낸 광둥 진무사 룽지광이 도독 자리를 차지했다. 윈난성雲南省에서는 도독 차이어가 중앙으로 올라가자 탕지야오唐繼堯가 그 자리에 앉았다. 탕지야오는 2차 혁명에서 쑨원 쪽에 가담한 쓰촨 도독 슝커우를 격파하는 데 큰 공을 세웠다.

위안스카이는 중국의 명실상부한 지배자가 되었다. 그러나 실질적인 권위는 취약하기 이를 데 없었다. 지방의 군사령관들은 중앙의 혼란을 이용해 명목으로만 중앙에 복종할 뿐이었다. 이들은 자체적인 무력을 배경으로 현지 향신과 상인·지주 계층과 결탁하여 독자 세력을 구축했다. 가장 큰 타격은 세수의 격감이었다. 국가 세입의 80퍼센트는 지방에서 송금하는 세금이었다. 그런데 신해혁명 이후 지방정부들이 세금을 중앙으로 제대로 보내지 않고 중도에서 빼돌리면서 1914년 총 세입은 겨우 3,000만 위안에 불과했다. 청조 시절에 견주면 6분의 1이 채 되지 않았다. 강대한 북양군을 장악한 위안스카이의 권위가 실제로는 짜이펑에게도 미치지 못했다는 얘기이다. 위안스카이 정권은 파산 직전이었다.

재정의 열악함은 대외관계에 악영향을 주었다. 위안스카이는 재정난을 명목으로 거액의 외채를 끌어다 썼다. 이로 인해 재정에 과중한 부담을 주었을 뿐 아니라 외세에 대한 예속관계를 더욱 심화했다. 그는 함부로 빌린 차관을 국가 건설과 민생이 아닌 군대 확충과 개인적인 비자금 따위로 낭비했다. 국가의 장래나 국민의 이익 따위는 안중에도 없었다. 오직 자신의 전제정치를 강화하는 데에만 혈안이 되었다. 이 때문에 그를 지지하던 사람들마저 염증을 느껴 등을 돌렸다.

위안스카이 정권은 청조의 연장선이었다. 국회 해산으로 정당정치나 공화정의 성격은 완전히 사라졌다. 모처럼 시도된 서구식 민주주의는 채 싹을 피우기도 전에 예전으로 돌아갔다. 중국 사회는 여전히 후진적이고 불평등했으며, 만주족을 대신하여 소수의 한족 엘리트들이 권력을 독점하는 지배 세력이 되었다. 결과적으로 통치자가 청조에서 위안스카이로 바뀌었다는 점 말고는 하나도 변한 것이 없었다. 젊은 시절의 위안스카이는 중국에서 가장 뛰어난 식견과 결단력을 갖춘 정치가이자 유능한 관료였다. 그러나 노년의 그는 절대 권력에 맛을 들이면서 독선과 아집으로 눈이 멀었다.

그런 점에서 신해혁명은 프랑스혁명이나 러시아 10월혁명보다는 멕시코혁명을 연상케 한다. 중국만큼이나 부패하고 낙후한 멕시코에서는 신해혁명 1년 전인 1910년 11월 20일 프란시스코 마데로Francisco I. Madero가 혁명을 일으켜 디아스Porfirio Diaz의 독재정권을 무너뜨렸다. 멕시코의 쑨원인 그는 서구식 민주주의를 실현하겠다는 이상에 불탔지만 정치적 기반이 약했기 때문에 구세력과 타협해야 했다. 그러나 디아스를 추종하는 구세력의 쿠데타로 3년 만에 몰락하고 자신 또한 살해당했다. 멕시코는 거듭되는 내전과 혁명, 쿠데타 그리고 외세의 개입 등 극심한 혼란과 고통을 겪어야 했다. 충분히 성숙되지 않은 사회에서 민주주의가 총칼 앞에 얼마나 무력한지를 보여준다.

종신 대총통이 된 위안스카이는 죽을 때까지 자신의 지위를 보장받았다. 그러나 그의 야심은 그 정도에서 멈추지 않고 더욱 허황된 꿈을 꾸었다. 이번 기회에 황제가 되어 옥좌에 오른 다음 자손 대대로 물려주겠다는 속셈이었다.

＼1차대전의 시작

1914년 6월 28일, 오스트리아-헝가리 제국의 식민지인 보스니아의 수도 사라예보에서 여러 발의 총성이 울렸다. 사라예보를 방문 중이던 오스트리아 황태자 프란츠 페르디난트 부부가 살해당했다. 범인은 오스트리아 제국과 대립하고 있던 발칸의 소국 세르비아의 민족주의 결사 단체에 소속된 청년들이었다. 사건 초기에는 오스트리아와 세르비아 양국의 분쟁으로 끝날 수도 있었지만, 복잡하게 얽힌 유럽 외교와 열강의 이해관계, 오랫동안 누적된 긴장 상태가 한꺼번에 터져나오면서 전쟁은 유럽 전역으로 확대되었다. 7월 28일 오스트리아의 선전포고를 시작으로, 8월 1일에는 독일이 러시아에 선전포고를 했다. 8월 3일에는 독일이 벨기에와 프랑스를 침공하고, 4일에는 영국이 독일에 선전포고를 했다. 1차대전의 시작이었다.

유럽 대륙에서 일어난 전쟁이지만 중국과 전혀 무관하지는 않았다. 의화단의 난 이래 중국 여기저기에 영국·프랑스·러시아·독일·오스트리아 등 열강의 조계와 군대가 있었기 때문이다. 산둥성만 해도 칭다오는 독일이, 웨이하이웨이는 영국이 차지하고 있었다. 이들이 유럽에서 서로 총부리를 들이대고 치열하게 싸우는 이상 중국에 있는 열강 군대끼리도 중국을 전장으로 삼아 싸울 가능성이 있었다.

입헌파의 수장 량치차오는 위안스카이에게 1차대전 참전을 건의했다. 그는 열강들에게 빼앗긴 영토와 이권을 회복하고 중국의 국제적 위상을 높이는 데 큰 도움이 되리라고 생각했다. 그러나 위안스카이는 거부했다. 그의 관심사는 정권의 안정이었다. 성급하게 열강의 싸움에 휘말린다면 오히려 정권에 해가 될 우려가 있었다. 8월 6일, 중국은 중립을 선언했다. 또한 같은 중립국인 주중 미국 공사 맥머리^{John V. A. MacMurray}에게 "중국 영토와 주변 영해, 조차지 안에서 서로 교전하는 일이 없도록" 미국이 보장해주고 교전국들과 교섭해줄 것을 요청했다. 러일전쟁 때 청조가 만주에서 벌어진 러시아와 일본의 전쟁을 방관했다가 국토가 큰 피해를 입은 경험 때문이었다.

미국 정부도 중국의 중립을 지지했다. 그리고 영국과 독일 정부에 중국을 포함한 태평양 전체에 대한 중립화를 제안했다. 영국과 독일도 마다할 이유가 없었다. 영국은 처음에는 칭다오의 독일 동양함대가 영국의 해상 교통로를 위협할 것을 우려했다. 이 때문에 일본에 '영일동맹'을 내세워 중국 근해에서 독일 군함을 파괴하는 데 협조해달라고 요청했다. 그러나 냉철하게 생각하면 불필요한 요구였다. 극동에서 독일의 해군력은 영국보다 훨씬 허약하여 위협이 되지 않았기 때문이다. 또한 동아시아에까지 전쟁을 확대할 필요가 있는지 의문이 제기되면서 미국의 제안을 받아들이기로 했다. 일본 외무성에도 중국의 중립을 존중하는 차원에서 대독 선전포고를 보류해달라고 요청했다. 독일 역시 극동과 태평양에서 전략적으로 불리한 처지에 있었기에 영국 측에 "서로 군함과 식민지, 상선을 공격하지 않을 것"을 보장하자고 제안했다.

일본 지도부는 참전을 놓고 첨예한 논쟁을 벌였다. 일본이 영국과 동맹을 맺은 이유는 북방의 위협인 러시아의 남하에 대항하기 위해서이지 독일을 적으로 삼고자 해서가 아니었다. 러시아는 영국 편에 서서 독일과 싸우고 있었다. 일본이 굳이 싸우기를 원하면 영국이 아니라 독일과 손잡고 러시아에 대항하는 쪽이 이치에 맞았다. 군부의 원로 야마가타 아리토모山縣有朋는 "독일이 우리의 우호국이라는 사실을 잊어서는 안 된다"며 신중론을 펼쳤다. 또한 독일군의 실력이 만만치 않음을 지적했다. 대장대신 다카하시 고레키요高橋是淸도 유럽 전쟁에서 독일이 승리할 것이며 개전은 경솔한 짓이라고 주장했다.

그러나 내각 수장 오쿠마 시게노부大隈重信와 정계 제일의 원로 이노우에 가오루井上馨는 독일과의 개전을 강력하게 외쳤다. 두 사람은 "유럽의 대전란은 일본의 국운이 발전할 수 있는 천우신조의 기회"라면서 정쟁을 당장 그만두고 영국·프랑스·러시아와 손을 잡아 대륙 진출과 동양에서의 이권을 확보하는 데 노력해야 한다고 말했다. 대다수 각료들도 설득되어 개전에 찬성했다. 일본 정부의 입장은 결정되었다. 입으로는 "일영동맹에 충실한 모습을 보여주어야 한다", "독일 근거지를 동양에서 제거하여 일본의 국제 지위를 높이고 극동 평화를 이룩해야 한다"고 떠들었지만, 중국과 태평양에 산재한 독일 식민지를 접수하고 대륙 침략의 발판을 마련하겠다는 것이 진짜 속내였다.

영국 정부는 뒤늦게 참전 보류를 요청했지만 가토 다카아키加藤高明 외무대신은 "이미 천황에게 상주하여 철회할 수 없다"고 대답했다.

또한 청일전쟁 직후 독일이 삼국간섭에 가담하여 일본의 랴오둥 점령을 방해한, 20년도 더 지난 일을 새삼스레 들먹이며 "국내 여론이 독일에 대한 강한 적개심으로 불타는 이상 참전은 불가피하다"는 해괴한 논리를 내세웠다. 영국 정부는 전쟁 구역을 중국과 태평양의 독일령으로 한정해달라고 재차 요청했다. 일본의 무분별한 행동을 방치한다면 아시아와 태평양 전체가 일본의 손아귀에 떨어질 수 있는 데다 태평양에서 많은 이권을 쥐고 있는 미국의 여론을 자극할까 우려했기 때문이다. 그러나 일본은 이 또한 거절했다. 영국의 해군장관이었던 처칠은 일본의 기회주의적인 행태를 이렇게 꼬집었다.

> 우리가 개전한 지 7일도 안 되어 일본은 아시아에 있는 독일의 세력과 권익을 차지하기로 결의했다. 일본이 독일에 보낸 최후통첩 내용은 19년 전 독일이 일본에 랴오둥반도 반환을 요구했을 때 보낸 문구를 그대로 써먹었다.

1차대전이 시작된 지 20여 일 뒤인 8월 16일, 일본은 독일 정부에 최후통첩을 전달하고 9월 15일까지 칭다오를 양도하라고 요구했다. 독일에서 아무 응답이 없자 23일 대독 선전포고를 했다. 일본의 참전은 독일로서도 뜻밖이었다. 일본이 영일동맹을 맺고 있다 해도 러시아를 견제하기 위해서이지 독일을 적대하기 위해서가 아니었기 때문이다. 심지어 일본이 선전포고하기 직전까지도 도쿄 주재 독일 대사는 "일본이 독일을 적대하는 일은 없을 것"이라고 장담했다. 독일의 오판은 일본 지도부의 제국주의적인 야심과 일본 내 사정에 지나치게 무지한 탓이었다. 일본의 목표는 중국 내 독일의 거점인 자오저우만이었다. 자오저우만은 산둥성 남단에 있는 해안지대로, 총면적은 약

552제곱킬로미터이고 중심지는 항구도시 칭다오였다.

＼아시아를 탐냈던 카이저

술을 좋아하는 사람이라면 칭다오라는 지명을 들었을 때 맨 먼저 떠오르는 것이 칭다오맥주青島啤酒가 아닐까 싶다. 독일이 중국에 남기고 간 대표적인 두 가지를 꼽으라고 하면 중국인들도 붉은 지붕의 독일식 건물과 칭다오맥주라고 한다. 그런데 지구 반대편에 있는 독일이 어떻게 중국에 발자취를 남기게 되었을까. 독일의 산둥반도 점령사는 학교에서도 배우는 내용이지만 몇 줄로 요약하는 정도이기에 당시의 복잡했던 정치 상황을 제대로 이해하기 어렵다. 그러나 알고 보면 독일과 중국은 물론이고 일본, 러시아, 영국, 심지어 조선과도 연관되는 역사이다.

서구 열강이 너도나도 아시아 침략에 나서던 빅토리아 시대, 독일이 중국에 본격적으로 진출한 것은 청일전쟁 직후였다. 선발주자인 영국·프랑스·일본·러시아에 견주면 한발 늦은 셈이었다. 청나라는 일본과의 전쟁에서 완패하여 궁지에 몰려 있었다. 시모노세키조약을 체결하면서 막대한 배상금을 지불하고 타이완과 펑후열도, 랴오둥반도를 할양했다.

그러나 일본의 팽창이 극동에서 세력균형을 깨뜨릴 수 있다고 여긴 독일·프랑스·러시아는 '삼국간섭'으로 일본을 압박했다. 결국 일본이 한발 물러났다. 청조가 추가 배상금 4,500만 냥을 지불하는 조건으로 일본은 랴오둥반도의 점유를 포기했다. 그렇지만 세 나라의 목적은 중국을 위한 것이 아니었다. 열강은 이 기회를 이용해 본격적으로 중국 분할에 나섰다. 프랑스는 광저우만을, 영국은 홍콩 북단의 주룽반도와 신계를, 러시아는 만주와 외몽골을 집어삼켰다.

해외 식민지 건설에 소극적이었던 비스마르크가 은퇴한 뒤, 독일의 젊은 카이저 빌헬름 2세는 '신항로 정책Neuer Kurs'이라 하여 유럽에서 벗어나 세계 문제에 적극 개입했다. 그의 머릿속은 독일을 세계제국으로 만들겠다는 야심으로 가득 차 있었다. 또한 짧은 기간에 급성장하면서 농업 위기, 사회 불안, 군대 팽창에 따른 재정난 등 온갖 부작용에 시달리는 독일의 내부 위기를 외부로 돌려보겠다는 속셈도 있었다. 그렇지만 야심만 넘칠 뿐 비스마르크와 같은 식견과 인내심이 결여된 카이저는 눈앞의 이익에만 급급한 나머지 매사를 성급하고 즉흥적으로 결정하여 영국·러시아 등 다른 열강과의 갈등을 초래했다. 결국 1차대전이 일어나면서 자신의 제국을 파멸로 몰아넣게 된다.

독일 외교부는 랴오둥반도를 중국에 반환한 공을 내세워 톈진과 한커우의 조차를 요구했지만 실권자였던 리훙장은 거절했다. 그러나 빌헬름 2세는 포기하지 않았다. 세계의 바다에서 영국을 견제하겠다는 강박증에 시달리던 그는 아시아에 대한 영향력을 확대할 요량으로 극동에서 함대를 정박할 수 있는 거점을 물색하라고 제국 해군청에 지시했다. 독일 동양함대 사령관 티르피츠 소장Alfred von Tirpitz은 약 2년에 걸친 철저한 조사 끝에 산둥성 남부의 자오저우만이 최적지라고 보고했다. 자오저우만은 자연조건이 뛰어나 해군기지 건설에 적합하며, 산둥성에는 석탄과 철광석 등 자원이 풍부하므로 철도를 건설해서 채굴한다면 많은 이익을 얻을 수 있다는 점, 산둥성 주민들은 신체 조건이나 교육 수준이 우수하여 대량의 노동력을 확보할 수 있다는 점, 기후가 적합하다는 점을 들었다.

그런데 걸림돌이 있었다. 첫 번째가 러시아였다. 러시아는 청조를 압박하여 칭다오의 조차권을 얻어내고 극동함대의 부동항으로 삼아 해마다 그곳에서 겨울을 보냈다. 1897년 8월 독일과 러시아 외무부가 접촉하여 자오저우만 조차에 대한 러시아의 양해를 요구했지만 성과 없이 끝났다. 그러자 빌헬름 2세가 직접 나섰다. 그는 러시아의 수도 상트페테르부르크를 방문하여 러시아 황제 니콜라이 2세와 대화한 끝에 합의를 도출했다. 러시아는 다른 부동항을 찾게 된다면 칭다오를 떠날 것이며, 러시아와 독일 양국은 자오저우만을 공동으로 이용한다는 것이었다. 일단 러시아의 양해는 얻어낸 셈이었다.

그러나 새로운 해군장관으로 임명된 티르피츠는 러시아에 의존하는 방안은 위험하다면서 청 정부와 직접 교섭할 것을 주장했다. 제국 재상 뷜로^{Bernhard von Bülow}는 절충적인 방법을 취하여 러시아·중국 양쪽과 교섭을 동시에 진행했다. 주중 독일 공사가 리훙장을 방문하여 "자오저우만의 권리는 러시아에 있는가?"라고 묻자 리훙장은 "중국 영토이다"라고 대답했다. 그러나 독일은 몰랐지만, 러시아와 중국은 이미 1896년 10월 28일에 '카시니 비밀협정^{Cassini Convention}'을 맺었다. 5년 동안 자오저우만에 대한 러시아의 배타적 권리를 인정하되, 그 대가로 일본이 만주를 침략할 경우 중국과 러시아가 공동으로 대항한다는 내용이었다.

칭다오를 비롯한 자오저우만 일대는 인구가 1만여 명이 안 되는 낙후한 어촌에 불과했다. 경제적 가치 또한 거의 없었다. 독일이 중국에서 상업적 이익을 노린다면 황무지나 다름없는 자오저우만보다는 우한이나 창장 하류에 거점을 마련하는 것이 더 나았을 것이다. 그러나 다른 열강이 경쟁적으로 중국에 뛰어드는 마당에 산둥성은 어느 열강도 진출하지 않았다는 점이 독일에게는 가장 큰 매력이었다. 즉 경쟁상대가 없었다. 독일이 자오저우만을 침략한 이유는 경제적인 가치 추구보다는 독일 제국의 위상을 높이겠다는 정치적 목적에 있었다.

독일의 다음 단계는 중국을 압박할 구실을 찾는 것이었다. 때마침

두 가지 사건이 일어났다. 10월 30일 우창에서 정박 중이던 독일 순양함 코르모란^{Kormoran}의 수병들과 현지 주민들이 충돌했다. 11월 1일에는 산둥성 남부의 쥐예현^{巨野縣}(지금의 허쩌시^{菏澤市})에서 대도회^{大刀會}라는 비밀결사 조직이 현지를 여행 중이던 독일인 선교사 두 명을 살해하는 사건이 벌어졌다. 대도회라는 조직은 나중에 세력이 더 커지면서 의화단의 중심이 된다. 빌헬름 2세는 "중국인들이 마침내 우리에게 구실을 제공했다"고 크게 기뻐하면서 상하이에 정박해 있던 독일 동양함대에게 자오저우만 점령을 명령했다. 러시아 황제에게는 따로 전보를 보내 독일의 자오저우만 점령을 양해해달라고 요청했다. 니콜라이 2세는 "동의할 수도 없고 거부할 수도 없다"는 모호한 답신을 보냈지만 빌헬름 2세는 동의로 받아들였다. 그러나 러시아 외무부가 독일의 발목을 잡았다. "자오저우만의 우선권은 러시아에 있다"면서 독일이 함대를 보낼 경우 러시아도 함대를 파견하겠다고 경고한 것이다. 이미 러시아의 양해를 얻었다고 생각했던 빌헬름 2세로서는 뜻밖이었다. 독일 외무부는 러시아에 자오저우만을 대신하여 인천의 월미도를 차지하라고 제안했다. 그러나 러시아는 월미도를 점령하면 일본과 충돌할 수 있다는 이유로 거절했다. 남의 영토를 놓고 자기들끼리 주거니 받거니 하는 것이 열강의 행태였다.

티르피츠도 반대했다. 자칫 중국과의 전쟁을 유발할 수 있다는 이유에서였다. 그러나 진짜 이유는 독일 최대의 적은 영국이며, 영국을 견제하기 위해 모든 해군력을 북해에 집중해야지 여기저기 엉뚱한 곳에 분산하면 오히려 독일의 힘을 약화할 수 있다고 판단했기 때문이다. 외무부도 러시아·프랑스 등과 마찰을 빚을 수 있다는 점, 자오저우만이 독일에 별로 이익이 되지 않는다는 점을 들어 유보를 요청했다. 그러나 황제의 고집을 꺾을 수는 없었다. 제국 재상 뷜로도 러시아가 겨우 이런 문제로 독일과 정면 승부를 고집하지는 않을 것이라며 황제 편을 들었다.

1897년 11월 14일, 6,300톤급 방호순양함 카이세린 아우구스타 Kaiserin Augusta를 비롯하여 독일 동양함대 소속의 군함 3척과 해병대 700명이 자오저우만에 상륙했다. 북양함대가 소멸한 뒤 중국의 바다는 열강의 앞마당이나 다름없었다. 현지에는 1,000여 명의 청군이 있었지만 독일군을 보자 총 한 발 쏘지 않고 달아났다. 동양함대 사령관 디더리히스 제독Otto von Diederichs은 자오저우만의 총병 장가오위안章高元에게 3시간 안에 퇴거하라고 경고했지만 거부당하자, 부하들을 보내 총병 관저를 점령하고 그를 포로로 삼았다. 이 과정에서 양쪽의 충돌이나 희생은 없었다.

이튿날인 11월 15일, 빌헬름 2세는 각료회의를 열었다. 그는 자오저우만 점령이 단순히 선교사 피살 사건과 관련하여 중국의 사과와 보상을 받기 위한 담보물이 아니라 반영구적인 점령이라고 밝혔다. 또한 극동에서의 함대와 병력의 증파를 결정했다. 육군참모총장 슐리펜Alfred Graf von Schlieffen은 러시아의 반발에 대비하여 군대의 동원과 철도 상황을 조사하는 등 최악의 상황을 준비했다. 독일이 그렇게까지 하면서 자오저우만을 확보할 이유는 없었지만 황제의 고집이 워낙 완강했기 때문이다. 러시아와 함께 중국에서 가장 많은 이권을 취하고 있던 영국은 중립을 지키면서 이 문제에 끼어들 생각이 전혀 없음을 분명히 했다. 영국 총리 솔즈베리Robert Arthur Talbot Salisbury는 오히려 독일과 러시아의 관계가 나빠지기를 은근히 바라고 있었다.

리훙장은 독일 공사를 불러 자오저우만에서 즉시 군대를 철수하라고 요구했다. 또한 중국 관리를 멋대로 체포한 것은 중국에 대한 모독이라고 항의했지만 아무 소용이 없었다. 독일과의 전쟁을 각오한 리홍장은 러시아와 영국에 도움을 요청했다. 그러나 냉랭하게 거절당했을뿐더러 오히려 이 사실을 안 독일 공사의 항의에 직면했다. 리홍장은 꼬리를 내리고 "다시는 이와 같은 무례를 범하지 않겠다"고 사과했다. 청일전쟁에서 호되게 패배한 청나라로서는 독일을 상대로 싸울 처지가 아니었다.

중국의 양보에도 불구하고 빌헬름 2세는 중국이 다른 열강을 끌어들이려 한 것은 주제넘게 독일을 얕본 것이라며 해군 함대와 해병대 증파를 서두르라고 지시했다. 외무부는 황제의 경솔함을 우려했지만 빌헬름 2세는 중국이 감히 막강한 독일군에 맞설 리 없다는 자신감에 차 있었다.

11월 25일, 러시아 재무장관 비테^{Sergei Witte}가 상트페테르부르크에 주재한 독일공사관을 방문했다. 그는 독일이 자오저우만을 점령하면 러시아 역시 중국의 다른 항구를 점령할 수밖에 없으며, 자칫 일본을 자극하게 되어 러시아와 일본이 전쟁에 돌입할 수 있다고 주장했다. 따라서 독일이 자오저우만에서 물러나되, 상하이 주변의 다른 항구를 찾아보라고 제안했다. 독일은 거절했다. 한번 양보하기 시작하면 앞으로도 같은 일이 반복되어 위신이 추락할 수 있다는 이유였다. 독일 특유의 자존심 외교였다.

다음 날인 11월 26일, 러시아에서도 니콜라이 2세 주재로 각료회의가 열렸다. 외무장관 무라비예프^{M. N. Muraviev}는 독일의 자오저우만 점령을 묵인하고, 대신 랴오둥반도 남단의 뤼순과 다롄을 조차하여 극동함대의 기지로 쓸 것을 제안했다. 육군대신 반노프스키^{P. S. Vannovskii}는 찬성했지만 해군대신 티르토프^{P. P. Tyrtov} 제독은 뤼순과 블라디보스토크의 거리가 멀어 전략적으로 불리하다면서 차라리 연해주와 가까운 조선의 동해안에 있는 항구를 점령하자고 주장했다. 그러나 무라

비예프는 러시아가 뤼순을 점령하지 않으면 영국 손에 들어갈 것이라 며 고집했다. 니콜라이 2세는 자오저우만 대신 랴오둥반도를 차지하 기로 했다. 그러나 결과적으로 보면 최악의 결정이었다. 러시아가 뤼 순을 점령하자 일본이 반발하면서 러일전쟁이 일어났다. 러시아 극동 함대는 뤼순과 블라디보스토크에 분산되어 변변히 싸우지도 못하고 일본 해군에 각개격파당하게 된다.

러시아는 자오저우만 대신 뤼순을 선택하기로 했지만, 그렇다고 독 일에 순순히 넘길 생각도 없었다. 이번에는 청조에 압력을 가했다. 러 시아의 압박을 못 이긴 리훙장은 독일 공사를 불러서 자오저우만은 베이징과 가까우니 남부 해안가에 있는 다른 항구를 제공하겠다고 제 안했다. 또한 자오저우만을 다른 열강에 제공하지 않을 것과 산둥성 의 철도 부설권을 독일에 주겠다고 약속했다. 중국으로서는 그야말 로 굴욕적인 조건이었다. 그러나 독일 외무장관 홀슈타인Friedrich von Holstein은 중국 남부는 영국의 세력권과 가깝기 때문에 충돌을 빚을 수 있으며, 산둥성과 황허黃河(황하) 일대는 다른 열강이 아직 차지하지 않았기 때문에 앞으로 독일 세력을 확대하는 데 유리하다는 이유로 중국의 요구를 거부했다.

독일이 절대 물러설 생각이 없다는 사실을 깨달은 무라비예프는 자 오저우만을 포기하기로 했다. 더욱이 발칸에서는 영국과, 극동에서는 일본과 갈등을 빚고 있던 러시아는 독일까지 적으로 돌릴 수 없는 처 지였다. 러시아는 독일에 자우저우만을 양보하되, 독일은 러시아가 뤼순을 차지하는 것을 지지하기로 타협했다. 또한 황허를 경계로 북 쪽은 러시아, 남쪽은 독일의 세력권으로 정했다. 12월 19일, 러시아 극동함대가 뤼순에 닻을 내렸다. 그리고 청조를 압박하여 1898년 3월 27일 뤼순조차조약旅大租地條約을 맺고 25년 기한의 조차권을 얻어냈다.

독일은 러시아를 설득하는 데는 성공했지만 또 다른 걸림돌이 있었다. 바로 일본이었다. 산둥반도 동쪽 끝의 항구도시 웨이하이웨이는 본래 북양함대의 모항이었지만 청일전쟁에서 일본에 점령당했다. 웨이하이웨이에서 그리 멀지 않은 자오저우만이 독일에 넘어가자 일본은 위협을 느꼈다. 뷜로는 일본과 적당히 타협할 생각이었지만, 황인종을 경멸한 빌헬름 2세는 일본과 대화할 필요는 없다며 전쟁 준비를 지시했다. 독일 해군은 전함 4척과 순양함 1척을 극동으로 파견하기로 결정했다. 일촉즉발의 상황이었다. 그러나 도쿄 주재 독일 공사가 일본의 주적은 독일이 아니라 러시아이며, 독일과 싸울 생각은 없다고 보고했다. 황제도 일본과의 전쟁을 일단 보류하기로 했다. 일본 역시 러시아가 뤼순을 점령하자 더 이상 독일에 신경 쓸 겨를이 없었다.

그런데 이번에는 뜻밖에도 영국과 부딪치는 일이 벌어졌다. 조선에서 고종이 아관파천을 했다가 1년 만인 1897년 2월 20일 경운궁으로 돌아왔다. 러시아를 등에 업은 고종은 일본을 견제하기 위해 친^親러시아 정책을 펼쳤다. 영국은 조선이 러시아와 손잡지 못하게 방해할 생각으로 홍콩의 아시아함대를 출동시켜 황해에서 무력시위를 벌인 뒤 12월 29일 인천항에 입항했다. 일본도 영국에 호응하여 함대를 출동시키고 러시아 또한 극동함대를 출동시키면서 조선을 놓고 열강 사이에 긴장감이 감돌았다. 독일의 자오저우만 점령과는 아무 상관도 없는 일이었지만, 상황을 제대로 모르는 독일은 영국이 자신들을 견제하려는 의도가 아닌가 지레짐작했다. 나중에 도쿄 주재 독일 공사의 보고를 받고서야 오해였음을 깨달았다. 이러한 복잡한 상황은 열강의 이해관계가 서로 얽혔기 때문이었다. 협력은 하되 진정한 친구는 아니며, 상황에 따라 필요하면 손을 잡았다가도 언제든 적으로 돌아서는 것이 20세기 초반 열강들의 외교 방식이었다.

독일의 산둥 지배

주변 열강의 양해를 얻은 독일은 청조와의 협상을 서둘렀다. 독일 외교부는 아편전쟁 때 영국이 홍콩을 조차한 난징조약을 참고하여 자오저우만을 99년간 조차하는 조약문을 작성했다. 조차 기간 동안 중국은 자오저우만에 대한 모든 주권을 포기하며 산둥성의 철도 부설권, 광산 채굴권도 보장해야 했다. 산둥성을 독일에 통째로 내놓으라는 얘기였다. 1897년 12월 15일부터 독일과 청조의 협상이 시작되었다.

청조는 이러한 굴욕을 쉽사리 받아들이려 하지 않았다. 그러나 국제사회에서 고립된 현실에서 독일의 요구를 거절하기 어려웠다. 결국 12월 28일 독일이 제안한 요구의 대부분을 수용하되 자오저우만에 대한 조차권만은 줄 수 없다고 반대했다. 독일이 거부하자 이듬해 1월 4일에는 조차 기간을 99년에서 50년으로 줄일 것을 제안했다. 그러나 이 또한 독일에 묵살당했다. 결국 독일의 원안 그대로 1898년 3월 6일 '중독자오저우만조차조약中獨膠澳租借條約'이 체결되었다.

독일은 칭다오를 비롯하여 552제곱킬로미터의 조차지를 획득했다. 또한 칭다오 주변의 반경 50킬로미터는 중국의 주권이 미치지 못하는 중립지역으로 설정했다. 사실상 독일의 영토였다. 독일은 자오저우만을 발판으로 삼아 세력권을 점차 확대해나갔다. 1899년 9월에는 칭다오와 지난을 연결하는 자오지철도膠濟鐵道 공사가 시작되었다. 1904년 6월에 개통된 자오지철도는 총연장 393킬로미터에 달했다. 1898년 4월 27일 빌헬름 2세는 자오저우만을 독일의 보호령으로 선언하고 독일 동양함대 사령관을 총독으로 임명하는 등 본격적인 식민 지배 체제를 구축했다.

총독은 제국 해군청의 지휘를 받으며 군정과 민정, 입법과 사법권, 중국과의 교섭권까지 한 손에 쥐고 막강한 권력을 휘두를 수 있었다. 초대 총독은 로젠달^{Carl Rosendahl} 해군 대령이었으며, 1898년 4월부터 1914년 11월까지 10명의 총독이 부임했다. 독일 주둔군은 해병대 1,200명에서 시작한 이후 300명이 증원되어 1,500명으로 늘어났다. 1910년에는 2,275명, 1914년에는 4,300명에 달했다. 또한 자오저우만을 방어하기 위해 10여 개의 포대를 구축하고 각종 구경의 대포 200여 문을 배치하여 난공불락의 요새로 만들었다.

독일의 통치는 군인에 의한 전형적인 무단통치로, 일본의 조선 지배에 견줄 만큼 가혹하고 고압적이었다. 1897년 11월 14일 디더리히스는 자오저우만을 점령한 뒤 제일 먼저 다음과 같이 포고령을 선포했다. "나는 황제의 명령을 받들어 자오저우만 일대와 여러 섬을 점령했다. 만약 도적 무리가 난동을 부린다면 즉각 중국의 법으로 엄히 다스릴 것이며, 독일인에게 해를 가한다면 독일 군법에 따라 처벌할 것이다. 만약 자신의 역량을 몰라 함부로 대항하거나 법규를 위반한다면 너희에게 큰 화를 부를 것이다." 앞으로 17년에 걸쳐서 지속될 독일 통치의 시작이었다.

현지 중국인 주민들은 노예나 다름없었다. 일상생활의 일거수일투족까지 간섭받아야 했다. 모든 무기는 몰수됐으며 밤 9시부터는 모든 중국인들의 야간 통행이 금지되고, 중국인들의 전통 오락거리인 경극 관람과 폭죽놀이도 허용되지 않았다. 모든 집회와 놀이, 행사도 금지되었다. 법을 어길 경우 혹독한 매질을 당하기 일쑤였다. 중국인들 사이의 토지 거래를 금하고 독일 사람이 싼값에 강제 매수하는 등 차별적이고 폭력적이었다. 이것은 중국뿐 아니라 독일의 다른 식민지에서도 흔히 벌어지는 모습이었다.

독일은 통치를 용이하게 하려고 거주 구역을 중국인과 유럽인으로 엄격히 구분했다. 특히 풍경이 아름답고 기후가 온화한 칭다오를 유럽인 거주 구역으로 지정하고 주민들을 모조리 쫓아낸 후 대대적인 도시 건설에 착수했다. 총독부와 주택, 교회, 상점, 병원, 공원 등이 지어진 칭다오는 유럽 시가지를 방불케 하는 모습으로 탈바꿈했다. 칭다오를 독일식 식민지의 모범으로 삼을 생각에 주택가는 유럽식 별장으로 짓게 했다. 또한 비위생적이거나 질이 떨어지는 자재를 쓰지 못하게 하는 등 엄격히 규제했다. 1898년부터 1906년까지 5,000만 마르크를 투입하여 대규모 군항과 방파제, 부두, 도크를 건설했다. 항만시설은 상하이, 홍콩, 텐진, 나가사키 등을 능가하여 동아시아 최고 수준이었다. 공사 감독과 기술자는 독일인이었고 노동자는 중국인이었다. 공사는 매우 가혹했다.

독일의 강압적인 통치는 중국 민중을 자극했다. 의화단의 난이 산둥성에서 시작된 것도 독일의 횡포가 초래한 결과였다. 의화단의 난을 진압하기 위해 산둥성으로 내려온 위안스카이는 현지 조사 결과 민중이 반란을 일으킨 이유가 독일의 철도 건설 때문이라고 판단했다. 독일 총독부와 교섭을 시작한 그는 의화단의 난을 이용하여 협상에서 유리한 조건을 얻어냈다. 산둥성에서 독일 사람에게만 허용된 철도 부설권을 중국인에게도 허용하기로 했고, 독일 철도회사가 중국의 이익을 침해하지 못하게 했으며, 중국과 사전 협의 없이 자오지철도를 통해 외국 군대를 함부로 수송하지 못하게 하는 등 빼앗긴 주권의 일부나마 되찾았다.

중국인들 입장에서 자오저우만의 할양은 치욕스러운 일이었다. 한편으로 인구 수백 명의 작은 어촌에 불과했던 칭다오는 독일에 의해 현대화하면서 국제도시로 번영을 누렸다. 1900년부터 1913년까지 14년 동안 독일이 투자한 금액은 1억 8,300만 마르크였다. 그중 군사비가 4,800만 마르크로 가장 비중이 컸다. 상수도와 발전소가 설치되

●— 1900년대 초반의 칭다오 거리. 계획도시답게 톈진이나 광저우, 상하이보다 도로가 넓고 거리가 잘 정비되어 있다.

어 칭다오는 잘 정비된 유럽풍 시가지와 위생 시설, 항만을 갖춘 번화한 도시가 되었다. 인구가 급속히 늘어나면서 1913년에는 유럽인이 2,300여 명, 중국인이 5만 3,000여 명에 달했다. 1904년에 설립된 칭다오맥주회사는 독일인이 칭다오에서 운영한 여러 기업 중 가장 성공적인 사례였다. 그 밖에도 밀가루공장과 제염공장, 비누공장, 도자기공장 등 많은 기업이 설립되었다.

　초반의 강압적인 통치는 1900년 이후 비교적 온화한 '문화통치'로 바뀌었다. 그러나 독일의 지배는 오래가지 못했다. 독일은 극동에서 영국·일본·프랑스 동맹을 견제하기 위해 미국·중국과 손을 잡는 3자 동맹을 구상했다. 이를 위해서 1907년부터 약 2년에 걸쳐 외교적인 노력을 기울였지만 성과 없이 끝났다. 미국은 오히려 일본과 가쓰라-태프트 협정Katsura-Taft Agreement을 체결하여 극동에서 일본의 지위를 인정하고 독일을 적대국으로 간주했다. 빌헬름 2세의 오만하고 경직된 외교정책이 초래한 결과였다. 더욱이 1차대전의 시작과 함께 일본으로부터 받은 선전포고는 독일이 예상치 못한 상황이었다.

＼칭다오 포위전

독일의 칭다오 방어 전략은 영국·프랑스·러시아가 힘을 모아서 쳐들어오거나 내륙에서 중국군이 공격해오는 경우를 상정했다. 그러나 전자는 유럽 전쟁에 집중하고 있었기 때문에 독일의 극동 식민지를 공격하겠다고 많은 병력을 할애할 가능성은 낮았다. 물론 중국도 별다른 위협이 될 리 없었다. 그런데 일본의 참전은 이러한 예측을 뒤엎어버렸다. 일본은 막강한 육군과 해군을 보유한 나라였다. 또한 지리적으로 중국과 가까웠다. 칭다오의 방어가 아무리 견고하다고 해도 일본이 영국·러시아와 손을 잡고 쳐들어온다면 함락은 시간문제였다. 베이징 주재 독일 공사 말찬^{Baron von Maltzan}은 승산이 없다고 판단하고 위안스카이에게 접근하여, 중국 정부에 자발적으로 자오저우만을 반환하겠다고 제안했다. 성사된다면 일본으로서는 참전의 명분이 사라지는 것이었다.

이 사실을 안 영국과 일본은 중국 측에 독일의 요구를 거절하라고 압박했다. 또한 일본군의 산둥성 상륙을 수락하고 자오지철도 주변의 중국군을 모두 철수하라고 요구했다. 심지어 "이 때문에 중국 민중이 반발하여 혁명이 일어난다면 영국과 일본이 대신 진압해주겠다"고 제안하기까지 했다. 곤란한 처지에 놓인 위안스카이 정권은 주중 미국 공사 맥머리를 불러서 "독일이 자오저우만 식민지를 영국에 반환한 후 다시 중국에 반환될 수 있도록 미국이 중재해달라"고 요청했다. 그러나 맥머리는 미국이 이 문제에 개입할 수 없다고 대답했다. 위안스카이에게는 또 다른 선택지가 있었다. 영국·일본과 손잡고 함께 독일군을 공격하는 것이었다. 하지만 그만한 결단력조차 없는 위안스카이는 아무것도 하지 않으면서 방관하는 쪽을 선택했다. 8월 30일, 일본군의 산둥 작전을 묵인한다는 비밀협약이 체결되었다.

슈페Maximilian von Spee 중장이 지휘하는 장갑순양함 2척과 방호순양함 4척으로 구성된 독일 동양함대의 주력은 1914년 8월 13일 칭다오를 나섰다. 아직 일본이 대독 선전포고를 선언하기 전이었지만 영국과 일본이 해상을 봉쇄하기 전에 재빨리 빠져나오기 위해서였다. 영국과 일본 해군보다 월등히 열세에 놓여 있었기에 어물거리다가는 러일전쟁 때 뤼순에서 괴멸한 러시아 극동함대 꼴이 날 것이 뻔했기 때문이다. 그중에서 방호순양함 엠덴SMS Emden은 인도양으로 간 뒤 통상파괴전을 실시하여 29척에 달하는 연합국 선박을 격침하는 전과를 올렸다. 그러나 1914년 11월 9일 오스트레일리아 함대의 공격을 받고 침몰했다. 태평양을 가로지르며 본국으로 회항의 길을 떠난 동양함대 주력은 11월 1일 남미의 칠레 인근 해역에서 벌어진 코로넬해전Battle of Coronel에서 영국 해군의 순양함 전대를 상대로 별다른 피해 없이 장갑순양함 2척을 격침하는 승리를 거두었지만, 12월 8일 남대서양 포클랜드 해역에서 전멸했다. 슈페 제독도 전사했다.

일본이 선전포고를 하자 칭다오 총독 알프레드 마이어 발데크Alfred Meyer Waldeck 대령은 급히 병력을 소집해 방어 준비를 했다. 그러나 제3해군 보병대대(4개 보병중대, 1개 산악중대, 2개 예비중대)와 1개 포병대대, 외곽 수비대, 해군 수병, 현지의 재향군인 등을 모두 합해도 5,000여 명에 불과했다. 그렇다고 본국에서 더 증원받을 방법도 없었다. 독일 동양함대 주력이 빠져나가면서 남은 군함은 제3전대 소속 경순양함 코르모란, 구식 소형 포함 4척, 어뢰정 1척이 전부였다. 마침 석탄 보급을 위해 중국을 방문했다가 1차대전이 일어나자 칭다오로 피신한 오스트리아제국 해군의 3,800톤급 방호순양함 카이저린 엘리자베트Kaiserin Elisabeth가 가세했다. 항공 전력으로는 전쟁 직전에 도착한 에트리히 타우베Etrich Taube 항공기가 2대 있었다. 그중 1대는 시험비행 중 추락하고 나머지 1대만 온존했다.

어차피 칭다오 함락은 시간문제였다. 그러나 빌헬름 2세는 칭다오 총독부에 전문을 보내 "일본인들에게 항복하는 것은 베를린이 러시아인들에게 짓밟히는 것보다 더 수치스러운 일이다"면서 끝까지 싸우라고 지시했다. 현실을 무시한 명령이었지만 발데크 총독은 '독일 군인답게' 명예롭게 전사하기로 결심했다. 때마침 독일군이 벨기에 전역에서 연합군을 격파한 뒤 북부 프랑스로 진격하고 있다는 소식이 알려지면서 유럽 전쟁이 곧 독일의 승리로 끝나리라는 기대감도 있었다.

일본 정부는 8월 16일 제18사단에 출동 명령을 내렸다. 또한 야전 중포병 1개 연대와 공성 중포병 4개 대대, 철도대, 항공대 등을 증원했다. 총병력은 5만 1,000명, 말 1만 2,000필, 중포 96문, 야포 50문에 달했다. 독일과 영국·일본의 전쟁은 8월 22일부터 시작되었다. 영국 극동함대 소속의 구축함 케닛HMS Kennet이 칭다오항에 접근했다가 독일 수뢰정 S90의 공격을 받아 대파되어 물러났다. 뒤이어 가토 사다키치加藤定吉 제독이 지휘하는 일본 해군 제2함대가 칭다오를 봉쇄했다. 해군 제2함대의 전력은 3만 7,000톤급 신형 전함 공고金剛와 동급인 히에이比叡, 2만 1,000톤급 드레드노트 전함 가와치, 셋쓰, 7,800톤급 수상기 모함 와카미야마루若宮丸 등 그야말로 막강한 위용이었다. 동원된 전력은 일본 해군 전체의 약 3분의 1에 달했다. 영국 극동함대에서도 1만 2,000톤급의 전前 드레드노트급 전함 트라이엄프HMS Triumph와 590톤급 구축함 어스크HMS Usk가 출동했다.

전력에서는 영국·일본 연합함대가 월등히 우세했다. 그러나 칭다

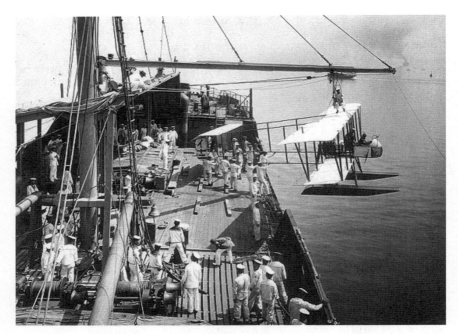

●— 일본 해군 최초의 수상기 모함 와카미야마루. 러시아 국적의 배수량 4,700톤급 영국제 화물선
으로, 본래 이름은 레싱턴Lethington이었다. 러일전쟁 중 쓰시마 해역에서 일본 해군에게 나포된 후
운송함으로 쓰이다가 1914년 8월에 수상기 모함으로 개조되었다. 프랑스제 모리스 파르망Maurice
Farman 복엽 수상기 4기(최대속도 95km/h)를 탑재했다. 칭다오전투 중 와카미야마루에서 출격한
비행기는 독일 진지를 정찰하고 손으로 폭탄을 떨어뜨리기도 했다. 총 출격 횟수는 49회였으며, 독
일군 진지에 190발의 폭탄을 떨어뜨렸다. 훗날 태평양전쟁에서 광대한 태평양을 누비며 미 해군과
치열한 싸움을 벌이는 일본 항모부대의 역사는 여기서 시작된 셈이다

오 해역 주변에는 독일군이 뿌려놓은 기뢰가 떠다녔기 때문에 더 이
상 접근하거나 해안가에 병력을 상륙시킬 수 없었다. 일본 육군은 상
륙 지점을 산둥반도 북쪽에 있는 룽커우龍口로 선택했다. 이곳에서 자
오지철도를 통해 칭다오로 남하할 계획이었다. 9월 1일 일본군 선발
대가 룽커우에 상륙했다. 9월 7일에는 가미오 미쓰오미神尾光臣 중장이
지휘하는 일본군 제18사단 주력 2만 3,000여 명이 당도했다. 9월 8일
칭다오 북쪽의 핑두平度에서 일본군 기병대가 독일 정찰부대와 접촉했

지만, 독일군이 퇴각하면서 전투는 벌어지지 않았다. 톈진의 영국 수비대도 출동했다. 사우스웨일스대대 1,000명과 시크교도 2개 중대 등 1,500여 명으로 구성된 영국군은 바너디스턴^{Nathaniel Walter Barnardiston} 소장의 지휘 아래 산둥성으로 남하하여 일본군과 합류했다.

그런데 영국군은 질서정연하여 주민들에게 아무 피해를 주지 않은 데 견주어 일본군은 지나는 곳마다 온갖 횡포를 부리고 약탈과 강간을 일삼았다. 군대라기보다는 산적 무리였다. 일본군 사령부는 다음과 같은 포고문을 발표했다. "일본군을 방해하는 자, 전선을 절단하는 자는 참수한다. 범법자를 체포하거나 밀고하는 자는 포상하지만, 알고도 숨기는 자는 중죄로 다스린다. 한 마을에 범죄자 1명이 있으면 주민 전체를 참수한다." 일본군의 살기등등한 포고문은 국제법을 무시하는 것은 물론이고 현지 주민을 피정복민으로 취급하겠다는 의미였다. 의화단의 난과 러일전쟁 때만 해도 일본군이 엄중한 군기를 보여준 것과는 대조적이었다.

9월 18일에는 일본군 야전 중포병연대, 공성포병 3개 대대, 공병대대 등으로 구성된 공성중포병부대가 칭다오 시가지에서 동쪽으로 40킬로미터 떨어진 라오산만崂山滿에 상륙했다. 제18사단은 자오지철도를 통해 남하한 뒤 칭다오 외곽을 포위하고, 9월 19일에는 총독부를 비롯한 칭다오 시가지를 점령했다. 독일군은 지연전을 펼치면서 질서정연하게 요새로 퇴각하여 최후 방어선을 구축했다. 영국-일본 연합군은 9월 28일 독일군을 포위했다. 일부 부대는 서쪽으로 진격해 자오지철도를 장악하고 10월 6일 산둥성의 성도 지난에 입성했다.

그러나 독일군의 저항이 예상외로 완강하다고 판단한 가미오 중장은 칭다오 요새를 포위한 채 한 달 동안 독일군의 방어 태세를 정찰하고 군수품과 포탄을 비축하는 등 신중하게 준비했다. 러일전쟁 때 뤼순 공방전에서 충분한 준비 없이 요새를 졸속으로 공격했다가 전군의 절반을 잃은 경험이 있었기 때문이다. 또한 칭다오가 고립되었고 외부의 지원을 받을 수 없기에 굳이 공격을 서둘러 불필요한 희생을 초래할 필요가 없다고 판단했다.

9월 30일, 수상기 모함 와카미야마루가 기뢰에 접촉하여 반파되면서 회항했다. 탑재된 4대의 항공기는 해안 모래사장에서 이륙했다. 하늘에서도 전투가 벌어졌다. 10월 13일, 정찰 중이던 독일군 항공기를 발견한 일본군도 항공기를 출격시켰다. 이들은 공중에서 한동안 추격전을 펼쳤다. 독일제 타우베 비행기가 일본군의 모리스 파르망보다 속도와 기동성에서 우세했지만, 양쪽 모두 가진 무기라고는 파일럿이 들고 있던 권총이 전부였기에 격추할 방법이 없었다. 그 뒤에도 양쪽의 비행기는 여러 차례 공중전을 벌였지만 별다른 전과는 없었다. 18일 밤에는 독일 어뢰정 S90이 해상봉쇄 중이던 일본 함대를 기습하여 3,700톤급 방호순양함 다카치호高千穗를 격침했다. 메이지유신 이래 일본이 해전에서 상실한 첫 번째 대형 군함이었다. S90도 연료 부족으로 귀환하지 못하고 자침했지만, 러일전쟁 당시 쓰시마해전에서 러시아 발틱함대를 상대로 건곤일척의 결전을 벌였을 때는 겨우 어뢰정 3척을 잃었던 사실에 견주면 일본 해군으로서는 뜻밖의 손실이었다.

영일연합군의 본격적인 공격은 10월 31일 시작되었다. 마침 이날은 다이쇼 천황의 생일이기도 했다. 일본 육군이 보유한 가장 강력한 대포였던 45식 240mm 대구경 공성포 4문을 비롯해 38식 150mm 유탄포, 38식 105mm 캐넌포 등 142문의 대포가 일제히 불을 뿜었다. 일본군은 연일 맹렬한 포격을 퍼부어 독일군 포병 진지와 포대 대부분을 침묵시키고, 보병의 야습으로 최일선 진지를 점령했다. 11월 1일에는 독일군 방어선의 핵심인 몰트케 포대와 비스마르크 포대를 향해

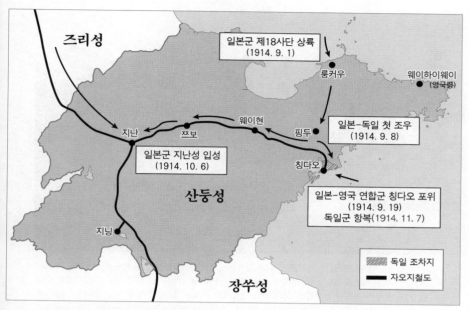

즈리성

일본군 제18사단 상륙
(1914. 9. 1)

룽커우

웨이하이웨이
(영국령)

지난
쯔보
웨이현
핑두

일본-독일 첫 조우
(1914. 9. 8)

일본군 지난성 입성
(1914. 10. 6)

칭다오

산둥성

지닝

일본-영국 연합군 칭다오 포위
(1914. 9. 19)
독일군 항복(1914. 11. 7)

독일 조차지
자오지철도

장쑤성

● — 일본군의 산둥 출병(1914년 9~11월).

화력을 집중하여 무력화했다. 항구에 정박해 있던 카이저린 엘리자베트도 격침했다.

11월 6일, 발데크 총독은 칭다오 함락이 시간문제이며 더 이상의 저항은 무의미하다고 여기고 타우베 비행기에 비밀문서를 실어 탈출시켰다. 조종사 플뤼쇼Gunther Plüschow 중위는 일본군의 방어선을 돌파한 뒤 우여곡절 끝에 본국으로 돌아갔다. 다음 날 새벽 6시 20분, 전투 중지 명령과 함께 독일군 진지에 백기가 올라갔다. 그리고 오후 7시 50분, 항복 문서에 서명함으로써 칭다오는 일본군의 손에 들어갔다.

8월 22일부터 11월 7일까지 두 달 반에 걸친 짧은 전쟁이었지만 일본이 치른 대가는 적지 않았다. 방호순양함과 구축함 각 1척씩을 잃고, 수상기 모함 1척이 반파됐으며, 전사자 394명을 포함해 2,000여

●— 칭다오 시가지를 향해 포격 중인 45식 240mm 공성포. 러일전쟁 때 화력을 무시하고 보병의 총검에만 의존하여 무리하게 공격하다가 엄청난 사상자를 낸 것을 경험 삼아 개발했다. 대포의 중량만 33톤에 포탄 무게는 200킬로그램이었다. 2차대전 중에도 홍콩, 말레이 전역, 필리핀 바탄전투 등 요새 공략전에 투입되어 크게 활약했다. 그러나 기동성이 떨어지고 일본의 빈약한 병참 능력으로는 포탄을 충분히 보급할 수 없다는 단점이 있었다.

명의 사상자를 냈다. 전사자는 대부분 방호순양함 다카치호와 함께 침몰한 수병들이었다. 지상전에서는 전사자가 100여 명에 불과했다. 러일전쟁 때처럼 화력과 사전 정찰을 무시하고 보병의 총검 돌격과 정신력만으로 무리한 공격을 감행했다면 어쨌든 이기기는 했겠지만 손실은 몇 배로 늘어났을 것이다. 칭다오 공략전에서 일본군은 항공기를 활용한 정찰과 적의 요새를 제압하는 화력 집중, 보병과 포병의 제병 협동, 치밀한 병참 준비 등 구미 열강의 군대에 못지않은 수준을 보여주었다.

그러나 이러한 방식은 막대한 물자가 소요되는 일이었다. 일본의 빈약한 국력으로는 국지적이고 제한적인 전쟁만 가능했다. 육군의 공격 교리는 여전히 청일·러일 전쟁 시절에 머물러 있었다. 게다가

1930년대 이후에는 오히려 합리적인 연구와 토론을 금지하고 전근대적인 정신력과 용기를 강조하는 분위기가 확산되면서 과거로 역행하는 모습까지 보여주었다. 칭다오 공략의 성공은 일본군에게는 예외적인 모습에 지나지 않았다.

영국군은 전함 트라이엄프가 해안포의 포격으로 반파당하고 전사 12명, 부상 53명의 손실을 입었다. 독일군의 손실은 일본군의 절반 정도인 전사 210명, 부상 550명이었으며 3,400명이 포로가 되었다. 군인과 민간인을 합해 4,700여 명의 독일인 포로들은 칭다오의 수용소에 잠시 수감된 뒤 일본으로 이송되었다. 그리고 시코쿠 동북쪽 끝 도쿠시마현德島県의 반도포로수용소板東俘虜収容所를 비롯해 20군데의 포로수용소에 분산 수감되었다. 포로들은 2차대전 당시 악명 높았던 일본군 수용소와 달리 양호한 생활을 누렸다. 어느 정도의 제약은 있었지만 일본인들과 비교적 자유롭게 접촉했고 경제·사회 활동도 할 수 있었다. 이때만 해도 이성과 서구를 향한 동경심이 남아 있었던 일본은 국제적으로 고립을 자초할 이유가 없었기 때문이다.

1차대전이 끝난 뒤 베르사유조약이 체결되면서 독일인 포로들의 송환이 결정되었다. 일본 잔류를 희망한 170여 명을 제외하고는 모두 본국으로 귀환했다. 잔류를 선택한 독일인들은 일본 사회에 정착한 뒤 요식업계에 뛰어들었다. 오늘날에도 일본에 남아 있는 독일식 베이커리 '프로인드리브Freundlieb'가 대표적인 예이다. 독일이 중국에 '칭다오맥주'를 남겼다면 일본에도 나름의 흔적을 남긴 셈이다.

일본은 칭다오에서 독일 세력을 몰아낸 이상 칭다오를 중국에 돌려주거나 연합국의 공동 관리 아래 손을 떼는 것이 마땅했다. 물론 일본은 그럴 생각이 없었다. 1914년 11월 26일 군령 제8호를 공포하고 칭다오 수비대 사령부를 설치했다. 일본군 주력은 본국으로 철수했지만 잔여 수비대는 보병 8개 대대, 중포병 1개 대대, 철도연대, 통신대 등 7,000여 명에 달했다. 수비대 사령관은 중장급 보직이었으며 총독 노릇을 했다.

일본의 다음 수순은 본격적인 중국 침략이었다. 1915년 1월 18일, 일본 외상 가토 다카아키는 위안스카이에게 21개 항의 요구 조건을 내밀었다. 일본의 산둥성 점령과 독일의 권익을 모두 계승하는 것을 인정할 것, 산둥성의 토지를 일본의 동의 없이 제3국에 대여하지 말 것, 랴오둥반도의 뤼순·다롄항과 남만주철도의 조차 기간을 99년으로 연장할 것, 일본의 동의 없이 중국 연안의 항만을 제3국에 대여하지 말 것 등 산둥성과 남만주, 내몽골에 대한 일본의 독점적인 지위를 인정하라는 내용이었다. 또한 일본인을 정치·재정·군사 고문으로 영입할 것과 중국 내륙에서 일본의 치안권을 인정할 것, 일본에서 무기를 수입할 것, 우창과 난창 사이의 철도 부설권을 넘길 것 등을 요구했다. 중국을 사실상 일본의 식민지로 만들겠다는 것과 마찬가지였다. 이른바 '21개조 요구二十一個條項'이다.

위안스카이는 갈등에 빠졌다. 청일전쟁을 몸소 겪은 그는 결코 친일파가 아니었다. 게다가 일본의 요구는 터무니없었다. 만약 수락한다면 국내 여론이 가만있지 않을 것이다. 그러나 거부한다면 일본과의 일전을 각오해야 했다. 싸운다면 당연히 승산은 없다. "일본과 싸울 것인가, 일본의 요구를 받아들여 중국을 그들의 식민지로 전락시킬 것인가." 그는 고뇌했다.

중화제국의 등장

＼혁명파의 분열

2차 혁명에서 위안스카이에게 완패한 쑨원은 소수의 측근들과 함께 빈털터리나 다름없는 몰골로 일본으로 향했다. 그를 태운 배가 고베에 입항할 때, 위안스카이의 요청을 받은 일본 경찰이 그를 체포하려고 기다리고 있었다. 그나마 선장의 기지와 오랜 친분이 있던 중의원 이누카이 쓰요시犬養毅 등 여러 지인들의 도움으로 겨우 빠져나와 몸을 숨겼다. 이누카이는 야마모토 곤노효에山本権兵衛 총리를 설득하여 쑨원의 망명을 묵인하도록 했다. 그러나 일본 정부는 위안스카이와의 마찰을 우려하여 공식적으로는 이 사실을 인정하지 않았다. 쑨원의 활동은 이전과 달리 감시를 받아야 했고, 생활은 몹시 곤궁했다.

쑨원을 보호한 이누카이 쓰요시라는 인물은 훗날 일본의 제29대 총리가 되는 정계의 거물이었다. 일본 정계에서 대표적인 헌정파이자 반反군국론자였다. 갑신정변에 실패하여 일본으로 달아났던 김옥균도 한때 그의 보호를 받았다. 이누카이는 서구식 민주정치의 확대, 시베리아 출병 반대, 국민 생활의 안정, 군비 축소를 주장했다. 그러나 1920년대 말 대공황이 시작되고 군부의 세력이 강해지면서 점차 군부와 타협하는 쪽으로 기울었다. 만주사변이 일어난 뒤 와카쓰키 레이지로若槻禮次郞를 대신하여 총리가 된 그는 만주국 건설에 반대하고 중일 관계의 회복을 주장했지만, 군부 강경파와 우익 동조 세력의 압박에 끝내 굴복해야 했다. 그 후에도 군부의 폭주를 어떻게든 통제하려고 노력했다. 이 때문에 1932년 5월 15일 5·15사건 때 해군 청년 장교들에게 살해당한다. 이누카이의 죽음은 겨우 명맥을 유지하던 일본 입헌정치의 종말과 군국주의의 시작을 알리는 신호탄이었다.

다시 얘기를 되돌려보자. 쑨원에게는 혁명 인생을 통틀어 가장 절망적인 시기였다. 평생에 걸친 고생이 겨우 결실을 맺었다고 생각한 순간 위안스카이의 배반으로 공염불이 되었다. 국민당은 흩어지고 혁명파 조직은 와해되었다. 20년 전으로 되돌아간 셈이었다. 남은 밑천은 하나도 없었다. 그러나 쑨원은 좌절하지 않았다. 다시 의지를 불태우며 새로운 혁명을 준비했다. 천치메이와 리례쥔·후한민·랴오중카이 등 위안스카이에게 쫓긴 동지들이 하나둘 주변으로 모여들었다. 1913년 9월 27일, 쑨원은 '중화혁명당中華革命黨'을 조직했다. 중국동맹회의 뒤를 잇는 새로운 혁명 정당이었다. 목표는 위안스카이 타도와 공화정의 부활 그리고 삼민주의의 남은 두 가지 과제인 민권과 민생의 실현이었다.

그러나 쑨원의 방식은 이전과 크게 달라지지 않았다. 중화혁명당은 중국동맹회처럼 비밀결사 조직이었다. 혁명을 위한 군대도 무기도 없었다. 쑨원에게는 혁명군을 만들 수 있는 조직력과 자금력이 없었기 때문이다. 또한 해외 화교들에게 자금은 빌리면서도 대중운동을 통해

●— 1914년 7월 8일 중화혁명당 창당대회. 앞줄 가운데가 쑨원.

민중 속으로 직접 파고드는 노력은 없었다. 쑨원의 눈에 비친 일반 민중은 자신의 혁명을 이해하기에는 우매한 존재였기 때문이다. 따라서 자신과 같은 선각자가 이들을 이끌어야지, 함께 혁명을 한다는 것은 어림도 없는 소리였다. 중화혁명당은 말만 '당'이지 대중의 지지를 기반으로 하는 서구식 정당이 아니었다. 이것이 쑨원의 한계였다.

쑨원의 독선적인 태도는 다른 동지들의 반발을 샀다. 중화혁명당 강령의 첫 번째는 쑨원에 대한 절대적 복종과 당내 불순분자(쑨원의 뜻에 동조하지 않는 자)의 배제였다. 입당하려면 반드시 사람들 앞에서 "만약 두마음을 먹으면 극형을 감수하겠다"고 선서해야 했다. 여기에 거부감을 느낀 많은 동지들이 동참하지 않았다. 쑨원은 혁명이 실패한 이유를 동지들이 자기 뜻에 따르지 않은 탓이라고 여겼다. 실제로 다양한 정치세력이 뭉치다보니 중국동맹회와 국민당에는 많은 갈등이 있었고 쑨원의 사상에 동조하지 않는 사람들도 적지 않았다. 이것이 혁명파의 엇박자로 이어졌다는 사실을 부정할 수는 없다. 그러나 자기 잘못은 하나도 인정하지 않고 모조리 남의 탓으로 돌리는 행태는 생사고락을 함께한 동지들의 노고를 무시하는 처사였다.

혁명파의 원로 가운데 한 사람인 장스자오는 황싱·쑹자오런 등과 함께 화흥회를 조직하고 2차 혁명에서도 쑨원 편에 섰다가 함께 일본으로 망명한 사람이었다. 그조차 중화혁명당에는 가담하기를 거부했다. 그는 쑨원을 가리켜 이렇게 비판했다.

중화혁명당에 가입하기 위해서는 당원들이 지장을 찍어서 복종하는 태도를 보여줘야 했다. 조금이라도 다른 생각을 하는 것은 용납되지 않았다. 말끝마다 황싱 때문에 실패했다고 하니, 실로 이기적이었다.

쑨원은 황싱에게도 편지를 보내 구구절절 불만을 토로했다. 그는 쑹자오런이 죽었을 때 자신이 당장 군사를 일으키자고 했지만 황싱의 반대로 실행하지 못했으며, 이 때문에 거병할 시기를 놓쳐 위안스카이에게 상하이와 해군이 넘어간 점, 난징의 제8사단이 상하이를 공격하라는 자신의 명령에 복종하지 않은 점, 결국 변변히 싸우지도 못한 채 패배했다는 점 등 그동안의 일을 거론하면서 "저는 이런 점이 대형大兄(황싱)에 대한 불만입니다"라고 했다.

황싱은 쑨원과 동향도 아니고 성장 배경도 전혀 달랐지만, 쑨원의 혁명사상에 가장 적극적으로 동조한 사람이자 혁명파의 2인자였다. 중국동맹회가 처음 창설됐을 때 화흥회 사람들은 쑨원을 지도자로 추대하기를 거부했다. 화흥회가 쑨원의 흥중회보다 세력이 훨씬 컸기 때문이다. 황싱이 마음만 먹었다면 동맹회의 수장 자리는 그가 꿰어 찼을 것이다. 그러나 황싱은 동지들끼리 다퉈서는 안 된다며 앞장서 쑨원을 지지했다. 덕분에 쑨원은 혁명의 구심점이 되어 오늘날 국부로 추앙받을 수 있다. 중국동맹회가 여러 차례 분열과 갈등의 위기에 직면하거나 난징 임시정부가 수립되었을 때 지도자 자리를 고사하고 쑨원에게 양보한 쪽은 황싱이었다. 황싱이 사심이 없는 사람이라는 사실에는 아무도 이견이 없었다. 서로 의견이 부딪칠 때 고개를 숙이는 쪽은 언제나 황싱이었다. 그는 확실히 쑨원보다 대인배였다. 그런 점에서 쑨원의 비난은 부당했다.

황싱도 쑨원에게 답신을 보내 사정을 설명했다. "제가 선생을 막았던 이유는 상황이 좋지 않았기 때문입니다. 선생이 아무리 몸을 가벼이 여기고 전장에 나선다고 해도 상하이는 지형적으로 얻기는 어렵고 앞뒤로 공격받기는 쉬운 곳입니다"라고 하면서 자신의 판단이 부득이했음을 설명했다. 비록 군인은 아니지만 군사 지식을 어느 정도 갖춘 그는 쑨원이 자기 생각만 앞세울 뿐 전투에 대해 전혀 모른다는 사실을 잘 알고 있었다. 그러면서도 황싱은 2차 혁명의 실패는 전적으로 자기 책임이며 쑨원의 지적이 옳다고 겸손한 자세로 머리를 숙였다. 솔직한 속내가 어떻건 혁명파의 영수로서 쑨원의 권위를 인정해야 한다는 생각에는 변함이 없었다. 그러나 그 뒤로도 두 사람 사이의 골은 쉽게 회복되지 못했다. 쑨원은 이들을 굳이 중화혁명당에 끌어들이려 하지 않았다. 황싱을 비롯한 화흥회 사람들도 독자 노선을 걷기로 했다.

쑨원은 자신에게 복종하지 않는 자는 필요 없다는 식이었다. 그는 황싱에게 다시 편지를 보내 "내가 3차 혁명을 준비하고 있으니 2년만 기다려달라"고 했다. 이에 황싱은 "선생은 2년 안에 뜻을 이루지 못하면 제가 그 자리를 가로챌까 걱정하시는 듯합니다. 이것은 개인이 무슨 권리처럼 서로 주고받을 수 있는 것이 아니니 다시는 이런 요구를 하지 마십시오. 저는 선생을 결코 방해하지 않을 것입니다"라고 답신했다. 또한 쑨원은 황싱에게 "쑨원을 따르는 자는 무지한 어린 학생들과 밥도 못 먹는 무지렁이들이라고 화흥회 사람들이 비방한다는 얘기가 있더라"라는 불만을 토로하기도 했다. 황싱은 쑨원의 측근인 천치메이를 가리키면서 "그도 저를 비방하고 다니지만 저는 개의치 않습니다"라고 썼다. 또한 자신은 그런 사실을 전혀 모르며, 쑨원이 거론하는 사람들은 얼마 전까지만 해도 한솥밥 먹던 혁명 동지가 아니었느냐고 되물었다. 감정적인 편지가 여러 번 오가면서 두 사람은 다시는 직접 만나는 일이 없었고, 십년지기 관계도 끝났다. 쑨원의 속 좁은 태도는 그나마 남아 있던 혁명파마저 분열시켰다.

1914년 7월 8일, 쑨원은 도쿄 우에노에 있는 양식당 세이요켄精養軒에서 '중화혁명당 성립대회'를 개최했다. 쑨원이 총리, 천치메이가 총무부장, 후한민이 정치부장에 추대되었다. 쑨원은 연설문에서 "2차 혁명의 실패는 혁명 정신이 해이해졌기 때문"이라며 자신을 중심으로 뭉칠 것을 강조했다. 총 당원은 약 300명. 그중에는 장제스도 있었다. 신해혁명 때 겨우 100여 명의 결사대를 이끌고 하루 만에 항저우를 점령하여 뛰어난 리더십과 결단력, 군사적 역량을 증명했던 장제스는 2차 혁명에서 천치메이와 함께 상하이의 강남제조국 탈환에 나섰다가 실패한 뒤 한동안 공동조계에 숨어 있었다. 그의 목에도 거액의 현상금이 걸렸다.

장제스는 쑨원이 중화혁명당이라는 새로운 혁명 조직을 창설했다는 소식을 듣자마자 입당서부터 보낸 다음 도쿄로 달려왔다. 전에도 그는 일본 유학 시절 중국동맹회에 가입한 적이 있지만, 쑨원이 아니라 개인적인 친분이 있는 천치메이를 따랐다. 쑨원과 장제스가 직접 만난 것은 이때가 처음이었다. 쑨원은 장제스와의 짧은 만남에서 오만하며 고집이 세다는 인상을 받았다. 그는 주변 사람들에게 "저 청년이 앞으로 혁명의 선봉에 설 것이다"라고 말했지만 훗날 중국의 지도자가 되리라고는 예상하지 못했을 것이다. 장제스가 입당한 순서는 102번째, 중국 본토에 있던 사람으로는 첫 번째였다.

쑨원은 장제스에게 첫 번째 임무를 맡겼다. 상하이로 돌아가서 현지 부대에 숨어 있는 혁명파 세력을 다시 규합하고 봉기를 일으켜 상하이 진수사 정루청을 내쫓으라는 것이었다. 위안스카이에 대한 첫 번째 반격이었다. 그러나 변변한 준비도 없이 반란부터 일으키라는 것은 몇 년 전 실패로 끝난 광저우봉기를 재현하는 꼴이었다. 더욱이 실제 병력 없이 현지 부대에 침투하여 선동하는 방식은 사전에 쉽게 노출될 수밖에 없다. 장제스는 나름대로 신중하게 추진했지만 거사 직전에 발각되고 말았다. 정루청은 즉각 이들을 체포하라고 지시했다. 당원 명부와 공격 계획이 압수되자 혁명파에 가담한 병사들은 모조리 제거되었다. 장제스는 간신히 목숨을 건져 일본으로 달아났다.

모처럼 야심 차게 준비한 계획은 제대로 실행되기도 전에 실패로 끝났다. 쑨원은 이번에는 동북으로 눈을 돌렸다. 동북은 베이징과 가깝고 지금까지 혁명운동이 제대로 일어난 적이 없어 위안스카이의 허를 찌를 수 있으리라 여겼다. 이 역할 또한 장제스가 맡았다. 그는 천치메이·슝커우 등과 함께 다롄에 숨어들었다. 그런데 막상 가보니 현지 사정은 쑨원이 예상한 것 이상으로 나빴다. 동북의 실권자인 장쭤린이 혁명파 세력을 가혹하게 탄압하여 도저히 파고들 여지가 없었다. 남만주를 장악하고 있던 일본도 방해했다. 일본 정부는 관동군에게 전보를 보내 이들이 활동하지 못하도록 철저히 감시하고, 발견되면 즉시 쫓아내라고 지시했다. 장제스 일행은 아무 성과 없이 일본으로 되돌아갔다.

중화혁명당은 오합지졸이나 다름없었다. 혁명을 향한 의지가 분명하면서 자기 목숨을 걸 만한 사람은 손에 꼽을 정도였다. 대부분은 쑨원 옆에 붙어 있으면 운 좋게 출세 기회를 잡을지도 모른다고 여기는 건달들이었다. 무위도식하고 끼리끼리 모여 온종일 잡담이나 하는 일이 전부였다. 또한 파벌을 만들어 중상모략을 일삼았고, 심지어 쑨원이 무능하다면서 비난하는 자들도 있었다. 어떤 사람들은 혁명 자금이라는 명목으로 쑨원에게 돈을 뜯어내 흥청망청 썼다. 쑨원이라고 모를 리 없었지만, 기강을 바로잡지 않고 적당히 눈감았다.

이런 한심스러운 행태는 쑨원이 자초한 결과였다. 역량이나 자질, 혁명 의식은 따지지 않은 채 맹목적인 충성심만 요구했기 때문이다. 또한 신해혁명 이전부터 참여한 자와 신해혁명 이후에 참여한 자를 구분하고 신분을 나누듯 차별 대우하여 많은 사람들의 불만을 샀다. 명확한 이데올로기도, 정체성도, 계획도 없었다. 이런 모습은 중화혁명당이 국민당으로 바뀐 뒤에도 달라지지 않았으며, 국공합작이 이루어진 뒤에야 어느 정도 체계를 잡게 된다.

1차대전이 벌어지면서 중국에도 거센 풍파가 불어닥쳤다. 그러나 쑨원은 일본에서 빈둥거리며 시간만 보냈다. 유일하게 한 일이라고는 비서였던 쑹칭링과 결혼한 것밖에 없었다. 당시 22세였던 쑹칭링은 광둥성 출신의 성공한 기업가이며 혁명의 강력한 후원자인 쑹자수宋嘉樹의 둘째 딸이었다. 미국 웨슬리대학을 졸업하고 재기 넘치는 쑹칭링에게 반한 쑨원은 쑹자수에게 결혼을 허락해달라고 요청했다. 그러나 쑹자수는 아무리 오랜 친구라고 해도 유명한 바람둥이인 데다 두 명의 아내까지 있던 쑨원에게 자신의 어린 딸을 주고 싶을 리 없었다.

더구나 두 사람의 나이 차이는 26살이나 됐다. 쑨원의 장남인 쑨커가 쑹칭링과 거의 동년배였다. 쑨원은 그 시절 여느 중국 남성들처럼 일부일처제에 만족할 수 없었던 셈이지만, 쑹자수는 주책이나 다름없는 친구의 요청에 분노를 참지 못하고 절교를 선언했다. 쑹칭링과도 의절했다. 그러나 결혼식을 막을 수는 없었다. 쑹자수는 죽는 순간까지 다시는 두 사람을 만나지 않았다.

쑨원과 결별한 황싱은 1914년 6월 30일 일본을 떠나 미국으로 건너갔다. 그대로 일본에 머무르면 쑨원과의 갈등이 더욱 커질 수 있었기 때문이다. 혁명파의 내분이 외부에 알려진다면 가장 기뻐할 사람은 위안스카이였다. 황싱은 그것만큼은 피하고 싶은 심정이었다. 그러면서도 미국으로 향하는 선상 위에서 "이 넓은 천지에 내 몸을 둘 곳은 어디인가?" 하며 자신의 비참한 신세를 한탄했다. 위안스카이는 황싱 일행이 입국하자마자 체포하여 중국으로 송환해달라고 미국 정부에 요청했다. 미 국무부는 중국 정부의 요청을 받아들여 이들을 체포했지만, 다행히 사법부가 정치적 망명을 받아들이기로 판결을 내린 덕분에 풀려날 수 있었다.

황싱은 중화혁명당이 창설된 직후인 1914년 8월 13일 '구사연구회歐事硏究會'라는 조직을 만들었다. 겉으로는 이름 그대로 유럽에서 벌어진 전쟁을 연구하는 학술 모임이었지만, 실제로는 쑨원의 중화혁명당과는 또 다른, 황싱을 구심점으로 하는 새로운 혁명 조직이었다. 강령에는 "쑨원에 대한 존경을 유지한다", "당파나 노선과 상관없이 인재를 모은다", "무장 혁명을 주된 수단으로 추구하되, 그 밖의 다양한 방법 또한 인정하여 회원들의 뜻을 하나로 모은다"고 명시했다. 중화혁명당이 쑨원에 대한 절대 복종을 요구하고 독선적이었던 것에 견주면 훨씬 포용적이었다. 또한 황싱은 쑨원과 달리 지도자 자리에 오르기를 거부했다. 회원들에게 자신에 대한 맹목적인 숭배를 요구하지도 않았다. 그는 끝까지 혁명의 지도자는 쑨원밖에 없다면서 스스로를 삼갔다. 작은 권력을 놓고 추악한 암투를 벌이던 그 시절에는 보기 드문 모습이었다.

구사연구회의 최초 회원 수는 50명 정도였다. 리례쥔·천중밍·슝커우·청첸 등 엘리트 출신의 지식인들과 해외에서 유학한 장교들이었다. 머릿수는 쑨원의 중화혁명당보다 적지만 혁명에 대한 이해도가 훨씬 높고 사회적인 영향력도 컸다. 어중이떠중이가 모인 중화혁명당에 견주면 황싱의 구사연구회야말로 진정한 의미의 혁명당이었다.

위안스카이의 매국적인 21개조 조약 수락과 칭제에 반발하여 토원전쟁이 일어났을 때 쑨원의 중화혁명당이 위안스카이를 비난하는 성명을 발표한 것 외에는 별다른 역할을 하지 못한 반면, 황싱은 미국·홍콩 등지에서 막대한 군자금을 모아 차이어의 호국군을 아낌없이 지원했다. 차이어와 함께 호국군을 지휘한 리례쥔도 구사연구회 소속이었다. 황싱은 반反위안스카이 세력을 규합하여 위안스카이를 몰락시키는 데 중요한 역할을 했다. 그러나 위안스카이가 죽고 얼마 뒤인 1916년 10월 31일 그동안 쌓인 피로를 이기지 못하고 급사하고 말았다. 그의 나이 겨우 42세였다. 그 뒤 쑨원이 광저우에서 국민당을 재건하자 구사연구회도 흡수되었다.

쑨원에 견주면 황싱은 명성이 부족한 것이 사실이다. 그리고 "사상은 쑨원, 행동은 황싱"이라는 식으로 쑨원의 충실한 행동대장쯤으로 알려져 있다. 그 이유는 역량이 쑨원보다 못해서가 아니라 쑨원의 그림자에 머무르는 데 만족했기 때문이다. 그는 자신보다 8살 많은 쑨원을 손윗사람이자 혁명의 큰형님으로 모셨다. 황싱이 있기에 쑨원 또한 있었다. 혁명의 2인자로서 황싱의 공헌은 결코 작지 않다. 쑨원이 먼저 죽고 황싱이 오래 살았다면 오늘날 중국의 '국부'는 그가 되었을 것이 틀림없다. 그 뒤의 중국 역사도 우리가 아는 것과 완전히 달라졌을지 모른다.

＼일본의 21개조 요구

산둥성에 상륙한 일본군이 3개월에 걸쳐 군사작전을 전개하는 동안 위안스카이는 아무것도 하지 않았다. 일본군이 자오지철도를 멋대로 점령하고 약탈을 일삼으며 철도와 도로를 파괴하는 등 중국의 주권을 침해하는데도 주중 일본 공사에게 항의 한마디 하지 않았다. 일본에는 말 한마디 못하면서 국내 여론을 탄압하기에만 급급했다. 그가 일본에 저자세였던 이유 중 하나는 쑨원 때문이었다. 쑨원이 일본에서 망명 생활을 하자, 위안스카이는 일본과 공연히 대립했다가는 쑨원이 일본을 등에 업고 자신을 타도하러 나설지 모른다고 전전긍긍했다.

쑨원 역시 일본의 협력을 바라고 있었다. 그는 '대아시아주의'라 하여 중국과 일본이 함께 손잡고 구미 열강의 침략에 대항해야 한다고 공공연히 떠들었다. 자국의 정치적인 문제에 외세를 끌어들인다는 것은 무모한 생각이지만, 그때만 해도 쑨원을 비롯한 중국의 많은 지식인들은 일본에 터무니없는 환상을 품고 있었다. 많은 청년들이 구미보다 일본을 배우겠다며 일본 유학에 나선 것도 이런 환상 때문이었다. 국가보다 정권의 안위가 중요한 위안스카이는 쑨원과 일본이 결탁하는 것을 막기 위해서 일본의 횡포를 어느 정도 참고 묵인할 수밖에 없다고 여겼다.

쑨원의 막연한 기대감과 달리 일본은 구미 열강과 똑같은 제국주의 국가였다. 메이지유신을 통해 일본이 근대화에 성공하고 극동에서 가장 강한 나라가 될 수 있었던 것은 자신들의 역량만이 아니라 미국과 영국이 앞장서 도와준 덕분이었다. 영국과 미국은 태평양에서 러시아와 독일의 팽창을 견제할 목적으로 일본을 도왔다. 이들의 원조가 아니었다면 일본은 러일전쟁에서 승리하지 못했을 것이다. 일본은 이들의 울타리를 지키는 '번견番犬'이었다. 그러나 일본의 야심은 이 정도에 머무르지 않고 구미 열강과 어깨를 나란히 하는 강국이 되기를 바랐다. 1910년에 조선을 강제로 병합한 일본은 러시아와 미국을 육해군의 가상의 적으로 삼아서 군사력을 확충했다.

청일전쟁 때 7개 사단을 보유했던 육군은 러일전쟁 때는 13개 사단, 1914년에는 19개 사단으로 늘어났다. 전시에는 50개 사단으로 확대할 계획이었다. 해군은 1910년 3월에 요코스카해군공창橫須賀海軍工廠에서 일본 최초의 세미 드레드노트급 전함 사쓰마薩摩(배수량 1만 9,000톤, 305mm 주포 4문)를 건조한 뒤, 1912년에는 드레드노트급 전함 가와치와 동형함 셋쓰를 내놓는 등 꾸준히 신형 전함을 건조했다. 1차대전이 시작되었을 때 일본의 해군력은 전통적인 해군 강국인 영국·미국·독일·프랑스와 어깨를 나란히 할 정도였다.

그러나 군비 증강은 군부의 욕심만 앞세웠을 뿐 일본의 현실을 무시했다. 재정적인 부담은 물론이고 대다수 국민들은 극심한 생활고에 시달려야 했다. 게다가 러일전쟁 시기의 막대한 전비 소요와 22억 엔에 이르는 거액의 채권은 일본을 파산 직전으로 내몰았다. 일본 정부는 끝없는 증세로 국민들을 쥐어짰지만, 재정 균형을 맞추기에는 어림도 없었다. 일본이 자랑하는 근대화란 정치가와 자본가, 군인들을 위한 것이었다. 대다수 국민들의 삶은 에도 막부 시절보다도 궁핍했다. 그럼에도 군부는 군비를 더 늘리고 중국을 새로운 식민지로 삼겠다는 허황된 야심을 품었다.

일본은 1차대전으로 유럽의 관심이 극동에서 멀어진 것을 기회 삼아 본격적인 중국 침략에 나섰다. 산둥성의 독일 조차지를 점령하여 침략의 첫 발판을 마련한 일본은 위안스카이에게 '21개조 요구'를 전달했다. 중국에 대한 21개조 요구는 5개 항목과 21개의 세부 요구 조건으로 이루어졌다. 주된 내용은 일본의 권익을 더욱 확대하겠다는 것이었다.

첫째, 독일의 자오저우만 식민지에 대한 권익을 일본이 승계하는 것과 산둥성에 대한 배타적 권리를 인정할 것.

둘째, 뤼순·다롄 등 랴오둥반도의 조차권을 99년 연장하고 만주와 내몽골에 대한 배타적 권리를 인정할 것.

셋째, 중국 최대의 철강기업인 한야평공사漢冶萍公司의 배타적 권리를 인정할 것.

넷째, 일본의 동의 없이 중국의 영토를 제3국에 할양하지 말 것.

다섯째, 정치·재정·군사 고문으로 일본인을 초빙할 것과 중국 내지에서의 일본인 토지 소유를 인정할 것, 치안 유지에 일본인을 활용할 것 등.

1915년 1월 18일, 일본 외상 가토 다카아키는 21개조 요구 사항을 중국 주재 일본 공사 히오키 에키日置益를 통해 위안스카이에게 전했다. 외교문서를 중국 외교부가 아닌 대총통에게 직접 건넨 것은 국제외교의 관례를 무시한 처사이자, 중국을 일본과 대등한 국가로 보지 않는다는 의미이기도 했다. 특히 21개 조항은 10여 년 전 고종을 핍박하여 조선을 보호국으로 전락시킨 '을사늑약'의 재현이었다.

위안스카이도 충격을 받았다. 그는 즉시 각료들을 모아 회의를 열었다. 그러나 뾰족한 대책은 없었다. 육군총장 돤치루이는 "설령 전쟁을 하는 일이 있더라도 일본의 요구를 수락해서는 안 된다"고 기세등등하게 말했다. 그러나 위안스카이가 "일본과 싸운다면 승산은 있는가?"라고 묻자 "사흘이면 전멸할 것"이라며 말꼬리를 흐렸다. 물론 일본이 아무리 강하다 해도 돤치루이의 말은 터무니없는 과장이었다. 청일전쟁의 트라우마와 일본에 대한 두려움이 중국 관료들의 뼛속까지 박혀 있었기 때문이다.

위안스카이는 일단 회답을 늦추었다. 적당히 넘기기에는 사안이 너무 심각했다. 자칫 화약고에 불을 붙이는 꼴이 될 수 있었다. 대신 국내외 언론에 슬쩍 흘려서 여론몰이를 하는 한편, 각 성 정부에 전보를 보내 일본과의 전쟁을 각오해야 한다고 지시했다. 물론 정말로 싸울 생각은 없지만 일본과의 협상을 조금이라도 유리하게 끌어보려는 지연전술이었다. 중국 각계각층에서 비난 여론이 들끓었다. 전국에서 반일 시위가 열리고, 일본에 유학 중이던 학생들은 동맹휴학과 대일 단교를 외쳤다. 위안스카이가 미국과 영국 정부에 일본이 21개조 요구를 철회하도록 압박해달라고 요청하자 이들 국가도 일본을 비난하고 나섰다. 심지어 황싱도 "국가가 있어야 정치가 있다. 외침에 맞서기 위해서는 국내 문제를 뒤로 미루고 서로 단결해야 하지 않겠는가!" 하면서 모든 혁명 활동을 중단하고 위안스카이에게 협력할 것을 호소했다.

반면 쑨원은 일본이 21개조를 요구한 것은 위안스카이가 자초한 결과이며 결국에는 일본에 굴복할 것이니 그가 원하는 대로 놀아날 필요가 없다고 못을 박았다. "그의 매국적인 간계가 중도에 누설되었지만, 만약 누설되지 않았다면 국민들이 알지도 못하는 사이에 국가를 일본에 팔아먹었을 것이다. 그런 매국노를 제거하지 않으면 우리는 외적의 침략을 막을 수 없을 것이다."

쑨원의 시큰둥한 반응은 위안스카이에 대한 오랜 불신에서 나왔지만, 그렇다고 자신이 직접 일본을 상대로 21개조 취하를 요구하거나 배일운동에 나선 것도 아니었다. 일본 정부의 보호를 받고 있던 그로서는 괜히 나섰다가 찍히고 싶지 않았기 때문이다. 오히려 뒤로 일본과 몰래 교섭하여 위안스카이를 타도하는 데 지원을 받는 대가로 각종 특권을 제안했다. 이 사실을 안 황싱이 "호랑이를 몰아내겠다고 늑대를 부르는 짓을 해서는 안 된다"며 경고하기도 했다. 쑨원의 이중적인 행태는 많은 지지자들을 실망시켰다. 제 이익을 위하여 외세의 앞잡이 노릇을 하기는 쑨원이나 위안스카이나 다를 바 없었다.

위안스카이는 들끓는 여론을 등에 업고 일본과 교섭을 시작했다. 위안스카이의 여론 공작은 실제로 국제사회에서 일본의 입장을 곤란하게 만들었다. 일본은 중국 쪽 대표에게 의도적으로 기밀을 누설했다면서 따졌다. 만약 위안스카이가 국내외의 유리한 분위기를 이끌고 외세의 부당한 요구에 맞서겠다는 강한 의지가 있었다면 일본도 결국 물러나야 했을 것이다. 그러나 진짜 속셈은 따로 있었다. 일본의 요구 조건을 수락하되, 자신이 황제가 되는 데 힘을 빌릴 생각이었다.

＼옥좌에 오르다

우창봉기가 일어난 이래 위안스카이는 운수 대통이었다. 흠차대신에 내각 총리가 되고 임시 총통을 거쳐서 대총통이 되었다. 조정에서 살얼음 밟듯 노심초사하면서 만주족의 비위를 맞출 때가 언제였나 싶을 정도였다. 그런 점에서 혁명의 최대 수혜자는 위안스카이였다. 혁명이 아니었다면 이런 벼락출세가 가당할 일이던가. 거추장스러웠던 국회는 해산했고, 어용 세력을 앞세워 만든 가짜 헌법은 위안스카이가 죽을 때까지 대총통으로서의 지위와 무제한 권력을 보장했다. 쑨원·

황싱 등 혁명파 지도자들은 중국 밖으로 달아났다. 입헌파의 거두 량치차오는 위안스카이에게 고분고분했다. 더 이상 위안스카이를 위협하는 자는 어디에도 없었다. 중국 전체가 그의 무릎 앞에 머리를 조아렸다.

집안에서는 처첩이 10명에 자녀가 32명나 되었다. 그의 권세는 이미 황제나 다름없었다. 하지만 그 정도로는 만족할 수 없었다. 위안스카이가 출세하자 수족이었던 돤치루이와 펑궈장 등 부하들의 위세도 덩달아 커지면서 이제는 위안스카이조차 함부로 대할 수 없을 정도였기 때문이다. 그가 살아 있는 동안에야 별 문제가 없겠지만, 죽고 나면 어떻게 나올 것인가. 자신의 자리를 놓고 서로에게 총부리를 들이댈 것이 불 보듯 뻔했다. 위안스카이는 모처럼 얻은 부귀영화를 자기 대에서 끝내고 싶지 않았다.

위안스카이의 장남 위안커딩袁克定은 다른 건 몰라도 놀기 좋아하고 방탕한 것만큼은 위안스카이의 젊은 시절을 쏙 빼닮았다. 그는 제 분수도 모르고 아버지를 제위로 올린 다음 황태자가 되어 천하를 통치하겠다는 허황된 야심을 품고 있었다. 그런데 얼마 전 말을 타다가 떨어져 큰 부상을 입었다. 이 때문에 평생 절름발이가 되었다. 위안스카이는 치료도 받게 할 겸 그를 중국 사절로 임명하여 독일에 보냈다.

독일에서는 카이저 빌헬름 2세가 유럽에서 가장 대표적인 군국주의자이자 전제군주로서 한창 위세 등등하게 철권통치를 펼치고 있었다. 위안스카이로서는 자신의 롤 모델인 셈이었다. 카이저가 접견 자리에서 "중국도 황제가 통치해야 강해질 수 있다"고 하자 위안커딩은 감격한 나머지 눈물까지 흘렸다. 위안스카이도 귀국한 위안커딩에게 그 말을 듣고 기뻐서 어쩔 줄 몰라 했다. 얼마나 듣고 싶었던 말인가. 그동안 주변의 눈치를 보느라 차마 결심하지 못하고 있던 그는 드디어 본색을 드러낼 기회를 잡고 본격적으로 옥좌에 앉을 준비에 착수했다.

1914년 12월 13일, 위안스카이는 베이징 교외에서 공자를 모시는 제사를 성대하게 거행했다. 그 자리에서 측근들은 사전 각본대로 국가를 위해서는 하루빨리 황제에 즉위해야 한다고 떠들었다. 그 자리에는 위안커딩도 있었다. 평소 아버지가 유별날 만큼 미신을 좋아한다는 사실을 잘 아는 그는 "점쟁이가 말하기를 올해는 운수가 대통한 해라고 합니다. 고향에 있는 선조의 묘 주변에 등나무가 새로 자랐는데, 길이가 1장(3미터)이 넘고 그 모습이 마치 용이 웅크린 형상과 같다고 합니다" 따위의 허황된 소리를 지껄였다. 위안스카이는 크게 기뻐했다. 어떤 천문학자는 며칠 동안 천문을 보았더니 황제의 별이 대총통의 고향인 허난성의 하늘에 갑자기 나타났으며, 한 달 뒤에는 베이징으로 올 것이니 그 전에 옥좌에 올라야 한다고 아첨을 떨기도 했다.

위안커딩은 위안스카이의 눈과 귀를 속이는 일도 서슴지 않았다. 베이징에는 『순천시보順天時報』라는 신문이 있었다. 소유주가 일본인이기 때문에 위안커딩도 마음대로 할 수 없었다. 정부의 말을 앵무새처럼 옮기는 여느 어용 신문들과 달리 비교적 객관적인 논조를 유지했기에 위안스카이는 아침마다 이 신문을 즐겨 읽었다. 위안커딩은 가짜 『순천시보』를 만들어서 불리한 기사는 쏙 빼버리고 "온 나라가 군주제를 옹호한다" 따위의 내용을 매일 집어넣었다. 위안스카이는 아들이 조작한 거짓 기사인 줄도 모르고 그것을 민심이라 착각하면서 즐거워했다.

난징에 있던 펑궈장이 부랴부랴 베이징으로 올라왔다. 그는 위안스카이를 찾아가서 황제가 될 생각이냐고 따지듯이 물었다. 위안스카이는 딱 잡아뗐다. "내 나이가 올해로 벌써 58세이다. 지금까지 우리 집안에는 60세를 넘긴 사람이 없다. 내가 황제가 된들 얼마나 살겠는가. 더구나 내 아들들은 하나같이 어리석은데, 누구한테 보위를 물려준단 말인가.” 펑궈장은 만족스러운 듯 난징으로 돌아갔다. 그러나 위안스카이는 그가 떠나자마자 “저자가 감히 내 앞길을 막으려 하다니!” 하며 투덜거렸다. 위안스카이는 면전에서는 군권을 쥔 부하들의 눈치를 보면서 뒤로는 측근들을 앞세워 즉위를 위한 준비를 착착 진행했다. 그는 자신의 미국인 정치고문 굿나우^{Frank Johnson Goodnow}를 시켜 『공화와 군주론』이라는 어용 서적을 발간하게 했다. 굿나우는 저명한 교수였지만 위안스카이의 사주를 받아 “중국은 공화제를 펼 수 있는 수준에 도달하지 못해 군주제가 어울린다”고 주장했다.

1915년 8월 14일에는 옌푸^{嚴復}·양두^{楊度}·류스페이^{劉師培} 등 6명의 명망 있는 학자들을 불러모아 ‘주안회^{籌安會}’라는 조직을 만들었다. 사람들은 이들을 ‘주안 육공자’라고 일컬었다. 주안회는 말하자면 위안스카이 황제 만들기 대책본부였다. 주안 육공자는 “신해혁명에서 공화제를 실시한 것은 성급했다. 굿나우 박사도 군주제가 공화제보다 우수하며 중국은 군주제를 해야 한다더라” 따위의 소리를 늘어놓으며 여론몰이를 했다. 이들의 사주를 받아 중국 전역에서 별의별 해괴한 단체들이 뒤를 이었다. 매음굴의 포주들이 발족한 ‘기녀청원단’, 거지 우두머리가 만든 ‘거지청원단’도 있었다. 전국 각지에서 공화제 폐지와 군주제 부활을 외치는 서명운동이 벌어졌다. 양두는 위안커딩을 ‘당태종 이세민’과 견주면서 입에 발린 말을 늘어놓았다. 이세민이 아버지 이연을 보위에 올리고 당 왕조의 개국공신이 되었으니, 위안커딩 또한 제2의 이세민이 되어 아버지를 도와서 위안씨의 왕조를 열라는 얘기였다.

위안스카이는 부하들에게도 충성 경쟁을 시켰다. 그동안 군주제에 관심이 없던 사람들조차 위안스카이의 눈 밖에 나지 않으려면 군주제를 외칠 수밖에 없었다. 전국의 독군들과 군 사령관들은 "중국의 체제는 군주제가 마땅하다"는 성명서를 발표했다.

이 정신 나간 짓거리에 모두가 동조한 것은 아니었다. 대표적인 사람이 진보당*의 영수였던 량치차오였다. 량치차오는 그동안 캉유웨이와 함께 입헌군주제를 옹호해왔으니 위안스카이의 즉위운동에 가장 앞장서야 마땅한 사람이었다. 하지만 그가 보기에 지금은 때가 아니었다. 일본이 '21개조'라는 부당한 요구로 중국을 압박하는 상황에서 위안스카이가 일본과 맞서는 대신 오히려 굴복하고 보위에 오른다면 여론이 뭐라고 할 것인가. 사리사욕에 눈먼 나머지 나라를 외세에 팔아먹었다고 하지 않겠는가.

그러나 량치차오의 쓴소리가 위안스카이에게 먹힐 리 없었다. 그는 대총통을 버리고 황제가 된다면 파국이 닥칠 것이라며 "피눈물을 흘리며 충언한다"고 몇 번이나 편지를 썼지만 위안스카이의 눈 밖에 났을 뿐이다. 한때 위안스카이를 중국의 희망으로 여겼던 량치차오는 크게 실망한 나머지 등을 돌리고 베이징을 떠났다. 그 와중에 웃지 못할 해프닝도 있었다. 군주제가 부활한다는 소식을 들은 청조의 일부 유신들이 푸이 복위운동에 나선 것이다. 위안스카이는 눈치 없이 남의 밥그릇에 달려드는 그들을 호되게 탄압함으로써 다시는 엉뚱한 생각을 못하게 했다.

영국·일본·프랑스 같은 열강은 자국의 이익을 침해받지 않는다면 중국이 군주제를 하건 공화제를 하건 아무래도 좋다는 쪽이었다. 위

---

* 1913년 5월 공화당, 통일당, 민주당이 합당해 만든 연합 정당. 위안스카이의 어용 정당이었다.

안스카이는 드디어 마지막 작업에 들어갔다. 10월 10일, 참정원에서 전국 대표들이 모여 군주제의 부활을 결정하는 투표를 실시했다. 말만 전국 대표이지, 위안스카이가 사전에 뽑아둔 사람들이었다. 1,993명이 투표에 참석하여 1,993명이 찬성했다. 단 한 표의 반대도 없는 만장일치였다. 12월 11일, 양두는 이 결과를 근거로 국민의 뜻이라며 위안스카이에게 황제에 즉위할 것을 주청했다. 옆에서는 위안커딩이 "점쟁이가 12월 12일과 13일이 가장 좋은 길일이라고 하니 놓쳐서는 안 된다"며 바람을 넣었다.

그러나 돌다리도 두드려보고 건너는 성격인 위안스카이는 서두르지 않았다. 그는 덥석 받아 무는 대신 겸양의 예를 발휘하여 마음에도 없는 말을 했다. "나는 공화제를 지지하겠다고 맹세한 사람이다. 그러한 내가 제위에 오른다면 어찌 마음이 편하겠는가. 차라리 다른 사람을 추대하라." 이날 오후 즉위를 촉구하는 문서가 다시 올라왔다. 위안스카이는 그제야 마지못해 수락한다는 뜻을 밝혔다. 1915년 12월 13일, 위안스카이가 그토록 원하던 황제 즉위식이 자금성 태화전에서 성대하게 열렸다. 젊은 시절의 방탕아가 이제는 만인지상의 자리에 오른 것이다.

중국의 국명은 중화민국에서 중화제국으로 바뀌었다. 대총통부가 있는 베이징 중난하이는 신화궁新華宮으로 바뀌었다. 연호도 신해혁명 이래 사용하던 민국 대신에 1916년 1월 1일을 홍헌 원년洪憲 元年으로 삼았다. 중국 역사에서는 '홍헌 제제'라고 일컫는다. 홍은 명나라를 건국한 태조 주원장의 시호인 홍무제洪武帝에서 가져오고, 헌은 '입헌'에서 가져온 것이다. 명목상으로는 입헌군주제였다. 하지만 실제로는 전제군주제였다. 속으로는 전제 황제가 되고 싶으면서도 여론의 눈치를 보느라 이도 저도 아니게 모호하게 구는 것이 위안스카이의 방식

●— 황제가 되어 용포를 입은 위안스카이. 시곗바늘을 되돌리려는 그의 허황된 욕심은 중국에 큰 해를 끼쳤을 뿐 아니라 자신마저 망쳤다.

이었다. 이런 우유부단함은 위안스카이뿐만 아니라 조정에서 살아남기 위해 만주족 귀족들의 비위를 맞추는 데 익숙해야 했던 한족 관료들의 흔한 모습이기도 했다.

위안스카이가 1년 동안 '황제 쇼'에 쓴 돈은 6,000만 위안에 달했다.

현재 가치로 환산하면 3억 달러가 넘는다. 대부분 열강에게 빌린 차관이었다. 황제가 된 그가 맨 처음 한 일은 자금성에 있는 청나라 황제 집무실인 태화전의 개축이었다. 8개의 기둥에 금박을 입히고 사방의 벽은 유리로 덮었다. 개축 비용만 470만 위안이었다. 또한 자신이 옥좌를 화려하게 장식하는 데 8만 5,000위안, 즉위식에 입을 황제의 용포 두 벌을 제작하는 데 70만 위안을 썼다. 그러나 단꿈은 오래가지 않았다. 위안스카이 타도를 외치는 목소리가 전국 각지로 확산되었기 때문이다. 여기에 앞장선 사람은 량치차오와 전 윈난 도독 차이어였다.

토원전쟁

＼일본, 대륙 침략에 나서다

위안스카이가 군주제 부활 운동에 혈안이 되어 있던 1915년 5월 7일, 일본의 최후통첩이 떨어졌다. 베이징 주재 일본 공사 히오키 에키는 "50시간 안에 만족스러운 대답이 없으면 필요한 수단을 강구하겠다"며 중국 외교부를 위협했다. 21개조 요구를 수락하든가, 아니면 전쟁이었다. 4개월 동안의 교섭이 지지부진한 가운데 더 이상 시간을 끌면 열강이 간섭에 나설지도 모른다고 판단했기 때문이다.

일본은 위안스카이를 더욱 압박하기 위해 중국 앞바다에 해군을 출동시켜 무력시위를 벌였다. 창장 입구에는 1만 6,000톤의 세미 드레드노트급 전함 가시마鹿島, 수상기 모함 와카미야마루를 비롯한 제3함대가, 베이징 북쪽의 요충지 친황다오秦皇島에는 러일전쟁 때 러시아 해군에서 노획한 1만 3,500톤급의 전함 스오周防, 사카미相模, 방호순양함 지요다千代田 등이 포진한 채 막강한 위용을 자랑하면서 명령만 떨어지면 언제라도 포문을 열겠다는 태세를 갖추었다.

육지에서는 랴오둥반도에 주둔한 관동군 제13사단과 제17사단, 조선의 제9사단이 출동 준비를 마쳤다. 산둥반도에는 제18사단이 배치되었다. 또한 톈진의 일본 조계에는 의화단의 난 이래 지나주둔군支那駐屯軍 사령부가 있었다. 약 1,500명 병력의 지나주둔군은 베이징과 톈진·친황다오·산하이관 등 베이징 주변의 요충지에 주둔하며 일본공사관과 조계의 경비를 맡았다. 이 지나주둔군이 22년 뒤 '7·7사변(루거우차오사변)'을 일으켜 중일전쟁의 막을 여는 장본인이다. 상하이와 난징·즈장芷江·충칭·우한 등 중국 연해와 내륙 각지의 도시에도 조계 경비를 명목으로 일본군이 주둔했다. 모두 합하면 6만 명이 넘었다. 중국의 목줄을 꽉 쥐고 있는 셈이었다.

일본의 협박은 전례 없이 중국 민중의 감정에 불을 붙였다. 전국에서 21개조에 반대하는 시위가 날마다 열렸다. 황싱도 국가의 위기 앞에서 이견은 일단 제쳐두고 위안스카이를 중심으로 4억 인민이 단결하자면서 거국일치를 주장할 정도였다. 위안스카이가 사생결단의 각오로 일본에 맞서기로 결심했다면 결과와 상관없이 중국 역사에 길이 남을 민족의 영웅이 되었을 것이다.

그러나 그에게는 그런 결단력이 없었다. 앞장서 국난을 헤쳐나가기보다는 위안씨의 왕조를 열고 자손 대대로 부귀영화를 누리겠다는 허황된 욕심만 있었다. 측근들도 다르지 않았다. 누구 한 사람 일전을 각오하는 마음으로 일본에 맞서려 하지 않았다. 히오키 에키가 위안스카이의 속내를 모를 리 없었다. 그는 위안스카이에게 교섭에 성의를 보여준다면 황제로 즉위하는 데 지원을 아끼지 않을 것이라고 부추겼다. 영국 공사 존 조던은 본국 정부가 유럽의 전쟁으로 당장 개입할 처지가 못 되니, 일단은 일본의 요구를 받아들이는 수밖에 없다고 권유했다.

5월 9일, 위안스카이는 일본의 5개 항목 21개조 요구 중 마지막 제5호의 정치·군사 고문에 일본인을 임명하는 것 등 7개 조항만 빼고 나머지 14개 조항을 수락하기로 동의했다. 5월 25일에 중일조약이 정식으로 체결되고, 6월 8일에는 비준서를 교환했다. 자신의 야심에만 눈먼 나머지 나라를 팔아먹은 셈이다.

민중의 분노는 위안스카이를 향했다. 중국 전역은 물론이고 동남아와 일본, 구미 등지에서도 화교들과 유학생들이 위안스카이를 비난하는 시위를 벌였다. 한커우의 일본 조계에서는 격분한 중국인 학생들이 일본인 상점을 파괴하고 일본인들을 공격하자 일본 육전대가 폭동 진압을 빌미로 출동하기도 했다. 일본 상품을 불매하고 무기를 구입하여 일본에 대항하자는 저축운동이 전개되었다. 중국에서 반反외세 시위가 처음은 아니지만, 예전에는 서구 열강의 제국주의 행태를 싸잡아 비난했다면 이번에는 일본 한 나라에 모든 비난이 집중됐다는 점에서 중국 사회의 반일 감정과 민족주의가 유례없이 고조되었다. 그러나 위안스카이는 오히려 일본에 사죄하면서 배일운동이나 혁명당에 동조하는 행동은 반역으로 간주하고 철저히 단속하라고 지시했다.

일본에 맞서기 위해 거국일치를 호소하고 위안스카이에 대한 협력을 제안한 바 있는 황싱은 또 한 번 뒤통수를 맞았다. 그는 구사연구회 회원들과 함께 위안스카이의 매국 외교를 비난하는 성명을 발표했다. "정부는 4억 동포의 중요한 부탁을 받았음에도 무턱대고 굴복했다. 21개조 조약이 성립되었으니 국가의 운명이 다했다." 그는 중국 안팎의 혁명 세력에게 연합을 호소했다. 쑨원에게도 편지를 보내 합작을 제안했다. 쑨원도 찬성하면서 황싱에게 어서 일본으로 돌아와 같이 힘을 모으자고 했다. 2차 혁명이 실패한 뒤 한동안 사분오열했던 혁명파는 모처럼 다시 뭉쳤다. 량치차오를 비롯해 그동안 중립을 지키던 온건파 지도자들도 동참하면서 반위안스카이 세력은 나날이 힘을 더해갔다.

＼토원의 기치를 올리다

량치차오와 함께 위안스카이 타도의 기치를 올린 사람은 중국에서 가장 걸출한 전략가이자 그의 옛 제자이기도 한 소위장군昭威將軍 차이어였다. 사대부 출신인 캉유웨이나 량치차오와 달리 후난성의 가난한 농가에서 태어난 그는 어릴 때부터 총명하고 학문을 매우 좋아했다. 16세가 되었을 때 창사에서 창사시무학당長沙時務學堂이 설립되었다. 창사시무학당은 량치차오·탄쓰퉁 등 변법파 지사들이 설립한 후난성 최초의 신식 학교였다. 차이어는 우수한 성적으로 창사시무학당에 합격했다. 입학생 40명 중 제일 어렸다. 학당의 총교습을 맡고 있던 량치차오는 차이어보다 9살 많은 25세였다. 차이어는 량치차오를 통해 근대 학문을 배웠으며, 자기가 살고 있는 좁은 울타리를 넘어서 세계 정세와 중국의 앞날에 관심을 기울이게 되었다.

얼마 뒤 무술변법이 실패하여 캉유웨이와 량치차오가 일본으로 도망치는 사건이 일어났다. 차이어는 그 뒤를 따르기로 결심했다. 변법파에 동정적이었던 후광 총독 장즈둥의 도움을 받아 유학길에 나선 그는 서생이었던 스승과 달리 군인의 길을 걷기로 결심하고 일본 육군사관학교 기병과에 입학했다. 이때 차이어와 함께 동문수학하면서 친분을 쌓은 생도 중에는 훗날 지나파견군 총사령관을 지내는 오카무라 야스지岡村寧次, 중국 특무기관장으로 만주국 건설에 참여한 도이하라 겐지土肥原賢二, 만주사변의 주모자 가운데 한 사람인 이타가키 세이시로^{板垣征四郎}도 있었다. 차이어는 몸은 허약했지만 강인한 의지로 일본 육사를 매우 우수한 성적으로 졸업했고, 중국 장교 중에서 으뜸이라 할 만큼 명성을 떨쳤다.

차이어의 이름은 중국에도 잘 알려져 있었기에 너도나도 이 보기 드문 인재를 초빙하려고 안달이었다. 그는 후난무비학당의 교관과 광시육군소학당 총판, 광시신군 참모처 총판 등을 거쳐 신해혁명 직전에는 윈난 육군 제19진 제37협의 통령이 되었다. 그의 나이 겨우 29세로, 그때 기준에서 보더라도 대단한 출세였다. 차이어보다 9살 위인 우페이푸가 연대장에 불과했고, 한 살 많은 펑위샹이 대대장, 4살 어린 장제스는 무관무직의 유학생이었다. 훗날 중국을 호령하는 군웅과 비교해도 엄청나게 앞서간 셈이다.

우창에서 반청혁명이 일어나자 그 소식을 들은 차이어는 동참하기로 결심했다. 그는 1911년 10월 30일 윈난육군강무당 총판 리건위안^{李根源}·탕지야오 등과 함께 무장 반란을 일으켜 쿤밍을 점령하고 윈구이 총독^{雲貴總督}* 리징시^{李經羲}를 체포했다. 그리고 윈난 도독에 올라 윈난성의 독립을 선언했다. 후난성과 샨시성, 장시성, 산시성의 뒤를 이어 신해혁명에 참여한 다섯 번째 성이었다. 차이어는 또한 탕지야오를 시켜 구이저우성^{貴州省}을 점령하게 했다. 윈난성의 군정대권을 장악한 그는 중국에서도 가장 가난한 윈난성의 내정을 개혁하여 재정을 충실히 했으며 치안과 행정을 안정시켰다. 청조 시절 중앙의 지원을 받고도 해마다 100만 냥 이상의 적자를 내던 윈난성의 재정은 1년 만에 흑자로 돌아섰다. 다른 성들이 극심한 혼란에서 벗어나지 못하고 행정 경험이 없는 군인 출신 도독들이 함부로 재정을 낭비하던 행태

---

* 윈난성과 구이저우성을 통치하면서 행정과 군사를 총괄하는 최고위 지방장관.

에 견주면 놀라운 성과였다. 차이어가 직접 훈련한 윈난군은 편제와 무기, 장비를 충실하게 갖추어 북양 6진에 견줄 만큼 최강이었다.

2차 혁명이 일어났을 때 차이어는 쑨원과 위안스카이 어느 편에 설지 갈등했다. 그는 위안스카이와 맞서던 장시 도독 리례쥔과도 개인적인 친분이 있어서 처지가 매우 난처했다. 따라서 정치에 군대를 동원하는 것을 단호하게 반대하면서 중립을 선언하고 다른 성의 도독들에게도 관여하지 말 것을 호소했다.

그러나 내전이 시작되자 차이어는 고민 끝에 위안스카이 편에 서기로 했다. 그는 군대를 출동시켜 쓰촨성의 혁명군을 공격하고 충칭을 점령했다. 쑨원의 2차 혁명은 실패로 끝났다. 차이어는 새로운 혁명전쟁으로 나라를 또다시 혼란에 빠뜨리기보다는 중국의 평화와 안정이 더 중요하다고 여겼다. 위안스카이는 그런 차이어를 쑨원 이상의 위험한 존재로 여겼다. 그는 주변 사람들에게 "식견과 명석함에서 따를 자가 없다. 황싱과 쑹자오런 두 사람을 합해도 차이어에게는 미치지 못할 것"이라고 평가했다.

위안스카이는 궁리 끝에 1914년 6월 30일 베이징에 장군부將軍府라는 조직을 만들었다. 장군부는 대총통 직속의 최고 군사고문기관이었다. 명목상으로는 군사 지식과 경험이 풍부한 군사 전문가들을 초빙하여 대총통에게 조언과 의견을 제공했다. 매달 2만 위안에 달하는 거액의 봉급과 장군의 호칭, 작위까지 하사했다. 그러나 진짜 목적은 잠재적인 위험인물들을 베이징에 가둬놓고 실권 없는 지위와 안락한 생활을 제공함으로써 딴생각을 품지 못하게 만들기 위함이었다.

차이어는 윈난성을 탕지야오에게 맡기고 베이징으로 갔다. 량치차오는 위안스카이에게 차이어를 새로운 총리대신으로 추천했다. 그렇지만 사람 다루는 방법만큼은 타의 추종을 불허했던 위안스카이에게도 24살이나 어린 젊은 장군이 호락호락하지 않았다. 길들일 수 없으면 가둬둘 수밖에 없었다. 차이어는 대우는 극진하지만 실권 없는 한직을 맡은 채 철저한 감시를 받았다.

위안스카이가 칭제운동을 하면서 제위에 오를 준비를 하자 량치차오는 차이어를 찾아가 속내를 토로했다. 그는 위안스카이를 고대 한나라의 외척으로 나라를 찬탈했던 왕망王莽에 비유하면서 이 일을 막을 수 있는 사람은 차이어밖에 없으며, 윈난성으로 돌아가 군대를 동원하라고 말했다. 군인은 중앙 정치에 결코 관여해서는 안 된다고 여기던 차이어도 량치차오의 설득에 마음을 바꾸었다. 두 사람은 비밀리에 군사 봉기를 준비했다. 위안스카이는 수상한 낌새를 맡고 부하들을 보내 차이어의 집을 강제로 수색했지만, 기민한 차이어가 철저하게 대비했기에 아무런 증거도 찾지 못했다.

하루라도 빨리 호랑이 아가리에서 벗어나야겠다고 결심한 차이어는 위안스카이를 찾아가 병을 핑계로 휴가를 청했다. 위안스카이는 즉위 준비에 여념이 없었으므로 깊이 생각하지 않고 흔쾌히 승낙했다. 1915년 12월 2일, 차이어는 베이징을 떠나 일본으로 갔다. 그리고 감시자들을 따돌리고 홍콩과 베트남을 거쳐 보름 뒤인 12월 19일에는 자신의 근거지 윈난성으로 들어가는 데 성공했다. 그 옆에는 전 장시 도독이자 구사연구회 소속의 리례쥔도 있었다. 황싱은 미국·일본·홍콩 등지에서 모은 은화 수만 냥의 군자금을 리례쥔을 통해 전달했다. 뒤늦게 속았다는 사실을 깨달은 위안스카이는 부랴부랴 윈난 도독 탕지야오에게 전보를 보내 차이어를 체포하라고 지시했다. 별도로 암살단까지 보냈지만 탕지야오는 오히려 차이어를 보호했고, 차이어는 무사히 쿤밍에 도착했다.

12월 21일 밤, 차이어와 탕지야오·리례쥔 주재로 윈난군의 주요 지휘관 39명이 한자리에 모여서 군사회의를 열었다. 차이어는 공화제가 군주제로 돌아가는 것을 막기 위해서 중화민국 4억 민중을 대표하여 군대를 일으키고 위안스카이를 토벌하겠다고 선언했다. "강성한 위안스카이를 상대로 우리가 중국의 한구석을 근거지로 삼아 대항하겠다는 것은 희망 없는 싸움입니다. 그러나 무릎 꿇고 살기보다는 차라리 목이 잘려서 죽는 쪽이 나을 것입니다." 비분강개한 차이어의 연설에 여러 지휘관이 호응하면서 그 자리에서 그를 토벌군의 총사령관에 추대했다. 탕지야오는 차이어에게 윈난 도독 자리를 되돌려주고 후방에 남으라고 권했지만, 차이어는 일언지하에 거절하고 진두지휘를 맡았다. 군대의 이름은 '호국군護國軍'이었다. 군주제를 반대하고 국가체제(공화제)를 수호한다는 의미였다.

1915년 12월 25일, 차이어는 군대를 이끌고 출전했다. 병력은 셋으로 나누었다. 차이어가 지휘하는 제1군이 쓰촨성으로 북상하고, 리례쥔의 제2군은 동쪽의 광시성으로 진군했다. 탕지야오의 제3군은 윈난성에 남아서 후방을 맡았다. 총병력은 2만 명. 실질적 주력부대인 차이어의 제1군은 3,000여 명에 불과했다. 급히 거병하다보니 무기와 장비, 군량도 충실하다고 할 수는 없었지만 사기는 충천했다.

그중에는 중국 현대사에서 빼놓을 수 없는 중요한 인물도 있었다. 본명은 주다이전朱代珍으로, 훗날 마오쩌둥과 함께 공산혁명을 일으켜 중국 인민해방군의 총사령관이 되는 주더朱德였다. 쓰촨성 출신인 그는 윈난강무당을 졸업했으며, 윈난군 제10연대장을 맡아 중국-베트남 국경의 경비를 담당하고 있었다. 차이어는 탁월한 기량을 갖춘 그를 급히 쿤밍으로 불러 제3지대장을 맡겼다. 그때 주더의 나이 30세로 차이어보다 4살 아래였다. "위안스카이가 중화민국을 배반하여 스스로 국가원수의 자격을 상실한 이상 군대를 일으켜 토벌할 수밖에

●— 출전을 앞둔 호국군 지휘관들. 왼쪽부터 제1군 비서장 리러가이李曰垓, 제2군 총사령관 리례쥔,
제1군 총사령관 차이어, 제1군 참의 잉청환殷承瓛, 제1군 총참모장 뤄페이진羅佩金.

없다"는 격문이 중국 전역으로 일제히 발송되었다. '토원전쟁' 또는
'호국전쟁護國戰爭'의 시작이었다. 위안스카이가 옥좌에 앉은 지 12일
만의 일이었다.

＼위안스카이의 반격

꿈에도 그리던 옥좌에 앉은 위안스카이는 단꿈에 빠졌다. 그러나 조
정 관료로서 처세술에는 능해도 유방이나 주원장처럼 한 왕조의 창시
자답게 시대의 흐름을 읽고 새로운 세상을 열 만한 인물은 아니었다.
모처럼 얻은 부귀영화를 자손만대 물려주겠다는 욕심에 눈이 멀었을
뿐이다. 그는 억지나 다름없는 방법으로 황제가 되긴 했지만 주변의
시선과 여론에 늘 전전긍긍했다. 12월 21일에는 심복 288명에게 공
작이니 백작이니 하는 거창한 작위를 나눠주고 귀족으로 봉했다. 부

총통 리위안훙에게는 귀한 보물과 함께 딸을 보내 강제로 사돈까지 맺고 '무의친왕武義親王'이라는 거창한 칭호를 내렸다. 그러나 리위안훙은 책봉을 거절하고 국무회의에도 참석하지 않은 채 자기 집에 틀어박혔다.

국무경國務卿 쉬스창마저 위안스카이의 신하가 될 수는 없다며 사직서를 내고 고향으로 내려가버렸다. 그 자리에는 위안스카이를 대신하여 실질적으로 북양군을 좌지우지하던 돤치루이가 임명되었다. 국무경이란 국회를 해산한 위안스카이가 1914년 5월 1일 정부 내각을 대신해서 만든 정사당政事堂의 수장으로 국무총리에 해당한다. 그러나 대총통이 내리는 지시를 일방적으로 받들 뿐, 실제 권한은 없었다. 얼굴마담에 지나지 않는 직책이었다.

야심만만한 돤치루이가 그런 허울뿐인 자리에 만족할 리 없었다. 그는 위안스카이가 자신의 반대를 무릅쓰고 일본의 21개조 요구를 수락했으며 군주제를 부활시켰다는 이유로 직위를 던지고 고향으로 가버렸다. 이를 괘씸하게 여긴 위안스카이는 창장 순열사長江巡閱使 장쉰張勳, 펑톈 장군 돤즈구이, 광둥 장군 룽지광에게는 공작의 작위를 하사했지만 돤치루이에게는 아무 직위도 내리지 않았다. 또 한 명의 심복인 장쑤 장군江蘇將軍 펑궈장은 '북양 3걸'의 한 사람으로 돤치루이와 쌍벽을 이루는 북양군 제일의 장군이었다. 그는 난징에 주둔하면서 남방을 감시하는 중책을 맡고 있었다. 그런데 위안스카이는 그가 군주제를 반대했다는 이유로 불쾌하게 여기면서 허울뿐인 공작 작위만 내리고 중앙으로 불러들이거나 승진시키지 않았다. 펑궈장과 돤치루이에게는 위안스카이가 죽으면 그 뒤를 이어서 자신이 대총통이 되겠다는 허황된 욕심이 있었다. 그런데 위안스카이가 황제가 되어 무능하고 인망도 없는 위안커딩에게 옥좌를 물려주겠다고 하니 가만있을 리 없었다.

　북양군의 지지를 받아 권력자가 된 위안스카이가 제 자식이나 다름없는 북양군과 대립한다는 사실은 그의 정권이 얼마나 취약했는지를 보여준다. 위안스카이는 혹시나 자신의 칭제가 다른 열강의 심기를 불편하게 하지 않을까 지레 겁을 먹고 외교문서를 보낼 때는 반드시 국호를 '중화제국'이 아니라 '중화민국'이라고 썼다. 그리고 자신을 황제가 아닌 대총통이라 칭했다. 그는 베이징에서만 황제였다. 중국은 중화민국도 아니고 중화제국도 아니면서 동시에 두 가지 모두이기도 했다. 중국 내의 외국계 신문들은 위안스카이를 '황제 총통'이라 부르면서 "도대체 총통이냐, 황제냐?" 하며 그의 소심한 모습을 비꼬았다.

　차이어가 윈난성에서 거병했다는 보고가 곧 베이징으로 올라왔다. 위안스카이도 그제야 정신이 번쩍 들었다. 차이어는 변변한 무력과 토대가 없는 쑨원이나 황싱과는 감히 비할 바가 아니었다. 그는 일본 육사를 졸업한 중국 제일의 명장이며 휘하에 강력한 군대까지 있었다. 그가 혁명파와 손을 잡는다면 그 파괴력은 상상조차 할 수 없었다. 하지만 그러면서도 위안스카이는 차이어가 반란을 일으킨 이유를 이해할 수 없어서 어리둥절해했다. 자신은 왕망이나 조조처럼 임금을 억지로 내쫓고 그 자리를 빼앗은 것이 아니다. 본래부터 권좌는 내 것이 아니었던가. 천하의 민심이 나더러 제위에 오를 것을 간청했기에 천명을 받들어 허울에 불과한 공화제를 군주제로 바꾸었을 뿐이다. 그 밖에 뭐가 달라졌다는 말인가. 적어도 위안스카이는 그렇게 믿었다. 그의 착각은 그동안 위안커딩이 민심이니 천심이니 하면서 부추기고 가짜 『순천시보』까지 만들어 속인 탓이었다. 그렇지만 위안스카이 스스로도 황제의 용포를 입고 옥좌에 앉고 싶다는 헛된 욕심이 있었던 것도 분명한 사실이다.

　차이어의 배신에 분노한 위안스카이는 "은혜도 모르고 하늘과 백성의 뜻도 모른다"고 격분하며 토벌을 명령했다. 제아무리 차이어의 윈난군이 남방의 강병이라고 해도 북양의 정예부대에 견줄 수는 없었다. 게다가 겨우 여기까지 왔는데, 위안스카이 입장에서는 체면 때문에라도 차이어에게 굴복하여 꼬리를 내릴 수는 없었다. 12월 29일, 위안스카이는 반란군에 가담한 자들의 모든 직위를 박탈한다고 선언했다. 그리고 자기 집무실인 신화궁에 '윈난정벌군무처'를 설치했다. 반란 토벌의 총사령부였다.

　토벌군도 호국군과 마찬가지로 3개 부대로 편성되었다. 제1로군 사령관은 장시성 난창에 주둔한 제6사단장 겸 간베이 진수사贛北鎮守使 마지쩡馬継增이었다. 그는 의화단의 난 때 광서제와 서태후의 호위를 맡아 시안까지 안전하게 모신 적이 있었다. 군인으로서의 역량은 뛰어나지 않지만 우직하고 충성심이 믿을 만했다. 위안스카이는 그에게 직접 군도를 하사하면서 반란군을 토벌하고 차이어를 붙잡아 베이징으로 압송해오라고 격려했다. 제1로군은 제6사단과 제20사단, 제7혼성여단으로 편성되었다. 징한철도를 따라 남하해서 장시성과 후난성, 구이저우성을 거쳐 윈난성 동북쪽으로 진군할 계획이었다. 병력은 약 2만 6,000명이었다.

　주력부대인 제2로군의 사령관은 베이징에 주둔한 제7사단장 장징야오張敬堯였다. 35세의 젊은 장군으로 바오딩육군군관학교를 졸업했으며, 청말 신건육군 시절부터 위안스카이와 함께해온 심복 중의 심복이었다. 이전 해에는 허난성과 산시성, 후베이성 일대를 뒤흔든 백랑의 난을 진압하는 데 큰 공을 세웠다. 쑨원의 2차 혁명에서는 장시성으로 진군하여 리례쥔의 혁명군을 제압하는 등 전쟁 경험이 풍부했다. 제2로군은 북양군 최강 부대인 제3사단, 제7사단, 제8사단 등으로 편성되었다. 병력은 약 4만 5,000명. 징한철도를 따라 남하하여 쓰촨성으로 들어간 뒤 쓰촨 장군 천환陳宦이 지휘하는 쓰촨군 2개 사단, 3개 혼성여단 등 약 3만 명의 병력과 합세하여 윈난성 북쪽으로 진군할 계획이었다.

별동대로서 광둥군 제1사단을 제3로군으로 편성했다. 이들은 서쪽으로 진격하여 리례쥔이 지휘하는 호국군 제2군을 격파한 다음 윈난성 동쪽을 침공하여 제1, 제2로군과 함께 세 방향에서 쿤밍을 포위 공격할 계획이었다. 사령관은 '임무장군臨武將軍' 룽진광龍覲光이었다. 그는 윈난성의 소수민족 중 하나인 하니족哈尼族 출신으로, 청조 시절에는 현령縣令을 지낸 구식 관료였다. 토비들이나 상대했을 뿐 군사교육을 받거나 전쟁을 경험한 적은 없었다.

총사령관은 제3사단장 겸 호위장군虎威將軍 차오쿤이었다. 훗날 중국의 대총통이 되는 그는 리훙장의 톈진무비학당을 졸업했다. 청일전쟁 중에는 쑹칭의 의군에서 초관(소대장)으로 압록강과 만주에서 일본군을 상대로 용맹을 떨쳤다. 이후 위안스카이 휘하에서 신건육군의 대대장을 맡아 그의 눈에 들면서 가장 충성스러운 부하가 되었다. 신해혁명 때 위안스카이가 황제의 퇴위를 강요하자 반발한 일부 만주 귀족들이 팔기군을 동원하여 쿠데타를 일으키려 했다. 위안스카이는 재빨리 차오쿤의 제3사단으로 베이징과 자금성을 장악하고 만주족의 손발을 묶은 다음 푸이를 끌어내렸다. 차오쿤의 지위와 위세는 '북양 3걸'이라 불리는 육군총장 왕스전, 국무경 돤치루이, 장쑤 장군 펑궈장과도 맞먹을 정도였다.

토벌군은 10만 명으로, 호국군을 압도하는 전력이었다. 위안스카이는 주변 사람들에게 반란군 따위는 당장 평정될 것이라며 큰소리쳤다. 그러나 여기저기에서 끌어모은 혼성부대이고 현지 지형에 어두운 데다 태반이 오합지졸이었다. 머릿수가 많다고 해서 반드시 유리하다고 할 수는 없었다. 반면, 차이어가 직접 양성한 윈난군은 결속력이 강하고 훈련과 규율도 매우 우수했다. 백랑의 난에서 북양군이 싸우는 모습을 관전했던 차이어는 "윈난군 1개 사단이면 북양군 10개 사단을 능히 이길 자신이 있다"고 자신만만하게 말하기도 했다.

1916년 1월 1일은 위안스카이가 제제帝制를 선언한 이래 '홍헌'의 연호를 공식적으로 사용한 첫날이었다. 그는 신화궁에서 청조 시절의 전통적인 관례에 따라 문무백관들의 신년 하례를 받았다. 그러나 베이징과 톈진의 분위기는 냉랭하기 이를 데 없었다. 새해를 축하하지도 않았고 거리에 중화제국의 깃발이 내걸리지도 않았다. 열강 역시 위안스카이를 황제라고 부르지 않았다. 본국이나 중국 외교부에 보내는 공문서에도 '홍헌 원년' 대신 이전처럼 '민국 5년'이라고 썼다. 중화제국은 국제사회 어디에서도 인정받지 못하는 존재였다.

그나마 위안스카이가 믿을 곳이라고는 일본뿐이었다. 일본은 21개조 요구를 수락하는 대가로 모든 지원을 아끼지 않겠다고 약속하지 않았던가. 지금이야말로 일본의 도움을 받아야 할 때라고 생각한 위안스카이는 농상부 총장農商總長 저우쯔치周自齊를 특사로 도쿄에 파견하기로 했다. 메이지 천황의 뒤를 이은 다이쇼 천황의 즉위를 축하한다는 명목이었지만 눈 가리고 아웅하는 격이었다. 다이쇼 천황은 1912년 7월 30일에 즉위했으니 벌써 3년 반이나 지난 일이었다. 즉위 축하를 핑계로 일본과 밀실에서 야합해보려는 속셈이었다.

그러나 이 사실을 안 열강들이 가만있지 않았다. 위안스카이가 일본과 지나치게 밀착할 경우 중국에서의 세력균형이 무너질 수 있기 때문이었다. 베이징의 각국 공사관은 수단과 방법을 다하여 정보를 수집했다. 저우쯔치가 출발하기 직전 프랑스공사관은 위안스카이의 측근을 매수하여 밀약 내용을 알아내는 데 성공했다. 그 내용은 뭇사람들의 상상을 뛰어넘는 천인공노할 만한 것이었다.

1. 지린성과 펑톈성의 사법권을 일본에 양도한다.
2. 진푸철도*의 경영권을 일본에 양도한다.
3. 톈진과 산둥성의 해안선을 일본에 양도한다.
4. 중국 재정과 군사 고문으로 일본인을 초빙한다.
5. 중국의 병기창과 무기 공급을 중일 양국이 합작 경영한다.

일본이 '21개조 요구'에서도 감히 하지 못한 일들이었다. 위안스카이는 그 대가로 중국의 내란 진압에 일본의 도움을 받겠다는 속셈이었다. 나라를 일본에 넘기겠다는 말과 다를 바 없었다. 그의 머릿속은 어떻게든 옥좌를 지켜서 자손만대까지 물려주겠다는 일념뿐이었다. 이 사실을 알아낸 프랑스공사관에서 언론에 슬쩍 흘려 만천하에 폭로하자 당장 여론의 분노가 폭발했다. 위안스카이는 물론이고 일본 정부마저 난처한 처지에 놓였다. 처음에는 특사 파견을 환영하던 일본도 1월 15일 갑자기 태도를 바꾸어 저우쯔치의 방문을 거절한다고 통보했다. 또한 비밀이 누설된 것은 위안스카이의 잘못이라며 강력하게 항의했다. 위안스카이의 체면은 땅에 떨어졌고 일본의 힘을 빌리려던 희망도 사라졌다. 중국 국내의 복잡한 정세만 열강에 알려준 꼴이 되었다. 위안스카이를 통해 중국 지도자들이 얼마나 나약하고 이기적인

---

* 톈진과 난징을 연결하는 1,017킬로미터의 철도. 징한철도와 함께 중국을 남북으로 관통하는 대동맥에 해당한다.

지 새삼 절감한 일본은 중국을 더욱 경멸했으며, 중국 침략에서 이러한 약점을 악용하게 된다.

╲ 남방의 혈전

1915년 12월 27일 새벽, 차이어가 이끄는 호국군 제1군이 쿤밍을 출발해 북쪽으로 진군했다. 첫 번째 목표는 쓰촨성 남부의 요충지 이빈宜賓이었다. 쓰촨성의 성도인 청두에서 정남쪽으로 약 300킬로미터 떨어진 도시이다. 그는 이빈을 점령한 다음 루저우瀘州와 충칭을 지나 후베이성의 우창으로 진격할 생각이었다. 그런데 리례쥔의 제2군은 준비 부족으로 출전이 늦어지면서 두 달이나 지난 뒤인 2월 20일에야 출동할 수 있었다. 차이어의 병력은 3,000여 명에 불과했고, 군비와 탄약, 식량도 겨우 2개월 치뿐이었다. 반면 위안스카이의 군사력은 쓰촨성의 병력만 해도 3만 명이 넘었다. 변방의 1개 성이 중국 전체를 상대로 싸우는 것이니 달걀로 바위 치기나 다름없었다.

이듬해 1월 5일, 차오쿤이 지휘하는 중앙의 대군이 베이징을 출발했다. 이들은 열차를 타고 징한철도를 따라 남하해서 우한에 당도한 후 둘로 갈라졌다. 제1로군은 난창에서 서진하여 후난성의 웨저우岳州를 거쳐 구이저우성으로 진격했다. 제2로군은 쓰촨성으로 들어가서 충칭을 거쳐 윈난성을 향하여 남하했다. 그사이 차이어는 1월 16일 접경지대를 돌파하고 쓰촨성을 침공했다. 쓰촨 장군 천환은 중앙군이 도착하기 전까지 호국군의 북상을 막을 의무가 있었지만 싸울 의욕이 없었다. 그는 베이징에 있을 때 차이어와 교류한 적이 있고 차이어의 기개나 역량도 잘 알고 있었다. 오합지졸에 불과한 쓰촨군으로 차이어를 상대로 이길 자신도 없을뿐더러, 어차피 죽어라 싸운들 그 공은 차오쿤이 차지할 게 뻔했다. 차이어는 천환에게 밀전을 보내 위안스카이와 결별하고 쓰촨성의 독립을 선언하라고 선동했다. 사령관이 어느 쪽에 붙을지 갈등하고 있으니 부하들 또한 의욕이 있을 리 없었다.

1월 17일, 이빈 서남쪽에서 호국군과 우샹전伍祥禎의 쓰촨군 제4혼성여단 사이에 첫 전투가 벌어졌다. 차이어는 제1지대로 적진을 정면에서 공격하게 한 다음, 야간을 틈타 제2, 제3지대가 우회하여 측면을 기습했다. 불의의 공격을 받은 쓰촨군은 혼란에 빠진 채 퇴각했다. 21일 이빈은 호국군의 손에 넘어갔다. 우샹전은 병력을 수습하여 이빈 탈환에 나섰지만 차이어의 호된 반격에 다시 한 번 참패하고 달아났다.

차이어가 거병한 지 꼭 한 달 만인 1월 27일에는 구이저우 호군사護軍使* 류셴스劉顯世가 구이저우성의 독립을 선언하고 호국군에 가세했다. 반위안스카이 연합에 동참한 첫 번째 성이었다. 류셴스는 구이저우군 제1연대장 왕원화王文華에게 3개 연대를 주고 후난성으로 진군시켰다. 또한 구이저우 순안사巡按使** 다이칸戴戡에게도 2개 연대를 주어 쓰촨성 동남부를 침공하게 했다. 31일에는 이빈 북동쪽 루저우의 방어 부대 중 하나인 쓰촨군 제2사단장 류쩐호우劉存厚가 반란을 일으켰다. 그는 3,000명의 병력을 거느리고 차이어에게 투항했다. 차이어의 병력은 5,000명 이상으로 늘어났고 사기는 더욱 높아졌다.

차이어는 여세를 몰아 루저우를 포위했다. 루저우는 충칭과 구이저우성·윈난성을 연결하는 교통의 요충지였기에 반드시 차지해야 할 곳이었다. 그는 루저우를 단숨에 점령할 생각으로 맹렬한 공격을 퍼부었다. 함락을 눈앞에 두고 있을 때 북양군 제3사단 선봉부대가 도

---

* 중화민국 초기의 관직으로 군사적 요충지의 방어와 군무를 책임진 지방 군사령관.
** 중화민국 초기의 관직으로 성의 민정을 맡은 장관. 위안스카이가 죽은 뒤 관제 개편에 따라 성장으로 바뀐다.

착했다. 병력은 2개 대대에 불과했지만 지휘관은 북양군 제일의 명장이며 중국 전역에 명성을 떨치는 우페이푸였다. 차이어에게는 호적수라 할 만했다.

우페이푸는 전선에 도착하자마자 위험을 무릅쓰고 몸소 최일선까지 나가 적진을 정찰했다. 그는 류쩐호우의 쓰촨군이 토비들의 무리라 규율도 없으며 적군의 아킬레스건이라는 사실을 간파했다. 그는 결사대를 조직해서 이들과 함께 쓰촨군의 진지를 향해 착검 돌격했다. 총탄이 빗발치듯 쏟아졌지만 아랑곳하지 않고 류쩐호우의 진영에 들어간 뒤 백병전을 벌였다. 우페이푸의 병사들이 소수였음에도 미친 듯이 총검과 대도를 휘두르자, 오합지졸에 불과한 쓰촨군 병사들은 붕괴하여 사방으로 흩어졌다.

우페이푸는 승리를 거두었지만 그렇다고 호국군 전체가 붕괴한 것은 아니었다. 차이어는 당황하지 않고 신속하게 전열을 정비한 뒤 반격에 나섰다. 우페이푸는 간신히 혈로를 뚫고 루저우로 물러났다. 그의 용전 덕분에 루저우 점령을 눈앞에 두고 있던 호국군은 많은 손실을 입었고 작전에도 심각한 차질이 빚어졌다. 게다가 차오쿤의 주력 부대가 코앞까지 온 이상 더는 루저우에 매달릴 형편이 아니었다. 차이어는 포위를 풀고 10킬로미터나 남쪽으로 후퇴하여 유리한 고지를 장악한 다음 방어 태세를 갖추었다. 전세는 매우 불리했다. 그러나 일본 육사에서 공부한 차이어는 일본군의 기습 전술을 이용했다. 호국군 병사들은 쓰촨성 특유의 험한 지형지물과 연일 쏟아지는 비를 이용해서 5, 6명이 한 조가 되어 큰길 주변에 숨어 있다가 행군 중인 적의 대열을 향해 총을 쏘거나 야습에 나섰다. 현지 지형과 풍토에 익숙지 못한 북방의 병사들에게는 고통의 연속이었다.

차오쿤은 청말의 전형적인 관료 출신답게 상전의 비위는 맞출 줄 알아도 대군을 지휘하거나 근대적인 작전을 세우는 능력은 없었다. 그는 지형지물을 따지지도 않고 적의 공격을 받기 쉬운 곳에 병력을 아무렇게나 밀집시켰다. 차이어는 기회를 놓치지 않고 맹렬한 포격과 기관총 사격을 집중하여 막대한 피해를 입혔다. 우페이푸가 소수의 기병을 이끌고 적진을 돌파하여 구원하지 않았다면 차오쿤은 그대로 죽은 목숨이었을 것이다. 죽다 살아난 차오쿤은 "이제부터 전투는 모두 우페이푸에게 일임한다"고 말한 뒤 후방으로 달아났다. 북양군이 속속 도착하면서 쓰촨군까지 합하면 토벌군은 7만 명이나 되는 대군으로 불어났다. 2월 14일부터 쓰촨군 제1사단과 북양군 제3사단을 중심으로 토벌군의 대대적인 공세가 시작되었다.

차이어의 방어도 만만치 않았다. 치열한 일진일퇴 끝에 2월 20일 전선은 일시적으로 교착상태가 되었다. 그러나 호국군은 수적으로 불리한 데다 탄약과 식량도 거의 바닥났다. 차이어는 쿤밍으로 급히 전보를 보내 "남은 포탄은 겨우 200발에, 탄약도 3분의 1밖에 남지 않았다"면서 지원을 요청했다. 그 와중에 북양군 제16혼성여단이 기습하여 호국군의 병참선을 끊어버렸다. 차이어의 퇴로를 차단한 사람은 펑위샹이었다. 위안스카이는 그 공을 높이 사서 펑위샹에게 남작 작위를 내렸다. 사면초가에 몰린 차이어는 3월 8일 전군에 퇴각 명령을 내렸다. 북양군도 추격에 나섰지만 호국군의 교묘한 지연전술과 험준한 지형에 가로막혀 전진은 지지부진했다.

한편, 1월 27일 왕원화가 지휘하는 구이저우군이 후난성을 침공했다. 구이저우군 제1연대가 2월 2일 접경지대의 작은 마을 라오황老晃과 황저우晃州를 점령했다. 또한 북양군 제5혼성여단을 격파하고 우공관蜈蚣關을 점령했다. 13일에는 위안저우沅州가 함락되었다. 제1로군 사령관 마지쩡은 연전연패 보고에다 현지의 일부 부대가 반란을 일으켜 적군에게 투항하는 일까지 벌어지자 울화가 치민 나머지 스스로 목숨을 끊었다. 왕원화는 여세를 몰아 훙장洪江·징쉬엔靖縣·쑤이닝綏寧 등 후난성 서남부를 점령하면서 파죽지세로 진격했다. 3월 15일 북양군 제6사단이 반격하여 구이저우군을 격퇴했지만 양쪽 모두 더는 전진할 수 없어 교착상태에 빠졌다.

리례쥔의 호국군 제2군은 2월 20일 쿤밍을 출발하여 3월 초 광시성 접경지대에 도착했다. 때마침 룽진광이 지휘하는 광둥-광시성의 토벌군 8,000여 명도 윈난성을 향해 진군 중이었다. 양군은 푸닝富寧·광난廣南 일대에서 충돌했다. 쌍방의 전력은 백중지세여서, 며칠에 걸쳐 일진일퇴의 치열한 혈전이 벌어졌다.

그런데 뜻밖의 사건이 일어났다. 3월 12일 광시군이 반란을 일으켜 룽진광을 체포하고 광둥군을 무장해제한 것이다. 15일 영무장군寧武將軍 루룽팅은 광시성의 독립과 호국군에 가담할 것을 선언했다. 이 때문에 토벌군의 제3로군은 변변히 싸우지도 못한 채 와해되고 말았다. 세 방향에서 차이어를 포위 공격하겠다는 위안스카이의 전략 한 축이 무너진 것이었다. 이 사건은 위안스카이에게 치명타였다. 위안스카이는 차이어의 호국군을 수세로 몰아붙이고 있었기에 반란이 곧 진압되리라 안심하던 차였다. 그런데 루룽팅을 시작으로 전국의 성이 차례로 반기를 들면서 전세가 단숨에 뒤집어졌다. 위안스카이의 제국은 뿌리부터 흔들리게 되었다.

14

간웅 죽다

＼백일천하의 꿈

량치차오는 차이어와 위안스카이 타도 거사를 처음 의논할 때 "윈난성이 일어서면 한 달 안에 구이저우성이 따를 것이고, 두 달 뒤에는 광시성이 호응할 것이다. 두 성의 군대로 쓰촨성을 무찌르고 광시성의 병력으로 광둥성을 공략한다. 양로의 군대가 후베이성의 우한에서 집결하여 북상한다면 중원을 평정할 것이다"라고 장담했다. 차이어는 "실패하면 죽음이 있을 뿐입니다"라면서 결의를 다졌다. 량치차오는 난징의 펑궈장을 찾아가서 공화제 부활에 앞장서달라고 설득했다. 펑궈장도 그동안 위안스카이에게 불만이 많았기에 그 자리에서 찬성했다. 광시 도독 루룽팅에게도 밀서를 보내 위안스카이와 손을 끊고 혁명에 동참하기를 촉구했다.

그러나 전쟁이 시작되자 상황은 량치차오의 생각대로 돌아가지 않았다. 쓰촨성과 후난성으로 진격한 호국군은 점점 수세에 몰렸다. 구이저우성을 빼고는 전국에서 호응하는 움직임도 없었다. 압도적인 북양군의 공세에 차이어는 악전고투했다. 이대로라면 패전은 시간문제였다.

량치차오는 직접 윈난성으로 가기로 결심했다. 3월 4일, 그는 일본 국적의 배를 타고 홍콩으로 갔다. 그리고 광시성을 거쳐 윈난성으로 들어가려 했지만 위안스카이의 감시가 너무 심해서 광시성으로 들어갈 수 없었다. 한편, 량치차오의 편지를 읽은 루룽팅은 호국군이 자신의 영토를 향해 진격하는 상황에서 위안스카이의 야심 때문에 자기가 피해를 볼 이유는 전혀 없다고 생각했다. 위안스카이와 결별하기로 결심한 그는 광시성의 독립을 선언하고 광시 호국군 총사령관이 되었다. 량치차오가 광시성의 성도 난닝에 도착한 것은 4월 4일이었다.

물론 한 줌밖에 안 되는 호국군에 서남 여러 성의 지방 군대가 가세한다고 해서 군사력이 압도적인 위안스카이가 밀릴 이유는 없었다. 그런데 진압군은 공격만 하면 쉽게 이길 수 있는데도 진군을 멈추고 더 이상 싸우려 들지 않았다. 병사들에게 지급할 군비가 없었기 때문이다. 돈을 받지 못하면 싸울 이유도 없다. 이것이 청말의 군사 개혁에도 불구하고 국민 군대로 거듭나지 못한 채, 봉건시대의 용병 군대에 머물러 있는 중국군의 현실이었다. 바꿔 말해 군비부터 지급하면 간단하게 해결될 문제이지만 위안스카이는 해결할 방도가 없었다. 베이징 정부의 재정은 파산 상태였기 때문이다.

일본도 더 이상 우호적이지 않았다. 오쿠마 시게노부 내각은 중국의 정세가 심상치 않으며 위안스카이 정권이 위태롭다는 사실을 깨달았다. 그리하여 3월 7일에 열린 각료회의에서 위안스카이의 제제 포기를 요구하기로 결정했다. 그리고 위안스카이 앞으로 "국가의 권위가 실추되고 민심이 이반되는 상황에서 더 이상 제제를 고집하는 것은 국내의 불안을 야기할 뿐 양국의 친선에도 도움이 되지 않으며 유리할 것이 없다"는 국서를 보냈다. 심지어 제제를 포기하지 않으면 당장 군대를 보내 위안스카이를 공격하겠다는 협박도 서슴지 않았다.

진퇴양난에 놓인 위안스카이는 반란군을 하루라도 빨리 진압하기 위해서 돤치루이와 펑궈장에게 전보를 보내 군대를 맡아달라고 부탁했다. 그러나 베이징 교외의 자기 집에 틀어박혀 두문불출하던 돤치루이는 "중병에 걸려서 불가합니다"라고 대답했으며, 난징의 펑궈장도 똑같은 답신을 보내왔다. 위안스카이는 속이 터질 판이었다. 그렇다고 홧김에 이들을 자리에서 쫓아낸다면 당장 반란을 일으켜 총부리를 들이댈 것이 뻔했다.

집안 문제도 위안스카이의 골칫거리였다. 수십 명이나 되는 처첩과 아들들은 저마다 자신이 황후와 황태자가 되겠다고 온갖 암투를 벌이면서 위안스카이만 보면 서로를 비방했다. 위안스카이가 장남 위안커딩은 다리가 불편하여 황제의 풍채에 걸맞지 않다는 이유로 둘째 아들 위안커원袁克文을 후계자로 삼으려 하자 위안커딩과 위안커원 사이에 큰 싸움이 났다. 17명이나 되는 아들들은 죄다 무능하고 놀기 좋아하는 한량일 뿐, 누구 하나 쓸 만한 재목이 없었다.

어느 날 위안스카이는 평소 읽던 『순천시보』가 가짜 신문이라는 사실을 우연히 알게 되었다. 그제야 '천심'이니 '민심'이니 하는 것들이 죄다 거짓말이라는 사실을 깨달은 그는 당장 위안커딩을 불러서 어찌 된 일인지 추궁했다. 겁에 질린 위안커딩은 머리를 조아리며 아버지를 제위에 올리고 자신은 황태자가 되려 했다고 실토하면서 용서를 빌었다. 분노를 참지 못한 위안스카이는 그를 채찍으로 후려치면서 "네놈이 나를 망치고 나라를 망쳤구나" 하고 호통쳤다. 그렇지만 아들을 혼낸다고 해결될 문제가 아니었다.

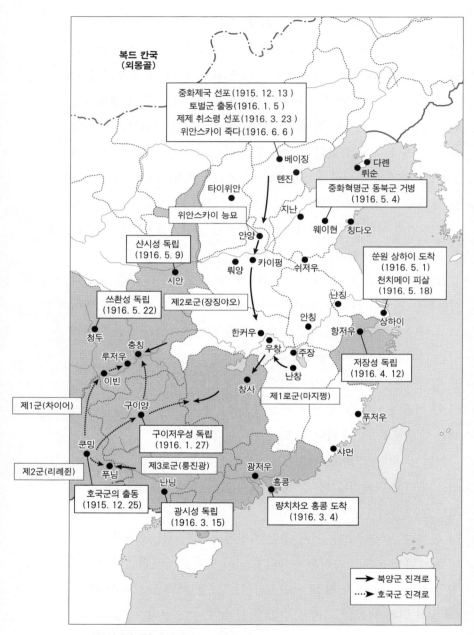

복드 칸국
(외몽골)

중화제국 선포(1915. 12. 13)
토벌군 출동(1916. 1. 5)
제제 취소령 선포(1916. 3. 23)
위안스카이 죽다(1916. 6. 6)

베이징

다롄
뤼순

텐진

타이위안

중화혁명군 동북군 거병
(1916. 5. 4)

위안스카이 능묘

지난

웨이현   칭다오

안양

샨시성 독립
(1916. 5. 9)

뤄양   카이펑   쉬저우

시안

쑨원 상하이 도착
(1916. 5. 1)
천치메이 피살
(1916. 5. 18)

쓰촨성 독립
(1916. 5. 22)

제2로군(장징야오)

난징

안칭

상하이

청두

충칭

한커우

우창   주장

항저우

루저우

저장성 독립
(1916. 4. 12)

이빈

제1군(차이어)

구이양

창사   난창

제1로군(마지쩡)

구이저우성 독립
(1916. 1. 27)

푸저우

쿤밍

제3로군(룽진광)

광저우

샤먼

제2군(리례쥔)

푸닝

난닝   홍콩

호국군의 출동
(1915. 12. 25)

광시성 독립
(1916. 3. 15)

량치차오 홍콩 도착
(1916. 3. 4)

➡ 북양군 진격로
┈▶ 호국군 진격로

●— 호국전쟁과 양측의 진격로(1915년 12월~1916년 7월)

광시성이 독립을 선언한 지 닷새 만인 3월 20일, 장쒸 장군 평궈장, 창장 순열사 겸 정무상장군定武上將軍 장쉰, 창무장군昌武將軍 리춘, 흥무 장군興武將軍 주루이, 진무장군振武將軍 진원평靳雲鵬 등 다섯 명의 상장이 연명으로 "조속히 제제 선언을 취소해야만 서남의 노여움을 가라앉힐 수 있습니다"라며 비밀 전보를 보내왔다. 북양군은 위안스카이가 직접 조직한 군대이고 다섯 상장은 북양군을 지휘하는 최고 사령관으로, 위안스카이 정권을 무력으로 지탱하는 존재였다. 반란군에게 가장 강경해야 할 이들조차 되레 싸우기를 반대하고 굴복을 종용할 정도로 위안스카이 정권은 흔들리고 있었다. 충격을 이기지 못한 위안스카이는 이제는 다 끝났다며 대성통곡했다.

다음 날인 21일, 위안스카이는 정부 각료를 모두 모아서 긴급회의를 열었다. 쉬스창, 돤치루이, 리위안훙 등 그동안 군주제를 반대한 사람들도 참석했다. 위안스카이는 회의 시작과 함께 이렇게 말했다. "즉시 군주제를 없었던 일로 하고 공화제를 부활시키겠다." 일부 각료들은 위안스카이의 비위를 맞출 요량으로 옥좌에서 내려와서는 안 된다며 반대했다. 그러나 위안스카이가 다섯 상장군이 보낸 전문을 보여주자 이들도 입을 다물었다.

끝까지 정신 차리지 못한 사람은 위안커딩이었다. 그는 상소문을 올렸다. "서남의 몇 개 성이 군사를 일으켰다고 폐하께서 물러난다면 그들의 목소리만 더욱 커질 것입니다. 서남이 반발한다지만 북방의 군민들은 잠잠하지 않습니까? 지금은 폐하께서 강한 의지를 보여주는 것이 상책입니다. 서남의 군사들이 북방을 침범한다고 해도 거리가 멀어 베이징까지 쳐들어올 수는 없습니다. 승부는 아직 알 수 없으며, 설령 온 나라를 얻지는 못하더라도 중국의 절반은 남아 있지 않습니까?" 그러나 위안커딩의 주장은 세상 물정 모르는 철부지의 헛소리에 지나지 않았다. 북양군마저 믿을 수 없게 된 상황에서 더 고집을 부려본들 소용이 없다는 사실은 누구보다 위안스카이가 잘 알았다.

3월 23일, 위안스카이는 '제제 취소령撤销帝制令'의 조서를 발표했다. 전국에 전문을 보내 군주제의 철회와 홍헌의 폐지를 공식으로 선언하고 중화민국 5년으로 되돌렸다. 중화제국은 다시 중화민국으로 바뀌었다. 그는 "모든 죄는 나에게 있다"면서 민심의 뜻을 따라 제제를 취소하되, 더 이상의 소란은 용납하지 않겠다고 못박았다. 천하가 시끄러울 때마다 스스로를 꾸짖는 칙서 한 장으로 민심을 무마하려는 행태는 역대 황제들이 써먹은 방법이기도 했다.

위안스카이의 즉위는 자금성에서 성대한 대관식을 치른 지 겨우 101일, 연호를 사용하고 옥좌에 앉아 황제 노릇을 시작한 1월 1일부터 세면 82일 만에 우습기 짝이 없는 해프닝으로 끝났다. 처음부터 하지 않았으면 좋았을 일을 애써 벌인 덕분에 천하만 들쑤셔놓은 꼴이 되었다. 그가 허황된 망상을 품은 데에는 미신도 한몫했다. 젊은 시절부터 사주와 관상이 남다르다는 소리를 수없이 들은 위안스카이는 말년의 출세를 시대가 내린 행운이 아니라 자신의 타고난 운명이라고 생각했다. 게다가 심복들이 너도나도 천명이라며 옥좌에 오를 것을 부추기자 위안스카이는 더욱 마음이 들떴다.

하루는 점쟁이를 불러서 점을 치게 했다. "내가 왕조를 연다면 과연 얼마나 가겠는가?" 점쟁이가 대답했다. "82입니다." 생뚱맞은 대답이었다. 위안스카이는 다시 물었다. "820년인가? 82년인가? 아니면 8년 2개월인가?" 그러나 점쟁이는 천기를 누설할 수 없다며, 아무리 다그쳐도 더는 입을 열지 않았다. 위안스카이는 골똘히 생각해보았다. 왕조가 820년이나 갈 리는 없고, 자신의 위세를 생각하면 8년 2개월 만에 끝날 것 같지는 않았다. 82년이 간다면 적어도 3대는 간다는 말 아닌가. 그렇다면 해볼 만하다는 것이 그의 결론이었다. 물론 믿거나 말거나 한 야사 이야기이지만, 어쨌거나 욕만 실컷 먹다가 82년은 고사하고 82일 만에 끝장날 줄은 위안스카이도 몰랐으리라.

\ "그놈이 나를 망쳤지"

위안스카이는 비록 보위는 포기하더라도 대총통의 권좌에는 그대로 버티고 앉아 있을 심보였다. 일단 예전 상태로 되돌려 어떻게든 수습한 다음, 다시 기회를 노리겠다는 것이 그의 계산이었다. 그러나 오산이었다. 한번 혼란에 빠진 천하의 정세는 좀처럼 수습될 기미가 보이지 않았다.

4월 1일, 위안스카이는 차이어에게 남북 평화회담 개최와 정전을 제안했지만 그의 대답은 냉랭했다.

1. 위안스카이는 당장 자리에서 물러나되, 관용을 베풀어 사형은 면하고 국외로 추방한다.
2. 제제에 적극 가담한 13명은 사형에 처하여 천하의 본보기로 삼는다.
3. 제제 과정에서 쓰인 각종 경비 6,000만 위안은 위안스카이와 그 일당의 재산을 몰수하여 배상한다.
4. 위안스카이의 자손은 3대에 걸쳐 공민권을 박탈한다.
5. 위안스카이가 물러난 뒤 리위안훙이 임시 총통을 맡는다.

위안스카이에게 끝까지 싸우든지 아니면 백기 투항을 하든지 양자택일을 강요한 셈이었다. 물론 위안스카이가 받아들일 리 없었다. 그 와중에 남방의 반란은 걷잡을 수 없이 확대되었다. 4월 6일에는 광둥

장군 룽지광이 광둥성의 독립을 선언했다. 룽지광은 2차 혁명 때 위안스카이에게 충성한 덕분에 광둥성의 주인이 되어 부귀영화를 누렸다. 그러나 광시성이 호국군에 가담함으로써 언제 윈난군과 광시군이 연합하여 광둥성을 침공할지 모를 상황이 되었다. 또한 광둥성은 이전부터 쑨원의 영향력이 컸다. 쑨원은 천중밍 등을 보내 반란을 선동했다. 룽지광은 위안스카이에게 급히 전문으로 중앙군을 파견해달라고 요청했지만, 제 코가 석 자인 위안스카이는 그럴 형편이 아니었다. 위안스카이의 보호를 받을 수 없다고 여긴 룽지광은 자립을 결심했다.

4월 12일에는 저장성에서 반란이 일어나 저장 도독 주루이가 쫓겨나고 독립이 선포되었다. 5월 9일에는 샨시성에서 병변이 일어났다. 위안스카이의 심복 중 하나인 샨시 장군 루젠장이 수하인 샨베이 진수사陝北鎭守使 천수판陳樹藩의 쿠데타로 쫓겨났다. 이제는 북양군조차 분열되는 판이었다. 민심도 등을 돌리면서 각지에서 조세 납부를 거부하고, 연일 위안스카이의 사직을 요구하는 투쟁과 시위가 열렸다.

쑨원은 당무부장 쥐정居正을 다롄으로 보내 국내 혁명 세력과의 연계를 꾀했다. 서남에서 토원전쟁이 일어나자 쥐정은 칭다오를 거쳐 산둥성으로 잠입한 뒤 현지 세력을 선동하여 혁명군을 조직했다. 5월 4일 밤, 쥐정을 총사령관으로 하는 '중화혁명군 동북군'이 거병했다. 첫 번째 목표는 산둥성의 성도 지난과 칭다오 중간에 있는 웨이현濰縣이었다. 이곳은 자오지철도가 통과하는 요충지로, 장수위안張樹元이 지휘하는 북양군 제5사단이 주둔하고 있었다.

혁명군의 수는 1,000여 명에 불과하고 무기라고는 약간의 권총이 전부였지만 북양군의 병영을 향해 과감하게 돌격했다. 허를 찔린 북양군 병사들은 사방으로 흩어졌다. 이들은 그 와중에 은행과 정부 청사를 마구 약탈하고 병영과 시가지에 불을 지른 다음 도망침으로써 북양군의 기강이 얼마나 땅에 떨어졌는지를 보여주었다. 쑨원에게 는 모처럼의 성과였다. 하지만 산둥성을 점령한 혁명군은 어이없게도 '산둥 호국군'이라 칭한 뒤 쑨원과 손을 끊고 자립을 선언했다.

일본에 있던 쑨원은 5월 1일 상하이로 돌아왔다. 그러나 차이어의 호국군을 적극적으로 후원한 황싱과 달리 쑨원은 그를 우군으로 여기 지 않았다. 오히려 차이어가 위안스카이를 타도할 경우 자신의 입지가 줄어들까 우려했다. 혁명은 마땅히 자신과 중화혁명당의 몫이지 다른 사람에게 빼앗길 것이 아니었다. 쑨원은 '토원선언討袁宣言'을 발표하는 한편, 일본에서 모금한 11만 위안의 거금을 상하이에서 활동 중인 천 치메이에게 보내 혁명을 더욱 독려했다. 그런데 그 직후인 5월 18일 뜻밖에도 천치메이가 피살당하는 사건이 벌어졌다.

쑨원보다 12살 아래인 천치메이는 저장성의 부유한 상인 집안 출신 이었다. 경찰 간부가 될 생각으로 도쿄경감학교東京警監學校에서 유학하 던 중 쑨원의 중국동맹회에 가입했다. 이때 장제스를 알게 되었다. 두 사람은 의기투합하여 형제의 결의를 맺었다. 장제스가 처음으로 혁명 에 눈뜨고 동맹회에 가입한 것도 천치메이 덕분이었다. 중국으로 돌 아온 천치메이는 상하이의 비밀결사 조직인 청방에 접근하여 중국동 맹회를 지원하도록 주선했다.

천치메이는 쑨원의 행동대장으로서 각지의 반청봉기를 주도했다. 우창봉기가 일어나 상하이를 해방하고 난징을 공략하여 신해혁명이 성공하는 데 큰 역할을 했다. 그러나 천치메이의 진가는 양지보다 음 지에서 활동할 때 발휘되었다. 그는 혁명의 '더러운 일'을 도맡았다. 혁명에 걸림돌이 되거나 배신한 자는 천치메이가 처리했다. 쑨원은 그를 가리켜 "혁명의 최고 공신"이라고 했으며, 장제스는 "천치메이 가 없었다면 국민당도 없었을 것"이라고 말했다. 누구보다 암살에 능했던 천치메이는 자신도 암살로 최후를 맞이했다.

토원전쟁이 일어났을 때 그는 장제스와 함께 상하이 프랑스 조계에 은신한 채 혁명파 규합에 나섰다. 위안스카이는 천치메이가 쑨원 다음으로 눈엣가시였기에 펑궈장에게 당장 죽이라고 지시했다. 펑궈장은 자기 휘하에 있던 장쭝창張宗昌이라는 자에게 5만 위안의 거금을 주고 그 역할을 맡겼다. 공교롭게도 장쭝창은 천치메이의 옛 부하였다. 그러나 출세욕은 있어도 의리라고는 눈곱만큼도 없던 그는 천치메이의 은신처를 찾아낸 다음 부하를 보내 참혹하게 살해했다. 그 공으로 장쭝창은 장시성 제6혼성여단장에 임명되었다. 장제스는 당장 달려가서 천치메이의 유해를 수습한 뒤 은신처에서 몰래 장례식을 치러줬다. 천치메이는 빈털터리였기에 장례식에 필요한 비용도 동지들이 갹출해서 겨우 마련했을 정도였다. 천치메이의 죽음은 쑨원에게 치명타였지만, 장제스도 실의에 빠진 나머지 한동안 혁명을 떠나 상하이의 뒷골목을 방황했다.

5월 17일, 펑궈장은 아직 반란에 가담하지 않은 전국 17개 성의 대표를 난징에 모아 회의를 열었다. 그는 "새로운 대총통을 선출하되 그동안 지금의 대총통을 '잠시' 인정하자"고 제안했다. 펑궈장은 위안스카이에게 나름의 불만이 있었지만, 사람들이 그를 자리에서 끌어내리는 것을 지켜볼 생각 또한 없었다. 모처럼 위안스카이에게 충성심을 증명할 기회라고 여긴 펑궈장은 대총통 선거를 구실로 시간을 벌어볼 생각이었다. 그런데 뜻밖에도 각 성 대표들이 위안스카이가 당장 자리에서 물러나야 한다고 입을 모으는 바람에 펑궈장이 오히려 궁지에 몰렸다. 당황한 펑궈장은 이들이 위안스카이의 사임 요구를 결의하기 전에 재빨리 회의 중단을 선언하고 군대를 불러서 강제로 해산했다.

5월 22일에는 쓰촨 장군 천환이 독립을 선언하고 호국군에 가담했다. 보고를 받은 위안스카이는 그 자리에서 졸도했다. 잠시 후 정신을 차렸지만 여전히 충격에서 헤어나지 못했다. 위안스카이 정권에서 육군총장을 지낸 천환마저 반란에 가세한 것은 정권이 끝장났다는 얘기였다. 5월 29일에는 후난성이 독립을 선언했다. 5월 말에 이르면 반란에 가담한 성은 10개 성에 달했다. 얼마 전까지 "국가를 위해 하루라도 빨리 제위에 오르셔야 합니다"라며 아첨을 떨던 자들이 안면을 바꾼 채 자리에서 물러나라고 요구했다. 그렇지만 위안스카이가 자초한 일이니 누구를 원망할 수도 없었다.

수많은 처첩과 자식을 거느리고 산해진미를 즐기며 강철 같은 체력을 자랑하던 위안스카이는 실의와 분노를 이기지 못하고 하루아침에 병석에 누워 꼼짝 못하는 신세가 되었다. 울화병이었다. 그의 병명은 신장 기능 이상에 따른 요독증이었다. 주변 사람들은 서양인 의사를 불러 수술을 받으라고 권유했다. 그러나 평소 서양 의술을 불신한데다 자포자기한 위안스카이는 아무리 설득해도 듣지 않았다. 병세는 급격히 악화하여, 먹지도 않지도 못하는 지경에 이르렀다. 죽음을 앞두고 그는 측근들을 불렀다. "나는 어차피 살 가망도 없지만, 설령 병이 낫는다고 해도 고향으로 돌아가 은거할 것이다. 총통은 리위안홍이, 국무총리는 쉬스창이 맡아야 한다."

6월 6일 오전 10시, 희대의 간웅은 회한을 품은 채 눈을 감았다. 그의 나이 58세. 주변 사람들에게 "우리 집안에는 이제껏 60세를 넘긴 사람이 없었다"고 입버릇처럼 말했는데 정말로 그렇게 된 셈이었다. 죽는 순간까지도 분을 이기지 못하고 마지막으로 남긴 말은 "그놈이 나를 망쳤지他害了我"였다. 위안스카이가 말하는 '그놈'은 과연 누구를 가리켰을까. 어쨌거나 자신이 국가와 국민에게 끼친 해악에 대해서는 마지막까지 일말의 반성이나 후회도 없었다. 다음 날 부총통 리위안 홍이 대총통 자리에 올랐다. 중국 전역에 위안스카이의 죽음을 애도하는 조기가 내걸렸다.

장례식은 화려했다. 살아서는 보위에 오르는 데 실패한 위안스카이였지만 죽어서는 머리에 황제의 관을 쓰고, 황제의 옷을 입고, 붉은 신을 신고서 관 속에 들어갔다. 리위안홍을 비롯한 수백 명의 관료들과 장군들이 지켜보는 가운데, 그의 운구를 실은 영구차가 출발할 때는 100발의 예포가 발사되었다. 궁핍한 재정 여건에서도 위안스카이의 장례비로 쓴 돈은 50만 위안이나 되었다. 이 돈은 여러 정부 부처의 금고에서 갹출했다. 그의 시신은 고향인 허난성 안양시 환허洹河 기슭에 안장되었다.

위안커딩은 위안스카이 무덤에 황제의 무덤을 뜻하는 '위안링袁陵'이라는 이름을 붙이려 했지만, 여론을 자극할 수 있다는 돤치루이의 강력한 반대로 마지못해 '위안린袁林'이라고 했다. 그래도 150무(약 3만 평)에 이르는 거대한 규모와 화려함은 황제의 무덤 못지않았다. 주변은 온갖 나무와 꽃으로 장식하고 분묘는 강철 콘크리트를 부어서 만들었다. 훗날 문화대혁명이 일어났을 때 홍위병들이 그의 묘를 다이너마이트로 날려버리려고 했지만 실패했다고 한다.

위안스카이는 생전에 이곳이 자손들이 번창할 명당이라고 여겨 비싼 돈을 주고 사들였다. 그러나 위안커딩은 아버지에게 물려받은 막대한 재산을 흥청망청 날려버렸다. 그는 궁핍하게 살다가 중화인민공화국이 건국된 뒤 베이징 중앙문사관中央文史館(문학연구관)의 사서를 맡아 겨우 먹고살았다. 다른 자손들도 다를 바 없어, 대부분 범용한 인생을 보냈다. 그때부터 지금까지 고관대작이 되거나 중국 정재계에서 크게 성공해 명성을 떨친 사람이 한 명도 없다는 점에서 풍수지리

●— 위안스카이의 화려한 운구 행렬. 살아서는 황제가 될 수 없었지만 장례식만큼은 소원을 성취한 셈이었다.

를 철석같이 믿었던 위안스카이의 기대는 완전히 빗나간 셈이다.

\영걸인가, 간웅인가

위안스카이가 인생의 전성기에 대단한 능력을 가지고 있었음은 의심할 여지가 없다. 동시에 그의 야망이 아주 이기적이었고 간교하며 믿음을 배반하는 자였다는 것 또한 사실이다.

_레지널드 존스턴Reginald Johnston,* 『자금성의 황혼Twilight in the Forbidden City』 중에서

오랫동안 중국 사회에서는 위안스카이를 '절국대도竊國大盜', 즉 나라를 훔친 큰 도둑이라고 평가해왔다. 사람들은 그를 『삼국지』의 대

표적인 폭군 동탁이나 원술 같은 악당으로 여겼다. 그러나 이러한 평가는 객관적이기보다는 정치적 판단이며 한쪽 면만 보는 것이기도 하다. 쑨원을 계승한 국민당은 숙적이었던 위안스카이를 '공화와 민주의 배신자'로 치부했다. 마르크스주의 유물사관을 따르는 중국공산당은 '제국주의의 대리인'으로 규정했다. 워낙 오랫동안 부정적인 시각이 주류를 이루다보니 다른 평가가 들어갈 여지조차 없다. 쑨원을 국부로 신격화하는 것과는 대조적이다. 이들로서는 위안스카이를 조금이라도 호의적으로 평가할 이유가 없지만, 역사란 정치가 아닌 학문의 관점에서 접근해야 하는 법이다. 근래에는 중국 학계 일각에서 위안스카이를 재평가하는 목소리도 나오고 있다.

냉정하게 말하면 위안스카이는 동탁이 아니라 조조에 더 가깝다. 그야말로 "치세의 능신, 난세의 간웅治世之能神 亂世之姦雄"이라는 말이 어울리는 인물이기도 하다. 마지막 2년의 실정을 제외한다면 중국에서 가장 탁월한 정치가였으며, 식견과 역량은 비스마르크나 이토 히로부미에도 견줄 만했다. 위안스카이가 아니었다면 청조는 의화단의 난 때 망했을 것이다. 신해혁명이 제2의 태평천국의 난이 되어 중국을 혼란에 빠뜨리지 않은 것 또한 위안스카이 덕분이었다. 말년에 무리한 욕심만 부리지 않았다면 오늘날 우리는 중국의 국부를 쑨원이 아니라 위안스카이로 기억하고 있을지도 모른다.

위안스카이는 겉으로는 온화하고 남에게 본심을 드러내지 않았지

---

* 스코틀랜드 출신의 학자이자 외교관. 1919년부터 1923년까지 4년 동안 푸이의 스승을 맡았으며 자금성에서 거주한 유일한 외국인이기도 하다. 중국을 떠난 뒤인 1934년 자신의 회고록 『자금성의 황혼』을 썼다. 이탈리아의 영화감독 베르나르도 베르톨루치는 이 책과 푸이의 자술서를 바탕으로 몰락하는 청조의 모습을 영화화했다. 1988년에 개봉하여 아카데미 9개 부문을 휩쓴 〈마지막 황제〉가 그 작품이다.

만, 속으로는 탁월한 처세술과 권모술수를 갖추었다. 30년에 걸쳐 조정에서 다양한 직책을 경험한 그는 리훙장이 죽은 뒤 얼마 지나지 않아 조정의 실권을 장악했다. 청조의 황실 귀족과 수많은 한족 관료들을 통틀어 위안스카이만한 역량을 갖춘 사람은 없었다. 외국에 망명 중이던 지도자들도 다를 바 없었다. 쑨원이나 황싱, 쑹자오런, 량치차오도 정치 경력이나 카리스마·명성·실력 어떤 면에서든 그의 상대가 되지 못했다.

별다른 유혈사태나 저항 없이 신생 중화민국의 초대 대총통이 된 위안스카이는 청조의 유산을 고스란히 물려받았다. 수중에는 북양군이라는 막강한 무력도 있었다. 중국의 안정을 원하는 열강과 국내 여론 역시 그를 지지했다. 중앙의 권위를 지탱하는 유일한 수단이 무력이라는 현실에서 위안스카이를 제외하고는 그 역할을 할 사람이 없었다. 쑨원이 대총통 자리를 순순히 양보한 것도 이 때문이었다.

위안스카이의 초기 치세 2년은 중화민국이 건국된 1912년부터 마오쩌둥이 중국을 통일하는 1949년까지 37년을 통틀어 중국이 안정을 누린 유일한 기간이기도 했다. 그는 청말에 추진되거나 추진될 예정이었던 개혁 정책을 그대로 존속시켰다. 서구와 우호적인 관계를 유지하면서 더 많은 투자를 하게끔 유도했다. 1914년 말을 기준으로 외국의 대對중국 투자액은 약 16억 달러에 달했다. 또한 무상 의무교육의 보급, 현대적인 사법제도 도입, 여성의 전족 금지와 재가 허용 등 봉건 문화 전반에 걸친 변화가 진행되었다. 지난 100여 년 동안 중국 사회를 좀먹었던 가장 큰 병폐인 아편(지방정부와 농민들의 주 수입원이기도 했다)은 엄격하게 금지되어 많은 양귀비밭이 불태워졌다. 아편상들은 체포되거나 외국 조계로 도망쳤다.

쑨원이 뒤늦게 위안스카이의 독재에 반발하여 '2차 혁명'을 일으켰지만 실력에서 열세하고 명분에서도 빈약했던 그를 편드는 세력은 없었다. 쑨원은 비참한 몰골로 달아났다. 쑨원을 몰락시키고 국회를 해산해서 종신 대총통이 되었을 때만 해도 위안스카이의 지위는 확고했다. 그의 위세는 황제와 다르지 않았다.

그럼에도 마지막에 이르러 위안스카이가 몰락한 이유는 무엇일까. 직접적인 원인은 황제가 되어 옥좌에 앉으려 했기 때문이다. 차이어가 윈난성에서 거병했을 때 명분은 '호국護國'이었다. '호국'이란 국체, 즉 공화제를 지키겠다는 뜻이다. 처음에는 대수롭지 않게 여겼던 그의 반란이 중국 전역으로 빠르게 확산되자 위안스카이는 민심의 이반을 깨닫고 백기를 들었다. 그러나 민심이 이반된 이유가 과연 군주제의 부활 때문이었을까. 예컨대 시진핑이 시곗바늘을 되돌려 황제가 되겠다면 그야말로 시대착오적인 생각이며 중국 인민의 격렬한 저항에 부딪힐 것이 틀림없다. 그렇지만 20세기 초반만 해도 보편적인 정치체제는 공화제가 아니라 군주제였다. 영국과 러시아·독일·오스트리아·오스만제국을 비롯해 세르비아·그리스·스페인·네덜란드·벨기에 등 많은 나라에서 군주제가 유지되고 있었다.

또한 명목상으로는 입헌군주제라고 해도 제대로 된 의회정치를 하는 나라는 영국과 유럽의 몇몇 국가뿐이었다. 대부분의 나라에서는 여전히 봉건적인 전제군주가 권력을 전횡했다. 2차대전 이후 독립한 국가들 중에서도 이집트·캄보디아를 비롯해 많은 나라들이 군주제를 선택했다. 2차대전 중 네덜란드와 벨기에 왕실은 나라를 버리고 해외로 망명했지만 전쟁이 끝난 뒤 국민들은 왕실의 복위를 받아들였다. 왕이 없는 나라는 미국과 프랑스 정도였다. 프랑스조차 1789년의 대혁명 이래 1871년 보불전쟁으로 나폴레옹 3세가 무너지고 제3공화국이 들어설 때까지 80년 동안 몇 번이나 왕정복고와 정치적 부침을 겪었다.

그 시절 기준에서 본다면 군주제 자체가 시대착오였다고 할 수만은 없다. 특히 토원전쟁을 주도한 차이어와 량치차오는 공화제를 반대하고 입헌군주제를 지지했던 인물들이다. 실제로 2차 혁명에서는 쑨원이 아니라 위안스카이 편에 섰다. 그런데 왜 갑자기 태도를 바꾸었을까. 진짜 이유는 군주제냐 공화제냐 때문이 아니라 위안스카이 정권이 청조만큼이나 무능하다고 보았기 때문이다. 그 배경에는 재정 위기가 있었다.

위안스카이가 물려받은 중국은 파산 직전의 나라였다. 청말의 재정 위기는 총체적이었다. 의화단의 난과 신축조약으로 인한 전쟁배상금 4억 5,000만 냥을 비롯해 군비 지출의 증대, 근대화에 필요한 자금 등 신해혁명이 일어난 1911년 한 해 동안 세수는 2억 6,000만 냥인데 세출은 2억 9,000만 냥으로 3,000만 냥에 달하는 적자를 냈다. 청조는 해외에서 차관을 끝없이 끌어들이고 국채를 남발했다. 이 때문에 극심한 인플레이션에 시달리고 외세에 더욱 의존하게 되면서 중국은 반식민지로 전락했다. 민심이 청조에서 등을 돌린 이유도 이 때문이었다. 위안스카이는 피를 흘리지 않고 권력을 넘겨받았지만, 그 대가로 9억 냥이나 되는 청조의 채무까지 고스란히 넘겨받았다.

마오쩌둥처럼 모든 부채를 일방적으로 동결하고 구미 열강과 관계를 끊는 쪽을 택했다면 당장 보복을 당했을 것이다. 의화단의 난 때 8개국 연합군의 침공을 직접 겪은 그로서는 도저히 선택할 수 없는 일이었다. 텅 빈 국고를 물려받은 그는 맨 먼저 재정 개혁에 착수했다. 그러나 지방의 강력한 반발에 부딪히면서 실패로 끝났다. 위안스카이의 힘으로도 태평천국의 난 이래 몇십 년 동안 고착화한 지방의 독립성을 누르기는 어려웠다. 다른 지출을 줄일 방법도 없었다. 군비 지출은 눈덩이처럼 불어났다. 연간 군사비는 1912년에 1억 2,000만 위안에서 1916년에는 1억 6,000만 위안으로 늘어났다. 이것은 지방정부가 지출한 군사비는 제외한 액수이다. 또한 해마다 배상금과 차관 상환 등으로 지출하는 금액이 1억 4,000만 위안 정도였다.

행정비와 기타 지출, 제제운동에 쓴 돈까지 합하면 1916년 한 해 동안 위안스카이 정권의 지출은 4억 2,000만 위안에 달했다. 반면 세입은 9,300만 위안에 불과했다. 청말에 견주면 절반도 안 되는 액수였다. 주요 세원인 관세, 염세 등을 지방 군벌들이 빼돌리고 중앙에 상납하지 않았기 때문이다. 토지세나 거래세 또한 원래는 국세였지만 지방 군벌들이 장악했다. 위안스카이는 부도 직전의 상황을 해결하기 위해 외국에서 더 많은 차관을 빌리고 국채를 남발했다. 그러나 대부분 청조가 남긴 외채를 상환하는 데 쓰였고, 재정의 건실화나 근대화에 쓸 수 있는 돈은 거의 없었다. 아무리 돈을 빌려도 당장의 호구지책일 뿐, 갚아야 할 외채만 더욱 늘어났다. 1차대전이 일어난 뒤에는 더 이상 구미 열강에게서 돈을 빌릴 수도 없었다. 구미 열강이 자신들의 군비를 마련하는 것도 바빴기 때문이다.

위안스카이가 손을 벌릴 수 있는 상대는 중립국이었던 미국과 일본 정도였다. 미국이 차관 제공을 거절하면서 남은 나라는 일본뿐이었다. 오래전부터 중국을 침략할 기회를 노리고 있던 일본은 위안스카이의 위기를 이용해 터무니없는 조건을 내걸었다. '21개조 요구'였다. 위안스카이는 막을 능력이 없었다. 일본에서 돈을 빌리지 못하면 당장 파산할 판이었기 때문이다. 집권 4년 동안 빌린 외채만도 6억 3,000만 위안이었다. 그중 70퍼센트가 일본의 자금이었다. 이 때문에 위안스카이는 매국노라는 비난을 한 몸에 받아야 했지만, 당시 상황을 본다면 그 자리에 누가 앉았어도 마찬가지였을 것이다. 그런 점에

연도	중앙 세입	총지출	군사비		외채 상환		군비+외채 상환 비율	기타(행정비, 교육비, 농상업 등)	
			금액	비율	금액	비율		금액	비율
1913	–	642.2	172.7	27%	300.7	46%	73%	168.8	27%
1914	–	357.0	142.4	40%	98.6	28%	68%	116.0	32%
1916	93.36	472.8	175.5	37%	137.7	29%	66%	195.6	34%
1919	47.07	495.8	217.2	44%	128.0	26%	70%	150.6	30%
1925	62.28	634.4	297.7	47%	166.5	26%	73%	170.2	27%
연평균	–	520.4	201.1	39%	166.3	32%	71%	153.0	29%

●── 북양 정부의 연도별 재정 현황(출처: 中國財政史, 東北財政大學出版社).

서 위안스카이 한 사람에게 모든 책임을 뒤집어씌우는 것은 부당할지 모른다.

그렇다고 위안스카이는 최선을 다했지만 단지 운이 없었을 뿐이라고 치부해야 할까. 어떤 이유로건 그는 청조의 행태를 답습하여 자신의 무능함을 증명한 꼴이었다. 청조가 파멸하는 모습을 가장 가까운 곳에서 지켜봤으면서도 아무것도 배우지 못한 셈이다. 위기를 자력으로 극복할 능력이 없는 그는 개혁에 더욱 박차를 가하는 대신 보수 반동화의 길을 걸었다. 민중의 지지를 얻기보다 권모술수로 쑹자오런을 비롯한 반대파를 암살하거나 탄압했다. 군주제의 부활은 추락하는 자신의 권위를 만회하기 위한 마지막 발버둥이기도 했다. 그러나 그 대가로 이권을 일본에 넘기고 국고를 흥청망청 낭비한 모습은 정치적 자살행위였다. 위안스카이가 보여주는 말기적인 행태에 민심이 분노하는 것은 당연했다.

우리나라에서 대표적인 중국통의 한 분으로 꼽히는 신동준 교수는 『인물로 읽는 중국 근대사』「원세개」편에서 혁명파가 아무 대안 없이 위안스카이를 궁지에 몰아넣었으며, 결과적으로 중국이 안정되기는커녕 도리어 혼란만 더욱 가중했을 뿐이라고 말한다. 이런 주장은 어폐가 있다고 생각한다. 위안스카이는 개혁을 시도하려다 보수 반동파의 저항에 좌절해서가 아니라, 자신의 권좌를 지키기 위해 역사의 시곗바늘을 거꾸로 돌리려다 개혁파의 저항에 부딪혔기 때문에 몰락했다. 궁지에 몰린 그가 화의를 제안한 것은 진심으로 반성해서가 아니라 당장의 위기를 벗어나려는 고육지책이었다. 위안스카이가 양보하지 않는데 혁명파가 양보할 이유가 있는가. 가장 좋은 시나리오는 위안스카이가 권력을 국회에 넘기고 스스로 물러나는 것이었지만, 그는 추호도 그럴 생각이 없었다.

말년의 위안스카이는 터키의 위대한 '국부' 케말 파샤와 비교된다. 터키는 1차대전에서 패배한 뒤 제국이 해체되고 군대는 연합군에게 무장해제당했으며 이웃나라 그리스가 무력으로 침공하는 등 전례 없는 위기에 직면했다. 갈리폴리Gallipoli 전투*의 영웅 케말 파샤 장군은 흩어진 군대를 모아서 침략군을 격파했다. 그 뒤 신생 터키공화국의 종신 대통령이 되어 터키 국회에서 '아타튀르크Atatürk(터키의 아버지)'라는 칭호를 받았다. 케말 파샤가 지금까지도 터키인들의 절대적인 존경을 받는 이유는 개혁 정책과 절제된 삶 덕분이기도 하지만, 국가를 위기에서 구해냈기 때문이다. 위기를 헤쳐나갈 역량이 없는 지도자는 배척당할 수밖에 없다.

---

* 1차대전 중인 1915년 2월부터 1916년 1월까지 터키의 다르다넬스해협 갈리폴리 해안에서 오스만제국 군대와 영불연합군 사이에 벌어진 전투. 영불연합군은 오스만제국을 무너뜨려 동맹국 진영의 한 축을 부수고자 했다. 1915년 2월 19일, 영불 함대의 대대적인 포격과 함께 공격이 시작되었다. 그러나 오스만군은 막강한 해안포대를 설치하고 대량의 기뢰를 뿌려놓는 등 단단히 대비했기 때문에 영불 함대는 전함 3척을 비롯해 다수의 군함이 격침당하는 큰 피해를 입었다. 영불연합군은 50만 명을 투입했지만 21만 7,000명의 사상자를 내고 물러났으며, 이 전투는 역사상 최악의 상륙작전으로 기록되었다.

위안스카이는 케말 파샤와 달리 군사적 명성이 아니라 정치적 타협을 통해 그 자리에 앉았다. 따라서 자신의 실력을 증명해 보여야 했지만 그러지 못했다. 북양군의 충성심은 조건부였으며, 봉급을 받지 못하자 북양군은 당장 반란을 일으켰다. 토원전쟁은 위안스카이를 몰락하게 한 결정타일 뿐, 황제가 되려 하지 않았다고 해도 결과는 다르지 않았으리라.

그러나 당대 여러 지도자들 중에서 그나마 가장 뛰어나다는 위안스카이조차 이럴진대, 누가 그보다 더 나을 수 있었을까. 답은 '없다'이다. 중국의 가장 큰 불행은 여기에 있었다.

15

변발장군 장쉰

북양 3걸

위안스카이의 죽음으로 중국에는 잠시나마 평화가 왔다. 윈난성을 비롯해 독립을 선언했던 여러 성이 독립을 취소하고 내전 중지에 합의했기 때문이다. 호국군 또한 군비 부족과 병참난으로 더는 싸울 여력이 없었다. 남북 합의가 성사되면서 부총통 리위안홍이 위안스카이의 뒤를 이어 새로운 대총통이 되었다. 그가 별다른 잡음 없이 대총통 자리를 승계할 수 있었던 것은 정치적 타협의 결과였다. 북양파 인물이 대총통이 되려고 했다면 남방이 용납하지 않을 것이고, 쑨원이나 차이어가 그 자리에 앉으려 했다면 반대로 북방이 용납하지 않았을 것이다. 남은 사람은 어느 쪽에도 해당되지 않는 리위안홍뿐이었다.

리위안홍은 청조의 일개 무관에 불과한 평범한 자였다. 우연히 그가 근무하고 있던 우창에서 신군의 반청봉기가 일어났고 총책임자인 후광 총독 루이청이 가장 먼저 도망친 덕분에 봉기는 하룻밤에 성공했다. 그러나 리위안훙 역시 진압군의 지휘관이면서 진압에 실패하여 달아났기는 마찬가지였다. 당장 지휘관이 없다는 이유로 반란군 병사들은 숨어 있던 그를 억지로 끌어내 혁명군의 수장에 앉혔다. 리위안훙의 우유부단함과 무능함도 엉성한 반란이 성공하는 데 한몫한 셈이다. 우창봉기가 아니었다면 그저 그런 관료로 일생을 마쳤을 그가 중화민국의 대총통을 두 번이나 지냈다는 점에서 위안스카이와 함께 신해혁명 최대의 수혜자였다. 그러나 리위안훙에게는 일국의 지도자가 될 만한 실력이 없었고 정치적 역량도, 카리스마도 전혀 없었다. 주변 사람들은 그를 '보살'이라고 불렀다. 법당에 가만히 모셔진 불상처럼 허수아비나 다름없다는 뜻이었다.

대총통이 된 리위안훙은 북양군의 양대 수장인 펑궈장을 부총통으로, 돤치루이를 국무총리로 임명했다. 비非북양계의 리위안훙과 북양계 장군들이 손잡은 군벌 연합 정권이 결성되었다. 쑨원도 리위안훙 정권의 수립을 지지했다. 1916년 6월 29일, 리위안훙은 위안스카이가 폐지했던 구약법을 부활시켰다.

8월 1일에는 국회가 다시 열렸다. 총칼에 의해 해산당한 지 2년 만이었다. 남북 화의가 체결되면서 차이어는 7월 14일 호국군 정부의 해체를 선언했다. 그는 윈난성과 쓰촨성의 독군을 겸임하여 서남 제일의 실력자가 되었다. 반년 동안 중국 대륙을 뒤흔들었던 호국전쟁은 막을 내리고 다시 평화가 오는 듯이 보였다.

그런데 10월 31일, 상하이에서 황싱이 죽었다. 남방의 혁명 세력을 결속하기 위해 동분서주하던 그는 과로를 견디지 못하고 위출혈로 급사했다. 11월 8일에는 차이어가 결핵으로 죽었다. 그는 치료를 위해 급히 일본까지 갔지만 당시 의술로는 고칠 수 없는 병이었다. 황싱이 42세, 차이어가 34세였다. 이들의 죽음으로 남방은 분열되어 광시성의 루룽팅, 윈난성의 탕지야오, 쓰촨성의 류원후이, 광둥성의 천중밍 등 여러 군벌이 난립했다. 위안스카이가 죽은 뒤에도 베이징 정부의 실권을 쥔 세력은 북양군벌들이었다. 분리 독립을 선언한 티베트와 외몽골을 제외하고 전국 25개 성(22개 성과 3개 특별구) 중에서 북양의 세력이 미치지 못하는 곳은 윈난성·광시성·광둥성·구이저우성 등 중원에서 멀리 떨어진 서남 변경의 4개 성에 불과했다.

위안스카이가 사라진 북양군은 부총통 펑궈장과 국무총리 돤치루이 두 사람을 중심으로 하는 파벌로 양분되었다. 위안스카이 휘하에는 '북양 3걸'이라 일컬어지는 세 명의 유능한 장군이 있었다. 그중에서 육군총장 왕스전은 '북양의 용龍'이라고 불렸다. 가장 능력이 탁월해서가 아니라 "용은 머리만 보이고 꼬리는 보이지 않는다神龍見首不見尾"는 중국의 옛 속담을 비꼰 것이었다. 그는 전형적인 청말 관료였다. 행정 사무를 처리하는 역량은 있어도 우유부단하고 줏대가 없으며 정치적 야심도 없었다. 중화민국이 세워진 뒤에도 계속 청조의 유신을 자처하면서, 황은을 잊지 않겠다며 변발을 보존한 채 청나라 복식을 고집했다. 20세기에 살면서 19세기에 멈추어 있는 위인이었다.

'북양의 호랑이'라 불리는 돤치루이는 왕스전과 정반대로 야심만만한 인물이었다. 리훙장과 같은 안후이성 허페이合肥가 고향이었다. 부친은 태평천국의 난이 일어났을 때 리훙장의 회군에 참전했다. 그러나 돤치루이가 어릴 때 세상을 떠난 뒤 가세가 기울었다. 돤치루이는 먹고살기 위해 군인이 되기로 결심하고, 조정의 실권자 리훙장이 북양무비학당을 설립하자 포병과 1기생으로 입학했다. 북양무비학당에서 우연히 돤치루이를 본 리훙장은 일개 생도이지만 만만찮은 인물이라고 한눈에 알아보았다.

독일의 선진 군사기술을 배우기 위해 베를린 육군사관학교에 파견할 유학생 5명을 선발할 때 리훙장은 돤치루이도 포함시켰다. 2년 뒤 귀국한 그는 청일전쟁과 의화단의 난에 참전했다. 위안스카이가 신건육군을 조직하자 포병영의 대대장을 맡아 독일식으로 엄격하게 훈련했다. 위안스카이가 권력의 정점에 설 수 있었던 데에는 돤치루이의 역할이 컸다. 위안스카이도 여러 막료들 중에서 정치적인 감각이 있고 눈치가 빠른 돤치루이를 가장 총애했다. 그는 제3사단과, 제6사단, 바오딩육군군관학교 교장 등 요직을 두루 역임하면서 세력을 키워갔다.

평궈장은 사람들에게 '북양의 개'라며 비웃음을 받았지만, 능력만 본다면 오히려 셋 중에서 가장 뛰어났다. 그는 여러모로 돤치루이와 대조적이었다. 몰락한 집안 출신으로 끼니조차 잇기 어려워 먹고살기 위해 군인이 된 돤치루이와 달리, 평궈장은 즈리성 남부 허젠河間의 대지주 집안 출신이었다. 돤치루이와 함께 북양무비학당에 입학했지만, 과거에 합격하여 수재가 되었을 정도로 문文에서도 실력이 뛰어났다. 무과에도 여러 차례 낙방하여 포기한 돤치루이와는 대조되었다.

위안스카이의 막료가 된 평궈장은 무술정변 때 변법파 세력을 진압하는 데 앞장섰다. 신건육군 시절 돤치루이가 포병영을 맡자 평궈장은 보병영을 맡는 등 두 사람은 치열한 경쟁 관계를 유지했다. 돤치루이는 교활하면서 권력욕은 많았지만, 검소하고 재물을 탐내지 않았다. 그 시절 중국 권력자치고는 보기 드문 모습이었다. 평궈장은 우직하지만 지나치게 재물을 밝혔다. 사람들의 인망은 탐욕스러운 평궈장보다는 청렴한 돤치루이에게 쏠렸다.

우창봉기가 일어났을 때 평궈장은 제1군의 지휘를 맡았다. 그는 리위안훙과 황싱이 지휘하는 혁명군을 단숨에 짓밟아버린 다음 한양과 한커우를 탈환했다. 혁명군에게는 우창만 남았다. 평궈장의 말 한마디면 우창봉기도 끝장이었다. 하지만 위안스카이의 속내는 청조를 지키는 것이 아니었다. 남방과 타협하여 푸이를 옥좌에서 끌어내리고 자기가 그 자리에 앉을 속셈이었다. 펑궈장이 지나치게 잘 싸우자 위안스카이의 심기는 오히려 불편했다. 위안스카이는 펑궈장을 베이징으로 불러온 다음, 황제 푸이를 지키는 금군을 지휘하게 했다. 펑궈장이 있던 자리는 돤치루이가 맡았다. 돤치루이는 모든 공격을 중지시켰다.

위안스카이와 쑨원 사이에 남북 화의가 성립되면서 위안스카이는 대총통이 되었다. 돤치루이는 위안스카이 밑에서 육군총장과 국무총리를 역임했다. 반면, 자기 직분에 충실하여 혁명군과 치열하게 싸운 펑궈장은 위안스카이의 신임을 잃었을 뿐 아니라 혁명파에게도 미움을 받았다. 권력에서 멀어진 그는 장시 도독이 되어 난징에 주둔했다.

위안스카이가 제제운동을 벌일 때 돤치루이와 펑궈장 둘 다 군주제 부활에 반대했다. 그러나 눈치 빠른 돤치루이는 어차피 위안스카이를 설득할 방법도 없으며, 그의 제위가 오래가지 않으리라고 예상했다. 따라서 굳이 정면에 나서 위안스카이에게 찍히는 대신 병을 핑계로 자기 집에 틀어박혀 정세를 살폈다. 하지만 펑궈장은 베이징으로 올라왔다. 군주제의 부활에 반대한다는 의견을 분명히 하면서 위안스카이의 의향을 직접 묻기 위해서였다. 공화제를 찬성하기 때문이 아니라, 군주제 부활이 위안스카이에게 해가 될 것이므로 부하로서 간언하는 것이 진정한 충성이라 여겼기 때문이다.

펑궈장의 예상대로 위안스카이는 몰락했다. 위안스카이는 펑궈장을 속였지만 그 뒤에도 펑궈장은 원한을 품지 않고 변함없는 충성을 바쳤다. 혁명에 가담하지 않은 여러 성의 대표들을 모아서 위안스카이에 대한 충성을 맹세하라고 강요하기까지 했다. 그는 주군을 위해 몇 번이나 악역을 도맡았지만 그때마다 성과 없이 끝나기 일쑤였다. 자신의 명성과 평가만 실추되었다. 그런 요령 없음이 '개'라고 불리게 된 이유였다.

위안스카이가 죽은 뒤 펑궈장은 부총통에, 돤치루이는 국무총리에 올랐다. 왕스전은 육군총장 겸 참모총장에 임명되어 북양군의 총수가 됐지만 정치적인 야욕이 없기에 권력의 중심과는 멀었다. 이 세 명이 베이징 정부의 실세였다. 이들이 사리사욕을 버리고 리위안훙을 보필하는 데 힘을 모았다면 중국에 새로운 시대가 열렸으리라. 그러나 펑궈장과 돤치루이는 운 좋게 벼락출세한 리위안훙을 대총통감이라고 여기지 않았다. 두 사람 모두 자신이야말로 그 자리에 어울리는 그릇이라고 생각했다. 돤치루이와 펑궈장은 서로 견제하면서 기회를 보아 상대를 제거하고 자신이 대총통이 되겠다는 야심을 품었다.

펑궈장은 부총통이 되었지만 베이징으로 올라가지 않고 난징에 남아 북양군 내에서 자기 세력을 규합했다. 펑궈장을 수장으로 하는 파벌을 '즈리파直隸派'라고 일컬었다. 즈리성과 산둥성 출신 군인·관료들이 중심이 되었다. 주요 인물로는 즈리 독군 차오쿤과 장쑤 독군 치셰위안齊燮元, 후베이 독군 왕잔위안王占元, 전前 위무장군威武将軍 루젠장 등이 있었다. 몇 년 뒤 대군벌이 되는 펑위샹·우페이푸·쑨촨팡孫傳芳도 즈리파에 속했다.

돤치루이를 수장으로 하는 파벌은 '안후이파安徽派'라고 했다. 돤치루이와 동향인 안후이성 출신들이 중심이 되었다. 주요 인물로는 산둥 독군 진원펑, 육군부 차장 쉬수정徐樹錚, 전前 펑톈 장군 돤즈구이, 안후이 독군 니쓰충, 저장 독군 루융샹盧永祥 등이 있었다.

그 밖에 푸젠 독군 리허우지, 허난 독군 자오티趙倜처럼 북양파이지만 어느 파벌에도 속하지 않고 중립을 지키는 자들도 있었다. 또한 동북의 장쭤린, 산시성의 옌시산, 광시성의 루룽팅, 윈난성의 탕지야오처럼 위안스카이의 총애가 아니라 자신의 실력으로 그 자리에 오른 자들은 각각 중국의 한 귀퉁이를 차지한 채 독자적인 세력을 구축하고 실력을 키웠다. 여전히 청조에 충성하는 자들도 있었다. 가장 대표적인 인물이 창장 순열사 장쉰이었다. 보수적이고 완고한 그는 아직도 청조의 멸망을 부정했다. 장쉰은 '변자군辮子軍(변발군대)'이라고 불리는 군대를 이끌고 쉬저우에 주둔하고 있었다. 병력은 약 3만 명. 바야흐로 군웅할거의 시대가 열릴 참이었다.

＼독일에 선전포고하다

대총통 리위안훙은 돤치루이나 펑궈장의 생각마냥 호락호락한 인물은 아니었다. 북양군벌들 사이에 끼여 한나라 헌제처럼 엄중한 감시를 받는 신세였지만 혁명군을 지휘하여 청조를 몰락시켰다는 명성과 자부심이 있었다. 리위안훙의 독자적인 행보는 그를 허수아비로 여기는 북양군벌과 충돌할 수밖에 없었다.

국무총리가 된 돤치루이는 관제를 개편해 성의 행정과 군사 대권을 한 손에 쥐는 도독 제도를 폐지하고 민정을 맡은 성장과 군정을 맡은 독군을 분리했다. 지방의 권력을 약화하기 위해서였지만 실제로는 무력을 쥔 독군이 성장을 겸임하거나 자기 부하를 성장에 임명했다. 돤치루이는 여러 성의 독군들을 불러모아 '독군단督軍團'을 조직했다. 독군단의 지지를 얻어 북양군을 재편하는 한편, 리위안훙을 핍박하여 쫓아내고 자신이 대권을 차지하겠다는 속셈이었다.

돤치루이와 리위안훙의 본격적인 대립은 1차대전 참전과 대독 선전포고를 놓고 시작되었다. 본래 유럽 국가들의 전쟁이었던 1차대전은 1917년 1월 31일 독일 정부가 연합국의 해상무역선을 파괴하기 위해 무제한 잠수함 작전을 선언하고 2월 3일에 미국이 참전을 선언하면서 대전으로 확대되었다. 물론 중국은 중립을 고수했다. 미국의 월슨 행정부는 중국 정부에 동참을 요구하면서, 참전 대가로 경제원조를 제공하겠다고 제안했다. 2월 9일, 국무회의에서 리위안훙과 돤치루이는 미국의 제안을 논의한 끝에 참전 요청을 수락하기로 결정했다. 그런데 일본이 제동을 걸고 나섰다.

일본 총리는 데라우치 마사타케寺內正毅 원수였다. 이토 히로부미와 함께 조선 병합에 앞장서고 초대 조선 총독이 되어 악랄한 무단통치를 실시한 자이다. 일본의 대표적인 제국주의자 중 한 사람으로 중국을 침략할 기회를 노리던 그는 중국이 미국과 손을 잡는다면 자신의 계획이 틀어질 우려가 있다고 생각했다. 당장 도쿄 주재 중국 공사 장쭝상章宗祥을 불러 "일본은 중국의 참전을 반대하지 않는다. 그러나 미국을 중시하고 일본을 깔보는 태도는 묵과할 수 없다"면서 터무니없는 엄포를 놓았다. 장쭝상은 도쿄제국대학 출신의 친일 외교관이었다. 그는 데라우치의 호통에 허둥대면서 돤치루이에게 급히 보고했다. 돤치루이는 즉시 사죄문을 보냈다. "앞으로 두 번 다시 이런 일이 발생하지 않도록 보증하겠다. 또한 대독 선전포고는 반드시 사전에 일본과 상의하여 결정할 것이다." 데라우치는 흡족해했다. 또한 돤치루이가 자신과 말이 통한다고 여기고 니시하라 가메조西原龜三라는 낭인 출신의 정치 브로커를 보내 밀실 야합을 시도했다.

돤치루이는 위안스카이 시절에만 해도 21개조 요구의 수락을 반대하고 전쟁 불사를 외치는 등 대표적인 반일주의자로 알려졌다. 일본 역시 그를 경계했다. 그러나 정권을 잡자 손바닥 뒤집듯 친일 매국노로 둔갑했다. 이미지 쇄신이라도 하는 듯 일본의 비위를 맞추기에 급급했다. 일본의 힘을 빌려서 국내 지배를 강화하겠다는 속셈이었다.

돤치루이는 거액의 차관을 받는 대가로 중국의 모든 전신사업 이권을 일본에 넘기고 만주의 삼림·광산 개발권 제공, 산둥성 할양, 만주와 조선을 연결하는 철도 건설 등에 동의했다. 만주와 내몽골, 산둥성 주권을 통째로 일본에 넘기겠다는 것이었다. 청조나 위안스카이를 뛰어넘는 매국적인 행동이었다. 이것이 나중에 데라우치 내각이 뒤집어지는 최대의 금융 스캔들이자 5·4운동의 기폭제가 되는 '니시하라 차관西原借款'이다.

리위안훙은 자세한 내막은 알 수 없었지만 돤치루이가 일언반구 의논도 없이 일본과 밀실 야합에 나서자 몹시 불쾌했다. 그는 돤치루이를 견제할 요량으로 미국의 지지를 얻으려 했지만, 미국은 중국의 내부 문제에 관심이 없었다. 리위안훙은 태도를 바꾸어 참전을 반대했다. 그리고 참전 여부는 내각이 아니라 국회에서 결정할 몫이라고 못박았다. 일본에서 뇌물을 받은 돤치루이는 분노를 참지 못했다. 그는 국무회의를 소집하여 대독 참전 결의를 강행한 뒤 이튿날 각료들과 함께 대총통부로 몰려가서 날인을 강요했다. 리위안훙이 거부하자 돤치루이는 사직서를 던지고 톈진으로 가버렸다. 리위안훙의 대총통부와 돤치루이의 국무원 사이의 싸움이라 하여 사람들은 '부원지쟁府院之爭'이라고 했다.

북양군의 추대를 받아 대총통이 된 리위안훙이 북양군의 수장인 돤치루이를 적으로 돌릴 수는 없었다. 북양군의 지지가 없으면 리위안훙 정권은 껍데기였다. 돤치루이는 깡패들을 동원해 국회를 포위하는 등 행패를 부렸다. 3월 10일, 중의원에서 독일과의 단교 문서가 통과되고, 14일에 공식적으로 선포되었다. 돤치루이의 횡포를 참다못한 리위안훙은 그를 국무총리에서 파면하고 외교총장 우팅팡伍廷芳을 임명했다. 그러나 아무런 무력이 없는 리위안훙이 돤치루이와 맞설 수는 없는 노릇이었다. 북양군의 독군들은 돤치루이 편을 들었고 각지의 군대가 베이징으로 진격할 태세를 갖추었다.

돤치루이에게 토벌당할 판이 된 리위안훙은 쉬저우에 주둔한 창장 순열사 장쉰에게 군대를 이끌고 베이징으로 와달라고 간청했다. 장쉰은 북양파의 원로이면서 어느 파벌에도 속하지 않아 돤치루이와 펑궈장을 견제할 수 있는 유일한 인물이었다. 리위안훙은 장쉰을 등에 업고 사태를 수습해볼 생각이었지만 베이징에 들어온 장쉰은 아무도 예상치 못한 사건을 일으켰다. 청조의 부활이었다.

⟍변발장군의 등장

신해혁명으로 중국 역사에서 황제가 통치하는 시대는 끝났다. 그러나 황제는 여전히 중국에 존재했다. 명나라 영락제 이래 500여 년 동안 중국의 황궁이었던 자금성에는 마지막 황제 푸이가 있었다. 우창봉기 때 5세에 불과했던 그는 중화민국이 탄생한 뒤에도 옥좌에 앉은 채 중화민국 정부에서 대청 황제로서의 지위와 존엄을 누렸다. 그가 진짜로 황제 자리에서 쫓겨난 때는 신해혁명이 일어난 지 13년이나 지난 뒤였다. 그런 점에서 중화민국도 일본이나 영국처럼 '군림하되 통치하지 않는' 입헌군주제 국가로 볼 수 있을까. 그렇지만 천황이나 영국 여왕과 달리 푸이는 중국을 대표하는 국가원수가 아니었다. 중화민국 정부가 청 황실과 맺은 우대 조건에 따르면 푸이는 어디까지나 '외국의 국가원수에 준하는' 대우를 받을 뿐이었다. 즉 푸이는 중국의 황제가 아니라 자금성의 황제였다.

자금성 안에는 푸이를 따르는 수백 명의 만주족 귀족과 환관, 시종, 자금성을 경비하는 금위군이 있었다. 자금성을 둘러싼 성벽을 경계로 바깥세상은 급변하고 있었지만, 그 안은 신해혁명 이전에서 시간이 멈춘 채 100여 년 전과 다를 바 없었다. 위안스카이의 즉위 또한 푸이와는 상관없는 일이었다.『삼국지』에서 제위의 선양을 받으려고 한헌제를 핍박했던 조비와 달리 위안스카이는 굳이 그럴 필요가 없었다. 푸이에게는 아무런 정통성도 남아 있지 않았기 때문이다. 청 황실과 푸이는 사람들의 기억에서 잊힌 껍데기에 불과했다. 다만 모든 사람들이 그런 것은 아니었다. 왕조가 교체될 때는 충신을 자처하는 사람이 있기 마련이다. 정무상장군이자 창장 순열사였던 장쉰이 그러했다.

장시성 펑신현奉新縣에서 태어난 장쉰은 태평천국의 난이 일어나면서 많은 고초를 겪었다. 부모를 일찍 여의고 극심한 빈곤에 시달리는 등 어린 시절을 매우 불우하게 보냈다. 1884년 베트남의 지배권을 놓고 청나라와 프랑스 사이에 전쟁이 일어나자 군대에 자원하여 큰 공을 세우고, 무관이 되어 출세의 기회를 잡았다. 청일전쟁 때 일본군이 압록강을 건너 만주를 침공하자 장쉰은 청군의 정예부대 중 하나였던 쑹칭의 의군 휘하에서 기병부대를 지휘했다. 그는 반격을 준비했지만 그 전에 청조가 굴복하면서 울분을 삼켜야 했다.

청일전쟁이 끝난 뒤 청조는 새로운 군대를 창설했다. 앞서 언급한 위안스카이의 정무군이었다. 훗날 북양군의 전신이 된다. 장쉰은 위안스카이 휘하에 들어가 공병영의 통대를 맡았다. 의화단의 난이 일어나자 위안스카이는 산둥 순무에 임명되어 산둥성의 의화단을 진압하기 위해 출동했다. 장쉰은 선봉부대를 맡았다. 그는 여러 차례 공을 세워 청조의 극진한 신임을 받았다. 금위군의 지휘와 쓰촨 총병, 강남 제독을 맡는 등 요직을 역임했다.

1904년에는 만주의 토비들을 평정한 공으로 광서제에게 '파투룽아 바투루'라는 칭호를 하사받았다. 바투루Baturu란 만주어로 '위대한 전사'라는 뜻이다. 한족인 그로서는 만주족 황실에서 최고의 영예를 얻은 셈이었다. 서태후가 죽은 뒤 만주족에게 배척당하여 목숨까지 위협받은 위안스카이와 달리 장쉰에 대한 황실의 신임은 청조가 끝나는 순간까지도 변함이 없었다. 장쉰의 충성심 역시 변하지 않았다.

장쉰의 군대는 신식 군대이면서도 변발을 남겨두었다. 머리를 기다랗게 땋은 변발은 서구식 군모를 쓸 때 거추장스러웠기 때문에 다른 신군 부대의 병사들은 '돼지꼬리'라면서 잘라버렸다. 그러나 장쉰은 변발이 청조에 대한 충성심을 상징한다고 여기고 부하들이 변발을 자르지 못하게 했다. 사람들은 그의 군대를 '변자군', 즉 변발한 아이들의 군대라고 불렀다. 보황파의 수장이었던 캉유웨이조차 무술변법이 실패한 뒤 해외로 망명했을 때 제 손으로 변발을 잘랐다는 점에서, 장쉰의 우직함과 충성심이 어느 정도였는지 알 수 있다.

우창봉기 직전인 1911년 7월, 장쉰은 창장 순열사 겸 강남 제독에 임명되어 3,000여 명의 군대와 함께 난징에 주둔했다. 우창봉기를 시작으로 신해혁명이 전국으로 확대되자 난징에서도 쉬스전이 지휘하는 신군 제9사단이 반란을 일으켜 난징성을 공격했다. 대부분의 청조 관료들은 지레 겁을 먹고 도망쳤지만 장쉰은 군대를 동원해 반격에 나섰다. 그리고 난징 교외 위화타이雨花臺에서 수적으로 훨씬 우세한 반란군을 격파했다. 하지만 천치메이가 장쑤성과 저장성의 혁명군을 규합하여 난징을 공격하자 중과부적에 몰린 장쉰은 난징을 버리고 쉬저우로 후퇴했다.

아직 반란이 일어나지 않은 산둥성에서 군대를 모은 그는 6,000명의 보병과 300여 명의 기병을 이끌고 12월 26일 다시 창장을 건너 난징을 향해 진격했다. 장쉰은 혁명군의 손에 들어간 난징 이북의 여러 도시를 탈환하고 리지선李濟深이 지휘하는 혁명군과 대치했다. 장쉰과 리지선이 일진일퇴를 거듭하는 동안 위안스카이와 쑨원 사이에서 남북 화의가 성사되고 청조가 통치권을 포기하는 데 동의하면서 모든 전선에 전투 중지 명령이 내려졌다. 이후 장쉰은 쉬저우에 주둔하면서 산둥성의 군사권을 장악했다. 휘하 군대에는 무위전군이라는 칭호가 내려졌다. 무위전군이란 황제의 근위부대로, 외적에 맞서 국방의 최일선을 맡은 군대라는 뜻이다.

장쉰은 위안스카이의 오랜 측근이자 돤치루이, 펑궈장 등과도 어깨를 나란히 하는 북양파의 원로였다. 하지만 위안스카이에 대한 개인적인 충성을 거부하고 황제의 신하로 남는 쪽을 택했다. 대총통이 된 위안스카이에게도 "천자에 대한 신하로서의 의무를 결코 잊어서는 안 된다"고 경고했다. 위안스카이 역시 3만 명이나 되는 군대를 둔 장쉰을 함부로 대할 수 없는 노릇이라 육군 상장과 장쑤 도독에 임명하는 등 자기편으로 끌어들이려고 정성을 다했다. 그러나 이 우직한 노인의 고집을 꺾을 수는 없었다. 장쉰은 베이징에 갈 때마다 청조 시절의 관복과 관모를 챙겼고, 자금성에 들어가 푸이를 알현하고 충성을 맹세했다.

쑨원이 2차 혁명을 일으키자 장쉰은 펑궈장과 함께 쉬저우에서 남하하여 황싱의 혁명군을 격파하고 난징을 점령했다. 보위에 오른 위안스카이는 장쉰에게 공작 작위를 내렸다. 그러나 장쉰은 작위를 거절하고 청조의 복위를 주장하여 위안스카이와 대립했다. 황제를 향한 그의 경외감은 신앙이나 다름없었다. 냉정하게 말하면 시대착오적인 수구 관료이면서 어린 황제에게 맹목적인 충성을 바친 데 지나지 않는다. 하지만 나태하고 무능하면서 어떻게 하면 황실의 재산을 빼돌릴까 궁리하던 만주 귀족들에 견주면 장쉰의 대쪽 같은 지조와 기개만큼은 높이 평가해야 하지 않을까 싶다.

장쉰의 쿠데타

돤치루이는 허수아비 주제에 고분고분하지 않은 리위안홍을 혼내줄 생각으로 북양파 독군들을 움직여 대총통에 대한 불복종운동을 시작했다. 심지어 군대를 동원해 베이징으로 진격할 태세까지 취했다. 깜짝 놀란 리위안홍이 찾은 사람은 청조의 유신을 자처하는 장쉰이었다. 북양파 원로이기도 한 그에게 베이징으로 올라와서 자신과 돤치루이를 중재해달라고 요청했다. 장쉰을 이용해 돤치루이의 횡포를 견제하겠다는 '구호탄랑驅虎吞狼'* 책략이었다.

6월 7일, 변자군 병사들과 군수품이 가득 실린 특별열차가 쉬저우를 출발해 북쪽으로 향했다. 출동 병력은 10개 대대 5,000여 명. 보병과 포병, 기병으로 구성된 막강한 혼성부대였다. 단순한 중재가 아니라 일전을 각오한 진용이었다. 이튿날 톈진에 도착한 장쉰은 베이징으로 들어가기에 앞서 돤치루이와 북양파 독군들을 만나 비밀회의를 열었다. 이들은 리위안홍의 요청을 받아들이는 척하면서 쿠데타를 일으켜 그를 대총통에서 쫓아내고 펑궈장을 신임 대총통으로, 돤치루이를 국무총리로 하는 새로운 정권을 세우기로 합의했다.

그러나 장쉰의 속셈은 따로 있었다. 이번 기회를 이용해 청조를 부활시킬 생각이었다. 그는 리위안홍을 끌어내리는 일에 한 가지 조건을 달았다. 바로 푸이의 '복벽復辟'이었다. 통치권은 대총통과 국무총리가 가지되, 푸이를 일본의 천황처럼 중국의 상징적인 국가원수로 삼는 입헌군주제를 하자는 것이었다. 위안스카이의 군주제 부활이 격렬한 반발에 부딪혀 무산된 것을 장쉰도 봤으면서 그 일을 반복하겠다는 얘기였다. 돤치루이는 불쾌했지만, 심복 쉬수정이 일단 장쉰이

---

* 호랑이를 내몰아 이리를 잡아먹게 한다. 즉 호랑이와 이리가 서로 싸우게 한다는 뜻이다.

하자는 대로 놔두자고 귓속말로 속삭이자 마지못해 받아들였다. 그들 또한 나름의 꿍꿍이가 있었다

리위안훙은 속내도 모르고 장쉰이 톈진에 체류한 채 움직일 생각을 하지 않자 사람을 보내 독촉했다. 그런데 장쉰의 대답은 뜻밖이었다. "중재할 테니 사흘 안에 국회를 해산하라." 중화민국을 문 닫으라는 것과 같은 말이었다. 그동안 베이징 교외로 진출한 변자군의 선봉부대가 베이징의 주요 성문과 요충지를 장악한 다음 대총통부를 공격할 태세를 갖추었다. 그제야 리위안훙은 호랑이와 이리를 싸움 붙여서 어부지리를 얻겠다는 생각이 얼마나 어리석었는지 깨달았다. 장쉰의 협박에 못 이긴 리위안훙은 6월 13일 국회 해산령을 선포했다. 다음 날 장쉰은 5,000여 명의 군대를 거느리고 베이징에 위풍당당하게 입성했다. 장쉰은 보석이 박힌 청나라 전통 가죽 모자를 쓰고 변발을 한 채 장삼을 입고 있었다. 그의 군대 역시 변발을 하고 손에는 총과 대도를 든 고색창연한 모습이었다.

장쉰은 무장한 병사들과 함께 대총통부로 들어가서 리위안훙을 윽박질렀다. 첫째, 청조의 부활과 우대 조건을 헌법에 명시할 것, 둘째, 유교를 국교로 정할 것, 셋째, 변자군의 전력을 증강하는 데 동의할 것이었다. 또한 해산령에도 불구하고 그때까지 버티고 있던 참의원을 강제로 해산한 다음 모조리 쫓아버렸다. 그리고 자금성으로 들어가서 푸이를 알현했다. 그는 12세의 폐제에게 무릎을 꿇고 머리를 조아리며 "대청제국을 회복하여 혼란스러운 정국을 수습해주십시오"라고 청했다. 푸이의 외국인 스승이었던 레지널드 존스턴의 회고록에는 다음과 같은 일화가 담겼다.

장쉰이 무릎을 꿇고 자신의 계획을 황제에게 알리자 선통제는 오히

려 고개를 저으며 거절했다. "폐하께서 반대하시는 이유를 이 늙은 신하에게 말씀해주십시오." 황제는 대답 대신 온종일 지겨운 공부에 진력이 났다면서 지루한 공부를 벗어날 길이 없느냐고 물었다. 장쉰은 "폐하께서 다시 보위에 오르신다면 더는 공부 따위를 하지 않아도 됩니다"라고 대답했다. 선통제는 매우 기뻐하면서 외쳤다. "그렇다면 그대 생각대로 하겠소. 나는 무엇이든 그대가 하자는 대로 할 테니."

이 일화가 사실인지는 알 수 없지만 장쉰의 복벽이 얼마나 코미디였는지 보여준다. 존스턴은 푸이를 가리켜 주변의 아첨을 분간할 줄 아는 영민함과 날카로운 유머 감각을 겸비한 소년이지만, 특별히 뛰어난 재능과 천성을 지녔다고 할 수는 없으며 푸이 스스로도 자신의 역량을 잘 알고 있었다고 회고했다. 물론 장쉰을 비롯한 유신들이라고 해서 푸이의 역량에 대단한 기대를 걸었을 리는 없다. 어차피 중요한 것은 푸이가 황제라는 사실이지, 황제에 어울리는 그릇을 가졌는지는 아니었으니 말이다. 참고로, 신해혁명부터 중국공산당 창당까지 10년의 격동사를 다룬 황젠신 감독의 2011년 개봉작 〈건당위업建黨偉業〉에서는 타오저루陶澤如라는 중견 배우가 장쉰 역을 맡아 익살스러운 연기로 푸이의 복위를 요청하는 장면이 나온다.

장쉰이 청조의 부활에 나서자 그동안 숨어 있던 청조의 유신들도 모습을 드러냈다. 이 희극에 동참한 사람 중에는 량치차오의 스승 캉유웨이도 있었다. 신해혁명이 일어난 뒤 캉유웨이는 귀국했지만 신정부에서 자기가 할 일은 없다면서 상하이에 눌러앉은 채 『부런不忍』이라는 잡지를 창간하고 공화제 반대와 푸이의 복위를 주장했다. 그는 장쉰이 복벽에 성공했다는 소식을 듣자 지난 20여 년 동안 꿈에도 그리던 절호의 기회가 왔다며 열차를 타고 베이징으로 들어갔다.

장쉰은 1917년 7월 1일 아침 일찍 캉유웨이와 육군총장 왕스전, 전 국무경(국무총리) 쉬스창, 베이징 경찰국장 우빙샹吳炳湘, 제12사단장 천광위안陳光遠 등 청조의 유신 수십 명과 함께 청나라 관복을 입고 푸이를 알현하기 위해 자금성에 입조했다. 하나같이 청조 시절에 고관대작을 지낸 자들이었다. 이들은 공화제가 들어선 뒤에도 청 황실의 은혜와 과거의 영광을 잊지 못하고 있었다.

자금성 앞 광장은 5,000여 명의 변자군으로 가득했다. 용포를 입은 푸이가 황제의 수레를 타고 태화전으로 나오자 모든 신하들이 그 앞에 무릎을 꿇고 삼배고구두의 예를 올렸다. 캉유웨이가 푸이의 복위를 선언하는 조서를 낭독했다. "공화제라는 이름으로 반역자들이 국정을 어지럽히니 이에 만민을 구하고자 황상께 복위를 주청드리니…." 그의 낭독이 끝나자 변자군 병사들이 일제히 "만세!"를 외쳤다. 위안스카이에 의해 폐위당한 뒤 연금 신세였던 푸이가 옥좌에 다시 앉았다. 청조가 망한 지 5년 반 만의 일이었다.

장쉰은 푸이에게서 즈리성 총독과 북양대신 그리고 충용친왕忠勇親王이라는 거창한 칭호까지 받았다. 또한 의정대신議政大臣*이 되어 새로운 내각을 구성했다. 내각에 참여한 사람은 유학자이자 푸이의 스승이었던 천바오천陳寶琛, 육군총장 왕스전, 전 외무대신 량둔옌梁敦彦, 전 학부 부副대신 류팅천劉廷琛, 전 신장간쑤 순무 위안다화袁大化, 전 즈리 총독 장전팡張鎭芳 등 하나같이 청말에 부귀영화를 누린 인물들이었다. 쉬스창은 삼공三公의 하나인 태부太傅가 되어 황제의 스승 겸 정치고문이 되었다. 캉유웨이는 황제의 고문기관인 필덕원弼德院의 수장이 되었

---

* 청조의 관직으로 문무 관원의 으뜸. 조선 시대의 영의정에 해당한다.

다. 다른 사람들도 상서니 태부니 대학사니 하는 청조 시절의 관직을 하나씩 나눠 가졌다. 선통의 연호가 부활하면서 중화민국 6년은 선통 9년이 되었고 베이징 거리에는 공화정을 상징하는 오색기 대신에 황제를 상징하는 황룡이 그려진 청조 시절의 깃발이 사방에 나부꼈다. 베이징의 시간은 하루아침에 신해혁명 이전으로 되돌아간 듯했다.

전국의 군권을 쥔 독군들은 그대로 유임하되, 총독과 순무·도통·제독·총병 등 청조 시절의 관직명으로 호칭이 바뀌었다. 광시성과 광둥성 2개 성을 장악하고 있던 루룽팅은 양광 총독으로, 차오쿤을 비롯한 22명의 독군은 순무로, 내몽골 3개 성(쑤이위안성·차하르성·러허성)의 독군 세 사람은 도통이 되었다. 주요 도시와 요충지의 방어를 맡은 진수사와 사단장은 제독과 총병으로 바뀌었다.

장쉰의 복벽 내각에 가담한 사람은 300여 명에 이르렀다. 그들 중에는 위안스카이 정권에서 고관대작을 지낸 자도 있었고, 공화제 아래에서 벼슬을 하지 않겠다며 은거하던 자도 있었다. 그러나 이날만큼은 하나같이 관모 아래에 황제를 향한 충성의 상징인 양 변발을 자랑스레 내놓고 그동안 소중히 간직해둔 청조의 관복을 입고 있었다. 재미있는 점은, 가담자들의 면면을 보면 대부분 한족이었고 만주 황실의 복위에 앞장서야 할 만주족은 전 호부상서이자 강녕장군 티에량 등 몇 명에 지나지 않았다는 사실이다. 심지어 톈진에서 은거 중이던 푸이의 아버지이자 전 섭정 짜이펑조차 복벽 참여를 거부한 채 조용히 사는 쪽을 선택했다. 만주 황실과 귀족들에게는 이미 아무런 의욕도 남아 있지 않았다.

태평천국의 난 이래 국정을 한족에게 맡기고 안락한 삶을 누리는 데 익숙했던 만주족은 온실 속의 화초나 다름없었다. 신해혁명이 일어나자 청조를 지키는 대신 생명과 재산을 보호받는다는 조건으로 황제의 폐위에 찬성했다. 그러나 약속은 제대로 지켜지지 않았다. 재산을 강제로 몰수당하거나 폭도들에게 약탈당하기도 했다. 또한 수입은 크게 줄어들었음에도 예전처럼 사치스러운 생활을 한 탓에 금세 가난뱅이로 전락했다. 지체 높은 황족과 고위 귀족들조차 가보로 내려오는 골동품을 헐값에 팔아 근근이 생계를 유지했다. 한족의 머슴이 되거나 딸을 기녀로 파는 경우도 있었다. 새로운 시대에 새로운 운명을 개척하려는 자는 찾아볼 수 없었다. 한족에 동화한 나머지 자신들의 전통과 문화를 잃어버린 지 오래였다. 자금성에 남아 있던 어린 황제의 측근들도 마찬가지였다. 이들의 유일한 관심사는 궁중의 재산을 조금이라도 더 빼돌리는 일이었다. 신해혁명 이후 전국에 할거한 1,000여 명의 대소 군벌 가운데 만주족 출신은 한 명도 없었다. 누르하치가 후금을 건국한 이래 300여 년 동안 중국을 지배한 만주족의 한심한 말로였다.

청조가 부활했다는 소식을 들은 베이징의 반응은 의외로 평온했지만 거리에는 누런 황룡 깃발이 무수히 펄럭였다. 시중의 포목점에 누런색 천이 동났을 정도였다. 거리에는 많은 사람들이 다시 변발에 장의長衣를 하고 돌아다녔다. 언제 청조가 망했던가 싶은 광경이었다. 부하의 보고를 받은 장쉰은 "역시 옛 주인을 잊지 않았구나. 이것이 민심이다"면서 크게 기뻐했다. 위안스카이가 옥좌에 앉았을 때는 시큰둥한 반응을 보이던 베이징 사람들이 복벽에는 훨씬 긍정적이었다. 베이징에서 오색기가 남아 있는 곳은 중난하이의 대총통부밖에 없었다. 장쉰은 대총통부를 포위한 채 리위안훙에게 왕스전을 보내 24시간 안에 퇴거하라는 최후통첩을 전했다.

장쉰은 몰랐지만 리위안훙은 돤치루이와 펑궈장에게 비밀 전보를 보냈다. 대총통 자리를 순순히 내줄 테니 군대를 끌고 와 장쉰을 진압

●— 베이징 시내를 순찰 중인 변자군 기병들. 이들의 천하는 그리 오래가지 못했다.

하라는 것이었다. 자신은 변장을 하고 몇몇 측근과 함께 대총통부를 빠져나와 둥자오민샹^{東交民巷}으로 향했다. 각국 공관과 외국인들이 거주하는 치외법권 지역이기에 장쉰도 어떻게 할 수 없는 곳이었다. 리위안훙은 일본공사관으로 들어가 잽싸게 몸을 숨겼다. 눈엣가시 같은 리위안훙이 사라지자 장쉰은 천하를 손에 넣었다고 생각했지만, 착각이라는 것을 깨닫는 데는 그리 오래 걸리지 않았다. 돤치루이가 장쉰의 복벽을 반역으로 규정하고 토역군^{討逆軍}을 조직한 것이다.

＼12일 천하로 끝나다

장쉰이 복벽을 선언하고 청조의 유신들을 모아서 새로운 정부를 수립하는 등 한창 기염을 토하고 있던 7월 1월 저녁, 돤치루이는 리창친^李

長泰의 제8사단에 출동 준비를 지시했다. 제8사단은 톈진에서 남쪽으로 60킬로미터 떨어진 마창馬廠에 주둔했다. 또한 심복인 진원평을 산둥 독군 장화이즈張懷芝에게, 쉬수정을 안후이 독군 니쓰충에게 급파했다. 모두 안후이파 군벌이었다. 이들에게는 쉬저우에 남아 있는 장쉰의 변자군 주력이 베이징으로 북상하지 못하게 저지하라는 명령이 떨어졌다.

밤 11시, 돤치루이는 특별열차를 타고 톈진을 출발하여 마창으로 향했다. 토역군을 조직해 반란군을 토벌하기 위함이었다. 물론 그가 말하는 반란군이란 베이징에서 복벽 쇼를 벌이는 장쉰과 그 일당이었다. 난징에서는 또 한 명의 실력자 펑궈장이 움직였다. 그는 베이징 주변의 즈리파 군대에게 돤치루이에 호응하여 베이징을 공격하라고 명령했다. 바오딩에 주둔한 우페이푸의 제3사단과 랑팡廊坊에 주둔한 펑위샹의 제16혼성여단이 출동했다. 두 부대는 북양군 최강 부대였다. 북양의 두 거두가 손을 잡고 장쉰을 토벌하러 나섰다. 복벽파의 일원이 된 스승과 달리 량치차오는 돤치루이 편에 섰다. 캉유웨이와 량치차오는 완전히 결별하고 각자 다른 길을 걷기로 했다.

7월 3일 아침, 돤치루이는 제8사단 사령부에서 여러 지휘관들을 모아 회의를 열고 장쉰 토벌을 선언했다. "장쉰은 국체 변경의 음모를 꾀하고 있다. 중화민국을 전복하려는 것을 어떻게 좌시할 수 있겠는가!" 토역군의 병력은 5만 7,000명에 달했다. 장쉰의 군대에 견주면 10배가 넘었다. 돤치루이는 토역군을 둘로 나누어 베이징으로 진군했다. 돤치루이의 심복 돤즈구이가 서로군의 총지휘를, 펑궈장의 심복 차오쿤이 동로군의 총지휘를 맡았다. 우페이푸가 지휘하는 서로군 제3사단은 바오딩에서 열차를 타고 북상하여 5일 오전에는 베이징 교외 서쪽에 있는 루거우차오蘆溝橋까지 진출했다. 또한 동로군의 제8사단과 제16혼성여단이 베이징 교외 동쪽의 황촌黃村을 점령했다.

베이징을 오가는 철도가 모두 막히면서 시내에는 식량과 물자가 동이 났다. 베이징에 주둔한 외국 군대도 만약의 사태에 대비하여 경계를 강화하는 등 일촉즉발의 상황이었다. 베이징의 민심은 흉흉해졌다. 1644년 청 순치제가 도읍으로 삼은 이래 270여 년 동안 이 고도古都가 싸움터가 된 것은 의화단의 난 당시 팔련군이 침공했을 때 말고는 없었다. 정부기관은 모든 업무를 중단했고 거리의 상점들은 문을 닫았다. 전쟁의 화마와 폭병들의 약탈을 떠올린 주민들은 공포에 질렸다. 성 밖으로 도망치는 피란민들이 줄을 이었다.

7월 5일, 톈진에서 돤치루이는 국무총리로 복귀하는 한편, 장쉰 토벌을 선언하고 토역군 총사령관에 취임했다. 장쉰의 목에는 은화 10만 냥의 현상금이 걸렸다. 돤치루이가 토역군을 조직했다는 보고를 받은 장쉰은 깜짝 놀랐다. "그들이 복벽을 하라고 등을 떠밀더니 나를 속인 것이구나!" 장쉰은 베이징으로 들어가기 전에 돤치루이와 북양파 독군들을 만나서 자기 계획을 설명하고 동의를 얻어낸 바 있었다. 그러지 않았다면 아무리 장쉰이라도 3만 명의 주력부대를 쉬저우에 남겨둔 채 5,000명의 병력만으로 북양군 전체를 적으로 돌리는 어리석은 짓은 하지 않았을 것이다.

장쉰은 돤치루이가 자신의 뒤통수를 쳤다고 격분했지만 사실은 그가 자초한 일이었다. 장쉰은 복벽이 성공하자 북양대신이 되어 내각을 꾸리고 모든 권력을 독점하려 했다. 당연히 돤치루이와 펑궈장 등 다른 북양파 수장들이 가만히 지켜볼 리 없었다. 이들이 장쉰을 공적公敵으로 규정하고 힘을 모아서 토벌에 나선 것도 이 때문이었다. 장쉰의 지나친 욕심이 파멸의 무덤을 판 셈이었다. 로마공화정 말기의 카이사르처럼 돤치루이·펑궈장과 동등하게 권력을 나누고 삼두 정치를

●─ 베이징의 각국 공사관과 외국인 거주 지역인 둥자오민샹에 주둔한 프랑스 군대. 베이징에서 중국군끼리 싸움이 벌어질 때에 대비해 경계 중이다.

하는 등 좀 더 현명하게 처신했다면 복벽은 성공했을지도 모른다. 그랬다면 이후의 역사는 어떻게 바뀌었을까.

7월 5일, 토역군은 베이징 교외를 포위한 채 동쪽과 서쪽에서 일제히 진격했다. 이날 오후 자금성 하늘에 복엽기 한 대가 나타났다. 푸이를 비롯해 비행기를 난생처음 본 관료들과 시녀들은 신기한 새라며 어리둥절해했지만 곧 경악했다. 폭탄 3발이 떨어져 요란한 폭음과 함께 폭발했기 때문이다. 이 비행기는 베이징 남쪽에 있는 난위안항공학교南苑航空學校에서 출동한 것으로, 중국 역사상 최초의 항공 폭격이었다. 직접적인 피해는 가마꾼 한 사람이 다친 것에 불과했지만 충격은 컸다. 자금성에 있는 모든 사람들이 혼비백산하여 달아났다.

장쉰은 형세가 매우 불리했지만, 돤치루이를 회유하거나 타협에 나서는 대신 주변 사람들을 붙잡고 허황된 소리만 늘어놓았다. "돤즈구이의 돤段은 돤斷이니(발음이 똑같다) 내가 단숨에 두 쪽으로 자르겠다"느니 차오쿤과 자신을 조조와 장비에 비교하여 "차오씨가 장씨를 이긴 적이 있느냐!"고 큰소리를 쳤다.

막상 그의 군대는 싸우기도 전에 전의를 잃었다. 자금성 폭격 소식을 들은 변자군 5,000명 중에서 3,500명이 그대로 진영을 이탈해 돤치루이 쪽으로 넘어가버렸다. 싸움이 될 리 없었다. 장쉰과 함께 복벽운동의 주동자였던 캉유웨이는 상황이 불리하게 돌아간다고 판단되자 미국공사관으로 재빨리 숨었다. 20여 년 전 광서제를 설득하여 무술변법을 주도하고 '천하위공天下爲公(천하는 만인의 것)'과 '대동세계大同世界(인간과 세상이 하나가 되어 유토피아를 연다)'를 부르짖으며 천하에 명성을 떨친 보황파의 거두치고는 형편없는 추태였다.

장쉰은 남은 1,500명으로 자금성과 베이징의 주요 요충지에 진지를 구축했다. 돤치루이의 토역군은 갈수록 늘어나 10만 명에 달했으며, 대포 70문과 기관총 80정을 가지고 있었다. 변자군은 겉으로는 그럴싸했지만 순방영과 팔기군을 재편한 오합지졸이었다. 장비와 훈련, 사기 어느 면에서도 북양군의 상대가 될 수 없었다. 승패는 결정 나있었다. 돤치루이는 네덜란드 공사를 통해 목숨만은 살려줄 테니 무기를 버리고 투항하라고 장쉰에게 권고했다. 장쉰은 승산이 없다는 사실을 알면서도 항복을 거부하고 결사항전을 고집했다.

7월 12일 새벽, 어슴푸레 날이 밝아오면서 토역군의 공격이 시작되었다. 우페이푸의 제3사단이 베이징 서쪽의 톈단天壇을 공격하자 이곳을 방어하던 변자군은 총 한 발 쏘지 않고 중화민국 정부의 국기인 오색기를 흔들며 투항했다. 펑위샹의 제16혼성여단은 국회의사당과 쉬안우먼宣武門을 점령했다. 제8사단은 차오양먼朝陽門을 거쳐 장쉰의 관저로 진군했다. 이곳에서 변자군의 유일한 저항이 있었다. 토역군은 대대적으로 응사하는 한편, 대포를 끌고 와 포격을 시작했다. 관저 안에 숨어 있던 장쉰은 자기 집 마당에 포탄이 떨어지자 싸울 의지를 잃었다. 그는 토역군에게 휴전을 요청한 뒤 네덜란드공사관으로 도주했다. 그것으로 전투는 끝났고 변자군은 백기를 들었다. 베이징 시내에서 온종일 요란스러운 총성이 울렸지만 변변한 전투는 없었다. 전사자는 양군 합하여 30명 미만이었다. 6만 명이 넘는 군대가 동원된 것치고는 형편없는 싸움이었다. 가까운 곳에서 관전하던 어느 영국인은 "전투라기보다는 봄날의 야전 훈련 같다"고 평했다.

장쉰의 변자군 병사들은 모든 무기를 빼앗기고 해산당했다. 쉬저우에 남아 있다가 북양군에게 포위되어 삼엄한 감시를 받고 있던 나머지 변자군도 무장해제되어 쫓겨났다. 복벽 내각에 참여한 사람들은 모두 도망치거나 돤치루이에게 투항했다. 돤치루이는 장쉰의 복벽을 반역 행위로 규정했지만, 이 무력하고 어리석은 패배자들에게 법대로 가혹한 처벌을 내리지는 않았다. 복벽의 주역 중 한 사람이었던 쉬스창은 1년 뒤 돤치루이의 추대를 받아 대총통이 되었다. 쉬스창은 장쉰과 캉유웨이 등에게 사면령을 내렸다.

장쉰은 별다른 처벌을 받지도 않고 재산을 몰수당하지도 않은 채톈진에서 안락한 여생을 보냈다. 그 후로도 복벽에 대한 야심을 버리지 못한 채 여러 군벌 실력자들과 접촉했지만 아무도 그의 허황된 망상에 동조하지 않았다. 그는 1923년 9월 12일 톈진에서 70세의 나이로 죽었다. 장례는 매우 화려하고 사치스러웠으며 4,000여 명의 조문객이 참여했다고 한다. 푸이도 칙사를 보내 조문하고 '충무忠武'라는 시호를 내렸다. 캉유웨이는 칭다오에 은거하면서 저술 활동에 매진하다가 장제스가 북벌군을 이끌고 북상 중이던 1927년 3월 31일 사망했다. 사인은 식중독이었다. 그의 나이 69세. 빈털터리나 다름없었기에 캉유웨이의 장례식은 량치차오가 얼마간의 돈을 보내준 덕분에 겨

●— 자금성을 공격하는 토역군 병사들.

우 치를 수 있었다.

영문도 모르고 끌려나와 용상에 앉았던 푸이는 12일 만에 도로 자금성에 감금되었다. 돤치루이는 푸이를 자금성에서 쫓아내거나 우대조건을 취소하지는 않았지만, 그는 이 유치한 한 편의 쇼에 진절머리를 냈다. 그 뒤에도 몇몇 귀족이 복벽 음모를 꾸몄지만 단호하게 거절하고 자금성에서 안락하고 즐거운 생활을 했다. 그러나 1924년 10월 23일 '베이징정변'을 일으킨 펑위샹이 자금성을 비우고 퇴거하라는 명령을 내리면서 푸이는 텐진의 일본 조계로 쫓겨나듯 도망쳐야 했다. 한동안 옛 신하인 장뱌오의 저택에 조용히 은거하던 그는 만주사변 이후 일본의 회유에 넘어가 만주국 황제가 되었다.

하지만 푸이가 외세와 결탁한 대가는 1945년 8월 15일 일본이 패망하면서 톡톡히 치른다. 푸이는 선양에서 비행기를 타고 일본으로 도주하려 했다. 그러나 탈출 직전 소련군 공수부대가 비행장을 점령하면서 현장에서 체포되어 측근들과 함께 시베리아의 하바롭스크 강제수용소로 끌려갔다. 한국전쟁이 일어난 직후인 1950년 8월에 중국으로 송환된 푸이는 푸순전범관리소에 수감되어 9년 동안 혹독한 교화 생활을 해야 했다. 1959년 12월 4일 마오쩌둥의 특별사면령으로 풀려난 그는 베이징식물원에서 정원사로 평범한 노년을 보냈다. 1962년에는 간호사와 재혼했으며, 전국정치협회 위원으로 선출되기도 했다. 하지만 문화혁명의 광풍이 불어닥치자 푸이 또한 홍위병들의 행패를 피할 수 없었다. 그 스트레스로 1967년 10월 17일 신장암으로 죽었다. 그의 유해는 여기저기 옮겨다니다 1995년 1월 26일에야 베이징에서 남서쪽으로 100킬로미터 떨어진 이현易縣에 이장되면서 비로소 평온을 찾는다.

3부

군웅, 사슴을 좇다

16

쑨원, 북벌에 나서다

호법전쟁의 시작

1917년 7월 6일, 대총통 리위안훙의 하야로 부총통 펑궈장이 대리 총
통이 되었다. 국무총리로 복귀한 돤치루이는 장쉰을 격파하고 베이징
을 되찾았다. 이로써 펑궈장과 돤치루이의 연합정권이 수립되었지만,
하늘 아래 두 개의 해는 없는 법이다. 이번에는 북양군이 분열되었다.
두 사람은 권력을 독차지할 요량으로 자파 세력 확대에 경쟁적으로
나섰다. 베이징 정부는 펑궈장의 즈리파와 돤치루이의 안후이파로 쪼
개졌다. 사람들은 너도나도 자신에게 유리한 쪽에 줄을 대느라 급급
했다. 중국의 정국은 다시 혼란에 빠지면서 장쉰의 복벽 이전 상황으
로 돌아갔다.

국무총리에 복귀한 돤치루이는 제일 먼저 "우리에게는 세 가지가
필요 없다. 첫째는 약법, 둘째는 국회, 셋째는 옛 총통(리위안훙)이다"
라고 엄포를 놓았다. 총칼로 헌정을 짓밟았던 위안스카이의 행태를

반복하겠다는 의미였다. 북양 정권에 일말의 기대를 품고 있던 쑨원은 그제야 평화적인 타협이란 불가능하다는 사실을 깨달았다.

자금성 하늘에서 비행기가 푸이의 코앞에 폭탄을 떨어뜨린 다음 날인 1917년 7월 6일. 무력으로 북양군벌을 정벌하기로 결심한 쑨원은 상하이를 떠나 베이징에서 1,900킬로미터나 떨어진 중국 최남단의 광저우로 향했다. 광저우는 쑨원이 태어난 고향이자 혁명의 오랜 근거지이기도 했다. 주변에는 동맹회 시절 이래의 오랜 심복들과 일부 국회의원들도 있었다. 해군총장 청비광도 북양 정권과 결별하고 해군 제1함대 대부분(방호순양함 3척, 포함 6척, 보조함 4척)을 이끌고 쑨원을 따랐다. 당시 중국 해군은 제1함대와 제2함대 그리고 연습함대로 편성되어 있었다. 제1함대는 중국의 바다를 맡은 주력함대로 대형 군함으로 구성된 반면, 제2함대는 창장의 경비함대로 1,000톤급 미만의 소형 포함과 경비정이 전부였다. 제1함대의 반란으로 중국 해군의 태반이 쑨원에게 넘어간 셈이었다.

7월 17일 광저우에 도착한 쑨원 일행은 비상 국회를 소집했다. 100여 명의 국회의원들이 참석했다. 그는 국회를 해산한 베이징 정부를 불법으로 규정하고 자신들이야말로 중화민국의 정통이라고 선언했다. 9월 10일, 중화민국 호법 정부가 수립되고 쑨원을 대원수로 추대했다. 쑨원은 운집한 사람들 앞에서 "신해혁명 이래 6년이 지났는데도 공화제가 아직 뿌리내리지 못하는 이유는 위안스카이와 돤치루이 같은 자들이 사람들을 속이고 공화제를 짓밟았기 때문이다. 이제는 진짜 공화제와 가짜 공화제의 싸움을 해야 한다", "간흉을 제거하고 약법을 회복하여 4억 인민을 위해 진정한 공화를 되찾자!"고 외쳤다. 또한 전국에 전문을 보내 돤치루이 토벌에 참여할 것을 호소했다. 쑨원의 호소에 남방 5성(광시성·광둥성·구이저우성·윈난성·쓰촨성)의 비

非북양계 군벌들이 일제히 호응했다. 중국 역사에서는 '호법전쟁護法戰爭' 또는 '호법운동護法運動'이라고 한다. 쑨원에게는 앞으로 10년에 걸쳐 이어질 첫 번째 북벌전쟁이기도 했다.

차이어의 호국전쟁이 위안스카이의 제제 부활에 대항하여 공화제라는 국체를 수호하는 전쟁이었다면, 쑨원의 호법전쟁은 북양군벌의 독재에 반대하고 중화민국 약법을 수호하는 전쟁이었다. 남북 화의는 깨졌다. 중국에는 두 개의 정부가 수립되어 베이징의 북양군벌과 광저우의 서남군벌이 맞서는 남북 대치가 다시 시작되었다.

량치차오는 쑨원과 손잡는 대신 베이징으로 가 돤치루이 내각에서 재정총장을 맡았다. 돤치루이와 오랜 친분이 있는 그는 중립을 지키면서 남북 화의를 중재하고 내전을 막을 생각이었다. 쑨원과 량치차오는 북양군의 횡포를 견제할 수 있는 유일한 지도자였지만 힘을 모으는 대신 끝까지 각자의 길을 걸었다.

양광 순열사 루룽팅과 윈난 독군 탕지야오가 호법군의 원수로 추대되었다. 또한 리례쥔이 참모총장, 리푸린李福林이 대원수 직속의 친군親軍 총사령관, 쉬충즈가 참모장, 천중밍이 제1군 총사령관에 각각 임명되었다. 호법군은 광둥군·광시군·윈난군 등 20개 사단과 지방군, 해군 제1함대까지 모두 15만 명에 달했다. 세력은 광둥성, 광시성, 윈난성, 구이저우성, 쓰촨성 남부와 후난성 서부 일부 지역까지 미쳤다. 차이어의 호국군을 훨씬 능가하는 전력이었다.

북양군의 전력은 60만 명이 넘었지만 쑨원은 "군비가 부족한 데다 내분에 빠진 북양군이 움직일 수 있는 병력은 6만 명을 넘지 않을 것이며 군기도 매우 어지럽다. 더욱이 돤치루이를 위해 목숨을 걸고 싸울 군대는 적다"며 승리를 장담했다. 또한 대총통 펑궈장과 국무총리 돤치루이의 대립으로 북양군의 대부분을 장악한 펑궈장이 돤치루이와 힘을 모으기보다는 난징 방어에 집중할 가능성이 높으며, 다른 북양파 군벌들도 자기 기반을 지키는 데 급급하므로 돤치루이가 실제로 남방 토벌에 투입할 수 있는 병력은 7개 사단 5만 명 정도일 것이라고 보았다. 그에 반해 북벌군은 전체적인 전력은 열세하지만 결속력이 높아서 10만 명 이상을 투입할 수 있으며, 병참선이 짧아 충분히 승산이 있다는 것이 쑨원의 계산이었다.

작전은 다음과 같았다. 주력부대를 광시성과 광둥성에서 북상시켜 후난성을 공략한다. 탕지야오의 좌익군은 쓰촨성으로 진군한 뒤 남쪽과 서쪽에서 우한을 공략한다. 천중밍의 우익군과 해군은 푸젠성으로 진군하여 상하이를 공략한다. 전군이 세 방향에서 난징으로 진군하여 11월 말까지 점령하고 창장 이남을 제압한다. 2개월 동안 병력을 정비한 뒤 이듬해 3월에 작전을 재개하여 진푸철도와 징한철도를 따라 북상하는 한편, 해군은 바다를 통해 친황다오에 상륙한다. 각 로의 군대가 베이징에서 합류하여 총공격에 나선다. 수륙병진이라는 쑨원의 북벌 계획은 실로 장대했다.

쑨원이 군권을 쥐고 전쟁을 지휘하는 것은 이때가 처음이었다. 반청운동 이래 쑨원의 방식은 암살과 테러였으며, 군사작전을 펼치더라도 그 일은 황싱이나 천치메이 등 다른 사람 몫이었다. 대원수가 되어 10만 명이 넘는 대군을 처음으로 통솔하게 된 쑨원은 감개무량했다.

그러나 그 군대는 쑨원의 군대가 아니었다. 쑨원의 직속부대는 대총통부를 경비하는 소수의 경호부대밖에 없었다. 나머지는 루룽팅·탕지야오·천중밍 등 서남군벌의 군대를 빌린 데 지나지 않았다. 해군 역시 쑨원의 명령에 반드시 복종한다고 할 수 없었다. 쑨원의 북벌에 참여한 서남군벌들은 나름의 꿍꿍이가 있었다. 이들의 목적은 중국에 진정한 공화제를 실현하는 것이 아니라 돤치루이의 남정에 대응하고 자신들의 기반을 공고히 다지기 위해서였다. 중국의 장래나 쑨원이 말하는 대의 따위에는 관심이 없었다.

쑨원이 북벌을 선언하자 돤치루이도 가만있지 않았다. 그는 이번 기회에 서남군벌을 완전히 제압하고 위안스카이가 생전에 이루지 못한 전국 통일을 실현하겠다는 야심을 품었다. 그는 교통총장 차오루린曹汝霖, 전 주일 공사 루쭝위陸宗興, 장쭝샹 등 친일 외교관들을 비밀리에 일본으로 보내 데라우치 내각과 교섭하게 했다. 그리고 '니시하라 차관'을 얻는 데 성공했다. 니시하라 차관은 1917년 1월부터 1918년 9월까지 8회에 걸쳐 지급됐으며, 총액수는 1억 4,500만 엔이었다. 그러나 니시하라 차관조차 빙산의 일각이었다. 데라우치가 돤치루이에게 제공한 차관을 모두 합하면 3억 8,500만 엔에 달했다. 일본 대장성에서 발간한 『메이지-다이쇼 재정사明治大正財政史』에 따르면 1917년 일본의 세수가 4억 5,000만 엔, 세출이 6억 4,000만 엔 정도였으니, 1년 세입의 약 85퍼센트, 세출의 약 60퍼센트나 되는 셈이다.

니시하라 차관은 중국의 정치적 혼란을 악용한 일본의 자원외교이자 경제 침략이었다. 1914년 이후 일본이 점령하고 있던 산둥반도의 독일 조차지 점유권을 일본에 넘기는 것은 물론이고, 만주와 내몽골의 삼림·광산·철도·전신 등에 대한 막대한 이권을 보장했다. 돤치루이를 통해서 얻어낸 이권이 워낙 엄청났기에 데라우치 마사타케도 이렇게 말할 정도였다. "내가 중국에 심어놓은 일본의 권익은 21개조 조약의 10배에 달한다." 이 돈은 모두 돤치루이 한 사람의 비자금으로 사용되었다. 돤치루이와 일본의 밀약은 2년 뒤인 베르사유조약에서 만천하에 공개된다. 이 때문에 5·4운동이 일어나면서 밀약 체결에 직접 참여한 차오루린·루쭝위·장쭝샹 세 사람은 매국노로 낙인찍히고 가택이 불타는 등 민중의 집중 공격을 받았다. 돤치루이는 얼마 뒤 즈리파와의 싸움에서 패배하여 몰락한다.

그러나 일본도 실제로 얻은 게 많다고 할 수는 없었다. 산둥 출병과 1차대전 참전, 시베리아 출병 등 거듭되는 군사행동 때문에 거액의 재정적자에 허덕였다. 대량의 국채를 발행하고 국민들을 한층 쥐어짜서 겨우 메웠다. 그런데도 데라우치는 "조선과 만주를 하나로 만들겠다"는 허황된 욕심에 눈이 멀어 조선은행과 타이완은행, 니혼고교은행日本興業銀行에 압력을 넣어 돤치루이의 '통치 자금'을 대게 했다. 그러나 돤치루이 정권이 파멸하자 차관의 대부분은 허공에 붕 떠버렸다. 회수에 성공한 돈은 겨우 500만 엔 정도였다. 이권 문제도 만주를 제외하고는 대부분 흐지부지되었다. 2,000여 명의 사상자를 내면서 점령한 산둥반도 역시 1922년 2월 워싱턴회의에서 일본의 팽창을 견제하려는 영국·미국의 압력에 못 이겨 중국에 반환해야 했다. 권력자의 무리한 욕심이 빚은 결과였다.

╲남북 군대 출병하다

돤치루이는 무력에 의한 정벌을 주장한 반면, 대총통 펑궈장은 정치적 타협을 통한 평화적인 해결을 주장했다. 재정은 파탄 직전이고 중국 전역에 병변과 소란이 끊이지 않는 상황에서 돤치루이가 말하는 무력 통일이란 꿈같은 소리였다. 설령 돤치루이가 서남을 토벌할 수 있다고 한들 펑궈장이 바라는 바가 아니었다. 정국의 주도권이 돤치루이에게 완전히 넘어간다는 의미이기 때문이다.

9월 29일, 돤치루이는 펑궈장의 반대를 묵살하고 국무회의에서 남방 정벌을 결정했다. 일본의 힘을 빌려서 중국을 통일한 뒤 자기가 대총통이 되려는 속셈이었다. 일본은 막대한 차관과 함께 무기와 탄약 공급을 약속했다. 승리는 시간문제였다. 그는 군대를 둘로 나누어 하나는 후난성으로 진군해 광시성과 광둥성을 점령하게 하고, 다른 하나는 쓰촨성을 통해 구이저우성과 윈난성을 공략하게 할 생각이었다. 돤치루이의 남벌군과 쑨원의 북벌군 사이의 일전은 피할 수 없었다.

중국이 또다시 두 쪽으로 분열되어 포문을 열자 량치차오는 한탄했다. "남이 법을 위반하면 법을 보호해야 한다고 하고, 내가 법을 위반하면 나를 보호하기 위해서라고 한다. 호법이라는 말로 도대체 누구를 속이려는 참인가. 그저 좋은 명분으로 세상 사람들을 속일 뿐이다." 그가 보기에 돤치루이나 쑨원이나 제 이익에 눈이 멀어 국가를 전란에 빠뜨리기는 마찬가지였다.

돤치루이에게는 '4대 금강四大金剛'*이라 불리는 4명의 걸출한 장군이 있었다. 진원평·쉬수정·취둥펑曲同豊·푸량쭤傅良佐였다. 모두 혈기 왕성한 30~40대의 장년으로, 북양무비학당과 일본의 사관학교 등지에서 근대 군사교육을 받은 지략가들이었다. 또한 돤치루이의 오랜 심복이었다. 이 네 사람이 돤치루이의 권좌를 떠받치고 있었다. 돤치루이는 육군부 차장 푸량쭤에게는 후난 전선을, 취둥펑은 창장 상류 사령관에 임명하여 쓰촨 전선을 맡겼다. 출병한 부대는 북양군 2개 사단(제8사단, 제20사단)이었다. 또한 산시성의 옌시산에게 명령하여 1개 혼성여단을 지원하게 했다.

후난 독군은 탄옌카이였다. 2차 혁명에서 쫓겨났던 그는 위안스카이가 죽은 뒤 남북 화의에 따라 복직할 수 있었다. 그러나 9월 9일 창사에 도착한 푸량쭤는 그를 강제로 쫓아내고 그 자리를 차지했다. 또한 충성심이 의심스러운 후난성 출신 장군들을 해임하는 한편, 후난군 제1사단과 제2사단을 형양衡陽에 배치하여 쑨원의 북벌군을 막는

─────
* 불교에서 부처를 지키는 4명의 수호신.

16. 쑨원, 북벌에 나서다 377

방패막이로 쓰려고 했다. 돤치루이의 위세만 믿고 상전 노릇을 하는 그에게 현지인들이 반발하는 것은 당연했다. 채 열흘도 안 되어 9월 18일 형양에서 병란이 일어났다. 일부 후난군 지휘관들이 반란을 일으켜 쑨원의 호법군에 가담한다고 선언했다. 후난성 남부 24개 현은 쑨원 쪽으로 넘어갔다.

쑨원도 전군에 출전 명령을 내렸다. 10월 6일, 청첸을 총사령관으로 하는 3성 연합군(광시성·광둥성·후난성) 5만 명이 북상하여 후난성 남부를 침공했다. 서쪽에서는 광시 독군 탄하오밍譚浩明이 구이린을 거쳐 북상했다. 북벌군 중에는 나중에 중화민국 국민정부 초대 부총통이 되는 리쭝런李宗仁이 있었다. 당시 26세. 그의 옆에는 '작은 제갈량'이라 불리며 중국 제일의 전략가로 명성을 떨치는 바이충시와 황사오훙黃紹竑 등도 있었다. 이들은 10여 년 뒤 장제스와 어깨를 나란히 하는 거대한 광시파 군벌을 형성하며 그와 천하를 다툰다.

북벌군이 파죽지세로 올라오자 후난군 제1사단장 자오헝티趙恒惕는 반란을 일으켜 총부리를 북양군에게로 돌렸다. 북양군의 선봉에 서야 할 후난군이 도리어 적이 되었다. 푸량쭤는 북양군 제8사단과 제20사단에 진압을 명령했다. 무장이 빈약한 지방군에 불과한 후난군이 중앙군인 북양군의 상대가 될 수는 없었다. 북양군은 자오헝티를 격파하고 형양 북쪽으로 40킬로미터 떨어진 헝산衡山을 점령했다. 그리고 형양을 공격할 태세를 갖추었다. 그러나 북벌군과 후난군이 연합하면서 전세는 다시 역전되었다. 북양군은 연전연패하여 헝산과 샹탄湘潭, 바오칭(지금의 사오양邵陽)을 빼앗기고 창사마저 함락당할 위기에 놓였다.

쑨원의 북벌군과 돤치루이의 북양군이 후난성을 놓고 일진일퇴의 치열한 전투를 벌일 때, 창사에는 제1사범학교에 재학 중이던 한 청년이 있었다. 태어난 고향은 창사에서 그리 멀지 않은 벽촌인 샹탄이었지만 공부하기 위해 도시로 나와 있었다. 그 시절 혈기 왕성한 청년들과 마찬가지로 그도 중국의 끝없는 혼란상과 봉건사회의 모순을 한탄하면서 주변 사람들과 토론했다. 그중에서도 러시아와 독일 등지에서 확산되고 있던 사회주의에 관심이 많았다.

그렇지만 창사는 신문물을 접하기에는 너무나 벽촌이었다. 많은 청년들이 베이징·광저우 등 대도시로 가서 고등교육을 받거나 일본·구미 등지로 유학을 가는 것이 유행이었지만, 그에게는 이렇다 할 연줄도 돈도 없었다. 할 수 있는 일이라고는 현실에 비분강개하면서 책을 읽으며 때를 기다리는 것뿐이었다. 30여 년 뒤 중국의 지도자가 되는 마오쩌둥이었다. 당시 나이 24세였다.

＼후난의 격전

후난성의 전황은 혼전의 연속이었다. 윈난 독군 탕지야오가 지휘하는 윈난-구이저우 연합군은 쓰촨성을 침공했다. 해군총장 청비광의 제1함대와 해군 육전대가 광저우를 출발해 푸젠성의 성도 푸저우에 상륙했다. 창장 이남 전체가 싸움터가 되었다. 돤치루이는 전세가 생각처럼 돌아가지 않자 장징야오의 제7사단 외에 즈리파 부대인 우페이푸의 제3사단, 펑위샹의 제16혼성여단을 증파하기로 했다. 국무회의에서는 서남 토벌과 루룽팅·탕지야오의 파면, 전국 총동원령을 결의했다. 그러나 이번에도 펑궈장의 반대에 부딪혔다. 국무원의 의결은 대총통의 승인 없이는 불가능했다. 이것을 '제2차 부원지쟁'이라고 한다. 돤치루이와 펑궈장 사이의 골은 돌이킬 수 없는 지경이었다.

증원부대가 도착하기 전인 11월 14일, 북양군 제8사단과 제20사단이 일방적으로 전투 중지를 선언한 뒤 창사를 버리고 북쪽의 웨저우로 물러났다. 이들은 즈리파 소속 부대로, 펑궈장의 지시였다. 총사령관인 푸량쭤도 속수무책이었다. 그는 부하들의 항명을 견디지 못하고 베이징으로 되돌아갔다. 11월 18일, 북벌군은 창사에 입성했다. 쑨원이 북벌을 선언한 지 두 달 만이었다. 쓰촨성에서는 쓰촨군 제5사단장 겸 충칭 진수사 슝커우熊克武가 반란을 일으켜 북벌군에 귀순한 뒤 쓰촨 독군 류쩐호우를 공격했다. 원래 혁명파였던 슝커우는 북양군을 위해 싸울 이유가 없었다. 전세는 점차 북벌군에 유리해졌다.

즈리 독군 차오쿤, 후베이 독군 왕잔위안, 장시 독군 천광위안, 장쑤 독군 리춘이 돤치루이에게 전세의 불리함을 이유로 내전 반대와 남방과의 화평 교섭을 요구했다. 모두 펑궈장과 가까운 즈리파 독군들이었다. 즈리파의 항명에 분노한 돤치루이는 11월 22일 사직서를 던지고 자기 집에 틀어박혔다. 펑궈장은 북양의 원로이자 육군총장 왕스전을 새 국무총리로 임명했다. 장쉰의 복벽에도 참여했던 왕스전은 야심이 없고 펑궈장과도 사이가 좋았다.

그렇지만 이대로 꼬리를 내릴 돤치루이가 아니었다. 심복 쉬수정을 몰래 톈진으로 보내 차오쿤을 만나게 했다. 꾀주머니라고 자부하던 쉬수정은 차오쿤이 욕심이 많고 정치적인 야심이 크다는 사실을 잘 알았다. 그는 차오쿤에게 부총통 자리를 약속하면서 회유했다. 입이 귀에 걸린 차오쿤은 알겠다면서 고개를 끄덕였다. 12월 3일, 톈진에서 왕스전이 주재하는 독군단 회의가 열렸다. 펑궈장은 북양파 수장들을 불러모아서 평화회담에 대한 지지를 얻고 돤치루이를 고립시킬 속셈이었다.

북방 10개 성의 실력자들이 한자리에 모였다. 그런데 뜻밖에도 안후이 독군 니쓰충, 저장 독군 루융샹, 푸젠 독군 리허우지 등 돤치루이와 가까운 안후이파 독군들은 즈리파 독군들을 배신자라고 성토하면서 서남에 대한 토벌을 주장했다. 동북3성을 장악한 장쭤린과 즈리파 실세인 차오쿤도 안후이파 편을 들었다. "나 차오쿤은 병사가 한 명도 남지 않을 때까지 남방과 싸울 것이다!" 즈리파에게 유리했던 대세는 역전되었다.

돤치루이의 사주를 받은 안후이파 독군들은 대총통에게 서남 토벌령을 내릴 것을 강요하고 병력 증파를 결정했다. 펑궈장의 예상은 완전히 빗나갔다. 독군단의 압력에 못 이긴 그는 12월 18일 돤치루이를 참전독판^{參戰督辦}에 임명하여 남방 토벌의 전권을 맡겼다. 일이 이렇게 된 데에는 부총통 자리에 눈먼 차오쿤의 역할이 컸다. 그의 줏대 없는 태도에 심복인 우페이푸조차 "돤치루이는 우리를 안후이파로 생각할 것이고 펑궈장은 우리를 즈리파로 생각할 것입니다. 그래도 좋습니까?"라고 질책했다.

출동 병력은 5개 사단, 7개 혼성여단에 달했다. 차오쿤이 지휘하는 제1로군은 징한철도를 따라 우한을 거쳐 후난성으로 남하했다. 산둥 독군 장화이즈의 제2로군은 진푸철도를 따라 난징으로 내려간 뒤 장시성을 거쳐 후난성 동부를 침공했다. 출동 병력은 5개 사단, 7개 혼성여단에 이르는 대군이었다.

토벌군의 편성
제1로군: 총사령관 차오쿤
-제3사단, 제7사단, 제11사단, 제16혼성여단, 즈리 제1혼성여단, 제2혼성여단, 제3혼성여단
제2로군: 총사령관 장화이즈
-제16사단, 제19사단, 산둥 제1사단, 제1혼성여단, 제2혼성여단, 장쑤 제6혼성여단

완전히 무시당한 꼴이 된 펑궈장도 더는 참을 수 없었다. 그는 직접 남벌 작전을 지휘하겠다면서 호위병들을 거느리고 열차에 올랐다. 그러나 남하 도중 안후이성에서 발목을 잡혔다. 돤치루이가 미리 안후이 독군 니쓰충에게 지시하여 군대로 기차역을 포위하고 열차를 돌리게 했다. 펑궈장은 분노를 억누르며 베이징으로 되돌아와야 했다. 또한 번 돤치루이에게 당한 꼴이 된 그는 다른 계책을 내놓았다. 서남으로 밀사를 보내 루룽팅과 탕지야오에게 은밀히 화평 공작을 편 것이다. 이들은 쑨원의 북벌을 원조하고 있었지만 자기 토대를 지키기 위해서였을 뿐, 공화정을 위해 북양을 타도하려는 것이 아니었다. 바꾸어 말해, 서남의 통치권만 인정받는다면 굳이 싸울 이유가 없었다. 펑궈장과 내통한 두 사람은 창사를 점령한 뒤 쑨원의 북상 명령을 무시한 채 더 이상 움직이려 하지 않았다. 쑨원은 북벌의 방향을 바꾸어 천중밍에게 20개 대대 5,000여 명의 병력을 주고 푸젠성을 침공하게 했다. 그러나 천중밍도 겨우 100여 킬로미터를 진격한 뒤 멈추었다. 루룽팅의 방해로 병참이 차단되었고, 천중밍 또한 북벌을 기회 삼아 쑨원에게서 자립하기를 꿈꾸고 있었기 때문이다.

쓰촨성에서는 우광신이 2개 혼성여단으로 슝커우를 격파하고 충칭을 점령했다. 그는 쓰촨 독군 류쩐호우와 함께 남하하려 했지만 후난성의 전황이 나빠지자 방향을 바꿔 창사 탈환에 나섰다. 그런데 12월 16일, 후베이성 샹양襄陽에서 후베이군 제1사단장 리톈차이黎天才가 반란을 일으켰다. 그는 '후베이 정국군湖北靖國軍'이라 일컬으며 후베이성의 독립과 호법전쟁 참여를 선언했다. 샨시성에서도 반란이 일어나 샨시 독군 천수판이 토벌에 나서는 등 호법전쟁은 중국 전역으로 확대되었다. 12월 17일에는 하이난다오에 주둔한 양광 순열사 룽지광이 광저우를 공격했지만 리례쥔의 반격으로 격퇴당했다. 쑨원은 순양

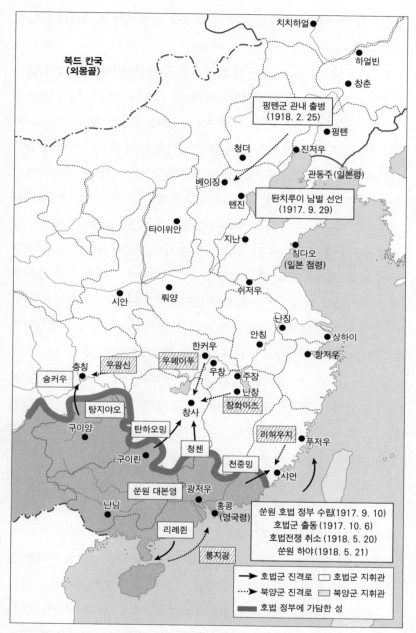

● ─ 호법전쟁과 양군 진격로(1917년 10월~1918년 5월).

함 하이치를 비롯해 4척의 군함과 병력을 출동시켜 하이난다오를 점령했다. 룽지광은 베이징으로 도망쳤다.

1918년 1월 27일, 북벌군이 웨저우를 점령했다. 싸울 생각이 없는 북양군 제8사단은 웨저우 시가지에 불을 지르고 약탈한 다음 북쪽으로 철수해버렸다. 북벌군은 포로 300여 명에 비행기 2대, 대포 40여 문, 대량의 무기와 탄약을 노획했다. 그런데 그사이 베이징과 톈진에서는 완전무장한 북양군 병사들과 군수품, 무기를 가득 실은 특별열차가 남쪽으로 출발했다. 북양군 최강 부대인 우페이푸의 제3사단을 선봉으로 증원부대가 속속 후베이성으로 집결했다. 베이징에서는 펑궈장과 돤치루이가 다투고 있었고, 남방에서는 쑨원과 서남군벌의 갈등이 점점 고조되었다. 1918년 1월 28일, 해군총장 청비광이 광저우의 기차역에서 암살당하는 사건이 벌어졌다. 배후에는 루룽팅이 있었다. 루룽팅은 북벌을 중단하라는 자신의 권고를 쑨원이 듣지 않자 행동으로 보여준 것이다. 북벌군의 내분은 최악으로 치달았다.

2월 25일, 끝없는 행렬을 이룬 대군이 산하이관을 통과하고 있었다. 동북의 실력자 장쭤린이 움직인 것이다. 제1진으로 제27사단 제53여단이 관내로 진입했다. 펑톈군이 남하하자 돤치루이는 펑톈으로 쉬수정을 파견해 병력을 후난성으로 보내라고 장쭤린에게 지시했다. 그러나 교활하고 야심만만한 장쭤린은 아무 대가 없이 돤치루이를 위해서 움직일 인물이 아니었다. 쉬수정은 장쭤린에게 구미 당기는 정보를 슬쩍 흘렸다. 친황다오를 통해 막대한 양의 무기를 선적한 배가 들어온다는 정보였다. 돤치루이가 일본에서 구매한 무기의 1차분이었다. 돤치루이는 이 무기로 새로운 군대를 편성할 생각이었다.

그런데 쉬수정은 장쭤린을 회유할 욕심에 돤치루이의 허락도 받지 않은 채 그 무기를 넘기기로 했다. 장쭤린은 당장 심복 양위팅楊宇霆을 친황다오로 보내 무기를 접수했다. 일본제 38식 아리사카 소총 2만 7,000정, 중기관총 50정, 산포 몇 문, 대량의 탄약과 군수품 등 화차 20대분의 막대한 물자가 손에 들어왔다. 그야말로 장쮜린에게 날개를 달아준 격이었다. 뒤늦게 이 사실을 안 돤치루이는 제멋대로 행동한 쉬수정에게 화가 났지만 일단 모르는 척하기로 했다. 장쮜린의 힘을 빌려 즈리파를 견제하는 것이 우선이었기 때문이다. 이로써 안후이파와 펑톈파의 연합이 결성되었다.

장쮜린은 쉬수정을 펑톈군 부사령관에 임명했다. 그리고 자신의 군대를 후난성으로 출동시켰다. 3월 6일, 장징후이張景惠가 지휘하는 펑톈군 선봉부대가 베이징 교외의 펑타이豐臺에 당도했다. 3개 사단(제27사단, 제28사단, 제29사단)과 1개 혼성여단 등 모두 5만 명이었다. 장쮜린도 펑톈을 출발했다. 그는 철저한 경호를 받으며 3월 12일 톈진에 도착했다. 그리고 톈진에서 서북쪽으로 25킬로미터 떨어진 준량청軍糧城에 사령부를 설치했다. 베이징 주변은 장쮜린의 병사들로 가득했다.

장쮜린의 출병을 알 리 없었던 펑궈장은 깜짝 놀랐다. 돤치루이를 불러서 "어째서 펑톈군이 내 명령도 받지 않고 사전 통지도 없이 멋대로 출병했는가?"라고 따졌지만 돤치루이는 모르쇠로 일관했다. 베이징에 들어온 장쮜린은 펑궈장에게 돤치루이를 국무총리에 복귀시킬 것과 즈리파 장쑤 독군 리춘의 파면을 요구했다. 펑궈장은 일개 독군이 주제넘는 요구를 한다고 호통을 쳤지만 결국 굴복했다. 3월 23일, 돤치루이는 다시 국무총리가 되었다. 이틀 뒤인 25일에는 중일 군사협정이 체결되어 일본의 전폭적인 지원을 얻는 데 성공했다.

후난 전선에서는 3월 10일 차오쿤의 총공격 명령이 내려졌다. 전세는 갈수록 북벌군에게 불리해졌다. 게다가 루룽팅의 배신으로 쑨원은 궁지에 몰렸다. 탕지야오도 북벌 중지와 쑨원 하야를 요구하고 나섰다. 몇 달 전만 해도 쑨원을 대원수로 추대했던 이들이 이제는 더 이상 이용 가치가 없어진 그를 눈엣가시로 여기면서 끌어내리려 했다. 궁지에 몰린 쑨원은 상황을 바꿔볼 생각으로 상하이에 있던 장제스를 불러들였다. 그는 이 오만하고 자신감 넘치는 청년 장교가 신해혁명 때 겨우 100여 명을 이끌고 항저우를 하룻밤 만에 점령한 사실을 기억하고 있었다. 3월 15일, 장제스는 광둥군 총사령부 작전주임에 임명되어 천중밍 휘하에서 푸젠성 공략을 맡았다.

3월 17일, 우페이푸가 지휘하는 북양군 최강의 제3사단이 웨저우에서 북벌군을 격파하고 파죽지세로 남하했다. 전의를 상실한 북벌군은 창사를 버리고 남쪽으로 퇴각했다. 이튿날 우페이푸는 창사에 입성했다. 4월 23일에는 형양을 점령했다. 후난성에서 북벌군이 완패하면서 후방인 광시성과 광둥성도 위태로웠다.

북양군의 승리는 시간문제였지만 형양을 점령한 우페이푸는 더는 움직이지 않았다. 돤치루이가 자신을 배제한 채 아무 전공도 없는 제7사단장 장징야오를 후난 독군 겸 성장에 임명했기 때문이다. 장징야오는 돤치루이의 심복이었다. 사실 우페이푸는 후난 독군이 될 욕심으로 그동안 온갖 고생을 마다하지 않고 진두지휘를 했다. 후난성 탈환은 전적으로 그의 공이었다. 그런데 즈리파라는 이유로 돤치루이에게 찬밥 대우를 받자 분노를 터뜨렸다.

제1로군 총사령관인 차오쿤도 가만있지 않았다. 차오쿤에게 우페이푸는 오른팔이었다. 그가 냉대받는 것은 자신이 냉대받는 것과 같은 이치였다. 게다가 베이징의 정보에 따르면 돤치루이가 차오쿤을 즈리 독군 대신 양호 순열사로 임명한다는 얘기도 있었다. 즈리 독군 자리는 심복 쉬수정에게 맡긴다고 했다. 처음 약속했던 부총통 자리는 온데간데없었다. 베이징은 돤치루이와 손잡은 장쭤린의 군대가 차지하고 있었다. 돤치루이는 남방 정벌을 핑계로 즈리파를 무장해제할 속셈이었다.

자신이 속았음을 깨달은 차오쿤은 대총통 펑궈장에게 전문을 보내 돤치루이를 성토하고 "오랫동안 나라를 위해 싸웠는데 앞으로 즈리파는 돌아갈 곳도 없을 것입니다"라고 했다. 그러고는 휴가를 신청한 뒤 허난성으로 가버렸다. 우페이푸에게는 전투 중지를 명령했다. 말하자면 태업이었다. 남벌군의 주력인 즈리파 군대가 더 이상 싸우려 들지 않자 돤치루이는 어떻게 해볼 도리가 없었다. 전선은 교착상태가 되었다.

차오쿤의 행동은 엄연한 반역이자 명령 불복이었다. 돤치루이는 불쾌했지만 즈리파의 2인자인 차오쿤을 군법대로 다스릴 수도 없었다. 그는 일단 즈리파를 달랠 생각으로 한커우로 내려와 군사회의를 열었다. 차오쿤 외에도 제2로군 총사령관 장화이즈, 후베이 독군 왕잔위안, 허난 독군 자오티 등 양쪽 파벌의 수장들이 한자리에 모였다. 돤치루이는 차오쿤을 향해 자신이 곧 국회를 소집해 대총통과 부총통 선거를 할 생각이며, 부총통에 그를 추대하기로 했던 약속도 결코 잊지 않았다고 말했다. 또한 즈리 독군에 계속 유임하고, 여기에 더해 쓰촨성·광둥성·후난성·장시성 등 남방 4성의 경략사經略使*로 임명했다. 실권은 없지만 지위가 높았으므로 차오쿤은 일단 만족했다. 우페이푸의 제3사단은 다시 진군을 시작하여 광시성을 향해 남하했다. 루룽팅은 감히 맞서지 못하고 주력부대를 성도인 난닝으로 철수한 다음 산악지대에 방어선을 구축했다. 또한 쑨원을 제쳐놓은 채 탕지야오와 함께 돤치루이와의 평화 협상에 나섰다.

---

* 지방정부의 행정·군사를 감독하는 중화민국 초기의 임시 관직.

한편, 천중밍 휘하에서 광둥군 제2군의 지휘를 맡은 장제스는 5월 9일 푸젠성을 침공했다. 그는 서전에서 푸젠 독군 리허우지가 지휘하는 푸젠성-저장성 연합군을 격파하여 승리를 거두었다. 그리고 쑹커우灣口와 융타이永泰 등을 점령하고 성도인 푸저우로 진군했다. 쉬충즈의 제1군 또한 우핑武平·상항上杭을 점령하면서 5월 말이 되자 푸젠성의 대부분이 북벌군의 손에 들어왔다. 돤치루이는 리허우지에게 정전을 지시했다. 하지만 장제스도 더 이상 전진할 수 없었다. 광저우의 정세가 나빠지면서 쑨원의 지위가 매우 위태로웠기 때문이다. 루룽팅과 탕지야오는 일부 국회의원들을 매수해 광저우 군정부를 개조하라고 지시했다. 1918년 5월 20일, 비상 국회는 호법전쟁 취소를 결정했다.

충격을 받은 쑨원은 실망감을 드러내면서 대원수 자리를 내던졌다. 이튿날 그는 일본 상선 소류마루에 몸을 싣고 상하이로 향했다. 옆에는 전 참의원 원장이자 뒷날 장제스 정권에서 중화민국 국가주석을 맡는 린썬林森, 전 주미 공사이며 중국 최초의 근대적 평화조약인 중국-멕시코 통상조약中墨通商條約을 체결한 외교관 우팅팡伍廷芳 등 명망 있는 정치가와 관료들이 있었다. 푸젠성에서 한창 싸우고 있던 장제스도 그 소식을 듣고 쑨원을 따라 상하이로 향했다. 쑨원에게는 또 한 번의 실패였지만 결코 주저앉지 않았다. 그는 재기를 준비했다.

쑨원의 자리에 앉은 사람은 천춘쉬안岑春煊이었다. 그는 예전에 산시 순무와 쓰촨 총독, 양광 총독 등을 역임한 인물이었다. 청조가 망한 뒤 위안스카이와 대립하면서 자리에서 쫓겨나 광저우에 은거하고 있었다. 루룽팅과 탕지야오는 자기들이 부리기 좋은 얼굴 마담으로 그를 광저우 군정부의 주석 총재에 추대했다.

쑨원의 야심 찬 호법전쟁은 7개월 만에 유야무야 막을 내렸다. 쑨원이 쫓겨나자 돤치루이도 남벌을 중지했다. 그는 서남을 정벌하겠다는 생각을 버리지 않았지만 나중으로 미루기로 했다. 당장 해야 할 일이 산더미처럼 쌓였기 때문이다. 첫 번째는 국회를 다시 소집하고 대총통 선거를 실시하는 것이었다. 돤치루이는 펑궈장을 쫓아내고 쉬스창을 그 자리에 앉힐 생각이었다. 두 번째는 1차대전 참전이었다. 유럽 전쟁은 이미 막바지였다. 그러나 돤치루이는 참전을 빌미로 새로운 군대를 만들어 다른 군벌들을 제압할 생각이었다.

1918년 6월 3일, 돤치루이는 우한을 떠나 베이징으로 복귀했다. 후난성에는 우페이푸·펑위샹·장징야오 등이 남아서 서남군벌과 대치했다. 그는 떠나기 전 헝양에 주둔한 우페이푸에게 전문을 보내 그동안의 공을 치하하고 '부위장군孚威將軍' 칭호를 내렸다. 장군이라는 칭호는 성의 군권을 쥔 독군 정도는 되어야 받을 수 있었다. 일개 사단장에게는 분에 넘치는 영예였다. 국무총리가 사단장을 직접 치하한 것 또한 전례가 없는 일이었다. 돤치루이는 이 정도면 즈리파의 불만을 무마할 수 있으리라 여겼지만 큰 오산이었다. 우페이푸는 그렇게 호락호락하지 않았다.

북양군의 분열

＼ 시베리아 출병

1차대전이 한창이던 1917년 10월 25일, 러시아의 수도 상트페테르부르크에서 트로츠키가 이끄는 1,000여 명의 적위대가 케렌스키의 임시정부가 있던 겨울궁전을 점령했다. 케렌스키는 간신히 목숨만 건져 프랑스로 도망쳤다. 이른바 '10월혁명'이었다. 볼셰비키가 주도하는 소비에트 사회주의 혁명정부가 수립되면서 껍데기만 남아 있던 러시아의 구체제는 와해되었다. 그러나 이것은 더 큰 혼란의 시작이었다.

신생 소비에트 정부는 1918년 3월 3일 독일·오스트리아 등 동맹국 진영과 브레스트-리토프스크 조약을 체결하여 단독 강화를 선언했다. 그러나 연합국 진영은 소련 혼자 전쟁을 끝내는 것을 바라지 않았다. 또한 노동자가 중심이 된 사회주의 혁명정부의 존재는 국제질서를 위협한다고 판단했다. 러시아 국내에서도 제정 시절의 관료들과 장군들이 백군을 조직해 볼셰비키 정권에 대항하는 적백내전을 일으켰다. 연합국 지도부는 군대를 보내 백군을 지원하기로 결정했다.

서부 전선에서는 일진일퇴의 상황이 이어졌다. 1918년 3월, 독일군의 '루덴도르프 공세Ludendorff Offensive'가 시작되었다. 러시아에 대군을 파견할 여력이 없는 영국과 프랑스는 미국과 일본에 출병을 요청했다. 백군이 장악한 블라디보스토크에 군대를 보내서 볼셰비키의 추격을 피해 동쪽으로 이동 중인 4만 명의 체코 군단을 구원하고, 백군을 도와서 공산혁명의 확산을 막아달라는 것이었다. 일본에게 백군이나 체코 군단은 알 바가 아니었다. 그렇지만 이번 기회에 만주를 넘어 시베리아를 차지하는 것은 탐나는 일이었다. 데라우치 마사타케는 내각을 소집한 다음 신중파의 반대를 묵살하고 시베리아 출병을 결정했다.

국제 간섭군은 일본군 9개 사단 7만 5,000명을 주축으로 미군 8,000여 명, 캐나다군 4,000여 명, 이탈리아군 2,400명 등 약 9만 명으로 편성되었다. 또한 데라우치는 돤치루이에게 중국군의 출병도 요청했다. 돤치루이는 수락했다. 진짜 속셈은 따로 있었다. 그는 이전부터 중국의 위상을 높인다는 명목으로 1차대전 참전을 주장했다. 세 불리기에 여념이 없던 연합국 지도부도 중국 정부에 참전을 요청했다. 그 대가로 의화단의 난 이후 중국에 큰 부담을 주고 있던 경자배상금庚子賠款의 상환을 5년 동안 연기하고 액수를 경감해주겠다고 약속했다. 그러나 유럽 국가들의 전쟁에 중국이 끼어든다고 무슨 이익이 될 것인가. 현실적으로도 지구 반대편에 있는 유럽에 군대를 보내는 것은 중국의 역량으로는 불가능한 일이었다. 돤치루이의 속내는 참전을 빌미로 북양군과 다른 새로운 군대를 만드는 것이었다.

돤치루이에게는 자신에게 직접 충성하는 군대가 없었다. 이 때문에 그의 권력은 제한되었다. 무력이 필요할 때마다 다른 사람의 군대를 빌려야 했기에 명령이 제대로 통하지 않을 때도 많았다. 서남을 정벌하는 과정에서 즈리파 군대의 항명에 직면했던 돤치루이는 자신의 수족과 같은 군대가 필요하다는 사실을 절감했다.

또한 돤치루이에게는 즈리파를 누르고 권력을 독점하려는 야심이 있었다. 그러나 다른 안후이파 군벌이 반드시 동조하리라는 보장은 없었다. 안후이파든 즈리파든 본래는 한솥밥을 먹던 사이가 아닌가. 펑궈장을 쫓아내는 것은 리위안훙을 쫓아내는 것과는 다른 얘기였다. 언제 등을 돌릴지 모르는 안후이파 군벌만 믿고 있을 수는 없었다. 그러나 군대를 만들려면 정당한 명분이 있어야 했다. 그렇지 않으면 즈리파가 가만있을 리 없었다. 돤치루이가 내세운 핑계는 1차대전 참전과 시베리아 출병이었다. 육군총장 쉬수정은 발 빠르게 참전군 편성에 착수했다.

장제스보다 겨우 3살 위인 쉬수정은 일본 육사 보병과를 졸업한 엘리트였지만, 군인보다는 춘추전국시대의 책사나 유세객遊說客에 더 가까웠다. 그는 장쑤성 쉬저우 출신으로 어릴 때 신동이라 불렸다. 13세에는 과거에 합격하여 수재가 됐으니, 총명함과 넘치는 재기는 당대의 재사인 량치차오에도 못지않을 정도였다. 또한 담력이 크고 용기와 과단함을 갖추었다. 의화단의 난과 팔련군의 침공으로 나라가 어지러울 때 쉬수정은 산둥 순무였던 위안스카이에게 천하 정세와 국가 대계를 적은 편지를 보냈다. 마침 위안스카이가 부재중이어서, 우연히 돤치루이가 서신을 읽게 되었다. 돤치루이는 크게 탄복하여 쉬수정을 자신의 서기로 삼았다. 그때 나이 겨우 20세였다.

쉬수정은 돤치루이의 수족 노릇을 했다. 우창봉기가 일어났을 때 돤치루이가 지휘하는 제1군의 참모를 맡았고, 위안스카이 정권에서 육군부 차장으로 승진했다. 장쉰 토벌에서도 돤치루이의 참모장을 맡아 작전을 총지휘했다. 역량과 식견이 탁월하고 언변이 유창했지만,

자신의 능력을 과신하는 것이 결점이었다. 또한 오만방자하고 안하무인이라 사방이 적이었다. 위안스카이도 일찍이 "재주가 지나치고 교만하다"고 평한 바 있었다.

쉬수정은 이전부터 벼락출세한 펑톈 독군 장쭤린을 개인적인 라이벌로 여겼다. 장쭤린이 동북3성을 장악하고 동북왕이 되자, 자신도 서북왕이 되겠다는 야심을 품었다. 마침 외몽골이 러시아의 지원을 받아 독립을 꾀하고 있었다. 그는 서북주비사西北籌備使가 되어 피 한 방울 흘리지 않은 채 책략으로 평정하고 외몽골을 다시 중국에 복속시켰다. 몽골인들에게는 굴욕이었지만 중국인들에게는 그동안 열강들의 침탈 속에 빼앗긴 영토를 처음으로 회복한 쾌거였다. 쉬수정은 중국 전역에 명망을 떨쳤다. 돤치루이의 위세 또한 하늘을 찔렀다. 돤치루이에게 시베리아로 출병하라고 설득한 사람도 쉬수정이었다.

출동 부대는 북양군의 최정예부대 가운데 하나인 제9사단에서 제33연대와 2개 포병중대, 기병중대, 기관총중대 등을 차출하여 편성한 1개 혼성연대였다. 인원수는 이들을 수송할 해군 수병까지 합하여 모두 2,300명이었다. 연대장 쑹환장宋煥章이 지휘하는 선발대 661명이 1918년 7월 18일 순양함 하이룽을 타고 베이징을 출발했다. 7월 24일 일본군이 점령 중이던 블라디보스토크에 상륙한 이들은 일본군에 배속되어 블라디보스토크의 치안 유지를 맡았다. 중국군은 그 후로도 6차례에 걸쳐 파병되었다.

중국으로서는 근대 이후 최초의 해외 파병이었지만, 더 이상 깊이 개입하지 않은 채 파병 3개월 만인 10월 26일 모든 병력을 철수했다. 이렇다 할 사건도 없었으며 소련군과 전투를 벌인 일도 없었다. 어쨌든 돤치루이는 발을 담갔다는 사실에 의의를 두었다. 혹독한 추위와 소련군의 반격으로 온갖 고초를 겪은 일본군과는 대조적이었다. 주둔

●── 시베리아에 출병한 중국군이 블라디보스토크에서 각국 간섭군 병사들과 함께 찍은 모습. 왼쪽부터 프랑스 헌병대, 중국 해군과 육군 헌병대, 체코 헌병대, 러시아 백군 헌병대이다. 모두 'MP^Military police(헌병)'라고 적힌 완장을 차고 있다.

기간이 조금만 더 길어졌다면 중국군도 호된 대가를 치렀을지 모른다. 무리한 욕심을 부린 일본은 3,000여 명의 사상자와 9억 엔의 군비만 허공에 날린 채 아무것도 얻지 못하고 1922년 10월 철수했다. 일본의 도박이 처음으로 실패했다.

1918년 11월 11일, 독일이 항복하면서 1차대전이 끝났다. 1917년 8월 14일 대독 선전포고를 했던 돤치루이 정권은 전쟁이 끝날 때까지 단 한 명의 병사도 유럽으로 보내지 않았다. 그 대신 17만 명의 노동자를 파견했다. 유럽에서는 총력전 때문에 남성 노동력이 몹시 부족했기 때문이다. 중국인 노동자들은 유럽과 중동에 배치되었다. 이들은 물자 하역부터 최일선에서의 병참 수송과 지뢰 제거, 참호 구축 등 가장 위험한 일을 도맡아 했다. 또한 열악한 환경에서 온갖 차별과 멸시를 감수해야 했다. 전투에 직접 노출되어 적군의 포화를 뒤집어쓰는 경우도 많았다. 17만 명의 노동자 가운데 2만 명 이상이 죽거나 실종되었다.

중국인이 치른 대가는 컸지만 베르사유 강화회의가 열렸을 때 중국을 위한 자리는 없었다. 연합국이 보기에 중국은 선전포고만 했을 뿐, 단 한 번도 직접 싸운 적이 없고 군대를 보낸 것도 아니므로 참전국도 전승국도 아니라는 이유였다. 굴욕적인 일이었지만 돤치루이도 굳이 바로잡으려 하지 않았다. 1차대전에서 중국의 유일한 교전은 선전포고 직후 중국에 체류 중이던 독일·오스트리아 국적의 군함 몇 척을 나포한 일밖에 없었다. 나포된 군함은 중국 해군에 편입되었다.

╲평궈장을 끌어내리다

돤치루이의 위세는 절정에 다다랐다. 그는 남으로는 직접 북양군을 거느리고 남방 정벌에 나서 후베이성과 후난성을 점령했으며, 북으로는 외몽골을 복속시키고 시베리아 출병을 단행했다. 서남의 실력자 루룽팅과 탕지야오도 겁을 먹고 쑨원을 쫓아낸 다음 머리를 조아렸다. 남북으로 분열되었던 중국의 정세는 모처럼 안정을 찾았다. 돤치루이는 한껏 높아진 위세를 이용하여 그동안 벼르고 벼르던 작업에 착수했다. 권력을 장악하는 일이었다.

1918년 5월, 남방 5성을 제외한 중국 전역에서 제2대 국회의원 총선거가 실시되었다. 위안스카이가 국회를 박살 낸 지 4년 만이었다. 물론 돤치루이가 진심으로 의회민주주의를 부활시킬 리는 없었다. 그는 쉬스창을 시켜 '안복구락부安福俱樂部'라는 어용 단체를 만들고 자파 사람들을 국회의원에 대거 입후보시켰다. 사방에 돈이 뿌려지고 협박과 회유가 난무했다. 선거 결과는 압승이었다. 중의원·참의원 합해

574석 가운데 안복계가 460여 석을 차지했다.

1918년 8월 12일, 중화민국 제2대 국회(신新국회)가 열렸다. 돤치루이의 안복계가 장악했다 하여 '안복국회安福國會'라고도 한다. 돤치루이는 중국의 최고 존엄인 대총통마저 제 손바닥 위에 놓게 되었다. 대총통은 약법에 따라 국회에서 선출하기 때문이다. 대총통 선거가 시작되자 그는 펑궈장의 대항마로 북양파의 원로이면서 안후이파와 즈리파 어느 쪽에도 속하지 않은 쉬스창을 밀었다.

쉬스창은 위안스카이와 같은 허난성 출신으로, 위안스카이보다 4살 위였다. 관료 집안에서 태어났지만, 어린 시절 아버지의 죽음으로 가세가 기울면서 끼니도 잇지 못할 만큼 가난하게 살았다. 그러나 총명했던 그는 독학으로 글을 깨쳤다. 젊은 시절 우연히 위안스카이를 만난 자리에서 의기투합하여 의형제를 맺었다. 쉬스창은 위안스카이의 후원 덕분에 과거에 급제하여 한림원으로 들어갔고, 리훙장·장즈둥 등 당대 명재상들에게 학문을 배울 수 있었다.

청일전쟁에 패한 뒤, 위안스카이는 신식 군대인 신건육군의 편성을 맡자 쉬스창을 찾아가 막료가 되어달라고 청했다. 그 시절만 해도 과거에 급제한 엘리트 관료가 군영에서 잡무를 보는 것은 매우 비천하게 여겨졌다. 하물며 한림원은 천자의 비서실로 출세가 보장된 곳이었다. 이것을 스스로 포기하는 셈이니 남들이 미쳤다고 할 만한 일이었다. 그러나 쉬스창은 의형제이면서 자신의 은인인 위안스카이의 요청을 흔쾌히 받아들이고 신건육군의 참모영무처 총판參謀營務處總辦(참모장)이 되었다. 신건육군이 북양군의 전신이라는 점에서 펑궈장·돤치루이를 비롯한 북양군 출신들은 모두 쉬스창의 옛 부하들이자 직접 길러낸 제자들이었다.

쉬스창이 신건육군에 처음 들어갔을 때 주변 사람들은 모두 어리

●── 안복국회의 개원. 돤치루이가 몰락하면서 안복국회도 끝장났다. 신해혁명 이래 단 한 번도 제대로 된 입헌정치를 펼치지 못한 채 군벌들의 이기심에 좌지우지되는 것이 민국 시절의 국회였다.

석다며 비웃었다. 하지만 위안스카이가 조정의 실권자가 되자 쉬스창 또한 덩달아 관운이 트였다. 그는 베이징의 치안을 맡은 순검부 상서와 흠차대신, 동3성 총독을 역임했다. 성격이 온화하고 겸손하며 적을 만들지 않는 성격이었던 그는 위안스카이가 조정에서 쫓겨났을 때도 짜이펑의 신임을 얻었고, 만주족 일색이던 황족 내각에서 단 4명뿐인 한족 출신으로 협리대신協理大臣(부총리)에 임명되었다. 공화정이 수립된 뒤 위안스카이 정권에서는 국무경(국무총리)이 되었다.

쉬스창은 시운과 인복 덕분에 고관대작이 되어 온갖 부귀영화를 누렸지만, 청말의 전형적인 관료이기도 했다. 윗사람의 비위를 맞추는 처세술은 뛰어났지만 보수적이고 고루했으며 우유부단하고 결단력도 없었다. 수십 년 동안 관직 생활을 했지만 이렇다 할 업적이나 공헌도 없었다. 바람 따라 흔들리는 갈대와 같은 인물이었다. 돤치루이가 쉬스창을 추대한 이유도 줏대가 없어 자기 뜻대로 조종하기 편했기 때문이다. 1918년 9월 4일, 대총통 선거에서 승리한 쉬스창은 10월 10일 제2대 정식 대총통에 취임했다. 대리 총통이었던 리위안훙과 펑궈장까지 합한다면 네 번째였다.

펑궈장은 쫓겨나듯 대총통에서 물러나야 했다. 1년 3개월 동안 대총통으로서 펑궈장이 한 일은 딱 두 가지였다. 가뭄이 들자 기우제를 주관한 것과 중난하이의 연못에서 물을 빼고 물고기를 잡게 한 것이 전부였다. 이 때문에 베이징 시내의 식당가에는 '총통어'라는 메뉴가 등장하기도 했다. 민심이 그의 무능함을 비꼰 것이다. 펑궈장은 대총통에서 물러났지만, 그렇다고 자신의 근거지인 난징으로 돌아갈 수도 없었다. 돤치루이가 가로막았기 때문이다. 그는 울분을 참으며 베이징 남쪽 허젠의 고향집으로 내려갔다. 그 뒤로 다시는 정치에 관여하지 않았다. 그는 사재를 털어 은행을 세우기도 했지만, 얼마 뒤 중풍에 걸리면서 1919년 12월 28일 베이징에서 사망했다. 그의 나이 62세였다. 중화민국 정부는 국장으로 성대한 장례식을 치렀다. 펑궈장은 고향에 묻혔지만, 수십여 년 뒤 문화대혁명이 일어나면서 그의 묘는 홍위병들에게 파괴당했다. 생전에 돤치루이에게 수모를 당했던 그는 죽어서도 편치 못했다.

본래 펑궈장은 무능하기는커녕 문무를 겸비한 인물로 리위안훙이나 장쉰과 견줄 바가 아니었다. 우창봉기가 일어났을 때 펑궈장은 진압군을 지휘하여 리위안훙과 황싱이 지휘하는 혁명군을 거의 패망 직전까지 밀어붙였다. 휘하에는 충성스러운 군대가 있었으며, 돤치루이와 어깨를 나란히 하는 즈리파의 영수이기도 했다. 지위나 나이, 경력 어느 면에서도 돤치루이보다 펑궈장이 더 위였다. 그러나 돤치루이에게 주도권을 빼앗기고 기를 펴지 못하는 허수아비나 다름없었다. 관료로서의 능력은 몰라도 성격이 우직하고 정치적인 감각이 없었기 때문에 6살이나 아래인 돤치루이에게 번번이 놀아나는 꼴이었다. 또한 돤치루이의 횡포를 못마땅해하면서도 예전에 위안스카이 밑에서 호형호제하던 때를 잊지 않았으며, 같은 북양군끼리 총부리를 겨누는 일만큼은 피해야 한다고 생각했다. 그러나 평귀장보다 훨씬 고단수인 돤치루이는 평귀장을 끌어내림으로써 권력투쟁에서 승리했다. 안후이-즈리 연합정권은 깨졌다. 그렇다고 돤치루이가 최후의 승자가 될 것인가. 평귀장은 돤치루이와 반목했지만 다른 즈리파의 불만을 억누르는 역할도 했다는 점에서 마지막 버팀목이 사라진 셈이었다. 북양군의 분열은 더 이상 피할 길이 없었다.

＼민심이 이반하다

결정타는 '참전군參戰軍'의 편성이었다. 리위안훙과 평귀장의 반대를 무릅쓰고 대독 선전포고를 강행한 돤치루이는 1918년 5월 16일 일본과 '중일육군공동방적군사협정中日陸軍共同防敵軍事協定'을 체결했다. 사흘 뒤에는 해군에 대해서도 같은 협정을 맺었다. 중국 정부가 요청할 경우 일본은 언제라도 중국 영토 내에 군대를 출동시킬 수 있다는 내용이었다. 그 대가로 일본은 '참전차관'이라 하여 2,000만 엔의 거금을 제공했다. 돤치루이는 그 돈으로 일본과 구미 등지에서 대량의 무기를 사들인 다음 유럽 전쟁에 참전한다는 구실로 참전군을 편성했다. 정작 참전군의 첫 부대가 편성을 완료한 것은 1919년 2월로, 1차대전은 이미 끝난 뒤였다.

참전군은 육군부에 속한 중앙군(북양군)과는 별개의 군대였다. 편제는 북양 육군의 정규 부대와 동일했다. 1개 사단은 총인원 1만 1,000

명에 2개 보병여단(4개 보병연대), 1개 기병연대, 1개 포병연대로 구성되었다. 사단 직할로 공병대대, 치중병대대, 기관총대대가 있었으며 75mm 산포 36문과 중기관총 72정을 보유했다. 돤치루이는 1919년 말까지 3개 사단과 5개 혼성여단을 편성했다. 참전군 제1사단과 제3사단은 베이징에, 제2사단은 산둥성 지난에 주둔했다. 또한 직할부대로 105mm, 150mm 대구경 중포를 보유한 1개 중포대대가 있었다. 중국군을 통틀어 유일한 중포 부대였다.

변방군(참전군)의 편제
제1사단: 사단장 취퉁펑曲同豊/주둔지 베이징 1만 1,000명
제2사단: 사단장 마량馬良/주둔지 산둥성 지난 1만 1,000명
제3사단: 사단장 천원윈陳文運/주둔지 베이징 1만 1,000명
제1혼성여단: 여단장 쑹방한宋邦翰/주둔지 산둥성 옌저우 8,000명
제2혼성여단: 여단장 쑹즈창宋子場/주둔지 톈진 8,000명
제3혼성여단: 여단장 주치샹褚其祥/주둔지 쿠룬庫倫(울란바토르) 8,000명
제4혼성여단: 여단장 장딩둥張鼎勳/주둔지 허난성 뤄양洛陽 8,000명
제5혼성여단: 여단장 리루장李如璋/주둔지 장쑤성 난징 8,000명

군대의 편성과 훈련은 베이징 주재 특무기관장 사카니시 리하치로板西利八郎 소장을 비롯한 일본 군사고문단이 맡았다. 장비와 무기도 모두 일본제였다. 사람만 중국인일 뿐, 머리끝부터 발끝까지 일본군이나 다름없었다. 이들에게 지급하는 군수품과 봉급도 모두 일본에서 나왔으니 사실상 일본의 용병 군대였다. 군비 부족으로 장비 개선은커녕 봉급조차 몇 달씩 밀린 여느 북양군 부대와 달리 참전군은 최신 무기를 갖추고 장비와 탄약도 충실했다. 장교와 병사들은 안후이성·산

둥성·허난성 출신이었다. 사단장들은 하나같이 돤치루이의 오랜 심복들이었다. 돤치루이 한 사람에게 복종하는 가병家兵인 셈이었다. 참전군의 편성으로 북양군의 세력균형은 단번에 돤치루이 쪽으로 기울었다.

즈리파 처지에서는 묵인할 수 없는 노릇이었다. 유럽 전쟁은 이미 끝났으니 참전군을 편성할 명분 또한 없다면서 돤치루이에게 해산을 요구했다. 물론 돤치루이가 받아들일 리 없었다. 대총통 쉬스창은 중재 차원에서 돤치루이에게 참전군의 지휘권을 육군부로 넘기라고 제안했지만 이 또한 거부당했다. 오히려 돤치루이는 참전군의 명칭을 '변방군邊防軍'으로 바꾼 다음 쉬수정을 서북변방군 총사령관에 임명하고 변방군의 지휘를 맡겼다.

즈리파는 더욱 격분했다. 쉬수정은 돤치루이의 수족인 데다 즈리파에게는 철천지원수나 다름없었기 때문이다. 그는 몇 달 전 피살당한 즈리파의 원로 루젠장陸建章 암살 사건의 배후였다. 펑궈장의 고문이었던 루젠장은 돤치루이의 전횡을 앞장서서 반대했다. 루젠장을 눈엣가시로 여긴 쉬수정은 할 말이 있다면서 펑톈군 사령부로 불러낸 뒤, 그가 들어오자마자 쉬수정의 경호원이 그 자리에서 권총으로 쏘아 죽였다. 이 사건은 즈리파의 충격과 분노를 자아냈다. 루젠장은 즈리파 군벌 중 한 사람인 펑위샹의 처삼촌이자 오랜 은인이기도 했다. 펑위샹은 쉬수정에게 깊은 원한을 품고 복수의 칼날을 갈았다.

쉬수정의 전횡은 돤치루이를 지지하던 장쭤린과의 관계마저 악화시켰다. 장쭤린은 쉬수정의 요청으로 군대를 이끌고 관내로 들어왔지만 그렇다고 돤치루이의 부하 노릇을 할 생각은 없었다. 그런데 쉬수정이 장쭤린의 허락을 받지 않고 제멋대로 펑톈군에게 최일선인 창사로 이동하라는 지시를 내린 적이 있었다. 쉬수정은 돤치루이의 위세

● ─ 일본제 75mm 41식 산포로 훈련 중인 변방군 포병. 변방군은 38식 아리사카 보총, 38식 75mm 야포, 38식 기관총 등 일본의 최신 무기로 무장해 중국에서 가장 현대화한 군대였다. 그러나 돤치루이와 일본의 밀착은 즈리파의 반발로 이어졌다.

를 믿은 셈이지만, 장쭤린은 펄펄 뛰면서 쉬수정을 펑톈군 부사령관에서 파면하고 군대의 이동 또한 취소했다. 더욱이 루젠장 암살 사건은 돤치루이뿐만 아니라 장쭤린까지 곤란하게 만들었다. 사건이 하필이면 펑톈군 사령부에서 일어났기 때문이다. 쉬수정은 펑톈군에게 지급하기로 약속했던 군비 515만 위안 가운데 절반이 넘는 335만 위안을 중간에서 가로채고 180만 위안만 주었으며, 펑톈성에서 토비를 모아 멋대로 군대를 만들기도 했다. 장쭤린이 가만있을 리 없었다. 뒤늦게 이 사실을 안 돤치루이는 쉬수정을 호되게 질책한 다음 장쭤린에게 100만 위안의 돈과 새로 편성한 변방군 중 3개 혼성여단을 넘겨주었다. 장쭤린은 그제야 노기를 풀었지만, 이번에는 쉬수정이 장쭤린의 고자질로 망신을 당했다면서 앙심을 품었다.

제 손으로 무덤을 파기는 돤치루이도 다를 바 없었다. 그는 장쭤린에게 자신을 지지하는 조건으로 부총통 자리를 약속했다. 문제는 똑같은 약속을 이미 차오쿤에게도 했다는 사실이다. 이들의 지지를 얻을 속셈으로 공수표를 남발한 셈이다. 그러나 부총통 자리는 하나밖에 없다. 대총통 선거가 실시되자 차오쿤과 장쭤린은 서로 부총통이 되려고 치열한 경쟁을 벌이다 결국 양쪽 모두 물러날 수밖에 없었다. 부총통은 공석이 되었다. 두 사람의 불만은 돤치루이를 향했다.

돤치루이에 의해 대총통으로 옹립된 쉬스창은 청조의 관료들이 대개 그러하듯 자기 주관이라고는 없고 무색무취한 인물이었다. 그런 그도 도가 지나친 돤치루이와 안후이파의 횡포에 은근히 불만을 품었다. 쉬스창은 돤치루이와 아무 상의도 없이 장선과 캉유웨이 등 복벽 사건에 관련되었던 자들을 모두 사면했다. 또한 장쭤린을 둥3성 순열사로 임명했다. 돤치루이를 견제하기 위해서였다.

재정총장을 맡은 량치차오도 갈수록 더 도를 넘는 돤치루이의 독선적인 행태에 실망하여 사직서를 던졌다. 유혈 폭력을 추구한 쑨원과 달리, 대화와 타협으로 더 나은 미래를 찾으려 했던 량치차오는 북양 정권에 참여하고 공화제 실현에 모든 재능을 바쳤다. 그러나 중국의 현실에서 그의 이상은 무력하기 짝이 없었다. 북양군벌과 남방의 혁명파 모두 내가 아니면 안 된다는 식으로 권력을 독점하려 했기 때문이다. 이들에게 공화제 따위는 관심 밖의 일이었다. 어차피 중국을 하루아침에 바꿀 수는 없는 노릇이었지만 두터운 현실의 벽 앞에서 량치차오의 인내심도 바닥이 났다.

재야로 내려온 량치차오는 신문화운동을 전개하는 등 민중 계몽과 저술 활동에 여생을 바쳤다. 1924년 4월에는 인도의 위대한 시인 타고르를 중국으로 초청하여 베이징에서 강연회를 열기도 했다. 량치차오는 쑨원이 죽은 뒤에도 5년을 더 살다가 1929년 1월 19일 베이징에서 56세의 나이로 세상을 떠났다. 량치차오의 사상과 학문은 후스胡適를 비롯하여 많은 후배 지식인들에게 큰 영향을 주었으며, 중국 민중에게 처음으로 '백성'이 아닌 '국민'이라는 의식을 심어주었다. 그러나 민중을 깨우쳐 자유롭고 민주적인 나라를 세우겠다는 꿈은 공산당에 의해 계급투쟁으로 변질되면서 더 큰 유혈로 이어지고 말았다.

＼5·4운동

1차대전이 끝나면서 1919년 1월 18일 파리 베르사유궁전에서 평화회담이 열렸다. 중국은 직접 참전하지 않았지만 대독 선전포고를 했기에 어쨌든 명목상으로는 승전국이었다. 중국은 외교총장 루정샹陸徵祥을 전권대표로 52명의 대표단을 참석시켰다. 그중에는 '웰링턴 쿠V.K. Wellington Koo'라고 불리는 중국 제일의 외교관이자 몇 년 뒤 국무총리를 역임하는 구웨이쥔顧維鈞도 있었다.

　량치차오는 관직은 던졌지만 이전부터 유럽을 여행하며 식견을 넓히고 싶어했다. 그는 외교부에 요청하여 비공식 고문으로 동참했다. 전권대표인 루정샹은 청말의 노회한 외교관으로 고리타분한 구식 관료였다. 하지만 나머지는 젊고 혈기 왕성하며 국가와 국민을 위해 중국의 지위를 회복하겠다는 의욕에 불타고 있었다. 이들은 돤치루이가 일본과 밀약을 맺고 산둥의 주권을 넘겼다는 사실을 전혀 몰랐다.

　중국 대표단의 가장 큰 임무는 산둥성 칭다오를 비롯해 독일·오스트리아 등 패전국들이 중국에서 차지하고 있던 이권을 반환받는 것과 관세 자주권 회복, 불평등조약 개정 등 국제사회에서 독립국으로 지위를 회복하는 것이었다. 미국의 윌슨 대통령은 1918년 1월 8일 미의회 연설에서 '14개조 평화 원칙'을 제창하고 약소국의 주권과 권익을 보장할 것을 주장했다. "각 민족은 정치적 운명을 스스로 결정할 권리가 있으며 외부의 간섭을 받아서는 안 된다." 윌슨의 주장은 강한 나라가 약한 나라를 정복하고 지배하는 것을 당연하게 여겨온 관행에서 벗어난 새로운 국제질서의 수립을 의미했다. 따라서 약소국들과 식민지인들의 열렬한 환영을 받았다. 중국 또한 한껏 기대가 높아졌다. 일본이 제아무리 반대한들 다른 연합국들의 지지를 얻어 산둥성을 되찾을 수 있으리라 낙관했다.

당시 32세의 젊은 외교관 구웨이쥔은 산둥성이 중국의 영토라는 사실을 논리정연하게 알림으로써 일본 대표단을 몰아붙였다. 량치차오도 윌슨 대통령과 영국·프랑스 대표단을 직접 면담하여 지지를 요청했다. 그러자 일본 대표단도 반격에 나섰다. 이들이 꺼낸 카드는 예전에 돤치루이 정권과 일본 정부가 맺은 밀약이었다. 니시하라 차관을 받는 조건으로 산둥성의 권리를 일본에 양도하기로 합의했다는 내용이었다. 물론 외부에 공개되면 곤란한 일이므로 그동안 철저하게 숨겨두었지만 궁지에 몰리자 까발려버린 것이다. 중국 대표단은 허를 찔린 꼴이었다. 상황은 단숨에 역전되었다.

일본은 연합국 지도부를 상대로 협박과 회유에 나섰으며, 밀실 야합으로 이권을 거래했다. 4월 29일, 산둥성 문제를 놓고 영국·미국·프랑스·일본 4개국 사이에 비밀회의가 열렸다. 중국의 자리는 없었다. 다음 날 베르사유조약이 체결되었다. 산둥성의 권리는 일본에 양도하기로 최종 결정되었다. 일본의 승리였고, 세상 물정을 몰랐던 중국의 패배였다. 분노한 량치차오와 다른 외교관들은 루정샹에게 조약의 비준을 반대하게 하고 국내에도 급전을 보내 이 사실을 알렸다.

파리강화회의에는 상하이의 대한민국 임시정부 외교총장 김규식과 베트남의 독립 지도자 호찌민 등 아시아·아프리카의 여러 민족 대표자들이 참석하여 자신들의 처지를 호소하려 했지만 모두 실패했다.

월슨이 말하는 '민족자결의 원칙'이란 아무 구속력도 없었다. 다른 연합국의 충분한 합의를 거친 것도 아니었다. 미 의회조차 필리핀을 독립시키려는 그의 생각에 제동을 걸었고 국제연맹 가입도 부결했다. 베르사유조약에서는 폴란드·헝가리·핀란드 등 영국과 프랑스가 차지하기 어려운 몇몇 동유럽 나라들만 전략적 완충지대로서 독립을 쟁취했다. 오스트리아와 오스만제국의 식민지는 연합국의 신탁통치에 들어가거나 승전국의 영토로 편입되었다. 크로아티아만 해도 세르비아에 흡수되어 유고슬라비아왕국의 일부가 되었다.

열강의 잇속 앞에서 약소민족들이 설 자리는 없었다. 월슨도 입으로만 자신의 고상한 신념을 떠들었을 뿐, 확실한 의지를 품고 다른 열강을 설득한 것이 아니었다. 프린스턴대학 교수였던 그는 대중적인 인기에 편승해 대통령이 되었다. 그러나 현실 정치에 대한 이해가 없었고 외교 역량도 결여되어 있었다. 월슨 자신은 속 빈 강정 같은 말 몇 마디로 노벨평화상까지 받았지만, 우유부단한 외교는 다른 연합국들의 불신을 사면서 미국의 위신을 크게 떨어뜨렸다. 한때 고무되었던 아시아·아프리카의 식민지 주민들이 크게 실망하고 더 큰 분노로 이어지면서 곳곳에서 폭동과 유혈사태가 벌어졌다. 그 혼란을 공산주의자들이 파고들었다. 월슨의 이상론은 결과적으로 해만 끼친 셈이다.

당당한 전승국이라고 여기며 파리강화회의에 큰 기대를 걸고 있던 중국인들은 돤치루이의 비열함과 열강의 이중적인 행태에 격앙했다. 1919년 5월 4일, 베이징 톈안먼 광장에 베이징대학 학생들을 중심으로 1만여 명의 학생과 시민들이 모였다. 이들은 거리 행진을 하면서 북양 정권을 규탄했다. 특히 차오루린, 루쭝위, 장쭝샹 등 친일 외교관 세 사람은 밀약 체결의 주모자로 지목되어 시위대의 공격을 받고 허둥지둥 피신해야 했다. 시위대는 이들의 집에 불을 질러 민중의 분노를 알렸다.

상황이 걷잡을 수 없이 나빠지자 당황한 돤치루이는 군대를 동원해 1,000여 명의 학생들을 체포하는 등 무차별 탄압에 나섰다. 그러나 시위는 오히려 전국으로 확산되었다. 즈리파도 돤치루이의 전횡을 성토했다. 결국 돤치루이도 한발 물러나 친일 외교관들을 파면하고 일본과의 밀약을 취소하겠다고 약속했다. 그러나 말뿐이었다. 이제 와서 일본과 손을 끊을 수 없는 노릇이었고, 산둥성에서 일본의 군대를 몰아낼 방법도 없었기 때문이다. 유일한 성과는 베르사유조약에 서명하지 않았다는 것뿐이었다.

호법전쟁에서 실패한 뒤 상하이에서 도피 생활 중이던 쑨원은 5·4운동에서 아무것도 하지 않았다. 중국 전역이 전에 없이 민족주의 열기로 들끓는 그 시점이 쑨원에게는 자신을 드러내고 대중의 지지를 얻을 수 있는 호기이기도 했다. 하지만 그의 태도는 정반대였다. 오히려 "어린 학생들이 신문화운동이랍시고 재잘거리고 있다. 우리는 그런 것에 신경 쓸 겨를이 없다"고 혹평을 했다. 학생 지도자들이 자신의 저택을 방문하여 불만을 토로하자 쑨원은 이렇게 대답했다.

너희의 방식은 그저 글을 쓰고 청원 시위를 하고 분주히 돌아다니며 호소하는 것이다. 몇만 명이 모여서 시위를 하고 수업을 거부하고 파업하고 철시해도 북양 정권은 기관총 몇 자루로 너희들을 쓸어버릴 수 있다. 만약 진정으로 죽음을 두려워하지 않는 500명의 학생이 있다면 나는 너희에게 500자루의 총을 넘기고 북양 정권을 칠 것이다.

학생 지도자들은 쑨원이 학생운동을 업신여기고 노동자와 상인, 서

● — 5·4운동 당시 톈안먼에 모인 학생들과 시민들.

민에게는 아무 관심이 없다면서 분개했다. 이것이 쑨원의 사고방식이
었다. 쑨원에게 혁명이란 자신의 주도 아래 무장한 소수의 결사대가
봉기해서 정권을 뒤엎는 것이지 민중이 나서는 것이 아니었다. 그것
은 오히려 위험한 일이라고 여겼다. 민중에게 혁명 자금을 얻을 수는
있어도 이들의 지지를 얻거나 힘을 결집하는 것은 별개의 얘기였다.
그에게 민중은 가르치고 다스려야 할 존재이지 혁명에 함께할 존재가
아니었다.

　중국은 물론 국내 많은 서적에서 쑨원이 5·4운동 때 민중의 저력을
깨달았으며, 이후의 국공합작과 북벌전쟁에 큰 영향을 주었다고 말
한다. 국내 중국통 가운데 한 분인 조관희 교수는 자신의 저서 『중국
현대사 강의』에서 "5·4운동은 쑨원에게 민중의 힘에 대한 새로운 인
식과 각성의 기회를 주었다"고 기술하고 있다. 그러나 이러한 주장은
왜곡된 쑨원 신화를 맹목적으로 답습한 것이다. 그의 방식은 5·4운동

이전이나 이후에나 달라진 것이 없었다. 군벌과 손잡고 외세의 원조에 기대면서 요행만 바라는 식이었다. 말년에 국공합작에 나선 이유도 공산주의에 관심이 있어서가 아니라 소련의 원조가 절실했기 때문이다. 쑨원의 혁명에는 일관성이 없었다.

그러나 중국 민중은 쑨원의 생각처럼 무지몽매한 존재가 아니었다. 반쪽짜리 성공이라고 해도 5·4운동은 중국의 변혁을 알리는 일대 사건이었다. 중국에서 군벌들의 전횡과 제국주의 열강의 횡포에 저항하는 거대한 대중운동은 이때가 처음이었다. 의화단의 난에서 보여준 외세에 대한 맹목적인 거부감이나 증오심과도 달랐다. 또한 일부 학생들의 단발성 시위로 끝난 것이 아니라 각계각층이 호응하면서 중국 전역을 뒤흔들었다.

이 때문에 북양의 실권자 돤치루이도 깜짝 놀라서 한발 물러서야 했다. 쑨원의 눈에 아무리 하찮아 보여도 5,000년 중국 역사를 통틀어 무장하지 않은 민중이 평화적인 방법으로 최고 권력자를 굴복시킨 전례는 없었다. 일본의 극우 언론들은 '중국인들의 집단 히스테리'라고 매도했지만, 일본 지도부는 전에 없이 격렬한 반일운동과 배척운동에 화들짝 놀라 중국 침략에서 한동안 물러설 수밖에 없었다. 서구 열강도 중국을 다시 보게 되었다.

5·4운동이 일어날 수 있었던 이유는 중국에서 신학문이 빠르게 보급되고 있었기 때문이다. 1909년에 160만 명 정도였던 전국의 학생 수는 신해혁명 이후 폭발적으로 늘어나면서 10년 뒤인 1920년에는 600만 명이 넘었다. 또한 경제 호황과 근대산업의 발달로 노동자는 200만 명이나 되었다. 비록 4억 명이 넘는 중국인 전체에 견주면 보잘것없다고 해도 무시할 수 있는 수는 아니었다. 수천 개의 잡지와 신문이 창간되고 많은 계몽 지식인들이 민중의 눈을 뜨게 했다. 이들이

5·4운동의 주역이었다.

그로부터 2년 반 뒤인 1921년 11월, 미국·영국·프랑스·일본 등 9개국이 참여한 워싱턴회의에서 "중국의 주권을 존중한다"는 내용이 삽입되고 일본에는 산둥성을 반환하라고 요구했다. 파리강화회의 때와 달리 이번에는 일본이 압력에 굴복했다. 산둥성은 22년 만에 중국의 품으로 돌아왔다. 중국의 민족주의 열기는 더욱 고조되면서 반외세·반군벌 운동이 확산되었다. 이러한 열기에 편승하여, 몇 년 뒤 장제스의 북벌군은 민중의 열렬한 호응 속에 혁명전쟁에 나선다.

＼우페이푸, 칼을 뽑다

즈리파 중에서도 가장 강경한 사람은 차오쿤의 심복이자 북양 제일의 명장이라 일컫는 제3사단장 우페이푸였다. 차오쿤보다 12살, 돤치루이보다 9살 아래인 우페이푸는 산둥성의 부유한 상인 집안에서 태어나 유학 교육을 받았다. 22세에는 과거에 합격하여 수재가 되었다. 가장 낮은 초시를 통과한 데 지나지 않지만, 관료의 문이 매우 좁은 중국에서 명망 있는 사대부도 아닌 비천한 상인 가문의 자제가 과거에 합격했다는 것만으로도 대단한 영광이었다. 사람들은 문무를 겸비한 그를 '우수재吳秀才' 또는 '수재장군'이라고 불렀다.

관료 대신 군인의 길을 선택한 그는 북양군벌 양성소인 북양무비학당과 바오딩육군속성학당을 졸업했다. 러일전쟁 중에는 일본군의 관전무관으로 종군하면서 일본군의 전술을 배웠으며 직접 일선으로 나가 러시아군의 정보를 수집하기도 했다. 한때 러시아군에게 붙들려 포로가 되었지만 탈출에 성공했다. 그는 전쟁이 끝난 뒤 일본 정부로부터 '욱일장旭日章'을 받았다.

우페이푸는 1907년 창춘 주둔 북양군 제3진에 배속되었다. 통제(사단장)는 차오쿤이었다. 차오쿤은 야심만만하고 두뇌가 명석한 우페이푸에게 흠뻑 빠졌다. 그는 우페이푸를 가리켜 명나라 말기에 왜구를 무찔러 명성을 떨친 명장 척계광의 환생이라고 일컬으며 크게 신임했다. 신해혁명 이후 북양 제3진이 제3사단으로 개편되자 우페이푸는 포병 제3연대장을 거쳐 제6여단장으로 승진했다. 차오쿤의 군사적 재능은 형편없었기 때문에 제3사단의 실질적 지휘관은 우페이푸였다. 호국전쟁을 일으킨 차이어가 쓰촨성을 침공해 파죽지세로 올라오자 소수의 병력으로 기습하여 호된 일격을 가하고 전세를 뒤집었다.

우페이푸의 공은 차오쿤의 공이기도 했다. 차오쿤은 우페이푸의 활약 덕분에 출세하여 즈리 독군이 되자 그 보답으로 제3사단을 우페이푸에게 넘겨주고 즈리성의 요충지인 바오딩에 주둔시켰다. 우페이푸를 시기한 차오쿤의 동생들이 "세상에 피붙이만큼 믿을 수 있는 사람은 없습니다"라며 은근히 북양군의 최정예부대인 제3사단을 탐냈다. 그러나 차오쿤은 "너희들은 지휘관감이 아니다. 우페이푸는 지금껏 단 한 번도 패한 적이 없는 명장이다. 북양군에서 쯔위子玉(우페이푸의 자字)만큼 능력 있는 자가 있느냐!" 하고 호통을 쳤다. 두 사람의 신뢰 관계는 절대적이었다. 우페이푸 또한 야심만만했기에 사단장으로 만족할 위인이 아니었다. 그는 더 위를 올려다보았다.

남방에서는 루룽팅에게 쫓겨난 쑨원이 상하이로 달아나면서 호법전쟁이 끝나고 남북 협상이 시작되었다. 그러나 우페이푸를 비롯해 후난성으로 출동한 북양군은 계속 현지에 남아 있었다. 별다른 논공행상도 없었다. 돤치루이는 즈리파를 중앙에서 멀리 떨어진 변방으로 보내 세력을 약화할 속셈이었다. 즈리파도 가만있지는 않았다. 그중에서도 우페이푸는 결단력과 정치적인 감각을 갖춘 인물이었다. 그는 다른 즈리파 독군들을 규합하여 펑궈장이 죽은 뒤 자신의 상관인 차

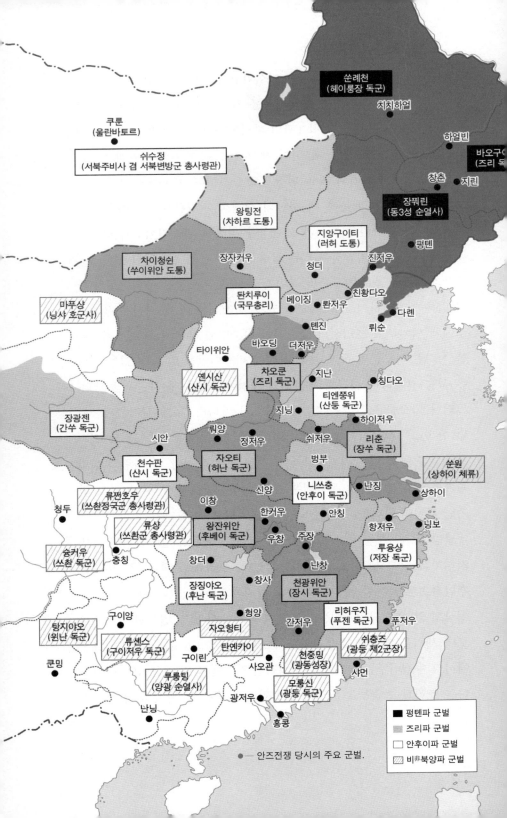

오쿤을 새로운 우두머리로 추대했다.

우페이푸의 공작은 장쭤린에게도 향했다. 장쭤린은 돤치루이가 자신의 영토인 동북에까지 손을 뻗치자 우페이푸의 제안을 마다할 이유가 없었다.

1920년 4월 9일, 즈리파와 펑톈파가 비밀리에 손잡고 거대한 반反돤치루이 동맹을 맺었다. 즈리성, 장쑤성, 후베이성, 장시성, 허난성, 펑톈성, 지린성, 헤이룽장성 등 이른바 '8성 동맹'이었다. 5월 25일, 우페이푸는 드디어 칼을 뽑아들었다. 그는 불복종을 선언하고 군대를 되돌려 북상에 나섰다. 돤치루이와의 일전을 각오한 것이다. 돤치루이도 이런 일을 예상하여 자신의 심복인 장징야오를 후난 독군 자리에 앉히고 우페이푸 견제를 맡겼지만 그의 역량으로는 어림없는 일이었다. 장징야오에게는 7만 명의 병력이 있었다. 그러나 대부분 쓸모없는 잡군에 지나지 않았다. 또한 후난성 남부에는 후난 군벌 자오헝티가 장징야오를 위협하고 있었다. 그는 앞서 호법전쟁 중 쑨원에 호응하여 반란을 일으켰지만 우페이푸에게 패하여 광시성 접경지대까지 쫓겨갔다. 즈리군이 철수하자 당장 반격에 나선 자오헝티는 루룽팅의 원조를 얻어 3,000여 명의 병력으로 헝양을 탈환한 다음 성도인 창사로 진격했다.

후난 독군 장징야오는 본래 도적 출신으로, 위안스카이의 신건육군에 입대하여 운 좋게 출세의 기회를 잡은 소인배에 지나지 않았다. 권세는 누릴 줄 알아도 전투 능력은 형편없었다. 자오헝티의 군대가 몰려오자 "죽음을 무릅쓰고 창사를 지키겠다!"고 큰소리치면서 동생 장징탕張敬湯에게 창사 수비를 맡기고는 가족과 재산을 챙겨 상하이로 달아나버렸다. 장징탕도 형이 도망치자 재빨리 뒤따랐다. 창사는 변변한 전투도 없이 6월 12일 자오헝티의 손에 넘어갔다. 자오헝티는 후난 사람들의 추대를 받아 후난 독군이 되었다.

돤치루이는 분노하여 장징야오의 모든 직위를 박탈하고 군직에서 완전히 쫓아냈다. 그러나 장징야오는 그 뒤로도 장쭤린과 우페이푸, 장쭝창 등 약삭빠르게 주인을 바꿔가며 부귀영화를 누렸다. 그리고 일본이 만주국을 세우자 매국노가 되어 화북에서 첩자 노릇까지 했다. 1933년 5월 7일, 장징야오는 남의사*의 습격을 받아 살해당했다. 지조 없는 삶에 걸맞은 최후였다.

돤치루이는 후난성을 잃었지만 신경 쓸 겨를이 없었다. 진짜 시급한 일은 우페이푸의 북상을 막는 것이었다. 발등에 불이 떨어진 꼴이 된 그는 징한철도를 폐쇄하는 한편, 즈리군의 진로 선상에 있는 허난성 장악에 나섰다. 허난 독군은 자오티였다. 자오티는 청말의 구식 장군으로 청일전쟁 중에는 평양성전투에도 참전했다. 백랑의 난이 일어났을 때 돤치루이 휘하에서 공을 세워 허난 독군이 되자, 우직한 그는 돤치루이를 은인으로 여기고 충성을 다했다. 그러나 돤치루이는 자오티가 직계 부하가 아니라는 이유로 신임하지 않았다. 또한 자오티의 힘으로는 우페이푸를 막기에 역부족이었다. 오히려 우페이푸에게 회유되어 돤치루이를 배신할 우려마저 있었다. 돤치루이는 자오티를 쫓아낸 다음 처남이자 창장 상류 총사령관인 우광신을 그 자리에 앉힐 속셈이었다. 우광신은 4개 혼성여단을 가지고 후베이성 이창宜昌에 주둔하고 있었다.

그러나 돤치루이의 꿍꿍이는 대총통 쉬스창의 강력한 반대에 부딪

---

* 장제스 정권의 비밀정보기관으로 정식 명칭은 '국민정부 군사위원회 조사통계국'이다. 푸른 옷을 입고 다닌다고 하여 남의사藍衣社라고 불렸다. 수장은 황푸군관학교 출신인 다이리戴笠 중장이었으며 일본에 대항하여 방첩과 정보 수집, 매국노 척결 등을 수행했다. 또한 국내의 비판 세력과 공산당 탄압에도 앞장서 장제스 반대파에게는 공포의 대상이기도 했다.

혀 무산되었다. 게다가 이 사실을 안 자오티는 격분하여 당장 우페이푸에 가담했다. 군대를 이끌고 허난성으로 진군하는 도중 뜻밖의 상황에 직면한 우광신은 군대를 되돌려야 했다. 돤치루이는 무리한 욕심을 부리다가 허난성까지 적의 편에 넘긴 꼴이 되었다. 뼈아픈 실책이었다. 우페이푸의 제3사단을 비롯하여 즈리파 군대는 이렇다 할 저항을 받지 않고 우한과 정저우鄭州를 거쳐서 6월 15일 차오쿤의 사령부가 있는 바오딩에 당도했다.

그렇지만 아직 전세가 완전히 기운 것은 아니었다. 돤치루이는 수도 베이징을 비롯하여 안후이성과 산시성·저장성·산둥성·푸젠성 등 창장 이북의 대부분을 장악하고 있었다. 쌍방의 세력은 백중지세였다. 더욱이 최정예부대인 변방군 3개 사단과 일본의 군비 원조가 있다면 이길 가능성은 충분했다. 6월 17일, 외몽골에 가 있던 쉬수정이 베이징으로 황급히 돌아와 변방군의 총지휘를 맡았다. 즈리군과 안후이군이 바오딩과 베이징에 각각 주둔한 채 대치하면서 화북에는 전운이 감돌았다. 누가 중국의 주인이 될 것인가를 놓고 북양군 사이의 첫 번째 패권 싸움이 시작될 참이었다.

한편, 펑톈으로 돌아갔던 장쭤린도 2개 연대와 기관총 4정의 호위를 받으며 전용열차를 타고 6월 19일 베이징에 도착했다. 대총통이 두 파벌의 중재를 맡길 생각에 급히 그를 불렀기 때문이다. 장쭤린은 뒤로는 이미 즈리파와 손을 잡고 있었다. 하지만 교활한 그는 속내를 드러내지 않은 채 어느 편이 유리한지 관망하면서 자신의 주가를 더욱 높여볼 속셈이었다.

18

안즈전쟁

양군의 충돌

베이징의 정세는 태풍 직전의 고요함이나 다름없었다. 양측을 합해 10만 명이 넘는 안후이파와 즈리파 군대가 대치한 채 언제 폭발할지 모르는 일촉즉발의 상황이었다. 또 한 명의 실력자인 동3성 순열사 장쭤린이 펑톈군을 거느리고 베이징에 들어왔다. 막강한 군사력과 동3성의 주인인 그가 어느 편에 서는지에 따라 천하 패권 또한 결정될 수 있었다. 중국 전체와 온 세계가 숨을 죽이며 정세를 지켜보았다.

장쭤린의 특별열차가 베이징역에 도착하자 안후이파의 2인자인 쉬수정을 비롯해 베이징 정부의 장관과 고위 관료, 장군들이 모두 나와서 마중했다. 예전이라면 몸 둘 바 모를 일이었지만, 장쭤린도 더 이상 변방의 일개 독군이 아니었다. 한껏 콧대를 높여가면서 쉬수정이 정성껏 마련해둔 호화로운 숙소를 거절하고 일부러 준량청에 있는 펑톈군 사령부에 머물렀다. 그리고 돤치루이와 차오쿤을 차례로 면담하여 중립적인 위치에서 양쪽의 입장을 공정하게 듣는 척했다.

6월 23일 밤, 장쭤린은 돤치루이를 다시 만나서 자신의 중재안을 내밀었다. "쉬수정은 파면한다. 재정·교통·사법·농상·외교·교육 등 5명의 안후이파 장관을 교체한다. 변방군은 육군부의 산하로 돌린다." 말이 중재이지 안후이파를 해체하라는 최후통첩이나 다름없었다. 장쭤린을 자기 사람이라고 여겼던 돤치루이에게는 청천벽력과 같았다. 그는 "쉬수정이 이런저런 잘못이 있다는 점은 알지만, 외몽골의 독립을 저지하는 등 공이 매우 크다. 그를 쫓아낼 수는 없다"면서 단호하게 거절했다.

6월 29일, 이번에는 대총통 쉬스창이 돤치루이와 장쭤린을 총통부로 불렀다. 그는 내각은 개조하되, 쉬수정을 유임하고 변방군 역시 돤치루이의 휘하에 두는 타협안을 제시했다. 그러나 즈리파가 받아들일 리 없었다. 장쭤린도 즈리파 편을 들어서 쉬스창에게 "두 계파의 유혈을 막는 방법은 오직 쉬수정을 파면하는 것뿐입니다"라고 건의했다. 쉬스창은 고심 끝에 쉬수정에게 '위원장군威遠將軍'이라는 칭호를 내리되, 서북변방군 총사령관에서 해임하고 변방군의 지휘권을 육군부로 넘기기로 결정했다. 즈리파의 손을 들어준 것이다. 노기충천한 돤치루이와 쉬수정은 대총통이 배신했다 생각하고 비밀리에 안후이파 군대에 동원 명령을 내렸다. 자신들이 옹립한 쉬스창을 끌어내리기 위해 쿠데타를 일으킬 속셈이었다.

7월 6일, 장쭤린이 돤치루이를 다시 방문했다. 마지막으로 조정한다는 명목이었다. 돤치루이는 강경한 태도로 "우페이푸는 국가에 반란을 일으켰다. 그를 파면하면 모든 것이 해결된다!"며 엄포를 놓았다. 장쭤린이 "그건 불가능한 일이라고 생각합니다"라고 대답하자 분노한 돤치루이는 당장 펑톈으로 돌아가라고 호통쳤다.

그날 저녁 쉬수정이 장쭤린을 찾아가 사과하면서 좀 더 논의할 일이 있으니 돤치루이의 관저를 방문해달라고 요청했다. 눈엣가시 같은 장쭤린을 그 자리에서 체포해 없애버릴 속셈이었다. 장쭤린은 아무 의심 없이 흔쾌히 승낙하고 따라나섰다. 장쭤린이 도착하자 돤치루이가 직접 마중 나와서 성대하게 맞이했다. 두 사람은 낮의 일은 벌써 잊은 듯 한동안 화기애애한 시간을 보냈다. 그러나 낌새가 이상하다는 것을 본능적으로 느낀 장쭤린은 화장실에 간다는 핑계를 대고 재빨리 빠져나왔다. 그러곤 뒤도 돌아보지 않고 자신의 사령부로 달아났다. 호랑이 굴에서 빠져나온 격이었다. 이튿날 장쭤린은 톈진으로 가서 차오쿤과 우페이푸를 만나 긴급회의를 연 다음 그대로 펑톈으로 돌아갔다.

7월 8일, 돤치루이는 베이징 정부의 안후이파 정치가들과 관료, 군지휘관, 베이징 위수사령관, 경찰총감 등 주요 인사들을 소집하여 회의를 열고 즈리파 토벌을 정식으로 결의했다. "제3사단장 우페이푸는 적과 몰래 내통했고 60만 위안의 공금을 횡령했으며 맡은 임무를 내팽개쳤다. 국가의 기강과 위신을 바로잡기 위하여 우페이푸를 법으로 다스릴 것이다. 또한 즈리 독군 차오쿤도 같은 책임을 물어 모든 직위에서 해임한다."

회의가 끝나자마자 돤치루이는 군대를 이끌고 대총통의 관저를 포위했다. 그리고 쉬스창을 협박하여 차오쿤·우페이푸 등 즈리파 수장들의 파면과 토벌을 선언하라고 요구했다. 아무 힘도 없는 쉬스창은 받아들일 수밖에 없었다. 돤치루이는 베이징 주변에 모든 병력을 집결시켰다. 변방군 제1사단과 제3사단, 제2혼성여단, 북양군 제9사단, 제13사단, 제15사단 등 5만 5,000명에 달했다. 돤치루이는 자신의 군대를 '정국군定國軍'이라 칭하고 쉬수정을 총참모장 겸 전선 총사령관에 임명했다. 산둥성 지난에 주둔한 변방군 제2사단장 마량馬良과 후베이성 이창의 창장 상류 총사령관 우광신에게도 명령이 떨어졌다. 군대를 이끌고 북상하여 즈리군의 후방을 협공하라는 지시였다. 이들이 가세한다면 승리는 따놓은 당상이었다.

딴치루이가 움직이자 즈리파도 대응에 나섰다. 차오쿤은 톈진에 사령부를 두고 우페이푸를 전선 총사령관으로 임명하여 전권을 맡겼다. 또한 즈리파 군대를 '토역군討逆軍'이라 칭했다. 대총통을 핍박한 딴치루이를 역적으로 규정한 것이다. "베이징으로 가서 딴치루이를 몰아내고 쉬수정을 주살하자!" 우페이푸는 딴치루이를 일본과 결탁한 한간漢奸(매국노)이라고 비난하면서 "이번 싸움은 중국 민족을 위해 도적을 토벌하고 나라를 구하기 위한 전쟁이다!"라고 선언했다. 병력은 제3사단과 4개 혼성여단, 4개 보충여단 등 5만 6,000명이었다.

안즈전쟁 당시 양군의 편제

안후이군

정국군 총사령관: 딴치루이
총참모장 겸 전선 총사령관 쉬수정
변방군 제1사단 사단장: 취퉁펑 1만 1,000명
변방군 제3사단 사단장: 천원원 1만 1,000명
중앙군 제9사단 사단장: 웨이쭝한魏宗瀚 6,000명
중앙군 제13사단 사단장: 리진차이李進才 8,000명
중앙군 제15사단 사단장: 류쉰劉詢 8,000명
변방군 훈련생도대 3,000명
변방군 제2혼성여단 여단장: 쑹즈창 8,000명
합계 5만 5,000명

토역군 총사령관: 차오쿤

전선 총사령관: 우페이푸

중앙군 제3사단 사단장: 우페이푸 1만 1,000명

즈리 제1혼성여단 여단장: 왕청빈王承斌 6,000명

즈리 제2혼성여단 여단장: 옌샹원閻相文 6,000명

즈리 제3혼성여단 여단장: 샤오야오난蕭耀南 6,000명

즈리 제4혼성여단 여단장: 차오잉曹鍈 8,000명

즈리 독군 경호여단 여단장: 쑨웨孫岳 3,000명

4개 보충여단 6,000명

즈리성 경비대 26개 대대 1만 명

합계 5만 6,000명

양쪽의 전력은 거의 대등했다. 그러나 돤치루이 휘하의 변방군은 일본의 지원을 받아 최신 무기로 무장하고 막강한 전력을 갖추었다. 장쉰의 변자군과는 차원이 다른 상대였다. 군비가 부족하고 무기가 빈약한 즈리군이 과연 이길 수 있을 것인가. 그러나 우페이푸는 자신감이 넘쳤다. 남들 앞에서는 큰소리치던 차오쿤이 막상 군사회의가 열리자 "만약 이 싸움에서 진다면 우리 즈리파는 끝장이다"라고 우는 소리를 하자 우페이푸는 웃었다. "돤치루이가 믿는 것은 변방군뿐입니다. 하지만 이 군대는 무기만 좋을 뿐 실전 경험이 전혀 없습니다. 저 혼자서 돤치루이의 군대 전부를 상대해보겠습니다." 그제야 차오쿤도 힘을 얻어 "우페이푸가 이길 수 있다고 했다. 그러니 싸운다!" 하고 외쳤다. 7월 13일, 장쮜린도 펑톈군에 출동 명령을 내렸다. 병력은 제27사단, 제28사단을 주축으로 7만 명에 달했다.

돤치루이는 베이징 남쪽 교외의 퇀허團河에 총사령부를 설치하고

병력을 서로군西路軍과 동로군東路軍 둘로 나누었다. 조공부대인 동로군은 쉬수정이 맡았다. 변방군 제3사단 일부, 제9사단, 변방군 제2혼성여단으로 편성됐으며, 베이징 남쪽으로 40킬로미터 떨어진 요충지 랑팡에 주둔했다. 주력부대는 서로군이었다. 변방군 제1사단과 제3사단, 제13사단, 제15사단으로 편성되었고 베이징에서 바오딩으로 향하는 징한철도의 선로를 따라 배치되었다.

서로군 사령관은 육군총장 돤즈구이였다. 돤즈구이는 돤치루이와 마찬가지로 안후이성 허페이 출신이었다. 그는 북양무비학당과 일본 육사를 졸업했으며 위안스카이의 신건육군에서 보병 제2영의 통대(대대장)를 맡았던 북양의 원로였다. 헤이룽장성의 순무와 북양군 제3진의 통제, 후베이 도독, 펑톈 군무, 베이징 위수사령관 등 온갖 요직을 지냈다. 장쉰의 변자군을 토벌할 때는 동로군 사령관을 맡았고, 1917년 11월 육군총장 왕스전이 임시 국무총리에 임명되자 그 뒤를 이어 육군총장에 임명되었다.

그러나 돤즈구이는 군인으로서의 능력은 형편없었다. 스스로 '풍류 장군'이라 할 만큼 사치와 향락, 마작에 빠져 사는 위인이었다. 안후이파의 운명이 걸린 이번 전쟁에서 중책을 맡았으면서도 전용열차 안에 틀어박혀 값비싼 외국 술을 마시며 친구들과 함께 마작으로 즐거운 시간을 보냈다. 돤치루이는 자기와 고향이 같다는 이유로 중용했을 뿐이다. 사람 보는 눈이 형편없었던 것이다.

그나마 예하 지휘관들은 유능했다. 제1사단장은 돤치루이의 '4대 금강' 중 한 사람인 취퉁펑이었다. 그는 일본 육사를 졸업했고 바오딩 육군군관학교 교장을 지낸 엘리트 군인이었다. 제3사단장 천원윈陳文運 역시 일본 육사 출신이었다. 돤즈구이는 이들만 믿고 마음을 푹 놓았다. 돤치루이의 작전은 주력인 서로군이 즈리파의 주요 거점인 바오딩을 공략하고, 동로군은 즈리군의 사령부가 있는 톈진을 공략한다는 것이었다. 또한 산둥성 지난에 있는 변방군 제2사단과 제1혼성여단을 북상시켜 즈리군을 남북으로 협격할 참이었다.

문제는 류쉰의 제15사단이었다. 본래 이 부대는 청조 시절 황제 친위대인 금군을 개편한 부대였다. 신해혁명 이후 펑궈장이 신식 군대로 재편성했지만, 팔기군이 그러하듯 나태하고 무위도식하는 집단에 불과했다. 그러나 청 황실에 대한 우대 조약 때문에 이들을 해산하고 쫓아버릴 수는 없었기에 베이징의 치안 유지와 자금성의 경비를 맡겼다. 돤치루이가 머릿수를 늘릴 욕심에 억지로 끌어냈지만, 오합지졸에다 싸울 의지라고는 찾아볼 수 없었다. 더구나 그동안 자신들을 먹이고 입혀준 펑궈장에 대한 도리가 있었다. 어쩌다보니 대세에 휩쓸려 마지못해 나오긴 했지만, 돤치루이를 위해서 즈리파에게 총부리를 겨눌 이유는 없었다.

즈리군은 제3사단을 비롯한 주력부대를 바오딩 주변에 배치하고 돤즈구이의 서로군과 대치했다. 또한 차오쿤의 동생 차오루이曹銳가 지휘하는 2개 혼성여단이 톈진 주변에서 쉬수정의 동로군과 대치했다. 양군의 대치 상황은 융딩허永定河를 사이에 두고 베이징과 톈진, 바오딩을 각각 꼭짓점으로 하는 삼각형 형태였다.

무기와 장비에서는 일본의 원조를 받은 안후이군이 훨씬 우세했다. 그러나 실전 경험이 없고 훈련이 부족했으며 사기 또한 낮았다. 장교들의 역량도 부족했다. 돤치루이의 군사고문 사카니시 소장조차 "즈리군과 정면으로 부딪친다면 승산이 있을지 의문이다"라며 회의적이었다. 즈리군은 무기와 장비는 열세했지만 실전 경험이 풍부하고 병사들의 사기가 하늘을 찔렀다.

돤치루이로서는 미처 예상치 못한 사건도 있었다. 일본이 중립을 선언하고 원조를 중단한 것이다. 중국 내정에 지나치게 관여할 경우 국내 여론은 물론 자칫 세력균형을 중시하는 영국·미국과도 관계가 나빠질 수 있기 때문이었다. 일본의 후원 없이 군비와 탄약 확보는 장담할 수 없었다.

일본의 중립은 장쭤린의 태도에도 결정적인 영향을 주었다. 친일 군벌인 장쭤린은 일본이 돤치루이를 편드는 이상 함부로 그를 적대할 수 없었다. 이 때문에 즈리파와 공수의 맹약을 맺고서도 모호한 태도를 취했다. 그러나 일본이 한 발짝 물러서자 더 이상 눈치 볼 것 없이 '징펑철도 보호'를 명목으로 내세워 군대를 산하이관으로 출동시켰다. 결정적인 순간에 돤치루이의 뒤통수를 칠 생각이었다.

돤치루이는 눈앞에 보이는 우페이푸에게 모든 신경을 집중한 나머지 등 뒤의 장쭤린에 대해서는 방심했다. 그가 마음만 먹었다면 일본을 통해 장쭤린이 어느 편도 들지 못하게끔 손발을 묶는 것은 그리 어려운 일이 아니었다. 게다가 장쭤린이 야반도주하는 수모를 겪은 뒤 얼마나 이를 갈고 있을지 모르지는 않았으리라. 그럼에도 아무것도 하지 않은 이유는 돤치루이가 자기 힘을 과신한 나머지 상황을 안일하게 여겼기 때문이다.

돤치루이의 선제공격

7월 14일 오후 3시, 돤치루이는 전군에 총공격 명령을 내렸다. 저녁 8시, 안후이군의 동로군과 서로군은 일제히 융딩허를 건넜다. 그리고 구안固安과 줘저우涿州, 양춘楊村의 즈리군 최일선 진지를 양방향에서 공격했다. 전투가 시작되었다. 우페이푸의 계획은 쉬수정이 지휘하는 동로군에 대해서는 수세를 유지하면서 공격을 저지하는 한편, 돤즈구이의 서로군을 격파하여 한 축을 무너뜨리고 단숨에 베이징으로 진격한다는 것이었다. 작전의 승패는 전략적 요충지인 구안을 지켜내는가에 달려 있었다. 이곳이 돌파되면 바오딩과 톈진 양쪽에 병력을 나눈 즈리군은 서로 분단된 채 각개 격파되어 패주할 수밖에 없었다. 우페이푸는 즈리군 최강 부대인 제3사단과 제3혼성여단에 구안 방어를 맡기고 "절대 사수하라!"고 엄명했다.

우페이푸에게는 3명의 뛰어난 여단장이 있었다. 제3혼성여단장 샤오야오난, 제1보충여단장 펑서우신彭壽莘, 제2보충여단장 둥정궈董政國 세 사람은 우페이푸와 함께 각지에서 싸운 백전연마의 장군들이었다. 그중에서도 펑서우신은 방어전의 달인이었다. 그는 안후이군 최강 부대인 변방군 제1사단과 제3사단의 맹렬한 공격을 받으면서도 단 한 발짝도 물러나지 않고 버텼다.

줘저우에서는 양군의 주력부대가 맞부딪쳤다. 즈리군의 저항이 완강하자 안후이군이 자랑하는 중포대대가 투입되었다. 일본제 38식 105mm, 150mm 유탄포가 불을 뿜었다. 북양군의 주력 야포인 75mm 산포와는 위력이 다른 포격이 지축을 흔들면서 즈리군 진지를 쑥대밭으로 만들었다. 중포 사격이 끝난 뒤 우레와 같은 함성과 함께 안후이군이 돌격했다. 즈리군의 제1선이 무너졌다. 안후이군은 여세를 몰아 제2선을 향해 돌격했다.

그러나 함성은 곧 비명으로 바뀌었다. 토치카 뒤에서 즈리군의 중기관총이 일제히 불을 뿜었기 때문이다. 러일전쟁 이래 '사전 포격 후 일제 돌격'이라는 구태의연한 일본식 전술을 교육받은 안후이군 병사들은 교차사격*에 걸리면서 수숫대처럼 쓰러졌다. 1차대전을 직접 경험하지 않은 일본 군사고문단에게 훈련받은 탓이었다. 무수한 시체의

---

* 여러 방향에서 하나의 목표에 집중사격을 가하는 것.

산을 쌓은 안후이군은 패주했다.

15일 새벽 6시, 안후이군의 2차 공격이 시작되었다. 변방군 제1사단 주력과 제15사단이 중포의 지원 아래 쥐저우를 재차 공격하여 결국 점령했다. 즈리군은 가오베이뎬高碑店으로 퇴각했다. 즈리군이 후퇴하자 취퉁펑은 기병대를 투입해 추격했다. 그러나 이 또한 함정이었다. 기병들은 매복해 있던 즈리군의 기관총 화망에 걸려 괴멸적인 타격을 입은 채 무너졌다.

쉬수정의 동로군이 맡은 베이징-톈진 방면의 전투도 점차 격화했다. 쉬수정은 휘하의 병력 1만 5,000명을 셋으로 나눠 톈진에서 18킬로미터 북쪽에 있는 양춘을 공격했다. 차오루이가 지휘하는 즈리군은 2개 여단 1만 2,000명이었다. 수적으로는 안후이군이 다소 우세했지만 포병의 지원을 받는 즈리군의 방어도 만만치 않아 쉬수정은 방어선을 쉽사리 돌파할 수 없었다. 쉬수정은 300여 명의 결사대를 조직하여 양춘을 점령하라고 명령했다. 결사대는 필사적으로 방어선을 뚫고 양춘에 돌입하는 데 성공했지만, 즈리군의 포위망에 걸려 전멸하고 말았다. 쉬수정이 과욕을 부려 무리한 작전을 펼친 결과였다. 쌍방은 피해만 늘어날 뿐 승패가 나지 않았다.

그런데 쉬수정에게 천우신조의 기회가 왔다. 톈진의 지나주둔군 사령부가 의화단의 난 때 체결된 청일조약을 근거로 차오루이에게 "징진철도京津鐵道(베이징과 톈진을 연결하는 철도) 주변 3킬로미터 안에서는 군대가 주둔할 수 없다"며 군대 철수를 요구한 것이다. 즈리군이 볼 때는 부당한 요구였다. 조약대로라면 안후이군도 똑같이 물러나야 마땅했다. 그러나 일본은 즈리군에게만 철수를 요구했다. 명백한 내정간섭이자 중립 위반이었다. 일본 정부의 방침이 갑자기 바뀌어서가 아니라 지나주둔군이 평소 친분이 있는 쉬수정의 비밀 요청을 받아들여 월권을 행사했기 때문이다. 차오루이는 강력하게 항의했지만 소용없었다. 만약 거부한다면 일본군이 무력으로 개입할 가능성이 있었다. 차오루이는 징진철도 주변의 병력을 모두 철수해야 했다.

양춘은 무방비 상태나 다름없었다. 즈리군의 방어선에 커다란 구멍이 생기자 쉬수정이 이 기회를 놓칠 리 없었다. 양춘은 16일 함락되었다. 즈리군의 한 축이 무너지면서 차오쿤의 사령부가 있는 텐진도 위기에 빠졌다. 바오딩 방면에서는 취퉁펑의 변방군 제1사단이 즈리군의 방어선을 돌파하고 가오베이뎬을 점령했다. 전진은 느렸지만 전쟁의 전체적인 주도권은 안후이군에 있었다. 승리의 여신은 돤치루이에게 미소를 보냈다. 전황은 즈리군에 몹시 불리했다.

이 와중에 즈리군의 소규모 별동대가 안후이군의 전선을 몰래 돌파했다. 그리고 후방으로 우회하여 서로군 사령부가 있는 열차를 기습했다. 열차 안에서 태평하게 마작을 하고 있던 돤즈구이는 혼비백산하여 달아났다. 이 때문에 일시적으로 서로군의 지휘계통이 마비되었다. 우페이푸는 기회를 놓치지 않고 즉시 공격으로 전환했다. 예상치 못한 역습에 변방군 제3사단이 무너졌고 제3사단장 천원원도 중상을 입고 후송되었다. 16일 밤, 비바람이 몰아치면서 홍수가 안후이군의 진영을 덮쳤다. 많은 물자와 장비, 탄약을 잃었고, 중포도 사용할 수 없게 되었다.

우페이푸는 드디어 전세를 뒤집을 기회라고 생각했다. 악천후에서 치르는 전투라면 실전 경험이 없는 안후이군보다 온갖 험난한 전장을 누볐던 즈리군이 유리했다. 때마침 준량청의 평톈군 사령부에 남아 있던 평톈군 2개 여단이 출동하여 즈리군에 가세했다. 우페이푸는 이들을 구안에 배치하는 한편, 샤오야오난의 제3혼성여단을 비바람과 야음을 이용해 은밀하게 안후이군 서로군의 후방인 쑹린뎬松林店으로 진출시켰다. 이 때문에 가오베이뎬에 있던 변방군 제1사단의 후방이 차단되었다. 또한 우페이푸는 2개 여단을 쑹린뎬으로 증파하여 가오베이뎬으로 이동하는 안후이군 제15사단의 측면을 기습했다.

후방에 느닷없이 적군이 나타났다는 보고를 받은 취퉁펑은 당황했다. 그는 당장 쑹린뎬을 향해 포격을 지시했다. 그러나 한밤중에, 그것도 비바람 속에서 관측장교도 없이 아무렇게나 쏘아댄 포탄은 엉뚱하게도 우군인 제15사단에 떨어졌다. 난데없는 포격을 받은 제15사단도 포탄이 날아온 쪽으로 포격을 가했다. 게다가 제15사단장 류쉰은 홍수로 떠내려갔다가 겨우 구조되어 후송되는 등 추태가 이어졌다. 사단장을 잃은 제15사단 병사들은 당장 반란을 일으킨 후 즈리군에 투항했다. 이 때문에 변방군 제1사단은 퇴로가 막혀 최일선에서 고립되었다. 우페이푸의 기지와 돤즈구이의 졸렬한 지휘 덕분에 즈리군은 위기를 벗어났다.

돤치루이에게는 또 하나의 뼈아픈 보고가 들어왔다. 이날 군대를 이끌고 북상 중이던 우광신이 한커우에서 양호 순무사 겸 후베이성 독군 왕잔위안을 만나러 갔다가 감금당했다는 소식이었다. 왕잔위안은 본래 즈리파로 분류된 자였다. 따라서 대화가 아니라 일전을 벌여야 할 상대였다. 하지만 우광신은 왕잔위안과의 옛 친분만 믿고 길을 열어달라고 부탁할 요량으로 태평스럽게 그의 사령부를 찾았다. 그러나 왕잔위안은 그가 멋대로 군대를 끌고 왔다며 꾸짖고는 부하들을 불러 그 자리에서 우광신을 체포했다. 우광신의 군대도 모두 무장해제되어 일부는 즈리군에 편입되고 나머지는 흩어져 토비가 되었다. 우광신은 후베이성 군사법정에서 징역 15년형을 받았지만 이듬해 10월 특사로 풀려났고, 그대로 동북으로 가서 장쭤린에게 투항해 객장客將이 되었다.

우광신 부대만이 아니라 남쪽에서 북상 중이던 다른 안후이파 부대들도 즈리군에게 막히면서 더 이상 올라갈 수 없었다. 17일 아침, 변방군 제1사단은 즈리군의 포위망을 간신히 돌파하여 줘저우로 후퇴했다. 손실은 컸지만 취퉁펑은 아직 싸울 수 있다고 생각했다. 변방군 제1사단이 다시 공세에 나서자 우페이푸는 병력을 후퇴시켰다. 즈리군이 퇴각하자 취퉁펑은 승기를 잡았다며 추격에 나섰다. 그러나 그들을 기다리고 있던 것은 지뢰였다. 즈리군이 철수하면서 지뢰를 묻은 것이다. 안후이군은 여태껏 당해본 적이 없는 상황이었기에 혼란에 빠졌다. 우페이푸는 기회를 놓치지 않고 변방군 제1사단의 측면을 기습했다. 변방군 제1사단은 제1여단장이 전사하고 제2여단장은 도망치면서 완전히 무너져내렸다. 취퉁펑도 포로가 되었다. 서로군은 괴멸했다. 승패는 결정 났다.

＼돤치루이 몰락하다

돤치루이는 서로군이 위기에 빠졌다는 보고를 받자 그제야 무능하기 짝이 없는 돤즈구이를 파면하고 취퉁펑으로 교체한다는 전보를 보냈지만 때는 늦었다. 취퉁펑은 이미 포로가 되었고, 서로군은 무너져 사방으로 달아나는 중이었다. 게다가 자신의 열차 안에서 해임 통보를 받은 돤즈구이는 그대로 열차를 돌려 베이징으로 돌아온 뒤 뻔뻔하게도 돤치루이 앞에 나타났다. 그러고는 "이미 싸움은 끝났습니다. 이제는 대총통에게 휴전을 건의해야 합니다"라고 말했다.

쉬수정의 동로군에서도 급보가 들어왔다. 산하이관에 있던 장쭤린의 펑톈군이 총부리를 돌려 베이징으로 진군 중이라는 것이었다. 서로군이 무너졌다는 소식이 동로군에게도 알려지면서 병사들의 사기는 땅에 떨어졌고 탈주병들이 꼬리에 꼬리를 물었다. 안후이군이 붕

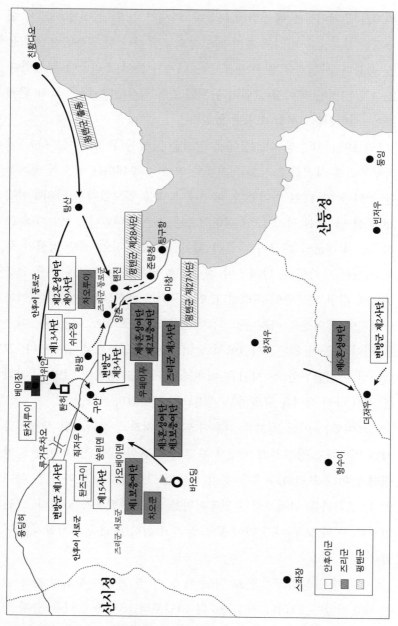

천황다오

평톈군 둥루

탕산

평톈군 제28사단

텐진

탄구항

춘량청

즈리군 둥루군

제2춘성여단
제9사단

차오루이

잉현

마창

안후이 둥로군

수수잉

제13사단

량향

랑팡

제4춘성여단
제2보충여단

즈리군 제3사단

우페이푸

즈리군 제3사단

평톈군 제27사단

청자우

둥잉

빈저우

평톈군 제2사단

제6춘성여단

허수이

더저우

베이징

베이징

둔저루이

루거우차오

젠저우

둔주구이

제15사단

쑹린뎬

기언베이엔

즈리군 서로군

안후이 서로군

즈리군 서로군

융딩허

평톈군 제5사단

베우딩

제3춘성여단
제3보충여단

제1보충여단

차오쿤

제3춘성여단

산시성

형수이

스좌장

괴되자 우페이푸는 총공격에 나섰다. 대세가 결정 난 것을 깨달은 쉬수정은 부하들을 버리고 혼자 베이징으로 달아난 뒤 일본공사관에 몸을 숨겼다. 사령관을 잃은 동로군은 백기를 들어 즈리군에 투항했다. 소수의 병력만 베이징 교외의 난위안으로 퇴각했다. 이쯤 되자 돤치루이도 패배를 인정할 수밖에 없었다.

7월 18일, 대총통 쉬스창에게 정전을 요청한 돤치루이는 다음 날 국무총리를 사직하고 정계 은퇴를 선언했다. 쿠데타를 일으켜 베이징을 장악한 지 12일 만이었다. 예전에 복벽을 일으켰다가 돤치루이에게 박살 난 장쉰 역시 12일 천하였으니, 아이러니였다. 23일 아침 즈리군과 펑톈군의 대군이 나란히 베이징에 입성하여 정부 청사와 주요 거점을 장악했다. 돤치루이·쉬수정을 비롯한 안후이파 주요 인물 10명에 대한 체포령이 내려졌다. 안복국회도 해산되었다. 돤치루이는 변장하여 베이징을 빠져나간 뒤 톈진의 일본 조계로 도망쳤다. 쉬수정 역시 한동안 일본공사관에서 숨어 지내다 일본으로 달아났다. 그렇지만 야심만만한 두 사람은 이대로 주저앉을 생각이 없었다. 기회를 봐서 다시 세력을 규합하고 재기할 속셈이었다.

우페이푸는 이번 기회에 안후이파를 철저하게 몰락시킬 생각이었지만 뜻밖에도 장쭤린의 반대에 부딪혔다. 장쭤린은 돤치루이를 끌어내리기 위해 즈리파와 손을 잡긴 했지만 그렇다고 즈리파 편은 아니었다. 즈리파를 견제하려면 안후이파를 살려둘 필요가 있었다. 그는 언젠가 두 파 모두 자기 앞에 무릎 꿇리고 천하 대권을 차지할 속셈이었다.

안즈전쟁은 북양군이 둘로 나뉜 채 10만 명 이상이 투입된 전례 없는 싸움이었다. 그러나 전투는 7월 14일부터 18일까지 나흘 만에 싱겁게 끝났다. 전장은 베이징 주변으로 국한되었다. 사상자 또한 많게는 안후이군의 전사자만 해도 2,000명이 넘었다는 주장부터, 적게는 겨우 수십 명에 불과했다는 주장도 있다. 10만 명 가운데 실제로 전장에 투입된 병력은 일부였고 대부분은 대치만 하다가 승패가 결정 나자 싸우지 않고 물러났다. 충성심이 없는 병사들은 죽기로 싸우는 대신 조금만 불리해도 흩어지거나 투항하기 일쑤였다. 하루에만 수만 명씩 죽어나가던 솜전투나 파스샹달·베르됭의 참혹한 전투를 직접 체험했던 사람이 봤다면 그야말로 시시한 싸움이라고 생각했을 것이다. 하물며 100여 년 전 반나절 만에 3만 명 이상의 프랑스군이 전사한 워털루전투나, 60여 년 전 참여 병력의 30퍼센트가 죽거나 다쳤던 게티즈버그전투에도 견줄 바가 아니었다.

이때만 해도 중국군은 여전히 서툴고 미숙하기 짝이 없었다. 그러나 안즈전쟁은 앞으로 시작될 진짜 싸움의 서곡일 뿐이었다. 내전은 시간이 지날수록 더 참혹하고 격렬해졌다. 또한 온갖 최신 무기가 등장하면서 더 이상 봉건시대의 낡은 싸움이 아닌 근대적인 전쟁의 모습을 보여주게 된다.

반反즈리연합 결성

＼천하 형세가 바뀌다

위안스카이가 죽은 뒤 4년 동안 베이징을 한 손에 쥐고 중국을 호령
하던 돤치루이의 천하는 무너졌다. 단 한 번의 패전으로 끝장날 만큼
모래성 같은 권력에 불과했다. 그의 패배는 군사력이 열세해서가 아
니라, 충분한 준비 없이 즉흥적으로 즈리파와 싸움을 결정하면서 안
후이파 독군들의 힘을 제대로 활용하지 못한 탓이었다. 우페이푸가
후난성에서 즈리성까지 북상하는 동안 돤치루이는 눈 뜨고 지켜보기
만 했다. 적군이 베이징 코앞까지 오자 그제야 허둥지둥 베이징에 배
치된 병력과 변방군 일부를 동원했을 뿐이다. 또한 장쭤린을 견제하
는 데 실패했으며 지휘관들은 무능했다. '북양의 호랑이'라는 명성이
무색할 만큼 돤치루이의 실수는 컸다.

　반면, 우페이푸는 북양 제일의 명장답게 눈부신 활약을 했다. 안후
이파였던 허난 독군 자오티를 회유했으며 후베이 독군 왕잔위안을 시

켜 우광신을 체포했다. 후베이성과 허난성에 배치된 안후이 군대는 모두 무력화했다. 덕분에 우페이푸는 총 한 발 쏘지 않고 후난성에서 즈리성까지 단숨에 올라갈 수 있었다. 즈리파의 승리는 그의 활약 덕분이었다.

돤치루이의 패배로 안후이파는 일거에 무너져버렸다. 산둥성 지난을 출발하여 북상 중이던 마량의 변방군 제2사단은 더저우德州를 점령했다. 그러나 그 직후 돤치루이가 패배하여 하야했다는 소식을 듣고 아연실색했다. 게다가 즈리군 제6혼성여단의 공격을 받자 싸우지 않고 항복했다. 즈리군은 안후이파의 세력권으로 진군했다. 돤치루이 편을 들었던 안후이파 독군들은 대부분 즈리군에 투항하거나 부하들에게 쫓겨났다. 산둥 독군 톈중위田中玉는 즈리파로 전향하여 자리를 보존했다. 샨시 독군 천수판은 옌샹원閻相文이 이끄는 제20사단의 공격을 받았다. 우페이푸는 평위샹의 제16혼성여단을 증파하여 천수판의 군대를 격파했다. 천수판은 톈진으로 달아나고 옌샹원이 새로운 샨시 독군이 되었다. 주인을 잃은 패잔병들은 토비가 되어 쓰촨성을 침략했지만 쓰촨 군벌 슝커우에게 토벌당했다. 창장 순열사 겸 안후이 독군 니쓰충 또한 부하들의 반란으로 쫓겨나 톈진에 은거했다. 간쑤 독군 장광젠張廣建은 후이족 출신의 닝샤 호군사寧夏護軍使 마푸샹馬福祥에게 쫓겨났다. 안후이파 중에서 건재한 사람은 저장 독군 루융샹과 푸젠 독군 리허우지 정도였다. 즈리파의 영향력이 창장 이남까지 미치지 않은 덕분이었다. 장쭤린도 질세라 러허성과 내몽골을 장악하는 등 중국의 세력 판도는 하루아침에 재편되었다.

베이징 주변은 즈리군과 평톈군 부대로 넘쳐났다. 이들은 경쟁적으로 전리품을 챙기느라 여념이 없었다. 변방군을 비롯하여 투항한 안후이군을 무장해제한 뒤 재편하여 휘하에 편입시켰다. 또한 무기고와 군수품 창고, 관청, 은행을 약탈했다. 군대라기보다 비적 떼에 가까웠다. 평톈군 병사들이 항공학교와 비행장, 무기고가 있는 난위안에 난입하여 복엽기 12대와 수십 문의 중포, 소총, 기관총을 비롯해 막대한 군수품을 남김없이 가져갔다는 보고를 받은 차오쿤과 우페이푸는 분통을 터뜨렸다. "장쭤린 그놈은 정말로 마적 출신이군." 그러나 우페이푸도 20여 대의 항공기를 노획한 뒤 항공부대를 창설했다.

1920년 8월 4일, 베이징역의 플랫폼에는 수많은 황기가 펄럭였다. 황기黃旗란 황제를 상징하는 깃발이다. 기차가 멈추자 차오쿤과 장쭤린이 황제라도 된 양 으스대면서 내렸다. 대총통부에서 쉬스창과 차오쿤, 장쭤린 세 사람의 회견이 열렸다. 본격적인 논공행상이었다.

1. 차오쿤을 즈루위直魯豫3성 순열사*에 임명하고 우페이푸를 부副순열사에 임명한다.
2. 장쑤 독군 리춘은 창장3성 순열사**에 임명한다.
3. 평톈군 부사령관 장징후이를 차하르 도통 겸 제16사단장에 임명한다.
4. 동3성 순열사 장쭤린에게는 진위상장군鎭威上將軍 칭호를 내린다.
5. 국가의 대계와 관련된 모든 사안은 차오쿤과 장쭤린의 동의를 얻어 실행한다.
6. 동3성과 즈루위3성의 인사·행정·군정·예산 등에 대하여 중앙정부는 일절 간섭하지 않는다.
7. 그 밖의 지역에 대하여 차오쿤과 장쭤린은 관여하지 않는다.

---

* 즈리성, 산둥성, 허난성의 행정·사법·군정을 총괄하는 장관.
** 장쑤성, 장시성, 후베이성의 행정·사법·군정을 총괄하는 장관.

8. 중앙정부의 명령을 따르지 않는 자에게는 차오쿤과 장쭤린이 권
  고한다.

안즈전쟁이 끝난 직후만 해도 대총통 쉬스창은 돤치루이의 핍박에
서 벗어났으니 이제는 자기 세상이라고 생각했지만 순진한 착각이었
다. 돤치루이라는 호랑이 한 마리가 장쭤린과 차오쿤이라는 두 마리
의 늑대로 바뀌었을 뿐이다. 8월 9일, 전 육군총장 진윈펑이 새로운
국무총리에 임명되었다. 그는 돤치루이의 '4대 금강' 중 한 사람이었
지만, 쉬수정과 대립하면서 한동안 자리에서 물러나 있었다. 차오쿤
이 승리하자 이번에는 즈리파로 변신했다. 동생인 제8혼성여단장 진
윈어斬雲鶚 또한 우페이푸의 부하가 되었다.

안후이 정권이 무너지고 즈리와 펑톈의 연합정권이 수립되었다. 그
러나 돤치루이를 타도하기 위한 잠깐의 합종연횡일 뿐, 목적을 달성
한 이상 오래갈 리 없었다. 중국의 판도가 바뀌면서 요직을 놓고 두
세력은 서로 자파 사람을 심으려고 으르렁거렸다.

첫 번째는 니쓰충이 면직된 안후이 독군의 자리였다. 차오쿤은 장
원성張文生을 추천했다. 그는 본래 장쉰의 부하로 정무군 통령(여단장)
과 쉬저우 진수사徐州鎭守使를 지냈으며 복벽사건에서 변자군을 지휘했
다. 그러나 패배한 뒤 니쓰충에게 의탁했다가 안즈전쟁으로 안후이파
가 몰락하자 이번에는 차오쿤의 부하가 되는 등, 지조라고는 없는 철
새 같은 인간이었다. 장쭤린도 만만치 않았다. 그가 밀어준 사람은 복
벽사건의 주역인 장쉰이었다. 자신과 사돈지간이었기 때문이다. 독군
자리를 놓고 옛 상사와 부하가 각기 실세를 등에 업고 경합한 셈이었
다. 승자는 장원성이었다. 쉬스창은 즈리파의 손을 들어주었다.

두 번째 경합은 리춘이 차지하고 있던 장쑤 독군과 창장 순열사였

다. 장쑤 독군 리춘은 안즈전쟁에 별다른 공헌을 하지 않았지만 즈리파의 오랜 원로였다. 차오쿤은 쉬스창에게 건의하여 창장 순열사를 겸임하게 했다. 창장 순열사는 양쯔강 중하류의 여러 성을 총괄하는 요직이었다. 그러나 오랫동안 장쑤성에서 폭정을 저질러온 리춘 때문에 현지 사람들의 불만이 폭발하면서 내란이 일어났다. 비난을 견디지 못한 그는 심한 우울증과 정신착란 증세에 시달리다가, 부임한 지 두 달 만인 10월 12일 집무실에서 자살했다. 어이없는 일이었지만, 죽은 자는 죽은 자이고 빈자리를 놓고 다시 즈리파와 펑톈파의 경쟁이 시작되었다. 차오쿤은 창장 순열사에 북양의 원로이자 전 육군총장 왕스전을, 장쑤 독군에는 즈리파인 치세위안을 각각 추천했다. 장쭤린은 재차 장쉰을 밀었다. 쉬스창은 이번에도 즈리파의 손을 들어주었다.

장쭤린의 요구는 처음부터 무리였다. 장쉰은 복벽사건으로 공화정을 뒤엎고 청조의 부활을 꾀한 전력이 있었다. 따라서 사면은 했어도 복권시킬 수는 없는 노릇이었다. 마적 출신에 일자무식인 장쭤린은 중앙 정치를 몰랐기에 자기 체면만 앞세운 꼴이었다. 하지만 자신의 건의가 두 번이나 묵살당하자 앙심을 품었다.

돤치루이와 안후이파 처리 문제를 놓고서도 고성이 오갔다. 즈리파에게 돤치루이는 철천지원수였다. 우페이푸는 회의석상에서 돤치루이를 반역자라 부르면서 단연코 군법에 따라 사형해야 한다고 주장했다. 그러자 장쭤린은 우페이푸를 향해 "일개 사단장 따위가 감히 이 자리에 나오는가! 나에게도 사단장은 얼마든지 있다"며 호통쳤다. 장쭤린은 차오쿤을 향해서도 겨우 부하에게 휘둘리느냐며 거친 목소리로 따졌다. 우유부단한 차오쿤은 난처한 표정으로 어물거렸다. "나는 그의 의견을 들어볼 따름이지 찬성하는 것은 아니다." 그러고는 다른 이들을 시켜 분노로 얼굴이 벌게진 우페이푸를 데리고 나가도록 했다. 그리고 회의가 끝나자 "이제 막 전쟁이 끝난 참이다. 또다시 일전을 벌일 수는 없지 않느냐?"며 다독거렸다.

다음 날 장쭤린은 차오쿤의 집을 찾아가 "형님은 부하가 중요합니까, 형제가 중요합니까?" 물었다. 두 사람은 예전에 의기투합하여 의형제를 맺은 적이 있었다. 부하란 물론 우페이푸를 가리킨다. 장쭤린의 질책에 차오쿤은 장쭤린을 멀리할 수도 없고, 그렇다고 우페이푸를 멀리할 수도 없어 우물쭈물했다. 장쭤린의 속셈은 안후이파 세력을 어느 정도 남겨두어 즈리파를 견제하려는 것이었다. 쉬스창도 장쭤린과 같은 생각이었다. 차오쿤 또한 예전에 한솥밥을 먹었던 돤치루이를 완전히 파멸시킬 생각은 없었다. '삼족정립三足鼎立', 즉 솥에 달린 세 개의 발이 균형을 이뤄야만 솥이 넘어지지 않듯이 정치도 세력 균형을 이루어야 비로소 안정을 이룬다는 것이 중국인들의 오랜 사고방식이었다. 즈리파와 펑톈파의 야합 덕분에 돤치루이는 목숨을 부지했다. 쉬수정을 비롯한 다른 안후이파 인사들도 마찬가지였다. 어느 한 사람 군법에 따라 처벌받지 않았다.

우페이푸는 일단 분노를 삼키는 수밖에 없었다. 그는 장쭤린이 자기보다 2살 아래인 데다 마적 주제에 벼락출세했다면서 경멸했다. 그런 자에게 면전에서 모욕을 당한 이상 그냥 넘길 수는 없었다. 우페이푸는 훈련을 명목으로 제3사단을 비롯해 10만 명이 넘는 병력을 이끌고 베이징을 떠났다. 그가 향한 곳은 허난성의 요충지 뤄양이었다. 주변 사람들이 물었다. "왜 중앙을 떠나 뤄양으로 갑니까?" 우페이푸는 대답 없이 그저 웃기만 했다. 황허 상류에 있는 뤄양은 동주 시대 이래 후한 왕조를 비롯하여 몇 번이나 중국의 도읍이었던 곳으로, 중원의 심장부였다. 인구와 산물이 풍부하고 룽하이철도와 징한철도가 관통하는 교통의 요지였다. 중국 군수공업의 중심지인 우한과도 가까웠다. 무기와 물자를 쉽게 확보하고 군대를 만들 수 있는 천하의 요충지라 할 만했다. 그는 이곳에서 군대를 맹렬히 훈련하며 때가 오기를 기다렸다.

우페이푸가 베이징을 떠난 뒤인 9월 4일, 텐진에 있는 차오쿤의 저택에서는 화려한 결혼식이 열렸다. 신랑은 장쭤린의 넷째 아들 장쉐쓰張學思, 신부는 차오쿤의 여섯째 딸 차오스잉曹士英이었다. 중매자는 국무총리 진윈펑이었다. 베이징 정부의 내로라하는 고관대작들이 하객으로 참여해 인산인해를 이루었다. 그러나 8살짜리 신랑과 7살짜리 신부의 결혼식이니, 누가 봐도 속이 뻔히 보이는 정략결혼이었다. 장쭤린의 아이디어였다. 그가 차오쿤과 사돈을 맺은 이유는 차오쿤과 우페이푸를 이간질하여 즈리파를 분열시키려는 술책이었다. 용렬한 소인배 차오쿤은 다루기 쉽지만 우페이푸는 만만찮다. 우페이푸만 없다면 즈리파 군대가 아무리 막강하다 해도 두려울 것이 없었다.

교활하고 책략에 능한 장쭤린은 즈리파 와해를 위한 포석을 하나씩 마련해나갔다. 첫 번째는 안후이파와의 동맹이었다. 장쭤린은 돤치루이에게 은밀히 손을 내밀어 화해를 청했다. 돤치루이도 마다할 이유가 없었다. 두 사람은 반反즈리 비밀 동맹을 맺었다. 안후이파 독군인 저장 독군 루융샹과 푸젠 독군 리허우지와도 손을 잡았다. 루융샹은 중국의 가장 알짜배기인 상하이와 저장성을 쥐고 있었다. 상하이는 중국 최대의 국제도시이며 돈과 물자가 넘쳐나는 곳이었다. 휘하에는 북양군 제4사단과 제10사단을 거느렸다. 리허우지 또한 풍요로운 푸젠성을 굳건히 지키고 있었다. 즈리파가 이 두 성만큼은 손대지 못한 것도 이 때문이었다. 만약 펑톈파와 안후이파가 손을 잡는다면 즈리파는 남북으로 협공을 받는 형국이었다.

두 번째 포석은 광저우 군정부의 대원수 쑨원과의 동맹이었다. 루룽팅에게 배신당하여 상하이로 달아났던 쑨원은 광저우를 탈환한 천중밍의 추대를 받아 1년 만에 돌아왔다. 서남군벌들의 복잡한 이해타산 속에서 남방의 상황은 여전히 어지러웠다. 하지만 자신이야말로 진정한 중국의 지도자라고 여기는 쑨원은 북벌의 꿈을 버리지 않았다. 장쭤린은 돤치루이의 중재를 통해 쑨원에게 접근하려 했다. 그 역할은 쉬수정이 맡았다. 안즈전쟁 이후 지명수배자가 된 쉬수정은 베이징의 일본공사관에 숨어 있었다. 차오쿤과 우페이푸도 그 사실을 모르지 않았지만, 일본의 보호를 받는 이상 손댈 방법이 없었다. 쉬수정은 장쭤린의 비호를 받으며 11월 14일 밤 일본공사관을 몰래 빠져나와 톈진으로 탈출했다. 그리고 상하이를 거쳐 일본으로 갔다가 이듬해인 1921년 1월 18일 광저우를 거쳐 광시성 구이린으로 갔다.

그곳에는 3만 명의 병력으로 북벌전쟁을 준비하는 쑨원의 대본영이 있었다. 쉬수정을 보자 쑨원이 반겼다. "당신이 오기를 오래 기다렸습니다." 쉬수정은 이해득실을 들어서 해묵은 감정을 접어두고 즈리파를 협공하자고 쑨원에게 제안했다. 쑨원은 즉석에서 동의했다. 그리고 이렇게 말했다. "당신을 나의 참모장으로 삼고 싶으니 여기에 남아주시오." 쑨원은 예전에 쉬수정이 외몽골을 복속시키자 한나라 때 흉노를 정벌한 명장 반초班超에 견주면서 크게 찬양했다. '중화민족의 위대한 부흥'을 외치던 그로서는 쉬수정이 중국의 위상을 드높인 셈이었기 때문이다. 쉬수정은 쑨원의 청을 정중하게 거절했다. "저는 북방으로 돌아가 쑨 선생님을 돕겠습니다." 삼각동맹은 완성되었다.

북양군벌이 공화정을 파괴했다 하여 광저우에서 혁명정부를 세우고 호법전쟁을 일으켰던 쑨원이 이제 와서 북양군벌과 손을 잡는 것은 엄연한 모순이었다. 과연 장쭤린, 돤치루이와 차오쿤 사이에 어떤 차이가 있다는 말인가. 쑨원이 내세우는 혁명 이론에 따르면 어느 쪽이건 타도의 대상이지 연합할 대상은 아니었다. 설령 셋이 힘을 모아서 즈리파를 쓰러뜨려도 그다음에는 남은 두 진영이 서로를 향해 총부리를 들이댈 것이었다. 수없이 실패를 반복하고도 새로운 방법을 찾는 대신 구태의연하게 군벌들과의 야합에 매달리는 것이 쑨원의 한계였다. 한편으로 눈앞의 이익을 위한 합종연횡은 중국인들의 오랜 책략이기도 했다. 『무경십서武經十書』에는 '이이제이以夷制夷(적으로 적을 제압한다)', '차도살인借刀殺人(남의 칼을 빌려서 적을 죽인다)'이라는 말이 있다. 훗날 장제스와 마오쩌둥이 서로의 모순을 그대로 둔 채 항일을 명목으로 국공합작에 찬성한 것도 이런 논리였다.

4거두 회의

국무총리가 된 진원펑은 호랑이의 위세를 얹고 감투를 썼지만 골치가 아팠다. 명색은 북양 정부의 2인자이면서도 꼭두각시일 뿐, 차오쿤과 장쭤린 두 군벌 영수 사이에 끼어 눈치만 보는 신세였다. 더욱이 그가 물려받은 베이징 정부는 파산 상태였다. 세금이 제대로 걷히지 않으면서 지출은 눈덩이처럼 불어나고 있었다. 가장 큰 문제는 군비였다. 신해혁명 직전에 1억 위안을 넘지 않았던 군비가 호국전쟁이 일어난 1916년에는 1억 4,000만 위안, 1918년에는 2억 위안을 넘었다. 관세와 염세, 이금세, 전세 등 주요 세원의 대부분을 지방 군벌들이 장악하면서 중앙정부가 확보하는 세수는 일부에 지나지 않았다.

그나마 가장 큰 비중을 차지하는 관세 수입은 연간 1억 위안이나 됐지만 대부분 외채 상환에 사용되었다. 공채를 더 발행하고 외국에서 빌리는 수밖에 없었지만 걸핏하면 정권이 바뀌는 판에 신용이 있을 리 없었다. 공채 할인율은 80퍼센트에 달했다. 100위안짜리 공채가 20위안에 팔리는 셈이니, 휴지 조각이나 다름없었다. 교육부처럼 가장 힘없는 정부 부처부터 월급이 밀리기 시작했다. 육군부와 참모본부의 군인, 관료들 월급도 몇 달씩 체불되었다. 안즈전쟁 이후 베이징 정부는 마비 상태였다. 장관들은 직원들의 불만을 견디지 못하고 사직서를 냈다. 군대도 봉급과 군수품을 받지 못해 아우성이었다.

1921년 4월 27일, 톈진에 있는 차오쿤의 저택에서 거두 회의가 열렸다. 동3성 순열사 장쭤린, 즈루위 순열사 차오쿤, 국무총리 진원펑 그리고 후베이 독군 겸 양호 순열사 왕잔위안 등 베이징 정부를 실질적으로 떠받치는 실력자들이었다. 회의의 첫 번째 안건은 외몽골이었다. 쉬수정이 정벌했던 외몽골은 안즈전쟁에서 안후이파가 몰락한 뒤 사실상 손을 놓은 상태였다.

그 와중에 로만 폰 운게른-슈테른베르크Roman von Ungern-Sternberg라는 러시아의 백군 장교가 1,000여 명의 패잔병을 이끌고 러시아 적군의 추격을 피해 외몽골의 국경을 넘어왔다. 그는 외몽골의 수도 후레(지금의 울란바토르)에서 중국군을 격파하고 몽골 황제 복드를 폐위했다. 그의 군대는 지나는 곳마다 광기에 가까울 만큼 온갖 만행을 저질렀다. 중국이 외몽골을 자국 영토라고 주장하는 이상 러시아인들이 외몽골에 들어가서 행패를 부린다면 무력으로 쫓아내는 것이 마땅했다. 그러나 누가 그 일을 맡을 것인가. 군벌들로서는 막대한 군비와 병력을 동원해 외몽골까지 원정하는 것은 아무런 실익도 없는 일이었다. 결국 서로에게 떠밀다가 결론을 내리지 못한 채 그냥 모르쇠로 덮어버렸다.

다음 날, 이들의 입에서 돈 얘기가 본격적으로 나왔다. 차오쿤의 동생이자 즈리성장이었던 차오루이가 형을 대신해 진원펑에게 따졌다.

"즈리군의 군비 지급은 반년 이상 밀려 있는데, 펑톈군은 겨우 2개월 치만 밀려 있다. 게다가 얼마 전 펑톈군은 구호금 명목으로 200만 위안에다 군대의 이동 경비로 100만 위안을 지급받았다고 한다. 즈리군은 겨우 50만 위안을 받았다." 진윈펑은 난처한 표정으로 대답했다. "당신은 도무지 사람의 고생을 모르는군. 국세는 들어오지 않는데 죄다 입만 열면 군비 타령이다. 당신이 직접 살림살이를 해보면 어떤가. 쌀이 없는데 밥을 지을 수는 없는 법이다."

그 말에 화가 머리끝까지 치민 차오루이가 마시고 있던 찻잔을 진윈펑의 머리에 던지면서 싸움이 벌어졌다. 하는 짓이 아이들과 다를 바 없었다. 옆에서 장쭤린은 웃음을 참으며 부관에게 말했다. "도저히 안 되겠다. 차를 가져와라. 나는 돌아가는 편이 좋겠다." 4거두 회의는 그렇게 끝나버렸다. 치욕을 당한 진윈펑은 사직서를 던졌다. 이래서는 안 되겠다 싶던 장쭤린이 화해하는 자리를 마련했다. 4거두가 다시 한자리에 모였다. 이번에는 며칠에 걸쳐 흥청망청 술잔치를 벌였다. 진윈펑은 세 사람의 환심을 살 요량으로 마작에서 일부러 져주었다. 유흥에 들어가는 돈은 모두 정부의 금고에서 나왔다. 그런 데 쓸 돈은 있었던 것이다.

5월 5일, 진윈펑은 베이징으로 돌아갔다. 장쭤린과 차오쿤·왕잔위안은 진윈펑 내각을 지지한다는 성명을 발표했다. 진윈펑의 자리는 조금 더 연장되었다. 이튿날에는 대총통 쉬스창이 차오쿤과 장쭤린, 왕잔위안을 베이징으로 불러 성대한 연회를 베풀어주었다. 5월 25일, 장쭤린을 몽강 경략사蒙疆經略使에 임명하고 내몽골의 안정과 외몽골에서 러시아 마적 떼를 몰아내라고 명령했다. 그렇잖아도 동몽골을 넘보던 장쭤린은 '동북왕'에서 '만몽왕'이 되었다. 그의 위세는 하늘을 찌를 듯했다. 즈리파에 대해서는 제23사단장 왕청빈王承斌을 허난 독군에, 제28사단장 옌샹원을 샨시 독군에 임명하여 차오쿤을 흡족하게 하고 두 세력의 균형을 맞추었다.

억울해진 쪽은 허난 독군 자오티였다. 자오티는 안즈전쟁 때 우페이푸 편을 들었고 허난성에 주둔한 안후이군을 견제하여 즈리파의 승리에 크게 일조했지만, 아무런 공을 인정받지 못했다. 우페이푸의 눈밖에 났기 때문이다. 자오티는 무기와 자금을 지원해달라는 우페이푸의 요청을 거부한 데다 즈리군을 태운 기차가 허난성에 멈추는 것 또한 금지했다. 자오티는 안후이파와 즈리파의 싸움에 말려들 생각이 없었기 때문이지만 우페이푸는 기회주의자라며 불쾌하게 여겼다. 이번 기회에 자오티를 밀어내고 허난성을 자신의 영토로 삼으려는 욕심도 있었다.

우페이푸가 대군을 거느리고 뤄양에 주둔하자 자오티의 지위는 흔들릴 수밖에 없었다. 게다가 허난 독군 자리마저 남에게 빼앗기면서 허울뿐인 허난성장 자리만 차지했다. 그렇다고 무력으로 맞설 수도 없었다. 사면초가가 된 그는 장쭤린에게 접근했다. 즈리파와 펑톈파 사이에 전쟁이 벌어지면 즈리파의 뒤를 치려고 말이다.

＼혼돈의 중원

안즈전쟁은 북양군을 두 쪽으로 분열시키고 베이징 정부의 권위를 땅에 떨어뜨렸다. 북방의 북양군과 남방의 서남군벌이 남북으로 대치하던 상황은 안즈전쟁을 전환점으로 중국을 본격적인 내전의 혼란에 빠뜨렸다. 내전과 하극상이 난무했다. 중국의 왕조 교체기마다 항상 반복되어온 군웅할거의 전국시대가 막을 열었다. 『사기』 「회음후淮陰侯 한신 열전」에는 한신의 모사였던 괴통이 한고조에게 "진나라가 사슴을 잃자 천하가 다 같이 이것을 좇았습니다秦失其鹿, 天下共逐之"라고

했다는 고사가 나온다. 사슴은 제위 또는 권력을 가리킨다. 그로부터 2,000년이 지나 군웅은 또 한 번 축록중원逐鹿中原(중원의 사슴을 좇다)에 나섰다. 후한 말기 삼국 시대 또는 5대10국 시대의 재현이었다.

북방에서 북양군벌들이 싸움박질하는 동안 남방에서도 혼전이 벌어졌다. 호법전쟁에서 쑨원은 하야한 뒤 상하이로 달아났지만, 광둥성과 푸젠성에는 여전히 혁명파 세력이 남아 있었다. 광둥성장 천중밍과 북벌군 참모장 쉬충즈는 광둥성에서 루룽팅의 세력을 몰아내기로 했다. 이들은 푸젠 독군 리허우지와 정전협정을 맺고 북벌군을 푸젠성에서 광둥성으로 돌렸다. 그리고 안즈전쟁이 끝난 직후인 1920년 8월 11일, 루룽팅 토벌에 나섰다. '제1차 웨구이전쟁粵桂戰爭'*이었다. 11월까지 광둥성 각지에서 벌어진 전투에서 루룽팅의 군대는 연전연패하여 광둥성에서 쫓겨났다. 광저우 정부의 꼭두각시 수장 천춘쉬안도 하야를 선언한 뒤 상하이로 달아났다. 11월 28일, 쑨원은 광저우로 복귀하고 천중밍·쉬충즈의 추대를 받아 다시 대원수 자리에 올랐다.

본거지인 광시성으로 물러난 루룽팅은 전열을 정비한 다음 전前 광둥 독군 천빙쿤을 앞세워 반격을 준비했다. 그러나 천중밍이 선수를 쳤다. 1921년 6월 13일, 천중밍이 광시성을 침공하면서 '제2차 웨구이전쟁'이 벌어졌다. 루룽팅은 처남 탄하오밍을 광시 변방군 제1로군 사령관에, 선훙잉沈鴻英을 제2로군 사령관에 임명하고 대항했다. 또한 천빙쿤이 광시-광둥성의 접경 도시인 우저우梧州를 지켰다. 그런데 류전환劉震寰의 광시군 제1사단이 반란을 일으킨 뒤 천중밍과 합세하여 천빙쿤을 협공했다. 천빙쿤은 크게 패하여 달아나고 우저우는 광

---

* 웨粤는 광둥성, 구이桂는 광시성의 옛 이름이다.

둥군의 손에 넘어갔다.

루룽팅의 방어선 일각이 무너졌다. 형세가 불리해지자 선훙잉도 배신하여 천중밍에게 화의를 요청하는 한편, 루룽팅에게는 전문을 보내 하야를 요구했다. 그 와중에 천중밍은 마음을 놓고 있던 선훙잉을 기습하여 대파했다. 선훙잉은 후난성으로 달아나 후난 독군 자오헝티의 객장이 되었다. 루룽팅은 잔존 부대를 이끌고 난닝으로 물러나 계속 싸웠지만, 9월 30일 베트남 국경의 룽저우^{龍州}에서 참패했으며 수비를 맡고 있던 마지^{馬濟}도 항복했다. 루룽팅은 하야를 선언한 뒤 상하이로 달아났다. 광시성은 광둥군의 손에 넘어갔다. 그러나 광시군의 장군들이 자립을 선언한 뒤 각지에서 광둥군에 저항했다. 대표적인 인물이 리쭝런·바이충시·황사오훙이었다. 이들을 루룽팅의 '구^舊구이린 군벌'과 구분하여 '신^新구이린 군벌'이라고 했다. 천중밍은 병력을 돌려 광시성에서 물러나야 했다.

쓰촨성도 내란 상태였다. 북양 정부의 후원을 받는 쓰촨 독군 류쩐호우와 쑨원 쪽의 충칭 진수사 슝커우^{熊克武}가 쓰촨성의 지배권을 놓고 싸움을 벌였다. 결국 슝커우가 류쩐호우를 쫓아내고 쓰촨성을 차지했다. 얼마 뒤 이번에는 윈난 독군 탕지야오가 슝커우를 격파하고 청두를 점령했다. 슝커우는 산시성으로 도주했다. 그러자 쓰촨 육군 제2군장 류샹^{劉湘}이 윈난군의 침입에 맞서기 위해 쓰촨 군벌들의 추대를 받아 쓰촨성 총사령관이 되었다. 그는 슝커우와 손잡고 1920년 8월 윈난군을 격파하고 청두를 탈환하는 데 성공했다. 류샹은 쓰촨성장 겸 충칭 진수사에 임명되었다. 그는 승리의 여세를 몰아 후난성과 후베이성까지 노렸지만, 이번에는 쓰촨성 지배권을 놓고 슝커우와 충돌했다. 쓰촨성에서는 여러 중소 군벌들이 난립하여 치열한 경쟁을 벌였다. 게다가 남부의 여러 현에는 윈난군이 주둔하고 있어 중국 여러 성 중에서도 가장 혼란스러운 무정부상태였다. 간쑤성과 닝샤, 칭하이 등 서북 지방은 위구르 계통의 이슬람교도 군벌들이 할거했다.

티베트는 청조가 망하자 1913년 2월 13일 제13대 달라이 라마가 영국의 지원을 받아 라싸의 포탈라궁布達拉宮에서 독립을 선언했다. 라싸에 있던 중국인 관료들과 중국군은 티베트 군대에 의해 모두 무장 해제되어 중국으로 쫓겨났다. 외몽골을 정벌한 돤치루이는 티베트까지 되찾으려 했다. 1918년 1월, 류전호우가 3만 명의 병력으로 티베트 동부를 침공했다. 그러나 험난한 지형과 티베트군 1만 명의 반격에 패퇴했다. 티베트군은 여세를 몰아 국경을 돌파하고 창두昌都를 비롯한 쓰촨성 서북부의 광대한 지역을 점령했다. 티베트는 마오쩌둥이 침공하는 1951년 5월까지 40년 동안 독립을 누렸다.

서북 끄트머리에 있는 신장성은 1876년 위구르족의 반란을 진압한 쭤쭝탕에 의해 중국 강역으로 편입되었다. 신해혁명이 일어나자 청조에 충성하는 우루무치 정부와 혁명에 동조하는 일리 정부로 나뉘어 몇 달에 걸쳐 치열한 내전이 벌어졌다. 청조가 무너지고 위안스카이 정권이 들어서면서 신장 순무 위안다화는 자리에서 물러났다. 그리고 우루무치 도대였던 양쩡신楊增新이 신장의 새로운 지배자로 등극했다. 양쩡신은 윈난성 출신이었다. 신장성에 부임하기 전에는 간쑤성과 닝샤성에서 지방 관리를 지내며 현지 무슬림들의 민심을 얻었다. 그는 신장성의 혁명파 세력을 회유하여 안심시킨 다음 교묘하게 하나씩 제거해가면서 자신의 권력을 빠르게 다졌다. 또한 위구르족의 반란을 잔혹하게 진압했다. 위안스카이는 그를 신장 독군으로 임명하여 지배권을 인정했다.

양쩡신은 1928년 7월 7일 부하에게 암살당할 때까지 17년 동안 '신장왕'으로 군림했다. 그의 통치 방식은 '무위이치無爲而治', 즉 "아무것도 하지 않아도 알아서 다스려진다"는 것이었다. 신장성의 시곗바늘은 청조 시절에서 멈춘 채 발전이 정체되고 역병과 기근에 시달렸다. 청말에 설립된 서구식 학교들은 폐쇄되었고 전통적인 유교 교육만 허용되었다. 또한 만성적인 재정난을 해결한답시고 지폐를 남발한 탓에 극심한 인플레이션에 허덕이는 등 민중의 삶은 참담했다.

양쩡신을 비롯한 고위 관료들은 막대한 부를 쌓고 해외에 비밀 계좌를 운용했다. 양쩡신의 통치 아래 신장성은 외부와 고립되고 러시아 적백내전 중에는 백군 패잔병들이 침입하기도 했으며 가혹한 통치로 인해 반란이 빈번히 일어났다. 1920년대 이후에는 점차 소련의 영향권 아래로 들어가면서 신장성을 놓고 중소분쟁이 벌어지게 된다.

유일하게 전란과 거리가 먼 곳은 옌시산이 통치하는 산시성이었다. 타이항산맥 서쪽에 위치하여 '산시山西'라고 불리는 산시성은 춘추시대 5패의 하나였던 진晉나라가 있던 곳이다. 황허 중류에 위치하며 북쪽으로는 만리장성과 접한다. 면적은 한반도의 70퍼센트 정도인 15만 7,000제곱킬로미터이며, 해발 1,000~2,000미터의 험준한 산악지대와 분지로 이루어졌다. 철광석과 석탄이 풍부하고 토지가 비옥하여 고대 중국에서는 관중關中이라 불렸으며, 한족의 주된 발흥지이기도 하다.

일본 육사 출신인 옌시산은 신해혁명 직후 쿠데타를 일으켜 산시성의 실권을 장악한 뒤 산시 도독이 되었다. 이후 중앙의 혼란을 이용해 산시성을 자신의 봉건왕국으로 만들었다. 유능한 행정가이기도 했던 그는 여느 군벌들과 달리 허황된 야심을 품는 대신 내치에만 힘을 기울였다. 외국 언론들은 산시성의 독립과 상호 불간섭주의를 제창하는 옌시산의 정책을 미국의 제5대 대통령 J. 먼로James Monroe에 빗대어 '산시 먼로주의'라고 표현했다.

옌시산은 지역 발전에 많은 힘을 기울였다. 광공업 진흥을 위해 일본의 후원을 받아 성도 타이위안에 대규모 근대산업과 군수공장, 발전 시설을 건설하고 조세제도와 은행의 개혁을 추진했으며 교육과 산업 진흥에 힘을 쏟았다. 펑톈의 동북병공창, 우한의 한양병공창과 함께 '3대 병공창'의 하나로 불리던 타이위안병공창은 1898년에 산시 순무 후핑즈胡聘之가 건설하고 옌시산이 대대적으로 확충했다. 1928년 당시 노동자가 1만 5,000여 명이었고, 월 생산량은 야포 35문, 박격포 100문, 소총 3,000정, 기관총 15정, 톰프슨 기관단총 900정, 탄약 420만 발에 달했다.

청조 시절만 해도 가난하고 낙후한 변경이었던 산시성은 옌시산의 통치 아래 톈진·상하이·우한·광저우와 함께 중국에서 근대 공업이 가장 집중된 지역으로 발달했다. 또한 내전과 토비가 횡행하는 주변 성들과 달리 민중의 삶 또한 비교적 안정되어 '모범 성'이라 불렸다. 옌시산은 일반 농민들에게는 결코 너그러운 통치자가 아니었지만 그런대로 원만하게 산시성을 다스렸다. 그는 국공내전 말기인 1949년 4월 24일 펑더화이가 이끄는 공산군의 공격으로 성도 타이위안이 함락될 때까지 38년 동안 산시성의 '토土황제'로 군림했다. 하극상과 반란이 빈번하던 군벌 시대에 보기 드문 사례였다.

양호의 싸움

허난성과 산시성을 차지한 우페이푸는 다음으로 후베이성을 노렸다. 북양의 원로이기도 한 후베이 독군 왕잔위안은 우광신을 체포한 공으로 양호 순열사가 되었다. 그러나 통치가 매우 가혹하고 가렴주구를 일삼은 탓에 민심이 이반했다. 봉급이 밀린 병사들이 반란을 일으키고 토비가 준동하는 등 후베이성은 무정부상태나 다름없었다.

텐진에서 4거두 회담에 참석하고 있던 왕잔위안은 사태가 심상치 않자 6월 3일 우한으로 급히 돌아왔다. 다음 날 이창에서 반란이 일어났고, 7일에는 우창에서도 반란이 일어났다. 왕잔위안의 직계부대인 제2사단 제7연대가 밀린 봉급을 달라며 폭동을 일으킨 것이다. 폭병들은 우창 시가지에 불을 지르고 왕잔위안의 관저까지 공격했다.

왕잔위안은 부랴부랴 이들을 달랜 다음 밀린 봉급에다 퇴직금까지 주어 고향으로 가는 특별열차에 태웠다. 1,800여 명의 병사들은 자신들이 반란을 일으켰다는 사실마저 잊은 듯 단꿈에 빠져서 고향으로 가는 열차에 탔다. 한커우를 출발한 열차는 50킬로미터를 가다가 갑자기 멈추었다. 열차 주변을 수천 명의 군인들이 포위하고 있었다. 잔혹한 학살극이 벌어졌다. 반란군은 모두 사살당했다. 현장에는 무수한 시체만이 남았다. 왕잔위안은 사체를 일일이 뒤져서 자기가 나눠준 돈을 모두 되찾아오게 했다.

후베이성은 신해혁명의 방아쇠가 된 우창봉기가 일어난 곳이다. 또한 전통적으로 중앙에서 벗어나려는 독립 성향이 강하고 자치를 요구하는 목소리도 높았다. 쑨원은 후베이성 출신의 혁명당원 리수청을 후베이성으로 보냈다. 리수청은 왕잔위안에게 반감을 품고 있던 현지 사람들을 규합하여 후베이성 자치운동과 왕잔위안 추방운동을 벌였다. 참고로, 1921년 7월 23일 중국공산당의 제1차 전국대회가 열린 상하이 망지로 106호가 본래 리수청의 집이었다. 그는 공산주의에 관심이 없었지만 동생 리한쥔李漢俊이 중국공산당 상하이 대표였다. 코민테른 극동지부 대표 마링Hendricus Maring과 둥비우·장궈타오·천궁보 등 전국 대표 12명이 모였다. 그중에는 후난성 대표로 온 마오쩌둥도 있었다. 리수청은 동생의 부탁으로 집을 빌려줬을 뿐이지만, 이날 이루어진 작은 모임이 중국의 역사를 좌우하게 될 줄은 몰랐을 것이다.

왕잔위안 추방운동의 배후에는 쑨원 이외에도 후난 독군 자오헝티가 있었다. 군벌 시대 초반에 위세를 떨친 대군벌의 한 사람인 자오헝티는 후난성 헝산 출신이었다. 일본으로 유학을 간 그는 군인이 되기 위해 도쿄진무학교와 육군사관학교에 진학했고 포병과 6기생으로 졸업했다. 이후 구이린에 있는 광시육군소학당의 교관을 맡아 신군의 훈련과 편성을 맡았다. 신해혁명 직전 30세에 불과했지만 광시 상비군 통령(여단장)에 오를 만큼 능력을 인정받았다. 쑨원의 중국동맹회 회원이기도 했던 그는 신해혁명이 일어나자 혁명군에 가담했다. 혁명군 총사령관 리위안훙은 그를 좌익군 사령관으로 임명했다. 그는 우창에서 펑궈장·돤치루이가 지휘하는 북양군과 싸웠다. 그 뒤 육군 제8사단 제16여단장을 역임했고 고향인 후난성에 돌아와 후난군 제1여단장이 되었다. 2차 혁명에서는 쑨원 편을 들었다가 체포되어 군사법정에서 10년형을 선고받았다. 그러나 얼마 뒤 위안스카이의 특사로 석방되어 후난 육군 제1사단장에 임명되었다.

쑨원이 호법전쟁을 일으키자 후난성은 북양군과 북벌군의 전쟁터가 되었다. 쑨원 토벌을 명목으로 성도 창사에 들어온 푸량줘는 돤치루이의 위세만 믿고 권력을 전횡했다. 후난성 남부 링링零陵에 주둔했던 자오헝티는 반란을 일으켜 북벌군에 가담했다. 그는 우페이푸의 호된 반격을 받고 후난성에서 쫓겨날 판이 되었지만 북양군의 분열로 우페이푸가 북상하자 다시 반격에 나섰다.

1920년 6월, 자오헝티는 쑨원파 군벌인 탄옌카이와 힘을 모아서 후난 독군 장징야오를 쫓아내고 창사를 점령했다. 그런 다음 이번에는 후난성의 주도권을 놓고 탄옌카이와 싸웠다. 승자는 자오헝티였다. 탄옌카이는 광저우로 달아났다. 새로운 후난 독군이 된 자오헝티는 창장 중류의 항구도시 웨저우에 주둔하면서 중앙이 혼란스러운 틈을 타 호시탐탐 후베이성을 노렸다. 후난성과 후베이성 두 성을 장악하고 '양호왕'이 되겠다는 속셈이었다.

후난성과 후베이성은 창장 중류의 둥팅호洞庭湖를 경계로 남북으로 나뉜다. 중국인들은 두 성을 묶어 양호兩湖라고 부른다. 춘추전국시대 초나라의 근거지였고, 후한 시절에는 형주라고 불렸으며 소설 『삼국지』의 주 무대이기도 하다. 마오쩌둥과 류사오치劉少奇의 고향인 남쪽의 후난성은 아열대기후로, 연중 비가 많이 내리고 농업이 발달해 식량이 풍족하다. 성도인 창사는 웨한철도를 통해 북쪽으로는 한커우, 남쪽으로는 광저우로 연결되며 상업이 발달했다. 후난성의 쌀은 철로와 강을 통해 후베이성으로 운반된다. 북쪽의 후베이성은 교통의 요지이자 근대 공업이 발달한 지역이다. 그중에서도 '우한3진'이라 불리는 우창과 한양, 한커우는 창장 중류의 중심지이기도 하다. 우창은 상업이 발달했고, 한양에는 주요 군수산업이 집중되어 있었다. 한커우는 열강의 조계가 있어 '동양의 시카고'라고 일컬어질 만큼 번영을 누렸다. 만약 양호의 주인이 된다면 식량과 무기를 자급자족하고 많은 병력을 양성할 수 있어 북양군벌과 어깨를 나란히 할 수 있었다.

"후베이성은 후베이 사람의 손으로!" 리수청이 왕잔위안 타도의 기치를 내걸자 반란은 후베이성 전역으로 확산되었다. 후베이성은 무정부상태나 다름없었다. 자오헝티에게는 절호의 기회였다. 그러나 무능한 왕잔위안은 대수롭지 않았지만, 우페이푸가 문제였다. 그는 뤄양에서 대군을 거느리고 주둔하고 있었다. 자오헝티가 후베이성을 침공한다면 우페이푸가 그냥 두고 볼 리 없었다. 정면 승부는 승산이 없다. 다만 막강한 우페이푸에게도 치명적인 약점이 있었다. 그의 등 뒤를 노리는 장쭤린이었다. 중앙의 복잡한 정세를 잘 아는 자오헝티는 장쭤린이 있는 이상 우페이푸도 쉽사리 움직이지 못할 것이라고 계산했다.

자오헝티는 쓰촨 독군 류샹에게도 추파를 던졌다. 류샹은 충칭을 비롯해 쓰촨성 동부 지역을 장악하고 있었다. 자오헝티는 남쪽에서 후난군이, 서쪽에서 쓰촨군이 후베이성을 친 다음 반으로 나누자고 제안했다. 류샹 또한 후베이성에 대한 야심이 있었다. 동맹이 결성되었다. 1921년 7월 20일, 자오헝티는 "후베이성의 자치운동을 돕는다"는 명목으로 군대를 출동시켰다. 병력은 후난 제1사단, 제3사단, 10개 혼성여단 등 약 8만 명. 병사들은 전투 경험이 풍부했다. 또한 장징야오의 군대를 무장해제하면서 얻은 막대한 양의 무기와 탄약까지 있었다. 후베이성을 공략하기란 식은 죽 먹기나 다름없어 보였다.

＼우페이푸 출동하다

"후난군이 북상한다!" 그렇잖아도 사면초가에 몰려 있던 왕잔위안은 소스라치게 놀랐다. 부랴부랴 병력을 전선으로 출동시키면서도 자신은 여차하면 도망갈 태세였다. 왕잔위안은 북양무비학당 1기생으로 청일전쟁에도 참전한 바 있지만 겁 많고 유약한 청말의 구식 장군에 불과했다. 그를 대신하여 후베이군의 일선 지휘를 맡은 사람은 제2사단장 쑨촨팡이었다. 북양무비학당과 일본 육사를 졸업한 엘리트로 북양군의 여러 장군 중에서도 우페이푸·펑위샹과 어깨를 나란히 하는 유능한 명장이었다. 수적으로는 압도적으로 열세했지만 쑨촨팡의 제2사단은 현지 지방군이 아니라 위안스카이가 만든 북양 6진의 하나였다. 그는 중앙군의 자존심을 걸고 한 발짝도 물러설 생각이 없었다. 게다가 뒤에는 우페이푸가 있었다. 우페이푸가 가만히 눈뜨고 후베이성을 내줄 리는 없다. 쑨촨팡은 1만 명의 병력으로 결사 항전을 준비했다.

7월 26일, 후난군 선두부대가 후베이성의 경계를 넘었다. 쑨촨팡이 사자를 보내 화의를 제안하자 자오헝티는 코웃음을 쳤다. "잠꼬대 같은 소리를 하는군. 우리는 후베이성의 자치를 도우러 왔다. 너희 손으로 왕잔위안을 내쫓거나 아니면 무기를 버리고 도망치거나, 둘 중 하나만 있을 뿐이다." 기고만장한 자오헝티는 후베이군을 얕보면서 우페이푸가 움직이기 전에 속전속결로 격파하고 단숨에 우한을 점령할 생각이었다.

7월 28일, 자오헝티의 총공격 명령이 떨어졌다. '샹어전쟁湘鄂戰爭'*의 시작이었다. 우한으로 향하는 웨한철도를 따라 후난군이 공격에 나섰다. 후베이군 따위는 금방 무너뜨릴 수 있다며 돌격에 나선 후난군은 당장 맹렬한 포격에 가로막혔다. 탁월한 전술가인 쑨촨팡은 철도 주변에 다수의 토치카와 기관총을 배치하여 견고한 방어선을 구축하는 한편, 고지에는 포병부대를 배치했다. 후난군 병사들은 빗발치는 포탄과 기관총탄 앞에서 비명을 지르며 수수다발처럼 쓰러졌다. 토치카들은 교묘하게 사선으로 배치되어, 어렵사리 하나를 점령해도 사방에서 교차사격을 받아 격퇴당하기 일쑤였다. "후베이군에 이런 자가 있었다니." 자오헝티는 탄식했다. 공격하는 후난군도 방어하는 후베이군도 일진일퇴의 연속이었다. 이렇게 치열한 전투는 안즈전쟁에서도 없던 일이었다. 후난군의 사상자는 1주일 만에 2,000명이 넘었다. 쑨촨팡은 1만 명으로 8만 명을 막아내고 있었다.

왕잔위안의 구원 요청을 받은 차오쿤은 우페이푸에게 출동을 명령했다. "자오헝티가 화의를 요청하면 받아들여라. 굳이 싸울 필요는 없다." 우페이푸는 샤오야오난의 제25사단과 진윈어의 제8혼성여단을 후베이성으로 급파했다. 7월 31일, 즈리군의 선두부대가 한커우에 도착했다. 그때까지도 후난성과 후베이성 접경지대에서는 치열한 전투가 벌어지고 있었다. 압도적인 수적 열세 때문에 일주일 동안 고전을 면치 못하던 후베이군은 원군이 온다는 소식에 사기가 올랐다. 그러나 우페이푸의 진짜 속셈은 따로 있었다. 왕잔위안을 돕는 것이 아니라 후베이성을 차지하기 위한 것이었다. 한커우에 입성한 샤오야오난은 정부 청사와 주요 시설을 속속 장악했다. 원군이 왔다고 기뻐하던

---

* 샹湘은 후난성, 어鄂는 후베이성의 옛 이름이다.

왕잔위안도 그제야 속았음을 깨달았다. 자신이 있을 곳이 없다고 판단한 그는 8월 6일 하야를 선언한 뒤 사재를 싣고 일족과 함께 톈진으로 달아났다.

국무총리 진원펑은 우페이푸를 양호 순열사에, 샤오야오난을 후베이 독군에 임명했다. 쑨촨팡은 창장 상류 총사령관이 되어 우페이푸 휘하에 들어갔다. 1년 전만 해도 장쭤린에게 '일개 사단장'이라고 모멸을 당했던 우페이푸는 차오쿤, 장쭤린과 어깨를 나란히 하는 지위에 올랐다.

우페이푸가 한커우에 도착한 것은 8월 12일이었다. 상황은 여전히 유리하지 않았다. 남쪽에서는 자오헝티의 후난군이 쑨촨팡을 맹렬하게 공격했고, 서쪽에서는 류샹의 쓰촨군 2개 사단이 후베이성 서부를 침공했다. 전투가 지지부진하여 후베이성이 장기전의 수렁에 빠진다면 장쭤린에게는 즈리군을 칠 기회가 된다. 사방이 적인 즈리군의 패망이 불 보듯 뻔했다. 차오쿤이 우페이푸에게 자오헝티와 애써 싸우지 말고 화의하라고 지시한 이유도 이 때문이다.

전선에 당도한 샤오야오난이 자오헝티에게 먼저 화의를 제안했다. 기세등등해진 자오헝티는 군대를 철수하는 대가로 세 가지 조건을 달았다. 첫째로 우페이푸가 양호 순열사에서 물러날 것, 둘째로 후베이성의 자치를 인정할 것, 셋째로 500만 위안의 군비를 내놓을 것이었다. 어떻게 보더라도 무리한 요구였다. 처음부터 화의할 생각이 없었던 자오헝티는 일부러 터무니없는 요구 조건을 내걸어 우페이푸를 도발할 속셈이었다. 그런데 뜻밖에도 우페이푸가 받아들이겠다고 대답했다.

그것은 우페이푸의 책략이었다. 공격 준비가 끝날 때까지 시간을 벌기 위한 지연전술이었다. 천하의 우페이푸를 굴복시켰다면서 자오헝티가 의기양양해하는 사이 최정예부대인 제3사단과 제24사단, 제25사단 등 즈리군의 주력부대가 속속 도착했다. 병력은 10만 명에 달했다. 우페이푸는 곧바로 태도를 바꾸었다. "후난군은 당장 후베이성에서 물러나고 병력을 멋대로 출동시킨 제3사단장 루디핑魯滌平을 엄히 처벌하라!" 자오헝티가 거절하자 8월 19일 즈리군의 총공격이 시작되었다. 우페이푸는 후난군의 정면을 공격하는 한편, 별동대를 배후로 우회시켜 보급선을 끊었다. 그렇지만 후난군도 실전으로 단련된 부대였다. 한동안 치열한 혈전이 벌어졌다. 그러나 후난군은 예비 병력이 부족한 데다 보급선이 차단되자 무기와 탄약이 떨어지면서 점차 밀리기 시작했다. 8월 26일, 자오헝티는 최일선에 퇴각 명령을 내렸다.

우페이푸는 제2함대 산하 추관楚觀·장리江利 등 7척의 포함에 장푸라이張福來가 지휘하는 제24사단 제48여단 3,000명을 태웠다. 이들이 향한 곳은 후난군의 사령부가 있는 웨저우였다. "육군은 적의 후방에 상륙하라. 해군은 웨저우 근방의 적을 철저하게 포격하라. 후난군을 포위 섬멸하라!" 8월 28일 새벽, 창장을 따라 웨저우에 진입한 즈리군의 함대가 무방비의 시가지를 향해 포격을 시작했다. 기습이었다. 각각의 포함에는 105mm, 75mm 등의 함포가 탑재되어 있었다. 대형 전함의 거포에는 비할 바가 아니었지만 위력은 만만치 않았다. 포함들은 아무런 반격도 받지 않고 유유히 강상을 떠다니며 쉴 새 없이 포탄을 날렸다. 또한 즈리군 제48여단이 항구에 상륙하여 웨저우 성내로 돌격했다.

허를 찔린 자오헝티는 대항할 생각도 하지 못한 채 소수의 호위병만 데리고 남쪽으로 도주했다. 웨저우를 점령하자 장푸라이는 방향을 돌려서 후난군의 후방을 쳤다. 양면 공격을 받은 후난군은 단숨에 무너져 백기를 들거나 사방으로 흩어졌다. 목숨만 건져서 간신히 창사로 돌아온 자오헝티는 우페이푸에게 화의를 구걸했다. 우페이푸는 조건 없이 받아들였다. 승리만 믿고 후난성을 침공했다가 자칫 궁지에 몰린 자오헝티가 결사적으로 항전하면 수렁에 빠질 우려가 있기 때문이었다. 샹어전쟁은 한 달 만에 끝났다.

그러나 우페이푸의 전쟁은 끝나지 않았다. 9월 2일, 류샹의 쓰촨군이 후베이성 서쪽의 이창을 공격했다. 이창은 후베이성의 곡창지대이자 충칭과 우한을 연결하는 교통의 요지였다. 우페이푸는 즉시 방향을 바꾸어 오합지졸에 불과한 쓰촨군을 단번에 격파했다. 쓰촨군은 무질서하게 퇴각했다. 그렇지만 우페이푸는 추격에 나서지 않았다. 조무래기들을 상대로 전력을 다해 싸울 생각은 없었기 때문이다. 우페이푸에게 진짜 적은 장쭤린이었다.

＼워싱턴회의

잠시 중국 밖으로 눈을 돌려보자. 아편전쟁 이래 중국은 열강의 각축장이 되었지만 그렇다고 식민지로 전락하지는 않았다. 어째서 중국은 인도나 다른 아시아, 아프리카 국가들처럼 되지 않았을까. 크게 두 가지 이유를 들 수 있다.

첫째, 중국은 아무리 노쇠했다고 해도 여전히 거대하고 강한 나라였기 때문이다. 무굴제국은 명목상 제국일 뿐 실제로는 봉건적인 토호 국가들의 연합에 지나지 않았고 중앙의 권위가 매우 취약했다. 그러나 청은 황제를 구심점으로 하는 중앙집권 국가로, 신해혁명으로 무너질 때까지 중국 대륙 대부분에 지배력이 미쳤다. 어떤 열강도 혼자 힘으로 중국 전체를 정복하기는 쉽지 않았다. 그래서 무력 대신 치외법권의 지위와 자본력을 앞세워 경제적으로 침략했다.

둘째, 신흥 강국 독일과 러시아·미국·일본·이탈리아의 등장으로 국제 정세가 훨씬 복잡해졌기 때문이다. 20세기 초반은 영국과 프랑스 두 나라가 치열한 식민지 쟁탈전을 벌이며 무력도 불사하던 한 세기 전과는 달랐다. 열강은 서로 동맹을 맺고 세력균형을 추구하면서 과도한 식민지 확보 경쟁이 무력 충돌로 이어지지 않게끔 노력했다. 대표적인 예가 1898년의 '파쇼다 사건Fashoda Incident'이었다. 수단을 놓고 영국의 횡단정책과 프랑스의 종단정책이 충돌하면서 일촉즉발의 상황까지 갔지만 독일을 견제하는 데 영국의 협력이 필요했던 프랑스가 물러나면서 평화적으로 해결되었다. 청일전쟁에서는 일본이 랴오둥반도를 할양받자 세력균형을 깨뜨릴지 모른다고 우려한 구미 열강이 개입하여 공동 전선을 구축했다. 일본은 백기를 들 수밖에 없었다.

구미 열강은 중국에서 '공동 지배'와 '기회균등'이라는 암묵적인 룰을 지켰다. 어느 나라도 중국을 통째로 지배할 수 없었다. 상하이, 난징, 톈진 등 주요 도시에는 균등하게 조계를 설치하고 세력권을 나누어 충돌을 방지했다. 의화단의 난 때처럼 군대를 출동시킬 일이 있어도 다 같이 합의하여 출병했다. 중국 내에서 열강의 세력은 균형을 이루었고 어느 한 나라가 지나치게 팽창하는 일이 없도록 견제했다. 한 세기 전에 인도와 북아메리카를 놓고 영국과 프랑스가 무력 충돌한 모습과는 대조적이었다. 특히 미국은 중국의 주권과 영토를 보장해야 한다고 주장했다. 다른 나라들보다 더 도덕적이거나 제국주의 침략에 반대해서가 아니라, 중국 시장에서 후발주자이다보니 선발주자들이 쥐고 있는 기득권을 인정하지 않겠다는 의미였다. 의화단의 난을 진압하기 위해 8개국 연합군이 결성됐을 때 미국 역시 2,000여 명의 병력을 출동시킨 사실을 보더라도 중국 침략에 결코 소극적이었다고 말할 수 없다.

열강들은 어느 한 나라가 중국에서 새로운 특권을 획득하면 반드시 자신들도 그 특권을 공유하려고 했다. 단독행동으로 다른 나라들의 반발을 사기보다는 룰을 지키는 것이 가장 적은 비용으로 가장 큰 이익을 얻을 수 있는 방법이었다. 또한 자신들의 이익을 보장받으려면 기존 질서가 유지되어야 하므로 체제를 위협하는 어떠한 시도에도 강력하게 대처했다. 태평천국의 난이 일어났을 때 열강이 청조를 무너뜨리는 대신 용병 부대를 조직하여 청군을 지원한 것도 이런 이유에서였다. 신해혁명 때도 열강들은 거의 마지막까지 청조를 지지했다. 위안스카이와 쑨원이 남북 화해에 타협하고 열강들의 이익을 보장하자 그제야 지지를 철회했다. 중국의 주권과 지위는 열강들의 세력균형을 토대로 유지되었다.

그러나 이런 질서는 1차대전으로 위기에 직면했다. 독일과 제정러시아는 붕괴했다. 프랑스는 승전국이지만 만신창이였다. 영국도 동아시아에서 영향력이 크게 축소되었다. 남은 나라는 미국과 일본이었다.

열강 중에서도 지정학적으로 중국과 가장 인접한 나라는 일본이었다. 러일전쟁 이후 랴오둥반도를 조차하고 남만주에서 독점적인 지위를 누렸으며 한반도를 병합하여 중국과 국경을 맞대었다. 안보적인 이유에서라도 일본은 중국의 정세에 항상 신경을 곤두세울 수밖에 없었다. 또한 최대 무역 상대국이자 원료 공급지와 상품 시장으로서의 경제적 가치, 군부의 야심이 결합하면서 중국을 침략할 기회를 호시탐탐 노렸다.

1차대전은 일본에 절호의 기회였다. 위안스카이 정권에 21개조 조약을 강요하고 산둥반도를 비롯하여 독일·오스트리아가 누렸던 이권을 넘겨받는 등 막대한 권익을 새로이 얻어냈다. 또한 오랫동안 제정러시아의 세력권이었던 북만주로 진출했다. 구미 열강의 자본이 중국에서 철수하자 재정난에 허덕이던 북양 정권은 일본의 차관에 의존할 수밖에 없었다. 일본의 팽창은 지난 100년 동안 지켜졌던 중국에서의 '세력균형'과 '기회균등'이라는 원칙을 무너뜨렸다. 태평양에서는 마리아나제도·캐롤라인제도 등 독일령 도서들을 점령하고 위임통치령으로 삼았다. 러시아에서 적백내전이 일어나자 시베리아 출병을 단행하여 연해주와 북부 사할린을 점령했다.

동아시아에서 일본의 독주를 견제할 수 있는 유일한 나라는 미국이었다. 1854년 '페리 제독의 흑선 사건'으로 일본을 개항시킨 미국은 러시아의 팽창을 견제하기 위해 일본을 후원했다. 러일전쟁에서 일본이 지출한 군비는 19억 8,000만 엔에 달했다. 그중 약 60퍼센트인 12억 엔을 영국과 미국이 제공했다. 일본은 대장대신 이노우에 가오루가 전비 조달을 위해 일본은행 부총재 다카하시 고레키요를 미국에 보내면서 "해외에서 돈을 빌리지 못하면 일본은 망한다"고 오열할 만큼 위기에 직면해 있었다. 미국이 2억 5,000만 달러 상당의 전쟁국채를 사주지 않았다면 백기를 든 쪽은 일본이었을 것이다. 1905년 7월 29일에는 '가쓰라-태프트 협정'을 체결하여 일본의 한반도 병합을 묵인했다. 극동의 변방에 불과하던 일본이 문호를 연 지 50여 년 만에 구미 열강과 어깨를 나란히 하는 제국주의 국가로 거듭날 수 있었던 비결은 미국의 도움 덕분이었다.

그러나 일본의 세력이 팽창하자 미국도 위협을 느끼지 않을 수 없었다. 러일전쟁 이후 만주의 철도 건설을 놓고 태프트 행정부는 '달러 외교Dollar Diplomacy'를 앞세워 진출하려고 했다. 그러자 일본은 어제의 적이었던 러시아와 힘을 합하여 미국의 만주 진출을 저지했다. 그제야 미국은 일본이 더 이상 '울타리를 지키는 개'가 아니라 '만만찮은 강자'라는 사실을 깨달았다.

일본과 미국은 오랫동안 우호관계를 유지했지만 두 나라 사이에는 결코 좁힐 수 없는 근본적인 모순이 있었다. 일본의 개항이 자신의 의지가 아니라 미국의 함포 외교에 의해 강압적으로 이루어졌기 때문이다. 또한 일본인들에게 미일화친조약美日和親條約은 불평등조약의 상징이었다. 양이파였던 유신 지사들이 개국파로 전향하여 서구를 배우고자 나선 것은 서구를 진심으로 동경해서가 아니라 호된 맛을 본 뒤에 힘의 격차를 솔직하게 인정한 결과였다. 서구를 능가할 때까지 잠시만 머리를 숙이고 배우고 익히겠다는 조건부에 지나지 않았다.

서구화와 별개로 서구를 향한 반감은 여전히 일본 사회를 뿌리 깊게 지배했다. 여기에 미국의 인종차별은 일본의 반감을 더욱 부추겼다. 일본인 이민자들이 주로 정착하던 캘리포니아주에서는 1913년 5월 토지 규제법을 신설하여 일본인들의 유입을 억제했다. 이 사건으로 미-일 양국의 감정은 극도로 악화했으며 한때 전쟁을 준비하는 등 일촉즉발의 상황에 직면하기도 했다. 구미 열강이 만들어낸 국제질서에서 후발주자라는 불만, 서구에 대한 불신감은 일본인들이 자신들을 '피해자'처럼 여기게 만들었다. 그들은 서구의 침략에 대항한다는 명목으로 일본의 지도 아래 모든 아시아 민족이 단결해야 한다는 '대大아시아주의'를 외쳤다. 이것은 훗날 '대동아 공영권大東亞共榮圈'이라는 편협하고 왜곡된 사상으로 현실화한다.

1918년 8월, 러시아에서 적백내전이 일어나자 백군 측의 체코 군단을 구원한다는 구실로 미국·일본·영국·프랑스 4개국이 간섭전쟁을 결의했다. 원래 연합군의 편성은 총 2만 5,000여 명 규모인데, 일본은 1개 사단 1만 2,000여 명을 파견하기로 했다. 그러나 데라우치 내각은 이번 기회에 동부 시베리아를 장악할 욕심으로 9개 사단 7만 5,000여 명의 대군을 출동시켰다. 일본이 블라디보스토크를 비롯해 바이칼호 동쪽의 광대한 지역과 시베리아 횡단철도를 장악하자 미국은 강력하게 비난했다.

1919년 여름 볼셰비키군의 반격으로 콜차크^{Aleksandr Kolchak}가 이끄는 백군이 크게 패하고 11월 14일 백군의 수도 옴스크가 함락되는 등 전세는 급격히 나빠졌다. 미국과 영국 등 다른 연합군은 철수를 결정했지만 이미 깊숙이 개입하여 막대한 물적·인적 자원을 소모하고 있던 일본은 쉽게 발을 뺄 수 없는 처지였다. 오히려 제13사단을 증파하고 미군이 철수한 지역을 점령했다. 1920년 4월 6일, 소련과의 완충지대로 '극동공화국^{Far Eastern Republic}'*이 수립되었다. 6월 28일에는 고지마 소지로^{兒島惣次郞} 중장이 지휘하는 가라후토(사할린)주^州 파견군(보병 제13여단과 헌병대)이 사할린 북부를 무력으로 점령했다.

그러나 소련이 적백내전에 승리하면서 일본도 더는 버틸 수 없었다. 1922년 6월 23일 일본은 철병을 결의하고, 10월 말까지 북부 사할린을 제외한 모든 지역에서 철수했다. 1925년 5월에는 북부 사할린에서도 물러났다.『아사히신문』기자였던 이토 마사노리^{伊藤正德}가 태평양전쟁 종전 직후 출간한『국방사^{國防史}』에서 "결국 어느 하나도 얻은 것 없이 철수하게 된 비참한 대사건"이라고 논평할 만큼 시베리아 출병은 메이지유신 이래 일본이 저지른 최악의 실패였다. 9억 엔에 달하는 전비를 쓰고 10만 명 넘게 파병했으며 3,000여 명의 전사자를 냈지만 성과라고는 아무것도 없었다. 1921년 11월 4일에는 '평민 총리'라 불리며 일본에서 처음으로 정당정치와 군부에 대한 문민 통제를 실현한 하라 다카시^{原敬} 총리가 우익 세력의 후원을 받은 괴한에게 암살당하기까지 했다. 일본 헌정 역사에서 현직 총리가 암살당한 첫

---

* 적백내전 때 동부 시베리아에 있던 독립국가. 수도는 시베리아 남동부의 치타였으며 면적은 190만 제곱킬로미터, 인구 350만 명이었다. 소련 볼셰비키 정부와 일본 사이에서 완충 역할을 했지만, 일본군이 철수하면서 1922년 11월 15일 소련에 병합되었다.

사례였다.

시베리아 출병에서 일본이 보여준 행태는 미국과의 합의를 무시했기에 국제사회의 거센 비난을 샀다. 또한 미국은 21개조 조약 강요와 산둥반도 점령이 중국의 주권과 미국의 이권을 침해한다면서 비판했다. 일본은 부당한 내정간섭이라고 분개했다. 미국이나 영국도 많은 식민지를 점령하고 있으며 동양인을 차별하지 않는가. 따라서 일본에게만 중국의 주권을 존중하라느니, 민족자결의 원칙을 지키라느니 하는 것은 이율배반이라고 여겼다.

일본은 1923년 2월 제국국방방침을 수립하면서 소련·중국과 함께 미국을 제1가상적국으로 규정했다. 물론 이전에도 미국과의 전쟁을 가정한 사례가 없지는 않지만, 해군이 예산을 타내기 위해서였을 뿐 진지하게 고민한 것은 아니었다. 일본이 본격적으로 미국을 주된 가상 적국으로 상정했다는 것은 그만큼 반미 감정이 격앙되었다는 의미였다. 미국도 마찬가지였다. 일본을 가상의 적으로 간주하고 일본과의 전쟁에 대비하여 '오렌지 계획War Plan Orange'**을 수립했다.

영국도 일본의 팽창주의를 더는 두고 볼 수 없었다. 러시아와 독일의 위협에서 극동을 방어하기 위해 1902년 영일동맹을 맺었던 영국은 1차대전에서도 독일의 동양함대에 대항하기 위해 일본의 출병을 요청한 바 있었다. 그런데 일본의 반응은 영국이 예상한 것 이상으로 적극적이었다. 영국은 일본군의 작전 범위를 산둥성의 독일 조차지와

** 미국이 태평양에서 일본과의 전쟁을 가정하여 수립한 일련의 전쟁 계획을 총칭한 것. 가상의 적국들을 각각의 색깔로 표현했는데 그중에서 '오렌지'는 일본을 가리켰다. 미국은 1906년에 처음으로 대일 전쟁을 가정했지만, 진지하게 검토한 때는 1차대전 이후인 1920년대부터였다. 오렌지 계획은 1920~1930년대 내내 꾸준히 수정되었지만 계획이 추상적이고 정세의 변화를 충분히 반영하지 못한 탓에 일본을 견제하기에는 역부족이었으며, 결국 진주만 기습을 허용하고 말았다. 그러나 미국은 오렌지 계획을 전략의 근간으로 삼아서 태평양전쟁을 수행했다.

중국 근해로 제한하기를 원했다. 그러나 일본은 중국은 물론 태평양 전역으로 확대하여 남태평양의 독일 식민지들을 장악했다. 캐나다·오스트레일리아·뉴질랜드 등 태평양의 여러 영연방 국가들에는 중대한 위협이었다. 더욱이 일본이 중국 시장을 장악하면서, 아편전쟁 이래 극동에서 주도적인 위치에 있던 영국은 완전히 밀려날 판이었다. 1902년 이래 20여 년 동안 유지되던 영일동맹은 1923년 8월 17일을 기해 만료됐으며, 양국의 협력관계도 완전히 끝났다. 영국은 일본의 팽창을 견제하기 위해 미국에 접근했다.

파리에서 베르사유조약을 체결할 때만 해도 일본에 비교적 우호적이었던 영국과 미국은 급격히 경색되었다. 일본의 과욕이 초래한 결과였다. 두 나라는 일본이 중국에서 더 이상 독주하지 못하게끔 견제에 나섰다. 이것이 1921년 11월 12일부터 1922년 2월 6일까지 '워싱턴회의Washington Conference'가 열린 배경이다.

보통 '워싱턴회의'라고 하면 '워싱턴군축회의Washington Conference on Disarmament'를 가리킨다. 19세기 이래 열강의 건함 경쟁이 과열되자 1차대전 이후 재정난을 해결하고 군비를 축소하라는 여론이 높아지면서 주요 해군국들이 해군 군축을 논의하기 위해 한자리에 모였다. 그러나 또 다른 중요한 의제가 있었다. 바로 중국이었다.

해군 군축 문제를 논의하는 자리에서 왜 중국이 거론되었을까. 얼핏 보면 아무 상관이 없을 것 같지만 실제로는 떼려야 뗄 수 없는 문제였다. 왜냐하면 독일이 몰락한 뒤 영국과 미국, 일본이 건함 경쟁을 통해 태평양에서 주도권 싸움을 벌였기 때문이다. 회의에 참여한 나머지 두 나라인 프랑스와 이탈리아의 해군력은 앞의 세 나라에 한참 미치지 못했다. 해군 군축의 진짜 목적은 동아시아와 태평양에서 현상을 유지하면서 군비경쟁을 완화하는 것이었다. 영·미·일 삼국의 이해관계가 가장 첨예하게 얽힌 중국 문제를 매듭짓지 못한다면 군축에 합의한들 중국을 놓고 치열한 경쟁이 벌어질 수밖에 없었다.

1921년 12월 13일, 미국·영국·프랑스·일본 사이에 유효기간 10년의 '4개국 조약'이 체결되었다. 주요 내용은 태평양에서의 현상 유지와 영일동맹의 폐기였다. 영국과 일본은 영일동맹을 존속하는 편이 손해보다는 이익이 더 크다고 판단하면서도 미국의 견제와 서로에 대한 불신 때문에 폐기하기로 합의했다. 일본은 4개국 조약이 썩 만족스럽지는 못해도 남양군도를 비롯하여 그동안 태평양에서 획득한 권익을 보장받았으므로 충분히 의미가 있다고 생각했다. 또한 영일동맹이 폐기된다고 해서 당장 영국과 미국이 힘을 모아 일본을 고립시킬 가능성은 없었다.

이와 함께 1921년 11월 16일부터 중국 문제를 논의하기 위해 극동위원회가 개최되었다. 미국과 영국·프랑스·일본 외에 당사자인 중국과 이탈리아·포르투갈·벨기에·네덜란드 등 9개국이 참여했다. 중국 대표로는 북양 정부의 외교총장 옌후이칭顔惠慶, 주미 공사 스자오지施肇基, 구웨이쥔, 왕정팅王正廷 등이 참석했다.

중국 대표단은 중국의 주권과 독립 보장, 영토 보존, 중립국으로서 중국의 지위 존중, 태평양과 극동에서 국제분쟁의 평화적인 해결, 관세 자주권, 21개조 조약의 취소, 치외법권 폐지와 불평등조약 개정 등 10가지 원칙을 제시했다. 열강은 중국의 요구를 검토한 끝에 자국의 기존 권익을 보장하는 선에서 일부 수용했다. 1922년 2월 6일, '9개국 조약'이 체결되었다. 열강이 중국을 무력으로 침공하거나 새로운 권익을 강요하는 등의 행위는 금지되었다. 또한 일본은 이전에 위안스카이 정권과 맺었던 21개조 조약의 일부를 포기해야 했다. 중국 민중의 오랜 숙원이었던 산둥반도 반환은 1898년 독일에 강압적으로 빼

●─ 1921년 11월 21일, 워싱턴 메모리얼 콘티넨털홀에서 5대 해군국이 참여한 가운데 워싱턴 군축회의가 열렸다.

앗긴 지 24년 만에 이루어졌다. 또한 1차대전 중에 일본이 돤치루이 정권을 상대로 얻어낸 각종 권익과 독점적 지위도 부정되었다.

그러나 21개 조항 전체가 완전히 폐기된 것은 아니었다. 관동주의 조차와 남만주철도 운영권, 산림 광산 채굴권 등 만주는 여전히 일본의 세력권이었다. 일본으로서는 그동안 막대한 대가를 치르며 얻어낸 권리를 간단하게 포기할 수 없었다. 영국과 미국도 필요 이상으로 일본을 압박할 생각은 없었다. 워싱턴회의는 현상 유지를 전제로 열강의 기득권을 보호하기 위한 것이지 윌슨이 말하는 민족자결이나 중국의 권익을 위함이 아니었다.

일본 국내에서는 '다이쇼 데모크라시' 운동이 확산되고 있었다. 다이쇼 데모크라시란 다이쇼 천황 시절의 민주주의운동이다. 일본은 부국강병에는 성공했지만 그것은 대다수 민중의 삶과는 거리가 먼 얘기였다. 근대화는 소수의 관료와 기업가를 위한 것이었다. 일반 국민들의 삶은 에도 막부 시절보다도 궁핍했다. 이런 근대화가 무슨 의미가 있을까. 끝없는 침략전쟁과 과중한 군비 지출은 국민들의 불만으로 이어졌다. 1차대전 직후 쌀값이 폭등하자 일본 전역에서 배고픔을 이기지 못한 노동자와 농민들이 쌀 도매상을 습격하는 '쌀 파동' 사건이 일어났다. 일본의 위정자들도 더 이상 고분고분하지 않은 국민들을 달래려면 어느 정도 타협해야 한다는 것을 깨달았고, 보통선거 실시와 정당정치를 약속했다.

군부의 힘이 일시적으로 약해지면서 러일전쟁 이래 끝없이 늘어나던 군비에도 제동이 걸렸다. 일본 대표단이 워싱턴회의에서 군축에 합의한 이유도 국내 반전反戰 여론 때문이었다. 해군은 건조 중이던 4만 톤급 전함 도사土佐를 비롯하여 4척의 전함을 폐기 조치했다. 육군대신 야마나시 한조山梨半造는 1922년부터 1923년까지 2년 동안 대대적인 군축을 단행하여 6만 명을 줄였다. 1925년에는 우가키 가즈시게宇垣一成가 '우가키 군축'을 단행하여 4개 사단 3만 5,000명을 감축했다. 청일전쟁 때부터 끝없이 확장되던 일본 육군은 3년 사이 10만 명 가까운 인원이 줄었다. 중국 침략 또한 잠시 중단되었다. 일본 정부는 한동안 불간섭주의를 고수했다. 군벌 할거의 혼란에 빠져 있던 중국에게는 행운이었다. 일본의 침략이 10년만 일찍 시작되었어도 중국은 속수무책이었으리라.

워싱턴체제의 한계
워싱턴회의에서 일본은 많은 것을 포기했지만 승자는 여전히 그들이었다. 일본은 영국·미국과 동등하게 세계질서를 주도하는 열강으로서의 지위를 인정받았다. 국제연맹에서는 5대 상임이사국의 하나가 되었다. 중국은 물론이고 아시아와 태평양 문제를 논하는 데서 일본을 빼놓는다는 것은 감히 생각할 수 없었다. 주력함 비율을 미국과 영국을 1로 봤을 때 일본은 0.6, 프랑스와 이탈리아는 0.175를 워싱턴 군축회의에서 할당받았다. 일본의 할당량은 영국·미국의 60퍼센트에 불과했지만 불리하다고 할 수는 없었다. 전 세계 곳곳에 식민지를 두고 있는 두 나라는 해군을 광범위한 지역에 분산해야 하는 전략적인 약점 때문에 유사시 모든 해군력을 한군데로 집중하기가 매우 어려웠다. 태평양만 놓고 본다면 오히려 일본이 우세했다.

경제력이 열세하고 극동과 태평양에만 이권이 있는 일본은 굳이 미국·영국과 대등한 해군력을 유지할 필요가 없었다. 또한 일본 해군의 기본 교리는 근해에서 적의 함대를 요격하여 결전한다는 '점감요격漸減邀擊'이었기에 자국 영해에서 우세를 확보하는 것이 가장 중요했다. '지리의 중요성'과 '병력의 집중'을 강조한 미국의 해군 전략가 앨프리드 머핸 제독의 전략을 충실히 따른 것이었다. 일본은 머핸의 가르침을 경전으로 삼은 반면, 독일 해군은 무모하게도 해양국가인 영국과 건함 경쟁을 벌이고 함대를 여기저기 분산했다. 카이저의 자존심을 세우는 데 급급했기 때문이다. 이 때문에 군비와 자원을 불필요하게 낭비했고 1차대전에서 패망했다. 일본은 최소한 독일보다는 현명했던 셈이다.

미국과 영국은 신중한 고민 없이 태평양에서 일본의 우위를 성급하게 인정하여 자신들의 이점을 포기했다. 또한 홍콩, 괌, 필리핀 등 태평양의 주요 거점을 요새화할 수 없게 되면서 전략적으로 매우 불리한 처지에 놓였다. 미국 태평양함대는 일본 해군보다 점점 열세에 몰렸다. 1941년 초 태평양보다 대서양에 중점을 두기로 한 전쟁 계획 '레인보우-5^War Plan RAINBOW 5'에 따라 태평양함대 전력의 4분의 1을 대서양으로 옮기면서 상황은 더욱 불리해졌다. 영국과 미국은 유사시 서로 힘을 모으면 충분히 일본을 견제할 수 있다고 생각했지만, 그들끼리도 상호 이견과 모순이 있었기 때문에 힘을 모으기란 쉬운 일이 아니었다. 이 대가는 20여 년 뒤 진주만에서 톡톡히 치르게 된다.

그러나 일본 군부와 우익 강경파는 만족은커녕 구미 열강이 일본의 권익을 부당하게 침해했다면서 불만을 품었다. 워싱턴체제가 일본을 모욕했다는 것이다. 그리고 와신상담하여 몇 년 뒤 만주사변을 시작으로 중국 침략에 나서게 된다. 만주사변은 워싱턴체제의 가장 중요한 원칙인 '아시아-태평양에서의 현상 유지'에 정면으로 도전한 사건이었다. 그러나 대공황의 충격 속에서 세계를 주도하는 국가로서의 역할을 할지 아니면 전통적인 고립주의 노선을 고수할지를 놓고 원칙 없이 오락가락하던 미국은 손을 놓은 채 일본의 팽창을 방관했다. 2차 대전이 일어나자 일본은 독일의 승리에 편승하여 이득을 챙기겠다는 기회주의에 눈이 먼 나머지 태평양전쟁을 일으킨다. 워싱턴체제는 잠깐의 평화를 보장했을 뿐 열강의 근본적인 모순을 해결하지 못했다.

훗날 일본이 패망한 뒤 열린 도쿄전범재판에서 도조 히데키東條英機는 "대미 개전은 미국의 부당한 압력 때문이며 자존자위를 위하여 불가피했던 전쟁"이라고 주장했다. 그가 제시한 근거는 '헐 노트^Hull note'였다. 헐 노트란 진주만 기습 직전 미 국무장관 코델 헐^Cordell Hull이 주미 일본대사 노무라 기치사부로野村吉三郎에게 전달한 최후통첩을 말한다. 그러나 헐 노트는 워싱턴회의 때 미국과 일본이 함께 조인했던 '9개국 조약'의 원칙을 재확인한 것에 지나지 않았다. 일본이 먼저 9개국 조약을 위반했다는 점에서 도조 히데키의 주장은 억지였다.

워싱턴회의에는 우리나라 독립운동가들도 참여했다. 상하이 임시 정부에서 한국 대표단을 구성하여 파견한 것이다. '외교 독립론'을 제창하던 이승만은 윌슨 대통령이 제창한 민족자결의 원칙을 굳게 믿고 워싱턴회의에 참석하여 우리의 독립 의지를 보여주자고 주장했다. 그러나 신중파는 베르사유회의에서 민족자결의 원칙이 얼마나 허울에 불과한지 충분히 증명됐으므로 쓸데없는 기대를 버려야 한다고 반대했다. 임정 내부에서도 의견이 엇갈리는 가운데 임정 지도부는 천재 일우의 기회까지는 아니라도 일말의 기대를 걸었다. 그리고 이승만을 단장으로, 서재필을 부단장으로 대표단을 구성했다. 또한 미국 민주당의 전 상원의원이었던 찰스 스폴딩 토머스Charles Spalding Thomas가 한국 대표단의 특별고문을 맡았다. 당시 미 정계에서 보기 드문 친한파였던 토머스는 한국의 독립을 적극 지지하는 한편, 미국 대표단에게 한국 문제를 정식 안건으로 제출할 수 있도록 주선해달라고 요청했다.

그러나 결과는 참담했다. 1차대전 이후 일본의 국제적인 지위는 너무나 공고해져서 도저히 우리가 도전할 수 없는 아성이었다. 한국 대표단은 워싱턴회의 사무국에 전국 13개 도 지역 대표 373명이 서명한 독립 청원서를 제출했지만 일본 대표단은 위조라고 주장했다. 또한 일본을 제외한 나머지 8개국 대표단을 상대로 우리의 독립 의지를 알리기 위해 온갖 노력을 기울였지만 외면당했다. 열강들도 일본 편이었다. 이승만은 회의장에 들어가지도 못한 채 주변을 배회해야 했다. 워싱턴회의에서 우리는 냉엄한 현실만 재확인한 꼴이 되었다.

게다가 1920년 4월의 연해주 참변, 1921년 6월의 자유시 참변 등 열강의 복잡한 이해관계와 일본군의 토벌, 독립운동 단체들의 분열 속에서 독립투쟁 역량마저 갈수록 약해지는 실정이었다. 이런 상황에서 워싱턴회의가 성과 없이 끝나자 실낱같은 희망은 사라졌다. 임시

정부 국무총리 대리 신규식을 비롯한 각료들은 총사직을 선언했다. 극심한 재정난과 내부 분열로 상하이 임시정부는 대일 투쟁은 고사하고 존폐의 위기에 맞닥뜨렸다. 우리의 독립운동은 1920년대 내내 침체에서 벗어날 수 없었다. 독립운동에 뛰어든 많은 인사들이 실망한 나머지 "더 이상 독립의 가능성은 없다"며 자포자기하고 친일로 전향하기도 했다. 태반은 사회주의자가 되어 공산혁명에 뛰어들었다. 구미 열강이 일본의 눈치를 보느라 한국의 독립을 외면하는 이상 그나마 기댈 곳은 소련밖에 없었기 때문이다.

워싱턴회의 이후 민족주의 계열의 독립운동 세력은 김구·김원봉 등 몇몇 지도자의 열의로 간신히 명맥만을 유지했다. 그러나 1932년 4월 29일 윤봉길 의사의 상하이 훙커우공원 폭탄투척사건은 중국의 지도자 장제스로 하여금 우리의 의지를 다시 돌아보게 했다. 이때부터 독립투쟁의 불길이 다시 일어나게 된다.

21

동북왕 장쭤린

＼ 말 위에서 천하를 꿈꾸다

사마천의 『사기』에 이런 내용이 있다. 나라를 통치하는 방법을 놓고 한고조 유방에게 어떤 신하가 말하기를 "말 위에서 천하를 얻을 수는 있어도^{可以馬上得天下}, 말 위에서 나라를 다스릴 수는 없습니다^{不可以馬上治天下}"라고 했다. 유방부터 마오쩌둥에 이르기까지 중국의 역대 개국 군주들은 하나같이 '말 위에서' 천하를 얻은 사람들이었다. 또한 천하를 얻은 다음에는 말에서 어떻게 내려올지 고민했다.

광활한 동3성을 호령하여 '동북왕'이라고 불리던 장쭤린은 말 위에서 천하를 '얻을 뻔'한 사나이였다. 그는 당대 수많은 군웅 중에서도 실로 난세의 효웅이라 할 만했다. 가난한 농가에서 태어나 젊은 시절에는 도적이었으며 난세의 시운을 타고 승승장구하여 동북3성의 주인이 되었다. 나중에는 베이징 정부의 실권자가 되어 중화민국 대원수라는 만인지상의 자리에까지 오른다. 또한 뛰어난 지도력과 막강한 군사력으로 수많은 경쟁자들을 물리치고 중원의 대부분을 장악했다. 그는 중국 통일을 눈앞에 두고 있었다. 그러나 때마침 남쪽에서 장제스라는 더 걸출한 인물이 소련의 후원을 등에 업고 북벌에 나섰다. 장쭤린은 자신보다 12살 어린 장제스에게 무릎을 꿇고 말았다.

만약 장제스가 세상에 없었거나 장쭤린이 장제스를 꺾었다면 그 뒤의 역사는 어떻게 흘러갔을까. 누구도 쉽게 말할 수 없으리라. 장쭤린 정권은 위안스카이조차 이루지 못한 2대 세습에 유일하게 성공했을 만큼 탄탄했다. 아들 장쉐량은 중국 현대사를 발칵 뒤집어놓은 인물이므로 중국에서는 장쭤린-장쉐량 부자를 다룬 평전이나 드라마도 많다. 우리나라에도 잘 알려진 베스트셀러 『철도원』과 『칼에 지다』의 작가 아사다 지로淺田次郎는 장쭤린의 매력에 흠뻑 빠져서 그를 주인공으로 하는 『중원의 무지개』라는 대하소설을 쓰기도 했다.

장쭤린은 지금의 랴오닝성인 펑톈성 남서쪽 하이청海城의 가난한 농가에서 태어났다. 하이청은 고구려 말기 양만춘이 당태종의 10만 대군을 격파했다는 안시성의 옛터인 잉청즈英城子가 있는 곳이기도 하다. 장쭤린의 조부는 근면했지만 부친은 매우 무능하고 도박에 빠져 살았다. 그 탓에 가세가 기울면서 장쭤린은 어린 시절 하루 세끼 먹기도 힘들 정도였다. 그는 먹고살기 위해 온갖 허드렛일을 닥치는 대로 해야 했고, 글을 배울 기회조차 없었다. 19세가 됐을 때 청일전쟁이 일어났다. 청군은 조선에서 대패했고, 일본군이 압록강을 건너 랴오둥을 침공했다. 상황이 급박해지자 리훙장은 태평천국의 난을 진압한 역전의 노장 쑹칭에게 랴오둥의 방위를 맡겼다. 쑹칭은 의군을 조직하는 한편 각지에서 의용군을 모집했다. 장쭤린도 졸병으로 입대했다. 그는 공을 세워 초관(소대장)으로 승진했지만 전쟁이 끝나자 군대는 해산되었다. 고향으로 돌아온 뒤 외가가 있는 자오자먀오趙家廟에서 지주의 딸과 결혼했다. 이들 사이에서 태어난 첫째 아들이 뒷날 시안 사건을 일으켜 전 세계를 놀라게 하는 장쉐량이다.

한동안 고향에서 무위도식하던 장쭤린은 마을 자경단의 우두머리가 되었다. 그러나 말이 자경단이지 조폭 집단이었다. 청 황실이 기울면서 더 이상 관아를 믿을 수 없게 된 향촌 주민들은 자경단을 조직하거나 주변의 힘 있는 세력에게 돈을 바치고 보호받았다. 장쭤린은 주변의 불량배들을 모아 자경단 행세를 하면서 다른 마을을 습격하는 등 비적질도 서슴지 않았다. 한 일화에 따르면 어느 날 자신과 경쟁하던 비적 떼의 습격을 받아 만삭의 아내를 데리고 도망쳤는데, 그때 수레 위에서 낳은 아기가 장쉐량이라고도 한다. 또한 아편을 팔아 큰돈을 벌었으며, 수단과 방법을 가리지 않고 주변 세력을 흡수해 빠르게 세력을 불려갔다. 장쭤린의 세력이 커지자 나중에는 관청에서 벼슬을 주고 도움을 청할 정도였다. 장쭤샹張作相·탕위린湯玉麟·장징후이 등이 이때 장쭤린과 함께 비적 노릇을 하며 호형호제하던 자들이 뒷날 거대한 동북 군벌을 형성하게 된다.

동3성 총독은 훗날 중화민국 대총통이 되는 쉬스창이었다. 1907년 장쭤린의 명성을 들은 쉬스창은 그를 불러 펑톈성 순방영의 통령으로 임명했다. 장쭤린의 나이 32세 때였다. 거느린 병력은 3,000명이 넘었다. 비적 떼로 구성된 오합지졸에 무기와 장비는 형편없었지만 펑톈성에서는 강력한 무장 집단 중 하나였다. 비적의 우두머리에서 하루아침에 펑톈성의 치안 담당자로 출세한 장쭤린은 만몽 국경지대에서 준동하는 몽골 토비들을 충심을 다해 소탕했다. 쉬스창은 그의 활약상을 매우 만족스러워했다. 장쭤린은 위안스카이의 측근이었던 쉬스창과 그의 후임자 자오얼쉰의 환심을 산 덕분에 중국의 최고 실권자 위안스카이와도 연줄이 닿았다. 예전의 동네 건달이 조정에서도 주목

●── 청말 순방영 시절의 장쭤린(앞줄 두 번째).

하는 실력자가 되었다.

　장쭤린은 제 이름 석 자도 제대로 쓰지 못할 만큼 배운 것이 없었
지만 눈치가 빠르고 총명했다. 일단 기회가 오면 놓치는 법이 없었다.
위안스카이에게 주목받은 것을 이용하여 온갖 뇌물을 바치고 아첨을
부리며 충성을 맹세한 덕분에 출세가도를 달렸다. 신해혁명 때 중국
전역에서 혁명에 호응하는 반란이 일어났지만 동3성만은 예외였다.
장쭤린의 교묘한 수완과 발 빠른 대응으로 혁명파 세력을 신속하게
제압했기 때문이다. 중앙의 형세를 알 수 없었던 그는 황실을 위해 끝
까지 진충보국하겠다고 맹세했다. 그러나 위안스카이가 푸이를 끌어
내리자 당장 "공화제를 지지한다"고 말을 바꾸었다. 마적 출신인 그
에게 유가에서 말하는 충정이나 지조 따위는 없었다.

　장쭤린의 뛰어난 수완을 눈여겨본 위안스카이는 그의 오합지졸 군
대를 육군 제27사단으로 개편하고 무기와 자금을 내주었다. 오합지

졸 비적 떼에서 하루아침에 신생 중화민국의 정규군이 되었다. 한편으로, 사람 보는 눈이 탁월했던 위안스카이는 장쭤린이 쉽게 길들여질 인물이 아니라는 사실 또한 꿰뚫어보았다. 장쭤린은 이전부터 평톈 도독 자리를 탐내고 있었다. 그런데 자오얼쉰이 승진하여 중앙으로 올라가자 그 자리는 예전에 동3성 변무대신東三省邊務大臣을 지낸 장시롼에게 돌아갔다. 장쭤린은 참고 기다렸다. 1915년 8월 장시롼이 후베이 장군湖北將軍이 되어 후베이성으로 갔다. 이번에는 돤즈구이가 평톈 장군 겸 순안사가 되어 왔다. 두 사람 모두 위안스카이의 충견이었다. 장쭤린을 경계했기 때문이다.

장쭤린은 내심 불쾌했지만 속마음을 드러내지 않고 위안스카이에게 더욱 충성을 바쳤다. 위안스카이가 천자가 되려고 하자 제일 먼저 앞장서 군주제 부활에 찬성했다. 그리고 동3성과 전국의 여러 장군들과 연명으로 "하루라도 빨리 옥좌에 오르십시오"라고 부추겼다. 앞에서는 위안스카이의 환심을 사면서, 뒤로는 장시롼과 돤즈구이가 중앙에서 내려온 낙하산들이라 현지 사정을 잘 모른다는 점을 이용하여 교묘하게 허수아비로 만들어 자신이 실세 노릇을 했다. 체면은 챙겨주되 실속을 차리는 것이 그의 방식이었다. 윈난 독군 차이어를 시작으로 중국 전역에서 위안스카이 토벌의 기치가 오를 때도 장쭤린은 우직하리만큼 충성을 다했다. 산전수전 다 겪은 위안스카이도 그의 술책에 넘어갔다. 위안스카이는 화병으로 죽기 직전인 1916년 4월 22일 장쭤린을 평톈 독군 겸 성경 장군盛京將軍(성경은 평톈의 옛 이름이다)으로 승진시키고 자작子爵의 작위까지 하사했다.

이 정도로도 예전 같으면 꿈꾸지 못할 지위를 손에 넣은 셈이었다. 그러나 장쭤린은 여기서 만족할 위인이 아니었다. 그는 피 한 방울 흘리지 않고 책략으로 지린성과 헤이룽장성까지 차례로 장악했으며, 겨우 2년 만에 광대한 동3성의 절대 권력자가 되었다. 장쭤린은 위안스카이의 직계가 아니고 출신도 미천했지만 전국의 군벌들 중에서 가장 강력한 실력자에 속했다. 누구의 도움도 받지 않고 오직 자신의 힘으로 해냈다. 위안스카이가 죽자 쉬스창이 대총통 자리에 올랐다. 쉬스창과 장쭤린은 오랜 인연이 있었다. 쉬스창은 옛정을 잊지 않고 1918년 9월 7일 장쭤린을 동3성 순열사에 임명했다. 이로써 그는 동3성의 군정대권을 완전히 장악했다.

장쭤린의 야심은 한층 더 커져서 중앙을 넘보았다. 또한 북양 정부에 건의하여 심복인 쑨례천孫烈臣과 장인 바오구이칭鮑貴卿을 각각 헤이룽장 독군과 지린 독군으로 임명했다. 안즈전쟁에서는 즈리파 편을 든 덕분에 베이징 정부를 양분하는 큰 세력이 되었다. 이제는 기회를 보아 중원에 자신의 깃발을 꽂겠다는 야심까지 품었다. 장쭤린의 기세는 하늘에 떠오르는 태양처럼 욱일승천했다. 동북에서 그의 권좌는 누구도 감히 넘볼 수 없었다. '양광왕' 루룽팅도 장쭤린처럼 마적 출신이지만, 한 번 패배하자 모래성처럼 무너져 상하이로 야반도주했던 모습과는 대조적이다.

내란과 하극상이 빈번하던 군벌 시대에 장쭤린 정권이 보기 드물게 탄탄할 수 있었던 비결은 무엇일까. 가장 큰 이유는 지역 향신, 지식인 계층과 손을 잡았고, 동북의 발전과 민심 안정을 소홀히 하지 않았기 때문이다. 그는 말 위에서 천하를 얻을 수는 있어도 말 위에서 천하를 다스릴 수 없다는 사실을 누구보다 잘 알았다.

장쭤린의 첫 번째 공헌은 낙후한 동북을 근대화한 것이다. 펑톈성과 지린성, 헤이룽장성을 묶어서 동북3성이라고 한다. 고대에는 한민족의 영역이었지만 발해가 멸망한 뒤 유목민의 땅이 되었다. 중원의 지배자가 된 청조는 선조들의 고향이라는 이유로 200여 년 동안 만주족을 제외한 타민족의 거주와 출입을 엄격히 금지했다. 물론 봉금령에도 불구하고 가뭄과 재해 등으로 유랑민이 꾸준히 흘러들었다. 19세기 말까지 동북은 중국에서도 가장 미개발된 지역에 속했다. 땅이 넓고 비옥하며 자원은 풍부했지만 기온이 낮고 인구가 매우 적어서 대부분은 황무지였다. 바꿔 말하면 가능성이 무궁무진한 중국판 '아메리칸 드림'의 땅이었다.

1858년 톈진조약이 체결되면서 랴오허遼河 하구의 작은 어촌 마을 잉커우營口가 동북에서는 처음으로 외국에 개항되었다. 또한 청조는 1870년 러시아의 남하에 대응하기 위하여 봉금령을 해제하고 이민을 장려했다. 그러나 1900년에도 동북의 총인구는 500~600만 명에 불과했다. 가장 큰 도시인 펑톈(지금의 선양)이 1904년을 기준으로 인구 20만 명 정도였고, 창춘이 10만 명, 지린은 15만 명, 치치하얼이 3만 5,000명으로 중소 도시에 지나지 않았다. 베이징과 상하이, 톈진, 광저우, 우한, 홍콩 등 외국 개항지가 있는 도시들은 벌써 인구가 100만 명에 육박했다. 아편전쟁 이래 중국의 근대화가 주로 동남 연해의 도시들에 집중되었기 때문이다.

청일전쟁에서 청조가 패한 뒤 동북은 본격적으로 열강의 각축장이 되었다. 일본은 랴오둥반도를 할양받으려고 했지만 삼국간섭으로 실패했다. 러시아의 차르 니콜라이 2세도 동북에 야욕을 품고 있었기 때문이다. 시베리아 횡단철도를 건설 중이던 그는 동북을 통해 블라디보스토크까지의 철도 노선을 대폭 단축할 생각이었다.

1903년 7월, 만주를 관통하여 시베리아 횡단철도와 연결되는 둥칭철도東淸鐵道가 개통되었다. 둥칭철도는 중둥철도中東鐵道라고도 한다. 북만주 최북단에 있는 만저우리滿洲里부터 하얼빈과 무단장牡丹江(목단강)을 거쳐서 동남쪽의 쑤이펀허綏芬河를 통해 시베리아 횡단철도와

연도	인구	연도	인구
1685	26,227	1898	5,413,000
1724	42,200	1907	14,457,087
1741	359,626	1912	18,774,000
1749	406,511	1915	20,112,000
1757	428,056	1917	21,067,000
1761	668,876	1919	22,082,000
1767	713,485	1921	23,156,000
1780	916,920	1923	24,294,000
1840	1,665,542	1924	25,706,307
1864	3,189,000	1927	26,784,000
1884	4,737,000	1930	29,951,000

●— 연도별 동북의 인구 변화 현황.

연결되며, 남쪽으로는 남만주를 관통하여 랴오둥반도의 뤼순과 다롄 항으로 연결되었다. 철도 길이는 지선을 포함하여 총연장 2,489킬로 미터에 달했다. 철도 보호를 명목으로 동북의 주요 도시에는 러시아 군이 주둔했다.

그러나 둥칭철도는 일본을 자극하여 러일전쟁으로 이어졌다. 승자 는 일본이었다. 포츠머스조약^{Treaty of Portsmouth}을 체결한 일본은 러시 아와 세력권을 나누어 남만주를 차지했으며, 북만주는 러시아가 차지 했다. 또한 러시아가 차지하고 있던 뤼순·다롄항의 조차권을 빼앗아 관동주를 만들고, 둥칭철도 구간 중에서 창춘부터 뤼순까지의 735킬 로미터의 철도를 양도받았다. 이것이 남만주철도이다.

러일전쟁 때 동북은 싸움터가 되면서 큰 피해를 입었다. 그러나 전 쟁이 끝난 뒤에는 중국에서 가장 빠르게 발전하는 곳이 되었다. 황무 지에 불과했던 지역에 철도가 놓이고 사람과 물자가 모여드는 모습은 마치 미국의 골드러시를 연상시켰다. 청조가 망한 뒤에도 다른 지역의 혼란상과 달리 장쭤린의 통치 아래 안정을 누렸다. 철도가 국가의 동맥이라는 사실에 주목한 그는 동3성 교통위원회를 설립하여 동북의 철도 건설에 앞장섰다. 장쭤린이 정권을 잡은 1917년부터 1927년까지 산하이관 이남에 건설된 철도는 523킬로미터에 불과한 반면 동북은 957킬로미터로 거의 두 배나 되었으며, 총연장에서는 전국 철도의 약 40퍼센트를 차지했다. 동북은 펑톈·하얼빈·창춘 등 철도가 통과하는 주요 도시를 중심으로 빠르게 근대화되면서 번영을 누렸다.

농지도 대대적으로 개간되면서 1914년 1억 3,000만 무畝(1무는 200평)에서 15년 뒤인 1929년에는 2억 무로 늘어났다. 인구는 1915년 2,000만 명에서 만주사변 직전에는 3,000만 명에 달했다. 변방의 주인에 불과했던 장쭤린이 가장 강대한 실력자가 되어 천하통일에 나선 것이나 동북역치 이후에도 장쉐량이 장제스에게 쉽게 굴복하지 않을 수 있었던 이유는 동북의 경제적인 뒷받침 덕분이었다. 옌시산의 산시성 또한 '모범성'이라고 불렸지만 발전 속도나 규모 면에서는 감히 견줄 수 없었다. 동북의 성공은 일본의 자본 덕분이기도 하지만 동북을 발전시키겠다는 장쭤린의 강한 의지가 있었기에 가능했다.

두 번째는 교육 부문에 대한 공헌으로, 장쭤린의 여러 업적 중에서 오늘날까지도 높이 평가받고 있다. 근대화란 그저 해외에서 돈을 빌리고 기계를 들여와 근대적인 공장을 짓는다고 해서 이뤄지지는 않는다. 근대적인 지식과 소양을 갖춘 새로운 인재를 육성할 때 비로소 가능하다. 리훙장이 야심 차게 추진한 양무운동이 실패로 끝난 이유도 이런 점을 간과했기 때문이다.

신해혁명 직전만 해도 동북의 교육 환경은 다른 지역보다 훨씬 열악했다. 펑톈 도독 자오얼쉰은 청조의 관료 중에서는 비교적 진보적인 축에 속하는 인물이었지만, 재정난과 군비 지출을 이유로 1912년 초 학교 교육을 중지하고 군사비로 전용할 것을 펑톈성 자의국에 요청하기도 했다. 시설 확충은커녕 교사들의 급료조차 제대로 주지 못하는 형편이었다. 그러나 장쭤린은 인재의 중요성을 강조하면서 교육을 중지해서는 안 된다며 반대했다. 자신도 사재를 털어 학교를 짓게했다. 그가 내놓은 돈은 은 3,000냥에 달했다.

장쭤린은 평소 주변 사람들에게 "나는 말 위에서 지금의 지위를 얻었지만 말 위에서 동북을 통치할 수는 없다"며 인재 양성을 강조했다. 장쭤린 정권에서 동북의 교육은 비약적으로 발전했다. 1916년 펑톈성에는 5,500여 개의 학교와 22만 명의 학생이 있었다. 5년 뒤인 1921년에는 7,700여 개 학교에 학생 34만 명으로 늘어났다. 1928년에는 학교 1만여 개, 학생 64만 명에 달하면서 중국을 통틀어 인구 대비 학생 수가 가장 많은 지역이 되었다.

1922년 10월 24일에는 동북 최초의 대학인 둥베이대학東北大學이 설립되었다. 본토에는 대학이 35곳에 학생은 1만 3,000명이나 됐지만 동북에는 대학이 단 한 군데도 없었다. 고등교육기관이라고는 펑톈에 전문학교 4곳과 지린성과 헤이룽장성에 각각 1곳이 있을 뿐이었다. 장쭤린은 펑톈 외곽 남쪽에 500무(약 10만 평)의 땅을 사들여 학교 부지로 삼았다. 둥베이대학에는 문과·이과·법과·공과 등 총 8개 학과가 있었고, 1기 입학생은 480명이었다. 둥베이대학은 꾸준히 확충되어 1928년에는 23개 학과에 학생 수는 1,868명이었다. 장쭤린은 심한 재정 압박에도 불구하고 교육에 아낌없이 투자했다.

다른 군벌들도 교육과 인재 양성에 노력했지만 장쭤린만큼 열정적인 사람은 없었다. 그는 막대한 개인 재산을 사치와 향락에 낭비하지 않고 교육사업에 투자했다. 상인들과 농민들을 쥐어짜서 흥청망청하던 여느 군벌들과는 대조적인 모습이었다. 장쭤린은 무식한 마적 출신이었고, 마적 시절의 부하들이 정권 일각을 차지했지만, 핵심 간부들은 해외 유학파나 고등교육을 받은 지역 엘리트들이었다. 유능한 인재를 중용하고 그들의 의견에 적극적으로 귀 기울이는 모습 또한 다른 군벌들과 달랐다. 교육열은 장쭤린의 뒤를 계승한 장쉐량도 마찬가지였다. 아버지에게 물려받은 재산을 아낌없이 털어서 곳곳에 학교를 짓고 민중 계몽에 나서는 등 동북 발전에 많은 공헌을 했다.

장쭤린의 탁월한 식견과 카리스마, 결단력은 한고조나 조조, 주원장이 20세기에 되살아난 듯했다. 그러나 한편으로는 새로운 시대를 열 만한 인물은 아니었다. 사고방식은 중국이라는 테두리 안에만 머물렀다. 단 한 번도 중국 밖으로 나가본 적이 없고 서구를 접할 일도 없었기 때문이다. 장쭤린의 개혁은 중국 사회가 안고 있는 근본적인 모순과 부조리함을 바꾸기에는 역부족이었다. 이런 이유 때문에 장쭤린은 일본에서 메이지유신을 일으킨 조슈長州의 개국파 지사나 중국의 개혁개방을 추진한 덩샤오핑이 될 수 없었다.

쑨원을 포함하여 많은 사람들이 장쭤린의 걸출한 재주와 됨됨이를 높이 평가했지만 가장 가까운 곳에서 지켜본 측근들은 그의 한계를 분명히 지적했다. 일본 육사 출신으로 장쭤린의 꾀주머니였던 양위팅楊宇霆은 "우유부단하고 정작 중요할 때 담이 작았다"고 했으며, 펑톈성장이자 둥베이대학의 초대 교장이었던 왕융장王永江은 "신의가 없고 작은 일은 하되 큰일을 이루지 못한다"고 말했다. 또한 부하들을 서로 이간질해서 파벌을 만들게 하고 재주 있는 사람을 좋아하면서도 확실히 믿고 쓰지 못했다. 훗날 장쉐량은 아버지를 가리켜 "유웅재有雄才, 무대략無大略(영웅의 재주는 있지만 국가 대계는 없다)"이라고 회고했다. 장쭤린은 말년에 베이징을 점령하고 천하를 호령하게 되자 교만해졌다. 이 때문에 그의 정권 또한 활력을 잃고 쇠락했다. 부하들은 상전의 총애를 얻을 요량으로 공을 다투기에 급급했다. 장쭤린이 경솔하게 일본의 힘을 빌렸다가 발목이 잡혀 관동군에 의해 비명횡사한 것도 따지고 보면 자초한 일이었다.

그러나 제아무리 영웅이라도 이런저런 결점은 있기 마련이고, 자기가 살고 있는 시대적 한계를 벗어날 수 없는 법이기도 하다. 그럼에도 중국을 통일한 사람이 장쭤린이었다면, 하고 상상해보는 것도 나름대로 재미있지 않을까 싶다.

＼량스이 내각의 와해

후베이성에서 승리한 우페이푸는 양호 순열사가 되어 한층 위세를 더했다. 그러나 그의 안중에는 자오헝티도, 남쪽에서 북벌을 준비하는 쑨원도 없었다. 진짜 적은 장쭤린이었다. 장쭤린은 허명에만 사로잡혀 있던 돤치루이라든가 어설픈 책략이나 휘두르는 쉬수정 따위와는 차원이 달랐다. 그에게는 동북이라는 토대와 막강한 군대가 있었으며 권모술수는 끝이 없었다. 특히 주변의 인망을 끄는 수완은 아무도 따르지 못할 정도였다. 대총통 쉬스창도 거만한 우페이푸보다는 자신과 인연이 깊은 장쭤린에게 마음이 기울었다.

장쭤린은 즈리파 내부에도 손길을 뻗쳤다. 차오쿤과는 사돈을 맺어 우페이푸와 그의 사이를 이간질했다. 우페이푸가 조금만 방심해도 돤치루이의 전철을 따를 판이었다. 그러나 장쭤린도 방심할 수 없기는 마찬가지였다. 무능한 차오쿤을 구워삶는 건 문제도 아니지만 우페이푸는 만만치 않은 적이었다. 1년 전에 한낱 사단장이라며 무시했던 우페이푸가 이제는 양호 순열사가 되어 차오쿤·장쭤린과도 어깨를 나란히 했다. 어영부영하다가는 언제 우페이푸에게 당할지 몰랐다.

어지간해서는 적을 만들지 않는 장쭤린도 우페이푸만큼은 섞일 수 없는 물과 기름이었다. 두 사람의 야심이 너무 큰 탓도 있지만 여러모로 대조적이었기 때문이다. 연배도 비슷했다. 우페이푸가 장쭤린보다 2살 위였다. 우페이푸의 집안은 부유한 상인 출신으로 향신 계층에 속했다. 우페이푸는 어려서부터 학문을 접하여 22세에 과거에 합격해 수재가 되었다. 북양무비학당과 바오딩육군속성학당(바오딩육군군관학교)을 졸업했으며, 도쿄 주재 청국 공사관의 무관으로 근무했다. 전형적인 엘리트 코스를 차근차근 밟은 셈이다. 또한 시와 풍류를 즐길 줄 아는, 그 시절 보기 드물게 문무를 겸비한 유장^{儒將}이었다.

우페이푸는 청렴하고 축재하지 않았으며 부하들에게도 매우 엄격하고 원칙을 강조했다. 반면, 장쭤린은 호탕하고 이재에 밝았으며 부하들에게 아낌없이 베풀었다. 또한 우페이푸는 자신의 역량을 과신하여 거만하고 의심이 많으며 독선적이었지만 장쭤린은 소탈하면서 인재를 중용했다. 좋게 말하면 협객 기질이 있었다. 김명호 교수가 쓴 『중국인 이야기』에는 재미있는 일화가 나온다. 어느 날 장쭤린이 외국의 최신 기계를 사오라며 동북병공창 독판인 한린춘^{韓麟春}을 상하이로 보냈다. 그런데 상하이에서 별천지를 본 한린춘이 그만 완전히 넋이 나가 도박장에서 기계 살 돈을 죄다 탕진한 뒤 장쭤린에게 편지를 보내 "여한이 없다"며 자살하겠다고 했다. 편지를 읽은 장쭤린은 포복절도하고는 이 기회에 실컷 쓰고 오라며 오히려 판돈을 더 얹어주었다. 한린춘은 이번에는 본전의 배를 따서 그 돈으로 기계를 샀다고 한다. 이 일화는 장쭤린 특유의 용인술을 보여준다.

우페이푸는 평생을 전장에서 보냈기에 대군을 지휘하고 군사작전을 짜는 역량은 장쭤린보다 한 수 위였다. 장쭤린의 군사적 역량은 보잘것없었다. 그러나 정치적 수완과 권모술수에서는 장쭤린이 한 수

위였다. 우페이푸는 외세를 증오하는 민족주의자였지만, 장쭤린은 이기기 위해서는 수단과 방법을 가리지 않았고, 일본과 결탁하여 매국노가 되는 것조차 서슴지 않았다. 두 사람의 전혀 다른 모습은 평생의 호적수라 할 만했다.

즈리파와 펑톈파의 불화가 불거진 이유는 새로운 내각의 구성 때문이었다. 국무총리 진원펑이 재정난을 해결하지 못하자 그에 대한 불만이 나날이 커졌다. 1921년 12월 14일, 장쭤린은 베이징으로 와서 쉬스창에게 내각 개편을 건의했다. 쉬스창 역시 진원펑을 좋아하지 않았으므로 이의가 없었다. 진원펑은 자리를 보존해볼 요량으로 장쭤린에게 하소연했지만 소용없었다. 그는 나흘 뒤 내각 총사퇴를 선언했다. 장쭤린은 후임으로 교통은행* 이사장이었던 량스이梁士詒를 추천했다.

량스이는 청나라 푸이 시절 우전부郵傳部** 부대신(차관)을 지낸 관료 출신으로 위안스카이의 오랜 심복이기도 했다. 그는 철도와 재정 분야에서 잔뼈가 굵었다. 위안스카이가 대총통이 되자 량스이는 그의 비서장이 되었다. 1912년 5월에는 교통은행 사장에 취임하여 중앙은행으로 승격시키는 등 북양 정권의 재정을 사실상 좌지우지하는 큰손이었다. 위안스카이가 칭제를 선언하자 구미 열강을 상대로 분주히 돌아다니며 지지를 요청했다. 하지만 제제운동에 실패한 위안스카이가 죽은 뒤 대총통이 된 리위안훙은 량스이를 '복벽의 괴수'로 지목했

---

* 1908년 3월 4일 베이징에 설립된 중국 최초의 은행으로, 중화민국 초기 중국의 4대 은행 중 하나. 초대 사장은 리홍장의 조카 리징추李經楚였다. 중국 최초로 해외 지점을 만든 은행이기도 하다. 북양 정권 시절 중국의 중앙은행으로 세수 관리 등 국고 역할을 했지만, 장제스의 북벌 이후 일반 상업은행으로 전환했다.
** 청말 정부 부처 중 하나로 우편·전신·해운·철도 등을 총괄했다.

다. 그는 홍콩으로 달아나야 했다. 돤치루이가 정권을 잡자 1918년 2월 량스이도 사면되었다. 그는 정계에 복귀하여 돤치루이의 비호 아래 공채국 총재와 참의원 의장 등을 역임했다.

장쭤린은 차오쿤을 베이징으로 초청해서 량스이라면 재정난을 해결할 수 있을 것이라며 협조를 요청했다. 무슨 일이건 혼자 결정할 능력이 없는 차오쿤은 뤄양의 우페이푸에게 서신을 보내 의견을 구했다. 우페이푸의 대답은 이러했다. "그럼 잠시 맡겨보도록 하죠." 1921년 12월 24일, 량스이는 국무총리에 임명되었다. 내각에는 펑톈파와 즈리파가 추천한 사람들이 골고루 포진했다. 겉보기에는 두 세력이 공평하게 합작한 연합정권이었다.

량스이가 제일 먼저 한 일은 전국에 수배되어 있던 돤즈구이·취퉁펑 등 6명의 안후이파 전범들에게 특별사면령을 내린 것이다. 돤치루이와 몰래 결탁하고 있던 장쭤린이 뒤에서 사주한 결과였다. 그러나 안후이파의 엄정한 처벌을 요구해온 즈리파를 완전히 무시한 처사였기에 즈리파의 분노를 샀다. 또한 량스이는 즈리파에게 지급하기로 약속했던 300만 위안의 군비도 차일피일 미루며 주지 않았다.

1922년 1월 5일, 교통계*의 중진 인사인 차오루린과 루쭝위가 베이징 시정부의 요직에 임명되었다. 두 사람은 돤치루이 시절 친일 매국 밀약에 앞장섰다가 5·4운동이 일어났을 때 민중에게 매국노로 지탄받았다. 그러나 량스이는 이들을 이용해 일본에서 1,000만 위안을 빌렸다. 담보는 베이징시 공유재산이었다. 우페이푸는 량스이에게 전문을 보냈다. 량스이는 자신의 취임을 축하하는 전문이라고 생각했다.

---

* 량스이를 비롯한 교통은행계 출신의 관료 파벌을 가리키는 말로, 대표적인 친일 세력이기도 했다.

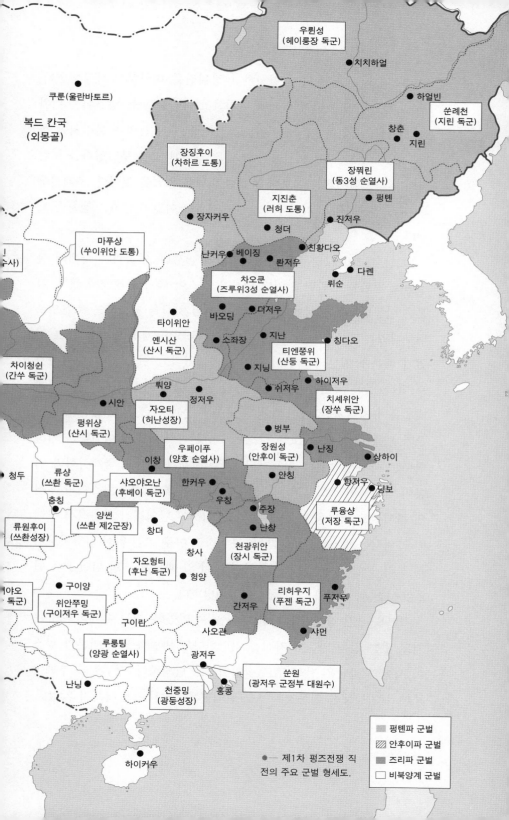

우륀성
(헤이룽장 독군)

● 치치하얼

쿠룬(울란바토르) ●

복드 칸국
(외몽골)

● 하얼빈

쑨례천
(지린 독군)

창춘
지린 ●

장징후이
(차하르 도통)

장쭤린
(동3성 순열사)

펑톈 ●

지진춘
(러허 도통)

마푸샹
(쑤이위안 도통)

장자커우 ●

● 진저우

청더 ●

순사)

난커우 ● 베이징
● ● 란저우

● 친황다오

● 다롄

뤼순

차오쿤
(즈루위3성 순열사)

바오딩 ● ● 더저우

타이위안 ●

옌시산
(산시 독군)

소좌장 ● 지난 ●

칭다오 ●

차이청쉰
(간쑤 독군)

뤄양 ●

정저우 ●

티엔쭝위
(산둥 독군)

지닝 ●

쉬저우 ● 하이저우 ●

● 시안

자오티
(허난성장)

치셰위안
(장쑤 독군)

평위샹
(샨시 독군)

이창 ●

우페이푸
(양호 순열사)

벙부 ●

장원성
(안후이 독군)

● 난징

● 상하이

청두 ●

류샹
(쓰촨 독군)

샤오야오난
(후베이 독군)

한커우 ●

안칭 ●

항저우 ● 닝보

충칭 ●

류원후이
(쓰촨성장)

양썬
(쓰촨 제2군장)

창더 ●

우창 ●

주장 ●

루융샹
(저장 독군)

구이양 ●

자오헝티
(후난 독군)

창사 ●

헝양 ●

난창 ●

천광위안
(장시 독군)

야오
독군)

위안쭈밍
(구이저우 독군)

구이란 ●

리허우지
(푸젠 독군)

푸저우 ●

루룽팅
(양광 순열사)

사오관 ●

간저우 ●

샤먼 ●

난닝 ●

광저우 ●

천중밍
(광둥성장)

홍콩 ●

쑨원
(광저우 군정부 대원수)

하이커우 ●

제1차 펑즈전쟁 직
전의 주요 군벌 형세도.

▨ 펑톈파 군벌
▨ 안후이파 군벌
▨ 즈리파 군벌
□ 비북양계 군벌

읽어보니 자신을 호되게 힐책하고 장쭤린을 비난하는 내용이었다. "눈앞의 이익에 눈멀어 외세에 아첨하고 국권을 파는 량스이는 이완용과 다를 바 없는 매국노이다! 중국 민중은 이 간적을 물리쳐야 한다!" 말할 것도 없이 이완용은 조선을 일본에 팔아 부귀영화를 누린 자이니 량스이에게는 이보다 통렬한 비난은 없었을 것이다. 우페이푸는 여러 언론사와 즈리파 독군들에게도 량스이를 비난하는 전문을 보냈다.

1921년 11월 12일부터 워싱턴회의가 열렸다. 영국과 미국에게 산둥반도 반환을 압박받고 있던 일본은 량스이 측과 몰래 접촉했다. 일본은 산둥반도를 중국에 반환하고 거액의 차관을 제공하는 조건으로 터무니없는 권익을 요구했다. 량스이는 극심한 재정 압박을 받고 있었기 때문에 일본의 차관이 절실한 처지였다. 그는 요구를 수락하기로 했다. 물론 국민들이 알아서는 안 되는 극비 사항이므로 철저하게 비밀을 유지했지만, 베이징 정부 곳곳에 눈과 귀를 두고 있는 우페이푸가 모를 리 없었다. 그는 량스이가 일본과 결탁하여 이권을 넘기려 한다는 사실을 언론에 폭로했다. 중국 전체가 들끓고 국제사회의 여론이 악화되면서 일본과 량스이에게 비난이 쏟아졌다. 량스이의 후견인 장쭤린도 비난을 피할 수 없었다. 입장이 난처해진 다카하시 고레키요 내각은 량스이와의 야합을 포기하고 아무 조건 없이 산둥반도에서 물러나기로 결정했다. 다카하시는 이 일 때문에 15년 뒤인 1936년 2·26사건 때 소장파 장교들에게 살해당한다.

체면을 구긴 장쭤린도 가만히 있을 수 없었다. 그는 우페이푸가 근거도 없는 말을 만들어 자신을 비방한다고 반발하면서, 일본과 량스이 사이의 밀담은 전혀 모르는 일이라고 발뺌했다. 장쭤린과 우페이푸는 살기등등한 전문전電文戰을 벌이면서 한 치도 물러서지 않았다.

그 와중에 신변마저 위협받은 량스이는 견디지 못하고 1922년 1월 25일 사직서를 던지고 톈진으로 도망쳤다. 취임 한 달 만에 량스이 내각은 붕괴했다. 쉬스창은 어쩔 수 없이 이번에는 즈리파와 가까운 외교 총장 옌후이칭을 국무총리 대리로 임명했다. 장쭤린의 완패였다. 자신이 추천한 량스이 내각이 무너지자 체면이 말이 아니었다. 장쭤린은 전장에서 자웅을 겨루기로 결심했다.

＼양군 출동하다

펑톈군과 즈리군의 전력은 어떻게 보더라도 북양의 적계 부대이자 수많은 전투로 단련된 즈리군이 우세했다. 펑톈군은 토비 출신이 태반이었고 변변한 실전 경험도 없었다. 무엇보다 우페이푸의 군사적 역량은 장쭤린에게도 만만치 않았다. 대신 장쭤린은 책략으로 즈리파를 고립시켰다. 안후이-펑톈 연합전선을 결성하고 남쪽의 쑨원과 손을 잡았으며, 즈리파 내부에 분열 공작을 펼쳤다. 자신의 적은 즈리파가 아니라 오로지 우페이푸 한 사람이라고 선전했다. 허난성장 자오티, 안후이 독군 장원성은 본래 즈리파에 속했지만 우페이푸에게 불만이 있었다. 장쭤린은 이들을 교묘하게 회유하여 펑톈파로 끌어들였다. 사방에서 동시에 들고일어난다면 제아무리 우페이푸라도 당해낼 재간이 있을 리 없었다.

장쭤린은 차오쿤과 우페이푸 두 사람에 대해서도 이간질을 놓았다. 차오쿤의 동생인 즈리성장 차오루이가 이전부터 우페이푸와 앙숙이라는 사실을 장쭤린도 잘 알고 있었다. 1922년 3월 8일, 장쭤린의 47세 생일에 차오루이가 차오쿤을 대신하여 축하차 펑톈에 왔다. 장쭤린은 차오루이를 극진히 대접하면서도 정치 문제는 한마디도 입에 담지 않았다.

장쭤린의 속내를 알 수 없어 답답했던 차오루이는 그의 심복인 쑨례천에게 넌지시 장쭤린의 의중을 물어보았다. 쑨례천은 웃으며 대답했다. "우리 장군께서는 가르침을 받고자 합니다. 가까운 쪽이 부하인지, 친척인지 말입니다." 부하는 우페이푸, 친척은 사돈 간인 장쭤린을 가리킨다. 우페이푸와 장쭤린 두 사람 중에서 어느 편에 서겠느냐는 의미였다. 차오루이는 하늘에 맹세코 장쭤린에게 해가 되는 일은 하지 않겠다고 대답했다. 그제야 장쭤린은 차오루이에게 즈리파와 펑톈파가 화해하기 위한 세 가지 조건을 내걸었다. 첫째로 우페이푸는 중앙에서 손을 뗄 것, 둘째로 징한철도 남쪽에 배치된 즈리군을 북쪽으로 철수할 것, 셋째로 량스이를 국무총리로 복직시킬 것이었다.

장쭤린도 우페이푸가 쉽사리 수락하리라 생각하지 않았다. 그의 속셈은 전쟁의 책임을 우페이푸에게 돌리고 즈리파를 서로 싸우게 만들기 위함이었다. 장쭤린의 책동에 넘어간 차오루이는 베이징으로 돌아와 차오쿤에게 장쭤린과 손을 잡아야 한다고 주장했다. 하지만 결단력이 없는 차오쿤은 우페이푸를 버릴 생각도, 그렇다고 장쭤린과 일전을 벌일 생각도 없었다. 그는 대답을 회피하면서 장쭤린을 달래려고 애썼다. 그러나 상황은 그의 바람과는 다른 쪽으로 흘러갔다.

1922년 3월 31일, 선봉부대인 제27사단이 산하이관을 넘어 베이징으로 진군했다. 뒤이어 장징후이의 제1사단과 제16사단 등의 주력부대가 열차를 타고 차례로 남하했다. 펑톈군의 병력은 4개 사단(제1사단, 제16사단, 제27사단, 제28사단), 8개 혼성여단, 2개 기병여단 등 모두 12만 8,000명이었다. 그중에는 일본 유학을 포기하고 급히 귀국한 장쉐량도 있었다. 그에게는 첫 실전이었지만 장쭤린은 펑톈군 최강 부대인 제3혼성여단의 지휘를 맡겼다. 장쭤린은 이 싸움을 펑톈군과 즈리군의 싸움이 아닌, 장쭤린과 우페이푸 두 사람의 개인적인 싸움으로 만들려는 속셈이 있었다. 그러나 우페이푸 또한 그런 뻔한 술책에 놀아날 만큼 호락호락한 사람은 아니었다.

4월 3일은 우페이푸의 49세 생일이었다. 그는 즈리파의 주요 지휘관 500여 명을 자신의 근거지인 뤄양으로 초청해 사령부에서 성대한 생일 축하연을 열었다. 그 자리에서 우페이푸는 장쭤린의 죄상을 늘어놓으며 토벌을 선언했다. 참석자들은 입을 모아 외쳤다. "우페이푸를 지도자로 추대하자!" "장쭤린을 무찌르자!" 그 자리에는 차오루이도 있었다. 차오쿤은 차오루이를 시켜 우페이푸를 바오딩으로 부른다음 장쭤린과 화해하라고 타이를 생각이었다. 그러나 돌아가는 상황으로는 이미 불가능한 일이었다.

축하연이 끝나자마자 우페이푸는 출병을 명령했다. 후베이성에 주둔한 제3사단과 제25사단에게 북상을 지시하고 왕청빈의 제23사단은 바오딩으로, 장푸라이의 제24사단은 정저우로 이동하라고 명령했다. 또한 샨시성에 주둔한 펑위샹의 제11사단에도 뤄양으로 신속히 남하하라고 명령했다. 즈리군의 병력은 6개 사단(제3사단, 제11사단, 제20사단, 제23사단, 제24사단, 제26사단)과 8개 혼성여단 등 약 10만 명이었다.

남쪽에서는 쑨원의 광저우 군정부가 즈리파 타도를 외치며 북벌전쟁 재개를 선언했다. 그는 광시성 구이린에 대본영을 두고 장쭤린에게 호응하여 북상할 준비를 갖추었다. 병력은 3만 명. 안즈전쟁 이래 중국의 패권을 놓고 또 한 번의 격전이 벌어질 참이었다.

22

제1차 펑즈전쟁

\ **"차오씨 집안의 것은 풀 한 포기 다치게 하지 마라"**

안즈전쟁이 끝난 지 2년 만에 즈리파와 펑톈파의 연합은 끝장났다. 펑톈군의 대부대와 군수물자를 가득 실은 열차가 징펑철도를 타고 산하이관을 넘어 톈진으로 속속 남하했다. 차오쿤은 여전히 우물쭈물했다. 어떻게든 무력 충돌을 피할 생각으로 징펑철도와 톈진 주변에 배치된 즈리군을 모두 바오딩 방면으로 철수했다. 톈진에 있던 즈리성장 차오루이는 영국 조계로 피신했다.

4월 13일, 펑톈군은 총 한 발 쏘지 않고 톈진에 무혈 입성했다. 톈진을 점령한 펑톈군은 두 부대로 갈라졌다. 주력부대가 베이징과 바오딩을 위협하는 한편, 일부 병력은 진푸철도를 따라 톈진에서 남하하여 창저우滄州를 거쳐 산둥성 서북부의 요충지 더저우를 점령했다. 더저우에는 차오쿤의 일곱째 동생 차오잉曹鍈의 제26사단이 주둔했다. 그러나 차오잉은 적을 보기도 전에 도망쳤고, 대리 사단장 장궈룽

張國溶은 군대를 이끌고 바오딩으로 후퇴했다. 남쪽에서는 안후이 독군 장원성이 반反즈리의 깃발을 올렸다.

장쮀린은 "원래 펑톈파와 즈리파는 한 가족이다. 적은 우페이푸 하나다. 차오씨 집안의 것은 나무 한 그루, 풀 한 포기 건드리지 마라"고 떠들었다. 차오쿤과 우페이푸를 이간질하려는 술책이었다. 여기에 넘어간 차오쿤은 장쮀린의 속셈을 모른 채 두 사람의 사사로운 싸움으로만 여기고 자신이 나서서 중재하려 했다. 차오쿤의 우유부단함을 잘 아는 장쮀린은 상대를 더욱 혼란스럽게 만들기 위해 또 다른 전보를 보냈다.

나 장쮀린은 정치에 관여할 생각이 없다. 그러나 나라와 백성의 평안을 위해서는 통일을 해야 한다. 여기에 장애가 되는 자를 내치기 위해 군대를 동원한 것이다.

여기서 말하는 장애물이란 물론 우페이푸였다. 또한 장쮀린은 자신이 나라를 생각할 뿐 사심이 없다고 강조했다. 그는 베이징 정부와 각 성 정부에 전문을 보내 각 성 대표들이 참여하여 평화적인 통일을 논의하는 '전국통일회의'를 개최하자고 제안했다. 그러면서도 자신이 말하는 평화통일에 반대하는 자가 있다면 무력으로 처단하겠다고 엄포를 놓았다. 우페이푸도 가만히 듣고 있지 않았다.

지금까지 나는 중앙의 정치에 관여한 적이 없다. 그러나 장쮀린은 정치를 제멋대로 좌지우지하고 있다. 또한 량스이는 장쮀린의 비호만 믿고 외국에 아첨하고 나라에 해를 끼쳤다. 나는 3,000만 즈리 성민과 4억 중국 인민을 대신하여 단죄하고자 한다.

아직 총알이 날아다니지 않을 뿐이지 우페이푸와 장쭤린 사이에는 하루가 멀다 하고 화약 냄새가 물씬 나는 전보가 오갔다. 두 사람은 서로를 가리켜 '군벌'이라고 일컬었다. 중국에서 군벌이라는 말이 사람들 입에 오르내리기 시작한 것도 이때부터였다. 상황이 이 지경이 되자 차오쿤도 더는 모른 체할 수 없었다. 4월 20일, 그는 우페이푸의 사령부로 전문을 보냈다. '뤄양의 우쯔위吳子玉 동생에게'라는 제목이었다. 쯔위는 우페이푸의 자字이다. "그대가 나이고 내가 그대이다. 친척이 중요하다고 해서 어찌 내 몸보다 더 중할 수 있겠는가." 한 달 전 장쭤린이 차오루이를 통해 차오쿤에게 가까운 쪽은 "부하인지, 친척인지" 질문한 것에 대한 답이었다. 짧은 문장이었지만 우페이푸는 크게 감동했다. 차오쿤은 우페이푸에게 장쭤린 토벌의 모든 것을 일임했다.

제3사단을 비롯한 주력부대를 바오딩으로 먼저 출동시킨 우페이푸는 펑위샹의 제11사단이 뤄양에 도착하자 4월 26일 사령부를 뤄양에서 바오딩으로 옮겼다. 그동안 쉽사리 뤄양을 떠나지 못한 이유는 허난성장 자오티 때문이었다. 그는 장쭤린과 내통하고 있었다. 우페이푸가 뤄양을 비우면 당장 반란을 일으켜 뒤를 칠 것이 틀림없었다. 우페이푸는 펑위샹을 뤄양에 주둔시켜 자오티를 철저히 감시하게 했다. 이로써 자오티는 함부로 움직일 수 없게 되었다. 그동안 노심초사하면서 반즈리 포위망을 완성한 장쭤린이었지만 상황은 생각처럼 돌아가지 않았다. 안후이파인 저장 독군 루융샹은 장쭤린이 기치를 올리면 함께 호응하기로 약속했지만, 실제로는 즈리파 군벌들과 불가침협정을 맺고 중립을 고수했다. 성급하게 나서지 않고 상황의 추이를 지켜보겠다는 속셈이었다.

구이린에서 당장 북벌을 시작할 것처럼 굴던 쑨원 역시 지지부진했다. 광둥성장이자 광둥군 총사령관으로 쑨원 군정부의 2인자인 천중밍이 발목을 잡았기 때문이다. 천중밍은 북벌은 시기상조라는 입장이었다. 쑨원의 간곡한 요청도 소용없었다. 그 뒤에는 우페이푸의 사주가 있었다. 장쭤린이 쑨원과 연합하자 우페이푸는 재빨리 천중밍과 손을 잡았다. 후난성의 실권자인 자오헝티도 쑨원의 북벌군이 자신의 영토에 들어오는 것을 거부했다. 쑨원의 계획은 구이린에서 후난성을 거쳐 단숨에 북상한 다음 우페이푸의 뒤를 치는 것이었다. 자오헝티가 당연히 협조하리라 여겼기 때문이다. 그러나 상황이 이렇다보니 도저히 출정할 상황이 아니었다. 천중밍과 자오헝티 모두 신해혁명 이전부터 중국동맹회 간부였고 쑨원과 오랜 친분이 있었다. 하지만 그런 의리도 군벌의 이해타산 앞에서는 아무런 의미가 없었다.

3월 21일에는 쑨원의 심복인 광둥군 참모장 겸 제2사단장 덩컹鄧鏗이 광저우역에서 암살당하는 사건이 벌어졌다. 암살 배후에는 천중밍이 있었다. 충격을 받은 쑨원은 일단 북벌을 취소하고 군대를 구이린에서 우저우로 되돌렸다. 또한 천중밍에게 북벌군에 참가하고 군비 500만 위안을 조달할 것을 한 번 더 요구했지만 거부당했다. 쑨원은 격분하여 천중밍을 광둥성장과 광둥군 총사령관직에서 해임했다. 그러나 오랜 지기인 천중밍과 완전히 등을 돌리고 싶지 않았던 그는 천중밍에게 육군부장 자리는 남겨두었다. 펑즈전쟁이 이미 포문을 연 5월 4일, 다시 북벌을 명령했다.

35세의 젊은 참모였던 장제스는 지나치게 서두르는 쑨원에게 "지금은 북벌이 아니라 후방을 단단히 해야 할 때입니다"라면서 천중밍을 조심해야 한다고 진심 어린 충고를 했다. 그러나 쑨원은 "한번 사람을 의심하면 끝이 없다"며 한 귀로 흘렸다. 당시만 해도 그다지 대단한 위치는 아니었지만 장제스는 화가 나서 사직서를 던지고 고향인 저장성 평화로 돌아가버렸다. 장제스의 예견대로 천중밍은 한 달 뒤 반란을 일으키고 쑨원 토벌의 기치를 올렸다. 장쭤린이 심혈을 기울인 반즈리동맹은 처음부터 삐걱거렸다.

＼장쭤린 대 우페이푸

장쭤린은 이번에도 톈진 남쪽의 준량청에 사령부를 두었다. 총사령관은 장쭤린, 부사령관은 쑨례천, 참모장은 '작은 제갈량'이라 불리는 일본 육사 출신의 엘리트 양위팅楊宇霆이었다. 장쭤린은 전군을 둘로 나누었다. 장쭤샹이 지휘하는 동로군은 2개 사단(제27사단, 제28사단)과 5개 혼성여단, 1개 기병여단으로 편성됐으며, 진푸철도를 따라 톈진에서 남쪽으로 70킬로미터 떨어진 전략적 요충지 마창으로 진격했다. 장징후이가 지휘하는 서로군은 2개 사단(제1사단, 제16사단)과 3개 혼성여단, 1개 기병여단으로 편성되었고, 베이징 남동쪽의 랑팡으로 진격했다.

우페이푸는 바오딩과 베이징 중간에 있는 줘저우에 사령부를 두었다. 그도 병력을 둘로 나누었다. 서로군 총사령관은 제23사단장 왕청빈이었다. 제3사단 일부와 제23사단, 제24사단, 제1혼성여단, 제15혼성여단으로 편성된 서로군은 베이징 남쪽의 류리허琉璃河와 구안에 배치되어 견고한 방어진지를 구축했다. 동로군의 총사령관은 제26사단장 장귀룽이었다. 동로군은 제26사단과 3개 혼성여단으로 편성됐으며 마창에 포진했다. 제3사단 주력은 예비대로 바오딩에 남겨두었다. 병참과 후방 방어는 즈루위 순열부사 펑위샹이 맡았다. 군정軍政에서 우페이푸와 맞먹는 능력을 갖춘 펑위샹은 이 임무를 충실히 수행했다. 후방을 든든히 한 덕분에 우페이푸는 안심하고 모든 전력을 전방에 집중할 수 있었다. 즈리평원에는 20만 명이 넘는 대군이 마창—구안-창신뎬長辛店에 이르기까지 200여 킬로미터에 걸쳐 전선을 이루고 대치했다.

제1차 펑즈전쟁 당시 양군의 전투 서열

| 펑톈군 |

진위군鎮威軍 총사령관 장줴린, 부사령관 쑨례천, 참모장 양위팅
■동로군 총사령관 장줴샹
-제1종대장 장줴샹: 제27사단, 제28사단 제56여단
-제2종대장 장쉐량: 제3혼성여단, 제4혼성여단, 제8혼성여단
-제3종대장 리징린: 제1혼성여단, 제7혼성여단, 헤이룽장 기병 제2여단
■서로군 총사령관 장징후이
-제1종대장 장징후이: 펑톈 육군 제1사단, 차하르 기병 제1여단
-제2종대장 쩌우펀鄒芬: 제16사단, 제6혼성여단
-제3종대장 정뎬성鄭殿升: 제2혼성여단, 제9혼성여단
병력: 4개 사단, 8개 혼성여단, 2개 기병여단 12만 8,000명

| 즈리군 |

총사령관 우페이푸
■동로군 사령관 장궈룽
-제26사단, 제12혼성여단, 제13혼성여단, 제14혼성여단
■서로군 사령관 왕청빈
-제3사단, 제23사단, 제24사단, 제1혼성여단, 제15혼성여단
■후방 사령관 펑위샹
-제11사단, 제20사단, 제8혼성여단, 중앙 제4혼성여단, 후베이 제4혼성여단
병력: 6개 사단, 8개 혼성여단 10만 명

병력과 무기에서는 일본의 후원을 받는 펑톈군이 훨씬 우세했다.

그러나 제27사단을 비롯해 대부분 마적을 개편한 부대였다. 규율이 형편없고 훈련도 제대로 받지 못한 오합지졸에 지나지 않았다. 장쭤 샹, 장징후이 등 주요 지휘관들도 하나같이 장쭤린이 마적 시절부터 호형호제하던 자들로 매우 무능한 자들이었다. 다만 장쉐량의 제3혼 성여단과 궈쑹링郭松齡의 제8혼성여단은 일본 군사고문단에게 훈련받은 평톈군 최정예부대였다. 궈쑹링은 베이징육군대학 출신으로 이론에 박식하고 풍부한 실전 경험을 갖추어 평톈군 지휘관 중에서 가장 탁월한 인재였다.

즈리군은 수적으로 약간 열세하고 장비도 매우 열악했지만 규율과 실전 경험에서는 평톈군을 압도했다. 안즈전쟁에서 안후이군을 격파하고 승리했다는 자신감도 있었다. 명장 우페이푸가 지휘하는 북양군 최강의 군대를 상대로 과연 오합지졸인 평톈군이 이길 수 있을까. 장쭤린의 최측근인 장쭤샹과 장징후이조차 "평톈군의 실력으로는 즈리군을 꺾고 베이징을 장악하기는 역부족이다"라며 화해를 건의하는 판이었다. 장징후이는 마지막까지 베이징과 바오딩을 부지런히 오가면서 양쪽의 화해를 주선했다. 그러나 상황이 전쟁으로 치닫자 베이징을 탈출한 뒤 마지못해 서로군의 지휘를 맡았다. 그러다보니 싸울의지도 부족할뿐더러 제대로 지휘가 될 리 없었다.

4월 26일 밤, 진푸철도 주변에서 첫 총성이 울렸다. 장쭤샹의 평톈군 동로군 제27사단과 제28사단, 1개 기병여단이 마창 교외의 즈리군 최일선 진지까지 진출하면서 즈리군 제26사단과 산발적인 충돌이 벌어졌다. 제1차 평즈전쟁의 시작이었다. 이튿날, 장쉐량의 제3혼성여단과 쉬란저우許蘭州의 기병집단騎兵集團 등 평톈군 서로군이 베이징 남쪽의 요충지 구안을 공격했다. 수비대는 즈리군 제3사단 산하 1개 여단과 장푸라이의 제24사단이었다.

공격을 받은 즈리군은 곧 후퇴했다. 즈리군이 쉽게 물러나자 신이 난 펑톈군은 추격에 나섰다. 그러나 함정이었다. 즈리군이 깔아놓은 지뢰밭에 걸렸다. 도처에서 지뢰가 터져 펑톈군은 수백 명을 잃었다. 장쒀샹이 지휘하는 동로군도 마찬가지였다. 후퇴하는 즈리군을 추격하던 기병들이 지뢰밭으로 들어가 많은 사상자를 냈다. 게다가 즈리군의 반격을 받자 규율이 형편없는 펑톈군의 선봉부대는 단숨에 무너졌다.

4월 29일, 펑톈군은 전열을 정비한 뒤 재차 공세에 나섰다. 펑톈군은 포병 화력에서 월등히 우세했다. 이날 하루에만 펑톈군이 쏜 포탄이 9만 발이 넘었다. 어마어마한 화력이었다. 구안과 다청大城, 창신뎬이 한꺼번에 함락당했다. 손실은 펑톈군이 컸지만 밀리는 쪽은 즈리군이었다. 쉴 새 없이 쏟아지는 포화 속에서 즈리군의 방어선이 무너지고 베이징과 바오딩을 연결하는 요충지 창신뎬이 함락되면서 베이징마저 위태로워졌다. 개전 사흘 만에 장쒀린은 승기를 잡았다.

전황은 불리했지만 우페이푸는 당황하지 않았다. 그는 사방으로 많은 정찰병을 풀었다. 이들은 피란민 사이에 숨어서 펑톈군의 병력과 이동 상황을 시시각각 수집하여 보고했다. 그의 경험으로는 전장에서 적에 관한 정보만큼 중요한 것이 없었다. 러일전쟁 때 최일선에서 일본군의 작전을 참관하고 일본군 정찰부대에 들어가 온갖 위험을 무릅써가며 직접 정보를 수집했던 우페이푸의 싸움 방식이었다. 그가 보기에 장징후이의 서로군이 펑톈군의 주력부대였다. 장징후이만 격파한다면 나머지 펑톈군은 스스로 무너질 것이었다.

30일 오전, 우페이푸가 직접 지휘하는 즈리군 별동대가 펑톈군의 전선으로 은밀하게 침투한 뒤 장징후이의 사령부 코앞까지 진출하는 데 성공했다. 그는 70문의 야포를 배치한 뒤 맹렬한 포격과 함께 총검

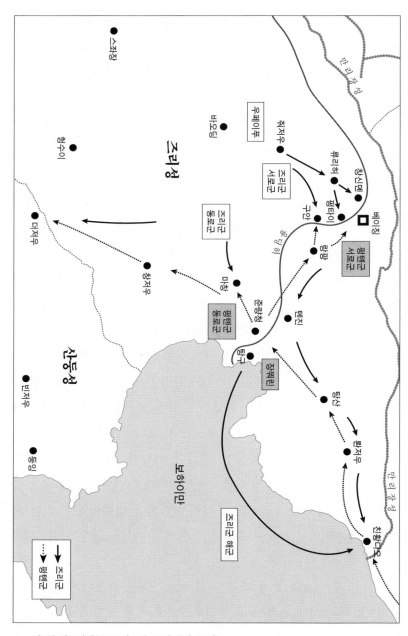

●── 제1차 펑즈전쟁(1922년 4월 26일~5월 10일).

돌격을 했다. 기습을 받은 펑톈군은 혼란에 빠졌다. 그러나 장징후이도 혼란을 수습한 뒤 150문에 달하는 야포를 모아서 응사하는 등 반격에 나섰다. 치열한 포격과 몇 차례에 걸친 돌격으로 양군의 사상자는 금방 1,000명이 넘었다. 그렇지만 우페이푸가 총공격 명령을 내리자 처절한 백병전 끝에 펑톈군은 무너져 패주했다. 이 때문에 서로군 전체가 혼란에 빠졌다. 장징후이에게 급보를 받은 장쭤린은 2개 여단을 급파했다. 이들은 장징후이의 제1사단과 함께 우페이푸를 협공할 생각으로 전속력으로 질주했다. 또한 쩌우펀이 지휘하는 펑톈군 제16사단도 창신뎬으로 증원되어 즈리군의 측면을 공격했다. 전세는 다시 우페이푸에게 불리해졌다.

제16사단은 본래 자금성을 지키는 청나라 금군 부대의 하나로, 펑궈장이 신식 부대로 개편했다. 안즈전쟁에서는 돤치루이의 안후이군에 속했다가 장쭤린에게 항복하면서 펑톈군에 편입되었다. 그러나 오합지졸이고 전투력은 형편없었다. 물론 장쭤린에 대한 충성심도 없었다. 쩌우펀이 부상을 입고 후방으로 이송되자 병사들은 당장 반란을 일으켜 즈리군에게 항복한 뒤 펑톈군 제1사단 공격에 나섰다. 우페이푸는 여세를 몰아서 5월 1일 창신뎬 탈환을 명령했다. 공격 병력은 약 2만 5,000명. 펑톈군의 진지에 포탄이 쉴 새 없이 떨어졌다. 상공에는 즈리군의 대형 폭격기가 나타났다. 영국제 핸들리 페이지^{Handley} ^{Page} O/400 쌍발 중^重폭격기였다. 1차대전 당시 세계에서 가장 큰 비행기로 명성을 떨친 이 폭격기는 비록 느리고 둔중하지만 1톤의 폭탄을 적재할 수 있었다. 당시 기준으로는 엄청난 적재량이었다. 폭격기는 느릿느릿 날아온 뒤 펑톈군의 진지 위로 3발의 폭탄을 떨어뜨렸다. 당장 대폭발이 일어나 포탄과 탄약, 보급품이 가득 쌓여 있던 펑톈군의 진지를 통째로 날려버렸다.

제16사단의 반란까지 겹치면서 혼란에 빠진 장징후이의 서로군은 창신뎬을 버리고 융딩허의 루거우차오로 후퇴했다. 전세가 역전되자 장쭤린은 직계부대인 제27사단을 창신뎬으로 급파했다. 양군은 창신뎬을 놓고 일진일퇴를 거듭했다. 그러나 펑톈군이 창신뎬 탈환에 실패하면서 전선은 일시적으로 소강상태가 되었다.

장쭤샹의 동로군도 즈리군의 강력한 저항에 부딪혀 전진이 지지부진했다. 구안에 배치된 장쉐량의 제3혼성여단과 궈쑹링의 제8혼성여단이 급파되었다. 리징린李景林의 제7혼성여단도 가세했다. 펑톈군 최강 부대인 3개 여단이 출동한 것이다. 이들의 상대는 즈리군 최강 부대인 제3사단이었다. 치열한 혼전이 벌어졌다. 이 틈을 타고 우페이푸는 구안을 급습하여 탈환했다. 구안에 남아 있던 펑톈군은 대부분 마적 출신이었다. 이들은 즈리군의 공격을 받자 변변히 싸우지도 않고 무기를 버린 채 도주하거나 투항했다.

＼펑톈군 패주하다

포병 화력에서는 펑톈군이 두 배 이상 우세했기 때문에 즈리군의 공격은 매번 많은 희생자를 내기 일쑤였다. 우페이푸는 작전을 바꾸기로 결심했다. "연대, 대대 규모의 공격을 중단하라. 대신 중대, 소대 단위로 병력을 분산시켜라. 적이 포격하면 숲으로 숨어라. 대신 숲에 머물러 있지 말고 포격이 끝나면 다시 공격하라." 아군의 손실을 줄이고 펑톈군의 탄약을 소모시키려는 전술이었다.

5월 3일 밤, 베이징 교외의 펑타이豊台와 난위안 일대에서 격전이 벌어졌다. 즈리군은 어둠을 이용해 병력을 소부대로 나누어 펑톈군의 진지를 기습했다. 즈리군 병사들이 여기저기서 나타나자 당황한 펑톈군 포병은 제대로 조준도 하지 않고 마구잡이로 포격했다. 지켜보던 외국 무관들이 "저렇게 포탄을 낭비하는 꼴은 처음 본다"고 비웃을 정도였다. 그 때문에 포탄이 금방 바닥났다. 그사이 펑톈군의 배후로 우회한 즈리군 2개 여단이 나타났다. 혼비백산한 장징후이는 후퇴 명령을 내렸다. 추격에 나선 즈리군은 펑톈군이 버리고 간 식량과 무기, 탄약을 잔뜩 실은 보급열차를 빼앗았다. 노획한 야포만도 수십 문이었다. 장징후이는 열차를 타고 동쪽으로 정신없이 도주했다.

서로군의 붕괴는 펑톈군 전체의 붕괴였다. 장쭤샹의 동로군도 즈리군의 총공격으로 무너졌다. 장쭤린도 패배를 인정하지 않을 수 없었다. 5월 4일, 그는 전군에 총퇴각 명령을 내렸다. 개전 9일 만이었다. 장쭤린은 최전선에 있는 장남 장쉐량을 기다릴 겨를도 없이 산하이관으로 도망쳤다. 동북으로 향하는 모든 도로와 철로는 패주하는 펑톈군으로 넘쳐났다. 그러나 친황다오의 앞바다에는 해군총장 류관슝이 지휘하는 중앙 해군 제1함대와 제2함대가 포진하고 있었다. 2,950톤급 방호순양함 하이룽·하이처우를 비롯해 포함 융지永績·추관·추유楚有·추친楚秦 등 대소 군함 10여 척이었다. 우페이푸는 이번 기회에 장쭤린의 숨통을 끊어놓을 생각이었다.

청일전쟁에서 괴멸했다가 위안스카이가 재건한 중국 해군은 대부분 우페이푸의 휘하였다. 장쭤린에게는 중소 국경지대의 소규모 강방함대 말고는 단 한 척의 군함도 없었다. 바다에서의 공격에는 속수무책이었다. 중국 해군 최강의 군함 중 하나인 하이룽과 하이처우만 해도 육군의 중포에 해당하는 150mm 대구경 속사포 3문과 105mm 부포 8문 등으로 무장하고 있었다. 전함의 거포에 견줄 수는 없어도 위력은 무시무시했다. 바다에서 쉴 새 없이 날아오는 포탄은 펑톈군을 가득 태운 열차와 패주 행렬을 여지없이 박살 냈다.

하늘도 안심할 수 없었다. 우페이푸는 돤치루이와 싸웠던 안즈전쟁 때 비행기의 위력을 절감한 바 있었다. 중국 유일의 비행장인 난위안 항공학교南宛航校에서 출격한 안후이군 비행기들이 즈리군 진지를 정찰하고 폭격했기 때문이다. 그는 전쟁이 끝난 뒤 20여 대의 비행기를 노획하고 영국과 미국 등지에서 20여 대를 추가 구매하여 비행대를 편성했다. 장쭤린도 10여 대의 비행기를 노획했지만 비행기에 대한 이해가 부족했기 때문에 관심을 두지 않았다. 조종사도 없고, 정비 불량 등으로 항공기는 고철이나 다름없었다. 펑톈군의 패주 행렬을 향해 즈리군 전투기들이 두 대, 세 대씩 날아와 기관총과 폭탄을 사정없이 떨어뜨렸다. 펑즈전쟁이 끝난 뒤 장쭤린이 당장 비행기부터 사들였다는 사실로 미루어, 이때 얼마나 호되게 당했는지 알 만하다. 포연이 가득 찬 벌판은 수많은 펑톈군 병사들의 시체로 뒤덮였다. 심지어 장쭤린이 타고 있던 전용차에도 폭탄이 날아왔지만, 간신히 피하여 목숨을 건졌다.

5월 5일에는 펑톈군 총사령부가 있는 준량청도 함락되었다. 준량청을 수비하던 펑톈군 2개 여단은 총 한 발 쏘지 않고 백기를 들었다. 한 달 전 산하이관을 넘었던 펑톈군은 12만 명이 넘었지만 돌아온 병력은 2만 명도 채 안 되었다. 4월 26일부터 5월 5일까지 펑톈군의 사상자는 3만 명이나 되었다. 또한 2만 5,000명이 투항했으며 5만 명 이상이 도주했다. 본래 마적이었던 그들은 다시 마적이 되었다.

달아나는 펑톈군을 추격하여 왕청빈의 제23사단이 산하이관으로 진출했지만, 그 이상 북상하지는 않았다. 일본이 "즈리군이 산하이관을 돌파하는 것을 묵인하지 않겠다"고 경고했기 때문이다. 대총통 쉬스창도 중재에 나서서 "펑톈군은 산하이관 이북으로 철퇴하고 즈리군은 본래 위치로 돌아가라"고 명령했다. 쉬스창은 우페이푸가 장쭤린을 몰락시키는 것을 지켜볼 생각이 없었다. 쌍방은 산하이관을 사이에 두고 일단 대치 상태를 유지했다. 포성은 잠시 멈추었다.

장쭤린은 한숨 돌릴 여유가 있었지만, 그와 손을 잡은 허난성장 자오티와 안후이 독군 장원성은 운이 좋지 못했다. 펑톈군이 정신없이 패주하던 5월 4일, 허난성 정저우에서 자오티가 반즈리의 깃발을 올렸다. 어리석게도 '펑톈군 대승리', '우페이푸 전사'라는 허위 정보를 믿었던 것이다. 펑위샹이 재빨리 반격에 나섰다. 여지없이 대패한 자오티는 변장한 채 탈출했다. 가까스로 펑톈까지 달아난 그는 장쭤린 휘하에 객장으로 들어갔다. 안후이성에서는 제1혼성여단장 마롄자馬聯甲가 반란을 일으켜 장원성을 쫓아내고 독군 자리를 차지했다. 우페이푸의 완벽한 승리였다.

＼장쭤린의 위기

중원을 놓고 벌어진 장쭤린과 우페이푸 두 효웅의 승부는 겨우 열흘 만에 끝났다. 하지만 그 파괴력은 2년 전의 안즈전쟁과 견줄 바가 아니었다. 양쪽은 합해 20만 명이 넘는 병력을 동원하여 베이징과 톈진 주변의 즈리평야에서 치열한 전투를 벌였다. 펑톈군은 전사자만도 1만 명을 넘었으며, 즈리군의 사상자 역시 수천 명에 달했다.

5월 7일, 장쭤린은 즈리군의 포격을 뚫고 징펑철도를 따라 롼저우에 간신히 도착했다. 구사일생이나 다름없었다. 롼저우는 톈진과 산하이관 사이에 있는 교통의 요충지이다. 그는 이곳에 임시 사령부를 설치하고 추격해오는 즈리군을 막는 한편 패잔병들을 모아 진용을 다시 정비할 생각이었다. 전세가 기울었다는 이유로 부하들을 버리고 일본 조계로 달아났던 돤치루이와는 대조적이었다. 덕분에 패주하고 있던 펑톈군 부대들이 장쭤린 주변으로 모여들었다.

그러나 타격은 컸다. 장쭤상의 서로군은 괴멸 상태였다. 장징후이의 동로군도 마찬가지였다. 사상자도 많았지만 마적 출신의 오합지졸이다보니 태반은 제 살길을 찾아서 뿔뿔이 흩어졌다. 장쭤샹과 장징후이 등 몇몇 간부들만이 소수의 부하들과 함께 형편없는 몰골로 돌아왔다. 장쭤린으로서는 오십 평생을 통틀어 가장 쓰라린 패배였다. 그나마 장쉐량의 제3혼성여단과 리징린의 제7혼성여단, 궈쑹링의 제8혼성여단은 많은 손실에도 불구하고 그럭저럭 건재한 채 산하이관으로 철수했다. 그때까지 안절부절못하던 장쭤린은 그제야 희색이 돌았다. 다른 부대는 어찌 되건 펑톈군 최강의 3개 여단만 건재하면 얼마든지 재기할 수 있기 때문이었다. 하늘은 아직 장쭤린을 버리지 않았다.

개선장군이 된 우페이푸는 며칠 전까지 장쭤린의 총사령부였던 준량청에 의기양양하게 입성한 뒤 베이징으로 돌아왔다. 그리고 대총통부로 가서 쉬스창에게 장쭤린에게 엄벌을 내리라고 강요했다. 쉬스창은 상전처럼 행세하는 우페이푸가 아니꼬웠지만 버틸 재간이 없었다. 5월 10일, 그동안 장쭤린이 쥐고 있던 몽골 경략사와 동3성 순열사, 펑톈 독군 등 모든 직위에서 그를 파면했다. 펑톈 독군에는 우쥔성吳俊陞을, 헤이룽장 독군에는 펑더린馮德麟을 임명했다. 펑톈파를 이간질하려는 우페이푸의 책략이었다.

우쥔성은 장쭤린의 오랜 심복이지만 장쭤샹·장징후이 같은 마적 패거리와 달리 청말에 펑톈의 순방영 통령을 지낸 전형적인 무장이었다. 순방영 시절에는 장쭤린과 지위가 동등했다. 키가 180센티미터가 넘고 체격이 우람하여 주변을 위압했다. 온몸에는 여러 전투에서 입은 상처가 있었다. 신해혁명 직후 지린성에서 몽골족이 반란을 일으켰다. 반란 진압에 나선 우쥔성은 전투 중 바로 옆에서 포탄이 터지는 바람에 중상을 입고 10여 군데 상처가 났다. 주변 사람들은 차마 볼 수 없을 지경이었지만, 그는 얼굴빛 하나 바뀌지 않고 아무렇지 않게 담소를 나눌 만큼 맹장이기도 했다. 나이도 장쭤린보다 훨씬 많았다.

펑더린은 장쭤린처럼 마적 출신으로 만만찮은 인물이었다. 장쭤린이 순방영 통령이 되자 펑더린 또한 같은 지위에 올랐으며 장쭤린이 제27사단장일 때 제28사단장을 지내는 등 한동안 라이벌 구도를 유지했다. 장쭤린보다 나이가 7살 많은 데다 '녹림의 선배'라는 우월감도 있었다. 장쉰의 복벽 당시 펑더린은 장쉰을 등에 업고 동3성의 실권을 쥘 요량으로 장쭤린에게 도전했다가 실패하여 톈진으로 압송되었다. 돤치루이는 그를 사면한 뒤 펑톈으로 돌려보냈다. 펑더린을 내세워 장쭤린을 견제할 속셈이었다. 그러나 펑더린의 세력은 이미 발빠른 장쭤린의 손에 넘어가 있었다. 장쭤린은 아무런 힘도 남아 있지 않은 펑더린에게 적당한 고문 자리를 하나 주었다. 그런데 이제 와서 두 사람이 장쭤린의 위기를 기회 삼아 엉뚱한 야심을 품는다면 동북의 앞날은 예측 불허였다.

그러나 우페이푸의 계략은 통하지 않았다. 펑톈파가 충성하는 대상은 오직 장쭤린이었다. 펑톈파의 주요 수장들은 장쭤린과 마적 시절부터 함께해왔기에 의리로 똘똘 뭉쳐 있었으며, 수십 년간 호형호제하면서 생사고락을 함께한 장쭤린을 배신할 생각이 없었다. 장쭤린 없이는 펑톈파도 없다는 것이 그들의 믿음이었다. 또한 장쭤린은 동북 인민들에게 강력한 지지를 받고 있었다. 이 점이 느슨한 군벌 연합에 불과한 안후이파나 즈리파와 다른 점이었다. 게다가 장쭤린의 배후에는 일본이 있으니 우쥔성·펑더린이 그의 자리를 넘볼 수는 없는 노릇이었다.

우쥔성과 펑더린은 직접 산하이관까지 내려가서 장쭤린을 만났다. 자신들에게 두마음이 없다는 사실을 보여주기 위해서였다. 그러나 이들의 속내를 알 수 없었던 장쭤린은 우쥔성을 떠볼 생각으로 일부러 자세를 한껏 낮추었다. "형님, 우리는 오랫동안 친구였습니다. 대총통이 형님을 독군으로 임명했으니 형님이 나를 어디로 보내건 무조건 따를 뿐이오."

우쥔성은 장쭤린보다 10살이나 많았다. 하지만 펑톈파의 총수인 장쭤린이 형님이라고 부르자 속을 떠보려는 것임을 금방 깨닫고 일부러 화를 내는 척했다. "무슨 소리를 하십니까! 동3성에서 당신의 위엄은 저보다 훨씬 큽니다. 마음만 먹으면 뭘 하더라도 하실 수 있습니다. 그러나 저 같은 사람은 그런 자리를 하루만 맡으라고 해도 무리입니다." 이어서 말했다. "대총통이건 차오쿤이건 우수재(우페이푸)이건, 그들의 헛소리 따위는 들을 필요가 없습니다. 하고 싶은 대로 하시면됩니다. 명령만 내리십시오." 우쥔성은 심한 말더듬이였다. 평소 뭔가 말하려고 할 때마다 "우우" 하는 소리를 냈기 때문에 사람들은 그를 '우 대설두大舌頭(말더듬이)'라고 불렀다. 용맹하기로 이름난 그가 더듬거리며 충성을 맹세하자 그제야 장쭤린은 기분 좋게 웃었다. 이들이 눈치 없이 조금이라도 허황된 욕심을 드러냈다면 결코 목숨을 부지하지 못했을 것이다.

그 후로도 우쥔성은 장쭤린의 수하로서 승승장구했다. 훗날 장쭤린이 황구툰에서 열차 폭발로 죽었을 때 그 또한 함께 죽었다. 펑더린은 병환을 구실로 스스로 자리에서 물러나 펑톈 남쪽에 있는 베이전北鎮에서 조용히 은거하다가 4년 후에 죽었다. 장쭤린은 장례를 성대하게 치러주었다. 펑더린의 장남 펑융馮庸은 크게 중용되어 동북 공군 소장에 임명되었다. 만주사변 이후에는 항일의용군을 조직했으며, 관내로 넘어와 중국 공군 중장까지 올랐다. 국공내전 이후에는 타이완 공군에서 복무한 뒤 퇴역하여 민간 기업의 고문을 지냈다.

5월 12일, 장쭤린은 롼저우에서 동3성의 독립을 선언하고 스스로 '펑톈군 총사령관'이라고 칭했다. 그러자 즈리군이 다시 북상을 시작했다. 5월 26일 롼저우가 함락되었다. 장쭤린은 모든 병력을 산하이관에 집결시켰다. 그 와중에 헤이룽장성 동남쪽에 있는 중소 국경도시 쑤이펀허에서 반란이 일어났다. 반란 주모자는 가오스빈高士賓과 루융구이盧永貴였다. 가오스빈은 전前 지린군 참모장 겸 제1사단장으로 예전에 장쭤린과의 권력투쟁에서 패하여 쫓겨났던 지린 독군 멍언위안孟恩遠의 사위였다. 복수의 칼을 갈고 있던 그는 장쭤린이 패했다는 소식이 들리자 당장 반란의 깃발을 올렸다. 옛 부하인 루융구이도 가담하여 현지 수비대인 제19혼성여단을 무장해제하고 쑤이펀허 주변의 중등철도를 장악했다. 3,000명 정도였던 반란군은 철도 경비대와 치안부대, 마적들까지 끌어모으면서 1주일도 안 되어 1만 5,000명 이상으로 불어났다. 우페이푸는 가오스빈을 지린성 토역총사령관에 임명하고 장쭤린 토벌을 명령했다.

장쭤린은 부랴부랴 펑톈으로 돌아왔지만 즈리군을 막기에도 급급한 판국에 이들을 진압할 병력이 없었다. 그렇다고 그냥 놔두면 지린성 전체가 반란군에게 장악되어 동북이 두 동강 날 판이었다. 장쭤린에게는 위기의 연속이었다. 이 순간 그의 앞에 나선 자가 있었다. "이 장쭝창에게 어디든 죽을 자리를 주십시오. 저는 이 지역을 잘 압니다. 군대를 이끌고 토벌에 나서 그동안 어르신에게 입은 은혜에 보답하겠습니다."

훗날 '산둥왕'이라 불리며 중국 전역에 악명을 떨치는 장쭝창이었다. '구육장군狗肉將軍', '삼부지장군三不知將軍', '혼세마왕混世魔王', '녹림상장군綠林上將軍', '오독대장군五毒大將軍' 등 그를 일컫는 별명도 다채로웠다. 그는 남들에게 자신이 마적 출신이라는 사실을 자랑했으며 처첩이 몇 명인지, 재산이 얼마인지, 병사가 몇 명인지 알 수 없다고 너스레를 떨었다. 수많은 군벌들 중에서도 '동릉대도東陵大盜(서태후의 묘를 도굴하여 얻은 별명)' 쑨뎬잉孫殿英과 함께 가장 악랄하고 잔혹하면서 도박과 여색을 즐긴 것으로 유명했다. 소말리아의 악명 높은 군벌 지도자 아이디드Mohamed Farrah Aidid나 영화 〈블러드 다이아몬드〉의 주인공으로 라이베리아를 지옥에 빠뜨린 독재자 찰스 테일러Charles Taylor의 중국 버전이라고 할 만했다.

장쫑창의 이력은 장쭤린만큼이나 파란만장했다. 산둥성 래주부萊州府에서 가난한 취고수*의 아들로 태어난 그는 장쭤린보다 6살 아래였다. 소싯적부터 여기저기 떠돌며 마적으로 활동했지만, 신해혁명이 일어나자 혁명군에 가담하는 것이 대세라고 생각했다. 장쫑창은 상하이에서 쑨원의 측근인 천치메이의 휘하에 들어간 뒤 특유의 수완을 바탕으로 천치메이의 눈에 들어 장시 육군 제3사단장에 임명되었다. 그런데 2차 혁명이 일어나면서 쑨원이 위안스카이에게 패했다. 천치메이도 일본으로 도망쳤다. 장쫑창은 재빨리 위안스카이의 심복인 펑궈장의 부하가 되었다. 호국전쟁이 일어나자 천치메이가 상하이로 돌아와 프랑스 조계에서 숨어서 혁명파를 규합하자 펑궈장은 장쫑창에게 5만 위안의 거금을 주고 죽이게 했다. 1917년 9월, 쑨원이 호법전쟁을 일으켰다. 북벌군이 후난성을 침공하자 장쫑창도 군대를 이끌고 후난성으로 출동했지만 자오헝티에게 형편없이 패했다. 격분한 장시 독군 천광위안은 장쫑창의 부대를 해산해버렸다.

완전히 몰락한 장쫑창은 혈혈단신 톈진에 갔다. 즈리파의 우두머리인 차오쿤을 찾아가서 뇌물을 잔뜩 바치고 관직을 얻으려 했다. 뇌물

---

* 관아에 속한 군악대 중에서 나팔을 부는 군사.

에 눈이 먼 차오쿤은 장쭝창에게 여단장 자리 하나를 줄 생각이었지만 이번에는 우페이푸가 걸림돌이었다. 우페이푸는 조석으로 상전을 바꾸고 탐욕스럽기 짝이 없는 그가 마음에 들지 않았다. 차오쿤에게 장쭝창이 무능하고 난폭하며 주변의 인망이 없고 재물을 긁어모으는 데 이골이 난 자라며 절대로 기용해서는 안 된다고 충고했다. 문전박대당한 장쭝창은 이번에는 동북으로 갔다. 우페이푸와 달리 장쭤린은 크게 환대했다. "우리는 같은 녹림대학 마적과 출신 아니오?"

한동안 펑톈군의 객장 신세로 무위도식하던 장쭝창이 장쭤린 앞에서 큰소리를 친 이유는 예전에 블라디보스토크에서 중둥철도 건설의 인부들을 지휘하는 우두머리를 맡은 적이 있기 때문이다. 그는 지린성의 지리에 밝았고 러시아어에도 어느 정도 자신이 있었다. 천군만마를 만난 셈인 장쭤린은 즉석에서 그를 토벌군의 사령으로 임명했다. 그리고 우쥔성을 시켜서 500여 정의 구식 소총과 산포 1문, 중기관총 3정, 탄약을 주었다. 장쭝창은 500여 명의 부하와 함께 열차를 타고 하얼빈을 거쳐 무단장으로 향했다.

가오스빈의 반란군은 무단장 서쪽의 하이린海林까지 진출해 현지 수비대를 격파하고 주변 마을을 약탈했다. 반란군의 수가 훨씬 많았기 때문에 정면 공격은 승산이 없었다. 장쭝창은 철도 근처의 숲속에 부하들을 매복시키고 산포와 기관총을 배치했다. 6월 3일, 반란군을 잔뜩 태우고 검은 연기를 내뿜으며 달려오는 열차가 눈앞에 나타났다. 장쭝창은 침착하게 산포로 맨 앞의 기관차를 겨냥한 뒤 발사했다. 포탄은 명중했다. 화염에 휩싸인 기관차가 제어력을 잃으면서 열차가 통째로 뒤집어졌다. "쏴라!" 그의 명령이 떨어지자마자 일제사격이 시작되었다. 오합지졸에 불과한 반란군은 기습을 당하자 변변히 싸우지도 않고 뿔뿔이 흩어졌다. 수적으로는 10분의 1도 안 되는 장쭝창에게 단 한 번의 전투로 무너져버렸다. 가오스빈과 루융구이는 달아나다가 부하들에게 죽임을 당했다.

이후에도 지린성은 우두머리를 잃고 토비로 전락한 반란군이 준동하면서 한동안 혼란스러웠지만 장쭤린은 한시름 덜었다. 그는 큰 공을 세운 장쭝창을 지린군 제3혼성여단장 겸 중둥철도 방위 부사령관에 임명했다. 재기의 기회를 잡은 장쭝창은 병력을 모으고 노획한 무기로 무장시켰다. 대부분 투항한 반란군과 마적들, 적백내전에서 패배하여 중소 국경으로 쫓겨온 러시아 백군 출신 용병들이 마구잡이로 뒤섞인 잡탕 부대였다. 그러나 장쭝창은 하루아침에 펑톈군의 유력한 실력자로 떠올랐다.

장쭝창의 활약 덕분에 지린성의 반란은 쉽게 진압되었지만 장쭤린의 위기가 끝난 것은 아니었다. 롼저우를 점령한 즈리군이 여세를 몰아 산하이관으로 밀려왔다. 산하이관이 돌파된다면 동북의 방어도 장담할 수 없었다. 장쭤린은 사활을 걸고 최정예부대인 장쉐량·궈쑹링·리징린 3개 여단을 중심으로 강력한 방어선을 구축하고 궈쑹링을 전선 사령관에 임명했다. 그리고 장쉐량과 친분이 있는 미국인 목사를 친황다오의 즈리군 사령부로 보내 휴전을 요청했다. 그러나 산하이관에서는 이미 전투가 시작되었다.

＼일본, 간섭하다

한동안 소강상태였던 즈리군과 펑톈군의 전투는 6월 9일 재개되었다. 어느 쪽도 물러설 수 없었기에 그야말로 처절한 혈전이었다. 펑톈군 제일의 명장 궈쑹링의 지휘 아래 펑톈군 3개 여단은 즈리군의 공격을 결사적으로 막아냈다. 만리장성을 따라 배치된 기관총이 돌격해오는 즈리군 병사들을 향해 쉴 새 없이 불을 뿜고 도처에서 포탄이 터졌다. 하늘에서는 즈리군의 전투기들이 파리 떼처럼 날아와서 폭탄을 퍼붓고 기관총을 쏘아댔다. 전투기가 없는 펑톈군은 공중에서의 공격에 속수무책이었다. 펑톈군은 3명의 연대장이 전사하고 3,000명 이상의 사상자를 냈다. 하지만 즈리군도 사상자가 4,000명이 넘는 등 산하이관 주변에는 무수한 시체가 쌓였다.

예상외의 완강한 저항에 부딪친 우페이푸는 손실이 갈수록 늘어나는데도 펑톈군의 방어선을 힘으로 돌파할 방법이 없었다. 게다가 일본 정부가 불간섭 방침을 깨고 "즈리군의 산하이관 돌파를 용납하지 않겠다"고 선언했다. 동북에는 '관동군'이라 불리는 일본군이 뤼순과 펑톈, 창춘 등 요충지에 배치되어 있었다. 수는 1만 명에 불과했지만, 그 화력과 정예함은 장쭤린의 펑톈군과 견줄 바가 아니었다. 이보다 규모는 작지만 베이징과 톈진에는 의화단의 난 이후 일본공사관과 조계의 경비를 위해 주둔하는 지나파견군도 있었다. 이들이 출동하여 장쭤린과 합세한다면 제아무리 우페이푸라도 승산이 없었다. 남쪽에서는 쑨원의 북벌군도 움직이고 있었다. 우페이푸는 강화를 받아들이기로 했다.

우페이푸가 돤치루이나 장쭤린과 다른 점은 사리사욕에 눈이 멀어 함부로 외세를 끌어들이지 않았다는 점이다. 그가 일본에 접근해서 장쭤린 이상의 이권을 보장했다면 일본은 굳이 장쭤린의 편을 들지 않았을 것이다. 또는 영국이나 미국의 도움을 요청할 수도 있었다. 그러나 외세를 끌어들이면 반드시 그 이상의 대가가 따르는 법이다. 우페이푸는 예전에 청조나 위안스카이, 돤치루이가 저질렀던 폐해를 잘 알고 있었다. 이 점은 차오쿤도 마찬가지였다. 무능한 데다 뇌물군벌이라 불리긴 했지만 매국노는 아니었다. 훗날 패배하여 몰락한 뒤에도 남들처럼 재산을 챙겨 외국의 조계로 달아나는 대신 빈털터리로 은거하는 쪽을 선택했다. 중일전쟁이 일어나자 일본은 두 사람을 회유했지만 "가난할지언정 왜놈의 도움은 받지 않겠다"며 거절했다. 군벌들이 사리사욕에만 눈이 멀어 나라도 민족도 없던 시대에 두 사람의 절개는 지금도 중국인들 사이에서 높이 평가받는다.

6월 17일 자정, 친황다오의 영국 군함 선상에서 펑톈군 대표 장쉐량과 즈리군 대표 왕청빈이 정전협정에 서명했다. 또한 쉬스창은 전 창장 순열사 왕잔위안과 전 헤이룽장 도독 쑹샤오롄宋小濂을 보내 양측의 철병을 감독하게 했다. 6월 24일, 양군은 산하이관에서 철수했다. 전쟁은 끝났다. 장쭤린의 완패였다. 지금까지 승승장구하던 인생에서 처음 당해보는 쓰라린 패배였다. 그동안 쌓아올린 관내의 기반을 모두 잃었다.

그러나 몰락하지는 않았다. 장쭤린은 이번 싸움을 통하여 즈리군의 강함을 똑똑히 인식하고 자신이 자랑하던 펑톈군이 얼마나 무기력한지도 절감했다. 자신이 들고 다니는 부채에 '무망오치毋忘吳恥'라고 썼다. 우페이푸에게 받은 치욕을 잊지 않고 복수하겠다는 뜻이다. 장쭤린은 동3성의 자치를 선언하고 군대의 개혁과 내치에 착수했다. 새로운 전쟁의 준비였다.

중원의 패자가 된 우페이푸의 위세는 하늘을 찔렀다. 뤄양에 있는 그의 관저는 매일같이 그의 승전을 축하하는 사람들이 끊이지 않았다. 너도나도 우페이푸의 위용을 칭송하며 아첨을 떨었다. 서구 신문들은 우페이푸를 가리켜 '중국에서 가장 강한 남자The Biggest Man in China'라고 대서특필했다. 그는 미국 『타임』지의 표지를 장식한 첫 번째 중국인이기도 했다. 이 순간이 우페이푸에게는 절정의 순간이었다. 그렇지만 영광 뒤에는 나락이 있었다.

우페이푸가 승승장구하자 차오쿤과의 사이에 금이 가기 시작했다.

오랫동안 두 사람은 수어지교 관계였다. 차오쿤은 우페이푸를 절대적으로 신뢰했고 무슨 말을 하건 무조건 따랐다. 그러나 기고만장해진 우페이푸는 점차 차오쿤을 제쳐놓고 자신이 즈리파의 수장 노릇을 했다. 사사건건 정치에 관여하여 감 놔라 배 놔라 하는 꼴이 되자 차오쿤도 점점 불쾌감을 드러냈다. 그는 우페이푸의 권세가 자신을 능가하는 것을 지켜볼 생각이 없었다.

즈리파 독군들 또한 원성이 자자했다. 2년 전만 해도 일개 사단장에 불과했던 우페이푸가 장쭤린을 이긴 뒤 천하의 지배자인 양 거들먹거리는 모습이 아니꼬울 수밖에 없었다. 불만이 가장 많은 사람은 펑위샹이었다. 그는 자오티를 토벌한 공으로 1922년 5월 14일 허난 독군이 되었다. 그러나 우페이푸는 자신을 위협할 수 있는 펑위샹이 허난성을 기반으로 성장하는 것을 원치 않았다.

펑위샹도 우페이푸에게 고개 숙일 생각은 없었다. 그는 정저우역에 도착하자마자 마중 나온 허난 군무방변河南軍務幇辦 바오더취안寶德全을 그 자리에서 체포한 후 반역죄를 씌워 즉결처분했다. 바오더취안은 원래 자오티의 부하였다. 그런데 자오티가 패망하자 이번에는 우페이푸에게 붙었다. 우페이푸는 그를 펑위샹의 감시 역으로 써먹을 생각이었지만 허를 찔린 셈이었다. 허난성에 부임한 펑위샹은 병력을 대대적으로 확충하면서 세력을 키웠다. 허난성의 요직에는 우페이푸가 추천한 사람 대신 자기 측근을 임명했다. 다달이 20만 위안의 군비를 중앙에 상납하라는 요구도 무시했다. 또한 충실한 기독교도인 그는 낙후한 허난성의 내정을 대대적으로 개혁하고 농민을 수탈하는 사찰을 엄중히 단속하여 민중의 큰 지지를 받았다.

우페이푸는 고분고분하지 않은 펑위샹을 불쾌히 여겼지만 펑위샹도 사사건건 간섭하는 우페이푸에게 불만을 품었다. "예전에 나와 우페이푸는 같은 여단장이었다. 게다가 나는 12개 대대를 지휘했지만 그놈은 고작 8개 대대를 지휘했다. 어느 모로 보나 내가 위였다. 이제 와서 왜 내가 그놈의 명령을 들어야 한단 말인가!"

펑위샹은 겨우 5개월 만인 1922년 10월 허난 독군에서 쫓겨나 베이징의 육군 검열사에 임명되었다. 육군 검열사는 병사의 훈련을 맡은 이름뿐인 명예직이었다. 허난 독군과 성장은 우페이푸의 심복인 장푸라이와 리지천李濟臣이 각각 차지했다. 펑위샹은 앙심을 품으면서도 일단 머리를 숙였다. 그는 허난성에 자기 세력을 남겨두고 장푸라이를 견제했다. 자신은 2만 명의 병력을 이끌고 베이징 교외에 주둔했다. 모든 것은 훗날을 위한 포석이었다.

국공합작

＼ 천중밍, 쑨원을 토벌하다

1922년 6월 15일 밤. 쑨원은 잠이 오지 않았다. 그는 집무실 책상에 앉아 벽에 걸린 지도로 이따금 눈길을 돌렸다. 지도에는 장시성과 푸젠성을 침공한 북벌군의 진군 상황이 그려져 있었다. 오랫동안 벼르고 별러온 북벌이지만, 처음부터 고난의 연속이었다. 그는 장쭤린이 반ᄝ즈리의 깃발을 올린 데 호응하여 후난성으로 군대를 출동시켜 우페이푸의 뒤를 칠 생각이었다. 그러나 천중밍과 자오헝티에게 발목을 잡히면서 차질이 빚어졌다. 쑨원은 양광의 절반을 차지하고 광시성 난닝에 주둔한 광둥성 총사령관 천중밍의 도움이 절실했다. 그는 2만 5,000명의 병력을 보유했다. 그러나 천중밍은 쑨원의 호소에도 불구하고 끝까지 북벌 참여를 거부했다.

천중밍은 광둥성 남쪽의 후이저우惠州 출신으로 쑨원보다 12살 아래였다. 20세에 과거에 합격하여 수재가 됐으며, 31세 때인 1909년

자의국이 설립되자 초대 의원으로 선출되었다. 그러나 멸만흥한에 동조하던 그는 상하이에서 중국동맹회에 가입한 뒤 쑨원의 오른팔로 활동했다. 천중밍은 1911년 4월 27일 광저우에서 황싱과 함께 황화강 사건을 일으켜 160여 명의 동맹회원을 이끌고 양광 총독부를 공격했다. 그러나 참담하게 실패한 뒤 홍콩으로 도주했다. 신해혁명 때 그는 광둥성을 차지하고 광둥 도독이 되었다. 하지만 2년도 되지 않아 쑨원이 위안스카이에게 패하여 일본으로 망명하면서 천중밍도 홍콩으로 탈출할 수밖에 없었다. 그 뒤 홍콩에서 은밀히 활동하면서 광둥성에서 혁명파 세력을 규합하는 등 토대를 구축했다. 쑨원이 광저우를 북벌의 근거지로 삼을 수 있었던 것은 천중밍 덕분이었다. 천중밍이 북양 정부의 압력에 굴복하여 등을 돌렸다면 발붙일 곳조차 찾지 못했을 것이다.

1917년 12월, 광둥성장이 된 천중밍은 교육과 산업을 발전시키고 군비를 재정의 30퍼센트 이내로 억제하여 민중의 찬사를 받았다. 또한 탄압의 대상이었던 사회주의에도 비교적 관대했다. 광둥성 교육부장은 중국공산당의 창시자이자 『신청년』 편집장이었던 천두슈陳獨秀였다. 많은 마르크스주의 신봉자들이 광저우를 거쳐 유럽으로 유학을 떠났다. 호법전쟁이 실패하고 쑨원이 상하이로 달아난 뒤 천중밍은 리례쥔, 쉬충즈 등과 손잡고 루룽팅을 쫓아내 광둥성을 되찾고 광시성까지 손에 넣었다. 쑨원은 광저우로 돌아와 양광을 기반으로 북양군벌에 맞서는 실력을 갖추었다.

10여 년 이상 생사고락을 함께한 두 사람이 갈라선 이유는 통일에 대한 방법론 때문이었다. 분열된 중국을 하나로 통일하는 데에는 이견이 없었다. 그러나 쑨원은 '무력 통일론'을 주장했고, 천중밍은 '연성자치론聯省自治論'을 내세웠다. 천중밍이 보기에 쑨원은 현실을 너무나 몰랐다. 북양군의 실력은 남방보다 훨씬 우세한데 무슨 수로 쓰러뜨린단 말인가. 또한 전쟁에 얼마나 많은 시간이 걸릴 것이며, 얼마나 많은 중국인이 죽을 것인가. 외세의 간섭은 어떻게 막을 것인가. 60여 년 전 태평천국의 혼란상을 재현하자는 것과 다를 바 없었다. 천중밍의 '연성자치론'은 현실 타협론이었다. 중앙정부에서 북양군벌의 권위를 인정하되 각 성이 자치권을 누리자는 것이 연성자치론이다. 그는 무력 통일이나 혁명전쟁이 아닌 현실 정치의 질서 속에서 절충하여 평화적으로 통일해야 한다고 생각했다. 쑨원의 생각은 정반대였다. 그는 천중밍이 광둥성 통치에 만족하여 도탄에 빠진 중국의 현실을 외면하는 군벌식 사고에 빠졌다고 생각했다. 중국이 5호16국 시대로 돌아가 군벌들이 할거하는 상황에서 겉모습뿐인 통일이 무슨 의미가 있는가. 바로 이 점이 두 사람이 양립할 수 없는 이유였다.

천중밍은 아무 실력도 없는 쑨원이 군벌의 힘을 빌려서 군벌을 정벌하겠다며 허세를 부리는 모습이 가소로웠다. 쑨원은 이미 몇 번이나 좌절을 겪었으면서도 실수를 반성하거나 바로잡으려는 노력 없이 번번이 요행을 바라고 모험에 매달렸다. 불굴의 의지라기보다는 집착에 가까웠다. 게다가 쑨원의 동맹자인 돤치루이는 공화정을 짓밟고 총부리를 겨누었던 상대가 아닌가. 굳이 손을 잡는다면 차라리 무력 통일에 반대하고 남북 화평을 지지하던 즈리파와 손잡는 것이 이치에 맞았다. 쑨원의 북벌전쟁이란 통일은커녕 남북 화평을 가로막는 일이었다. 천중밍은 부하였던 장제스(천중밍 밑에서 광둥군 작전주임을 맡고 있었다)에게 쑨원에 대한 섭섭한 속내를 이렇게 털어놓기도 했다.

1913년의 2차 혁명에서 쑨원은 후한민과 나에게 위안스카이 토벌을 요구했다. 그때 출병으로 손해를 본 사람은 나뿐이었다. 만약 그

때 내가 위안스카이에게 반대하지 않고 광저우에 머물러 있었다면 아무 걱정도 없는 세월을 보냈을 것이다.

쑨원이 자기 말을 듣지 않자 인내심이 바닥난 천중밍은 자객을 보냈다. 그리고 3월 21일, 홍콩을 방문하고 돌아오던 광둥군 참모장 덩컹을 암살했다. 쑨원에 대한 경고였다. 덩컹은 군사적 역량을 갖춘 간부가 부족했던 쑨원의 혁명군에서 매우 중요한 인재였다. 광저우우육군학당 출신인 그는 광둥군의 훈련을 맡았다. 쉐웨薛岳·차이팅카이·장파쿠이·리지선 등 그가 길러낸 제자들은 뒷날 장제스가 북벌전쟁을 일으켰을 때 핵심 구성원이 되었다. 그중에는 공산주의자이며 나중에 신4군의 군장이 되는 예팅葉挺도 있었다.

덩컹은 쑨원의 측근이지만 천중밍과도 오랜 친분이 있었다. 그러나 쑨원을 향한 증오심에 분별력을 잃은 천중밍에게는 중요하지 않았다. 격분한 쑨원은 북벌을 취소하기는커녕 초강수로 맞섰다. 4월 21일, 천중밍을 광둥성장에서 해임하고 외교부장 우팅팡을 그 자리에 임명했다. 그리고 광둥성과 광시성, 윈난성의 여러 군벌을 규합한 뒤 5월 4일 광둥성 북부의 사오관韶關에서 북벌 시작을 선언했다. 자신은 광둥성과 장시성의 경계에 있는 난슝南雄으로 대본영을 옮겼다. 북방에서는 장쭤린이 참패하여 이미 산하이관으로 도망친 뒤였지만 결의에 찬 쑨원을 가로막지는 못했다. 천중밍은 북벌에 참여하는 조건을 걸고 총사령관 자리를 타협책으로 요구했지만 거절당했다.

출동 병력은 3만 명. 북벌군의 총사령관은 리례쥔이었다. 그는 장시성 난창에서 태어나 일본 육사 포병과를 졸업했으며, 산시 독군 옌시산과는 육사 동기이기도 했다. 1922년 5월 21일, 북벌군은 세 방향으로 나누어 장시성을 침공했다. 리례쥔이 중로군을, 쉬충즈가 우익군

을, 황다웨이黃大偉가 좌익군을 맡았다. 북벌은 순조로웠다. 장시 독군
은 즈리파 원로인 천광위안이었다. 하지만 가혹한 통치로 민란이 일
어나자 톈진으로 달아났고, 전 육군총장 차이청쉰蔡成勳이 그 자리에
앉았다. 차이청쉰은 푸젠 독군 리허우지와 힘을 모아서 장시-푸젠 연
합군을 결성하고 북벌군에 맞섰지만, 리례쥔의 중로군에게 참패했다.
북벌군은 난캉南康을 점령하고 충이崇義를 공략했다. 또한 우익군과 좌
익군이 협공하여 장시성 남부의 요충지인 간저우贛州를 점령했다.

북벌군은 파죽지세로 진군해 한 달도 안 되어 장시성의 절반을 장
악했다. 문제는 천중밍이었다. 쑨원과 타협에 실패한 그는 6월 13일
멋대로 4,000여 명의 군대를 이끌고 광저우 교외에 주둔했다. 시내에
는 천중밍이 반란을 일으킬 것이라는 소문이 파다했다. 쑨원은 그의
속셈을 알 수 없었기에 급히 광저우로 돌아왔다. 그리고 "군대를 당
장 광저우 30리 밖으로 철수하라"고 명령했다. 천중밍은 웃어넘겼다.
쑨원은 분개했다. 그렇지만 천중밍은 일본 망명 시절부터 함께해온
오랜 지기였기에 적으로 돌리고 싶지 않았다.

쑨원이 망설이는 사이 선수를 친 쪽은 천중밍이었다. 6월 15일, 심
복 예쥐葉擧와 훙자오린洪兆麟에게 쑨원의 총통부를 공격하라고 명령했
다. "쑨원의 목에 20만 위안의 현상금을 건다! 또한 광저우를 점령하
면 사흘 동안 휴가를 주겠다." 여기서 휴가란 무제한 약탈을 허용한
다는 뜻이었다. 16일 새벽 3시, 나팔 소리와 요란한 총성이 정적을 깨
며 광저우 시가지에 울려퍼졌다. 천중밍의 반란군이 광저우의 주요 도
로와 관청을 속속 점령했다. 그리고 광저우 외곽에 있는 총통부인 '월
수루越秀樓'로 향했다. 이른바 '6·16사변'이다.

쑨원은 막 잠이 든 참이었다. 호위병이 쑨원의 침실로 허겁지겁 들
어왔다. "각하, 적의 습격입니다!" "무슨 소리인가?" "천중밍이 반란

을 일으켰습니다." 쑨원은 아뿔싸 탄식을 내뱉었다. 마지막까지 믿었는데 끝내 이렇게 뒤통수를 칠 줄이야.

총통부를 향해 총알이 날아왔다. 당장이라도 반란군이 총통부로 들이닥칠 판이었다. 부하들은 쑨원에게 피할 것을 권유했다. "이런 판국에 이곳을 버리면 어떻게 되겠소? 나는 여기에 남을 것이오." 쑨원은 완강히 거부했다. 그러나 상황이 점점 위급해지자 부하들은 쑨원에게 억지로 평복을 갈아입힌 다음 중요 서류만 챙겨서 탈출시켰다. 쑨원은 부인인 쑹칭링에게도 같이 가자고 말했다. 만삭의 몸인 그녀는 자기가 함께 가면 반란군에게 붙잡힐 것이라며 50여 명의 경비병들과 함께 총통부에 남아 끝까지 싸우겠다고 했다. "중국에는 제가 없어도 되지만 당신은 꼭 있어야 합니다." 총통부를 나선 쑨원 곁에는 오랜 측근이자 비서인 린즈몐林直勉과 호위병 1명만 있을 뿐이었다.

쑨원이 탈출한 지 30분도 안 되어 사방에서 총알과 포탄이 총통부를 향해 빗발치듯 날아왔다. "쑨원을 죽여라!" 4,000여 명의 반란군을 향해 경비병들도 필사적으로 응사했다. 그러나 총통부 건물은 불바다가 되고 경비병은 대부분 죽거나 포로가 되었다. 쑨원의 오른팔이자 광저우 정부의 재정부장인 랴오중카이도 붙잡혔다. 쑹칭링은 총통부가 함락되기 직전에 호위병 2명과 함께 간신히 빠져나와 야산으로 탈출했다. 그리고 광둥대학(지금의 중산대학) 총장 중룽광鍾榮光의 집에 숨었다. 목숨은 건졌지만 극도의 긴장감과 스트레스 때문에 유산한 그녀는 더 이상 아이를 낳지 못했다. 이때 목숨을 걸고 그녀를 호위한 사람은 쉐웨라는 젊은 장교였다. 그는 십수 년 뒤 중일전쟁에서 '창사의 호랑이'라 불리며 항일 명장으로 명성을 떨치게 된다.

한편, 해군총장 원수더溫樹德는 반란군이 총통부를 공격했다는 보고를 받고 해군 육전대 사령관 쑨샹푸孫祥夫에게 쑨원 구출을 지시했다.

쑨샹푸는 80여 명의 육전대원들을 거느리고 현장으로 달려갔다. 그중에는 해군 육전대 제2대대장이자 훗날 마오쩌둥 정권의 개국공신이 되는 예젠잉葉劍英도 있었다. 이들은 반란군을 쫓아버리고 쑨원을 호위하여 해군사령부로 데려왔다. 하지만 호랑이 아가리 속에 있기는 마찬가지였다. 시가지 전역이 반란군의 수중에 넘어가면서 광저우 어느 곳도 안전하지 않았다. 쑨원 일행은 사령부를 나와서 황푸강 변에 대기 중이던 군함에 올라탔다. 780톤급 포함 융펑永豊이었다. 융펑함은 쑨원을 태운 다음 반란군이 장악한 광저우 시가지 쪽으로 함포를 돌려 맹렬한 포격을 퍼부었다. 102mm 50구경 속사포가 쏘아대는 포탄은 시가지를 금세 불바다로 만들었다. 쑹칭링도 뒤늦게 구출되어 융펑함에서 쑨원과 재회했다. 훗날 쑹칭링은 이날을 회고하면서 "마치 남편을 잃었다가 다시 만난 기분이었다"고 말했다. 반란군에게 붙들렸던 랴오중카이는 몇 번이나 살해 위협을 받았지만 운 좋게 탈출하여 합류했다. 융펑에서 겨우 한숨 돌린 쑨원은 천중밍 토벌을 선언하고 원수더에게 모든 함대를 황푸강으로 집결시키라고 명령했다.

앞서 쑨원과 말다툼하고 낙향했던 장제스는 소식을 듣고 부랴부랴 광저우로 돌아왔다. 그는 사건 이틀 후인 6월 18일 융펑함에서 쑨원과 재회했다. 쑨원은 장제스의 충고를 듣지 않은 것을 크게 후회하면서 그의 손을 잡고 말했다. "자네를 보니 2만 명의 원군을 얻은 것보다 기쁘다." 감격한 장제스는 목숨을 다하여 쑨원을 지키겠다고 맹세했다.

융펑함과 융샹永翔·추이·이장豫章·광캉廣康 등 7척의 포함이 황푸강 변에서 일제히 불을 뿜어 천중밍의 사령부와 반란군 진지를 박살 냈다. 그러나 반란군에게 넘어간 해안포대도 쑨원의 함대를 향해 포문을 열었다. 한동안 치열한 포격전이 벌어졌다. 그 와중에 광저우 경

●— 융평함에서 쑨원, 쑹칭링 부부와 해군 장병들. 6·16사변 1주년 기념사진이다.

비를 맡은 위수사령관 웨이방핑魏邦平이 애매한 태도를 보이면서 군대
동원을 주저하는 바람에 쑨원의 함대는 중립지대인 영국 조계로 물러
나야 했다.

상황은 매우 불리했다. 웨이방핑은 물론이고 해군 수장인 원수더도
천중밍에게 회유되어 쑨원에게 등을 돌렸다. 이들은 이전부터 쑨원이
무능하다며 불만을 품고 있었다. 천중밍을 진압하라는 명령을 무시하
고 오히려 쑨원에게 전문을 보내 하야를 강요했다. 7월 8일에는 원수
더가 직접 지휘하는 순양함 하이치와 하이첸, 자오화肇和 등 3척의 순
양함이 쑨원의 함대를 공격했다.

4,300톤급 영국제 방호순양함 하이치는 203mm 주포 2문과 120mm
속사포 10문, 47mm 부포 16문 등으로 중무장한 중국 최강의 군함이

었다. 겨우 몇백 톤밖에 안 되는 쑨원의 소형 포함들이 상대가 될 리 없었다. 융펑함 등은 간신히 사정거리에서 벗어나 황푸강 하류의 바이어탄白鵝潭으로 물러났다. 내분에 빠진 광저우 군정부는 공중분해된 것과 다름없었다. 또한 식량과 물을 보충할 수 없어 수병들의 사기는 땅에 떨어졌다.

육지에서는 리례쥔과 쉬충즈가 이끄는 북벌군이 천중밍의 손에 넘어간 사오관 탈환에 나섰다. 7월 말부터 8월 초까지 치열한 전투를 벌였지만 북벌군은 탄약이 떨어지면서 난습으로 퇴각했다. 북벌은커녕 천중밍과 차이청쉰·리허우지 연합군의 협공으로 전멸할 판이었다. 쑨원은 보고를 듣고 절망했다. 55일 동안이나 융펑함 선상에서 온갖 어려움을 참고 견디며 광저우 탈환의 희망을 버리지 않았던 그도 물러나지 않을 수 없었다. 쑨원은 장제스와 여러 함장을 불러모아놓고 자신은 상하이로 가서 후일을 기약하겠다고 했다. 8월 9일, 쑨원 부부는 영국 포함을 타고 상하이로 향했다. 그를 따르는 사람은 장제스와 왕징웨이, 광둥성 강방함대 사령관 천체陳策 등 몇몇 측근뿐이었다.

쑨원이 떠나자 융펑을 비롯한 해군 함대는 천중밍에게 투항했다. 우페이푸는 천중밍에게 광둥성의 지배를 인정했다. 원수더는 함대를 이끌고 북상하여 산둥성 칭다오에 입항한 뒤 우페이푸에게 투항했다. 우페이푸는 이들을 재편하여 발해함대渤海艦隊를 창설하고 원수더를 함대 사령관에 임명했다. 발해함대는 순양함 3척과 포함 6척, 구축함 4척, 수송함 1척 등 막강한 위용을 자랑했다. 우페이푸는 중앙 해군 이외에 발해함대까지 차지함으로써 중국 해군의 거의 전부를 손아귀에 넣었다. 융펑 등 몇 척의 포함만 광저우에 남았다.

1917년 7월, 쑨원의 혁명을 도와 새로운 시대를 열겠다며 함께 내려왔던 호법함대는 5년 만에 해체되었다. 쑨원에게는 또 한 번의 거친 시련이었다.

＼중국공산당의 등장

제정러시아가 붕괴한 뒤 수많은 피와 시체 위에 신생 소련이 세워졌다. 소련은 제정러시아 시절의 모든 침략전쟁을 부정하고 제국주의에 대한 투쟁을 외쳤다. 1919년 3월 2일, 모스크바에서 40여 개국의 공산주의자들이 모여 코민테른을 창설했다. 코민테른의 역할은 제국주의 타도와 약소민족의 독립을 명목으로 전 세계에 공산주의혁명을 '수출'하는 것이었다.

1921년 4월에는 모스크바에 '소련 동방노동자 공산대학'(줄여서 동방대학)을 설립하고 세계 각지의 젊은 혁명가들을 불러모았다. 동방대학은 공산주의혁명을 전파하는 데 앞장설 혁명 전사들을 양성하는 학교였다. 조봉암을 비롯해 항일 독립운동을 하던 우리나라의 많은 독립투사들도 입학했다. 여기서 동문수학한 사람들 중에는 훗날 중국과 타이완의 지도자가 되는 덩샤오핑과 장징궈도 있었다. 이때의 우정은 뒷날 장제스와 마오쩌둥 시절의 오랜 적대 관계를 청산하고 양안의 화해 분위기를 조성하는 데 많은 영향을 주게 된다.

1919년 7월 25일, 소련 외무위원장(외무장관) 레프 카라한$^{Lev M. Karakhan}$은 중국 정부를 향하여 반反제국주의 선언을 발표했다. 이른바 '카라한 선언'이었다.

1. 소련은 제정러시아가 일본과 중국 그리고 제정 시대의 동맹국들과 체결한 일체의 비밀조약을 폐기한다.
2. 소련은 중동철도와 일체의 부속 권익을 중국에 무상으로 반환한다.
3. 소련은 중국이 지불하기로 한 경자배상금의 청구를 포기한다.

4. 소련은 조차지와 영사재판권 등 중국 영토 안에서 소유했던 일체의 특권과 특수 구역을 폐지한다.

카라한 선언은 아편전쟁 이래 열강이 중국에서 차지한 이권을 처음으로 되돌려준 사례였기에 중국 사회를 크게 고무했다. 그동안 중국인들은 의화단의 난을 진압하는 과정에서 온갖 행패를 부리고 베이징을 약탈했던 제정러시아에 깊은 증오심을 품고 있었다. 그러나 카라한 선언으로 해묵은 감정은 하루아침에 사라졌다. 중국인들은 소련이 제정러시아와는 별개의 나라이며, 중국과 같은 약소민족의 편이라고 여겼다.

1918년 11월, 베이징대학 교수이자 도서관장 리다자오李大釗는 러시아의 10월혁명을 연구하고 대학 학회지 『신청년新青年』에 「볼셰비즘의 승리」라는 글을 발표했다. 그는 "앞으로의 세계는 붉은 깃발의 세계가 될 것이 틀림없다"고 단언했다. 그는 베이징대학 문과학장이었던 천두슈와 함께 『매주평론每週評論』이라는 잡지를 창간하여 공산주의 사상과 러시아혁명을 선전했다. 천두슈는 리다자오보다 9살 위로 일본 유학파 출신이자 반청 혁명운동에도 참여했다. 중국 최초의 마르크스-레닌주의자였던 두 사람의 글은 많은 지식인들의 지지를 받았다. 공산주의 사상은 대학가를 중심으로 퍼져나갔다.

베이징과 상하이, 도쿄, 파리에서는 젊은 학생들이 중심이 되어 공산주의 사상을 배우려는 학습 단체들이 조직되었다. 공산주의 사상은 대중과 노동자, 군대에 이르기까지 각계각층으로 전파되었다. 중국의 젊은 지식인들 사이에서 공산주의는 애국 그 자체나 다름없었다. 하지만 공산주의에 대한 막연한 환상이기도 했다. 본래 공산주의의 목적은 계급투쟁과 자본주의 척결이지 민족해방이 아니기 때문이다. 소런만 보더라도 자국 내 소수민족들의 자결권을 철저하게 억압했으며, 다른 나라의 공산주의 단체들에는 코민테른에 대한 맹목적인 복종을 강요했다. 그런 점에서 공산주의는 실제로 제국주의와 다를 바 없으며 피지배민족의 구세주가 될 수 없다는 점은 분명했다. 그러나 구미 열강의 침략을 받고 있던 아시아-아프리카의 식민지 민족주의자들은 공산주의가 제국주의 타도를 외친다는 이유만으로 성급하게도 경외감마저 품었다.

공산주의에 눈뜬 사람 중에는 마오쩌둥도 있었다. 그는 리다자오가 번역한 『공산당 선언』을 읽고 크게 감명하여 베이징까지 혈혈단신 올라갔다. 마오쩌둥의 장래성과 성실함을 높이 평가한 리다자오는 베이징대학의 도서관 사서로 일하게 했다. 얼마 뒤 후난성으로 돌아간 마오쩌둥은 1920년 11월 창사에서 공산당 소조직을 결성했다.

카라한 선언에 고무된 베이징의 북양 정부는 구미 열강을 상대로 외교 협상에 나섰으며 조계 반환과 불평등조약 개정을 요구했다. 동북의 수장 장쭤린은 북만주에서 중둥철도에 대한 소련의 이권을 회수했다. 중국과 이웃한 대국 소련이 진심으로 약소민족의 해방에 앞장서는 나라였다면 중국인들에게는 큰 힘이 되었을 것이다.

그러나 적백내전에서 승리한 소련은 얼마 지나지 않아 본색을 드러냈다. 1920년 9월 27일 제2차 카라한 선언에서 소련은 중국에 대한 권익을 포기한다고 한 적이 없다면서 말을 180도 바꾸었다. 특히 중둥철도는 블라디보스토크를 방위하는 데 반드시 필요하다는 이유를 들어 장쭤린을 압박해서 중국에 돌려줬던 이권을 다시 가져갔다. 또한 북만주에 대한 경제 침탈을 강화하여 현지인들의 반감을 샀다. 동북 정권과 소련의 갈등은 몇 년 뒤 중둥철도를 놓고 '평소전쟁奉蘇戰爭'으로 폭발한다. 소련의 행태는 이율배반적이었다. 제정러시아가 안고 있던 부채를 부정하고 소련 국내에 있는 열강의 이권을 일방적으로 동결했으면서도 중국에 대해서는 자국의 권리를 주장했기 때문이다.

20세기 초반 제정러시아는 러일전쟁의 전비와 국내 근대화를 명목으로 해외에서 막대한 빚을 끌어다 썼다. 1913년 당시 누적 채무액은 9억 3,000만 파운드로, 1년 GDP의 50퍼센트에 달했다(참고로, 러시아보다 훨씬 부유했던 영국은 1913년 연간 세입이 1억 9,800만 파운드 정도였다). 채무액은 1차대전을 거치면서 눈덩이처럼 불어났다. 1914년부터 1917년까지 4년 동안의 채무는 33억 8,500만 파운드에 달하여 이자만도 연간 세입을 넘어설 정도였다. 천문학적인 빚이 결국 차르 정권을 붕괴시킨 셈이지만, 제정러시아를 무너뜨린 레닌의 소비에트 정부는 한 푼도 갚지 않겠다고 선언했다. 제정러시아의 채무는 대부분 미국과 영국, 프랑스, 일본에서 빌렸다. 이들이 당장 간섭전쟁에 나선 것도 당연했다.

남의 권리는 인정하지 않으면서 자기 권리만 찾겠다는 것이 소련식 논리였다. 소련은 열강의 보복에 대항할 무력이 있지만 중국은 그렇지 못했기 때문이다. 소련이 떠드는 '민족자결의 원칙'이란 볼셰비키 혁명을 다른 나라에 전파하여 전 세계를 공산화하려는 수단에 지나지 않았다. 소련 또한 전형적인 제국주의 열강이었으며, 자국의 이익을 위해 약소국을 짓밟기 일쑤였다. 그러나 소련의 실체는 교묘하게 감추어진 채 중국 사회에 제대로 알려지지 않았다.

소련이 코민테른을 설립하고 세계 각지로 공산혁명 수출에 나선 진짜 속내는 서구 열강의 봉쇄정책으로 국제사회에서 고립됐기 때문이다. 첫 번째 대상은 패전의 혼란에 빠져 있던 독일, 헝가리 등 유럽 국가들이었다. 현지 공산주의자들은 소련의 도움을 받아 무장봉기를 일으켰다. 그러나 군대에 의해 금세 진압되었다. 민중이 공산당을 지지하지 않았기 때문이다. 마르크스는 자본주의가 발달한 선진국에서 제일 먼저 공산혁명이 일어나리라고 예언했지만 현실은 전혀 달랐다. 레닌은 여러 차례의 실패를 경험한 뒤 방향을 바꾸었다. 이른바 '동방 우회전략'이었다. 공격 대상을 서쪽에서 동쪽으로 옮긴 것이다. 그는 중국을 비롯하여 낙후한 후진국과 식민지 국가들을 새로운 실험 대상으로 삼기로 했다. 이들 국가는 서구에 깊은 반감을 품고 있으므로 반제국주의운동과 공산혁명을 연계하겠다는 전략이었다.

1920년 5월, 시베리아 구위원회 산하 코민테른 극동국 서기였던 보이틴스키Grigori Voitinsky 부부가 베이징으로 왔다. 그의 임무는 중국에서 공산주의자들을 규합하여 중국공산당을 창설하는 일이었다. 보이틴스키는 리다자오·천두슈와 만나 상하이와 베이징에서 중국 최초의 공산당 소조직을 설립했다. 조직의 총책임자는 '서기書記'라고 불렀다. 천두슈가 중국 최초의 공산당 서기가 되었다. 상하이를 시작으로 우한과 창사·지난·광저우 등 여러 대도시와 유학파가 많이 있던 도쿄와 파리에서도 공산당 조직이 구성되었다. 공산당 조직은 학생들 사이에 파고들어 공산주의 사상을 전파하고, 노동자들이 노조를 조직해 계급투쟁에 나서게끔 선동하는 것이 임무였다. 1년 뒤인 1921년 7월 23일, 상하이 프랑스 조계의 망지로 106호에서 전국 6개 도시의 대표 12명이 한자리에 모였다.

상하이 대표: 리다李達, 리한쥔李漢俊
베이징 대표: 장궈타오張國燾, 류런징
창사 대표: 마오쩌둥, 허수헝
우한 대표: 둥비우董必武, 천탄추陳潭秋
지난 대표: 왕진메이王盡美, 덩언밍鄧恩銘

광저우 대표: 천궁보陳公博

도쿄 대표: 저우포하이周佛海

또한 천두슈를 대신하여 참석한 바오후이썽包惠僧과 코민테른에서 파견한 마링Hendricus Maring, 보이틴스키의 후임자 니콜스키가 고문으로 참석했다. 가장 나이 많은 사람은 45세의 허수헝何叔衡이었고, 19세의 류런징劉仁靜이 가장 어렸다. 마오쩌둥은 28세였다. 대부분 30세 이하의 한창 나이로, 새로운 시대를 꿈꾸는 혈기 왕성한 젊은이들이었다. 이것이 중국공산당의 창당대회이자 제1차 전국대표대회였다. 그러나 당원 수는 57명에 불과했다. 이름만 거창한 '전국대표대회'일 뿐 작은 친목 모임에 지나지 않았다. 공산당 지도자인 리다자오와 천두슈는 참석하지 않았고, 해외 지부에서도 너무 멀다는 이유로 오지 못했다.

이날 참석한 사람들이 앞으로 중국공산당을 이끌고 나갈 지도자들이었다. 첫 모임의 분위기는 화기애애했지만 자신들의 앞날이 얼마나 파란만장할지는 아무도 짐작하지 못했을 것이다. 4명이 처형당했고, 7명이 국민당이나 친일 매국노로 전향했다. 바오후이썽까지 포함해 13명 가운데 마지막까지 살아남아서 훗날 개국공신이 되고 승리의 열매를 맛본 사람은 두 사람뿐이었다. 한 사람이 중화인민공화국 부주석을 지낸 둥비우董必武, 또 한 사람은 마오쩌둥이었다. 소련은 갓 태어난 아기나 다름없는 중국공산당의 자생력을 키워주는 대신 코민테른의 지시를 고분고분 따르는 꼭두각시로 길들여갔다. 또한 중국공산당이 기생할 또 다른 숙주를 찾아나섰다. 쑨원의 국민당이었다.

╲중국에 온 요페

1922년 8월, 소련 특사 아돌프 요페^Adolph Joffe가 중국을 방문했다. 중국의 혁명을 후원한다는 명목으로 친소 볼셰비키 정권을 세울 기회를 엿보기 위해서였다. 그가 맨 먼저 찾은 사람은 쑨원이 아니라 북양정부의 실권자 우페이푸였다. 우페이푸는 여러 군벌 중에서도 단연 최강이었다. 또한 대표적인 민족주의자로서 친일 매국 군벌인 돤치루이·장쭤린을 격파하여 '애국장군'이라 불리며 여론의 지지를 받았다. 일본은 소련 최대의 적이었다. 달리 말하면, 일본의 적은 소련의 친구이기도 했다. "적의 적은 친구"라는 논리에 따라 소련 외교부와 코민테른 극동 지부는 반제국주의운동을 위해 중국에서 연합해야 할 상대는 쑨원이 아니라 우페이푸라고 여겼다. 요페도 우페이푸라면 말이 잘 통하리라 여겼다.

뤄양에서 우페이푸를 만난 요페는 "당신은 심모원려한 철학자이자 지혜로운 정치가이며 뛰어난 군사전략가입니다"라면서 펑즈전쟁의 승리를 축하하고, 그런 완벽한 승리는 지금까지 보지 못했다며 추어올렸다. 그리고 소련은 중국 혁명을 지원할 의사가 있으며, 양국이 적극 협력하자고 제안했다. 요페의 기대와 달리 우페이푸는 소련과 손잡을 생각도 없고 중국을 사회주의국가로 만들 생각도 없었다. 그는 양국이 국교를 정상화하는 조건으로 먼저 소련이 중둥철도를 반환할 것과 소련이 장악한 외몽골에서 손을 뗄 것을 요구했다. 요페는 우페이푸를 설득하는 것을 포기했다.

소련이 합작 대상으로 고려한 또 한 사람은 광둥성의 천중밍이었다. 천중밍 세력은 쑨원보다 훨씬 강력하고 탄탄했다. 또한 자신을 '급진적 사회주의자'라고 일컬었으며, 러시아혁명 직후 모스크바로 10월혁명을 축하하는 축전을 보낸 적도 있었다. 공산당 지도자인 천두슈를 초빙하여 교육부장으로 임명하고 많은 공산당원을 기용하는 등 군벌 중에서는 보기 드물게 공산당에 우호적이었다. 레닌도 천중밍에게 관심을 두고 1920년 4월 특사를 파견해 합작을 의논했다. 천중밍에 대한 소련의 평가는 긍정적이었다. "공산주의를 신봉하는 혁명 장군이며 역량이 뛰어나고 군중의 큰 지지를 받고 있다." 그러나 얼마 뒤 천중밍이 쑨원의 북벌전쟁을 강력하게 반대하고 '6·16사변'을 일으키자 소련 지도부는 그도 여느 군벌과 다를 바 없는 인물이라며 합작을 포기했다.

요페가 마지막으로 눈을 돌린 상대는 천중밍에게 쫓겨나 상하이에서 떠도는 신세였던 쑨원이었다. 쑨원은 명망만 있을 뿐 무력도 실력도 없고, 발붙일 수 있는 한 뼘의 땅조차 없었다. 소수의 추종자들도 대부분 그의 주변을 맴돌며 무위도식하는 무능한 자들이었다. 쑨원의 장래가 밝다고 말하기는 어려웠다. 그런 점에서 우페이푸와 천중밍을 제쳐놓고 쑨원에게 차례가 온 것은 어쩌면 기적일지 모른다. 만약 그들이 소련에 좀 더 협조적이었다면 그 뒤의 역사는 완전히 달라졌을 것이다. 어쨌든 소련의 최종 선택은 쑨원이었다.

쑨원은 예전에 레닌에게 10월혁명의 성공을 축하하는 전문을 보낸 적이 있지만 결코 공산주의에 관한 충분한 지식이 있거나 호의적인 것은 아니었다. 1년 전인 1921년 6월, 코민테른에서 파견한 네덜란드 공산주의자 마링이 쑨원을 방문해 소련과의 합작을 제안했을 때 "나는 마르크스주의를 신봉하지 않는다"면서 거절한 바 있다. 그러나 주변 상황은 쑨원을 소련과의 합작으로 내몰았다. 쑨원 자신은 공산주의자로 전향할 생각이 추호도 없었지만 자금과 무기 지원이 절실했다. 쑨원은 우선 미국과 영국에 혁명전쟁을 지원해달라고 손을 내밀었지만 시큰둥한 반응만 돌아왔다. 열강들은 북양 정부가 중국의 정

통 정권이라고 여겼으며, 반제국주의와 중화민족주의를 내세우는 쑨
원을 지지할 이유가 없었다. 천중밍의 반란으로 그나마 유일한 근거
지인 광저우에서도 쫓겨난 쑨원은 초조했다.

이런 와중에 1923년 1월 16일 요페가 상하이로 방문하자 쑨원은
천군만마를 만난 듯한 기분이었다. 쑨원은 요페에게 이렇게 말했다.
"공산주의는 중국에 적합하지 않습니다. 중국에서 소비에트 혁명은
현실적이지 못합니다. 다만 우리에게 가장 긴급한 문제는 중국의 통일
과 완전한 독립을 획득하는 것이며, 소련 인민들이 열성적으로 지지해
주기를 바랍니다." 요페도 쑨원에게 당장 공산주의자가 되라고 강요
할 생각은 없었다. 그는 쑨원의 요구를 수락하고 거액의 원조를 약속
했다. 대신 어중이떠중이들의 모임에 불과한 국민당을 소련식으로 개
조할 것과 혁명군의 양성 그리고 국민당과 공산당의 연합을 제안했다.

쑨원도 즉석에서 동의했다. 심지어 그는 소련이 1개 사단으로 신장
성을 점령하고 혁명의 근거지로 삼을 것을 제안했다. 중국 영토를 소
련에 할양하겠다는 것이나 다름없는 얘기였다. 중국인들에게는 다행
히도 요페조차 이것만큼은 소련의 역량을 벗어나는 요구였기에 거절
했다. 국민당 내부에는 소련과의 합작에 강한 거부감을 드러내는 사
람들이 많았다. 우파는 소련과 손을 잡으면 구미 국가들과의 관계가
나빠질 것이며 국내 자본가들도 등을 돌릴지 모른다고 주장했다. 쑨
원의 입장은 단호했다. "어차피 그들은 우리의 혁명을 지지하지 않는
다. 우리를 지지하는 세력은 소련뿐이다." 심지어 "모두가 반대한다
면 나는 아예 국민당을 없애고 공산당에 가입하겠다"고 잘라 말했다.

중국과 소련 사이의 해묵은 문제는 외몽골과 중둥철도였다. 그러나
쑨원은 우페이푸와 달리 훨씬 타협적인 자세를 취했다. 그는 중국의
주권이 존중받는다는 전제 아래 외몽골과 북만주에서 소련군의 주둔

을 인정하면서 자신은 소련의 성의를 믿는다고 말했다. 또한 외몽골과 중동철도에서 소련군이 갑자기 철수할 경우 그 공백을 일본이 차지할 수 있으므로 현상을 유지하는 쪽이 중국의 이익에도 부합한다고 덧붙였다. 물론 쑨원은 중국의 주권을 소련에 양보했다기보다는 소련의 지원이 절실한 처지에서 칼자루를 쥐고 있는 요페와 부딪치고 싶지 않았을 뿐이었다. 하지만 이유야 어떻든 외몽골에서 소련의 지위와 군대 주둔을 묵인한 셈이었다. 이것은 소련이 바라던 대답이었다. 요페는 모스크바에 급전을 보내 "쑨원이 걸려들었다"고 보고했다. 반면, 우페이푸는 1922년 11월 20일에도 요페에게 서신을 보내 한층 강경한 태도로 소련은 외몽골과 중동철도에서 손을 떼라고 거듭 경고했다. 소련이 물러나지 않으면 이듬해 봄에 군대를 보내 무력으로 쫓아내겠다고 엄포를 놓았다. 소련 지도부는 우페이푸와의 관계를 끊고 쑨원을 후원하기로 결정했다.

쑨원을 대신하여 장제스가 북벌에 성공한 뒤 외몽골과 중동철도 반환 문제는 본격적으로 중소 양국의 뜨거운 감자로 떠올랐다. 1929년 8월에는 장쉐량이 중동철도를 강제로 회수하려다 소련군의 침공으로 '펑소전쟁'이 일어났다. 동북군은 파멸적인 피해를 입었다. 이 과정에서 드러난 동북군의 허약함은 관동군이 만주사변을 일으키는 원인이 되었다. 민족주의자였던 장제스는 북방 문제를 쉽게 포기할 생각이 없었지만 국내의 혼란과 소련의 비협조로 해결책을 찾을 수 없었다.

스탈린이 집권한 소련은 중국에 대해서는 고압적이면서, 일본에게는 만주국 건국 이후 손바닥 뒤집듯 유화정책으로 바꾸어 관계 개선에 나섰다. 1935년 3월, 소련은 중동철도를 만주국에 1억 4,000만 엔에 팔아버리고 북만주에서 완전히 손을 뗐다. 그러나 스탈린의 기대와 달리 일본은 대소 강경책을 고수하면서 외몽골과 시베리아를 탐냈다. 또한 중일전쟁을 일으켜 본격적으로 중국 침략에 나섰다. 국제사회에서 고립된 중국은 소련과 결탁할 수밖에 없었다. 이 와중에 외몽골 문제는 자연스레 뒷전으로 밀려났다.

＼국공합작의 결성

1923년 1월이 되자 벼랑 끝에 몰려 있던 쑨원의 상황도 차츰 호전되었다. 사오관의 싸움에서 천중밍에게 패하여 궁지에 내몰렸던 북벌군은 상대의 허를 찔렀다. 10월 2일, 쉬충즈가 지휘하는 동로군이 푸젠성을 침공했다. 또한 푸젠 군벌 중 한 사람인 푸젠성장 겸 제24혼성여단장 왕융취안王永泉과 손을 잡았다. 안후이파인 그는 안즈전쟁 이후 즈리파로 전향한 푸젠 독군 리허우지와 갈등을 빚고 있었다. 쉬수정은 북벌군과 왕융취안의 연합을 중재하는 데 성공했다. 서쪽에서는 주페이더朱培德의 서로군이 후난성을 거쳐 광시성 북쪽으로 물러난 뒤 광시 군벌들과 연합하여 천중밍을 협공할 태세를 갖추었다.

　푸젠 독군 리허우지는 탐욕스럽기만 할 뿐 무능하기 짝이 없는 인물이었다. 북벌군에게 연전연패한 데다 그동안의 악정惡政으로 푸젠성 곳곳에서 반란이 일어났다. 10월 17일, 쉬충즈의 부대가 푸젠성의 성도 푸저우를 점령했다. 리허우지는 샤먼厦門으로 후퇴한 뒤 천중밍과 장시 독군 차이청쉰에게 지원을 요청했지만 전심전력으로 도울 이유가 없는 두 사람은 움직이려 하지 않았다. 물론 즈리파의 실질적 영수인 우페이푸는 못 본 척할 수 없었다. 하이룽·잉루이·퉁지 등 방호순양함 3척과 포함 추관, 해군 육전대 제1혼성여단 2,000여 명을 급파했다. 그러나 그사이 리허우지는 푸젠 제2사단의 반란으로 샤먼에서도 쫓겨나 난징으로 달아났다.

북벌군은 푸젠성의 대부분을 장악했다. 남쪽으로는 천중밍의 군대를 격파하고 사오관과 우저우를 탈환하는 등 전세가 역전되었다. 쑨원은 전 참의원 의장이자 광저우 군정부 외교부장이었던 린썬을 푸젠 성장으로 임명했다. 광시성에서는 광시 군벌의 한 사람인 선훙잉이 쑨원과 화해하고 천중밍을 협공했다.

6만 5,000명으로 늘어난 북벌군은 광시성과 푸젠성, 장시성 등 세 방향에서 광저우로 진격했다. 1923년 1월 12일, 전황이 불리하다고 판단한 천중밍은 광저우를 버리고 후이저우로 퇴각했다. 나흘 뒤인 16일, 광저우는 다시 쑨원의 손에 들어왔다. 융펑과 페이잉·퉁안^{同安}·푸안^{福安} 등 4척의 포함을 비롯해 광둥 해군의 군함들도 귀순했다. 쑨원은 함대를 재조직하고 호법함대 참모장이었던 차오티쿤^{趙梯昆}을 함대 임시 사령관으로 임명했다.

1월 26일, 상하이에서 '쑨원-요페 공동선언'이 발표되었다. 선언문은 크게 4개 항목이었다. 요약하면 다음과 같다.

1. 중국에 공산 조직과 소비에트 제도를 도입하지 않는다.
2. 소련은 중국 혁명에 열렬한 지원을 아끼지 않는다.
3. 중둥철도 문제는 중소 양국과 쑨원, 장쭤린 사이의 협의로 해결한다.
4. 소련은 외몽골을 중국에서 분리하지 않는다.

요페는 결단코 중국에서 공산주의혁명을 하지 않을 것이며 쑨원의 삼민주의에 복종하여 중국 혁명을 후원할 것을 약속했다. 소련은 순수하게 쑨원의 혁명전쟁을 도울 뿐, 어떤 내정간섭도 하지 않겠다는 의미였다. 또한 제정러시아 시절 중국에서 강탈한 모든 이권의 포기를 약속했다. 요페가 요구 조건을 모두 받아들이자 쑨원은 '연소용공聯蘇容共', 소련과 손잡고 중국공산당을 포용하여 중국 혁명을 완수한 다는 데 합의했다.

1923년 2월 21일, 쑨원은 상하이를 떠나 광저우로 복귀했다. 6·16 사변으로 야반도주하듯 탈출한 지 8개월 만이었다. 그는 다시 대원수가 되어 와해된 광저우 군정부의 재건에 나섰다. 그런데 4월 16일에 광시 군벌 선훙잉이 광저우로 쳐들어왔다. 양광왕 루룽팅의 부하였던 그는 루룽팅이 몰락하자 우페이푸에게 귀순하여 제17사단장에 임명되었다. 천중밍이 우페이푸와 손잡고 쑨원을 쫓아내는 동안 선훙잉은 1922년 11월 구이린, 류저우, 우저우 등을 차례로 점령했다. 광시성에서 가장 강력한 세력이 되자 이번에는 우페이푸와 손을 끊고 천중밍을 공격하여 쑨원의 광저우 탈환에 일조했다. 그러나 진짜 속셈은 쑨원과 천중밍이 피 터지게 싸우는 동안 자신의 세력을 확장하려는 것이었다.

선훙잉은 몰래 군대를 동원하여 광저우를 기습했다. 그러나 윈난군 총사령관 양시민楊希閔과 광시성 제2로路 총사령관 류전환劉震寰의 대응으로 대패했다. 선훙잉은 잔존 병력을 이끌고 구이린으로 퇴각했다. 쑨원의 위기는 또 한 번 지나갔다. 주변 군벌들의 위협에 끊임없이 시달리던 그의 정권은 모처럼 안정을 되찾았다. 하지만 광둥성 동부에는 천중밍이 건재했다. 광시성 또한 한때 쫓겨났던 루룽팅이 돌아오면서 루룽팅과 선훙잉 그리고 신新구이린파의 리쭝런 사이에 3파전이 벌어지는 등 혼전의 연속이었다. 광저우는 상인연합회인 상단과 범죄조직의 손아귀에 놓여 있었다. 쑨원의 권위는 여전히 허약했다.

소련에서는 병석에 있는 레닌을 대신하여 스탈린이 새로운 소비에트 공산당 서기장 자리에 올랐다. 45세의 한창 나이였던 스탈린은 레닌의 후계자 자리를 놓고 강력한 경쟁자인 트로츠키와 치열한 권력 다툼을 벌이고 있었다. 스탈린은 대중 노선을 놓고 국공합작은 반드시 필요하다고 주장한 반면, 트로츠키는 국민당은 유산계급의 정당이므로 공산당과는 본질적으로 달라서 합작이 불가능하다고 주장했다. 코민테른이 손을 들어준 쪽은 스탈린이었다. 스탈린은 중국의 적화를 자신의 정치적 업적으로 삼아 트로츠키와의 권력투쟁에서 승리할 속셈으로 쑨원을 아낌없이 후원했다. 200만 루블에 달하는 군자금을 비롯해 대량의 무기가 블라디보스토크에서 광저우로 향했다.

쑨원은 소련과의 관계를 한층 긴밀하게 할 요량으로 대표단을 조직하여 모스크바에 파견했다. 단장은 장제스였다. 본래 장제스는 연소용공에 회의적이었다. 그러나 자신을 드러낼 수 있는 중요한 기회를 놓치고 싶지는 않았다. 그는 쑨원에게 편지를 썼다. "모스크바로 가고 싶습니다. 만약 허락하지 않는다면 저는 광저우를 떠나겠습니다." 이때까지만 해도 장제스의 지위는 대수롭지 않았으므로 주제넘은 요청이었다. 그러나 쑨원은 별말 없이 수락했다. 6·16사변 때 융평함에서 동고동락했던 일을 잊지 않았기 때문이다.

1923년 8월 16일, '쑨이셴 박사 대표단孫逸仙博士代表團'은 일본 상선 칸다마루神田丸에 올라 광저우를 출발했다. 대표단은 단장 장제스와 선딩위沈定一, 왕덩윈王登雲, 장타이레이張太雷 4명으로 구성되었다. 그중에서 선딩위와 장타이레이는 공산주의자였다. 이들은 사흘 뒤 만주 다롄항에 내린 다음 만저우리를 경유하여 시베리아 횡단열차를 타고 보름 뒤인 9월 2일 모스크바에 도착했다. 장제스는 병중의 레닌을 직접 만날 수는 없었다. 병세가 너무 깊은 데다 의식마저 불분명했기 때문이다. 레닌은 이듬해 1월 21일 세상을 떠났다. 그 대신 장제스는 스탈린과 군사인민위원 트로츠키, 외무위원 치체린Georgy Chicherin, 소련군 총사령관 카메네프^{Sergey Kamenev} 등 소련의 주요 지도자들을 만나 중국 혁명을 위한 모든 지원을 아끼지 않겠다는 긍정적인 답변을 받아냈다. 이때 장제스가 만난 사람 중에는 소련에 체류 중이던 베트남 민족주의 지도자 호치민도 있었다.

장제스 일행은 3개월 동안 모스크바와 레닌그라드에 체류하면서 소련의 당과 군, 행정 기구의 조직을 보고 운영 방식을 배웠으며 공장과 소비에트 의회, 사관학교를 견학했다. 11월 29일 모스크바를 출발한 일행은 12월 15일 상하이로 돌아왔다. 석 달의 여행이 장제스에게는 아주 중요한 경험이 되었다. 소련의 지도자들 역시 대체로 그에게 호감을 품었다.

그렇지만 장제스의 반공주의에는 변화가 없었다. 그는 공산당 입당을 권유받기도 했지만 거절했다. 귀국한 뒤 쑨원에게 제출한 보고서에서 "소련의 정치제도는 전제와 공포에 있습니다. 삼민주의와는 근본적으로 다릅니다"라며 연소용공에 여전히 반대한다는 의견을 분명히 했다. 뒷날 장제스는 자신의 회고록인 『중국에서의 소련蘇俄在中國』에서 당시 자신은 쑨원에게 "소련은 중국의 진정한 친구가 아니며, 그들이 하는 모든 일은 중국의 공산화를 위한 술책"이라고 경고했지만 쑨원이 듣지 않았다고 술회했다. 결국 그는 몇 년 뒤 국공합작을 파기하고 공산당과 숙명의 싸움을 벌이게 된다. 만약 장제스가 이때 열렬한 공산주의자로 변신했다면 중국의 역사가 어떻게 흘러갔을지 상상해보는 것도 재미있을 듯하다.

1923년 10월 9일, 소련 코민테른은 공산주의혁명가 미하일 보로딘 ^{Mikhail Markovich Borodin}을 스탈린의 대리인 겸 쑨원의 정치고문으로 광저우에 파견했다. 라트비아 출신의 유대인인 그는 러일전쟁 직후 일어난 제1차 러시아혁명에 참가했다가 실패하자 미국으로 망명했다.

1917년 제정러시아가 무너지고 소련이 건국된 후에 귀국한 그는 코민테른의 지시를 받아 유럽을 떠돌며 사회주의혁명 전파에 나섰다. 대부분 실패로 끝났지만 보로딘은 한 가지 중요한 사실을 배웠다. 사회주의혁명은 부유한 자본주의국가보다 가난한 농업국가에서 성공할 가능성이 더 높다는 사실이었다. 중국은 새로운 실험의 장이었다. 보로딘은 쑨원에게 소련식 혁명 방법과 대중 동원, 선전 활동의 중요성을 설명했다. 그의 조언은 쑨원의 환심을 사는 데 성공했다. 두 사람은 드디어 국공합작에 합의했다. 보로딘은 본격적인 작업에 들어갔다.

소련이 내건 원조의 조건 중 하나는 국공 양당의 통일전선 구축이었다. 보로딘과 함께 온 사람 중에는 코민테른 극동지부 대표 마링도 있었다. 네덜란드 출신 공산주의자인 마링은 예전에 네덜란드령 동인도에서 이슬람 민족주의 단체에 공산당원들을 침투시켜 공산당 세력을 빠르게 확대시킨 경험이 있었다. 민족주의 단체가 숙주라면 공산당은 여기에 기생하는 존재였다. 이것을 중국에서도 실험해볼 참이었다.

쑨원은 소련인들을 만나기 전까지 공산당과의 연합을 고민해본 적이 단 한 번도 없었다. 국민당과 공산당은 아무 유사성도 없을뿐더러 추구하는 목적과 투쟁 방식도 전혀 달랐기 때문이다. 국민당의 주된 지지기반은 자본가와 지주 출신 같은, 공산주의자들이 말하는 '유산계급'이었다. 공산주의 이념에 따르면 타도의 대상이지 합작의 대상이 아니었다. 그러니 국민당이 무산계급의 혁명을 외치는 공산당을 우호적으로 여길 이유가 없었다.

사상 차이는 둘째치고라도 현실적으로 국민당이나 공산당이나 세력이 보잘것없기는 마찬가지였다. 국민당의 당원 수는 명부상으로 20만 명에 달했지만 대부분은 이름만 올려놓았을 뿐, 회비 한 번 낸 적

없는 '유령 당원'이었다. 몇 푼의 회비라도 내는 '진짜' 당원은 1만 명도 채 되지 않았다. 쑨원의 오랜 투쟁에도 불구하고 그의 영향력이 미치는 곳은 상하이와 광저우에 불과했다. 하물며 공산당은 그야말로 한 줌도 되지 않는 존재였다. 창당대회 당시 57명에서 시작한 공산당은 1년 뒤인 1922년 7월에 열린 제2차 대회에서는 195명이었고, 1923년 초에도 겨우 420명이었다. 그중 110명은 감옥에 있었다. 비록 전해에 비하면 두 배가 늘어났다고 하지만 세의 확장 속도는 느리기 짝이 없었다. 중국에서 공산주의는 여전히 소수 지식인들만의 전유물이었다. 그러니 두 세력이 손을 잡는다고 해서 강대한 북양군벌을 쓰러뜨릴 수 있을 것인가.

그러나 쑨원은 소련공산당이 단 한 번의 혁명으로 거대한 차르 정권을 무너뜨리고 내전의 혼란에서 빠르게 벗어나 부국강병에 나서는 모습을 부러운 눈으로 바라보았다. 소련의 활기찬 모습은 혼란스러운 중국과는 천양지차였다. 또한 젊고 의욕 넘치는 공산당원들이 들어온다면 노쇠하고 무기력한 국민당에 새로운 활력소가 될지 모른다고 기대했다. 어차피 외부의 도움이 절실한 그는 소련과 손잡는 것보다 더 나은 대안을 찾을 수 없었다.

공산당 지도부도 처음에는 국민당 우파만큼이나 국공합작에 거부감을 드러냈다. 천두슈·장궈타오를 비롯한 간부들은 쑨원이 매국 군벌인 장쭤린·돤치루이와 손잡은 적이 있다는 과거를 들추었다. 이들은 "말만 반제국주의·반군벌일 뿐이지 실제로 하는 행동이 군벌과 뭐가 다르냐?"며 쑨원을 신랄하게 비판했다. 하지만 표면적인 이유일 뿐 이들의 진짜 속내는 자칫 공산당이 국민당에 흡수되지 않을까 하는 것이었다. 아무리 쑨원의 처지가 좋지 않다고 해도 그의 명망은 리다자오나 천두슈와 비할 바가 아니었기 때문이다. 또한 공산당 세력은 국민당보다 훨씬 왜소했기에 국공합작을 두려워하지 않을 수 없었다. '계구우후鷄口牛後(닭의 입이 될지언정 소의 항문은 되지 않겠다)'라는 옛 격언마냥 중국공산당의 수장인 천두슈가 쑨원의 항문이 되지 않으려는 것은 당연했다. .

그러나 이들의 반발은 상전이나 다름없던 보로딘과 마링 앞에서 아무 소용이 없었다. 격노한 마링이 코민테른의 뜻에 따르지 않는 자들은 죄다 쫓아내겠다고 엄포를 놓자 당장 꼬리를 내렸다. 공산당의 운영자금을 전적으로 코민테른의 원조에 의존하고 있었기 때문이다. 예컨대 1921년 10월부터 1922년 6월까지 약 8개월 동안 공산당의 수입은 1만 8,000위안이었다. 그중에서 공산당이 스스로 마련한 경비는 겨우 1,000위안에 불과했고 나머지는 모두 코민테른의 지원금이었다. 만약 모스크바에서 오는 돈줄이 끊긴다면 공산당은 당장이라도 문을 닫아야 할 형편이었다. 이념도 돈 앞에서는 하잘것없었다.

어차피 중국공산당은 탄생한 지 얼마 안 되어 세력이 미미한 데다 소련 코민테른에 종속된 하부 조직에 불과했으므로 선택의 여지가 없었다. 1923년 2월 7일, 중국공산당의 주도 아래 징한철도 노동자들이 총파업을 강행했다가 우페이푸의 총칼에 가차 없이 짓밟히면서 자신들의 역량이 얼마나 초라한지를 새삼 절감했다. 또한 저우언라이 등 일부 젊은 간부들은 국민당의 노선에는 반대하지만 국공합작은 공산당의 세력을 확대할 수 있는 좋은 기회라면서 적극 찬성했다. 1923년 6월 제3차 공산당전국대회에서 "국민당은 중국 혁명의 중심 세력이며 우리는 국민당 아래에 결집해야 한다"고 공식 선언하여 국공합작을 결정했다. 한편으로, 이들은 국민당을 자기들이 원하는 대로 조종하겠다는 데에도 의견을 모았다. 공산당은 결코 쑨원에게 고분고분할 생각이 없었다.

치치하얼

하얼

창춘

장쭤린 동북 되
(1922. 5.

장쭤린

펑톈

청더

베이징   전저우

산하이관전투
(1922. 6. 9~17)

바오딩 톈진   제1차 펑즈전쟁   다롄
                  (1922. 4. 26   뤼순
우페이푸   ~5. 5)

타이위안

지난   칭다오

시안   정저우

쉬저우

난징   상하이

청두   쑨원-요
한커우   안칭   (1923.
충칭   우창
주장   항저우
난창

창사   차이청쉰   리허우지

자오헝티   간저우   쉬충즈   푸저우

구이양
구이린   북벌군 진로
선훙잉   주바이더
사오관
쿤밍   천중밍 후퇴   샤먼

루룽팅   리쭝런 쑨원 광저우
후이저우
난닝   홍콩   천중밍

→ 즈리파 군벌
┈▶ 반즈리파(쑨원-장쭤린) 연합군
□ 즈리파 군벌
■ 쑨원 측 군벌

천중밍의 쑨원 공격(1922. 6. 16)
쑨원 상하이로 도주(1922. 8. 9)
북벌군 광저우 탈환(1923. 1. 16)
쑨원 복귀(1923. 2. 21)
국공합작 선언(1924. 1. 20)

● ─ 제2차 호법전쟁부터 국공
까지(1922~1924년).

국공합작은 '합작(연합)'이라는 말과는 달리 두 당이 동등한 지분을 가지고 대등한 위치에서 합당하는 것이 아니었다. 어디까지나 국민당에 공산당원들이 들어와도 좋다고 허락한 것이었다. 쑨원은 공산당을 동등한 존재로 여기지 않았을뿐더러, 자신의 지위를 위협받고 싶지 않았기 때문이다. 국민당 내에서 공산당의 위치는 모호했으며, 이들이 합의를 어기고 국민당 내에서 독자적인 파벌을 형성하거나 분란을 일으켰을 때 통제할 수단도 없었다. 심지어 공산당원 명부도 제출하지 않았기에 누가 공산당원인지조차 알 도리가 없었다.

국민당의 많은 간부들은 정체성과 목적이 불분명한 공산당원들을 함부로 받아들였다가 훗날 큰 해가 될지 모른다며 우려를 나타냈다. 그러나 쑨원은 "만약 그들이 우리 당에 복종하지 않으면 그때 가서 쫓아내면 그만이다"라며 한 귀로 흘렸다. 그는 공산당 정도는 얼마든지 자기 손바닥 위에 놓고 좌지우지할 수 있다고 믿었다. 공산당의 잠재력을 지나치게 얕본 셈이지만, 바꿔 말하면 거대한 중국 민중은 고사하고 한 줌에 불과한 젊은 공산주의자들조차 제 편으로 만들 수 없었던 것이 쑨원의 역량이었다.

공산당원들은 공산당 소속을 유지한 채 개인 자격으로 국민당에 차례로 입당했다. 첫 번째 국민당 입당자는 공산당 지도자인 천두슈였다. 그는 쑨원의 보좌관이 되어 국민당 지도부에 발을 들였다. 그 뒤를 이어서 또 다른 지도자인 리다자오도 국민당에 입당했다.

1924년 1월 20일, 광저우 원밍루文明路에 있는 광저우고등사범학교 강당에서 제1차 국민당 전국대표대회가 열렸다. 이날 참석한 165명 가운데 20명이 공산당원이었다. 정부 주석에는 쑨원이 추대되었다. 또한 주석단에는 후한민과 왕징웨이·린썬·셰츠謝持 등 4명의 국민당 간부와 공산당 지도자인 리다자오가 선출되었고, 24명의 중앙집행위원과 17명의 후보위원이 임명되었다. 공산당은 중앙집행위원 중 3명, 후보위원 중 5명을 차지했다. 후보위원 가운데 한 사람이 마오쩌둥이었다. 국민당의 새로운 3대 강령은 '연소·용공·공농부조聯蘇·容共·工農扶助(소련과 연합하고 공산당을 포용하여 노동자와 농민을 돕는다)'였다. 제1차 국공합작이 실현되었다.

국공합작은 중국 혁명사에서 한 획을 그은 사건이자 일대 전환점이었다. 물론 공산당과 손잡았다고 한들 거대한 군벌 세력에 견주면 쑨원의 세력은 여전히 초라했다. 그러나 국공합작의 진짜 의미는 보잘것없는 두 세력이 합쳤다는 사실이 아니다. 암살과 테러, 군벌과의 결탁이라는 구태의연한 방식을 고집했던 쑨원이 그제야 민중의 역량에 눈을 돌렸다. 쑨원은 소비에트 혁명을 완강히 거부하면서도 민중을 결집하고 혁명전쟁의 한 축으로 동참시켜야 한다는 데에 동의했다. 그동안 민중을 수동적인 존재로만 여겨왔던 사고방식에서 엄청난 변화였다.

국민당과 공산당의 젊은 간부들은 도시와 농촌으로 가서 민중을 계몽하고 노동자와 농민들에게 혁명사상을 주입하여 북벌의 전위대로 삼았다. 이들은 혁명이란 무엇이며 누구를 상대로 무엇을 위하여 투쟁해야 하는지 가르쳤다. 혁명운동은 불길처럼 사방으로 퍼져나갔으며 북벌전쟁 직전까지 수십만 명이 노동자·농민 조직에 가입했다. 국공합작이 없었다면 쑨원과 그의 후계자들은 끝까지 좁은 광둥성에서 벗어나지 못했을 것이며, 결국에는 북양군벌의 무력에 짓밟혔을 것이다.

그러나 국공합작의 한계 또한 분명했다. 국공합작은 두 당의 자발적인 의지가 아니라 소련이라는 외세의 압박에 마지못해 굴복한 것이었다. 국민당과 공산당의 속내는 자신들의 목적을 위해 상대방을 잠깐 이용하겠다는 기회주의에 지나지 않았다. 공산당원들은 쑨원에게 존경심은 보여도 그의 사상이나 방식에는 공감하지 않았다. 그렇다고 쑨원을 비롯한 국민당이 마르크스주의자로 전향할 수도 없는 노릇이었다. 오월동주의 관계는 언제 폭발할지 모르는 모순과 반목의 덩어리였다. 천두슈는 도쿄의 저우포하이周佛海에게 편지를 보내면서 자신의 속마음을 솔직하게 드러냈다.

국공합작은 코민테른이 결정한 전략이다. 우리가 국민당에 가입하기로 한 이유는 두 가지이다. 하나는 국민당의 간판을 이용하여 우리의 세력을 발전시키는 것이다. 또 하나는 국민당을 공산화하는 것이다.

두 당이 동상이몽을 하는 이상 국공합작은 처음부터 깨질 수밖에 없는 숙명이었다. 또한 공산당은 높은 지위는 국민당에 내주되 실무 자리를 장악했다. 일선에서 노동자와 농민을 조직하고 선전 활동을 맡은 쪽은 대부분 공산당원들이었다. 체면을 내주고 실속을 챙긴 셈이다. 봉건적인 관념에서 벗어나지 못한 쑨원은 마지막까지도 소련의 진짜 목적이 무엇이며 공산당의 실체가 어떤 것인지 몰랐다. 그의 가장 큰 실책이었다. 그나마 쑨원이 살아 있는 동안에는 공산당을 억누를 수 있었지만 그가 죽자마자 공산당이 본색을 드러내면서 갈등은 폭발한다.

＼황푸군관학교의 설립

1924년 6월 16일, 중국 국민당 육군군관학교가 문을 열었다. 광저우 교외의 황푸다오黃埔島에 자리 잡았기에 흔히 '황푸군관학교黃浦軍官學校'라고 불린다. 광둥성에는 양무운동 시절 양광 총독 장즈둥이 설립한 광둥수륙학당廣東水陸師學堂을 비롯해 여러 개의 군사학교가 있었지만 모두 군벌들이 장악하고 있었다. 삼민주의 사상과 혁명 정신으로 무장한 군사 간부들이 절실했던 쑨원은 군벌이 운영하는 학교가 아닌 새로운 학교가 필요했다. 황푸군관학교의 교장은 장제스, 부교장은 광둥 군벌 중 한 사람인 리지선이었다. 또한 랴오중카이가 당 대표를 맡았다. 주요 자리는 국민당 인사들이 차지했지만, 실무진에 해당하는 교육부 부주임과 교련부 부주임, 정치부 부주임에는 공산당원인 예젠잉과 덩옌다鄧演達, 저우언라이가 각각 임명되었다.

소련 코민테른에서 파견한 40여 명의 소련인 군사 전문가들이 생도들의 훈련을 맡았다. 군사고문단장은 '갈렌Galen'이라는 가명으로 알려진 바실리 블류헤르 장군이었다. 그는 적백내전의 영웅이자 나중에 소련 극동군 사령관을 맡아 장구펑전투에서 일본군을 격파하는 명장이었다. 다른 사람들도 풍부한 실전 경험을 쌓은 유능한 군인들이었다. 일본 육사와 국내 군사학교를 졸업한 중국인들도 교관으로 참여했다. 허잉친何應欽·류즈劉峙·구주통顧祝同·첸다쥔錢大鈞 등 하나같이 쟁쟁한 인물들이었다. 20~30대의 한창 나이였던 이들은 북벌전쟁의 선봉이 되어 크게 활약했다. 장제스 정권이 수립된 뒤에는 장제스를 지탱하는 군부의 중핵이 되었다. 중일전쟁과 국공내전에서는 일급상장(독일과 소련의 원수에 해당)으로 집단군 사령관, 전구 사령관, 군정 부장 등을 역임한다.

황푸군관학교의 개교를 앞두고 쑨원은 광저우 외에도 전국 각지의 우수한 젊은이들을 황푸다오로 모으려 했다. 그렇지만 사방이 적들로 둘러싸인 현실에서 공개적으로 생도를 모집할 수는 없었다. 그는 국민당 전당대회에 참석한 여러 대표에게 은밀히 부탁했다. 비밀을 유지한다고는 했지만 새어나가지 않을 수 없었다. 이 사실을 안 군벌들은 통행금지령을 내리는 등 철저한 단속에 나섰다. 그 와중에도 1,200

여 명의 젊은이들이 응모했다. 이들은 모두 중등 이상의 신식 교육을 받은 사람들이었다. 엄격한 선발 기준을 거쳐 최종 선발된 499명이 제1기생으로 입교했다. 생도들 중에서는 후난성 출신이 약 30퍼센트로 가장 많았다. 그다음으로 광둥성 출신이 16퍼센트 정도였다. 그 밖에 다양한 지역에서 모여든 청년들이 인산인해를 이루었다.

우여곡절 끝에 황푸군관학교가 문을 열었다. 그러나 여건은 녹록지 않았다. 가장 큰 문제는 자금이었다. 쑨원과 천중밍의 대립 때문에 광저우 정부의 재정은 피폐했다. 1923~1924년의 세수는 1922년의 절반도 채 되지 않았다. 쑨원의 동맹자였던 쉬충즈는 광저우의 태반을 장악한 채 독자적인 세력을 유지했다. 광저우의 상인들은 쑨원에게 적대적이었다. 광저우 정부는 혁명군 양성은 고사하고 명맥만 겨우 유지했다. 황푸군관학교가 문을 열었을 때 보유한 총기는 겨우 30여 정이었다. 보초들에게 나눠주기도 부족했다. 장제스는 군벌들이 차지하고 있던 광저우 병기창에서 500여 정의 소총을 몰래 빼돌려 맨주먹이나 다름없는 생도들을 무장시켰다.

레이 황은 『장제스 일기를 읽다』에서 장제스가 자금을 빌리기 위해 백방으로 뛰어다녔으며 생도들에게 먹일 식비를 전날에 겨우 융통한 적도 있다는 일화를 소개하고 있다. 황포군관학교의 당 대표였던 랴오중카이는 윈난성의 실력자이자 광둥성 군무방판軍務帮辦을 맡고 있던 군벌 양시민을 찾아가 그가 아편을 피우는 동안 옆에서 몇 시간이나 기다린 끝에 간신히 얼마 안 되는 돈을 마련하기도 했다. 대부분의 생도들은 단벌 옷에 짚신을 신고 다녀야 했다. 이러한 고난과 시련이 이들을 더욱 강하게 만들었다고 할 수 있다.

소련의 원조가 시작되면서 어느 정도 숨통이 트였다. 1924년 10월 8일, 소련 해군 소속의 2,300톤급 무장 통신선 보로프스키호Borovsky가 광저우로 입항하여 8,000여 정의 러시아제 모신나강 M1891 소총과 400만 발의 탄약을 전달했다. 국공합작 이후 소련이 처음으로 공급한 무기였다. 소련은 1924년부터 1926년까지 약 2년 동안 소총 2만 6,000정과 탄약 1,600만 발, 기관총 90정, 화포 24문을 제공했다.

황푸군관학교는 전술학·군제학·병기학·축성학 등 근대적인 군사교육 외에 중국의 역사와 제국주의 침략사, 삼민주의, 국민당사, 사회주의 사상 등 정치와 역사·사회 전반에 걸친 인문 소양 교육도 실시했다. 단순한 군인이 아니라 앞으로 중국을 짊어질 젊은 인재 양성이 진정한 목표였다. 이 점이 황푸군관학교가 바오딩육군군관학교나 윈난강무당 등 여느 군사학교들과 다른 점이었다. 소련 군사고문단의 훈련은 1차대전 이전 제정러시아의 육군 방식을 채택했다. 이들의 경험은 적백내전기에 머물러 있어 기계화전과 종심전투 같은 현대전에는 걸맞다고 할 수 없었다. 대신 소련 고문단은 이념적으로 철저하게 세뇌된 혁명 군대를 만들어냈다. 엄격한 훈련과 규율, 혁명사상의 주입은 생도들을 하나로 뭉치게 했고, 왜 싸워야 하는가에 대한 동기를 부여했다. 전투 중 비겁한 행동을 하거나 명령 없이 물러날 경우 처벌은 사형이었으며 부대 전체가 연좌제를 적용받았다. 그 시절 중국군이라면 어디에서나 만연했던 아편과 매춘은 금지되었다. 군사훈련 외에도 반제국, 반군벌, 민족주의 사상을 교육받았다. 또한 '일과문답日課問答'이라 하여, 혁명은 중국 인민을 고통에서 구하기 위한 것이라는 목적을 분명히 하고, 죽음을 두려워하지 말 것과 재물을 탐하지 말 것 등 삼민주의 사상을 외게 하여 점호 때마다 확인했다.

황푸군관학교를 졸업한 장교들은 다른 군사학교 출신들보다 동기와 목적의식이 분명했으며 엘리트 집단으로서 결속력이 강했다. 이들이 전투에서 물러나는 일은 거의 없었다. 졸업생의 절반 이상이 북벌전쟁 중에 전사하거나 부상을 입었다. 아편에 찌들고 기강이 엉망이며 장교들이 전투에는 무관심하면서 개인적인 축재와 약탈에만 광분하던 다른 군벌 군대에서는 찾아볼 수 없는 모습이었다. 황푸군관학교는 일본 메이지유신 때 조슈번의 무장 집단으로 막부군을 격파하고 새로운 시대를 열었던 다카스키 신사쿠의 기병대奇兵隊에 견줄 만했다.

군벌 군대와 구분되는 가장 큰 특징은 '정치장교Commissar'라는 독특한 제도였다. 정치장교란 러시아에서 적백내전이 한창이던 1918년, 군대의 충성심을 믿을 수 없었던 소련공산당 지도부가 군대를 통제하고 병사들에게 공산주의 혁명사상을 주입하기 위해서 만든 제도이다. 공산당이 임명하는 정치장교는 지휘관과 동등한 계급과 권한을 부여받고 일선 부대에 배치되었다. 이들은 장교들의 일거수일투족을 감시하고 부대원들에게 사상 교육을 실시했다. 또한 지휘관들이 권한을 행사하려면 반드시 정치장교의 승인을 받아야 했다.

적백내전이라는 특수한 상황이 만들어낸 정치장교는 양날의 검이기도 했다. 당에서 파견한 정치장교들은 정식 군사교육을 받은 사람들이 아니었기에, 전문적인 군사 지식 없이 당에 대한 맹목적인 복종만 강요하는 경우도 많았다. 정치장교와 지휘관이 감정적으로 대립할 경우 작전 지휘에 심각한 혼선이 빚어질 수도 있었다. 문민 통제가 철저하고 법과 제도에 따라 군대를 지휘하는 서구의 기준에서 본다면 비효율적인 방식이었다. 실제로 독소전쟁을 거치면서 많은 문제점이 지적되자 스탈린은 정치장교의 권한을 상당 부분 축소했다.

그러나 적백내전 당시 혼란스러웠던 소련에서 군대의 반란을 막고 당과 국가에 대한 충성심을 이끌어내는 데 많은 도움이 되었다는 점도 부정할 수 없었다. 병사들에게 군림하는 데 익숙했던 제정러시아 시절의 귀족 장교들과 달리 정치장교들은 병사들의 모범이 되기를 요구받았다. 이들은 유럽에서 가장 봉건적이고 후진적이었던 러시아군의 병영문화를 개선하고 상하 결속력을 강화했다. 전시에는 위험을 무릅쓰고 자발적으로 진두에 나섬으로써 병사들의 전의를 드높였다.

장제스는 황푸군관학교를 수립하면서 소련 군사고문단의 조언을 받아들여 소련군의 제도와 교리를 그대로 수용했다. 최고 사령부와 각 군 사령부에는 국민당 대표를 임명하고 사단 단위로 정치부를 두었다. 또한 연대부터 대대에 이르기까지 정치공작지도원政治工作指導員을 배치했다. 정치장교들은 지휘권을 견제하고 삼민주의 사상 교육을 맡았다. 원칙적으로 지휘관이 내리는 모든 명령은 정치장교의 서명이 없을 경우 효력이 없었다. 또한 많은 장교들이 국민당에 자발적으로 입당하고 충성과 복종을 맹세했다. 정치장교 제도는 국민당 정권이 군벌 연합군을 혁명군으로 개조하는 데 크게 기여했다. 이러한 노력이 없었다면 북벌군은 군벌 군대와 다를 바 없었을 것이며 혁명군이라는 이름은 허울에 불과했을 것이다. 이 점이 쑨원의 호법전쟁 때와 달리 장제스가 북양군벌들을 격파하고 북벌전쟁에서 승리할 수 있었던 가장 큰 원동력이었다.

정치장교 제도는 국공합작이 결렬된 뒤에도 폐지되지 않고 100년 가까이 지난 지금까지도 중국 인민해방군과 타이완군 양쪽에서 유지되고 있다. 타이완은 타이베이의 국방대학 정치작전학원에서 정치장교*를 양성하며, 민주화 이후에는 국민당이 아닌 국가와 국민에게 충성하면서 우리나라의 정훈장교 역할을 맡고 있다.

정치장교 제도를 더 잘 활용한 쪽은 공산당이었다. 공산당은 국공합작 시기의 경험을 살려서 정치장교 제도를 더욱 발전시켜 군을 당

---

* 현재는 정전보도장政戰輔導長이라고 부른다.

의 수족으로 삼았다. 홍군 제1군단 정치위원이었던 마오쩌둥은 군권을 통제하고 장교들의 전횡을 차단하여 '당지휘창黨指揮槍(공산당이 군대를 지휘한다)'을 실현했다. 공산군에서 군 지휘관들이 정치장교에게 불복하기란 불가능했다. 뒷날 홍군 총사령관인 주더가 아니라 마오쩌둥이 중국의 지도자가 된 것도 이 때문이었다. 또한 공산군은 국민당군에 견주어 자질 면에서는 별 차이가 없었지만 규율과 기강을 유지할 수 있었다. 반면, 국민당은 군벌들의 완강한 저항으로 정치장교 제도를 충분히 활용할 수 없었다. 북벌 과정에서 많은 군벌들이 혁명군에 가담하면서도 국민당이 임명한 정치장교에게 자신의 지휘권을 제한받아야 하는 이유를 이해하지 못했고, 권력을 내주는 것을 거부했다. 국민당의 권위가 공산당보다 훨씬 약했기 때문이다. 어차피 정치장교는 공산주의가 만들어낸 제도이므로, 부르주아 정당인 국민당보다 공산당이 더 잘 활용한 것은 당연한 결과일지도 모르겠다.

황푸군관학교 생도 500여 명은 4개 대隊 12개 구대區隊로 편성되어 각종 이론교육과 전술 훈련을 받았다. 교육 기간은 3년이었지만 국민혁명군의 확충과 북벌전쟁의 시작으로 간부의 수요가 폭발적으로 늘어나면서 6개월로 단축되었다. 속성 과정으로 교육받은 뒤 최일선에 투입되기도 했다. 개교 5개월 만인 1924년 11월 30일, 1기생 465명의 졸업생이 배출되었다. 졸업생들은 허잉친을 연대장으로 하는 교도연대로 편성되었다. 그동안 군벌의 힘을 빌려야 했던 쑨원은 처음으로 자신에게 충성하는 군대를 갖게 되었다.

장제스가 북벌전쟁을 시작하자 황푸군관학교의 교관과 생도들은 선봉에 섰다. 그중 태반이 최일선에서 용감하게 싸우다 장렬하게 전사했다. 황푸군관학교는 1927년 4·12사건으로 국공이 분열하고 공산주의를 따르는 일부 생도들이 8월 1일 난창에서 반란을 일으키면서 폐교되었다. 3년 동안 6기 7,000여 명의 생도가 배출되었다. 쑨원이 죽은 뒤 장제스는 이들의 지지를 바탕으로 경쟁자들을 물리치고 권력을 쥘 수 있었다. 그러나 일부 생도들은 공산군의 간부가 되었다. 대표적인 인물이 팔로군 참모장이었던 쭤취안左權(1기생)과 쉬샹첸徐向前(1기생)·린뱌오林彪(4기생) 등이었다. 이념은 한때 동고동락했던 황푸군관학교의 옛 동기와 선후배들을 둘로 갈라 서로 총부리를 겨누게 했다.

황푸군관학교는 아마추어 정객들의 엉성한 모임이었던 국민당과 공산당 양쪽에 강력한 군사 역량을 제공했다. 만약 황푸군관학교가 없었다면 혁명군도 북벌도 없었을 것이며, 항일전쟁의 승리와 국공의 싸움 또한 없었을 것이다. 중국군을 경멸하던 일본군조차 황푸 출신들만은 얕볼 수 없는 호적수로 평가했다. 중일전쟁 때 지나파견군 총사령관이었던 오카무라 야스지岡村寧次는 이렇게 말했다.

중국의 항일 역량은 4억 중국 민중에게 있지도 않고, 200만 명의 온갖 잡군으로 구성된 중국 군대에 있지도 않다. 장제스를 정점으로 하고 황푸군관학교 청년 장교들이 지휘하는 중앙군에 있다. 이들이야말로 중국군의 주된 전투력일 뿐만 아니라 지방 군대의 전투 의지를 끌어내는 역할을 하고 있다. 그 위력은 결코 무시할 수 없다.

중국에서 활동하던 우리 독립운동가들도 황푸군관학교에 입교했다. 보로딘의 소개로 쑨원과 친분을 쌓은 여운형은 조선의 무장독립투쟁을 위해 젊은 독립운동가들이 황푸군관학교에서 군사교육을 받을 수 있도록 협조를 요청했다. 의열단 단장 김원봉은 쑨원을 찾아가 입교를 신청하여 4기생으로 입교했다. 많은 사람이 일본의 눈을 피해서 가명을 썼기 때문에 정확히 몇 명이었는지는 알 수 없지만, 3기생 5명을 시작으로 6기까지 적어도 40여 명 이상이 입교했다.

교관으로 활동한 사람도 여러 명 있었다. 가장 대표적인 인물이 광복군 참모장을 지낸 김홍일 장군이다. 왕웅王雄이라는 가명으로 구이저우육군강무당 보병과를 졸업한 그는 구이저우군에서 복무하다 1925년 황푸군관학교 병기교관으로 재임했으며, 장제스 휘하에서 동로군 소교少校(소령) 참모를 역임했다. 또한 북벌전쟁과 중일전쟁, 국공내전에도 참전하여 많은 전공을 세웠으며 중국군 중장까지 올랐다. 외국인으로서는 최고위 장성이었다. 한국전쟁 중에는 한강 방어전에서 성공적인 지연작전으로 북한군의 남하를 저지하고 맥아더가 반격할 수 있는 기회를 제공하는 등, 백선엽과 함께 대한민국 창군 초기의 가장 유능한 장군으로 손꼽힌다.

24

뇌물총통 차오쿤

＼차오쿤과 우페이푸의 대립

장쭤린을 꺾은 우페이푸의 칼날은 대총통 쉬스창에게로 향했다. 우페이푸는 이전부터 그를 탐탁찮게 여겼다. 쉬스창은 즈리파가 아닌 안후이파가 추대한 꼭두각시인 데다 펑톈파와도 가까웠기 때문이다. 대총통을 끌어내리기로 결심한 우페이푸는 즈리파 군벌들을 부추겨 포문을 열게 했다.

첫 번째 역할을 맡은 사람은 창장 상류 경비총사령관 겸 제2사단장 쑨촨팡이었다. "혼란을 끝내고 분열된 남북이 통일하려면 가장 먼저 법통을 회복해야 한다! 법통을 회복하면 다른 깃발은 자연스레 없어질 것이다. 리위안훙 총통을 복위시키고 국회를 소집해야 한다." 쉬스창을 합법적인 대총통으로 인정할 수 없으니 알아서 물러나라는 의미였다. 우페이푸도 "전국 10여 개 성이 같은 뜻입니다"라며 사직을 종용했다. 그는 톈진에서 즈리파 독군들을 불러모아 리위안훙의 복직을 논의하고 여러 언론사에 쉬스창에 대한 비방과 퇴진을 요구하는 기사를 싣게 했다. 쉬스창은 조조, 조비 부자에게 핍박받던 한헌제처럼 초라한 신세가 되었다. 북양의 원로라는 명성도 소용없었다.

사방에서 비난이 쏟아지자 쉬스창도 더는 버틸 수 없었다. 1922년 6월 2일, 병을 이유로 사직서를 제출했다. 대총통 자리에 오른 지 3년 8개월 만이었다. 그나마 신해혁명 이래 역대 대총통 중에서는 위안스카이 다음으로 가장 오랫동안 자리를 지켰다. 그는 처세에 매우 능한 인물로 사람을 대할 때는 항상 얼굴에 미소를 띠었다. 그 능력 하나로 만인지상의 자리까지 올랐지만, 말년에 와서 20살이나 어리고 까마득한 후배인 우페이푸의 핍박에 못 이겨 쫓겨나듯 물러나는 것이 기분 좋지는 않았을 것이다. 그는 울분을 참고 하야를 선언한 뒤 고향인 톈진에 은거했다.

톈진은 수도 베이징과 가까우면서 근대 공업이 집중된 화북 경제의 중심지였다. 북방 최대의 무역·상업 도시이자 상하이·광저우와 함께 중국의 대표적인 국제도시였다. 쑨원을 비롯한 남방의 혁명파가 상하이와 광저우를 주 무대로 삼았던 반면, 북양 정부의 정치가들과 군벌·정객·관료들은 권력 다툼에 패하면 제일 먼저 톈진으로 달아났다. 베이징과 가까워 중앙의 동향을 기민하게 파악할 수 있기 때문이다. 이곳에서 신변을 보호하면서 사업에 뛰어들어 큰돈을 벌거나 때로는 정세 변화에 따라 화려한 복귀를 꿈꾸기도 했다. 대표적인 인물이 리위안훙과 돤치루이, 청조의 복벽을 꿈꾼 장쉰, 마지막 황제 푸이였다.

그러나 쉬스창은 1939년 6월 84세의 나이로 죽을 때까지 정치에서 손을 떼고 이곳에서 독서하며 유유자적한 노년을 보냈다. 중일전쟁이 일어난 뒤 화북을 점령한 일본이 그를 회유하려고 했지만 거절했다. 10년 정도만 더 살았다면 마오쩌둥의 공산군이 천하를 차지하는 모습까지 지켜보았을 것이다. 가장 가까운 곳에서 한 시대의 흥망성쇠를 모두 보았다는 점에서 역사의 산 증인인 셈이었다. 자신이 모셨던 청조와 위안스카이가 망하고 자신을 쫓아낸 차오쿤과 우페이푸, 장쭤린이 차례로 몰락하면서 이름도 없는 장제스가 중국 전토를 통일하는 모습을 보면서 어떤 생각을 했을까. 『삼국지』에서 "일을 하는 것은 사람이지만 이루는 것은 하늘^{謀事在人 成事在天}"이라고 탄식했던 제갈량의 마음이 헤아려졌을지 모르겠다.

즈리파의 영수 차오쿤은 이전부터 대총통이 되겠다는 야심이 있었다. 쉬스창이 사라지자마자 자기가 그 자리에 앉겠다고 설쳤다. 그렇지만 우페이푸가 때가 아니라며 만류했다. 차오쿤은 부득이 뜻을 접었지만 사사건건 간섭하는 우페이푸가 슬슬 성가시게 느껴졌다. 게다가 돤치루이와 장쭤린을 겪은 우페이푸의 명망이 하늘을 찌르면서 이제는 차오쿤마저 능가하는 형국이었다. 누가 상관이고 부하인지조차 알 수 없을 정도였다. 차오쿤은 내심 불쾌했다.

우페이푸가 쉬스창의 후임으로 추천한 사람은 전 대총통이었던 리위안훙이었다. 겉보기에는 풍채 좋고 위엄이 넘치지만 쉬스창만큼이나 무색무취인 데다 5년 전 장쉰의 복벽사건 때 스스로 대총통 자리를 던지고 야반도주했던 용렬한 위인이다. 성장이나 독군이라면 몰라도 일국의 지도자가 될 그릇은 아니었다. 바로 그 점이 우페이푸가 "누구도 반대하지 않을 사람"이라며 추천한 이유였다. 리위안훙은 어느 당파에도 속하지 않은 데다 자기 세력이 없으므로 꼭두각시처럼 부리기에 안성맞춤이었다. 또한 필요 없어지면 언제라도 끌어내릴 수 있었다.

톈진에 은거한 뒤 사업가로 변신한 리위안훙은 먹고사는 데 궁핍하지 않을뿐더러 권력 암투는 신물이 날 정도로 겪었다. 자신을 쫓아낸 자들이 이제 와서 우르르 몰려와 다시 머리를 숙이며 추대운동을 벌이는 것이 달가울 리 없었다. 그러나 염치도 체면도 없는 핍박 앞에서 리위안훙도 버티지 못했다. 쉬스창이 물러난 지 열흘도 되지 않은 6월 11일, 리위안훙은 베이징에서 임시 대총통에 취임했다. 그로서는 두 번째였다. 리위안훙이 아니꼬웠던 차오쿤은 바오딩의 자택에 틀어박힌 채 아프다는 핑계로 취임식에 참석하지 않았다.

며칠 뒤, 우페이푸가 차오쿤의 저택을 방문하여 이런저런 국사를 논했다. 그런데 느닷없이 북양 정부의 관료들이 들이닥쳤다. 그들은 차오쿤이 아니라 우페이푸를 만나러 왔다며 차오쿤에게 자리를 비켜달라고 했다. 차오쿤은 당연히 화가 났다. "내 집에서 나더러 나가라니, 어디로 가란 말이냐!" 그러고는 문을 쾅 닫고 나가버렸다. 관료들이 방문한 이유는 매국 관료로 이름난 전 교통총장 차오루린의 체포와 재산 몰수에 우페이푸의 동의를 받기 위해서였다. 그는 돤치루이 시절 일본에서 니시하라 차관을 도입하는 과정에서 2,000만 위안이나 되는 거액의 공금을 횡령했다는 혐의를 받고 있었다. 돤치루이가 몰락한 뒤에도 처벌을 피했지만, 장쭤린도 패배한 이상 보호막이 사라진 셈이다.

그러나 차오루린은 은행계의 큰손일뿐더러 차오쿤과도 친분이 있었다. 차오쿤이 알면 반대할 것이 뻔했다. 우페이푸는 체포에 동의하면서 차오쿤에게는 함구했다. 차오쿤은 차오루린이 체포됐다는 사실을 이튿날 조간신문을 통해 알았다. 우페이푸는 물론이고 아무한테도 언질을 받지 못한 그는 무시당한 꼴이 되었다. 격분한 그는 자기 집에 머무르고 있던 우페이푸를 불러냈다. 자다가 꼭두새벽에 불려나온 우페이푸도 기분이 좋을 리 없었다. "어르신께서는 얼마나 중요한 일이기에 이렇게 새벽같이 부르십니까?" "흥, 너도 이제 출세했다고 나 따위는 안중에 없는가보구나." 우페이푸는 길길이 호통을 치는 차오쿤을 달래느라 한동안 진땀을 빼야 했다. "제가 잘못한 것이 있다면 호되게 때려주십시오. 화는 몸에 좋지 않습니다." 차오쿤이 고개를 돌린 채 대꾸하지 않자 우페이푸는 분을 참고 절을 한 다음 뤄양으로 돌아갔다. 십년지기 관계도 권력 앞에서 금이 가기 시작했다.

펑즈전쟁이 끝난 뒤 즈리파는 두 파벌로 분열되었다. 하나는 차오쿤의 바오딩파이고, 다른 하나는 우페이푸의 뤄양파였다. 원래 즈리파란 북양군벌 중에서 돤치루이에게 불만이 있는 일부 군벌들이 잠시 합종연횡을 한 것에 지나지 않았다. 반돤치루이의 선봉에 선 펑궈장과 차오쿤이 즈리성 출신이기에 '즈리파'라고 통칭했다. 목표와 정체성이 불분명하고 서로의 유대감이나 결속력도 없었다. 당장 서로에게 총부리를 겨누어도 이상하지 않은 것이 즈리파의 모습이었다. 게다가 장쭤린에게 승리한 뒤 기고만장해진 우페이푸는 한층 오만해져 독선적으로 행동했고, 주변에서 불만의 목소리가 점점 커졌다.

차오쿤의 동생이자 즈리성장 차오루이는 이전부터 우페이푸와 견원지간이면서 장쭤린과 내통했다. 펑즈전쟁에서도 펑톈군이 톈진으로 진격하자 싸우지 않고 제일 먼저 달아났다. 이 때문에 차오쿤의 신임을 잃었다. 우페이푸는 기다렸다는 듯 그를 즈리성장에서 쫓아내고 제23사단장 왕청빈을 그 자리에 앉혔다. 그러나 이 조치는 차오루이는 물론 왕청빈에게도 불만을 샀다.

왕청빈은 본래 우페이푸의 심복이 아니었다. 안즈전쟁 이전에만 해도 지위가 동등했다. 그런데 우페이푸가 출세하면서 상하의 관계가 되자 서로 미묘한 감정이 생겼다. 게다가 그는 장쭤린과 같은 펑톈성 출신이기도 했다. 펑즈전쟁 중에 쉬스창은 왕청빈에게 즈리파와 펑톈파의 중재를 맡긴 바 있었다. 왕청빈은 대총통의 지시이므로 본의가 어떻든 부지런히 두 진영을 오가며 화해를 주선했다. 그러나 장쭤린을 끝장낼 생각만 하고 있던 우페이푸는 눈치 없는 그를 아니꼽게 여기고 차오쿤에게 "장쭤린과 내통하고 있다"고 참소했다. 왕청빈은 즈리파 사이에서 내통자로 낙인찍혀 따돌림을 받았다. 또한 우페이푸가 그동안의 공을 높이 사는 척하면서 즈리성장에 임명하되 그를 견제할 요량으로 군권을 빼앗자 왕청빈은 내심 불쾌했다. 군벌의 위세는 무력에 있지 이름뿐인 지위에 있는 것이 아니기 때문이다.

또 한 명의 불만분자는 펑위샹이었다. 그는 허난성장 자오티의 반란을 진압한 공을 인정받아 1922년 5월 14일 허난 독군에 임명되었다. 그러나 뤄양은 양호 순열사 우페이푸가 차지했고, 정저우에는 진원어의 제14사단이, 또한 후징이胡景翼의 제24사단이 징한철도 경비를 명목으로 허난성 북부에 주둔했다. 펑위샹은 말만 허난 독군일 뿐 다스릴 영토가 없었다. 독군 사령부가 있는 카이펑만 겨우 차지했다. 우페이푸는 펑위샹에게 일시금으로 80만 위안을, 그리고 다달이 20만 위안의 군비를 중앙으로 상납하라는 명령을 내렸다. 터무니없는 요구였다. 펑위샹은 일언지하에 거부했다. "그런 명령은 따를 수 없습니다. 굳이 하겠다면 당신이 직접 허난성을 맡으시구려."

허난성은 중국에서도 토비가 가장 많고 관리들의 가렴주구가 극심한 지역이었다. 펑위샹은 토비를 강력하게 척결하는 한편, 탐관오리를 처벌하고 아편 판매와 병사들의 약탈을 엄격히 금지했다. 또한 독실한 기독교도였던 그는 관아와 결탁하여 주민들에게 온갖 피해를 준 사찰들을 몰수해 학교로 개조했다. 병사들의 밀린 봉급은 자오티의 재산을 몰수해서 지급하고 백성의 것은 하나도 빼앗지 않았다. 군벌치고는 보기 드문 선정이었다. 펑위샹의 인기가 날로 높아지자 우페이푸는 그를 질시하면서 "불교를 탄압하는 것은 공산주의자들이나 하는 짓"이라며 비난했다. 펑위샹이 직속부대인 제11사단 외에 제7혼성여단, 제8혼성여단, 제25혼성여단 등 3개 여단을 추가로 편성하여 세력을 점점 확대하자 우페이푸는 내심 경계하지 않을 수 없었다. 그는 1922년 10월 31일, 펑위샹을 쫓아내고 충복인 장푸라이를 그 자리에 임명했다.

허난 독군에 임명된 지 5개월 만에 쫓겨난 펑위샹은 고향인 안후이 독군을 원했다. 그러나 돌아온 자리는 아무 실권도 없는 육군부 검열사였다. 북양 정부의 육군부는 명목상 중국 육군 전체를 통솔하는 최고 기관이지만 대총통조차 허수아비인 터에 아무 힘도 없는 허울뿐인 존재였다. 화가 머리끝까지 치솟은 펑위샹은 바오딩으로 가서 차오쿤을 만나 하소연했다. 펑위샹은 즈리파의 원로였던 루젠장의 처조카이기도 했다. 차오쿤은 좋은 말로 위로했다. "베이징 주변에는 쓸 만한 병력이 없다. 그대의 군대는 강하다. 남의 눈치를 보며 허난성에 남아 있기보다 병력을 이끌고 베이징으로 온다면 훗날에 큰 도움이 될 걸세. 산둥성은 지금 독군과 성장이 서로 싸우고 있으니, 기회를 봐서 산둥성을 차지할 수도 있지 않겠는가."

사람 좋은 차오쿤은 펑위샹을 배려해 군대를 유지하는 데 필요한 경비는 충원먼崇文門(베이징 내성에 있는 성문 가운데 하나)의 통과세로 충당케 하여 편의를 봐주었다. 한 달 수입은 20만 위안. 1개 사단과 3개 혼성여단의 2만 명에 달하는 대군을 먹여 살리기에는 턱없이 부족했지만 펑위샹은 일단 참기로 했다. 두 사람은 기분 좋게 헤어졌다. 하지만 차오쿤은 이날의 배려가 훗날 비수가 되어 제 등에 꽂힐 줄은 꿈에도 몰랐을 것이다.

2만 명의 대군을 이끌고 베이징으로 올라온 펑위샹은 베이징 교외의 난위안에 병력을 주둔시키고 혹독하게 훈련했다. 병사들은 대부분 즈리성과 허난성, 산둥성의 가난한 소작농 출신이었다. 궁핍한 환경에 익숙하고 끈기가 강했으며 명령에 절대 복종했다. 펑위샹도 빈민 출신이었다. 부모는 그가 10세 남짓이었을 때 아편중독으로 죽고, 살던 집은 고리대금업자의 손에 팔렸다. 먹고살기 위해 15세의 나이에 졸병으로 입대해야 했다. 우페이푸 같은 부유한 엘리트 출신은 상상도 할 수 없을 만큼 기구한 팔자였다. 밑바닥 인생을 경험한 펑위샹은 누구보다도 민중의 삶을 잘 이해했고, 군벌들이 힘없는 농민들을 함부로 착취하는 현실에 분노했다. 그 분노로 병사들을 엄한 규율로 훈련했으며, 계급 고하의 구분 없이 똑같은 생활을 하며 동고동락했다. 중국의 모든 군대를 타락시킨 술과 아편, 담배, 사치품도 펑위샹의 군대에서는 엄격히 금지되었다. 사소한 규율 위반도 엄벌을 받았다. 그의 군대는 오합지졸에서 즈리파 최강 군대로 탈바꿈했다.

일단 펑위샹의 명령이 떨어지면 전군이 10분 이내에 도열하여 출동 준비를 끝낸다. 영하 10도 이하의 강추위에서도, 비바람이 몰아치는 어둠 속에서도 40킬로미터 이상을 쉬지 않고 강행군하여 공격에 나설 수 있고, 꽁꽁 언 땅에 재빨리 참호를 파서 방어 태세를 갖출 수도 있었다. 중국의 어느 군대도 할 수 없는 일이었다. 휘하에는 20년 이상 함께해온 루중린鹿鍾麟·장즈장張之江·쑹저위안宋哲元·펑즈안馮治安·류루밍劉汝明·장쯔중張自忠 등 뛰어난 지휘관들이 있었다. 뒷날 장제스·리중런과 어깨를 나란히 하는 거대한 서북군벌을 형성하는 이들은 펑위샹과 장제스가 손잡고 북벌에 나서자 선봉에 섰다. 중일전쟁이 일어난 뒤에는 항일 명장으로 명성을 떨친다.

차오쿤의 뇌물 선거

허수아비 대총통 리위안훙이 자리를 차지한 지 1년도 되지 않아 인내심이 바닥난 차오쿤은 슬슬 그를 쫓아낼 궁리를 했다. 1923년 4월 26일, 펑위샹을 비롯해 즈리파 장군 85명이 대총통부 앞에 모여서 밀린 군비를 내놓으라고 시위를 했다. 국무총리 장사오쩡張紹曾이 우선 140만 위안을 3번에 걸쳐 지급하겠다고 부랴부랴 약속했다. 그러나 펑위샹은 자기 부대에 미지급된 돈만 139만 위안이라며 그 돈부터 내놓으라고 협박했다. 견디다 못한 일부 각료들은 내각 총사퇴를 요구하는 등 북양 정부는 마비 상태였다. 장사오쩡은 사직서를 던지고 야반도주하듯 톈진으로 가버렸다.

6월 7일에는 군인 500명이 대총통부 앞에서 소란을 피웠다. 이튿날에는 톈안먼 앞에서 차오쿤의 어용 정당인 공민당 소속 회원 수백 명이 모여서 '국민대회'를 열고 대총통 퇴진을 외쳤다. 9일에는 베이징 경찰들이 파업을 선언했다. 또한 리위안훙의 저택을 경비하는 부대가 멋대로 철수했고 심지어 수도와 전기, 전화까지 죄다 끊어버렸다. 다음 날에는 수백 명의 군인과 경찰, 공무원들이 리위안훙의 저택 앞에 몰려들어 체불된 월급을 내놓으라고 시위를 벌였다. 베이징 전체가 난장판이었다.

리위안훙도 "이래서는 대총통 직무를 수행할 수 없다. 부득이 대총통부를 톈진으로 옮긴다"면서 6월 13일 밤 소수의 측근들을 데리고 베이징역으로 가서 톈진행 기차에 올랐다. 리위안훙이 알아서 베이징을 떠나자 그동안 모르쇠로 일관하던 차오쿤은 파업하던 군인들과 공무원, 경찰들에게 즉시 복귀하라고 지시했다. 소란은 한순간에 잠잠해졌다. 그런데 내무총장 가오링웨이高凌霨에게서 보고가 들어왔다. "아무리 찾아봐도 대총통의 인장이 보이지 않습니다." 차오쿤은 아차 싶었다. 리위안훙이 들고 간 것이다. 산전수전 다 겪은 리위안훙도 차오쿤에게 그냥 당할 생각은 없었다. 대총통의 인장은 옛 황제의 옥새와 같았다. 중화민국의 국가원수이자 정부의 수반이며 육해군 통수권의 권위를 상징한다. 그게 없으면 지금까지 해온 일도 무용지물이 되고, 차오쿤이 대총통에 오르는 꿈 또한 허사가 되는 셈이었다. 차오쿤은 부랴부랴 톈진에 있는 왕청빈에게 급전을 보냈다.

리위안훙의 특별열차가 톈진 교외 양춘역에 멈추었다. 완전무장한 경찰들이 역사에 쫙 깔렸다. 그 앞에는 왕청빈이 서 있었다. "무슨 일인가?" 불쾌한 표정으로 묻는 리위안훙에게 왕청빈은 단도직입적으로 말했다. "대총통의 인장을 내놓으십시오." "모른다. 나는 가지고 있지 않다." "사실을 말할 때까지 이곳을 떠날 수 없습니다." 왕청빈의 협박에도 리위안훙은 끝까지 버텼다. 그러나 왕청빈은 무슨 수를 써서라도 인장을 받아낼 생각이었다. 한동안 실랑이 끝에 리위안훙은 굴복할 수밖에 없었다. 그것으로 끝이 아니었다. 내친김에 왕청빈은 대총통직에서 하야하라고 윽박질렀다. 리위안훙은 다음 날 새벽에야 간신히 풀려날 수 있었다. 중화민국 대총통이 일개 성장에게 한나절이 넘도록 붙들려 있었던 것이다. 10여 년 전 우창봉기에서 청조를 무너뜨린 혁명군의 원수가 정계에서 완전히 사라지는 순간이기도 했다.

리위안훙은 한때 남쪽으로 내려가 쑨원과 연합하는 방안을 고려했지만 쑨원의 시큰둥한 반응에 포기했다. 쑨원은 자신의 지위를 위협할 수 있는 그의 남하를 반길 이유가 없었다. 나중에 제2차 펑즈전쟁으로 우페이푸가 패망한 뒤 일부 군벌들을 중심으로 리위안훙을 대총통에 다시 추대하려는 움직임도 있었지만, 리위안훙은 더 이상 정치에 미련이 없었다. 그는 유유자적 은거하다가 1928년 6월 3일 톈진에서 뇌출혈로 사망했다. 때마침 북벌에 성공하여 톈진을 점령한 장제스가 리위안훙의 장례를 중화민국 국장으로 성대히 치러주었다.

우격다짐이나 다름없는 방법으로 리위안훙을 톈진으로 쫓아버린 차오쿤은 드디어 대총통이 되기로 결심했다. 주변에서 "아직 때가 아닙니다"라고 간언했지만 욕심에 눈먼 차오쿤의 귀에 들어갈 리 없었다. 중화민국 약법에 따라 대총통이 되려면 국회를 소집해야 했다. 차오쿤은 베이징의 국회의원들에게 뇌물을 마구 뿌렸다. 이 사실을 안 쑨원은 차오쿤을 방해하기 위해 톈진으로 몰래 사람을 보내 국회의원 중에서 즈리파에 불만이 있는 의원들을 매수했다. 일시금으로 500위안을 주고 상하이로 오면 매달 300위안을 더 주기로 약속했다. 당장 200여 명의 국회의원이 베이징에서 상하이로 왔다.

국회가 열리지 않으면 대총통 선거를 할 수 없다. 다급해진 차오쿤은 더 많은 돈을 내걸었다. "일주일에 100위안을 주겠다. 대총통 선거에 참여하는 자는 5,000위안을 준다. 지방으로 갔던 의원은 특별비로 1만 위안을 더 얹어주겠다." 대총통 선거에 쓴 돈은 1,350만 위안에 달했다. 가뜩이나 재정난에 허덕이는 북양 정부의 반년 치 세수와 맞먹었다. 이 돈은 즈리성장 왕청빈이 즈리성의 여러 현을 사정없이 쥐어짜서 마련했다. 각 현마다 적게는 1만 위안에서 3만 위안씩 내놓아야 했다. 그래도 부족했다. 영국과 프랑스에서 차관을 빌리고 기업가들에게도 이권을 대가로 뇌물을 받았다.

뤄양에서 그 꼴을 지켜보는 우페이푸는 불만이 많았다. 허울뿐인 대총통의 지위가 무슨 소용인가. 그런 돈이 있다면 군대를 양성하여 중국을 평정하는 것이 우선이었다. 즈리군은 몇 달씩 월급이 체불되었고 장비도 열악했다. 장쭤린과 쑨원이 남북에서 부지런히 칼을 갈고 있는데도 감투 따위에 매달리는 차오쿤의 행태는 기가 막혔다. 그러나 우페이푸는 입을 다물고 모른 척했다. 어차피 자신이 간언해도 들으려 하지 않을 것이기 때문이었다.

1923년 10월 5일, 대총통 선거가 실시되었다. 그렇게 많은 돈을 뿌렸는데도 출석한 의원은 전체 874명 중 절반이 채 안 되는 400여 명에 불과했다. 차오쿤은 "무조건 출석만 시켜라. 그럼 수고비로 5,000위안을 주겠다"며 측근들을 닦달했다. 그러나 선거가 끝날 때까지도 555명밖에 나오지 않았다. 대총통을 선출하려면 최소한 전체 의원의 3분의 2인 583명이 모여야 했다. 30명이 모자랐다. 중의원 의장 우징롄吳景濂은 출석부에 593명이 나왔다고 허위로 기재했다.

개표 결과 차오쿤이 480표, 선거에 출마하지도 않은 쑨원이 18표를 얻었다. 중국에서 공화정이 실시된 이래 가장 엉터리 선거였다. 10월 10일, 방법이야 어찌 되었든 차오쿤은 꿈에도 그리던 대총통 자리에 올랐다. 정식 대총통으로는 제3대였고, 중간의 임시 대총통까지 합하면 여섯 번째였다. 젊은 시절 톈진에서 옷감을 팔던 장돌뱅이가 만인지상이 되었다. 그러나 사람들은 최악의 대총통 선거라면서 '차오쿤회선曹錕賄選', 즉 차오쿤의 뇌물 선거라고 비웃었다. 차오쿤은 돈으로 대총통의 자리를 샀지만 민심은 한층 이반되었다.

린청 열차강도사건

차오쿤이 대총통이 되기 몇 달 전, 즈리파 정권의 무능함을 만천하에 보여준 사건이 있었다. 1923년 5월 6일, 산둥성 린청臨城에서 일어난 '린청 열차강도사건'이다. 난징을 출발해 진푸철도를 따라 북상 중이던 베이징행 특급열차가 한밤중에 린청역 인근에서 토비의 습격을 받았다. 열차를 습격한 토비의 수는 1,000여 명이나 되었다. 사방에서 벌 떼처럼 몰려든 이들은 총을 쏘아 열차를 세운 뒤 객차 안으로 뛰어들어 승객들을 밖으로 끌어내고 짐을 약탈했다. 인질이 된 승객은 100명이 넘었다. 부유한 상인이나 정부 관료도 적지 않았고 수십여 명의 외국인도 있었다. 영국인 1명은 저항하다가 토비의 총에 맞아 죽었다. 객실에서 자다가 날벼락을 맞은 승객들은 옷과 신발도 제대로 챙기지 못한 채 토비 소굴로 끌려갔다.

북양 정부는 경악했다. 각국 언론은 이 사건을 대서특필했으며, 열강은 단순한 강도 사건이 아닌 외국인 배척 운동이라 여기고 강력하게 항의했다. 이탈리아와 일본은 이 기회에 중국의 철도를 모두 몰수해서 열강이 공동으로 관리해야 한다고 떠들었다. 미국은 군대의 출동을 검토했다. 중국을 못 믿겠다는 얘기였다. 5월 9일, 열강들은 으름장을 놓았다. "사흘 안에 인질들을 구해내든가, 아니면 하루가 지날 때마다 배상금을 두 배로 늘리겠다." 거부한다면 당장이라도 무력으로 개입할 태세였다. 중국의 주권은 안중에도 없었다. 의화단의 난 이래 최악의 상황이었다. 국제 문제로 비화하고 열강들이 간섭하자 북양 정부는 모든 업무를 뒤로 미룬 채 외국인 인질을 구출하기 위해 머리를 맞대고 궁리했다.

산둥 독군 텐중위는 자기 관할 지역에서 일어난 일이니 발등에 불이 떨어진 꼴이었다. 그는 급히 군대를 현장으로 출동시켜 토비 추격에 나섰다. 그러나 토비들도 영악한 자들이라 자신들의 산채가 있는 바오두구抱犢崮로 잽싸게 도망친 다음 토벌군과 싸울 준비를 했다. 바오두구는 천하의 절경이면서도 험준하기 짝이 없는 천험의 요새였다. 정부의 군대라도 쉽사리 공격할 수는 없었다. 토비의 우두머리 쑨메이야오孫美瑤는 텐중위에게 협상을 요구했다. 군대를 뒤로 물릴 것과 자신들을 사면하고 정규군으로 편입할 것, 1년 치 급료와 군수물자를 지급할 것 등이었다. 평소 같으면 어림도 없는 요구였지만 북양 정부는 선택의 여지가 없었다. 열강들이 자국인 인질의 안전을 위협할 수 있다는 이유로 당장 토벌 작전을 중지하라고 요구했기 때문이다. 백성들 앞에서는 온갖 거드름을 피우면서 외세가 호통을 치면 벌벌 떠는 것이 청말 이래 중국 위정자들의 공통적인 모습이었다.

차오쿤은 열강의 비위를 건드릴 필요가 없다고 판단해 톈중위에게 토비들의 요구를 수락하라고 지시했다. 그러자 내각 총리 장사오쩡과 교통총장 우위린吳毓麟이 반대했다. 토비들의 요구를 무조건 받아들였다가는 좋지 못한 선례가 되어 다른 지방의 토비들이 비슷한 사건을 일으킬 수 있으므로 반드시 토벌해야 한다는 주장이었다. 그러나 차오쿤은 묵살했다. 정부가 저자세로 나오자 토비들은 콧대를 세웠다. 쑨메이야오는 점점 요구 조건의 수위를 높였다.

6월 2일, 양측이 평화협정에 합의함으로써 한동안 난항을 겪던 협상은 마무리되었다. 톈중위는 토비 산채에 2,000여 벌의 군복과 5만 위안의 돈을 보내주었다. 또한 전원에게 사면령을 내리고 고향에 가려는 자는 보내주었으며 군대에 남기를 원하는 자들은 모아서 1개 정규 여단을 편성했다. 쑨메이야오는 소장 계급을 받고 여단장이 되었다. 하루아침에 토비 두목에서 벼락출세한 셈이었다. 인질들은 모두 석방되었다. 국가의 중요 철도가 토비 떼에게 습격당한 것도 있을 수 없는 일이지만, 토비들에게 휘둘릴 만큼 북양 정부는 무력하기 짝이 없었다. 게다가 열강들이 중국의 주권을 침해하는데도 눈치 보기에만 급급했다.

이 사건을 계기로 중국 전역에서 외국인을 인질로 삼을 요량으로 철도와 열차를 습격하는 사건이 빈번하게 발생했다. 북양 정부는 속수무책이었다. 국제사회에서 중국의 위상은 완전히 땅에 떨어졌다. 열강은 중국 정부의 공식 사죄와 톈중위를 비롯한 책임자 처벌, 거액의 배상금까지 요구했다. 우페이푸조차 부당한 내정간섭이며 요구 조건이 지나치다고 반발했지만 소용없었다. 얼마 뒤 리위안훙을 쫓아내고 뇌물 선거로 대총통에 당선된 차오쿤은 열강들의 요구를 받아들이기로 했다. 자신들의 요구를 받아들이지 않으면 열강들이 대총통 취임식에 참석하지 않겠다고 경고했기 때문이다. 그렇잖아도 불법적인 선거에다 국민의 지지를 받지 못해 정통성이 결여된 차오쿤으로서는 열강의 지지라도 얻어야 했다.

텐중위는 산둥 독군에서 쫓겨났다. 차오쿤은 각국 정부에 굴욕적인 사죄문을 발송했다. 인질들에게는 직접적인 손해배상 이외에 정신적인 고통에 대한 위자료까지 계산하여 거액의 배상금을 지불했다. 배상금 산정 방식과 액수도 중국 정부가 아닌 열강이 정했다. 차오쿤의 뇌물 선거와 함께 린청 사건은 즈리파 정권의 무능함을 보여주었다. 게다가 열강의 압력에 못 이겨 같은 즈리파 독군인 텐중위를 파면한 일은 차오쿤 스스로 한쪽 팔을 자른 격이었다. 토비에서 여단장으로 벼락출세한 쑨메이야오의 행운은 오래가지 않았다. 반년 뒤인 12월 9일, 정부의 연회에 초대받아 참석했다가 그 자리에서 체포되어 총살당했다. 부하들도 모조리 죽임을 당했다.

베이징에서 차오쿤이 감투 잔치를 벌이는 동안, 우페이푸는 중국을 무력으로 통일하겠다는 야심을 품고 남정에 나섰다. 1923년 7월, 쓰촨성에서 전 쓰촨 독군 슝커우가 쑨원의 후원을 받아 쓰촨성 탈환에 나섰다. 그는 반즈리파 군벌들을 규합하여 위안쭈밍袁祖銘·양썬楊森·류샹 등 즈리파 군벌들과 일진일퇴의 치열한 전투를 벌였다. 우페이푸는 중앙군 제7사단과 제15혼성여단 등 대규모 병력을 쓰촨성으로 증파했다. 또한 쑨원을 견제하기 위해 광둥성의 천중밍을 후원했다. 그러나 천중밍은 쑨원에게 참패했으며, 쓰촨성의 전황도 결코 유리하지 않았다.

동남부에서는 창장 상류 총사령관 쑨촨팡이 2개 사단(제2사단, 제12사단)으로 푸젠성을 침공했다. 리허우지를 쫓아내고 푸젠성을 차지했던 쑨원의 북벌군 주력은 천중밍을 토벌하기 위해 벌써 광둥성으로 물러나 있었다. 1924년 4월 12일, 쑨촨팡은 푸저우를 점령하는 등 별다른 저항을 받지 않고 푸젠성의 대부분을 장악했다. 샤먼에 주둔한 해군연습함대 사령관 양수좡楊樹莊은 해군 육전대와 수병들을 동원하여 푸젠 군무독판軍務督辦* 왕융취안을 격파했다. 우페이푸는 양수좡을 해군 총사령관에, 쑨촨팡을 푸젠 독군에 임명했다. 쑨촨팡에게는 광둥성을 공격하라고 명령했다. 그러나 모처럼 자신의 기반을 차지한 쑨촨팡은 자립하려는 야심을 품고 더 이상 움직이려 하지 않았다. 더욱이 광둥성에는 쑨원이 이끄는 남방 4개 성의 대군이 모여 있었기 때문에 쉽사리 공격할 수도 없었다. 쑨촨팡의 항명으로 우페이푸는 체면을 구겼다.

우페이푸의 남정은 아무것도 얻지 못한 채 즈리군을 더욱 피폐하게 만들었다. 사기는 떨어지고, 무기와 탄약도 바닥났다. 봉급과 양식을 받지 못한 병사들은 탈영하여 토비가 되었다. 게다가 즈리파의 모순은 더욱 깊어졌다. 우페이푸는 그동안 분골쇄신한 부하들을 찬밥 취급하고 군권을 빼앗으려 했다. 그의 의도는 느슨한 연합체에 불과한 즈리파를 재편하여 자기 뜻대로 일사불란하게 지휘하기 위함이었다. 그러나 독선적인 태도와 교만함 때문에 오랜 심복들마저 등을 돌리고 있었다.

---

* 성의 최고 군사령관. 돤치루이가 임시 집정에 오른 뒤에 독군의 명칭을 군무독판으로 바꿨다.

펑톈은 죽지 않는다

＼동북 개혁에 착수하다

차이쿤과 우페이푸가 천하의 주인인 양 행세하고 있을 때 장쭤린은 무엇을 하고 있었는가. 펑즈전쟁에서 참패한 그는 북양 정부가 자신을 동3성 순열사에서 파면하자 동북의 주요 인사들을 모은 다음 이들의 추대를 받아서 1922년 5월 12일 동3성의 독립을 선포했다. 그리고 '동3성 보안총사령관東三省保安總司令'이라는 거창한 직함을 내걸었다. 패전에도 불구하고 장쭤린 정권이 둔치루이처럼 일조일석에 무너지기는커녕 오히려 강하게 나올 수 있었던 이유는 그만큼 지반이 탄탄하고 동북 인민들의 지지가 있었기 때문이다.

그러나 장쭤린은 펑톈군과 즈리군의 실력 차이 또한 절감했다. 숫자와 무기에서는 결코 밀리지 않았다. 문제는 질이었다. 위안스카이가 직접 양성한 북양의 적계부대 즈리군은 중국 최강이었다. 여기에 견주면 펑톈군은 구식 군인과 비적을 긁어모은, 군복 걸친 도적 떼에

지나지 않았다. 우페이푸를 비롯한 즈리군 지휘관들은 대부분 북양무
비학당과 바오딩육군군관학교, 일본 육사 등 국내외 명문 군사학교를
졸업한 당대 최고의 군사 전문가이면서 실전 경험이 풍부한 백전노
장들이었다. 반면, 장쭤린의 부하들은 의리와 충성심은 있을지 몰라
도 군인으로서의 능력은 낙제점이었다. 걸핏하면 만용을 부리기 일쑤
였고, 불리하면 제일 먼저 달아났다. 전투는 주먹구구식이었으며 규
율도 엉망이었다. 많은 부대가 총 한 발 쏘지 않고 투항하면서 전군이
괴멸했다. 하지만 오합지졸에 가까운 펑톈군 중에도 충분히 훈련받고
유능한 지휘관이 이끄는 부대는 강력했다. 장쉐량의 제3혼성여단과
귀쑹링의 제8혼성여단이었다. 즈리군이 산하이관을 넘지 못한 이유
도 이 두 부대 때문이었다. 모든 펑톈군이 이렇게 바뀐다면 누구도 감
히 대적하지 못할 것이었다.

　장쭤린은 군대의 머릿수만 늘리는 것은 의미가 없으며 현대전에서
화력과 기동력, 해군과 공군이 얼마나 중요한지 새삼 깨달았다. 그는
우페이푸를 이기고 천하를 얻겠다는 일념에 동북을 근본부터 혁신하
기로 결심했다. 장쭤샹과 우쥔성·장징후이·탕위린 등 녹림 시절부터
장쭤린과 함께했던 노장들은 일선에서 밀려났다. 그리고 이들을 대신
하여 신진 세력이 전면에 등장했다. 대표적인 인물이 양위팅과 귀쑹
링, 왕융장 그리고 장쉐량이었다.

　펑톈군 참모장 양위팅은 일본 육군사관학교 포병과를 졸업한 동
량지재棟樑之材로, 장쭤린을 비롯해 일자무식의 마적과 구식 무장들이
주축을 이루던 펑톈 군벌 내에서 보기 드물게 현대식 군사교육을 받
은 엘리트였다. 펑톈성 파쿠현法庫縣(지금의 선양시 북쪽에 있는 도시)에
서 태어난 그는 조부 대부터 동북에 정착하여 황무지를 일구며 살았
다. 양위팅은 어린 시절부터 글 읽기를 매우 좋아했다. 일자무식의 농

사꾼이었던 아버지는 공부 따위는 필요 없다며 탐탁잖게 여겼다. 그러나 아들의 고집을 꺾지 못하고 근처 서당에 보내 학문을 배우게 했다. 양위팅은 스승이 놀랄 만큼 매우 총명했고, 16세에 과거에 합격하여 수재가 되었다. 그러나 세상이 달라지면서 낡은 유교 경전에 매달려봐야 의미가 없다고 여긴 그는 사촌 형의 도움을 받아 일본으로 건너가 일본 육군사관학교 포병과 제8기로 입교했다. 함께 입교한 사람들 중에는 위전于珍·싱스롄邢士廉·시차熙洽 등이 있었다. 이들은 나중에 양위팅을 중심으로 펑톈군 내에서 '사관파'를 형성한다.

양위팅은 중국의 미래와 국가의 대계를 놓고 학우들과 토론했으며, 중국동맹회 지도자였던 쑨원과도 서신을 주고받으면서 식견을 넓혔다. 양위팅과 서신을 주고받은 사람들 중에는 한 살 아래인 장제스도 있었다. 1910년 일본 육사를 졸업하고 귀국한 양위팅은 창춘 주둔 제23진에 배속되어 초관(소대장)이 되었다. 두뇌가 비상한 그는 상관의 눈에 들어 출세의 기회를 잡았다. 신해혁명 이후 제27사단장 장쭤린은 펑톈성에서는 드물게 일본 육사를 졸업한 엘리트인 양위팅을 눈여겨보았다. 그리고 30세도 채 되지 않은 그를 기용하여 참모장으로 임명했다. 양위팅은 장쭤린의 모사를 맡아 군사와 정치 두 분야에서 활약했다. 주변 사람들은 문무를 겸비한 그를 '작은 제갈량' 또는 '꾀주머니'라고 불렀다.

양위팅은 펑톈군 훈련총감과 동3성 병기총감을 맡았다. 일본과 구미 각지에서 최신 무기를 대량으로 들여오는 한편, 외세에 무조건 의존하기보다 동북의 군수산업을 확충하는 데 많은 노력을 기울였다. 대표적인 성과가 펑톈의 동3성 병공창東三省兵工廠(동북병공창)이었다. 1921년에 설립된 동3성 병공창은 제1차 펑즈전쟁 이후 양위팅이 최신 기계를 대량으로 도입하여 설비를 확충했다. 투자금만 3억 위안이었고, 총면적 60만 평, 기계 8,000여 대, 기술자 1,200명에 노동자는 3만 명이었다. 중국 내 어느 병공창과도 견줄 수 없는 중국의 최대 군수공장이었다. 1929년에 이르면 동3성 병공창의 연간 생산량은 75mm부터 240mm까지 각종 야포 1,000문과 포탄 20만 발, 소총 6만 정, 탄약 1억 8,000만 발, 기관총 1,000여 정에 달하여 상하이 강남병공창, 타이위안병공창, 한양병공창을 훨씬 능가했다. 이와 별도로 펑톈 박격포창이 있어서 매월 박격포 80문과 포탄 4만 발을 생산했다. 펑톈군의 낡은 무기와 장비는 최신 무기로 바뀌었다. 또한 동북 해공군의 창설과 병참부대를 근대적으로 개편하여 작전 능력을 향상시켰다. 펑톈군은 중국에서 가장 현대화한 군대였다. 군정에 관한 한 양위팅을 따를 자가 없었다.

군정에 양위팅이 있다면 군대의 훈련과 야전 지휘에는 궈쑹링이 있었다. 궈쑹링은 실로 파란만장한 인물이었다. 펑톈성 선징즈深井子(지금의 선양시 훈난구)의 가난한 농가에서 태어난 그는 문관을 꿈꾸었다. 그러나 과거가 폐지되고 신식 군사학교가 생기자 군인이 되기로 결심했다. 1905년, 펑톈에 육군소학당이 설립되었다. 학비가 저렴하고 약간의 생활비도 지급했기에 한족 출신의 가난한 젊은이들이 너도나도 지원했다. 그중에는 궈쑹링도 있었다. 걸림돌은 나이였다. 입학할 수 있는 나이는 만 20세까지였다. 궈쑹링은 이미 22세여서 규칙대로라면 입학할 수 없었지만, 입교 성적이 매우 우수했기 때문에 특별히 허락받았다. 그는 3년 과정을 1년 만에 마친 다음 성경장군盛京將軍* 자오얼쉰의 추천을 받아 펑톈육군속성학당에 입교했으며, 1년 뒤 수석으

---

* 청나라 시절 동3성의 군정과 내정을 총괄하는 정1품 지방관. 1907년 관제가 개편되면서 동3성 총독으로 바뀌었다.

로 졸업했다.

펑톈 주둔 북양군 제3진의 초관으로 부임한 궈쑹링은 얼마 뒤 자신을 신임하는 동3성 총독 주칭란朱慶瀾이 쓰촨 총독에 임명되자 그를 따라서 쓰촨성으로 향했다. 그는 쓰촨 총독부의 경비를 맡은 관대(대대장)가 되었다. 쓰촨성의 신군 병사들 사이에서는 반청 혁명사상이 유행이었다. 혈기 왕성한 궈쑹링도 혁명에 동조하여 중국동맹회에 가입했다. 그는 우창봉기가 일어나자 청두에서 반란을 일으켰지만 실패했다. 펑톈으로 도망쳐온 그는 이번에는 동북에서 반청혁명을 일으키겠다면서 무장봉기를 준비했다. 그러나 펑톈의 치안을 맡고 있던 장쭤린이 발 빠르게 대응하면서 동북의 혁명파 인사들은 모조리 체포되거나 살해당했다.

궈쑹링도 붙잡혀 감옥에 갇혔지만, 주변의 탄원으로 운 좋게 목숨을 건지고 석방되었다. 이때 중요한 역할을 한 사람이 궈쑹링의 평생 반려자가 되는 한수슈韓淑秀였다. 부유한 기독교 가정에서 태어난 그녀는 펑톈여자사범학당을 졸업하여 그 시절 중국 여성으로는 보기 드물게 대학 교육까지 마친 신여성이었다. 또한 여성 교육과 빈민 구제에 앞장서는 등 펑톈 사회에서는 유명인사였다.

신해혁명으로 사면을 받은 궈쑹링은 베이징장교연구소北京將校硏究所에 입교하여 우수한 성적으로 졸업한 뒤 펑톈으로 돌아왔다. 그리고 펑톈 도독부 참모가 되었지만 얼마 뒤 그만두고 베이징육군대학에 입학했다. 육군대학을 졸업하고 한동안 교관으로 활동하던 그는 쑨원의 호법전쟁에 호응하여 광저우로 내려가서 북벌군에 참여했다. 그러나 호법 정부의 내분으로 쑨원이 하야하자 실망하여 펑톈으로 되돌아왔다. 탁월한 군사 전략가이며 야심까지 갖춘 그가 쑨원 곁에 남았더라면 장제스가 등장할 기회는 없었으리라.

당시 동3성의 주인은 장쭤린이었다. 중원에 자신의 깃발을 꽂겠다는 야심을 품고 있던 그는 우수한 청년 장교들을 확보할 요량으로 1919년 3월 펑톈 교외의 동3성 강무당을 개편하여 동북육군강무당東北陸軍講武堂을 설립했다. 그런데 생도들을 가르칠 교관이 없었다. 베이징육군대학을 졸업한 궈쑹링은 장쭤린에게 천군만마와 같은 인재였다. 장쭤린은 궈쑹링을 크게 환대하면서 참모 겸 전술 교관에 임명하고 생도들의 훈련을 맡겼다. 궈쑹링은 장쭤린에게 목숨을 잃을 뻔한 악연이 있었다. 그러나 두 사람 모두 지나간 일 따위에 마음을 두는 이들이 아니었다. 궈쑹링은 베이징육군대학을 비롯하여 국내 유수의 군사학교를 졸업한 여러 인재를 초빙하여 교관진을 편성했다.

동북육군강무당의 교육 기간은 1년, 한 기수당 입학 정원은 당초 220명에서 꾸준히 늘어나 1920년대 말에는 2,000명이 넘었다. 1919년부터 1931년 9월 18일 만주사변으로 폐교될 때까지 11년 동안 약 1만 명의 졸업생을 배출하여 펑톈군의 중핵을 차지했다. 젊은 학생들은 물론이고 펑톈군의 고급 간부들도 장쭤린의 권유에 따라 입교하여 군사교육을 받았다. 동북육군강무당은 짧은 역사에도 불구하고 바오딩육군군관학교, 윈난육군강무당과 함께 중국 3대 군사학교의 하나로 꼽힐 정도였다. 다른 군사학교들이 극심한 재정난으로 간신히 명맥을 유지하던 것과는 대조적이었다. 동북육군강무당이 전국적인 명성을 떨칠 수 있었던 이유는 장쭤린의 아낌없는 후원 덕분이기도 하지만 궈쑹링이 생도들을 엄격하게 훈련했기 때문이다.

동북육군강무당 1기생 중에는 장쭤린의 장남 장쉐량도 있었다. 두 사람의 첫 만남이었다. 궈쑹링 37세, 장쉐량 21세였다. 포병과 생도였던 장쉐량은 군사에 조예가 깊고 매사 솔선수범하면서 타인은 물론 자기 자신에게도 엄격한 궈쑹링의 모습에 깊은 감명을 받았다. 술과 도박에 찌들어 있던 펑톈군의 여느 장교들과는 달랐다. 펑톈군 장교들을 경멸하던 관동군도 궈쑹링만큼은 높이 평가했다. "한번 결심하면 반드시 실행하고 두뇌가 명석하다. 품행이 올바르고 술과 담배를 즐기지 않으며 여자를 가까이하지 않는다. 중국의 고관치고는 보기 드문 인물이다." 장쉐량은 궈쑹링과 의형제를 맺고 스승이자 큰형님으로 모셨다.

1년 후인 1920년, 동북육군강무당을 졸업한 장쉐량은 동3성 순열사 경호대 여단장에 임명되었다. 그는 궈쑹링을 참모장 겸 제2연대장으로 삼았다. 안즈전쟁이 일어났을 때 궈쑹링은 장쉐량을 대신해 1개 연대를 이끌고 산하이관을 넘었다. 톈진 주변에서 벌어진 전투에서 안후이파의 룽지광이 지휘하는 진무군振武軍 2개 여단을 과감하게 기습하여 섬멸했다. 안후이군은 수적으로 몇 배나 우세했지만 우왕좌왕하다가 무너져버렸다. 펑톈군의 간부들은 궈쑹링이 실전 경험이 없다는 이유로 "이론에 능하다고 싸움을 잘한다고 할 수 없다"면서 은근히 깔보았다. 그러나 그의 첫 전투는 주변의 시기 어린 말을 단번에 쏙 들어가게 했다.

궈쑹링을 눈여겨본 장쭤린은 장쉐량을 제3혼성여단장에, 궈쑹링을 제8혼성여단장에 임명하고 궈쑹링에게 두 여단의 지휘를 맡겼다. 궈쑹링을 자기 후계자가 될 장쉐량의 든든한 후견인으로 삼은 것이었다. 나이가 어리고 경험이 부족한 장쉐량도 궈쑹링을 절대적으로 신뢰하고 무슨 일이건 그가 하자는 대로 따랐다. 장쉐량은 주변 사람들에게 입버릇처럼 "내가 마오천茂宸(궈쑹링의 호)이고, 마오천이 곧 나다我就是茂宸, 茂宸就是我"라고 말했다. 펑즈전쟁에서 펑톈군은 우페이푸의 상대가 되지 못했지만 장쉐량·궈쑹링이 지휘하는 두 개 여단만은 건재한 채로 철수했다. 궈쑹링이 우페이푸의 추격을 늦추지 못했다면 장쭤린은 산하이관으로 돌아오지도 못하고 동북도 지키지 못했을 것이다.

귀쑹링은 육군 정리처 참모장 대리를 맡아 정군整軍 작업에 들어갔다. 전투에서 비겁했던 자는 용서 없이 총살했다. 잘못을 저지른 자, 능력이 부족한 자도 엄벌에 처했다. 병사들 가운데 늙고 병들어 쓸모없는 자는 노잣돈을 넉넉히 주어 고향으로 돌려보내고, 젊고 능력 있는 자만 가려 남겼다. 정편 직후 평톈군은 20만 명에서 7만 명으로 3분의 1로 줄어들었지만 그만큼 내실은 튼튼해진 셈이었다. 빈자리는 근대 군사교육을 받은 인재들을 초빙하여 채워넣었다. 연대장의 절반, 대대장급 이하의 중하급 장교는 모두 그가 임명한 사람들이었다. 귀쑹링의 세력은 비약적으로 커져서 '육대파'라고 불리는 거대한 파벌이 되었다. 육대파란 베이징육군대학 출신 또는 이들에게 군사교육을 받은 동북육군강무당 출신을 일컫는다. 이들의 정점에는 장쉐량과 귀쑹링이 있었다. 육대파는 장쉐량의 강력한 정치적 토대가 되었다. 장쭤린이 죽은 뒤 장쉐량은 육대파 청년 장교들의 지지를 받아 동북 정권을 승계할 수 있었다.

그동안 아무런 통일성 없이 난립했던 사단과 여단, 비정규 부대들은 일제히 개편되었다. 또한 동북에 있는 모든 부대의 군 통수권과 지휘권을 장쭤린의 보안사령부 산하로 일원화했다. 병력과 장비를 충실하게 했으며 포병 화력을 강화했다. 기존의 사단 편제를 없애고 여단 편제로 통일하면서 평톈군은 27개 혼성여단과 5개 기병여단, 2개 독립 포병여단, 1개 중포병연대로 재편성되었다. 평시에는 여단이 최상위 편제이지만, 전시에는 2개 여단씩 묶어서 사단 이상의 상위 부대를 편성했다. 각 여단은 3개 연대(기병여단은 2개 연대)로 구성되었다. 1개 사단은 2개 여단 6개 연대 18개 대대로 편성되었다. 사단 직속으로 1개 기병중대(128명)와 수송대대(386명)가 있었다. 각 연대는 3개 보병대대(1,134명)와 1개 기관총중대, 1개 박격포중대(76mm 박격포 36문), 1개 통신소대(32명)로 편성되었다. 포병여단은 3개 연대 9개 대대로 편성되었으며 인원수는 1,700여 명에, 75mm 야포 108문을 보유했다. 중포병연대는 105mm 이상의 대구경 중포 32문을 갖추었으며 중국 유일의 중포 부대였다. 펑톈군의 포병대는 중국 최강이었다. 노장들은 뒤로 물러나고 궈쑹링·장덩촨·한린춘·리징린 등 젊고 혈기왕성하며 국내외의 명망 있는 군사학교를 졸업한 자들이 대신했다. 이들의 역량은 우페이푸의 부하들에 못지않았다.

양위팅은 군정의 대가였으며 궈쑹링은 중국에서 가장 뛰어난 군사 전략가 중 한 사람이었다. 펑톈군의 두 대들보라 할 만했다. 그러나 두 사람은 서로를 경쟁자로만 여길 뿐 마음을 터놓고 협조하기를 꺼렸다. 연배도 비슷해서, 궈쑹링이 3살 위였다. 유능하지만 오만하고 독선적인 것도 닮은꼴이었다. 자신의 재기를 지나치게 과신한 점이 재승덕박才勝德薄의 전형적인 모습이었다. 이들은 파벌을 형성하여 치열한 암투를 벌였다. 용인술이 탁월한 장쭤린조차 이들의 대립을 해결할 도리가 없었다. 두 사람의 지나친 욕심과 시기심은 펑톈파에 큰 해가 되었을 뿐 아니라 결국에는 자신들마저 망치고 말았다. 물론 아직은 먼 훗날의 일이다.

＼해공군의 창설

제1차 펑즈전쟁에서 40대의 항공기를 가지고 있던 즈리군은 펑톈군의 머리 위를 맴돌며 쉴 새 없이 폭탄을 떨어뜨리고 기총사격을 가했다. 하늘로부터의 공격에 속수무책이던 펑톈군은 폭음을 울리며 날아오는 항공기를 보기만 해도 겁에 질렸다. 우페이푸에게 호되게 당한 장쭤린은 1923년 9월 4일 동3성 항공처를 설립하고 공군 창설에 총력을 기울였다. 공군 창설의 대임은 장쉐량이 맡았다. 이전부터 비행기에 관심이 많았던 그는 직접 조종술을 배웠다. 장쉐량은 항공처장이 되어 펑톈 외곽에 비행장을 건설하고 프랑스에서 대량의 비행기를 구입했다. 또한 프랑스인 교관과 항공기 기술자를 영입했으며, 조종사를 양성하기 위해 동북육군강무당 생도들 중에서 우수한 학생 35명을 선발해 프랑스의 항공학교로 유학을 보냈다. 이들은 제2차 펑즈전쟁에는 참여하지 못했지만 장쭤린이 승리한 뒤 귀국하여 동북 공군의 핵심이 되었다.

제2차 펑즈전쟁이 일어났을 때 동북 공군은 3개 비행대, 100여 대의 항공기를 보유했다. 동북 공군의 항공기들은 프랑스제 코드롱^{Caudron G-Ⅲ} 전투기와 브레게^{Breguet} 19 전투폭격기, 미제 커티스 슈라이크 수상비행기 등 비교적 최신 기체였으며, 성능 면에서도 즈리군이 보유한 대부분의 항공기보다 우수했다. 만주사변 직전에 이르면 1개 혼성 항공대(5개 비행중대) 300여 대의 항공기와 100여 명의 조종사를 보유하는 등 적어도 양적으로는 중국 최강이었다. 다른 군벌들은 말할 것도 없고 장제스조차 1936년에야 그 정도 전력을 확보할 수 있었다는 점에서 동북 공군의 실력이 어느 정도였는지 알 수 있다.

해군력에서는 변변한 군함 한 척 없는 실정이었다. 중소 국경을 따라 흐르는 쑹화강과 헤이룽강을 항해하는 상선들은 주변에서 노략질하는 마적 떼의 공격에 속수무책이었다. 1919년 7월 헤이룽장 독군이었던 바오구이칭이 베이징 정부 해군부에 요청하여 제2함대에 소속된 포함 4척을 넘겨받은 것이 동북 해군이 획득한 최초의 군함이었다. 그중 3척(리쑤이^{利綏}·리제^{利捷}·리촨^{利川})은 1차대전 때 돤치루이 정권이 대독 선전포고를 한 뒤 중국에 있던 독일·오스트리아 포함을 나포하여 몰수한 것이었다. 적백내전이 한창이던 1920년 4월, 소련 적군의 유격대가 시베리아의 하바롭스크를 공격했다. 백군 수비대를 구원하기 위해 20여 척의 일본 군함이 출동했다. 헤이룽장성 정부도 4척의 포함을 출동시켜 함포사격을 지원했다.

한 달 뒤 하얼빈에서 지린-헤이룽장 강방함대 사령부가 설립되어 쑹화강과 헤이룽강의 경비를 맡았다. 상선을 개조한 4척의 포함을 추가로 확보하면서 강방함대의 전력은 포함 8척, 배수량 2,070톤으로 늘어났다. 동북을 통틀어 유일한 해군 전력이었다. 그러나 강방함대는 장쭤린의 동북 정권이 아니라 베이징의 해군부 소속이었기에 장쭤린의 지시를 받지 않았다.

제1차 펑즈전쟁에서 우페이푸 휘하의 함대는 펑톈군의 병참선을 여지없이 박살 냈다. 바다에서 쉴 새 없이 쏘아대는 함포사격으로 펑톈군은 철도와 다수의 열차, 차량을 상실했다. 군함 한 척 없던 장쭤린은 속수무책으로 당하면서 해군의 중요성을 새삼 절감했다. 그는 강방함대 사령관 왕충원王崇文을 회유했다. 중앙의 혼란으로 열 달이나 봉급이 체불된 강방함대는 베이징과 관계를 끊고 '헤이룽장 강방함대'로 이름을 바꾼 다음 동3성 보안사령부에 편입되었다. 장쭤린은 처음으로 해군을 수중에 넣었다. 물론 중국 해군의 주력함대를 쥐고 있는 우페이푸에게 대항하기에는 어림도 없었다. 우페이푸를 꺾으려면 더욱 강력한 해군이 필요했다.

장쭤린은 강방함대를 정규 함대로 확대하고 전문 인력을 양성하기 위해 1922년 8월 동북 항경처航警處를 설립했다. 강방함대 참모장 선훙례沈鴻烈가 처장에 임명되었다. 후베이성 출신의 선훙례는 일본 해군 병학교(해군사관학교)를 졸업한 뒤 베이징 참모본부 해군국 과장과 육군대학 해군 교관을 지낸 인물로, 중국에서 몇 안 되는 해군통이었다.

본래는 즈리파에 속했지만 장쭤린에게 회유되어 펑톈파로 전향했다. 선훙례는 일본 유학 시절의 동기생 20여 명을 영입하여 동북 해군의 창설에 필요한 간부진을 확보했다. 해군 전력을 확충하기 위해 1923년 7월 2,700톤급 전하이鎭海와 2,000톤급 웨이하이 2척의 상선을 구입한 뒤 군함으로 개조하여 해군 생도들을 훈련하는 연습함으로 사용했다. 전하이는 나중에 중국 최초의 수상기 모함으로 개조되어 장제스의 북벌군이 장악한 상하이를 폭격하기도 했다.

1923년 1월에는 본격적인 간부 양성을 위하여 펑톈성 랴오둥만에 있는 항만도시 후루다오葫蘆島에 항경학교航警學校(이후 후루다오해군학교로 개칭)를 설립했다. 해군학교에는 매 기수마다 40명이 입교했으며 6개월 과정으로 교육받았다. 여름에는 교육생들이 2척의 연습함을 타고 해상 항해 훈련을 실시했다. 극심한 재정난에 허덕이던 여느 해군학교들과 달리 장쭤린의 적극적인 후원 덕분에 동북 해군의 간부 양성소 역할을 충실하게 했다. 만주사변이 일어나는 1931년 9월까지 1,500명이 졸업했다. 만주사변으로 후루다오가 일본군의 손에 넘어가자 해군학교는 산둥성 칭다오로 옮기게 된다.

해군력은 하루아침에 양성되는 것이 아닌 데다 군함을 확보하기가 쉽지 않았다. 제2차 펑즈전쟁이 일어났을 때 동북 해군은 8척의 소형 포함과 상선을 개조한 연습함 2척을 보유한 것이 전부였다. 장쭤린은 일본에서 신형 어뢰정을 구입하고 발해함대를 포섭하는 등 꾸준히 전력을 확충했다. 1920년대 말에 이르면 방호순양함 3척을 포함하여 대소 군함 27척과 수병 3,300명, 배수량 3만 2,200톤의 전력을 갖추었다. 중국 해군의 70퍼센트를 차지하는 전력이었다. 또한 해군 항공대와 육전대를 창설하여 칭다오와 옌타이, 후루다오 등 주요 군항에 배치했다.

＼장쭤린의 '소하'였던 왕융장

양위팅이 군수와 병참을 개혁하고 궈쑹링이 평톈군을 정편했으며 선홍례와 장쉐량이 해공군을 창설했다면, 뒤에서 재정적으로 뒷받침한 사람이 왕융장이었다. 평톈성장과 재정청장이었던 그는 실질적인 동북의 경영자로서 장쭤린 정권의 살림살이를 도맡았다.

왕융장은 평톈성 진저우 출신으로, 서당을 운영하는 가난한 향신 계층 집안이었다. 어릴 때부터 매우 영민하다는 말을 들은 그는 21세에 과거에 합격하여 수재가 되었다. 그러나 관직에 오르지 않고 약방과 한문 교사로 생계를 꾸렸다. 랴오양 경무遼陽警務(평톈의 치안 책임자) 위안진카이袁金鎧는 그를 눈여겨보고 근대적인 치안 제도를 도입하기 위해 뤼순의 일본 조계에서 일본식 경찰 제도를 시찰해달라고 부탁했다. 왕융장은 뤼순에 가서 경찰 행정을 조사한 뒤 평톈으로 돌아와 지방 경찰학교인 랴오양경무학당遼陽警務學堂을 설립했다. 또한 평톈 순방영의 관대를 맡아 장쭤린과 함께 평톈성의 혁명파를 소탕하는 데 일조했다. 신해혁명 이후에는 동3성 총독 자오얼쉰의 추천으로 평톈의 민정국장에 임명되었다. 그러나 평톈의 실세가 된 장쭤린과 갈등을 빚자 왕융장은 관직을 던지고 고향으로 가 은거했다.

1916년 평톈 독군이 된 장쭤린은 자신을 한고조에 빗대면서 널리 인재를 구했다. 위안진카이는 왕융장을 "천하에 보기 드문 기재"라면서 반드시 막하에 두기를 권했다. 장쭤린은 스스로 허리를 굽혀서 왕융장의 도움을 청했고 평톈성 경무처장에 임명했다. 예전부터 장쭤린과 호형호제하던 마적 출신 군인들은 상전만 믿고 횡포를 부리는 등 법을 우습게 여겼다. 무도한 군인들의 위세가 하늘을 찌르고, 문관들은 군인들 눈치 보기에 급급했다. 그러나 왕융장은 법을 어기는 자들을 계급 고하와 상관없이 엄정하게 다루었다. 장쭤린의 의형제이자 탐욕스럽기로 악명을 떨친 탕위린은 그의 기를 꺾을 요량으로 부하들을 동원해서 경무처를 포위하고 대포를 겨누는 등 전쟁을 방불케 하는 상황을 벌였다. 장쭤샹·쑨례천 등도 탕위린 편을 들어 왕융장의 파면을 요구했다. 하지만 장쭤린은 오히려 탕위린을 불러다가 호되게 꾸짖어 왕융장의 체면을 세워주었다.

1922년 7월, 장쭤린은 왕융장을 펑톈성장과 재정청장에 임명하고 동북의 모든 재정을 맡겼다. 왕융장은 부패한 관리들을 총살하여 기강을 바로잡았다. 또한 황무지를 개간했으며 산업에 투자하고 조세제도를 개혁했다. 위안스카이나 돤치루이, 차오쿤이 방만한 운영과 부정부패로 해마다 수천만 위안의 적자에 허덕이던 것과 달리 장쭤린 정권은 세입이 꾸준히 늘어났다. 왕융장이 재정청장이 된 지 1년 뒤인 1923년 펑톈성의 총수입은 3,000만 위안에 달했다. 외채를 일부 상환하고도 흑자가 820만 위안이나 되었다. 이듬해에는 흑자가 1,640만 위안으로 늘어났다. 즈리성·광둥성·후베이성 등 펑톈성보다 훨씬 인구가 많고 부유한 성들조차 감히 꿈꾸지 못하는 액수였다.

당시 군벌들의 주된 수입원은 아편 판매였다. 아편은 종잇조각이나 다름없던 지폐에 비해 시장에서 신용을 갖추고 실물화폐 역할까지 할 정도였다. 심지어 아편을 "인민을 좀먹는 존재"라고 비판하던 공산당조차 군비를 마련하기 위해 아편을 재배하여 해방구 밖에서 판매하는 것은 공공연한 일이었다. 해방구 안에서만 팔지 않으면 상관없다는 논리였다. 그러나 장쭤린 정권은 아편 재배를 엄격하게 금지했다. 주요 재원은 대두를 비롯해 동북의 특산물을 판매한 이익금과 관세, 염세 수입이었다. 물론 아편이 워낙 광범위하게 만연했기에 장쭤린과 왕융장도 완전히 뿌리 뽑을 수는 없었다. 그러나 돈벌이에 눈이 멀어 아편 생산을 장려하던 군벌들과는 대조적이었다.

장쭤린이 변방의 군벌 우두머리에서 중원을 넘보는 최강의 실력자가 되고 동북을 안정적으로 통치할 수 있었던 것은 왕융장의 공이었다. 『초한지』에서 유방이 항우와 싸울 때 한나라 군대의 보급을 책임진 사람이 명재상 소하蕭何였다. 그가 관중에 머물면서 전선으로 군량과 마초를 안정적으로 보내준 덕분에 유방은 항우를 꺾고 천하를 얻었다. 왕융장은 장쭤린의 '소하'라 할 만했다. 그러나 인내심이 부족한 장쭤린은 때가 무르익기를 기다리지 못한 채 성급하게 중원에 출병했고 우페이푸를 꺾은 뒤에는 남정에 나선다. 동북의 역량을 넘어서는 일이었다. 재정은 당장 파산지경으로 내몰렸다.

왕융장은 장쭤린에게 출병을 중단하고 후방을 다져야 한다고 건의했지만 야심에 눈먼 장쭤린에게는 쇠귀에 경 읽기였다. 두 사람의 관계는 급속도로 냉각됐다. 분개한 왕융장은 1926년 2월 사직한 뒤 고향에 은거하면서 교육과 인재 양성에만 힘을 쏟았다. 그가 물러나자, 물가가 폭등하고 동북의 화폐인 '평표奉票'의 가치가 땅에 떨어지면서 경제는 마비되었다. 장쭤린은 군비를 확보하기 위해 엄격히 금지하던 아편 재배에도 손을 댔지만 재정을 바로잡기에는 어림도 없었다. 북벌전쟁이 한창이던 1927년 11월 1일, 왕융장은 진저우에서 56세의 나이로 병사했다. 왕융장의 역량이 소하가 되기에 부족했던 것이 아니라 장쭤린의 역량이 한고조가 되기에 부족했던 것이다.

＼산하이관을 다시 넘다

우페이푸는 북으로는 즈리성에서 남으로는 장시성, 서로는 샨시성에 걸쳐 중원 9개 성을 수중에 넣었다. 병력은 50만 명에 달했다. 서구 언론들이 분명 그가 중국 내전의 최종 승자가 되리라 여길 정도였다. 장쭤린이 아무리 날고뛰어도 간단하게 쓰러뜨릴 수 있는 상대가 아니었다. 또한 광둥성에는 쑨원과 천중밍, 저장성에는 안후이파의 루융샹, 산시성에는 옌시산, 후난성에는 자오헝티 등 여러 세력이 건재했지만 아무도 우페이푸에 견줄 수 없었다. 하지만 여러 진영이 함께 힘을 모아서 거대한 반反즈리 포위망을 구축한다면 승패는 예측할 수 없었다. 장쭤린은 우페이푸를 쓰러뜨리기 위한 포석에 나섰다.

1924년 9월, 쑨원의 장남 쑨커가 아버지의 밀지를 들고 상하이에서 배를 탔다. 그러고는 랴오둥반도 남단의 다롄을 거쳐 열차로 펑톈에 도착했다. 그는 장쭤린의 극진한 환대를 받았다. 그때 29세였던 쑨커는 장쭤린을 이렇게 회고했다.

키는 크지 않았다. 생김새가 단아한 것이 도무지 마적 출신처럼 보이지 않았다. 나는 그의 집무실에서 함께 아침을 먹었다. 그의 아침 식사는 좁쌀 따위를 끓인 검소한 음식이었다. 식사가 끝나면 비서장이 공문을 수북이 들고 왔다. 보고가 끝나면 구두로 지시했다. 날마다 100건이 넘는 문서를 한 시간도 걸리지 않아 모두 처리했는데, 하나도 잘못된 것이 없었다. 그는 매우 총명한 사람이었다. 정원의 문에는 '신행愼行'('행동을 삼가라'는 뜻)이라는 두 글자가 새겨 있었다.

1924년 9월 15일, 장쭤린의 사저에 쑨커와 장쭤린의 아들 장쉐량, 루융샹의 아들 루샤오자盧小嘉가 모여서 '삼공자회의三公子會議'를 열었다. 세 사람 모두 장래가 촉망되는 20대 청년들이었다. 하나같이 사교계에서 온갖 염문을 뿌리고 다니는 방탕아이면서 야심만만한 것도 비슷했다. 이들은 그 자리에서 장쭤린과 쑨원 그리고 루융샹을 대신하여 공수동맹의 맹약을 맺고 앞으로 온 힘을 다해 서로 돕기로 했다.

제2차 삼각동맹의 결성이었다. 이것이 장쭤린의 첫 번째 포석이었다.

장쭤린의 두 번째 포석은 즈리파 내부에 대한 공작이었다. 상대는 펑위샹이었다. 허난 독군 자리에 오른 지 몇 달도 안 되어 쫓겨난 그는 베이징 육군부의 검열사라는 한직으로 내몰렸다. 우페이푸는 매달 120만 위안의 군비를 약속했지만 한 푼도 주지 않았다. 굶어 죽으라는 얘기였다. 그나마 차오쿤이 작은 호의를 베풀어준 덕분에 군비의 일부나마 충당할 수 있었다. 펑위샹은 거들먹거리는 우페이푸를 향해 속으로 이를 갈았다.

장쭤린의 부하 가운데 마빙난^{馬炳南}이라는 자가 있었다. 그는 펑위샹의 심복인 장수성^{張樹聲}과 매우 가까웠다. 또한 펑위샹처럼 독실한 가톨릭교도이기도 했다. 마빙난은 장수성을 통해 펑위샹과 우페이푸의 사이가 물과 기름 같다는 사실을 알아내고 장쭤린에게 보고했다. 장쭤린은 손뼉을 치며 기뻐했다. 대군을 거느리고 베이징 교외에 주둔한 펑위샹을 같은 편으로 끌어들일 수 있다면 우페이푸의 등에 비수를 꽂는 격이었다. 장쭤린은 마빙난을 펑위샹에게 접근시켰다.

마침 좋은 기회가 왔다. 1924년 2월, 펑위샹은 14살 연하의 리더취안^{李德全}을 두 번째 부인으로 맞이하여 혼례를 올렸다. 리더취안은 신여성으로, 궈쑹링의 부인 한수슈와 대학 동창이기도 했다. 그녀는 펑위샹과 평생을 함께했다. 뒷날 펑위샹이 죽고 국공내전에서 중국공산당이 승리한 뒤에는 전국인민대표대회 대표와 인민정치협상회의 부주석 등을 지낸다.

마빙난은 두 사람의 결혼식에 하객으로 참석했다. 그리고 펑위샹을 만나 장쭤린의 뜻을 슬쩍 전했다. 펑위샹은 즉석에서 가부를 대답하는 대신 "당신도 큰일을 한다고 고생이 많군" 하며 크게 웃었다. 장쭤린이 내민 손을 마다하지는 않겠다는 뜻이었다. 그러나 말 한마디로 내 편이 되었다고 믿을 수는 없었다. 장쭤린은 남을 움직이려면 무엇이 최고 특효약인지 잘 아는 사람이었다. 마빙난을 시켜 펑위샹에게 군비에 보태 쓰라며 200만 위안의 거금을 보내줬다. 농민의 1년 수입이 50위안, 졸병의 월급이 10위안이던 시절에 200만 위안은 어마어마한 거금이었다. 어지간한 펑위샹도 입이 딱 벌어지고 기가 죽었다. 다른 건 몰라도 재력에 관한 한 우페이푸와 장쭤린은 천양지차였다. 아무리 우페이푸가 전쟁에 능하다고 한들 전쟁은 결국 돈이었다. 펑위샹은 앞으로의 전쟁에서 누가 이길지 뻔히 보였다.

장쭤린과 우페이푸의 재대결이 시작될 때까지는 그리 오래 걸리지 않았다. 저장 독군 루융샹과 장쑤 독군 치셰위안 사이에 싸움이 벌어졌기 때문이다. 즈리파 군벌 가운데 한 사람인 치셰위안은 이전부터 루융샹의 영토를 탐냈다. 또한 루융샹은 유일한 안후이파 독군이면서 상하이라는 중국 최대의 국제도시를 차지하고 막강한 군사력과 재력을 갖추고 있었다. 즈리파에게는 반드시 뽑아야 할 눈엣가시였다. 치셰위안은 대총통 차오쿤에게 루융샹의 토벌을 상주했다. 차오쿤은 안후이성·장쑤성·푸젠성·장시성 등 남방 4개 성에 루융샹을 공격하라고 명령했다.

1924년 9월 3일, 치셰위안은 상하이로 진군했다. 루융샹도 반격에 나섰다. 루융샹과 공수동맹을 맺은 장쭤린도 수수방관할 수 없는 노릇이었다. 그는 여단장 이상의 주요 간부들을 한자리에 불러모았다. 관내 출병을 묻기 위해서였다. 장쉐량은 "아직 군비가 충실하지 못합니다"라며 신중론을 펼쳤다. 다른 수장들도 같은 의견이었다. 우페이푸의 대군에 맞서기에는 펑톈군의 실력을 장담할 수 없었다. 장쭤린은 눈을 감은 채 생각에 잠겼다. 자신의 말 한마디에 전군의 운명이 걸려 있기 때문이었다.

잠시 후 그는 입을 열었다. "관내로 출동한다!" 이어서 말했다. "저장을 도와야 한다. 광둥과 협력해야 한다. 즈리파가 전국을 손에 넣는다면 동북도 무사할 수 없다. 그때 가서 군비가 완성된들 무슨 소용이 있겠는가." 장쭤린의 결심이 곧 결론이었다. 회의가 끝나자마자 수장들은 자기 부대로 돌아가 출동 준비를 마쳤다. 같은 날, 쑨원도 북벌 재개를 선언했다. "저장을 돕고 광둥을 지키자!" 장쑤−저장 전쟁^{江浙戰爭}으로 시작된 싸움은 곧 중국 전역으로 확대되었다. 전례 없는 혈전이 시작될 참이었다.

제2차 펑즈전쟁

＼장쑤-저장 전쟁

1924년 9월 3일, 장쑤 독군 치셰위안이 장쑤성과 저장성 접경의 요충
지 이싱宜興을 침공했다. 제1차 펑즈전쟁이 끝난 지 2년 3개월. 제2차
펑즈전쟁의 서막이 열렸다. 양군의 전력은 다음과 같았다.

장쑤군

총사령관 치셰위안, 참모장 류위커劉玉珂
-중앙육군 제6사단, 제19사단, 장쑤 제1사단, 장쑤 제2사단, 장쑤 제3사단, 6개
혼성여단, 헌병·경찰대 등 4만 3,500명, 복엽기 8대

저장군

총사령관 루융샹, 참모장 쉬수정
-제4사단, 제10사단, 저장 제1사단, 저장 제2사단, 푸젠 제1사단, 3개 혼성여단,
상하이 경찰대, 푸젠성 잡군 등 6만 8,000명, 복엽기 6대

루융샹은 지방 군벌로는 드물게 해군력을 갖추고 있었다. 얼마 전 우페이푸에게 반발한 제1함대 사령관 린젠장林建章이 상하이에서 반란을 일으켜 루융샹에게 귀순했기 때문이다. 전력은 2,950톤급 방호순양함 하이처우와 포함 젠캉健康, 융지永績, 3,000톤급 수송함 징안靖安, 어뢰정 2척 등 대소 군함 5척이었다. 루융샹은 상하이독립함대滬海艦隊를 창설하고 린젠장을 함대 사령관으로 임명했다. 우페이푸도 해군총장 두시구이杜錫珪에게 해군의 출동을 명령했다. 두시구이는 제2함대와 양수장의 샤먼 연습함대를 상하이로 출동시켰다. 3척의 방호순양함을 비롯해 대소 군함 30여 척에 달하여 상하이독립함대를 완전히 압도했다.

루융샹과 치셰위안은 북양무비학당을 졸업했다. 특히 치셰위안은 베이징육군대학과 일본 육사를 졸업한 엘리트였다. 그러나 두 사람 모두 탐욕스럽고 무능할 뿐 군인으로서 뛰어난 역량을 갖추었다고 할 수는 없었다. 또한 저장군이 장쑤군보다 수적으로 조금 우세했지만 훈련과 실전 경험이 부족한 오합지졸이기는 어느 쪽이나 마찬가지였다.

저장군 진영 위로 장쑤군의 비행기가 날아와 투항을 요구하는 전단을 뿌렸다. "루융샹을 생포하는 자에게는 상금 5만 위안을 주겠다! 투항하는 자는 본래 계급을 인정할 것이며 무기를 가져오는 자는 그에 상당하는 상금을 줄 것이다." 루융샹도 이에 질세라 차오쿤과 우페이푸, 치셰위안의 목에 거액의 현상금을 걸었다. 전쟁이 시작되기 직전 돤치루이의 오른팔인 쉬수정이 상하이로 내려와 루융샹을 대신해 지휘봉을 들었다. 장쑤군 3개 혼성여단이 남하하여 이싱과 창저우常州에서 저장군과 충돌했다. 치셰위안은 쿤산崑山에 사령부를 두고 주력부대를 투입하여 상하이에 대한 공격을 시작했다.

그러나 전투는 쉬수정이 지휘하는 저장군의 완강한 저항에 부딪혀 시작부터 만만치 않았다. 장쑤군의 제19사단은 저장군의 맹포격으로 많은 사상자를 낸 채 하루 만에 격퇴당했다. 장쑤군이 물러나자 루융샹은 9월 6일 총반격 명령을 내렸다. 승리에 도취한 그는 난징을 단숨에 점령하겠다며 기염을 토했다. 선제공격에 나섰다가 오히려 궁지에 몰린 치셰위안은 우페이푸에게 전문을 보내 병력 증원을 요청했다. 9월 8일, 후베이성에서 장윈밍張允明이 지휘하는 후베이 제5혼성여단이 난징으로 출동했다. 같은 날 남쪽에서는 푸젠 독군 쑨촨팡이 직접 지휘하는 제2사단과 7개 혼성여단 등 푸젠군 3만 명이 북상하여 저장성 남부를 침공했다. 안후이성에서도 2개 혼성여단이 출동했다.

전세는 다시 역전됐다. 루융샹은 세 방향에서 협공당했다. 9월 23일, 성도인 항저우가 함락되었다. 저장군은 남북으로 분단되었다. 즈리군의 사상자는 1,000여 명인 반면, 저장군의 사상자는 두 배가 넘었다. 루융샹은 항저우를 버리고 상하이로 물러났다. 남쪽에서는 쑨촨팡의 푸젠군이 저장성 남부를 파죽지세로 휩쓸었다. 우쑹 해안에서는 함포사격과 항공 지원 아래 해군 육전대 제1여단과 독립연대가 상륙했다. 즈리군은 해공군을 동원하여 삼면에서 입체적인 작전을 펼치는 데 반하여, 루융샹의 해공군은 전력 차이가 워낙 크고 싸울 의지마저 없어서 구경만 할 뿐 응전하지 않았다. 9월 22일에는 상하이독립함대 사령관 린젠장이 양수쫭에게 매수당해 함포 한 번 쏘지 않은 채 즈리파에 투항했다.

상하이 주변이 군벌들의 치열한 싸움터가 되자 열강도 조계를 수비하기 위해 군함과 해병대를 급파하면서 창장 하구는 열강의 군함들로 가득했다. 상하이는 장쑤-안후이-푸젠 연합군에게 포위되었다. 9월 26일, 상하이 교외에서 치열한 격전이 벌어졌다. 즈리군의 첫 번째 공격은 저장군의 완강한 저항으로 격퇴되었다. 쉬수정은 기회를 놓치

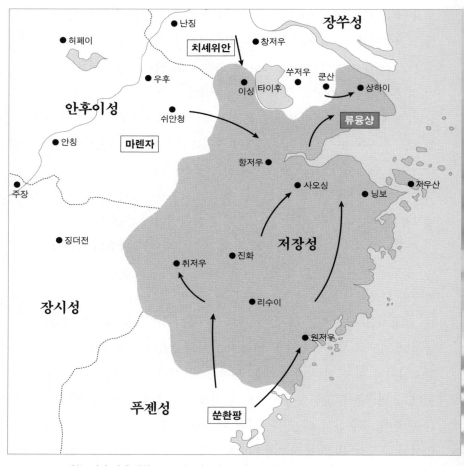

지 않고 약 2만 명의 병력으로 반격에 나서 쿤산을 공격했다. 예상치 못한 역습에 당황한 치셰위안은 사령부를 허둥지둥 쑤저우로 옮겼다. 이 때문에 지휘계통이 마비되면서 큰 혼란에 빠졌다. 그러나 저장군도 쿤산을 점령하는 데 실패했다. 전황은 지지부진했다.

우페이푸는 허난성과 산둥성에서도 병력을 증파했다. 즈리군의 전력은 6개 사단, 14개 혼성여단으로 늘어났다. 병력 면에서는 즈리군이 완전히 압도했다. 그러나 군비와 탄약이 바닥나고 식량과 군수품을 받지 못한 일부 즈리파 병사들이 반란을 일으키기도 했다. 산둥군은 남하하는 도중 저장군의 기습을 받아 격퇴당하는 등 어느 쪽이 이기고 있는지 쉽게 장담할 수 없었다. 그런데 상하이 서북쪽 자딩嘉定에 주둔한 저장군 제1혼성여단이 즈리파에게 매수되어 반란을 일으켰다. 저장군의 방어선 일각에 구멍이 뚫렸다. 즈리군은 저장군의 등 뒤로 우회한 뒤, 10월 9일 상하이 남쪽의 쑹장松江을 기습하여 점령하는 데 성공했다. 퇴로를 위협받은 최일선이 공황상태에 빠지면서 저장군은 무너졌다.

승패는 결정 났다. 10월 13일 루융샹은 "더 이상 전쟁을 하는 것은 인민을 괴롭힐 뿐이다"며 하야를 선언한 뒤 일본으로 도망쳤다. 쉬수정도 조계로 몸을 피했다. 그는 안후이파 간부들을 은신처로 불러모아 회의를 열고 계속 항전할 방안을 논의했다. 그러나 상하이 조계 당국이 경찰을 보내 현장을 급습해서 모두 체포했다. 10월 23일, 거창한 승전식과 함께 치셰위안은 상하이에 당당히 입성했다. 우페이푸는 루융샹에게 승리를 거두었지만 기뻐할 겨를이 없었다. 북쪽에서 장쭤린의 대군이 움직였기 때문이다.

＼장쭤린, 산하이관으로

남쪽에서 상하이를 놓고 혈전이 벌어지는 와중에, 장쭤린은 동북의 모든 병력을 출동시켜 우페이푸와 건곤일척의 승부를 겨루기로 결심했다. 출동 병력은 4개 사단, 13개 혼성여단 10만 명이었다. 전군은 6개 군으로 나뉘었다. 지휘관들은 하나같이 쟁쟁한 인물들이었다.

평톈군의 전투 서열

진위군 총사령관鎭威軍 總司令 장쮜린, 참모장 양위팅

■제1군 군장 장딩촨, 부군장 한린춘

-평톈군 제2사단, 제5사단 병력 1만 6,000명

■제2군 군장 리징린, 부군장 장쭝창

-평톈군 제1사단, 3개 여단 병력 2만 6,000명

■제3군 군장 장쉐량, 부군장 궈쑹링

-평톈군 제4사단, 2개 여단 병력 2만 6,000명

■제4군 군장 장쮜샹, 부군장 팅차오丁超

-지린군 5개 여단 2만 7,000명

■제5군 군장 우쥔성, 부군장 우광신

-헤이룽장군 제29사단, 러허군 제1사단 병력 1만 명

■제6군 군장 쉬란저우

-헤이룽장군 기병여단 병력 6,000명

3개 비행중대와 각종 항공기 100여 대

장쮜린의 작전 계획은 이러했다. 평톈군 최강 부대인 제1군과 제3군 4만 2,000명은 주력부대로서 산하이관 정면을 맡아 즈리군 주력과 결전한다. 제2군과 제5군 3만 6,000명은 조공부대로서 서쪽으로 진격해 러허성을 공략한 뒤 남하하여 산하이관의 측면을 위협한다. 기병부대로 구성된 제6군은 산하이관을 우회하여 만리장성을 돌파한 뒤 베이징으로 남하한다. 제4군은 총예비대로서 다른 전선을 지원한다. 또한 항공부대를 투입하여 제공권을 확보하고 지상을 지원한다.

모든 역량을 총동원하는 셈이었다. 평톈군은 지난 2년 동안 비약적으로 강해졌지만 준비가 충분하다고 장담할 수는 없었다. 즈리군은 여전히 강적이었다. 장쉐량은 훗날 이 순간을 "원수부에서 열린 마지

막 군사회의에서 펑톈군의 장령들은 하나같이 죽음을 각오하고 있었다"고 회고했다. 어쨌거나 주사위는 던져졌다.

9월 13일, 펑톈군 제2군 선봉대가 러허성을 침공했다. "펑톈군 남하!" 베이징 대총통부로 급전이 들어왔다. 경악한 차오쿤은 뤄양의 우페이푸에게 전보를 쳤다. "상황이 시급하다! 빨리 와라! 빨리 와라!" 우페이푸도 지체 없이 전군을 거느리고 베이징으로 향했다. 장쭤린이 움직인다는 것은 예상한 바였다. 9월 17일 오전 8시, 우페이푸가 이끄는 2만 명의 병력과 군수물자를 가득 실은 기차가 베이징역에 도착했다. "그대가 온 이상 이제 걱정할 것은 없다." 차오쿤은 그동안의 서운한 감정을 모두 잊은 듯 기뻐하면서 우페이푸를 토역군 총사령관에 임명하고 장쭤린 토벌을 명령했다.

18일 밤, 중난하이 대총통부에서 차오쿤과 우페이푸의 주재 아래 즈리군의 주요 지휘관들이 한자리에 모였다. 우페이푸의 병력은 5개 사단과 7개 혼성여단, 그 밖의 잡군까지 합하여 10만 명. 즈리군의 전체 병력은 50만 명이나 됐지만, 사방에 적을 두고 있는 데다 상당한 병력을 루융샹 토벌에 투입했기 때문에 펑톈군을 상대하는 데 당장 쓸 수 있는 전력은 이 정도였다. 진용은 다음과 같았다.

토역군 총사령관 우페이푸, 부사령관 겸 후방 경비 총사령 왕청빈
■제1군 군장 펑서우신彭壽莘
-제9사단, 제15사단, 제23사단, 3개 혼성여단 병력 4만 명
■제2군 군장 왕화이칭王懷慶
-제13사단, 1개 혼성여단, 기타 잡군부대 등 병력 3만 명
■제3군 군장 펑위샹
-제11사단, 2개 혼성여단 병력 3만 명

증원부대: 제14사단, 제20사단, 제24사단, 제26사단, 산시 제1사단, 산시 제2사단, 2개 혼성여단

바오딩에는 중앙 항공사령부가 있으며 3개 비행대, 70여 대의 항공기를 보유했다. 주력 기체는 1차대전 초반에 사용된 프랑스제 모랑-소르니에^{Morane-Saulnier} MS. 35 전투기, 영국제 아브로^{Avro} 504K 단발 복엽 전투기였다. 수적으로도 열세했지만 질적으로는 더욱 형편없었다. 재정난으로 기체의 태반이 심하게 낡았고, 몇 달이나 봉급을 받지 못한 교관과 정비사들은 떠나버렸다. 난위안비행장에는 정비 불량으로 고철이 된 항공기들이 즐비했다. 제1차 펑즈전쟁에서 하늘을 지배하며 펑톈군을 사정없이 농락했던 제공권의 우위는 완전히 역전되었다.

우페이푸의 작전 계획은 다음과 같았다. 펑서우신이 지휘하는 제1군은 산하이관 정면으로 진격하여 펑톈군을 저지하고 주력부대와 결전을 벌인다. 왕화이칭이 지휘하는 제2군은 러허성으로 진격하여 펑톈군의 리징린·장쭝창 부대에 대응한다. 펑위샹이 지휘하는 제3군은 북상하여 러허성 츠펑^{赤峰}을 거쳐 펑톈성으로 진격한다. 상황이 결코 유리하다고 할 수는 없었다. 양쪽의 전력은 백중지세였다. 루융샹과의 싸움으로 많은 즈리파 부대가 저장성에 묶인 형편이었다. 장비와 무기는 노후했고, 병사들의 사기 또한 엉망이었다. 가장 시급한 문제는 군비였다. 차오쿤은 대총통 선거 때 국고에서 막대한 돈을 꺼내 물 쓰듯 썼다. 이 때문에 열차를 빌릴 돈이 없어 병력을 증원하는 것조차 쉽지 않았다. 2년 전과 비교하여 펑톈군은 강해진 반면, 즈리군은 약해졌다.

그러나 우페이푸의 심중에는 한 가지 비책이 있었다. 산하이관에서 양군 주력부대가 맞붙는 동안 즈리군 최강 부대인 제3사단을 후루다

오에 상륙시킬 생각이었다. 즈리군이 절대 우위를 누리는 쪽은 해군이었다. 바다를 장악하고 함포로 포탄을 쉴 새 없이 날린다면 해군력이 없는 펑톈군은 대항할 도리가 없다. 계획대로 된다면 펑톈군은 퇴로가 차단되고 양면에서 공격을 받아 괴멸할 것이다. 그리고 여세를 몰아 동북으로 진격해서 이번에야말로 장쮀린을 철저하게 끝장낼 참이었다. "적은 산하이관에서 반드시 섬멸될 것이다!" 우페이푸는 참모들 앞에서 큰소리쳤다. 또한 외국 기자들을 불러 두 달 안에 동북을 평정하겠다고 호언장담했다.

╲산하이관의 혈전

양군의 전투는 9월 15일부터 시작되었다. 러허성을 침공한 펑톈군 제2군은 차오양朝陽의 즈리군 진지를 맹렬하게 공격했다. 수비대는 장비와 훈련이 빈약한 현지 지방군이었기에 쉽게 패주했다. 9월 23일, 차오양은 펑톈군의 손에 들어갔다. 30일에는 링위안凌源을 점령하고 핑취안平泉을 거쳐 만리장성까지 남하했다. 북쪽에서는 펑톈군 제5군과 제6군이 러허성 북쪽의 츠펑을 공격하여 10월 3일 점령했다. 펑톈군의 연전연승이었다. 즈리의 대군도 산하이관을 향해 속속 출동했다. 그중에는 제3군의 지휘를 맡은 펑위샹도 있었다.

그런데 우페이푸는 펑위샹에게는 군비와 탄약을 지급하지 않았고, 식량도 현지에서 조달하라고 명령했다. 북방의 겨울은 일찍 온다. 펑위샹의 군대는 방한복도 부족했다. 펑위샹이 대총통부로 가서 어려움을 호소하자 차오쿤은 야포 18문과 소총 3,000정, 탄약을 지급하기로 약속했다. 그런데 펑위샹이 무기를 받으러 창고로 가자 이번에는 경리처장이 10만 위안을 요구했다. "대총통의 허가를 받았다. 왜 돈을 내라는 것이냐?" 화가 난 펑위샹이 호통을 치자 그제야 경리처장은 마지못해 군수품을 꺼내왔다. 그러나 무기는 낡았고 대포에는 적군을 겨누는 데 필요한 조준기가 없어 아무짝에도 쓸모가 없었다. 펑위샹은 분노를 참으며 9월 23일 군대를 이끌고 베이징을 출발하여 북쪽의 구베이커우古北口로 향했다.

행군 속도는 느리기 짝이 없었다. 베이징에서 구베이커우까지는 30킬로미터도 되지 않는다. 하루에 10킬로미터씩 걷는다고 쳐도 사흘이면 도착할 거리였다. 그런데 펑위샹의 군대는 베이징 북쪽 교외의 화이러우懷柔를 거쳐 28일에야 미윈密雲에 도착했다. 또한 북상하다가 중간에 훈련을 명목으로 방향을 바꾸어 도로 베이징 쪽으로 남하하기도 했다. 그의 부대가 구베이커우에 도착한 것은 10월 1일이었다. 11일에는 러허성 서남쪽의 롼핑灤平에 도착하면서 펑톈군 제2군과 마주 보게 되었다. 물론 진짜로 싸울 생각은 없었다. 양쪽은 대치만 할 뿐, 총한 발 쏘지 않았다.

이미 장쭤린과 반反우페이푸 동맹의 밀약을 맺은 펑위샹은 기회를 엿보다가 한 방에 뒤엎을 생각이었다. 그는 베이징을 떠나기 전에 차오쿤에게 "베이징의 방위가 몹시 취약합니다. 베이징 교외에 있는 쑨웨孫岳의 제15혼성여단을 불러들여 베이징을 지키게 하는 것이 좋을 듯합니다"라고 건의했다. 차오쿤은 깊이 생각하지도 않고 그의 말이 옳다면서 쑨웨를 베이징 경비 부사령관에 임명했다. 쑨웨와 펑위샹은 가까운 사이였다. 신해혁명 시절에는 북양 제3진의 관대를 지내면서 롼저우에서 반청봉기에 함께 가담하기도 했다. 쑨웨 또한 우페이푸에게 불만이 있던 터라, 펑위샹이 그를 찾아가 거사에 끌어들이자 즉석에서 찬성했다. 때마침 시펑커우喜峰口로 출동 중이던 산시 제1사단장 후징이도 펑위샹에게 설복당해 한편이 되기로 약속했다.

펑위샹의 거사에 참여한 또 한 사람은 즈리군 부사령관 왕청빈이었다. 그는 오랫동안 즈리파로 차오쿤과 우페이푸에게 충성을 다했다. 그러나 장쬒린과 같은 펑톈 출신이라는 이유만으로 냉대를 받았다. 1년 전에는 차오쿤을 대총통으로 추대하려고 온갖 원성을 들어가며 즈리성을 쥐어쨌지만 돌아온 것은 아무것도 없었다. 불만이 이만저만이 아니었다. 그런 그가 10월 4일 갑자기 펑위샹의 사령부에 들이닥쳤다. 이전부터 펑위샹을 의심하고 있던 우페이푸는 왕청빈더러 그의 동태를 살피라고 시켰다. 펑위샹이 장쬒린과 내통한다는 사실까지는 몰랐지만, 의심 많은 우페이푸는 그를 수상쩍게 여겼다. 문제는 왕청빈 또한 더 이상 즈리파를 위해 충성할 생각이 없었다는 점이다.

펑위샹도 왕청빈의 속내를 잘 알고 있었다. 그는 왕청빈의 면전에서 일부러 우페이푸에 대한 욕을 마구 퍼부었다. 그런 다음 거사 계획을 솔직하게 털어놓고 협력을 요구했다. 단도직입적인 방법이었지만 왕청빈은 흔쾌히 수락했다. 감시하라고 보낸 자가 감시해야 할 대상과 손을 잡아버린 셈이다. 그만큼 우페이푸가 인망이 없었다는 얘기이지만, 장쬒린의 능수능란한 책략이 없었다면 불가능했을 일이다. 즈리군은 싸우기 전부터 무너지고 있었다. 반면, 펑톈군 중에는 우페이푸 편을 드는 사람이 한 명도 없었다.

리징린·장쭝창이 지휘하는 펑톈군 제2군이 러허성을 휩쓰는 동안 9월 18일 산하이관에서는 양군의 주력부대 사이에 격전이 시작되었다. 만리장성 동쪽 끝에 위치한 산하이관은 예부터 중원으로 통하는 관문이었다. 서쪽으로는 옌산산맥燕山山脈, 동쪽으로는 보하이만渤海灣과 접했다. 산과 바다를 접하고 있다 하여 산하이관山海關이라고 일컬었다. 워낙 험준하여 난공불락의 요새이기에 천하제일관이라고도 불린다. 명나라 말기 누르하치가 이끄는 만주 철기는 야전에서 누구도 대적할 수 없었지만, 천험의 요새 산하이관만은 넘을 수 없었다. 산하이관을 지키던 오삼계가 투항하여 관문을 열어주자 비로소 도르곤은 10만 명의 기병을 거느리고 중원으로 진격하여 중국을 정복했다.

산하이관의 수비부대는 제1군 군장 펑서우신이 지휘하는 즈리군의 정예 제15사단이었다. 또한 진윈어의 제14사단이 북서쪽으로 15킬로미터 떨어진 주먼커우九門口에 포진했다. 우페이푸는 제1차 펑즈전쟁 이후 장쭤린의 공격에 대비하여 산하이관 주변에 다수의 토치카와 포대, 보루를 설치하고 지뢰를 깔았다. 또한 중기관총을 100미터마다 1정꼴로 배치했다. 중국에서는 보기 드문 화력이었다. 펑톈군이 정면 공격에 나선다면 무시무시한 탄막에 직면할 것이었다.

주먼커우에서 렁커우冷口와 시펑커우喜峰口에 이르는 공간에서 양군은 만리장성을 사이에 두고 처절한 전투를 시작했다. 펑톈군은 제1군과 제2군·제3군·제5군 등 약 5만 5,000명, 즈리군은 제1군과 제2군 일부 부대에 증원군을 합해 4만 5,000명 정도였다. 9월 27일부터 펑톈군의 전투기들이 매일 날아와 산하이관에 폭탄을 떨어뜨렸다. 또한 펑톈군은 주먼커우 주변의 전초진지를 하나씩 점령했다.

10월 7일, 장쭤린의 총공격 명령이 떨어졌다. "차오쿤과 우페이푸를 생포하는 자에게는 상금 20만 위안을 준다. 수급을 얻는 자에게는 상금 10만 위안을 준다. 즈리군의 장령을 사로잡거나 회유하는 자에게도 합당한 상금을 줄 것이다!" 이날 새벽 4시, 펑톈군 제1군과 제3군이 산하이관 공격에 나섰다. 펑톈군 전투기들이 쉴 새 없이 날아와 폭탄을 떨어뜨리고 중포가 불을 뿜었다. 즈리군의 진지는 작렬하는 포탄과 폭염으로 눈을 뜰 수 없는 지경이었다. 그렇지만 우페이푸의 군대도 오랜 전투로 단련된 정예답게 간단히 무너지지는 않았다. 펑톈군 병사들이 함성을 지르며 돌격했지만 즈리군의 기관총 앞에서 수수 다발처럼 쓰러져갔다. 잠깐 사이 펑톈군의 사상자는 400명을 넘었다.

오전 9시, 귀쑹링이 1개 여단을 직접 인솔해서 즈리군의 진지로 돌격하여 백병전을 벌였다. 즈리군이 완강히 버티자 500명의 결사대를 모집하여 재차 돌격했다. 치열한 전투 끝에 최일선 진지를 점령하는 데 성공했다. 펑서우신의 후퇴 명령이 떨어졌다. 즈리군이 물러나자 펑톈군은 당장 추격에 나섰다. 그러나 함정이었다. 펑톈군이 들어간 곳은 지뢰밭이었다. 여기저기에서 지뢰가 터지고 사방에서 수류탄이 날아와 펑톈군 병사들을 갈기갈기 찢어놓았다. 사상자는 700명이 넘었다. 펑톈군은 돌격을 거듭했지만 펑서우신이 지휘하는 제15사단의 강력한 방어 앞에서 번번이 격퇴당했다. 전투는 교착상태에 빠졌다. 펑톈군의 진영은 헤아릴 수 없이 많은 시체와 부상자로 눈 뜨고 볼 수 없을 만큼 처참했다. 전황은 팽팽했지만 즈리군은 점점 사기가 떨어졌다.

8일 아침, 펑톈군 제19혼성여단 병사들이 주먼커우의 즈리군 진지를 급습했다. 이들은 완강한 저항을 각오했지만 막상 닥쳐보니 참호가 텅 비어 있었다. 전날 밤 1개 대대가 통째로 도망친 것이다. 즈리군은 며칠째 식량도, 탄약도 없이 굶어가며 싸우고 있었다. 하지만 증원 부대도 없고, 물자 보급도 없었다. 1개 대대가 사라지자 이튿날에는 2개 연대가 도망쳤다. 주먼커우는 싸우지도 않고 펑톈군의 손에 들어갔다. 산하이관의 한쪽 방어선이 무너졌다. 보고를 받은 펑서우신은 격분하여 여단장에게 사흘 안에 탈환하지 못하면 총살하겠다고 호통을 쳤다. 그러나 어떻게 탈환한단 말인가. 절망한 여단장은 아편 덩어리를 삼키고 자살했다.

＼우페이푸 나서다

10월 10일, 우페이푸가 특별열차를 타고 산하이관에 도착했다. 상황이 급박함에도 전선에 늦은 이유는 군비 확보 때문이었다. 외세에는 손을 벌리지 않겠다고 호언하던 우페이푸도 발등에 불이 떨어지자 철도와 세금 수입을 담보로 영국에서 차관을 빌리고 군표를 발행하여 베이징의 상인들에게 강제로 떠넘겼다. 저장성에서 승리하자 루융샹의 재산을 모조리 몰수한 뒤 팔아넘겼다. 사방으로 뛰어다녔지만 그렇게 모은 돈은 800만 위안에 불과했다. 당장 필요한 2,000만 위안의 절반도 되지 않았다. 차오쿤이 대총통 선거에서 쓴 돈이 1,300만 위안을 넘었으니 우페이푸는 속이 쓰렸을 것이다.

명장 우페이푸가 전선에 도착하자 즈리군은 사기가 올랐다. 허난성·산둥성·후베이성에서 출동한 증원군이 속속 도착하면서 병력은 8만 명 이상으로 늘어나 6만 명 정도인 펑톈군보다 우세해졌다. 그중에는 이른바 '철모여단鋼盔旅'이라고 불리는 제3사단 제6여단도 있었다. 중국 최초로 방탄 철모를 사용하여 사람들의 관심을 끈 이 부대는 프랑스군 제식 철모인 아드리안 철모를 쓰고 자동소총과 수류탄으로 무장한 정예부대였다. 우페이푸는 친황다오에 사령부를 설치했다. 차오쿤에게는 "15일 안에 반란군을 평정하겠습니다"라고 호언장담했다. 그리고 자신의 비책을 꺼냈다. 후루다오 상륙작전이었다.

10월 13일, 중국 해군의 최강 군함인 4,300톤급 순양함 하이치를 비롯한 발해함대 군함 6척이 출동했다. 제3사단 7,000명과 해군 육전대 2개 대대를 태운 함대는 친황다오와 톈진을 출발하여 후루다오를 향해 북상했다. 그러나 작전은 시도도 하지 못한 채 실패했다. 제공권을 장악하고 쉴 새 없이 날아다니는 펑톈군의 비행기 때문이었다. 발해함대는 북상 중 펑톈군의 무장 상선 1척을 발견하고 나포했지만,

●— 제2차 펑즈전쟁 당시 우페이푸군의 이탈리아제 M1916 76mm/40 대공포. 이탈리아의 대표적인 군수업체 안살도사에서 제작했으며 1차대전과 2차대전 초반까지 이탈리아군의 주력 대공포로 사용되었다. 최대 사거리는 40도 각도에서 10킬로미터, 70도 각도에서 6킬로미터에 달했다. 항공력에서 열세에 몰렸던 우페이푸는 열차에 대공포를 배치하여 펑톈군의 비행기에 대비했다.

펑톈군 비행기들의 공습을 받자 겁을 먹고 기수를 돌려 친황다오로 돌아갔다. 우페이푸가 세운 비장의 계획은 물거품이 되었다.

산하이관과 즈리군 진지는 매일같이 폭격을 받았다. 우페이푸의 사령부는 물론이고 친황다오에 정박한 군함들도 큰 피해를 입었다. 펑톈군은 최일선에만 최신 비행기 80여 대를 배치한 반면, 즈리군의 비행기는 찾아볼 수 없었다. 가끔 한두 대가 정찰을 위해 날아다닐 뿐이었다. 즈리군의 형편이 이렇게 된 이유는 군비가 바닥난 탓이었다. 돈이 없으니 열차를 운용할 수 없고, 물자와 원군을 제때에 전선으로 보낼 수도 없었다. 날은 점점 추워지는데 방한복도 식량도 없었다. 즈리군 병사들의 하루 식량 배급량은 '만터우'* 2개가 전부였다.

---

* 중국식 찐빵.

주먼커우가 함락되자 다음 전투는 스먼자이石門寨로 옮아갔다. 만약 이곳이 돌파되면 산하이관이 포위되고 친황다오까지 적이 몰려온다. 우페이푸는 사생결단의 각오로 스먼자이 방어에 3개 사단을 투입했다. 펑톈군의 공격은 10월 13일 새벽부터 시작되었다. 항공기와 포병의 막강한 화력 지원 아래 펑톈군의 대부대가 몰려왔다. 방어를 맡은 산시군 제2사단은 변변히 싸우지도 않고 흩어졌다. 사단장 장즈궁張治功은 제일 먼저 말에 올라타고 뒤도 돌아보지 않은 채 도망쳤다. 이 때문에 주변 다른 부대들까지 사기가 땅에 떨어지면서 무너졌다. 펑서우신도 도망쳤다. 16일 아침, 스먼자이가 함락되었다.

우페이푸는 스먼자이를 탈환하기 위해 제3사단을 비롯해 5개 사단에 달하는 증원군을 보냈다. 장쭤린도 예비대로 두고 있던 장쭤샹의 제4군을 투입했다. 산하이관의 상황도 급박했다. 장쉐량·궈쑹링이 지휘하는 펑톈군 제3군이 즈리군 제15사단을 야습으로 돌파했다. 궈쑹링은 선봉에 서서 병사들과 함께 돌격했다. 어둠 속에서 기관총이 불을 뿜고 대지는 수많은 펑톈군 병사들의 피로 물들었다. 그러나 즈리군의 항전도 펑톈군의 끈질긴 공격과 강력한 중포 사격 앞에서는 무용지물이었다. 장쭤린은 예비대를 투입하여 공격을 한층 강화했다. 산하이관 돌파도 시간문제였다.

그러나 반드시 우페이푸에게 불리하다고만은 할 수 없었다. 남쪽에서는 즈리군이 저장 독군 루융샹을 격파하고 항저우와 상하이를 점령했다. 광저우의 쑨원에 대해서는 천중밍으로 견제했다. 후이저우를 거점으로 광둥성의 절반을 차지하고 있는 천중밍이 건재한 이상 쑨원은 쉽사리 움직일 수 없었다. 천중밍은 광저우의 상인들을 부추겨 반란을 일으키게 했다. 사오관에서 출전을 준비하던 쑨원은 부랴부랴 광저우로 되돌아와야 했다. 3명의 강적을 상대로 남북 2,000여 킬로

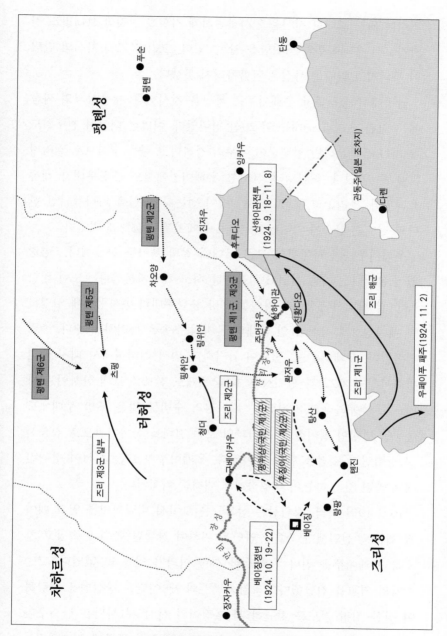

단둥

푸순

펑톈

평톈성

잉커우

관둥주(일본 조차지)

전자우

다롄

후루다오

펑톈 제2군

산하이관전투
(1924. 9. 18~11. 8)

차오양

펑톈 제1군, 제3군

산하이관

펑톈 제5군

친황다오

즈리 해군

주면가우

즈리 제3군 일부

린위안

펑톈 제6군

원자우

창핑

즈리 제3군 일부

롼허성

평취안

즈리 제2군

즈리 제1군

탕산

우페이푸 패주(1924. 11. 2)

청더

루산

구베이가우

펑위상(국민 제1군)

즈리성

후징이(국민 제2군)

탕진

탄진

차하르성

베이징정변
(1924. 10. 19~22)

랑팡

창강

베이징

만리장성

장자가우

●— 제2차 펑즈전쟁(1924월 9월 15일~11월 8일).

미터나 되는 광대한 전선을 일사불란하게 지휘하는 것만 보더라도 전략가로서 우페이푸의 노련함을 알 수 있다. 그러나 그는 자신의 발밑이 무너지고 있다는 사실은 알아차리지 못했다.

남방에서 승리하자 우페이푸는 북상을 지시했다. 루융샹과의 싸움에 투입된 즈리파 군대는 약 20만 명이었다. 이만한 대군이 진푸철도를 따라 올라온다면 펑톈군이 아무리 강하다고 한들 수적으로 밀리지 않을 수 없었다. 허난성과 산시성·후베이성에서도 증원부대가 계속 올라왔다. 즈리군의 병력은 50만 명이 넘는다. 전열을 가다듬기만 한다면 전세는 단숨에 역전할 수 있다. 우페이푸는 그렇게 믿었다.

우페이푸는 산하이관의 모든 군대에 철퇴 불가를 하달했다. "명령 없이 물러나는 자는 지위 고하를 막론하고 즉결처분한다!" 또한 허난 독군 겸 제14사단장 장푸라이를 후방 증원부대의 총사령관에 임명하여 베이징으로 북상 중인 군대와 물자의 수송을 독려하게 했다. 총력전이었다. 우페이푸는 "전선이 급박하다"면서 러허성에서 대치 중인 왕화이칭의 제2군과 펑위샹의 제3군에게도 전보를 보내 산하이관 방면으로 출동하라고 지시했다. 베이징의 수비를 맡은 후방 부대에도 총동원 명령이 떨어졌다. 즈리파의 모든 전력을 산하이관으로 집중시켜 장쭤린과 결전을 벌일 참이었다. 우페이푸의 모든 시선이 장쭤린에게 쏠린 것은 하늘이 펑위샹에게 내려준 기회였다.

10월 19일 저녁, 펑위샹은 심복들을 모아서 비밀회의를 열고 베이징 회군을 선언했다. "중국 인민을 위하여 장쭤린·쑨원과 손잡고 차오쿤·우페이푸를 친다." 어느 한 사람 이의가 있을 리 없었다. 그는 각자의 역할을 전달했다. "리밍중李鳴鐘의 제8여단은 창신뎬을 점령하여 징한·징펑 철도를 차단하라! 후징이의 산시 제1사단은 롼저우와 준량청을 점령하고 우페이푸가 서쪽으로 나오지 못하게 저지하라!"

베이징 경비부대인 쑨웨의 제15혼성여단에는 주요 성문을 장악할 것과 우페이푸 쪽 부대의 무장해제를 맡겼다. 청더承德에 나가 있는 장즈장·쑹저위안 여단에도 즉시 회군하여 베이징으로 향하라고 지시했다. 펑위샹 자신은 직계부대인 제11사단을 이끌고 구베이커우를 출발하여 베이징으로 향했다. 선봉을 맡은 루중린의 제22여단이 전속력으로 내달렸다.

╲베이징정변

구베이커우에서 베이징까지는 120킬로미터. 베이징에는 펑위샹이 반란을 일으킬 것이라는 소문이 벌써 파다했다. 그러나 즈리군의 주력은 산하이관에 묶인 채 장쭤린과 악전고투를 벌이고 있었다. 베이징 수비를 맡은 부대들 또한 대부분 최전선으로 향했다. 베이징은 빈집이나 다름없었다. 베이징 위수사령관 쑨웨, 즈리성장 겸 즈리군 부사령관 왕청빈은 펑위샹에게 가담하기로 약속했다. 쿠데타는 이미 성공한 것이나 다름없었다. 3만 명에 이르는 펑위샹의 군대가 베이징에 들어온다면 제아무리 우페이푸라도 막을 도리가 없었다.

후루다오 상륙에 대한 미련을 버리지 못한 우페이푸는 발해함대를 이끌고 친황다오 인근 해상에서 기다리며 기회를 엿보았다. 그러나 19일에도 펑톈군 폭격기들의 공습으로 기함 하이치가 여러 발의 폭탄을 맞았고 나머지 군함들도 큰 피해를 입었다. 우페이푸의 사령부는 마비 상태나 다름없었다. 뒤늦게야 펑위샹이 군대를 돌려 베이징으로 향하고 있다는 보고를 받은 우페이푸는 아연실색했다. 후방을 맡고 있던 장푸라이에게 당장 저지하라고 지시했지만 때는 늦었다.

10월 22일 밤 9시, 루중린의 선봉부대가 베이징 교외의 베이위안北苑에 당도했다. 120킬로미터를 사흘 만에 주파했으니 하루 평균 40킬로미터를 쉬지 않고 걸어온 셈이다. 이들은 동북쪽에 있는 안딩면^{安定門}을 통해 베이징 성내로 진입했다. 성문은 이미 쑨웨의 부하들이 장악했기에 총알 한 발 날아오지 않았다. 리밍중의 제8여단과 펑위샹의 본대도 차례로 베이징에 도착했다. 같은 시각, 후징이의 샨시 제1사단이 베이징과 산하이관을 연결하는 요충지인 퉁저우^{通州}를 장악했다. 베이징 주변은 펑위샹의 군대로 넘쳐났다. 병사들은 너나없이 '서사구국^{誓死救國}(목숨으로 나라를 구한다)', '불요민^{不擾民}(백성들에게 폐를 끼치지 않는다)', '진애민^{眞愛民}(진심으로 백성을 사랑한다)'이라고 적힌 흰색 완장을 찼다.

다음 날 새벽까지 주요 정부 청사와 여러 성문, 기차역, 전신국, 신문사 등이 펑위샹의 수중에 들어갔다. 성내의 모든 전화선도 끊겼다. 베이징은 외부와 완전히 차단됐다. 중난하이의 대총통부는 대도를 든 병사들이 포위했다. 총통부 경비부대와 우페이푸 쪽 부대는 모두 무장해제당했다. 전투는 없었다. 마지막 황제 푸이가 살고 있는 자금성 북쪽의 징산^{景山}에는 야포 4문이 배치되어 베이징 시내를 겨냥했다. 하룻밤 사이 일어난 변란에 경악하기는 열강도 마찬가지였다. 외국 공사관들과 거류민들이 모여 있는 둥자오민샹에는 경비병들이 삼엄하게 경계하면서 만약의 사태에 대비했고, 각국 외교관들은 사태를 파악하느라 정신이 없었다.

우페이푸만 믿고 있던 차오쿤은 자신의 관저에서 태평스레 자고 있었다. 그러나 반란군이 몰려온다는 말을 듣자 옷도 제대로 입지 못한 채 잠옷 바람으로 허둥지둥 네덜란드공사관으로 도망쳤다. 펑위샹은 총 한 발 쏘지 않고 중국의 수도를 수중에 넣었다. 베이징의 주인이 된 그는 자신의 군대를 '국민군^{國民軍}'이라고 했다. 쑨원의 국민당에서 따온 이름이었다. 예전에 중국동맹회에도 가입했던 펑위샹은 오래전부터 쑨원을 흠모해온 데다 쑨원과 합작하기로 했으니 국민군이라 일 컬어야 마땅하다고 생각했다.

10월 24일에는 장쭤린·쑨원·펑위샹과 4자 동맹을 맺고 막후에서 지원한 안후이파의 영수 돤치루이가 톈진을 떠나 베이징에 도착했다. 안즈전쟁에서 우페이푸에게 패한 뒤 4년 동안 톈진에 은거한 채 오직 재기할 기회만 노리던 그는 드디어 기회를 잡았다. 왕청빈·펑위샹·쑨웨·돤치루이가 연명으로 내전 중지와 화평을 요구하는 전문을 전국에 발송했다. 차오쿤에 대해서는 "불법 뇌물 선거로 대총통 지위를 훔쳐서 국가와 민중에게 해를 끼쳤다"며 모든 직위와 권한을 박탈한다고 선언했다. 재정총장 왕커민王克敏, 총통부 수지처장收支處長 리옌칭李彦青 등 차오쿤과 우페이푸의 수족 노릇을 하던 즈리파 정치인과 관료들이 줄줄이 체포되었다. 일부는 외국 조계에 몸을 숨겼다. 차오쿤의 동생이자 군수총감을 맡고 있던 차오루이는 절망한 나머지 아편을 먹고 자살했다.

왕청빈은 네덜란드공사관으로 피신한 차오쿤을 만났다. 그리고 정전 명령을 내릴 것과 우페이푸를 파면할 것, 대총통의 인장을 내놓고 자리에서 물러날 것을 요구하며 으름장을 놓았다. 1년 전 차오쿤의 명령을 받아 리위안훙을 대총통에서 끌어내린 그가 이제는 상전이었던 차오쿤에게 1년 전의 일을 그대로 재현하는 셈이었다. 차오쿤은 오랫동안 충실한 심복이었던 왕청빈이 낯빛을 바꾸어 핍박하는 모습에 어안이 벙벙했다. "작년에는 너희들이 나에게 대총통이 되라고 하더니, 지금은 내려오라는 것이냐. 나는 그런 말에 절대 따를 수 없다." 고집을 부리는 차오쿤에게 왕청빈은 냉랭하게 말했다. "대총통부를 버리고 도망간 이유가 무엇입니까? 여기에 있으면 당신 자신은 난을 피할 수 있겠지요. 그렇지만 일가친척의 목숨과 재산은 지킬 수 없을 것입니다. 우선 대총통부로 돌아가십시오. 그러면 저희가 안전을 책임지겠습니다."

차오쿤은 고개를 돌린 채 대꾸하지 않았지만 생사여탈권이 이들의 손에 넘어갔으니 버틸 재간이 없었다. 결국 그는 왕청빈과 함께 대총통부로 돌아간 뒤 요구 조건을 전부 수락했다. 우페이푸는 모든 직위에서 파면되고, 서북의 티베트고원에 있는 칭하이의 간무사업독판墾務事業督辦*이라는 한직이 주어졌다. 변방으로 유배하겠다는 뜻이었지만 우페이푸가 순순히 받아들일 리 없었다. 차오쿤은 즈리파의 사형선고나 다름없는 문서에 대총통 인장을 찍으면서 중얼거렸다. "쯔위(우페이푸), 면목 없구나."

대총통부에 연금된 채 포로나 다름없는 신세가 된 차오쿤은 1년 반이 지난 1926년 4월에야 석방되었다. 그리고 남쪽의 허난성으로 내려가 우페이푸에게 몸을 의탁했다. 그는 한동안 정저우에 은거했지만 남쪽에서는 북벌군이, 북쪽에서는 장쭤린이 허난성을 침공하자 그곳에서도 쫓겨났다. 갈 곳 없는 신세가 된 차오쿤은 톈진의 일본 조계로 가서 은거했다. 정치에서 완전히 손을 뗀 그는 서민들 사이에 묻혀 조용히 살다가 1938년 5월 17일 병사했다. 그의 나이 75세. 가난한 선박 수선공의 아들로 태어나 포목점의 장돌뱅이에서 만인지상의 지위까지, 그야말로 난세에 어울리는 파란만장한 인생이었다. 중일전쟁이 일어난 뒤 일본이 친일을 하는 대가로 높은 지위를 주겠다면서 회유했지만 일언지하에 거절했다. 한 시대를 풍미한 군벌 정치인으로서의 마지막 자존심이었다.

---

* 변방의 개척을 맡은 감독관.

마지막 황제 쫓겨나다

평위샹이 베이징을 차지하고 차오쿤을 체포했다고 해서 모든 일이 끝난 것은 아니었다. 산하이관에서는 우페이푸와 즈리군 주력부대가 여전히 건재했기 때문이다. 우페이푸가 병력을 돌려 베이징으로 진격한다면 격전이 벌어질 참이었다. 그러나 베이징정변의 소문이 퍼지면서 즈리군은 동요하고 사기가 땅에 떨어진 반면, 펑톈군은 사기가 오르면서 한층 맹렬한 공격을 퍼부었다.

우페이푸는 장푸라이에게 산하이관을 맡기고 한 발짝도 물러나지 말라는 엄명을 내렸다. 10월 26일, 그는 최정예부대인 제3사단과 제26사단 일부 등 8,000여 명의 병력을 이끌고 베이징으로 향했다. 남쪽의 다른 즈리파 군대에게도 베이징으로 진격하라고 지시했다. 평위샹에게는 화평 교섭을 제안했다. 그러나 평위샹은 화평의 조건으로 우페이푸에게 모든 직위에서 물러나라고 요구했다. 교섭은 결렬되었다.

평위샹은 톈진을 점령하고 진푸철도와 통신선을 차단했다. 남쪽에서 올라오던 즈리파 군대와 우페이푸의 모든 연락이 끊어졌다. 그동안 중립을 지키던 산시 독군 옌시산도 평위샹과 손을 잡았다. 지금까지 산시성 밖으로 한 발짝도 나오지 않던 옌시산이 드디어 중원의 싸움에 끼어들었다. 산시군이 출병하여 철도의 요지인 스좌장을 점령한 뒤 징한철도를 차단했다. 그리고 허난성과 후베이성에서 북상 중이던 즈리파 군대를 강제로 무장해제했다. 준량청에서 베이징 탈환을 준비하던 우페이푸 역시 후징이의 반란으로 퉁저우가 함락되면서 후방이 차단당했다. 나아갈 수도, 물러날 수도 없는 사면초가의 신세였다.

10월 30일 새벽, 차오쿤의 동생 차오잉이 지휘하는 제26사단 1개 연대가 베이징과 톈진 중간의 요충지 랑팡에서 평위샹 군대를 공격하면서 전투가 시작되었다. 두 시간에 걸친 일진일퇴 끝에 즈리군이 격퇴당했다. 펑위샹은 여세를 몰아 총공격을 명령했다. 11월 1일, 베이징 교외의 양춘에서 두 사람의 결전이 벌어졌다. 리밍중·장즈장·스유싼石友三 등 펑위샹 휘하의 부대들이 우페이푸군을 사방에서 포위한 뒤 협공했다. 여단장 판훙쥔潘鴻鈞을 비롯하여 4,000여 명이 죽거나 포로가 되면서 우페이푸의 군대는 완전히 괴멸했다. 사령부가 있는 준량청도 포위되었다.

대세는 결정 났다. 우페이푸는 산하이관으로 물러날 수도 없는 처지였다. 11월 2일, 그는 겨우 2,000여 명의 병력만 수습한 채 장푸라이와 함께 톈진 다구大沽항에서 화물선을 타고 바다로 도망쳤다. 그리고 영국 군함의 호위를 받으며 남쪽으로 내려갔다. 여태껏 패배를 모른다던 '상승장군' 우페이푸의 위명도 끝났다. 그러나 이대로 주저앉을 생각은 없었다. 일단 뤄양으로 들어가 허난성과 후베이성을 발판으로 삼아 훗날을 기약할 속셈이었다.

베이징이 펑위샹의 수중에 넘어가고 우페이푸마저 패주하여 도망치자 즈리군은 절망적인 상황이 되었다. 10월 28일, 장쭝창의 제4군 2만여 명이 만리장성을 넘어 베이징 북쪽의 롼저우를 점령했다. 31일에는 즈리군 사령부가 있는 친황다오가 함락되었다. 산하이관 상공에서는 펑톈군의 비행기들이 날아다니면서 즈리군 머리 위에 베이징정변을 알리는 대량의 전단을 뿌렸다. 즈리군 20만 명이 홍수에 둑이 무너지는 것처럼 산산이 흩어졌다. 투항한 병사만도 8만 명에 달했고, 9개 사단과 6개 혼성여단이 소멸했다. 소총 3만 정 이상, 기관총 2,000정, 대포 200문이 펑톈군의 손에 넘어갔다. 베이징으로 가는 길이 열렸다.

즈리파가 중원을 호령하던 시대는 끝났다. 안즈전쟁 이후 4년 3개월 만이었다. 장쭤린의 대군은 여세를 몰아 베이징을 향해 파죽지세로 남하했다. 우페이푸의 몰락은 위안스카이가 남겨놓은 북양군벌의 시대가 종지부를 찍었다는 뜻이기도 했다. 장쭤린과 펑위샹은 명목 상 북양파로 간주되었지만 엄밀히 말해서 위안스카이가 직접 키워낸 적계는 아니었다. 북양무비학당 출신도 아니었다. 이들은 밑바닥에서 시작하여 자기 힘으로 일어선 자들이었다. 위안스카이가 죽은 뒤 8년 동안 패권을 다투던 양대 세력인 안후이파와 즈리파는 어느 쪽도 승 자가 되지 못한 채 역사의 뒷전으로 밀려났다. 안후이파의 영수 돤치 루이는 실력 없는 정객에 지나지 않았다. 즈리파 또한 차오쿤의 몰락 으로 구심점을 잃었다. 남방의 즈리파 군벌들은 건재했지만 더 이상 중앙에 도전할 힘이 없었다.

펑위샹의 다음 칼끝이 향한 곳은 자금성이었다. 자금성에는 청나라 12대 황제인 선통제 푸이와 만주족 귀족들이 살고 있었다. 신해혁명 이후 청조의 통치는 끝났지만, 자금성 안의 시계는 여전히 청말에 멈 춰 있었다. 자금성을 경계로 안과 밖은 딴 세상이나 다름없었다. 자금 성 안은 외부와 철저히 차단된 채 평화를 누렸다. 푸이는 전 황제로서 중화민국이 보장한 지위와 특권을 누렸다. 그러나 펑위샹은 공화제를 실시한 지 10년도 더 지났는데 구시대의 유물인 푸이가 아직도 자금 성을 차지하고 있는 것은 옳지 않다고 엄포를 놓았다. 11월 5일, 펑위 샹의 부하 루중린이 군대를 이끌고 자금성을 포위한 뒤 금군 병사들 을 강제로 무장해제했다. 푸이에게 최후통첩이 전달되었다.

황제의 존호를 영원히 폐지한다. 황제는 앞으로 중화민국의 일반 국민과 동등한 법적 권리를 누린다. 청 황실의 생활비로 연간 50만 위안을 지급한다. 청 황실은 오늘 중으로 자금성을 떠나되, 앞으로 거주할 곳은 자유로이 정할 수 있다.

루중린은 20여 명의 병사를 거느리고 18세의 황제 앞에서 엄포를 놓았다. "조금이라도 지체한다면 우리는 그 결과를 책임질 수 없다." 또한 어떠한 협상이나 타협도 없다고 못을 박았다. 청조가 저항하지 않는 대가로 약속받았던 우대 조건은 헌신짝처럼 내버려졌다.

푸이는 분개했지만 선택의 여지가 없었다. 옛 황제의 황후였던 두 노부인은 "이곳을 떠나느니 차라리 자살하겠다"며 버텼다. 그러나 소용없는 짓이었다. 자금성에 거주하던 470여 명의 만주족 환관과 시동들도 모조리 쫓겨났다. 자금성을 떠나기로 결심한 푸이는 황후와 두 명의 시동만 데리고 차로 출발했다. 처음에는 자금성에서 멀지 않은 부친의 저택으로 가려 했지만, 베이징 성내에는 자신이 갈 곳이 없다는 사실을 깨닫고는 베이징을 벗어나 톈진의 일본 조계로 갔다.

푸이는 한동안 청조의 옛 신하인 장뱌오에게 의탁해야 했다. 그로부터 37년이 지난 1961년 10월 10일, 베이징에서 신해혁명 50주년 기념식이 열렸다. 그 자리에서 푸이는 저우언라이의 주선으로 루중린, 슝빙쿵과 재회했다. 슝빙쿵은 우창봉기를 일으켜 청조를 망하게 한 장본인이고, 루중린은 푸이를 자금성에서 쫓아낸 인물이었다. 게다가 루중린과 슝빙쿵은 한때 대군을 거느리고 천하를 호령했으며, 시운을 잘 탄 덕분에 중공 정권 치하에서도 혁명 원로로 우대받았다. 반면, 푸이는 망국의 황제가 되어 평생 남들에게 핍박받았고, 전범수용소에서 10여 년 동안 사회주의 개조라는 명목으로 혹독한 수감 생활도 보내야 했다. 푸이로서는 자신에게 불운을 가져다준 철천지원수인 셈이었다. 그러나 푸이는 무척 반가워하면서 두 사람에게 먼저 손을 내밀어 화해를 청했다. 노년의 세 사람은 아무 격의 없이 지난 일을 이야기하며 화기애애한 시간을 보내어 보는 사람들을 감동시켰다고 한다.

●— 말년의 루중린(왼쪽)과 푸이(가운데), 슝빙쿵(오른쪽). 그들은 1961년 신해혁명 50주년 기념식에서 만났다.

  전혀 다른 신분으로 태어났고 난세를 만나 살아온 과정도 달랐지만 인생의 황혼기가 되어서 같은 자리에 모였으니 '인생무상 새옹지마'라는 옛말대로 인생이란 참으로 덧없음을 느끼지 않았을까.

쑨원 서거

＼허수아비 임시 집정

1924년 11월 8일, 장쭤린의 본대가 위풍당당하게 산하이관을 넘어 남하했다. 즈리평원은 평톈군의 병사들로 넘쳐났다. 평톈군은 투항한 즈리군뿐만 아니라 같은 편인 평위샹의 국민군 부대까지 습격하여 무장해제한 뒤 무기를 빼앗기도 했다. 장쭤린은 평위샹에게 평톈군이 산하이관을 넘는 일은 결코 없으리라고 굳게 맹세했지만, 승리를 거두자 언제 그랬느냐는 듯 승냥이 같은 야심을 드러냈다.

즈리성장 왕청빈은 평위샹과 손잡고 베이징정변을 주도한 주역 가운데 한 사람이었다. 장쭤린에게는 우군이지 적이라고 할 수 없었다. 그러나 톈진을 점령한 평톈군 제2군장 리징린은 자신이 그 자리를 차지할 욕심에 왕청빈을 강제로 끌어낸 다음 영국 조계로 쫓아버렸다. 평톈군의 횡포에 평위샹은 분노를 터뜨렸지만 실력에서 열세인 이상 굴욕을 감내할 수밖에 없었다. 그는 장쭤린과의 충돌을 피하기 위해

군대를 뒤로 물렸다.

11월 24일, 새로운 정부가 수립되었다. 정부 수반은 안후이파의 영수 돤치루이였다. 그는 차오쿤의 뒤를 이어 대총통이 되는 대신 '중화민국 임시정부'를 공포하고 임시 집정臨時執政이라는 새로운 직위를 만들어 그 자리에 앉았다. 이전처럼 국회를 소집해 대총통으로 추대하는 요란스러운 절차도 없었다. 지난 14년 동안 중화민국의 헌법 구실을 했던 약법은 정지되었다. 온갖 우여곡절 속에서 허울이나마 유지되어온 공화정은 완전히 끝났다. 차오쿤은 북양 정부의 마지막 대총통이 된 셈이었다. 중국에서 헌정이 부활한 것은 그로부터 20여 년이나 지난 뒤였다.

집정이라는 자리는 본래 중화민국 약법에는 없었다. 국가원수로서 대총통의 권력과 행정부 수장으로서 국무총리의 권력을 한 손에 쥔 초법적인 직책이었다. 대외적으로는 국가원수로서 중화민국을 대표하며, 대내적으로는 민정대권과 중화민국 육해군의 통수권을 장악하고, 각 부 장관과 정부 각료들을 소집하여 국무회의를 주관했다. 위안스카이도 누려보지 못한 지위였다. 돤치루이는 꿈에도 그리던 지존의 자리를 차지했다. 그러나 한번 몰락한 그에게는 더 이상 예전의 위세가 남아 있지 않았다. 실세는 펑위샹과 장쭤린이었다. 돤치루이는 두 사람 사이에 끼여 눈치만 보는 껍데기에 불과한 존재였다.

제2차 펑즈전쟁 이후 중국의 세력은 다시 재편되었다. 승자들 사이에서 논공행상이 실시되었다. 장쭤린은 동3성과 러허성, 톈진과 즈리성 동부, 산둥성 등 중국에서 가장 노른자위 지역을 손에 넣었다. 돤치루이는 전 저장 독군 루융샹과 톈진 경찰청장을 지낸 양이더楊以德를 각각 즈리 독군과 성장에 임명해 안후이파를 재건할 속셈이었지만, 장쭤린의 완강한 반대에 부딪혀 물러나야 했다. 그 자리는 장쭤린의 심복 리징린에게 돌아갔다. 장쭝창은 산둥 독군에 임명되어 한 성의 주인이 되었다. 게다가 장쑤-안후이-산둥 초비 총사령관蘇皖魯三省剿匪總司令에도 임명되었다. 그동안 객장 신세였던 그는 벼락출세했다. 장쭝창은 군대를 이끌고 쉬저우로 진군하여 남정의 선봉에 섰다.

평위샹은 서북변방독판西北边防督辦에 임명되어 차하르성과 쑤이위안성, 간쑤성 등 서북의 광대한 건조지대를 차지했다. 영토는 넓지만 중국에서 가장 가난한 변경이었다. 알짜배기는 장쭤린에게 빼앗기고 궁벽한 황무지만 얻었다. 후징이와 쑨웨는 각각 허난 독군과 허난성장에 임명되었지만 허난성은 여전히 우페이푸의 영토였다. 결국 제 힘으로 차지해보라는 얘기였다. 논공행상은 펑톈파의 잔치였다.

평위샹은 속으로 불만이 많았지만 고개를 숙이고 권토중래하는 수밖에 없었다. 그러나 부하들은 참지 못하고 공공연히 장쭤린을 죽이겠다고 떠들었다. 대경실색한 평위샹이 "그런 짓을 하면 펑톈파가 가만있겠느냐?"면서 만류했다. 자칫 불미스러운 일이라도 일어난다면 장쭤린에게는 평위샹을 칠 명분이 된다. 싸움이 시작되면 전혀 승산이 없다. 평위샹은 부하들을 다독이면서 후징이의 국민군 제2군과 힘을 모아서 허난성을 치는 한편, 남방의 쑨원에게 북상을 요청했다. 장쭤린을 견제하기 위해서였다.

소수의 패잔병만 데리고 바다로 달아났던 우페이푸는 산둥성을 거쳐서 허난성으로 돌아가려 했다. 그런데 산둥 독군 정스치鄭士琦가 길을 가로막았다. 그는 즈리파였지만 우페이푸가 패망하자 자리를 보전할 요량으로 당장 깃발을 바꾸어 장쭤린에게 붙었다. 이 때문에 우페이푸는 부득이 방향을 바꾸어 난징으로 향했다. 그러나 장쑤 독군 치셰위안 역시 우페이푸의 상륙을 거부하고 철저하게 감시했다. 얼마 전만 해도 우페이푸의 위세에 벌벌 떨던 부하들이 상관이 몰락하자

바로 안면을 몰수한 셈이다. 신변의 위협마저 느낀 그는 다시 배를 돌려서 창장을 거슬러 한커우로 향했다.

11월 12일, 후징이의 국민군 제2군이 빈집이나 다름없는 허난성을 침공했다. 온갖 고생 끝에 11월 19일 허난성의 성도 정저우에 도착한 우페이푸는 병력을 모아 방어전을 준비했다. 그러나 잔여 병력은 3만 명에 불과한 데다 패잔병의 무리에 지나지 않았다. 게다가 허난군사 통령 한위쿤憨玉琨이 배반하여 뤄양을 점령했다. 양면에서 협공을 받은 우페이푸는 여지없이 무너졌다. 11월 23일, 우페이푸는 하야를 선언한 뒤 한커우로 달아났다. 겨우 나흘 만의 일이었다. 후징이는 12월 9일에 카이펑을, 12일에는 정저우를 점령하는 등 한 달 만에 허난성 전역을 석권했다. 두 달 뒤에는 후징이와 한위쿤 사이에 싸움이 일어 났다. 한위쿤은 패전하여 자살했다.

후베이성은 우페이푸의 심복이었던 샤오야오난의 영토였다. 우페이푸는 한커우에서 호헌護憲 군정부 수립을 선언하고 남방의 즈리파 군벌들을 규합하려 했다. 그런데 샤오야오난이 제동을 걸었다. 예전에 그를 후베이 독군에 임명한 사람은 우페이푸였다. 그러나 샤오야오난은 옛 정이야 어떻든 몰락한 상관이 이제 와서 다시 제 머리 위에 앉는 것을 원하지 않았다. 충성심도 의리도 없는 것이 즈리파 군벌들이었다. 우페이푸는 갈 곳 없는 신세였다. 옛 부하마저 자신을 핍박하자 한커우에도 머무를 수 없어 남쪽의 웨저우로 거처를 옮겨야 했다. 그는 한동안 그곳에 머무르며 재기할 기회를 노렸다.

＼장제스, 상단을 토벌하다

천중밍을 몰아내고 광저우를 탈환한 쑨원이었지만 그의 세력은 여전히 광저우와 그 주변에만 미쳤다. 광둥 사람들은 쑨원을 오래전부터

'쑨대포係大砲'라고 불렀다. 중국에서 구식 대포는 살상력이 거의 없어서 적군을 죽이기보다는 요란한 소리로 상대를 놀라게 하는 데 사용되었다. 그처럼 변죽만 요란하게 울릴 뿐 실속은 없는 허풍쟁이라는 뜻이다. 쑨원이 말만 그럴싸하게 늘어놓고 번번이 실패했기 때문이다. 중국에서 광저우 사람들만큼 쑨원을 잘 아는 사람들도 없을 것이다. 하지만 그 또한 과거의 쑨원이었다. 더 이상 몇몇 정객의 우두머리가 아니라 막강한 군대를 갖춘 실력자였다. 소련의 원조를 받아 설립한 황푸군관학교 덕분이었다.

적백내전의 영웅 바실리 콘스탄티노비치 블류헤르와 장제스·저우언라이는 생도들을 맹훈련하고 근대 전술을 가르치면서 정예부대로 거듭나게 했다. 1924년 6월 16일 개교한 이래 4개월도 채 안 된 10월 3일, 황푸군관학교 교관과 생도로 구성된 교도 제1연대가 편성되었다. 12월 3일에는 교도 제2연대가 편성되었다. 1925년 1월 30일에는 2개 교도연대와 1개 독립대대, 1개 포병대대로 구성된 교군校軍이 편성되었다. 각 연대는 3개 대대로 구성되었다. 총병력은 약 3,000명. 이들이 실전에서 활약하기까지는 그리 오래 걸리지 않았다.

쑨원은 명목상 광저우 정부의 대원수였지만, 광저우를 지배하는 실세는 군벌과 상인이었다. 이들은 쑨원의 권위에 복종하지 않았으며, 세수의 대부분을 중간에서 가로챘다. 광저우 정부는 심각한 재정난에 허덕였다. 1921년 4,300만 위안이던 세입이 1924년에는 4분의 1에 불과한 1,200만 위안으로 줄었다. 게다가 쑨원 정권의 신용은 바닥이었기 때문에 공채를 발행하거나 차관을 얻어서 자금을 모을 수도 없었다. 재정 위기에 허덕이던 쑨원은 광저우 상인들과 농민들에게 과중한 세금을 부과하여 불만을 샀다. 한 외국인이 "쑨원이 지배하는 동안 광둥 사람들은 지구상에서 가장 무거운 세금을 부과받은 사람들

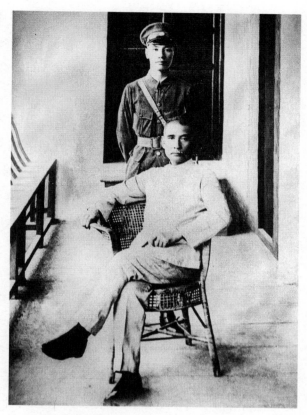

●— 쑨원과 장제스. 쑨원이 살아 있을 때만 해도 장제스는 지위가 그리 높지 않았으며 사람들의 주목을 받지도 못했다. 그러나 황푸군관학교 교장을 맡은 뒤로 그의 비중은 빠르게 커졌다.

이 틀림없다"고 할 정도였다. 게다가 그의 연소용공 정책은 상인들을 자극했다. 공산당이 광저우 노동자들을 규합하여 대규모 파업을 주동하자 큰 손실을 입은 상인들은 쑨원에 대한 불복종운동에 나섰다.

광저우 상단 우두머리는 천롄보陳廉伯라는 매판자본가였다. 그는 광둥총상회 회장이자 영국계 금융인 후이펑은행滙豊銀行의 광저우 지점장을 지냈고, 뒤로는 영국의 후원을 받았다. 광저우에 조계를 두고 있던 영국과 프랑스도 쑨원을 탐탁찮게 여겼다. 천롄보는 천중밍과 손잡고 쑨원을 몰락시키려 했다. 쑨원을 무너뜨린 뒤에는 다른 군벌들마저 몰아내고 상인 정권을 수립하겠다는 속셈이었다.

쑨원도 상인들의 불온한 움직임을 모르지 않았다. 그는 장제스에게 상인들의 동태를 감시하게 하는 한편, 한 방 먹일 기회를 엿보았다. 1924년 8월 10일, 노르웨이 국적의 밀수선 한 척이 광저우 황푸강에 들어오다 장제스에게 발각되는 사건이 벌어졌다. 장제스는 밀수선을 황푸군관학교로 강제로 끌고 온 뒤 압수수색을 했다. 선적된 무기는 소총과 권총 9,000여 정 그리고 탄약 350만 발이었다. 쑨원은 즉시 압류했다.

상단 쪽도 가만있지 않았다. 천롄보는 상인들이 자위를 목적으로 구입한 것이니 압류한 무기를 반환해달라고 요구했다. 쑨원이 거부하자 상단은 시장을 철거하고 총파업에 들어갔다. 영국 식민정부도 간섭에 나섰다. 쑨원이 무력을 동원하여 상단을 진압하면 좌시하지 않겠다며 엄포를 놓았다. 분노한 쑨원은 직접 영국 총리에게 내정간섭을 중단하라는 항의 서한을 보냈다. 또한 상단 쪽과 협상하여 무기의 절반을 돌려주되 그 대가로 벌금을 받기로 합의했다. 때마침 북방에서는 제2차 펑즈전쟁이 시작되어 장쭤린과 우페이푸 사이에 치열한 전투가 벌어졌다. 쑨원은 장쭤린에게 호응할 생각으로 광저우를 떠나 사오관에서 대본영을 세우고 북벌을 선언했다.

10월 10일, 우창봉기 13주년이 되는 날이었다. 광저우 거리에서도 대대적인 기념행사가 열렸다. 그런데 무기를 돌려받으러 간 상단 대표단을 황푸군관학교 생도들과 학생, 노동자로 구성된 시위대가 가로막았다. 그렇잖아도 감정이 격앙되어 있던 쌍방은 충돌하여 그 자리에서 수십 명이 죽거나 다쳤다. 상단 쪽에서는 쑨원이 약속을 어겼다며 상업지구를 폐쇄하고 시내 곳곳에 자위대를 배치하여 본격적으로 일전을 준비했다. 동쪽에서는 천중밍이 상단 반란에 호응하여 광저우로 진격할 태세였다.

쑨원은 즉시 광저우로 돌아왔다. 랴오중카이와 장제스는 강경하게 무력 진압을 건의했다. 쑨원은 광저우 전역에 계엄령을 선포했다. 광둥성 경위군 사령관 우톄청吳鐵城이 3,000여 명의 군대를 끌고 광저우로 왔다. 허잉친이 지휘하는 황푸군관학교 생도들로 구성된 교군 제1연대 2,000여 명과 여타 군벌 군대까지 합해 진압군은 1만여 명에 달했다. 총지휘는 장제스가 맡았다. 10월 15일 새벽 4시, 장제스의 명령이 떨어지자 상단군이 장악한 지역에 포탄과 기관총탄이 쏟아졌다. 오합지졸에 불과한 상단 용병들이 상대가 될 리 없었다. 곳곳에서 불길이 치솟았다. 상단군 병사들은 도망치다가 사살당하거나 무기를 던지고 투항했다.

오후 2시, 전투는 끝났다. 10시간에 걸친 시가전 끝에 상단 본거지는 파괴되고, 우두머리인 천롄보는 홍콩으로 도주했다. 손실이 적지 않았다. 재산 피해는 5,000만 위안이나 됐으며, 군인과 민간인을 포함하여 2,000명이 넘는 사상자가 났다. 시가지 태반이 불바다가 되었다. 그러나 상단을 평정함으로써 쑨원의 위상은 한층 높아졌다. 그동안 발붙일 변변한 땅 한 뼘 없던 그는 처음으로 자신의 영토를 손에 넣었다. 특히 약탈에만 광분하는 군벌 군대와 달리 황푸군관학교의 교군 병사들은 장제스의 명령에 따라 일사불란하게 움직이며 엄정한 규율을 보여주어 사람들에게 깊은 인상을 심어주었다. 앞으로 시작될 북벌전쟁의 서막이었다.

＼큰 별 지다

쑨원이 광저우 상단을 평정하는 동안 북방에서는 펑위샹의 베이징정변으로 즈리파 천하가 무너졌다. 11월 1일, 펑위샹과 돤치루이·장쭤린은 쑨원에게 남북 평화회담을 제안했다. 쑨원은 승리를 축하하면서 북상하겠다고 회답했지만, 공산당과 소련 코민테른의 반대에 부딪혔다. 쑨원이 군벌들과 타협하는 것은 중국을 적화하려는 소련이 바라는 바가 아니었기 때문이다. 또한 쑨원이 한편으로는 반군벌·반제국주의를 외치면서 다른 한편으로는 군벌과 야합하는 행태는 엄연히 이율배반이었다. 쑨원은 일단 통일정부를 수립하고 내전을 끝내는 것이 우선이라고 여겼다. 군벌들과의 모순은 그다음에 천천히 해결하면 된다는 식이었다. 그러나 군벌들이 과연 쑨원과 권력을 나눌 것인가. 쑨원에게 군벌들을 누를 힘이 없는 한 불가능한 일이었다. 신해혁명 때 위안스카이와 손잡았다가 호된 실패를 경험했으면서도 쑨원은 끝까지 현실 정치가 어떤 것인지 깨닫지 못했다.

쑨원은 주변의 반대를 무릅쓰고 베이징행을 강행하기로 결심했다. 북방과 타협할 수 있는 유일한 기회를 놓쳐서는 안 된다고 생각했기 때문이다. 그의 건강은 나빠질 대로 나빠져 있었다. 더는 시간이 없다는 초조함도 있었다. 1924년 11월 13일, 쑨원은 후한민에게 대원수직을 맡기고 부인 쑹칭링과 함께 포함 융펑에 올랐다. 그에게는 인연이 깊은 군함이었다. 융펑은 홍콩과 상하이 그리고 멀리 일본의 고베를 경유한 다음 12월 4일 톈진에 도착했다. 그가 가는 곳마다 수많은 인파가 몰려나와 열렬히 환영했다. 쑨원의 세력이 아무리 보잘것없고 실패를 거듭했다 해도 인기는 여전히 식을 줄 몰랐다. 내전 종식과 통일정부의 수립을 바라는 중국 민중의 열망을 보여주는 것이기도 했다. 그러나 장쭤린과 펑위샹이 쑨원과의 협의 없이 돤치루이를 임시 집정으로 추대하자 상하이 언론들은 쑨원이 북상하여 남북회담을 한들 큰 성과를 기대하기는 어려울 것이라며 냉정하게 평가했다.

톈진에 도착한 쑨원은 건강이 극도로 나빠졌다. 오랜 지병인 간질환이 간암으로 발전했기 때문이다. 그는 창백하고 고통스러운 표정이었다. 환영식에도 나갈 수 없어 비서인 왕징웨이가 대신 연설문을 낭독했다. 쑨원은 며칠 동안 톈진에서 휴식을 취한 다음 베이징으로 가겠다고 말했다. 그런데 그 와중에 돤치루이와 장쭤린의 태도가 이전과는 180도 달라졌다. 쑨원은 중국이 열강과 체결한 불평등조약의 개정을 주장했지만, 돤치루이는 열강의 지지를 얻을 요량으로 오히려 "일체의 조약을 존중하겠다"고 선언했다. 쑨원은 분통을 터뜨렸다. "나는 불평등조약을 폐지하기 위해 노력하는데, 당신네들은 지위나 부귀만 탐하면서 외국인을 무서워한다. 그렇다면 도대체 무엇 때문에 나를 환영했는가!"

12월 4일, 톈진에서 쑨원은 장쭤린을 만났다. 남방과 북방을 대표하는 두 지도자의 첫 만남이었다. 그러나 장쭤린은 거만한 태도로 상좌에 앉아서 쑨원을 함부로 대했다. 쑨원은 내심 불쾌하게 여기면서도 장쭤린에게 승전을 축하한다고 말했다. 장쭤린은 "별것 아닌 일에 축하할 필요가 있습니까?"라며 이죽거렸다. 쑨원은 더 이상 얘기를 꺼낼 수 없었다. 두 사람의 회담은 본론으로 들어가지도 못한 채 끝나고 말았다.

평위샹도 마찬가지였다. 쑨원이 북상을 결심한 이유는 그의 간절한 요청 때문이었다. 그런데 막상 만나보니 환대는 하면서도 막상 중요한 문제에는 대답을 피하고 얼버무렸다. 평위샹이 쑨원의 북상을 요청했을 때와는 중앙의 정세가 완전히 달라졌기 때문이다. 돤치루이와 장쭤린의 압박을 받는 그로서는 큰 힘이 없는 데다 쑨원과 손잡아 그들을 적으로 돌릴 수도 없는 처지였다.

군벌들에 대한 실망감과 병세 악화에도 불구하고 쑨원은 돤치루이를 만난 자리에서 중국 전역의 각계각층이 참여하는 국민회의를 소집하여 새로운 통일정부를 수립하자고 제안했다. 마지막 타협책이었다. 그러나 이미 임시 집정 자리에 오른 돤치루이는 실력도 세력도 없는 쑨원에게 굳이 양보할 이유가 없었다. 그는 자신을 지지하는 여러 북양군벌과 정객들을 모아서 '선후회의善後會議'를 개최한 뒤 신정부 조직 등 주요 안건을 일방적으로 통과시켜버렸다. 격분한 쑨원은 광저우로 전보를 보내 돤치루이의 가짜 회의에 참여하지 말라고 지시했다. 큰 뜻을 품고서 병든 몸을 이끌며 어렵사리 베이징까지 올라왔지만 군벌들에게 농락당한 꼴이었다. 남북이 평화적으로 타협할 수 있는 마지막 기회는 사라졌다.

1925년 1월 26일, 록펠러재단이 운영하는 베이징협화의원(지금의 베이징협화의학원)에서 쑨원의 수술이 진행되었다. 그러나 병세가 너무 깊은 탓에 서구의 최신 의술로도 회복할 길이 없었다. 쑨원은 구웨이쥔의 사저가 있는 톄스쯔후퉁鐵獅子胡同으로 거처를 옮겼다. 차오쿤 정권에서 외교총장과 국무총리를 맡았던 구웨이쥔은 베이징정변이 일어나자 톈진으로 도망갔고 그의 집은 텅 비어 있었다. 쑨원은 쑹칭링과 측근들을 데리고 한동안 이곳에 기거하며 꾸준히 치료를 받았지만, 얼마 지나지 않아 침상에서 일어설 수도 없게 되었다.

1925년 3월 12일 오전 9시 30분, 쑨원은 서거했다. 그로서는 평생을 혁명에 헌신했는데도 이루어놓은 것 없이 떠나는 것이 실로 원통했으리라. 죽기 직전 그는 가장 총애하는 측근인 왕징웨이를 불렀다. 최후의 말은 "평화… 투쟁… 중국을 구하라"였다. 쑨원의 나이 59세, 그의 세 번째 부인 쑹칭링은 겨우 33세였다. 두 사람의 결혼생활은 10

●── 베이징에서 치러진 쑨원의 장례식. 많은 사람들에게 '쑨대포'라고 조롱을 받았지만, 중국의 나약한 현실에 비분강개하는 젊은 학생들에게는 여전히 혁명의 상징이자 존경의 대상이었다.

년도 채 되지 않았다.

쑨원의 삶은 그야말로 칠전팔기였다. 쑨원을 비판적으로 바라본 혹자들은 그가 말로만 떠들 뿐 호화롭고 사치스럽게 살면서 헐벗고 굶주린 수많은 중국인들의 현실에 무관심했다고 비난했지만, 세상을 떠나면서 남겨둔 재산은 하나도 없었다. 거액의 자금을 운용하면서도 단 한 푼도 자신을 위해 빼돌리지 않았기 때문이다. 부패와 탐욕이 만연하던 당시로서는 보기 드문 모습이었다. 쑹칭링에게는 자기가 살던 집 한 채와 책 몇 권 그리고 정치적인 명성을 물려주었을 뿐이다. 탐욕스럽고 야심만만한 장남 쑨커를 정치적 후계자로 삼지도 않았다. 쑨원의 생애가 후계자들에 의해 신화적인 거품으로 덮였다고 하지만,

혁명을 향한 의지와 청렴함만큼은 아무도 부정할 수 없을 것이다. 이 것이 쑨원이 오늘날까지 수많은 중국인들의 존경을 받는 가장 큰 이유이기도 하다.

쑨원의 유해는 레닌처럼 방부 처리되어 베이징 교외에 있는 '비윈사碧雲寺'라는 절에 안치되었다. 그는 생전에 "내가 죽거든 난징 교외에 있는 쯔진산에 묻어달라"고 말한 바 있었다. 장제스는 북벌이 성공한 뒤 쯔진산에 능원陵園을 만들어 이장했다. 쑨원이 죽은 지 4년 후인 1929년 6월 1일의 일이다.

김명호 교수의 『중국인 이야기』에는 쑨원의 유해와 관련된 일화가 소개되어 있다. '혼세마왕'이니 '구육장군'이니 온갖 악명을 떨치던 장쭝창은 여러 군벌 중에서도 가장 거칠고 무식한 인물이었다. 그는 평소에도 쑨원이 말만 번드르르하다며 질색을 했다. 그런데 장제스가 북벌전쟁에 나서자 장쭝창은 여지없이 대패했다. 그는 화풀이로 "비윈사인지 뭔지에 있는 쑨원의 시신을 없애자"면서 부하들을 이끌고 절에 들이닥쳐서 행패를 부렸다.

쑨원의 유해는 생전에 그의 경호를 맡았던 탄후이취안譚惠全이 지키고 있었다. 장쭝창의 부하들이 몰려오자 그는 유해를 가까운 동굴 속에 재빨리 숨기고는 아무리 으름장을 놓아도 딱 잡아뗐다. 장쭝창은 그냥 물러갈 수밖에 없었다. 뒤늦게 이 사실을 안 장쉐량이 장쭝창을 불러서 호되게 야단쳤다. 그 뒤 장제스는 북벌에 성공하여 베이징을 점령했다. 그제야 쑨원의 유해도 비윈사로 안전하게 돌아왔고, 1년 뒤에는 난징에 성대하게 이장되었다. 탄후이취안의 기지가 아니었다면 쑨원은 묻힐 곳도 없었을지 모른다. 일세를 풍미했던 그는 죽어서도 파란만장했다.

반펑^{反奉}전쟁

＼장쭤린, 남정에 나서다

장쭤린은 호적수였던 우페이푸를 꺾고 중원에 한 발을 내밀었다. 투항한 즈리파 군대를 흡수하면서 펑톈군의 군사력은 두 배 이상 늘어났다. 20개 사단과 7개 혼성여단, 1개 기병여단, 2개 포병여단 등 40만 명에 달했다. 그는 중국 최강의 실력자가 되었다. 한편으로는 쑨원을 베이징으로 초청해 남북 평화회담을 개최하고, 다른 한편으로는 남쪽으로 진군을 시작했다. 장쭤린의 첫 번째 목표는 남방의 즈리파 군벌들이었다. "펑톈군이 남하한다!" 즈리파 군벌들은 겁에 질렸다.

　장쭤린은 동맹자였던 전 저장 독군 루융샹을 후원한다는 명목으로 군대를 출동시켰다. 펑톈군 제1군 군장 장덩촨이 선무군宣撫軍 총사령관에, 제2군 부군장인 장쭝창이 선봉을 맡았다. 병력은 약 10만 명. 장쭝창은 군인으로서의 역량은 변변치 않았지만 호탕하고 용맹한 데다 윗사람의 비위를 잘 맞추는 재주가 있었다. 장쭤린은 같은 녹림대학 출신이라며 그를 아주 좋아했다. 제2차 펑즈전쟁 때 장쭝창은 제3사단을 이끌고 산하이관에서 즈리군 10만 명의 퇴로를 차단함으로써 즈리군을 무너뜨리는 데 큰 공을 세웠다. 장쭤린의 신임은 더욱 깊어졌고, 장쭝창의 지위와 권력은 펑톈군의 여러 쟁쟁한 원로들조차 함부로 대할 수 없을 정도였다.

1924년 12월, 펑톈의 대군이 진푸철도를 따라서 남하했다. 선두에는 두꺼운 철판을 두르고 대포와 기관총으로 중무장한 장갑열차가 있었다. 장쭝창이 자랑하는 장갑열차 부대였다. 장갑열차란 두꺼운 철판을 두르고 중화기를 탑재한 무장 열차로, 19세기 말부터 구미 각국은 군대의 생명줄인 열차를 적의 공격에서 보호하면서 이동식 화력으로 활용하기 위해 장갑열차를 도입했다. 장쭝창은 중국에서 장갑열차를 전쟁 무기로 활용한 첫 번째 군벌이었다. 제2차 펑즈전쟁 때 롼저우를 점령하면서 버려진 열차를 여러 대 노획한 그는 6mm 두께의 철판을 열차 외벽에 덧대고 각종 화기를 탑재했다. 장쭝창에게는 '창장長江'과 '창청長城' 2대의 장갑열차가 있었다. 각각의 열차는 6량의 차량으로 구성되었다. 열차 앞뒤로는 일본제 41식 75mm 산포가 1문씩 배치되었으며 4문의 맥심 중기관총으로 무장했다. 운용 인력은 50명 정도로, 모두 러시아인 용병들이었다.

즈리파는 지리멸렬했다. 산둥 독군 정스치는 당장 깃발을 바꾸어 달고 펑톈군의 남하를 지지했지만 얼마 지나지 않아 쫓겨나고 장쭝창이 그 자리를 차지했다. 안후이 독군 마롄자와 장시 독군 차이청쉰 역

●─ 1925년 10월 전국의 군벌 형세도. 장쭤린의 펑톈군이 창장 이북을 장악하고 남하하면서 창장 이남의 즈리파 군벌들과 대치했다. 펑위샹의 국민군은 베이징 서쪽 대부분을 차지했다. 천하삼분의 형국이었다. 이들에 견주면 광저우 국민정부 세력은 보잘것없었다. 게다가 대혁명가 쑨원마저 없는 국민정부는 역사의 뒤안길로 사라질 것처럼 보였다. 그러나 사람들의 예상과 달리 쑨원의 후계자들은 분열되고 와해되기는커녕 진용을 정비하고 새로운 혁명전쟁을 준비했다. 첫 과제는 광둥성의 통일이었다.

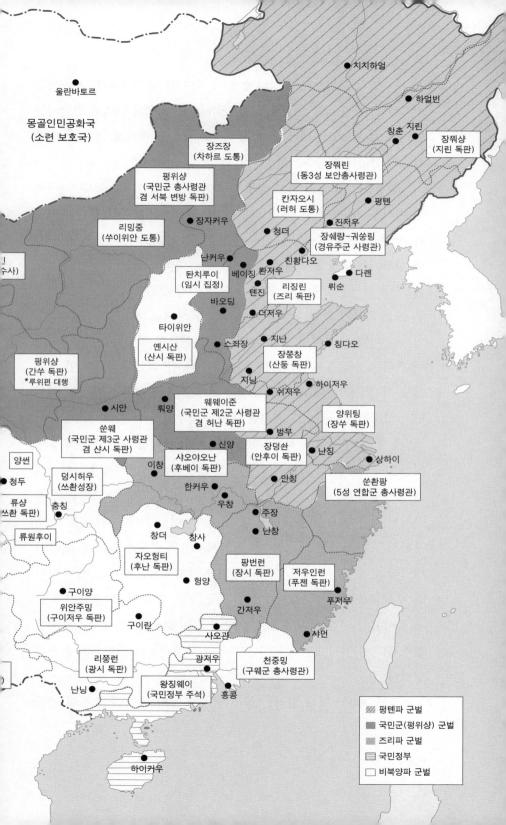

시 부하들의 반란으로 도망쳐야 했다. 상황이 급박해지자 장쭤 독군 치셰위안, 푸젠 독군 쑨촨팡 등 창장 유역 10여 성의 즈리파 실력자들이 난징에서 모였다. 이들은 10성 동맹회의를 열고 서로 힘을 모아 장쭤린의 남하에 대항하기로 했다.

장쭝창은 산둥성을 거쳐 장쑤성까지 파죽지세로 진군했다. 쉬저우는 쉬저우 진수사徐州鎭守使 천탸오위안陳調元의 제6사단이 지키고 있었다. 남북을 연결하는 교통의 요지인 쉬저우가 펑톈군의 손에 넘어가면 상하이와 난징도 위태롭다. 치셰위안은 천탸오위안에게 긴급 전문을 보내 쉬저우를 반드시 지켜야 한다고 강조했다. 정작 천탸오위안은 싸울 의사가 없었다. 어차피 펑톈군을 상대로 싸워본들 승산이 없기 때문이었다. 게다가 장쭝창과는 오랜 친분이 있었다. 그는 장쭝창이 온다는 소식을 듣자 백기를 내걸고 성문을 열었다. 총 한 발 쏘지 않고 쉬저우를 손에 넣은 장쭝창은 여세를 몰아 창장 도하를 준비하면서 상하이와 난징으로 진격할 태세를 갖추었다.

발등에 불이 떨어진 치셰위안은 부랴부랴 병력을 모아서 창장에 방어선을 구축했다. 그러나 전의를 잃은 병사들은 흩어지거나 펑톈군에게 투항했다. 난징에서는 병변이 일어나 반란을 일으킨 폭병들이 시가지에 불을 지르고 약탈하는 등 자중지란이었다. 1925년 1월 10일, 장쭝창은 난징에 무혈 입성했다. 치셰위안은 쑨촨팡과 손잡고 잔여 병력을 모아 쑤저우에서 마지막 결전을 각오했지만 사기가 땅에 떨어진 부하들은 싸울 의지가 없었다. 결국 그는 전투 한 번 치르지 못한 채 하야를 선언한 뒤 일본으로 도망쳤다. 장쭝창은 2월 2일 상하이를 점령했다. 이어서 무주공산이나 다름없는 쑤저우와 창저우까지 손에 넣었다.

인구가 300만 명에 달하는 상하이는 '동양의 파리'라고 불릴 만큼 중국에서 가장 발달하고 근대화한 국제도시이자 금융과 무역의 중심지였다. 또한 외국 조계를 통해서 해외의 온갖 산물이 들어오는 풍요로운 곳이며, 상하이 강남제조국이 있어서 무기를 자급할 수 있었다. 제2차 펑즈전쟁의 발단이 된 장쑤-저장 전쟁도 본래는 상하이를 놓고 벌어진 싸움이었다. 장쭝창은 넝쿨째 굴러들어온 알짜배기 땅을 놓칠세라 잽싸게 차지했다. 그는 주력부대를 상하이에 주둔시키고 유력한 실력자들과 친분을 쌓으면서 세력을 확장해나갔다.

장쭝창이 세운 또 한 가지 큰 공은 산둥성 칭다오에 주둔한 발해함대를 손에 넣은 것이다. 장쭤린은 해군력의 필요성을 절감하면서도 상선을 개조한 구식 포함 몇 척과 2척의 연습함 말고는 변변한 해군력이 없었다. 중국 해군은 해군부 산하 제1함대와 제2함대 그리고 발해함대가 있었지만 모두 우페이푸의 수중에 있었다. 그중 가장 강력한 함대가 발해함대였다. 발해함대는 중국 최강을 자랑하는 하이치를 비롯해 방호순양함 3척과 포함 4척, 구축함 3척, 수송선 1척 등을 보유했다. 그런데 우페이푸가 장쭤린에게 패하여 남쪽으로 달아나자 발해함대는 하루아침에 주인 잃은 꼴이 되어 어느 편에 붙을지 고민했다.

장쭝창은 군비 지급과 높은 직위를 미끼로 발해함대 사령관 원수더를 설득했다. 원수더는 우페이푸를 배신하고 장쭤린에게 붙기로 결심했다. 반발한 일부 수병들이 반란을 일으켰지만 장쭝창이 가차 없이 진압했다. 노후화가 심한 하이첸과 자오화 두 척의 순양함과 구축함 한 척은 수리를 위해 칭다오에 남았지만, 나머지는 1925년 7월 19일 친황다오에 입항하여 동북 해군에 편입되었다. 동북 해군의 전력은 비약적으로 강해져 중국 최강의 해군이 되었다.

돤치루이는 안후이파인 루융샹과 왕이탕王揖唐을 각각 장쑤 독군과 안후이 독군에 임명했다. 난징으로 온 루융샹은 장쭤린의 힘을 빌리고 옛 부하들을 불러모아서 이전 근거지인 저장성의 탈환을 노렸다. 바로 얼마 전까지 저장성의 주인이었던 그는 제 영토를 되찾는 것이 당연하다고 여겼지만 세상 물정 모르는 소리였다. 너도나도 실세인 장쭤린에게 연줄 대기에 급급할 뿐 몰락한 옛 주인에게는 관심이 없었다.

끈 떨어진 갓이었던 루융샹은 저장성을 되찾기는커녕 장쑤 독군의 업무조차 제대로 처리할 수 없었다. 4개월도 안 되어 병을 핑계로 장쑤 독군 자리도 내놓고 정계에서 물러나야 했다. 왕이탕은 위안스카이의 비서를 지낸 북양의 원로였다. 안후이파가 득세할 때만 해도 쉬수정과 함께 안복구락부를 조직하여 국회를 장악하기도 했다. 그러나 돤치루이의 위세가 땅에 떨어진 지금, 돈도 없고 총도 없는 그로서는 안후이성을 제대로 통치할 수 없었다. 그는 루융샹처럼 주변의 핍박에 못 이겨 쫓겨나듯 자리에서 물러났다.

루융샹과 왕이탕이 하야한 배후에는 장쭤린의 사주가 있었다. 장쭤린은 이들을 쫓아낸 뒤 그 자리에 잽싸게 심복들을 채워넣었다. 장쑤 독군에는 펑톈군 참모장 양위팅이, 안후이 독군에는 제1군 군장 장덩솬이 임명되었다. 제2군 군장 리징린은 즈리 독군이 되었고, 제5군 부군장 칸자오시闞朝璽는 러허 도통을 차지했다. 장시 독군에는 차이청쉰을 쫓아낸 팡번런方本仁이 임명되었다. 장쭤린은 장쑤성과 장시성, 안후이성까지 차지하여 중국의 절반을 수중에 넣었다.

특히 장쑤성과 안후이성은 북양군벌들에게는 위안스카이 시절부터 오랜 정치적 기반이었기에 상징성이 컸다. 장쑤성과 안후이성을 기반으로 삼아 안후이파 재건을 꿈꾸고 있던 돤치루이는 장쭤린의 횡포에 분통을 터뜨리면서도 달라진 현실을 절감하지 않을 수 없었다. 제 역량 없이 옛 지위와 명망에만 연연하던 북양군벌들이 설 자리는 더 이

상 어디에도 없었다. 한때 북양군의 총수였으며 육군총장과 두 번의
국무총리를 지낸 돤치루이도 예외가 아니었다.

5성 연합군의 결성

즈리파의 새로운 태양으로 떠오른 사람은 푸젠 독군 쑨촨팡이었다.
우페이푸보다는 12살 아래, 장제스보다 겨우 2살 위인 그는 산둥성
출신으로 바오딩육군군관학교와 일본 육군사관학교를 졸업한 엘리트
였다. 성적이 매우 우수하여 제2진의 통제였던 왕잔위안의 눈에 들어
출세가도를 달렸다. 왕잔위안은 후베이성 독군으로 부임하면서 그를
데려갔다. 쑨촨팡은 제3여단장과 제21혼성여단장, 제2사단장을 역임
했다. 또한 후베이성을 침공한 후난 독군 자오헝티를 격파했으며 쑨
원의 북벌군을 무찌르고 푸젠성을 탈환하는 등, 탁월한 군사적 역량
과 용맹함이 즈리파의 여러 장군 중에서도 우페이푸·펑위샹과 어깨
를 나란히 하는 명장이었다.

창장 하류를 차지한 장쭝창은 더 이상 남하하지 않은 채 주저앉았
다. 장쭤린이 승리의 여세를 몰아 단숨에 밀어붙였다면 통일도 꿈은
아니었을 것이다. 진격이 지지부진했던 이유는 군비와 병참의 어려움
때문이기도 했지만, 장쭤린에게는 천하의 주인이 되겠다는 사리사욕
만 있을 뿐 확실한 국가 대계가 없었기 때문이다. 우페이푸를 꺾고 기
고만장해진 그는 자신의 생일잔치를 성대하게 열어서 사람들의 이목
을 끌거나 돤치루이·펑위샹과 권력 다툼을 하느라 여념이 없었다. 새
로 출세한 부하들도 제 영토를 늘리고 민중의 고혈을 쥐어짜서 사치
를 누리기에 급급했다.

그중에서도 난봉꾼이나 다름없는 장쭝창은 화려한 국제도시 상하
이를 지배하면서 온갖 향락에 빠져 돈을 물 쓰듯 했다. 펑톈군의 재

정 파탄에는 장쭝창이 크게 일조했다. 그가 하는 일이라고는 첩을 늘리고 부하들과 온종일 도박을 하는 것밖에 없었다. 그래서 별명이 '구육장군'이었다(산둥 말로 도박을 '개고기'라고 했다). 우두머리들이 이러하니 말단 병사들까지 해이해지는 것은 당연했다. 민가를 약탈하거나 열차를 습격하여 물건을 강탈하는 등 비적질도 서슴지 않았다. 특히 장쭝창 휘하에는 러시아인 용병들이 많았는데, 거칠기가 이를 데 없고 기강은 엉망이었다. 술과 아편에 찌들어 사람들에게 온갖 행패를 부리기 일쑤였다. 민심은 점점 장쭤린에게서 멀어졌다.

장쭤린은 상하이를 차지한 장쭝창의 세력이 너무 커지면 통제 불능이 될까 싶어 그를 산둥성으로 도로 불러들였다. 감히 장쭤린을 거역할 수 없는 노릇이므로 순순히 상하이에서 물러나기는 했지만 장쭝창은 속으로 불만이 컸다. 그를 대신한 사람은 장쭤린의 모사 양위팅이었다. 원래 장쭤린의 복안은 궈쑹링을 안후이 독군에 임명하고 장쭤성을 장덩촨에게 맡기는 것이었다. 그런데 양위팅이 장쭤성을 탐냈다. 인사 이동을 다시 하면서 장덩촨은 안후이 독군이 되었다. 그 때문에 낙동강 오리알 신세가 된 사람은 궈쑹링이었다. 안후이 독군으로 부임할 준비까지 했던 터라 실망이 컸다. 제2차 펑즈전쟁에서 가장 공이 컸던 그는 논공행상에서 아무것도 얻지 못했다. 궈쑹링은 장쭤린을 찾아가 자기가 독군 자리를 포기할 테니 장쉐량을 즈리 독군으로 임명하고 리징린을 산둥 독군으로 옮겨달라고 요청했지만 받아들여지지 않았다.

장쉐량과 궈쑹링은 경유주군 사령관京楡駐軍司令이 되어 제3방면군을 이끌고 톈진에 주둔했다. 경유주군 사령관이란 베이징과 톈진·산하이관(유관楡關이라고도 한다)의 수비를 책임지는 자리였다. 군사적으로는 중요한 자리임에 틀림없지만 다른 경쟁자들이 한 성의 주인이 된 것에 비할 수는 없었다. 궈쑹링은 자신이 밀려난 이유를 양위팅이 농간을 부린 탓이라고 여겼다. 그의 생각에 우페이푸와의 싸움에서 목숨을 걸고 병사들을 지휘하여 산하이관을 돌파한 사람도 자신이었고, 즈리군을 무너뜨려 우페이푸의 사령부인 친황다오를 점령한 사람도 자신이었다. 도대체 양위팅은 후방에 앉아서 무엇을 했던가. 의제인 장쉐량은 기다리다보면 기회가 오지 않겠느냐고 궈쑹링을 다독였다. 그러나 마음속에 한번 불붙은 불만은 꺼지지 않았고 분노의 화살은 결국 장쭤린을 향했다.

양위팅은 참모로서는 유능했지만 성격이 몹시 교만하여 한 성을 다스릴 만한 그릇이 아니었다. 평소 장쭤린의 신임만 믿고 안하무인으로 굴었기에 주변 사람들의 불만을 샀다. 장쑤 독군이 되어 난징으로 내려왔을 때도 마중 나온 현지 관료들 앞에서 한껏 거드름을 피우며 이렇게 말했다. "장쑤는 하는 짓이 영 마땅치 않다. 군대도 군대 같지 않고 정치도 정치 같지 않다. 뭐든 펑톈만 못하다. 이런 곳에는 오고 싶지 않았지만 우정雨亭이 굳이 보내서 오게 되었다." 우정은 장쭤린의 호이다. 벼락출세한 주제에 허세를 부리며 오만불손하게 말하는 양위팅에게 장쑤 사람들은 치욕을 느꼈다. 양위팅은 걸핏하면 말끝마다 "너희들은 도대체 수준이 형편없구먼. 잘 좀 해보게"라고 나무라면서 망신을 주기 일쑤였다.

펑톈군은 군기가 문란했다. 점령군 행세를 하면서 물건을 빼앗고 아편을 팔거나 부녀자들을 강간했다. 행정은 마비되어 무법천지나 다름없었다. 원성이 자자했지만 양위팅은 한 귀로 흘리면서 주색잡기에만 열을 올렸다. 게다가 장쑤성의 요직은 펑톈 출신들이 모조리 차지했다. 참다못한 장쑤 사람들은 쑨촨팡과 몰래 손잡고 기회를 보아서 양위팅의 뒤통수를 치기로 했다.

1925년 5월 15일, 일본계 방직공장에서 노동자들이 공장 폐쇄에 맞서 시위를 벌이다가 일본 경찰의 총에 맞아 죽는 사건이 벌어졌다. 이 때문에 상하이의 번화가 난징루南京路에서 상하이 대학연합회 소속 학생들을 중심으로 동맹휴학과 노동자들의 대규모 파업투쟁이 일어났다. 파업에 참여한 노동자는 20만 명, 동맹휴학에 참여한 학생은 5만 명에 달했다. 시위는 상하이 공동조계 전체로 확산되었다. 5월 30일, 수십만 명의 군중이 관련자 처벌과 조계 반환, 열강 군대의 철수를 외치며 행진했다. 영국 경찰이 출동하여 시위대에게 무차별적으로 발포했다. 11명이 죽고 20명 이상이 부상을 입었으며 50여 명이 체포되었다. 이른바 '5·30참안慘案'이었다. 이 사건은 중국 전역에 반제국주의 운동의 불을 붙였다.

6월 1일, 상하이의 모든 중국인 상점이 문을 닫았고 은행들은 휴업을 선언했다. 시위는 상하이를 넘어 다른 도시로 확산되었다. 30여 개 도시에서 대규모 시위가 벌어지고 홍콩에서는 16개월 동안 파업이 이어졌다. 5·4운동 이래 최대의 반제국주의 민족 시위였다. 시위가 걷잡을 수 없이 확산되자 영국·미국·이탈리아·일본 등 열강의 군함이 출동하고 군대가 상륙하여 상하이를 점령했다. 펑톈군도 출동했다. 그러나 자국민을 보호하는 대신 열강들의 심기를 건드리지 않으려고 상하이 전역에 계엄령을 선포하고 시위대를 탄압했다.

장쭤린에게서 민심이 멀어지는 것을 알아차린 쑨촨팡은 반격을 준비했다. 그는 참모장 양원카이楊文愷를 몰래 베이징으로 보내 펑위샹과 손을 잡았다. 펑위샹 또한 장쭤린의 압박을 받고 있었기에 쑨촨팡이 손을 내밀자 거절할 이유가 없었다. 두 사람은 의형제를 맺고 장쭤린을 협공하기로 했다. 다음으로 양원카이는 허난성으로 향했다. 허난 독군 후징이가 1925년 4월 갑자기 병사하면서 국민군 제2사단장 웨웨이준岳維峻이 새로운 주인이 되었다. 웨웨이준 또한 협력을 약속했다. "저장이 펑톈의 머리를 치고, 허난이 그 허리를 치며, 서북(펑위샹)이 꼬리를 치자!"

1925년 10월 7일, 항저우에서 저장성과 안후이성·푸젠성·장쑤성·장시성 등 5개 성의 즈리파 군벌들이 한자리에 모였다. 반反펑톈 5성 연합군의 결성이었다. 쑨촨팡은 5성 연합군의 총사령관으로 추대되었다. 장쭤린 타도의 기치가 올랐다. 우창봉기 14주년이 되는 10월 10일, 5개 사단으로 편성된 5성 연합군의 군대가 공격에 나섰다. 목표는 상하이와 난징. 양위팅은 쑨촨팡이 선제공격하리라 꿈에도 생각하지 않았다. 펑톈군은 톈진에서 난징까지 1,200킬로미터에 걸쳐 병참선이 길게 늘어진 채 병력이 여기저기 분산되어 있었다. 상하이를 지키는 병력은 1개 여단에 불과했다. 마른하늘에 날벼락을 맞은 격인 양위팅은 싸울 엄두도 내지 못한 채 상하이를 포기하고 군대를 철수했다.

10월 16일, 쑨촨팡은 총 한 발 쏘지 않고 상하이에 입성했다. 18일에는 쑤저우를 함락하고 20일에는 난징 교외까지 진격했다. 또한 양위팅에게 불만을 품고 있던 제6사단장 천탸오위안이 반란을 일으켰다. 그는 난징의 수비를 책임진 펑톈군의 지휘관들을 불러 술자리를 연 뒤 그 자리에서 모조리 체포하고 쑨촨팡에게 투항했다. 쑨촨팡은 그를 제8군 군장 겸 안후이군 총사령관에 임명했다. 장쭤린은 양위팅에게 전보를 보내 장쑤성을 포기하고 쉬저우로 물러나라고 지시했다. 양위팅도 더는 난징에 남아 있을 생각이 없었다. 그는 부하들을 버리고 혼자서 밀실 통로를 이용해 탈출했다. 다음 날인 21일, 난징은 쑨촨팡의 손에 넘어갔다. 출전한 지 10여 일 만이었다.

장쭤린 스스로도 "도망치는 것만큼은 신속했다"고 평했을 만큼 펑톈군은 제대로 싸우지도 않고 썰물처럼 북쪽으로 물러났다. 철수하는 와중에 즈리군의 추격을 받아 괴멸하거나 항복하는 부대도 부지기수였다. 그나마 류이페이劉翼飛가 지휘하는 펑톈군 제44여단이 난징 동쪽에서 즈리군을 잠깐 저지했지만 8시간의 치열한 전투 끝에 전멸했다. 류이페이는 승려로 변장하고 달아났다. 안후이 독군 장덩촨 또한 패배하여 안후이성을 빼앗긴 채 잔여 병력을 거느리고 산둥성으로 물러났다. 펑톈군은 쉬저우에서 한숨 돌리는 한편 방어선을 구축하고 병력을 정비했다. 장쭤린은 쉬저우를 사수하라는 엄명을 내렸다. 산둥 독군 장쭝창이 자신이 자랑하는 장갑열차와 함께 제47혼성여단을 증원부대로 급파했다. 항공부대도 출동했다. 쉬저우에 집결한 펑톈군은 7만 명에 달했다. 선두에 선 부대는 사납기로 이름난 장쭝창 휘하의 러시아인 용병 부대였다.

11월 1일, 펑톈군은 이들을 앞세우고 반격에 나섰다. 격전이 벌어졌다. 러시아인 용병들은 술에 만취한 채 즈리군의 진영을 향해 무모한 돌격에 나섰다. 기관총이 불을 뿜고 포탄이 작렬했다. 순식간에 300여 명의 시체가 쌓였다. 겁에 질린 러시아인들은 뒤도 돌아보지 않고 도망쳤다. 또한 우회한 즈리군이 펑톈군의 후방을 급습했다. 등 뒤에서 적이 나타나자 펑톈군은 혼비백산했다. 장갑열차들도 북쪽으로 방향을 바꾸어 달아났다. 웨웨이준의 허난군이 출동하여 산둥성을 위협하자 장쭤린은 쉬저우를 포기하지 않을 수 없었다. 펑톈군은 산둥성으로 퇴각했다.

11월 8일, 쑨촨팡은 쉬저우를 손에 넣었다. 그러나 더 이상 북상하지 않고 항저우로 되돌아갔다. 장쭤린의 완패였다. 장시 독군 팡번런은 재빨리 쑨촨팡의 편에 섰다. 장시성과 안후이성, 장쑤성에서 펑톈파 세력은 완전히 쫓겨났다. 이 승리로 쑨촨팡은 쉬저우 이남의 광대한 영토를 차지하고 장쭤린·펑위샹과 어깨를 겨루는 대군벌이 되었다. 또한 군대를 정비하기 위해 일본인 군사고문을 초빙했다. 태평양전쟁 때 중국 주둔 일본군의 총사령관을 맡는 오카무라 야스지였다. 그는 훗날 국공내전에 패배하여 타이완으로 도주한 장제스의 군사고문이 되어 타이완군의 현대화에 앞장서게 된다.

한꺼번에 남방 3개 성을 잃은 장쭤린은 천하통일의 야심을 잠시 접어야 했다. 자만했던 대가를 톡톡히 치른 셈이었지만 그의 앞에는 더 큰 고난이 기다리고 있었다. 11월 22일, 펑톈군 제일의 명장이자 최정예부대를 거느리고 즈리평원에 주둔한 궈쑹링이 장쭤린 타도의 기치를 올렸다. '반펑톈전쟁反奉戰爭'이었다.

＼궈쑹링 거병하다

1925년 11월 21일 야심한 시각, 톈진에서 북동쪽으로 150킬로미터 떨어진 롼저우의 기차역에서 긴급 군사회의가 열렸다. 회의를 주관한 이는 펑톈군 제3방면군 부사령관 궈쑹링이었다. 옆에는 그의 처 한수슈도 함께 있었다. 회의장에는 알 수 없는 긴장감이 감돌았다. 사방에는 완전무장한 위병들이 실탄을 채운 소총을 들고 착검한 채 경계를 섰다. 회의장에 모인 사람은 100여 명. 제3방면군 연대장급 이상 주요 간부들이 모두 모였지만 영문을 알 수 없어 어리둥절한 표정으로 궈쑹링의 안색만 살폈다. 한동안 정적이 흐른 다음, 궈쑹링은 침통한 표정으로 입을 열었다. "중화민국이 성립된 지 10여 년이 지났지만 병화는 끊이지 않고 민생은 도탄에 빠졌다."

그렇게 서두를 꺼낸 궈쑹링은 모든 잘못은 양위팅에게 있다고 목소리를 높였다. "양위팅은 노장군老師(장쭤린)의 총애만 믿고 그동안 온갖 전횡을 일삼았다. 머리가 백발이 되도록 싸운 것은 우리인데, 양위팅·장덩촨이 장쑤와 안후이의 독군이 되었다. 그들은 지금 장쑤·안후이의 인민들에게 추방당했으니 우리가 싸워서 그 땅을 다시 찾아야 한다. 그러나 더 이상 그들을 위해서 싸우지 않을 것이다."

귀쑹링의 격앙된 목소리에 간부들은 아연실색했다. 귀쑹링은 양위팅을 성토하고 있었지만 결국 그 뒤에 있는 장쮜린을 비난하는 것이었다. 그는 종이 한 장을 꺼내 탁자 앞에 놓았다.

나는 마음을 정했다. 더 이상 국내의 전쟁에는 참여하지 않을 것이다. 동북의 토지는 넓고 산물은 풍부하다. 개간하고 둔전을 일군다면 어떤 전쟁이건 두려워할 필요가 있겠는가. 이 종이에는 두 가지 방책이 있다. 어느 쪽이건 각자 원하는 곳에 서명하라. 첫 번째 안은 군대를 동북으로 돌려서 농업에 종사하되 국내 전쟁에는 관여하지 않겠다는 것이다. 두 번째 안은 계속 싸워서 무력 통일을 한다는 것이다.

회의장의 긴장감은 한층 높아졌다. 참석자들은 다들 어찌할 바를 몰라 눈치만 보았다. 군대를 동북으로 돌리겠다는 것은 이 자리에서 반란을 일으켜 장쮜린에게 총부리를 들이대자는 말이었다. 어떻게 그럴 수 있겠는가. 그렇다고 후자를 선택하는 것은 귀쑹링의 거사를 반대한다는 말이므로 제 목숨을 부지할 수 없었다. 한동안 전전긍긍하던 사람들은 하나둘 첫 번째 안에 서명했다.

그러나 4명의 사단장은 끝까지 서명을 거부했다. 제3방면군의 휘하에는 총 6개 사단(제4사단, 제5사단, 제6사단, 제7사단, 제10사단, 제12사단)이 있었다. 그중 제4사단은 지금 이 자리에 없는 장쉐량의 부대였고 제6사단장은 귀쑹링이 겸임하고 있었다. 결국 사단장 전부가 거사에 반대한 셈이다. 이들 이외에 30여 명의 장교들도 장쮜린을 배신할 수 없다고 버텼다. "반대하는 자는 지금 이 자리에서 나가도 좋다!" 귀쑹링의 말에 이들은 자리에서 일어나 밖으로 나갔다. 물론 정말로 이들을 순순히 돌려보낼 생각은 없었다. 그들은 뒤따라나간 위병들에게 모조리 체포되어 톈진으로 보내졌다. 내부를 정리한 귀쑹링은 드디어 거병했다. 목표는 장쭤린의 수도인 펑톈. 8만 명의 반란군이 파죽지세로 북쪽을 향해 진격했다.

2016년 JTBC에서 중국 근현대사를 다룬 〈차이나는 도올〉을 방영한 적이 있다. 9화에서 동북의 풍운아였던 장쉐량을 주제로 삼을 때 귀쑹링도 잠시 거론되었다. 도올 김용옥 선생은 장쭤린이 일본의 힘을 빌리기 위해 나라의 이권을 넘기려 하자 귀쑹링이 대의를 위해 거병했다면서 "보기 드문 민족주의자이자 애국장군"이라며 극찬했다. 엄밀히 말해서 도올 선생의 말은 절반은 맞고 절반은 틀리다고 할 수 있다. 그의 말에는 "장제스·장쭤린 등 군벌 정권은 친일 반反민족, 여기에 대항하는 세력은 민족주의"라는 평면적이고 이분법적인 시각이 깔려 있다. 중국 현대사 전문가가 아닌 도올 선생이 전후 상황에 대한 충분한 이해 없이 중국인들의 막연하고 관념적인 역사관을 무비판적으로 답습하지 않았나싶다.

오늘날 중국 사회에서 장쉐량·귀쑹링에 대한 긍정적인 이미지는 객관적이기보다는 정치적인 평가에 가깝다. 또한 그들의 드라마틱한 삶과 비극적인 말로에 대한 인간적인 동정심도 있다는 사실도 간과해서는 안 된다. 귀쑹링이 거병하면서 장쭤린을 일본의 주구라고 비난했지만, 내전 반대와 반외세·민족주의를 외치는 것은 그 시절 군벌들의 상투적인 행태였다. 중요한 것은, 말뿐인 구호가 아니라 민족주의를 향한 의지가 정말로 있었는지, 실제로 그런 행동을 했는지다. 또한 장쭤린이 정말로 '일본의 주구'였는지도 짚어봐야 한다. 전후 상황을 두루 살펴봐야만 궈쑹링의 반란이 진정으로 중국 민족을 위한 거사였는지 판단할 수 있다.

궈쑹링이 거병하는 과정을 살펴보기 위해 시간을 두 달 전으로 돌려보겠다. 경유주군 부사령관이 된 그는 1925년 9월 일본으로 떠났다. 10월 18일부터 미야기현宮城縣에서 실시하는 일본 육군의 가을 대연습에 관전무관으로 참석하기 위해서였다. 궈쑹링 이외에 펑위샹·장쭝창 등 여러 군벌이 파견한 10여 명의 장교들도 함께했다. 그가 떠나자마자 남방의 정세가 심상치 않았다. 쑨촨팡이 반격에 나선 것이다. 양위팅과 장딩솬은 크게 패하여 달아났고 10월 16일에는 상하이가, 21일에는 난징이 함락당했다. 쑨촨팡은 여세를 몰아 쉬저우로 육박하는 등 전황은 급박하게 돌아갔다.

장쉐량은 궈쑹링에게 급전을 보내 상황이 풍전등화이며 당장 돌아오라고 했다. 그러나 궈쑹링은 지병을 핑계로 일본에서 좀 더 요양하기를 원한다면서 귀국을 거절했다. 이 때문에 혹자들은 "그가 일본으로 가기 전에 이미 모반을 꿈꾸고 있었다"고 주장한다. 그러나 이때까지는 비록 마음속에 불만은 있어도 어떤 음모를 꾸미고 있었다고 볼 만한 확실한 근거는 없다. 그보다는 앙숙 관계인 양위팅을 돕기 위해 출전할 생각은 없었다고 해야 할 것이다. 그러나 장쉐량이 거듭 귀국을 요청하자 궈쑹링도 고집을 꺾고 곧 돌아가겠다고 화답했다.

며칠 뒤 펑위샹의 심복으로 궈쑹링과 함께 일본에 관전무관으로 파견된 한푸쥐韓復榘의 숙소에 궈쑹링이 몰래 나타났다. 그는 일본 참모본부의 중요한 사람에게 들었다면서 한푸쥐에게 "장쭤린이 일본과 밀약을 맺고 21개조 요구를 받아들이는 대가로 대량의 군사원조를 얻어 펑위샹을 공격하려 한다"고 말했다. 또한 장쭤린이 욕심에 눈이 멀어 나라를 팔고 외국 군대를 끌어들이려 한다고 분개하면서, 자신은 국가를 위해 몸을 바칠 뿐 개인의 주구가 아니기에 양심을 버리고 명령에 복종할 수 없다고 했다. 귀쑹링은 장쭤린이 펑위샹을 공격한 다면 자신도 묵과하지 않겠다면서 한푸쥐에게 비밀 동맹을 제안했다. 여기서 귀쑹링이 말하는 '21개조 요구'란 10년 전인 1915년, 오쿠마 시게노부 내각이 위안스카이 정권에 강요했던 것이다. 대내외적으로 위기에 맞닥뜨렸던 위안스카이 정권은 일본의 압력에 굴복했지만, 이 때문에 국내 여론이 나빠지면서 위안스카이 정권이 붕괴되었다. 특히 산둥성에 대한 주권 포기는 5·4운동으로 이어졌다.

그러나 1922년 워싱턴조약에 따라 일본이 산둥반도를 반환하는 등 21개조 요구는 대부분 유명무실해졌다. 이제 와서 장쭤린이 새삼스레 일본과 21개조의 밀약을 맺기로 했다면 중국인으로서는 천인공노할 일이었다. 그런데 과연 사실인가. 귀쑹링은 풍문을 들었다고 했을 뿐, 확실한 물적 증거가 있는 것은 아니었다. 또한 장쭤린과 일본 사이에 실제로 밀약이 있었는지도 분명하지 않다. 어쩌면 귀쑹링에 대한 인 간적인 동정과 그의 반란에 대한 정당성 부여를 위해 나중에 만들어 진 얘기는 아닐까. 확실한 사실은 이때 귀쑹링과 한푸쥐가 접촉했고, 두 사람이 손을 잡기로 했다는 점이다.

귀쑹링이 귀국하여 톈진의 사령부로 돌아온 것은 10월 24일이었다. 그러나 이때까지도 당장 거병을 준비한 것은 아니었다. 주변 정세는 일촉즉발이었다. 남쪽에서는 쑨촨팡에게 패퇴하여 창장 하류의 모든 지반을 상실한 채 쉬저우를 놓고 대치했고, 서쪽에서는 펑위샹이, 서 남쪽에서는 허난 독군 웨웨이준이 쑨촨팡과 동맹을 맺고 장쭤린의 측 면을 위협했다. 후베이성으로 쫓겨난 우페이푸 역시 재기를 꾀하면서 반격의 기회를 노리는 등 사방이 적이었다. 장쭤린은 쉬란저우를 바 오터우包頭로 보내 펑위샹과의 화평 교섭에 나서는 한편, 귀쑹링과 리징린에게는 비밀 전보를 보내 언제라도 평위샹을 공격할 태세를 갖추라고 지시했다.

그러나 귀쑹링과 리징린은 평위샹과의 싸움에 반대했다. 귀쑹링은 평위샹에게 총부리를 겨눌 이유가 없었다. 귀쑹링의 처 한수슈와 평위샹의 처 리더취안은 같은 기독교도이자 예전에 옌징대학燕京大學에서 함께 공부하여 아주 가까운 사이이기도 했다. 리징린도 평위샹이 먼저 공격하지 않는 한 싸울 생각이 없었다. 싸우면 모처럼 차지한 영토가 전쟁터가 되기 때문이었다. 두 사람은 장쭤린 몰래 평위샹과 서로 공격하지 않겠다는 부전동맹의 밀약을 맺었다. 귀쑹링은 이전부터 장쭤린의 관내 출병을 반대하고 우페이푸를 무찌른 이상 병력을 돌려서 동북의 보경안민保境安民에 힘써야 한다는 입장이었다. 동북이 아무리 풍요롭다고 한들 천하를 경영할 정도는 아니었기 때문이다. 장쭤린 정권은 다른 군벌보다는 재정이 풍족한 편이었지만 거듭된 전쟁으로 군비가 눈덩이처럼 불어나면서 파산 직전에 내몰렸다. 동북의 재정을 맡고 있던 왕융장을 비롯하여 많은 관료와 간부들도 귀쑹링과 같은 생각이었다.

그러나 장쭤린은 고집을 꺾지 않았다. 평위샹과의 교섭이 실패로 끝나자 장쭤린은 평위샹 공격을 명령했다. 귀쑹링이 고집을 꺾지 않고 항명하자 장쭤린은 분노했다. 귀쑹링의 지휘권을 박탈하고 평톈으로 소환한다는 명령을 내렸다. 그와 함께 톈진에 있던 장쉐량은 자기가 안전을 보장할 테니 평톈으로 돌아가서 아버지에게 본심을 말하라고 권유했다. 그렇지만 귀쑹링은 평톈으로 돌아갈 수 없었다. 혹시라도 자신과 평위샹이 밀약을 맺었다는 정보가 새어나갔다면 목숨도 장담할 수 없기 때문이었다.

고심하던 귀쑹링은 반란을 결심하고 장쉐량을 설득했다. 장쭤린 타도에 장쉐량을 앞세울 생각이었다. 귀쑹링은 장쉐량 앞에서 장쭤린과 양위팅을 신랄하게 성토하면서 장쭤린을 하야시키고 장쉐량을 추대하겠다고 말했다. 장쉐량은 크게 놀랐지만 귀쑹링 편에 서서 아버지를 적으로 돌리고 싶지도 않았고, 그렇다고 귀쑹링을 설득하거나 체포하지도 않았다. 그는 입을 다문 채 그 자리를 나와서 도망치듯 기차를 타고 펑톈으로 돌아왔다. 그러나 아버지 장쭤린에게는 귀쑹링의 역심을 사실대로 보고하지 않았다. 장쉐량은 두 사람 사이에서 번민할 뿐이었다. 그의 우유부단함이 상황을 최악으로 치닫게 했다.

장쉐량을 설득하는 데 실패한 귀쑹링은 지병인 요도염을 치료한다는 명목으로 톈진의 일본인 병원에 입원했다. 만약 장쭤린이 당장 체포령을 내렸다면 귀쑹링은 거병해보지도 못한 채 실패했을 것이다. 병원에 입원한 그는 심복들을 불러 반란을 모의하고 병력 이동을 지시했다. 또한 리징린·펑위샹에게도 부하를 보내 삼자동맹을 맺었다. 펑위샹은 서북을, 리징린은 즈리성과 러허성을, 귀쑹링은 동3성을 각각 차지하되, 장쭤린을 타도한 뒤 동북으로 되돌아가 더 이상 중원으로 진출하지 않고 오직 동북의 경영에만 힘쓰기로 약속했다.

그러나 삼자동맹은 부전동맹일 뿐, 귀쑹링은 장쭤린을 공격하는 데 두 사람의 힘을 빌리지는 않았다. 자신의 실력이라면 장쭤린 정도는 쉽게 이길 수 있다고 여겼던 것이다. 또한 이를 빌미로 펑위샹의 세력이 동북으로 들어오는 것을 경계했다. 결과적으로 본다면 산전수전 다 겪은 장쭤린을 지나치게 얕본 셈이었다. 또한 "인민을 위해서 거병한다"면서도 대의보다 자신의 지반을 우선시하는 군벌의 습성을 벗어던지지 못했다. 모든 준비를 마치자 그는 휘하의 제3방면군을 이끌고 롼저우로 향했다. 11월 21일 밤, 군사회의를 열고 장쭤린 타도를 선언했다. 더 이상 돌아갈 길은 없었다.

장쮀린 최대의 위기

궈쑹링의 반란은 장쮀린의 허를 찔렀다. 장쮀린이 궈쑹링에게 맡긴 제3방면군은 펑톈군 6개 방면군 중에서도 최강 부대였다. 그는 제3방면군을 앞세워 남정을 재개할 생각이었다. 제3방면군의 전력은 3개 군(제8군, 제9군, 제10군) 6개 사단(제4사단, 제5사단, 제6사단, 제7사단, 제10사단, 제12사단) 외에 2개 포병여단, 5개 공병대대 등 8만 명에 달했다. 동북과 베이징을 잇는 교통로를 방위하는 펑톈군의 전략 예비대이기도 했다. 나머지 5개 방면군은 제3방면군에 견주면 병력과 무기, 장비의 수준, 훈련 정도 등 어느 면으로나 비교가 되지 않았다. 또한 휘하 부대는 궈쑹링이 직접 지휘하거나 훈련한 부대였다. 사단장 이상의 고급 지휘관들 중에는 양위팅의 사관파인 제8군 군장 위전을 비롯하여 다른 계파도 있었지만, 실권은 궈쑹링이 임명한 여단장·연대장·대대장 등 중견 간부들이 장악했다. 제3방면군은 궈쑹링 한 사람에게 충성하는 사병 집단이나 다름없었다.

톈진에 사령부를 둔 제3방면군의 역할은 산하이관을 포함한 즈리성 동북부의 방어였다. 천하통일의 야심이 있는 장쮀린은 관내 진출을 위해 가장 중요한 생명선을 맡긴 셈이었다. 또한 장쮀린의 잠재적인 적이자 베이징을 차지한 펑위샹에 대한 견제 역할도 했다. 산하이관을 잃는다면 관내에 출동 중인 펑톈군은 퇴로가 차단되어 괴멸할 것이며, 중원 진출 또한 포기해야 할 것이다. 그런 중책을 다른 심복들을 제쳐두고 궈쑹링에게 맡겼다는 사실은 그만큼 장쮀린이 궈쑹링을 절대적으로 신뢰했다는 의미였다.

제2차 펑즈전쟁을 전후하여 벌어진 펑톈파 내부의 갈등이나 궈쑹링의 불만과는 상관없이 장쮀린이 조금이라도 의심하거나 신뢰를 거둬들였다는 증거는 없다. 궈쑹링은 장쮀린의 관내 출병에 회의적이긴 했지만 장쭤린 자신이 직접 발탁한 사람이며, 장남 장쉐량과는 사제 지간이자 의형제이기도 했다. 사람 보는 눈 하나로 그 자리까지 올라간 장쭤린은 자신의 판단과 궈쑹링의 인격을 철석같이 믿었다는 얘기이다. 그는 거듭 항명하면서 말을 듣지 않는 궈쑹링을 장쉐량과 함께 불러들여서 타이를 참이었지만 본의 아니게 궈쑹링을 벼랑 끝으로 내몬 격이 되었다. 궈쑹링은 이대로 펑톈으로 돌아가면 틀림없이 장쭤린에게 잡혀서 죽을 것이라고 지레 겁을 먹었다. 장쭤린의 돌이킬 수 없는 실수였다.

11월 22일 밤, 장쭤린의 하야를 요구하는 궈쑹링의 전문이 펑톈에 도착하자 펑톈군 사령부는 패닉에 빠졌다. 마른하늘에 날벼락을 맞은 장쭤린은 한동안 아무 말도 하지 못했다. 자기 방에 틀어박혀 허공을 바라보며 연신 담배만 피울 뿐이었다. 더욱 충격적인 일은 즈리 독군 리징린까지 궈쑹링과 한편이 되었다는 사실이다. 궈쑹링을 견제하고 감시하라고 붙여둔 사람이 오히려 함께 배반한 꼴이었다. 리징린도 장쭤린에게 불만이 있었던 것이다.

리징린은 즈리성 짜오창현棗强縣 출신으로 북양육군속성학당을 졸업했다. 그는 장쭤린의 마적 집단으로 구성된 구파도 아니고, 양위팅의 사관파나 궈쑹링의 육대파에도 속하지 않았다. 본래는 안후이파로 돤치루이의 심복인 취퉁펑 휘하에서 연대장을 맡았다. 그러나 쉬수정에게 반감이 있었던 그는 안즈전쟁에서 배반하여 장쭤린에게 투항했다. 리징린은 군대 훈련에서 뛰어난 능력을 발휘해 장쭤린의 신임을 얻고 제7혼성여단장이 되었다.

제2차 펑즈전쟁 때 펑톈군이 산하이관을 돌파하고 즈리군을 무너뜨리자 장쭤린은 제2군 군장이었던 리징린에게 러허성을 공략하라고 지시했다. 그러나 리징린은 자기가 즈리성을 차지할 욕심으로 장쭤린의 명령을 어기고 톈진을 점령한 뒤 즈리성장 왕청빈을 쫓아냈다. 장쭤린은 분노를 터뜨리면서 당장 리징린을 잡아다가 총살하라고 길길이 날뛰었다. 이때 궈쑹링이 나서서 무마하여 장쭤린은 불문에 부치기로 했다. 덕분에 목숨을 건진 리징린은 궈쑹링에게 큰 은혜를 입은 셈이었다.

궈쑹링이 거병하자 리징린도 즉시 전문을 발표했다. 장쭤린에게 양위팅을 비롯한 주변 간신배들을 처벌할 것을 요구했다. 또한 모든 대권을 '젊은 장군少帥' 장쉐량에게 넘기고 편안한 말년을 즐기라고 요구했다. 사흘 후인 11월 25일에는 펑위샹이 전국에 통전을 보내 "장쭤린은 전쟁만 좋아하여 국가에 큰 화를 끼쳤다. 마땅히 자리에서 물러나 동북3성의 정권을 인민에게 돌려줘야 한다"고 선언했다.

장쭤린은 궈쑹링이 반란을 일으킨 이유가 자신이 양위팅을 중용하자 불만을 품은 것이라고 생각했다. 그는 쑨촨팡에게 패하여 장쑤성을 잃고 펑톈으로 도망쳐온 양위팅을 급히 불러들여 한바탕 호통을 쳤다. 그리고 모든 직위에서 물러나게 한 뒤 다롄으로 쫓아 보냈다. 장쉐량에게는 궈쑹링을 다시 한 번 설득하라고 지시했다.

장쉐량은 몇몇 측근만 데리고 펑톈을 출발한 뒤 잉커우에서 연습함 전하이를 타고 11월 26일 친황다오에 도착했다. 친황다오는 이미 반란군의 수중에 넘어가 있었다. 장쉐량은 궈쑹링의 진영으로 가서 만나려 했지만 궈쑹링은 만나주지 않았다. 다음 날 장쉐량은 예전에 궈쑹링을 치료한 적이 있는 일본인 의사를 통해 궈쑹링에게 서신을 보냈다. 궈쑹링은 한참 고민한 끝에 이렇게 답신을 보냈다.

젊은 장군님, 이번 거사는 여러 번 심사숙고한 결과입니다. 이제 와서 되돌릴 수는 없습니다. 지금이라도 노장군(장쭤린)께서 과거를 뉘우치고 물러나신다면 나 또한 동북의 대권을 젊은 장군님께 넘기고 일본으로 가서 자유로이 여생을 보내고자 합니다.

자신의 약속은 관동군 사령관 시라카와 요시노리白川義則 중장을 통해 보증할 수 있다고 장담했다. 이런 점에서 귀쑹링의 거병은 도올 선생의 설명처럼 반일 민족주의 때문이 아님을 알 수 있다. 귀쑹링은 장쭤린의 다섯 가지 죄를 첫째로 교육을 파괴한 죄, 둘째로 여론을 억압한 죄, 셋째로 내전을 일으킨 죄, 넷째로 인사가 공정치 않은 죄, 다섯째로 막대한 군비와 사치로 동북 인민의 생활을 어렵게 한 죄라고 거론했다. 그렇지만 장쭤린이 일본과 결탁하여 주권을 넘기려 했다거나 국내 문제에 일본을 끌어들이려 했다는 말은 하지 않았다. 또한 일본에 대해 기존의 권익과 특혜는 모두 보장하되, 다만 새로운 권익을 약속하는 일은 없을 것이라고 했을 뿐이다.

귀쑹링이 반란을 일으킨 이유는 펑톈 내부의 파벌 싸움과 이것을 묵인하는 장쭤린에 대한 개인적인 불만 때문이었다. 민족주의적인 성격이나 새로운 시대를 열겠다는 의지는 찾아볼 수 없다. 부하들 역시 귀쑹링에게 완전히 동조한 것은 아니었다. 귀쑹링이 한 번 패하자 그대로 무너진 것도 명분이 약했기 때문이다. 그러나 실상이 어떻든 때마침 상하이 '5·30참안'으로 촉발된 중국 사회의 반펑톈·반제국주의 분위기와 맞물린 덕분에 큰 환영을 받았다. 광저우를 비롯하여 전국 각지에서 그를 지지하는 운동이 벌어졌다. 공산당도 12월 1일 "귀쑹링에게 호응하여 돤치루이-장쭤린 정권을 무너뜨리고 통일정권을 수립하여 인민들에게 권력을 돌려주자"는 성명을 발표했다.

장쉐량은 설득에 실패해 빈손으로 돌아와야 했다. 장쭤린은 그제야 귀쑹링의 불만이 양위팅이 아니라 자신에게 있다는 사실을 깨달았다.

더욱이 귀쑹링은 그 이후로 더 이상 장쉐량 옹립을 거론하지 않았다. 장씨 부자를 대신하여 자신이 동북의 새로운 주인이 될 속셈을 드러냈다. 장쭤린과 귀쑹링 두 사람의 일전은 이제 피할 수 없었다. 하지만 상황은 장쭤린에게 매우 불리했다. 펑톈군의 주력은 남쪽에서 쑨촨팡과 대치하고 있었다. 리징린마저 귀쑹링 편을 든 이상 장쭤린에게는 병력과 무기가 변변찮은 2선급 부대만 남았다.

11월 27일에는 펑톈으로 귀환하던 장덩촨이 귀쑹링에게 잡혀 총살당했다는 소식이 들려왔다. 쑨촨팡에게 패했던 장덩촨은 더저우에서 패잔병을 수습하는 한편 장쭝창과 힘을 모아서 반격을 준비하고 있었다. 장쭤린은 그를 제4방면군 사령관으로 임명하고, 군대 재편을 위하여 펑톈으로 돌아오라고 지시했다. 장덩촨은 부하들과 함께 북상하던 중 귀쑹링이 있는 롼저우에 도착했다. 귀쑹링은 참모장을 보내 그를 초대했다. 그때까지도 반란 소식을 듣지 못한 장덩촨은 아무 의심 없이 귀쑹링을 만나러 갔다가 어이없이 살해당한 것이다.

귀쑹링이 장덩촨을 죽인 이유는 무엇일까. 일본 육사 출신의 장덩촨은 양위팅과 같은 사관파였다. 또한 제2차 펑즈전쟁에서는 산하이관 돌파를 놓고 귀쑹링과 크게 다툰 적도 있었다. 그렇지만 장덩촨이 귀쑹링의 초대에 별다른 경계도 없이 혼자서 그의 사령부를 찾아간 점으로 미루어, 두 사람 사이가 불구대천의 원수라고 할 정도는 아니었을 것이다. 귀쑹링은 장덩촨을 처형한 이유로 "민심을 잃고 사리사욕만 챙기려 했기 때문"이라고 했지만, 정당한 재판도 없이 비열한 방법으로 목숨을 빼앗은 셈이었다. 사람들은 도량이 좁은 그가 옛 원한을 잊지 않고 보복한 것이라고 여겼다. 귀쑹링은 장덩촨을 죽이고 제4방면군을 접수하여 세력을 한층 불렸다. 제4방면군의 부사령관이었던 한린춘은 마침 몸이 좋지 않아 잠시 병원에 있다가 그 소식을 들고 재빨리 달아났다.

11월 30일, 귀쑹링은 3개 군 6개 사단을 4개 군으로 나누어 펑텐으로 진군을 개시했다. 작전 대강은 다음과 같았다. 제1군은 장쭤린의 수도인 펑텐으로 직행한다. 제2군은 장쭤샹이 지키는 산하이관으로 진격하여 협조를 요구하되 따르지 않으면 무력행사한다. 제3군은 러허성으로 진격한다. 제4군은 총예비대로서 각 방면의 작전을 지원한다. 또한 일부 부대를 남쪽으로 보내 랑팡과 창저우 등을 점령하여 후방의 위협을 제거했다. 군대의 이름은 '동북국민군'이었다. 장쭤린은 귀쑹링을 설득하기를 포기하고 정식으로 귀쑹링 토벌을 선언했다. 토벌군 총사령관은 장쉐량이었다. 한때 쫓겨났던 양위팅도 복직했다. 러허성을 지키는 수비부대는 장쭤샹의 제5방면군에 소속된 러허 도통 칸자오시의 제12군이었다. 병력은 약 4만 명. 그러나 토비를 끌어모은 데 지나지 않았다.

동북국민군 총사령관 귀쑹링, 참모장 저우쭤화郵作華, 선견부대 사령관 웨이위싼魏益三

■제1군: 군장 류전둥劉振東
-제6여단, 제27여단, 제37여단, 포병 제3연대, 공병 제2대대
■제2군: 군장 류웨이劉偉
-제2여단, 제19여단, 제34여단, 포병 제4연대, 공병 제3대대
■제3군: 군장 판푸장范浦江
-제33여단, 제12여단, 제14여단, 포병 제5연대, 공병 제4대대, 2개 보충연대
■제4군: 군장 장지원長霽雲
-제4여단, 제5여단, 제16여단, 포병 제7·8·9연대, 기병연대, 공병 제5대대

칸자오시는 순방영 시절 장쭤린의 서기를 맡았다. 평톈육군강무당 보병과를 졸업한 뒤 장쭤린 휘하에서 여러 차례 공을 세운 역전의 장군이었다. 그러나 궈쑹링의 군대가 러허성을 침공하자 하늘을 찌르는 기세에 눌려 감히 대항할 생각을 할 수 없었다. 제11사단장 탕위린은 젊은 시절 장쭤린·장쭤샹 등과 함께 마적질을 하면서 호형호제하던 사이였지만 성격이 오만불손했다. 부패하고 무능하여 장쭤린의 눈 밖에 나는 바람에 추방당한 적도 있었다. 옛 친분을 앞세워 용서를 빈 덕분에 제11사단장이 되어 러허성의 요충지인 차오양에 주둔했다. 그러나 마음속에는 여전히 앙금이 있었다. 제16사단장 위첸청于琛澂도 이전부터 장쭤린에게 불만이 많았다.

특히 위첸청의 제16사단은 산하이관 이남의 베이다이허北戴河를 지키고 있었다. 궈쑹링이 동북으로 들어가려면 반드시 지나가야 할 곳이었다. 칸자오시와 탕위린, 위첸청은 장쭤린과 궈쑹링 중 어느 편이 유리한지 저울질하면서 궈쑹링에게 한편이 되는 대가로 높은 직위와 새로운 영토를 요구했다. 주변 참모들은 궈쑹링에게 이 세 명을 반드시 우군으로 끌어들여야 한다고 건의했다. 그러나 정세가 유리하여 소인배들의 도움 따위는 필요 없다고 여긴 궈쑹링은 한 귀로 흘려버렸다. 그사이에 장쭤린이 재빨리 포섭했다. 이들은 상황을 지켜보다가 한창 싸움이 벌어졌을 때 궈쑹링의 뒤통수를 쳐 그의 패망에 일조한다.

궈쑹링은 평톈파의 2인자인 지린 독군 장쭤샹을 끌어들일 요량으로 포로가 된 장쭤샹의 아들을 석방하고 밀사로 파견했다. 그렇지만 반란에 가담할 생각이 없었던 그는 오히려 아버지에게 궈쑹링의 반란을 밀고했다. 크게 놀란 장쭤샹은 일단 산하이관을 버리고 동쪽으로 물러난 뒤 병력을 모았다. 그 밖에도 궈쑹링의 편을 들어봐야 별 재미가 없다고 판단한 펑톈군 간부들은 어느 한 사람 그의 진영에 가담하지 않았다. 휘하의 항공부대도 모두 펑톈으로 달아났다.

╲관동군 개입하다

상황이 썩 유리하다고 할 수는 없었지만 거병 초반에는 연전연승이었다. 과연 펑톈군 제일의 명장이었다. 야전에서는 어느 누구도 감히 상대가 되지 못했다. 칸자오시를 비롯해 러허성의 군벌들이 대부분 중립을 지킨 덕분이기도 했다. 귀쑹링은 징펑철도를 따라 북상하면서 앞을 가로막는 장쭤린 쪽 부대들을 줄줄이 격파하고 러허성을 휩쓸었다. 12월 2일에는 폭설이 쏟아지는 가운데 후루다오로 육박하여 하루만에 점령했다. 12월 7일에는 동북으로 들어가는 관문인 진저우를 공략했다. 수비대는 변변히 싸우지도 않고 달아났다. 진저우에서 펑톈까지는 겨우 150킬로미터였다. 진저우가 함락됐다는 보고를 받은 장쭤린은 안색이 창백해졌다.

장쭤린은 급히 회의를 열고 침통한 표정으로 "대세가 결정된 것 같으니 아무래도 내가 물러나야겠다"고 말했다. 장쭤린조차 부하들 앞에서 하야를 거론할 만큼 상황이 매우 급박했다. 그는 사령부 앞에 수십 대의 차량을 대기시키고 허둥지둥 사재를 실어 처첩과 어린 자식들과 함께 랴오둥반도의 다롄으로 내려보냈다. 랴오둥반도는 러일전쟁 이래 일본의 조차지였다. 일본은 '관동주'라 일컬었다. 다롄에는 관동군 사령부가 있었다. 싸움에 패한다면 다롄으로 달아나 관동군의 보호를 받거나 아예 일본으로 망명할 속셈이었다. 장쭤린이 제일 두려워한 일은 주력부대가 귀쑹링을 막고 있는 동안 펑톈에서 병변이 일어나는 것이었다. 가장 믿었던 부하에게 배신당한 그는 아무도 믿을 수 없었기에 관동군의 힘을 빌리기로 마음먹었다.

평톈성장 대리인 왕융장이 일본총영사관으로 가서 일본군의 지원을 요청했다. 1,000여 명의 일본군이 출동해 평톈의 성문과 정부 청사, 교차로 등에 속속 배치되었다. 하지만 궈쑹링이 군대를 이끌고 평톈에 들이닥친다면 장쭤린으로서는 두 손을 들어야 할 처지였다. 평톈에 남은 병력은 베이다잉에 주둔한 왕루이화王瑞華의 제4보충여단밖에 없었다. 그런데 왕루이화는 예전에 궈쑹링의 제6혼성여단에서 부연대장으로 복무한 적이 있었다. 궈쑹링과 내통한다고 해도 이상할 것이 없었다.

진저우가 함락된 이튿날인 12월 8일 아침, 장쭤린은 왕루이화를 비롯해 위관급 이상 장교 100여 명을 사령부로 불러들였다. 장쭤린은 살기 어린 표정으로 노려보면서 호통쳤다. "내가 너희들을 부른 이유는 말하지 않아도 잘 알 것이다. 귀가놈郭鬼子이 모반을 일으켰다!" 그는 궈쑹링에 대한 욕을 한바탕 퍼부은 뒤, 자신을 따를지 궈쑹링을 따를지 양자택일하라고 으름장을 놓았다. 물론 말할 것도 없이 그 자리에 모인 사람들은 장쭤린에게 충성을 맹세하면서 끝까지 싸우겠다고 선언했다. 그제야 장쭤린은 노기를 누그러뜨리며 왕루이화를 혼성여단장으로 임명하고, 나머지 장교들도 한 계급씩 특진시키겠다고 약속했다. 또한 무기와 돈을 줄 테니 병사를 모집하여 궈쑹링과 싸우라고 했다.

장쭤린은 기자들 앞에서 "대등한 상대라면 몰라도 부하에게 패하여 하야한다는 것은 나로서는 참을 수 없는 일이다. 나는 10만의 병사를 모아 라오허에서 일거에 섬멸할 것이다"라고 허세를 섞어가며 기세등등하게 말했다. 그는 병력을 모아 진지를 구축하는 한편 다링허大凌河의 철교를 폭파해 궈쑹링군의 진격을 지연시켰다. 동쪽에서는 지린 독군 장쭤샹과 헤이룽장 독군 우쥔성이 군대를 거느리고 전선으로 달려왔다. 구파의 원로인 두 사람은 그다지 유능하진 않지만 장쭤린에 대한 충성심만큼은 분명했다. 다른 자들이 서로 눈치를 보는 동안 이들은 결코 두마음을 품지 않았다. 아직 장쭤린의 운은 다하지 않았다.

12월 10일, 궈쑹링군의 선봉이 다링허를 건넜다. 펑톈군은 펑톈에서 북서쪽으로 50킬로미터 떨어진 신민新民에서 최후의 방어선을 구축했다. 신민에는 랴오수이遼水 또는 랴오허遼河라고도 하는 쥐류허巨流河가 흐른다. 양군은 강을 사이에 두고 대치했다. 진저우까지는 파죽지세로 북상한 궈쑹링이었지만 점점 피폐해졌다. 혹독한 추위와 폭설로 많은 병사들이 동사했고, 식량은 물론 무기와 탄약도 부족했다. 궈쑹링은 자신이 장쭤린 타도의 깃발만 올리면 그동안 불만을 품은 자들이 한꺼번에 들고일어나리라 여겼지만 오산이었다. 대부분은 중립을 지키거나 장쭤린에게 충성했고, 궈쑹링에게 가담하는 자는 없었다.

궈쑹링의 부하들 또한 그의 대의명분에 동조했다기보다 마지못해 따르는 식이었다. 오히려 진격하는 과정에서 전선을 이탈하거나 장쭤린에게 도로 투항하여 총부리를 되돌리는 자들도 많았다. 동맹자인 펑위샹은 움직일 수 없는 처지였고, 리징린도 말로만 궈쑹링을 지지할 뿐 도움을 주지 않았다. 궈쑹링은 고립무원이나 다름없었다. 게다가 예상하지 못한 변수가 끼어들었다. 관동군의 개입이었다. 일본은 러일전쟁 이래 남만주에서 많은 이권을 쥐고 있었다. 가장 대표적인 것이 남만주철도, 이른바 '만철'이다. 남만주철도는 뤼순에서 출발하여 펑톈, 창춘, 안둥 등 남만주의 주요 도시를 관통했다. 일본군은 철도 경비를 명목으로 철도 연선과 철도가 관통하는 도시마다 군대를 주둔시켰다.

오랫동안 장쭤린과 우호적인 관계를 유지해온 관동군은 궈쑹링이 반란을 일으키자 중립과 불간섭을 선언하면서도 뒤로는 장쭤린과 궈

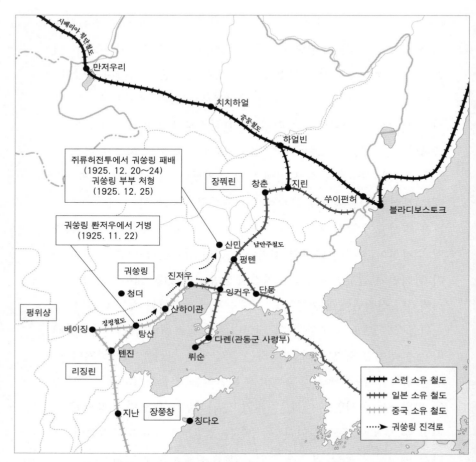

시베리아 횡단철도

만저우리

치치하얼

중동철도

하얼빈

쉬류허전투에서 귀쑹링 패배
(1925. 12. 20~24)
귀쑹링 부부 처형
(1925. 12. 25)

장쭤린

창춘

지린

쉬이펀허

블라디보스토크

귀쑹링 콴저우에서 거병
(1925. 11. 22)

신민

남만주철도

펑톈

진저우

귀쑹링

단둥

잉커우

청더

산하이관

펑위샹

징펑철도

베이징

탕산

다롄(관동군 사령부)

톈진

뤼순

리징린

소련 소유 철도

일본 소유 철도

중국 소유 철도

귀쑹링 진격로

지난

장쭹창

칭다오

●— 귀쑹링의 반펑전쟁 당시 상황도와 주요 철도 노선. 1925년 11월 22일 탕산 콴저우에서 거병
한 귀쑹링은 한 달 동안 파죽지세로 북상하여 12월 22일에는 신민을 점령하고 펑톈을 눈앞에 두는
등 기염을 토했다.

쑹링 양쪽에 슬쩍 접근했다. 그러나 귀쑹링은 일본의 기존 권익에는
손대지 않겠지만 그 이상은 양보할 수 없다고 못을 박았다. 관동군은
귀쑹링이 이겨봐야 자기들이 얻을 것은 별로 없다고 판단했다. 진저
우가 귀쑹링에게 함락된 날 관동군 사령관 시라카와는 참모장 사이토

히사시齋藤恒 소장을 장쭤린에게 보내 궈쑹링 토벌을 돕겠다고 제안했다. 본국의 중립 방침 때문에 관동군이 직접 궈쑹링을 공격할 수는 없었다. 그 대신 남만주철도 12킬로미터 이내에 접근하는 것을 차단하고 그 안으로 포탄 한 발이라도 떨어진다면 결코 묵과하지 않을 것과, 궈쑹링이 군대를 수송하는 데 만철을 이용하지 못하게 할 것을 약속했다. 궈쑹링의 두 손과 두 발을 묶겠다는 얘기였다. 또한 사이토 소장은 설령 상황이 뜻대로 돌아가지 않는다 해도 장쭤린의 신변은 반드시 보장하겠다고 했다.

물론 조건이 있었다. 동북에서 일본인의 토지 소유와 상업·거주의 자유를 보장할 것, 주요 도시에 일본영사관 설치를 허락할 것, 간도 지구에 대한 행정권을 양도할 것 등이었다. 동북을 반半식민지로 만들겠다는 말과 다름없었다. 남의 곤경을 기회 삼아 제 잇속을 챙기려는 심보였다. 그러나 발등에 불이 떨어진 장쭤린은 일본을 상대로 흥정할 만한 처지가 아니었다. 관동군의 심기를 건드렸다가 궈쑹링 편에 서기라도 한다면 그야말로 파멸이었다. 장쭤린은 사이토에게 연신 좋다고 했다. 두 사람은 '일본-펑톈 밀약日奉密約'을 맺었다. 장쭤린은 당장은 못 이기는 척하면서 나중에 안면을 바꾸면 어쩌겠느냐는 계산이었다. 이때의 경솔함이 자신의 명줄까지 앞당길 줄은 꿈에도 생각하지 못했으리라. 장쭤린의 지원 요청을 받은 관동군은 사령부를 다롄에서 펑톈으로 옮기는 한편, 전략적 요충지인 잉커우를 점령했다.

궈쑹링은 부대를 둘로 나누어 하나는 신민, 또 하나는 남쪽의 잉커우로 진격한 뒤 펑톈을 남북으로 협공한다는 계획을 세웠다. 그러나 잉커우로 진격한 궈쑹링군은 관동군에게 저지당했다. "일본은 남만주철도 12킬로미터 이내의 모든 전투행위를 일절 금지한다." 마중청馬忠成이 지휘하는 궈쑹링군 3,000여 명의 발목이 묶였다. 펑톈을 남북으로 협공하려던 귀쑹링의 계획은 뿌리부터 흔들렸다. 또한 남만주철도가 지나가는 주요 도시마다 무장 부대의 진입을 금지한다는 푯말이 내걸렸다. 일본 정부는 조선 주둔군을 포함하여 2개 사단을 만주로 증파했다. 만주에 배치된 일본군은 3개 사단 4만 명에 달했다. 펑텐을 눈앞에 두고 있던 귀쑹링은 거대한 방벽이 갑자기 발밑에서 솟아올라 앞길을 가로막는 것 같았다. 장쭤린을 쓰러뜨리려면 먼저 관동군부터 이겨야 할 판이었다. 그러나 천하의 귀쑹링이라도 관동군을 상대로 싸워서는 승산이 전혀 없었다. 결국 잉커우 진입을 포기하고 병력을 되돌렸다. 귀쑹링이 머뭇거리는 사이, 동북 각지에서 몰려든 병력이 속속 도착하면서 장쭤린 측의 전력은 빠르게 강화되었다.

귀쑹링은 일본의 훼방으로 철도를 이용할 수 없어 병력과 군수품 수송에 큰 어려움을 겪어야 했다. 반면 장쭤린은 관동군이 운영하는 만철을 통해 북만주와 동만주의 군대를 투입했다. 또한 관동군은 대량의 군수품을 제공했다. 전세가 급격하게 불리해지자 귀쑹링은 하늘에 운명을 걸고 모든 전력戰力을 신민 공격에 집중했다. 장쭤린과 건곤일척의 결전을 벌이겠다는 결심이었다. 장쭤린도 장쉐량을 사령관으로 신민에 병력을 집결시켰다. 양군은 쥐류허를 사이에 두고 대치했다. 쌍방의 병력은 귀쑹링이 6만 명, 장쉐량이 8만 명이었다.

12월 21일 저녁 6시, 귀쑹링은 전군에 총공격 명령을 내렸다. 스승과 제자의 대결이었지만 장쉐량은 귀쑹링의 상대가 되지 못했다. 격렬한 포화 속에 귀쑹링의 선진부대가 쥐류허를 건너 동쪽 강변으로 진격했다. 귀쑹링의 공격을 견디지 못한 장쉐량은 퇴각 명령을 내렸다. 펑텐군의 최일선이 무너지면서 이튿날 새벽 귀쑹링의 주력부대 3만 명이 신민에 입성했다. 펑텐으로 가는 길이 열렸다. 귀쑹링은 전쟁에 이겼다고 생각했지만 함정이었다. 귀쑹링이 정면의 적에게만 신경 쓰는 사이, 장쭤린이 우쿼성을 시켜서 2개 기병사단으로 그의 후방을 습격했다. 신민에서 남서쪽으로 20킬로미터 떨어진 바이치푸白旗堡를 기습한 우쿼성은 화물열차에 잔뜩 실린 궈쑹링군의 식량과 탄약, 무기 등 보급물자를 불태워버렸다. 불탄 탄약은 총알 200만 발, 포탄 5,000발이 넘었다. 탄약 부족에 허덕이던 궈쑹링에게는 결정타였다.

장쭤린은 항공기를 이용해 궈쑹링군의 상황을 손바닥처럼 들여다 볼 수 있었고 기병부대로는 궈쑹링의 병참부대를 습격했다. 기병부대도 항공기도 없던 궈쑹링은 매우 불리했고, 추위와 식량 부족에 시달리고 있었다. 또한 러허성에서 북상한 탕위린의 제11사단이 신민 남쪽의 장자툰張家屯을 점령하면서 궈쑹링의 퇴로가 차단되었다. 탕위린은 그동안 양다리를 걸쳤던 일을 만회하려는 듯 맹렬한 공격을 퍼부으며 궈쑹링을 밀어붙였다. 이 공으로 그는 제12군 군장과 러허 도통으로 승진했다.

보급부대마저 괴멸하고 장쉐량이 총반격에 나서자 궈쑹링 쪽 병사들은 사기가 떨어져 속속 이탈했다. 승패는 결정 났다. 12월 24일 오전 1시, 궈쑹링은 주요 간부들을 소집하여 회의를 열었다. 그는 패배를 솔직하게 인정하고 전투 중지를 지시했다. 또한 자신은 부인 한수슈와 함께 200여 명의 호위병을 데리고 탈출하겠다고 말했다. 장쉐량에게도 전문을 보냈다. "사령관님, 걱정 마십시오." 지난 10여 년을 함께했던 그의 마지막 하직 인사였다.

하늘에서는 펑톈군의 항공기들이 쉴 새 없이 날아다니면서 "오직 궈쑹링 한 사람에게만 모든 죄가 있으며, 나머지 사람들에게는 책임을 묻지 않겠다"고 적힌 전단을 사방에 뿌렸다. 궈쑹링군은 전의를 상실하여 무기를 들고 속속 투항했다. 그 와중에 궈쑹링 부부는 경호원들의 호위를 받으면서 진저우 방면으로 도주했다. 그러나 도주로는 이미 평톈군이 막고 있었다. 귀쑹링은 방향을 돌려 잉커우로 향했다. 배를 타고 남쪽으로 도망칠 참이었다. 그들은 달아나는 도중에 왕융칭王永淸이 지휘하는 평톈군 제7기병여단의 추격을 받았다. 호위병들이 격렬하게 저항하는 동안 귀쑹링 부부는 겨우 몸을 피하여 걸어서 산속으로 도망쳤다. 짧은 전투 끝에 호위병들은 항복했다.

왕융칭은 병사들을 풀어 사방을 수색하게 했다. 얼마 지나지 않아 가까운 토굴에서 귀쑹링 부부가 발견되었다. 이미 틀렸다고 생각한 귀쑹링은 제 발로 나온 뒤 체포되어 가까운 농가에 감금되었다. 기병사단장 무춘穆春은 장쭤린에게 전화를 걸어 귀쑹링 부부를 사로잡았다고 보고했다. 장쭤린은 일단 기다리라고 한 뒤, 이튿날 아침 부관을 보냈다. 평톈까지 끌고 올 것 없이 그 자리에서 총살하라는 지시였다. 12월 25일 10시, 쥐류허의 강변에서 귀쑹링과 한수슈 부부는 총살당했다. 귀쑹링 42세, 한수슈 34세였다. 이들의 시신은 평톈으로 보내져 사흘 동안 사람들 앞에 전시되었다. 귀쑹링을 구명하려고 백방으로 노력하던 장쉐량은 뒤늦게 이 사실을 알고 발을 구르며 한탄했다. "끝났구나!"

11월 22일부터 12월 24일까지 한 달 동안 중국 대륙을 뒤흔든 귀쑹링의 '반평전쟁'은 허무하게 끝났다. 비록 패배로 끝났지만 한때 장쭤린의 심장부인 평톈을 눈앞에 두었을 만큼 귀쑹링의 위세는 하늘을 찔렀다. 우페이푸도 하지 못한 일이었다. 평톈군은 연전연패하여 달아났으며, 평톈 서쪽은 무주공산이나 다름없었다. 장쭤린조차 당황하여 다롄으로 달아나 일본군의 보호를 받으려 했을 정도였다. 관동군이 개입하지 않았다면 동북의 주인이 장쭤린에서 귀쑹링으로 바뀌고, 그 뒤의 중국 역사 또한 전혀 다른 모습으로 흘러갔을지 모른다. 국공내전에서 승리한 뒤 중공 정권은 귀쑹링에게 민족주의 이미지를 덧씌

위 "장쭤린에게 패한 것이 아니라 일본 제국주의에 패한 것"이라면서 성대한 추모식을 치러주고 그의 묘를 펑톈 교외에 안장했다.

그러나 궈쑹링이 실패한 이유는 관동군의 개입 외에도 장쭤린에 대한 동북 사람들의 감정을 과소평가한 것 때문이기도 했다. 중앙에서 낙하산으로 내려오던 북양군벌들과 달리 장쭤린은 동북에서 일어선 토착 군벌이었다. 그는 남의 힘을 빌리지 않고 오직 자신의 힘으로 그 자리를 쟁취했다. 동북 사람들에게 장쭤린은 영웅이었다. 펑톈군이 장쭤린이고, 장쭤린이 펑톈군이었다. 몇 년 뒤 북벌에 성공하여 중국을 장악한 장제스가 동북만큼은 손대지 못한 이유도 20여 년 동안 통치한 장씨 일족의 지배력이 탄탄했기 때문이다.

궈쑹링의 대의명분은 모호하기 짝이 없었다. 내전을 반대하고 동북의 보경안민에 전념하겠다는 상투적인 구호의 반복이었을 뿐, 도올 선생의 극찬마냥 민족적이거나 진보적이라고 할 만한 것은 없었다. 관동군을 자극할까 싶어 일본에 대해서도 타협적인 자세로 일관했다. 궈쑹링의 적은 장쭤린이지 일본이 아니었다. 그가 말하는 대의란 그 시절 여느 군벌들이 입버릇처럼 떠들던 얘기와 다를 바 없었다. 펑위샹·리징린과도 동맹을 맺었지만 서로의 경계를 침범하지 않기로 약속했을 뿐, 궈쑹링은 이들의 힘을 빌리려 하지 않았다. 세 사람이 힘을 모아 하나의 기치를 내걸었다면 거대한 세력이 되어 관동군도 쉽사리 건드리지 못했을 것이다.

동북 사람들은 궈쑹링의 대의에 동조하기는커녕, 오히려 배은망덕하게 상전을 몰아내려 한다고 여겼다. 또한 사사로운 앙심 때문에 장덩촨을 거짓말로 속여서 살해한 일로 더욱 인심을 잃었다. 한때 어느 편에 설지 고민하던 펑톈의 수령들은 궈쑹링의 잔혹함에 등을 돌렸다. 궈쑹링의 부하들도 어쩌다 휘말린 것에 지나지 않았다. 상하의 결속력이 없다보니 전세가 장쭤린에게 기울자 마지막까지 함께하는 대신 총부리를 귀쑹링에게로 돌렸다. 장쭤린은 군대 지휘에서는 귀쑹링에 견줄 바가 못 되었지만, 능수능란한 정치 수완을 발휘해 내부의 동요를 재빨리 잠재우고 반란군을 회유했다. 또한 관동군을 끌어들여 귀쑹링의 손발을 묶고 군사적 우위를 차지했다. 귀쑹링은 고립무원이었고, 단 한 번의 패배로 전군이 무너지고 말았다. 결국 승패를 결정한 것은 무력이 아니라 정치력이었다.

그럼에도 귀쑹링의 반란이 난세에 흔히 반복되던 하극상과 다르게 다루어지는 이유는 이후 역사에 큰 영향을 끼쳤기 때문이다.

첫째, 이 사건을 계기로 일본이 중국 내전에 본격적으로 개입했다. 그동안 일본은 21개조 조약이라든가 니시하라 차관, 산둥 출병 등 막후에서 조종했을 뿐 무력으로 개입한 적은 없었다. 열강의 간섭을 우려했기 때문이다. 그러나 반펑전쟁에서 관동군의 개입은 나쁜 선례를 남겼다. 또한 그 전까지 장쭤린 정권은 일본의 간섭에서 완전히 자유롭지는 않아도 일본과 비교적 대등한 관계를 유지했다. 그러나 발등의 불을 끄는 데 급급한 나머지 장쭤린은 일본의 강압적인 요구를 받아들였고, '일본-펑톈 밀약'을 맺으면서 예속적인 위치로 전락했다. 이런 배경은 그 뒤 황구툰사건과 만주사변으로 이어지게 된다. 즉 장쭤린이 일본과 결탁했기 때문에 귀쑹링이 반란을 일으킨 것이 아니라, 반대로 그의 반란이 장쭤린을 궁지로 내몰아 일본과의 밀착을 초래하여 결과적으로 일본의 침략을 가속화한 셈이다.

둘째, 장제스의 북벌전쟁을 촉발한 계기가 되었다. 장쭤린과 귀쑹링 두 사람의 싸움은 펑위샹과의 싸움으로 이어졌다. 나중에 옌시산·우페이푸까지 개입하면서 북방 전체로 확산되었다. 장제스는 자신의 일기에 "북방의 대소 군벌들이 스스로 무너지고 있다. 구시대 붕괴의 조짐이 점점 확실해지고 있는 것이다"라고 썼다. 그는 북방 군벌들의 분열상을 보면서 북벌 성공에 확신을 품었다.

또한 관동군의 개입은 중국 민중의 격렬한 반감을 샀고, 장쭤린을 '일본의 주구'로 여기게 했다. 이때부터 중국 내전은 더 이상 위안스카이의 유산인 북양군벌들 사이의 싸움이 아니라 '혁명'과 '반혁명'의 전쟁이 되었다. 장쭤린이 죽은 뒤 권력을 승계하여 동북 정권의 우두머리가 된 장쉐량은 더 이상의 무모한 싸움을 중단하고 '동북역치東北易幟'를 선언하며 동북의 통치에 전념하기로 했다. 이것은 자신의 스승이었던 궈쑹링이 입버릇처럼 했던 말이기도 하다.

그러나 1년도 안 되어 '중원대전中原大戰'이 일어나자 장쉐량은 어리석게도 허황된 욕심을 부렸다. 중원에서 장제스와 다른 군벌들이 전쟁을 벌이자 그는 아버지의 꿈을 실현한다는 명목으로 산하이관을 넘었다. 한때 황허 이북의 광대한 지역을 차지했지만 곧 다른 군벌들의 반격을 받으면서 연전연패했다. 그 와중에 관동군이 만주사변을 일으키자 하루아침에 모든 기반을 잃고 몰락했다. 장쉐량은 사면초가에 몰리면서 결국 시안사건으로 이어지게 되었다. 그는 "궈쑹링이 살아 있었다면 일본은 감히 만주사변을 일으키지 못했을 것이다"라며 궈쑹링의 충고를 듣지 않은 것을 크게 후회했다.

29

북방대전

\ **펑위샹-리징린의 싸움**

1925년 12월 24일, 궈쑹링이 체포되고 그의 군대가 속속 투항하면서 동북에서는 총성이 멈추었다. 다음 수순은 전후 처리였다. 양위팅은 여단장 이상의 고급장교들을 모조리 총살해야 한다고 펄펄 뛰었다. 반면, 장쉐량과 장쭤샹은 관용을 베풀어야 한다고 장쭤린에게 호소했다. 장쭤린은 이들 앞에서 한바탕 호통친 다음 못 이기는 척 장쉐량에게 알아서 처리하라고 말했다. 반란에 가담한 제3방면군은 처음부터 장쉐량의 부대였으므로 장쉐량은 아무 죄도 묻지 않고 도로 자신의 휘하로 거두어들였다.

12월 29일, 동3성 군정회의가 열렸다. 동북의 주요 인사들이 한자리에 모인 가운데 장쭤린은 "나의 부덕함으로 전쟁의 화를 불러일으켰으니 정권을 인민에게 돌려주고 나는 자리에서 물러나겠다"고 선언했다. 또한 모든 행정은 펑톈성장 왕융장에게, 군정대권은 우쥔성에게 맡기겠다고 했다. 폭탄선언에 왕융장과 우쥔성은 깜짝 놀라 황망히 거절했다. 양위팅과 다른 사람들도 장쭤린이 물러난다면 동북이 망한다면서 만류했다. 그제야 장쭤린은 "내키지는 않지만 다들 그렇게 말하면 나도 어쩔 수 없으니 더 적합한 자가 나타날 때까지 잠깐 자리를 맡아두겠다"고 말했다. 속이 빤히 보이는 연극이었지만 자신의 도량을 보여줌으로써 두 쪽으로 갈라졌던 펑톈군을 다시 뭉치게 하고 충성심을 확인하는 데 성공했다. 귀쑹링의 반란은 장쭤린의 권위에 아무런 타격을 주지 못했다. 만약 반란에 가담한 자들을 일일이 가혹하게 처벌했다면 제 팔을 자르는 꼴이 되어 부하들의 태반은 다른 진영으로 달아났을 것이다. 이만한 아량과 용인술을 갖춘 사람은 장쭤린 말고는 없었다.

그런 장쭤린의 마음속에도 걸림돌이 하나 있었다. 관동군이었다. 그는 관동군의 힘을 빌리는 대가로 매국이나 다름없는 밀약을 맺었다. 동북과 내몽골 동부에서 일본의 침탈을 용인하여 사실상 반식민지로 전락하는 내용이었다. 외부에 알려진다면 귀쑹링의 반란과는 비교할 수 없는 정치적 위기에 직면할 판이었다. 늑대를 물리치려다 호랑이를 불러들인 꼴이었다. 장쭤린은 뒤늦게 왕융장의 충고를 듣고서야 자신이 무슨 일을 저질렀는지 깨달았다.

장쭤린은 부랴부랴 뤼순의 관동군 사령부를 찾아가 시라카와 요시노리 중장을 만났다. 그리고 관동군이 자신을 도와주어 고맙다며 500만 엔이라는 거금을 내놓았다. 당시 500만 엔이면 3,000톤급의 2등 순양함 한 척을 건조할 수 있는 어마어마한 돈이었다(현재 가치로는 250억 엔 정도라고 한다). 덧붙여, 일본 해군의 주력함인 3만 5,000톤급 슈퍼 드래드노트 전함 나가토長門의 건조비가 약 3,000만 엔이었다. 일본 육군 대장의 연봉이 6,000엔 정도였으니 시라카와에게는 평생 만

져보지도 못할 돈이 넝쿨째 굴러든 셈이었다. 그는 두말 않고 받아 챙겼다. 장쭤린 나름대로 고심한 방법이었다. 자기가 일본의 도움을 받은 것은 개인적인 일이고 국가와는 상관없다, 자신의 비자금을 털어서 보답했으니 더 이상 빚은 없다는 논리였다. 그러나 장쭤린의 생각일 뿐, 뻔한 술책에 넘어갈 만큼 관동군은 호락호락하지 않았다.

몇 달 뒤, 요시다 시게루吉田茂 총영사가 동북 정부의 외교부에 해당하는 펑톈 교섭총서 서장 가오칭허高淸和를 찾아왔다. 요시다는 예의 밀약 건을 거론하면서 정식 조약으로 맺을 것을 요구했다. 밀약 따위는 완전히 잊고 있던 장쭤린은 펄쩍 뛸 듯이 놀랐다. 그는 요시다의 면담 요청을 거절하고 "지금은 사람들의 반대가 극심하여 설득할 필요가 있으니 잠시만 기다렸다가 다시 논의하자"면서 차일피일 미루었다. 조금 나중의 일이지만, 결국 인내심이 바닥난 관동군은 장쭤린을 눈엣가시로 여기고 관동군 참모장 고모토 다이사쿠河本大作가 독단으로 황구툰사건을 일으켜 그를 제거하게 된다.

관내에서는 펑위샹과 리징린 사이에 싸움이 시작되었다. 두 사람은 삼각동맹을 맺었지만 궈쑹링이 북상하는 동안 서로의 갈등이 깊어져 동맹이 깨졌다. 리징린은 궈쑹링의 거병에 호응하여 장쭤린의 하야를 요구했지만, 그 직후 펑톈에 남아 있는 모친의 전보를 받고 마음이 흔들렸다. 모친은 장쭤린에게 그동안 얼마나 많은 은혜를 받았는지 구구절절 얘기하면서 귀순하라고 호소했다. 고민 끝에 리징린은 반란을 취소했다.

12월 2월, 리징린의 군대가 롼저우를 기습하여 궈쑹링의 병참선에 타격을 가했다. 또한 궈쑹링에게 체포되어 톈진에 구금되어 있던 펑톈군 장교들을 석방하고 배에 태워서 펑톈으로 돌려보냈다. 리징린의 배신은 궈쑹링에게는 예상치 못한 일이었다. 궈쑹링은 리징린의 공격

을 막기 위해 참모장이자 같은 베이징육군대학 출신인 웨이위싼魏益三
을 제5군 군장으로 임명하고 1만 5,000명의 병력을 주어 산하이관을
지키게 했다. 펑위샹은 궈쑹링의 편을 들어 리징린을 공격했다. 쑨웨
의 국민군 제3군이 랑팡을 공격하면서 양군이 충돌했다.

베이징과 톈진 주변에서 치열한 전투가 벌어졌다. 국민군은 12월 4
일 톈진 남서부에서 리징린군을 격파하고 랑팡과 창저우 등지를 점
령했다. 그러나 톈진 서쪽의 양춘과 마창에서 벌어진 전투에서는 국
민군이 대패하여 2개 여단이 괴멸했다. 또한 준량청에 주둔한 제9사
단이 리징린에게 투항했다. 리징린은 여세를 몰아 당장 베이징으로
진군할 준비를 했다. 펑위샹은 한때 베이징 포기를 고민했다. 양쪽의
전력은 막상막하였고, 한동안 일진일퇴를 거듭했다. 12월 22일, 양춘
부근에서 벌어진 전투에서 국민군이 리징린군의 정면을 돌파했다. 전
세는 역전되었다. 24일, 톈진이 국민군에게 함락되었다. 리징린은 잔
여 부대를 남쪽의 더저우로 퇴각시키는 한편, 자신은 소수의 측근들
과 함께 배를 타고 칭다오로 가서 12월 29일 장쭝창에게 의탁했다.

펑위샹은 즈리성을 손에 넣었다. 그는 돤치루이를 압박하여 장쭤린
과 리징린을 파면하고 궈쑹링을 펑톈 독판으로, 쑨웨를 즈리 독판으
로 임명하게 했다. 그런데 북쪽에서 궈쑹링이 장쭤린과의 결전에서
패하여 총살당했다는 소식이 들려왔다. 상황은 급변했다. 전열을 정
비한 장쭤린이 남하하는 것은 시간문제였다. 펑위샹은 산하이관의 수
비를 맡은 웨이위싼에게 손을 내밀었다. 장쉐량도 산하이관으로 부하
를 보내 투항을 권고했다. 웨이위싼의 경계심을 풀기 위해 포로가 된
그의 아들을 석방하고 자신의 친서까지 들려서 보냈지만 회유에 실패
했다. 웨이위싼은 양위팅이 건재한 이상 펑톈으로 돌아가봤자 자신에
게는 미래가 없다고 생각했기 때문이다. 그는 펑위샹과 손잡고 '국민

군 제4군'이라 칭한 뒤 결사 항전 태세를 갖추었다. 병력은 궈쑹링의 패잔병까지 흡수하여 3만 명 이상으로 늘어났다. 장쭤린이 다시 중원으로 들어오려면 이들부터 평정해야 했다.

북방의 정세를 한 치 앞도 내다볼 수 없는 상황에서 마침 베이징에 모습을 드러낸 자가 있었다. 돤치루이의 심복 쉬수정이었다. 외몽골의 독립을 진압하여 '서북왕'이라 불리며 명성을 떨쳤던 그는 안후이파의 재기를 위해 장쭤린과 쑨원 등 여러 진영을 부지런히 오갔다. 장쑤-저장 전쟁에서는 루융샹의 참모장을 맡아 전선을 총지휘했지만 싸움에 패배하면서 해외로 추방당했다. 쉬수정은 영국과 이탈리아·독일·스위스 등 구미 여러 나라와 미국·소련·일본 등지를 떠돌면서 식견을 넓혔다. 제2차 펑즈전쟁 이후 돤치루이가 임시 집정이 되자 그 또한 사면받았다. 또한 중화민국 정부의 외교 특사로서 '국제 시찰 단장'이라는 공식 직함까지 맡았다. 1925년 12월 11일 상하이로 들어간 쉬수정은 제일 먼저 창장 이남의 실력자 쑨촨팡을 찾아갔다. 1년 전 즈리파의 천하를 끝장내기 위해 장쭤린·돤치루이·쑨원의 삼각 동맹을 주선했던 그가 이번에는 펑위샹을 몰아낼 요량으로 즈리파와 손을 잡았다. 목적을 위해서라면 반복무상反覆無常(언행에 원칙이 없다는 뜻)에다 어제의 적을 오늘의 친구로 삼는 것이 난세의 생존법이었다.

12월 27일, 쉬수정은 돤치루이가 있는 베이징으로 갔다. 어느 진영이건 거리낌 없이 들락거리는 그에게도 베이징은 호랑이 아가리나 다름없었다. 베이징의 실권자 펑위샹에게 쉬수정은 철천지원수였기 때문이다. 예전에 쉬수정은 즈리파의 원로인 루젠장을 암살했는데, 하필이면 펑위샹의 처삼촌이었다. 게다가 펑위샹에게는 미천한 자신을 출세시켜준 은인이기도 했다. 그 때문에 배짱 두둑한 쉬수정도 베이징으로 들어가려면 목숨을 걸어야 할 상황이었다.

그러나 아무리 몰락했어도 쉬수정은 일본 육사 출신의 엘리트이며 중화민국의 전 육군 상장이라는 자부심이 있었다. 비천한 졸병 출신으로 부하의 부하에 지나지 않았던 평위샹 따위를 겁낼 생각은 추호도 없었다. 그는 평위샹의 위협은 안중에도 없다는 듯 당당하게 베이징으로 들어가 집정부를 방문했다. 그리고 그동안 구미 각국을 시찰한 결과를 보고한다는 명목으로 돤치루이를 만났다. 이튿날에는 태평스럽게 둥자오민샹의 각국 공사관을 방문하고 각료회의에도 참석했다. 쉴 새 없이 감시의 눈을 번뜩이는 평위샹도 쉬수정에게 쉽사리 손을 댈 수 없었다.

12월 29일 오후 6시, 쉬수정은 공식 방문을 끝내고 정부가 제공한 특별열차에 올라탔다. 그가 탄 열차는 베이징역을 출발해 톈진으로 향했다. 비로소 호랑이 아가리를 벗어나는 참이었다. 그러나 평위샹은 이 위험한 인물을 그냥 놓아줄 생각이 없었다. 그는 쉬수정이 베이징을 떠나는 순간을 노리고 있었다. 베이징의 치안 책임자 루중린에게 밀명이 떨어졌다. "쉬수정을 처형하라!" 쉬수정이 탄 특별열차는 랑팡역을 통과하고 있었다. 쉬수정 포살 임무는 곧장 랑팡에 주둔한 국민군 제5사단장 장즈장에게 전달되었다.

장즈장은 열차를 강제로 세운 뒤 쉬수정에게 부하를 보내 전할 말이 있다면서 열차에서 내릴 것을 요구했다. 심상치 않은 분위기에 쉬수정은 거절했지만, 어차피 버텨봐야 소용없다고 생각했다. 열차에서 내려 기차역을 나온 그가 조금 걸어갔을 때 등 뒤에서 두 발의 총알이 발사되었다. 이때 쉬수정의 나이는 45세. 지난 10여 년 동안 중국을 몇 번이나 뒤흔들며 위명을 떨쳤던 모사의 파란만장한 최후였다. 이튿날 베이징의 신문들은 쉬수정이 7년 전 그가 암살한 루젠장의 아들 루청우陸承武에게 복수를 당했다고 대서특필했다.

장쭤린-우페이푸 동맹

장쭤린은 펑위샹을 격파하기 위해 새로운 동맹자를 찾았다. 과거의 숙적 우페이푸였다. 장쭤린과 우페이푸는 그동안 중국의 패권을 놓고 두 번이나 겨룬 호적수였다. 물과 기름 같은 관계라 섞이려야 섞일 수 없는 사이였다. 그러나 우페이푸는 장쭤린보다 오히려 자신의 등 뒤에 비수를 꽂은 펑위샹을 더 증오했다. 자기가 패전지장이 된 것은 펑위샹 탓이라고 여겼다.

허난성을 잃고 부하 샤오야오난에게도 핍박을 받아 한동안 웨저우에서 은거하던 우페이푸는 이전의 위세를 되찾을 요량으로 모든 수완을 다해 즈리파 세력을 규합했다. 마침 북방에서 궈쑹링이 반란을 일으켰다는 소식을 들은 그는 장쭤린에게 위로하는 전보를 보냈다. 궈쑹링을 펑위샹에 비교하면서, 자기도 부하에게 배신당한 기분을 잘 안다고 말했다. 또한 온 힘을 다해 도울 테니 서로 힘을 모으자고 제안했다. 장쭤린으로서는 실소할 일이었지만 그렇다고 옛 호적수가 내미는 손을 마다하지는 않았다. 당장 눈앞의 적은 펑위샹이었다. 원교근공遠交近攻의 방책은 춘추전국시대 이래의 오랜 생존전략이기도 했다. 더욱이 우페이푸는 누가 뭐라 해도 전쟁의 달인이었다. 두 사람이 손을 잡는다면 천하에 맞설 자가 없을 것이었다. 서로의 이해가 맞아떨어지면서 합작이 신속하게 진행되었다. 다롄에서 양쪽 대표가 만났다. 1926년 1월 10일, 장쭤린-우페이푸 동맹이 결성되었다. 펑위샹을 공동으로 토벌한 후에는 중국을 다음과 같이 나누기로 합의했다.

장쭤린은 우페이푸가 중앙으로 복귀하는 것을 승인한다. 우페이푸는 동3성을 장쭤린의 지반으로 인정한다. 또한 러허성은 리징린이, 차하르성과 쑤이위안성은 장쭝창이 각각 통치한다.

두 호랑이의 합종연횡이 얼마나 오래갈지는 몰라도 펑위샹은 북으로는 장쭤린, 남으로는 우페이푸, 동으로는 리징린-장쭝창 연합군에게 3면을 완전히 포위당한 신세가 되었다. 2월 14일에는 후베이 독군 샤오야오난이 급사했다. 공식적인 병명은 폐결핵이었지만 우페이푸에게 살해당했다는 소문이 파다했다. 우페이푸는 심복인 제25사단장 겸 우한 경비사령관 천자모를 새로운 독군으로 추대하여 후베이성의 실권을 장악했다.

그러나 펑위샹은 만만치 않은 인물이었다. 1년 전만 해도 변변한 지반이 없고 휘하의 병력 또한 3만 명이 채 되지 않았던 펑위샹은 서북변방독판이 되어 광대한 영토를 차지했다. 그의 세력은 베이징을 비롯해 즈리성 대부분과 샨시성·쑤이위안성·차하르성·간쑤성·허난성·산둥성 일부 등 산하이관 서쪽의 서북 7개 성에 뻗쳤다. 총병력은 3개 군 19개 사단, 21개 혼성여단, 1개 포병여단, 2개 기병여단 등 50만 명에 달했다. 휘하에는 루중린·장즈장·쑨롄중孫連仲·장쯔중·류루밍·쑹저위안 등 기라성 같은 장군들이 있었다. 장쭤린이 '동북왕'이라면 펑위샹은 '서북왕'이라 할 만했다.

펑위샹은 그릇이 크고 천하에 대한 야심이 있었다. 또한 뛰어난 수완과 탁월한 식견, 결단력을 갖추었다. 그는 안후이성 차오후巢湖 출신으로 장제스보다는 5살 위, 장쭤린보다는 7살 아래였다. 빈농의 자식으로 변변한 학식도 없고 근대 교육을 받은 적도 없지만 언제나 책을 끼고 살았으며, 아침에 일어나면 문을 닫아걸고는 책을 다 읽을 때까지 아무도 들어오지 못하게 할 만큼 독서광이기도 했다. 그의 군대는 규율이 매우 엄격하여, 농민들을 함부로 약탈하지 못하게 했다. 아편과 도박은 엄격히 금지되었다. 구습을 타파하고 민중의 고혈을 빠는 부패한 탐관오리를 처벌했으며 교육과 산업을 장려하여 민중을 계몽

했다. 난잡하기 짝이 없던 다른 군벌 군대에서는 찾아보기 어려운 모습이었다. 선정을 펼쳐 민중의 지지 또한 높았다.

봉건 군벌이라고 해도 그저 일신의 부귀영화를 탐하지 않고 중국의 앞날을 고민했으며 혁명에 대한 신념이 있었다. 훗날 펑위샹은 북벌전쟁이 끝난 뒤 장제스와 천하 패권을 놓고 이른바 '중원대전'이라 불리는 건곤일척의 자웅을 겨루게 된다. 장쭤린을 간단하게 격파했던 장제스조차 펑위샹을 상대로는 고전을 면치 못하고 한때 사면초가에 몰려서 패망을 각오할 정도였다. 결국 펑위샹은 패배하여 산둥성의 타이산泰山에 은거했다. 그러나 만주사변을 시작으로 일본이 중국 침략에 나서자 비굴한 모습을 보이는 여느 군벌들과 달리 앞장서서 항일투쟁을 부르짖었고 옛 부하들을 모아 항일동맹군을 조직했다. 덕분에 많은 중국인들의 존경을 받았다. 저우언라이는 펑위샹에 대하여 "그에게 이런저런 결함이 있다고 해도 옥의 티가 광채를 가릴 수는 없다. 펑위샹은 중국의 민주 사업에 큰 공적이 있으며 이것은 영원히 사라지지 않을 것이다"라며 찬사를 보냈다.

장쭤린에게는 사람들의 인망을 한 몸에 받는 펑위샹이 우페이푸 이상으로 껄끄럽고 눈엣가시 같은 존재였다. 펑위샹은 장쭤린을 견제하기 위해 남방의 쑨원에게 남북 평화회담을 하자며 북상을 요청했다. 또한 쑨원의 정치고문이자 소련과의 연락 창구를 맡고 있던 미하일 보로딘과 몰래 접촉해 무기와 자금을 지원해줄 것과 군대를 훈련할 전문가를 파견해줄 것을 요청했다. 중국에 공산혁명을 퍼뜨릴 기회만 노리고 있던 소련은 펑위샹과의 합작을 마다할 이유가 없었다. 오히려 광저우 한 곳조차 제대로 장악하지 못하고 수중에 변변한 병력도 없이 "쓰촨성의 혁명군 10만 군대를 서북으로 진군시켜 혁명의 근거지를 마련하겠다"고 큰소리만 치는 쑨원보다는(소련은 "쑨원의 기

상천외한 계획"이라고 비꼬았다) 차라리 북방의 실력자인 펑위샹과 손잡
는 편이 훨씬 유용해 보였다. 몽골 울란바토르를 거쳐서 펑위샹의 수
도인 장자커우張家口로 대량의 소련제 무기와 군자금이 흘러들고 대규
모 군사고문단이 파견되었다.

펑위샹에 대한 소련의 원조는 광저우에 대한 원조를 훨씬 능가했
다. 1925년 한 해 동안 소총 6만 4,000정, 기병용 카빈 1만 5,000정,
탄약 7,200만 발, 중기관총 189정, 기관총탄 650만 발, 야포 66문, 포
탄 1만 8,000발, 야전 식당 50개소, 군도 1만 6,000개에 달했다. 사
람들은 소련과 손잡은 펑위샹을 '붉은 장군'이라고 일컬었다. 또한
1,000여 명의 군사고문단이 배치되어 군사훈련과 작전·포술 등을 지
도했다.

장쭤린은 펑위샹을 공산주의자라고 비난하면서 소련과 손잡고 중
국을 적화하려 한다고 선동했다. 펑위샹을 고립시키고 열강의 원조
를 얻기 위해서였다. 미국과 영국, 일본 등 열강은 중국에 많은 이권
을 가진 데다 '프롤레타리아혁명'에 거부감이 있었다. 러시아에서 적
백내전이 일어나자 무력으로 개입했던 열강들이 공산주의자들의 손
에 중국이 넘어가는 상황을 지켜볼 리 없다는 사실을 장쭤린은 잘 알
고 있었다. 창장 이남의 5성 연합군 수장 쑨촨팡도 우페이푸의 권고
를 받아들여 장쭤린과 화해하고 이른바 '반적反赤동맹'에 가세했다. 펑
위샹을 소련과 손을 잡고 중국을 적화시키려는 공동의 적으로 규정한
것이었다. 장쭤린의 모략은 산시성의 주인 옌시산에게도 미쳤다.

출신이 미천한 장쭤린·펑위샹과 달리 일본 육사 보병과를 졸업한
엘리트 옌시산은 교활하고 속을 알 수 없는 이였다. 또한 뛰어난 지
모와 수완은 장쭤린이나 펑위샹에게도 결코 뒤지지 않았다. 옌시산은
장쭤린과 손을 잡기로 약속하면서도 섣불리 움직이지 않은 채 신중하

게 기회를 엿보았다. 형세가 유리해지면 끼어들어 이익을 챙길 속셈이었다. 병력은 12개 여단(제1~11여단, 1개 수류탄여단) 등 4만 명 정도였다. 장비와 인원은 비교적 충실했지만, 실전 경험이 없고 군기가 엉망이라 전투력이 강하다고 할 수는 없었다.

반反평위상 진영의 병력은 100만 명에 달했다. 당대 최강의 실력자들이 평위상을 치기 위해 연합했다. 말하자면 조조와 원소·손권·여포 네 명의 군웅이 유비 한 사람을 치자고 손을 잡은 셈이었다. 평위상도 겁에 질리지 않을 수 없었다. 사면초가에 몰린 그는 이들의 칼끝을 피하기 위해 모든 직위에서 물러나 하야하겠다고 선언했다. 장쭤린에게는 전문을 보내 화해를 청했다. 그리고 심복인 제5사단장 장즈장에게 서북변방독판 자리를 넘기고 자신은 외국에서 공부하겠다며 해외로 나갔다. 평위상이 향한 곳은 소련이었다. 평위상이 출국한 뒤 장즈장을 비롯한 국민군의 장군들은 중국 전역에 전문을 보내 '내전 중지'를 호소했다. 그러나 전쟁은 이미 시작되었다.

＼반적동맹 대 국민군

1926년 1월 11일, 장쭤린은 펑톈군의 출동을 지시했다. 첫 번째 목표는 산하이관이었다. 산하이관은 웨이위싼의 국민군 제4군이 지키고 있었다. 병력은 3만 명. 궈쑹링의 참모장이었던 그는 장쉐량의 투항 권고를 거부하고 평위상과 손을 잡았다.

1월 18일, 펑톈군의 공격이 시작되었다. 쉴 새 없이 쏟아지는 맹렬한 포화에 견디지 못한 웨이위싼은 하루 만에 산하이관을 버리고 롼저우로 물러났다. 19일, 산하이관은 장쭤린의 손에 넘어갔다. 국민군도 웨이위싼을 돕기 위해 루중린이 4개 사단(제1사단, 제3사단, 제11사단, 기병 제2사단)을 이끌고 산하이관 방면으로 출동했다. 또한 쑹저위안의 제4사단을 비롯한 3개 사단이 만리장성을 넘어 러허성을 침공해 차오양을 점령하고 펑톈군의 측면을 위협했다. 중소 국경에서는 소련군의 동태가 심상치 않았기 때문에 산하이관을 장악한 장쭤린은 일단 진격을 멈추었다.

한편, 산둥성에서는 장쭝창에게 불만을 품고 있던 제24사단장 팡전우方振武가 페이청肥城에서 반란을 일으키고 국민군 제2군에 가세했다. 부하의 배신에 격분한 장쭝창은 즉각 반격에 나섰다. 1월 24일, 그는 팡전우를 격파하고 지닝濟寧과 허쩌荷澤 등 산둥성 서부에서 국민군의 세력을 완전히 몰아냈다. 또한 남쪽에서는 우페이푸가 군대를 3로로 나누어 허난성으로 진격했다. 우페이푸와 장쭝창이 양면에서 허난성을 협공하는 형국이었다. 허난 독군 웨웨이쥔도 맞설 태세를 갖추었지만 전세는 몹시 불리했다.

2월 18일, 진윈어의 제1군이 허난성 남부의 구이더貴德를 점령하고 24일 란펑蘭封(지금의 란카오현蘭考縣)을 점령했다. 또한 요충지인 신양을 포위하는 한편 주력부대는 징한철도를 따라 북상시켜 허난군을 남북으로 분단하게 했다. 허를 찔린 웨웨이쥔은 정저우와 카이펑을 버리고 북쪽으로 철수했다. 2월 27일에 카이펑이, 3월 4일에 정저우가 함락되었다. 남은 곳은 신양이었다. 3월 12일, 우페이푸가 중포 6문을 가져와 포격을 퍼붓자 수비대는 당장 백기를 들고 성문을 열었다. 우페이푸의 작전 지휘는 신묘에 가까웠다. 겨우 한 달 보름여 만에 허난성 전체를 장악했다. 그러나 수천 명의 농민을 학살하고 사방에 병사들을 풀어서 약탈을 일삼았다. 비적 떼나 다름없는 짓이었다. 허난성 전체가 극심한 기근에 시달려야 했고 주민들의 원성이 자자했다.

산둥성 북부에서는 리징린-장쭝창의 즈리-산둥 연합군直魯聯軍이 황허를 건너 톈진을 향해 진격했다. 리징린의 즈리군이 3개 군 2개 사단과 8개 혼성여단, 장쭝창의 산둥군이 4개 군 9개 사단과 1개 혼성여단 등 도합 7개 군 11개 사단 9개 혼성여단 20만 명이나 되는 대병력이었다. 해군 육전대 1개 여단과 발해함대도 가세했다. 즈리-산둥 연합군은 파죽지세로 북상하여 2월 20일에 즈리성 남부의 창저우를, 24일에는 톈진 남쪽의 마창을 점령했다. 28일에는 수송선인 광리廣利와 청리成利에 승선한 산둥군 제32사단과 해군 육전대 7,000여 명이 발해함대의 호위를 받으며 톈진 다구항에 상륙했다. 그러나 국민군의 완강한 저항에 부딪히면서 도로 물러나야 했다.

평위샹이 부재한 가운데 전황이 급박해지자 베이징에서 루중린 주재로 긴급회의가 열렸다. 회의에 참석한 국민군의 장군들은 결사 항전을 주장했다. 국민군 수뇌부는 총반격을 결정했다. 28일 새벽부터 톈진 주변에서 국민군의 공세가 시작되었다. 예상치 못한 국민군의 매서운 반격에 즈리-산둥 연합군은 크게 패했다. 3월 6일에는 마창을 도로 빼앗긴 채 창저우로 밀려 내려갔다. 전세가 역전되자 장쭝창은 급히 창저우로 가서 리징린과 협의한 뒤 반격을 준비했다. 양군은 창저우를 사이에 두고 며칠에 걸쳐 치열한 일전일퇴를 거듭했다. 3월 7일에는 발해함대 군함 4척이 톈진 다구항에 접근하여 국민군의 포대를 향해 포격을 퍼부었다. 다음 날에는 재차 상륙작전을 시도했지만 다시 격퇴당했다. 국민군은 다구 포대에 병력을 증원하고 10문의 대포를 추가로 배치하여 방어를 강화하는 한편, 항구 어귀에 10여 개의 기뢰를 뿌려놓고 적의 접근을 막았다.

열강들은 중국 북부에서 벌어지는 전쟁을 예의 주시했다. 그들 눈에 국민군은 소련의 주구나 다름없었다. 국민군이 이기는 것은 결코 바라는 바가 아니었다. 일본은 펑톈군에게 대량의 무기와 탄약·군수품을 제공했고, 영국도 우페이푸에게 1만 5,000정의 소총을 원조했다.

3월 12일 뤼순항에서 출발한 일본 구축함 2척이 발해함대와 함께 다구항으로 진입을 강행했다. 국민군이 정지 명령을 내리자 갑자기 포격을 가했다. 국민군 또한 반격하여 이들을 쫓아냈다. 일본 쪽에서는 수병 3명이 부상을 입었으며, 국민군 쪽에서는 4명이 죽고 8명이 부상을 입었다. 일본 정부는 돤치루이 정권에 강력하게 항의하면서, 책임자 처벌과 5만 위안의 배상금 지불을 요구했다. 장쭤린을 도와서 간섭전쟁을 일으키려는 일본의 술책이었다. 3월 16일, 베이징의 8개국 공사들이 연명하여 국민군 쪽에 "톈진 주변은 신축조약에 따라 어떠한 군사행위도 금지되어 있다"면서 작전을 멈추고 군대를 철수하라고 최후통첩을 전달했다. 또한 20여 척의 군함이 다구항 주변에 집결하여 해상 무력시위를 벌였다.

열강들이 군벌들을 도와서 중국 내전에 간섭하자 중국 민중은 격분했다. 3월 14일, 베이징에서는 다구 포대 사건을 일으킨 일본을 규탄하는 대규모 시위가 벌어졌다. 시위에 참여한 사람은 30만 명에 달했다. 5·4운동 이래 최대 규모의 민족주의 시위였다. 18일 오전에는 베이징대학 학생들을 중심으로 60개 단체 80개 학교 학생 5,000여 명이 톈안먼 광장에 모여서 "베이징 정부는 8개국 열강의 최후통첩을 단호히 거부하라!", "8국 공사단을 중국 밖으로 쫓아내라!", "신축조약은 무효다!"라고 외쳤다.

그날 오후에는 2,000여 명이 국무원을 향해 거리 행진을 했다. 시위대가 국무원 앞에 도착하자 무장한 임시 집정부의 경호대가 이들을 가로막았다. 해산하라는 경고와 함께 몇 발의 공포탄이 발사된 후 경호대는 시위대를 향해 무차별 사격을 가했다. 그 자리에서 47명이 죽고 132명이 부상을 입었다. 희생자 중에는 4명의 어린 여학생과 2명의 임신부도 있었다. '3·18참안'이었다.

이 사건은 중국 민중을 격분시키고 돤치루이 정권을 궁지로 내몰았다. 중국의 저명한 작가이자 베이징대학 교수였던 루쉰魯迅은 큰 충격을 받고 "중화민국 건국 이래 가장 어두운 하루였다"고 한탄했다. 뒤늦게 현장에 나타난 돤치루이는 "내가 지시한 것이 아니다"라며 변명을 늘어놓았지만 책임을 피할 수는 없었다. 베이징대학 학생회는 돤치루이 정권을 비난하면서 그의 퇴진과 국무총리 자더야오賈德耀, 사법부총장 루신盧信의 처벌을 요구했다.

그러나 돤치루이는 오히려 시위대가 폭도라면서 리다자오·루쉰 등 지도자들의 체포에 나섰다. 국민군도 이 사건에 민감하게 반응하지 않을 수 없었다. 돤치루이와 국민군은 명목상 동맹관계이지만, 펑위샹이 쉬수정을 암살한 것처럼 실제로는 적도 아군도 아닌 미묘한 관계였다. 게다가 국민군과 장쭤린, 우페이푸와의 싸움에서 돤치루이는 모호한 태도로 양다리를 걸친 채 언제라도 국민군을 배신할 태세였다. 쑨웨·장즈장·루중린 등 국민군의 수장들은 시위대 편을 들어 돤치루이를 성토하는 성명을 발표하고 법에 따라 해결하라고 주장했다. 즈리 독군 쑨웨는 사건의 책임을 지고 스스로 사임했다. 여론이 극도로 불리해지자 노기충천했던 돤치루이도 한발 물러설 수밖에 없었다. 자더야오는 자리에서 물러났고 내각은 해산되었다.

전황은 갈수록 나빠졌다. 허난성을 점령한 우페이푸는 장쭝창과 리징린을 원조하여 즈리성으로 진격했다. 3월 18일, 스좌장이 함락되었다. 북쪽에서는 한동안 관망하던 펑톈군이 산하이관을 넘어 관내로 출동했다. 3월 20일에는 롼저우가, 다음 날에는 탕산이 함락되었다. 서쪽에서는 옌시산의 진군晉軍(晉은 산시성의 약칭)이 오랜 침묵을 깨뜨렸다. 옌시산은 "전군은 둘로 나누어 하나는 징한철도를 따라서 북상하고, 또 하나는 징쑤이철도京綏鐵道*를 따라서 동진하라"고 명령했다.

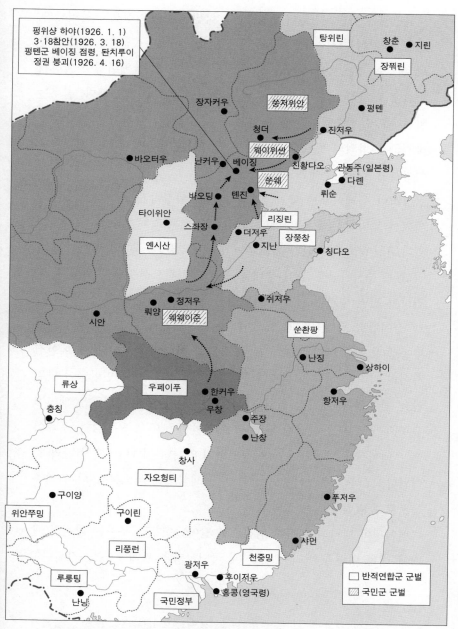

탕위린

창춘　●지린

장쭤린

장자커우

쑹저위안

청더　●진저우

펑톈

바오터우

난커우　베이징

웨이위쌴

진황다오

관동주(일본령)

●다렌

뤼순

바오딩　톈진

쑨웨

타이위안

스좌장

리징린

엔시산

더저우　장쭝창

지난

칭다오

정저우

뤄양

쉬저우

시안

웨웨이쥔

쑨촨팡

우페이푸

한커우

우창

난징

상하이

항저우

류샹

주장

충칭

난창

창사

자오헝티

구이양

위안쭈밍

구이린

리쭝런

푸저우

루룽팅

난닝

국민정부

광저우

후이저우

홍콩(영국령)

천중밍

| 반적연합군 군벌 |
| 국민군 군벌 |

● ── 북방대전 당시 반적연합군(장쭤린-우페이푸)의 공세(1926년 1~5월).

국민군은 사면초가였다. 3월 21일, 국민군은 베이징으로 물러났다. 24일, 톈진이 리징린·장쭝창의 손에 넘어갔다. 전 육군총장이자 북양의 원로인 왕스전이 쌍방을 중재하러 나섰다. 그는 베이징이 또다시 전화에 빠지지 않도록 양측에 전투 중지와 화의를 호소했다. 전투는 일시적으로 멈추었다. 4월 11일부터 바오딩에서 협상이 시작되었다. 국민군은 화의의 뜻으로 그동안 연금 신세였던 전 대총통 차오쿤을 석방하여 우페이푸에게 돌려보냈다.

그러나 우페이푸는 국민군과의 화의를 완강하게 반대하고 끝까지 싸워서 토벌할 것을 주장했다. 협상은 결렬되고 다시 전투가 시작되었다. 4월 6일, 탕위린의 제12군이 쑹저위안을 격파하고 러허성을 장악했다. 쑹저위안은 잔여 부대를 이끌고 차하르성으로 후퇴했다. 국민군이 전면 붕괴의 위기에 직면하자 국민군 제4군장 웨이위싼과 제2혼성여단장 팡빙쉰龐炳勳 등 일부 부대는 백기를 들고 우페이푸에게 투항했다. 4월 15일, 펑톈군은 퉁저우를 점령했다. 퉁저우와 베이징 사이의 거리는 겨우 30킬로미터였다. 또한 즈리-산둥 연합군이 난위안을 점령했다. 베이징 함락도 시간문제였다. 이날 국민군은 베이징을 비무장 도시로 선언한 뒤 북서쪽의 난커우南口로 철수했다. 우페이푸는 베이징을 되찾았다. 베이징정변이 일어난 지 1년 5개월 만의 일이었다. 그러나 우페이푸도 장쭤린도, 새삼스레 차오쿤을 다시 대총통으로 옹립할 생각은 없었다.

베이징이 함락되기 직전 톈진으로 달아났던 돤치루이는 여전히 권력에 대한 미련을 버리지 못한 채 국민군과의 관계를 끊고 장쭤린·

---

* 베이징과 네이멍구의 바오터우를 연결하는 총연장 842킬로미터의 철도. 1905년 착공을 시작하여 1923년 바오터우까지 개통했다.

우페이푸에게 추파를 던졌다. 안후이파와 펑톈파, 즈리파가 참여하는 새로운 연합정권을 세우자는 것이었다. 물론 잠꼬대나 다름없는 소리였다. 오히려 예전의 해묵은 감정을 잊지 않은 우페이푸는 돤치루이 정권에서 부역한 안후이파 정치인들 체포에 나섰다. 안후이파 인사들은 장쭝창의 진영으로 도망쳐서 보호를 요청해야 했다. 사면초가에 몰린 돤치루이는 정계 은퇴를 선언했다. 위안스카이의 오른팔이자 '북양의 호랑이'라 불리던 칠전팔기 인생도 끝났다. 더는 재기할 기회를 얻지 못한 채 톈진의 일본 조계에 은거했다. 돤치루이는 '정도거사正道居士'로 불리며 조용히 여생을 보내다가, 1936년 11월 2일 71세의 나이로 세상을 떠났다.

장쭤린과 우페이푸는 힘을 모아서 국민군을 격파하고 베이징을 점령했다. 그러나 오월동주의 관계는 오래갈 수 없었다. 논공행상을 놓고 모순이 불거졌기 때문이다. 우페이푸가 베이징 정부의 얼굴 마담으로 점찍은 사람은 옌후이칭이었다. 외교관 출신으로 외교부 차장과 독일 공사를 역임하고, 차오쿤 시절에는 국무총리를 지낸 인물이었다. 꼭두각시로는 제격이었다. 우페이푸 자신은 막후에서 실세 노릇을 할 속셈이었다. 문제는 장쭤린이었다. 원래는 펑위샹의 국민군을 베이징에서 몰아내면 장쭤린은 군대를 돌려서 동북으로 돌아가고 중앙은 우페이푸가 다스리기로 약속했다. 그러나 장쭤린이 그렇게 호락호락 물러설 리는 없었다. 장쭤린 또한 예전에 국무총리를 지낸 진윈펑을 세우고 자기가 뒤에서 좌지우지할 꿍꿍이였다. 두 사람 모두 야심이 큰 데다 남에게 양보할 위인들이 아니므로, 베이징에서 몇 번이나 회의를 열었지만 어느 쪽도 물러서지 않았다.

5월 5일, 북양의 원로 왕스전과 자오얼쉰이 절충안을 제시했다. 일단 우페이푸의 주장을 받아들여 옌후이칭을 임시 집정으로 세운 다음 약법에 따라 선거를 실시하고 대총통을 새로 뽑자는 얘기였다. 반대할 명분이 없었던 장쭤린은 마지못해 동의했다. 5월 13일, 옌후이칭 내각이 수립되었다. 요직은 모두 우페이푸의 심복들이 차지했다. 펑톈파에게는 겨우 내무총장과 육군총장 자리가 돌아갔다. 우페이푸는 화려하게 중앙으로 복귀한 셈이지만, 그 위세가 얼마나 갈지 누구도 알 수 없었다. 동쪽에서는 장쭤린이 우페이푸를 끌어내릴 기회를 노렸고, 서쪽에서는 국민군이 베이징을 되찾을 준비를 하고 있었다.

게다가 남쪽에서는 광둥성을 통일하고 남방 군벌을 규합한 장제스가 7월 1일, 북벌 총동원을 선언했다. 북벌군의 첫 번째 목표는 우페이푸였다.

북벌 전야

광둥성을 통일하다

1925년 3월 12일 오전 9시 30분, 쑨원이 베이징에서 서거했다. 병든 몸을 이끌고 어떻게든 중국을 평화적으로 통일해보겠다는 일념으로 북방의 실력자 장쭤린·돤치루이·펑위샹과의 담판에 나섰지만 끝내 병마를 이기지 못했다. 그가 남긴 마지막 말은 "평화… 투쟁… 중국을 구하라"였다. 12만 명이나 되는 군중의 배웅 속에서 그의 운구는 베이징 교외의 비윈사에 임시 안치되었다. 4년 뒤 장쭤린을 물리치고 광대한 중국 전토를 통일한 장제스는 1929년 6월 1일에야 난징 쯔진산에 묻어달라는 쑨원의 유언을 실현했다.

쑨원은 북방 군벌들과 회담하기 위해 베이징으로 가기 전날 황푸군관학교를 방문했다. 황푸군관학교에서는 1기생과 2기생 1,000여 명이 훈련받고 있었다. 쑨원은 학교를 한 바퀴 둘러본 뒤 구슬땀을 흘리며 한창 훈련 중인 청년들의 모습을 보면서 장제스에게 "이번에 가면 다시는 돌아오지 못할 것 같네"라고 말했다. 그는 자기보다 21살이나 아래인 이 고집 센 사내의 두둑한 배짱과 수완을 높이 평가하고 있었다. 그 말에 장제스가 깜짝 놀라자 쑨원은 조용히 말을 이어갔다. "씩씩하게 훈련하는 학생들의 모습을 보니 저들이 나의 혁명 사업을 완수할 것이라는 믿음이 생긴다. 2, 3년 전이라면 나는 죽어도 눈을 감을 수 없었겠지. 그렇지만 이제는 저 학생들이 내 뜻을 이어줄 테니 죽어도 걱정이 없다." 이것이 두 사람의 마지막 만남이었다. 상하이로 향한 쑨원은 정말로 다시는 돌아오지 못할 길로 떠났다.

쑨원이 베이징에 올라간 사이 장제스는 황푸군관학교 생도들을 부지런히 훈련하는 한편 혁명군 조직에 착수했다. 1925년 1월 30일, 2개 교도연대와 1개 독립대대, 1개 포병대대로 구성된 '교군'이 편성되었다. 군벌 군대가 아닌 진정한 의미의 첫 혁명군이었다. 교군 여단장 겸 제1연대장은 허잉친이었다. 장제스보다 3살 어린 그는 구이저우성 싱이현興義縣 출신이었다. 귀저우육군소학당을 졸업한 뒤 국비 유학생으로 선발되어 도쿄진무학교에 들어가 장제스를 만났다. 두 사람은 의기투합하여 쑨원의 중국동맹회에 함께 가입했으며, 신해혁명이 일어나자 학업을 중단하고 귀국해 혁명전쟁에 참여했다.

중화민국이 수립된 후 중국에 그대로 남은 장제스와 달리, 허잉친은 학업을 계속하기 위해 다시 일본으로 건너가 일본 육사 보병과 22기로 졸업했다. 그 뒤 구이저우강무당 교장과 구이저우 제5혼성여단장, 구이양 경비사령관, 윈난강무당 교장 등을 역임했다. 쑨원이 황푸군관학교를 설립하자 초대 교장이 된 장제스는 옛 친우인 허잉친을 천거하여 총교관으로 임명했다. 그는 북벌 시기 장제스·리쭝런·바이충시 등과 함께 국민혁명군의 가장 중요한 장군이었다. 중일전쟁 중에는 군정부장(국방장관)과 중국 육군 총사령관, 행정원장을 지내는 등 장제스 정권의 2인자 역할을 했다.

교도 제2연대장을 맡은 사람은 왕바이링王柏齡이었다. 장쑤성 장두현江都縣의 명문가 출신인 그는 난징육군소학당과 바오딩육군속성학당을 졸업한 뒤 도쿄진무학교에 입학했고 장제스·허잉친 등과 함께 쑨원의 중국동맹회에 가입했다. 신해혁명이 일어나자 귀국하여 난징·상하이 전투에 참여했다. 그 뒤 일본 육사에 들어갔지만 토원전쟁이 시작되자 다시 중국으로 돌아와 혁명군에 가담했다. 토원전쟁이 끝난 뒤에는 쑨원과 함께 광저우로 내려가 대본영 고급 참모를 지냈다. 황푸군관학교 설립에도 참여하여 참모장과 교육장 등을 맡았으며 장제스와는 의형제를 맺은 사이였다. 허잉친과 함께 북벌전쟁에서 큰 공을 세웠지만, 북벌전쟁이 끝난 뒤 군문을 떠난 그는 불교에 귀의했다. 장제스가 여러 차례 불렀지만 응하지 않고 은거한 채 불교 활동을 하다가 1942년 8월 26일 청두에서 입적한다.

쑨원이 황포군관학교를 세우자 남방 군벌들은 경계심이 가득한 눈으로 바라보았다. 이들은 쑨원이 북방의 군벌들에 대항하기 위한 상징적인 구심점으로 남기를 원했다. 쑨원의 힘이 강해지면 자신들의 지위를 위협할 수도 있기 때문이었다. 쑨원에게 패하여 후이저우로 물러났던 천중밍은 쑨원이 북방으로 올라간 때를 기회 삼아 또다시 광저우를 노렸다. 그는 탕지야오·루룽팅 등 남방 군벌들과 손잡고 토비들을 모아서 세력을 크게 키웠다. 병력은 7개 군 10만 명이었으며 영국의 후원을 받았다. 광저우와 홍콩에서 많은 이권을 쥐고 있던 영국 식민정부로서는 소련과 손잡고 반제국주의를 외치는 쑨원이 달가울 리 없었다.

천중밍이 "구웨군求粤軍('웨'는 광둥성의 별칭) 총사령관"이라 일컬으면서 광저우를 위협하자 광저우 정부는 동정군東征軍을 조직하고 천중밍 토벌에 나섰다. 윈난 군벌 양시민이 총사령관을 맡았고, 광시 군벌 류전환의 광시군, 쉬충즈의 광둥군 등 약 8만 명에 이르는 대병력이었다. 아직 서열이 한참 낮았던 장제스는 광둥군 사령관 쉬충즈의 참모장이 되었다. 교군은 광둥군의 한 축을 차지하긴 했지만 병력이 3,000여 명에 불과했다. 군벌들은 실전 경험도 없는 교군을 오합지졸이라고 깔보며 작전에 끼워주려고 하지 않았다. 하지만 장제스는 자청하여 천중밍 공격의 선봉을 맡았다. '제1차 동정'이었다.

1925년 2월 1일, 동정군은 당당하게 출정했다. 선봉부대인 교군도 황푸다오를 출발했다. 규율은 매우 엄격했으며 교군의 병사들은 무거운 기관총과 대포, 탄약, 보급품을 어깨에 짊어졌다. 인부들을 고용하지 않고 탄약과 보급품을 병사들이 직접 짊어지게 한 것은 그때로서는 매우 보기 드문 모습이었다. 사기충천한 교군과는 달리 동정군 총사령관 양시민과 류전환은 움직이지도 않으면서 군비만 닦달했다. 이들은 천중밍과 몰래 내통하고 있었다.

동정군의 주력은 쉬충즈의 광둥군이었다. 교군을 선봉에 세운 광둥군은 천중밍의 군벌 군대를 향해 용감하게 공격에 나섰다. 교군의 첫 번째 실전이었다. 사기는 높았지만 전투 경험은 거의 없었다. 기껏해야 몇 달 전 광저우에서 반란을 일으킨 상단의 오합지졸 용병 부대를 진압한 일이 실전의 전부였다. 장비와 무기는 매우 빈약했으며, 탄약이 부족한 데다 지형지물에 관한 정보도 부족했다.

교군의 목표는 후이저우 남쪽에 있는 단수이淡水였다. 단수이의 수비를 맡고 있는 적장은 천중밍의 부사령관 훙자오린이었다. 훙자오린은 졸병 출신이었지만 신해혁명 이래 실전 경험이 풍부한 장군이었다. 그는 단수이성의 성문을 굳게 걸어 잠그고 두꺼운 성벽에 기대어 견고한 방어진지를 구축했다. 또한 기관총 진지를 여러 개 구축하고 교군의 공격을 기다렸다. 2월 14일, 교군은 홍자오린의 선봉대와 치열한 전투 끝에 이들을 단수이성으로 쫓아버렸다. 이튿날 아침 7시, 포병대의 엄호 사격과 함께 허잉친이 지휘하는 제1연대 병사들이 단수이성으로 일제히 돌격했다. 총탄이 비 오듯 쏟아졌지만 한 발짝도 물러서지 않고 공격을 퍼부어 방어선의 한쪽을 무너뜨렸다. 홍자오린도 증원 병력을 투입하는 등, 전투는 밤까지 쉬지 않고 계속되었다.

결국 공격을 견디다 못한 홍자오린은 성을 버리고 동쪽의 핑산^{平山}으로 달아났다. 16일 아침, 단수이는 교군의 손에 넘어갔다. 전투가 시작된 지 만 하루 만이었다. 포로 2,000명에 노획한 총기가 1,000정이었다. 교군은 여세를 몰아 계속 동진하여 2월 20일에는 핑산을, 3월 7일에는 산터우^{汕頭}를 공략했다. 연전연승을 거두는 교군의 승전보는 광저우의 대본영은 물론 베이징의 쑨원에게도 전해졌다. 쑨원은 병세가 심각한 와중에도 왕징웨이를 시켜서 승리를 치하하게 했다.

천중밍은 주력부대인 린후^{林虎}의 제1군 3만 명을 남하시켜 교군의 측면을 치려고 했다. 이미 깊숙이 진격하여 병참선이 길어진 교군은 후방을 차단당할 경우 괴멸을 면치 못할 판이었다. 장제스는 급히 방향을 돌려 요격에 나섰다. 3월 13일, 몐후^{棉湖}에서 양군은 정면으로 부딪쳤다. 규모가 10배나 되는 린후의 군대가 교군의 선봉 제1대대를 포위했다. 제1연대장 허잉친은 제1대대를 구하기 위해 제2대대와 제3대대를 투입했지만, 이들마저 압도적으로 우세한 적에게 포위당했다. 전멸 직전의 상황에서 때마침 광둥군 제7여단과 교도 제2연대가 도착했다. 허잉친은 당장 반격에 나섰다. 장제스가 진두지휘하고 랴오중카이가 보급품 운송을 맡았다. 교군의 매서운 공격에 드디어 무너진 천중밍군은 북쪽으로 달아났다. 교군은 추격하여 3월 21일 광둥성 동북부의 싱닝^{興寧}에 입성했다. 천중밍은 포위되었다.

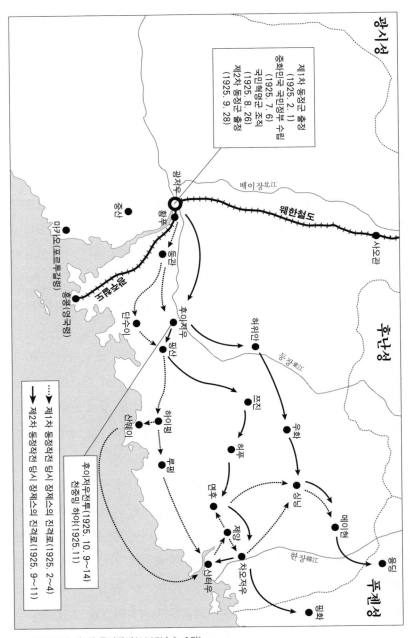

광시성

제1차 동정군 출정
(1925. 2. 1)
중화민국 국민정부 수립
(1925. 7. 6)
국민혁명군 조직
(1925. 8. 26)
제2차 동정군 출정
(1925. 9. 28)

광저우

베이 장北江

웨한철도

후난성

마카오(포르투갈령)

사오관

중산

후먼

홍콩(영국령)

단수이

보뤄

후이저우

화이안

동 장東江

쯔진

우화

하이펑

신웨이

차오저우

메이현

한 장韓江

핑위안

쯩잉

다푸

마오

후이저우 지구전투(1925. 10. 9~14)
천중밍 하야(1925. 11)

후이저우전투 임시 정제스의 진격로(1925. 2~4)
천중밍 하야(1925. 11)

제1차 동정작전 임시 정제스의 진격로(1925. 2~4)
제2차 동정작전 임시 정제스의 진격로(1925. 9~11)

푸젠성

●── 혁명군의 제1차 동정작전(1925년 2~3월).

멘후전투는 제1차 동정에서 가장 치열한 싸움이었다. 승리는 거두었지만 대가는 적지 않았다. 제1연대만 해도 전사자가 300명이나 되었다. 교군 3,000명 가운데 약 3분의 1이 전사하거나 부상을 입었다. 특히 황푸군관학교 생도들은 156명이 전사하고 182명이 부상당했다. 500여 명의 생도 중에서 절반 이상이 죽거나 다친 셈이다.

장제스는 그동안 직접 훈련한 수많은 생도들이 처참하게 죽어나간 모습에 큰 충격을 받았음에도, 자신의 일기에 "만약 여기서 패배했다면 광저우의 혁명 근거지는 결코 회복할 수 없는 타격을 입었을 것"이라며 혁명을 위한 불가피한 희생이라고 스스로를 납득시켰다. 전투 도중 일부 장교들이 도망치자 장제스는 규율을 바로잡기 위해 탈영병들을 붙잡아 가차 없이 처단했다. 그는 매우 엄격했고, 용서가 없었으며, 강력한 의지와 리더십을 갖추었다. 이런 점이 쑨원이 죽은 뒤 장제스가 여러 경쟁자를 물리치고 권력을 장악할 수 있었던 이유이다.

제1차 동정은 교군이 도맡아 싸운 것과 다름없었다. 3,000명에 불과한 신병 군대가 무기와 장비, 보급에서 훨씬 우세한 천중밍의 10만 대군을 이긴 셈이었다. 노획한 무기만도 소총 1만 3,000정에 기관총 110정, 탄약 800만 발, 각종 야포 40여 문에 달했다. 장제스의 인기는 한순간에 올라갔다. 소련인 교관들은 그의 군대가 중국의 어느 군대보다 강하다고 단언했다. 장제스는 쉬충즈에게 승리를 알리는 전보를 보내는 한편, 천중밍에 대한 마지막 공격을 준비했다.

그런데 3월 21일 오후 5시, 광저우의 대본영에서 급한 전보가 날아왔다. 대원수 대리인 후한민이 직접 보낸 전보였다. "총리 서거했음." 장제스에게는 청천벽력과 같은 소식이었다. 그가 부고를 전달받은 날은 쑨원이 죽은 지 이미 9일이나 지난 뒤였다. 군의 사기를 생각하여 대본영에서 일부러 늦게 전달했기 때문이다. 큰 충격을 받은 장제스는 저우언라이·랴오중카이 등과 함께 3월 30일 싱닝 현성에서 쑨원 추모식을 치렀다. 교군 장병들과 국민당원, 현지 주민 등 5,000여 명의 인파가 모인 가운데 그는 슬픔을 감추지 못하고 비통해하며 통곡했다. 그러면서도 "우리는 죽음에 이르도록 총리의 유촉을 준수하고 유지를 계승하여 중국 혁명을 완수할 것"이라고 맹세했다.

＼황푸의 분열

쑨원의 죽음은 광저우 정부와 국민당에 엄청난 파장을 남겼다. 국민당은 민중의 지지에 기반하는 서구식 정당이 아니라 쑨원 한 사람을 구심점으로 하는 사조직이자 1인 독재정권이었다. 독재자는 자신의 경쟁자가 나타나지 못하게끔 일부러 파벌을 여러 개 만들어 충성 경쟁을 시키는 법이다. 독재자가 살아 있는 동안은 어찌 되었든, 죽고 나면 조직 전체가 혼란에 빠지고 치열한 권력투쟁이 벌어지기 일쑤다. 이것은 국민당에만 해당되는 일이 아니었다. 레닌과 스탈린이 죽은 뒤 소련공산당이 그러했고, 마오쩌둥이 죽은 뒤 중국공산당이 그러했다. 쑨원이 있기에 국민당도 있었다. 과연 누가 쑨원을 대신할 수 있다는 말인가. 남은 자들끼리 쑨원의 유산을 놓고 내분을 벌이다가 국민당 스스로 공중분해될지도 몰랐다.

국공합작 이후 국민당의 상황은 실로 복잡했다. 처음부터 공산당과의 합작을 완강하게 반대한 우파, 공산당은 아니지만 국공합작에 비교적 타협적이었던 좌파, 어느 쪽도 아닌 중도파, 여기에 급진적인 공산당과 소련 코민테른까지 끼어들면서 치열한 주도권 싸움이 벌어졌다. 애초에 국민당과 공산당은 이념과 노선에서 대척점에 있는 데다, 서로 원해서가 아니라 소련의 압박과 회유에 마지못해 손을 잡은 데지나지 않았다. 특히 변변한 기반과 영향력이 없고 당원도 소수에 불과했던 공산당은 쑨원의 명망과 국민당의 조직력을 이용하여 세력 확장의 기회로 삼았다.

국공의 갈등이 가장 첨예하게 드러나던 현장은 황푸군관학교였다. 본래 황푸군관학교는 순수한 군사학교를 추구했고 정치와는 거리가 멀었다. 장제스를 비롯한 간부들도 군사 전문가일 뿐 정치에서는 한 걸음 물러서 있었다. 공산당은 황푸군관학교 설립을 반대했다. 군대가 아니라 대중 사이에 파고들어 노동자와 농민을 혁명 전사로 조직해야 한다는 이유였다. 이들이 꿈꾸는 혁명은 공산당의 영도 아래 일반 병사들이 노동자·농민들과 함께 무장봉기하여 체제를 뒤엎은 소련의 '10월혁명'이었다. 군사 간부 양성에 무관심하던 공산당의 태도가 갑자기 바뀐 계기는 1924년 9월 저우언라이가 황푸군관학교의 정치교관으로 부임하면서부터였다.

훗날 마오쩌둥을 도와서 장제스를 몰아내고 중공 정권을 세우는 일등 공신이자 중국인들에게 '국민 총리'라 불리는 저우언라이는 장쑤성 화이안淮安 출신으로 어릴 때부터 총명하기로 유명했다. 톈진 난카이학교(지금의 난카이대학)를 다닐 때는 은사이자 명망 있는 교육학자 장보링張伯苓이 그의 재능에 크게 감탄하여 "재상이 될 재주를 지녔다"고 말할 정도였다. 저우언라이는 일본과 프랑스·영국·독일 등지에서 유학하면서 견문을 넓혔다. 프랑스 유학 중 마르크스주의에 눈을 떠 1921년 3월 파리에서 공산주의 조직에 가입했다. 상하이에서 중국공산당이 수립되자 중국공산당 프랑스 지부를 조직하여 공산주의 운동에 본격적으로 뛰어들었다. 그 와중에 광저우에서 국공합작이 이뤄지면서 중공 지도부의 요청으로 1924년 7월 귀국했다. 다른 공산당 지도자들이 이론에만 치중해 입으로만 떠들 뿐 현실 감각이 결여된 백면서생이었던 반면, 저우언라이는 문무를 겸비한 인재였다.

●— 북벌전쟁 직전의 황푸군관학교 교관들과 생도들. 소련의 도움을 받아 설립된 황푸군관학교는 국공합작의 최대 성과였고, 이들이 있었기에 북벌도 가능했다. 그러나 국공합작의 모순 또한 그대로 안고 있었다. 결국 국공합작의 파기와 더불어 같은 황푸 출신들끼리 총부리를 겨누게 된 것은 필연적인 결과였다.

　　정치부 주임이었던 사오위안충邵元沖이 쑨원과 함께 베이징으로 떠나자 정치부는 부주임을 맡고 있던 저우언라이가 좌지우지했다. 정치부는 생도들의 정치사상 교육과 선전 활동을 담당했다. 황푸군관학교는 저우언라이에 의해 '좌경화'하기 시작했다. 현명하게도 그는 마르크스주의를 대놓고 생도들에게 주입하려 들지 않았다. 만약 그랬다면 가뜩이나 공산당을 경계하고 있던 우파의 견제를 초래했을 것이다. 대신 쑨원의 삼민주의와 혁명론을 교묘하게 공산주의와 뒤섞어 설명했다. 생도들은 저도 모르게 점점 공산주의에 빠져들었다. 또한 생도들에게 중국어로 번역된 『공산당 선언』이나 『마르크스주의』 같은 공산주의 서적과 공산당 기관지를 유포했다.

　　혈기 왕성한 생도들에게 공산주의는 그야말로 충격이었다. 급진주의 사상에 물든 많은 생도들은 앞다투어 공산당원이 되었다. 1기 생도 460여 명 중 공산당원은 전체의 10분의 1 정도인 56명에 불과했지만 그 수는 빠르게 늘어났다. 대표적인 인물이 훗날 해방군 10대 원수의 한 사람이 되는 쉬샹첸, 한국전쟁에서 인민지원군 부사령관을 지낸 천겅陳廋이었다. 저우언라이의 지도 아래 정치부의 활동은 매우 활발했으며 조직 또한 점점 확대되었다.

1925년 2월 1일, '청년군인연합회'가 결성되었다. 청년군인연합회는 공산당원들이 주축을 이루었으며, 황푸군관학교의 생도들 이외에 광둥강무당, 구이린군관학교 등 남방의 여러 군사학교 생도들까지 참여하여 회원 수는 2,000여 명이 되었다. 또한 상하이와 베이징, 톈진, 바오딩 등 북방의 여러 군관학교와 군벌 군대의 청년 장교들과도 접촉하는 등 중국 전역으로 조직을 확대해나갔다. 황푸군관학교의 좌경화는 당연히 국민당 내 우파의 반발로 이어졌다. 좌파의 활동에 반발한 우파 생도들은 별도로 '쑨원주의학회'라는 조직을 만들었다. 황푸의 생도들은 좌파의 청년군인연합회와 우파의 쑨원주의학회로 양분되었으며, 학교 내에서 격렬한 정치투쟁을 벌였다. 식당에서 밥을 먹다가 난투극을 벌이기도 했다.

교장인 장제스는 저우언라이의 활동에 어떻게 대처했는가. 공산당을 잔혹하게 탄압하는 훗날과 달리 이때만 해도 철저한 반공주의자와는 거리가 멀었다. 국공합작에 부정적이었던 그는 국공합작이 결성된 뒤에는 태도를 바꾸어 오히려 연소용공에 앞장섰다. 국공합작은 국민당의 수장인 쑨원이 직접 주도한 데다 그의 태도가 워낙 완고했기에 아무도 더 이상 이견을 달 수 없었기 때문이다. 더욱이 재정적으로 소련의 원조에 기대어야 하는 현실에서 확실한 명분도 없이 함부로 공산당원을 처벌하거나 행동을 제재하는 일은 도리어 자신의 지위를 위태롭게 할 수 있었다. 쑨원은 자신의 삼민주의와 소련의 공산주의는 어느 정도 공통점이 있으며, 중국을 소련처럼 만들자는 것은 아니지만 적어도 소련의 장점을 본받을 필요는 있다고 말한 바 있다. 쑨원의 모호한 태도는 장제스에게도 많은 영향을 주었다. 장제스는 공산주의 운동에 직접 앞장서지는 않았지만 적당히 묵인했고 그다지 경계심을 품지 않았다. 오히려 학생들 앞에서 연소용공을 찬양했다. 또한 저우언라이를 크게 신임하여 자신의 제1군 정치부를 맡겼다. 사람들은 그를 북방의 펑위샹과 마찬가지로 '좌파 장군', '붉은 장군'이라고 일컬었다. 공산당도 장제스를 같은 편으로 여길 정도였다.

그러나 장제스도 생도들 사이의 싸움이 지나치게 격화하자 더는 모르는 척할 수 없었다. 그는 어느 한쪽을 편들기보다는 교장으로서 중립을 지키면서 최소한 황푸군관학교가 분열되는 것만큼은 막아야 한다고 생각했다. 1926년 4월, 그는 두 조직을 모두 해산했다. 그러나 한낱 미봉책에 불과했다. 저우언라이가 뿌려놓은 갈등의 불씨는 그 후로도 사라지지 않았다. 또한 장제스는 중산함 사건中山艦事件 등을 거치면서 점점 우파로 기울었다. 결국 북벌전쟁 중에 공산당 축출을 결심하고 반공 쿠데타를 일으켰다. 이 때문에 공산당원들이 모조리 쫓겨나고 황푸군관학교 생도들도 분열되면서 그동안 함께 싸웠던 선후배와 동기들이 하루아침에 적이 되어 총부리를 겨누게 된다.

황푸군관학교에 저우언라이가 없었다면 어떻게 됐을까. 무력이 없는 공산당은 국민당에 아무런 위협이 되지 못했을 것이며, 국민당에 흡수되거나 소멸했을지도 모른다. 반대로 장제스가 저우언라이에게 포섭되어 공산주의자로 전향했다면 그 뒤의 역사는 어떻게 됐을까. 마오쩌둥이 권력을 잡을 수 있었을까. 역사란 알 수 없는 일이다.

광저우 정부의 새로운 수장은 왕징웨이였다. 쑨원의 최측근이었던 그는 보로딘의 후원을 받아 경쟁자인 후한민·랴오중카이·다이치타오戴季陶 등을 밀어내고 1925년 6월 14일 광저우 정부 주석에 추대받왔다. 또한 군사위원회 주석을 겸임하여 당권과 군권을 모두 장악했다. 보로딘이 국민당 간부들 중에서 왕징웨이가 공산주의에 가장 우호적인 좌파라고 여겼기 때문이다. 바꾸어 말하면 쑨원이 없는 광저우 정부는 이미 소련이 좌지우지하는 셈이었다.

그러나 왕징웨이는 권력욕만 있을 뿐, 역량이나 카리스마에서 감히 쑨원에 견줄 바가 못 되었다. 그는 쑨원과 같은 강한 의지도 없었으며, 사람들의 마음을 휘어잡지도 못했다. 그 자리에 앉을 수 있었던 것은 자신의 역량 때문이 아니라 보로딘이 밀어준 덕분이었다.

장제스는 8명으로 구성된 군사위원회의 위원이 되었다. 그는 천중밍을 토벌하면서 명성을 얻었지만 지위와 입지는 여전히 대수롭지 않았다. 왕징웨이나 후한민·쉬충즈 등 국민당의 여러 실력자에게 견주기에는 어림도 없었다. 그의 새로운 임무는 양시민·류전환 토벌이었다. 두 사람은 제1차 동정에서 참전을 약속했음에도 군대를 광저우에 주둔시킨 채 아무것도 하지 않았다. 그들은 군비를 명목으로 현지 주민들에게 함부로 세금을 거두는 등 원성이 자자했다. 게다가 장제스가 린후의 군대를 격파하고 그의 사령부가 있는 싱닝을 점령했을 때 이들이 천중밍과 내통한 비밀문서가 발견되었다. 광저우 정부는 토벌을 결정했다.

5월 21일, 장제스는 급히 교군을 이끌고 싱닝을 출발하여 광저우로 향했다. 장제스가 광저우로 돌아오자 양시민과 류전환은 반란을 일으켰다. 반란군은 정부 청사와 전보국, 기차역 등 광저우 시내의 요충지를 장악하고 장제스 요격에 나섰다. 그러나 랴오중카이의 선동으로 철도 노동자들이 파업을 일으켜 광저우의 교통이 마비되었다. 반란군은 발목이 묶였다. 6월 12일, 광저우 입구에서 벌어진 전투에서 장제스는 해군의 함포사격과 항공대의 엄호 아래 반란군을 단숨에 격파했다. 투항한 반란군만 2만 명이 넘었다. 양시민과 류전환은 홍콩으로 달아났다.

1925년 7월 6일, 왕징웨이는 광저우 정부를 개조하여 '중화민국 국민정부' 수립을 선포했다. 정부 주석에는 왕징웨이, 외교부장에는 후한민, 재정부장에는 랴오중카이, 상민부장에는 우차오수伍朝樞가 각각 추대되었다. 국민정부 산하의 여러 군벌 군대도 개편되었다. '국민혁명군'의 탄생이었다. 국민혁명군은 5개 군으로 구성되었다.

국민혁명군 초기 편제(1925년 7월)

제1군(교군): 장제스
-3개 사단(제1~3사단)
제2군(후난군): 탄옌카이
-4개 사단(제4~6사단, 교도사단)
제3군(윈난군): 주페이더
-3개 사단(제7~9사단), 포병대대, 헌병대대
제4군(광둥군): 리지선
-4개 사단(제10~13사단), 독립연대, 포병대대
제5군(광둥군): 리푸린
-2개 사단(제15~16사단)

독일과 일본의 군사제도를 모델로 한 북양군은 1개 사단이 4개 보병연대와 1개 포병연대, 1개 기병연대와 여러 개의 지원부대로 구성되며 인원수는 1만 명에서 많게는 2만 명에 이르기도 했다. 또한 연대와 대대, 중대에도 지원부대가 있었다. 반면, 초기 국민혁명군은 적백내전 시기의 소련군을 모방해 '3-3제'라는 제도를 채택했다. 1개 군

은 3개 사단, 1개 사단은 3개 연대, 1개 연대는 3개 대대라는 식으로, 군에서 분대에 이르기까지 휘하 3개 부대를 기본 편제로 갖추었다. 그러나 지원부대가 미비하고 사단에는 별도의 직할부대가 없었다. 1개 연대가 1,056명, 1개 사단이 3,700명, 1개 군이 겨우 9,500명이었다. 엄밀히 말해 서구식 사단처럼 독자적인 작전 능력을 갖춘 정상적인 편제라고 할 수 없었다. 간부가 충분하지 않고 운용이 미숙한 탓이었다. 따라서 국민혁명군은 실전을 거치면서 발견한 취약점을 보완하기 위해 여러 차례 개편하게 된다.

1925년 9월 28일, 천중밍의 잔여 세력을 격파하고 광둥성을 통일하기 위한 제2차 동정작전이 시작되었다. 이번에도 지휘봉을 든 사람은 장제스였다. 국민혁명군 제1군 3개 사단과 광둥군 제11사단 등 4개 사단과 그 밖의 지원부대까지 2만 명의 병력이었다. 그는 두 달도 안 되어 천중밍을 격파하고 후이저우를 점령했다. 그리고 12월 초 당당하게 광저우로 돌아왔다. 1926년 2월에는 하이난다오까지 점령했다. 몇 년 동안 쑨원을 괴롭히던 천중밍은 완전히 몰락했다. 한때 세도가 대단했던 천중밍은 빈털터리가 되어 홍콩으로 달아났다. 그는 하루 세끼도 제대로 먹지 못할 만큼 비참한 삶을 살다가 1933년 9월 22일 55세의 나이로 죽었다. 유족은 시신을 낡은 군용 침대에 눕혀야 했고, 관도 모친이 쓰려고 준비해두었던 것을 사용할 만큼 말년이 곤궁했다. 몰락한 군벌의 비참한 말로였다. 국민혁명군은 1926년 3월에 광둥 지방군과 경위대로 제6군을 편성하고 군장에는 일본 육사 출신의 청첸을 임명하는 등 세력이 날로 커졌다.

장제스가 광둥성을 종횡무진하면서 명성을 떨치는 동안 광시성에서는 리쫑런이라는 또 한 명의 걸출한 인물이 떠오르고 있었다. 장제스보다 4살 아래인 리쫑런은 광시성 구이린의 부유한 향신 집안에서 태어났다. 그 시절 여느 야심 찬 젊은이들처럼 군대에서 출세의 길을 찾기로 결심한 그는 광시육군소학당과 광시육군속성학당을 졸업했다. 리쭝런은 매우 탁월한 군사적 능력을 갖추었으며, 장제스와는 천하를 놓고 세 번 겨루게 된다. 중일전쟁 때는 타이얼좡台兒莊전투에서 일본군 2개 여단을 격파하는 승리를 거두었다. 개전 이래 연전연패하던 중국군이 처음으로 거둔 대규모 승리였다.

휘하에는 바이충시·황사오훙·황쉬추黃旭初 같은 뛰어난 장군들이 있었다. 이들은 리쭝런과 마찬가지로 광시육군소학당을 졸업하고 명문 군사학교인 바오딩육군군관학교를 졸업한 최고 엘리트들이었다. 특히 이슬람 계통의 소수민족인 후이족 출신의 바이충시는 항일 명장으로 명성을 떨쳤으며, 국공내전 중에는 국방부장을 지낸다. '삐딱이 조Vinegar Joe'라 불리며 중국인 장군들을 노골적으로 멸시한 스틸웰조차 바이충시만큼은 높이 평가하면서 '중국에서 가장 뛰어난 전략가'라고 찬사를 보냈다.

광시성은 토비 출신의 포악한 군벌인 '양광왕' 루룽팅과 그에게 대항하는 신新구이린파로 나뉘어 한동안 팽팽하게 싸웠다. 1924년 5월, 리쭝런은 쑨원의 후원을 받아 루룽팅 타도에 나섰다. 리쭝런의 병력은 6,000여 명에 불과했지만 수적으로 훨씬 우세한 루룽팅의 군대를 연이어 격파했다. 1925년 4월에는 광시성의 성도 난닝을 점령했다. 구이린으로 쫓겨난 루룽팅은 여기에서도 완패하여 1925년 8월 하야를 선언하고 상하이로 도망친 뒤 다시는 돌아오지 못했다. 리쭝런은 광시성의 새로운 지배자가 되었다.

만약 그가 새로운 '양광왕'이 되겠다면서 광둥성을 침공했더라면 국민정부는 중대한 위기에 직면했을 것이다. 어쩌면 장제스는 북벌에 나서지 못했을지도 모른다. 그러나 신구이린파는 20~30대의 젊고 혈기 왕성한 장교들이었다. 장제스와 비슷한 연배인 이들은 루룽팅이나 천중밍과 달리 개인의 영달이 아니라 중국의 장래를 걱정했고, 쑨원이 외치는 중국 혁명에 공감했다. 양측은 남방의 패권을 놓고 서로 총부리를 겨누는 대신 손을 잡기로 했다.

1926년 1월 26일, 광시성과 광둥성 경계에 있는 우저우에서 국민정부 대표 왕징웨이·탄옌카이와 광시성 대표 리쭝런·황사오훙 사이에 회담이 열렸다. 양측은 양광 통일에 합의했다. 리쭝런의 광시군은 국민혁명군 제7군이 되었다. 혁명의 근거지는 광시성과 광둥성 2개의 성으로 확대되었다.

북방에서 장쭤린과 우페이푸가 서로 손잡고 국민군을 공격하는 동안 장제스는 남방을 평정했다. 그는 이제 칼끝을 북방으로 향할 참이었다. 하지만 그 전에 내부의 적과 싸워야 했다. 쑨원이 죽자마자 국공의 투쟁이 본격적으로 시작되면서 국민정부가 공중분해될 위기에 놓였기 때문이다. 그 방아쇠가 된 것이 랴오중카이 암살 사건이었다.

＼국민정부의 분열

1925년 8월 20일 오전 10시, 쑨원의 오랜 측근이자 국민정부 재정부장인 랴오중카이가 온몸에 4발의 총탄을 맞고 암살당했다. 중앙집행위원회 회의에 참석하려고 국민당 중앙당 건물에 들어서다가 정문에서 저격당한 것이다. 그는 급히 광둥대학병원으로 옮겨졌지만 이미 숨이 끊어진 상태였다. 나이 48세. 쑨원이 죽은 지 겨우 4개월 만에 벌어진 이 사건은 그의 유산이라 할 수 있는 국공합작의 균열을 알리는 신호탄이기도 했다.

랴오중카이는 미국 샌프란시스코에서 태어난 중국계 이민 2세대였다. 부모는 광둥성 출신으로, 돈을 벌기 위해 미국으로 건너가 공장 노동자로 일한 그 시절의 수많은 중국인 가운데 하나였다. 1893년 17세가 되어 중국으로 돌아온 그는 홍콩에서 공부하다가 1902년 일본으로 건너가 와세다대학에 입학했다. 그 무렵 재일 유학생들 사이에서는 한창 혁명사상이 번지고 있었다. 랴오중카이 또한 예외가 아니었고, 쑨원의 동맹회에 가입했다. 그는 왕징웨이·후한민 등과 함께 혁명파 초기 멤버로 쑨원의 비서이자 자금줄 역할을 했다. 쑨원에게 연소용공을 건의하고 국공합작을 실질적으로 주도한 사람도 랴오중카이였다. 또한 재정부장 외에 공인부장工人部長, 중앙농민부장, 황푸군관학교 당 대표 등을 맡아서 각종 선전 활동과 노동자·농민 조직 등 연소용공·공농부조工農扶助에 앞장섰다.

랴오중카이는 국민당 우파 사이에서 '좌파'의 우두머리쯤으로 여겨졌지만 본래 마르크스주의자나 공산당원은 아니었다. 단지 소련의 원조가 절실하다는 현실을 직시했을 뿐이었다. 덧붙여, 그의 부인 허샹닝何香凝과 아들 랴오청즈廖承志는 훗날 국민당과 결별하고 열렬한 공산주의자가 되어 국공내전이 끝난 뒤 중공 정권에서 고위직을 역임했다.

혁명의 중진이자 왕징웨이·후한민과 함께 국민정부 지도부의 한 축이었던 그의 죽음은 광저우는 물론이고 중국 사회에 큰 충격을 주었다. 랴오중카이를 저격한 암살범은 천순陣順이라는 사람이었다. 그는 현장에서 사살당했지만, 배후가 누구인지 알아내는 일이 급선무였다. 왕징웨이는 특별위원회를 구성하고 자신이 직접 위원장을 맡아 암살 사건을 조사했다. 100여 명이 체포되고, 그중에서 핵심 배후로 3명의 용의자가 지목되었다. 후위성胡毅生·린즈멘·주쥐원朱卓文 등 모두 쑨원의 옛 측근이자 국민정부의 간부들이었다. 당장 이들에 대한 체포령이 내려졌지만 두 사람은 재빨리 광둥성 밖으로 도망쳤다. 쑨원의 비서였던 미국 화교 출신의 린즈멘만 붙잡혔다. 세 사람 모두 범행을 부인하면서도 "랴오중카이는 공산당이며 민중의 심판을 받은 것"
이라고 주장했다. 그러나 이들이 실제로 랴오중카이 암살에 가담했다
는 증거는 끝까지 나오지 않았다.

누가 진짜 배후인지는 어차피 중요하지 않았다. 사건은 국민정부
전체의 분열로 이어졌다. 쑨원이 죽은 뒤 국민정부는 크게 세 개의 파
벌, 즉 처음부터 국공합작을 반대한 후한민을 중심으로 하는 반공 우
파, 국공합작에 찬성한 랴오중카이의 용공 좌파 그리고 어느 쪽에도
속하지 않는 회색분자 왕징웨이파로 나뉘었다. 그러나 국공합작에 대
한 찬반을 떠나서 각자의 복잡한 이해관계에 따라 첨예한 권력투쟁이
시작되었다. 국민당은 쑨원에 의해 만들어졌고 그의 카리스마에 전적
으로 의존해왔다. 생전의 쑨원은 자신의 사후에 대비하여 따로 후계
자를 지목하지도 않았다. 그를 대신할 만한 사람도 없었기 때문에, 유
일한 구심점이 사라지자 남은 사람들끼리 분열하고 대립하는 모습은
당연한 결과였다.

공산당과 국민당 좌파는 랴오중카이 암살이 우파의 책동이라고 비
난했다. 실제로 용의자 가운데 한 사람인 후위성은 우파 진영에 속했
으며 후한민의 사촌동생이기도 했다. 좌파 진영은 우파를 향해 연일
맹비난을 쏟아부었다. 그중에서도 황푸군관학교 정치부 부장이었던
저우언라이는 "당의 원수를 잊지 말자!"면서 젊은 생도들을 공공연히
선동했다. 국민당이 분열되어 서로에게 포문을 열자 보로딘은 드디어
국민당을 장악할 수 있는 절호의 기회가 왔다고 여겼다. 그는 좌파와
손잡고 우파 숙청에 나섰다.

보로딘은 사건 조사를 맡은 특별위원회에 출석하여 자신이 직접 작
성한 '리스트'를 제출했다. 명단에는 후한민을 비롯한 우파 간부들의
이름이 올라 있었다. 용의자들을 모조리 잡아들여야 한다는 그의 주장

은 우파의 반발을 샀을 뿐 아니라 중도파 또한 반대하면서 힘을 얻지 못했다. 그러나 후한민은 정치적으로 매우 곤란한 처지에 놓이게 되었다. 보로딘의 부추김을 받은 왕징웨이는 후한민에게 출국을 제안했다. 결국 후한민은 거의 쫓겨나듯 소련으로 떠나야 했다. 옆에는 그의 일거수일투족을 감시하기 위해 보로딘이 붙여놓은 감시역까지 데리고 말이다.

본래 왕징웨이와 후한민, 랴오중카이는 젊은 시절부터 쑨원 곁에서 평생을 함께 투쟁해온 동지였다. 또한 개인적으로도 매우 가까운 친우였다. 쑨원이 죽은 뒤 광저우 정부는 이 세 명에 의한 집단지도체제였다. 말하자면 세발솥의 형국으로 세력균형을 유지했지만 랴오중카이가 비명횡사하자 오랜 우정도 하루아침에 무너져버렸다. 이제 국민정부는 왕징웨이 혼자서 좌지우지했다.

문제는 왕징웨이는 왕징웨이일 뿐, 쑨원이 될 수 없다는 점이었다. 국민당 원로들은 쑨원이 평생을 바쳐 일군 혁명의 근거지가 소련의 손에 넘어가는 것을 도저히 묵과할 수 없었다. 그들은 왕징웨이가 권력에 눈먼 나머지 보로딘에게 부화뇌동하는 하수인으로 전락했다면서 증오심을 품었다. 후한민 추방은 갈등의 불씨에 더욱 불을 지폈다.

후한민을 추방하여 우파 진영에 치명타를 가한 보로딘은 다음 수순으로 혁명 원로이자 우파의 중진인 린썬과 쩌우루鄭魯를 화북 민중을 계몽하여 혁명의 근거지를 마련하라는 명목으로 베이징으로 보냈다. 추방이나 다름없었다. 보로딘은 이런 식으로 국민당 지도부에서 눈에 거슬리는 우파 간부들을 하나씩 제거해나갔다. 이들의 빈자리는 공산당원들이 차지했다. 1923년 1월 23일, '쑨원-요페 선언'에 따라 국공합작이 이루어진 지 겨우 1년 반, 쑨원이 죽은 지 7개월 만에 국민정부의 중추부는 사실상 소련 손으로 넘어갔다.

우파는 이를 갈지 않을 수 없었다. 국공합작은 양당이 대등한 지위에서 합당한 것이 아니라 국민당이 공산당을 하부 조직으로 포용한 것이었다. 따라서 공산당원들은 마땅히 국민당의 강령에 절대 복종해야 했다. 그런데 이제는 굴러들어온 돌이 박힌 돌을 빼내는 형국이 되면서 오히려 국민당이 공산당에게 잡아먹힐 판이었다. 격분한 우파는 절이 싫으면 중이 떠난다는 격으로 광저우를 떠나기로 결심했다.

이들은 처음에는 서북의 장자커우로 가려고 했다. 장자커우는 국민군의 수장 펑위샹의 영토였다. 펑위샹은 여러 군벌 중에서 유일하게 국민당에 호의적인 인물이었다. 또한 북방에서 가장 강력한 실력자 가운데 한 사람이기도 했다. 따라서 그를 우군으로 끌어들일 수만 있다면 우파로서는 천군만마를 얻는 셈이었다. 그러나 펑위샹은 소련과 접촉하고 있었기 때문에 반공을 슬로건으로 삼은 이들과 손잡기를 원하지 않았다.

1925년 11월 23일, 린썬·쩌우루·셰츠 등 우파는 베이징 교외 시산의 비윈사에 있는 쑨원 무덤 앞에 모였다. 이들은 공산당이 국공합작의 정신을 어기고 혁명정부를 장악하는 데 열을 올리고 있다면서 울분을 터뜨렸다. 또한 공산당이 국공합작에 동의한 것은 소련의 앞잡이가 되어 자신들의 세력을 확장하는 데 목적이 있으며, 중국과 소련은 역사도 다르고 정세도 다르기 때문에 국민혁명과 계급혁명은 동시에 할 수 있는 것이 아니라고 선언했다. 그리고 공산당원들의 당적을 박탈하고 국민당 지도부에서 몰아내기로 결의했다.

이들은 리다자오와 마오쩌둥·장궈타오 등 공산당 간부 9명의 당적을 박탈했다. 또한 국민정부 주석인 왕징웨이에 대해서도 보로딘의 꼭두각시처럼 행동한다는 이유로 국민당 당적을 박탈하고 중앙집행위원에서 파면하기로 결의했다. 이른바 '베이징 시산회의'였다. 시산회의에 참여한 사람들을 '시산파'라고 일컬었다. 우파는 상하이로 가 상하이 지부를 국민당 중앙당부로 삼았다. 국민정부는 상하이와 광저우 양쪽으로 갈라졌다. 쑨원이 살아 있었다면 절대로 상상할 수 없는 일이 벌어졌다.

국민정부의 최고 의결권과 집행권을 쥔 조직은 24명의 위원으로 구성된 중앙집행위원회였다. 시산파는 10명으로 전체의 절반에 조금 못미쳤다. 그렇지만 좌파 손으로 넘어간 광저우 정부에 맞서기에는 충분했다. 좌파도 가만있지 않았다. 이들은 우파를 일소할 호기로 여겼다. 1926년 1월 16일, '시산회의 탄핵결의안'이 통과되었다. 시산회의를 불법으로 규정하고 쩌우루와 셰츠의 당적을 영구적으로 박탈했다. 나머지 사람들에 대해서는 2개월 안에 스스로 반성하고 돌아올 것을 요구하고, 그러지 않으면 국민당에서 추방한다는 것이었다. 한마디로 당을 떠나든 투항하든, 양자택일을 하라는 얘기였다.

과연 어느 쪽이 승리할 것인가. 열쇠를 쥔 사람은 장제스였다. 황푸군관학교 교장이자 국민혁명군 제1군의 군장인 장제스는 어느 편에도 서지 않은 채 국민당의 분열에서 한발 물러나 있었다. 오히려 겉으로 보기에 그는 우파보다 좌파에 더 가까웠다. 그는 소련과의 합작을 강조하고 혁명군은 노동자·농민 편에 서서 제국주의를 타도해야 한다고 주장했다. 황푸군관학교는 소련공산당의 조직과 운영 방식을 그대로 모방했다. 1925년 6월에는 장남 장징궈를 소련 모스크바로 유학 보냈다. 보로딘이나 공산당과도 그런대로 원만한 관계를 유지하는 등 좌파가 '우리 편'이라고 여길 만했다. 최소한 적은 아니었다. 공산당 지도자인 천두슈가 "장제스를 비난하는 사람은 반혁명 분자"라고 공언할 정도였다. 그러나 사람 보는 눈이 탁월한 저우언라이는 장제스를 정확하게 꿰뚫어보고, 결코 방심할 수 없는 사람이라고 보로딘에게 충고했다.

장제스는 제1차 동정작전의 승리로 당내에서 입지를 탄탄하게 굳혀갔다. 하지만 그의 지위는 여전히 일개 교장에 지나지 않았다. 휘하의 군대도 겨우 3,000여 명뿐이었다. 국민정부 산하의 다른 군벌 군대에 견주면 한 줌밖에 안 되는 세력이었다. 국민혁명군 중에서 가장 강력한 실력자는 광둥군의 우두머리이자 광둥성 주석 겸 군사부장을 맡고 있던 쉬충즈였다. 쑨원과 같은 광둥성 출신인 쉬충즈는 장제스와 동갑이면서도 명망이나 군사 경력에서 감히 비할 바가 아니었다. 일본 육사 보병과를 졸업한 엘리트였으며, 신해혁명 직전 이미 푸저우에 주둔한 신군 제10진 제20협의 통령(여단장)이었다. 당시 장제스는 변변한 직위조차 없는 신세였다.

우창봉기가 일어나자 쉬충즈 또한 반청운동의 선봉에 섰으며 2차 혁명과 호국전쟁에 참여했다. 쑨원이 광저우로 내려온 뒤에는 광둥군 제2군을 지휘했다. 그는 쑨원 진영을 통틀어 몇 안 되는 역량 있는 군사 지휘관이었다. 쑨원의 북벌전쟁에서는 리례쥔과 함께 북벌군을 이끌고 푸젠성 공략에 나섰다가, 천중밍이 '6·16사변'을 일으키자 군대를 돌려 천중밍을 토벌했다. 제1차 동정작전에서도 쉬충즈는 전선 사령관으로 장제스의 상관이었다. 장제스는 쉬충즈와 의기투합하여 의형제를 맺으면서 자기보다 생일이 겨우 보름 빠르다는 이유로 형님으로 모셨다. 장제스가 없었다면 북벌군의 총사령관은 틀림없이 쉬충즈가 되었을 것이다.

장제스와는 달리 우파와 가까웠던 쉬충즈는 왕징웨이와 보로딘의 우파 숙청에 제동을 걸었다. 광둥성의 군권을 쥔 쉬충즈가 건재한 이상 언제 자신들이 쫓겨날지 모른다고 여긴 왕징웨이는 그를 견제하기 위해 장제스를 광저우 경비사령관에 임명했다. 그리고 장제스를 시켜 쉬충즈의 군대를 기습적으로 무장해제하고 그의 사령부를 포위하게 했다. 쉬충즈는 하루아침에 몰락하여 상하이로 쫓겨났다. 장제스는 광둥성의 군권을 장악하고 쉬충즈를 대신하여 가장 강력한 군의 실세가 되었다. 또한 제2차 동정을 단행하여 천중밍을 완전히 분쇄하고 광둥성 전역을 통일하면서 위상이 더욱 높아졌다.

왕징웨이의 눈에는 자기보다 4살이나 어리면서 지위나 경력에서도 한참 후배인 장제스가 한낱 애송이에 지나지 않았다. 장제스를 그저 자신에게 충실한 수족으로 여길 뿐이었다. 그러나 장제스는 왕징웨이가 생각하는 이상으로 야심이 큰 인물이었다. 또한 그 야심에 걸맞은 그릇과 결단력, 추진력을 갖추었다. 왕징웨이는 늑대를 쫓아내기 위해 호랑이 새끼를 제 품에 안고 있는 셈이었다. 그 사실을 깨닫기까지 그리 오랜 시간이 걸리지 않았다.

1926년 1월 1일, 광저우에서 제2차 국민당 전국대표대회가 열렸다. 왕징웨이와 보로딘은 지지 세력을 규합하여 '반역'을 일으킨 시산파를 단번에 척결하고 국민당을 완전히 장악할 속셈이었다. 전당대회에 참여하는 전국 대표들은 먼저 심사위원회의 검증을 거쳐야 했다. 심사위원회를 구성하는 3명의 위원 모두 공산당원이었다. 그중 한 사람이 마오쩌둥이었다.

훗날 장제스의 최대 숙적이 되는 마오쩌둥 또한 차곡차곡 자신의 입지를 다져가고 있었다. 1924년 1월에 국민당 중앙집행위원회 후보위원으로 지명된 그는 공산당 지도부의 한 사람이자 국민당 안에서도 상당한 지위에 올라 있었다. 1925년 10월에는 국민당 중앙 선전부장에 임명되어 광저우와 다른 지역 국민당 지부 사이의 연락, 노동자·농민에 대한 선전 공작을 총괄했다. 마오쩌둥은 특유의 언변과 선동술로 광둥성과 후난성 일대의 농민 사이에서 광대한 공산당 세포조직을 만들어나갔다.

마오쩌둥을 비롯한 공산당원들이 국민당 전당대회 참여 자격을 좌지우지하면서 전국 대표 256명 가운데 3분의 1이 넘는 90명을 공산당원이 차지했다. 공산당원은 아니어도 공산당에 우호적인 좌파 인사까지 합하면 168명으로, 전체 인원의 60퍼센트가 넘었다. 중도파는 65명, 우파는 겨우 45명이었다. 특히 중앙집행위원의 경우 36명 중 7명이 공산당원이고 14명이 좌파였다. 국민당 지도부는 공산당과 좌파의 손에 넘어간 것이나 다름없었다. 또한 쑨원이 사망한 뒤 지도력을 상실한 채 여러 갈래로 분열된 국민당과 달리 공산당은 강력한 결속력을 갖추고 소련 코민테른의 명령에 따라 일사불란하게 움직였다.

국민당 전당대회가 열리자 공산당은 중앙에 반역한 시산파에 대한 성토와 비난에 나섰다. 소련 코민테른과 국민당 좌파를 등에 업은 공산당은 감히 누구도 이견을 달 리 없으리라 여겼다. 그런데 뜻밖에도 반발한 사람이 있었다. 장제스였다.

우리 국민당은 총리(쑨원)가 남겨준 것이다. 우리는 총리의 마음을 우리 당의 마음으로 삼고 총리의 뜻을 우리 뜻으로 삼아야 한다. 대회의 결과가 하늘에 있는 총리를 탄식케 해서는 안 될 것이다.

장제스의 연설은 잔뜩 벼르고 있던 공산당과 좌파에게는 찬물을 끼얹는 것과 같았다. 그러나 달걀로 바위 치기였다. 아무도 장제스 편을 들지 않았다. 장제스의 호소에도 불구하고, 공산당은 시산파에 대한 탄핵을 강행했다. 국민당 조직부장에는 탄핑산譚平山, 농민부장에는 린쭈한林祖涵, 부녀부장에는 쑹칭링을 대신하여 저우언라이의 아내인 덩잉차오鄧穎超가 각각 임명되었다. 국민당 지도부의 요직은 모두 공산당원들이 차지했다. 지도부에서 공산주의자가 아닌 사람은 장제스와 제2군 군장이었던 탄옌카이 정도였다. 게다가 두 사람 모두 군인이었으며 정치적인 토대는 거의 없었다. 쑨원이 죽은 뒤 국공의 투쟁은 겨우 반년 만에 공산당의 완전한 승리로 끝날 참이었다.

그동안 장제스는 군사 분야에서만 활약했을 뿐, 지도부에서 벌어지는 치열한 권력투쟁에는 중립을 지킨 채 우파와 좌파 어느 쪽에도 가담하지 않았다. 오히려 쑨원의 유지를 받드는 것이 가장 중요하다면서 당의 분열을 반대하고 양쪽의 중재자 역할을 하기 위해 노력했다. 그러나 주변 정세는 그의 모호한 태도를 내버려두지 않았다. 1926년 1월 4일 밤, 장제스는 회의에서 처음으로 북벌전쟁을 거론했다.

현재 전국을 보건대 우리 국민당은 반드시 중국을 통일할 수 있다고 생각한다. 북방의 군벌들은 이미 붕괴하고 있으며, 우리가 단결해서 노력한다면 올해 안에 군벌을 모두 타도하여 베이징을 손에 넣고 총리의 운구를 난징으로 모셔와 반드시 쯔진산에 안장할 수 있다.

이틀 뒤에는 "지금 국민혁명군은 당과 정부의 통제를 받고 있다. 명령 한 번이면 8만 5,000명의 병사를 동원할 수 있으며, 총은 6만 정이 있다. 또한 각지의 군사학교에도 6,000여 명의 생도가 있어 1개 사단에 필적한다. 이것은 삼민주의의 힘으로 쟁취한 것이다. 혁명군이 가는 곳에는 민중의 열렬한 환영이 있으며 민중의 조력이 있다. 혁명군은 민중의 군대이며 무장 역량이다"라고 연설했다.

장제스는 펑톈파의 분열과 북방대전, 중국 민중의 유례없는 민족주의 열기를 보면서 이제야말로 쑨원의 유지를 받들 때라며 그동안 야심차게 준비해온 북벌에 대한 자신감을 드러냈다. 혁명정부의 수립과 국공합작, 황푸군관학교는 바로 이 일을 위함이 아니었던가.

그러나 왕징웨이와 보로딘은 북벌이 시기상조라면서 회의적이었다. 천두슈를 비롯한 공산당 지도부도 "국민정부의 실력으로는 북벌을 시작하기가 아직 이르다"고 주장했다. 공산당은 우파 척결을 반대한 장제스를 적으로 간주하여 하루빨리 제거해야 한다고 여겼다. 장제스는 갑자기 달라진 주변의 냉담한 모습에 당황하지 않을 수 없었다. 국민혁명군은 물론이고 황푸군관학교에서도 장제스의 명령에 노골적으로 항명하는 일이 벌어졌다. 그는 완전히 고립되었고, 지위는 물론 목숨까지 위태로운 형편이었다.

＼장제스의 반격

1926년 2월 3일, 그동안 고문 역할을 맡았던 보로딘과 블류헤르가 소련으로 소환되었다. 이들을 대신해서 온 사람은 '키산카Kisanka'라는 가명을 쓰는 발레리안 쿠이비셰프Valerian Kuybyshev였다. 그는 적백내전에서 제1군의 정치위원을 맡았고, 스탈린 정권에서 소비에트 국가계획위원회 의장을 역임했다. 스탈린의 가장 충실한 심복이었던 그는 1935년에 심장마비로 죽었지만, 구소련 시절 그의 이름을 딴 도시만도 여럿 있을 정도로 유명했다. 성격이 거만한 키산카는 광저우에 오자마자 국민당의 머리 위에 앉아 상황上皇처럼 군림했다. 그는 장제스를 호되게 질타하면서 북벌 계획을 비판했다. 충분히 준비되지 않은 지금 공격에 나섰다가는 반드시 패한다는 것이었다. 그러나 진짜 이유는 장제스에게 군권이 집중되는 것을 막기 위함이었다.

국민혁명군에는 장제스의 제1군을 비롯하여 7개 군이 있지만, 쉬충즈가 사라진 지금 북벌군의 총사령관을 맡을 만한 사람은 장제스뿐이었다. 그렇지만 국민정부가 좌우로 분열된 상황에서 좌파로서는 우파에 동정적인 장제스에게 군권을 주었다가 언제 뒤통수를 맞을지 알수 없는 노릇이었다. 키산카는 황푸군관학교 경비를 멋대로 삭감하고 군인들의 봉급을 지불하지 못하게 막았다. 장제스의 입지를 약화시키기 위해서였다. 왕징웨이는 소련의 비위를 건드리지 않으려고 키산카가 시키는 대로 고분고분 따랐다.

격분한 장제스는 2월 27일 왕징웨이를 직접 찾아가서 키산카를 소련으로 돌려보내지 않으면 자신은 모든 직위에서 물러나겠다고 경고했다. 또한 왕징웨이가 처음에는 북벌에 동조했음에도 키산카가 반대하자 당장 태도를 바꾼 이중성을 지적하고, 소련과 손을 잡더라도 혁명의 자주성만큼은 지켜야 한다고 충고했다. 왕징웨이는 아무 말도 하지 못했다. 이때부터 키산카와 왕징웨이 그리고 장제스의 암투가 본격적으로 시작되었다. 1926년 2월 26일, 제1군 제2사단장과 광저우 경비사령관 대리를 맡고 있던 왕마오궁王懋功이 장제스의 명령에 따라 체포되었다. 장제스는 그가 반란을 꾀했다면서 모든 직위에서 파면하고 소련으로 추방했다. 제2사단장은 황푸군관학교의 교관이자 장제스의 심복인 류즈로 교체되었다.

왕마오궁이 실제로 반란을 계획했는지는 분명하지 않다. 그는 본래 쉬충즈의 부하로, 장제스와는 썩 매끄럽지 못한 사이였다. 장제스가 키산카를 공격하기 위한 희생물로 그를 활용했을 수도 있다. 어쨌거나 이 일로 장제스에게 앙심을 품은 왕마오궁은 한동안 소련에 머무르다 귀국한 뒤 북벌전쟁이 한창이던 1928년에는 산시 군벌 옌시산의 제3집단군에 가담하여 제11군 군장이 된다. 북벌이 끝난 뒤에는 반反장제스 운동에 앞장서 중원대전에도 참전했다. 그러나 만주사변 이후 중국에서 항일 분위기가 고조되자 장제스와 화해한 뒤 장쉐성 주석을 지냈다. 국공내전에서 장제스가 패하면서 함께 타이완으로 도주한 그는 장제스의 총통부 고문을 맡아 평온한 생활을 하다가 1961년에 병사했다.

황푸군관학교 교관들 중에도 생도들 앞에서 장제스를 공공연히 비방하는 사람들이 있었다. 학교 안에 장제스를 비난하는 선전물이 뿌려지기도 했다. 3월 14일에는 왕징웨이가 장제스에게 넌지시 광둥성을 잠시 떠나 있으라고 권유하기까지 했다. 장제스는 사면초가에 몰린 신세였다. 이런 상황에서 '중산함 사건'이 벌어졌다. 중산함은 예전의 융펑함으로, 쑨원이 죽은 뒤 그의 호를 따서 '중산'이라고 이름을 바꾸었다.

중산함의 함장은 리즈룽李之龍이라는 29세의 젊은 장교였다. 그는 산둥성 옌타이해군학교를 졸업한 뒤 황푸군관학교에 입학해 1기생으로 졸업했다. 얼마 전부터 광둥성 해군국 국장을 겸임하는 등 혁명군에서는 몇 안 되는 해군 간부였다. 문제는 그가 골수 공산당원이라는 사실이었다. 광저우에서 수리 중이던 중산함이 3월 18일 갑자기 황푸다오로 왔다. 리즈룽은 교장의 명령이라고 황푸군관학교에 통보했다. 중산함은 평소에도 장제스가 광저우와 황푸다오를 오갈 때 이용했기 때문에 아무도 의심할 이유가 없었다.

마침 장제스는 업무차 광저우에 있었다. 그런데 다음 날 아침 그의 집으로 왕징웨이의 부인인 천비쥔의 전화가 걸려왔다. 그녀는 왕징웨이를 대신해 전화했다면서, 장제스에게 언제 황푸로 떠날 것인지 물었다. 전화는 연거푸 세 번이나 걸려왔다. 한 시간 뒤에는 리즈룽에게서 전화가 왔다. 그는 중산함이 황푸군관학교 근처에 정박 중이라고 보고하면서 광저우로 돌아가도 되겠느냐고 물었다. 장제스는 이상하게 여기면서 "나는 중산함을 황푸로 가라고 한 적이 없다. 왜 나한테 그것을 묻는가?"라고 되물었다. 리즈룽이 장제스가 직접 내린 명령이라고 하자, 장제스는 그런 명령을 내린 적이 없다고 반박했다. 중산함은 광저우로 되돌아왔지만, 당장이라도 전투를 시작할 것처럼 보일러에는 불을 켜놓은 채 포문의 덮개는 열려 있었다. 그렇잖아도 왕징웨이와 키산카에 대한 불신감으로 신경이 잔뜩 곤두서 있던 장제스는 그 얘기를 듣고 자신을 제거하려는 음모라고 판단했다. 그는 곧장 광저우의 경비사령부로 향했다. 상황이 여의치 않을 때는 동쪽의 산터우로 물러나 끝까지 싸울 생각이었다.

3월 20일 새벽, 장제스는 광저우해군학교 부교장인 어우양거歐陽格에게 해군 함대를 장악하고 리즈룽을 체포하라고 지시했다. 또한 광저우 전역에 계엄령을 선포했다. 리즈룽은 자기 집에서 붙들려 광동군 제20사단 본부로 압송되었다. 장제스 쪽 군대가 광저우 시내로 출동해 주요 도로와 정부 청사를 장악하고, 이와 함께 공산당 휘하의 노동자 무장 조직을 습격하여 무장해제했다. 공산당 간부들이 체포되고 키산카를 비롯한 소련 고문들이 묵고 있는 숙소 또한 군인들에게 포위당했다. 억류된 사람 중에는 저우언라이도 있었다.

기습은 성공했다. 그렇지만 아주 위험하기 짝이 없는 행동이기도 했다. 장제스는 지위도 낮을뿐더러 왕징웨이와 소련 고문단, 공산당원들을 모두 몰아내고 자신이 국민정부를 장악할 만한 실력은 없었기 때문이다. 또한 그의 쿠데타는 치밀한 계획 아래 진행된 것이 아니라 즉흥적이었고 상하이의 우파와 연결된 것도 아니었다. 국민혁명군의 다른 군장들도 장제스 편에 선다는 보장이 없었다. 소련은 어떻게 나올 것인가. 소련이 등을 돌린다면 국민정부를 지탱할 수도 없고 북벌 또한 포기해야 했다. 좌파와 공산당이 허를 찔리기는 했지만, 진용을 정비한 뒤 반격한다면 상황은 당장 역전될 판이었다. 최악의 경우 유혈 충돌로 이어져서 장제스는 몰락할 수도 있었다. 그는 벼랑 끝에 서 있는 것과 같았다.

장제스와 공산당은 팽팽하게 맞섰다. 장제스는 중산함이 자신을 납치해 연해주 블라디보스토크로 끌고 가려 했으며, 음모의 배후에는 소련 고문단이 있다고 주장했다. 공산당은 장제스가 사건을 날조하고 군대를 불법으로 동원했다고 반박했다. 과연 어느 쪽이 사실인가.

이 사건은 결코 느닷없이 벌어진 일이 아니었다. 양쪽의 감정이 극도로 격앙된 와중에 장제스로서는 정황적으로 충분히 의심할 만한 상황이었다. 그러나 불확실한 심증 이외에 실제로 그를 납치하려는 직접적인 증거가 발견되지는 않았다. 그렇다고 이제 와서 서로의 오해에서 비롯된 우발적인 사건으로 덮어버릴 수도 없는 노릇이었다. 사건 이틀 뒤인 3월 22일, 광저우 주재 소련영사관이 개입했다. 이들은 장제스를 면담하고 "이것은 개인적인 문제인가, 아니면 소련 전체를 적으로 삼기 위함인가?"라고 물었다. 물론 그의 대답은 뻔했다. 장제스는 키산카를 비롯한 소련 고문단의 횡포에 대하여 그동안의 불만을 털어놓으면서도 결코 소련을 적으로 돌릴 생각은 없다고 말했다.

장제스로서는 뜻밖에도 소련 대표들은 그의 말을 순순히 납득하고 더는 시시비비를 가리지 않기로 했다. 오히려 장제스의 요구를 모두 받아들여 문제가 된 소련 고문단을 본국으로 송환하는 데 동의했다. 장제스의 승리였다. 사건 당일 병원에 입원해 있던 왕징웨이는 병문안하러 온 장제스의 입을 통해 뒤늦게야 사실을 알았다. 그는 격분하여 호통을 쳤다. 그러나 그 자리에서 장제스를 체포하거나 군법 위반으로 처벌하지는 않았다. 장제스도 기가 죽기는커녕 왕징웨이가 그동안 공산주의자들의 횡포를 묵인했다고 불만을 토로했다.

우유부단한 왕징웨이는 전혀 생각지 못한 사태로 인해 패닉에 빠진 나머지 어떻게 해야 할지 몰라 우물쭈물했다. 또한 휘하에 군대가 없는 그로서는 무력을 가진 장제스를 제압하려면 다른 군장들의 도움을 받아야 했지만, 어느 한 사람 이 문제에 끼어들려고 하지 않았다. 왕징웨이의 지위는 허울에 지나지 않았던 것이다. 체면이 땅에 떨어진 왕징웨이는 자기가 전부 책임을 지고 모든 직위에서 물러난다고 선언했다. 그리고 도망치듯 프랑스로 출국했다. 그에게는 이런 상황을 감내할 역량이 없었다. 오직 쑨원이라는 거성 옆에서만 빛날 수 있는 인물이었다.

소련과 공산당은 마음만 먹으면 장제스를 끌어내릴 수 있었다. 실제로 사건 직후 모스크바에서는 격론이 벌어졌다. 과격한 혁명가 트로츠키는 장제스를 쫓아내거나 아예 국공합작을 끝장내고 공산당을 지원해 광저우를 장악해야 한다고 주장했다. 그러나 스탈린이 반대했다. 국공합작의 총괄을 맡은 스탈린은 그동안 많은 자금과 물자를 쏟아부었는데 이렇다 할 성과 없이 합작이 깨진다면 자기 체면이 깎이는 것은 물론 실패의 책임을 추궁받을 수 있었다. 그는 반드시 국공합작을 유지해야 하고 이를 위해서 다소 양보할 필요도 있다고 강조했다. 당내의 주도권은 이미 스탈린에게 넘어갔고 가장 강력한 경쟁자였던 트로츠키는 권력투쟁에서 거의 밀려나 있었다. 지도부는 실세인 스탈린의 손을 들어주었다. 스탈린은 중국공산당에게 국민당에 잔류하되 우파와의 갈등을 피하기 위해 일단 국민당 지도부에서 물러나 후일을 기약하라고 지시했다. 전술적인 후퇴였다. 공산당은 내심 불만을 품었지만 거역할 수 없었다.

3월 23일에 열린 군사위원회 회의에서 장제스는 부득이한 비상사태였다고 변명했다. 그러면서도 상부의 허락 없이 멋대로 군대를 동원하고 계엄령을 선포한 것을 솔직하게 인정하고 스스로 처벌을 요청했다. 그런데 그 책임을 물어야 할 왕징웨이는 달아났고 소련은 꼬리를 내렸다. 군사위원회 회의에 참여한 다른 국민혁명군의 장군들도 장제스에 대한 문책에 회의적이었다. 이들은 장제스를 지지하지도 않았지만 공산당 편에 서서 장제스와 맞설 생각도 없었다. 처분은 흐지부지되었다. 오히려 장제스는 4월 16일 군사위원회 주석으로 임명되었다.

4월 29일, 키산카를 비롯한 10여 명의 소련 고문단이 본국으로 송환되고 이들을 대신하여 보로딘이 돌아왔다. 그의 곁에는 예전에 왕징웨이에 의해 모스크바로 추방당했던 우파의 수장 후한민도 있었다. 블류헤르도 군사고문으로 복귀했다. 블류헤르는 장제스와 매우 친밀한 사이였다. 중일전쟁 중에는 장제스가 그를 군사고문으로 다시 파견해달라고 스탈린에게 요청했을 정도였다. 장제스는 보로딘에게 "공산당이 더 이상 삼민주의를 비판하지 못하게 할 것", "국민당적인 사람만 국민정부 내 요직에 임명할 것", "중앙의 허락 없이 사사로이 조직을 만들 수 없으며, 공산당에 입당한 사람은 국민당원에 가입할 수 없게 할 것" 등을 요구했다. 사실상 공산당에게 백기 투항하라는 소리였다. 보로딘은 매우 부드럽고 유화적인 태도로 장제스의 요구를 모두 수락했다.

국공합작은 그대로 유지되었다. 소련의 원조 또한 문제가 없었다. 보로딘은 그동안의 태도를 바꾸어 북벌을 전폭 지원하기로 약속했다. 쌍방이 화해하면서 계엄령은 해제되고 감금당했던 사람들은 모두 석방되었다. 사건의 단초가 된 리즈룽도 무혐의로 풀려났다. 그 대신 군직에서는 해임되어 정치부의 한직으로 쫓겨났다. 1년 뒤 국공합작이 끝장나고 공산당이 불법으로 규정되면서 리즈룽은 더 이상 있을 곳이 없어졌다. 일본으로 달아났던 그는 1928년 2월 광저우로 몰래 돌아와 반란을 일으키려다가 발각되어 처형당한다.

1926년 7월 9일, 장제스는 국민혁명군 총사령관에 추대받아 북벌군의 지휘봉을 들었다. 프랑스로 달아난 왕징웨이를 대신하여 여러 원로에 의한 집단지도체제가 구성되었다. 그러나 실세는 군권을 장악한 장제스였다. 장제스는 쑨원의 후계자에 가장 가까이 다가갔다. 공산당 세력은 크게 약해졌고 국민당에 절대 복종하기로 맹세했다. 국민정부를 99퍼센트 장악한 공산당은 마지막 한 발짝을 남겨두고 한 방에 판세를 역전당한 셈이었다. 벼랑 끝에 몰렸던 장제스에게는 실로 회심의 일격이었다.

그러나 공산당과의 싸움은 끝나기는커녕 이제 막 시작되었다. 중산함 사건은 장제스와 공산당 사이의 숙명적인 싸움을 잠깐 늦춘 것에 지나지 않았다. 공산당은 대세의 불리함에 한발 물러났을 뿐이다. 보로딘은 공산당의 활동을 엄격히 제한하기로 약속했지만, 막상 어겼을 때 감시하거나 제재할 방법은 없었다. 국공의 모순은 아무것도 해결되지 않은 채 그대로 봉합되었다. 스탈린은 광저우에서 쿠데타가 일어났다는 사실 자체를 부정하면서 영국의 날조라고 주장했다.

장제스가 공산당과 정면 승부를 벌이지 않은 이유는 아직은 그만한 힘이 없는 데다, 그럴 경우 소련의 원조 또한 그날로 끝나기 때문이었다. 만약 천중밍처럼 광저우를 자기 지반으로 삼아서 당장의 호의호식을 누리는 데 만족하려 했다면 소련과 손을 끊는 데 아무런 미련이 없었으리라. 그러나 그는 북벌을 포기할 생각이 없었다. 중국을 통일해서 군벌 할거를 끝내고 제국주의 세력을 몰아내 혁명을 완성하는 일은 쑨원이 마지막까지 포기하지 못한 원대한 꿈이었다. 장제스는 쑨원의 유지를 반드시 자신이 실현하리라 굳게 다짐했다. 설령 순수한 의도만은 아니었다 해도 장제스를 개인적인 야욕과 이해타산에만 눈먼 여느 봉건 군벌들과 똑같이 치부할 수는 없을 것이다.

그러나 상하이의 우파는 장제스를 이해할 수 없었다. 오히려 "장제스가 자신의 이익을 생각하느라 여전히 공산 분자들과 손잡고 있다"면서 날을 세웠다. 북벌보다 반공이 우선이었던 우파가 볼 때 공산당과 야합한 장제스는 결국 공산당과 같은 패거리였다. 이들은 국민당에서 공산당을 완전히 쫓아내지 않는 한 광저우로 돌아가지 않으리라고 못 박았다. 장제스는 연소용공의 원칙은 쑨원이 생전에 정했기에 아무도 함부로 바꿀 수 없으며 자기가 공산당을 반드시 억제하겠다고 장담했지만 우파를 설득하기에는 역부족이었다. 북벌 직전의 국민정부는 좌파와 우파 그리고 중도파의 장제스, 이렇게 셋으로 나뉜 채 아슬아슬한 동거를 유지하고 있었다. 언제 폭발할지 모르는 시한폭탄이나 다름없었다.

북벌군 출전하다

중산함 사건이 마무리된 뒤 장제스는 본격적으로 북벌 준비에 박차를 가했다. 가장 큰 걸림돌이었던 왕징웨이와 키산카가 사라지면서 이제 그를 걸고넘어질 사람은 없었기 때문이다. 4월 3일, 장제스는 중앙집 행위원회에 북벌에 관한 건의서를 제출했다. 그는 북방의 정세를 분 석하고 8만 명의 군대로 북벌에 나선다면 한 달 안에 우한을 점령할 수 있다고 자신했다. 그러나 국민군이 완전히 괴멸하기 전에 출동해 야 했다. 시기를 놓쳐서 장쭤린·우페이푸가 북방을 평정한다면 그다 음 수순으로 일본, 영국 등 제국주의 국가들의 원조를 받아 남방 평정 에 나설 것이 뻔하기 때문이다.

5월 초, 북벌 계획 세부안이 수립되었다. 주력부대는 후난성을 통해 우한으로 진격하고 조공부대가 동쪽의 장시성을 공격한다는 것이었 다. 그다음 단계는 나중에 다시 결정하기로 미루었다. 북방의 정세를 아직 예측하기 어려운 데다, 북방의 패자 장쭤린의 실력이 워낙 막강해서 북벌군의 실력으로 단번에 베이징까지 점령한다는 것은 생각할 수 없었기 때문이다.

그런데 때마침 후난성에서 일어난 사건으로 상황이 급변했다. 1926년 3월 12일, 후난군 제3사단장 탕성즈唐生智가 쿠데타를 일으켜 후난성의 지배자 자오헝티를 쫓아내고 창사를 장악했다. 다른 후난군 부대들도 동조했다. 1921년부터 지난 5년 동안 후난성에서 제왕으로 군림했던 자오헝티는 하루아침에 몰락하여 하야를 선언한 뒤 상하이로 달아났다. 물론 하루가 멀다 하고 하극상이 일어나던 그 시절에는 새삼스러울 것도 없는 단막극이었다.

탕성즈는 10여 년 뒤 중일전쟁에서 난징 방어를 맡았다가 졸렬한 지휘로 '난징 대학살'을 방조했으며, 최악의 졸장으로 중국 민중의 비난을 한 몸에 받는다. 그러나 젊은 시절에는 가장 야심만만하면서 중국에서 손꼽히는 명장 중의 한 사람이었다. 장제스보다 3살 아래인 그는 후난성 둥안현東安縣의 부유한 지방 유력자 집안에서 태어났다. 어릴 때부터 총명하기로 이름났으며 후광 총독 장즈둥이 창사에 후난육군소학당을 설립하자 1기생으로 입교했다. 육군중학당을 거쳐서 바오딩육군군관학교 보병과로 진학했다. 엘리트 코스를 차근차근 밟은 셈이다. 25세에 후난 육군 혼성여단 소대장으로 배속된 후 1년 만에 대대장으로 승진했고, 이듬해에는 후난 육군 제1사단 제3연대장이 되는 등 초고속 승진을 거듭했다.

위안스카이가 죽은 뒤 중앙의 혼란을 틈타 후난성에서도 탄옌카이와 자오헝티, 장징야오 등 여러 군벌 사이에 치열한 패권 싸움이 벌어졌다. 승자는 자오헝티였다. 후난성의 지배자가 된 그는 여세를 몰아 즈리파 군벌 왕잔위안이 통치하는 후베이성을 침공했다. 그러나 명장 우페이푸의 맹공에 후난군은 대패했다. 이때 후난 육군 제2여단장이었던 탕성즈는 패잔병들을 수습하는 한편 우페이푸의 남하를 저지하는 데 큰 공을 세웠다. 이듬해에 탄옌카이가 쑨원의 원조를 받아 후난성을 침공하자 자오헝티는 위기에 놓였지만 이번에는 우페이푸를 끌어들여 승리했다. 탕성즈는 탄옌카이의 부대들을 회유하고 헝양을 탈환한 공으로 제4사단장에 임명되었다. 제4사단은 3개 여단(8개 연대) 2만 명에 이르렀으며, 무기와 장비 또한 충실하여 후난성에서는 최강 부대였다.

독실한 불교도였던 탕성즈는 모든 병사와 장병들에게 불교를 믿으라고 강요하면서 "부처가 세상과 중생을 구원한다大慈大悲救人救世"는 명찰을 가슴에 반드시 달도록 했다. 일종의 정신교육으로, 군율을 바로잡고 결속력을 강화하는 데 크게 기여했다. 또한 토비를 제거하고 교육과 광산 개발, 빈민 구제, 조세 정비 등 후난성의 발전에 앞장섰다. 후난의 민심은 자오헝티에서 점차 탕성즈에게로 기울었다.

군벌들의 각축 속에서 탕성즈의 세력은 나날이 커졌다. 1925년에 이르면 후난성에서 가장 유력한 실력자가 되면서 자오헝티조차 함부로 할 수 없을 정도였다. 두 사람의 반목 또한 점점 심해졌다. 탕성즈는 남쪽의 광저우 정부나 광시성의 실력자 리쭝런과 손잡고 자오헝티에게 맞섰다. 자오헝티는 북방의 우페이푸와 손잡고 탕성즈를 견제했다. 후난성은 자오헝티와 탕성즈 외에도 여러 중소 군벌이 할거하는 전국시대였다.

탕성즈와 광저우의 관계는 매우 긴밀했다. 황푸군관학교가 설립되자 탕성즈는 장교 양성을 위해 해마다 수십 명의 후난 청년들을 입교시켰다. 그중에는 탕성즈의 동생이자 후난 육군 제3사단의 하급 참모였던 탕성밍唐生明도 있었다. 또한 공산당이 장악하고 있던 후난성 국민당부에는 막대한 자금을 활동 경비로 제공했다. 국민정부 선전부 장이었던 마오쩌둥은 탕성즈의 후원 아래 후난성의 농촌에서 농민운동을 전개하고 공산당 세포조직을 빠르게 확장해나갔다. 훗날 국공이 분열했을 때 마오쩌둥이 후난성을 지반으로 삼아 무장투쟁에 나설 수 있었던 것도 이 덕분이었다.

탕성즈와 자오헝티의 갈등은 결국 폭발했다. 1926년 3월 12일, 탕성즈는 리쭝런의 지원을 받아 무혈 쿠데타를 일으켜 자오헝티를 쫓아내는 데 성공했다. 자오헝티의 패잔병들이 후베이성으로 몰려가자 탕성즈는 이들을 추격하여 접경지대의 도시 웨저우를 점령했다.

웨저우는 우페이푸의 영토였다. 주력부대는 북방에서 국민군과 싸우고 있었지만 그가 탕성즈의 침입을 가만히 지켜볼 리 없었다. 우페이푸는 탕성즈에게 최후통첩을 보냈다. 24시간 안에 웨저우를 내놓고 물러날 것과 자오헝티를 복귀시킬 것, 반적동맹에 참여하여 광저우 토벌에 선봉을 서라는 것이었다. 첫 번째 요구야 어찌 되었든, 탕성즈로서는 두 번째와 세 번째는 결코 받아들일 수 없는 요구였다. 그는 "우가놈이 후난 사람을 바보 취급하는구나!"라며 격노했다. 그리고 우한을 단숨에 점령하여 우페이푸의 코를 납작하게 해주겠다고 기세등등하게 외쳤다. 탕성즈가 최후통첩을 묵살했다는 보고에 우페이푸는 코웃음 치면서 창사 진격을 명령했다. 큰소리치던 기세는 온데간데없이, 탕성즈는 막강한 우페이푸 군대 앞에서 여지없이 박살 났다. 4월 19일 웨저우가 함락되고, 5월 2일에는 성도 창사를 빼앗겼다. 탕성즈는 남쪽의 헝양으로 후퇴했다.

한 달 만에 패망의 위기에 직면한 그는 잔존 부대를 모아 헝양에서 방어선을 구축하는 한편, 국민정부에 급히 도움을 요청했다. 국민정부로서는 탕성즈를 돕는 것은 바꾸어 말해 우페이푸를 적으로 돌리고 그의 동맹자인 장쭤린에게도 칼을 겨누는 일이었다. 과연 이길 수 있을 것인가. 그러나 장제스는 망설이지 않았다. 그는 오랫동안 기다려온 북벌의 호기가 왔다고 생각했다. 군권을 쥐고 있는 장제스의 건의를 받아들여 국민정부 지도부는 탕성즈를 지원하기로 결정했다. 먼저 선발대로 리지선의 국민혁명군 제4군 독립연대를 헝양에 급파했다. 이 부대는 국민혁명군의 여러 부대 중에서도 공산당이 장악한 부대였다. 연대장은 예팅으로, 바오딩육군군관학교를 졸업한 유능한 인재이자 공산당원이었다.

1926년 7월 1일, 장제스는 국민정부 군사위원회 주석의 이름으로 전군에 동원령을 내렸다. 사흘 뒤 국민당 중앙집행위원회는 북벌을 정식으로 결의하고 전국에 널리 알려서 각계각층의 지지를 호소했다. 7월 5일, 장제스는 광저우에 국민혁명군 총사령부를 설치하고 북벌군의 조직과 인사를 발표했다. 광둥성과 윈난성·광시성 등 남방 각지에서 모여든 군대가 광저우에 집결했다. 7월 9일, 황푸군관학교 연병장에는 5만 명에 이르는 군인과 민간인들이 모였다. 장제스는 국민혁명군 총사령관에 취임하고 북벌을 선언했다.

인민이 수재와 전란의 고통으로 도탄에 빠져 있는데도 토비 군벌들은 온갖 악행을 저지르고, 제국주의는 중국에 대한 침략을 확대하고 있다. 우리가 군대를 일으키는 것은 나라를 구하고 인민을 위해서이다. 장병들이여! 인민의 선두에 서서 전진하라. 물러나지 마라. 국가에 충성하고 삼민주의를 실행하며 자신을 희생하여 충심으로 혁명 정신을 다하라!

그는 국민혁명군 총사령관으로서 스스로 다짐했다. "첫째로, 나는

제국주의자들과 그 주구들과 끝없이 싸울 것이며 절대 타협하지 않는
다. 둘째로, 전국의 군인들과 힘을 모아 삼민주의를 조속히 실현한다.
셋째로, 혁명군을 인민과 결합하여 인민의 군대로 만든다." 쑨원이 회
한을 남기고 눈을 감은 지 1년하고 4개월. 드디어 장제스는 그의 유지
를 받들어 통일을 향한 전쟁에 나섰다.

북벌군의 진용은 다음과 같았다.

총사령관 장제스, 총참모장 리지선, 참모차장 바이충시, 정치부 주임 덩옌다
■제1군(광둥계): 군장 허잉친
-5개 사단(제1~3사단, 제14사단, 제20사단) 총 19개 연대
■제2군(후난계): 군장 탄옌카이
-4개 사단(제4~6사단, 교도사단)과 1개 포병연대, 총 12개 연대
■제3군(윈난계): 군장 주페이더
-3개 사단(제7~9사단)과 포병·헌병 각 1개 대대, 총 8개 연대
■제4군(광둥계): 군장 리지선
-4개 사단(제10~13사단)과 1개 독립연대, 2개 포병연대, 총 15개 연대
■제5군(푸젠계): 군장 리푸린
-2개 사단(제15~16사단)과 2개 독립연대, 1개 포병대대, 총 8개 연대
■제6군(광둥계): 군장 청첸
-3개 사단(제17~19사단)과 2개 포병대대, 총 9개 연대
■제7군(광시계): 군장 리쭝런
-9개 여단과 2개 포병대대, 총 18개 연대
■제8군(후난계): 군장 탕성즈
-6개 사단(제2~5사단, 교도사단, 독립사단)과 포병연대, 교도연대, 총 24개 연대

북벌군의 전체 병력은 8개 군 27개 사단과 9개 여단, 113개 연대

약 10만 명에 달했다. 그 가운데 리푸린의 제5군은 광저우를 수비하기 위해 남았고 다른 군단도 일부 사단이 잔류하는 등, 실제로 전선에 나간 부대는 20개 사단과 4개 여단 등 8만 명이었다.

각 부대의 전투력은 제각각이었다. 그중에서 장제스의 직계부대이자 황푸 생도들이 포진한 제1군과 리지선의 제4군 그리고 리쭝런의 제7군이 비교적 장비와 무기가 충실하고 군기가 엄정하여 강군이라 할 만했다. 장제스의 황푸군관학교는 1924년 6월 개교한 이래 2년 만에 벌써 4기 5,000여 명에 이르는 졸업생을 배출했고, 5기생 2,400여 명의 생도가 훈련을 받고 있었다. 또한 실전 경험이 부족한 국민혁명군 간부들을 위해 바실리 블류헤르 장군이 장제스의 군사고문으로서 전쟁을 지도하고 전략 수립을 도왔다. 적백내전의 영웅인 그는 소련군에서도 가장 유능한 장군 가운데 한 사람이었다.

공군력으로는 국민혁명군 총사령부 산하에 항공처를 설치하고 북벌 항공대를 조직했다. 광저우항공학교 교장 린웨이청林偉成이 항공처장 겸 항공대 대장에 임명되었다. 항공대는 소련에서 제공된 폴리카르포프Polikarpov R-1 정찰폭격기 3대와 독일제 융커스 F-13 수상비행기 1대를 보유했다. 한 줌에 지나지 않았지만 이들은 전선 정찰과 지상 폭격 등을 용감하게 지원했다. 해군은 광둥 해군 산하의 크고 작은 군함 60여 척, 총배수량 8,000여 톤 정도였다. 모두 500톤 미만의 강 상용 소형 함선인 데다 양무운동 시절에 도입한 것들이라 노후화가 심했다. 북벌전쟁에 활용할 수 있는 500톤급 이상의 대형 군함으로는 850톤급 해방海防구축함 페이잉과 780톤급 포함 중산 2척뿐이었다. 그러나 해군은 북벌군과 함께 출동하지 않은 채 광저우에 그대로 남았다. 북벌전쟁에서 몇 차례 함포 지원을 한 것 말고는 별다른 활약은 없었다.

북벌을 선언하면서 장제스는 1년 안에 승리할 수 있다고 장담했지만, 남들 눈에는 터무니없는 허세로 보였을 것이다. 상황은 결코 낙관적이지 않았다. 심지어 국민정부와 북벌군 지도부마저 결과에 회의적이었다. 우선 첫 상대가 될 우페이푸부터 만만찮은 적수였다. 리훙장의 북양무비학당이 배출한 가장 뛰어난 장군으로 일컬어지는 우페이푸는 지금까지 어떤 전투에서도 패한 적이 없는 불패의 명장이었다. 그의 세력은 즈리성 남부와 허난성, 후베이성, 후난성, 쓰촨성 일부에 걸쳐 있었고 병력은 25만 명에 달했다. 또한 남방 5개 성의 지배자인 쑨촨팡이 20만 명, 산둥성과 즈리성 남서부를 차지한 장쭝창의 즈리-산둥 연합군이 20만 명, 명실상부한 북방의 패자 장쭤린은 50만 명의 병력을 보유했다. 여전히 기회주의적인 태도를 취하는 옌시산을 제외하더라도 북양군벌의 세력을 모두 합하면 100만 명이 넘었고, 그 수는 북벌군의 10배 이상이었다. 경제력, 군비, 장비와 무기 어느 면에서도 북양군벌들이 훨씬 우세했다. 또한 현대적인 해군과 공군을 갖추었으며 병참에서도 월등했다. 객관적인 전력에서 북벌군은 북양군벌에 감히 견줄 바가 아니었다.

　예컨대 무기 생산을 놓고 보더라도, 자료마다 차이는 있지만 북벌군의 유일한 군수공장인 광저우병공창은 매달 소총 750정, 탄약 70만 발, 비커스Vickers 중기관총 8정을 생산했다. 반면, 우페이푸가 장악한 한양병공창의 경우 월평균 소총 6,000정, 기병용 카빈 소총 1,500정, 마우저 권총 3,000정, 탄약 300만 발, 맥심 중기관총 50정, 항공기용 폭탄 120파운드(50킬로그램) 40~50발, 박격포, 연막탄, 유탄발사기 등을 생산했다. 중국 최대라는 장쭤린의 동북병공창은 감히 비교할 수도 없었다. 소련의 원조라는 것도 대수롭지 않았다. 1926년 한 해 동안 소련이 국민당에 제공한 지원금은 약 900만 루블(300만 위안) 정도였다. 반면에 북양 정권이 1912년부터 1927년까지 15년 동안 일본과 열강에서 얻어낸 차관은 13억 위안이 넘었으니, 새 발의 피에도 미치지 못했다. 흔히 말하듯 "전쟁은 돈 많은 놈이 이긴다"는 경제 논리에서 본다면 북벌군에게 조금도 승산이 없는 셈이었다. 제아무리 광둥성이 쓰촨성 다음으로 인구가 많으며, 광저우가 중국에서 손꼽히는 부유하고 근대화한 도시라고 해도 말이다.

북벌이 시기상조라며 완강하게 비판하던 공산당은 막상 북벌이 시작되자 1926년 7월 12일 상하이에서 회의를 열고 선전 공작과 노동자·농민 운동에 관한 각종 결의안을 통과시켰다. 북벌전쟁을 공산당 세력을 확장할 기회로 삼은 것이다. 북방의 군벌들은 그들대로 북벌이 소련의 적화 혁명이라고 매도하면서 제국주의 열강의 지원을 호소했다. 북벌전쟁이 북벌 지지자들에게 '혁명과 반혁명의 전쟁'이라면 군벌들에게는 '적화와 반공의 전쟁'이었다. 양측은 치열한 선전전을 벌이면서 여론을 자신들에게 유리하도록 이끌었다.

영국과 미국, 일본 등 열강들의 태도 또한 예측 불허였다. 열강들은 청조 이래 거액의 채권을 가진 데다 북양 정권에 물심양면으로 막대한 투자를 했으며, 철도를 비롯해 중국에서 많은 이권을 차지하고 있었다. 제정러시아가 그러했듯, 북양 정권이 무너지고 중국이 적화한다면 모든 것을 잃을 수 있었다. 열강들이 그런 상황을 묵과할 리 없었다. 적백내전에서 무력간섭을 불사한 전례는 중국에서도 얼마든지 반복될 수 있었다. 소련의 붉은 군대는 열강들의 간섭군을 물리쳤지만 북벌군도 그렇게 할 수 있을 것인가. 아니면 그 옛날 참혹했던 태평천국의 난이나 의화단의 난을 재현할 것인가. 아무도 장담할 수 없었다.

＼북벌군 출동

북방에서 북양군벌들 사이에 치열한 싸움이 한창이던 1926년 6월 초. 장제스가 아직 북벌을 선언하기 전이지만 이미 북벌군의 첫 번째 부대가 광저우를 출발하여 후난성으로 진입했다. 예팅이 지휘하는 선발대인 '예팅 독립연대'였다. 예팅은 1922년 6월 16일 천중밍이 '6·16 참안'을 일으켜 쑨원의 총통부를 공격할 때 경위대 제2대대장이었다. 그는 쉐웨와 함께 목숨을 걸고 쑨원과 쑹칭링 부부를 보호했으며, 포함 융펑으로 안전하게 피신시켰다. 국공합작이 결성되자 소련으로 간 그는 모스크바의 쑨중산대학에 들어갔으며, 공산주의 청년단에 가입하여 열렬한 공산주의자가 되었다. 그 뒤 리지선의 제4군 제12사단 제34연대를 맡아서 1926년 1월 하이난다오 점령 때 큰 공을 세웠다. 우페이푸에게 패하여 헝양으로 물러난 탕성즈가 지원을 요청하자 예팅은 스스로 선봉을 청했다. 장제스는 수락하고, 그의 부대를 제12사단에서 독립시켜 제4군 직속부대로 삼았다. 병력은 약 2,100명. 연대장 예팅을 비롯하여 상당수가 공산당원이었으며, '철군鐵軍'이라고 불릴 만큼 국민혁명군에서도 가장 손꼽히는 정예부대였다.

예팅 독립연대는 탕성즈와 함께 헝양 남동쪽의 안런현安仁縣을 공략하여 첫 승리를 거두었다. 6월 5일에는 탕푸산唐福山의 장시군 제1사단을 비롯해 6개 연대에 이르는 즈리군의 측면을 기습 격파하고 유현攸縣을 점령했다. 베이징에서 연전연패의 보고를 받은 우페이푸는 여전히 북벌군의 실력을 얕보긴 했지만 가만히 있을 수만은 없었다. 그는 북벌군의 북상을 저지하기 위해 4로군을 편성하여 후난성으로 남하시켰다. 쑹다페이宋大霈의 제1로군이 정면을, 왕더우칭王都慶의 제2로군이 우익을, 탕푸산의 제3로군이 좌익을, 둥정궈의 제4로군이 예비대를 맡았다. 후난성에 출동한 즈리군은 10만 명이나 되었다. 그러나

'잡군雜軍'이라 불리는 오합지졸로, 무기도 빈약하고 사기도 형편없었다. 우페이푸의 정예부대는 대부분 국민군과의 싸움에 투입되었기 때문이다. 또한 후난성에 아무 연고가 없는 이들은 애써 목숨을 걸고 싸울 이유가 없었다.

7월 9일, 장제스의 출정 명령이 떨어졌다. 북벌군은 3로로 나뉘었다. 서로군은 예팅 독립연대 외에 제4군 2개 사단과 제7군 4개 여단 그리고 탕성즈의 제8군 5개 사단으로 구성되었다. 서로군의 사령관은 탕성즈였다. 중로군은 제2군과 제3군, 제6군으로 구성되었고 장제스가 직접 지휘했다. 동로군은 제1군 2개 사단(제3사단·제14사단), 1개 독립연대 등으로 구성되었고 허잉친이 지휘를 맡았다. 제5군은 광둥성 방어를 맡았으며 제1군 2개 사단(제1사단·제2사단)은 총사령부 직속의 예비대로 남았다. 장제스의 계획은 서로군이 정면 작전을 맡고, 중로군은 서로군의 우익과 후방을, 동로군은 광둥성에 남아서 동쪽의 쑨촨팡을 견제한다는 것이었다. 따라서 실질적인 후난 공략 임무는 약 5만 명의 서로군, 그중에서도 2만 명 정도인 탕성즈의 후난군이 모두 떠맡은 셈이었다.

장제스가 야심 차게 북벌을 선언하고서도 막상 병력의 일부만 투입한 이면에는 탕성즈와 얽힌 복잡한 사정이 있었다. 탕성즈는 불가피하게 남방의 도움을 요청했지만 자칫 자신의 지위를 위태롭게 만드는 일이기도 했다. 왜냐하면 북벌군에는 제2군장 탄옌카이, 제6군장 청첸 등 쟁쟁한 후난 출신 군벌들도 있었기 때문이다. 만약 이들이 군대를 이끌고 후난성으로 들어올 경우 탕성즈로서는 "이리를 내쫓고 호랑이를 들이는 꼴"이 될 수도 있었다. 따라서 그는 마오쩌둥을 비롯해 예전부터 개인적인 친분이 있던 국민당 내 후난성 출신 간부들에게 자신이 국민혁명군 제8군장을 맡을 수 있도록 주선해달라고 요청

했다. 또한 국민정부와 담판하여 북벌군의 진로를 둘로 나눠 후난성
과 장시성 양 갈래로 진격할 것과 후난성의 작전은 자신이 맡기로 합
의했다. 즉 북벌군에 가담하는 것과는 상관없이 자신의 지위와 기반
을 결코 내놓을 생각이 없었던 것이다. 탕성즈의 요구가 받아들여졌
다는 얘기는 그의 정치적 수완이 결코 만만치 않았음을 증명한다. 후
난성으로 출동한 부대는 리지선의 제4군과 리쭝런의 제7군이었다. 리
지선은 광둥 군벌, 리쭝런은 광시 군벌로, 모두 후난성과는 아무 관계
가 없었다. 후난성에서 탕성즈의 기득권을 인정한 셈이다. 또한 이들
은 '객군客軍'으로서 탕성즈의 지휘를 받아야 했다.

전선 총지휘를 맡은 탕성즈가 출전한 것은 7월 5일. 즈리군은 창
사 남쪽 롄수이漣水에 방어선을 쳤다. 북벌군은 파죽지세로 진격했다.
예팅 독립연대와 제4군·제7군이 솽펑雙峰을 점령했고, 제4군이 리링
醴陵을, 제8군이 샹탄을 각각 점령했다. 7월 11일에는 창사가 북벌군
의 손에 들어왔다. 즈리군은 변변히 싸우지도 않고 창사를 버리고 북

쪽으로 달아났다. 예상 밖의 손쉬운 승리였다. 8월 12일 새벽, 장제스는 북벌군 주력을 거느리고 창사에 당당히 입성했다. 아직 동이 트지도 않았는데 무려 5만 명이나 되는 군중이 거리로 나와 그를 환영했다. 장제스는 병사들을 사열하면서 탕성즈에게 "후난의 군대인 제8군이 아니었다면 이런 승리는 없었을 것"이라며 크게 치하했다.

북벌군은 여세를 몰아서 리쭝런의 지휘 아래 제4군과 제7군이 8월 19일 핑장성平江省을 점령했다. 탕성즈의 제8군은 8월 22일 웨저우를 점령하여 후난성 전체를 장악했다. 북벌의 첫 단계인 후난 작전은 한 달 보름 만에 북벌군의 완벽한 승리로 끝났다. 그러나 본격적인 싸움은 이제 시작이었다. 장제스의 다음 목표는 후베이성의 성도이자 우페이푸의 심장부인 우한이었다. 후난성에서 철수한 즈리군은 잔존 병력 2만 명을 수습하여 후난성과 후베이성 경계의 미뤄강汨羅江 북안에 진지를 구축했다. 북벌군의 북상을 단 한 발짝도 더는 허용하지 않겠다는 듯 강력한 방어 태세를 갖추었다.

＼난커우의 격전

장제스가 북벌 출정에 나서는 동안 북방의 정세는 어떠했는가. 전황은 국민군에게 매우 불리했다. 반적연합군이 남쪽과 북쪽, 동쪽에서 점점 포위망을 죄어오자 국민군 총사령관 대리 장즈장은 1926년 4월 15일 베이징을 버리고 서북쪽으로 60킬로미터 떨어진 빠다링八達嶺으로 물러났다. 사방팔방으로 길이 통한다는 '사통팔달四通八達'이라는 말에서 유래했다는 빠다링은 해발 1,000미터가 넘고 산세가 매우 험준하여 천하의 요지라 할 만한 곳으로, 수도 베이징을 지키는 관문의 하나인 쥐융관居庸關이 있다. 빠다링에서 남쪽으로 조금 떨어진 곳에는 난커우가 있다. 난커우는 징쑤이철도가 통과하는 교통의 요지였

●― 앞줄 왼쪽부터 장쭤린, 장쭝창, 우페이푸. 난커우 격전이 한창이던 1926년 6월 26일에 찍은 사진이다. 오랜 숙적이었던 장쭤린, 우페이푸는 공동의 적과 싸우기 위해 손을 잡았다. 그러나 호불이웅狐不二雄*이라는 중국의 오랜 격언마냥 야심만만한 두 사람의 동맹은 어차피 오래갈 수 없었던 탓에 금세 갈등이 불거졌다. 이들의 분열은 장제스에게 기회가 되었다.

다. 국민군은 난커우와 빠다링에서 병력을 정비하고 방어선을 구축하여 공격에 대비했다. 반적연합군 입장에서도 이들은 베이징을 코앞에서 위협하는 존재인 데다 중원에서 서북으로 들어가려면 반드시 격파해야 할 상대였다.

4월 26일, 베이징의 새로운 주인이 된 장쭤린은 보무도 당당하게 입성했다. 만약의 사태에 대비하여 주요 건물과 길목마다 기관총과 박격포가 배치되고 펑톈군 병사들이 착검한 채로 삼엄하게 경비하는 가운데, 장쭤린이 탄 장갑열차가 베이징역에 당도했다. 플랫폼에 내

---

* 수컷 여우 두 마리는 같이 살 수 없다. 한자리에 두 영웅이 있을 수 없다는 뜻.

린 그는 자신이 자랑하는 전용 방탄차 '펑톈 1호'에 올라탔다. 그리고 앞뒤로 50여 대나 되는 차량의 철통같은 수행을 받으며 중심가로 향했다. 그 위풍당당함은 황제의 행차를 연상케 할 정도였다. 장쭤린의 행렬이 향한 곳은 순청쥔왕푸順承君王府. 앞으로 이곳을 자신의 원수부로 삼아 천하를 호령할 생각이었다.

우페이푸도 지지 않았다. 이틀 뒤 화려하게 장식한 특별열차를 타고 비행기의 호위까지 받으며 베이징으로 들어왔다. 장쭤린은 그의 숙소를 직접 방문하여 환대했다. 몇 년 전 차오쿤 앞에서 우페이푸에게 "한낱 사단장 따위"라고 모욕을 주었던 일은 완전히 잊은 듯, 장쭤린은 자신보다 2살 많은 우페이푸에게 넉살 좋게 '형님'이라고 부르면서 그를 흡족하게 했다. 속내가 어떻든 겉으로 보기에는 화기애애한 분위기였다.

장쭤린은 국민군 공격에 대한 총지휘권도 우페이푸에게 순순히 양보했다. "우리 부대는 모두 형님의 지휘를 받겠습니다." 우페이푸를 슬쩍 치켜세워줌으로써 힘든 일을 죄다 떠맡기고 자기는 가만히 앉아서 실속을 챙길 생각이었지만, 우페이푸는 장쭤린의 속셈을 알아차리지 못했다. 오히려 뜻밖에 고분고분한 장쭤린의 태도에 더욱 의기양양해졌다. 그는 열흘 안에 국민군을 격파하고 난커우를 점령하겠다고 큰소리쳤다. 또한 부하들에게는 제일 먼저 난커우를 점령한 사람에게 차하르성을 주겠다고 약속했다.

우페이푸는 베이징 남서쪽의 창신뎬에 사령부를 설치했다. 우페이푸 휘하의 4개 군과 장쉐량·한린춘이 지휘하는 펑톈군 제3방면군·제4방면군 4개 군이 속속 베이징으로 집결했다. 북쪽에서는 헤이룽장성 독판 우쥔성이 지휘하는 펑톈군 제6방면군 3개 군이 차하르성으로 진격하여 둬룬多倫을 공격하는 한편, 국민군의 후방인 장자커우를 위협했다. 난커우 공략의 정면은 즈리-산둥 연합군 4개 군이 맡아서 창핑昌平·사허沙河에 포진했다. 또한 옌시산의 부장 상전商震이 지휘하는 산시군 4개 사단과 1개 포병연대가 다퉁에서 국민군의 측면을 위협했다. 국민군은 서쪽을 제외하고는 삼면을 포위당한 형세였다. 연합군의 병력은 50만 명에 달했다.

국민군도 병력을 둘로 나누었다. 동로군 총사령관은 루중린이었고, 4개 군(제1군·제2군·제4군·제9군) 10만 명으로 난커우를 굳게 지켰다. 서로군 총사령관은 쑹저위안으로, 3개 군(제5군·제6군·제8군) 8만 명으로 산시성 다퉁을 치게 했다. 또한 장훙위蔣鴻遇가 지휘하는 제12사단을 예비대로 남겼다. 동쪽을 방비하면서 가장 허약한 옌시산을 맨 먼저 격파하여 포위망의 한 축을 무너뜨릴 생각이었다.

전투는 5월 18일부터 시작되었다. 남쪽에서 쑹저위안의 서로군이 산시성을 침공하여 평전豊鎭과 양가오陽高를 점령하고 다퉁으로 진격했다. 옌시산으로서는 뜻밖의 공격이었다. 이 기회주의자는 남들이 치열하게 싸우는 동안 느긋하게 굿이나 보면서 어부지리를 얻을 심보였다. 그런데 쑹저위안이 먼저 치고 들어오자 당황하지 않을 수 없었다. 그는 크게 패하여 다퉁을 빼앗긴 채 남쪽으로 밀려났다.

과감하게 선제공격에 나선 국민군과 달리 우페이푸의 공격은 지지부진했다. 작전의 문제라기보다 군벌들이 눈앞의 탐욕에 눈먼 나머지 보조가 흐트러졌기 때문이다. 즈리군 제1군장 진원어는 국무총리를 지낸 진원펑의 동생이자 원래는 안후이파의 중진이었다. 하지만 안즈전쟁에서 전향하여 우페이푸 휘하로 들어왔다. 그는 허난성에서 국민군을 몰아낸 공을 인정받아 샨시 독판 겸 허난성장에 임명되었다. 그러나 자신의 지반을 차지하자 더는 국민군과 싸울 이유가 없었다. 오히려 분수도 모른 채 이웃한 산둥성에 욕심을 내고 예전에 즈리파에서 장쭝창에게 투항한 3개 사단을 회유하여 자기 휘하에 복속시켰다. 산둥성은 장쭝창의 영토이므로 가만있을 리 없었다. 이 때문에 산둥 군과 즈리군이 총부리를 겨눌 뻔했다. 뒤늦게 이 사실을 안 우페이푸 가 진원어를 불러서 호되게 질책한 뒤 허난성장에서 파면했다. 그러 나 우페이푸의 처사는 한쪽 팔을 제 손으로 자른 꼴이었다. 이 일로 앙심을 품은 진원어는 얼마 뒤 북벌군에 항복하여 상관의 목에 비수 를 들이대게 된다.

리징린은 즈리-산둥 연합군의 총사령관으로 난커우 공격의 정면 을 맡았지만 그 또한 그다지 전의가 없기는 마찬가지였다. 국민군을 공격하는 것보다 자신의 토대였던 즈리성을 되찾는 것이 우선이었기 때문이다. 또한 이번 기회에 장쭤린과 결별하여 자립하겠다는 야심 을 품고 국민군과 몰래 내통하여 우군인 장쉐량·한린춘을 공격할 음 모를 꾸몄다. 몇 달 전 궈쑹링의 반란에 가담했다가 장쭤린에게 한 번 용서받은 바 있는 그는 여전히 반복무상한 소인배의 습성을 버리지 못했다.

그러나 음모는 곧 들통났다. 낌새가 수상하다고 여긴 장쉐량은 발 빠르게 대응했다. 추위푸褚玉璞를 시켜서 리징린의 사령부를 선제공격 했다. 거사를 시도해보지도 못하고 무장해제당한 리징린은 6월 29일 하야를 선언하고 상하이로 달아났다. 리징린의 자리는 추위푸가 차지 했다. 리징린은 남방의 쑨촨팡에게 의탁하려 했지만 매몰차게 거절당 했다. 장제스의 북벌군이 북상하자 이번에는 장제스에게 매달릴 생각 으로 북벌군 진영으로 가던 도중 추위푸의 부하들에게 붙잡혔다. 그 나마 예전에 친분이 있던 일본영사관에서 중재한 덕분에 풀려날 수 있었지만 군벌로서의 생명은 끝난 셈이었다. 그는 난징에 은거하며 무술학원을 운영하다가 1931년 산둥성 지난에서 병사함으로써 카멜레온 같은 인생에 마침표를 찍었다.

남쪽에서는 '5성 연합군'의 수장 쑨촨팡이 쉬저우에 대군을 주둔시킨 채 어느 편에 붙을지 모호한 태도로 관망하고 있었다. 우페이푸의 부하였던 그는 창장 이남의 5개 성에 거대한 세력을 구축하고 장쭤린·우페이푸와 어깨를 나란히 하는 대군벌이 되었다. 따라서 더 이상 옛 상전의 명령을 따를 이유가 없었다. 쑨촨팡은 우페이푸·장쭝창과 동맹을 맺고 허난성을 함께 공격하기로 약속했지만 오히려 산둥성을 넘보았다. 후방을 위협받은 장쭝창은 만약에 대비하여 상당한 병력을 남겨두어야 했다. 이렇다보니 눈앞의 적을 두고도 군벌들끼리 서로 보조가 맞지 않았다. 한동안 소란스러운 내부를 정리한 뒤 우페이푸의 공격이 비로소 시작된 것은 7월 19일이었다.

장쉐량·장쭝창이 전선 사령관을 맡아 최일선에서 병사들을 독전했다. 중국 최강을 자랑하는 펑톈군 포병여단을 투입한 것 외에도 장쭝창은 장갑열차부대를 끌고 나와 맹포격을 퍼부었다. 국민군 진지에 쏟아지는 포탄은 하루 평균 1만 발이 넘었다. 지금껏 중국에서 본 적 없는 포탄 세례였다. 국민군도 지지 않았다. 제10사단장 류루밍은 포병대를 동원하여 장쭝창의 장갑열차를 향해 포격을 집중했다. 호된 반격에 당황한 장쭝창은 금지옥엽 같은 장갑열차를 잃을까 싶어 허둥지둥 베이징으로 후퇴시켰다. 즈리·펑톈·산둥 연합군은 압도적인 전력으로도 국민군의 견고한 방어에 부딪혀 한 발짝도 전진할 수 없었다. 게다가 우시쯔吳世子가 지휘하는 즈리군 제40여단이 국민군에게 투항하여 총부리를 돌리는 일도 있었다. 장쭝창은 우페이푸의 지휘력이 형편없는 데다 즈리군은 싸울 의지가 없다면서 불만을 터뜨렸다.

남쪽에서는 혁명의 기치를 내건 장제스가 이끄는 10만 명의 북벌군이 출정했다. 여기에 호응하여 후베이성과 후난성 각지에서도 일제

●─ 국민군 진지를 향해 박격포 사격 중인 펑톈군.

히 봉기가 일어났다. 후베이 독리督理* 천자모가 우페이푸에게 하루에
도 몇 번씩 급전을 날리면서 우한으로 속히 돌아올 것을 요청했다. 우
페이푸는 마음이 흔들렸다. 그렇지만 여전히 천하에 야심이 있는 그
는 오랜 숙원인 북방 평정을 쉽사리 포기할 수 없었다. 지금 물러난다
면 베이징을 장쭤린에게 양보하는 꼴이 될 테고, 결국 장쭤린의 수하
로 전락할 터였다. 무슨 일이 있어도 장쭤린에게는 굽히고 싶지 않았
던 그는 고민 끝에 북벌군은 일단 내버려둔 채 국민군을 제압하는 데
모든 힘을 다하기로 결심했다.

8월 1일 아침, 모든 전선에 걸쳐서 반적연합군의 총공세가 시작되

* 북양 정권 시절 각 성의 군무를 총괄한 장관. 정부 조직의 개편에 따라 독판, 도독, 독리, 독
군 등 여러 차례 명칭이 바뀌었다. 장제스의 난징 정권이 수립된 후 군민 분치 원칙에 따라
폐지되었다.

었다. 장쭝창·추위푸의 즈리-산둥 연합군이 좌익을 맡고 위전이 지휘하는 펑톈 제10군이 중앙을, 가오웨이웨高維岳의 펑톈 제9군이 우익을 맡았다. 우페이푸와 장쉐량·장쭝창이 직접 최일선에서 독전하는 가운데 펑톈군은 산포·유탄포·중박격포 등 100여 문에 이르는 야포를 집결하고 맹포격을 퍼부었다. 공중에서는 펑톈군의 항공기들이 파리 떼처럼 날아다니며 국민군 진지에 쉴 새 없이 폭탄을 떨어뜨렸다. 북쪽에서는 우쥔성의 제6방면군이 둬룬을 점령했고, 남쪽에서는 옌시산이 반격에 나섰다.

특기할 사건은, 이날 중국에서 처음으로 전차부대가 실전에 투입되었다는 사실이다. 1922년 말 블라디보스토크를 통해 프랑스제 르노 FT-17 경전차 12대를 구입한 장쭤린은 그 뒤로도 24대를 추가로 구입하여 1926년 1월 펑톈군 제1기병여단 산하에 장갑병대대를 편성했다. 대대장은 상예창商業昌 소교(소령)였으며, 6개 중대로 구성되었다. 각 중대는 6대의 전차를 보유했다. 장쭤린은 이 부대를 장쉐량의 직속부대로 삼았다. 중국 최초의 전차부대로, 1926년 5월에야 첫 번째 전차대대를 편성한 일본보다도 빨랐다.

장쉐량은 국민군 진지를 돌파하기 위해 이 '호랑이 새끼'들을 투입하기로 결정했다. FT-17 9대가 보병들과 함께 포연을 뚫고 끼익끼익 소리를 내며 굴러갔다. 사방에서 국민군의 사격이 집중되었지만 전차들은 꿈쩍도 하지 않았다. 훗날 수십 톤에 달하는 거대한 중전차에 견주면 겨우 6.5톤에 불과한 경전차이지만, 그 정도만으로도 위압감을 주기에는 충분했다. 전차들은 마치 불사신의 괴물마냥 사방에서 쏟아지는 총탄을 모조리 튕겨내면서 포를 쏘고 기관총을 발사했다. 참호 앞에 설치된 전기철조망이나 온갖 장애물도 전차를 막는 데는 소용이 없었다. 앞을 가로막는 모든 것을 사정없이 뭉개면서 앞으로 굴러오는 모습에 국민군 병사들은 겁에 질려 뒷걸음질 쳤다.

그러나 여기까지였다. 포탄이 차체에 직격하자 폭음과 함께 한 대씩 불타올랐다. 선두에 섰던 3대가 파괴되고 나머지 전차들은 그대로 방향을 바꾸어 달아났다. 전차부대가 후퇴하자 국민군 병사들의 사기는 올라간 반면 펑텐군 병사들은 전의를 잃고 도망쳤다. 중국 전쟁사에서 전차의 첫 데뷔전은 이렇게 실패로 끝났다. 적의 방어선을 돌파하기에는 전차의 수가 너무 적었기 때문이다. 유럽 전선에서 증명되었듯 한 번에 대량의 전차를 투입하지 않으면 무용지물에 불과하다는 사실만 확인한 셈이었다. 장쉐량은 귀중한 전차들을 더 잃을까 싶어 재차 시도하는 대신 후방으로 돌려보냈다.

우페이푸는 물러서지 않고 끈질기게 공격을 반복했다. 그는 날마다 몇 개 여단씩 새로운 부대를 번갈아 투입했다. 또한 직접 대도를 들고 독전하면서 물러서는 자는 계급 고하를 막론하고 그 자리에서 참수했다. 국민군이 이런 공격에 언제까지고 버틸 리 없었다. 손실이 적지 않은 데다 탄약도 바닥을 드러내고 있었다. 게다가 뒤룬을 점령한 우쥔성이 기병부대를 거느리고 국민군의 후방인 구위안沽源으로 진격했다. 퇴로를 위협받은 국민군은 8월 14일 퇴각했다. 위전의 펑텐 제10군이 난커우에 입성했다. 5월 18일부터 장장 3개월에 걸친 혈전이었다.

국민군은 서북으로 철수를 시작했지만 우페이푸는 철저하게 때려눕힐 생각으로 추격에 나섰다. 펑텐군은 8월 19일 장자커우를 점령했다. 같은 날 상전의 산시군도 쑹저위안을 밀어내고 다퉁을 탈환하는 데 성공했다. 9월 1일에는 쑤이위안성의 성도이자 징쑤이철도의 종착역인 바오터우로 진격했다. 바오터우를 지키던 제6군장 스유싼과 제8군장 한푸쥐는 싸우지 않고 옌시산에게 항복했다. 퇴로가 막힌 국민군 부대들은 도처에서 투항했다. 쑤이위안성을 차지한 옌시산은 상전을 쑤이위안성 도통에 임명했다.

9월 4일, 옌시산의 수도 타이위안에서 장쉐량과 옌시산의 회담이 열렸다. 두 사람은 서로의 세력권을 정하고 침범하지 않을 것을 약속했다. 서북의 통치와 국민군의 처리는 옌시산이 맡기로 했다. 국민군의 잔여 병력은 서북 변방의 우위안五原까지 쫓겨갔다. 간쑤성과 산시성 일부, 쑤이위안성 서부를 제외한 거의 모든 영토를 잃었고 한때 40만 명을 헤아리던 병력은 5개 사단과 2개 기병사단 등 겨우 5~6만 명에 불과했다. 8개월에 걸쳐 중국 북부 전역에서 벌어진 북방대전은 일단락되었다. 북방대전은 위안스카이가 죽은 뒤 북양군벌들 사이에 벌어진 최대 격전이자 마지막 패권 싸움이기도 했다.

장쭤린과 우페이푸 두 영웅은 서로 손을 잡고 북방을 완전히 평정했다. 그러나 한 우리에 두 호랑이가 있을 수는 없는 노릇이다. 우페이푸는 장쭤린을 제쳐놓은 채 멋대로 논공행상을 실시하고 장쭝창과 장쉐량 등 펑톈군의 장군들에게도 직위와 계급을 수여했다. 장쭝창에게는 육군 상장과 함께 '의위상장군義威上將軍'이라는 거창한 칭호까지 하사하려 했다. 장쭤린의 부하인 장쭝창을 장쭤린과 동격에 놓겠다는 셈이므로 장쭤린이 가만있을 리 없었다. 장쭝창과 장쉐량 역시 "우리가 싸운 것은 오직 장쭤린 노원수의 명에 따른 것"이라면서 우페이푸가 주는 서훈은 받을 이유가 없다고 거절했다. 우페이푸는 어설픈 계략을 부리려다 체면만 깎인 꼴이었다.

또한 우페이푸가 승전을 축하한다면서 전투에 참가한 각 진영 간부들을 모두 초청하여 성대한 연회를 베풀었지만 펑톈군은 아무도 참석하지 않았다. 오히려 "그럴 돈이 있으면 자기 부하들에게나 쓸 것이지"하며 이죽거렸다. 평소 우페이푸가 인색하여 인망이 없음을 비꼰 것이었다. 장쭤린은 장쭤린대로 자신이 천하의 주인인 양 우페이푸와 의논하지 않고 펑톈군 제9군장 가오웨이웨를 차하르 도통에 임명했다. 두 사람의 신경전은 팽팽했지만 우페이푸는 장쭤린과 다툴 겨를이 없었다. 남쪽에서 북벌군이 우페이푸의 심장부인 우한을 향해 무서운 기세로 올라오고 있었기 때문이다.

＼우페이푸를 격파하다

북방에서 3개월의 혈전 끝에 국민군을 격파한 우페이푸는 승리에 기뻐할 여유가 없었다. 그는 비로소 북벌군이 만만치 않으며, 상황이 심상치 않다는 것을 깨달았다. 베이징에는 심복인 전 장쑤 독군 치셰위안을 14성 토적討敵연합군 부사령관으로 삼아 자신의 대리로 남겼다. 우페이푸는 주력부대를 이끌고 우한으로 향했다. 우한에 도착한 때는 8월 25일. 급히 군사회의를 열고 앞으로는 한 치의 후퇴도 용납하지 않겠다고 부하들에게 엄포를 놓았다. 작전 계획은 북벌군의 북상을 저지하는 사이 즈리성과 허난성에서 증원부대를 모으고, 쑨촨팡과 손을 잡아 양면에서 반격하여 단숨에 분쇄한다는 것이었다. 북벌군을 저지하려면 우한에서 남쪽으로 80킬로미터 떨어진 전략적 요충지인 팅쓰차오汀泗橋를 반드시 지켜야 했다.

팅쓰차오는 『삼국지』에서 손권-유비 연합군이 조조의 대군에 맞서 승리하여 천하 삼분지계를 이룬 적벽대전赤壁大戰의 현장인 츠비赤壁(적벽)와도 그리 멀지 않다. 츠비는 웨이한철도粵漢鐵路가 지나간다는 것 말고는 보잘것없는 마을에 불과하지만, 동쪽은 산이고 남쪽과 서쪽·북쪽은 강과 호수로 둘러싸인 곳이다. 서남쪽에 놓인 철교만이 유일하게 이곳을 지나갈 수 있는 통로였으니, 가히 난공불락의 요새라 할 만했다. 북벌군과 우페이푸 모두 어떤 희생을 치르건 반드시 차지해야 하는 곳이었다. 우페이푸는 최정예부대 2만 명을 투입하여 팅쓰차오에 견고한 방어선을 구축했다.

8월 23일, 북벌군 전선 총사령관 탕성즈는 팅쓰차오 공략을 명령했다. 북벌군 제4군과 제7군은 즈리군의 일선 진지를 돌파한 뒤 25일에는 팅쓰차오 코앞까지 진출하는 데 성공했다. 26일 새벽, 제4군 제10사단·제12사단과 제36연대가 총공격에 나섰다. 우한을 공략하느냐 마느냐는 탕쓰차오의 싸움에 달렸기 때문에 어느 쪽도 물러설 수 없었다. 맹렬한 포격이 쏟아지는 가운데 북벌군 병사들이 용감하게 돌격했다. 탕성즈는 일부 부대를 도강하여 즈리군 진지의 후방으로 우회시켰다. 등 뒤에서 적군이 나타나자 당황한 즈리군은 패주하여 달아났고, 이튿날인 27일 새벽 북벌군은 만 하루 만에 팅쓰차오를 점령했다. 제7군은 후퇴하는 즈리군의 추격에 나섰다.

팅쓰차오가 함락되었다는 보고를 받은 우페이푸는 격분했다. 그는 명령 없이 퇴각한 여단장 이하 9명의 지휘관을 붙잡아 그 자리에서 전원 총살함으로써 본보기로 삼았다. 또한 경호대와 헌병대, 군관학교 생도 등을 죄다 끌어모아서 팅쓰차오 탈환을 지시했다. 이들 뒤에서는 독전대가 칼을 들고 감시하면서 한 발짝이라도 물러나는 자는 모조리 목을 쳤다. 나아가든 물러서든 죽기는 마찬가지였다. 겁에 질린 병사들은 그날 밤 결사적으로 반격에 나섰다. 이들의 기세에 밀린 북벌군은 일단 팅쓰차오를 버리고 물러났다. 그다음 날 다시 반격에 나서 28일 아침 점령하는 데 성공했지만, 그 직후 우페이푸의 반격에 또 한 번 밀려서 빼앗기는 등 일진일퇴의 처절한 싸움이 벌어졌다. 장제스는 예비대인 제1군 2개 사단을 투입하여 29일 새벽에야 즈리군을 격파하고 팅쓰차오를 완전히 장악했다.

사흘의 혈전 끝에 도저히 팅쓰차오를 탈환할 수 없다고 판단한 우페이푸는 팅쓰차오에서 북쪽으로 30킬로미터 떨어진 요충지 허성차오賀腥橋로 물러났다. 여기도 주변이 강과 호수로 둘러싸인 좁은 길목으로 난공불락의 요지였다. 게다가 한창 장마철이었기 때문에 호수가 범람하면서 공격하기가 더욱 어려웠다. 우페이푸는 2만 명의 병력과 대포 60문, 중기관총 100여 정을 배치하고 절대 사수를 엄명했다.

허성차오 공격의 선봉을 맡은 것은 예팅 독립연대와 제35연대였다. 이들을 향하여 맹렬한 포화가 쏟아졌다. 우페이푸는 장갑열차를 동원해 화력을 지원하려 했지만 주변의 농민들이 철로를 파괴했기에 실패했다. 포탄과 기관총탄이 쉴 새 없이 쏟아지는 가운데 북벌군 병사들은 적진으로 돌격하다가 총탄에 맞고 줄줄이 쓰러졌다. 예팅 독립연대가 정면을 공격하는 사이 제35연대가 즈리군의 후방으로 우회했다. 8월 30일 새벽 5시, 예팅은 총공격에 나섰다. 양면에서 협공을 받은 우페이푸군은 무너지기 시작했다. 웃통을 벗고 무시무시한 대도를 든 독전대가 도망치는 병사들의 목을 사정없이 날렸다. 그러나 전의를 상실한 채 퇴각하는 행렬을 막기에는 역부족이었다.

허성차오도 북벌군의 손에 넘어갔고, 우페이푸는 잔존 병력을 수습하여 우한으로 물러났다. 전례 없이 치열한 싸움이었다. 예팅 독립연대만도 전사자가 300명이 넘었고, 부상자까지 합해 병력의 반을 잃었다. 우페이푸의 손실도 매우 컸다. 특히 최정예부대인 제8사단은 3명의 연대장을 비롯해 병력의 대부분이 전사했다. 장제스는 최전선으로 향하면서 사방에 시체가 겹겹이 쌓인 채 벌판에 아무렇게나 나뒹구는 처참한 현장을 목격했다. 남은 곳은 우페이푸 최대의 거점인 우한3진이었다.

동쪽에서는 쑨촨팡이 움직이기 시작했다. 그동안 우페이푸의 거듭된 구원 요청도 무시한 채 가만히 앉아서 강 건너 불구경을 하고 있던 그도 예상을 벗어난 북벌군의 기세에 놀라지 않을 수 없었다. 장쭤성·저장성·안후이성에 총동원령을 내리고 10만 명의 병력을 집결시켜 후베이성으로 진군할 태세를 갖추었다. 후난성에서 시작된 북벌의 불길은 이제 창장 이남 전체로 확대되고 있었다.

＼우한 함락

"패배를 모른다"던 상승장군 우페이푸의 명성도 무색해졌다. 팅쓰차오와 허성차오가 북벌군의 손에 넘어감으로써 우한3진의 함락도 초읽기였다. 창장 중류에 있는 우한3진은 톈진·상하이·광저우와 함께 중국에서 가장 근대화하고 발달한 도시이다. 창장 지류인 한수이강漢水을 사이에 두고 한양과 우창, 한커우 세 도시로 나뉜다. 이 세 도시를 합해서 '우한3진'이라고 한다. 중국 내륙 최대의 도시이자 고대 한나라 이래 '아홉 주의 통로'라고 불리는 교통의 요충이었으며, 정치·상업·군사의 중심지였다. 특히 우창은 『삼국지』에서 오나라 왕 손권이 건업(난징)으로 옮기기 전 한때 도읍지로 삼았던 곳이다. 15년 전에는 우창봉기가 일어나 청조를 무너뜨린 혁명의 상징이었다. 우페이푸로서는 절대 내줄 수 없는 곳이자, 북벌군으로서는 이곳을 빼앗느냐 마느냐에 승부가 달려 있었다. 혁명의 성지라 할 수 있는 이곳에서 우페이푸와 북벌군의 마지막 한판 싸움이 벌어질 참이었다.

우페이푸는 한커우에 사령부를 설치했다. 진원어를 다시 불러들여서 우한 수비의 지휘를 맡기고 사방에서 증원 병력을 끌어모았다. 우창 방어는 제8사단장 류위춘劉玉春에게, 한양은 제14사단장 가오루퉁高汝桐에게, 한커우는 후베이 육군 제25사단장 천자모에게 각각 맡겼다. 우페이푸 직계의 정예 2개 사단을 비롯하여 수비 병력은 3만 명. 청조 시절 후광 총독부가 있던 우창은 후베이성의 성도답게 사방 11

킬로미터의 높고 견고한 성벽으로 둘러싸여 있었다. 또한 성벽 곳곳에는 다수의 기관총좌와 야포가 배치되었다. 우창 교외의 고지에도 중포가 배치되었으며, 한커우의 강상에는 강방함대 소속의 포함 10여 척이 대기했다. 허난성에서는 3개 사단이 증파되어 우한으로 남하하고 있었다. 총력을 기울인 셈이다.

후난·후베이성의 양군 전투 서열

북벌군

국민혁명군 총사령관 장제스, 참모장 바이충시

서로군 전선 총사령관 탕성즈

■제4군 군장 대리 천커위陳可鈺

-제10사단(천커위), 제12사단(장파쿠이張發奎), 독립연대(예팅)

■제7군 군장 리쫑런

-제1여단(샤웨이夏威), 제2여단(리밍루이李明瑞), 제7여단(후쭝펑胡宗鋒), 제8여단(중쭈페이鐘祖培)

■제8군 군장 탕성즈

-제2사단(허젠何鍵), 제3사단(리핀셴李品仙), 제4사단(류싱劉興), 제5사단(예치葉琪), 교도사단(저우란週爛)

■예비대: 제1군 제1사단(왕바이링), 제2사단(류즈)

즈리군

14성 토적연합군 총사령관 우페이푸, 부사령관 진윈어

중앙육군 제8사단(류위춘)

중앙육군 제14사단(가오루퉁)

중앙육군 제20사단(둥정궈)

중앙육군 제25사단(천자모)

후난육군 제1사단(허야오주賀燿組)

후난육군 제2사단(예카이신葉開鑫)

후베이육군 제1사단(쑹다페이)

후베이육군 제2사단(류쥐룽劉佐龍)

후베이육군 제3사단(쑨젠예孫建業)

후베이육군 제4사단(천더린陳德麟)

후베이육군 제5사단(장롄성張聯升)

허난육군 제2사단(옌웨런閆曰仁)

허난육군 제3사단(우쥔칭吳俊卿)

허난육군 제9사단(커우잉제寇英杰)

허난육군 제10사단(런잉치任應岐)

허난육군 제13사단(쑤윈창蘇雲昌)

중앙육군 제18혼성여단(위쉐중于學忠)

샹웨 변방군 사령관 리지천李濟臣

핑퉁平通 진수사 루윈陸澐

　북벌군의 선봉인 제4군과 제7군이 우창 교외로 육박한 때는 8월 31일 저녁. 병사들의 사기는 충천하여 단숨에 우한3진을 공략할 기세였다. 리쭝런은 우창성에 대한 공격 명령을 내렸다. 6미터가 넘는 견고한 성벽은 그 밑에서 올려다보는 것만으로도 아찔할 정도였다. 그러나 병사들은 수백 개의 공성용 사다리를 들고 용감하게 돌격했다. 20세기의 전쟁이라고는 도저히 생각할 수 없는 장면이지만, 중포가 부족했던 중국군에서는 흔히 볼 수 있는 모습이었다. 이들이 사거리에 들어오자 그때까지 침묵을 지키던 기관총과 대포가 일제히 포문을 열고 불을 뿜었다. 콩 볶는 소리와 함께 총알이 빗발치고 사방에서 포탄이 작렬했다. 전장은 아비규환이 되면서 잠깐 사이에 수백 명이 쓰러졌다. 전멸할 판이었다. 리쭝런은 후퇴 명령을 내렸다. 광시의 명장

리쭝런도 우페이푸가 만만찮은 강적이라는 사실을 새삼 절감했다.

9월 3일 새벽 3시, 캄캄한 어둠을 틈타 북벌군의 공격이 다시 시작되었다. 대나무 사다리를 든 결사대가 성벽을 향해 돌진했다. 그러나 이번에도 기관총의 십자포화와 맹포격에 부딪혀 막대한 사상자를 내고 격퇴되었다. 장제스가 열차를 타고 도착했다. 그는 리쭝런에게 병력을 정비한 뒤 세 번째 공격에 나설 것을 지시했다. 우한3진을 눈앞에 두고 이제 와서 물러설 수는 없었다.

9월 5일 새벽 3시, 장제스가 직접 최일선으로 나와 관전하는 가운데 제4군과 제7군 그리고 새로 도착한 제1군 제2사단이 우창의 각 성문을 포위하고 총공격에 들어갔다. 그러나 기관총이 쉴 새 없이 불을 뿜고 포탄이 작렬하자 병사들의 태반은 성벽 가까이 가기도 전에 총탄에 맞아 쓰러지거나 사지가 찢어진 채 날아갔다. 또 한 번 공격에 실패하고 후퇴할 수밖에 없었다. 우창의 수비장 류위춘은 동북강무당을 졸업한 엘리트로 실전 경험이 풍부한 장군이며, 제8사단은 우페이푸의 최강 부대였다. 이들이 사생결단으로 저항하는 한, 장제스와 리쭝런도 힘으로는 도저히 우창성을 함락할 수 없다는 사실을 인정해야 했다.

같은 시각, 탕성즈의 제8군은 한양으로 진격했다. 여기에서도 우페이푸군의 저항은 완강했다. 한 치의 물러섬도 없는 치열한 전투를 벌였다. 그런데 뜻밖에도 한양의 수비군 중 하나인 후베이 제2사단장 류쭤룽劉佐龍이 반란을 일으켰다. 그는 이미 대세가 기울었다고 판단하고 북벌군에 가세하기로 결심했다. 갑자기 우페이푸의 사령부 주변으로 포탄이 떨어지자 깜짝 놀란 우페이푸는 류쭤룽에게 전화를 걸어 "어찌 된 일이냐?"고 물었다. 류쭤룽은 "실수입니다"라고 대답한 뒤 전화를 끊었다. 그러나 포탄은 계속 떨어졌다. 그제야 우페이푸도 류쒀룽이 배신했다는 사실을 깨달았다.

우페이푸는 허둥지둥 소수의 측근들만 데리고 한커우를 빠져나와 허난성의 신양信陽으로 달아났다. 이것이 결정타였다. 9월 6일 저녁, 한양은 탕성즈의 손에 넘어갔다. 다음 날 한커우의 수비대도 항복했다. 류쒀룽은 그 공으로 후베이성장에 임명되고, 그의 부대는 국민혁명군 제15군으로 개편되었다.

그러나 우창성은 여전히 건재했다. 우페이푸는 류위춘에게 "반드시 구원할 테니 그때까지 기다려달라"고 지시했다. 류위춘도 "죽음을 무릅쓰고 지키겠다"고 맹세했다. 장제스는 저항이 만만치 않다고 판단하고 포위만 한 채 공격을 서두르지 않았다. 대신 성을 철저하게 봉쇄하고 물과 식량은 물론 개미 한 마리 오가지 못하게 차단했다. 만약 위반할 경우 군법에 따라 처형하겠다고 엄포를 놓았다. 공병대가 성벽 밑으로 땅굴을 파서 진입을 시도하는 한편, 우창 상공에서는 우페이푸가 외세와 결탁한 것을 비난하고 병사들의 투항을 권고하는 전단을 비행기로 뿌렸다. 식량이 바닥난 성안은 극심한 기근에 시달렸고 병사들의 사기는 땅에 떨어졌다. 한 달 동안 아사자만 2,000명이 넘었다. 그런데도 우페이푸가 약속한 원군은 당도할 기미가 없었다.

그러나 수비병들은 끈덕지게 버텼다. 북벌군도 여태껏 이렇게 고전하기는 처음이었다. 10월 9일, 우창 수비대 중 하나인 허난 제3사단이 반란을 일으켰다. 탕성즈가 몰래 공작하여 이들을 매수한 것이다. 반란군이 성문을 열자 북벌군 병사들이 쏟아져 들어갔다. 류위춘은 우창 강변에 있는 서산蛇山에서 최후의 항전을 시도했지만 패배하여 포로가 되었다. 우창이 북벌군의 손에 완전히 넘어간 것은 다음 날인 10월 10일 오전 7시경이었다. 40일에 걸친 포위전이었다. 때마침 그날은 우창봉기가 일어난 15주년이기도 했다. 북벌군은 우한3진의 점령과 함께 후베이성 서부 지역 공격에도 나서 샤시^{沙市}·이창·징저우^{荊州} 등을 점령했다. 우페이푸의 주력부대는 거의 소멸했다.

양호(후베이성·후난성)에서 우페이푸 세력이 완전히 일소되자 그때까지 관망하던 쓰촨성과 구이저우성 주변의 소군벌들도 줄줄이 북벌군에 가담했다. 구이저우 군벌 위안쭈밍^{袁祖銘}이 국민혁명군 제12군, 쓰촨 군벌 양썬^{楊森}이 제20군, 충칭 군벌 류샹이 제21군, 쓰촨성 남부를 지배하던 류원후이^{劉文輝}가 제24군이 되었다. 윈난성에서는 병변이 일어났다. 윈난성을 14년 동안 지배하면서 온갖 폭정을 저지른 탕지야오가 쫓겨나고 룽윈^{龍雲}이 정권을 잡았다. 그는 국민정부에 귀순하여 국민혁명군 제38군 군장으로 임명되었다. 북벌군 세력은 갈수록 불어나면서 위세가 하늘을 찔렀다.

펑위샹의 귀환

국민군이 난커우에서 패주하는 동안 펑위샹은 무엇을 하고 있었던가. 장쭤린과 우페이푸의 압박을 받은 그는 1926년 1월 초 하야를 선언하고 중국 밖으로 나갔다. 한동안 여러 곳을 떠돌던 그는 5월 9일 모스크바에 도착했다. 중국에서 '붉은 장군'이라 불렸고 여러 군벌들 중에서는 처음으로 소련을 방문한 펑위샹은 소련 정부에서 최고의 대우를 받았다. 또한 스탈린과 트로츠키, 레닌의 부인 나데즈다 크룹스카야^{Nadezhda Krupskaya} 등 소련 지도자들과 회견하면서 친분을 쌓았다. 펑위샹은 중국 혁명에 모든 지원을 아끼지 않겠다는 스탈린의 약속을 얻어냈다. 그러나 그 또한 장제스처럼 공산당에 가입하는 것은 거부했다.

펑위샹은 마음만 먹으면 국민혁명군의 총사령관이 될 수도 있었다. 실제로 장제스는 자기 자리를 펑위샹에게 빼앗길까 노심초사했다. 장제스보다 5살 연상인 그는 명성과 지위, 경력 등 어느 면에서 보더라도 장제스와는 견줄 바가 아니었다. 그런 점에서 장제스가 자신보다 훨씬 쟁쟁한 경쟁자들을 제치고 중국의 지도자가 된 것은 어떤 의미에서는 기적에 가까운 일이다. 그러나 펑위샹은 쑨원과 마찬가지로 공산주의에 거부감이 있었고 중국에서 소비에트 혁명을 시작할 생각은 조금도 없었다. 그의 희망은 중국을 통일하고 내전을 끝내 민중이 편안하게 사는 세상을 여는 일이었다.

국민군 패잔병들이 난커우를 버리고 서북으로 정신없이 퇴각하던 8월 17일, 펑위샹도 그제야 무거운 엉덩이를 들어 귀국길에 올랐다. 옆에는 중국공산당 당원이자 모스크바 쑨중산대학 지부 서기인 류보젠劉伯堅, 국민당에서 파견한 위유런于右任, 우스만 이바노프Usman Ivanov를 비롯한 여러 명의 소련 고문이 있었다. 모스크바를 출발한 펑위샹 일행은 시베리아 횡단철도를 이용해 외몽골의 울란바토르를 거쳐서 9월 15일 내몽골의 황량한 벽촌 우위안에 도착했다. 국민군은 많은 타격을 입었지만 그렇다고 완전히 괴멸하지는 않았다. 장즈장·루중린·쑹저위안·쑨웨·쑨렌중孫連仲·쑨량청孫良誠 등 펑위샹과 동고동락했던 오랜 심복들도 여전히 건재하여 그의 귀환을 반겼다. 펑위샹의 눈에 비친 부하들의 몰골은 실로 참담했다.

"우위안에는 얼마나 남아 있는가?" 펑위샹의 질문에 장즈장이 면목 없다는 듯 대답했다. "4,000 정도밖에 안 됩니다." "아직도 그만큼이나 남았는가. 나는 400명만 있어도 어떻게든 되지 않을까 생각하고 있었다." 펑위샹의 얼굴에는 낙담은커녕 오히려 자신감이 넘쳤다. 모스크바를 출발할 때 소련 정부가 그에게 막대한 원조를 신속하게 보내주기로 약속했기 때문이다. 그 양은 엄청났다. 소총 3만 5,000정, 탄약 5,000만 발, 중기관총 270정, 야포 60문, 포탄 6만 발, 10여 대의 장갑차 그리고 1,000만 루블이나 되는 거금까지. 소총 1만 5,000정과 탄약 1,500만 발, 수류탄 3만 발이 첫 번째 원조로 우위안에 도착했다. 그는 결코 소련에서 시간을 헛되이 보내지 않았다.

9월 17일, 장병들 1만 명이 모인 가운데 펑위샹은 국민혁명군의 가입과 혁명전쟁을 선언했다. "우리는 쑨원 선생의 유지를 받들어 국민혁명과 삼민주의를 실천한다." "간쑤성을 지키고 산시성을 원조하며 허난성을 도모한다." 이것이 '우위안 선언五原誓師'이다. 광저우와 함께 우위안에도 혁명의 상징인 청천백일의 깃발이 올랐다. 국민군은 '국민혁명군 연군國民革命軍聯軍(국민연군)'이라고 이름을 바꾸었으며, 펑위샹이 총사령관으로 취임했다. 펑위샹은 남방의 북벌군과 호응하여 동쪽으로 진군을 시작했다. 펑위샹은 동정東征을 앞두고 병사들의 규율을 바로잡기 위해 '금령 3조'를 선언했다.

첫째, 민가에 함부로 들어가지 마라.
둘째, 백성을 보호하라.
셋째, 주색과 아편을 금하라.
만약 이를 어길 경우 지위 고하를 막론하고 죄의 경중을 따져서 엄히 다스리겠다.

펑위샹이 돌아왔다는 소식에 흩어졌던 군대가 다시 집결했다. 옌시산에게 투항했던 한푸쥐·스유싼도 허둥지둥 펑위샹 앞으로 달려와 무릎 꿇고 눈물로 참회하면서 다시는 배신하지 않겠다고 맹세했다. 펑위샹은 전군을 5개 군으로 재편성한 뒤 둘로 나누었다. 동로군의 지휘는 제2사단장 쑨량청에게 맡기고 동쪽으로 진격시켰다. 목표는 산시성의 성도 시안. 시안은 지난 4월 16일부터 우페이푸 휘하의 허난 군벌 류전화劉鎭華에게 포위된 채 처절하게 항전하고 있었다. 적의 수는 무려 10만 명. 대부분 토비를 긁어모은 오합지졸이었지만 시안 따위는 단숨에 점령할 기세였다. 시안을 방어하는 국민군의 병력은 양후청楊虎城의 제3사단과 리후천李虎臣의 제10사단 등 2개 사단 1만 명에 불과했다.

양후청과 리후천은 여러 차례에 걸친 항복 권고를 거부한 채 성문을 굳게 걸어 잠그고 완강히 저항했다. 그러나 사방을 겹겹이 포위당하여 식량이 떨어진 지 오래였다. 성안에서는 동물과 식물을 찾아볼 수 없었고, 가죽 허리띠까지 죽으로 끓여서 허기를 채우는 판이었다. 심지어 시체를 잘라 먹기도 했다. 기아와 전염병, 혹독한 추위로 생지옥이나 다름없었다. 성안에서 죽은 사람은 자그마치 5만 명이나 됐다. 성의 함락이 시간문제라 여긴 류전화는 양후청과 리후천 두 사람의 목에 10만 위안의 현상금을 걸었다.

10월 15일, 쑨량청의 동로군이 드디어 시안에 당도했다. 류전화도 예상한 바였기에 강력한 방어선을 구축하고 기다리고 있었다. 일진일퇴의 치열한 전투가 벌어졌다. 시안의 성벽에서도 저 멀리서 격전이 벌어지는 광경이 보일 정도였다. 쑨량청은 40여 일에 걸쳐 격전을 벌였지만 적의 수가 너무 많아서 정면 돌파는 어렵다고 판단했다. 11월 26일, 그는 야음을 틈타 기병부대로 우회하여 적의 사령부를 기습했다. 그런 다음 전군에 총공격 명령을 내렸다. 류전화 군대가 큰 혼란에 빠지자 그때를 놓치지 않고 성내 방어군이 성문을 열고 뛰어나와 협공했다. 류전화는 크게 패하여 소수의 병력만 간신히 수습한 채 통관潼關으로 달아났다. 시안의 포위는 풀렸다. 8개월에 걸친 치열한 포위전은 국민연군의 첫 승리로 끝났다. 사람들은 시안을 끝까지 지켜낸 두 명장 양후청과 리후천을 '이호수장안二虎守長安(두 호랑이가 장안

〔시안〕을 지켰다〕'이라고 했다. 쑨량청은 패주하는 적을 쫓아서 12월 2일 퉁관을 점령하고 산시성 전역을 탈환했다.

평위샹은 서로군의 지휘를 직접 맡아 2개 사단과 1개 기병여단을 이끌고 서쪽으로 진군했다. 그리고 닝샤성과 칭하이성, 간쑤성 등 서북 변방을 평정했다. 마馬씨 성을 가진 이슬람교도 군벌들은 평위샹에게 항복하여 그의 휘하에 들어갔다. 이들의 성은 이슬람교의 창시자인 마호메트에서 따온 것으로, 당나라 때 실크로드를 따라 중국으로 들어온 튀르크 계통의 후예들이다. 대표적인 인물로 닝샤성의 마훙쿠이馬鴻逵, 칭하이성의 마부팡馬步芳, 간쑤성의 마훙빈馬鴻賓이 있었다. 이 셋을 합하여 '서북 3마'라고 일컬었다. 서북을 평정한 평위샹은 다시 군대를 돌려 1927년 1월 26일 시안에 입성했다. 그는 시안을 굳게 지킨 두 사람을 크게 치하하는 한편, 사령부를 이곳에 설치했다. 이제는 남쪽에서 올라오는 북벌군에 호응하여 동쪽으로 진군할 차례였다.

오색기 대 청천백일기

＼쑨촨팡 움직이다

이른바 '5성 연합군'의 총사령관 쑨촨팡은 우페이푸의 몰락을 방관했다. 패망의 위기에 직면한 우페이푸는 그에게 거듭 지원을 요청했다. 이들이 처음부터 손을 잡고 양면 전선을 형성했다면 북벌군도 승산이 없었으리라. 쑨촨팡의 출병을 우려했던 장제스는 창사를 점령한 직후인 1926년 8월 12일 난징으로 전문을 보내 "만약 귀하가 혁명전쟁에 가담한다면 귀하의 지위와 영토를 보존할 것을 나 중정이 보장하겠다"면서 회유에 나서기도 했다.

쑨촨팡에게 우페이푸는 옛 주인이기도 했지만 군벌에게는 충성심도 의리도 없었다. 이미 자립한 쑨촨팡은 옛 상전이 어찌 되건 알 바 아니었다. 오히려 우페이푸와 북벌군이 서로 물어뜯어서 양쪽 모두 지치기를 기다리다가 한꺼번에 잡아먹겠다는 심보였다. 그런데 북벌군의 역량은 쑨촨팡의 예상을 훨씬 뛰어넘었다. 북벌군이 우한에 육박하자 생각이 달라졌다. 우페이푸가 멸망한다면 다음 차례는 자신이 아닌가. 여기에 생각이 미친 그는 그제야 우페이푸를 돕겠다고 나섰다.

우한을 놓고 북벌군과 우페이푸가 일진일퇴를 거듭하던 8월 25일, 난징에서 긴급회의가 열렸다. 쑨촨팡은 사태가 심각하다면서 저장성 총사령관 루샹팅盧香亭에게 우선 저장성과 장쑤성·안후이성의 병력을 모으라고 지시했다. 쑨촨팡의 병력은 25만 명에 달했다. 그는 다섯 성의 병력을 6개 방면군으로 나누었다. 저우인런周蔭人의 제4방면군은 푸젠성을 지키고 나머지 5개 방면군은 장시성으로 진군했다. 출동 부대는 다음과 같다.

제1방면군(군장 덩루줘鄧如琢): 5개 사단 3개 혼성여단
제2방면군(군장 정준옌鄭俊彦): 1개 사단 4개 혼성여단
제3방면군(군장 루샹팅): 2개 사단 2개 혼성여단
제5방면군(군장 천탸오위안): 1개 사단 4개 혼성여단
제6방면군(군장 옌징충顔景崇): 3개 혼성여단
계: 12개 사단 16개 혼성여단 20만 명

각 부대에 작전 명령이 떨어졌다. "제1방면군과 제3방면군은 후난성으로 진군하여 창사를 공략하고 북벌군의 퇴로를 차단한다. 제4방면군은 광둥성으로 진군하여 북벌군의 근거지를 공략한다. 제5방면군은 후베이성으로 진격, 우한의 포위를 푼다. 제2방면군과 제6방면군은 북벌군 주력과 결전을 벌인다!" 쑨촨팡도 군함을 타고 난징을 출발했다. 그는 장시성 주장에 사령부를 설치했다. 직접 진두지휘하여 북벌군을 격파할 생각이었다.

쑨촨팡이 움직였다는 사실을 안 장제스는 적이 공격할 때까지 앉아

서 기다릴 생각이 없었다. 그는 병력을 신속히 재배치하고 선제공격에 나섰다. 쑨촨팡의 병력이 집결하기 전에 각개격파할 생각이었다. 또한 우한 방면에 집중된 병력 중 우창성을 포위한 병력만 남기고 대부분 남쪽으로 이동시켰다.

9월 6일, 북벌군은 세 방향에서 장시성에 대한 총공격에 나섰다. 제2군 제5사단과 제14군이 장시성 중부의 요충지 간저우贛州를 함락했다. 그리고 후퇴하는 적을 추격하여 지안吉安으로 진격했다. 제1군 제1사단과 제6군은 9월 10일 수수이修水를 공략했다. 제2군과 제3군도 장시성 서북쪽의 핑샹萍鄉을 점령한 뒤 9월 18일에는 가오안高安을 점령했다. 북벌군의 신속한 대응은 쑨촨팡의 허를 찔렀다. 전선으로 이동 중이던 쑨촨팡군은 북벌군의 맹렬한 공격을 받자 방어 태세를 갖출 여유도 없이 무너진 채 정신없이 후퇴했다.

9월 19일에는 제6군이 성도인 난창을 무혈 점령했다. 청첸이 난창의 방어 태세를 살피기 위해 정찰대를 보냈는데 수비대가 죄다 달아나면서 성안이 텅 비어 있었던 것이다. 그는 재빨리 군대를 이끌고 성을 접수했다.

국민혁명군 총사령관 장제스, 참모장 바이충시
■좌로군 총사령관 주페이더
-제1군(장제스 직할): 제1사단, 제2사단
-제2군(군장 대리 루디핑): 제4사단, 제5사단, 제6사단
-제3군(군장 주페이더): 제7사단, 제8사단, 제9사단
-제6군(군장 청첸): 제17사단, 제19사단
-제14군(군장 라이스황賴世璜): 잠편 제1사단, 잠편 제2사단
■북로군 총사령관 바이충시
-제4군(군장 대리 천커위): 제10사단, 제12사단

-제7군(군장 리쭝런): 제1로군, 제2로군

-독립 제2사단

■동로군 총사령관 허잉친

-제1군(허잉친): 제3사단, 제14사단

쑨촨팡도 당하고 있지 않았다. 그는 부하들을 닦달하면서 죽기로 난
창을 탈환하라고 엄명을 내렸다. 난창 탈환에 총병력의 절반인 3개 방
면군 10만 명이 투입되었다. 쑨촨팡도 최일선에 나왔다. 난창을 지키
던 북벌군은 겨우 1만 명. 처절한 격전 끝에 북벌군은 중과부적으로
물러났다. 9월 24일, 난창은 다시 쑨촨팡의 손에 넘어갔다. 그는 포로
들과 북벌군에게 호응했던 농민·학생들을 모조리 잡아다 남녀노소
가리지 않고 참수한 뒤 성벽에 내걸어 본보기로 삼았다.

북쪽에서는 우창에서 철수한 리쭝런의 제7군이 성 경계를 넘어 주
장을 향해 진격했다. 10월 3일, 주장 남서쪽의 더안德安에서 격전이 벌
어졌다. 더안의 수비대는 4만 명. 쑨촨팡 휘하 최강 부대인 제3방면군
2개 사단이었다. 철로에는 각종 야포로 무장한 장갑열차가 포진해 이
동 포대 구실을 했고, 진지마다 수많은 기관총과 야포가 배치되어 있
었다. 견고함은 한 달 전 격전을 벌인 팅쓰차오전에 필적했다. 정면에
서 공격한다면 중화기가 부족한 북벌군은 막대한 손실을 감수할 수밖
에 없었다. 그러나 노련한 리쭝런은 정면을 공격하는 대신 배후로 우
회한 다음, 철로를 장악해 병참선을 끊고 적진의 후방으로 쇄도했다.
예상치 못한 기습에 쑨촨팡군은 혼비백산했다.

그렇지만 적장인 루샹팅 역시 북양무비학당과 일본 육사 기병과를
졸업한 인재였다. 그는 당황하지 않고 병력을 수습하여 반격에 나섰
다. 처절한 격전이 벌어졌다. 쑨촨팡군의 손실은 전사자 1,000명에 포

●─ 전투대형을 갖추고 적진을 향해 돌격 준비 중인 북벌군 병사들. 프랑스제 호치키스 M1914 중기관총과 소련제 모신나 강소총, 군벌들에게서 노획한 일본제 38식 보총 등으로 무장하고 상체에는 탄약띠를 두르고 있다.

로 1,000명, 강으로 밀려서 익사한 자가 수백 명이었다. 리쭝런은 더안을 겨우 점령했지만 손실이 컸다. 전사자만 2,000명이 넘었다. 단일 전투로는 북벌전쟁 이래 최대의 손실이었다.

더안이 함락되었다는 소식을 들은 쑨촨팡은 분노를 터뜨리며 당장 탈환에 나섰다. 적의 대군이 몰려온다는 소식에 리쭝런도 더안을 버리고 물러날 수밖에 없었다. 전황은 일진일퇴를 거듭했고 한 치 앞을 내다볼 수 없었다. 장제스가 직접 가오안으로 와서 진두지휘에 나섰다. 또한 난창을 버리고 물러난 제1사단장 왕바이링을 파면하고 연대장 1명을 총살했다. 왕바이링은 장제스의 오랜 친우이자 의형제였다. 그러나 장제스는 군율을 바로잡기 위해 그를 엄벌로 다스렸다. 그는 얼마 뒤 사면되어 다시 군직에 복귀했지만, 더 이상 일선에 나설 수 없었다. 왕바이링을 대신하여 제1사단장에는 예전에 쑨원의 경호를 맡았던 쉐웨가 임명되었다. 그는 장제스보다 9살 아래로 황푸육군소학당과 바오딩육군군관학교를 졸업했다. 북벌군 중에서 가장 유능한 장군의 한 사람이었다. 중일전쟁 중에는 창사에서 일본군을 세 번 격파하여 '창사의 호랑이', '동양의 패튼'이라는 찬사를 받는다.

장제스는 북벌군 참모장 바이충시와 함께 제1군 일부와 제2군, 제14군 산하 5개 사단을 이끌고 난창 공략에 나섰다. 장시성 남쪽에서는 제1군 제1사단과 제6군이 젠창建昌으로 진격하여 쑨촨팡군의 측면을 견제했다. 10월 11일, 북벌군은 난창성을 완전히 포위했다. 때마침 후베이성에서 우창성을 함락했다는 승전보가 전해지면서 병사들의 사기는 한껏 높아졌다. 난창성 따위는 단숨에 점령할 기세였다. 그런데 난창성을 둘러싼 북벌군의 등 뒤에는 창장의 지류인 간장赣江이 흐르고 있었다. 강을 등지고 군대를 포진시키는 것은 '배수의 진'으로, 병법에서 말하는 '사지死地'에 해당하는 매우 위험하기 짝이 없는 짓이었다. 바이충시는 병력을 다시 배치해야 한다고 주장했지만 장제스는 고집을 꺾지 않았다. 그는 야음을 틈타 총공격에 나서기로 결정했다. 자신도 직접 최일선으로 나와 진두지휘를 맡았다.

공격 태세를 마친 북벌군 병사들이 막 진격에 나서려는 참이었다. 느닷없이 등 뒤에 적군이 나타났다. 성의 지하 수로를 이용해서 몰래 성을 빠져나온 뒤 후방으로 우회한 것이었다. 북벌군은 혼비백산했다. 장제스도 당황한 나머지 어찌할 바를 몰라 허둥거렸다. 바이충시가 구원에 나서지 않았다면 북벌군은 전멸을 면치 못했을 것이다. 상황은 급박했다. 심지어 혼란의 와중에 장제스가 포탄에 맞아 전사했다는 오보까지 나돌았을 정도였다. 10월 13일, 장제스는 난창에서 일단 물러나기로 결정했다.

장제스가 난창성에서 패배했다는 소식을 들은 쑨촨팡은 반격의 기회가 왔다고 생각했다. 그는 후방의 병력을 모두 전방으로 집결하라고 지시했다. 그런데 10월 16일, 병력과 물자를 가득 실은 수송선이 난징을 출발해 창장을 거슬러 올라오다가 폭발하는 사건이 벌어졌다. 북벌군에 호응하는 노동자 부대의 사보타주였다. 곳곳에서 노동자·농민들이 규합하여 쑨촨팡군의 진격을 방해하고 철로를 파괴했으며 창고에 불을 질렀다. 쑨촨팡의 작전은 심각한 차질을 빚었다.

남쪽에서는 동로군을 지휘하는 허잉친의 제1군 2개 사단(제3사단, 제14사단) 1만 명이 푸젠성으로 진격했다. 푸젠성의 병력은 3개 사단 7개 여단 등 5만 명에 달하여 수적으로는 압도적이었다. 그러나 10월 3일, 2개 여단이 반란을 일으켜 북벌군에 가담했다. 12일에는 광둥성과 푸젠성 접경의 쑹커우에서 허잉친이 푸젠군의 후방을 기습했다. 푸젠군은 괴멸적인 타격을 입었다. 포로만 4,000명에 달했다. 북벌군은 야포 십수 문과 소총 4,000여 정을 노획하는 등 막대한 군수품을 차지했다. 10월 17일에는 융딩현永定縣이 함락되었다. 전의를 상실한 푸젠군은 도처에서 투항했다. 허잉친은 이들을 우군으로 편입시켰다.

쑨촨팡에게 더욱 충격적인 사건이 일어났다. 10월 18일, 저장성장 샤차오夏超가 항저우에서 반란을 일으켰다. 북벌군과 내통한 그는 국민혁명군 제18군 군장으로 임명되었다. 그는 휘하 보안부대를 상하이로 진격시키는 한편 창장의 교통을 끊어버렸다. 이 때문에 최일선으로 향하던 보급로가 차단되었다. 쑨촨팡은 즉각 2개 여단을 투입하여 진압에 나섰다. 샤차오는 크게 패하여 포로가 되었고 10월 23일 총살당했다. 작은 승리를 거두었지만 한번 기울기 시작한 전세는 돌이킬 수 없었다.

11월 2일, 장시성에서 북벌군 10만 명의 총공격이 시작되었다. 리

중런의 제7군이 더안을 다시 점령하는 데 성공했으며, 4일에는 주장을 함락했다. 쑨촨팡은 군함을 타고 난징으로 달아났다. 난창도 다시 포위되었다. 난창으로 향하던 증원부대는 중도에서 모조리 격파되었다. 수비대 3,000명은 고립된 채 사기가 땅에 떨어지면서 더는 싸울 의지가 없었다. 11월 8일, 난창은 백기를 내걸고 항복했다. 14일에는 장시성 북쪽의 징더전景德鎭이 함락되면서 장시성 전체가 북벌군 손으로 넘어갔다. 두 달에 걸친 치열한 전투에서 쑨촨팡의 주력부대는 괴멸했다. 북벌군에 투항한 포로만도 4만 명이었다.

허잉친이 이끄는 동로군 또한 순조롭게 북상하여 12월 18일 푸젠성의 성도 푸저우를 함락했다. 12월 말까지 푸젠성 전역이 북벌군 수중에 들어갔다. 장제스가 북벌에 나선 지 겨우 5개월. 그동안의 성과는 놀라웠다. 북으로는 양호를, 동으로는 장시성을 손에 넣었으며, 서쪽에서는 쓰촨성·윈난성·구이저우성의 소군벌들이 복속을 청했다. 북벌군의 병력은 10만 명에서 1926년 말 30만 명으로 늘어났다. 북쪽에서는 우위안 선언을 한 펑위샹이 청천백일의 기치를 높이 들고 동쪽으로 진군을 시작했다. 전세가 북벌군 쪽으로 빠르게 기울자 교활한 옌시산은 장쭤린과 손을 끊고 북벌군에 가담할 눈치였다. 장제스는 창장 이남의 대부분을 차지했고 난징을 눈앞에 두었다. 그의 눈은 창장을 넘어서 더 북쪽, 베이징을 향하고 있었다.

＼북방 16성이 연합하다

북벌군이 우페이푸를 꺾을 때만 해도 북양군벌들은 대수롭지 않게 여겼다. 후난성을 상실한 우페이푸는 쑨촨팡에게 급히 전보를 보내 도움을 요청했다. 그러나 쑨촨팡은 관망하면서 양쪽이 지치기만을 느긋이 기다렸다. 우페이푸가 패망 직전까지 몰린 뒤에야 군대를 출동시켰지만 이미 때는 늦었고, 사이좋게 각개격파당하는 꼴이 되었다.

우페이푸가 한커우를 버리고 달아난 이튿날인 1926년 9월 7일, 펑톈에서는 장쭤린 주재로 긴급회의가 열렸다. 북벌군에 대응할 방책을 논하기 위해서였다. 우쥔성·장쭤샹 등 구파의 원로들은 대부분 남하를 반대하고 동북을 굳게 지켜야 한다고 한목소리를 냈다. 그러나 야심만만한 장쭝창과 추위푸 등은 이 기회에 우페이푸를 핍박하여 그의 남은 지반인 즈리성과 허난성을 빼앗아야 한다고 부추겼다.

장쭤린은 후자를 선택했다. 그는 우페이푸에게 원군을 보낼 테니 함께 북벌군을 공격하자고 제안했다. 그러나 우페이푸도 바보가 아니므로 자신의 영토에 남의 군대를 들이는 데 순순히 찬성할 리 없었다. '가도멸괵假途滅虢'*의 형국이 될 것이 뻔했다. 그는 펑톈군의 남하를 반대하면서 자기에게 아직 10만 명의 정예 병력이 남아 있으니 원군은 필요 없고, 무기와 군수품만 보내주면 우한을 반드시 탈환해 보이겠다고 장담했다. 또한 펑톈군이 굳이 출병하겠다면 차라리 발해함대에 즈리와 산둥의 군대를 태우고 북벌군의 심장부인 광저우를 공격하라고 제안했다.

장쭤린은 우페이푸를 말로 설득하는 것을 포기하고 힘으로 누르기로 결심했다. 어차피 북벌군에게 크게 패하여 우한3진을 빼앗긴 우페이푸에게 더는 장쭤린에게 대항할 힘이 없었다. 9월 9일, 펑톈군이 갑자기 베이징으로 난입하여 우페이푸가 임명한 베이징 위수사령관 왕

---

*『천자문』에 실린 춘추시대의 유명한 일화. 진나라 헌공이 우나라 임금에게 많은 뇌물을 바치며 "괵나라를 공격하고 싶으니 길을 빌려달라"고 했다. 이때 우나라의 재상 궁지기는 임금에게 "우나라와 괵나라는 순망치한脣亡齒寒의 사이이니 괵나라가 무너지면 우리도 위험합니다"라고 반대했다. 그러나 우나라 임금은 뇌물에 욕심이 멀어 진나라 군대에 길을 내주었다가 궁지기의 말대로 괵나라와 함께 멸망하고 말았다.

징허王景和를 내쫓고 그 자리에 펑톈군 제10군장 위전을 임명했다. 10월 1일에는 두시구이 내각을 강제로 해산하고 외교총장 구웨이쥔을 새로운 임시 집정으로 추대했다. 돤치루이 정권이 무너진 뒤 겨우 3개월 동안 세 번째 내각 교체였다.

다음으로는 즈리성의 성도인 바오딩과 다밍大名*의 반환을 요구했다. 우페이푸가 거절하자 장쭝창이 군대를 이끌고 바오딩 근처까지 밀고 들어갔다. 바오딩에는 전 대총통 차오쿤이 오랜 연금에서 풀려난 뒤 은거하고 있었다. 장쭝창은 부하들을 보내 차오쿤을 정저우로 쫓아버렸다. 우페이푸는 속수무책이었다. 그는 예전의 동맹을 내세워 자신이 우한을 되찾는 대로 즈리성을 넘겨주겠다고 사정해서 겨우 장쭝창의 침공을 막을 수 있었다. 그러나 잠시 시간을 번 것에 지나지 않았다. 사면초가였던 우페이푸는 9월 30일 정저우에서 회의를 열었다. 그는 지휘관들에게 침통한 표정으로 말했다.

우리 군대가 우한을 탈환하지 못한다면 즈리와 산둥 연합군이 대신 공격하겠다는 명목으로 길을 빌리려고 할 것이다. 그렇게 되면 우리에게는 발 딛고 설 땅조차 남지 않을 것이다.

그러나 주력부대가 거의 섬멸당하여 대세는 이미 기운 것이나 다름없었다. 우페이푸가 아무리 질타해도 어느 한 사람 싸울 의지 없이 서로 눈치만 볼 뿐이었다. 오히려 그의 위세가 땅에 떨어지자 오랜 부하들마저 줄줄이 등을 돌리는 판국이었다.

10월 10일, 우한3진 중에서 마지막 남은 우창이 함락되었다. 쑨촨

---

* 즈리성과 산둥성의 접경도시로, 한단 남동쪽에 위치한다.

팡도 장시성과 푸젠성에서 완패하여 11월 8일에는 난창이, 12월 18일에는 푸저우가 함락되었다. 쑨촨팡은 잔여 병력을 모아서 14개 사단 4개 혼성여단 15만 명의 병력을 규합했다. 그리고 난징과 상하이 주변으로 집결시켜 최후의 결전을 준비했다. 하지만 두 사람의 파멸은 시간문제였다. 각지 소군벌들은 지위와 지반을 보장받는 조건으로 북벌군에 속속 가담했다. 서쪽에서는 펑위샹이 샨시성을 탈환하고 병력을 모아서 동쪽으로 진군할 태세였다. 우페이푸와 쑨촨팡이 몰락하면 다음은 장쭤린이었다. 장쭤린도 강 건너 불구경만 할 수는 없는 노릇이었다.

11월 14일, 텐진에서 회의가 열렸다. 주최자는 장쭤린이었다. 장쭝창·우쥔성·장쉐량 등 펑톈의 장군들과 쑨촨팡·우페이푸·옌시산의 대표들도 참석했다. 그동안 서로 으르렁대던 북양군벌들이 공동의 적을 맞이하여 처음으로 한자리에 모인 셈이었다. 그러나 서로의 모순은 여전했다. 장쭤린은 능청스럽게도 "나는 아무 욕심도 없다. 우선 군사 문제를 해결하고 다른 문제는 나중에 해결하자"고 너스레를 떨었다. 또한 친구의 위기를 지켜볼 수 없으니 원군을 보내주겠다고 약속했다. 물론 다른 군벌들도 속이 시커먼 장쭤린의 군대를 제 영토에 들일 리가 없었다. 이들은 원군은 필요 없으니 군비와 무기만 달라고 요구했다. 특히 우페이푸는 조금도 물러설 수 없다는 태도였다. 그러나 장쭤린은 이미 그를 자기 손바닥 위에 놓은 것이나 다름없었다.

산둥 독군 장쭝창은 탐욕스러우면서 아첨에도 능했다. 그는 장쭤린을 부추겨 북방 16개 성의 총사령관이 되라고 권했다. 쑨촨팡도 끼어들었다. 발등에 불 떨어진 꼴이 된 쑨촨팡은 체면이고 뭐고 없었다. 직접 텐진으로 간 그는 온갖 수단을 동원해 장쭤린의 환심을 샀다. '웃는 호랑이笑虎'가 쑨촨팡의 별명이었다. 그는 얼굴에 한껏 웃음을 머금고 자신을 낮추면서 사탕 발린 말로 상대를 치켜세우는 것이 특기였다. 거만하고 인정미라고는 없는 우페이푸와는 달랐다. 즈리파라면 치를 떠는 평톈의 장군들도 쑨촨팡에게는 흠뻑 빠졌다. 장쭤린이 쑨촨팡에게 뭐가 필요한지 묻자 쑨촨팡은 무기와 탄약이라고 대답했다. 장쭤린은 "우리는 대장부인데 남의 위기를 틈타서 영토를 빼앗으려 하겠습니까?"라면서 얼마든지 돕겠다고 약속했다. 지난 몇 년 동안 화이하이淮海를 사이에 두고 쑨촨팡과 총부리를 겨누었던 장쭝창도 해묵은 감정을 내려놓았다. 쑨촨팡은 장쭝창·장쉐량과 형제의 연을 맹세했다.

12월 1일, 장쭤린은 톈진에서 '안국군安國軍' 총사령관으로 추대되었다. 취임식은 거창하기 이를 데 없었다. 장쭤린은 군벌들이 보는 앞에서 엄숙하게 하늘에 제사를 올리며 천제의 가호로 북벌군을 무찌르기를 기원했다. 안국군에는 장쭤린의 영토인 동3성·러허성·즈리성·산둥성 등 6개 성과 옌시산의 영토인 산시성·차하르성·쑤이위안성·샨시성 등 4개 성, 쑨촨팡의 영토인 장쑤성·장시성·안후이성·저장성·푸젠성 등 5개 성 그리고 우페이푸의 영토인 허난성에서도 여러 군벌이 참여했다. 전국 25개 성 중에서 16개 성을 아우르는 거대한 세력이었다. 드디어 장쭤린은 위안스카이 이래 지난 10여 년 동안 누구도 꿈꾸지 못했던 북양의 영수가 되었다. 일본과 영국·미국은 장쭤린 정권을 지지한다는 성명을 발표했다.

장쭤린이 제일 먼저 한 일은 북벌군의 토벌 선언이었다. 쑨촨팡과 장쭝창·옌시산을 안국군 부사령관에 임명하고 각자의 전선을 책임지게 했다. 중국의 전국戰局은 북양연합 대 북벌연합의 형세가 되었다. 물론 장쭤린의 야심은 고작 북양군벌들에게 추대받아 그들의 우두머리가 되는 것이 아니었다. 중국 전체를 제 발밑에 놓는 일이었다. 12

월 27일, 베이징으로 들어온 장쭤린은 대원수(대총통) 자리에 오를 준비에 착수했다.

＼우페이푸의 패망

우페이푸는 오랜 숙적인 장쭤린이 북양의 우두머리 노릇을 하는 꼴이 달가울 리 없었다. 그는 쑨촨팡·옌시산과 달리 안국군에 참여하지 않았고 장쭤린을 총사령관으로 추대하는 데 서명하는 것도 거부했다. 그렇지만 장쭤린의 위세에는 견딜 재간이 없었다. 장쭤린은 제멋대로 그를 '안국군 전방 총사령관'으로 임명한 뒤 당장 우한을 탈환하라고 지시했다. 후베이성을 빼앗긴 우페이푸에게는 이미 그만한 힘이 없었다. 그 사실을 잘 알고 있던 장쭤린은 우페이푸를 돕는다는 핑계로 펑톈군을 출동시켰다.

> 즈리-산둥 연합군은 카이펑을, 장쉐량의 제3방면군과 한린춘의 제4방면군은 정저우를 거쳐서 우한을 접수한 뒤 곧장 남하하여 후난성과 광둥성을 취하라.

1927년 2월 8일, 펑톈군은 허난성을 침공했다. 두 사람의 동맹은 깨졌다. 우페이푸도 방어에 나섰다. 그는 장쭤린 토벌을 선언하고, 각지에서 병력을 끌어모아 급히 16개 군을 편성한 다음 '허난 자위군'이라 일컬었다. 진윈어가 허난성 보위군 총사령관에, 가오루퉁이 전선 총사령관에 임명되었다. 병력은 10만 명에 달했지만 대부분 패잔병과 토비의 무리로, 싸울 의지가 없는 오합지졸에 불과했다. 장갑열차를 앞세운 펑톈의 정예부대가 징한철도를 따라 남하하자 우페이푸군은 곳곳에서 싸우지도 않고 투항했다.

2월 10일에는 전 대총통 차오쿤이 톈진으로 와서 장쭤린에게 투항했다. 바오딩에서 쫓겨난 뒤 우페이푸에게 의탁했던 그는 한동안 정저우에 은거했지만 이제는 체면이고 뭐고 없었다. 장쭤린에게 붙어서 목숨이라도 건지고 여생을 편안히 보낼 생각이었다. 전 장쑤 독군이자 우페이푸의 부사령관 치셰위안은 톈진의 일본 조계로 도망쳤다. 2월 16일에는 허난 군무방판(독군) 겸 허난 의군 사령관 미전뱌오^{米振標}가 장중창에게 항복했다. 3월 18일에는 정저우가 함락되었다. 전황이 급박하자 우페이푸는 가오루퉁에게 펑톈군의 병참선인 징한철도를 차단하고 반격에 나서게 했다. 3월 23일, 가오루퉁은 500여 명의 결사대를 조직하고 야음을 틈타 펑톈군의 장갑열차를 급습했다. 그러나 펑톈군의 압도적인 공격으로 결사대는 전멸했다. 가오루퉁은 장갑차를 타고 독전하다가 포탄에 맞아 전사했다. 그나마 우페이푸의 유일한 반격이었다. 남쪽에서는 탕성즈의 북벌군이 북상하여 신양을 점령하고, 서북쪽에서는 펑위샹의 국민군이 한구관^{函谷關}(함곡관)을 점령했다. 샨시성과 허난성 경계에 있는 한구관은 '천하제일험관'이라고 불릴 만큼 매우 험준한 천하의 요지이자 중원으로 들어가는 관문이기도 했다. 『초한지』 후반부에서는 한구관을 통과한 유방이 드디어 항우와 천하 패권을 놓고 쟁탈전을 시작하는 내용이 나온다.

우페이푸는 세 방향에서 협공당했다. 대세가 기울자 부하들이 줄줄이 등을 돌렸다. 제8군장 웨이위싼은 2만 명의 병력을 거느리고 북벌군에게 투항하여 국민혁명군 제30군장에 임명되었다. 예전에 궈쑹링의 부하였다가 펑위샹에게 투항한 뒤 다시 우페이푸에게 항복했던 그가 이번에는 북벌군에 붙은 것이었다. 진윈어도 북벌군과 교섭하여 지위를 보장받는 조건으로 항복했다. 제7군장 톈웨이친^{田維勤}은 펑위샹에게 투항하는 등 우페이푸의 진영은 사분오열한 채 와해되었다.

한때 천하를 호령하던 우페이푸도 사면초가였다. 이런 경우 군벌들은 대개 중국의 법이 닿지 않는 톈진이나 상하이의 조계로 달아났다. 그러나 아직 포기할 생각이 없는 우페이푸는 잔여 병력 1,000여 명을 수습하여 쓰촨성의 입구인 바이디청白帝城으로 달아났다. 『삼국지』에서 유비가 육손에게 패한 뒤 차마 부끄러워 촉으로 돌아가지 못한 채 실의에 빠져 숨을 거두었던 곳이다. 쓰촨 군벌들은 예전에 우페이푸 휘하에 있었기 때문에 이들에게 잠시 의탁하여 앞날을 기약할 생각이었다. 그러나 이들은 이미 북벌군에 귀순하는 조건으로 생명과 지위를 보장받고 깃발을 바꾸어 달았다. 그러니 새삼스레 다 망한 우페이푸에게 충성할 리가 없었다. 우페이푸가 바이디청에서 무익하게 시간을 보내는 동안 장제스는 중국을 통일했다.

1928년 5월, 장제스는 쓰촨 군벌 덩시허우鄧錫侯를 시켜서 우페이푸를 공격하게 했다. 우페이푸는 완전히 몰락하여 갈 곳 없는 신세가 되었다. 그는 한때 충칭 군벌 류샹에게 잠시 의탁했다가 1931년 5월 22일 베이징으로 와서 장쉐량의 보호를 받았다. 그 뒤 우페이푸는 정치에서 완전히 손을 뗐다. 장제스 정권에서 한자리씩 차지한 옛 부하들과 달리 불교 공부에 매진하고 옛 상전인 차오쿤과 종종 만나 지난 추억을 나누는 등 유유자적한 은거 생활을 했다. 그러나 만주사변과 러허사변이 일어나면서 그를 보호하던 장쉐량이 몰락하자 경제적으로 매우 궁핍한 신세가 되었다.

일본이 무력을 앞세워 화북을 잠식해오는 상황에서 화북의 인사들은 우페이푸에게 베이핑(베이징)에서 일어나 항일에 나서주기를 요청했다. 하지만 그는 거절했다. 장제스도 명망 있는 우페이푸를 위험인물로 보고 경계를 늦추지 않았을 정도였지만 우페이푸의 마음속에서 꿈도 야심도 사라진 지 이미 오래였다. 1934년 11월 2일, 장제스와 우페이푸는 베이핑에서 면담했다. 예전에 천하의 주인이었던 자와 현재의 주인인 자가 격의 없이 만난 자리에서 우페이푸는 장제스에게 민의를 전달하고 항일을 충고하기도 했다.

1935년 12월, 베이핑에서 쑹저위안의 지차翼察(허베이-차하르) 자치정부가 수립되었다. 쑹저위안은 우페이푸에게 고문이 되어달라고 청했지만 그는 요지부동이었다. 중일전쟁이 일어난 뒤 베이핑을 점령한 일본도 우페이푸를 괴뢰정권의 우두머리로 세우려고 온갖 회유와 협박을 했다. 그러나 일본을 몹시 미워한 그의 절개를 꺾을 수는 없었다. 중국인들은 그를 '애국장군'이라며 칭송했다. 일본의 악명 높은 특무기관장 도이하라 겐지는 고분고분하지 않은 우페이푸를 괘씸하게 여겼다. 1939년 12월 4일, 우페이푸는 충치를 치료하기 위해 일본인 병원을 방문했다가 암살당했다. 그의 나이 65세. 중일전쟁이 끝난 뒤 장제스 정권은 정식으로 국장을 치러주었다. 우페이푸의 묘는 베이핑 교외 위취안산玉泉山에 이장되었다.

＼민주를 외친 제3의 혁명 정당

북벌전쟁이 5억 중국인들의 염원이었으며, 혁명의 기치를 내건 북벌군이 가는 곳마다 수많은 사람들이 나와서 열렬히 호응했다는 것은 오늘날 중국에서 '신화'로 남아 있다. 물론 거짓은 아니다. 그러나 완전한 진실도 아니다. 현실은 훨씬 복잡했다. 북벌을 놓고 민중의 반응은 엇갈렸다. 과연 북벌은 선인가. 북벌이 끝난 뒤 자신들 앞에 놓이게 될 미래는 무엇인가. 더 중요한 질문은 중국인들이 어떤 세상에서 살고 싶어하느냐는 것이었다.

정치적인 자유가 없고 다양성을 인정하지 않는 중국의 현실에서 중국 근현대사는 공산당을 주인공으로 하는 혁명사만 있다. 장제스 정권의 독재에 맞서 공산당이 어떻게 투쟁했으며, 어떻게 인민을 이끌고 천하를 얻었는지 이야기한다. 여기에는 국공의 대결만 있을 뿐이며, 부패하고 무능한 수구 세력인 국민당이 패하고 진보 세력인 공산당이 승리한 것은 당연한 결과라는 식이다. 그 밖의 어떠한 의문도 허용되지 않는다. 그러나 혁명에는 공산혁명만 있는가. 중국인들의 앞에는 국민당의 압제와 몇 배 더 지독한 공산당의 압제, 이 두 가지밖에 없었던가. 이것은 승자에 의해 '날조된 역사'일 뿐이다.

그 시절 중국에는 삼민주의를 내세운 국민당과 프롤레타리아혁명을 외치던 공산당 외에도 그 어느 쪽에도 속하지 않는 또 다른 혁명 세력이 있었다. 바로 '중국청년당中國靑年黨(청년당)'이다. 우리에게는 거의 알려져 있지 않은 생소한 정당이지만 국민당과 공산당 다음으로 근대 중국에서 가장 오랜 역사를 자랑하는 정당이며 중도에 사라지지 않은 채 지금까지 존속하고 있다. 국민당, 공산당과 더불어 제3의 혁명 정당인 중국청년당은 국민당과 공산당 사이에서 군벌 타도와 애국·민족·반공을 외쳤다. 군벌뿐만 아니라 국공 양당을 향해서도 혁명을 빌미로 외세를 끌어들이려 한다면서 "혁명을 왜곡하고 있다"고 비난했다. 이들은 권력자에 의한 전제 독재를 반대하고 서구식 의회민주주의를 부르짖었다는 점에서는 공산당 이상으로 진보적이면서도, 다른 한편으로 중국을 침략한 제국주의 열강을 향한 깊은 거부감을 드러내고 타협 없는 반소·반공 노선을 고집했다는 점에서 국민당이상으로 보수적이기도 했다. 보수와 진보의 특성을 동시에 지녔으며 외세의 힘에 의존하지 않고 민족 자력에 의한 새로운 중국을 꿈꾸었다는 점이 중국청년당의 특징이었다. 외세라면 덮어놓고 벌벌 떨었던 북양 정권은 물론이고 친일주의자인 쑨원과 그를 맹목적으로 추종했던 국민당, 소련의 꼭두각시였던 공산당 같은 부류와는 달리 당시 중국에서 진정한 진보적 민족주의 정당이었다.

중국청년당은 잠시 사람들의 이목을 끌다가 바람에 스치듯 사라져 간 존재가 아니라 대중 속으로 파고들어 상당한 지지기반을 구축했으며 독자적인 무장 역량을 길렀다. 또한 쑨원의 혁명당처럼 어둠 속에 숨어 암살과 테러로 세상을 뒤엎으려 한 비밀결사 조직이 아니라 국민당·공산당과 마찬가지로 엄연한 공개 정당이었다. 스스로를 '영원한 야당'이라 일컬으며 국민당을 견제하고 대중의 지지를 얻으려 한 만만찮은 정치세력이기도 했다. 그 시절 제대로 된 이념과 조직도 없이 우후죽순으로 생겨났다가 사라지기 일쑤였던 수많은 재야 단체나 어용 정당들과 달리, 100여 년이 지난 지금까지 명맥을 유지하는 정당은 국민당과 공산당 말고는 중국청년당뿐이다. 창당 이후 수많은 부침과 어려움 속에서도 국공에 당당히 맞서면서 때로는 그들을 궁지로 내몰았다. 이 때문에 국민당과 공산당은 한때 청년당을 가장 위협적인 맞수로 간주하기도 했다.

중국청년당은 1923년 12월 2일 프랑스 파리에서 결성되었다. 국민당·공산당과 가장 다른 점은 일당독재를 부정하고 중국식 민주주의의 실현을 꿈꾸었다는 사실이다. 주요 인물로는 청치曾琦·리황李璜·쭤순성左舜生·위자주余家菊 등이 있다. 이들은 젊은 시절 프랑스·독일 등 유럽 선진국에서 공부했다. 저우언라이나 덩샤오핑을 비롯해 공산당 간부들 중에도 이들처럼 유럽에서 공부한 사람들이 많았다. 그러나 공산당 쪽 인물들이 유럽의 어두운 점을 보고 마르크스주의와 계급투쟁에 빠졌다면, 중국청년당 쪽 인물들은 구미의 부강함과 안정·자유·민주와 같은 밝은 점을 보았다. 내전과 침략에 시달리는 중국이 부강해지려면 구미를 보고 배워야 한다는 것이 이들의 생각이었다.

중국청년당의 초대 주석 청치는 쓰촨성 융창현隆昌縣 출신으로, 장제스보다 5살 아래, 마오쩌둥보다는 한 살 위였다. 젊은 시절에는 쑨원의 중국동맹회에 가입했고 반청혁명에도 가담했다. 또한 위안스카이·돤치루이 정권 시절 일본이 21개조 요구를 강요하자 5·4운동에 참여해 일본을 규탄하는 데 앞장섰다. 루쉰을 비롯한 당대 많은 지식인들이 "공자가 죽어야 중국이 산다"면서 중국의 낙후한 현실을 개탄하고 서구의 급진적인 혁명사상에 동조했던 반면, 청치는 오히려 공맹의 사상을 잘 활용해야 중국이 강국의 지위를 회복할 수 있다고 주장했다. 그렇다고 청말의 고루한 사대부들처럼 케케묵은 유가의 전통에 매달리자는 뜻이 아니라 유교식 가치관과 서구식 가치관을 결합할 때 비로소 중국에 걸맞은 정치체제를 실현할 수 있다는 논리였다. 또한 진정한 공화제 국가를 수립해야만 과거의 찬란했던 '대大중화민족'의 영광을 되찾을 수 있으며, 그 선봉에는 자신과 같은 젊은이들이 앞장서야 한다고 주장했다.

1919년 7월 1일, 청치는 소년중국학회少年中國學會를 결성하고 민중 계몽에 나섰다. 여기서 '소년'이란 어린이가 아니라 청년을 가리킨다. 주된 활동 무대는 베이징과 톈진·상하이 등 중국에서 가장 발달하고 근대화한 도시 지역이었다. 반군벌과 반외세, 애국정신을 강조하는 소년중국학회에는 중국의 현실에 비분강개하는 많은 지식인 청년들이 가입했다. 그중에는 뒷날 천두슈와 더불어 '중국공산당의 아버지'라 불리는 리다자오, 공산주의자가 되기 전의 젊은 마오쩌둥도 있었다. 얼마 뒤 프랑스로 유학 간 청치는 그곳에 있는 중국인 노동자들을 상대로 신생활운동과 계몽운동을 펼쳤다. 마침 파리에서는 저우언라이가 공산당 파리 지부를 설립하고 현지의 중국인들에게 공산주의를 전파하고 있었다. 두 사람은 중국에서 5·4운동이 벌어지자 의기투합하여 제국주의를 비판하는 선언문을 함께 발표하기도 했다. 그러나 이들의 관계는 그리 오래가지 못했다. 사상 측면에서 도저히 섞이려야 섞일 수 없었기 때문이다.

1923년 5월 6일, 산둥성 린청에서 외국인들이 탑승한 기차를 토비들이 습격하여 인질로 삼은 '린청 사건'이 일어났다. 구미 열강은 중국을 토비 국가라고 비난했다. 심지어 국제 간섭군을 조직해 무력으로 응징하자고 떠들었다. 중국인을 멸시하고 중국의 주권을 무시하는 처사에 프랑스 내 중국인 사회가 들끓었다. 저우언라이와 청치는 힘을 모아서 반제국주의운동을 전개하려 했다. 그러나 두 사람 사이에는 양립이 불가능한 모순이 있었다. 공산주의자였던 저우언라이는 "안으로는 군벌 세력을, 밖으로는 국제 자본주의를 타도해야 한다"고 외쳤다. 하지만 청치의 생각은 달랐다. 그의 투쟁 구호는 "안으로는 국적國賊을, 밖으로는 강권强權을 타도해야 한다"는 것이었다.

청치가 말하는 '국적'과 '강권'은 구체적으로 무엇을 가리키는가. 국적은 국민의 공의를 무시하고 국가의 생존을 위협하는 모든 자였다. 저우언라이의 주장처럼 군벌만이 중국을 좀먹고 있는가. 제 이익만 탐하는 자들은 그 밖에도 관료, 정치인, 정당인, 지식인, 상인 등 계층을 막론하고 얼마든지 있었다. 강권은 군사, 문화, 경제, 종교 등 모든 방면에서 침략을 추구하는 국가를 의미했다. 저우언라이가 말하는 이른바 '국제 자본주의'만 중국의 적인가. 자본주의국가가 아니어도 중국을 침략할 수 있지 않은가. 청치가 가리키는 '적'이란 다름 아닌 소련이었다. 소련은 공산주의국가이면서 동시에 제국주의 국가이기도 했다. 실제로 소련은 코민테른을 조직해 세계혁명을 전파한다는 명목으로 주변국에 영향력을 확대하려고 혈안이 되어 있었다. 이 때문에 1차대전 이후 패전 독일을 비롯한 유럽 여러 나라에서는 소련의 지원을 받는 공산주의자들이 폭동을 일으켜 내전이나 다름없는 상황에 빠졌다. 물론 골수 공산주의자였던 저우언라이가 '소련 또한 중국의 적'이라는 주장에 동의할 리 없었다. 두 사람은 격렬하게 대립했다. 어차피 타협점을 찾을 수도 없는 문제였기에 평행선을 달리다 끝내 서로에게 등을 돌렸다. 프랑스 유학생들도 청치를 따르는 학생들과 저우언라이를 따르는 학생들로 나뉘어 첨예한 싸움이 벌어졌다.

청치는 골수 반공주의자이면서 또한 반反군벌주의자였다. 장쭤린·우페이푸 같은 군벌들도 공산주의라면 치를 떠는 사람들이었다. 청치가 반공에 우선을 둔다면 군벌에 접근해야 할 테고, 군벌 타도에 우선을 둔다면 국민당이나 공산당과 합작해야 마땅했다. 그러나 청치는 어느 쪽도 선택하지 않았다. 오히려 군벌들이 말하는 반공은 허울일 뿐 외세에 아첨하는 짓이 공산주의자들과 다를 바 없으니 반공을 거론할 자격도 없다며 신랄하게 비꼬았다. 공산주의자들은 소련의 주구 노릇을 하고 군벌들은 열강의 주구 노릇을 하고 있다. 도대체 이들 사이에 어떤 차이가 있단 말인가. 청치는 두 세력의 대립은 홍색 제국주의와 백색 제국주의의 싸움이라며, 양쪽을 모두 싸잡아 '국적'이라고 규정했다. "군벌은 군벌일 뿐이며, 어느 군벌이든 터럭만큼도 희망이 없다." 청치의 반군벌주의는 똑같이 군벌 타도를 외치면서도 평위샹이나 공산주의에 우호적인 몇몇 군벌에게는 '선한 군벌'이라고 일컬으면서 이중적인 잣대를 들이대는 공산당과는 근본적으로 달랐다.

쑨원의 국민당과 량치차오도 신랄한 비판의 칼날을 피해갈 수 없었다. 쑨원은 입으로는 군벌 타도를 외쳤지만 군벌과 손을 잡았다. 또한 국민당은 민주적인 정당이 아니라 쑨원 한 사람의 독재정권에 불과했다. 여기에 어떤 혁명적인 면이 있는가. 그의 눈에는 국민당이나 공산당, 군벌 모두 말만 번드르르할 뿐, 말과 행동이 불일치하고 반복무상하며 권력만 탐하면서 제 잇속을 차리는 집단에 지나지 않았다.

청치의 비판은 국민당과 공산당의 불편한 진실을 찌르는 것이기도 했다. 북양 정권에 참여한 량치차오에 대해서도 공화제를 지킨다면서 군벌과 손잡은 것은 이중적인 행태라고 비판했다. 청치의 비타협주의에 대해 주변에서는 현실론을 내세워 "혁명을 하려면 근거지가 있어야 하고 무력이 있어야 한다. 그러니 우선 군벌의 동조를 얻은 다음, 일을 도모해야 한다"고 충고하기도 했다. 그러나 청치는 그 같은 짓은 구국의 도리가 아니라면서 단호하게 반대했다. 혁명을 군벌과 외세의 힘에 기대겠다는 것은 위선에 불과하다는 이유였다.

그렇다면 청치의 혁명론은 무엇인가. 그가 생각하는 혁명의 주체는 '전민全民', 즉 중국의 모든 계층이었다. 민중이 하나로 뭉치고 민족·민주 운동을 전개하여 중국을 억압하는 국적과 외세에 대항해야 한다는 것이었다. 안으로는 국적을 타도하고 밖으로는 외세에 대항하려면 민중이 무장해야 했다. 민중이 무장하려면 민중을 조직해야 하며, 민중을 조직하려면 민중을 계몽해야 했다. 반면, 공산주의자들은 노동자·농민 등 무산계급이 유산계급을 타도하는 혁명을 선동했다. 그러나 이것은 혁명이 아니라 국가의 분열이었다. 오직 무산계급에게만 혁명의 열정과 이해가 있는가. 다른 계급은 죄다 반혁명 세력이며 타도되어야 할 대상인가. 공산당의 방식은 군벌을 타도하기는커녕 유산계급이 군벌과 손잡게 하여 군벌의 힘을 더욱 강하게 만들 수도 있는 일이었다.

군벌과 외세 어느 쪽과도 손잡기 거부한 채 민중이 주도하는 혁명을 꿈꾸는 청치의 신념은 많은 젊은 지식인들의 공감을 얻었다. 그러나 중국의 현실은 거꾸로 갔다. 1923년 1월, 상하이에서 쑨원-요페 공동선언이 발표되었다. 쑨원은 연소용공을 선택하고 소련의 힘을 빌리기로 결심했다. 국민당과 공산당의 합작이 급물살을 탔다. 청치는 국공합작에 대항하기 위해 새로운 정당을 결성하고 공개적으로 활동하여 대중의 지지를 얻기로 결심했다.

1923년 12월 2일, 파리에서 중국청년당이 설립되었다. 청년당은 국민당이나 공산당과는 또 다른 형태의 '혁명 정당'이었다. 청년당이 내건 강령은 "전민혁명을 수단으로 삼아 외세의 강권에 대항하여 중국의 독립과 자유를 추구하고 내부의 국적을 제거하여 복지국가를 건설한다"는 것이었다. 사상적으로는 '국가주의Nationalism'를 내걸었다. 이들이 말하는 국가주의란, 국가권력이 다수의 국민이 아니라 소수 권력자에게 있으며 전체의 이익을 위한다는 명목으로 국민의 자유를 무제한적으로 억압하는 일본의 군국주의나 이탈리아의 파시즘, 독일의 나치즘 같은 '국가사회주의National socialism'와는 다르다. 본래 국가주의의 뿌리는 전체주의가 아니라 근대 유럽의 공화주의와 민족주의에 있다. 간단히 말하면 "개인의 자유와 행복을 지키기 위해서는 강력한 정부가 필요하다"는 사상이다.

1차대전 이후 유럽은 전쟁 후유증에 시달리고 러시아혁명의 영향을 받은 공산주의·무정부주의(아나키즘) 추종 세력이 기승을 부리면서 극심한 혼란에 직면했다. 이 때문에 여러 나라에서 강력한 국가에 대한 요구가 높아지면서 반공과 민족을 강조하는 국가주의가 대두했다. 그중에서 가장 극단적인 사례가 이탈리아 무솔리니가 제창한 파시즘과 히틀러의 나치즘이었다. 스페인과 그리스, 폴란드, 일본에서도 파시즘을 추종하는 군부 세력이 권력을 잡았다. 장제스의 국민당도 그중 하나였다. 그러나 미국·영국·프랑스 등 구미 선진 사회는 오늘날의 기준에서 보면 국수적이고 배타적인 면은 있었지만 자유와 민주의 가치를 부정하지 않았으며, 철권통치를 옹호하거나 폭력으로 체제를 때려 부수려고도 하지 않았다. 청년당이 추구한 국가주의 사상은 같은 시기 일본을 세계제국으로 만들겠다는 욕심으로 천황에 대한 복종과 외국인 혐오, 선민사상, 군부독재를 찬양하여 2·26사건에도 영향을 주었던 기타 잇키北一輝, 이시와라 간지石原莞爾 같은 일본 급진주의자들의 비뚤어진 국가주의와는 달리 서구식 애국주의patriotism와 자유주의, 중국 전통의 유가·법가 사상이 혼합된 것이었다.

청년당은 중국이 외세의 침탈에 허덕이는 현실에서 나라를 지키고 부국강병을 이루려면 강한 국가를 건설해야 한다고 믿었다. 이 점은 국민당이나 공산당도 다르지 않았지만, 청년당이 꿈꾸는 국가는 소수의 권력자가 원하는 국가가 아니라 모든 인민이 원하는 국가였다. 국가 운영의 주체는 모든 국민이어야 했다. 국민의 애국심은 국가를 향한 것이지 권력자를 향한 것이 아니다. 만약 혁명으로 새로운 국가를 건설하겠다면 소수의 선지자가 아니라 모든 계층의 인민들이 참여해야 하며, 혁명이 성공한 뒤에는 그 과실 또한 모두에게 공평하게 돌아가야 한다. 이것이 청년당이 내세운 국가주의이자 전민사상으로, 그 시절 중국의 현실에서는 파격적인 발상이었다. 공공연히 '프롤레타리아독재'를 떠드는 공산당, 말로는 '삼민주의'라 하여 민권民權 운운하면서도 국민에게 권력을 내주기를 거부하고 독재를 지향하는 국민당 처지에서는 불편할 수밖에 없었다.

청년당을 창당하고 한 달 뒤 중국으로 돌아간 청치는 쑨원의 국공합작 반대운동에 나섰다. 또한 쑨원이 장쭤린·펑위샹 등 북방 군벌들의 초청을 받아 북상에 나섰을 때는 상하이로 그를 찾아가 "군벌들과 협상해서는 안 된다"고 호소했다. 그러나 쑨원은 어차피 누구 말을 듣는 법이 없는 사람이었고, 일단 결심하면 아무도 그의 뜻을 돌릴 수 없었다. 국민당 내부에도 국공합작을 반대하는 사람들은 있었다. 청치는 이들을 향해 "순수한 국민당원들이 연소용공을 버리고 군벌로

군벌을 타도하겠다는 발상을 버리겠다면 청년당은 성심껏 제휴할 의사가 있다"면서 양당의 연합을 제안했지만 성공하지 못했다. 국민당 우파로서는 다소의 불만이 있다고 해서 쑨원을 배신할 수는 없는 노릇이었기 때문이다.

국공합작 이후 국민당 좌파와 공산당은 서로 연합하여 민중 속으로 파고들면서 빠르게 세력을 넓혀갔다. 중국청년당도 민중을 상대로 선전운동을 펼치는 한편, "공산당의 목적은 노동자들을 앞세워 정권을 빼앗으려는 것"이라고 주장했다. 1925년 5월 30일, 상하이에서 수십만 명의 민중이 참여한 대규모 반제국주의 시위인 '5·30운동'이 일어났다. 청치는 "비로소 잠자던 사자가 깨어나고 있다"면서 크게 고무되었다. 5·30운동은 학생과 노동자뿐 아니라 각계각층에서 전방위적으로 참여한 대규모 시민운동이었기 때문이다. 그는 무산계급만이 혁명의 주체라는 공산당의 계급투쟁론을 강력하게 비판하면서 중국에서도 충분히 시민혁명이 일어날 수 있다고 주장했다.

5·30운동 이후 중국 각지에서는 청년당에 동조하는 많은 국가주의 단체가 생겨나 활발하게 활동했다. 이 때문에 똑같이 반제·반군벌의 기치를 내건 중국청년당과 공산당은 군벌보다 오히려 서로를 제1의 주적으로 삼았다. 이념에서는 물과 기름이면서 투쟁 방식은 비슷했기 때문이다. 공산당이 학생과 농민·노동자를 규합하여 대중단체를 조직하고 이들을 혁명 역량으로 활용하려 했던 것처럼 청년당도 같은 노선을 선택했다. 이런 점에서 대중의 역량을 무시하고 군사력에 의한 무력 통일에만 매달렸던 군벌이나 국민당과는 달랐다.

국민당 우파나 다른 반공 세력이 "공산주의는 중국의 현실에 맞지 않는다"고 막연한 주장을 늘어놓을 뿐 민중의 공감을 얻지 못한 것과 달리 중국청년당은 사상적으로 일관성이 있었으며, 각계각층에서 큰 지지를 받았다. 공산당은 국민당 우파보다 오히려 청년당을 더 위험한 상대로 여기고 반드시 타도해야 할 적으로 규정했다. 1926년 6월 13일, 우창의 중화대학에서 청년당 간부들이 강연을 시작하자 갑자기 100여 명의 공산당원들이 무기를 들고 난입해 수십 명이 다치는 일이 벌어졌다.

격분한 청년당은 공산당을 향해 포문을 열었다. "그동안 공산당이 민중의 유일한 지도자라고 자처하다가 청년당이 민중 속에 파고들자 독을 품었다." 공산당도 가만있지 않았다. 이 사건이 청년당의 자작극이라고 주장하면서 "민중의 적인 군벌은 내버려둔 채 민중의 친구인 공산당을 공격한다"고 목소리를 높였다. 현실적으로 공산당은 국민당과 손잡고 소련의 원조까지 받으며 세력을 빠르게 불리고 있던 반면, 고립무원인 청년당은 여러모로 열세에 놓일 수밖에 없었다. 그러나 공산당이 이들의 존재에 위협을 느끼고 물리적인 수단까지 동원하여 공격했다는 사실은 청년당이 결코 무시할 수 없는 존재였음을 보여준다.

청년당의 적은 공산당만이 아니었다. 국민당도 마찬가지였다. 1926년 1월 광저우에서 열린 제2차 국민당 전국대표대회에서 국민당 좌파와 공산당이 장악한 국민당 지도부는 '국가주의는 제국주의'라면서 청년당을 국공 양당의 공동의 적으로 규정했다. 국민당 우파나 중도파인 장제스도 청년당과 손잡을 생각은 없었다. 청년당이 북벌전쟁을 가리켜 "민중이 아니라 외세의 힘에 의존했기에 진정한 혁명이 아니다"고 비판했기 때문이다. 장제스가 북벌에 나선 직후인 1926년 8월 1일, 청치는 신문 사설에서 "북벌은 소련의 지휘를 받고 있으며 제국주의 타도라는 공산당의 구호를 채택하고 있다"면서 민중의 지지를 얻지 못해 결국에는 실패할 것이라고 주장했다. 북벌에 대한 모욕으로 여긴 국민정부는 청년당이 광저우에서 발간하는 모든 잡지를 '반동 선전물'이라며 강제로 폐간하고 대대적인 탄압에 나섰다.

중국청년당은 군벌과 국민당, 공산당을 모두 적으로 삼은 셈이지만 정면 대결하기에는 세력이 보잘것없었다. 프랑스에서 활동해온 청치는 국내에 기반이 거의 없었기 때문이다. 언론과 선전을 통해 사람들의 지지를 얻는 것 말고는 다른 수단이 없었다. 외세의 지원을 받을 수도 없는 노릇이었다. 광둥성이라는 확고한 지반과 무력이 있으며 소련의 원조를 받는 국공에 견줄 바가 못 되었다. 게다가 "반드시 실패할 것"이라는 예상과 달리 북벌군이 민중의 열렬한 지지 속에 순조롭게 북상하자 청년당은 큰 충격을 받았다. 북벌군에게 해방된 지역에서는 국민당의 강력한 탄압으로 청년당 조직이 모조리 분쇄되고 세력은 점점 위축되어 존립조차 위태로울 지경이었다. 국민당의 일부 우파 인사들이 좌파와 대립하여 상하이에서 시산파를 결성하자 청치는 "순수한 국민당원들이 연소용공을 버리고 군벌로써 군벌을 타도하겠다는 발상을 버린다면 성심껏 제휴할 의사가 있다"며 손을 내밀었지만 이 또한 실패했다.

＼오색기를 지켜라

궁지에 몰린 중국청년당은 살길을 찾아야 했다. 쑨원이 군벌 타도의 방편으로 소련과 손을 잡았다면, 청치는 반공을 위한 방편으로 군벌과 손잡기로 결심했다. 더 이상 군벌을 적으로 보지 않는 대신 반공만을 목표로 삼았다. 북벌전쟁이 이대로 성공한다면 중국에서 자신들이 설 자리마저 없어질 것이 분명했기 때문이다. 북벌군과 손잡지 않겠다면 북벌군의 적과 손을 잡아야만 살아남을 수 있었다. 이 점이 청년당 앞에 놓인 현실적인 딜레마였다. 합작의 상대는 창장 이남 5성을 통치하는 쑨촨팡이었다. 그는 비록 군벌이지만 젊은 시절에는 중국동맹회 회원이었으며 반청혁명에 참여한 바 있었다. 청년당이 외치는 반외세와 민족주의, 점진적인 공화제의 실현에도 공감했다. 양자는 그럭저럭 타협점을 찾을 수 있었다.

쑨원은 소련의 원조를 받아 황푸군관학교를 설립하고 장교들에게 삼민주의를 교육하여 북벌전쟁의 주요 무장 역량으로 양성했다. 청년당 또한 쑨원의 방식을 흉내 내어 쑨촨팡이 운영하는 난징의 진링군관학교에서 국가주의 사상을 가르쳤다. 더 이상 펜에만 의존하는 방식으로는 투쟁에 한계가 있다고 여겼기 때문이다. 청년당 간부들은 젊은 장교들에게 반공 교육을 실시했다. 또한 쑨원의 삼민주의에 대항하여 '삼애주의(애물愛物·애인愛人·애세계愛世界)'를 제창했다.

그동안 중국의 군사학교들은 군사교육 이외에 충효와 복종 같은 유가적인 전통 소양을 조금 가르쳤을 뿐, 국가관이나 이념을 정립하여 군인정신으로 무장시키는 교육은 없었다. 왕조 시절의 봉건적인 가치관에 갇혀 있던 군벌 장교들은 입신양명의 욕심은 있어도 무엇을 위해 싸우는가에 대한 명확한 동기 부여가 없었다. 전쟁터에서 굳이 자기 목숨을 걸고 싸우려 들지 않았다. 이 점이 혁명 이념으로 철저하게 무장한 황푸 출신 장교들이 지휘하는 북벌군의 상대가 되지 못한 가장 큰 이유였다. 청년당 교관들은 이들에게 처음으로 반공 의식과 애국 사상을 주입했다. 나중에는 장쭤린의 동북강무당까지 확장하면서 청년당에 가입한 군벌 장교들의 수가 1,000명이 넘는 등 만만찮은 세력이 되었다.

북벌군을 상대로 한 청년당의 또 다른 투쟁은 '오색국기 옹호운동'이었다. 당시 중국의 정통 국기는 신해혁명 시절 혁명군의 깃발 중 하나인 오색기였다. 북양 정부와 각지의 군벌들도 오색기를 사용했다.

반면 북벌군은 청천백일기를 혁명의 깃발로 내걸었다. 오색기는 단순히 군벌의 깃발이 아니라 신해혁명의 상징이었다. 난징에서 임시정부가 수립된 후 전국 대표들의 합의와 참의원 의결을 거쳐서 정식으로 채택한 국기였다. 초대 임시 총통이었던 쑨원은 자기 진영에서 도안한 청천백일기를 끝까지 고집했지만, 주변의 완강한 반대에 부딪히면서 꼬리를 내릴 수밖에 없었다.

그런데 이제 와서 국민적인 합의와 절차를 모조리 무시한 채 오색기를 버리고 국민당 깃발에 불과한 청천백일기를 내걸겠다는 것은 신해혁명과 중화민국의 정통성을 부정하겠다는 속셈이 아닌가. 이것은 혁명의 정체성 문제이기도 했다. 또한 오색기는 중국 다섯 민족의 화목과 중국의 통일을 의미했다. 청치는 북벌군이 말로는 혁명을 떠들지만 진짜 목적은 중국을 소련처럼 적화하는 것이며, 청천백일기는 혁명이 아닌 적화의 깃발이라고 주장했다. "지금 공산당이 국민당을 간판으로 삼아 오색기를 없애고 청천백일만지홍기로 바꿈으로써 오족공화를 전복하여 소련의 신하가 되려고 한다." 그는 오색기야말로 진정한 중국 혁명의 상징이며, 오색기를 지키는 것은 곧 공화를 지키는 것이라고 외쳤다.

북벌이 한창이던 1926년 10월 10일은 신해혁명 15주년이었다. 상하이와 베이징·난징·청두·항저우 등 전국의 주요 대도시에서 대대적인 '오색국기 옹호운동'이 펼쳐졌다. 16개 단체가 참여하여 대규모 가두행진을 벌이고 거리 강연을 했으며, 청천백일기를 반대하는 전단이 뿌려졌다. 이들은 "중화민국 만세"와 함께 "오족공화의 오색기를 옹호하자", "공산당의 청천백일기를 반대한다"고 외쳤다. 일본에서는 유학생들 사이에 청천백일기를 옹호하는 학생들과 오색기를 옹호하는 학생들이 충돌하여 수십 명의 부상자가 발생하면서 일본 헌병들이 현장으로 출동하기도 했다. 청년당의 주도로 중국 전역에서 오색기를 옹호하는 시위가 벌어지고 민중의 많은 호응을 얻자 국민당도 크게 당황했다.

그 시절만 해도 대부분의 중국인들은 청천백일기가 아니라 오색기를 혁명의 깃발로 여겼다. 지식인들 사이에서는 오색기와 청천백일기를 놓고 어느 쪽이 진짜 혁명의 깃발인지 치열한 논쟁이 벌어지기도 했다. 중국청년당의 오색기 옹호운동이 국민당에 대한 혐오감으로 확산될 경우 민심의 방향이 바뀌어 자칫 북벌군이 민중의 적이 되고 북벌의 정당성마저 흐리게 만들 수 있는 일이었다. 국민당도 보고만 있을 수 없었다. 당장 다음 날인 10월 11일과 12일 광저우에서는 국가주의 단체들을 비난하는 성명이 발표되었다. 16일에는 국민당 지도부 정례회의에서 '국가주의 박멸'을 결의하는 등 초강경으로 대응했다.

물론 국민당과 청년당의 싸움은 단순히 이쪽 깃발과 저쪽 깃발을 놓고 어느 쪽이 옳은지를 따지는 문제가 아니었다. 북벌의 본래 목적은 군벌 타도였다. 따라서 똑같이 군벌 타도를 외치는 중국청년당이 쌍수를 들고 환영할 일이었다. 그런데 어째서 군벌과 손잡고 오히려 북벌 반대에 앞장섰는가. 문제는 북벌이 정말로 순수한 민족 혁명인가 하는 점이었다. 북벌의 토대는 연소용공이었다. 소련의 원조가 없었다면 북벌은 애초에 시작도 하지 못했을 것이다.

이유야 어쨌든 외세와 공산주의에 본능적인 반감을 품은 사람들에게는 소련과 손잡았다는 사실 자체가 북벌의 순수성을 의심케 하는 일이었다. 실제로 국공합작 이후 공산당의 당세가 급격히 강해지면서 국민당을 거의 잠식하고 우파는 쫓겨나는 형국이었다. 따라서 중국이 적화될지 모른다는 우려를 단순히 기우라고만 할 수도 없었다. 중국 민족주의자들이 보기에 국민당과 공산당은 소련이라는 믿을 수 없는 외세를 국내 정치에 끌어들인 원흉이었다. 이들에게 북벌 반대란 군벌을 편들기 위함이 아니라 반외세운동이자 적화에 저항하는 운동이었다. 바꿔 말하면 중국 사회에서 무산계급이 유산계급을 타도한다는 '프롤레타리아혁명'에 대한 거부감이 결코 만만치 않았다는 뜻이기도 하다.

국공이 북벌전쟁을 '혁명과 반혁명의 전쟁'이라고 규정했다면 청년당은 '공화와 반공화의 전쟁'으로 규정했다. 난징과 상하이 함락이 초읽기에 들어간 1927년 3월 12일, 국가주의단체연합회 명의로 전국 애국 동포의 총궐기를 선동하는 성명이 발표되었다. 공산주의에 대한 전면적 선전포고였기에 표현도 과격하기 이를 데 없었다.

공산당은 외환을 초래하고 국민들을 분열시키기에 반드시 공격해야 한다. 현재 조국은 위기에 빠졌다. 전국의 국민들이 역량을 연합하여 일치단결해야 비로소 조국을 구할 수 있다. 애국 청년들이여! 공산당이 창궐하고 있다. 열강이 위협하고 있다. 서둘러 일어나 함께 나라를 구하자!

그러나 얼마 뒤 중국청년당의 합작 상대였던 쑨촨팡이 패배했다. 그동안 주된 활동 거점이었던 상하이와 난징이 함락되자 북벌 저지 운동은 빠르게 시들었다. 많은 청년당 간부들이 국민당의 탄압을 피해 지하로 숨어야 했다. 그 직후 또 한 번의 이변이 일어났다. 1927년 4월 12일, 북벌군 총사령관 장제스가 상하이에서 반공 쿠데타를 강행하고 공산당과 손을 끊었다. 그는 며칠 뒤 난징에서 황푸군관학교 졸업생들에게 이렇게 연설했다.

국가주의 타도는 공산당이 지어낸 구호일 뿐 국민당 또한 본래는 국가주의이다. 예전에 총리(쑨원)는 민족주의가 곧 국가주의라고 했다. 따라서 삼민주의 또한 국가주의라고 할 수 있다. 우리는 국가주의 타도라는 구호를 다시 검토해봐야 한다.

장제스의 연설은 국민당과 청년당이 오랜 반목을 끝내고 힘을 모으자는 화해 제스처였다. 양당에 중요한 전환기가 될 수 있는 기회이기도 했다. 4월 23일, 청치는 장제스의 반공 결단을 크게 환영하면서 국민당의 적은 군벌이 아니라 공산당이라고 강조했다. 또한 공산당을 타도하지 않으면 북벌도 계속할 수 없다고 주장했다. 얼마 뒤 우한 정부의 수장 왕징웨이가 국공합작의 파기를 정식으로 선언했다. 소련과의 협력관계도 중단되었다. 연소용공의 시대는 지나갔다. 반소반공을 내세웠던 청년당은 더 이상 국민당을 적으로 여길 이유가 없었다. 1927년 7월 23일, 청년당 제2차 전국대표대회가 열리고 청년당과 국민당의 합작이 본격적으로 거론되었다. 별다른 지반이 없는 청년당은 국민당과 손잡지 않는 한 생존할 수 없는 처지이기도 했다.

청치의 구상은 국민당과 청년당이 공존하면서 시민 선거로 경쟁하는 서구식 양당 구도였다. 그런 생각이 받아들여졌다면 좋았겠지만 장제스의 태도는 뜻밖이었다. 양당의 동등한 합작은 허용할 수 없으며, 청년당 당원이 개인 자격으로 국민당에 입당하는 것은 허락하겠다는 것이었다. 예전에 쑨원이 공산당에게 했던 방식을 고스란히 반복하는 꼴이었다. 총칼로 권력을 잡았고 민주주의에 대한 아무런 이해가 없는 장제스는 새삼스레 청년당과 권력을 나눌 생각이 없었다. 그의 사고방식은 본질적으로 쑨원과 거의 차이가 없었다.

중국청년당의 일부 간부들은 이참에 당을 해산하고 국민당에 흡수되자고 제안했지만, 청치는 고민 끝에 제3의 세력으로 남기로 했다. 국민당의 가장 큰 정체성은 공화라든가 반제·반군벌이 아니라 쑨원에 대한 절대 복종에 있었다. 청년당으로서는 그 점을 결코 받아들일 수 없었다. 청년당이 백기 투항을 거부하자 장제스는 다시 적으로 규정하고 탄압을 재개했다. 북벌군이 장악한 지역에서 청년당의 입지는 크게 위축되어 사실상 아무 활동도 할 수 없었다. 또한 많은 청년당원들이 공산당원이라는 누명을 쓰고 체포되었다. 청치도 상하이에서 체포되었다가 풀려났다. 이들이 골수 반공주의자라는 사실은 누구나 다 아는데도 오히려 용공 세력으로 몰린 것이다.

신변에 위협을 느낀 청치는 일본으로 피신했다. 그리고 일본을 활동 무대로 삼아 청년당 총지부를 설립하고 일본 내 중국인 유학생들을 상대로 선전 활동에 나섰다. 그러나 유학생 사회는 이미 국민당과 공산당에 완전히 잠식되어 청년당이 활동할 여지가 거의 없었다. 또한 북벌군의 거듭된 공세로 북방 군벌 세력은 와해되고 있었다. 1928년 6월 8일에는 베이징이 북벌군의 손에 넘어가면서 국민당이 중국 전토를 통일했다.

중국의 주인이 된 장제스는 국민당 이외의 모든 정당을 불법단체로 규정했다. 공산당은 물론이고 중국청년당도 설 곳이 없었다. 또한 자신의 취약한 정권을 강화하기 위해 집회와 시위를 금지하고 반대 세력을 철저히 탄압했다. 지식인들 사이에서는 국민당의 일당독재를 비판하고 민주주의를 요구하는 목소리가 날로 높아졌다. 온갖 탄압과 토벌에 쫓기면서도 농촌에서 끈질기게 버틴 공산당처럼 청년당도 쉽게 와해되지 않고 끝까지 살아남았다. 중국 각지에는 여전히 군벌들이 건재했고 장제스의 힘이 미치지 못하는 곳도 많았기 때문이다.

중국청년당은 국민당의 탄압을 피할 수 있는 동북과 화북을 주 무대로 삼아 활동했다. 이들은 베이징대학과 둥베이대학 등 북방 여러 대학의 젊은 학생들 사이에 파고들었다. 또한 여러 재야 세력과 현지 군벌과도 손을 잡고 지지기반을 확장해나갔다. 최대의 비호 세력은 장쉐량이었다. 동북에서 자신의 봉건왕국을 통치하던 장쉐량은 국민당을 견제하기 위해 청년당과 손을 잡았다. 국민당의 강력한 탄압에도 불구하고, 만주사변 직전 중국 전역에서 청년당의 회원 수는 2만여 명에 달했다. 중국의 대표적인 자유주의자였던 후스, 지질학자로 이름난 딩원장丁文江, 왕짜오스王造時 등 저명한 대학교수와 지식인들도 청년당을 지지했다. 장제스의 국민당은 남쪽에서는 공산당에, 북쪽에서는 청년당에, 양면에서 집중 공격을 받는 형국이었다.

공산당이 농민들을 선동하고 유혈혁명과 폭력적인 토지개혁에 나섰다면, 중국청년당은 총 대신 펜을 들고 민주와 자유를 외쳤다. 정계에 완전히 발을 끊고 톈진에서 은거 중이던 량치차오는 국민당 일당독재를 비판하면서 "광명이 보이지 않는다"고 우려했으며, 공산당을 가리켜 "만약 그들이 이긴다면 중국인들은 자신이 죽을 곳마저 알 수 없게 될 것이다. 나는 아마도 외국으로 달아나야 할 것이다"라며 절망했다. 그러나 청년당을 향해서는 "중국에서 유일하게 희망이 있는 정치세력"이라며 호감을 드러냈다. 량치차오는 사고가 유연한 데다 사상적으로도 이들과 가까웠으므로 명망 있는 그가 가세했다면 청년당에 큰 힘이 되었을 것이다. 실제로 일부 간부들 사이에서는 량치차오를 지도자로 추대하려는 움직임도 있었다. 하지만 얼마 뒤 그가 사망하면서 실현되지는 못했다. 량치차오의 진보당은 뒷날 민주사회당이 되었고, 장제스 정권에서 청년당과 함께 야당 노릇을 하면서 헌정운동에 앞장서게 된다.

＼영원한 야당의 길을 선택하다

1931년 9월 18일, 만주사변이 일어났다. 1932년 1월 28일에는 일본 군이 상하이를 침공하면서 상하이사변이 시작되었다. 중국 전역에서 항일의 목소리가 전에 없이 높아졌다. 재야 단체들과 각계각층 인사 들은 장제스 정권의 대일 유화 노선과 일당독재를 비판하고 민주 헌 정을 요구했다. 청년당 또한 동참하여 "중국을 위기에서 구할 수 있 는 방법은 국가주의에 있다"고 외치며 항일투쟁과 공산당 토벌, 장제 스의 독재 타도를 주장했다. 상하이에서 중국과 일본이 한창 협상 중 이던 1932년 4월 7일, 청치는 베이핑의 중앙공원에서 기자회견을 열 고 "국민당이 외국과 주권을 잃는 치욕적인 조약을 맺는다면 당장 혁 명에 나서겠다"고 경고했다. 청년당이나 공산당이나 주의·주장은 전 혀 달라도 정권에 골치 아픈 존재이기는 마찬가지였으므로 장제스는 똑같이 적으로 취급하고 탄압을 강화했다.

극단적인 대립은 얼마 뒤 조금씩 약해졌다. 내우외환에 맞닥뜨린 장제스가 그동안의 완고한 태도를 버리고 반대 세력에 대한 탄압을 다소 완화했기 때문이다. 그만큼 정권 안정에 자신감이 붙었다는 뜻 이기도 했다. 장제스는 각 당파의 수장들과 명망 있는 사람들을 비공 식적으로 초청해 그들의 의견을 경청했다. 중국청년당 간부인 리황· 쮜순성도 1934년 8월 12일 루산盧山에서 장제스와 면담하고 난징의 국민당 중앙정치학교 교수로 초빙되었다. 리황은 쓰촨성에서 한창이 던 공산당 토벌 작전에 참여하여 현지 주민들 위무와 민병 조직, 청년 당의 당세 확장에 나서기도 했다. 일본의 지배 아래 들어간 동북에서 는 많은 청년당원들이 동북의용군에 참여하여 항일투쟁에 앞장섰다.

중국청년당이 국민당 타도에서 협조로 태도를 바꾼 이유는 장제스 의 포용 정책 때문도 있지만 중국의 현실에서는 민주주의 실현보다 국난 해결이 더 시급하다고 판단했기 때문이다. 훗날 쮀순성은 "일본의 중국 침략에 맞서면서 공산당의 난리를 극복하려면 국민당과 합작할 필요가 있었다"고 회고했다. 어쨌든 중국의 정권을 쥔 쪽은 국민당이었고 항일의 주체 또한 국민당이었다. 따라서 국민당과 싸우는 것은 그만큼 항전의 역량을 약화하는 일이었다.

반면 공산당은 입으로는 항일을 외치면서도 실제로는 주장에 일관성이 없고 대중적인 분위기에 편승할 뿐, 장제스 타도가 곧 항일이라는 태도였다. 그러나 장제스의 토벌로 서북 변방으로 쫓겨나면서 패망을 눈앞에 두자 소련 코민테른의 지시에 따라 '반장항일反蔣抗日'에서 '연장항일聯蔣抗日'로 손바닥 뒤집듯 태도를 바꾸었다. 또한 내전의 책임이 자신들에게도 있음을 솔직히 인정하고 항일을 위해 국공이 함께 힘을 모아야 한다고 했다. 그렇지만 근거지와 무기를 내놓는 것은 끝까지 거부했다. 이것이 시안사건 직전의 상황이었다. 공산당의 진짜 목적은 정권 탈취였고, 항일이란 그 목적을 위한 임시방편에 지나지 않았다.

1937년 7·7사변으로 중일전쟁이 일어나자 장제스는 공산당을 비롯한 여러 정치세력을 합법화하고 공산당의 요구를 받아들여 국공합작을 실현했다. 중국청년당 또한 정권의 일각으로 참여했으며, 많은 청년당원들이 타이얼좡전투를 비롯해 중일전쟁 내내 목숨을 걸고 싸웠다. 대표적인 인물이 중국군 이급상장이던 탕스준唐式遵이었다. 그는 제3전구 부사령관과 제23집단군 사령관을 역임했고, 창장을 운행하는 일본군 선박들을 공격하여 큰 피해를 입혔다. 그의 부대가 격침시킨 일본군 선박은 500여 척에 달했다. 국공내전 말기에는 서남군정장관공처 부장관을 맡아 대륙에 남은 장제스의 마지막 거점이었던 시캉성 방어전을 지휘하다가 전사했다. 장제스의 오랜 심복들조차 줄줄이 배신하여 공산당으로 전향하는 와중에 청년당만은 끝까지 반공의 신념을 지킨 셈이었다. 청년당은 대일 항전에 협조하면서도 국민당의 일당독재를 비판하는 등 야당으로서 역할을 했다. 1941년 3월에는 중국민주사회당을 비롯한 여러 재야 세력과 함께 중국민주동맹을 결성하고 헌정운동과 의회민주주의, 다당제 실현에 앞장섰다.

장제스도 이들의 요구를 일부 받아들여 국민당 일당독재의 훈정訓政 시대를 17년 만에 끝내기로 합의했다. 이로써 쑨원이 생전에 제창했던 국민혁명 3단계 중 마지막 단계인 헌정 시대가 열렸다. 1945년 12월에 열린 청년당 제10차 전국대표대회에서는 당의 성격을 혁명 정당에서 민주정당으로 바꾸었다. 또한 국회 개원과 책임내각제·보통선거제 실현을 당의 주요 강령으로 정했다. 비록 변화 속도는 여전히 느리고 장제스는 일당독재를 쉽게 포기하지 않았지만 조금씩이나마 앞으로 나아가고 있었다. 국공내전에서 그가 패배하지 않았다면 중국도 한국이나 일본, 타이완처럼 민주화를 실현했을지 모른다.

항전 승리 이후 국공의 충돌이 점차 격화하는 가운데 청년당은 내전 반대에 나섰다. 내전 반대를 부르짖던 여느 재야 민주 세력들과 다른 점은, 청년당은 내전의 책임이 국민당보다 공산당에 더 크다고 판단했다는 점이다. 청년당은 제3자의 입장에서 국공 양당의 중재에 노력하는 한편, 공산당을 향해 군대를 정쟁의 도구로 삼지 말 것과 모든 군권은 국가에 귀속되어야 마땅하므로 공산군의 통제권을 정부에 반환할 것을 요구했다. "총칼 아래 민주주의란 없다"는 것이 청년당의 시각이었다. 애초에 공산당이 독자적인 무력과 할거주의를 포기하지 않으면서 입으로만 내전 반대와 화평을 운운하는 것부터 어불성설이었다.

그러나 쇠귀에 경 읽기였다. 친공 세력은 청년당을 가리켜 '국민당의 우당友黨(어용 정당)'이라며 비난을 퍼부었다. 중국민주동맹 내에서도 청년당과 친공 세력 사이에 물리적인 충돌이 빈번해지면서 결국 청년당이 탈퇴했다. 청년당의 의도는 장제스의 철권통치를 옹호하기 위함이 아니라 공산당은 결코 대안이 될 수 없음을 보여주려는 것이었다. 따라서 폭력혁명 대신 국민당과 공존하면서 중국을 점진적으로 바꾸어가는 것이 옳다는 신념을 고수했다.

장제스가 공산당에 패배하자 청년당은 국민당과 함께 타이완으로 도망쳐야 했다. 대륙의 상실은 장제스뿐만 아니라 청년당도 정치적 기반을 모두 잃어버렸다는 의미였다. 장제스 한 사람의 왕국이었던 타이완에서 이들이 자리 잡을 여지는 거의 없었다. 타이완에 본격적인 민주화 바람이 불어온 1980년에 이르면 많은 인사들이 이탈하여 새로운 진보정당인 민주진보당(민진당)에 입당하는 등 청년당은 사실상 해체된다. 오늘날 중국청년당은 미니 정당으로서 명맥만 겨우 유지하고 있을 뿐 실질적인 영향력은 남아 있지 않다. 하지만 청년당이 타이완의 민주화에 크게 기여한 점은 결코 부정할 수 없다.

반면, 중국민주동맹은 여러 정파 중에서 역사가 가장 오래되고 당원 또한 가장 많았던 청년당이 이탈한 뒤 친공 세력에게 넘어가면서 중공의 외곽 조직으로 전락했다. 중국민주동맹을 비롯해 국공내전 이후 대륙에 남는 쪽을 선택한 8개 민주 당파는 오늘날까지 명맥은 유지하지만 중국의 민주화를 이루기는커녕 공산당 일당독재를 거드는 형식적인 존재에 지나지 않는다.

미국 남북전쟁 때 링컨은 유명한 게티스버그 연설을 남겼다. 그가 말한 "국민의, 국민에 의한, 국민을 위한"이라는 세 가지는 민주주의가 추구하는 진정한 가치를 상징한다. 쑨원과 장제스, 마오쩌둥은 중국 인민을 위해 군벌을 타도하고 제국주의를 물리치겠다고 공언했지만 실제로는 외세와 손잡고 총칼에 의지하여 내전에 열을 올렸다. 또한 인민을 위한 정치를 외치면서도 실제로는 인민과 권력을 나누려 하지 않았다. 무엇이 인민을 위한 정치인지는 오직 자신들이 정한다는 오만함에 사로잡혀 있었다. 민중은 우매하여 소수의 엘리트가 다스려야 한다는 봉건적인 선민사상에서 벗어나지 못했기 때문이다.

중국청년당은 국민당에도 공산당에도 속하지 않은 '제3의 혁명 정당'이었다. 국민당과 공산당 양쪽과 공통점이 있는 동시에 정반대의 모습 또한 지녔다는 점이 독특했다. 반공과 민족을 내세운 점에서는 국민당과 같았다. 하지만 국민당의 일당독재를 반대하고 언론과 집회·결사의 자유를 외쳤으며 대중을 혁명 역량으로 삼으려 한 점은 공산당과 다르지 않았다. 그러나 결정적인 차이점은 청년당은 당보다 국가와 민족이 우선이라고 여겼다는 사실이었다. 당의 이익과 국가의 이익이 상충할 경우에는 애국을 앞세워 전자보다 후자를 강조했다. 국민당과 공산당이 끝까지 '당이 곧 국가'라는 편협하고 이기적인 논리에서 벗어나지 못한 것과는 대조적이었다. 쑨원이나 장제스·마오쩌둥이 중국의 봉건적인 가치관에 갇혀 있었던 반면, 청치의 사상은 좀 더 서구 쪽에 가까웠다. 이 때문에 중국 근대 민주주의 역사 연구가인 에드먼드 펑Edmund S. K. Fung 교수는 청년당을 "충성스러운 반대자The Alternative of Loyal Opposition"라고 일컬으며 중국식 민주주의운동의 시작으로 평가한다.

중국청년당에는 국공과 달리 독자적인 무력도 없었고 영토적 토대나 외부의 원조도 없었다. 지도자들은 대부분 교수와 언론인이었기에 장제스나 마오쩌둥 같은 강력한 혁명 지도자가 없었다. 이들이 가진 무기는 오직 펜이었다. "권력은 총구에서 나오는 것"이라는 마오쩌둥의 말대로 무력 없이는 현실의 두꺼운 장벽을 넘어설 수 없었다. 국공 역시 소련과 손잡기 전에는 세력이 보잘것없었다는 사실을 상기할 필요가 있다.

그러나 중국청년당의 이념은 몇몇 이상주의자의 공허한 주장으로 끝나지 않고 각계각층의 상당한 공감대를 얻었다는 점에서 주목할 만하다. 또한 다른 반공 세력과 연계를 꾀하고 장교들을 양성하여 무장 역량을 조직하는 등 다양한 활동을 펼쳤다. 공산당 지도부도 "국가주의파의 선전을 몇몇 유학생이 외국의 사상을 흉내 내는 것쯤으로 대수롭지 않게 치부한다면 치명적인 착오가 될 것"이라며 경계를 늦추지 않았을 정도이다.

오늘날 중국 혁명사에는 공산당의 혁명만 있다. 공산당의 입장에서 말하고, 공산당이 바라보는 시각만 있다. 승자 독식의 역사관이다. 그러나 그 시절 중국에는 다양한 정치세력이 있었으며 또 다른 미래가 등장할 가능성 또한 얼마든지 있었다. 중국에서는 민주주의가 실현될 가능성이 전혀 없었을까. 국공내전 중에 많은 지식인과 중도파 정치인들이 공산당 편에 선 이유는 마르크스주의에 동조해서가 아니라 장제스의 독재를 반대했기 때문이다. 마오쩌둥은 겉으로는 프롤레타리아혁명을 포기하는 척하면서 민주와 민족을 내세워 '민심'을 얻었다. 그렇게 하지 않았다면 공산당은 장제스를 이길 수 없었을 것이다. 실제로 중화인민공화국 초대 지도부의 절반은 중도파였다. 그러나 공산당은 내전에서 승리하자 이들의 열망을 배신했다. 무력을 거부한 민주 세력은 공산당의 총칼에 대항할 수 없었다. 공산당은 자신들이 민심을 얻었다는 사실만 강조할 뿐, 그 민심을 배신했다는 사실은 덮어버린다. 중국 혁명사의 모순이다.

군벌과 국공이 치열하게 각축하는 중국의 현실에서 펜으로 투쟁한 중국청년당이나 다른 민주 세력이 설 자리는 없었다. 더욱이 공산당이 만들어낸 혁명사관에 묻힌 채 잊힌 존재가 되었다. 그렇지만 당을 위한 나라, 당이 다스리는 나라가 아니라 국민을 위하고 국민이 다스리는 나라를 꿈꾸었다는 사실만으로도 중국 혁명사에서 결코 의미가 작지는 않을 것이다. 지금이라도 재평가받기에 충분하지 않을까.

북벌군의 분열

\ **북벌군은 어떻게 이겼는가**

북벌군은 욱일승천하는 기세였다. 천하에 명망을 떨치던 명장 우페이푸와 쑨촨팡을 일거에 격파한 것은 아무도 예상하지 못한 일이었다. 스탈린마저 승리에 고무되어 1926년 9월 23일 측근인 몰로토프 Vyacheslav Mikhailovich Molotov에게 보내는 편지에 "한커우는 곧 중국의 모스크바가 될 것"이라면서 기쁨을 감추지 못했다.

　장제스가 북벌 출사를 선언했을 때만 해도 결과를 낙관하는 사람은 거의 없었다. 북벌군의 모습은 실로 초라했으며 중국 대륙을 정복할 만한 정예부대와는 거리가 멀었다. 병사들은 낡고 해진 군복을 걸치고, 맨발에 짚신을 신었다. 또한 소련에서 원조받은 약간의 무기 말고는 장제스가 광저우 상단에서 몰수하거나 천중밍 군대에서 노획한 잡다한 무기로 무장했다. 북벌군의 무기와 장비는 통일되지 못했고 기관총이나 중포 같은 중화기는 거의 없었다. 심지어 소총도 부족하여

●── 북벌군 병사들. 가죽 군화를 신은 북양군과 달리 짚신을 신고, 등에는 비를 막기 위해 삿갓을 멘 남방군 특유의 모습이다.

많은 병사들이 창이나 칼, 활 또는 낡은 화승총으로 무장했고, 그마저 없는 경우도 많았다. 소련 고문단의 평가에 따르면 북벌군의 약 3분의 1이 무기를 가지고 있지 않았다. 심지어 한 소련 고문은 북벌군의 상태가 "나폴레옹 시절과 다르지 않았다"고 했을 정도다. 레이 황의 『장제스 일기를 읽다』에는 10만 명의 북벌군을 지휘하는 장제스가 고작 100발의 포탄과 400개의 수류탄을 어떻게 배분할 것인가 따위의 소소한 문제까지 챙겨야 했던 상황이 나온다.

『뉴욕 타임스』특파원이었던 핼릿 아벤드Hallett Abend는 광저우에서 북벌군이 출동하는 광경을 이렇게 묘사했다. "대부분 덩치가 작고 신통치 않다. 짚신을 신은 병사들은 더러운 암회색과 칙칙한 황색 무명 군복을 입었고 규율도 없어 보인다. 이들에게 희망이라고는 도무지 보이지 않는다." 북벌군의 첫 상대가 될 우페이푸조차 북벌군을 무시한 채 북방에서 국민군과의 전투에 총력을 쏟아부었다. 수많은 전투를 경험한 역전의 장군인 그의 눈에도 북벌군은 대수롭지 않은 존재에 지나지 않았다.

쑨원은 생전에 몇 번이나 남방 군벌들을 규합하여 북벌에 나섰다. 하지만 그때마다 준비 부족과 내부 분열로 흐지부지 실패했다. 북벌의 총사령관은 쑨원에서 장제스로 바뀌었지만 대부분의 사람들은 이번에도 다르지 않을 것이며, 기껏해야 광둥성과 후난성 접경에서 몇 차례 국지전으로 끝나리라 내다보았다. 보로딘과 천두슈가 북벌을 시기상조라고 주장한 것은 반대를 위한 구실이긴 했지만, 아주 근거 없는 소리라고 할 수도 없었다. 누가 보더라도 변경의 성 한두 개로 중국 전체를 상대해 싸우겠다는 발상부터가 터무니없었다. 20년 뒤 마오쩌둥이 '좁쌀과 소총'만으로 미국제 무기로 무장한 장제스의 막강한 군대를 상대로 도전한 것과 다르지 않았다. 오히려 1926년의 장제스가 놓인 전략적인 상황은 1946년의 마오쩌둥보다 불리했다. 그러나 마오쩌둥이 모든 예측을 뒤집고 신화를 쌓아올린 것처럼 이때의 장제스 또한 해냈다.

승리의 첫 번째 이유는 북벌군이 겉으로 보이는 것보다 훨씬 강력했기 때문이다. 국공내전 당시의 공산군에 견주면 훨씬 미숙하고 결함이 많았지만 분명히 북양군벌보다는 한 단계 진보한 군대였다. 황푸 출신이 주축이 된 북벌군 장병들은 혁명의 전위대이자 인민의 편이라는 자긍심이 있었다. 상벌은 엄격했고, 전쟁터에서 보여준 용맹함은 그에 합당한 보상을 받았다. 급료가 규칙적으로 지급되지는 않았지만 군벌 군대에 견주면 훨씬 안정적이었다. 아편에 중독되거나 민가를 함부로 약탈하는 등 군벌 군대에서 흔히 볼 수 있는 병폐가 북벌군에는 없었다. 장제스는 지휘관들의 솔선수범을 강조하고 상하의 결속력을 단단하게 했다. 북벌군의 용맹함은 천중밍을 상대로 두 차례의 동정작전에서 이미 증명했다. 승리는 무기와 머릿수가 아니라 규율과 의지에 있었다.

죽은 랴오중카이를 대신하여 광저우 국민정부의 새로운 재정부장이 된 쑹쯔원은 북벌군에게 장제스만큼이나 없어서는 안 될 인물이었다. 하버드대학 경제학과를 졸업한 엘리트인 그는 쑨원의 후원자 쑹자수의 장남이며, 쑨원의 부인 쑹칭링의 남동생이었다. 쑹쯔원은 매우 총명하고 금전 감각이 탁월하여 자타가 공인하는 중국 제일의 재정 전문가였다. 그는 그동안 주먹구구식이었던 국민정부의 재무구조를 완전히 뜯어고쳤다. 또한 세수 체계를 개혁하고 부패를 척결했으며 거액의 공채를 발행하여 필요한 군사비를 마련했다. 북벌이 예상외로 빠르게 진행되고 병참선이 길게 늘어지면서 극심한 재정난과 군비 부족에 허덕였지만, 쑹쯔원의 탁월한 수완 덕분에 국민정부의 재정은 북벌의 마지막 순간까지 버텨냈다. 그만큼 재정이 탄탄하고 신용이 뒷받침된 덕분이었다. 쑹쯔원이 아니었다면 북벌군도 장쭤린이나 우페이푸처럼 도중에 주저앉거나 소련의 원조에 더욱 매달려야 했을 것이다.

군벌 군대는 형편없었다. 수적인 우위는 강점이 아니라 약점이었다. 실전에서 쓸 만한 정예부대는 일부에 지나지 않았다. 대부분의 군벌은 군대의 전투력을 개선하기보다는 머릿수로 자신의 힘을 과시하고 상대를 위압하는 케케묵은 사고방식에서 벗어나지 못했다. 병사들은 대부분 단지 생계를 해결하거나 총을 준다는 이유만으로 자원한 자들이었다. 군대와 토비의 경계는 없었다. 많은 군벌들이 무기를 가졌다는 이유로 토비 무리를 매수하여 휘하에 편입했다. 이들은 전쟁에서 지면 토비로 되돌아갔다. 봉급이 몇 달씩 체불되는 일은 비일비재했다. 군벌들은 병사들을 소모품으로 여길 뿐 아무런 애정이 없었다. 싸울 의지가 없는 병사들을 전쟁터로 내보내려면 전리품과 약탈의 자유를 약속하거나 독전대를 내세워 위협하고 억지로 등을 떠밀어야 했다. 병사들은 근대적인 훈련도 제대로 받지 않았고 무기와 장비도 변변치 않았으며 규율도 없었다. 이들은 가는 곳마다 마치 메뚜기 떼처럼 휩쓸고 다니며 약탈과 강간과 학살을 일삼았다. 어느 군벌 지휘관은 밀린 봉급과 보급품을 달라는 부하들에게 "나는 너희들에게 총을 주었다. 너희가 그것으로 못할 것이 뭐가 있느냐"고 대답했다. 이런 모습은 수백 년 전 구스타브 아돌프나 프리드리히 대왕이 활약하던 시대라면 그리 흠이 되지 않았을 수도 있다. 그러나 17세기나 18세기가 아니라 20세기이고, 중국도 더 이상 봉건왕조가 다스리는 무지몽매한 사회가 아니었다.

또 한 가지 간과할 수 없는 사실은 북벌군과 민중의 결합이었다. 북벌전쟁과 국공내전에서 민중이 보여준 투쟁은 중국 혁명사를 상징하는 하나의 신화가 되었다. 당시 후난성에서 농민운동을 총괄하던 마오쩌둥은 「후난 농민운동 관찰 보고서」에 "순식간에 화중과 화남, 화북의 여러 성에서 수백만 명의 농민들이 거센 폭풍처럼 일어났다. 그힘이 너무나 빠르고 강력했기에 제아무리 강한 세력이라도 그 힘을 저지할 수는 없었다"고 썼다. 물론 마오쩌둥의 과장 섞인 표현과는 달리, 조너선 펜비Jonathan Fenby를 비롯한 서구의 많은 학자들은 냉철한 시각으로 북벌전쟁에서 민중이 과연 얼마나 기여했는지에 대해 회의적으로 바라본다. 하지만 반대로 과소평가해도 안 될 것이다.

북벌전쟁은 단순한 통일전쟁이 아니라 혁명전쟁이었다. 예전의 돤치루이나 장쭤린의 남진 정책과 다른 점이다. 민중의 지지를 얻고 민중과 손잡는 일은 북벌전쟁에 이데올로기적인 정당성을 부여했다. 여기에는 국민당보다 공산당이 한층 적극적이었다. 공산당은 '무산계급'의 잠재성에 주목하고 자신들의 역량을 노동자와 농민 속으로 파고드는 데 쏟아부었다. "노동자·농민 독재의 정치를 세우고 사유재산을 없애 중국에서 공산주의 사회를 수립한다." 이것이 공산당의 최고 강령이자 최종 목표였다.

공산당도 처음부터 농민운동에 관심이 있었던 것은 아니었다. 프랑스와 소련에서 마르크스-레닌주의를 배운 공산당 간부들은 혁명의 중심은 마땅히 농촌이 아니라 도시라고 여겼으며 학생과 노동자계급에 초점을 맞추었다. 소련의 10월혁명에서 노동자계급이 주축이 되어 제정러시아를 무너뜨린 것처럼 중국도 당연히 그래야 한다는 고정관념에 갇혀 있었기 때문이다. 더욱이 이들 중 농촌을 직접 경험해본 사람은 거의 없었다. 후난성 소지주의 아들이자 훗날 농민의 힘으로 천하를 차지하는 마오쩌둥도 마찬가지였다. 창사에서 학생과 노동자를 규합하는 데 한창 열을 올리고 있던 마오쩌둥은 중국사회주의청년단의 지도자 윈다이잉惲代英이 자신을 농촌으로 파견해달라고 요청하자 "도시에도 할 일이 잔뜩 쌓여 있는데 어떻게 농촌에 갈 수 있느냐?"고 일축했다.

그러나 제정러시아 시절에 벌써 공업화가 상당한 수준에 도달한 소련과 달리 중국은 인구의 80퍼센트 이상이 농업에 종사하는 전형적인 농업국가였다. 중국에서도 초기 산업혁명의 조짐이 나타나면서 노동자의 수가 빠르게 늘어났지만 1927년에 겨우 260만 명 정도에 불과했다. 그나마 몇몇 도시에 집중되어 있었다. 거대한 농민의 규모에 견주면 한 줌에 지나지 않았다. 농민은 무지몽매한 존재였지만, 이들이 힘을 모으면 엄청난 능력을 발휘한다는 사실은 중국 역사에서 몇 번이나 증명되었다. 유방과 주원장을 비롯한 여러 왕조가 농민들의 손으로 세워졌으며, 많은 왕조들이 농민반란으로 붕괴하지 않았던가.

공산당 지도부 가운데 가장 먼저 농민 문제에 관심을 두고 앞장선 사람은 펑파이彭湃였다. 광둥성 하이펑海豊의 대지주 집안 출신인 그는 와세다대학에서 공부한 뒤 고향으로 돌아와 교육국장을 맡아 농민 계몽에 나섰다. 또한 집안의 토지 문서를 불태우고 자신의 토지를 소작 농들에게 나눠주었다. 처음에는 주변 농민들에게 '미친놈' 취급을 받기도 했지만 점점 노력을 인정받았다. 몇 년 뒤에는 농민들을 모아 하이펑에서 중국 최초의 소비에트 정부를 세웠다.

다른 간부들과 마찬가지로 농민보다 노동자가 우선이라고 여기던 마오쩌둥도 차츰 생각을 바꾸었다. 1925년 1월, 마오쩌둥은 공산당 제4차 전국대표대회 중앙위원 선거에서 낙선한 뒤 한동안 우울증과 신경쇠약에 시달리다 고향으로 돌아갔다. 얼마 뒤 동생 마오쩌민과 아내 양카이후이의 도움을 받아서 작은 야간 강습당을 세우고 농민 수십 명을 모아 야학을 시작했다. 이 일이 중국 역사에서 일대 전환점이 되리라고는 마오쩌둥은 물론 어느 누구도 생각하지 못했을 것이다. 농촌 출신이면서도 그 시절 여느 지식인들과 마찬가지로 '먹물 먹어본 사람'이라는 우월의식과 무지한 농민에 대한 편견에 사로잡혀 있던 그는 처음으로 농민들에게 눈을 돌렸다. 마오쩌둥은 샤오산에 공산당 지부를 세우고 인근 청년들을 모아서 공산주의 청년단을 조직하는 등 본격적으로 농민운동에 착수했다. 또한 공산당 기관지에 농민 계몽과 농촌 개혁을 주장하는 사설을 꾸준히 투고했다. 얼마 지나지 않아 공산당 지도부는 그를 농촌 전문가로 여기게 되었다.

그 뒤 국민정부의 선전부장으로 임명된 마오쩌둥은 "신해혁명과 5·4운동이 성공하지 못한 이유는 3억 2,000만 명에 이르는 농민들의 지지가 없었기 때문"이며 농민이 일어서야 혁명에 성공할 수 있다고 주장했다. 그리고 농촌에서의 계급투쟁과 지주 타도, 토지개혁을 외치면서 농민을 규합하고 농민협회를 조직하는 데 앞장섰다. 북벌 직전인 1926년 6월에 이르면 농민협회에 가입한 농민이 광둥성에서 65만 명, 허난성에서 27만 명, 후난성에서 10만 명, 광시성에서 8,000명 등 100만 명이 넘었다. 농민운동이 가장 활발한 곳은 후난성과 후베이성이었다. 후난성의 경우 북벌이 시작되자마자 한 달 만에 40만 명의 농민이 농민협회에 가입했고, 1927년 6월에는 무려 450만 명으로 늘어났다. 후베이성에서도 250만 명의 농민이 농민협회에 가입했다. 두 성이 북벌군의 첫 번째 진로이기도 했지만 공산당의 영향력이 가장 컸기 때문이다.

많은 지역에서 농민들은 북벌군을 열렬히 지지했다. 음식을 제공하거나 첩자 노릇을 하여 북벌군의 승리에 크게 일조했다. 북벌군은 농민들이 제공하는 정보에 따라 우페이푸 군대의 배치와 이동 상황을 파악했다. 군벌들은 북벌군에게 동조하는 농민들을 잔혹하게 처단했다. 혹독한 보복에도 불구하고 많은 농민들이 위험을 무릅쓰고 자발적으로 북벌군을 도왔다.

농민운동은 국공합작의 최대 성과였다. 공산당이 농민들을 조직하고 이들의 협조를 끌어내지 못했다면 북벌군은 소련이 제공하는 약간의 원조에만 의존하여 10만 명이 채 안 되는 병력으로 훨씬 어려운 싸움을 벌여야 했을 것이다. 쑨원을 비롯하여 봉건적인 선민사상에 사로잡혀 있던 국민당의 엘리트 간부들은 여전히 민중의 역량을 하찮게 여겼기 때문이다. 공산당 지도부 중에서도 농민의 잠재성에 주목한 사람은 몇 명 되지 않았다. 그중 한 사람이 마오쩌둥이었다. 국공합작이 깨진 뒤 지하로 숨어든 다른 간부들은 예전에 혁명파가 그러했던 것처럼 무장 반란과 비밀 활동에 하릴없이 매달려 큰 희생만 치렀다. 반면 마오쩌둥은 농촌을 근거지로 농민혁명에 본격적으로 나섰으며, 토벌군을 몇 번이나 격파함으로써 그의 신화를 시작했다.

＼토지혁명의 허상

한편으로 여기에는 반드시 짚고 넘어가야 할, 중국 혁명사가 감추는 또 다른 진실이 있다. 공산당의 지도 아래 수백만 명에 달하는 농민이 농민협회에 가입하고 북벌에 협조했다고 해서 이들이 죄다 마르크스주의자였거나 공산당 동조 세력을 뜻하지는 않았다는 사실이다. 하물며 중국 인구의 80퍼센트를 차지하는 3억 명이 넘는 어마어마한 농민 집단 전체가 공산당을 열렬하게 지지했다는 생각은 완전히 별개의 얘기이자 성급한 결론이다. 오히려 공산당의 활동은 농촌사회의 갈등과 분열을 격화시켰고, 결국에는 보복이 보복을 부르는 적색테러와 백색테러의 반복으로 이어졌다. 가장 큰 책임은 농촌 개혁을 빌미로 농민들을 편 가르고 특정 계급이 다른 계급을 타도해야 한다며 서로의 증오심을 끝없이 부추긴 공산당에 있었다.

중국에서는 북벌전쟁부터 제2차 국공합작까지 10년의 투쟁사를 '토지혁명전쟁'이라고 일컫는다. 공산혁명의 가장 큰 정당성이 토지개혁에 있기 때문이다. 그 시절 중국 농민이 맞닥뜨린 문제점과 농촌사회의 부조리함은 부정할 수 없는 사실이다. '평균지권론平均地權論'을 제창한 쑨원을 비롯하여 많은 정치 지도자들 또한 농촌 문제에 깊은 관심이 있었다.* 그러나 "문제가 있다"는 것과 "그 문제의 원인이 어디에 있으며, 어떻게 개혁해야 하는가?"는 전혀 다른 얘기이다. 이분법적인 시각은 자칫 본질을 호도할 수 있다.

토지개혁을 앞장서서 주도한 마오쩌둥은 농촌이 가난한 이유는 소수의 지주와 부농이 대부분의 토지를 독점하고, 지나친 소작료와 고리대금업으로 착취하기 때문이라고 주장했다. 따라서 이들에게서 토지를 빼앗아 농민들에게 돌려주어야 한다는 것이다. 그런데 그가 말하는 '지주'와 '부농' 또는 '빈농'이란 무엇인가. 그 잣대는 구체적이고 객관적인 것이 아니라 정치적이고, 자의적이었다. 애초에 토지를 얼마나 가졌는가로 농민의 등급을 나누고 유물론적인 냄새가 물씬 풍기는 지주 또는 자산 계급이라는 용어로 일컫는 것 자체가 어느 날 갑자기 공산당이 들고 나오기 전까지는 중국에서 찾아볼 수 없는 일이었다. 또한 몇몇 극단적인 사례를 성급하게 일반화했다. 공산당 간부들은 대부분 도시 출신이거나, 마오쩌둥처럼 농촌에서 태어났다 해도 농촌의 실상을 제대로 알지는 못했기 때문이다. 중국은 광대한 나라이며, 농촌마다 지역마다 여건이 천차만별이었다.

마오쩌둥은 "10퍼센트의 지주가 토지의 80퍼센트를 차지하고 있다"고 떠들었는데, 과연 얼마나 근거가 있는가. 실제로는 마르크스주

---

* 쑨원은 농민들의 안정을 위해 '평균지권'과 '경자유전'을 주장했으며, 삼민주의의 하나인 '민생'에도 토지 문제의 해결을 포함했다. 평균지권론이란 토지를 취득할 수 있는 권리를 평등하게 해야 한다는 것이며, 경자유전은 농사짓는 사람이 토지를 가져야 한다는 것이었다. 그러나 쑨원의 생각은 토지를 투기 수단으로 삼아 지나친 부를 축적해서는 안 된다는 것이지, 소련처럼 국가권력이 폭력적인 방법으로 전부 빼앗아 똑같이 나눠주자는 얘기는 아니었다. 그는 토지의 사유권을 인정하되 지주들에게 중세를 매겨서 스스로 토지를 팔게끔 유도하는 한편, 황무지 개간을 돕고 토지를 살 수 없는 사람들을 위해 국가가 우선 수매한 뒤 농민들에게 토지를 저렴하게 제공하는 방안을 제시했다. 쑨원은 폭력이 아니라 좀 더 자연스럽고 합리적인 방법으로 농촌 개혁을 꿈꾸었다.
쑨원의 삼민주의를 통치 이념으로 삼은 장제스 정권은 결코 농촌 문제에 무관심하지 않았으며, 근대적인 법제도를 토대로 다양한 정책을 마련하여 지주의 권한을 제한하고 소작농을 보호하려는 의지를 보여주었다. 문제는 의지 부족이 아니라 주변 상황이었다. 장제스의 토지 정책은 합리적이기는 했지만 정치적 안정과 재정적 뒷받침이 있을 때 비로소 실현 가능했다. 그러나 중일전쟁과 국공내전 등 끝없는 전란과 정치적 혼란 속에서 농촌 문제를 제대로 해결할 수 없었다. 결국 '무상몰수 무상분배'라는 선동적인 구호를 앞세운 공산당의 전략에 밀리고 말았다. 장제스식 토지개혁은 타이완에서 실현됐으며, 수백만 명이 죽거나 박해를 당한 대륙에서와는 달리 아무도 피 흘리지 않고 안정적으로 정착되었다. 작지만 강한 타이완의 번영은 토지개혁이 성공한 덕분이기도 하다.

의에 따른 상투적인 선동 구호일 뿐, 중국의 현실을 제대로 반영한 것은 아니었다. 그가 제시하는 통계나 계급 간의 문제는 오랜 연구와 신중한 논의를 거친 결과가 아니라 개인적인 편견에서 나온 막연한 추정일 뿐이었다. 마오쩌둥은 정치 선동가이지 경제 현상을 연구하는 전문가가 아니었기 때문이다. 물론 토지 집중 현상 자체는 누구도 부정할 수 없지만, 그런 극단적인 사례는 일부 지역에 국한된 얘기였으며 유럽이나 일본보다는 정도가 훨씬 덜했다. 중국은 제정러시아처럼 극소수 귀족들이 대부분의 토지를 장악한 채 농민들을 농노로 부린 것이 아니기 때문이다. 중국 농촌을 지배하는 지주계층은 유럽의 귀족 같은 특권계층과는 거리가 멀었다. 지주와 부농이라고 해도 실제로 소유한 땅은 얼마 안 되었으며, 엄청나게 넓은 토지를 소유한 대지주는 거의 없었다.*

당시 조사에 따르면 부유한 강남 지방일수록 소작농의 비율이 상대적으로 높은 반면, 가난하고 척박한 화북 지방에서는 오히려 자작농이 대부분이었다.** 이것은 토지 집중 현상의 원인이 단순히 기근 또는 고리대금 때문에 파산한 농민들이 토지를 강제로 빼앗겨서가 아니라 훨씬 다양하다는 사실을 보여준다. 1920년대의 중국 농촌은 결코 쇠락하지 않았으며 점진적으로 근대화하고 있었다. 지주와 소작농의 관계도 봉건적인 장원제도가 지배하던 동유럽의 농촌과 달리 착취-

---

* 1927년 6월 국민당 농업부 토지위원회의 조사에 따르면 전체 3억 5,000만 명의 농민 가운데 100무(2만 평) 이상을 소유한 대지주는 5퍼센트, 50~100무의 중소 지주가 10퍼센트, 30~50무의 부농이 18퍼센트, 10~30무의 중농이 24퍼센트, 1~10무의 빈농이 33퍼센트, 1무 이하의 고농雇農이 10퍼센트 정도였다.
** 토지가 기름지고 농민들의 평균 생활수준이 높았던 창장 중하류의 농촌에서는 마오쩌둥의 구호처럼 전체 인구의 10퍼센트 정도가 전체 토지의 50~70퍼센트를 소유하여 고도의 토지 집중 현상을 보인 반면, 허베이성·산시성 등 북부 지방에서는 그 비율이 10~30퍼센트에 불과하여 토지 집중 현상이 거의 없었다.

●— 1920년대 중국의 가난한 농가. 대다수 농민들의 수입은 도시의 미숙련 노동자나 갓 입대한 졸병의 수입보다도 형편없었다. 농민의 빈곤함은 다양한 원인에서 비롯되었지만, 공산당은 모든 책임을 지주와 부농들의 착취 탓으로 돌림으로써 나머지 농민들의 분노를 그들에게 향하도록 했다.

피착취 관계와는 거리가 멀었다.

대다수 농민들은 각자 얼마 안 되는 땅을 경작하면서 가족과 함께 겨우 먹고살았다. 지주들도 토지 일부만 소작으로 빌려주고 자신이 직접 농업에 종사했다. 중국의 땅은 광활하지만 실제로 경작할 수 있는 토지는 적었기 때문이다. 얼마 안 되는 토지를 직접 경작하는 자영농보다 넓은 토지를 경작하는 소작농의 수입이 더 많은 경우도 있었다. 농사는 전적으로 인력에 의존했으며, 소를 사용하는 일은 드물었다. 땅이 지나치게 협소하고 조각조각 흩어져 있다보니 소를 사용하기에는 적절치 않을뿐더러, 키우는 데 들어가는 비용이 더 많았기 때문이다. 중국 농민들은 대토지를 경작하는 미국 농민들처럼 순수하게 농사만으로 먹고살기는 어려웠다. 대개는 이런저런 방법으로 부수입을 올리며 생계를 유지했다. 수입이 많은 부농이라고 해도 반드시 남들보다 땅을 많이 가졌다고는 말할 수 없었다. 농촌의 현실은 단편적인 사실만 가지고 도식적으로 설명할 수 있는 것이 아니었다.

한 마을의 주민들은 다른 지역에서 흘러들어온 것이 아니라 대부분 조상 대대로 그곳에 뿌리내리고 살아왔기 때문에 서로 혈연적인 유대관계가 깊었다. 지주라고 해서 소작농을 노예처럼 가혹하게 착취한 것은 아니었으며, 규정된 소작료를 그대로 받기보다는 실제 수확량에 따라 적당히 줄여서 받는 것이 오랜 관행이었다. 막연한 생각처럼 토지 소유 여부가 반드시 농촌사회의 모순과 불평등을 의미한다고 할 수는 없었다.

농민은 단순히 절박한 상황 때문에 소작농이 되는 것은 아니었다. 영농은 토지 규모가 작을 때보다 규모가 클수록 더 효율적이었다. 따라서 농가의 생활수준은 지주냐 소작농이냐가 아니라, 얼마나 많은 농토를 경작하는가에 달려 있었다. 대다수 농민들은 자기 땅과 소작지를 더해서 경작지를 늘렸다. 지주와 소작농을 겸하는 농민도 있었다. 만약 농토가 조각조각 분산되어 있다면, 그중 일부는 다른 사람에게 소작을 주면서 경작할 토지를 한데 모으기 위해 자기 농지와 인접한 땅을 빌려서 소작을 했다. 이런 사실을 보면 지주제가 반드시 착취는 아니며, 또한 소작이 곧 빈곤이라고 할 수 없는 것은 분명하다.

_로이드 E. 이스트먼, 『중국 사회의 지속과 변화 1550~1949』 중에서

중국 농촌의 진짜 문제는 토지 집중이 아니라 인구는 넘쳐나는 데비해 잉여 토지가 거의 없고 생산성이 너무 낮다는 데 있었다. 경작지 대비 인구 밀집도는 유럽의 3~4배나 되었다. 얼마 안 되는 대지주한테서 땅을 빼앗아 많은 사람들에게 공평하게 나눠준다 한들 고양이 이마만 한 땅이 조금 더 늘어나는 정도였다. 게다가 중국에는 땅이 전혀 없는 농민과 실업자, 다른 지역에서 흘러들어온 유랑민들이 넘쳐났다. 토지를 재분배한다면 이들에게도 똑같이 토지를 나눠주어야 하는가. 그럴 경우 농촌 개혁은커녕 전통적인 농촌공동체를 무너뜨릴 뿐 아니라, 전체 농민들의 삶이 하향 평준화할 수 있었다. 그러나 공산당 간부들은 농촌의 현실을 정확하게 알고 다양한 해결책을 찾기보다는 자신들의 편향된 선입관과 의욕만 앞세워 "계급투쟁으로 농촌 문제를 해결하겠다"며 달려들었다. 그 방법은 설득과 타협이 아닌 강압과 폭력이었다.

아무것도 잃을 것이 없는 사람들은 "죄다 빼앗자!"는 마오쩌둥의 방식에 찬성했을 것이다. 그러나 진정으로 농촌 문제에 관심이 있다면 서방의 선진적인 기술을 도입하고 생산성을 높이는 방법을 고민하는 쪽이 훨씬 현실적이었을 것이다. 국공내전에서 승리한 뒤 토지 개혁을 총괄했던 류사오치는 "토지개혁은 자선사업이 아니며 농민의 가난을 구제할 수 없다. 가난은 오직 농업생산의 증가와 공업화 이후에나 해결할 수 있다"며 토지개혁의 한계를 솔직하게 인정했다. 그럼에도 공산당은 '몰수' 이외의 더 나은 해결책을 제시하지 못했다. 가장 단순하면서 사람들의 관심을 확실하게 끌 수 있었기 때문이다.

대개 젊고 혈기 왕성했던 많은 공산당 간부들은 충분한 준비와 설득 없이 무작정 토지 몰수와 소작료 인하 운동을 강행했다. 그러나 이유야 어떻든 간에 제 것을 남에게 빼앗기고 싶어하는 사람은 없다. 지주들이 완강히 저항하자 폭력이 난무했다. 공산당에 선동된 농민들은 부자(부자가 아닌 경우에도)들을 붙잡아 구타하고 살해했다. 심지어 마을 주민 전체가 지주로 몰려서 다른 마을 사람들에게 몰살당하기도 했다. 마오쩌둥은 '혁명의 성과'라고 자신의 보고서에 기록했다. 그러나 지주들도 가만히 당하지만은 않았다. 공산주의자들의 적색테러는, 장제스가 반공 쿠데타를 일으킨 뒤 부메랑이 되어 백색테러로 돌아왔다. 지주들의 잔혹한 보복이 가장 많이 자행된 곳 또한 마오쩌둥이 활동한 후난성이었다. 개혁을 빙자한 폭력은 서로에게 증오만을 남겼다.

> 혁명은 손님을 대접하는 일도 아니고 글을 짓는 일도 아니며 그림을 그리거나 수를 놓는 일도 아니므로 우아하고 점잖게 온순하면서 겸손하게 할 수 없다. 혁명은 폭동이며 이 계층이 저 계층을 전복하려는 맹렬한 행동이다. 이러한 행동은 농민운동의 혁명에는 반드시 필요하다. (…) 각 현에서 죄가 가장 큰 극악한 자들 중 최소 몇 명은 총살해야 한다. 이것이 반동파를 진압하는 효과적인 방법이기 때문이다. 이전에 지주들이 농촌에서 저지른 백색공포는 이처럼 심각했음에도 아무 말이 없는데, 지금 농민들이 일어나 지주 몇 명쯤 총살하여 반혁명파를 진압하는 가운데 약간의 공포 현상이 나타났다고 해서 어찌 이것을 부당하다고 할 수 있겠는가?
>
> _마오쩌둥, 「후난 농민운동 관찰 보고서」(1927년 3월) 중에서

평생 농촌을 근거지로 삼아 투쟁한 마오쩌둥은 입만 열면 주변 사람들에게 자신이 '농민의 아들'임을 강조했다. 그러나 중국의 문제를 마르크스-레닌주의라는 외국 사상을 통해 단편적으로 바라본 탓에 현실을 제대로 직시하지 못했다. 오히려 훗날 증명된 바와 같이 어

린아이도 알 만한 가장 기초적인 상식마저 부족했다. 그는 농민의 아들이지 자신이 농민은 아니었기 때문이다. 그러나 자기모순을 끝까지 인정하지 않았다. 자신이 정한 기준에 따라 농민을 '타도할 상대'와 '연합할 상대'로 가르고 서로의 증오심을 끝없이 부추겼다. 공산당이 지배하는 지역에서는 고발과 숙청, 자아비판은 물론 폭력과 살인이 끝없이 이어졌다. 희생자들 중에는 일선 공산당 간부들도 포함되었다. 마오쩌둥과 공산당 지도부는 일부러 모호하거나 모순된 지시를 내리고, 그로 인한 실패의 책임은 전적으로 현장의 착오와 경험 부족 탓이라며 불만의 화살을 떠넘겼기 때문이다.

『중국의 붉은 별Red Star over China』을 쓴 에드거 스노, 시어도어 화이트 등 미국의 좌파 언론인들은 젊은 시절 공산당이 통치하는 지구를 방문한 뒤 깊은 감명을 받았다. 그리고 중국의 유토피아인 양 극찬했다. 수십 년이 흘러 자신들이 그토록 찬양해 마지않던 인물에 의해 철권통치가 시작되자, 본래는 그렇지 않았던 사람들이 갑자기 바뀐 것을 의아해했다. 그러나 공산당은 결코 변한 것이 아니라 처음부터 그랬다. 무엇이 선이고 악인지, 개혁 대상과 방법까지도 오직 공산당이 정했다. 개혁은 일관성과 원칙이 없었다. 정치적인 상황에 따라 잣대는 오락가락하기 일쑤였다. 많은 간부들이 소련에 체류하면서 스탈린식 공포정치를 배웠고 귀국한 뒤 그대로 써먹었다. 대표적인 예가 공산당 비밀경찰의 수장으로 나중에 문화대혁명을 주도하는 캉성康生이다. 지도부 내에서는 끝없는 권력투쟁과 잔혹한 숙청이 반복되었다. 모험심 넘치고 유명세를 얻기 위해 특종거리를 찾고 있던 젊은 미국인들은 자신들이 잠깐 본 모습이 전부인 양 성급하게 판단했다. 반면, 옌안에 훨씬 오랫동안 체류하고 있던 소련 고문단의 평가는 정반대였다. 이들은 마오쩌둥식 혁명의 이중성을 훨씬 노련하고 냉철한 시각으로 간파했다. 그러나 옌안에서 겨우 4개월 남짓 체류하면서 공산주의자들이 보여주는 것만 봤던 에드거 스노의 책은 서방 세계에서 베스트셀러가 되었지만, 옌안 주재 소련 외교관이자 언론인으로 1938년부터 1945년까지 장장 7년에 걸쳐 스노와는 또 다른 관점에서 옌안의 실상을 지켜보았던 블라디미로프Peter Vladimirov의 일기는 최근까지도 사람들의 관심을 끌지 못했다.

공산당은 불리할 때는 자세를 한껏 낮추어 온건한 개혁을 외치다가 상황이 유리해지면 당장 태도를 바꾸어 토지 무상몰수를 강행했다. 때로는 폭력을 부추기다가 민심이 나빠지면 언제 그랬느냐는 듯 말을 뒤집기 일쑤였다. 공산당 스스로도 자신들의 모순을 알고 있었다는 반증이다. 그들의 평등주의대로라면 몰수된 토지와 가축, 농기구는 계급과 상관없이 모든 사람들에게 공평하게 분배되어야 함에도 지주들에게 더 척박한 땅을 주고 더 많은 노동을 요구했다. 그동안 남보다 잘 먹고 잘산 것에 대한 징벌이었다. 반면, 혁명에 직접 기여한 사람들에게는 충성의 대가로 예외 조항을 만들어 특혜를 주었다.

마르크스와 엥겔스가 노동자계급의 단결을 부르짖으며 『공산당 선언』을 발표한 19세기 중엽은 구체제의 모순이 극에 달한 시기였다. 초기 산업혁명은 물질적인 풍요 대신 극심한 빈부 격차와 부의 독점, 노동 착취를 초래했다. 마르크스는 인류 사회를 지배와 피지배라는 두 계급으로 나누고 피지배계급인 프롤레타리아가 지배계급인 부르주아를 폭력으로 타도해야 한다고 주장했다. 현실의 부조리함에 분노하고 있던 많은 지식인들은 마르크스의 급진적인 사상에 빠져들었다. 아시아·아프리카의 민족주의자들도 공산주의를 민족해방의 관점에서 해석하고 너도나도 공산주의로 전향했다.

그러나 공산주의자는 자본주의의 모순을 비판하면서도 자신들의 모순은 해결하지 못했다. 일부 공산주의자들은 대중을 선동하고 계급 간의 적개심을 부추겨 권력을 잡기 위한 수단으로 악용했다. 차르의 폭정이 소련의 10월혁명을 초래했지만 차르를 끌어내린 볼셰비키는 더 나은 세상을 만들기는커녕 한층 더 지독한 폭정으로 민중을 압제했다. 공동체는 완전히 파괴되고 유혈과 상처만 남았다. 소련에 이어 두 번째 실험장이 된 중국도 마찬가지였다. 마오쩌둥의 주장대로 공산당이 "농민들의 마음을 얻었다"면, 토지개혁 과정에서 나타난 수많은 폭력과 잔혹한 처형이 전적으로 민중의 의지이며, 공산당은 이들의 대행자에 불과했던가. 개혁에는 반드시 유혈이 따르지 않으면 안 되는가.

오랫동안 정설처럼 믿어져온 신화와 달리 많은 농민들은 공산당에 가담하기를 주저했다. 공산당이 패배할 경우 혹독한 보복이 돌아올 게 불 보듯 뻔했기 때문이다. 프랑스군의 대게릴라전 전문가이자 1차 인도차이나전쟁과 알제리전쟁에 참전했던 다비드 갈륄라^{David Galula} 중령은 자신의 경험을 토대로 "주민들의 지지를 얻을 때는 조용하고 수동적인 다수의 어정쩡한 지지보다 오히려 수는 적어도 가장 적극적이면서 절대적으로 충성하는 소수의 강력한 지지가 낫다"고 주장했다. 그것을 실제로 증명해 보인 사람이 마오쩌둥이었다. 공산당은 농민의 다수를 차지하는 중소 지주와 자영농이 아니라 전체의 10퍼센트에 불과한 고농雇農*(당시 약 3,000만 명)을 지지 세력으로 삼았다. 내전에 승리한 뒤 이들을 무장 전위대로 앞세워 중국 역사상 가장 폭력적인 방법으로 토지개혁을 강행했다. 그 과정에서 수백만 명이 처형당했다. 현장 간부들은 자신의 실적을 높이는 데 급급하여 경쟁적으로 토지

---

* 자기 땅이 전혀 없어서 지주나 부농에게 고용살이하는 농민.

몰수에 나섰다. 중농과 빈농까지 지주라고 몰아붙여서 재산을 함부로 빼앗는 사례도 비일비재했다. 토지개혁은 중국 전체를 전례 없는 대혼란과 보복의 소용돌이에 빠뜨렸다. 자본가·지주·부농 같은 부르주아계급은 '인민의 적'으로 간주되어 나치 독일의 유대인 사냥 때처럼 박해를 받았다.

당시 공산당의 공식 통계에 따르면 토지개혁이 끝난 직후인 1952년의 곡물 생산량은 1949년 대비 40퍼센트나 늘어났다. 분명 고무할 만한 실적이긴 했지만 통계가 만들어낸 눈속임이기도 하다. 국공내전 말기 중국 농촌은 오랜 전란으로 매우 피폐한 상황이었다. 또한 수해와 자연재해가 빈번한 중국의 자연 여건에서 풍작과 흉작은 주기적으로 반복되는 현상이었다. 생산량 증대가 정말로 토지개혁 덕분인지, 그렇지 않으면 전란의 종결과 온난한 기후에 따른 당연한 결과인지는 따져볼 일이다.

공식 통계조차 중일전쟁이 일어나기 직전의 수준을 회복했을 뿐 마오쩌둥이 기대한 만큼의 폭발적인 증가세는 없었다. 이 때문에 마오쩌둥은 한층 속도전을 강조했다. 마오쩌둥의 끝없는 닦달에 못 이긴 현지 간부들이 광범위한 통계 조작과 허위 보고, 실적 부풀리기 경쟁을 벌였다는 점에서 실제 수확량이 얼마였는지 아무도 정확히 말할 수 없을 것이다. 분명한 사실은 농민들의 삶이 더 나아지지는 않았다는 점이다. 소작료가 사라진 대신 그 이상의 과중한 조세 부담에 허덕여야 했기 때문이다. 장제스의 반격과 외세의 침략을 편집광적으로 두려워한 마오쩌둥은 한국전쟁에 개입하는 한편 소련에서 대량의 무기와 군수 설비를 수입했으며, 그 비용은 농민들을 수탈하여 마련했다. 농민들은 장제스 시절과 비교해서 과중한 세금을 부담하는 것은 물론이고(전체 수확량의 약 3분의 1), 이와 별도로 걸핏하면 온갖 헌납

운동에 시달렸다. '농민의 아들'을 자처했던 마오쩌둥에게 농민이란 끝없이 쥐어짜기에 가장 좋은 희생물에 지나지 않았다.

토지개혁은 새로 땅을 받은 빈농과 고농을 잠시 기쁘게 해주었지만,* 모든 농민들이 가난한 영세농으로 전락하면서 전체 생산성을 떨어뜨렸다. 농촌의 빈곤함은 단순히 토지 소유의 불균형만이 아니라 농촌 인구가 지나치게 과밀하고 경작지가 조각조각 잘게 쪼개져서 농업 생산성이 매우 낮을 수밖에 없는 구조적인 원인 때문이었다. 하지만 공산당의 획일적인 토지 분배는 근본적인 해결은커녕 오히려 그런 현상을 한층 부추겼다. 특히 지주와 부농들은 생산성이 가장 높은 계층이었지만 땅과 재산을 강제로 빼앗기는 상황에서 열심히 일할 이유가 없었다. 지주가 아닌 사람들도 마찬가지였을 것이다. 얼마 지나지 않아 극심한 물자 부족과 함께 일부 지역에서는 소작제도가 부활하고 토지가 도로 집중되는 등 역효과가 나타났다.**

당황한 공산당은 오류를 바로잡는 대신 아예 모든 토지와 수확물을 국가가 직접 관리하기로 했다. 농촌 전체가 집단농장이 되었다. 농민들은 철저한 감시를 받으며 강제노동을 하는 중세의 농노로 전락했다. 또한 마오쩌둥의 체면치레를 위해 동독·루마니아·북한·쿠바·

---

* 1949년부터 1952년까지 3년 동안 3억 명의 농민에게 7억 무(전체 경작지의 43퍼센트)의 토지가 분배되었다. 농민 한 사람당 평균 1~1.5무(약 200~300평)이니 5인 가족 기준으로 5~7.5무(약 1,000~1,500평)의 땅을 분배받은 셈이다. 그러나 지역마다 차이는 있지만 토지개혁 이전에 중농계층이 평균 10~15무(2,000~3,000평), 빈농계층이 3~5무(600~1,000평)의 토지를 가지고 있었다는 점에서 전체적으로 하향 평준화한 셈이었다. 대다수 농민들은 분배받은 토지만으로 생계를 유지하기 힘들었던 탓에 얼마 지나지 않아 소작제도가 다시 만연해졌다.

** 토지개혁에 따른 부작용은 공산당 지도부도 어느 정도 예상한 일이기도 했다. 1930년대 초반 장시 소비에트에서 가혹한 토지 몰수와 지주 공격은 민심의 이반을 초래했다. 대장정이라는 고난의 길에 나서게 된 이유도 단순히 장제스의 토벌 때문만은 아니었다. 대장정 이후 마오쩌둥은 전술을 바꾸어 좀 더 온건한 타협책으로 농민들의 지지를 얻으려 했다. 국공내전 중에는 토지개혁을 하더라도 소수의 대지주를 제외하고 중소 지주와 부농의 재산을 건

알바니아 등 사회주의 형제국에 해마다 막대한 식량을 원조하면서 국민들에게는 그만큼 덜 먹으라고 강요했다. 몇 년 후 마오쩌둥이 그 토록 꿈꾸었던 유토피아 계획은 6억 명이 기아 상태에 빠지고 그중 3,500~4,000만 명이 굶어 죽는 인류 역사상 최악의 기근으로 돌아왔다. 참사의 원인은 마오쩌둥의 변덕과 무지함 때문이었지만, 그는 모든 책임을 자연재해와 반혁명 분자들의 사보타주 탓으로 돌렸다. 그런 와중에도 농촌에서 여전히 식량이 남아돈다고 확신한 나머지 경작지의 3분의 1을 묵혀두라는 지시를 내리기도 했다. 마오쩌둥의 30여 년 치세 내내 농업생산은 정체되거나 오히려 퇴보했다. 중국인들은 마오쩌둥이 죽고 덩샤오핑이 개혁개방에 나설 때까지 만성적인 영양 실조에 허덕였다. 마오쩌둥식 '토지혁명'의 참모습이었다.

＼ 장제스와 탕성즈

북벌전쟁은 겉으로는 순조로웠지만 승리를 거둘수록 내부에서는 대립과 불화가 한층 깊어졌다. 뒤늦게 북벌군에 참여한 군벌들은 혁명에 대한 이해 없이 제 잇속을 차리는 버릇을 버리지 못한 채 더 많은 지반과 영토를 차지하려고 덤벼들었다. 이 때문에 같은 북벌군끼리

드리지 않겠다고 약속했다. 부농들은 공산당을 적극적으로 지지하지는 않더라도 적대적이지는 않았다. 국공내전에 승리한 직후 마오쩌둥은 농업 생산성에서 부농계층의 기여를 강조하면서 무분별한 토지 몰수와 박해를 금지하라고 여러 차례 지시했다. 농촌의 현실이 공산당이 생각한 것처럼 단순하지 않으며, 오랜 전쟁으로 파괴된 농업을 재건하려면 부농의 협조가 반드시 필요하다는 판단 때문이었다. 그러나 뜻밖에도 한국전쟁이 일어나고 미국이 참전하자 마오쩌둥은 미국이 장제스를 앞세워 중국 대륙을 침공할지 모른다는 공포심에 사로잡혔다. 그는 '반혁명의 진압'을 강조하면서 수단과 방법을 가리지 말고 토지개혁을 강행하라고 지시했다. 정권의 기반이 허약한 상황에서 가장 강력한 지지 세력인 빈농과 고농 계층의 충성을 얻기 위해서는 대지주의 땅을 몰수하는 것만으로는 턱없이 부족했기 때문이다. 토지개혁이란 농민들의 삶을 개선하기 위한 것이 아니라 공산혁명에 앞장섰던 빈농과 고농의 충성심을 유지하기 위한 보상이었다.

총부리를 겨누는 일도 있었다. 군비와 군수품 배분을 놓고 벌어지는 갈등 또한 만만치 않았다. 북벌군의 여러 군장 중에서 가장 유능하고 야심만만한 탕성즈와 리쭝런은 장제스의 지위를 노렸다. 이 때문에 북벌의 의미가 무색해지면서 혁명의 열의 또한 점점 수그러들었다.

그러나 군벌들이 혁명에 대한 아무 이해 없이 그저 떡고물이나 받아먹을 속셈에서 기회주의적으로 북벌에 편승했다고 여긴다면 한쪽 면만 보는 시각에 지나지 않는다. 갈등의 원인은 훨씬 복잡했다. 근본적으로는 북벌의 이념이 미숙하고 목적이 불분명했던 탓이다. 국민당 지도자들은 쑨원의 유지를 받들어 북양군벌들을 쳐부수고 쑨원이 생전에 실현하지 못한 중국 혁명을 완수하겠다는 막연한 생각만 있을 뿐, 그다음에 새로운 중국을 어떻게 만들겠다는 구체적인 비전이 없었다. 북벌의 사상적 토대였던 쑨원의 삼민주의는 시대의 조류에 걸맞은 답을 제시하지 못했기 때문이다.

북벌에 참여한 자들은 내가 무엇을 위해 싸우는가보다 싸워서 무엇을 얻을 것인가에만 혈안이 되었다. 게다가 국민당 내부에서 갈수록 격화하는 좌우파의 주도권 싸움, 중산함 사건 이후 권력의 핵심이 된 장제스와 그를 견제하려는 세력 사이의 싸움이 상황을 한층 악화시켰다. 보로딘과 공산당은 장제스와 군벌들의 갈등을 일부러 조장하고 부추겼다. 이들은 내분의 책임에서 결코 자유로울 수 없다.

1년 전 중산함 사건으로 장제스에게 한 방 먹었던 국민당 좌파와 공산당은 그에게 맞설 만한 인물을 찾아냈다. 북벌 직전 합류한 후난 군벌이자 제8군 군장 탕성즈였다. 탕성즈는 앞으로 장제스가 마주칠 수많은 라이벌 중에서 첫 번째로 만난 강적이었다. 그는 만만치 않은 인물이었다. 북벌 초반의 순조로운 성공은 북벌군이 강하기 때문이기도 했지만 탕성즈의 공이 매우 컸다. 그가 우페이푸에게 회유되어 북벌군을 가로막았다면 거대한 장벽이 되었을지도 모른다. 또한 그사이 북방을 평정한 우페이푸가 주력부대를 이끌고 남하해서 총공격에 나섰더라면 북벌은 고사하고 광저우마저 위태로웠을 것이다. 탕성즈의 가세는 북벌군에게 신의 한 수였다.

후난 작전이 완벽한 승리로 끝나자 8월 12일 직속부대를 거느리고 창사에 입성한 장제스는 그동안 최일선에서 고군분투한 탕성즈와 리쭝런을 크게 치하했다. 그러나 탕성즈의 실력이 자기 예상을 뛰어넘는다는 사실에 내심 놀랐다. 후난성의 군정대권은 벌써 탕성즈가 장악했고, 자신이나 국민정부가 관여할 수 있는 여지는 거의 없었다. 그동안 북벌군이 싸워서 얻은 열매는 탕성즈가 독차지한 셈이었다. 그런 승리가 무슨 의미가 있을 것인가. 장제스가 북벌의 기치를 올린 것은 탕성즈 한 사람을 위해서가 아니었다.

그날 저녁에 열린 회의 때 이들 사이에는 보이지 않는 팽팽한 긴장감이 감돌았다. 장제스는 후난성을 관통해서 우한으로 진격하기로 했던 처음 계획을 바꾸어 북벌의 방향을 동쪽의 장시성으로 돌리고 쑨촨팡을 공격하자고 주장했다. 북벌군이 우페이푸와 싸우는 동안 쑨촨팡이 후방의 광저우를 칠 수 있다는 이유에서였다. 그러나 한낱 구실일 뿐, 진짜 이유는 탕성즈를 견제하기 위함이었다. 탕성즈가 우한까지 장악한다면 세력이 지나치게 커져서 장제스도 더는 통제할 수 없는 지경이 될 수 있기 때문이다.

그러나 장제스의 제안은 탕성즈의 반대에 부딪혔다. 탕성즈는 본래 계획대로 우페이푸부터 격파해야 한다고 고집했다. 우페이푸의 주력이 건재한 상황에서 북벌의 방향을 동쪽으로 돌릴 경우 모처럼 되찾은 후난성을 우페이푸에게 도로 빼앗길지 모른다고 주장했다. 또한 그에게는 후베이성에 대한 야심이 있었다. 리쭝런도 탕성즈 편을 들어 우페이푸부터 격파해야 한다고 주장하자 장제스는 물러설 수밖에 없었다. 장제스는 명목상 북벌군 총사령관이지만 다른 군벌들을 억누르고 자기 뜻대로 일사불란하게 지휘하기에는 역부족이었다. 그는 일기에 탕성즈와 리쭝런을 가리켜 "군벌로서의 본성을 버리지 못하고 있다"고 적으면서 불쾌감을 토로했다.

8월 말부터 시작된 후베이 작전 역시 탕성즈의 몫이었다. 북벌군의 주력이 광둥성에서 쑨촨팡을 견제하는 동안 그는 전선 총사령관으로서 제4군과 제7군, 제8군을 지휘하여 우페이푸군의 잔여 부대를 격파했다. 9월 6일 우한3진 중에서 한양을 점령하고 다음 날에는 한커우를 점령했다. 장제스는 탕성즈가 우한을 점령하지 못하게끔 리지선의 제4군으로 견제하려 했다. 탕성즈는 우한을 독차지할 속셈이었기 때문에 제4군을 장시성으로 보내려 하는 등 두 사람의 갈등이 첨예하게 벌어지면서, 북벌군은 작전에 심각한 혼선을 빚기도 했다.

그러나 승자는 탕성즈였다. 그는 후베이성에서 연전연승을 거두어 명망을 떨친 반면, 장제스는 두 번의 난창 공략에서 참담한 실패를 맛보았기 때문이다. 그의 위신은 실추됐고, 직계부대인 제1군 제1사단은 병력의 절반 이상이 죽거나 다치는 등 많은 손실을 입었다. 전황이 불리해지자 장제스는 우한을 포위하고 있던 제4군과 제7군을 돌려서 장시성으로 투입했다. 탕성즈는 출전을 거부하고 우한에 그대로 남았다. 북벌군이 장시성에서 혈전을 벌이는 동안 그는 별다른 방해를 받지 않은 채 마지막으로 남은 우창을 점령하고 후베이성을 완전히 손에 넣었다. 또한 2만여 정의 소총과 기관총, 대포 등 대량의 무기와 탄약을 노획했다. 원래대로 하자면 북벌군 총사령부에서 접수한 뒤 각 부대에 공평하게 나눠주어야 마땅했지만 탕성즈는 전리품을 독차지했다. 심지어 한양병공창까지 차지하려는 욕심을 드러내자 장제스는 정치부 주임 덩옌다에게 지시하여 한발 앞서 한양병공창을 점령하게 했다. 그리고 경비병을 배치해 철저히 경비하고 총사령부의 허가 없이는 함부로 무기를 반출하지 못하게 차단했다. 두 사람의 갈등은 도저히 우군이라고 여기기 힘들 정도였다.

탕성즈는 한양과 한커우 시장에 자신의 심복을 임명하고 직접 세금을 징수했다. 그는 '양호왕'이나 다름없었다. 우페이푸의 부하였다가 북벌군에게 투항한 국민혁명군 제15군 군장 류쭤룽도 탕성즈의 위세에 눌려 복속을 청했다. 탕성즈는 그를 우창의 수비사령관으로 임명하려 했지만 덩옌다의 강력한 반대에 부딪혀 포기했다. 우페이푸에게 쫓길 때만 해도 1만 명이 채 안 되던 그의 군대는 우한 점령 직후인 1926년 10월 초 5만 명에서 1927년 2월에는 3개 군(제8군·제35군·제36군) 9개 사단 10만 명으로 늘어났다. 국민혁명군 전체의 4분의 1이 넘는 전력이었다. 그는 소련과 공산당에도 접근했다. 이들의 환심을 얻어 장제스의 지위를 차지하려는 속셈이었다. 반면, 장제스의 체면은 땅에 떨어지고 총사령관이라는 지위도 위태로웠다.

탕성즈가 북벌에 보조를 맞추기보다 자기 잇속만 챙기는 모습은 장제스는 물론이고 다른 군장들의 불만으로 이어지면서 북벌군 전체의 결속을 위협했다. 그러나 탕성즈도 할 말은 있었다. 군비와 무기, 군수품 배분에서 심한 차별을 받았기 때문이다. 탕성즈는 국민정부에 귀순할 때 매달 30만 위안의 군비를 지급받기로 약속받았지만 제대로 지켜지지 않았다. 1926년 7월부터 12월까지 반년 동안 국민정부가 지출한 군사비는 2,700만 위안이었다. 그중에서 탕성즈의 몫은 40만 위안 정도에 불과했다. 결국 탕성즈가 알아서 해결하라는 얘기였다.

탕성즈 이외에 리쭝런을 비롯하여 나중에 북벌군으로 편입된 후발 부대들도 마찬가지였다. 사병 한 사람당 지출 비용은 봉급과 식대 등

한 달에 25위안 정도였다. 1만 명이면 25만 위안이다. 무기와 탄약 구입, 병참, 전사자와 부상자에게 지급하는 위로비 등 각종 부대 비용까지 생각한다면 그 몇 배가 필요했다. 1926년 8월부터 12월까지 국민정부 재정부가 총사령부에 지급한 군사비는 통계마다 차이는 있지만 월평균 약 600만 위안이었다. 그중에서 총사령부가 각 군에 배분한 군비는 10~25만 위안이었다. 그 정도로는 최소한의 경비조차 충당하기 어려운 형편이었다. 게다가 군비와 군수품 지급의 우선권은 국민혁명군의 순수 혈통이라 할 수 있는 제1군부터 제6군에 있었다. 특히 장제스의 직계부대인 제1군이 가장 많이 지급받았다. 소련이 제공하는 무기 또한 마찬가지였다. 나머지 부대들은 훨씬 적은 군비를 받거나 아예 받지 못하는 등 스스로 제 살길을 찾아야 했다. 이들이 부당한 차별에 반감을 품은 것은 당연한 결과였다.

과중한 군비 문제는 역설적으로 북벌이 지나치게 순조로운 탓이기도 했다. 북벌 과정에서 많은 소군벌들이 부하들을 거느리고 투항했다. 북벌군은 이들을 쫓아버리는 대신 원래 지위와 지반을 인정하고 우군으로 흡수했다. 이런 식으로 타협하지 않는다면 힘을 모아서 북벌군에게 맞설 것이 뻔했기 때문이다. 북벌군의 세력은 빠르게 늘어났지만 군비 부담은 그만큼 커졌고 지휘 통제도 몹시 어지러웠다. 사방에서 돈을 달라고 아우성이었다. 쑹쯔원도 모든 수완을 발휘해 자금을 융통했지만, 필요한 자금의 절반 정도만 겨우 충당할 수 있었다. 군비는 그날그날 돈이 마련되는 대로 조금씩 나누어 지급했다. 부족한 돈은 각자 알아서 조달해야 했다. 어차피 다 같이 군비가 부족한 현실에서 탕성즈와 리쭝런은 자신의 영토가 있으니, 충분하지는 않더라도 어느 정도는 스스로 마련할 수 있지 않느냐는 것이 장제스의 생각이기도 했다. 물론 이들의 속내를 믿을 수 없다는 불신과 견제하려는 의도 또한 있었을 것이다.

갈등의 책임은 어느 쪽에 있는가. 불공평한 군비 배분으로 불신을 초래한 장제스인가, 이것을 빌미로 독단적으로 행동한 탕성즈인가. 이것은 닭이 먼저인지 달걀이 먼저인지를 따지는 것과 다를 바 없다. 어느 한쪽의 잘잘못을 떠나서 국민혁명군이 안고 있는 태생적인 문제였기 때문이다. 전쟁을 수행하면서 군비와 무기 배분을 놓고 서로 민감해지는 것은 당연하다. 보상에는 인색하면서 희생만 요구한다면 누가 목숨을 걸고 싸울 것인가. 따라서 어느 한 사람이 독차지하게 내버려둘 것이 아니라 처음부터 중앙정부가 모든 재원을 통합적으로 관리하면서 공정한 기준에 따라 공평하게 나눠준다면 아무도 불만을 품지 못할 것이다.

그런데 누가 그렇게 할 것인가. 국민정부에는 그만한 권위를 갖춘 사람이 없었다. 쑨원이 죽은 뒤 국민당은 분열되어 여러 파벌로 나뉜 채 첨예하게 대립하면서 주도권 싸움에 여념이 없었다. 북벌 또한 자기 세력을 확대할 기회로 여겼다. 공산당은 탕성즈를 장제스의 대항마로 여겼다. "비록 예전에 혁명에 참여한 경험은 없지만 지금은 장제스보다 반동적인 면이 없으며, 오히려 장제스보다 낫다." 후난성의 공산당원들 중에는 탕성즈의 잔혹함과 이중성을 지적하면서 여느 군벌들과 다를 바 없다고 비판하는 사람도 많았지만, 중공 지도부는 "장제스보다는 탕성즈가 낫다"며 묵살했다. 공산당이 탕성즈를 지원하는 이유는 그가 좌파라서가 아니라 "적의 적은 우군이다"라는 논리였다. 공산당의 목적은 북벌의 성공이 아니라 북벌군을 분열시켜서 자신들이 국민당을 장악하는 것이기 때문이다. 이것은 서로가 타협점을 찾아서 적당히 봉합할 만한 일이 아니었다. 애초에 섞이려야 섞일수 없는 물과 기름의 관계였다.

국민당의 가장 큰 취약점은 제대로 된 구심점의 부재였다. 쑨원이 국민당의 유일한 구심점이었고 아무도 그를 대신할 수 없었기 때문이다. 쑨원의 그림자가 너무 큰 탓에 그의 존재 자체가 도리어 국민당에 가장 큰 걸림돌이 된 셈이다. 중산함 사건 이후 장제스가 국민정부의 가장 강력한 실력자이긴 했지만 나이와 지위, 경력 어느 면에서도 부족했다. 설립된 지 얼마 안 되는 황푸군관학교만이 그의 유일한 지지 기반이었다. 국민당 안에는 장제스 따위는 한낱 애송이로 취급할 만한 쟁쟁한 원로가 수두룩했다. 북벌군의 여러 군장들만 해도 장제스가 함부로 대할 수 있는 자들이 아니었다. 장제스는 다른 군장들을 통제하고 북벌군의 결속력을 유지하기 위해 고심했다. 그러나 국민당의 복잡한 정세 속에서 결코 쉬운 일이 아니었다.

20여 년 뒤 국공내전에서 마오쩌둥이 이끄는 공산군은 수백만 명에 달했지만 파벌 대립은 거의 찾아볼 수 없었고, 지도자의 영도 아래 일사불란하게 움직였다. 마오쩌둥의 권위가 절대적이었기 때문이다. 그는 대장정과 중일전쟁 내내 치열한 권력투쟁을 벌였고 장궈타오·왕밍·보구 등 자신의 강력한 경쟁자들을 모조리 쫓아내거나 숙청했다. 그가 1인 지배 체제를 구축하는 데는 10여 년이라는 시간이 걸렸다. 그 과정에서 희생당한 사람은 수천 명이 넘었다. 국공내전이 벌어졌을 때 그의 권좌를 위협할 만한 세력은 남지 않았다. 덕분에 모든 역량을 장제스 타도에 집중할 수 있었다. 반면에 장제스는 내부를 평정하지 못한 채로 북벌에 나섰다. 북벌 과정에서 많은 군벌을 흡수해 자기 세력을 불렸지만 다른 경쟁자들도 마찬가지였다. 결국 또 다른 내전으로 이들을 격파할 수밖에 없었다.

\강적 탕성즈

북벌군은 쑨촨팡을 난징으로 밀어내는 데 성공했지만 난창에서의 패배는 장제스의 권위에 큰 타격을 입혔다. 반대로 탕성즈는 우한3진을 순조롭게 점령하여 기염을 토했다. 장제스는 저무는 달이요, 탕성즈는 떠오르는 태양이었다. 탕성즈는 공공연히 장제스를 비판하면서 "만약 내가 지휘했더라면 난창이 아니라 난징도 점령했을 것이다"라며 비웃었다. 게다가 중산함 사건으로 장제스와 공산당의 관계는 이미 돌아올 수 없는 강을 건넜다. 반면, 뒤늦게 합류해서 국민당 안에 별다른 정치적 기반이 없는 탕성즈는 공산당에 접근했다. 공산당과 손잡아 장제스를 총사령관에서 끌어내리고 자기가 그 자리에 앉겠다는 속셈이었다. 우한을 방문한 보로딘이 탕성즈에게 "누가 쑨 선생의 유지를 받들어 중국에서 가장 위대한 인물이 되고자 합니까?"라고 묻자 탕성즈는 "제가 그렇게 하겠습니다"라고 대답했다.

탕성즈는 후난성과 후베이성의 군정대권을 장악하고 휘하의 제8군을 확충하면서 세력을 빠르게 불렸다. 1926년 말에 이르면 북벌군의 여러 군단 중에서도 가장 강력한 실력자가 되었다. 공산당 지도부가 탕성즈를 장제스의 대항마로 여기고 우군으로 삼으려 하자 장제스의 군사고문 블류헤르가 제동을 걸었다. 그는 공산당 간부 중 한 사람인 장궈타오에게 편지를 보냈다.

탕성즈가 공산당과 국민당 좌파에 접근하는 것은 자기 지위를 확보하기 위한 교활한 속셈에서 나온 것이다. 그는 분명 필요한 존재이지만, 총사령부의 통제 아래 있어야 한다. 군대의 지휘와 병참의 통일을 위해서는 그의 권한을 제한해야 한다.

블류헤르는 군인의 관점에서 바라보았지만 정치의 관점에서 바라본 공산당은 그가 장제스를 옹호한다고 성토했다. 또한 권력을 독점하려는 쪽은 탕성즈가 아니라 장제스라면서, 그가 권력을 독점하려는 것을 더는 방치해서는 안 된다고 주장했다. 이 때문에 천두슈와 블류헤르 사이에 격렬한 논쟁이 벌어지기까지 했다. 공산당은 블류헤르의 충고를 묵살하고 후난성, 후베이성을 탕성즈의 세력권으로 인정함으로써 장제스의 권위에 타격을 주었다.

공산당의 속셈은 장제스와 탕성즈 두 사람의 균형을 맞추는 것이지 아예 그로 하여금 장제스를 대체하려는 것은 아니었다. 탕성즈도 장제스만큼이나 믿을 수 없는 존재였기 때문이다. 그는 좌파적이거나 공산주의에 대한 이해가 있는 인물이 아니었다. 공산당에 우호적인 이유도 자기 이익을 위한 방편에 지나지 않았다. 실제로 공산당 지도부 내에서는 "만약 장제스가 없어지면 탕성즈는 장제스 이상으로 심하게 우경화할 것이다"라고 우려하기도 했다. 그러나 어설픈 '이호경식二虎競食'* 계책은 북벌군 전체의 결속력에 금이 가게 했을 뿐 아니라, 장제스의 반발을 샀다. 공산당에게는 장제스와 탕성즈를 통제할 역량이 없었다. 섣부른 술책은 나중에 북벌군의 분열과 국공합작의 붕괴로 이어지면서 제 발등을 찍는 꼴이 되었다.

탕성즈의 강력한 도전으로 장제스는 궁지에 몰렸다. 1926년 9월, 장제스는 정세를 반전시킬 두 가지 카드를 들고 나왔다.

첫 번째 카드는 왕징웨이의 복직 운동이었다. 왕징웨이는 반년 전

---

* 두 호랑이를 한 우리에 집어넣어 먹이를 놓고 서로 싸우게 만든다는 뜻으로, 『삼국지』에서 순욱이 조조에게 이호경식의 계책을 건의하여 유비와 여포를 서로 싸우게 만들었다는 고사에서 나왔다.

중산함 사건으로 광저우를 떠난 뒤 프랑스에 망명 중이었다. 물론 장제스는 그를 우군으로 여길 수 없었다. 그동안 두 사람 사이에 깊게 파인 감정의 골이 만만치 않았기 때문이다. 장제스도 처음에는 왕징웨이의 복귀에 회의적이었다. 그러나 북벌군의 반목이 갈수록 깊어지자 생각을 바꾸었다. 장제스는 국민당 제일의 원로이자 명망 있는 왕징웨이를 앞세워 국민당의 혼란을 수습한다면 공산당의 독주를 어느 정도 견제할 것이고, 북벌군이 둘로 분열되어 서로에게 총부리를 겨누는 상황만큼은 피할 수 있으리라 기대했다.

왕징웨이의 복귀를 바라는 사람은 장제스만이 아니었다. 국민당 내의 다른 지도자들과 공산당, 탕성즈도 마찬가지였다. 이들의 속셈은 왕징웨이로 장제스를 견제하는 것이었다. 왕징웨이 또한 권력욕이 강한 인물이었고 언제까지 해외에서 떠돌 생각은 없었다. 그는 장제스에게 편지를 보내 파벌들의 반목을 완화하기 위해 정치는 자기가 맡고 군사는 장제스가 맡아서 정치와 군사를 각각 분리하자고 제안했다. 장제스도 찬성했다. 결국 왕징웨이는 복귀에 성공했다. 하지만 기대만큼 화려한 귀환은 아니었다. 주변 정세가 복잡하여 그의 귀국이 계속 늦춰지면서 때를 놓쳤기 때문이다. 그사이 장제스와 공산당의 갈등은 깊어질 대로 깊어졌다. 그때에는 국민당 최고 원로인 왕징웨이도 국민당의 분열을 막기에는 역부족이었다.

두 번째 카드는 천도운동이었다. 그동안 국민정부의 수도는 광저우였다. 그러나 북벌군이 우한을 점령하고 북벌의 축이 북쪽으로 이동한 이상 장제스는 혁명의 근거지를 광저우에서 우한으로 옮겨야 한다고 주장했다. 그렇지만 진짜 속셈은 국민당을 광저우에서 떼어놓는 것이었다. 국공합작 이후 광저우에서는 공산당의 지도 아래 노동자와 농민 조합의 활동이 활발했다. 장제스는 광저우가 '좌경화'했다면서,

북벌군이 점령한 지 얼마 안 되는 우한으로 옮기면 공산당의 영향력이 그만큼 약해지리라 기대했다. 또한 우한은 탕성즈의 세력권이므로 공산당과 탕성즈가 우한의 지배권을 놓고 서로 미묘한 경쟁 관계가 될 수도 있었다.

속이 빤히 보이는 제안에 국민당 좌파와 공산당이 동의할 리 없었다. 우한 천도는 일단 흐지부지되었다. 그 후로도 장제스는 계속 천도 문제를 제기하여 반대파를 압박했다. 그런데 1926년 11월 말에 갑자기 국민당 좌파와 공산당의 태도가 바뀌어 천도를 찬성했다. 그동안 후베이성에서 자신들의 지위가 꽤 공고해지면서 수도를 우한으로 옮겨도 그다지 손해가 아니라고 계산했기 때문이다. 1926년 11월 26일, 국민정부는 우한 천도를 정식으로 결의했다. 또한 우한 천도와 함께 정부를 개편하여 주석 제도를 폐지하기로 결정했다. 국민정부 주석을 맡고 있던 장제스의 권위를 약화하려는 포석이었다. 아무런 사전 논의도 없었기 때문에 장제스는 크게 반발했다.

1926년 12월 10일, 보로딘과 쑨원의 부인 쑹칭링을 비롯해 국민정부 간부들이 우한에 도착했다. 그리고 본격적인 천도 작업에 들어가면서 새로운 최고 의결기관으로 우한연석회의武漢連席會議를 조직했다. 주요 구성원은 쑨커·쑹쯔원·덩옌다·쑹칭링·탕성즈·천유런陳友仁 외에 공산당원인 둥비우·우위장吳玉章 등 대부분 공산당원과 국민당 좌파, 반장제스 쪽 인사였다. 재정부장으로 군비 조달을 총괄하던 쑹쯔원은 얼마 뒤 장제스의 처남이 되어 그의 정권을 든든하게 뒷받침하지만, 이때만 해도 두 사람의 관계는 경쟁자에 가까웠다. 쑹쯔원은 장제스의 군비 요청을 여러 번 묵살하여 그를 화나게 만들기도 했다. 장제스는 반대 세력을 약화할 속셈으로 우한 천도를 주장했지만 오히려 이들을 결집시킨 셈이었다.

장제스는 반격의 카드로 이번에는 우한이 아니라 난창으로 옮길 것을 주장했다. 북벌의 상황이 빠르게 변하고 있고, 쑨촨팡을 격파하여 상하이와 난징 함락도 눈앞에 둔 이상 군이 우한으로 옮길 이유가 없다는 것이었다. 그가 갑자기 말을 번복한 이유는 막연히 우한보다 난창이 자신에게 더 유리하리라 판단해서가 아니었다. 중산함 사건 이후 한풀 꺾였던 공산당 세력이 그 후로 다시 커지면서 국민정부를 거의 잠식했기 때문이다. 상황은 중산함 사건 이전으로 돌아간 꼴이나 다름없었다. 공산당은 장제스를 독재자라고 비난하고 쫓아낼 준비를 하고 있었다. 중산함 사건 때는 아무런 무력 지반이 없어서 장제스에게 굴복했지만, 이번에는 그들 뒤에 탕성즈라는 강력한 군벌이 서 있었다. 그러므로 이제 와서 우한으로 천도해봐야 장제스에게 좋을 것은 하나도 없었다. 그렇다고 어영부영하다가는 파멸은 시간문제였다.

장제스는 국민정부 간부들이 우한으로 가는 도중 난창을 잠시 방문하자 이들을 설득하여 난창에 그대로 머무르게 했다. 1927년 1월 1일, 장제스 주최로 북벌군의 주요 지휘관들이 한자리에 모였다. 그는 북벌군의 군제를 개혁하여 군장 제도를 없애고 전략 단위를 군에서 사단 중심으로 재편할 것과 군사부를 설치하여 지휘계통을 일원화하자고 제안했다. 또한 국민정부를 잠시 난창에 두되 어디로 천도할지는 두 달 뒤에 국민당 전당대회를 열어서 결정하자고 주장했다.

1월 11일, 장제스는 우한을 방문했다. 난징 공격을 앞두고 분열을 막기 위한 마지막 화해 제스처였다. 그러나 더욱 깊어진 감정의 골만 확인했을 뿐이다. 장제스를 환영한답시고 모인 행사에서 보로딘은 "일부 혁명군이 노동자와 농민들을 압박하며 공산당을 반대하고 있소. 우리는 그를 타도할 수밖에 없을 것이오"라고 말했다. 장제스의 면전에 대고 침을 뱉은 꼴이었다. 또한 장제스와 보로딘은 군비 문제를 놓고 서로 격한 감정을 드러냈다. 중산함 사건 때만 해도 그런대로 원만했던 두 사람의 관계는 끝난 것이나 다름없었다.

장제스는 분노를 참으며 1월 17일 난창으로 돌아오자마자 소련 코민테른에 전보를 보내 보로딘을 소환해달라고 요구했지만 묵살당했다. 양쪽의 관계는 돌이킬 수 없을 만큼 나빠졌다. 연일 서로를 향해 '반혁명'이라면서 원색적인 비난을 퍼부었다. 우한 정부는 장제스가 당권과 군권을 혼자 장악하려는 야심을 품었다고 주장했다. 반대로 장제스는 독재를 하는 쪽은 자신이 아니라 공산당과 손잡고 국민당을 장악하려는 좌파라고 반박했다. 더 이상 타협점은 없었다.

국민정부는 좌파가 장악한 우한과 장제스의 난창으로 갈라졌다. 난창에는 반공을 부르짖는 사람들이, 우한에는 공산당과 반장제스 진영이 모여들었다. 지난 1년 동안 팽팽한 신경전을 벌였던 장제스와 공산당이 드디어 서로를 향해 칼을 뽑을 참이었다. 그러나 상황은 장제스에게 유리하지 않았다. 북벌군의 주요 군장들은 대부분 중립을 지키거나 우한 정부를 정통 정권으로 보았다. 장제스 편에 선 사람은 제7군장 리쭝런 정도였다. 우한 최대의 실력자 탕성즈는 실력이나 지반, 경력 등 어느 면에서도 장제스를 능가했다. 이 야심만만한 사나이는 자신이야말로 새로운 중국의 지도자가 되기에 적합하다고 굳게 믿고 있었다. 소련이 그를 선택한다면 장제스는 파멸할 판이었다.

34
장제스의 반란

장제스는 규율에 복종하고 있다. 그가 왜 쿠데타를 일으키겠는가.
비록 지쳐서 비틀거리는 당나귀라도 그게 유용한 동안에는 여전히
필요하다. 우파가 필요 없어질 때 우리는 비로소 그들을 내쳐야 한
다. 레몬에서 즙을 짜듯 그들을 끝까지 이용한 뒤에 버릴 것이다.

_ 1927년 4월 5일 모스크바 공산당대회 스탈린의 연설 중에서

＼난징 공방전

장쭤린의 환심을 사고 전폭적인 지지를 약속받는 데 성공한 쑨촨팡은
의기양양하게 난징으로 돌아왔다. 그는 사방에서 병사를 모으고 잔여
병력을 긁어모아 14개 사단 4개 혼성여단 8만 명을 편성했다. 난징에
는 제3사단장 저우펑치周鳳岐의 지휘 아래 5개 사단이, 상하이에는 제
9사단장 리바오장李宝章의 지휘 아래 6개 사단이 배치되었다. 또한 천
이렁陳儀仍의 제1사단과 루샹팅의 제2사단을 각각 쉬저우와 양저우揚

州에 배치하여 후방을 대비했다. 수중에 남은 군사력을 총동원한 셈이지만 사단 수만 많을 뿐 정식 편제에 한참 미치지 못하는 데다 여기저기에서 억지로 긁어모은 신병과 패잔병이었다. 병사와 무기도 부족했고, 연전연패로 사기가 완전히 땅에 떨어져 전의라고는 찾아볼 수 없었다.

1926년 12월 11일, 난징 수비를 책임진 저우펑치가 반란을 일으켰다. 그는 군대를 거느리고 전열을 이탈한 뒤 서쪽으로 가서 북벌군에 투항했다. 쑨촨팡이 부하들과 의논하지도 않고 즈리파의 숙적인 장쭤린과 손을 잡자 반발했기 때문이다. 저우펑치의 제3사단은 국민혁명군 제26군(저장군 제1사단, 제2사단, 포병여단)으로 개편되었다. 22일에는 저장성장 겸 저장군 제1사단장 천이이陳儀亦가 반란을 일으켜 쑨촨팡의 직계부대인 제8사단을 공격하는 등 자중지란이 벌어졌다. 쑨촨팡에게는 다행스럽게도 그를 돕기 위해 북쪽에서 장쭝창이 이끄는 산둥군이 남하를 시작했다.

선봉대는 장쭝창이 자랑하는 난폭하고 거칠기로 악명 높은 러시아인 용병 부대였다. 중무장한 장갑열차들이 병사들과 군수품을 잔뜩 싣고 요란한 경적 소리와 함께 쉬저우역에 도착했다. 북벌군 따위는 단숨에 무찌를 기세였다. 이들이 온 힘을 모아서 반격에 나섰더라면 내분에 빠져 있던 북벌군을 크게 격파하거나 적어도 중국을 양분하는 데 성공했으리라. 그러나 장쭤린의 진짜 속셈은 따로 있었다. 교활한 그는 북양군벌들을 결속하여 북벌군과 싸우는 데 힘을 기울이는 대신, 우페이푸의 뒤통수를 쳐서 허난성을 공격했다. 장쉐량이 지휘하는 펑톈군 주력이 북쪽에서, 장쭝창의 산둥군이 동쪽에서 우페이푸를 협공했다. 북벌군과 펑위샹의 국민연군을 상대하던 우페이푸는 변변히 싸우지도 못하고 단숨에 무너졌다. 장쭤린 스스로 한 팔을 자른 셈이었다.

1927년 1월 1일, 장제스는 난창에서 군사회의를 열었다. 우한과 난창에서 승리함으로써 북벌의 제1단계가 끝났다고 보고 제2단계 작전을 하달했다. 목표는 쑨촨팡의 심장부인 난징이었다. 장제스는 단숨에 창장 이남을 석권한 다음 여세를 몰아서 북상하여 장쭤린을 격파하고 중국을 통일할 생각이었다. 그런데 보로딘과 블류헤르 등 소련 고문단과 공산당이 제동을 걸었다. 다른 지역과 달리 난징과 상하이는 열강의 이해관계가 복잡하게 얽혀 있었기에 소련 적백내전 때처럼 열강의 무력간섭을 초래할 수 있다는 이유에서였다. 심지어 상하이와 난징 주변을 '중립지대'로 설정하자는 주장까지 나왔다.

그러나 이들의 반발도 장제스의 의지를 꺾지는 못했다. 그는 난징 공략을 위하여 모든 병력을 셋으로 나누고 세 방향으로 진격할 것을 명령했다.

동로군은 푸젠성에서 북상하여 저장성을 친 다음 항저우와 상하이로 진격하라. 중로군은 주장에서 창장을 따라 동진하여 안후이성을 공략하고 난징으로 진격하라. 서로군은 우한에서 북상하여 허난성으로 진격하라.

주페이더의 제3군과 리푸린의 제5군은 전략 예비대로 각각 난창과 광저우에 주둔하여 북벌군의 후방을 맡았다. 편제는 다음과 같다.

동로군: 총사령관 바이충시, 제1군·제14군·제17군·제19군·제26군
중로군: 총사령관 장제스, 제2군·제6군·제7군

서로군: 총사령관 탕성즈, 제4군·제8군·제11군
예비대: 제3군·제5군

바이충시와 허잉친이 지휘하는 동로군은 병력을 둘로 나누어 서쪽과 남쪽에서 저장성을 침공했다. 동로군의 선봉은 새로 투항한 저우펑치의 제26군이었다. 허잉친의 제1군도 해안선을 따라 북상하면서 원저우溫州와 타이저우台州를 차례로 점령했다. 1월 27일, 저장성 서남부의 룽유龍游에서 제1군이 제26군과 협격하여 치열한 격전 끝에 쑨촨팡의 주력부대인 저장군을 포위 섬멸했다. 2월 1일에는 란시蘭溪와 진화金華를 점령하고 항저우 남쪽 푸양富陽에서 쑨촨팡군을 또 한 번 크게 무찔렀다. 2월 18일에는 저장성의 성도 항저우가 북벌군 손에 넘어갔다. 21일에는 닝보寧波에 입성하면서 저장성 전역을 석권했다. 상하이도 눈앞이었다.

장제스가 직접 지휘하는 중로군은 제6군장 청첸과 제7군장 리쭝런이 전선 총사령관을 맡았다. 이들은 장시성 주장을 출발한 뒤 창장을 따라 동진하여 안후이성을 침공했다. 그러나 상당한 격전이 벌어진 저장성과 달리 안후이성에서는 변변한 전투 한 번 없었다. 현지 수비대가 전의를 상실한 채 싸우지도 않고 줄줄이 백기를 들었기 때문이다. 3월 4일에는 안후이성 총사령관이자 제6사단장 천탸오위안이 쑨촨팡을 배반하여 북벌군에 투항했다. 또한 제3혼성여단장 왕진王晉이 안칭에서 반란을 일으켰다. 이들은 국민혁명군 제37군장과 제27군장에 임명되었다. 성도 허페이의 수비를 맡은 환북 진수사皖北鎭守使 마샹빈馬祥斌마저 투항하면서 안후이성은 북벌군의 손에 들어갔다.

북벌군의 진격 속도는 전광석화 같았다. 저장성과 안후이성을 속전

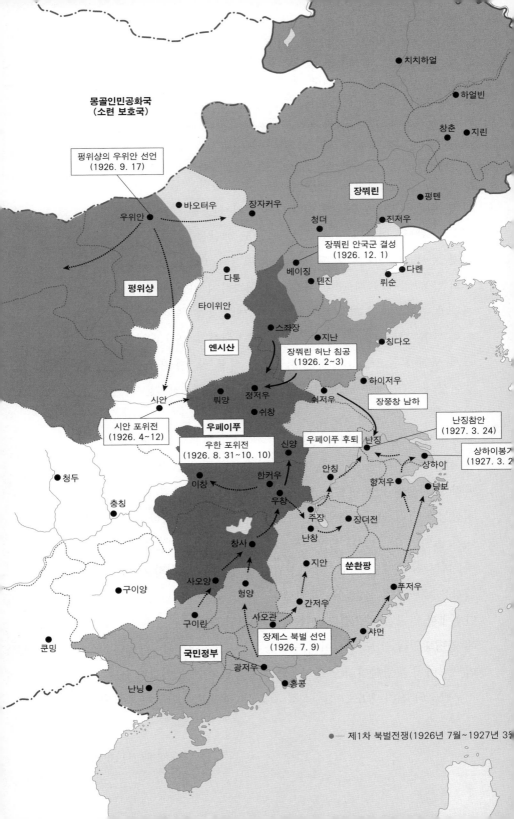

몽골인민공화국
(소련 보호국)

평위상의 우위안 선언
(1926. 9. 17)

장쮀린

● 치치하얼

● 하얼빈

● 창춘 ● 지린

● 펑톈

● 우위안 ● 바오터우 장자커우

청더 ● 진저우

장쮀린 안국군 결성
(1926. 12. 1)

● 다롄

평위상

다퉁

● 베이징 ● 톈진 뤼순

타이위안

엔시산

스좌장 ● 지난

● 칭다오

장쮀린 허난 침공
(1926. 2~3)

● 하이저우

시안 뤄양 정저우 ● 쉬저우

장쭝창 남하

시안 포위전
(1926. 4~12)

우페이푸

쉬창

우한 포위전
(1926. 8. 31~10. 10)

신양

우페이푸 후퇴

난징

난징참안
(1927. 3. 24)

상하이봉기
(1927. 3. 2)

● 청두

한커우

안칭

● 상하이

이창

우창

항저우 ● 닝보

충칭

● 주장

장더전

창사 난창

쑨촨팡

● 지안

사오양 헝양

● 구이양

간저우

사오관

● 푸저우

구이란

장제스 북벌 선언
(1926. 7. 9)

● 샤먼

국민정부

● 쿤밍

광저우

● 난닝

● 홍콩

● 제1차 북벌전쟁(1926년 7월~1927년 3월)

속결로 휩쓴 다음 난징과 상하이로 육박하자 느긋했던 장쭤린도 더는 지켜볼 수 없었다. 쉬저우에 있던 장쭝창이 부랴부랴 직접 대군을 이끌고 왔다. 2월 23일, 장쭝창의 산둥군과 쑨촨팡의 5성 연합군 사이에 동맹이 체결되면서 즈리-산둥 연합군이 다시 결성되었다. 허난성의 작전을 맡고 있던 장쉐량도 남쪽의 상황이 급박하자 병력을 돌려서 쑨촨팡·장쭝창을 지원하러 나섰다. 그러나 펑톈군의 때늦은 가세는 북벌군을 저지하기에 역부족이었다.

3월 6일, 청첸은 우후蕪湖를 점령했다. 난징에서 겨우 80킬로미터 떨어진 곳이었다. 북벌군은 세 방향에서 난징과 상하이를 점점 압축 포위했다. 북벌군이 상하이 가까이에 오자 열강도 만약의 사태를 대비하여 병력을 증파했다. 미 해병대와 일본 육전대, 영국 경보병연대가 속속 상륙하면서 상하이의 조계에 집결한 열강 군대는 3만 명에 달했다. 상하이 앞바다에는 60여 척이나 되는 군함이 닻을 내린 채 경계를 늦추지 않았다.

3월 7일, 중국 해군사에 특기할 일이 일어났다. 상하이 앞바다에 있던 동북 해군 산하의 수상기 모함 전하이에서 수상기 한 대가 발진했다. 수상기는 상하이 교외로 날아가 북벌군의 머리 위에 폭탄을 떨어뜨렸다. 피해는 크지 않았지만 중국 최초로 군함에서 발진한 항공기가 육상 폭격을 실시한 사례였다.

3월 15일, 창장 남안을 따라 동진 중이던 청첸의 제6군이 일제히 창장 이북으로 도강했다. 제6군은 즈리-산둥 연합군의 방어선을 단숨에 돌파했다. 남쪽에서는 동로군이 창저우를 점령하여 상하이와 난징의 연결을 끊었다. 3월 19일에는 북벌군이 우쑹吳淞을, 21일에는 쑤저우를 점령했다. 상하이는 고립되었다. 궁지에 몰린 즈리-산둥 연합군의 저항 또한 만만치 않았다. 장쭝창은 4개 혼성여단과 1개 러시아인 연대로 반격했지만 격파되어 패주했다. 또한 상하이 위수사령관인 제9사단장 리바오장이 반란을 일으켜 북벌군에 가세하면서 방어선의 한 축이 무너졌다.

상하이 함락은 초읽기에 들어갔지만 공산당은 상하이를 장제스에게 넘길 생각이 없었다. 상하이가 장제스의 수중에 넘어간다면 가뜩이나 국민정부가 우한과 난창으로 양분된 상황에서 그의 위세가 한층 높아지고 우한 측이 불리해질 것이 뻔했기 때문이다. 북벌군이 예상 밖의 선전을 펼치면서 상하이와 난징으로 육박하자 공산당 지도자 천두슈는 급히 상하이봉기를 지시했다. 중국 최대의 도시 상하이에는 약 100만 명의 노동자가 있었다. 그중 70퍼센트 이상이 노조에 소속되어 있었다. 그 중심에는 중국공산당의 후원을 받는 상하이 총공회가 있었다. 상하이는 '5·30운동' 이래 반군벌 민족주의 분위기가 한창 고조되었기 때문에 공산당은 분위기에 편승하여 상하이를 장악할 생각이었다.

봉기의 총책임은 저우언라이가 맡았다. 당시 29세. 나이도 젊고 경험도 부족했지만 문무를 겸비한 그는 뛰어난 지도력과 추진력, 탁월한 인망으로 장래가 촉망되는 지도자였다. 3월 초에 소수의 공작대를 이끌고 상하이의 지하로 잠입하는 데 성공한 그는 무기를 몰래 반입하여 노동자들에게 나눠주고 군사훈련을 실시하는 한편, 치밀한 봉기계획을 세웠다. 3월 19일, '중공 상하이구 위원회 행동 대강'이 하달되었다. 작전 계획은 다음과 같았다.

총파업과 함께 무장봉기를 일으켜 경찰국을 비롯한 주요 공공기관을 신속히 장악하고 즈리-산둥 연합군의 패잔병들을 무장해제한다. 상하이 소비에트 정부를 수립하고 노동자 규찰대가 치안을 맡으며 북벌군을 맞아들인다.

3월 21일 새벽, 드디어 행동에 나섰다. 자베이와 훙커우, 푸둥 등 상하이 주요 지역에서 노동자들이 일제히 봉기했다. 봉기에 참여한 노동자 수는 30만 명에 달했다. 공공기관이 습격당하고 시내를 순찰 중이던 즈리-산둥 연합군 병사들이 사격을 받았다. 노동자들은 무기를 들고 이들을 무장해제하는 한편 시가지의 주요 거점을 신속히 장악했다. 그 와중에 300여 명이 죽고 1,000여 명의 부상자가 나왔다. 다음날 상하이 소비에트 임시정부가 수립되었다.

이 때문에 상하이 교외에서 한창 북벌군과 싸우던 즈리-산둥 연합군 제8군은 퇴로가 막혀버렸다. 상황이 급박해지자 군장 비쑤청畢庶澄은 비겁하게도 부하들을 버린 채 일본 상선을 타고 혼자 산둥성으로 달아났다. 크게 노한 장쭝창은 그를 붙잡아 총살했다. 나머지 부하들은 백기를 들고 투항했다. 쉐웨가 지휘하는 북벌군 제1군 제1사단이 상하이 시내로 당당하게 입성했다. 인구 300만 명, 중국 제일의 국제도시는 북벌군의 수중에 넘어갔다.

이튿날인 3월 22일에는 남쪽에서 북상 중이던 동로군이 난징 동쪽의 전장鎭江을 점령했다. 서쪽에서는 청첸이 쉬안청宣城을 점령하고 동진했다. 난징은 세 방향에서 포위되었다. 쑨촨팡과 장쭝창은 머리를 맞대고 의논했다. 이들도 더는 난징을 지킬 수 없다는 것을 인정해야 했다. 이제는 잔여 병력을 최대한 창장 이북으로 철수하는 것이 관건이었다. 창장을 천연의 방어선으로 삼아 북벌군의 북상을 저지할 생각이었다. 언젠가 난징을 되찾을 기회가 오리라. 쑨촨팡은 후일을 기약하며 난징을 떠났다. 3월 23일, 난징은 함락되었다.

●— 상하이를 점령한 노동자 군대. 공산당은 상하이 해방을 "민중혁명의 쾌거"라며 저우언라이의 치밀한 사전 준비와 지도력을 강조하지만, 실제로 상하이를 점령하는 데 결정적인 역할을 한 쪽은 노동자들이 아니라 북벌군이었다. 북벌군이 아니었다면 엉성한 조직과 빈약한 무기를 쥔 노동자들은 여지없이 제압당했을 것이다.

＼해군의 귀순

파죽지세로 진격하는 북벌군의 위세와 점점 기울어가는 북양군벌의 쇠락 속에서 해군 총사령관 양수좡은 고심했다. 어느 편에 붙는 쪽이 해군의 미래와 부하들을 위하는 일인가. 그동안 해군은 군벌들의 사설 함대나 광저우의 국민정부로 넘어간 몇몇 군함 말고는 대부분 중립을 지키면서 중국의 복잡한 정세에서 한 발짝 떨어져 있었다. 육군이 국가가 아닌 군벌에 충성하고 용병으로 싸운 것과 달리 이들은 베이징 정부를 중화민국의 정통 정권으로 인정했다. 베이징 정부의 주인이 누구이건 상관없었다.

　우페이푸가 패하고 대총통 차오쿤이 쫓겨난 뒤의 베이징은 무정부

상태나 다름없었다. 주인을 잃은 꼴이 된 해군도 분열되면서 최강의
전력을 자랑하던 칭다오의 발해함대는 장쭤린에게 넘어갔다. 일부 수
병들이 반란을 일으켰지만 장쭝창에게 진압되고, 1925년 7월 19일
친황다오로 가서 동북 해군에 편입되었다. 상하이와 난징에는 해군부
산하의 제1함대와 제2함대, 연습함대 등 40여 척의 대소 군함이 체류
하고 있었다. 그러나 군비 부족 때문에 전력 증강은 고사하고 낡은 군
함들은 수리조차 못한 채 항구에서 썩어갔으며, 수병들은 몇 달째 봉
급도 제대로 받지 못했다.

북벌군이 난징과 상하이로 육박해오자 2월 27일 쑨촨팡은 양수좡
에게 모든 해군을 상하이에 모아서 북벌군과 싸우라고 명령했다. 양
수좡은 출동 지시를 내렸다. 북쪽에서는 장쭤린의 발해함대가 친황다
오를 출발하여 상하이로 남하하고 있었다. 양수좡은 이전에 우창봉기
가 일어나자 어뢰정 후잉을 이끌고 해군 중에서는 가장 먼저 혁명군
에 가담하여 청군에게 함포를 겨누었던 인물이다. 그는 사리사욕에
눈먼 장쭤린이나 쑨촨팡을 위해서 싸울 생각이 없었다. 군벌에게 미
래가 없다고 여긴 그는 장시성 주장에서 북벌군의 작전을 총지휘하던
장제스에게 은밀히 사람을 보내 귀순 의사를 밝혔다. 장제스는 두 손
을 들어 크게 환영했다. 두 사람의 의기투합은 성사되었고, 3월 14일
중국 해군은 국민혁명군에 정식으로 가입을 선언했다. 발해함대를 제
외한 모든 해군 함대가 북벌군에 편입되었다.

3월 22일, 천사오콴陳紹寬이 제2함대를 이끌고 출격하여 북벌군과
함께 상하이의 우쑹 포대를 제압했다. 또한 상하이와 난징을 버리고
퇴각하는 즈리-산둥 연합군의 철수 행렬에 맹렬한 포격을 퍼부어 막
대한 피해를 입히는 한편 창장에서 철수작전을 수행 중이던 적군의
선박을 나포하거나 마구 격침했다. 퇴로를 차단당한 즈리-산둥 연합

군 3만 명은 전의를 잃고 북벌군에 투항했다. 3월 23일, 북벌군의 총공세가 시작되었다. 바다에서는 북벌군에 가담한 해군 함대가 난징성을 향해 쉴 새 없이 함포사격을 퍼부었다. 육지에서는 포병의 엄호 아래 북벌군 병사들이 난징의 두터운 성벽 아래로 새까맣게 몰려왔다. 진작에 전의를 상실한 수비대는 무기를 버리고 속속 투항했다. 이날 저녁 난징성에는 청천백일기가 나부꼈다.

27일 새벽에는 동북 해군의 방호순양함 하이치, 수상기 모함 전하이가 상하이를 빠져나가려다가 하이처우와 잉루이 두 척의 방호순양함과 부딪치면서 짧은 해전이 벌어졌다. 얼마 전까지 한솥밥을 먹던 처지였지만 이제는 적이었다. 쌍방은 서로 포문을 열고 몇 시간 동안 치열한 함포전을 벌였다. 양쪽 모두 많은 사상자를 내고 손상을 입었지만 치명타를 가하지는 못한 채 물러났다. 군벌 내전 시기에 해군끼리 직접 포문을 겨누는 일은 거의 없었다는 점에서, 군함들이 해상에서 포탄을 주고받은 희귀한 사례였다.

＼반란을 결심하다

북벌군이 난징과 상하이로 육박하고 있던 3월 10일부터 17일까지 우한에서 국민당 제2차 3중 전국대회가 개최되었다. 일주일에 걸친 회의는 장제스에 대한 성토장이었다. 중립파 탄옌카이는 국민정부의 분열을 막을 요량으로 회의를 연기하자고 주장했다. 그러나 장제스를 향한 격렬한 증오심을 숨기지 않았던 공산당은 묵살한 채 회의를 강행했다. 그리고 다음과 같이 의결했다.

1. 최고 의결기관으로서 중앙집행위원회를 조직하고, 하부에 정치위원회와 군사위원회를 둔다.

2. 군사위원회의 위원 중 일부는 군인이 아닌 중앙집행위원회 위원 중에서 선출하며, 군인이 아닌 위원 3명 이상이 참석해야 회의가 성립할 수 있다.

3. 군장 이상의 지휘관은 중앙집행위원회의 의결을 거쳐 임명한다.

4. 총정치부는 중앙집행위원회의 명령에 따른다.

군을 당에 복속시켜 장제스의 지위와 권한을 낮추고 당의 명령에 절대 복종하기를 요구하는 것이었다. 한마디로 장제스에게 백기를 들거나 아니면 군권을 내놓고 물러나라는 소리였다. 장제스의 두 번째 부인이며 얼마 뒤 쑹메이링에게 그 자리를 빼앗기는 천제루陳潔如는 회고록에 "장제스는 미친 사람처럼 울부짖으며 보로딘을 저주했다"고 기록했다. 심지어 그녀는 장제스가 자살할까 두려워서 그의 권총을 몰래 숨겨야 했다. 공교롭게도 국공의 첫 번째 대결인 중산함 사건이 일어난 지 꼭 1년 만이었다. 장제스는 보수적인 인물이고 마르크스주의자와는 거리가 멀었지만, 그렇다고 골수 반공은 아니었다. 오히려 중도 좌파에 속했다. 왕징웨이 편에 서서 후한민의 우파를 견제하고 자신의 장남인 장징궈를 모스크바로 유학 보냈을 정도로 국공합작에도 열성적이었다. 그러나 결국에는 공산당과 철천지원수가 되었다.

반목의 책임은 어느 쪽에 있는가. 공산당은 용공 좌파에서 반공 우파로 넘어가는 장제스의 변신을 '기회주의'라면서 그를 '혁명의 배반자'라고 규정한다. 그러나 이런 주장은 국공의 근본적인 모순과 전후 과정을 쏙 빼놓은 채 모든 책임을 그에게 떠넘기는 것에 지나지 않는다. 여기에는 장제스가 부당하게 권력을 탈취했다는 전제가 깔려 있다. 또한 장제스를 타도하고 권력을 되찾은 마오쩌둥의 투쟁에 정통성을 부여하기 위해서다.

●— 국민당 제2차 3중 전국대회. 공산당과 국민당 좌파가 주도권을 장악하면서 장제스와의 갈등에
다시 불이 붙었다. 둘째 줄 오른쪽에서 세 번째가 마오쩌둥이다. 이 대회로 양쪽의 대립이 더욱 격화
하여 결국 국공 분열로 이어졌다.

　그러나 쑨원이 처음에 연소용공을 택했을 때 그는 요페에게 "소련
식 혁명이 아닌 중국식 혁명을 하겠다"며 자신의 혁명 노선을 못 박
은 바 있다. 국공합작에 대해서도 공산당이 국민당의 강령에 따른다
는 조건부 동의였다. '연공聯共'이 아닌 '용공容共'이라고 한 이유는 공
산당을 대등한 연합 상대가 아니라 흡수 포용의 대상으로 보았기 때
문이다. 공산당의 목적이 프롤레타리아혁명에 있고 국민당이 공산당
의 강령에 따르기를 바란다면 처음부터 이 점을 분명하게 밝혔어야
했다. 물론 그렇게 했다면 국공합작은 성사되지 않았을 것이다. 쑨원
의 삼민주의를 비판하고 국공합작 약속을 깨뜨린 쪽은 장제스나 국민
당 우파가 아니라 공산당이었다. 쑨원이 죽은 뒤 공산당이 소련의 원

조를 무기 삼아 국민당을 빠르게 잠식해나가자 우파가 반발한 것은 당연했다.

장제스는 처음에 정치와는 어느 정도 거리를 두고 있었다. 그는 권력투쟁보다는 광둥성에서 천중밍의 세력을 몰아내고 북벌의 근거지를 굳히는 데 모든 노력을 기울였다. 장제스가 공산당 견제에 나선 까닭은 국민당이 분열되고 자신의 지위와 생명마저 위협을 받았기 때문이다. 게다가 왕징웨이는 이런 상황을 해결하기는커녕 무책임하게 자리를 내던지고 외국으로 도피하는 쪽을 택했다. 장제스가 정치의 전면에 나오게 된 것은 처음부터 노렸다기보다는 주변 상황이 만들어낸 결과였다. 설령 그의 마음에 기회주의적인 야심이 있었다고 한들, 어디 장제스 한 사람만 그렇다고 말할 수 있을까.

중산함 사건 직후 소련에서 부랴부랴 돌아온 보로딘은 장제스의 손을 들어주고 공산당의 활동을 제약하는 데 찬성했다. 장제스도 국공합작 자체를 백지로 돌릴 생각은 없었으며, 공산당을 모조리 쫓아내야 한다는 우파의 요구를 거절했다. 공산당이 서로의 합의를 충실히 지켰더라면 최악의 상황이 벌어지는 일은 없었을 것이다. 하지만 그 후에도 약속은 지켜지지 않았다. 오히려 한동안 눈치를 보던 공산당은 북벌을 기회 삼아 국민정부를 장악했다. 이들은 때가 무르익기를 기다렸고, 이제 장제스를 거세할 참이었다.

궁지에 몰린 장제스는 이제 굴복하든가 아니면 정면 대결을 하든가, 양자택일을 해야 하는 처지에 놓였다. 그러나 굴복할 생각은 없었다. 그동안 국공합작을 존중한 이유는 공산주의에 동조해서가 아니라, 죽는 순간까지도 북벌의 완수를 당부한 쑨원의 유언 때문이었다. 그러나 더는 선택의 여지가 없었다. 그는 민족주의자였고, 우한에서 '태상황' 노릇을 하는 보로딘에게 고개 숙일 생각은 없었다. 상황은 결코 녹록지 않았다. 우한 정부는 점점 장제스의 목줄을 죄어왔다. 그동안 장제스의 총사령부가 관할하던 군비를 1927년 3월부터 우한 정부가 직접 통제했다. 또한 군비를 배분하면서 펑위샹과 탕성즈 쪽에는 거액을 지급한 반면, 제1군을 비롯한 장제스 휘하의 부대에는 단 한 푼도 지급하지 않았다. 장제스의 세력을 약화하기 위해서였다. 각 군장들을 상대로도 회유 공작을 하고 병사들에게는 "장제스는 제국주의와 결탁한 반혁명 군벌"이라면서 공공연히 선동했다.

3월 27일, 장제스는 주장을 떠나 상하이에 당도했다. 그러나 노동자 세력이 장악하여 '좌경화'한 이 도시는 그에게 결코 안전한 장소가 아니었다. 상하이 시내는 저우언라이가 지휘하는 '규찰대'라는 이름의 무장 노동자 집단 5,000여 명이 장악하고 치안을 담당했다. 상하이에 배치된 제1사단과 제21사단도 장제스보다 공산당과 가까웠다. 평소 장제스와 사이가 껄끄러운 데다 선견지명이 탁월한 제1사단장 쉐웨는 공산당 지도부에 "장제스는 틀림없이 반혁명 쿠데타를 일으킬 것"이라고 경고했다. 난징에 배치된 루디핑의 제2군과 청첸의 제6군 또한 태도가 모호하여 그다지 신뢰할 수 없었다.

장제스가 그나마 믿을 수 있는 부대는 직계부대인 제1군 중에서도 황푸군관학교 교관 출신의 류즈가 지휘하는 제2사단밖에 없었다. 그러나 황푸군관학교 출신 하급 장교들 중에는 장제스가 예전에 자기들 앞에서 "코민테른에 절대 복종해야 한다", "반공은 반혁명"이라고 말한 것을 상기하면서 그의 진심이 혁명인지 반혁명인지 해명하라고 따지는 자들도 있었다. 항명과 불복종 또한 비일비재했다. 그의 처지는 1년 전보다 훨씬 불리했다.

우한 정부는 장제스를 벼랑 끝으로 내몰았을 때 궁지에 몰린 쥐가 고양이를 물 수 있다는 생각은 전혀 하지 못했을까. 공산당은 마음만 먹으면 당장이라도 선수를 쳐서 그를 끝장낼 수 있었다. 상황은 어느 때보다 유리했다. 그러나 신속하게 행동으로 옮기지도 않았고, 반대로 장제스를 자기들 편으로 포섭하거나 타협하지도 않았다. 어영부영 시간을 보낼 뿐이었다. 공산당 지도부에는 그만한 식견과 결단력을 갖춘 사람이 없었고, 목표 또한 불분명했기 때문이다.

천두슈·리다자오를 비롯한 공산당 지도부는 대개 봉건적이고 부유한 지주나 향신 가정에서 자라난 젊은 지식인들이었다. 언론인·교수·논객 등 세상모르는 백면서생에 가까웠던 정치 아마추어들은 복잡한 정치적 역학 구도나 권력투쟁에 대한 이해가 거의 없었으며, 급박한 상황에 재빨리 대처할 능력이 결여되었다. 이론만 앞세우고 소련 코민테른이 시키는 대로 맹목적으로 따를 뿐이었다. 훗날 저우언라이도 이때를 떠올리면서 "우리는 경험이 없고 서툴렀다"고 솔직하게 인정했다.

국민당 좌파와 공산당은 장제스가 할 수 있는 일은 기껏해야 소극적인 항명일 것이라고 대수롭지 않게 여겼다. 4월 초에야 장제스의 동향이 심상치 않다는 것을 인식했지만 "한 번 더 반동적인 행동을 한다면 당에서 영구 제명하겠다"고 으름장을 놓았을 뿐이다. 지도부 일각에서 장제스가 움직이기 전에 난징과 상하이 주변에 배치된 제2군과 제6군, 제11군 등 반장제스파 부대를 동원해서 장제스의 군대를 무장해제해야 한다는 주장도 나왔지만 묵살했다. 장제스를 얕보기는 스탈린도 마찬가지였다. 4월 6일, 천두슈가 장제스를 어떻게 처리할지 물었을 때 스탈린은 대수롭지 않은 양 "적당히 이용하고 버리면 그만"이라고 대꾸했다.

스탈린이 그렇게 결정한 이상 감히 반론을 제기할 수 있는 사람은 없었다. 그 와중에 장제스는 벌써 발 빠르게 움직이고 있었다. 그는 우유부단한 우한 측 지도자들에 견줄 인물이 아니었다. 여러 군장들과 비밀리에 접촉해 자기편으로 끌어들였다. 몇 명의 군장이 장제스편에 섰다. 그중에서도 북벌군 참모장 리지선과 제7군 군장 리쭝런은 천군만마나 다름없었다. 리지선은 광둥 군벌의 수장이고, 리쭝런은 광시 군벌의 수장이었기 때문이다. 이들은 장제스와 썩 좋은 관계는 아니었지만 반공을 위하여 의기투합했다. 상하이와 난징 주변의 병력은 신속하게 재배치되었다. 제1사단과 제21사단은 제26군과 교체되어 상하이 밖으로 이동했다. 또한 제2군과 제6군을 난징에서 내보내고 제7군을 배치했다. 우한 정부가 장제스를 위협할 만한 수단은 더 이상 남지 않았다.

1927년 4월 1일, 우한 정부는 장제스를 국민혁명군 총사령관에서 해임한다고 기습적으로 발표했다. 리지선도 중앙의 허가 없이 제멋대로 상하이에서 장제스를 만났다는 이유로 모든 직위에서 해임되었다. 우한의 반격이었다. 장제스는 격분했다. 이날 왕징웨이가 오랜 망명 생활을 마치고 중국으로 돌아왔다. 그동안 프랑스에 체류하던 그는 장제스와 우한 정부 양쪽의 귀국 요청을 받고 상하이에 도착했다. 장제스는 성대한 환영식과 함께 왕징웨이를 직접 마중했다. 그는 왕징웨이에게 혁명이 위기에 놓여 있으며 공산당이 자신을 쫓아내려 한다고 호소했다. 또한 당장 보로딘과 모든 소련인을 추방하고 국공합작을 파기해야 한다고 단호하게 말했다. 왕징웨이가 정부의 주석을 맡아준다면 자신은 정치에서 완전히 손을 떼고 오직 군무에만 전념하겠다고 약속했다.

왕징웨이는 우한 정부의 처사가 심하다고 인정하면서도 국공합작만큼은 무조건 유지되어야 한다고 말했다. 소련의 원조 없이 북벌전쟁에서 승리할 수 없다는 이유였다. 장제스는 왕징웨이를 끝까지 설득하려 했지만 요지부동으로 원론적인 대답만 반복하는 모습에 실망했다. 물론 왕징웨이는 공산당을 편들기 위해서가 아니라 장제스와 우한을 화해시켜 최악의 상황만은 막아보겠다는 생각이었다. 오랫동안 중국을 떠나 있던 그는 상황이 얼마나 심각한지 이해하지 못했다. 무엇보다도 지도자에 걸맞은 식견이 결여되어 있었다. 왕징웨이는 장제스의 만류를 외면한 채 4월 6일 우한으로 떠났다.

벼랑 끝에 몰린 장제스는 무력으로 공산당을 끝장내기로 결심했다. 4월 9일, 상하이 전역에 계엄령이 선포되었다. 일촉즉발의 상황이었다. 그는 이미 총사령관에서 파면되어 아무 직위도 없었기에 함부로 병력을 움직이는 것 자체가 엄연한 반란이었다. 그러나 선택의 여지가 없었다. 어느 한쪽이 굴복하지 않는 한 피할 수 없는 싸움이었다. 12일 새벽, 상하이의 지하세계를 지배하는 두웨성^{杜月笙}의 청방이 움직이기 시작했다. 앞으로 20년에 걸쳐 이어질, 국공의 피비린내 나는 싸움의 서막이었다.

＼4·12정변

1927년 4월 12일 새벽 4시, 여명이 채 밝지 않은 시각. 아직 어둠이 깔린 상하이 시내에 정적을 깨고 콩 볶는 듯한 총성이 울려퍼졌다. 무장 괴한 수백 명이 시내 중심가인 자베이의 노동자 규찰대 사령부를 공격했다. 상하이 총공회, 노조 사무실, 공산당 지부, 상하이 국립정치대학 등 공산당이 장악한 여러 거점에 대해서도 일제히 공격이 시작되었다. 타이완에서는 '4·12청당^{清党}*', 대륙에서는 '4·12 반혁명 정변'이라고 하는 장제스의 쿠데타였다. 또한 지난 3년 동안 위태위태

---

* 불순세력을 제거하여 당을 깨끗이 한다는 뜻.

하게 끌고 온 국공합작의 종말을 알리는 순간이기도 했다. 습격자들
은 상하이 암흑가를 지배하는 거대 폭력조직인 청방과 홍방紅幇의 조
직원들이었다. 우두머리는 잔혹하기로 이름난 '상하이의 황제' 두웨
성이었다.

상하이에서 공산주의 세력을 끝장내기로 결심한 장제스는 나름의
계획을 세웠다. 소요를 일으킨 다음 이를 빌미로 군대가 나서 공산당
과 노동자들을 일망타진하겠다는 것이었다. 그가 새로운 동맹자로 점
찍은 상대는 청방이었다. 청방은 서양인들이 생각하는 것처럼 단순
히 도박장을 운영하고 아편을 파는 폭력조직이 아니었다. 300년 역사
를 자랑하는 거대한 비밀결사 단체이자 강력한 정치세력이었다. 또한
쑨원과 황싱의 혁명파를 후원했다. 장제스도 천치메이 밑에서 활동할
때 청방과 연줄이 있었다. 그가 청방에 손을 내민 데에는 이런 배경이
작용했다.

청방의 우두머리이자 뒷날 장제스 정권의 그림자 실세로서 부와
명성, 권력을 누린 두웨성은 장제스·마오쩌둥과 마찬가지로 난세의
풍운아였다. 상하이 빈민가 고아 출신인 그는 장제스보다 한 살 아
래였다. 과일 노점상을 하던 그는 23세에 청방의 말단으로 들어간
뒤 탁월한 수완으로 20년 뒤에는 청방 우두머리가 되어 화려한 국
제도시 상하이를 좌지우지했다. 또한 아편 판매와 도박장을 운영해
서 큰돈을 버는 등 악명을 떨쳤으며 매우 잔인했다. 서양인들은 그를
1920~1930년대 시카고의 뒷골목을 지배한 마피아 수장 알카포네에
비유하여 '중국판 알카포네'라며 두려워했다.

그러나 탐욕에만 눈이 멀어 국가에 큰 해악을 끼쳤던 알카포네와
달리 두웨성은 무법천지였던 상하이의 치안과 질서를 유지했다. 또한
돈과 권력을 탐내지 않았으며, 지식인들을 존중하고 교육과 문화에

●── 왼쪽부터 두웨성, 주중 소련 전권대사 드미트리 보고몰로프Dmitrii V. Bogomolov, 국민정부 정무처장이자 주소련 중국 대사가 되는 장팅푸蔣廷黻, 상하이시장 우톄청吳鐵城, 상하이 보안국장이자 두웨성의 심복 양후杨虎. 두웨성이 어느 정도 거물이었는지 보여준다.

아낌없이 큰돈을 내놓는 등 당대의 협객이기도 했다. 중국인들은 두웨성을 가리켜 '당대의 춘신군(춘추전국시대 4군자의 한 사람이자 초나라의 재상으로, 기울어가는 초나라를 지탱했다)'이라고 일컬었다. 두웨성은 우리나라 독립운동사와도 무관하지 않다. 3·1운동 직후 상하이에 모인 독립운동가들은 그의 도움을 받아 대한민국 임시정부를 세웠으며, 그 후로도 깊은 관계를 유지했다. 상하이의 조선인 교포들도 두웨성의 많은 도움을 받았다는 사실은 우리에게 잘 알려지지 않은 역사의 이면이기도 하다.

장제스는 두웨성을 비밀리에 불러 협력을 요구했다. 두웨성은 장제스를 돕는 조건으로 상하이에서 아편 밀매 독점권을 요구했다. 거래는 그 자리에서 성사되었다. 사건 전날 저녁, 두웨성은 노동자 규찰대 대장 왕서우화汪壽華를 자기 집으로 초대했다. 상황이 이미 초긴장 상태였기 때문에 왕서우화는 초대에 응하고 싶지 않았지만, 두웨성이 몇 번이나 사람을 보내 간곡하게 청하자 응할 수밖에 없었다. 그러나 함정이었다. 두웨성은 왕서우화에게 규찰대를 해산하라고 단도직입적으로 요구한 뒤 거절당하자 그 자리에서 마구 두들겨 팬 다음 프랑스 조계지 밖의 모래사장에 생매장해버렸다. 이와 함께 행동이 시작되었다. 2,000여 명의 폭력배가 돈과 무기를 나눠 받은 뒤 노동자로 변장하여 상하이 여기저기로 흩어졌다.

나팔 소리와 함께 공격이 시작되었다. 곳곳에서 치열한 전투가 벌어졌다. 규찰대도 이런 상황을 예상하지 못했을 리 없다. 그렇지만 허를 찔린 데다 자신들을 지휘할 우두머리가 갑자기 사라지자 제대로 싸울 수 없었다. 미제 톰프슨 기관단총과 대도로 무장한 폭력배가 공산당 사무실에 난입하여 무자비한 살육 행위를 저질렀다. 일부 포로들은 그 자리에서 참수당하거나 산 채로 기관차의 화구 속으로 던져졌다. 해가 뜨자 군대가 출동했다. 장제스의 참모장이며 상하이 위수사령관 바이충시가 제26군 제2사단에게 출동을 지시한 것이다. 병사들은 치안을 명목으로 양쪽을 모두 제압한 뒤 무기를 몰수했다. 저항하는 자들은 가차 없이 처단했다.

가장 치열한 전투가 벌어진 곳은 규찰대 사령부가 있는 상무인서관商務印書館의 인쇄공장이었다. 건물에 있던 상하이 총공회 회장 리리싼李立三을 비롯하여 일부 공산당 간부들은 어렵사리 포위망을 뚫고 탈출해 몸을 숨겼다. 그중에는 저우언라이도 있었다. 목에 8만 위안이나 되는 현상금이 걸린 그는 한때 체포되기도 했지만, 예전부터 안면이 있던 장교들이 풀어주었다. 황푸군관학교 출신의 옛 제자들이었다. 일설에 따르면 그의 재능을 아낀 장제스가 전향을 조건으로 석방했다고도 하는데 증거는 없다. 풀려난 저우언라이는 한동안 지하에 숨었다가 우한으로 달아났다.

사건 직후 동로군 사령부는 상하이 총공회가 쑨촨팡과 결탁해 폭동을 일으키려 했기에 부득이 군대를 동원할 수밖에 없었다고 발표했다. 규찰대와 총공회, 노조 지도자들, 공산당 간부들이 줄줄이 체포되어 끌려갔다. 노동자들은 가만히 있지 않았다. 상하이 총공회는 총파업을 선언했다. 사건 다음 날인 4월 13일 오후 1시, 자베이의 칭윈루青云路 광장에 10만 명의 시위대가 모였다. 노동자들과 그들의 가족이었다. 이들은 행진하면서 바이충시의 동로군 사령부로 몰려갔다. 바오산루寶山路에서 시위대와 군인들이 충돌했다. 군인들은 시위대를 향해 소총과 기관총을 난사했다. 20여 명이 그 자리에서 죽고 많은 사람들이 체포되었다. 노동자들의 저항은 그것으로 끝났다. 총파업도 없었다. 공포 분위기 탓도 있지만 지도부가 궤멸한 데다 조직이 엉성하고 결속력이 없었기 때문이다. 학살극은 15일까지 이어졌다. 공산당원은 물론이고, 공산당원으로 의심받은 사람들까지 체포되어 잔혹하게 즉결 처분되었다. 참고로, 프랑스 작가 앙드레 말로André Malraux의 『인간의 조건La condition humaine』은 4·12정변을 배경으로 한 소설이다.

중국공산당 중앙당사 연구실에서 편찬한 『중국공산당 역사 1921~1949』에서는 상하이정변을 "장제스가 혁명의 과실을 독점할 요량으로 제국주의·반혁명 세력과 손잡고 비겁하게도 불의에 습격했다"고 서술하고 있다. 중국의 대표적인 관변학자이자 『화폐전쟁』의 저자인 쑹훙빙宋鴻兵은 장제스가 상하이의 지배자였던 영국과 투기 자본가들이 내민 거액의 뇌물에 넘어갔기 때문이라고 말한다. 그러나 이는 전후 상황을 쏙 빼놓고 공산당의 입장에서 내놓은 일방적인 주장이다. 어느 한쪽이 다른 한쪽의 등 뒤에 비겁하게 칼을 꽂았다고 말할 수 있을까.

이 사건은 결코 돌발적인 것이 아니었다. 장제스와 공산당의 갈등은 이미 회복 불능이었으며 서로 극도의 증오심을 품고 있었다. 갈수록 도를 더해가는 소련의 간섭에 대한 반감도 있었다. 상하이정변을 용공과 반공, 혁명과 반혁명 세력의 충돌이라고 설명하는 것은 기만이자 본질을 호도하는 것이다. 소련이 중국공산당을 앞세워 성급하게 국민당을 장악하려 하자 반소 민족주의자들의 분노가 한꺼번에 폭발했다는 점에서 4·12정변은 민족과 반(反)민족의 싸움으로 봐야 한다.

5·4운동 이래 중국에서는 반외세 분위기가 한껏 고조되어 있었다. 북벌군이 민중의 열렬한 환영을 받은 이유도 이러한 민족주의 열기 때문이다. 그러나 소련은 말로는 약소민족을 돕겠다면서 실제로는 중국인들의 의지를 무시한 채 모든 일을 자기들이 좌지우지하려 했다. 제국주의와 다를 바 없는 행태였다. 코민테른은 중국공산당을 길들일 요량으로 상하이를 통해 거액의 돈을 꾸준히 제공했다. 천두슈를 비롯한 간부들에게는 활동비 명목으로 많은 돈이 건네졌다. 중국공산당은 자생력을 잃었고, 소련이 내미는 운영자금이 없으면 단 하루도 버틸 수 없었다. 변질되고 타락하여 예전의 순수함을 잃은 지 오래였다. 소련의 지령에 맹목적으로 복종하는 꼭두각시로 전락했다. 게다가 소련 볼셰비키들의 전철을 밟아 자신들도 중국의 새로운 지배자가 되기를 원했다. 소련과 중국공산당은 장제스와 국민당 우파를 '반혁명'이라고 비난했지만 진정한 '반혁명'은 그들 자신이 아니었던가.

저우언라이는 상하이봉기를 준비하면서 북벌군 총사령관인 장제스와 아무런 사전 협의도 거치지 않았다. 가뜩이나 갈등이 첨예한 와중에 장제스를 자극한 것은 분명 섣부른 행동이자 오판이었다. 또한 많은 노동자들만 희생당했을 뿐, 군사적으로도 아무 의미가 없었다. 저우언라이의 성급한 행동이 결과적으로 장제스의 반격을 초래했지만, 어차피 스탈린의 말마따나 공산당이건 장제스건 어느 한쪽은 '쥐어짠

레몬'처럼 쓰고 버려질 운명이었다. 상하이정변이 없었어도 국공합작의 파국은 피할 수 없었을 것이며, 공산당이 한발 먼저 움직였다면 목이 잘린 쪽은 장제스였으리라.

상하이정변을 시작으로 우파의 반격이 본격화했다. 광저우에서는 리지선이 '4·15참안'을 일으켜 일주일 동안 2,000여 명의 공산당원을 체포하고 100여 명을 처형했다. 난창과 항저우, 난징에서도 학살극이 벌어졌다. 중국 동남부에서 공산당 세력은 뿌리째 뽑힌 것이나 다름 없었다.

이 사건과 직접적인 연관은 없지만 때마침 북방에서는 공산당 지도자 가운데 한 사람이자 마오쩌둥의 스승인 리다자오가 체포되었다. 베이징의 소련대사관을 은신처로 삼아 지하활동을 하다가 장제스의 정변이 일어나기 직전인 4월 6일, 조심성 없이 행동하다가 장쭤린의 비밀경찰에게 발각된 것이었다. 그와 20여 명의 동료들은 군법회의에 회부되어 "외세와 손잡고 정부를 전복하려 했다"는 죄목으로 교수형을 받았다. 그의 나이 39세. 중국공산당의 창시자이자 탁월한 혁명가였던 그의 죽음은 공산당에게 치명적이었다.

공산당은 큰 타격을 입었지만 아직 장제스가 완전히 이긴 것은 아니었다. 공산당과 국민당 좌파가 장악한 우한 정부가 건재했기 때문이다.

상하이정변이 알려지자 우한 정부는 공황 상태에 빠졌다. 우한 정부의 새로운 수장이 된 왕징웨이는 닷새나 지난 4월 17일에야 장제스를 국민당에서 영구 제명할 것을 선언하고 체포령을 내렸다. 그러나 때늦은 엄포는 아무 의미가 없었다. 장제스는 코웃음 치면서 상하이의 우파와 협의하여 우한에 대항하는 신정부 수립에 착수했다. 새로운 수도는 신해혁명 당시 한때 혁명의 수도였던 난징이었다. 많은 국민당 간부들이 장제스에 호응하여 난징으로 모여들었다.

4월 18일 오전, 난징의 옛 장쑤성 의사당에서 국민정부 수립이 선포되었다. 베이징대학 총장을 지내고 계몽주의 학자로 명망이 높은 차이위안페이가 국민당 대표로, 혁명 원로인 후한민이 국민정부 주석으로 추대되었다. 모두 우파였다. 장제스는 국민혁명군 총사령관이 되어 군무를 총괄했다. 난징 정부는 '전 장병에게 알리는 글'을 발표하면서 쑨원의 유지를 받들어 북벌을 재개할 것과 그 역할을 장제스에게 맡긴다고 선언했다. 또한 우한 정부를 "공산당에 장악당한 가짜 정부"로 규정하고 타도를 선언했다. 국민정부는 우한과 난징으로 갈라졌다. 이른바 '영한 분열寧漢分裂('寧'은 난징의 옛 이름)'이다.

난징 정부에서 가장 큰 지분을 가진 사람은 군권을 장악한 장제스였다. 명목상 일개 군인에 불과한 장제스는 당과 정부의 명령에 절대 복종해야 했지만, 후한민을 포함하여 어느 누구도 장제스를 견제할 수 없었기 때문이다. 공산당에서 정권을 되찾은 것은 전적으로 장제스의 공이었다. 장제스가 아니었다면 무력이 없는 우파 지도자들은 영원히 정객 신세를 벗어나지 못했을 것이다. 그러나 국민당은 더 이상 군을 통제할 수 없었다. 오히려 장제스의 군부가 국민당을 좌지우지했다. 마오쩌둥이 입버릇처럼 '당지휘창黨指揮槍(당이 군을 통제한다)'을 강조하면서 당을 앞세워 군을 손에 넣었다면, 장제스는 정반대로 '창지휘당槍指揮黨'을 추구했다. 장제스는 정치인이 아니라 군인이었기 때문이다.

그렇지만 총만으로 나라를 다스릴 수는 없는 노릇이다. 더욱이 장제스는 쑨원이나 마오쩌둥처럼 남과 권력을 나눌 위인이 아닌 데다, 후한민이나 다른 국민당 원로들 역시 장제스의 들러리로 만족할 생각이 없었다. 장제스는 공산당과의 싸움과는 별개로 국민당 우파와도 끊임없이 합종연횡과 반목 투쟁을 반복해야 했다. 북벌전쟁이 끝난 뒤 얼마 지나지 않아 장제스와 갈등을 빚은 후한민이 체포되자 그와 가까운 광둥 군벌들이 광저우에서 반란을 일으켰다. '양광사변'이었다. 국민정부는 다시 한 번 둘로 분열된다.

한편, 장제스와 더불어 상하이정변의 주인공이었던 두웨성은 그 공으로 육군 소장 계급을 받았다. 또한 군사위원회 참의와 행정원 참의를 맡는 등 장제스 정권 아래에서 온갖 부귀영화를 누렸다. 장제스와 쑹메이링의 결혼식에서는 그의 부하들이 장제스의 경호를 맡기도 했다. 그러나 두웨성은 권력의 단맛에 빠지지 않고 국가를 위해 헌신했다. 중일전쟁이 일어나자 그는 장제스 정권에 협력하여 항일에 앞장섰다. 청방 조직원들은 군대와 함께 일본군과 전투를 벌였으며 항일유격대로서 일본군 후방에서 정보 수집과 물자 수송을 맡았다. 또한 거액의 돈을 국가에 헌금하고 병원을 세워 부상병들을 치료했다. 심지어 두웨성은 함께 항일을 하는 이상 과거의 원한은 잊어야 한다면서, 오랫동안 철천지원수였던 공산군에게도 방독면 1,000개와 통신장비, 군수품을 보내주는 등 원조를 아끼지 않았다.

상하이가 함락된 후 충칭에 은거하던 두웨성은 일본과 왕징웨이 친일 정권의 집요한 회유에도 불구하고 끝까지 절개를 굽히지 않는 등 민족주의 지도자로서 중국인들의 많은 존경을 받았다. 그러나 국공내전 말기 장징궈가 상하이 경제를 파산으로 내몰면서 오랜 동맹자였던 장제스와 두웨성의 관계 또한 악화했다. 대륙에 남을지 타이완으로 갈지 고민하던 그는 어느 쪽도 아닌 홍콩을 선택했다. 두웨성은 1951년 8월 16일 63세의 나이로 세상을 떠났다. 나중에 그의 시신은 타이베이 교외로 이장되었다. 장제스는 그의 묘비에 "의리와 절개를 몸소 보여주었다義節聿昭"고 썼다.

제2차 북벌에 나서다

중국의 상황은 북방의 장쭤린과 난징의 장제스 그리고 우한 정부, 이렇게 세 개 세력이 천하를 삼분한 채 서로 대치하는 형국이었다. 북벌군도 둘로 갈라졌다. 리지선·리쭝런·바이충시는 장제스 편에 서서 우한을 겨누었다. 여기에 맞서는 우한의 실력자는 탕성즈였다. 그는 3개 군(제8군·제35군·제36군) 9개 사단 10만의 대군을 통솔하고 있었으며 경력과 실력, 지반 어느 면에서도 장제스의 맞수라 할 만했다. 제2군의 루디핑, 제3군의 주페이더, 제6군의 청첸, 제9군의 진한딩金漢鼎 등은 어느 편이 유리한지 관망했다. 장제스와 사이가 좋지 않았던 제1사단장 쉐웨는 "공산당원을 체포하는 일은 반대하지 않지만 그들을 죽이는 일은 반대한다"며 중립을 선언해 장제스의 제1군 제1사단장에서 해임되었다. 그는 광저우로 가 오랜 친우인 리지선 휘하에 들어간 뒤 제8로군 신편 제2사단장에 임명되었다.

왕징웨이는 탕성즈를 새로운 국민혁명군 총사령관으로 임명했다. 우한군의 주력은 탕성즈 이외에 장파쿠이의 2개 군(제4군·제11군)이었다. 난징 쪽 병력은 12개 군 32개 사단 약 15만 명에 달했지만, 허잉친의 제1군과 리쭝런의 제7군을 제외하고는 대부분 북벌 중에 투항한 군벌 부대였기에 사기와 전투력이 낮았다. 실제로 쓸 만한 병력은 2만 명 정도에 불과했다.

반면, 우한 쪽 병력은 6개 군 28개 사단 약 10만 명으로 수적으로는 열세였지만 북벌군의 정예부대가 상당수 포함되어 질적으로는 훨씬 우세했다. 그러나 혁명의 가장 큰 근거지인 광둥성이 장제스에게 가담한 점은 우한 정부에 치명타였다. 우한 정부의 영토는 후난성과 후베이성, 장시성 일부에 불과했다. 게다가 동쪽은 장제스, 남쪽은 장제스의 동맹자 리지선, 북쪽은 장쭤린, 서쪽은 쓰촨 군벌에 가로막혀서 사방이 고립된 형국이었다. 시간이 지날수록 우한이 불리해진다는 사실은 분명했다.

영한 분열 이후 북벌군 편제(1927년 4월)

[난징군]

총사령관 장제스, 참모장 바이충시

■제1로군 총사령관: 허잉친

-제9군(구주퉁): 제3사단, 제14사단, 제21사단

-제14군(라이스황): 제1사단, 제2사단

-제17군(차오완순曹萬順): 제1사단, 제2사단, 제3사단

-제26군(저우펑치): 제1사단, 제2사단, 제4사단

■제2로군 총사령관: 바이충시

-제1군(류즈): 제1사단, 제2사단, 제22사단

-제37군(천탸오위안): 제1사단, 제2사단, 제3사단

-제40군(허야오주): 제1사단, 제2사단, 제3사단

■제3로군 총사령관: 리쭝런

-제7군(리쭝런): 제1사단, 제2사단, 제3사단

-제10군(왕톈페이王天培): 제28사단, 제29사단, 제30사단, 교도사단

-제27군(왕푸王普): 제3사단, 제65사단, 제66사단

-제33군(바이원웨이): 제1사단, 제2사단

-제44군(예카이신): 제1사단, 제2사단, 제5사단

[우한군]

총사령관 탕성즈

■제1방면군 총사령관: 탕성즈

-제8군(리핀셴): 제1사단, 제2사단, 제3사단

-제35군(허젠): 제1사단, 제2사단, 제3사단

-제36군(류싱): 제1사단, 제2사단, 제3사단

-직할부대: 제1사단, 제2사단, 제3사단, 제4사단, 제5사단, 제6사단, 제7사단, 후베이 제1사단, 후베이 제2사단

■제2방면군 총사령관: 장파쿠이

-제4군(황치샹黃琪翔): 제12사단, 제25사단, 제26사단, 교도 제1사단, 교도 제2사단

-제11군(주후이리朱暉日): 제10사단, 제24사단

-제20군(허룽賀龍): 제1사단, 제2사단, 제3사단

　한편, 상하이에서 거의 죽다 살아난 저우언라이·리리싼 등 공산당 간부들은 지하로 숨은 뒤 우한의 지도부에 급히 전보를 보냈다. 장제스의 기반이 아직 허약하여 지금이라면 쉽게 이길 수 있으니 한시바삐 군대를 보내 장제스를 토벌해야 한다는 내용이었다. 또한 당장 행동에 나서지 않는다면 결국에는 우파가 승리하여 "우리의 혁명 사업은 실패할 것"이라고 경고했다. 저우언라이다운 식견이었지만, 공황 상태에 빠진 지도부는 결단을 내리지 못하고 우물쭈물했다.

　결단을 내리지 못하기는 우한 정부와 소련 고문단도 마찬가지였다. 강경파의 선봉은 장제스의 라이벌 탕성즈였다. 그는 자기가 군대를 이끌고 장제스를 토벌하겠다고 나섰다. 반면 보로딘은 장제스 토벌을 반대하고 북벌을 계속해야 한다고 주장했다. 광둥성을 잃고 소련의 원조를 받을 수 없는 이상 장제스와 정면충돌은 승산이 없으니, 차라리 허난성을 먼저 점령한 다음 펑위샹과 힘을 모으고 산둥성의 장쭝창을 회유하여 장제스를 세 방향에서 치자는 것이었다. 천두슈·덩옌다 등 공산당 지도부는 대부분 보로딘의 의견에 동조했다.

　얼마 전 새로운 국제공산당 중국 주재 대표로 우한에 파견된 인도 출신의 공산주의자 로이Manabendra Nath Roy는 절충안을 제시했다. 그는

장제스를 토벌하되 당장 난징으로 진격하는 대신 군대를 남하시켜 광둥성을 공략할 것과, 후난성과 후베이성에서 농민혁명을 일으켜 독자적인 소비에트 정권을 수립할 것을 제안했다. 이것은 사실상 국공합작을 파기하자는 것으로, 장제스뿐만 아니라 아예 국민당 전체를 적으로 돌리자는 말과 다름없었다. 그의 의견은 장궈타오·탄핑산 등 일부 공산당 강경파의 지지를 얻었지만, 온갖 의견이 나오다보니 시간만 흐를 뿐 좀처럼 결론이 나지 않았다.

가장 큰 걸림돌은 스탈린이었다. 스탈린은 국공합작을 무조건 고수해야 하며 어떤 이견도 용납할 수 없다고 못을 박았다. 그의 고집은 중국의 상황을 냉철하게 판단한 결과가 아니라 소련 지도부 내의 권력투쟁에서 비롯되었다. 국공합작의 총책임자였던 스탈린은 레닌이 죽은 뒤 여러 해 동안 권력을 놓고 트로츠키와 치열하게 다투고 있었다. 그동안 막대한 자금과 시간을 투자한 국공합작이 이제 와서 실패로 돌아간다면 자신도 책임을 추궁받지 않을까 겁을 냈다. 스탈린은 수천 킬로미터 떨어진 모스크바에서 중국 혁명을 자신의 경력을 위한 도구로 여겼을 뿐이다. 그의 방식은 모순투성이였으며, 자신의 목적을 위해서라면 수많은 무고한 사람들의 희생 따위는 알 바가 아니었다. 슐먼^{Marshall D. Shulman} 교수를 비롯해 냉전 시기의 일부 서방 학자들은 스탈린을 '지극히 합리적인 인물'이라고 평가하기도 했지만, 그 합리성이란 어디까지나 스탈린 자신과 소련의 이익에 직접 관련될 때나 해당하는 얘기였다.

이유야 어떻든 스탈린과 보로딘은 중국공산당이나 우한 정부에게는 '태상황'이었다. 감히 거역할 수 없었다. 4월 26일, 우한 정부는 북벌전쟁 재개를 선언했다. 장제스 토벌은 연기되었다. 이튿날 우한에서는 공산당 제5차 전국대회가 열렸다. 그동안 리다자오와 함께 '중국공산당의 아버지'로서 공산당을 이끌어온 천두슈는 장제스의 반란을 막지 못했다는 모든 책임을 뒤집어쓰고 온갖 비난을 감수해야 했다. 이와 대조적으로 새로운 차기 지도자로서 조명을 받은 사람은 상하이에서 구사일생으로 돌아온 저우언라이였다. 천두슈보다 거의 20살이나 어린 그는 그동안의 공로와 역량을 인정받아 공산당 중앙정치국 상무위원으로 선출되고 군사부장에도 임명되었다. 마오쩌둥도 오랜만에 중앙으로 복귀했다. 한동안 주변에 머물렀던 그는 공산당 중앙위원회 후보위원 중 한 사람으로 선출되었다. 그러나 당 서열은 32번째로, 핵심 지도부와는 여전히 거리가 멀었다.

저우언라이를 비롯한 일부 간부들은 노동자와 농민을 무장하여 새로운 혁명군을 창설하자고 주장했다. 그러나 천두슈는 "우리에게는 그럴 능력이 없다"고 묵살했다. 후난성과 후베이성에만 해도 750만 명이나 되는 농민들이 농민조합에 가입하면서 거대한 세력을 형성했지만 이들을 어떻게 우군으로 활용할지에 대한 대안은 없었다. 코민테른이 시키는 대로 충실히 따르면서 국민당 좌파와 우한 측 군벌과의 연합에 의존하는 타성에 젖은 탓이었다. 그러나 공산당의 적은 장제스 한 사람만이 아니었다. 국민당 좌파와 군벌이 당장은 공산당과 손잡고 있지만 이들의 속내 역시 복잡했다. 자신들의 이해타산을 따질 뿐 진심으로 공산주의에 동조하는 것은 아니었다.

게다가 이들 사이에서는 공산주의를 향한 반감이 갈수록 커졌다. 후난성과 후베이성에서 군량미 징발에 반발한 농민들이 군인들을 습격하는 등 농민운동이 점점 과격해지자, 향신과 지주들은 농민반란의 배후에 공산당의 선동이 있다고 믿었다. 농촌의 실질적인 지배자였던 이들은 당하고만 있지 않았다.

공산당 제5차 전당대회에서는 덩옌다의 주도로 토지개혁안을 결의했다. 비옥한 토지는 50무(약 1만 평), 척박한 토지는 100무(약 2만 평) 이상을 가진 자를 대지주로 분류하여 땅을 모두 몰수한다는 내용이었다. 그동안 공산당은 토지개혁을 외치면서도 지주들의 강력한 반발을 우려하여 '25감조(현재의 소작료에서 25퍼센트를 경감)' 같은 비교적 온건한 소작료 인하 운동에 주력했다. 그러나 좀 더 가시적인 성과를 원하는 스탈린이 중국의 사정은 아랑곳하지 않고 꾸준히 토지 몰수를 압박하자 끝내 공산당도 굴복했다.*

덩옌다의 개혁안도 처음 개혁안에 견주면 그나마 훨씬 완화된 내용이었지만, 왕징웨이를 비롯한 국민당 지도부의 강력한 반대에 부딪히면서 일단 보류되었다. 그런데 공산당이 장악하고 있던 후난성 국민당부는 중앙의 방침을 무시한 채 간부들을 현장에 보내 토지 몰수에 나섰다. 그러자 분노한 군인들이 반격하면서 '마일사변馬日事變'**이라는 최악의 충돌이 벌어졌다. 우한 정부 내부에서도 소련의 고압적인 태도와 급진적인 정책에 대한 불만이 점점 커졌다. 공공연히 장제스를 지지하는 이들이 늘어났다. 국공합작이 깨지는 것도 시간문제였다. 소련 볼셰비키의 거친 행동이 대중적인 저항으로 이어지면서 러시아 전체를 격렬한 내전과 기아에 빠뜨렸던 역사가 중국에서 그대로 재현되고 있었다.

우한 북벌군의 총사령관이 된 탕성즈는 1927년 5월 13일 우한을 출발하여 징한철도를 따라 허난성으로 진군했다. 병력은 4개 군(제4

---

* 그런데 스탈린은 20여 년 뒤인 1949년 11월, 국공내전에 승리한 마오쩌둥이 모스크바를 방문했을 때는 "토지 몰수를 서두르지 말라"고 손바닥 뒤집듯 말을 바꾸었다. 스탈린이 소련에서 집단농장을 추진했다가 1930년대에 수백만 명이 굶어 죽는 역사상 전례 없는 대기근을 경험했기 때문이다. 그러나 마오쩌둥은 스탈린의 충고를 무시하고 얼마 뒤 소련식 토지개혁을 강행했으며, 몇 배 더 혹독한 실패를 겪는다.
** 마馬란 당시 전보문에서 21일을 가리키는 약호로, '21일에 일어난 사변'이라는 뜻이다.

군·제11군·제35군·제36군) 8만 명 정도였다. 리핀셴의 제8군은 우한에 남아서 후방을 대비했다. 서북에서는 펑위샹이 8만 명의 병력으로 허난성을 침공했다. 상대는 장쉐량이 지휘하는 펑톈군 최강 부대인 제3·제4 방면군 10만 명. 장쉐량은 강력한 방어선을 구축하고 탕성즈 저지에 나섰지만 남북으로 협공당하는 형국이었다. 5월 15일, 허난성 남부의 시핑西平에서 치열한 격전 끝에 탕성즈는 펑톈군 7개 연대를 전멸시켰으며, 20일에는 뤄허漯河를 점령했다.

우한 북벌군이 파죽지세로 북상하자 장쉐량도 병력을 급히 증원하는 한편, 7만 명의 주력부대를 쉬창 남쪽의 린잉臨潁에 집결하여 결전에 나섰다. 그러나 북벌군을 막지는 못했다. 장쉐량은 크게 패하여 제17군이 전멸하는 등 괴멸적인 타격을 입고 정저우로 후퇴했다. 우한군의 손실도 적지 않았다. 1만 4,000여 명의 사상자를 냈으며, 그중에는 공산당원도 많았다.

5월 29일, 탕성즈는 쉬창에 입성했다. 그는 여세를 몰아 정저우로 진격했다. 북쪽에서는 펑위샹의 제2집단군이 병력을 세 갈래로 나눈 다음 황허를 건너 뤄양과 정저우를 향해 남하했다. 5월 27일, 쑨롄중의 우로군이 만푸린萬福麟의 펑톈군 제8군을 격파하고 뤄양에 입성했다. 2만 명의 펑톈군이 투항했다. 장쉐량은 끝까지 싸우겠다고 다짐했지만 대세는 돌이킬 수 없었다. 장쭤린이 전면 퇴각 명령을 내리자 그는 눈물을 머금고 잔여 부대를 수습한 뒤 허난성에서 물러났다. 5월 30일, 펑위샹군의 선봉은 별다른 전투 없이 정저우와 카이펑에 무혈입성했다. 난커우의 패전을 멋지게 설욕한 셈이었다. 펑위샹군의 손실은 40여 명에 불과했다. 같은 날 탕성즈의 선봉부대도 정저우에 당도하면서 양군은 합류했다. 장쭤린의 완패였다.

장제스도 북벌을 계속한다고 선언했다. 5월 11일, 난징 북벌군은 우한 북벌군과는 별개로 병력을 셋으로 나누어 북상을 시작했다. 허잉친의 제1로군이 양저우에서 해안선을 따라 옌청鹽城으로, 장제스가 지휘하는 제2로군이 진푸철도를 따라 북상했다. 또한 리쭝런의 제3로군이 허페이에서 안후이성 북부로 진격하여 적의 측면을 협공하려 했다. 장제스의 상대는 장쭝창·쑨촨팡의 즈리-산둥 연합군이었다. 쑨촨팡은 그동안의 연패로 주력부대를 대부분 상실했지만 장쭝창의 실력은 여전히 만만치 않았다. 두 사람의 병력은 20만 명으로, 북벌군보다 두 배나 우세했다. 이들은 창장 북안에서 강력한 방어선을 구축하고 장제스의 북상을 기다렸다.

5월 15일, 장제스는 창장 도하를 명령했다. 북벌군은 일제히 창장을 건넜다. 장쭝창은 장갑차부대와 장갑열차, 백군 러시아 용병 부대를 총동원하여 완강하게 저항했지만 북벌군의 기세를 막을 수 없었다. 게다가 현지 농민들까지 북벌군에 가담하여 즈리-산둥 연합군을 공격하는 바람에 도처에서 연전연패했다. 21일에는 벙부蚌埠가 함락되었고, 6월 2일에는 리쭝런의 제3로군이 쉬저우에 무혈 입성했다. 하이저우海州를 지키던 수비대는 싸우지도 않고 투항했다. 장쑤성 전역이 겨우 보름 만에 북벌군의 손에 들어가면서 산둥성을 눈앞에 두었다. 장쭝창은 지난으로, 쑨촨팡은 칭다오로 달아났다.

내분 때문에 두 쪽으로 갈라졌어도 북벌군의 힘은 여전히 강력했다. 북방 최강의 실력자 장쭤린조차 북벌군의 상대가 될 수 없다는 사실이 분명해졌다. 이대로라면 천하의 주인이 바뀌는 것도 시간문제였다. 그동안 장쭤린 정권의 후원자로 막대한 투자를 아끼지 않았던 일본은 묵과할 수 없었다. 일본은 장쭤린을 자신들의 주구로 삼아 중국 대륙을 야금야금 먹어나갈 속셈이었다. 그가 몰락한다면 그동안의 노력이 모두 물거품이 되는 셈이었다. 특히 무력으로 독일 세력을 쫓아내고 7년 동안 통치한 산둥성은 일본의 이권이 매우 큰 지역이었다. 1927년 당시 1만 7,000여 명의 일본인 거류민이 있었고, 투자 총액은 1억 5,000만 엔으로 동3성을 제외하고 가장 많았다.

중국에서 반제국주의를 앞세운 북벌전쟁이 시작되면서 북벌군과 열강 군대가 충돌하는 일이 반복되었다. 1927년 1월 3일, 한커우의 영국 조계에서 영국군과 시위 군중이 충돌했다. 사흘 뒤인 6일에는 장시성 주장에서도 양쪽이 충돌하는 사건이 일어났다. 우한 정부는 한커우와 주장의 영국 조계를 몰수했다. 3월 24일에는 북벌군이 난징에 입성하는 과정에서 패잔병들이 외국 조계를 침범하여 행패를 부리고 외국인들을 살해했다. 그러자 창장에 체류 중이던 미국 구축함 클렘슨Clemson과 영국 연습순양함 빈딕티브HMS Vindictive는 기다렸다는 듯 보복에 나섰다. 두 척의 군함은 난징 성내를 향해 한 시간 동안 200여 발의 포탄을 무차별로 퍼부었다. 군인과 민간인 등 30여 명이 죽고 100여 명이 부상을 입었다. '난징사건南京事件'이었다.

그동안 중립을 지키던 열강도 중국 출병을 고려했다. 일본에서는 1927년 4월 17일 중국에 대한 불간섭주의를 고수한 와카쓰키 레이지로 내각이 무너지고 강경파인 다나카 기이치田中義一가 정권을 잡았다. 그는 제일 먼저 시라카와 요시노리 대장을 육군대신에 기용했다. 그는 전 관동군 사령관으로, 2년 전 동북에서 궈쑹링이 반란을 일으켰을 때 장쭤린을 도와서 관동군을 출동시켰던 인물이다. 또한 나중에는 만주사변이 일어나자 상하이를 침공하여 제1차 상하이사변을 일으키는 등 중국 침략을 주도했다.

장제스의 북벌군이 쉬저우를 점령하자 다나카 내각은 병력 출동을 결의했다. 본격적인 간섭전쟁이었다. 5월 30일, 선발대인 관동군 제10사단 제33여단 3,000명이 랴오둥의 다롄항을 출발하여 6월 1일 산둥성 칭다오에 상륙했다. '제1차 산둥 출병'이었다. 7월 8일, 제33여단은 산둥성의 성도 지난에 입성해 장쭝창의 군대와 합세했다. 12일에는 제10사단 잔여 병력과 제14사단 일부가 증파됨으로써 산둥성에 출동한 일본군은 2만 명에 달했다. 북벌군이 북상할 경우 양측의 충돌은 피할 수 없었다. 장제스는 일단 북상을 멈추었다. 막강한 일본군과 승산 없는 싸움을 하는 대신에 우한과의 문제를 먼저 해결할 생각이었다.

국공합작 깨지다

＼**마일사변**

탕성즈는 허난성에서 승리를 거두었지만 우한 정부는 점점 벼랑 끝으로 내몰렸다. 공산당의 파국이 가까워지고 있다는 뜻이기도 했다. 한커우의 강상에서는 영국·일본·미국·프랑스·이탈리아 5개국의 40여 척에 달하는 함대가 늘어서서 무력시위를 했다. 왕징웨이 정권에 연소용공을 포기하라고 종용하기 위해서였다.

공장과 상점은 잇달아 문을 닫았고 부자들은 현금을 챙겨 우한을 떠났다. 우한은 경제적으로 마비된 상태나 다름없었다. 생활이 곤궁해지면서 주민들의 불만도 날로 커졌다. 우한 정부의 월수입은 200만 위안이 채 되지 않는데 지출은 1,700만 위안이나 되어 한 달 적자만 1,500만 위안이었다. 적자를 메우기 위해서 우한 정부는 화폐를 대량으로 발행했다. 물가가 폭등하고 재정은 거의 파산 상태였다. 반면, 장제스는 광저우와 상하이·난징 등 중국에서 가장 부유한 지역을 차지했다. 월수입은 1,500만 위안이 넘었다. 우한 정부는 위축될 수밖에 없었다. 왕징웨이 주변에서는 장제스와 타협해야 한다는 압박이 커졌다.

5월 9일에는 쓰촨 군벌이자 국민혁명군 제20군 군장 양썬이 우한 토벌을 선언했다. 그는 후베이성 서부를 침공하여 교통의 요충지이자 곡창지대인 이창을 점령했다. 그리고 현지 농민조합을 해산하고 저항하는 농민들을 살육했다. 샤더우인夏斗寅의 제14사단도 반란을 일으켜 양썬의 쓰촨군에 가세했다. 두 부대는 연합하여 우한 남쪽의 즈팡紙坊까지 진출했다. 즈팡에서 우창은 코앞이었다. 적병이 언제 우창으로 들이닥칠지 모르는 형편이었지만, 주력부대는 탕성즈가 모두 이끌고 허난성으로 출동한 데다 당장 이들을 되돌릴 수도 없었다.

우창 수비대장 예팅이 제24사단을 거느리고 출격했다. 그의 제24사단은 예전의 예팅 독립연대를 사단으로 증편한 부대로 손꼽히는 강군이었다. 그는 샤더우인의 반란군을 단숨에 격파했다. 샤더우인은 동쪽으로 달아나 장제스에게 의탁했다. 양썬의 부대도 격파되어 쓰촨성으로 도로 쫓겨났다. 5월 21일, 이번에는 창사에서 반란이 일어났다. 쉬커샹許克祥의 제35군 제33독립연대, 교도연대 등 창사에 주둔한 여러 부대가 국민당 후난성 당부와 후난성 총공회, 농민협회 등을 공격했다. 노동자·농민들의 무기를 몰수하고 공산당원 100여 명을 처형했다. '마일사변'이었다.

이들이 반란을 일으킨 이유는 후난성의 공산당이 토지를 일방적으로 몰수한 데 대한 반발이었다. 사건의 주모자는 제35군장 허젠이었다. 그는 창사 출신의 소군벌로, 탕성즈 휘하에서 제9여단장을 지내다가 탕성즈를 따라 북벌군에 가담했다. 허젠이 마일사변을 일으킨 이유는 그동안 공산당이 "북벌에 참여한 군인들은 토지개혁에서 제외하겠다"고 했으면서도 일방적으로 약속을 깨고 자기 가족을 악덕 지주라며 박해했기 때문이다. 분을 참지 못한 그는 부하들을 동원해 앙 갚음에 나섰다. 이 일로 공산당을 철천지원수로 여기게 된 그는 몇 년 뒤 마오쩌둥의 부인 양카이후이를 잡아다 잔혹하게 처형하고 조부 마 오이천毛翼臣의 묘까지 찾아내 파헤쳤다.

공산당 지도부는 이 사건을 반란으로 규정하고 토벌을 결의했다. 후난성 공산당 임시위원회는 1만여 명의 농민 군대를 집결시켜 창사 에 대한 공격을 준비했다. 상황은 일촉즉발이었다. 그러나 왕징웨이 의 반대에 부딪혔다. 그는 "쌍방 모두 책임이 있는데 군대만 처벌하 면 군인들이 가만있지 않을 테고, 농민들만 처벌하면 농민들이 가만 있지 않을 것"이라며 자칫 상황을 통제하지 못할까 우려했다. 국민당 최고 영수가 반대하자 공산당도 이내 꼬리를 내렸다. 천두슈는 "그동 안 후난성에서 농민운동이 과격한 면이 없지 않았다"며 현지 간부들 을 호되게 질책하기도 했다.

군인들의 반발은 처음부터 예견된 일이었다. 그동안 공산당은 농촌 에서 소작료 인하 운동처럼 비교적 온건한 투쟁을 벌이기도 했지만 빈농들을 선동하여 지주들을 공격하게 하거나 공개 처형하는 등 극단 적인 폭력도 서슴지 않았다. 이 때문에 소수의 대지주가 아니라 다수 의 중소 지주를 적으로 돌렸다. 또한 허젠을 비롯해 북벌군에 참여한 군인들은 빈농과 노동자들도 있었지만 대개는 중소 지주 출신이었다. 공산당이 토지개혁을 명목으로 자기 땅을 빼앗으려 한다면 반발하는 것은 당연했다. 왕징웨이와 국민당 좌파가 급진적인 토지개혁에 반대 하고 공산당 지도부가 물러선 이유도 이 때문이었다. 이들 역시 국민 당 좌파와 군벌마저 적으로 돌렸다가는 자신들이 설 자리가 없어진다 는 사실을 잘 알았다. 그러나 당 중앙의 복잡한 속내를 모르는 현지 간 부들은 의욕만 앞세워 성급하게 벌집을 건드린 꼴이 되었다.

공산당 지도부의 굴복에 반발한 일부 간부들은 농민들을 규합하여 독자적으로 창사 공격을 강행했다. 그러나 여지없이 무너지고 막대한 희생만 치렀다. 후난성에서 공산당 세력은 크게 위축되었다. 후베이성에서도 마찬가지였다. 공산당에 증오심을 품고 있던 지주와 향신, 군인들이 일제히 공산주의자 사냥에 나섰다. 곳곳에서 잔혹한 학살극이 벌어졌다. 공산당은 성급한 행동으로 그동안 심혈을 기울여 건설한 거의 모든 토대를 한꺼번에 상실한 셈이었다. 이들은 후난성에서만 농민협회 회원 수가 500만 명에 달하는 등 거대한 기반을 구축했다며 자신들의 역량을 과신했다. 그러나 착각이었다. 싸움과는 거리가 먼 대다수 농민들은 평화롭게 자기 생업에 종사하기를 바랐지, 군벌과 공산당의 싸움에 총알받이가 되고 싶을 리 없었다. 군대가 반격하자 공산당 간부들은 재빨리 우한으로 달아났지만, 그들에게 동조했던 수많은 농민들은 본보기로 잔혹하게 살해당했다.

＼잡종들을 벌하라

상황은 급격하게 나빠졌다. 예상치 못했던 장제스의 배신에 분노를 누를 수 없었던 스탈린은 모스크바 쑨중산대학에 재학 중이던 장징궈를 시베리아의 수용소로 보내 복수할까 생각했다. 그러나 장징궈는 현명하게도 재빨리 자기 아버지와 절연하고 소련에 충성을 맹세하여 화를 피했다. 훗날 아버지의 뒤를 이어 타이완의 두 번째 총통이 되는 장징궈는 10년에 걸쳐 소련에서 혹독한 밑바닥 생활을 경험해야 했다. 러시아 여성과 결혼한 뒤 시안사건으로 장제스가 반공을 포기한 뒤에야 비로소 귀국할 수 있었다.

5월 29일 밤, 스탈린은 보로딘에게 '5월 긴급 지시'라는 제목의 비밀 전문을 보냈다. 내용은 그야말로 충동적이면서 비현실적이었다.

농민혁명 없이 승리는 불가능하다. 우리는 국민당의 현 구조를 바꾸어야 한다. 국민당의 수뇌부를 갈아치우고 농민혁명에 매진할 수 있는 새로운 지도자를 데려와 노동자·농민 수백만 명을 끌어들여서 주변을 확장해야 한다. 우리는 신뢰할 수 없는 장군들에게 더 이상 의존해서는 안 된다. 지금이야말로 행동으로 옮길 때이다. 잡종들을 벌해야 한다!

공산당 중앙위원회 정치국 회의에서 스탈린의 지령이 낭독되자 간부들은 어쩔 줄 몰라 했다. 쿠데타를 일으켜 국민당을 장악하라는 것이나 다름없는 얘기였다. 천두슈는 당혹스러운 표정으로 "코민테른이 예전에는 군벌과 손잡아야 한다고 말하더니 지금은 당장 농민혁명을 시작하라고 지시한다"며 고개를 저었다. 그러면서 "우리는 진심으로 이 지시에 찬성하지만 과연 이 지시를 집행할 수 있겠는가?"라고 주변 사람들에게 되물었다. 탄핑산·장궈타오 등 다른 지도자들도 같은 생각이었다. 보로딘 역시 스탈린이 중국의 정세를 제대로 이해하지 못하고 있음이 틀림없다고 말했다. 로이만 스탈린에게 복종해야 한다고 주장했지만 무얼 어떻게 해야 할지 묘책은 없었다.

스탈린의 지시는 흐지부지되었지만 보로딘과 로이, 중공 지도부 사이의 갈등과 불신은 더욱 커졌다. 로이는 이 내용을 왕징웨이에게 전달해 그의 동의를 얻어야 한다고 주장했다. 그러나 보로딘은 절대 보여줘서는 안 된다며 펄쩍 뛰었다. 왕징웨이를 잘 아는 보로딘과 달리, 중국에 온 지 얼마 안 된 로이는 왕징웨이를 다른 공산당 지도자들 같은 스탈린의 충실한 하수인쯤으로 여겼다.

며칠 뒤 로이는 왕징웨이를 찾아가 스탈린의 비밀 전문을 보여주었다. 왕징웨이는 큰 충격을 받았다. "스탈린의 지시 중 하나만 실행해도 국민당은 끝장이다." 그는 그제야 스탈린의 진짜 속셈을 깨달았다. 국민당을 장악하고 중국을 소련의 위성국으로 만들겠다는 것이었다. 왕징웨이는 그 자리에서 내색하지는 않았지만 속으로는 국공합작의 파기를 결심했다. 뒤늦게 이 사실을 알고 분노한 보로딘은 코민테른에 전문을 보내 로이가 모든 일을 망쳤으니 즉시 소환하라고 요구했다. 로이는 로이대로 책임을 회피하면서 스탈린에게 보로딘과 천두슈를 교체해야 한다고 주장했다. 자중지란의 상황이었다. 당황한 스탈린은 어떻게든 국공합작을 유지할 생각으로 왕징웨이를 회유하는 한편, 매달 200만 루블을 더 주겠다고 약속했다. 그렇지만 파국을 막기에는 늦었다.

6월 10일, 정저우에서 왕징웨이와 펑위샹의 회담이 열렸다. 우한이 난징보다 갈수록 열세로 밀리는 상황에서 북벌군의 거대한 축인 펑위샹을 반드시 끌어들여야 했기 때문이다. 한때 패망 직전에 내몰렸던 펑위샹은 우위안 선언 이후 북벌군과 북양군벌들 사이의 싸움을 기회 삼아 잃어버린 지반을 되찾았다. 휘하 병력은 20만 명에 달했다. 펑위샹이 우한 측에 선다면 장제스와 동등한 세력을 형성하게 된다. 펑위샹을 회유할 수 있느냐에 우한의 사활이 걸렸다.

펑위샹은 여느 군벌들처럼 화려한 프로이센식 예복을 입고 으스대는 대신 일부러 허름한 졸병 옷을 입고 낡은 군용 트럭을 타고 회담장에 나타났다. 그는 동맹의 대가로 가혹한 조건을 내걸었다. 우한 정부는 모든 군대를 허난성에서 즉시 물리고 펑위샹에게 내주어야 했다. 펑톈군의 정예부대를 상대로 싸워서 엄청난 희생을 치르며 겨우 허난성을 차지한 탕성즈는 부득이하다는 사실을 알면서도 속이 쓰렸다. 또한 펑위샹은 북방에서 기득권을 인정받았다. 앞으로 창장 이북에서 북벌군이 점령하는 지역은 모두 그의 영토가 될 참이었다. 왕징웨이는 최대한 양보했다. 그러나 호락호락하지 않은 펑위샹은 그 자리에서 같은 편이 되겠다고 명확한 언질을 주지 않았다. 속으로는 우한과 난징을 놓고 어느 편에 붙을지 저울질 중이었다. 그가 양다리를 걸친 이유는 국민정부의 복잡한 내부 사정에 말려들 이유가 없었기 때문이다. 더욱이 펑위샹이 원하는 것은 소련의 돈과 무기였지 '프롤레타리아혁명'이 아니었다. 그 또한 장제스처럼 공산당을 위해 싸울 생각이 없었다.

정저우에서 왕징웨이와 펑위샹이 만났다는 사실을 안 장제스도 북방행에 나섰다. 6월 20일, 쑨원의 거대한 초상화가 걸린 장갑열차 '중산호'가 장제스·리쭝런·바이충시 등 난징의 주요 장군들을 태우고 쉬저우역에 도착했다. 중산호는 본래 장쭝창의 장갑열차였지만, 난징을 점령한 북벌군에게 노획되었다.

이번에도 펑위샹은 허물없는 모습으로 나타나 말쑥한 군복을 차려입은 장제스 일행에게 놀라움을 주었다. 그는 허난성의 지배권에 더하여 다음 달부터 매달 250만 위안의 자금을 받는 조건으로 장제스 편에 서기로 약속했다. 또한 앞으로 점령할 산둥성도 펑위샹의 세력권으로 인정했다. 이들은 개인적인 인연도 있었다. 장제스의 장남 장징궈와 펑위샹의 둘째 딸 펑푸넝馮弗能이 모스크바에서 함께 공부하다가 연인 관계가 되었기 때문이다. 장징궈와 펑푸넝의 관계는 오래가지는 못했지만 자녀들 때문에 더욱 의기투합한 두 사람은 형제의 연을 맺기로 했다. 장제스와 동맹을 맺은 펑위샹은 시안으로 돌아가 소련과 절교를 선언하고 소련인들과 공산당원들을 모두 추방했다. 그중에는 훗날 중국 지도자가 되는 덩샤오핑도 있었다. 그들은 그나마 다행스럽게도 목이 잘리는 대신 은화 몇 푼을 여비로 받고 평화롭게 떠날 수 있었다. 다른 지역에서 대량 살육이 벌어진 것과는 대조적이었

●── 장제스(맨 앞줄 왼쪽)와 펑위샹(맨 앞줄 오른쪽). 두 사람의 동맹으로 장제스는 장쮜린보다 우위에 서게 되어 북벌을 실현할 수 있었다.

다. 하지만 이 소식을 들은 스탈린은 "앞으로 또다시 우리에게 손을 내밀려고 소련에 오는 중국 장군이 있다면 그 자리에서 시베리아 수용소에 처넣을 것"이라며 펄펄 뛰었다.

　온갖 감언이설과 파격적인 조건으로 펑위샹을 한편으로 끌어들인 장제스는 산시성의 실력자 옌시산까지 회유했다. 장쮜린·펑위샹과 함께 북방을 대표하는 군벌 중 한 사람인 그에게는 탄탄한 토대와 10만 명의 정예 병력이 있었다. 난커우전투에서는 장쮜린·우페이푸와 손잡고 펑위샹을 공격한 적도 있지만, 그들의 압력에 못 이긴 마지못한 선택일 뿐 사사로운 원한은 없었다. 그는 북벌군과 장쮜린 사이에서 모호한 태도를 취하면서 어느 편에 서야 살아남을지 신중하게 관망했다.

장제스는 북벌군 총참의 허청쥔何成浚을 타이위안으로 보냈다. 그리고 현재의 영토를 보장하는 것은 물론이고 즈리성까지 얹어주기로 약속했다. 괜찮은 조건이라고 생각한 옌시산은 북벌군에 가담하기로 결심했다. 장제스·펑위샹·옌시산의 3자 동맹이 체결되었다. 국민혁명군 제3집단군 총사령관이 된 옌시산은 장쭤린과 손을 끊고 출전 명령을 내렸다. 그리고 산시의 병력을 세 갈래로 출동시켰다. 산시군은 징쑤이철도와 정타이철도를 따라 즈리성을 침공했으며, 6월 15일 스좌장을 점령하여 펑톈군의 측면을 위협했다. 하지만 장제스가 옌시산에게 즈리성을 약속한 것은 훗날 펑위샹과의 갈등으로 이어졌다. 펑위샹도 즈리성을 탐냈기 때문이다. 전리품을 놓고 벌어진 갈등은 북벌전쟁이 끝나자마자 중원대전으로 치닫는다.

＼합작 붕괴

스탈린은 다시 중국공산당에 전문을 보내 자신의 지령이 제대로 실천되지 않는다면서 호되게 질책했다. 그는 토지를 몰수하고 창사를 신속히 탈환할 것과, 농민들을 선동하여 반혁명 세력을 분쇄할 것을 지시했다. 스탈린의 닦달을 견딜 수 없었던 공산당 중앙정치국은 후난성에서 무장봉기를 준비했다. 마오쩌둥을 후난성 당위원회 서기로 임명하고 저우언라이에게 봉기의 총지휘를 맡겼다. 그러나 보로딘이 후난성에서 공산당 세력이 와해된 이상 성공할 가능성이 없다고 반대하여 봉기는 취소되었다. 후베이성 공산당위원회는 우한에서 농민반란을 일으켜 왕징웨이 정권을 뒤엎자고 주장했고, 마오쩌둥은 산으로 들어가 싸우자고 외쳤다. 우유부단한 공산당 지도부는 이러지도 저러지도 못한 채 시간만 허비했다.

6월 28일, 제35군장 허젠이 반공을 선언했다. 그는 후난성의 공산당원들을 모조리 체포하는 한편, 왕징웨이에게 국공합작을 파기하고 공산당을 추방하라고 요구했다. 보로딘은 황급히 회의를 열고 우한의 노동자 규찰대를 무장해제하라고 지시했다. 그래야 허젠이 반란을 일으킬 명분이 없어진다는 것이었다. 또한 노동자와 농민의 조직은 반드시 국민당의 지도 감독을 받아야 하며 우한의 규찰대는 해산하거나 군대에 편입하기로 결정했다. 공산당은 국민당에 사실상 백기 투항한 셈이었다. 공산당 내부에서는 천두슈와 보로딘의 무능함에 대한 불만이 점점 커졌다. 스탈린의 메모를 본 왕징웨이 또한 더 이상 소련과 공산당을 신뢰할 생각이 없었다.

7월 12일, 스탈린의 새로운 긴급훈령이 떨어졌다. 그동안 중국공산당이 '우경 기회주의'의 과오를 저질렀으니 지도부를 전면 개편하라는 것이었다. 실패의 모든 책임을 보로딘과 천두슈 두 사람에게 떠넘기겠다는 의미였다.

국공합작은 본래 공산당이 바라던 일도 아니었고, 천두슈는 처음부터 두 당의 연합은 불가능한 일이라며 회의적이었다. 보로딘과 마링이 "복종하지 않는 자는 코민테른에서 추방하겠다"며 호통을 쳐 마지못해 받아들였다. 그 후 천두슈는 코민테른 지시에 누구보다 충실하게 복종하며 합작에 앞장섰다. 국공합작은 그의 노력이 있었기에 가능했다. 그렇지만 돌아온 대가는 파멸이었다. 2년 뒤인 1929년 8월 소련군이 북만주를 침공하면서 '펑소전쟁奉蘇戰爭'이 일어났다. 중국 전역이 소련의 침략을 성토하는 와중에 공산당은 오히려 소련을 지지하고 '소련을 무력으로 지키자武裝保衛蘇聯'고 외치면서 국제의용군을 조직하기도 했다. 이미 공산당에서 찬밥 신세였던 천두슈는 당 지도부를 향해 이율배반이라며 비판했지만 오히려 배신자로 낙인찍혀 공산당 당적을 빼앗기고 영구 추방당했다. 그제야 스탈린식 공산주의혁명의 실체를 깨달은 그는 한동안 자취를 감추었다. 1932년 체포되어 13년형을 받은 천두슈는 중일전쟁이 일어난 직후인 1937년 8월 출옥했다. 그러나 마오쩌둥이 장악한 공산당에는 그가 있을 자리가 없었다. 말년에는 마오쩌둥의 농촌 유격전을 반대하고 레닌의 무산계급 이론은 중국의 현실에 걸맞지 않다고 비판했다. 리다자오와 함께 중국공산당을 창시한 사람으로서 평생을 바친 일이 잘못되었음을 스스로 인정한 셈이다. 그러나 천두슈의 목소리는 공허한 메아리에 지나지 않았다. 실의에 빠진 나날을 보내던 그는 1942년 5월 27일 충칭에서 병사했다.

새로운 공산당 지도부는 장궈타오·저우언라이·리웨이한李維漢·리리싼·장타이레이張太雷 등 젊고 혈기 왕성하면서 야심만만한 간부 5명으로 채워졌다. 이들은 우한 정부를 비난하고 국민당에서 탈퇴하겠다고 선언했다. 그동안 국공합작을 쑨원의 유훈이라고 여겼던 쑹칭링은 왕징웨이가 모든 것을 망쳤다면서 비난의 목소리를 높였다. 그녀는 국민당과의 결별을 선언한 뒤 모스크바로 떠났다. 7월 15일, 왕징웨이도 중앙상무위원회 확대회의를 소집해서 공산당과의 관계를 끝낸다고 공식으로 선언했다. 쑨원 이래 3년 7개월 동안 이어져온 국공합작이 붕괴되는 날이었다.

로이와 보로딘은 우한을 떠나 외몽골을 거쳐 귀국길에 올랐다. 보로딘은 훗날 "이때 모든 역량을 모아서 장제스를 타격하지 않은 것이 우리가 저지른 최대 실책이었다"고 회고했다. 보로딘이 추방되었다는 소식을 들은 장제스는 일기에 "이제 비로소 대악大惡이 제거되고 혁명을 성취할 수 있게 되었다"고 썼다. 그러나 싸움이 끝나려면 아직 멀었다. 북방의 강적 장쭤린은 여전히 건재했다. 북쪽에서는 쑨촨팡이 장쭝창의 원조를 받아 난징 탈환을 노렸고, 동쪽에는 탕성즈가 있었다. 지하로 숨어든 공산당 역시 이대로 포기할 생각은 없었다. 이들은 무장 폭동을 준비했다. 북벌 최대의 위기가 시작될 참이었다.

소련으로 돌아간 고문단은 그 뒤에 어떻게 됐을까. 결론부터 말하면, 하나같이 비참한 말로를 맞이했다.

보로딘은 모스크바로 돌아간 뒤 더 이상 소련 코민테른에서 중요한 직책을 맡을 수 없었다. 그는 『모스크바 뉴스Moscow News』의 영자 신문 편집장을 지냈다. 2차대전이 끝난 후 스탈린의 유대인 숙청 정책에 따라 체포된 그는 1951년 모스크바 교외에 있는 레포르토보Lefortovo 노동교화소에서 생을 마감했다.

로이는 트로츠키파로 몰려 코민테른에서 쫓겨난 뒤 인도로 갔다. 하지만 그곳에서 영국 경찰에 체포되어 12년 동안 감옥살이를 한 뒤 1954년에 세상을 떠났다.

뛰어난 군인이었던 블류헤르는 원수 직위까지 올랐다. 1938년 8월 두만강 인근에서 벌어진 장구펑전투에서는 일본 제19사단을 대파하는 승리를 거두어 전쟁 영웅이 되었다. 그러나 얼마 뒤 스탈린의 대숙청 때 체포되어 혹독한 고문을 받은 뒤 가족과 함께 처형당했다.

탁월한 외교관이자 쑨원을 부추겨 국공합작을 실현하는 데 가장 큰 역할을 한 요페는 1923년부터 1926년까지 오스트리아와 일본 주재 소련 대사를 지낸 인물이다. 그러나 국공합작 붕괴로 스탈린의 눈 밖에 나면서 트로츠키파로 몰려 박해를 받았다. 그는 1927년 11월 16일 자신의 집에서 자살했다.

마링 역시 국외로 추방당했으며, 2차대전 중 네덜란드에서 독일군에게 체포되어 살해되었다.

정작 실패의 가장 큰 책임자인 스탈린은 모든 잘못을 다른 이들에게 떠넘긴 채 자신은 아무런 잘못도 추궁받지 않았다. 오히려 피비린내 나는 권력투쟁 끝에 트로츠키, 부하린, 지노비예프 등 당내 쟁쟁한 라이벌들을 쫓아내고 소련 최고의 권력자가 되어 철권통치를 시작했다.

＼대원수가 된 장쭤린

1927년 여름이 되자 한때 북방의 패자라 불리며 중원을 호령하던 장쭤린도 수세에 몰렸다. 허난성에서는 장쉐량이 펑위샹과 탕성즈에게 완패했으며, 남쪽에서는 장제스가 즈리-산둥 연합군을 격파했다. 장제스는 천하의 요지 쉬저우를 점령한 다음 산둥성을 넘보았다. 우페이푸는 완전히 몰락하여 쓰촨성으로 달아났다. 쑨촨팡 역시 남은 지반마저 모두 잃고 장쭝창에게 의탁하는 신세가 되었다. 그동안 장쭤린과 북벌군 사이에서 어느 쪽에 붙을지 저울질하던 옌시산도 깃발을 바꿔 달고는 스좌장을 침공하여 장쭤린의 측면을 위협했다. '도과倒戈 (배반)장군'으로 악명 높은 그답게 천하의 대세가 기울었음을 깨닫고 시운에 편승하려는 속셈이었다.

장쭤린으로서는 다행스럽게도 북벌군이 두 쪽으로 분열되어 자기들끼리 싸우는 덕분에 잠시 숨을 돌릴 수 있었다. 그러나 천하의 장쭤린도 더는 승산이 없다는 사실을 깨달았다. 그렇다고 14살이나 어린 장제스에게 고개 숙일 생각은 추호도 없었다. 장쭤린은 모사 양위팅의 건의를 받아들여 화의를 제안했다. 펑톈군의 적은 공산당 하나뿐이니 북벌군과 싸울 이유가 없다, 그러니 황허를 경계로 중국을 남북으로 나누어 각자 자기 영토를 다스리자는 것이었다. 6월 8일, 장제스의 답변이 왔다. 장쭤린이 삼민주의를 받아들이고 난징 정부에 복종하여 안국군을 국민혁명군으로 바꾼다면 그를 동북변방군의 총사령관으로 임명하고 자치를 용인하겠다는 것이었다. 한마디로 자기 발밑에 무릎 꿇으라는 얘기였다.

장쭤린은 코웃음을 쳤다. 벼락출세한 어린놈이 주제넘게 허황된 망상에 빠져 있다고 비웃었다. 6월 11일, 그는 사령부인 베이징 순승왕부에서 지휘관들을 모두 불러모아 회의를 열고 앞으로의 대책을 물었다. 의견은 둘로 나뉘어 치열한 입씨름이 벌어졌다. 처음부터 장쮀린의 관내 출병에 회의적이었던 장쮀샹·우쥔승 등 원로들은 물론이고 허난성에서 호된 패배를 경험한 장쉐량과 한린춘 등 소장파도 남방과 화해하고 동북으로 돌아가자고 한목소리로 말했다. 동북에 지반을 둔 이들은 잃을 것이 없었기 때문에 아무런 미련이 없었다. 그러나 관내에 지반을 둔 쑨촨팡·장쭝창·추위푸는 끝까지 싸우자고 외쳤다. 장쮀린이 물러날 경우 그동안 쌓아올린 모든 것을 잃고 빈털터리가 될 참이므로 필사적이었다. 각자의 입장만 고집하는 탓에 도무지 결론이 나지 않았다. 보다 못한 양위팅이 "북방이 단결하지 않으면 결국 남방에 패망할 것이다"라면서 모두 노원수(장쮀린)를 중심으로 하나로 뭉쳐야 한다고 주장했다.

양위팅의 말에 참석자들이 일제히 찬성했다. 이들은 예전에 쑨원이 광저우 군정부의 대원수가 되어 북방에 맞섰던 사례를 본받아 장쮀린을 대원수에 추대하기로 의견을 모았다. 장쭝창은 장쮀린의 비위를 맞출 요량으로 아예 내친김에 황제로 즉위할 것을 제안했다. 물론 장쮀린도 주변의 치켜세움에 우쭐댈 만큼 어리석지는 않았다. 위안스카이의 전례를 모르지 않았던 그는 장쭝창의 허황된 소리를 못 들은 척하면서 대원수 자리도 자신에게는 과분하다고 마다하는 척했다. 눈치 빠른 부하들은 상전의 뜻을 알아차렸다. 펑톈의 주요 간부들이 연명으로 "장쮀린을 안국군 정부 육해군 대원수로 추대한다"는 성명을 발표했다. 위기에 빠진 국가와 도탄에 빠진 인민을 구하기 위해서는 장쮀린이 대원수가 되어야 한다는 것이었다.

그러나 장쮀린은 서두르지 않았다. 그는 베이징의 명망 있는 인사들을 순승왕부로 초빙해 뜻을 물었다. 이견이 있을 리 없었다. 내각 총리이자 임시 집정으로 지난 9개월여 동안 베이징에서 가짜 주인 노릇을 했던 구웨이쥔은 장쭤린의 속내를 알아차리고 현명하게도 스스로 사직하겠다는 뜻을 밝혔다. 그리고 잠시 쉬겠다면서 뒤도 돌아보지 않고 톈진의 영국 조계로 달아났다. 전문 외교관 출신으로 무당파無黨派였던 그는 장쭤린에게 아무런 의리도 없었다. 장쭤린의 간청에 못 이겨 잠시 허수아비 내각을 맡았을 뿐이기에 더 이상 감투에 연연할 이유가 없었다. 또한 대세를 보아하니 어차피 장쭤린 정권이 오래가지 못하리라 예견하고 일찌감치 인연을 끊기로 마음먹었다.

1년 뒤, 장쭤린에게 승리하여 베이징을 점령한 장제스는 구웨이쥔 체포령을 내리고 테스쯔후퉁에 있는 그의 집을 몰수했다. 이곳은 전에 쑨원이 서거한 장소이기도 했다. 장제스를 피해 프랑스로 달아났던 구웨이쥔은 장쉐량의 중재 덕분에 2년 뒤 귀국했다. 그는 얼마 후 만주사변이 일어나자 국제연맹 리턴 조사단 일원으로 현지 조사에 참여했다. 하지만 국제연맹의 무력함을 간파하여 장제스 정권이 '부저항'에서 '항전'으로 방침을 바꾸는 데 큰 역할을 했다. 이후 국제연맹 중국 대표와 주미 대사, 주영 대사를 역임했다. 2차대전 말 루스벨트가 유엔 창설을 추진하자 중국 대표로 참여하기도 했다. 국제사법재판소 판사를 역임한 뒤 미국 뉴욕에서 여생을 보냈다. 그는 중국의 가장 뛰어난 외교관 가운데 한 사람이었다.

주변의 간청에도 한사코 손사래를 치던 장쭤린은 분위기가 적당히 무르익었다고 판단하자 못 이기는 척 만인지상의 자리에 오를 준비를 했다. 그는 6월 17일에 취임할 생각이었다. 그런데 평소 데리고 다니는 점쟁이가 길일이 아니라고 했다. 미신을 좋아하는 장쭤린은 점쟁이의 조언을 무시할 수 없어서 취임식을 하루 연기했다. 이튿날 베이징 시내에는 경축 깃발이 내걸렸고 사방에는 무장한 헌병들과 기관총이 배치되어 경계가 삼엄했다. 하늘에서는 전투기 두 대가 요란한 소리를 내면서 비행했다. 이날 오후 장쭤린은 자신의 방탄차를 타고 순승왕부를 출발해 중난하이의 화이런탕懷仁堂에 도착했다.

화이런탕은 예전 서태후의 거처로, 마오쩌둥 시절에는 공산당 중앙 정치국 회의가 열리는 장소였다. 마오쩌둥이 죽은 뒤에는 덩샤오핑·화궈펑의 쿠데타로 이곳에서 4인방이 체포된다. 지금도 시진핑을 비롯한 주요 지도자들이 모여서 국사를 논하는 장소로 사용되고 있다. 장쭤린은 대원수의 화려한 예복을 입고 주변을 위압했다. 말쑥하게 군복을 차려입은 펑톈군 고위 장교들과 베이징의 주요 인사들이 모두 참석한 가운데 성대한 취임식이 거행되었다. 그는 선서문을 낭독했다. "민주주의와 내정에 온 힘을 쏟을 것이며 외국과의 외교에 노력할 것입니다." 장쭤린은 위안스카이와 리위안홍, 쉬스창, 차오쿤의 뒤를 이어 중국의 최고 지도자가 되었다. 비천한 마적 출신이 난세의 시류에 편승하여 지존의 자리까지 오른 것이다.

장쭤린은 재정총장 판푸潘復를 새로운 총리로 임명했다. 판푸는 전형적인 관료 출신으로 철도와 재정 전문가였다. 이렇다 할 야심이 없으면서 수족으로 부리기에 좋은 인물이었다. 하지만 1년 뒤 장쭤린이 패망하면서 판푸 또한 북양 정권의 마지막 총리로 이름을 남긴다.

중화민국 대원수는 군대의 총사령관이 아니라 베이징 정부를 대표하는 국가원수라는 점에서 이전의 대총통이나 돤치루이가 맡았던 임시 집정과 동격이었다. 그러나 중화민국 약법에 따르면 대총통은 국회를 소집하고 선거를 거쳐 선출되어야 했다. 장쭤린은 합법적인 절차를 무시하고 휘하의 몇몇 군벌에게 의례적인 추대를 받았기에 정통성이 있을 리 없었다. 그는 베이징의 각국 대사들을 초청하여 새로운 정부의 수립을 인정해줄 것을 요청했지만 거절당했다. 그렇다고 열강이 장제스의 난징 정부나 왕징웨이의 우한 정부를 중국의 정통 정부

●── 1927년 6월 18일 대원수에 취임하는 장쭤린. 그러나 정통성이 없는 그는 반쪽짜리 수장에 지나지 않았으며 국민의 지지를 받을 수도 없었다. 장제스의 북벌군이 북상하면서 그는 1년도 되지 않아 대원수 자리에서 내려와야 했다.

로 인정하는 것도 아니었다. 중국이 세 개의 정부로 분열되어 아직은 어느 쪽이 이길지 알 수 없으므로 좀 더 지켜보겠다는 속내였다.

베이징 정부의 총수가 된 장쭤린은 펑톈군과 즈리-산둥 연합군 등 온갖 잡다한 명칭을 사용하던 군대를 '안국군'으로 통일했다. 전군은 7개 방면군으로 재편되었다.

안국군 대원수 장쭤린, 참모장 양위팅
제1방면군 군단장 쑨촨팡: 3개 군(제1군, 제2군, 제3군)
제2방면군 군단장 장쭝창: 16개 군(제1~13군, 제17~19군)
제3방면군 군단장 장쉐량: 5개 군(제8군, 제9군, 제10군, 제15군, 제20군)
제4방면군 군단장 양위팅: 5개 군(제13군, 제14군, 제16군, 제17군, 제29군)

제5방면군 군단장 장쮀 샹: 4개 군(제11군, 제12군, 제30군, 제31군)

제6방면군 군단장 우쿼성: 후방군, 제18사단, 헤이룽장 제1군

제7방면군 군단장 추위푸: 13개 군(제6군, 제14군, 제15군, 제16군, 제20군, 제21군, 제23군, 제25군, 제26군, 제27군, 제28군, 제30군, 제31군)

해군은 발해함대를 재편하여 선훙례가 지휘하는 동북 해군 산하 2개 함대가 있었다. 대소 군함 27척과 장병 3,300여 명, 총배수량 3만 2,200톤에 달했다. 제1함대는 산둥성 칭다오에, 제2함대는 랴오둥반도 남단의 창산다오長山島에 주둔했다. 하얼빈에는 포함 10여 척으로 구성된 강방함대가 있었다. 그 밖에 해군 육전대 2개 대대(8개 중대) 1,200명과 1개 해군 항공대가 있었다. 해군 육전대는 산둥성 칭다오와 옌타이항, 창산열도長山列島(산둥성 위쪽에 있는 열도), 중소 국경의 쑹화강과 헤이룽강의 요지에 배치되어 군항과 함선, 해군 시설의 경비를 맡았다.

제1함대(사령관 선훙례)

-순양함 하이치(4,300톤), 수상기 모함 전하이(2,700톤), 무장 수송선 딩하이定海(1,100톤), 연습함 웨이하이(2,000톤), 포함 장리(550톤), 어뢰정 페이펑飛鵬(120톤)

제2함대(사령관 우즈신吳志馨)

-순양함 하이처우(2,950톤), 순양함 자오화(2,500톤), 구축함 퉁안(400톤), 포함 6척(100~800톤)

동북 공군은 1925년 10월 1일 동북 항공 사령부가 창설되면서 육해군과 동격의 지위를 누리게 되었다. 사령관은 장쉐량이 겸임했다. 1개

비행대대 5개 중대에 항공기는 약 150여 대를 보유했다. 장제스를 비롯한 다른 군벌 진영이 보유한 항공기를 모두 합한 것보다 훨씬 많았으며 대부분 1920년대 초중반에 생산된 신형 항공기였다.

안국군의 전력은 50만 명에 달하여 북벌군과 평위샹·옌시산을 능가했다. 동북 포병은 최강이었으며 전차부대도 있었다. 뒤에는 일본이 버티고 있었다. 중국의 주인이 누가 될지 정하기에는 아직 일렀다. 그러나 장쭤린도 대군을 단숨에 남하시켜 중국을 평정하기에는 역부족이었다. 재정이 파탄지경이었기 때문이다.

1924년만 해도 재정은 비교적 건실하여 연간 세수 2,930만 위안에 1,640만 위안의 흑자를 냈지만, 1926년 한 해 동안 지출이 6,000만 위안을 넘었고 그중 90퍼센트 이상이 군사비였다. 세수로는 도저히 감당할 수 없는 규모였다. 장쭤린은 특별세를 징수하고 염세와 징평철도의 이권을 저당 잡혀 일본에서 거액의 돈을 빌려야 했다. 그는 그동안 여느 군벌들과 달리 아편을 엄격하게 금지했지만, 재정이 궁핍해지자 아편 판매를 허용하고 세금을 거두었다. 또한 군비를 확보하기 위해 동북의 지폐인 평표奉票*를 남발하여 물가가 폭등했다. 1925년 평표의 가치는 은화 1위안 대비 2:1 정도였지만 2년 뒤에는 11:1로, 거의 80퍼센트나 하락했다. 동북 경제가 무너질 판이었다. 민심이 이반하면서 여기저기에서 농민반란이 일어났다.

6월 25일, 장쭤린은 대원수 명의로 전국에 전투를 중지하라는 정전명령을 선포했다. 장제스에게도 전문을 보내 자신은 본래 쑨원과 친

---

* 1905년부터 1931년까지 동북에서 독자적으로 사용했던 지역 지폐. 동북의 중앙은행에 해당하는 동3성 관은호東三省官銀號에서 발행했다. 5위안부터 100위안까지 다양한 지폐가 있었다. 1925년까지만 해도 발행량이 많지 않았으나 장쭤린의 군비 지출이 급격하게 늘어나면서 평표의 발행량도 폭증하여 1927년에는 5억 5,200만 위안, 1928년에는 14억 7,000만 위안에 달했다. 만주사변 이후 사용이 중지되었다.

구였으며 여러 번 중국 통일에 뜻을 함께했으니 우리는 서로 적이 아니라고 주장했다. 그리고 공산당이야말로 공동의 적이므로 함께 힘을 모아 싸우자고 제안했다. 장제스도 수락하는 척하면서 총참의 허청쿤을 베이징으로 보내 남북 평화회담을 논의했다. 그러나 장제스의 목적은 중국을 장쭤린과 양분하자는 것이 아니라 우한과 난징이 대치하는 상황에서 잠시 그의 칼끝을 피하기 위해 시간을 벌려는 것이었다. 어느 한쪽이 굴복하지 않는 한 싸움은 피할 수 없었다. 화평 논의는 깨졌고, 전장에서 자웅을 겨루기로 했다.

＼공산당의 역습

우한 분열로 가장 난처해진 쪽은 우한군 총사령관 탕성즈였다. 그는 그동안 공산당을 동맹 상대로 여겨왔기 때문이다. 북벌군에 귀순한 지 1년도 채 안 된 그는 국민당의 복잡한 사정을 제대로 몰랐고, 국공의 첨예한 갈등과 모순도 이해할 수 없었다. 지난 북벌에서 수많은 공산당원이 자신의 휘하에서 용감하게 싸웠으며 창사를 되찾고 우한을 점령하는 데 이들의 희생이 컸다는 사실 또한 똑똑히 기억하고 있었다. 허난성에서 한창 전투를 벌이는 와중에 창사에 남아 있던 부하들이 마일사변을 일으켜 공산당원을 살해하는 사건이 벌어지자 큰 충격을 받은 탕성즈는 자신과는 무관하며, 장제스의 사주를 받은 자들이 저지른 일이라고 주장했다. 펑위상과 회담을 끝낸 뒤 급히 우한으로 돌아온 그는 관련자들을 엄중히 처벌하겠다고 공언했다.

그러나 탕성즈는 우한 정부의 분위기가 예전과는 전혀 달라졌음을 절감했다. 스탈린이 공산당에 "국민당을 장악하라"는 비밀 지령을 내렸다는 사실이 알려지면서 공산당에 대한 감정이 극도로 격앙되었다. 국민당과 공산당의 결별은 시간문제였다. 또한 마일사변의 배경에는

'반혁명 분자'들의 책동으로 돌리기에는 훨씬 복잡한 사정과 갈등이 있었다. 부하 전부를 적으로 돌릴 수 없었던 탕성즈는 반란을 주도한 제33연대장 쉬커샹에게 가벼운 경고를 내리고 관련자 몇 명을 파면하는 선에서 적당히 덮었다.

탕성즈는 왕징웨이에게도 불만이 있었다. 큰 희생을 치러가며 어렵사리 점령한 허난성의 지배권을 펑위샹에게 양보해야 했기 때문이다. 군사적인 실력에서는 장제스에 뒤지지 않지만 정치적 기반이 취약한 그는 우한 정부의 수장인 왕징웨이에게 복종하지 않을 수 없었다. 그러나 펑위샹은 허난성을 넘겨받자마자 장제스에게 냉큼 붙어버렸다. 탕성즈는 장제스에 대한 원한이 더욱 커졌다. 그는 용공이니 반공이니 따위는 아무래도 좋았다. 오직 숙명의 라이벌인 장제스를 격파해야 했다. 쉬저우에서 장제스와 펑위샹이 회담하던 6월 20일, 탕성즈는 왕징웨이를 부추겨 '장제스 토벌'을 선언했다. 동정군이 조직되었다. 출동 병력은 제3군과 제4군, 제6군, 제11군, 제35군, 제36군 등 8만 명이었다. 우한군 거의 전부였다. 총사령관은 탕성즈. 목표는 장제스의 수도 난징이었다.

7월 13일, 공산당이 우한 정부 탈퇴를 선언했다. 이틀 뒤인 15일에는 왕징웨이도 국공합작을 파기한다고 정식으로 발표했다. 펑위샹은 우한과 난징 양쪽에 전문을 보내 화의를 주선했다. 왕징웨이·탄옌카이·쑨커 등 우한 정부의 지도자들도 찬성한다는 뜻을 밝혔다. 그렇지만 그것이 곧 장제스와의 화해를 의미하지는 않았다. 7월 17일, 탕성즈는 장시성 주장에 총사령부를 설치하고 동정군의 출동을 명령했다. 주력부대를 장쑤성에 집중하고 장쭝창-쑨촨팡의 즈리-산둥 연합군과 대치하고 있던 장제스로서는 허를 찔린 격이었다.

리쭝런은 장제스에게 우한군의 기세가 만만치 않으며 북쪽에는 즈리-산둥 연합군의 정예부대가 있어 양면에서 협공을 받을 수 있으니 쉬저우를 버리고 남쪽으로 물러나자고 건의했다. 그러나 장제스는 단호했다. 그 와중에 7월 24일 쑨촨팡이 3만 명의 병력으로 쉬저우를 기습하여 점령했다. 서쪽에서는 탕성즈의 동정군이 난징을 향해 진군했다. 장제스는 우한과 맞서는 대신 쉬저우 탈환에 나섰다. 그는 "쉬저우를 되찾기 전에는 난징으로 돌아가지 않겠다"고 선언하고 제1군 2개 사단과 허잉친의 제1로군을 지휘하여 7월 29일 쉬저우를 총공격했다. 북벌군의 기세에 즈리-산둥 연합군은 제대로 싸우지도 않고 북쪽으로 물러났다.

장제스는 단숨에 이들을 격파할 생각으로 맹추격에 나섰다. 그러나 함정이었다. 쑨촨팡은 병력을 주변에 매복하고 북벌군이 깊숙이 들어올 때까지 기다렸다가 퇴로를 차단했다. 그리고 사방에서 맹렬한 포격과 사격을 퍼부으며 반격에 나섰다. 왕톈페이王天培의 제10군이 괴멸하는 등 북벌군은 엄청난 타격을 입고 패주했다. 쑨촨팡의 손실은 1만여 명인데 장제스의 손실은 3만 명에 달했다. 그중에서도 장제스 직계부대의 손실이 가장 컸다. 장제스는 급히 패잔병을 수습하여 퇴각했다. 난창의 패배 이래 또 한 번의 뼈저린 참패였다.

그사이 탕성즈의 동정군 주력이 창장을 따라 동진하여 안칭을 점령하고 난징을 위협했다. 장제스의 위신은 땅에 떨어졌다. 상황이 다급하자 리쭝런이 우한과의 협상을 요구하며 장제스더러 자리에서 물러날 것을 종용했다. 장제스는 하루아침에 사면초가에 내몰렸다. 이 와중에 뜻밖의 사건이 일어났다. 탕성즈의 후방인 난창에서 공산당이 반란을 일으킨 것이었다. 탕성즈는 일단 진격을 중지하고 병력을 돌려야 했다.

국공합작이 파기되고 스탈린 노선이 완전히 실패로 끝나자 공산당 지도부는 갈팡질팡했다. 모든 책임은 천두슈에게 떠넘겨졌다. 오랫동안 중국공산당을 이끌어온 그는 소련의 강압으로 쫓겨나듯 자리에서 물러나야 했다. 스탈린과 소련 코민테른에게는 희생양이 필요했기 때문이다. 그러나 한편으로는 천두슈를 비롯한 중국공산당이 자초한 결과이기도 했다. 소련이 내미는 달콤한 원조에 길들여진 나머지 타성에 젖었기 때문이다. 무슨 문제만 생기면 스스로 해결하기보다 모스크바의 지시를 기다리고 코민테른에서 파견한 소련인들의 의견을 물었다. 소련의 지시가 현실과 동떨어지고 중국보다 소련의 이익을 우선하는 것이라도 맹목적으로 복종했다. 훗날 장궈타오는 『나의 회고我的回憶』에서 "우리는 그런 방식에 분개하면서도 체념하고 받아들였다. 코민테른의 지령은 크든 작든 무조건 복종해야만 했다"고 술회했다. 중국공산당은 소련의 꼭두각시나 다름없었다.

스탈린은 여전히 국공합작 유지를 고집했다. 중국공산당이 반격에 나서되, 적은 국민당 전체가 아닌 왕징웨이와 장제스 등 국민당 내 일부 반혁명 세력이어야 한다고 주장했다. 억지나 다름없는 소리였다. 스탈린에게 중국공산당의 사정 따위는 알 바 아니었다. 그의 머릿속에는 골치 아픈 중국 문제로 자신의 체면이 깎이는 것은 피하겠다는 생각밖에 없었다. 그러면서 "나약하고 냉철하지 못한 중국공산당에는 보모가 필요하다"며 자신이 더 철저하게 이끌어야 한다고 생각했다.

스탈린은 보로딘과 로이를 대신하여 오랜 심복이자 코민테른 간부 중 한 사람인 비사리온 로미나제Vissarion Lominadze를 중국으로 보냈다. 또한 천두슈를 대신하여 소련 유학파 출신의 취추바이瞿秋白를 중국공산당의 새로운 지도자로 삼았다. 취추바이는 야심만만했지만 28세에 불과한 애송이였고 경험도 없었다. 또한 혁명가라기보다는 언론인이었다. 펜이라면 몰라도 총을 들고 투쟁할 위인이 아니었다. 스탈린은 나이가 많고 경험이 풍부하면서 뛰어난 인물들을 제쳐두고 자기 뜻에 충실하게 복종할 만한 꼭두각시를 그 자리에 앉혔다.

중국에 도착한 로미나제는 상전처럼 횡포를 부렸다. 그동안의 실패는 중국공산당이 코민테른의 지시를 제대로 따르지 않은 결과라고 호되게 질책했다. 공산당 지도부는 뒤로는 로미나제의 고압적인 태도를 성토하면서도 그 앞에서는 꼬리를 내렸다. 상황이 훨씬 좋을 때도 감히 대들지 못했는데 가뜩이나 궁지에 내몰리고 믿을 구석이라고는 소련밖에 없는 상황에서 군소리를 할 수 있을 리 없었다. 소련 코민테른은 막대한 무기와 자금을 제공할 테니 왕징웨이에게 대항하는 반란을 일으키라고 지시했다. 그러나 소총 1만 5,000정, 탄약 1,000만 발, 중기관총 30정, 산포, 포탄 등의 무기는 공산당이 무장봉기에 성공한 뒤에야 제공될 예정이었다. 반란의 세부 계획은 탁월한 실무자 저우언라이가 맡았다.

첫 번째 봉기 장소로 지목된 곳은 난창이었다. 난창은 우한과 난징의 중간 지점에 해당하는 요충지였다. 때마침 우한군의 주력이 최전선으로 출동하면서 난창의 수비는 허술하기 짝이 없었다. 난창 주변에는 공산당이 움직일 수 있는 부대들이 있었고 병력은 약 3만 명에 달했다. 이 부대들은 대부분 장파쿠이의 제2방면군에 속해 있었다. 장파쿠이는 공산주의자는 아니지만 공산당에 우호적이면서 장제스와는 사이가 나빴다. 봉기를 일으킨다면 충분히 승산이 있다는 것이 저우언라이의 계산이었다. 또한 장파쿠이도 반란에 동참하거나 최소한 중립을 지키리라 기대했다. 장궈타오는 난창이 방어에 불리한 지형이라 지키기 어려운 곳이라며 반대했지만 저우언라이의 고집을 꺾을 수는 없었다. 공산당의 계획은 먼저 난창을 장악하여 장제스와 왕징웨이에게 대항하면서 창사·주장·광저우 등 다른 도시로 봉기를 확산하겠다는 것이었다. 국공합작이 파기되고 국민당에서 추방당했지만, 공산당은 하루아침에 무너지지 않았다. 1923년 1월 420명에 불과했던 공산당의 당원 수는 4년 뒤 제5차 전국대표대회가 열린 1927년 4월 말에는 5만 8,000명에 달했다. 북벌군 내부에도 공산당에 동조하는 장교들이 많았다. 공산당이 도시와 농촌에서 조직한 노동자·농민 협회의 회원 수는 1,000만 명이나 되었다.

공산당원이자 제4군 참모장이었던 예젠잉이 비밀리에 주장으로 가서 제20군장 허룽과 제11군 제24사단장 예팅을 만나서 이들을 회유하고 거사 계획을 전달했다. 난창 공안국장이자 제3군 교도연대장 주더도 동참을 약속했다. 그 외에도 많은 공산당 간부들과 북벌군 내에서 공산주의에 동조하는 장교들이 개인적으로 출발하여 난창으로 모여들었다. 7월 27일에는 저우언라이가 난창에 도착했다. 그는 총지휘부를 조직하고 허룽을 총사령관으로, 예팅을 전선 사령관에 임명했다. 또한 류보청이 참모장을 맡았다. 쓰촨성 출신의 류보청은 청두의 촉군정부장교학당을 졸업했으며 토원전쟁과 군벌전쟁, 북벌전쟁 등 수많은 전투에서 많은 전공을 세웠고, 북벌전쟁 중에는 잠편 제15군의 군장을 맡았다. 그러나 장제스의 정변 이후 반공이 강화되면서 지위가 위태롭게 된 그는 충칭을 탈출하여 공산당의 심장부인 우한 한커우에 숨어 있었다. 주더, 허룽, 예팅과 더불어 공산당의 대표적인 군사 지도자였다.

최초 봉기일은 7월 30일이었다. 그러나 우한에서 장궈타오가 급히 파견되어 거사를 만류했다. 스탈린이 난창봉기를 탐탁지 않게 여긴다는 이유였다. 소련 고문들은 난창 대신 광둥성으로 가 광저우를 점령해야 한다고 주장했다. 그래야 소련의 원조를 받을 수 있다는 이유였다. 하지만 저우언라이를 비롯한 간부들은 이미 난창에서 봉기를 일으킬 준비를 끝냈는데 이제 와서 번복한다는 것은 있을 수 없는 일이라며 반발했다. 그동안 자신들의 의견을 무시하여 일을 이 지경까지 몰고 온 스탈린과 소련 고문들을 향해 참고 억눌러왔던 불만을 한꺼번에 폭발시킨 것이기도 했다. 장궈타오도 우한으로 돌아가는 대신 난창에 남아 거사에 참여하기로 했다. 그 대신 거사일은 하루 늦추어져 8월 1일 새벽 4시로 결정되었다. 7월 31일 밤 저우언라이가 최종 준비를 하는 와중에 허룽으로부터 배반자가 나와 정보가 새어나갔다는 보고가 들어왔다. 어차피 이래 죽으나 저래 죽으나 마찬가지라고 판단한 지도부는 거사를 두 시간 앞당겨 선수를 치기로 했다.

8월 1일 새벽 2시, 칠흑같이 어두운 난창성 내에서 갑자기 적막을 깨는 총소리가 요란하게 울려퍼졌다. 사방에서 거센 함성과 더불어 수많은 병사들이 거리를 메운 채 앞으로 달려나갔다. 하나같이 목에 붉은 머플러를 두르고 왼쪽 팔둑에는 흰 수건을 묶었다. 봉기군임을 알리는 표식이었다. 허룽이 지휘하는 제20군 제1사단과 제2사단이 국민당군 제5방면군 사령부와 장시성 청사가 있는 동쪽의 판타이예먼藩臺衙門과 다스위안大士院으로, 예팅이 지휘하는 제11군 제24사단이 남쪽의 쑹바이항松柏巷으로, 제20군 제2사단 일부와 교도연대가 난창 교외의 신잉판新營房과 다잉판大營房, 라오잉판老營房으로 진격했다. '난창봉기'의 폭발이었다. 반란군 병력은 2만 명에 달했다. 북벌군 중에서 공산당이 움직일 수 있는 거의 모든 병력이 참여했다. 총지휘는 제20군장 허룽이 맡았다. 반란군은 주요 성문과 정부 청사, 기차역, 수비대 병영을 공격했다. 난창 시가지 곳곳에서 4시간에 걸쳐 치열한 전투가 벌어졌다. 해가 뜰 무렵 난창성은 반란군 수중으로 넘어갔다. 3,000여 명의 수비대 중 800여 명이 죽고 나머지는 투항했다. 반란군의 손실은 미미했다. 또한 5,000여 정의 소총과 탄약 70만 발, 대포 몇

문도 손에 넣었다. 이날 오후 녜룽전萬榮臻의 제12군 제25사단도 난창 교외의 마후이링馬回嶺에서 반란을 일으켰다. 이들은 다음 날 난창에 도착하여 합류했다.

난창봉기 당시 봉기군의 주요 전투 서열

■중국공산당 전적前敵 총위원회 서기 저우언라이

-중국공산당 중앙 대표 장궈타오

-위원 리리싼, 윈다이잉, 펑파이

■국민혁명군 제2방면군 총지휘 대리 허룽

-전적 총지휘 대리 예팅, 참모장 류보청劉伯承, 총정치부 주임 궈모루워郭沫若

-제9군: 군장 대리 주더, 당 대표 주커징朱克靖, 교도연대

-제11군: 군장 예팅, 당 대표 녜룽전

 ·제10사단: 사단장 차이팅카이蔡廷鍇, 당 대표 궈옌顧炎

 ·제24사단: 사단장 겸 당 대표 예팅

 ·제25사단: 사단장 저우스디周士第, 당 대표 리수어쉰李碩勛

-제20군: 군장 허룽, 당 대표 랴오첸우廖乾吾

 ·제1사단: 사단장 허진쉰賀錦勛, 당 대표 팡웨이샤方維夏

 ·제2사단: 사단장 친광위안秦光遠, 당 대표 천공陳恭

 ·제3사단: 사단장 저우이췬周逸群, 당 대표 쉬터리徐特立

봉기군 총전력: 3개 군 6개 사단 약 2만 명

난창봉기는 공산당이 주도한 첫 번째 무장 반란이었다. 주더·허룽·예팅·녜룽전·류보청·천이 등 이날 반란에 가담한 사람들은 홍군의 핵심 간부가 됐으며, 훗날 인민해방군 10대 원수에 오르게 된다. 중국 정부는 난창봉기가 일어난 8월 1일을 '인민해방군 창건일'로 기념하고 있다.

난창에서 중국 국민당 혁명위원회가 조직되었다. 덩옌다·허룽·저우언라이·장궈타오 등 공산당과 국민당 좌파 지도자 25명이 참여했다. 그중에는 쑨원의 부인 쑹칭링의 이름도 있었지만 실제로 봉기에 참여하지는 않았다. 그녀는 왕징웨이가 쑨원의 유지를 왜곡한다면서 모스크바로 향하고 있었다. 혁명위원회가 공산당이 아니라 국민당이라는 이름을 내건 이유는 스탈린이 아직도 국공합작 파기를 인정하지 않았기 때문이다. 어쨌거나 난창봉기는 탕성즈의 동정군에게는 생각지도 못한 일이었다. 많은 부대가 이탈하여 반란에 참여한 데다 이들을 진압하기 위해 병력을 되돌릴 수밖에 없었다.

중국공산당에게는 처음으로 소련 코민테른의 지시에서 벗어나 자신들이 주도적으로 거사했다는 점에서 나름의 의미가 있었지만 군사적으로는 자포자기나 다름없었다. 승리는 잠깐일 뿐, 본격적인 반격이 시작되면 잠깐도 버틸 수 없었다. 게다가 소련 코민테른은 공산당에게 난창을 버리고 당장 광둥성으로 남하하라고 지시했다. 봉기군의 전력으로는 어차피 탕성즈에게 쉽게 진압당할 것이 뻔하며, 광저우를 장악해야 안정된 후방을 확보하여 소련의 무기를 원조받을 수 있다는 이유에서였다. 8월 5일, 허룽이 지휘하는 반란군은 난창을 떠나 남하했지만 이는 자멸을 향한 행군이었다. 한여름의 무리한 행군과 식량 부족으로 많은 병사들이 쓰러지거나 도망쳤다.

8월 7일에는 선봉부대인 차이팅카이의 제10사단 5,000여 명이 공산당과의 결별을 선언하고 대열에서 이탈했다. 처음부터 마지못해 반란에 끌려간 데다 도저히 승산이 없다고 본 그는 훈시를 명목으로 모든 장교들을 불러모은 다음 30여 명의 공산당원을 체포하여 그 자리에서 처형했다. 그리고 동쪽으로 물러나 장제스에게 투항했다. 제10사단은 '철군'이라 불릴 만큼 전투력이 우수한 부대로, 나중에 제19로군으로 확대되어 '제1차 상하이사변'에서 일본군을 상대로 명성을 떨친다. 이들의 이탈은 공산당에게 치명타였다.

온갖 어려움에도 불구하고 봉기군은 저우언라이·허룽·주더 등의 탁월한 지휘에 힘입어 남하를 가로막는 현지 부대들을 거듭 격파했다. 8월 25일에는 장시성 루이진을 점령하고, 9월 24일에는 광둥성 산터우에 도착했다. 하지만 사방에서 진압군이 몰려왔다. 그 와중에 스탈린이 또 변덕을 부렸다. 아직까지 국민당 간판을 버리지 않은 것은 우경 기회주의이므로 당장 '중화 소비에트'로 바꾸라는 것이었다. 또한 산터우를 버리고 서쪽의 루펑陸豊과 하이펑 지구로 이동하라고 명령했다. 이곳에서는 공산당 간부 중 한 사람인 펑파이가 농민들을 모아 반란을 일으킨 뒤 수립한 중국 최초의 농민 소비에트 정권이 있었다. 탄펑산과 리리싼이 공산당 지도부에서 해임되고 저우언라이와 장궈타오는 정치국 위원 후보로 강등되었다. 정작 약속했던 무기 원조는 없었다. 그동안 스탈린의 지령에 충실히 복종하던 공산당 지도부는 스탈린이 이제 와서 180도 말을 바꿔 모든 책임을 떠넘기자 아연실색했다. 그렇다고 거역할 수도 없었다.

저우언라이는 최전선으로 나왔다. 그는 예팅의 제24사단을 직접 지휘하여 포위망을 뚫으려고 했다. 9월 28일부터 30일까지 사흘에 걸쳐 산터우 북서쪽에 있는 탕컹전湯坑鎭에서 격전이 벌어졌다. 그러나 진압군은 2만 명이 넘었으며, 유리한 지점을 선점하고 맹렬한 포격을 퍼부었다. 겨우 5,000여 명의 지치고 굶주린 병력으로 정면 돌파한다는 것은 어림도 없는 일이었다. 저우언라이는 무참하게 패했다. 다른 부대도 곳곳에서 패주해 사실상 괴멸했다. 1,300여 명만이 루펑과 하이펑으로 탈출해 펑파이의 농민군과 합류했다. 주더와 천이는 800여 명의 잔여 병력을 이끌고 추격을 피해 북쪽으로 향했다. 저우언라이는 철수작전을 지휘하다가 과로로 쓰러졌다. 그는 홍콩으로 달아나 한동안 몸을 숨긴 채 요양하다가 한참 뒤에야 상하이로 향했다. 그 밖에도 목숨을 건진 많은 공산당원들이 추적을 피해 이 화려한 국제도시의 지하로 숨어들어 후일을 기약했다.

＼권력은 총구에서 나온다

난창봉기가 일어나고 일주일 후인 1927년 8월 7일, 우한에 있는 소련 고문 미하일 라즈모프^{Mikhail Razumov}의 저택에서 공산당 비밀회의가 열렸다. 회의에는 취추바이와 마오쩌둥을 비롯해 후베이성과 후난성에 남아 있던 많은 공산당 간부들이 참여했다. 그중에는 펑위샹에 의해 '예의 바르게' 추방당한 덩샤오핑도 있었다. 이들이 그의 집에 모일 수 있었던 것은 국공합작 파기와는 별개로 우한 정부가 여전히 소련과 관계를 유지하고 있었기 때문이다.

이른바 '8·7회의'에서 로미나제는 공산당 지도부가 중대한 과오를 저질렀다면서 비난의 목소리를 높였다. 소련의 실수에 대해서는 일언반구도 없었지만 취추바이는 중국공산당을 대표하여 자아비판을 했다. 이날 여러 참석자들 중에서 특별히 주목받은 사람은 마오쩌둥이었다. 그는 그동안의 실패가 무력 양성을 무시한 채 민중을 선동하는 데만 전념했기 때문이라고 주장하면서 옛 지도자인 천두슈를 에둘러 비난했다.

지난날 쑨원이 군사에만 전념한다고 비난하면서 막상 우리는 정반대로 군사는 팽개친 채 대중운동에만 전념했다. 장제스와 탕성즈는 모두 총구에서 일어나지 않았나. 우리만 군사에 관심을 두지 않았다. 지금 약간 관심을 두고 있다지만 여전히 확고하지 않다. 추수

폭동은 무력 없이는 불가능하다. 앞으로는 군사 문제에 더욱 노력 해야 한다.

이때 마오쩌둥은 그 유명한 "권력은 총구에서 나온다槍杆子里面出政權"는 말을 남겼다. 입으로는 민심을 거론하면서 실제로는 대중의 지지가 아니라 폭력과 권위에서 권력을 찾으려는 것이 그의 이중성이었다. 또한 자신보다 농촌을 더 잘 아는 사람은 없다고 자부하던 마오쩌둥은 "중국에는 대지주가 적기 때문에 그들의 땅만 몰수해서는 많은 사람들에게 나눠줄 수 없다"면서 모든 농민들의 땅을 모조리 몰수할 것과 빈농과 도시 노동자들을 규합하여 새로운 혁명군을 만들자고 외쳤다. 로미나제조차 그의 주장이 지나치게 과격하고 현실성이 부족하다고 비판했지만, 단호하고 호소력 있는 모습은 마음에 들어했다. 적어도 우유부단하고 배짱이라고는 없는 다른 간부들보다 훨씬 나아 보였다. 두 달 전만 해도 당 서열 30위권에도 들지 못했던 마오쩌둥은 단숨에 지도부의 한 사람이 되었다. 취추바이는 마오쩌둥에게 후난성으로 가서 직접 무장봉기를 지휘하라고 지시했다.

마오쩌둥은 8월 12일 창사에 도착했다. 마일사변 이후 창사에서 공산당 조직은 와해되었다. 창사는 쉬커샹의 부하들이 서슬 퍼렇게 경계하고 있었다. 그러나 마오쩌둥은 수확 시기에 맞춰 "지주 타도에 동참한다면 소작료를 납부할 필요가 없다"고 소작농들을 선동하면 거사에 쉽게 성공할 수 있으리라고 낙관했다. 그는 현지 농민과 광부, 토비, 노동자, 탈영병을 규합하여 군대를 조직했다.

그리하여 '노농 제1군 제1사단'이 조직되었다. 공산당 휘하의 첫 번째 노농 군대로, 훗날 홍군의 근간이 된다. 병력은 4개 연대 5,000명이었다. 황푸군관학교 출신의 공산당원 루더밍盧德銘이 사단장을 맡았다. 그는 본래 우한에서 장파쿠이의 제2방면군 총사령부 경호연대장을 맡은 인물로, 난창봉기에 호응하여 반란을 일으키고 부하들과 함께 후난성으로 왔다. 그러나 봉기군 중에서 루더밍의 경호연대를 개편한 제1연대만이 '진짜' 군대이고 나머지는 주변 농민들과 부랑자들을 모아서 만든 오합지졸이었다. 특히 제4연대는 몇 달 전 우한을 공격하려다 예팅에게 괴멸당한 샤더우인의 패잔병들을 매수했기에 토비와 다를 바 없었다.

'추수봉기'는 9월 9일 광저우와 한커우를 잇는 웨한철도의 북쪽 구간을 파괴하는 것으로 시작되었다. 창사로 향하는 모든 교통이 차단되었다. 9월 12일에는 제2연대가 창사 남서쪽의 리링을 점령했다. 처음에는 봉기가 순조롭게 진행됐지만 곧 반격이 시작되었다. 창사 동쪽의 류양劉陽에서 마오쩌둥의 농민군은 크게 패하여 병력의 3분의 2를 잃었다. 오합지졸이나 다름없는 농민들은 정부군의 공격을 받자마자 사방으로 흩어졌다. 그 와중에 토비 군대인 제4연대가 배반하여 제1연대를 공격하는 추태가 벌어졌다.

결국 마오쩌둥은 창사 근처에도 가보지 못한 채 소수의 패잔병과 함께 남쪽으로 달아났다. 철수 과정 또한 고난의 연속이었으며 도처에서 공격을 받았다. 루더밍은 전사했다. 마오쩌둥도 현지 민병대에게 잡혀 처형될 뻔했지만, 뇌물을 주고 겨우 풀려날 수 있었다. 수백 킬로미터를 행군한 끝에 9월 29일 후난성과 장시성 경계에 있는 융신永新에 간신히 도착했다. 남은 병력은 1,000명도 채 되지 않았다. 마오쩌둥의 야심만만하지만 어설픈 첫 번째 모험은 참담한 실패로 끝났다. 그러나 이때의 뼈저린 경험은 훗날 그를 위대한 대전략가로 거듭나게 했다.

후난성을 벗어난 마오쩌둥은 새로운 보금자리로 징강산井岡山을 선택했다. 징강산은 해발 1,700미터가 넘고 지형이 험준하여 방어에 용이한 천연의 요새였다. 또한 주변에는 농사지을 수 있는 꽤 넓은 땅까지 있어서 자급자족이 가능했다. 그는 앞으로 이곳을 자신의 '양산박'으로 삼기로 했다. 문제는 수백 명의 토비가 벌써 이곳에 자리 잡고 주변 농민들을 지배하고 있었다는 점이다. 마오쩌둥은 무력으로 쳐부수는 대신 뇌물을 주고 회유하여 그들을 같은 편으로 만들었다. 몇 달 뒤에는 주더·천이 등이 이끄는 패잔병들이 도착했다. 징강산에 모인 병력은 1만 8,000여 명이었다. 마오쩌둥과 주더는 중국공농홍군 제4군中國工農紅軍第四軍이라고 일컬었다. 편제는 3개 사단 9개 연대로 구성되었다. 이름만 거창할 뿐, 규율도 없고 엉성하여 녹림의 무리와 다를 바 없었다. 무기는 소총 2,000여 정이 전부였다. 하지만 패잔병 무리라고는 해도 각지의 봉기에 참여했다가 패배한 뒤 스스로의 의지로 남은 자들이었기에 공산당에 대한 충성심과 전의만큼은 높았다.

1928년 12월에는 토벌군에 쫓기던 펑더화이의 홍군 제5군도 징강산에 합류했다. 징강산은 이들을 모두 먹여 살리기에는 땅이 좁았다. 1929년 1월, 마오쩌둥은 주더와 함께 주력부대를 이끌고 동정에 나섰다. 징강산에는 펑더화이가 남았다. 장제스가 군벌들을 쳐부수며 천하의 주인으로서 권좌를 다지는 동안 마오쩌둥의 무리는 장시성과 푸젠성 접경에 있는 소도시 루이진瑞金에 새로운 보금자리를 마련하고 '중앙 소비에트구'라 일컬었다. 이때부터 1937년 8월 제2차 국공합작이 결성될 때까지 10년의 투쟁사를 '제2차 국내혁명전쟁' 또는 '토지혁명전쟁'이라고 일컫는다. 이곳에서 마오쩌둥은 장제스의 막강한 토벌군을 몇 번이나 격파하며 자신의 영웅적인 신화를 시작하게 된다.

마오쩌둥과 달리 창사의 고향에 남은 그의 가족은 운이 없었다. 2년 뒤 아내 양카이후이는 후난 군벌 허젠이 보낸 군인들에게 체포되

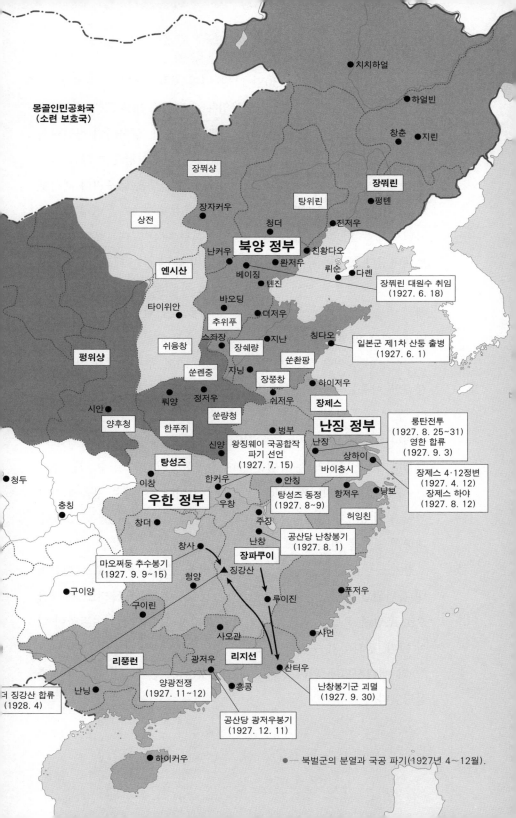

몽골인민공화국
(소련 보호국)

● 치치하얼

● 하얼빈

창춘 ● 지린

장쮀샹

탕위린

장쮀린
● 펑톈

장자커우

상전

청더

진저우

북양 정부

엔시산

난커우 ● 란저우

뤼순 ● 다롄

베이징

톈진

장쮀린 대원수 취임
(1927. 6. 18)

타이위안 ●

바오딩

추위푸

더저우

평위샹

쉬융창

스좌장

장쉐량

지난

칭다오

일본군 제1차 산둥 출병
(1927. 6. 1)

쑨롄중

자닝

장쫑창

쑨촨팡

시안 ●

뤄양

정저우

쉬저우

● 하이저우

양후청

쑨량청

장제스

한푸쥐

벙부

난징 정부

룽탄전투
(1927. 8. 25~31)
영한 합류
(1927. 9. 3)

탕성즈

신양

왕징웨이 국공합작
파기 선언
(1927. 7. 15)

난징

상하이

● 청두

이창

한커우

안칭

바이충시

우한 정부

창더 ●

우창

탕성즈 동정
(1927. 8~9)

항저우

닝보

장제스 4·12정변
(1927. 4. 12)
장제스 하야
(1927. 8. 12)

주장

난창

허잉친

공산당 난창봉기
(1927. 8. 1)

마오쩌둥 추수봉기
(1927. 9. 9~15)

창사

장파쿠이

▲ 징강산

● 구이양

헝양

푸저우 ●

구이린 ●

루이진 ●

리쭝런

사오관

광저우

리지선

샤먼 ●

양광전쟁
(1927. 11~12)

장강산 합류
(1928. 4)

난닝 ●

홍콩 ●

공산당 광저우봉기
(1927. 12. 11)

산터우

난창봉기군 괴멸
(1927. 9. 30)

● 하이커우

● 북벌군의 분열과 국공 파기(1927년 4~12월).

어 혹독한 고문을 받고 1930년 11월 14일 처형당했다. 겨우 8세와 7세, 3세에 불과했던 세 아들 마오안잉毛岸英과 마오안칭毛岸青, 마오안룽毛岸龍은 거지가 되어 몇 년 동안 거리를 떠돌았다. 상하이의 공산당원들이 수소문 끝에 간신히 이들을 찾아냈다. 마오안칭은 머리를 얻어맞아 정신박약아가 되어 있었고, 막내인 마오안룽은 굶주리다 객사했다. 그러나 양카이후이를 배신하고 허쯔전賀子珍이라는 세 번째 부인과 자녀까지 둔 마오쩌둥은 아들들과 상봉하는 대신 그대로 모스크바로 보내버렸다. 양카이후이를 위해서는 묘비를 세우는 데 보태 쓰라고 30위안을 고향으로 보냈을 뿐이다. 몇 년 뒤 허쯔전과 딸 리민도 장칭에게 그 자리를 빼앗기면서 똑같은 운명을 맞이했다. 중국인들이 '혁명'을 위해 희생되었다고 믿는 마오쩌둥 가족 수난사의 일부이다.

공산당이 총력을 기울여 준비한 난창봉기와 추수봉기가 참담하게 실패한 이유는 준비가 부족하고 주변에 동조 세력이 없었기 때문이다. 장파쿠이·탕성즈·청첸·주페이더 등 그동안 공산당에 우호적이었거나 반장제스를 표방하는 군벌들은 대부분 봉기에 참여하기를 거부했다. 40만 명이 넘는 북벌군 중에서 공산당이 움직일 수 있는 부대는 극히 일부에 지나지 않았다. 심지어 차이팅카이처럼 처음에는 봉기에 참여했다가 형세가 불리하다고 판단해 배신하는 경우도 있었다. 대중의 지지를 얻는 데도 실패했다.

장제스는 자신과 공산당의 싸움을 '반소·반공의 싸움'으로 이끌어내 광범위한 연합전선을 구축한 반면, 공산당은 '장제스 타도'의 싸움으로 포장하지 못한 채 산발적인 무장봉기를 일으켰다가 여지없이 박살 났다. 펑파이가 수립한 소비에트 정권 또한 1928년 2월 위한머우孫漢謀의 제11사단에 의해 잔혹하게 진압당했다. 펑파이는 체포되어 총살당했다.

스탈린은 갈팡질팡했다. 그동안 무슨 수를 써서라도 국공합작을 유지해야 한다고 고집을 부리던 그는 9월 19일 원칙을 하루아침에 뒤엎었다. 국민당과 손을 끊고 노동자·농민들을 규합하여 소비에트 정권을 수립하라고 지시한 것이다. 그러나 지시에 복종한 결과는 참담했다. 봉기 참여자들의 태반이 죽거나 체포되면서 괴멸했다. 한때 6만 명에 가까웠던 공산당원의 수는 1927년 말에 이르면 1만 명이 채 되지 않았다. 공산당에는 실로 혹독한 시련이었다. 그러나 이때 어떻게든 목숨을 부지한 사람들이 훗날 천하를 손에 넣고 중화인민공화국의 개국공신과 혁명 원로가 되어 부귀영화를 누렸으니, 어쨌든 살아남고 볼 일이다.

장쮀린의 반격

＼장제스 하야하다

쉬저우의 패배는 장제스를 벼랑 끝으로 내몰았다. 일거에 전세를 역전한 쑨촨팡은 당장이라도 난징을 침공할 태세였다. 서쪽에서는 탕성즈의 우한군이 난징을 향해 진군 중이었다. 난징마저 빼앗긴다면 장제스 정권은 단번에 무너져 발붙일 곳조차 없어질 판이었다. 상황을 호전시킬 수 있는 방법은 난징과 우한이 분열을 끝내고 다시 합치는 것밖에 없었다.

1927년 7월 15일, 왕징웨이가 국공합작 파기를 선언했다. 원래 '영한 분열'의 가장 큰 이유가 공산당 때문이었다는 점에서 양쪽이 더 이상 싸울 이유는 사라진 셈이었다. 펑위샹도 적극적으로 중재에 나서서 난징과 우한 양쪽을 향해 분열을 끝내고 평화적으로 해결하자고 호소했다. 사정이 좋지 않기는 우한도 마찬가지였으므로 두 정부의 재결합은 금방 이루어질 것처럼 보였지만 실제로는 그렇게 간단하지 않았다. 자기 잇속을 우선시하는 계파들의 복잡한 이해타산 때문이었다. 왕징웨이는 통합하는 조건으로 장제스의 하야를 요구했다. 그에게 가장 껄끄러운 상대는 장제스였다. 장제스가 있는 한 '영한 합류寧漢合流'가 이루어진다 해도 자신의 지위는 위태로울 수밖에 없었다. 따라서 분열의 모든 책임을 장제스 한 사람에게 떠넘기고 자신이 국민당 영도자로서 모든 권력을 장악하겠다는 속셈이었다.

패전지장이 되어 난징으로 돌아온 장제스는 리쭝런에게 패배는 전적으로 자기 잘못이라며 솔직하게 인정했다. 리쭝런은 "승패는 병가지상사"라고 위로하면서도 "사령관 스스로 거취를 결정해달라"며 은근히 하야를 종용했다. 두 정부가 통합하는 데 가장 큰 걸림돌인 장제스가 알아서 총대를 메라는 얘기였다. 그 또한 장제스를 밀어내고 자신이 북벌군 총사령관이 되겠다는 야심이 있었다. 장제스의 권위가 땅에 떨어지자 부하들 중에는 그의 명령을 노골적으로 무시하거나 항명하는 자들도 있었다. 북벌군 내에서 장제스·탕성즈와 어깨를 나란히 하는 광시파의 우두머리 리쭝런과 바이충시는 장제스를 밀어내고 주도권을 차지할 수 있는 기회로 여겼다.

장제스는 마침내 하야를 결심했다. 1927년 8월 12일, 국민당 중앙집행위원회 회의에서 장제스는 모든 자리에서 물러나겠다고 선언했다. 그는 북벌군이 분열되어 동지들이 서로에게 총부리를 겨누게 된 것은 모두 자기 책임이며, 우한 정부는 하루라도 빨리 난징으로 합류한 뒤에 힘을 모아서 혁명을 달성해달라고 호소했다. 허잉친과 리쭝런에게는 군사적인 일을 맡아달라고 당부했다. 여러 부하들에게도 "나는 떠나지만 그대들은 당의 명령에 충실히 따라주기 바란다"고 말했다. 후한민을 비롯하여 난징 정부의 요직을 맡고 있던 국민당 원로 5명도 장제스와 함께 자리에서 물러났다.

이튿날 아침, 장제스는 200여 명의 호위병을 데리고 상하이행 열차에 올랐다. 장제스의 첫 번째 하야였다.* 그 시절 몰락한 군벌들이 하야를 선언하고 외국 조계로 달아나 숨어 지내는 것은 흔한 관행이었다. 그렇지만 장제스의 시대가 이대로 끝나리라고 여기는 사람은 없었다. 리위안훙이나 량치차오, 차오쿤과 달리 장제스는 여전히 젊고 혈기 왕성했으며 국민정부에서 막강한 영향력을 행사했다. 북벌군 내에서 거대한 세력을 형성하고 있던 황푸 출신 장교들 역시 여전히 그에게 충성했다.

장제스는 쑨원 시절 처음 북벌군의 참모가 됐을 때부터 황푸군관학교 교장이 될 때까지 무려 13번이나 사직과 복직을 반복했다. 그가 자리를 박차고 나가면 사람들은 앞다투어 돌아오라고 간청하는 식이었고 매번 정치적 승리를 거두었다. 장제스가 황푸군관학교 교장이 될 수 있었던 것도 쑨원에게 자신을 임명하지 않으면 때려치우고 고향으로 돌아가겠다고 엄포를 놓았기 때문이다. 그에게는 그만한 역량과 카리스마가 있었다. 또한 자신을 대신할 만한 사람이 없다는 사실도 잘 알고 있었다.

장제스가 향한 곳은 평화현奉化縣에 있는 고향 마을 시커우溪口. 출세를 꿈꾸며 바오딩육군군관학교에 입학하기 위해 처음 집을 떠날 때 그의 나이는 19세였다. 그 뒤로 꼭 20년이 지난 지금, 장제스는 허공

---

* 장제스는 국민당 지도자 자리에 오른 뒤 세 번의 하야를 선언했다. 첫 번째가 1927년 8월이었다. 4년 뒤인 1931년 12월, 광둥 군벌들이 반란을 일으키고 만주사변까지 일어나자 장제스는 거국일치를 위해 두 번째로 하야를 선언하고 국민정부 주석과 행정원장 자리에서 물러났다. 세 번째는 국공내전 말기인 1949년 1월이었다. 화북과 화중 전역에서 대참패를 당하고 트루먼 행정부가 더 이상 중국을 원조하지 않겠다고 선언하면서 궁지에 몰린 장제스는 하야를 선언하고 부총통 리쭝런에게 권력을 넘겼다. 그러나 장제스가 하야할 때마다 국민당은 지도력을 잃고 더 큰 분열과 혼란에 빠지기 일쑤였다. 얼마 지나지 않아 그는 자신을 끌어낸 사람들의 추대를 받아 화려한 복귀에 성공했다.

의 꿈을 좇는 철부지도 아니고 무명의 청년도 아니었다. 그는 이미 중국에서 가장 주목받는 인물이었다. 가슴속에는 천하 대권의 야심이 꿈틀대고 있었다. 오래전 쑨원이 위안스카이에게 패하여 일본으로 달아났을 때 10여 년 동안 상하이에서 무위도식하며 때가 오기만을 기다렸던 그는 이번에는 일본과 세계 각지를 여행하면서 자신의 견문을 넓힐 생각이었다.

오랜만에 고향으로 돌아온 장제스는 집에 머무르지 않고 마을 뒷산에 있는 쉐더우쓰雪竇寺라는 절에 거처를 마련했다. 첫 번째 부인 마오푸메이毛福梅와 마주치기 싫었기 때문이다. 마오푸메이는 유일한 혈육인 장징궈를 자신의 동의 없이 모스크바로 보냈다는 이유로 장제스를 볼 때마다 원망을 퍼부었다. 그녀는 장제스가 겨우 14세 때 어머니가 맺어준 배필이었다. 그때만 해도 이른 나이에 부모가 짝지어주는 사람과 결혼하는 것이 중국의 오랜 풍습이었다. 당사자들의 의사는 중요하지 않았다. 부부의 사랑보다는 대를 잇고 부모를 봉양하면서 집안 살림을 돌보는 것이 가장 중요했다. 그러나 새로운 시대가 열리면서 도회지에서 신식 교육을 받고 사회적으로 웬만큼 성취를 이룬 남자의 눈에 나이 먹고 무지한 시골 아낙네가 눈에 찰 리 없었다.

쑨원이 26살이나 어린 쑹칭링과 결혼한 것이나, 17살 연하의 여성과 결혼한 작가 루쉰의 경우처럼 사회적으로 성공한 유부남이 조강지처를 버리고 자기 수준에 맞는 교양 있고 젊은 여성을 찾는 것은 그 시절 흔히 볼 수 있는 모습이었다. 두 사람은 벌써 오래전에 이혼했지만 마오푸메이는 여전히 장제스의 본처이면서 장징궈의 어머니이기도 했기에 조상 대대로 내려온 장제스의 집에서 그대로 살고 있었다. 남편에게 강제로 이혼당하고 재혼하지 않은 채 죽을 때까지 시부모를 모시고 자식을 돌보며 의무를 다하는 것이 그 시절 여성들을 속박

●— 장제스의 장남 장징궈(왼쪽)와 첫 번째 부인 마오푸메이(가운데), 며느리 장팡량蔣方良(러시아 이름은 파이나 이파티예브나 바흐레바). 안고 있는 아이는 손자 장샤오원蔣孝文(당시 3세)이다. 1937년 3월 장징궈가 오랜 러시아 생활을 끝내고 고향으로 돌아온 직후에 찍은 사진이다. 마오푸메이는 2년 뒤 일본의 폭격으로 죽었다. 봉건 중국의 전형적인 여성으로 가난한 농민의 딸이자 자기 이름조차 쓸 수 없었던 그녀는 당대 신여성의 대표적인 롤모델 쑹메이링과는 모든 면에서 대조적이었다. 그녀가 좀 더 복이 있었다면 중국 최초의 퍼스트레이디가 되었을지도 모른다. 그러나 남편에게 일찌감치 버림받고 아들과도 거의 시간을 보낼 수 없었던 그녀에게는 그나마 이때가 인생에서 가장 행복한 순간이 아니었을까.

했던 봉건적인 관습이었다. 장제스는 그녀에게 아무런 정도 없었지만 야박하게 내쫓을 수도 없어서 그냥 놔두기로 했다.

　장제스는 새로운 거처에서 아무한테도 방해받지 않고 평소처럼 신체 단련과 명상으로 유유자적했다. 인터뷰를 위해 장제스를 방문한 『뉴욕 타임스』 기자는 기사에 "그의 모습은 이전과는 달랐다. 긴장과 피로감이 전혀 보이지 않았다"고 썼다. 장제스는 기자에게 자신과 중국 혁명은 이미 뗄 수 없는 관계이기에 은퇴할 수 없다고 말했다. 이것이 솔직한 그의 심정이었다. 언제까지고 시골구석에 틀어박혀 있을 생각은 없었다. 한동안 은거하면서 천하의 정세를 지켜보되, 그동안 몸값을 최대한 올려놓을 심산이었다. 장제스가 원하는 것은 두 가지였다. 첫째는 구미 열강을 상대로 중국에서 자신의 지위를 인정받는 것, 둘째는 국내 정재계의 실력자들을 우군으로 끌어들이는 것이었다. 그에게는 나름의 비책이 있었다. 저장성 제일의 권문세가이자 쑨원의 후원자였던 쑹자수의 셋째 딸 쑹메이링과의 결혼이었다.

╲룽탄龍潭의 혈전

장제스가 물러나면서 우한과 난징의 재결합은 급물살을 탔다. 장제스가 하야를 선언한 지 꼭 열흘 뒤인 1927년 8월 22일, 장시성 주장에서 양쪽 정부 대표들이 한자리에 모여 통합을 결정했다. 또한 수도는 난징으로 옮기되 정통성은 우한 정부에 있다는 데 합의했다. 드디어 장제스에게 이겼다고 여긴 왕징웨이는 의기양양해하면서 자신이 쑨원의 진정한 상속자가 됐다고 생각했다.

그러나 착각은 오래가지 않았다. 적은 장제스 한 사람만이 아니었다. 쑨원의 탐욕스러운 아들 쑨커를 비롯해 너도나도 주판을 두드리느라 여념이 없었다. 저마다 기회를 봐서 왕징웨이를 밀어내고 자기가 그 자리를 차지하겠다는 속셈이었다. 장제스를 대신하여 북벌군 총사령관 대리로 임명된 광시파의 땅딸막한 장군 리쭝런도 만만찮은 인물로, 천하에 대한 야심이 있었다. 반면 리지선은 광둥 군벌의 영수이자 장제스에게 호응하여 공산주의자 척결에 앞장섰다. 그는 리쭝런에 대해 장제스의 하야를 강요했다며 비난의 목소리를 높였다. 또한 장제스가 조속히 복직하여 왕징웨이와 연합정권을 맡아야 한다고 주장했다. 결국 리쭝런은 제7군 군장에서 물러나고 광시파 장군들 중에서 비교적 장제스와 가까웠던 샤웨이夏威가 그 자리에 앉았다.

탕성즈는 우한과 난징의 통합을 끝까지 반대했다. 그는 왕징웨이의 정전 명령을 무시한 채 군대를 이끌고 난징을 향해 진군했다. 그는 9월 8일 난징에서 100킬로미터 떨어진 도시 우후를 점령한 뒤 우한의 일부 인사들과 손잡고 자신의 영토인 후난성과 후베이성·안후이성을 지반으로 삼아 새로운 정부를 수립하려고 했다. 정세는 복잡하기 짝이 없었다. 왕징웨이가 진정으로 쑨원의 상속자가 되겠다면 이들을 무력과 권위로 눌러야겠지만 그만한 능력이 없었다. 더욱이 느긋하게 '북벌' 운운할 상황이 아니었다. 장쭤린이 총력을 기울여 반격에 나섰기 때문이다.

장제스가 하야하기 약 보름 전인 7월 29일, 쉬저우에서 장제스를 크게 격파하여 남쪽으로 쫓아버린 쑨촨팡은 펑위샹과의 싸움에서도 큰 승리를 거두었다. 북벌군 제2집단군 총사령관 펑위샹은 허난성에서 장쉐량을 몰아낸 뒤 정저우에 사령부를 두고 장제스와 호응하여 쑨촨팡의 측면을 위협했다. 그는 루중린을 전선 총사령관에 임명하여 약 10만 명의 병력으로 룽하이철도를 따라서 산둥성과 장쑤성을 침공했다. 진원어의 우로군 3만 명이 쉬저우 부근에 육박하고 스유싼의 중로군 2만 명이 지닝에서 장쭝창 휘하의 부대와 격전을 벌였다. 또한 팡전우의 좌로군 4만 명이 산둥성 북쪽의 더저우로 진격했다.

펑위샹의 역습은 장쭤린의 허를 찔렀다. 장쉐량의 제3·제4 방면군은 이미 큰 타격을 입고 즈리성으로 물러났다. 즈리-산둥 연합군 주력부대는 장제스를 추격하여 남하하는 중이었다. 산둥성에 남은 병력은 얼마 되지 않았다. 북쪽에서는 옌시산의 북벌군 제3집단군이 장자커우와 스좌장으로 진출하여 베이징을 남북에서 위협했다. 장쭤린의 위기였다. 북벌군의 분열과 장제스의 하야가 없었더라면 장제스와 펑위샹·옌시산 연합군은 세 방향에서 장쭤린을 격파하고 1927년이 지나기 전에 베이징을 점령하여 북벌전쟁을 끝냈으리라.

쑨촨팡은 신속히 병력을 재배치한 뒤 반격에 나섰다. 8월 7일, 쉬저우 교외에서 그는 진원어를 크게 격파했다. 남쪽에서는 팡전우가 더저우를 함락 직전까지 몰아붙였지만 8월 13일 장쭝창이 제11군을 이끌고 후방을 기습하면서 크게 패했다. 지닝을 잠시 점령했던 스유싼의 중로군도 추위푸의 제7방면군에게 패주하여 차오저우曹州로 퇴각했다. 8월 20일에는 차오저우마저 함락되면서 펑위샹은 산둥성에서 완전히 쫓겨났다. 8월 말이 되면 펑위샹의 모든 공세가 격퇴당했다.

위기는 지나갔다. 안국군의 손실은 5,000여 명에 불과한 반면, 펑위샹은 3만 명이 넘는 병력을 잃었다. 두 달 전만 해도 북벌군의 기세가 하늘을 찌르며 장쭤린은 사면초가에 몰렸다. 하지만 쑨촨팡이 장제스와 펑위샹을 연달아 격파함으로써 자신의 실력을 증명했다. 전세는 다시 역전되었다. 산둥성의 전황이 위험해지자 일본군 제33여단 3,000여 명이 지난濟南으로 출동하여 직접 북벌군과 싸울 준비를 했다. 그러나 장제스가 하야하고 펑위샹 또한 퇴각하면서 다나카 내각은 출병을 취소했다. 9월 8일, 산둥성의 모든 일본군은 철수했다. 그러나 국내외의 여론을 고려한 일보 후퇴일 뿐 중국 침략을 포기한 것은 아니었다. 언제라도 기회를 봐서 더 크게 판을 벌일 속셈이었다.

장제스의 하야 소식은 베이징에도 전해졌다. 장쭤린은 반격의 호기가 왔다고 생각했다. 그는 안국군 제1방면군 총사령관 쑨촨팡에게 난징 탈환을 명령했다. 난징 탈환은 쑨촨팡이 가장 바라는 일이기도 했다. 그는 굳이 장쭤린의 명령을 기다릴 것도 없이 펑위샹을 격파하자마자 난징을 향해 병력을 남하시켰다. 8월 18일, 선봉이 푸커우浦口에 당도하여 난징을 지척에 두었다. 이어서 주력부대가 양저우揚州에 집결했다. 창장 북안은 쑨촨팡의 병사들로 가득했다. 총병력은 11개 사단과 6개 혼성여단 6만 명. 그중에는 중장갑과 다수의 야포로 중무장한 '즈리', '후베이' 두 대의 장갑열차도 있었다.

쑨촨팡에게 난징은 옛 근거지였다. 이번 기회에 잃었던 영토를 되찾는 것은 물론 북벌군 주력에 일대 타격을 가할 생각이었다. 난징의 수비를 맡고 있던 리쭝런도 결전을 각오했다. 창장 이북의 모든 거점을 포기하고 병력을 창장 남안으로 후퇴시켜 난징 주변에 집중시켰다. 난징 주변에 집결한 북벌군은 5개 군 15개 사단 10만 명. 양군은 창장을 사이에 두고 대치했다. 쌍방의 전력은 다음과 같다.

5성 연합군 사령관 겸 안국군 제1방면군 총사령관 쑨촨팡
■제1로군: 사령관 정준옌鄭俊彦
-제3사단, 제7사단, 제10사단, 제14사단
■제2로군: 사령관 류스린劉士林
-제4사단, 제8사단, 제9사단, 제11사단, 제12사단, 제13사단
■제3로군: 사령관 마위런馬玉仁
-장쑤 제3사단

북벌군 총사령관 대리 리쭝런
■제1로군: 사령관 허잉친
-제1군(제2사단, 제22사단), 제14군(제1사단, 제2사단), 제17군(제1사단, 제2사단, 제3사단), 제41군(제91사단, 제92사단, 제93사단), 제44군(제1사단, 제2사단)
■제3로군: 사령관 리쭝런
-제7군(제1사단, 제2사단, 제3사단)

쑨촨팡은 난징 탈환에 총력을 기울였다. 북벌군 또한 난징에서 한 발짝도 물러설 수 없었다. 북방에서 펑위샹이 패배한 데다 난징마저 빼앗긴다면 군사적으로는 물론 정치적으로도 치명타였다. 북벌이 일

장춘몽으로 끝날 수도 있었다. 쌍방은 그야말로 사활을 걸었다.

그동안의 연전연승으로 기세등등한 쑨촨팡과 달리, 난징에 집결한 북벌군의 수는 10만 명이나 됐지만 태반이 북쪽에서 철수한 패잔병이거나 투항한 군벌 군대였다. 무기도 빈약하고 전의도 형편없었다. 이들 중 상당수는 예전에 쑨촨팡의 부하였다가 북벌군으로 갈아탄 자들이었다. 언제 또다시 배신할지 알 수 없었다. 실질적인 전력은 제1군과 제7군 3만 명 정도였지만, 그중에서 제1군의 주력인 4개 사단(제1사단, 제3사단, 제14사단, 제21사단)은 상하이와 항저우 방어를 맡고 있었다. 난징에는 제2사단 일부와 제22사단 그리고 샤웨이의 제7군만이 있었다. 또한 난징 주변의 철도가 완전히 복구되지 않은 탓에 후방의 병력을 신속히 증원하여 방어선을 강화할 여유도 없었다. 전세는 매우 불리했다.

8월 25일 새벽, 쑨촨팡의 주력부대는 포병의 엄호를 받으며 일제히 도강에 나섰다. 주장에서 '영한 합류'를 놓고 우한 측과의 협상에 참여하고 있던 리쭝런은 보고를 받자 군함을 타고 부랴부랴 난징으로 돌아왔다. 창장에서는 병사를 가득 태운 쑨촨팡군의 바지선들이 강을 건너고 있었다. 수비대는 적군의 선단을 향해 맹렬한 사격을 퍼부었다. 또한 천사오콴의 지휘 아래 1,900톤급 연습순양함 퉁지와 포함들이 출동하여 적군의 도하를 차단했다. 사방에서 포탄과 총알이 빗발치고 물기둥이 치솟았다.

희생이 늘어나자 쑨촨팡도 쉽사리 방어선을 돌파할 수 없다고 판단했다. 그는 일단 도하를 중지하고 병력을 후퇴시켰다. 이날 밤 창장에 안개가 자욱하게 깔렸다. 기회였다. 맹렬한 포격과 함께 재차 도강에 나선 쑨촨팡은 북벌군 제22사단 일부를 격파했다. 그리고 난징 동쪽 교외에 있는 우룽산烏龍山을 점령하여 교두보를 마련하는 데 성공했다. 방어선의 일각이 무너졌다. 쑨촨팡은 제4사단·제11사단·제12사단 등 3개 사단을 추가로 투입하여 교두보를 강화하는 한편, 남쪽의 룽탄역을 점령했다. 이 때문에 난징과 상하이의 병참선이 차단되었다. 허잉친은 제22사단을 난징으로 후퇴시켰다.

8월 27일, 쑨촨팡의 주력부대가 일제히 도강했다. 리쭝런과 허잉친도 반격에 나섰다. 룽탄에서 리옌녠李延年이 지휘하는 제2사단 제5연대가 쑨촨팡군의 제19여단을 괴멸하고 여단장을 비롯한 1,000여 명을 포로로 잡았다. 그러나 쑨촨팡은 병력을 증원한 뒤 야습하여 룽탄을 재차 점령했다. 또한 자신이 직접 병력을 이끌고 치샤산棲霞山을 기습 점령했다. 난징 주변의 고지들이 차례로 쑨촨팡 수중에 넘어가면서 승패는 기울었다. 난징 함락도 시간문제였다.

쑨촨팡은 룽탄의 시멘트공장에 사령부를 두고 난징 공격을 준비했다. 그는 결사의 각오로 배수의 진을 쳤다. 병사들에게 사흘치의 말린 식량이 보급되었다. 8월 30일 밤, 드디어 그는 난징에 대한 총공격을 명령했다. 그런데 쑨촨팡의 군대가 막 공격을 시작하려던 찰나, 동쪽에서 바이충시가 지휘하는 제1군 3개 사단이 갑자기 나타났다. 그는 전장을 점령하고 쑨촨팡군의 배후를 위협했다. 등 뒤에서 장제스 직계의 최정예부대가 육박해오자 쑨촨팡도 대경실색했다. 또한 제7군이 격전 끝에 우룽산과 치샤산을 탈환하면서 쑨촨팡군의 퇴로가 차단되었다. 후방에서는 제14군·제17군·제19군·제40군·제44군 등이 속속 증원되어 북벌군의 전력은 빠르게 강화되고 쑨촨팡을 앞뒤로 협공했다. 전세는 역전되었다.

8월 31일 새벽 5시, 해군의 엄호 아래 허잉친과 리쭝런이 지휘하는 북벌군 제1군·제7군·제19군과 바이충시의 3개 사단이 세 방향에서 총반격에 나섰다. 10개 사단 6만 명에 이르는 병력이었다. 천지량陳季

軍의 제1함대도 창장의 통제권을 장악한 채 쑨촨팡군의 진지를 향해 포문을 열었다. 쑨촨팡군은 곳곳에서 고립되면서 무너졌다. 전사자가 2만 명에 포로가 4만 명이나 되었다. 괴멸이나 다름없었다. 이들이 버리고 간 소총 3만 정을 비롯하여 막대한 무기와 군수품도 노획되었다. 쑨촨팡은 작은 배에 몸을 숨기고 강을 건너서 간신히 북쪽으로 달아날 수 있었다. 퇴각에 성공한 병력은 수천 명에 불과했다. 북벌군의 손실도 적지 않았다. 사상자가 8,000여 명이나 되었다. 그중에는 황푸 군관학교 생도 5기생이 500여 명이나 포함되었다. 바이충시는 훗날 "북벌에서 가장 어려웠던 싸움"이라고 회고했다. 룽탄전투는 그동안 팽팽하던 북벌전쟁의 승패에 완전히 쐐기를 박았다.

쑨촨팡이 패했다는 소식을 들은 장쭤린은 하늘이 무너지는 것 같았다. 9월 3일, 그는 대원수부에서 급히 군사회의를 열었다. 상황은 최악이었다. 쑨촨팡군은 완전히 괴멸했다. 반격은커녕 더 이상 북벌군의 북상을 막아낼 능력을 상실했다. 게다가 열흘 전인 8월 22일에는 난징과 우한의 타협이 성사되었다. 다시 하나가 된 북벌군의 창끝이 어디로 향할지는 두말할 필요도 없었다. 옌시산도 등을 돌렸다. 북벌군과 펑위샹·옌시산이 삼면에서 진군해온다면 어떻게 막을 것인가. 장쭤린은 부하들에게 그동안의 손실이 너무 크기 때문에 일단 산둥성으로 물러나 수비를 고수하면서 기회를 엿봐야 한다고 말했다. 그러나 산전수전 다 겪은 그도 이미 쇠락하기 시작한 운명을 만회할 방법은 없었다.

탕성즈 몰락하다

룽탄의 전투가 끝나고 사흘 뒤인 9월 3일, 왕징웨이와 우한 정부의 지도자들이 난징으로 왔다. 분열은 끝났지만 통합은 쉽지 않았다. 난징과 우한이 하나가 된다는 원칙에는 누구도 이견이 없었다. 하지만 정치적 지분을 놓고 서로의 이해관계가 첨예하게 대립했기 때문이다. 국민당은 크게 세 파벌, 즉 난징 정부와 우한 정부 그리고 상하이의 시산회의파로 나뉘었다. 9월 11일 상하이에서 열린 회의에서 각 파벌은 서로 자신에게 정통성이 있다고 주장하며 주도권 싸움에서 한 치도 양보하지 않았다. 오랜 논쟁 끝에 쑨커의 제안에 따라 3개 정파가 대등하게 참여하는 집단지도체제를 구성하기로 했다.

　최고 지도부는 난징 정부의 대표인 차이위안페이, 우한 정부의 대표인 왕징웨이, 시산회의파의 대표인 셰츠 3명으로 구성되었다. 또한 왕징웨이·후한민·차이위안페이·탄옌카이·리례쥔 5명이 상무위원常務委員으로 선출되었다. 국민당은 다시 하나가 되었다. 중국 역사에서는 '영한 합류'라고 한다. 그러나 왕징웨이는 만족할 수 없었다. 그의 본래 구상은 장제스가 없는 난징 정부를 자신의 우한 정부가 일방적으로 흡수하는 것이었다. 결과적으로 전체 지분의 3분의 1만 차지한 셈이었다. 우한 정부의 정통성이 부정당한 것과 다름없었다. 게다가 장제스와 달리 휘하에 병사 한 명 없는 왕징웨이는 군부를 장악할 방법이 없었다. 군대의 충성이 뒷받침되지 않는 정부는 껍데기였다.

　계산이 완전히 빗나간 왕징웨이는 분을 참지 못하고 사직을 선언한 후 뒤도 돌아보지 않고 우한으로 돌아갔다. 우한 정부의 대표들 또한 참여를 거부하면서 통합 정부는 반쪽짜리가 되었다. 왕징웨이의 눈은 새삼스레 장제스의 고향 펑화로 향했다. 자기가 내쫓은 장제스와의 합종연횡을 떠올렸다. 장제스는 고향에 칩거 중이었지만, 여전히 군부 내에서 강력한 영향력이 있었다. 장제스는 왕징웨이의 명망이 필요했고, 왕징웨이는 장제스의 무력이 필요했다. 정계의 수장 왕징웨이와 군부의 수장 장제스가 손을 잡는다면 아무도 대적할 수 없다. 둘

사이에는 양립하기 어려운 감정의 골이 있긴 하지만, 어차피 정치에
는 영원한 적도 친구도 없는 법이 아닌가.

9월 20일에는 항저우에서 장제스 지지자들이 그의 복귀를 요구하
는 대규모 시위를 벌였다. 또한 그동안 장제스의 강력한 지원자 역할
을 하던 저장 재벌들이 등을 돌리면서 난징 정부의 재정난은 악화했
다. 결국 장제스 없이는 국민당도 북벌도 없었다. 장제스는 하야한 지
한 달도 안 되어 몸값이 천정부지로 치솟았다. 그러나 장제스는 아직
때가 아니라며 출국을 결심했다. 그는 주변의 만류를 무릅쓰고 "나는
앞으로 5년 동안 공부에 전념하겠다"고 선언한 뒤 9월 22일 고향을
떠나 상하이로 향했다. 그리고 9월 28일, 일본 나가사키로 향하는 배
에 올랐다. 곁에는 장췬張群이 동행했다. 장췬은 장제스보다 2살 아래
로, 도쿄진무학교 시절부터 함께해온 오랜 측근이었다. 장제스는 일
본과 미국·독일·프랑스·영국·이탈리아·터키 등을 돌면서 정치·경
제·군사·혁명의 역사를 배우고 견문을 넓힌 다음 돌아오겠다고 스스
로 다짐했지만, 중국의 정세는 한 치 앞을 내다볼 수 없는 상황이었
다. 세상이 그를 가만히 놓아둘지는 아무도 알 수 없었다.

탕성즈는 영한 합류를 끝까지 반대하고 9월 21일 우한에서 '우한
정부 분회'를 조직했다. 그는 장제스가 하야한 뒤 자신이 북벌군의 새
로운 총수가 될 속셈이었지만 리쭝런에게 그 자리를 빼앗기자 불만을
품었다. 탕성즈는 제35군 군장 허젠을 안후이성 주석으로 임명하고,
류싱劉興의 제36군을 동진시켜 우후와 이청宣城을 점령하고 난징을 위
협했다. 난징 정부는 탕성즈를 설득하려다 실패하자, 10월 18일 그의
모든 직위를 박탈하고 토벌을 결의했다.

이청에서 청첸의 제6군과 류싱의 제36군이 충돌하면서 '영한전쟁寧
漢戰爭'이 시작되었다. 탕성즈도 창장을 따라 난징으로 진격했다. 그러

나 그에게 호응하는 세력은 없었다. 북쪽에서는 펑위샹이 우한을 위협하고 동쪽에서는 리쭝런과 청첸이, 남쪽에서는 리지선과 주페이더가 협공했다. 10월 23일에는 후난성 주석이자 제2군장인 루디핑이 난징 정부에 귀순한 뒤 탕성즈에게 총부리를 돌렸다. 11월 15일에는 청첸의 제6군이 우창에, 이튿날에는 리쭝런이 한커우에 입성했다.

탕성즈는 잔여 병력을 이끌고 창사로 물러났다. 그는 하야한다는 조건으로 강화를 요청하면서도 부하들에게는 끝까지 싸우겠다고 큰소리쳤다. 잠시 멈추었던 싸움은 장제스의 복직과 강화회담의 결렬로 1928년 1월 15일 바이충시의 총공격과 함께 다시 시작되었다. 창사와 헝양, 헝산 등 후난성의 요충지들이 줄줄이 함락되고 부하들 또한 이탈하여 바이충시에게 투항했다. 고립무원의 처지가 된 탕성즈는 하야를 선언하고 일본으로 달아났다. 한때 장제스와 어깨를 겨루던 탕성즈로서는 어이없는 몰락이었다. 후난성의 지방 군벌에 불과한 그가 명분도 없이 국민정부와 북벌군 전체를 적으로 돌려서 이길 수는 없는 노릇이었다. 왕징웨이와 우한 정부의 인사들도 모두 등을 돌렸다. 부하들마저 배신하자 변변히 싸워보지도 못하고 패망한 셈이다. 탕성즈는 북벌전쟁이 끝난 뒤에야 귀국하여 장제스의 용서를 받고 군사참의원 원장과 제5로군 총사령관에 임명되었다. 그러나 중원대전이 일어나자 이번에는 펑위샹·리쭝런과 손잡고 반장제스 진영에 가담했지만 또다시 패배하여 두 번째 망명의 길을 떠났다. 망명 생활은 길지 않았지만 남은 지반을 모두 잃어버린 이상 정치적 생명은 끝난 것이나 다름없었다.

그 뒤로 탕성즈는 실권 없는 한직을 돌다가 중일전쟁이 일어난 뒤 자청해서 난징 방어전을 지휘했다. 그러나 예전의 탁월했던 모습은 남아 있지 않았다. 아편과 약에 찌든 그는 졸렬한 지휘로 전군을 괴멸시키고 '난징 대학살'을 방조하여 국내외의 엄청난 비난을 받았다. 국공내전 말기에는 공산당으로 전향하여 후난성을 공산군에게 넘겼다. 그 공으로 후난성 부성장과 전인대 대표, 국방위원회 위원 등을 지냈다. 비교적 안락한 노년을 보내던 탕성즈는 문화대혁명이 일어난 뒤 우파로 몰려서 홍위병들에게 박해받았다. 그 충격으로 지병이 도지면서 1970년 4월 6일 81세의 나이로 사망했다.

탕성즈를 대신하여 북벌군의 새로운 실세로 등장한 사람은 광시 군벌의 수장 리쭝런이었다. 그동안 일개 군장으로 장제스와 탕성즈의 그늘에 가려 있던 그는 룽탄에서 쑨촨팡을 격파하여 난징을 위기에서 구해냈다. 이어서 탕성즈마저 패배시켰다. 탕성즈의 잔여 병력까지 흡수하면서 세력이 비약적으로 커졌다. 리쭝런의 지위와 실력은 장제스에 필적했다. 북벌전쟁이 끝난 뒤 그는 남방 군벌들을 규합하여 장제스와 패권을 다투게 된다.

＼독가스를 쓰다

북쪽에서는 룽하이철도 주변에서 펑위샹과 장쭝창 사이에 치열한 혈전이 이어지고 있었다. 난징에서 쑨촨팡이 크게 패하자 펑위샹은 병력을 재편한 뒤 다시 반격에 나섰다. 9월 29일, 옌시산도 펑위샹에게 호응하여 장쭤린 토벌을 선언하고 5개 군을 출동시켰다. 옌시산이 직접 주력부대를 지휘하여 징한철도를 따라 스좌장으로 진격했다. 다퉁을 출발한 상전의 제1군은 징쑤이철도를 따라 동진하여 10월 3일 장자커우를 점령했다. 장쭤린도 가만히 있지 않았다. 장쉐량의 제3·제4방면군을 돌려서 옌시산의 주력을 막게 하고, 상전에 대해서는 장쭤샹의 제5방면군으로 막게 했다.

10월 8일, 모든 전선에 걸쳐 펑톈군의 공세가 시작되었다. 그동안 변변한 전투 한번 해보지 않은 산시군이 실전으로 단련된 평톈의 강병들을 상대할 수는 없었다. 평위샹과 장쭤린이 싸우는 동안 어부지리를 얻을 속셈이었던 옌시산은 여지없이 얻어맞고 산시성의 입구인 냥쯔관娘子關으로 후퇴했다. 산시군은 타이항산맥의 험준한 지형을 따라서 강력한 방어선을 구축했다. 평톈군도 산시군의 방어선을 쉽사리 돌파할 수는 없었다. 양군은 접경지대에서 대치했다. 그사이 푸쭤이傳作義가 이끄는 산시군 제4사단이 출격하여 10월 12일 쥐저우涿州를 점령했다. 쥐저우는 베이징에서 남쪽으로 100킬로미터 떨어진 곳에 있는 요충지였다.

턱밑을 위협받은 장쭤린이 그냥 두고 볼 리 없었다. 장쉐량이 직접 최정예부대를 이끌고 탈환에 나섰다. 제15사단과 제23사단, 포병 제6여단 등 3만 명의 병력이 쥐저우성을 완전히 포위했다. 푸쭤이는 궁지에 몰린 쥐가 되었다. 성내의 산시군은 7,000여 명에 불과했다. 퇴로는 차단되고 증원부대가 올 가능성도 없었기에 함락은 시간문제였다. 장쉐량은 일본제 38식 150mm 유탄포와 항공기의 엄호 아래 맹렬한 공격을 퍼부었다. 그러나 명장 푸쭤이의 독전으로 성은 쉽사리 함락되지 않았다. 비장의 무기인 장갑열차와 전차대대까지 투입했지만 그때마다 격퇴당하고, 귀중한 전차만 3대나 잃었다.

남쪽에서는 앞에서 언급한 바와 같이 평위샹이 산둥성으로 출병했다가 제2방면군 사령관 진원어·류전화 등이 장쫑창과 내통하면서 크게 패했다. 이들은 본래 우페이푸의 부하였다가 평위샹에게 투항한 자들이었다. 지조도 신의도 없이 눈앞의 이익만 좇는 소인배들이었다. 11월 2일, 정저우 북쪽의 란펑이 함락되면서 3만 명이 항복하고 막대한 탄약과 군수품마저 빼앗겼다. 평위샹으로서는 치명타였다. 장쫑창은 여세를 몰아 평위샹을 완전히 끝장낼 요량으로 13만 명에 이르는 병력을 동원해 진격했다. 11월 16일, 펑위샹은 모든 병력을 허난성 남부의 구이더와 탕산陽山에 집결시켜 장쭝창과 일대 결전을 벌였다. 사흘에 걸친 혈전에서 장쭝창은 크게 패하여 9개 군 5만 명이 일거에 괴멸했다.

전세는 단숨에 역전되었다. 11월 24일, 펑위샹은 허난성과 산둥성 접경의 카오청에서 장쭝창군의 잔여 병력을 포위 섬멸하고 2만 명을 포로로 잡았다. 그 여세를 몰아 장쑤성을 침공한 뒤 장쭝창의 사령부가 있는 쉬저우까지 포위했다. 남쪽에서는 허잉친의 제1군이 진푸철도를 따라 북상했다. 펑위샹과 허잉친은 쉬저우를 협공하여 12월 16일 점령했다. 장쭝창과 쑨촨팡은 거의 모든 병력을 잃고 겨우 목숨만 건져 산둥성으로 달아났다. 장쭤린에게는 룽탄의 패배 이래 또 한 번의 참패였다. 그 와중에도 쥐저우의 포위전은 계속되고 있었다.

장쉐량은 도저히 방법이 없자 이번에는 독가스 무기를 동원했다. 유럽 전쟁에서 악명을 떨친 독가스는 중국 내전에서는 거의 사용된 적이 없었다. 1925년 장쭤린은 독일 화학자들을 초빙하여 펑톈에 화학병공창을 설립했다. 중국 최초의 화학공장이었다. 그리고 염소가스와 머스터드가스, 포스겐 등 유럽 전선에서 악명을 떨친 독가스 생산에 착수했다. 독가스는 허난성에서 벌어진 우페이푸와의 전투에 처음 사용되었다.

1927년 11월 28일, 펑톈군 포병들은 독가스가 담긴 포탄을 박격포로 쥐저우성을 향해 발사했다. 500발에 달하는 독가스탄이 성안으로 떨어졌다. 중국 내전을 통틀어 독가스가 실전에서 대량으로 사용된 처음이자 마지막 사례였다. 아무 대비 없이 독가스 공격을 당한 산시군 병사들은 대혼란에 빠졌지만, 방어는 여전히 굳건했다. 그러나 3개월에 걸친 포위로 식량과 탄약이 떨어지면서 쥐저우성 사람들은 아사

직전에 몰렸다. 1928년 1월 12일, 수비대는 백기를 들었다.

구원에 실패한 옌시산은 체면이 말이 아니었지만 푸쮜이가 장쉐량을 붙들어둔 덕분에 산시성이 침공당하는 일은 막았다. 장쉐량은 자신을 고전하게 만든 푸쮜이를 환대하여 아량을 보여주려 했다. 그러나 푸쮜이는 기회를 엿보다 탈출한 뒤 산시성으로 돌아갔다. 옌시산은 그를 제5군단 사령관에 임명했다. 장쮜린은 가장 허약한 옌시산에게는 승리했지만 서쪽과 남쪽에서 완패했다. 북벌군은 전열을 정비한 뒤 총공격을 준비했다. 이제 장제스의 귀환도 시간문제였다.

장제스 시대 열리다

＼일본을 방문하다

1927년 9월 28일, 장제스는 일본의 국제항구 나가사키에 발을 디뎠다. 중국을 떠난 그가 제일 먼저 일본을 방문한 이유는 두 사람의 중요한 인물을 만나기 위해서였다. 이 만남은 장제스 자신의 운명은 물론, 훗날 중국과 전 세계의 역사까지 좌우하게 된다.

첫 번째는 일본의 수장인 다나카 기이치였다. 그는 쇼와 금융공황의 책임을 지고 사임한 와카쓰키 레이지로를 대신하여 새로운 총리로 임명되었다. 야마가타 아리토모와 같은 조슈번 출신인 그는, 문관 출신이며 비교적 온건파였던 전임자와 달리 육군대신을 지낸 군부의 원로로 청일전쟁과 러일전쟁에 종군했고 시베리아 출병을 강행하는 등 대표적인 군국주의자였다. 또한 이토 히로부미가 결성한 극우 정당인 입헌정우회의 총재이기도 했으며, 1924년에는 대일본연합청년단을 조직해 학생들에게 군국주의 사상을 주입하는 데 앞장섰다.

●— 본격적인 일본 군국주의 시대를 연 다나카 내각(왼쪽에서 다섯 번째가 다나카 기이치). 그러나 다나카의 허황된 야심은 공명심에 가득 찬 젊은 장교들의 모험주의를 부추기는 꼴이 되었다. 결국에는 정부의 수장이자 군의 원로인 그조차 군부를 통제할 수 없게 되었다. 이때부터 일본은 폭주하기 시작해 브레이크 없이 태평양전쟁까지 내달리게 된다.

　　지난 몇 년 동안 시데하라 기주로幣原喜重郎의 '협조 외교'로 중일 양국의 관계는 비교적 평화를 누렸다. 이토 히로부미, 야마가타 아리토모를 비롯해 침략전쟁에 앞장섰던 정계와 군부의 원로들은 모두 죽거나 늙고 쇠진하여 물러났다. 일본은 봉건적인 족벌정치에서 벗어나 대중에 의한 정당정치와 의회민주주의를 실현하고 경제적으로 눈부신 성장을 이룩했다. 군비가 축소되었으며 군부의 영향력은 위축되어 국민의 눈치를 보았다. 일본인들로서는 메이지유신 이래 처음으로 맛보는 평화로운 시대였다. 조선에 대한 지배 또한 무단통치에서 문치文治로 전환한 시기였다. 외무장관 시데하라는 1924년 7월 '시데하라 3원칙'을 선언하여 중국의 주권과 영토를 존중하고 내정에 간섭하지 않겠다고 약속했다. 중국에서 군벌들의 항쟁이 격화하고 있었음에도 일본이 적극적으로 간섭에 나서지 않은 이유는 이 때문이었다. 5·4운동이래 극도로 나빠졌던 양국 관계도 모처럼 봄을 맞이하는 듯 보였다.

그러나 평화는 오래가지 못했다. 1926년 12월 25일 쇼와 천황의 즉위 그리고 5개월 뒤 다나카 내각의 출범은 '다이쇼 데모크라시'의 종식과 본격적인 군국주의 시대를 알리는 신호탄이었다. 다나카는 일본을 좌지우지하면서 침략전쟁을 벌이다 끝내 패망으로 몰아넣은 '쇼와 군벌'의 시작이었다. 그동안 시데하라 외교를 연약하다고 비난해온 그는 총리가 되자마자 자신과 뜻이 맞는 강경파로 내각을 채워넣었다. 대표적인 인물이 동3성을 중국에서 분리해 일본이 지배해야 한다고 주장하던 외무차관 모리 가쿠森恪, 관동군 사령관으로 육군대신이 된 시라카와 요시노리 대장이었다. 이들은 다나카보다 더한 몽상가들이었다. 그동안 침략전쟁을 비판하던 공산주의자, 사회주의자, 반정부 운동가들은 호된 철퇴를 맞았으며 민주주의를 요구하는 목소리 또한 사라졌다. 일본은 다시 군인들 천하가 되었다.

다나카는 취임 직후인 1927년 4월 22일 새로운 대對중국 방침을 발표했다. 중국 내전에 본격적으로 개입하겠다는 의미였다.

일본에 가장 중요한 문제는 중국이다. 일본은 동아시아의 평화 유지를 책임지는 나라로서 중국의 일에 결코 무관심할 수 없다.

일본에 눈엣가시 같은 존재는 장제스와 펑위샹 등이 이끄는 북벌군이었다. 장쭤린이 이들에게 패망하고 중국이 통일되는 상황은 일본에는 재미없는 일이었다. 중국은 지금처럼 여러 조각으로 분열되어야 가장 좋다는 것이 그들의 생각이었다. 따라서 북벌군을 '적화 군대'로 규정하고 장쭤린·쑨촨팡·장쭝창 등 친일 군벌들에게 막대한 무기와 자금을 제공했다. 또한 여차하면 무력 개입도 배제하지 않겠다고 으름장을 놓았다.

1927년 6월 27일부터 7월 7일까지 총리 관저에서 이른바 '동방회의'가 열렸다. 다나카 기이치를 비롯하여 모리 가쿠, 주중 공사 요시자와 겐키치芳澤謙吉, 펑톈 총영사 요시다 시게루, 관동군 사령관 무토 노부요시武藤信義 대장, 육군 참모본부 제2부장 마쓰이 이와네松井石根 소장, 해군차관 오스미 미네오大角岑生 소장 등 일본 정계와 군부의 쟁쟁한 실력자들이 한자리에 모였다. 이들은 일본의 원조 없이 장쭤린이 북벌군을 이길 가능성은 거의 없다는 점을 지적하면서 일본의 이권을 지키기 위해서는 직접 개입해야 한다고 주장했다. 마쓰이 이와네는 산둥성이 북벌군의 손에 넘어가지 않게 해야 한다고 강조했다. 무토 노부요시는 동북이 일본의 국방에 반드시 필요하니 중국에서 분리해야 한다고 주장했다.

다나카는 이들의 의견을 종합하여 '대중 정책 강령'을 수립했다. 여기에는 8가지 기본 원칙이 있었다. 그중에서도 제6항과 제7항, 제8항에서는 "동3성은 일본의 세력권이며, 만약 누가 침략한다면 모든 수단과 방법을 가리지 않고 무력으로 대응하겠다"고 못 박았다. 바꾸어 말해서 북벌군에 의한 중국의 통일을 결코 방관하지 않을 것이며, 장쭤린 정권을 꼭두각시로 내세워 동3성을 자신들이 완전히 먹어치우겠다는 얘기였다. 물론 이런 내용이 외부에 알려지면 국제사회의 비난과 중국의 반발을 살 것이 불 보듯 뻔했으므로 철저하게 숨기고 공개하지 않았다.

이들의 허황된 야심을 더욱 명확하게 드러낸 것이 '다나카 상주문田中上奏文'이었다. "내각 총리대신 다나카 기이치, 소인은 여러 군신을 대표하여 천황께 우리 제국의 만몽滿蒙(만주와 몽골)에 대한 적극적이고 근본적인 정책에 관하여 아룁니다"라고 시작하는 이 문서는 동북과 내외 몽골의 면적을 합하면 일본의 3배이며, 인구는 일본의 3분의 1에 불과한 2,800만 명이라는 점 그리고 천연자원이 무궁무진하다는 점을 설명했다. 또한 조선과 타이완에 대한 지배를 더욱 강화하고 잠재력이 어마어마한 만몽을 개척할 때 비로소 야마토 민족이 무궁한 번영을 누릴 수 있으며, 이를 위해서는 무력을 써야 한다고 강조했다. 특히 앞으로 가장 큰 방해물은 미국이 될 것이므로 미국과의 일전 또한 각오하지 않으면 안 된다고 했다. 여기에서는 추상적인 원칙론을 넘어 철도와 해상 수송 장악, 금융 지배, 중국인의 추방 등 만몽 지배를 어떻게 추진할 것인지 구체적인 방법까지 거론하고 있다.

다나카 상주문은 1929년 12월 난징의 『시사월보時事月報』라는 잡지에서 처음 폭로하여 큰 충격을 주었다. 일본 정부는 사실 무근이라며 부정했지만, 중국 민중의 반일 감정에 기름을 부으면서 중국 전역으로 배일운동이 확산되었다. 중일 두 나라 민족의 골은 더 이상 돌이킬 수 없을 만큼 깊어져서 다시는 회복되지 못했다. 훗날 일본이 태평양전쟁에서 패한 뒤에 열린 도쿄전범재판에서 다나카 상주문은 세계 지배를 꿈꾼 일본의 야욕을 보여주는 증거로 활용된다. 일본 학자들은 내용 중에 일부 오류가 있다는 이유를 내세워 문서 전체를 '위작'이라며 부정하지만, 진위 여부를 떠나서 중요한 점은 일본 지도부가 여기에 적힌 그대로 행동했다는 사실이다.

다나카는 앞으로 틀림없이 북벌군을 가로막을 가장 큰 장애물이 될 인물이었다. 야인 신분이 되었다고는 해도 장제스는 북벌을 포기할 생각이 없었다. 그는 중국의 유력한 차기 지도자가 될 신분으로 일본과 직접 담판하여 자신의 의지를 보여주고 상대의 의중을 살펴볼 생각이었다. 외세라고 하면 꼬리부터 내리고 비위 맞추기에 급급했던 북양의 군벌이나 정치인들과는 대조적인 모습이었다. 이러한 사실은 장제스가 단순히 일개 군인이 아니라 정치적인 안목을 갖추고 있었음을 보여준다.

장제스가 만나야 할 두 번째 사람은 어떤 의미에서는 다나카 이상으로 중요한 사람이었다. 중국 정재계의 큰손으로 일컬어지는 쑹씨 집안의 노마님 니구이전倪桂珍이었다. 그녀는 쑹원에게는 장모이며 쑹메이링의 어머니였다. 가난한 농가에서 태어나 자수성가한 남편 쑹자수(찰리 쑹)와 달리 명문 사대부 집안의 규수였던 니구이전은 그 시절 중국 여성으로서는 보기 드물게 서양식 교육을 받은 1세대 신여성이기도 했다. 쑹자수와 니구이전 사이에는 6명의 자녀가 있었다. 놀랍게도 그들 모두 중국에서 내로라하는 인물이 되었다.

장남 쑹쯔원은 미국 하버드대학 경제학과를 졸업한 엘리트로 일찌감치 장제스의 오른팔이 되어 난징 정부의 재정을 책임지고 있었다. 쑹원이 죽은 뒤 국민정부 재정부장이 된 그는 파산 상태나 다름없는 광저우 정부의 재정을 대대적으로 개혁했다. 1924년 1,200만 위안에 불과했던 세입은 쑹쯔원이 광저우 중앙은행장을 맡고 국민정부 재정부장에 임명되면서 1925년에는 7,000만 위안으로 늘어났으며, 1927년에는 1억 876만 위안에 달했다. 그가 없었더라면 북벌은 결단코 불가능했을 것이다. 장제스가 군벌들을 격파하고 천하를 얻을 수 있었던 것도 쑹쯔원의 재정적 뒷받침 덕분이었다. 북벌 이후에는 관세 자주화와 법폐 개혁, 국방경제의 건설을 도맡아 중국이 일본에 대항하여 장기적으로 항전할 수 있는 경제적 토대를 마련했다. 또한 태평양전쟁이 일어난 뒤에는 외무부장을 역임했다. 그는 루스벨트 대통령과 같은 하버드대학 출신이라는 개인적인 인연을 활용하여 대미 외교에서 크게 활약했다. 불평등조약을 개정하고 항일 원조를 얻는 등 미국을 중국 편으로 끌어들이고 국제 무대에서 중국의 지위를 회복하는 데 큰 공을 세운다. 둘째 아들 쑹쯔량宋子良은 외교부 국장과 중국중앙은행 총재를 지냈다. 셋째 아들 쑹쯔안宋子安 또한 하버드대학을 졸업했으며, 중국통화공사 이사와 홍콩 광둥은행 이사를 지냈다.

딸들은 더욱 유명했다. '쑹씨 세 자매'의 첫째 딸 쑹아이링宋藹齡은 쑨원의 비서를 지냈다. 자신보다 23살이나 많은 데다 이름난 바람둥이였던 쑨원이 그녀에게 반하여 청혼하자 단번에 거절하고, 부유한 은행가 쿵샹시孔祥熙를 선택했다. 쿵샹시는 장제스 정권에서 재정과 외교를 맡아 화폐개혁과 중국-독일 합작을 주도했다. 쑨원의 곁은 둘째인 쑹칭링이 차지했다. 오랜 친구이지만 버젓이 본처가 있는 유부남 쑨원이 자기 딸을 데려간다는 것에 큰 배신감을 느낀 쑹자수는 딸과 의절하면서까지 결혼을 반대했다. 그러나 결혼을 막을 수 없었다. 덕분에 쑹칭링은 '혁명과 결혼한 여자'라는 명성을 얻었다. 결혼생활은 10년도 유지하지 못했지만, 그녀는 남편이 죽은 뒤에도 재혼하지 않고 1981년 81세로 사망할 때까지 56년 동안 혼자 살면서 쑨원이 남긴 정신을 지키려 했다.

마지막 셋째 딸이 중국 최초의 퍼스트레이디가 되는 쑹메이링宋美齡이다. 장제스와 쑹메이링이 처음 만난 때는 벌써 몇 년 전이었다. 쑨원이 아직 살아 있을 때 그의 집에서 열린 파티에서 우연히 쑹메이링을 본 장제스는 활달하고 사교적인 그녀에게 한눈에 반했다. 쑹메이링은 쑨원의 처제이기도 했다. 장제스는 당장 쑨원을 찾아가 단도직입적으로 그녀와의 중매를 부탁했다. 쑨원은 흔쾌히 승낙했지만 정작 쑹메이링은 시큰둥했다. 나이도 10살이나 차이가 나는 데다, 장제스는 이렇다 할 직책도 없이 쑨원 주변을 어슬렁거리며 무위도식하

●— 쏭씨 가족. 쏭자수(둘째 줄 왼쪽의 중년 남성)가 아직 살아 있던 1917년에 촬영한 사진이다. 맨 앞줄의 소년이 셋째 아들 쏭쯔안, 오른쪽 첫 번째부터 둘째 딸 쏭칭링, 장남 쏭쯔원, 장녀 쏭아이 링이다. 그리고 뒷줄 왼쪽이 둘째 아들 쏭쯔량, 오른쪽이 쏭메이링, 그 앞의 중년 여성이 니구이전이 다. 이들은 돈과 권력, 명예 모두 쥐고 있었기에 사람들은 '쏭가 왕조宋家王朝'라 일컬었다.

는 건달이나 다름없었기 때문이다. 더욱이 그녀에게는 미국 유학 시절부터 함께했던 류지원劉紀文이라는 약혼자도 있었다. 부유한 상인 집안 출신인 류지원은 인물이 좋고 하버드대학을 졸업한 엘리트였으니, 요샛말로 하면 '엄친아'인 셈이다. 게다가 그는 장제스보다 3살 어리면서도 일찌감치 쑨원 아래에서 중화혁명당의 재무를 맡았고, 광저우 정부에서 군수처장과 농공청장을 지내는 등 재정 전문가로 촉망받는 인재였다. 입으로만 혁명을 한답시고 거들먹거릴 뿐 돈 한 푼 없고 미래가 불확실한 장제스가 쑹메이링의 눈에 찰 리 없었다.

그러나 쑨원이 죽은 뒤 장제스의 지위가 빠르게 올라가자 쑹메이링은 점점 생각이 달라졌다. 장제스를 탐탁지 않게 여긴 쑹칭링과 달리 그의 역량과 장래성을 높이 평가한 큰언니 쑹아이링이 적극적으로 중매를 섰다. 장제스 또한 꾸준히 편지를 보내며 구애했다. 몇 년에 걸친 그의 노력이 결실을 맺어, 쑹메이링은 류지원과 헤어지고 장제스를 선택하기로 결심했다. 젊고 야심만만한 쑹메이링은 변변찮은 남편을 내조하는 데 만족할 여성이 아니었다. 그녀는 큰물에서 중요한 역할을 맡기를 원했다.

이렇다 할 배경이 없는 장제스에게 쑹씨 집안과의 연합은 견줄 바 없이 강력한 후원자를 얻은 것이기도 했다. 『뉴욕 타임스』 상하이 주재 기자였던 미셸 위츠는 장제스가 일본으로 떠나기도 전인 9월 17일자 기사에 '장제스와 쑹메이링의 결혼'이라는 제목으로 두 사람의 결혼이 기정사실인 양 적었다. 장제스에게 미리 언질을 받은 것이 틀림없었다. 남은 일은 쑹씨 집안의 허락이었다. 쑹자수는 몇 년 전에 세상을 떠났기 때문에 집안의 가장 큰 어른은 니구이전이었다. 때마침 그녀는 도쿄 근교의 한적한 도시 가마쿠라에 있는 한 호텔에서 요양 중이었다.

장제스는 단정한 차림으로 선물을 들고 곧 장모가 될 니구이전을 방문했다. 니구이전은 쑹칭링과 마찬가지로 장제스가 그리 마음에 들지 않았다. 결혼을 두 번이나 한 유부남인 데다 나이도 많고 사생활이 문란하다는 소문을 들었기 때문이다. 세상의 어떤 어머니도 이런 남

●— 1926년 봄 쿵샹시의 집에서 만난 장제스와 쑹메이링. 군부의 실력자가 된 장제스는 자신의 출세를 쑹메이링에게 자랑하여 그녀의 마음을 끄는 데 성공했다.

자에게 딸을 주고 싶은 마음은 없을 것이다. 그러나 쑹쯔원과 쑹아이링이 중간에서 설득하고 쑹메이링도 마음을 정했다는 말을 듣자 고집을 꺾고 두 사람의 결혼을 허락하기로 했다. 대신 한 가지 조건을 달았다. 독실한 감리교도였던 그녀는 장제스도 세례를 받고 감리교도가 되기를 요구했다. 장제스는 약속을 지켰다. 그것도 잠깐 시늉만 한 것이 아니라 중국의 최고 지도자가 된 뒤에도 평생 신앙심을 유지했다. 그런 점에서 두 사람의 관계가 단순히 이해타산을 노린 정략결혼이었다고 폄하할 수만은 없을 것이다. 실제로 2007년에 공개된 장제스 일기에는 세간의 편견 어린 시선과 달리 아내 쑹메이링에 대한 그의 애틋한 감정이 표현되어 있다.

　두 눈 뜨고 약혼녀를 빼앗긴 류지원은 어떻게 됐을까. 그는 쑹메이링이 장제스에게 부탁한 덕분에 난징시장 자리를 얻었다. 북벌전쟁이 끝난 직후인 1928년 7월부터 1930년 4월까지 난징시장을 지낸 그는 쑨원의 묘를 난징으로 이전하여 중산릉을 건설하는 일을 맡았다. 또한 난징 거리 곳곳에 중산로·중산문 등 쑨원의 호를 딴 이름을 붙였다. 그 뒤에는 광저우시장과 재정부 국장 등을 역임했으며, 1947년 11월에는 국민대회 광저우 대표(국회의원에 해당)에 당선되었다. 전형적인 부잣집 도련님으로 놀기 좋아하는 한량에 성격이 우유부단한 류지원은 이렇다 할 업적을 남기거나 더 대단한 직책을 맡지는 못했다. 그렇지만 국공내전에서 패한 장제스 부부를 따라 타이완으로 가서 총통부 국책고문을 맡기도 했다. 평소 "영웅이 아니면 결혼하지 않겠다"고 입버릇처럼 말하던 쑹메이링은 류지원을 떠나 영웅을 선택했지만 나름의 의리는 지킨 셈이다.

＼다나카와 담판하다

장제스는 한 달 남짓 일본에 머무르면서 눈코 뜰 새 없이 바쁜 나날을 보냈다. 그는 젊은 시절 청나라 관비 유학생으로 파견되어 도쿄진무학교에서 공부한 적이 있었다. 그 무렵 일본에는 수많은 중국인 유학생들이 있었다. 혈기 왕성한 그들은 봉건 체제를 무너뜨리고 새로운 중국을 만들겠다는 열의에 불탔다. 많은 청년 지식인들이 쑨원의 동맹회에 가담하여 청조 타도에 젊음을 던졌다. 장제스도 그중 한 사람이었다.

20여 년 만에 일본을 방문한 장제스는 감회가 새로웠다. 일본의 발전 속도는 한층 빨라졌다. 여전히 봉건적이고 낙후하며 군벌들이 여기저기 할거하면서 내전에 시달리는 중국과는 대조적이었다. 장제스는 일기에 이렇게 썼다. "이전에 나는 물질이 정신을 타락하게 만든다고 생각했다. 그러나 일본은 여전히 전속력으로 발전하고 있다. 우리는 언제쯤 똑같은 일을 할 수 있을 것인가."

장제스는 일본에서도 유명 인사였다. 다나카 기이치는 속내야 어쨌든 앞으로 중국의 지도자가 될 장제스를 푸대접할 수 없으므로 그의 일본 방문을 환영하는 축사를 보내고 국가원수에 준하는 대우를 했다. 장제스는 가는 곳마다 무장한 경호원들의 철저한 호위를 받았다. 고베에 있는 화교 단체들은 그에게 연설을 요청했다. 장제스는 일본 유학시절 다카다^{高田}에 주둔한 일본군 제13사단에서 이등병으로 잠깐 복무했다. 그때 사단장이었던 나가오카 가이시^{長岡外史} 예비역 중장도 만날 수 있었다. 물론 나가오카는 졸병에 불과했던 장제스에 대한 인상이 남아 있을 리 없었지만, 자기 나라에서 큰 성공을 거둔 그를 따뜻하게 축하해주었다. 장제스는 일본 국민을 향해 중일 양국이 서로에 대한 오해를 풀고 공존공영하기 위해 노력해야 한다고 호소했다.

일본에 머무르는 내내 정재계·군부 인사들과 만나느라 정신없던 장제스는 11월 5일 다나카 기이치와 만났다. 장제스로서는 일본 방문의 가장 중요한 목적이자 서로의 속내를 떠보고 대응책을 마련하기 위한 회담이기도 했다. 회담은 도쿄 아오야마에 있는 다나카의 저택에서 열렸다. 통역은 장제스의 비서 장췬과 사토 야시노스케^{佐藤安之助} 예비역 소장이 각각 맡았다. 장췬이 기록한 두 사람의 대화는 다음과 같다.

장제스 중일 양국의 관계는 동아시아 앞날의 화복을 결정하는 일입니다. 각하는 어떻게 생각하십니까?
다나카 먼저 각하의 포부부터 들려주시기 바랍니다.
장제스 제 생각은 세 가지입니다. 첫째, 중국과 일본은 성의를 가지고 연합하고 진정한 평화를 바탕으로 공존공영해야 합니다. 그러려면 일본은 부패한 군벌이 아니라 자유와 평등을 추구하는 국민당을 상대해야 합니다. 둘째, 국민혁명군은 북벌을 계속할 것입니다. 일본은 중국 혁명에 간섭할 것이 아니라 도와주시기를 희망합니다. 셋째, 일본의 대중국 정책은 무력이 아니라 경제협력을 수단으로 삼아야 할 것입니다. 제가 귀국을 방문한 이유는 이 문제를 놓고 각하와 의견을 교환하기 위해서입니다.

다나카 북벌의 목표는 창장 이남의 통일에 두어야 합니다. 어째서 북벌을 서두르십니까?

장제스 중국 혁명의 목적은 중국의 통일입니다. 태평천국과 같은 실패를 반복할 수 없습니다. 북벌은 하루빨리 완성해야 하며, 만약 중국을 통일하지 못한다면 동아시아는 안정을 얻지 못할 것입니다. 중국에 큰 화가 될뿐더러, 일본에도 복은 아닐 것입니다.

그러나 장제스의 설득은 다나카에게 끝까지 쇠귀에 경 읽기였다. 그의 말투는 정중했지만 의도는 분명했다. 장제스더러 남방을 지배하는 데 전념하고 북방의 일에는 관여하지 말라는 뜻이었다. 만약 거부한다면 결코 좌시하지 않겠다는 은근한 협박도 잊지 않았다. 일본의 속셈은 창장을 경계로 중국을 장쭤린의 북방과 장제스의 남방으로 분리하겠다는 것이었다. 회담은 두 시간 만에 끝났다. 장제스는 그날 일기에 다음과 같이 썼다.

다나카에게서는 조금의 성의도 찾아볼 수 없다. 중국과 일본 사이에는 연합의 가능성이 없으며, 일본은 우리의 혁명을 용납하지 않을 것이다. 앞으로 우리 혁명군을 방해하고 중국의 통일을 저지하리라는 것은 명약관화하다. 일본이 상대하는 북양군벌은 부패하고 이기적인 무리이다. 이것이 일본인들로 하여금 중국인을 더욱 경멸하게 만든다. 다나카는 나를 그들처럼 대하면서 적당히 다루고 구슬리려 할 뿐이다. 나는 일본을 바꿀 수 없었지만 그들의 속셈을 엿볼 수는 있었다. 나에게 전혀 헛일은 아니었다.

장제스의 예상대로 반년 후 북벌군이 산둥성으로 진격하고 장쭤린의 패망이 초읽기에 들어가자 다나카는 제2차 산둥 출병을 단행했다. 출병한 병력은 제1차 산둥 출병 때보다 더 많았고 상황 또한 훨씬 심각했다. 북벌군과 일본군은 전면전 직전까지 갔다. 장제스는 일본군과 섣불리 싸우지 않았다. 그렇다고 물러서지도 않고 일본군을 우회하여 베이징으로 진격했다. 일본은 그를 상대로 지루한 협상을 했지만 아무것도 얻지 못하고 산둥성에서 철수해야 했다. 중국이 외세의 군대를 아무 대가 없이 스스로 물러나게 한 것은 아편전쟁 이래 이때가 처음이었다.

장제스의 일본 방문은 끝났다. 그는 미국과 유럽까지 방문할 생각이었지만 주변 상황이 내버려두지 않았다. 한시바삐 귀국하여 북벌군 총사령관으로 복직하라는 전문이 하루가 멀다 하고 날아왔다. 그가 떠난 뒤로 정국의 분열과 혼란상은 한층 심해졌다. 왕징웨이와 리쭝런을 비롯하여 정적들마저 복귀를 간청하는 판이었다. 11월 6일에는 상하이에서 장제스의 복직을 요구하는 대규모 시위가 또 한 번 열렸다. 장제스는 고민 끝에 중국으로 돌아가기로 결심했다. 다나카와 회견하고 사흘 뒤인 11월 8일 아침, 장제스 일행은 고베 항구에서 상하이로 향하는 배에 올랐다. 35일에 걸친 일본 방문은 끝났다. 장제스의 부활이었다.

\세기의 결혼

12월 1일, 장제스는 상하이의 호화로운 머제스틱호텔에서 쑹메이링과 성대한 결혼식을 올림으로써 자신의 오랜 숙원을 이루었다. 식장은 쑹씨 일가와 정재계의 주요 인사, 각국 영사를 비롯해 1,300여 명에 이르는 내빈들로 발 디딜 틈조차 없었다. 수십 명의 내외신 기자들도 결혼식을 카메라에 담느라 여념이 없었다. 온 세계의 이목이 집중된 결혼식이었다. 연단 위에는 쑨원의 커다란 초상화가 걸리고 좌우로는 국민당의 당기와 청천백일기가 놓였다. 주례는 전 베이징대학 총장이자 난징 정부의 교육부장을 맡고 있던 차이위안페이였다. 그는 량치차오·후스와 함께 명망 높은 사상자이자 중국 근대 교육의 아버지이기도 했다.

결혼식은 호화스러우면서 엄숙했다. 그저 두 남녀의 혼인이 아니라 중국에서 가장 권세 있는 집안과 앞으로 중국의 지도자가 될 사람의 결합이었기 때문이다. 또한 장제스가 쑨원의 실질적인 계승자가 되었음을 선언하는 순간이기도 했다. 쑹메이링은 쑨원의 처제였으므로 그녀와의 결혼은 배경이 변변찮은 장제스에게 지도자에 걸맞은 권위를 부여했다. 정작 쑨원의 부인 쑹칭링은 참석하지 않았다. 공산당원은 아니지만 공산주의에 우호적이었던 그녀는 반공 쿠데타를 일으켜 국공합작을 박살 낸 장제스를 평생 철천지원수로 여겼다. 또한 소련에서 망명 생활 중이었으므로 참석할 처지도 아니었다. 쑹칭링은 북벌이 끝난 뒤에야 중국에 돌아왔다. 피로연 분위기가 적당히 무르익자 장제스와 쑹메이링은 식장을 빠져나와 200여 명이나 되는 경호원의 호위를 받으며 전용열차를 타고 신혼여행을 떠났다. 이튿날 『뉴욕 타임스』는 머리기사에 성대한 결혼식 장면을 보도하면서 "장제스는 다시 한 번 중국의 실권자가 될 것이다"라고 썼다. 9일 뒤 장제스는 북벌군 총사령관으로 복직했다. 권위와 실력은 한층 높아졌다.

1997년 대륙에서 제작한 장완정 감독의 영화 〈쑹가 황조^{宋家皇朝}〉에서는 "쑹아이링은 돈과 결혼하고, 쑹칭링은 조국과 결혼했으며, 쑹메이링은 권력과 결혼했다"는 표현이 나온다. 오늘날 쑹씨 자매에 대한 대륙 사람들의 인식을 보여주는 말이다. 그러나 이는 쑹메이링에 대한 이해 부족과 막연한 오해에 지나지 않는다. 쑹메이링은 권력만 탐닉하면서 천하를 어지럽힌 유방의 부인 여후나 측천무후 같은 봉건 여성이 아니라 20세기 역사를 통틀어 영국의 대처 총리에 견줄 만한 위대하고 탁월한 여성 지도자 중의 한 사람이다.

엄밀히 말하면 진정으로 '권력과 결혼한 여자'라는 칭호는 쑹메이링이 아니라 마오쩌둥의 욕심 많고 경박한 배우자 장칭에게 걸맞을 것이다. 상하이의 3류 배우였던 장칭은 권력에 접근할 목적으로 옌안에 가서 수단과 방법을 가리지 않고 마오쩌둥을 유혹했다. 결국 마오쩌둥의 부인이자 혁명가인 허쯔전을 쫓아내고 그 자리를 차지하는 데 성공했다. 훗날 그녀는 마오쩌둥을 부추겨 문화대혁명을 일으키고 수많은 혁명 원로들과 무고한 사람들을 박해하여 죽음으로 내몰았다. 반면 쑹메이링은 그녀 스스로 권력자를 찾은 것이 아니라 장제스가 적극 구애한 결과였다.

북벌이 끝난 뒤 장제스는 중국군의 현대화를 위해 공군력의 육성에 깊은 관심을 쏟았다. 쑹메이링에게 자신을 대신하여 공군 건설 위원장 대리를 맡겼다. 그녀는 각국에서 우수한 교관과 인재들을 불러 모아 미약하기 짝이 없던 중국 공군을 빠르게 조직했다. 그중에서도 미국 정부에 요청해 미 육군항공대 예비역 대위 클레어 셔놀트^{Claire L. Chennault}를 공군 고문으로 데려온 일은 신의 한 수였다.

셔놀트는 군인보다는 카우보이에 가까울 만큼 지나치게 자유분방한 데다 기존 교리에 맞지 않는 선진적인 전술을 주장하여 보수적인 미 육군 수뇌부의 눈 밖에 나면서 군대에서 쫓겨날 처지였다. 쑹메이링은 셔놀트가 난징에 오자 직접 공항까지 마중 나갈 만큼 환대했다. 그동안 찬밥 신세였던 셔놀트는 감격하여 그녀에게 깊은 호감을 나타냈다. 그는 쑹메이링의 환대에 부족함이 없도록 중국 공군을 철저히 훈련했다. 또한 중국의 충실한 친구로서 루스벨트를 상대로 장제스 정권을 위한 원조를 호소했으며, 태평양전쟁 중에는 미국인 의용 조종사들을 모아서 '플라잉 타이거스'를 조직해 불후의 명성을 떨치게 된다. 셔놀트에 의해 짧은 시간 동안 괄목할 만큼 달라진 중국 공군은 중일전쟁이 일어나자 치열한 제공권 쟁탈전을 벌여 일본에 막대한 손실을 입혔다. 쑹메이링이 아니었으면 불가능했을 일이었다.

쑹메이링이 처음으로 세계적인 명성을 떨친 것은 시안사건 때였다. 장쉐량의 쿠데타로 장제스가 위기에 빠졌을 때 허잉친을 비롯한 다른 지도자들은 서로 눈치 보기에 급급했다. 그러나 쑹메이링은 위험을 무릅쓰고 적지 한가운데로 들어가 장쉐량·저우언라이와 직접 담판하고 평화 협상에 합의했다. 그녀의 용기와 배짱과 결단력은 어지간한 남자들에 견줄 바가 아니었으니, 여장부라 할 만했다. 덕분에 장제스는 목숨을 구했고 내전으로 확대될 뻔했던 시안사건은 평화적으로 해결되었다. 『타임』지는 '세계에서 가장 주목받는 여성'으로 쑹메이링을 선정했다.

중일전쟁이 일어나자 쑹메이링은 장제스를 대신하여 최일선을 돌면서 병사들의 사기를 북돋워주었으며 후방 지원을 주도했다. 이 때문에 그녀는 종종 죽음의 위기를 맞기도 했다. 상하이전투에서는 전선 시찰 도중 일본 전투기의 폭격을 받아 그녀가 탄 차가 전복되면서 늑골이 부러지는 중상을 입었다. 이때 척추에 입은 상처는 그녀를 평생 괴롭혔다. 그러나 극심한 고통을 참고 그대로 일선 장병들 앞에서 강연을 강행하여 수많은 병사들을 감동시켰다. 8년의 전쟁 동안 단 한 번도 옌안의 동굴에서 나온 적이 없는 마오쩌둥은 물론이고 장제스조차 보여주지 못한 모습이었다.

미국 웨슬리대학을 졸업하고 영어에 능통했으며, 특히 외교에 전문적인 지식을 갖춘 쑹메이링은 국제 무대에서 중국을 대표하는 '외교 부인'으로 활약했다. 태평양전쟁이 한창이던 1942년 11월 26일, 쑹메이링은 루스벨트 대통령의 초청을 받아 미국 방문에 나섰다. 중국 현대 외교사에서 역사적인 사건이었다. 그때까지도 그녀는 상하이에서 입은 부상으로 대상포진과 척추신경증에 시달리고 있었다. 루스벨트는 병원을 직접 방문하여 위문하고, 백악관에 초청하여 세계 각국의 외신기자들 앞에서 연설할 기회를 주었다. 당시 미국의 외교 관례에 비추어 파격적인 대우였다.

1943년 2월 18일, 쑹메이링은 미 의회에서 연설을 했다. 외국인 여성으로서는 최초였다. 그녀는 영국과 미국 정부가 중국에 더 많은 원조와 물자, 무기를 제공해줄 것을 호소했다. 연설이 끝나자 모든 의원들이 기립하여 환호와 박수를 보냈다. 한 의원은 "미국을 방문한 외국 손님들을 통틀어 미국 여론에 끼친 영향력에서 그녀를 뛰어넘는 사람은 결코 없을 것"이라고 극찬했다. 루스벨트는 바로 이튿날 대중 원조의 확대를 약속했다. 미국의 주요 언론들은 일제히 그녀의 연설문 전체를 게재하고 사설과 평론을 통해 지지를 나타냈다. 쑹메이링의 연설은 라디오를 통해 미국 전역으로 중계되었다.

그 전까지만 해도 미국은 중국을 대일 전쟁을 위한 명목상의 동맹국으로만 여겼을 뿐, 실질적인 협력관계는 없었다. 실제로 1942년 한 해 동안 대중 원조는 1억 달러로, 같은 기간 미국이 전체 동맹국들에

●— 미 의회에서 연설 중인 쑹메이링. 그녀는 미국 사회에 중국이라는 존재를 처음으로 확실하게 각인시켰다. 비록 1944년 중반까지는 연합국의 선先유럽 전략에 따라 원조가 미미했지만 미국은 결코 중국을 잊지 않았다. 1945년 1월부터 레도 공로와 험프 루트를 통해 매달 수만 톤의 물자가 중국으로 쏟아져 들어갔다. 중국군은 1945년 3월 즈장에 대한 일본군 최후의 공세를 막아내고 본격적인 반격에 나선다.

제공한 65억 달러의 1.5퍼센트에 불과했다. 쑹메이링은 중국이 연합국의 일원으로 정당한 대접을 받지 못하고 있음을 설득력 있게 호소했다. 그럼으로써 미국 국민들의 동정심을 얻은 것은 물론이고 중국이 '함께 피 흘리며 싸우는 친구'라는 사실을 비로소 깨닫게 했다. 쑹메이링이 6주 동안 미국 전역을 돌면서 연설하는 동안 25만 명이 그녀의 강연을 들었으며, 미국 전역에서 기부금이 쇄도했다. 1943년 6월에는 캐나다 정부의 요청을 받아 캐나다를 방문했다. 중국에서 그 소식을 들은 장제스는 『대공보大公報』와 인터뷰하는 자리에서 "쑹메이링의 가치는 20개 사단과 맞먹는다"고 격찬했다. 그러나 이조차 그녀의 공헌에 걸맞은 치하라고 할 수는 없을 것이다.

쑹메이링은 오빠이자 외교부장인 쑹쯔원을 보좌하면서 장제스의 전권대표로서 미국·영국 정부와의 교섭을 맡았다. 버마 반격 문제와 중국 주둔 미 제14공군의 창설, 군사원조 확대, 불평등조약 폐기 등 각종 현안 문제를 놓고 협상하여 많은 성과를 얻어냈다. 특히 청말 이래 중국인들에게 가장 큰 굴욕이었던 중국인 이민 금지법을 철폐하고 조계와 영사재판권 등 빼앗긴 주권을 반환받는 데 중요한 역할을 했다. 1943년 3월, 처칠은 인종차별적인 태도로 중국을 멸시하고 전후 질서에서도 중국을 배제한 채 미국·소련·영국 3대 강국이 주도하겠다는 발언을 하여 논란을 빚었다. 격분한 쑹메이링은 항의의 뜻으로 영국 여왕의 방문 요청을 거절하고 처칠과의 면담도 퇴짜를 놓아 중국의 분노를 드러냈다.

1943년 11월에 열린 카이로회담은 중국 최초의 정상급 회담이었다. 영어를 한마디도 못하는 데다 외교 지식과 경험이 전혀 없는 장제스를 대신하여 쑹메이링이 실질적인 역할을 했다. 고집불통에다 마초로 이름난 처칠조차 장제스에게는 경멸감을 드러내면서도 쑹메이링의 뛰어난 언변과 설득력에 탄복하여 자신이 "전 세계를 통틀어 높이 평가하는 소수의 여성 가운데 하나"라고 인정했다. 루스벨트에게도 "그녀는 결코 약하다고 말할 수 없다"면서 극찬했다.

카이로회담이 끝날 즈음 처칠은 대중 원조에 완고했던 태도를 바꾸었다. 그는 장제스와 악수를 나누고 "양국 군대가 버마에서 협력하기를 원한다"면서 그토록 반대했던 버마 반격 작전에 동의했다. 루스벨트 역시 "나는 그동안 장제스가 어떤 생각을 하는지 잘 몰랐지만, 쑹메이링은 내가 그를 이해할 수 있게 해주었다"고 말했다.

최대의 성과를 얻고 중국으로 돌아온 장제스는 쑹메이링에 대해 "그녀가 없었다면 이번 회담의 성공은 없었을 것이다. 그녀는 유창

한 영어 실력과 여성으로서의 매력으로 서양 세계를 정복했다"고 극찬했다. 2차대전이 끝났을 때 중국이 비서구권 국가로는 유일하게 미국·소련·영국과 어깨를 나란히 하는 4대 열강의 하나이자 유엔 5대 상임이사국이 될 수 있었던 것은 쑹메이링 덕분이었다. 그녀가 아니었다면 중국은 카이로회담에 참여하지도 못했을 것이다. 쑹메이링에게 반한 사람 중에는 루스벨트 대통령의 부인 엘리너 루스벨트Eleanor Roosevelt도 있었다. 엘리너 루스벨트는 매우 야심만만한 여성으로, 남편의 오랜 정치적 파트너로서 적극적으로 대외 활동에 관여했다. 하지만 그때만 해도 미국 정계는 철저한 남성 우월적 사회였던 탓에 남편 내조만으로 만족하지 못하는 엘리너를 탐탁잖게 여기는 시선도 많왔다. 엘리너 루스벨트는 자신보다 13살 아래이면서 탁월한 교양과 재기, 정치적 야심을 갖춘 쑹메이링에게 친밀감을 느끼고 자신의 양녀가 되기를 권유하기도 했다.

태평양전쟁 말기에 이르면서 장제스와 스틸웰 사이의 갈등이 깊어지고 미국의 좌파 언론인들이 장제스 정권의 무능함과 부패성을 집중 공격하면서 그녀의 인기도 추락했다. 그러나 공화당 내 보수파들은 여전히 장제스와 쑹메이링을 옹호했다. 국공내전에서 패한 장제스가 대륙을 잃고 타이완으로 쫓겨간 뒤 트루먼 행정부는 한때 장제스를 포기하려고 했다. 그러나 한국전쟁이 일어나면서 양국의 관계가 다시 시작될 수 있었던 데에는 쑹메이링의 역할이 컸다. 오늘날까지 타이완이 미국의 보호를 받는 일차적인 이유는 미국의 전략적 필요성 때문이긴 하지만, 다른 한편으로는 쑹메이링이 남긴 유산 때문이라 하겠다.

그 시절 중국에는 쑹쯔원·구웨이쥔을 비롯하여 명망 있는 남성 외교관도 많았지만 어느 누구도 쑹메이링에 비할 바가 아니었다. 중국의 여러 정치인을 통틀어 지금까지 그녀에게 견줄 만한 인물은 저우언라이 정도이다. 또한 쑹메이링은 몇 가지 명예직 말고는 이렇다 할 공식 직함이 없었다. 자신의 지위를 이용하여 피비린내 나는 권력투쟁을 벌이지도 않았다. 장제스의 개인 비서이자 퍼스트레이디 역할에 만족했다. 따라서 여자라는 이유로 그녀의 모든 업적을 무시한 채 "권력과 결혼했다"고 폄하하는 것은 부당한 평가이다.

장제스가 죽은 뒤 장징궈가 총통을 계승하자 쑹메이링은 남편의 아들과 권력투쟁을 벌여 타이완의 정국을 혼란스럽게 만드는 대신 정치에서 완전히 손을 뗐다. 그리고 타이완을 떠나 미국으로 간 그녀는 국제사회에서 고립된 처지였던 타이완을 위해 대미 외교에 힘을 쏟았다. 말년에는 뉴욕에 칩거하다가 2003년 10월 24일 106세의 나이로 세상을 떠났다. 중국 정부는 공식적으로 애도문을 발표하고 "중국 근현대사에 큰 업적을 남기고 영향을 끼친 인물로, 일찍이 중국 인민의 항일운동을 지지했으며 중국의 분열에 반대하고 중국과 타이완의 통일을 염원하고 중화민족의 번영을 위해 분투노력했다"고 평가했다. 권력에서 한발 물러서 있던 쑹메이링의 모습은 마오쩌둥을 앞세워 정치 전면에 나서고 나중에는 아예 그의 후계자가 되어 '여황제'를 꿈꾸다가 파멸적인 운명을 맞이한 장칭과는 대조적이다.

오늘날 중국인들은 쑹칭링의 숭고함과 의지를 높이 평가하여 "조국과 결혼한 여성"이라고 찬양한다. 장제스 정권의 부역자라는 이유로 부정적인 평가를 받는 언니나 동생과는 대조적이다. 하지만 그녀의 신화에는 진실이 가리어져 있다. 1940년 1월, 마오쩌둥은 '신민주주의新民主主義'*를 제창하고 자신이야말로 쑨원의 정통 후계자라고 주장했다. 그의 전술은 장제스에게 비판적인 많은 중도파 인사들이 공

---

* 마오쩌둥은 1940년 1월 옌안에서 열린 산간닝변구 문화협회 제1차 대표대회에서 '신민주주의적 정치와 신민주주의적 문화'라는 연설에서 처음으로 신민주주의를 거론했다. 그는 노동자·농민이 지주와 자본가를 타도하는 프롤레타리아혁명 대신 중소 지주와 소자본가, 지식인까지 각계각층이 참여하는 '부르주아 민주혁명'을 제창했다. 또한 미국을 비롯한 서구 자본주의국가들에 대해서도 우호 제스처를 보냈다. 마오쩌둥이 신민주주의론을 제창한 배경에는 오랫동안 불구대천의 관계로만 여겼던 미국과 소련의 전시동맹이 있었다. 또한 공산당이 고립된 현실에서 노동자·농민을 선동하고 계급투쟁을 외치는 것만으로는 강대한 장제스 정권을 무너뜨리기 어렵다고 판단했다. 마오쩌둥은 구태의연한 계급투쟁에서 한발 물러서서 온건한 개혁과 독재 반대를 외치며 중도파와 연합에 나섰다. 이것은 그야말로 회심의 카드가 되어, 공산당을 반장제스 진영의 구심점으로 만드는 데 성공했다. 국공내전에서 공산당이 군사적인 열세를 뒤엎고 승리한 가장 큰 이유도 이 때문이었다. 장제스는 쑨원의 삼민주의를 한층 강조하여 마오쩌둥의 신민주주의론에 맞서려고 했지만, 민심이 공산당에 쏠리는 것을 막기에는 역부족이었다. 2차대전이 끝난 뒤 반소반공으로 돌아선 트루먼 행정부조차 중국공산당을 무늬만 공산주의자일 뿐 소련과는 상관없는 민족주의자들이라고 여길 정도였다. 그러나 내전에서 승리하자 마오쩌둥은 손바닥 뒤집듯 자신의 말을 부정했다. 그리고 중도파를 반동 세력으로 몰아 숙청하고 서방과의 관계도 끊었다. 신민주주의론이란 공산주의자들이 정권을 탈취하기 위한 속임수에 지나지 않았다.

산당을 장제스의 대안으로 여기도록 만드는 데 성공했다. 마오쩌둥이 국공내전에서 승리하는 데는 이들이 기여한 바가 컸다. 그들 중에는 쑹칭링도 있었다. 국공내전 이후 대륙에 남은 그녀는 마오쩌둥 정권에 참여해 명목상 2인자인 국가 부주석에 올랐다. 그녀로서는 인생의 절정이기도 했다.

그러나 권력을 차지하자 본색을 드러낸 마오쩌둥은 스탈린을 흉내 내어 본격적인 '사회주의 개조'에 나섰다. 언론의 자유, 사상의 자유, 출판·결사의 자유가 모두 부정되었다. 비판 세력은 이른바 '큰 호랑이大老虎'라 하여 반동·반혁명 부패 세력으로 매도되어 가차 없이 숙청당했다. 마오쩌둥은 심지어 공산당 원로들에 대해서도 교묘하게 파벌을 조장하고, 아첨꾼들을 이용해 자신의 권위에 조금이라도 도전하려는 비판자들을 그들 스스로 제거하게 만들었다. 보다 못한 쑹칭링이 중도파를 대표하여 마오쩌둥에게 편지를 보냈다. "공산당은 국민당 800만 대군도, 미 제국주의도 두려워하지 않았는데, 왜 인민을 두려워하는가? 그들이 당을 전복하리라고 생각하느냐?" 그러나 결코 남의 말을 듣는 성격이 아닌 마오쩌둥은 그녀를 호되게 질책했다. 쑹칭링은 신변의 위협까지 받자 더 큰 위험을 무릅쓰는 대신에 입을 다물었다. 그녀는 공산당이 자신을 쑨원의 부인으로 존중할 뿐 권력을 나눠줄 생각은 없다는 사실을 그제야 깨달았다.

쑹칭링은 정치와는 아무 상관이 없는 문화운동과 여성운동에만 전념했다. 마오쩌둥의 광기가 중국 전역을 휩쓸 때도 끝까지 침묵을 지켰다. 평생 장제스의 독재를 비난하면서 동생 쑹메이링과는 의절까지 한 그녀였지만 마오쩌둥의 독재에 도전할 용기는 없었다. 문화대혁명 중에는 장칭의 공격을 받아 자신과 자기 집안을 '부르주아'라고 비하하고, 자아비판을 하는 수모를 겪기도 했다.

1981년 5월 29일 88세의 나이로 사망한 쑹칭링은 자신을 쑨원의 곁이 아니라 상하이에 있는 가족묘에 묻어달라고 유언했다. 쑹칭링의 진짜 바람은 쑨원의 부인이 아니라 혁명의 지도자였다. 그러나 쑨원의 그림자를 끝까지 벗어날 수 없었다. 그녀의 역량 밖이었기 때문이다. 그런 점에서 쑹칭링과 쑹메이링의 차이는 분명하다. 장제스가 마오쩌둥에게 패하면서 쑹메이링의 역할도 퇴색했지만, 진정한 의미에서 '조국'과 결혼한 쪽은 쑹칭링이 아니라 쑹메이링이 아닐까.

38

총진군령

＼장제스 복귀하다

장제스는 평생 여러 번 정치적인 위기에 내몰렸다. 그때마다 그는 '사직'과 '하야'라는 카드를 내밀었다. 장제스만이 아니라 전쟁에 패하거나 궁지에 몰린 군벌, 정치인들이 처벌을 모면하기 위해 하야를 선언하고 달아났다가 기회를 봐서 슬그머니 돌아오는 것은 흔한 관행이기도 했다. 그러나 장제스는 오히려 새로운 돌파구를 찾아서 상황을 역전시키는 데 성공했다는 점이 달랐다.

장제스에게 비판적인 학자들은 그가 권모술수에 능한 인물이라고 폄하하지만, 그보다는 정치적인 안목이 탁월했다고 해야 할 것이다. 왕징웨이나 리쭝런·펑위샹·장쉐량 등 다른 경쟁자들도 하야와 복귀를 거듭했지만, 어느 누구도 장제스처럼 더 큰 기회로 삼지는 못했다. 장제스의 하야는 당장의 면피나 천운에 거는 모험이 아니라 주변 상황을 냉철하게 판단하고 치밀하게 계산한 결과였다. 더욱이 그에게는 누구도 대신할 수 없는 역량이 있었기 때문에 가능했다.

왕징웨이는 난징 정부와의 협상을 깨고 우한으로 돌아갔지만, 탕성즈가 반란을 일으키자 여기에 연루되지 않으려고 광저우로 달아났다. 그는 광둥 군벌의 수장이자 북벌군 후방 위수사령관인 리지선과 손잡고 지지 세력을 끌어모았다. 난징 정부와의 협상에서 더 많은 정치적 지분을 얻기 위해서였다. 그러나 그의 힘으로는 어림도 없는 일이었다. 혁명 원로이자 쑨원의 오른팔이었다는 명성 말고는 자신의 힘으로 권력의 정점에 설 만한 능력이 없었다. 번번이 남의 힘을 빌려서 경쟁자들을 견제하려다 오히려 그 틈바구니에 끼여 휘둘리기 십상이었다.

새로운 지도부 구성을 놓고 우한과 난징, 상하이 등 계파 싸움이 격화하고 군부에서는 리쭝런의 광시파가 주도권을 잡자 왕징웨이의 입지는 점점 좁아졌다. 이런 우유부단한 인물이 사람들의 인망을 얻기란 힘든 법이다. 기댈 곳은 장제스밖에 없었다. 그는 일본에 외유 중이던 장제스에게 비밀 전보를 보내 조속한 귀국을 요청했다. 장제스의 무력과 '혁명의 성지'인 광저우 그리고 자신의 명망이 있다면 정무는 자신이, 군권은 장제스가 나눠 가지는 연합정권을 실현할 수 있으리라 기대했다.

난징 정부도 장제스의 복귀를 절실히 바랐다. 장제스를 후원하던 저장 재벌들이 등을 돌리면서 재정적으로 파산 직전에 내몰렸고 탕성즈가 반란을 일으키는 등 북벌군이 다시 분열되었기 때문이다. 허잉친과 리쭝런, 바이충시까지도 연명으로 장제스에게 전문을 보내 자신들을 지휘해달라고 요청했다. 장제스가 복귀하는 데 장애가 되는 사람들은 외국 시찰 등의 명목으로 잠시 중국을 떠나게 했다. 너도나도 장제스의 빈자리를 절감하는 판이었다.

1927년 11월 8일 일본을 출발한 장제스는 이틀 후 열렬한 환영 속에 상하이로 돌아왔다. 그는 여전히 하야를 번복할 생각이 없으며 야인으로 남겠다고 공언했지만, 곧이곧대로 믿는 사람은 없었다. 오히려 국민당 지도부는 장제스를 찾아가서 현안을 논의하고 국민당 전국대표대회를 위한 예비 회의에 참석해달라고 요청했다. 그는 중무장한 장갑열차를 타고 삼엄한 호위를 받으며 앞으로 중국의 새로운 수도가 될 난징으로 개선장군처럼 귀환했다. 몇 달 전 '우울하고 낙담했던' 모습과는 전혀 딴판이었다. 그의 표정에는 드디어 만인지상의 자리에 오른다는 기쁨과 각오가 넘쳐흘렀다. 장제스와 쑹메이링의 성대한 결혼식 이틀 후인 12월 3일, 국민당 예비 회의가 그의 자택에서 열렸다. 주요 간부들이 모두 참석한 가운데, 장제스의 복직을 요구하는 결의안을 만장일치로 채택했다.

귀 동지의 직권은 우리 당 중앙에서 부여했으며 그동안의 공적은 전 국민이 알고 있다. 현재 군벌들이 여전히 저항하고 있고 귀 동지는 은퇴할 시기가 아니다. 당의 싸움을 차단하고 북벌을 완수하기 위해 귀 동지가 계속 국민혁명군 총사령관으로서 직분을 다해주기를 요청한다.

장제스는 화려하게 돌아온 반면 왕징웨이의 처지는 한층 난처해졌다. 11월 17일, 왕징웨이와 리지선이 장제스를 만나기 위해 광저우를 잠시 비운 사이 제2방면군 사령관 장파쿠이와 제5군 군장 리푸린, 신편 제2사단장 쉐웨 등이 공모하여 반란을 일으켰다. 뒤통수를 맞은 리지선은 즉시 반격에 나섰다. 광시성 주석 황사오훙이 지휘하는 광시군이 서쪽을, 천지탕陳濟棠의 광둥군이 동쪽을, 천밍수陳銘樞의 제11

군이 북쪽을 각각 맡아 세 방향에서 광둥성을 침공했다. 광둥성 접경 지대에서 양쪽 군대가 충돌하면서 '양광전쟁兩廣戰爭'이 시작되었다. 왕징웨이는 직접적인 관계는 없지만 책임을 놓고 사방에서 비난이 쏟아지자 자리에서 물러나 12월 16일 프랑스로 떠났다. 두 번째 하야였다.

양광전쟁으로 대부분의 병력이 전방으로 출동하면서 광저우의 방비는 허술하기 짝이 없었다. 잔류 부대는 예젠잉의 제4군 교도연대 1,500여 명과 특무대대, 무장보안대 정도였다. 이들의 상당수는 공산당원이었다. 난창봉기가 실패한 뒤 재기를 꾀하던 공산당에는 절호의 기회였다. 각지에서 국민당의 토벌을 피해 몸을 숨겼던 많은 공산당원들이 광저우로 숨어들었다. 광둥성 공산당 서기인 장타이레이는 장파쿠이와 리지선이 싸우는 틈을 타서 광저우를 장악할 계획을 세웠다. 장타이레이가 총지휘관을, 예팅과 예젠잉 등이 현장 지휘를 맡았다. 훗날 인민해방군 10대 원수의 한 사람이 되는 예젠잉은 윈난강무당을 졸업하고 쑨원의 경호부대를 지휘했다. 또한 황푸군관학교 창설에 참여하여 교관을 지냈으며, 장제스와 함께 천중밍 토벌과 북벌전쟁에 참여했다. 본래 그는 공산당원이 아니었지만 얼마 전 저우언라이에게 포섭되어 공산당에 가입했다.

12월 11일 새벽 3시, 교도연대 사령부에서 신호가 오르자 교도연대 병사들과 노동자 적위대원들이 일제히 봉기했다. 그 수는 4,000여 명에 달했다. 그중에는 훗날 김일성의 오른팔로 북한군 초대 인민무력부장을 지내는 최용건, '헤이그 밀사'로 유명한 이준의 장남이며 청산리대첩에도 참가한 이용李鏞 등 100여 명의 조선인도 있었다. 이들은 반란에 동참하기를 거부하는 장교들을 총살한 뒤 낫과 망치가 그려진 붉은 깃발을 들고 광저우 공안국과 광둥성 정부, 제4군 사령부, 제12사단 사령부 등을 공격했다. 감옥에 갇혀 있던 2,000여 명의 죄수들도 풀려나서 봉기에 가담했다. 생각지 못한 반란에 혼비백산한 장파쿠이와 광둥성 주석 천궁보 등은 간신히 빠져나와 광저우 교외에 있는 리푸린의 제5군 사령부로 피신했다. 다음 날 오후 광저우 소비에트 정부가 수립되었다.

그러나 장파쿠이의 반격이 시작되었다. 광저우 남서쪽에 있는 관인산觀音山을 놓고 치열한 격전이 벌어졌다. 장타이레이는 최일선을 순시하면서 병사들을 독려하다가 저격을 받아 전사했다. 그날 밤 내내 시가전을 벌인 끝에 봉기 부대는 대부분 소탕되었다. 이튿날 아침 광저우는 다시 장파쿠이의 손에 넘어갔다. 봉기에 참여한 사람들 가운데 전사하거나 붙들려 처형당한 사람은 5,700여 명이나 됐으며 그중에는 소련인 5명도 있었다. 조선인들 또한 대부분 죽었다. 예젠잉과 예팅·녜룽전은 홍콩으로 피신했다. 쉬샹첸은 얼마 안 되는 잔여 병력을 이끌고 포위망을 벗어나 동쪽으로 달아났다. 공산당으로서는 또 한 번의 뼈아픈 실패였다.

공산당 지도부는 군벌들이 싸우는 틈을 이용해 꾸준히 봉기와 소요를 일으키다보면 러시아 10월혁명처럼 언젠가 중국 전역의 노동자·농민들이 소비에트 혁명을 일으켜 세상을 뒤엎으리라 믿었다. 난창봉기를 시작으로 1928년 여름까지 1년 동안 각지에서 무장봉기를 시도했다. 그러나 충분한 준비와 동조 세력 없이 일부 군인들을 선동하여 산발적인 반란을 일으키는 방식으로는 간단하게 진압당하기 일쑤였다. 많은 공산당원들이 무익하게 희생당했다. 쑨원의 혁명당도 이런 방식을 고수하다가 쓴맛을 보았음에도 공산당이 새삼스레 재현하는 꼴이었다. 국민당은 일조일석에 쓰러뜨리기에는 너무나 거대한 존재였다.

1928년 6월 18일, 모스크바에서 제6차 중국공산당 전국대회가 열렸다. 1년 전 천두슈를 쫓아낸 소련 코민테른은 이번에는 그동안의 실패가 모두 취추바이의 무모한 모험주의 탓이라며 뒤집어씌운 뒤 총 서기에서 해임하고 중공 지도부에서 내쫓았다. 또한 더 이상의 무장 봉기를 금지하고, 역량을 보존하라고 지시했다. 연이은 실패 탓에 공 산당은 이대로 소멸하는 것처럼 보였다.

그 와중에 장시성 일대의 농촌을 새로운 근거지로 삼아 투쟁의 횃 불을 드는 데 성공한 사람이 있었다. 마오쩌둥이었다. 그는 흩어진 패 잔병들을 모으고 주변 농민들을 규합해 유격전을 벌이고 토벌군을 격 파했다. 마오쩌둥은 이론에만 능할 뿐 우유부단하기 짝이 없는 여느 유학파 지도자들에게서는 찾아볼 수 없는 탁월한 지도력과 추진력을 갖추었다. 또한 그의 곁에는 주더·펑더화이·린뱌오·허룽·뤄룽환羅榮 桓 등 훗날 중국 전역에 이름을 떨치는 쟁쟁한 장군들이 있었다. 아직 은 홍군의 일개 부대에 지나지 않았지만, 빠르게 세력을 확대하면서 얼마 지나지 않아 장제스조차 위협을 느낄 정도로 성장하게 된다. '마 오쩌둥 신화'의 시작이었다.

장파쿠이는 공산당의 봉기를 진압했지만 그사이 황사오훙의 광시 군이 광저우로 진격하면서 크게 패했다. 부하들까지 등을 돌리자 12 월 21일 하야를 선언한 뒤 일본으로 달아났다. 그는 북벌전쟁이 끝난 뒤 슬그머니 돌아왔다. 그리고 장제스와 리쭝런이 대립하자 리쭝런의 편을 들어서 반장제스 전쟁에 참여했다.

1928월 1월 4일, 장제스는 국민혁명군 총사령관에 취임했다. 하야 를 선언한 지 넉 달 반 만이었다. 2월 2일부터 7일까지 난징에서 국민 당 제2차 4중 전국대표대회가 열려 29명의 중앙위원이 임명되고 초 대 주석에는 후난 군벌이자 국민당 원로인 탄옌카이가 선출되었다. 탄옌카이는 장제스와 같은 저장성 출신으로 항저우가 고향이다. 어릴 때부터 학문을 좋아하여 '신동'이라고 불렸으며, 24세에는 회시會試(복시)에 1등으로 합격하여 한림원에서 관직 생활을 했다. 광서제의 스승인 웡퉁허翁同龢는 그의 재능에 감탄하여 '천하의 기재奇才'라고 했다. 후난성 자의국 의장을 지낼 때는 대표적인 '입헌파'로 조정에 입헌군주제 실시를 건의했다. 신해혁명이 일어나자 후난성에서 반청혁명을 주도했으며 스스로 후난 도독에 올랐다. 위안스카이·돤치루이의 북양 정권에 맞서 2차 혁명에 참여하고 후난 자치운동을 벌였다. 그러나 돤치루이의 사주를 받은 부하들이 반란을 일으키면서 쫓겨나 쑨원에게 의탁했다. 그 뒤 쑨원 정권에서 내무부장과 제2군 군장을 지내며 북벌전쟁을 준비했다. 경력과 지위에서 장제스와는 견줄 수 없는 쟁쟁한 인물이었다. 우직하면서 정치적 야심이 없었던 그는 장제스와 권력 다툼을 벌이는 대신 장제스의 후견인 역할을 맡아 국민당 내 갈등을 조율했다. 정부 주석과 행정원장 등을 지낸 그는 1930년 9월 22일 병사했다. 장제스는 위대한 노선배의 장례를 국장으로 성대하게 치러준 다음 쑨원 곁에 묻었다.

이날 장제스는 정치위원회 주석과 군사위원회 주석이 되어 당권과 군권을 한손에 쥐었다. 유일한 상관 탄옌카이는 별다른 실권이 없는데다 장제스와는 오랜 맹우였다. 장제스는 명실상부한 쑨원의 후계자이자 국민정부의 최고 지도자였다. 그의 나이 41세. 장제스 시대가 열렸다. 그러나 왕징웨이를 비롯해 국민당 원로들은 새파란 애송이에게 패하여 권력의 중추부에서 밀려난 것을 참을 수 없었다. 이들은 반장제스 연합전선을 구축해서 꾸준히 음모를 꾸미면서 장제스에게 끝없이 도전했다.

장제스는 보기 드문 카리스마와 결단력·정치 감각을 두루 갖추었지만 단점도 분명했다. 반대 세력을 쫓아내거나 합종연횡을 할 수는 있어도 링컨처럼 포용해서 자기편으로 만들 만큼 관대하지는 못했다. 그렇다고 마오쩌둥이나 스탈린처럼 아예 싹을 뿌리째 뽑아버릴 만큼 철두철미하거나 악독하지도 않았다. 충동적이면서 참을성이 부족한 그는 사소한 일에 쉽게 욱해서 주변 사람들을 화풀이 대상으로 삼기 일쑤였다. 그러면서 한 입으로 두말하는 반역자나 쓸모없는 부하들을 적당히 눈감아주어 자신의 권위를 실추했다. 참아야 할 때 참지 못하고 무자비해야 할 때 무자비하지 못했다. 장제스의 정적들은 겉으로는 두려운 척하면서도 뒤에서는 그의 이런 성격을 약점으로 여겼다.

장제스의 결점은 고쳐지기는커녕 말년으로 갈수록 점점 더 심해졌다. 마키아벨리는 『군주론』에서 "군주는 사랑받기보다 두려움의 대상이 되어야 한다"고 했는데 장제스는 철저한 마키아벨리스트와 거리가 멀었다. 그런 어중간함이 그가 천하를 완성하지 못한 채 몇 배 더 냉혹하고 무자비한 마오쩌둥에게 빼앗긴 가장 큰 이유이기도 했다.

＼북벌 재개

1926년 7월 처음 북벌에 나설 때 8개 군 10만 명 남짓에 불과했던 국민혁명군은 1928년 초 100만 명이 넘었다. 1년 반 사이에 10배 이상 늘어난 셈이다. 그중에는 혁명에 동조하는 자들을 모아서 편성한 부대도 있지만, 대부분 북상 과정에서 흡수한 지방 소군벌이나 우페이푸·장쭝창·쑨촨팡의 부하였다가 귀순한 투항병이었다. 양적으로는 폭발적으로 늘어났지만 병사들의 자질과 혁명 의지는 천차만별이었다. 부대의 편제와 지휘 체계 또한 중구난방이었다. 장제스는 북벌을 재개하기에 앞서 전군을 재편성하는 데 착수했다.

군사위원회는 1928년 1월 18일 '국민혁명군 육군 편제 대강'을 발표했다. 독립된 작전을 수행하는 전략 단위는 군軍이었다. 1개 군은 3

개 보병사단을 주축으로 편성했고, 교도연대·포병연대·기병연대·공병대대·통신대대·헌병대대·군악대가 각각 하나씩 배속되어 제병 협동 작전을 수행할 수 있었다. 군 사령부는 참모처와 부관처, 경리처, 군의처, 군법처, 정치훈련처 등으로 구성되었다. 1개 군은 약 2만 명으로 다른 나라의 사단 규모였다. 또한 2~3개의 군을 묶은 로군路軍 또는 군단軍團이 있었다. 그 위로는 최상위 편제로 집단군이 있었지만 상설 편제가 아니라 전쟁 중에만 편성되는 임시 편제였다. 사단은 이전의 3-3제(하위 부대를 일괄적으로 3개씩 묶어 상위 부대를 구성하는 편제)를 버리고 '갑종 사단'과 '을종 사단'으로 나누었다. 갑종 사단은 2개 여단 4개 연대, 을종 사단은 3개 연대로 편성됐으며, 사단 직할부대로 특무대대와 포병대대가 있었다. 1개 연대는 3개 대대와 1개 박격포중대, 1개 기관총중대, 1개 위생대로 구성됐으며, 1개 대대는 4개 중대로 편성되었다.

갑종 사단은 7,000~8,000명, 을종 사단은 4,000~5,000명이었다. 북벌 초기에 견주어 사단 전투력이 꽤 강화되기는 했지만 지원부대가 빈약하여 제병 협동 부대로서 독립된 작전을 수행할 수준에는 도달하지 못했다. 소련식 정치장교 제도는 국공합작 파기와는 별개로 계속 유지되었다. 중대 이상의 단위 부대마다 국민당에서 파견한 '정치공작지도원'들이 배속되었다. 이들의 권한은 '즉결처분권'까지 있던 소련군보다 훨씬 약했으며, 지휘관 견제와 정훈장교로서 장병들의 사상교육을 맡았다.

그러나 개편 작업은 장제스 직계의 일부 부대에 국한되었다. 국민혁명군은 잡다한 군벌들로 구성된 연합군인 데다 혁명에 대한 이해가 없는 군벌들은 북벌을 자기 세력을 확장할 수 있는 기회로만 여겼다. 또한 더 많은 군비를 타낼 속셈으로 서류상 인원수를 부풀리고 허

단위	반班	배排	연連	영營	단團	여旅	사師
	분대	소대	중대	대대	연대	여단	사단
편성	–	3개 반	3개 배	4개 연	3개 영	2개 단	2개 여
인원	14명	45명	130명	520명	1,600명	3,500명	7~8천 명

●— 북벌군의 사단 편제(1928년 1월).

위로 보고하여 재정에 심한 부담을 주었다. 1개 군은 적게는 1만 명이 채 안 되었고, 많게는 4~5만 명이나 되기도 했다. 일부 정예부대를 제외하고는 수만 많을 뿐 전투력은 형편없었다. 또한 정규군과 비정규군의 구분이 명확하지 않고 인원수와 편제도 불분명하여 실상을 제대로 확인하기 어려웠다. 허잉친은 북벌군을 가리켜 "무기와 제식이 일치하지 않고 장비가 몹시 결핍됐으며 병사들 또한 정예화하지 못한 까닭에 현대적인 군대에 걸맞지 않다"고 했다.

군벌들이 혁명의 깃발 아래 뭉쳤다고 하지만 봉건적인 습성이 하루아침에 달라질 수는 없었다. 명목상으로는 같은 편이지만 군벌들은 더 많은 영토와 전리품을 차지하는 데 눈이 멀어 우군에게 총부리를 겨누기 일쑤였다. 1928년 3월에는 북벌군 제45군장 판중슈樊鐘秀와 펑위샹 휘하의 제5군장 스유싼이 허난성의 지반을 놓고 덩펑登封에서 치열한 싸움을 벌였다. 결국 판중슈가 패하여 펑위샹에게 투항했지만, 1,500여 년의 역사를 자랑하는 소림사少林寺가 대부분 불타고 수백 명의 승려가 죽임을 당했다. 오늘날의 소림사는 문화대혁명 이후 덩샤오핑 시기에 중건한 것이다. 참고로, 2011년에 류더화劉德華와 청룽成龍이 주연한 〈샤오린新少林寺〉이라는 영화가 개봉했다. 이 영화에서도 군벌 군대가 소림사를 습격해 절을 파괴하는 장면이 나오지만 스토리 자체는 허구이며 실제 역사와 다르다.

＼소련을 버리고 독일과 손잡다

국공합작은 파기됐지만, 국민당이 당장 소련과 손을 끊은 것은 아니었다. 소련과의 관계는 그 뒤로 반년이나 계속되었다. 그러나 소련 코민테른이 공산당을 부추겨 무장봉기를 사주하는 등 적대적으로 행동하자 국민당도 놔둘 수만은 없었다. 소련 역시 국민당과 관계를 유지할 이유가 없었다. 1927년 12월 3일, 장제스는 국민당 지도부에 소련과의 단교를 건의했다.

각지의 소련영사관이 공산당의 정치기관이 되고 소련의 극동은행은 공산당의 금융기관이 되어 있다. 이 기관들을 봉쇄하지 않는 한 공산당의 소요는 멈추지 않는다. 우리의 혁명이 성공한 뒤 적절한 시기에 국교를 회복하면 된다.

12월 13일, 국민정부는 정식으로 대소 단교를 선언했다. 그리고 각지의 소련영사관을 전격 폐쇄하고 우한에 체류 중이던 소련인 고문단을 모두 추방했다. 1923년 1월 '쑨원-요페 공동선언' 이래 6년 동안 이어져온 소련과 국민당의 관계는 완전히 끝났다. 중소 양국의 관계가 회복된 때는 그 뒤로 10년이나 지난 1937년 8월 21일, 중소불가침조약이 체결되면서이다.

국민당이 소련을 대신하여 새로운 친선 대상으로 삼은 나라는 독일이었다. 1차대전 때 돤치루이 정권은 대독 선전포고를 하고 독일과 모든 국교를 단절했다. 그러나 전쟁이 끝난 뒤 신생 바이마르 민주 정부는 1921년 5월 20일 중국과 국교 정상화에 합의했다. 또한 의화단의 난 이래 독일이 중국에서 누렸던 모든 권리와 지위를 포기하고 상호 평등 원칙에서 중국을 존중하겠다고 약속했다. 영국·프랑스·이탈리아·미국 등 다른 열강이 중국의 주권을 침해하고 무력 개입을 일삼거나, 소련이 공산혁명 초기에만 해도 제정 시절의 제국주의적인 권익을 포기하겠다고 선언하고서도 상황이 조금 나아지자 손바닥 뒤집듯 말을 번복하여 이중적인 행태를 일삼은 것과는 대조적이었다.

장제스는 광저우 중산대학 교장이자 베를린대학을 졸업한 주자화朱家驊를 통해 1926년부터 독일 정부와 접촉했다. 북벌전쟁 중에도 독일의 물적 지원을 받는 등 우호적인 관계를 유지했다. 또한 독일은 패전하긴 했지만 전통적인 군사 강국이었다. 소련 군사고문단이 철수한 뒤 장제스는 바이마르 정부에 군사고문단 파견을 요청했다. 그가 초빙하기를 원한 사람은 1차대전 때 탄넨베르크전투에서 러시아군을 섬멸한 전쟁 영웅이자 독일군 참모차장을 지낸 에리히 루덴도르프Erich Ludendorff 대장이었다. 그러나 전후 독일의 혼란 속에서 정계 진출을 꿈꾸던 그는 중국 근무를 거부했다. 대신 자신의 작전 참모였던 막스 바우어Max Bauer 대령을 보냈다. 그는 포병과 요새전, 독가스전의 전문가였으며 1922년부터 1926년까지 소련과 스페인, 아르헨티나군의 군사고문을 지냈다. 1923년에는 쑨촨팡이 그를 자신의 군사고문으로 초빙하려고 요청한 적도 있었다.

바우어 대령은 북벌전쟁이 끝난 직후인 1928년 11월 중국에 도착하여 장제스의 군사고문을 맡았으며, 중원대전에서 승리하는 데 크게 기여했다. 바우어 대령을 시작으로 10년에 걸쳐 쟁쟁한 독일군 고위급 장교 5명이 군사고문단장으로 파견되어 중국군의 현대화에 일조했다. 또한 많은 중국군 장교들이 독일로 파견되어 군사교육을 받았다. 그중에는 장제스의 차남 장웨이궈蔣緯國도 있었다. 그는 뮌헨의 육군사관학교에서 전차 교리를 배웠다. 독일 제98산악보병연대와 제8보병사단에서 견습 장교로 근무하다가 2차대전이 일어나자 귀국한 뒤 중일전쟁과 국공내전에서 장갑병 제2연대 부연대장, 전차 제1연대장, 장갑병 사령부 참모장 등을 역임했다.

독일은 중국에 사실상 유일한 우호국이자 최대 원조국이기도 했다. 1934년부터 1937년까지 4년 동안 중국이 해외에서 수입한 무기의 80퍼센트가 독일제였다. 중국은 무기 생산에 반드시 필요한 텅스텐과 안티몬을 독일에 수출하는 대신 최신 무기와 기계류를 수입했다. 중국군 정예부대는 머리부터 발끝까지 독일제 무기로 무장하고 독일제 벤츠 트럭으로 이동했으며 독일인 군사고문단의 훈련을 받았다. 독일도 전체 무기 수출의 약 60퍼센트를 중국이 차지했다. 덕분에 히틀러의 경제 부흥과 군대 재무장 계획에 큰 도움이 되었다. 그런 점에서 중국은 히틀러가 세계 침략 전쟁을 일으키는 데 본의 아니게 기여한 셈이다. 하지만 일본이나 소련과 달리 독일은 중국의 주권을 존중했으며, 어떠한 내정간섭도 하지 않고 호혜적인 관계를 유지하면서 군사와 경제 협력에 주력했다.

중독 합작은 히틀러가 일본과 삼국동맹을 맺고 대중 원조 중단을 결정하는 1938년 5월까지 이어졌다. 그러나 원조 중단과는 별개로 국교는 한동안 유지되었으며 민간 차원의 교류 또한 계속되었다. 중일전쟁 중의 임시 수도 충칭의 독일대사관은 중국의 내부 정보를 일본에 몰래 제공하기도 했다. 일본 육군은 독일대사관의 도움을 받아 충칭에 공수부대를 잠입시킨 뒤 장제스를 생포하여 전쟁을 끝내겠다는 계획을 세우기도 했다. 하지만 중일전쟁에 엮이기를 원치 않았던 독일의 반대로 실행에 옮기지는 않았다. 진주만 기습으로 태평양전쟁이 발발하면서 중국이 독일에 선전포고한 뒤에야 양국의 오랜 밀월 관계도 막을 내렸다.

＼진군 명령을 내리다

1928년 2월 9일, 쉬저우에서 군사회의가 열렸다. 장제스와 리쭝런·펑위샹·옌시산 등 북벌군 4대 총수와 국민정부 주석 탄옌카이, 국민당 중앙감찰위원장 차이위안페이, 해군 총사령관 양수좡, 군사위원회 총참모장 겸 제8로군 사령관 리지선, 제1군 군장 허잉친, 제3군 군장 주페이더, 제6군 군장 청첸, 동로군 총사령관 바이충시 등 쟁쟁한 인물들이 모두 한자리에 모였다. 가장 중요한 안건은 '북벌 완수'였다. 그동안의 내부 분열과 대립을 끝내고 북방 군벌을 완전히 분쇄하여 중국을 하나의 기치 아래 통일하자는 것이었다.

북벌군은 4개 집단군으로 재편되었다. 제1집단군 총사령관에는 장제스, 제2집단군 총사령관에는 펑위샹, 제3집단군 총사령관에는 옌시산, 제4집단군 총사령관에는 리쭝런이 각각 취임했다. 편제는 다음과 같다.

국민혁명군 총사령관 장제스, 참모총장 허잉친

[제1집단군]
총사령관 장제스, 참모장 허잉친(4개 군단 18개 군 61개 사단 29만 명)
■제1군단장 류즈(4개 군 14개 사단)
-제1군(류즈, 황푸 계열): 제1사단, 제2사단, 제22사단, 독립 제4사단
-제4군(먀오페이난繆培南, 광둥군): 제12사단, 제25사단, 제26사단, 교도사단
-제9군(구주퉁, 황푸 계열): 제3사단, 제14사단, 제21사단
-제10군(양싱즈楊腥治, 구이저우군): 제28사단, 제29사단, 제30사단
■제2군단장 천탸오위안(3개 군 9개 사단)
-제17군(차오완순, 푸젠·장쑤군): 제53사단, 제54사단, 제55사단
-제26군(천차오陳焯, 후난군): 제62사단, 제63사단, 제64사단

- 제37군(천탸오위안, 안후이군): 제79사단, 제80사단, 제81사단
■ 제3군단장 허야오주(3개 군 9개 사단)
- 제27군(샤더우인, 후베이군): 제65사단, 제66사단, 독립 제3사단
- 제33군(장커야오張克瑤, 안후이군): 제70사단, 제71사단, 제72사단
- 제40군(구정룬谷正倫, 후난군): 제82사단, 제83사단, 제84사단
■ 제4군단장 팡전우(3개 군 9개 사단)
- 제34군(롼쉬안우阮玄武, 산시군): 제88사단, 제89사단, 제90사단
- 제41군(바오강鮑剛, 산시군): 제91사단, 제92사단, 제93사단
- 제47군(가오구이쯔高桂滋, 산시군): 제107사단, 제108사단, 제109사단
■ 예비대 총지휘관 주페이더(2개 군 8개 사단)
- 제3군(왕쥔王均, 윈난군): 제7사단, 제8사단, 제9사단
- 제31군(진한딩, 윈난·구이저우군): 제27사단, 제28사단, 제29사단
- 직할부대 : 독립 제7사단(저장군), 독립 제37사단(저장군)
■ 후방 경비사령관 첸다쥔(3개 사단)
- 제3사단, 제20사단, 제69사단(3개 사단 모두 황푸 계열)
■ 제1집단군 직할부대(3개 군 9개 사단 5개 혼성여단)
- 제12군(런잉치任應岐, 허난군): 제1사단, 제2사단, 제3사단, 5개 독립혼성여단
- 제46군(팡딩잉方鼎英, 황푸 계열): 신편 제4사단, 신편 제5사단, 신편 제6사단
- 제48군(쉬위안취안徐源泉, 즈리-산둥 연합군 투항병): 제1사단, 제2사단, 제3사단
■ 난징 방위사령관 천청陳誠
■ 항공사령관 장징위張靜愚(3개 중대 항공기 9대)

제2집단군

총사령관 펑위샹, 참모장 차오하오썬曹浩森(10개 방면군 28개 군 53개 사단 31만 명)
■ 제1방면군 군단장 쑨량청(3개 군 8개 사단)
- 제3군(쑨량청, 펑위샹 직계): 제2사단, 제18사단, 제19사단
- 제4군(마훙쿠이, 닝샤군): 제1사단, 기병사단
- 제5군(스유싼, 펑위샹 직계): 제6사단, 제9사단, 제71사단
■ 제2방면군 군단장 쑨롄중(3개 군 8개 사단)
- 제1군(한잔위안韓占元, 펑위샹 직계): 제29사단, 제30사단, 제31사단

-제14군(친더춘^{秦德純}, 구^舊즈리군): 제4사단, 제5사단, 제12사단

-제23군(펑즈안, 펑위샹 직계): 제32사단, 제36사단

■ 제3방면군 군단장 한푸쥐(1개 군 4개 사단)

-제6군(한푸쥐, 펑위샹 직계): 제1사단, 제14사단, 제15사단, 제38사단

■ 제4방면군 군단장 쑹저위안(5개 사단)

-제1사단, 제3사단, 제8사단, 제22사단, 기병사단(닝샤·샨시군)

■ 제5방면군 군단장 웨웨이준(4개 군)

-제1군, 제3군, 제5군, 제7군: 예하 편제에 관한 자료 없음

■ 제6방면군 군단장 스징팅^{石敬亭}(4개 군 6개 사단)

-제1군(징웨슈^{井岳秀}, 샨시군), 제2군(톈위지에^{田玉潔}, 샨시군), 제3군(우신톈^{吳新田}, 안후이군 투항병): 예하 편제에 관한 자료 없음

-제10군(샨시군): 제2사단, 제54사단, 제55사단

-독립 제1~3사단(지방군)

■ 제7방면군 군단장 류위펀^{劉郁芬}(2개 군)

-제11군(간쑤군), 제13군(간쑤군)

■ 제8방면군 군단장 류전화(3개 군 5개 사단 4개 여단)

-제23군(류전화, 지방군): 제76사단, 제8~10혼성여단

-제26군(류마오언^{劉茂恩}, 지방군): 제75사단, 제76사단

-제28군(완솬차이^{万選才}, 지방군): 제73사단, 제74사단, 보충여단

■ 제9방면군 군단장 루중린(6개 군 15개 사단)

-제2군(류루밍, 펑위샹 직계): 제8사단, 제10사단, 제53사단

-제18군(루중린, 펑위샹 직계): 제68사단, 제69사단, 제89사단

-제20군(팡빙쉰, 구국민 제3군): 제58사단, 제59사단

-제21군(뤄슈원^{呂秀文}, 즈리-산둥 연합군 투항병): 제64사단, 제85사단

-제27군(왕훙언^{王鴻恩}, 구국민 제2군): 제53사단, 제57사단

-제30군(류지^{劉驥}, 펑위샹 직계): 제23사단, 제60사단, 제35사단

■ 제2집단군 직할부대(2개 군 2개 사단 1개 여단)

-기병 제1군(정다장^{鄭大章}): 제3사단, 제4사단, 제10혼성여단

-기병 제2군(시예치^{席液池}), 장갑차집단

총사령관 옌시산, 참모장 주서우광^{朱綬光}(10개 군 23개 사단 15만 명)

-제1군(상전, 산시군): 제1사단, 제3사단, 기병 제2사단, 기병 제11사단

-제2군(양아이위안^{楊愛源}, 산시군): 제2사단, 제6사단, 제12사단, 기병 제7사단,
제1~2혼성여단

-제3군(쉬융창^{徐永昌}, 구국민 제3군): 독립 제1여단, 독립 제2여단, 독립 제4여
단, 독립 제6여단

-제4군(푸춘화이^{傅存懷}, 산시군): 제7사단, 기병 제2여단

-제5군(푸쮜이, 산시군): 제9사단, 기병 제6사단

-제6군(펑위시^{丰玉璽}, 산시군): 제13사단, 제16사단

-제7군(장인우^{張蔭梧}, 산시군): 제5사단, 제14사단, 제15사단

-제8군(탄칭린^{譚慶林}, 즈리군 투항병): 기병 제3사단, 독립 제1기병여단

-제10군(리웨이^{李維}, 산시군): 기병 제4사단, 기병 제10사단

-제12군(팡위진^{方玉晋}, 산시군): 제10사단, 제17사단

-총예비대: 독립 제8사단, 독립 제11사단

총사령관 리쭝런, 참모장 바이충시(16개군 59개 사단 24만 명)

-제2군(루디핑, 후난군): 제4사단, 제6사단, 제23사단, 독립 제5사단, 교도사
단, 신편 제1사단

-제6군(후원더우^{胡文斗}, 후난군): 제17사단, 제18사단, 제19사단

-제7군(샤웨이, 광시군): 제33사단, 제34사단, 제35사단

-제8군(우상^{吳尙}, 구탕성즈군): 제1사단, 제2사단, 제3사단

-제12군(예치, 구탕성즈군): 제1사단, 제2사단, 제3사단

-제13군(바이충시, 광둥군): 제2사단, 제3사단, 제4사단

-제14군(천자유^{陳嘉佑}, 후난군): 제5사단, 제8사단, 제39사단

-제17군(저우란^{周讕}, 구탕성즈군): 제1사단, 제2사단, 제3사단

-제18군(타오쥔^{陶鈞}, 광시군): 제1사단, 제2사단, 제3사단

-제19군(후쭝둬^{胡宗鐸}, 광시군): 제1사단, 제2사단, 제3사단

-제21군(샹청제^{向成杰}, 쓰촨군): 제1사단

-제30군(웨이위쌴, 구귀쑹링군): 제1사단, 제2사단, 제3사단

-제35군(허젠, 구탕성즈군): 제1사단, 제2사단, 제3사단, 교도사단

-제36군(처우레이廖磊, 구탕성즈군): 제1사단, 제2사단, 제3사단

-제43군(리치李榘, 구이저우군): 제1사단, 제2사단, 제3사단, 제4사단, 신편 제5
사단, 교도사단

-제44군(저우펑전鄒鵬振, 후난군): 제1사단, 제2사단, 제3사단

-직할부대: 독립 제2사단, 독립 제5사단, 독립 제6사단, 독립 제8사단, 독립
제9사단, 독립 제17사단

제8로군 (광시성, 광둥성 수비부대)
총사령관 리지선(5개 군 21개 사단 14만 명)
-제4군(천지탕, 광둥군): 제11사단, 제12사단, 제25사단

-제5군(쉬징탕徐景唐, 광둥군): 제13사단, 제15사단, 제16사단, 제18사단

-제11군(천밍수, 광둥군): 제10사단, 제24사단, 제25사단, 신편 제6사단, 보충
사단

-제15군(황사오훙, 광시군): 제43사단, 제44사단, 제45사단, 보충사단, 교도사
단

-제16군(판스성范石生, 윈난·후난군): 제46사단, 제47사단, 제48사단, 교도사단

해군
총사령관 양수좡
-제1함대(함대 사령관 천지량): 방호순양함 2척(하이룽·하이처우), 포함 3척, 수
송함 3척, 소형 포정(100톤 미만) 4척

-제2함대(함대 사령관 천사오콴): 포함 7척, 강상용 포함 5척, 소형 포정 3척

-연습함대(함대 사령관 천쉰융陳訓泳): 연습함 3척(잉루이·퉁지·징안)

-어뢰유격대(함대 사령관 정이딩曾以鼎): 구축함 2척, 어뢰정 8척

-광둥함대(함대 사령관 천체): 수송함 1척, 포함 2척, 강상용 소함정 60여 척

북벌군의 총병력은 4개 집단군과 제8로군 등 77개 군 217개 사단 113만 명에 달했다. 물론 이들이 한꺼번에 북방으로 출동한 것은 아니지만, 장쑤성과 허난성·산시성 일대는 청천백일기를 휘날리며 각지에서 모여든 군대로 인산인해를 이루었다. 또한 북벌군에 참여하지 않은 쓰촨성·윈난성·구이저우성 등 서부 지역의 많은 군벌도 국민정부에 복종을 선언했다. 장제스는 전군을 공격 위치에 배치하는 한편 상하이의 은행들과 기업가들을 압박하여 막대한 군비를 '상납' 받았다.

작전 계획은 다음과 같았다. 장제스의 제1집단군이 진푸철도를 따라 산둥성으로 북상하고, 펑위샹의 제2집단군은 허난성에서 출동하여 징한철도를 따라 산둥성과 즈리성으로 진군한다. 옌시산의 제3집단군도 징한철도를 이용해 주력을 투입하여 펑위샹과 연합하는 한편, 일부 부대는 징쑤이철도를 따라 서진하여 베이징으로 진군한다. 리쭝런의 제4집단군은 징한철도를 따라 우한에서 북상하여 펑위샹과 옌시산을 원조한다.

발등에 불이 떨어진 장쭤린도 급히 주요 지휘관들을 모아서 북벌군을 막을 대책을 논의했다. 그가 내린 결론은 장쭝창과 쑨촨팡이 북벌군의 주력인 장제스의 북상을 저지하는 동안 펑톈군의 최강 부대를 펑위샹·옌시산 쪽으로 투입하여 둘을 분리한 다음 하나씩 각개격파한다는 것이었다.

1928년 4월 7일, 장제스는 총진군 명령을 내렸다. 그는 이번 공격으로 완전히 끝장을 볼 생각이었다. 열강에게는 북벌군이 외국인의 생명과 재산을 보호할 것을 약속하되, 장쭤린에게 어떠한 원조도 제공하지 말라고 엄중히 경고했다. 같은 날, 펑위샹과 옌시산도 전군에 출동 명령을 내렸다. 장쭤린 또한 펑톈군 최강 부대인 장쉐량의 제3·

제4 방면군과 추위푸의 제7방면군을 허난성과 산시성 쪽으로 각각 출동시켰다. 광대한 전선에 걸쳐 치열한 전투가 벌어지면서 한동안 소강 상태였던 중국 대륙에 다시 피바람이 몰아쳤다. 중국의 패권을 놓고 북벌군과 장쭤린이 벌이는 최대 최후의 싸움이 시작될 참이었다.

＼추락하는 장쭤린

스스로 중화민국 육해군 대원수 자리에 오른 장쭤린은 베이징 중난하이의 원수부에 눌러앉아 천하의 주인이 된 것처럼 행세했다. 그러나 위안스카이, 돤치루이가 그러했듯 무리한 야심은 장쭤린을 끝없는 나락으로 떨어뜨렸다. 거듭된 패전으로 영토는 점점 줄어들고 동맹자들은 하나둘씩 떨어져나갔다. 재정은 파탄지경으로 내몰렸으며 동북 경제는 와해 직전이었다. 1928년 초에는 지린성 퉁화通化에서 장쭤린의 폭정을 반대하는 폭동이 일어났다. 폭동은 곧장 주변의 10개 현으로 확대되었다. 난폭하기로 이름난 우쥔성이 2개 기병여단 4,000여 명을 이끌고 현장으로 출동했다. 그는 반란에 가담한 농민들을 색출한 다음 12세가 넘는 남자는 모조리 대도大刀로 참수하고 목을 사방에 내걸었다. 3,500명 이상이 참혹하게 살해당했다. 민심은 더욱 이반했다.

장제스가 북벌군 총사령관에 복귀했다는 소식에 베이징은 발칵 뒤집혔다. 북벌군은 100만 명이 넘는 반면, 장쭤린의 병력은 쑨촨팡·장쭝창의 군대까지 합해도 80만 명으로 열세였다. 그동안의 연전연패로 사기 또한 땅에 떨어졌다. 전황은 갈수록 나빠졌다. 장쉐량이 옌시산에게 작은 승리를 거두기는 했지만, 허난 전선에서는 장쭝창이 펑위샹에게 패했다. 장쑤 방면에서도 쑨촨팡이 리쭝런에게 패했다. 펑위샹은 옌시산과 기각지세掎角之勢*를 이루며 스좌장을 위협했다. 스좌장이 뚫리면 베이징도 위태롭다. 1928년 1월 25일, 장쭤린은 원수부에서 주요 간부들을 모아 최고군사회의를 열고 앞으로의 대책을 논의했다. 장쭤샹·우쥔성을 비롯한 심복들이 동북으로 물러날 것을 거듭 건의했지만 장쭤린은 고집을 꺾지 않았다.

첫째, 장쉐량·양위팅의 제3·제4 방면군은 한단邯鄲**에서 출격하여 펑위샹·옌시산을 공격한다. 기회를 엿보아 산시성으로 밀고 들어가 옌시산의 주력부대를 격멸한다. 둘째, 장쭝창과 쑨촨팡은 서로 긴밀하게 연락하면서 산둥성을 굳건히 지키고 절대로 공격에 나서지 않는다. 셋째, 추위푸의 제7방면군은 다밍을 지키면서 장쉐량·양위팅을 지원한다. 넷째, 장쭤샹의 제5방면군은 장쉐량에게 호응하여 핑싱관平型關을 넘어 다퉁을 점령한다. 그리고 산시성 북부로 들어가 타이위안을 공략한다.

장제스의 북상을 막는 한편, 북벌군의 세 축 가운데 가장 약한 옌시산부터 끝장내고 펑위샹을 격파한 다음 장제스와 결전을 벌이겠다는 속셈이었다. 펑톈군의 최정예부대인 제3·제4 방면군은 구식 지방군과 토비들이 뒤섞인 여타 부대들과 달리 일본 육사와 동북강무당을 졸업한 젊은 장교들이 중핵을 이루었다. 사령관은 앞으로 장쭤린의 후계자가 될 장남 장쉐량이었다. 그 옆에는 '펑톈 제일의 모사'라 불리는 양위팅이 참모장으로 보좌했다. 병사들은 전투 경험이 풍부했으며, 무기와 장비 또한 충실했다. 또한 뒤에서 추위푸와 장쭤샹이 받쳐주었다. 장쉐량이 펑위샹·옌시산을 이기기란 그리 어려워 보이지 않

---

* 사슴이 달아나지 못하게 뒷발과 뿔을 잡는다는 뜻으로, 앞뒤에서 적을 몰아친다는 의미이다.
** 즈리성과 허난성, 산시성 접경의 도시.

왔다.

문제는 산둥 전선이었다. 산둥성 남부에는 쑨촨팡의 제1방면군 4만 명, 산둥성 북부에는 장쭝창의 제2방면군 10만 명, 모두 14만 명의 부대가 있었다. 그러나 정예부대는 거의 상실했고, 패잔병과 신병과 토비를 끌어모은 데 지나지 않았다. 군기도 엉망이고 싸울 의지도 없었기에 도망병이 속출했다. 쑨촨팡은 지용을 겸비했지만 객장 신세였다. 녹림 출신의 장쭝창은 난세를 살아가는 자로서 나름의 기민함은 있어도 근대 전술에는 깜깜한 무능한 인물이었다. 토비를 토벌하는 일이라면 몰라도 대군을 지휘할 인물은 아니었다. 게다가 처첩을 수십여 명이나 거느리고 호화로운 생활을 즐기느라 장쭤린이 주는 군비를 마구 낭비했으며, 온갖 가렴주구를 일삼아 주변에서 원성이 자자했다. 쑨촨팡과 장쭝창 두 사람 사이의 보이지 않는 알력 또한 만만치 않았다. 그러니 기세등등한 장제스의 정예부대를 무슨 수로 막아낼 것인가. 장쉐량이 승리한다 해도 장쭝창·쑨촨팡이 패하여 남쪽에 구멍이 뚫린다면 모든 전선이 무너질 것은 불 보듯 뻔한 일이었다.

막료들 중에는 제3·제4 방면군의 정예 병력 일부를 빼내 산둥의 방어를 보강해야 한다고 주장하는 이도 있었다. 그러나 장쭝창은 자기 힘만으로도 장제스 따위는 얼마든지 쫓아버릴 수 있다고 호언장담했다. 그는 자기 영토에 남의 군대가 들어오는 것이 달갑지 않았기에 무모한 오기를 부렸다. 하지만 장쭤린은 총사령관으로서 냉철한 판단을 내리는 대신 부하의 체면을 건드리지 않는 쪽을 택했다. 그는 평소에도 "한번 믿은 사람을 내치면 사람들이 내 안목을 비웃는다"며 자신의 아량을 자랑하기 일쑤였다. 군신의 관계로는 아름다울지 몰라도 공사를 구분할 줄 몰랐다. 장쭤린 정권은 봉건적인 유협 집단의 성격을 끝내 벗어나지 못했다. 장쭤린은 그간의 손실을 보충하고 북벌군과 결전을 벌이기 위해 후방에서 대대적으로 신병을 모아 5개 군을 편성했다. 또한 이탈리아 등지에서 소총 3만 5,000정과 탄약 1억 5,000만 발을 수입했다.

장제스는 2월 16일 카이펑에서 펑위샹·옌시산과 회담을 열고 북벌 작전을 논의했다. 그의 작전은 펑위샹·옌시산 쪽에 주력부대를 투입한 장쭤린의 전략을 역이용했다.

제2집단군과 제3집단군은 방어에 전념하여 허난성과 산시성을 굳건히 지킨다. 제4집단군은 총예비대로서 징한철도를 따라 북상하여 이들을 원조한다. 제1집단군 주력과 제2집단군 제1방면군은 산둥성을 침공하여 장쭝창-쑨촨팡의 주력을 섬멸한다. 각 집단군은 베이징에서 합류한다.

공격의 주축은 장제스 직속 제1집단군 11개 군과 쑨량청의 제1방면군 5개 군 등 약 22만 명이었다. 승부는 장제스가 장쭝창을 먼저 꺾느냐, 아니면 그 전에 장쉐량이 펑위샹·옌시산을 꺾느냐에 달려 있었다. 그러나 장쭤린은 최강의 적수였다. 그 실력은 우페이푸나 쑨촨팡·장쭝창에 견줄 바 아니었다. 그야말로 총력을 기울여야 하는 상대였으므로 남방 각지에도 총동원령이 내려졌다. 장시성에서는 제3군과 제46군이, 푸젠성에서는 제32군이, 광둥성에서는 제4군이 출동했다. 즈리성과 허난성·산둥성의 접경지대에 집결한 병력은 북벌군 40만 명에 안국군 30만 명, 모두 합해서 70만 명에 이르는 규모였다. 주요 철도마다 막대한 무기와 군수품, 병사를 가득 태운 열차들이 끝없이 꼬리를 물고 전선으로 향했다.

첫 번째 격전장이 될 곳은 허난성의 관문인 장더였다. 장더는 지금의 안양安陽이다. 북쪽 교외의 위안린袁林에는 12년 전 중화제국의 새로운 황제가 되겠다는 허황된 야심을 품었다가 실패한 뒤 울분을 참지 못하고 눈을 감은 위안스카이의 묘가 있었다. 그의 죽음과 함께 시작된 혼란도 어느덧 끝을 향해 달리고 있었다. 한때 위안스카이의 뒤를 이어 중국을 호령하던 돤치루이와 펑궈장·장쉰·차오쿤·우페이푸 등 북양의 실력자들은 어느새 역사의 뒤안길로 사라졌다. 이들에게 맞서 남방 군벌을 이끈 쑨원도 저세상 사람이었다. 지금 천하의 패권을 놓고 다투는 사람들은 젊고 패기만만한 신진 세대였다. 세상의 질서가 뒤집히면서 무능한 자는 가차 없이 도태되고, 더 뛰어난 자들이 그 자리를 차지하는 것이 난세의 섭리였다.

장더를 지키는 사람은 펑위샹의 오호장五虎將 중 한사람으로 꼽히는 제9방면군 사령관 루중린이었다. 쑨롄중·한푸쥐·류전화 등 장더 주변에 배치된 병력까지 합하면 4개 방면군 13개 군 8만 명에 달했다. 펑위샹도 총사령부를 최전선에서 가까운 신샹新鄕으로 옮기고 진두지휘에 나섰다.

그러나 장쉐량 휘하 펑톈군은 9개 군, 3개 기병여단, 포병집단, 전차부대와 항공대 등 10만 명이 넘었다. 병력과 화력에서 펑위샹군보다 훨씬 우세했다. 산시 방면 또한 펑톈군이 압도적이었다. 장쭤린은 펑톈의 모든 힘을 집중시켜 건곤일척의 싸움에 나선 셈이었다. 남쪽에서는 장쭝창과 쑨촨팡이 장제스의 북상을 견제했다. 양군은 산시성 다퉁부터 허난성 장더, 장쑤성 하이저우까지 장장 1,000여 킬로미터에 걸쳐 늘어선 채 싸움이 시작되기만 기다렸다. 폭풍 전야였다.

＼결전의 시작

1928년 4월 1일, 바오딩에 총사령부를 설치한 장쉐량은 전군에 공격 명령을 내렸다. 일본 육사를 졸업한 역전의 장군인 제29군장 지이차오戦翼翹의 지휘 아래 5개 군 8만 명의 병력이 장더를 향해 물밀듯이 밀고 들어갔다. 추위푸의 제7방면군 5개 군 5만 명도 허난성과 산둥성 접경의 요충지 난러南樂로 진격했다. 4월 5일, 양쪽 군대가 정면으로 부딪치면서 중국의 명운을 결정할 북벌 최대의 싸움이 막을 열었다. 이 일전에 펑톈의 사활이 걸렸다는 사실을 잘 아는 장쉐량의 칼끝은 날카로웠다. 공격이 시작되자 펑위샹군의 최일선 진지에 맹렬한 포격이 쏟아졌다. 뒤이어 펑톈군 병사들이 돌격하면서 치열한 전투가 벌어졌다. 장쉐량의 선봉부대인 제29군이 루중린군을 밀어내고 4월 10일 장더를 점령했다. 추위푸의 제7방면군도 류전화를 격파하고 난러를 점령했다. 펑위샹군의 손실은 막대했다. 한푸쥐의 제3방면군만 해도 사단장 3명, 여단장 2명이 죽거나 중상을 입었다.

엔시산은 병력을 둘로 나누어 북쪽에는 상전의 좌로군 5개 군을 다퉁과 징쑤이철도 주변에 배치하여 장쭤샹의 공격에 대비했다. 또한 동쪽으로는 쉬융창徐永昌의 우로군 4개 군을 정타이철도와 타이항산맥의 요지마다 배치하여 펑톈군의 공격을 기다렸다. 펑위샹과 장쉐량의 싸움이 시작되는 동시에 산시성에서도 양군이 충돌했다. 장쭤샹의 제5방면군이 핑싱관을 넘어 상전을 격파하고 다퉁을 점령했다.

냥쯔관에서는 맹장 만푸린이 지휘하는 펑톈군 제8군이 밀고 들어갔다. 당나라 때 당태종의 여동생 평양공주平陽公主가 이끄는 낭자군이 주둔했다 하여 '냥쯔관'이라 불리는 이곳은 산시성으로 들어가는 입구이자 지세가 몹시 험준한 천하의 요지였다. 이곳이 뚫리면 성도省都인 타이위안도 지척이었다. 엔시산은 모든 전력을 냥쯔관으로 집중하여 총력 방어에 나섰다. 그러나 펑톈군 정예부대의 맹공으로 전황은 매우 불리했다. 펑위샹은 산시성으로 급히 증원부대를 보냈다. 리쭝런도 한커우에서 긴급회의를 열어 병력 출동을 지시했다. 전황은 평텐군이 유리했다. 장쭤린은 승기를 잡은 듯했다.

한편, 장쭤린은 산둥 전선을 맡은 장쭝창과 쑨촨팡에게 절대 섣불리 움직이지 말고 굳게 지키라고 지시했지만, 패전을 설욕하겠다는 욕심에 절치부심하던 이들에게는 쇠귀에 경 읽기였다. 두 사람은 전군을 총동원하여 쉬저우를 향해 선제공격에 나섰다. 이 때문에 후방이 텅 비었다. 빈집 털이에 나선 쑨량청이 지닝을 점령하고 보급로를 차단했다. 허를 찔린 두 사람은 진격을 멈추고 허둥지둥 되돌아와서 지닝 탈환에 나섰다. 전쟁의 화마가 중원 전체로 번져나가는 사이, 드디어 장제스가 움직였다. 4월 7일, 그는 쉬저우에서 전군에 출전을 명령했다. 병력은 12개 군 15만 명, 4개 종대로 나뉘었다.

제1종대(쉬저우 방면) 사령관 류즈: 제1군, 제9군, 제10군
제2종대(하이저우 방면) 사령관 천탸오위안: 제17군, 제26군, 제37군
제3종대(안후이성, 룽하이철도 남단 방면) 사령관 허야오주: 제27군, 제33군, 제40군
제4종대(구이더 방면) 사령관 팡전우: 제34군, 제41군, 제47군

난징에는 팡딩잉方鼎英의 제46군이, 상하이에는 첸다댜오錢大鈞의 제32군이 각각 배치되어 후방을 단단히 대비했다. 우한 방면에서는 주페이더가 후난군을 모아서 북진할 준비를 했다. 장제스의 대군은 쉬저우에서 하이저우에 이르는 200여 킬로미터에 걸쳐 포진했다. 총공격 명령이 떨어지자 수만 명의 북벌군이 일제히 화이하이를 건넜다. 선봉은 류즈의 제1군. 황푸군관학교 출신 장교들이 주축이 된 장제스

직계의 최강 부대이다. 동쪽에서는 천탸오위안의 제37군이 해안선을 따라 북상해 산둥성으로 진격했다. 장제스도 진두지휘에 나섰다.

지닝을 놓고 쑨량청과 일진일퇴를 벌이던 쑨촨팡·장쭝창에게는 그야말로 경천동지할 일이었다. 북벌군은 파죽지세로 진격했다. 도강한 지 사흘 만인 4월 10일 타이얼좡이 함락되었으며, 14일에는 린위臨沂가 함락되었다. 좌익을 맡은 팡전우의 제4종대가 지닝으로 육박하여 쑨촨팡군의 뒤를 쳤다. 4월 16일, 지닝은 북벌군의 손에 넘어갔다. 쑨촨팡은 타이안泰安으로, 장쭝창은 지난으로 후퇴한 뒤 패잔병들을 긁어모아 최후 방어선을 구축했지만 헛된 시도였다. 식량과 물자가 바닥나면서 사기가 땅에 떨어진 병사들은 사방으로 흩어졌다. 닝양寧陽·옌저우兗州·취푸曲阜가 줄줄이 떨어졌다. 10만 명의 북벌군이 지난을 향해 진군했다.

이쯤 되자 지용을 겸비한 백전노장 쑨촨팡도 궁지에 몰렸다. 절망한 그는 타이안을 버리고 혈혈단신 북쪽으로 달아났다. 그리고 하야를 선언한 뒤 일본 관동군 사령부가 있는 다롄으로 피신했다. 지위도 명성도 모두 잃은 그는 두 번 다시 재기할 수 없었다, 만주사변이 일어난 뒤 그는 톈진의 영국 조계에 은거했다. 장쭝창은 잔존 부대를 이끌고 톈진으로 달아났다가 얼마 뒤 장쮜린이 황구툰사건으로 사망하자 동북으로 가서 장쉐량에게 의탁하려 했다. 그러나 평소 그의 안하무인을 불쾌하게 여긴 장쉐량은 받아들이지 않았다. 부하들 또한 줄줄이 등을 돌리고 북벌군에 투항했다. 빈털터리가 된 장쭝창도 다롄으로 달아났다.

쑨촨팡과 장쭝창은 어느 모로 보나 전혀 닮은 구석이 없지만, 잔인하고 난폭하여 민심을 잃었다는 점은 같았다. 몰락한 뒤 자택에 칩거한 채 온종일 불경을 읽는 일이 소일거리의 전부였던 쑨촨팡은 1935

년 11월 13일 톈진의 어느 절에서 열린 법회에 참석했다가 한 여성의 총에 맞아 절명했다. 그녀는 예전에 쑨촨팡과의 전투에서 패한 뒤 처형당한 장군의 딸이었는데, 10년 만에 부친의 복수를 한 것이었다. 남방 5개 성을 다스리고 수십만 대군을 지휘하며 전국에 명성을 떨쳤던 쑨촨팡의 어이없는 말로였다. 그의 나이 50세. 베이징 샹산의 베이징식물원에는 지금도 그의 묘가 있다.

다롄으로 달아났던 장쭝창은 중원대전이 일어나자 일본의 원조를 얻어 산둥성에서 재기하려 했다. 그러나 산둥성은 이미 다른 사람의 영토였다. 참담하게 실패한 그는 일본으로 달아났다. 그 뒤 슬그머니 산둥성으로 돌아온 그는 옛 지반을 되찾겠다는 허황된 야심을 버리지 못하고 공공연히 책동을 벌이다 1932년 9월 3일 지난의 기차역에서 암살당했다. 장쭝창을 살해한 사람은 북벌전쟁 중 그에게 패하여 포로가 되었다가 살해당한 장군의 아들이었다. 암살범들은 현장에서 순순히 체포된 뒤 재판에 회부되어 중형을 선고받았다. 하지만 중국인의 가치관에서 보면 이들의 살인은 범죄가 아니라 부모의 원수를 갚은 것이고, 상대 또한 '천하의 악당'이었다. 오히려 이들을 영웅이라며 동정하는 여론이 들끓었다. 이들은 장제스의 특별사면을 받아 몇 달 만에 풀려났다.

장쭝창과 쑨촨팡의 최후는 인과응보라 하겠지만, 난세에 총칼로 권력을 잡은 군벌 중에는 정치적인 안목과 국가를 경영하는 능력을 결여한 사람이 많았다. 이들은 권세를 누리기에 급급하다 민심을 잃고 몰락한 뒤 빈털터리가 되어 쓸쓸한 말년을 맞이하거나 때로는 복수를 당했다. 당대의 명망 있는 사상가이자 혁명가 후스는 "군단장이었다면 어디 내놓아도 손색이 없을 인물들이 총통이 될 수밖에 없었던 것이 중국의 비극이다"라며 이들의 비참한 운명을 애통해했다.

다시 이야기를 앞으로 돌려보자. 산둥성이 무너지자 전선 전체가 흔들렸다. 한때 우세했던 안국군의 사기는 땅에 떨어지고 퇴로를 위협받았다. 수세에 몰렸던 펑위샹과 옌시산은 곧장 공세로 전환했다. 전세는 역전되었다. 5월 3일 순더順德가 함락되고, 5일에는 추위푸의 사령부가 있는 다밍이 함락되었다. 산시군도 냥쯔관에서 출격해 8일에는 펑산을, 이튿날에는 스좌장을 점령했다.

5월 9일, 장쮀린은 총퇴각 명령을 내렸다. 그는 허난성 중부의 바오딩-창저우로 후퇴하여 새로운 방어선을 구축하라고 지시했지만 천지가 무너지듯 전군이 와해되면서 베이징 방어조차 장담할 수 없었다. 장제스에게 전문을 보내 정전을 요청했지만 일언지하에 거절당했다. 몇십 년 동안 심혈을 기울여 쌓아올린 탑이 하루아침에 무너지는 꼴이었다. 장쮀린의 운도 다했다. 그 와중에 뜻밖의 사건이 벌어졌다. 장제스가 그토록 우려한 일본군의 간섭전쟁이 시작되었다.

39

노옹, 죽다

＼일본군 대 북벌군

1년 전인 1927년 6월, 거류민 보호를 명목으로 관동군 제33여단 3,000명을 칭다오로 출동시켜 산둥성을 점령했던 다나카 내각은 북벌군의 철수와 중국의 비난, 국제사회의 여론 악화로 3개월 만에 물러났다. 합당한 명분이 없었기 때문이다. 1차대전 중에 잠시 점령했고 현지에 일본인이 많이 산다는 것 말고는 일본의 조계가 있는 것도 아니었다. 일본이 쥐고 있던 산둥성의 이권은 1922년 워싱턴조약에 따라 중국에 반환되었다. 그렇다고 장쭤린 정권이 정식으로 일본 정부에 산둥성 출병을 요청한 것도 아니었다.

다나카의 진짜 목적은 거류민을 보호하거나 장쭤린을 돕기 위함이 아니라 중국의 통일을 방해하는 것이었다. 이대로라면 장제스가 중국을 통일할 것은 틀림없었다. 더욱이 일본에 비교적 고분고분한 장쭤린과 달리 장제스는 민족주의자였으며 열강에게 빼앗긴 주권을 되찾고 불평등조약을 개정하겠다는 의지를 분명히 했다. 장쭤린을 비롯한 친일 군벌의 비호 아래 중국 시장을 공략하던 일본으로서는 중국에 통일된 민족주의 정권이 수립되어 강력한 경쟁자로 떠오르는 모습을 지켜볼 수 없었다.

그동안 일본은 경제적으로 중국을 꾸준히 잠식해가고 있었다. 19세기 말만 해도 중국 시장에서 일본 제품의 비중은 그리 크지 않았다. 하지만 1차대전과 군벌 내전기 동안 영국과 미국의 세력은 줄어든 반면 그 자리를 일본이 차지하면서 1929년 기준 전체 수입액의 25퍼센트를 차지하여 최대 수입국이 되었다. 일본 또한 대중 수출이 20퍼센트를 차지했다. 양국의 무역 규모도 1913년 1억 8,489만 위안에서 1921년에는 3억 8,247만 위안, 1928년에는 5억 4,789만 위안으로 폭발적으로 늘어났다. 중국의 무역이 확대된 것은 정치적 혼란과는 상관없이 그만큼 경제가 번영했다는 뜻이었다. 그러나 수출보다 수입이 훨씬 늘어났기 때문에 해마다 거액의 적자를 보고 있었다. 특히 적자의 대부분은 대일 무역이었다. 5·4운동으로 중국인들의 배일 감정이 높아지면서 대규모 불매운동도 여러 차례 벌어졌지만 단발성으로 끝났을 뿐, 그리 큰 영향을 주지는 못했다. 불매운동이라는 것도 중국 제품이 일본 제품을 대체할 수 있을 때 가능하기 때문이다. 또한 다른 제국주의 열강의 행태도 일본과 크게 다르지 않았다.

경제적 후발주자였던 일본은 구미와의 무역에서 수입이 수출을 초과하여 연간 2억 엔 이상의 무역 적자를 보고 있었다. 중국에서 돈을 벌어 간신히 메우는 형편이었다. 대중 수출이 아니라면 일본 경제는 당장 파산에 내몰릴 형편이었다. 일본의 미래는 중국에 달린 셈이었다. 그러기 위해서는 중국과의 관계를 개선하여 양국의 교역을 안정시키는 것이 마땅했지만 군부 강경파들은 중국 침략에만 혈안이 되어

연도	수출	수입	무역수지	수출입 총액
1913	65,544,186	119,346,662	-53,802,476	184,890,848
1918	163,394,092	238,858,578	-75,464,486	402,252,670
1922	159,754,351	231,428,885	-71,674,534	391,183,236
1926	211,740,889	336,909,441	-125,168,552	548,650,330
1928	228,602,453	319,293,439	-90,690,986	547,895,892
1931	264,956,013	295,727,119	-30,771,106	560,683,132

●— 중일 양국의 연도별 무역 규모.*

중국인들의 감정을 자극하기에 급급했다.

그나마 온건파인 와카쓰키 레이지로 총리와 시데하라 기주로 외무
장관이 건재할 때는 어떻게든 군부를 억누를 수 있었다. 그러나 1926
년 12월 25일 쇼와 천황의 즉위와 3개월 뒤에 밀어닥친 쇼와 금융공
황, 군국주의자인 다나카 기이치의 집권으로 일본은 급격히 우경화하
고 주도권은 군부로 넘어갔다. 다나카 내각은 불개입 원칙을 깨고 북
벌군을 막기 위해 장쭤린·쑨촨팡·장쭝창 등 친일 군벌들의 지원자로
서 대량의 무기와 군비를 아낌없이 제공했다. 그렇지만 이들이 완패
하고 난징마저 함락되자 육군 강경파는 자신들이 직접 나서서 북벌군
을 격파해야 한다고 공공연히 떠들었다.

일본군의 제1차 산둥 출병은 북벌군이 스스로 물러나면서 일단 흐
지부지되었다. 그러나 한때 하야했던 장제스가 북벌군 총사령관으로
복귀하면서 극동에는 다시 긴장감이 감돌았다. 다나카는 중국에서 결
코 물러나지 않겠다고 공언하면서도 장제스와의 정면충돌까지는 원

---

*『근대 중국 대외무역을 통해 본 동아시아』, 홍성구·송규진, 동북아역사재단.

치 않았다. 그러나 외무성에서 가장 강경파인 모리 가쿠 외무차관과 중국 내 외무성 관료들, 관동군, 육군 소장파 장교들은 무력 개입을 고집했다. 특히 펑텐 총영사 요시다 시게루, 관동군 사령관 무토 노부요시 등 일부 극단주의자들은 여차하면 장쭤린도 제거해야 한다는 의견이었다. 장쭤린은 친일 군벌이지만 그렇다고 일본의 지시에 맹목적으로 따르는 꼭두각시는 아니었기 때문이다. 장쭤린과 일본의 협력관계는 어디까지나 서로의 이해타산에 따른 조건부였다. 장쭤린은 때때로 일본의 권익을 침해하여 관동군을 분개시켰다. 장쭤린 역시 일본에게 결코 믿을 만한 존재는 아니었다.

일본 지도부는 둘로 나뉘었다. 자신들의 권익을 보장받는 선에서 장제스와 적당히 타협해야 한다는 온건파와 만주·몽골을 아예 중국에서 분리시켜 일본이 직접 지배해야 한다는 강경파로 갈라져서 첨예하게 대립했다. 그 중간에 끼인 다나카의 태도는 모호하기 짝이 없었다. 국제사회의 여론이 부담스러웠지만, 그렇다고 군부의 입장을 고려하지 않을 수 없는 처지였기 때문이다. 군부 소장파들은 다나카가 모호한 태도를 보이자 불만을 품고 한층 압박을 가했다.

북벌전쟁 재개가 초읽기에 들어가면서 다나카 내각은 제2함대를 산둥성으로 출동시켰다. 일본 함대는 전투가 시작되기 직전인 4월 1일 칭다오항에 입항했다. 장쭝창·쑨촨팡의 군대가 북벌군에게 패주하여 흩어지던 4월 16일, 칭다오 총영사 후지타 에이스케藤田榮介가 본국에 급전을 보내 육군의 출동을 요구했다. 즉시 각료회의가 소집되어 출병을 결의했다. 19일, 스즈키 소로쿠鈴木莊六 육군참모총장이 쇼와 천황에게 출병을 승인받았다. 출동 부대는 후쿠다 히코스케福田彦助 중장이 지휘하는 제6사단 5,000여 명. 이들은 하루 뒤 수송선을 타고 중국으로 출동했다. 또한 톈진에 있는 지나주둔군 3개 중대 460명으로 편

●— 산둥성으로 출동하기 위해 베이징역에 대기 중인 지나주둔군 병사들. 참고로, 태평양전쟁 때 일본군의 상징인 90식 철모는 1930년에 정식 채택되었기 때문에 이때는 아직 사용되지 않았다.

성된 '임시 지난파견대臨時濟南派遣隊'도 열차를 타고 출발하여 이날 저녁 8시 20분 지난에 도착했다. 산둥성에 진입한 첫 일본군이었다.

일본군의 출동은 마치 기다렸다는 듯 전광석화처럼 이뤄졌다. 사전 각본에 따른 것이었기 때문이다. 다나카 내각은 한 해 전인 1927년 12월 20일에 열린 각료회의에서 북벌군이 산둥성에 진입할 경우 재차 출병하기로 결정한 바 있었다. 명목은 현지의 일본인 보호와 치안 유지였지만, 그 속내는 중국의 통일을 지켜보고만 있지 않겠다는 의미였다. 북벌군이 제 발로 물러나지 않으면 무력도 불사할 참이었다. 장제스는 열강들을 향하여 중국 내전에 관여하지 말라고 몇 번이나 호소했지만 일본은 눈 하나 깜짝하지 않았다.

일본군이 출동했다는 소식은 장제스에게도 전해졌다. 그에게는 국가 지도자로서의 첫 시험대였다. 20년 뒤 국공내전에서 상하이를 점령한 마오쩌둥의 공산군은 난징의 대사관 직원들을 탈출시키기 위해 창장을 항해하던 영국 해군을 공격하고 애미시스트^Amethyst라는 슬루프함을 나포하는 등 도발을 저지르고 자신들의 위세를 과시하기도 했다. 그러나 미국과 영국이 중국 내전에 개입할 의사가 없다는 점을 잘 알기 때문에 가능했다. 일본은 훨씬 호전적이었으며, 빌미만 잡으면 언제라도 중국을 무력으로 침공할 준비가 되어 있었다. 장제스가 어떻게 대응하는가에 따라 북벌의 향방은 물론이고 중국의 명운이 걸려 있었다.

국민정부 외교부는 일본 정부에 항의 성명을 보냈다. "귀 정부의 이번 출병은 중국의 주권을 노골적으로 침해하는 행위이며, 이로 인해 예측할 수 없는 사태가 초래되더라도 일절 중국의 책임이 아니다." 또한 대표적인 지일파로 장제스-다나카 회담에도 참석한 바 있는 장췬이 도쿄로 급파되어 다나카 내각과 교섭에 나섰다. 중국 각지에서 일본의 무력 개입을 비난하는 반일 시위가 벌어졌다.

그러나 일본은 요지부동이었다. 4월 25일, 일본군 제6사단이 칭다오항에 상륙했다. 주력은 일단 칭다오에서 대기했다. 제11혼성여단 2,000여 명이 선발부대로 열차를 타고 지난으로 향하여 이튿날 새벽 2시 지난역에 도착했다. 성내는 혼란의 도가니에 빠졌다. 장쭝창의 군대는 토비로 변해 약탈을 일삼았다. 일본군은 성 밖에 있는 지난 주재 일본총영사관과 일본인 거주 지역에 포진했다. 주변에 철조망과 모래 포대를 둘러싸고 기관총과 대포를 설치한 채 삼엄하게 경계하면서 완전한 전투태세를 갖추었다. 또한 제6사단 주력도 지난으로 출동할 준비를 서둘렀다.

5월 1일 오전 9시, 타오즈웨陶峙岳의 제40군 제3사단과 팡전우의 제41
군 등 북벌군 선봉이 지난성에 입성했다. 장쭝창의 군대가 일본군을
등에 업고 성을 굳게 지켰더라면 북벌군으로서는 꽤 어려운 싸움이
되었을 것이다. 그러나 성을 지키던 수비대가 이미 북쪽으로 달아났
기 때문에 별다른 전투는 없었다. 성문에는 "혁명군 만세!"라는 현수
막이 붙고 거리 곳곳에 청천백일기가 내걸렸다. 후속 부대가 속속 도
착하면서 성내의 중국군은 4만 명이나 되었다. 다음 날 저녁에는 장
제스도 도착했다. 그는 며칠 전만 해도 장쭝창이 사용했던 산둥성 정
부 공관에 북벌군 총사령부를 설치했다.

두 시간 뒤 일본군 제6사단 주력이 지난성 밖에 당도하면서 양군은
성벽을 사이에 두고 대치했다. 일본군은 언제라도 북벌군을 향해 발
포할 태세였다. 북벌군의 코앞에서 장갑차를 앞세워 무력시위를 하
는 등 도발을 서슴지 않았다. 언제 터질지 모르는 시한폭탄 같은 상황
이었다. 수적으로는 북벌군이 우세했지만 일본군은 잘 훈련되었고 화
력에서 압도했다. 일본군에 견주면 북벌군은 무기도 장비도 형편없는
오합지졸에 불과했다. 일본군이 북벌군을 격파하는 것은 어린아이 팔
을 비트는 것과 마찬가지였다. 일본군이 장쭤린과 손잡고 싸움을 건
다면 북벌군에게는 전혀 승산이 없었다. 팽팽한 긴장감이 감도는 가
운데 국민정부 외교부와 일본군 사이에 교섭이 시작되었다. 중국 측
은 성 밖의 일본군 제6사단 본부를 찾아가 병력을 당장 철수하라고
요구했지만, 후쿠다 중장은 일언지하에 거절했다.

교섭이 지지부진한 가운데 5월 3일 아침 9시께 첫 충돌이 벌어졌
다. 충돌 경위에 관한 양쪽의 주장은 완전히 엇갈린다. 중국은 제40군
병사 하나가 병이 나서 인근 병원으로 이송하는 도중에 일본군이 갑

자기 발포했다고 주장했다. 반면 일본은 소속을 알 수 없는 수십 명의 중국군 병사들이 일본인 거주지를 함부로 침입해 약탈을 일삼는 바람에 일본군도 자위 차원에서 부득이 응사했다고 주장했다. 쌍방은 서로 상대가 먼저 발포했다고 주장했지만, 어느 쪽이 됐든 간에 빌미만 찾고 있던 일본군은 기다렸다는 듯 행동에 나섰다. 일본군은 북벌군 제40군의 진지를 기습했고 중국군도 응사하면서 전투가 시작되었다. 맨 처음 공격을 받은 부대는 제40군 제3사단 제7연대였다.

일본군의 압도적인 화력 앞에서 제2대대 500여 명은 문자 그대로 전멸했다. 나머지 부대도 막대한 사상자를 내고 밀려났다. 전투는 곧 시내 전역으로 확대되었다. 보고를 받은 장제스는 여기서 일본군과 싸우는 것은 자살행위라고 판단하고, 성안에 소수의 병력만 남기고 나머지 병력을 모두 철수하게 했다. 또한 외교부장 황푸黃郛가 일본과 교섭에 나서서 전투 중지에 합의했다. 그러나 중국군이 철수했는데도 전투는 산발적으로 계속되어 곳곳에서 총성이 울려퍼졌다. 하루 동안 싸움으로 일본군은 전사자 10명, 부상자 41명, 민간인 사상자 13명의 손실을 입은 반면, 중국군은 군민 사상자 1,000여 명에 1,700여 명이 포로로 잡히는 손실을 입었다. 그야말로 일방적인 싸움이었다.

정전 교섭을 위해 일본군 사령부를 방문한 황푸는 오히려 연금당한 채 "중일 양군의 충돌은 중국군이 일본인을 폭행하고 약탈했기 때문이다"라는 문서에 서명할 것을 강요당했다. 그 와중에 일본군 20여명이 중국 외교부 산둥 교섭처 건물에 난입했다. 일본군 병사들은 중국 측 교섭관인 차이궁스蔡公時와 외교부 직원들을 한쪽 방에 모두 가둔 다음 한 사람씩 무참하게 살해했다. 차이궁스는 도쿄제국대학을 졸업한 중국의 대표적인 지일파 가운데 한 사람으로, 황푸를 도와서 일본과 교섭하라는 장제스의 지시를 받았다. 그러나 일본군 병사는 그가 순순히 굴복하지 않는다는 이유로 다리를 부러뜨리고 눈과 귀, 혀를 자른 다음 권총으로 쏘아 죽였다. 아무리 교전 중인 적국이라도 외교관은 존중하는 것이 국제법이라는 점에서 일본의 잔인함을 드러내는 사건이었다. 이 사건으로 일본 정부의 처지도 난처해졌다.

어쨌거나 일본이 바라는 대로 일단 개입할 빌미는 만들었다. 그러나 상황은 이들의 생각처럼 굴러가지 않았다. 후쿠다는 북쪽의 더저우에 주둔한 장쭝창에게 당장 병력을 돌려서 지난으로 돌아오라고 전문을 보냈다. 지난에서 더저우까지 거리는 100킬로미터 정도였다. 도보로 온다고 해도 2, 3일이면 충분했다. 그러나 큰 타격을 입고 사기가 땅에 떨어진 패잔병들을 수습하느라 정신없던 장쭝창은 지난 탈환에 나설 여력이 없었다. 오히려 가족을 톈진으로 피난시킨 뒤 자신은 잔존 병력을 이끌고 북쪽으로 달아났다. 장쒀린·장쭝창과의 사전 협의 없이 일본이 독단적으로 출병을 밀어붙인 결과였다. 일본 참모본부는 제3사단의 증파를 건의했지만 다나카가 국제사회의 비난을 우려해 망설이면서 출동이 늦어졌다. 증원부대는 9일에야 출동했지만 이미 때는 늦었다. 일본 군부는 개입할 수 있는 호기를 놓쳤다.

5월 4일 새벽 0시, 중국 측 대표 슝스후이熊式輝와 일본군 제6사단 참모장 구로다 슈이치黑田周一 사이에 교섭이 재개되었다. 슝스후이는 중국인으로는 보기 드물게 일본 육군대학을 졸업했다. 일본군 내에도 아는 사람이 많았으며, 이날 교섭에 참여한 일본군 참모들과도 대부분 이전부터 안면이 있었다. 장제스가 그를 보낸 것도 이런 이유 때문이었다. 그러나 일본군의 태도는 고압적이고 난폭하기 이를 데 없었다. 일본군은 다음과 같은 정전 조건을 내걸었다.

1. 북벌군은 지난성 밖의 도로를 통과하지 않는다.

2. 북벌군은 자오지철도와 진푸철도를 통해 병력을 수송하지 않는다.

3. 북벌군은 지난성 11킬로미터 밖으로 철수한다.

장제스에게 더 이상 북진하지 말라는 얘기였다. 북벌군 주력인 장제스가 북상하지 않는다면 펑위샹과 옌시산만으로는 장쮜린을 이길 수 없다. 물론 방향을 바꾸어 허난성을 통해 북상하는 방법도 있지만, 병력을 근본적으로 재배치해야 하므로 북벌에 큰 차질이 빚어질 것은 분명했다. 무엇보다도 일본의 부당한 협박에 굴복하라는 뜻이었다. 슝스후이는 장제스의 승인 없이는 서명할 수 없다고 버텼다. 새벽 5시, 몇 시간 동안 실랑이한 끝에 슝스후이는 끝까지 서명을 거부하고 되돌아왔다. 일본군은 장제스를 더욱 압박할 요량으로 성내를 포격하고 항공기를 동원해 장제스의 총사령부를 폭격했다. 장제스는 다치지 않았지만 여러 명의 장교들이 죽거나 부상을 입었다. 일본은 무슨 수를 써서라도 장제스를 굴복시킬 속셈이었다. 『아사히신문』은 "중국군이 일본 거류민들을 습격하여 280여 명의 무고한 사람이 죽었다"며 일본인들의 반중 감정을 선동했다.

장제스는 한편으로는 일본과 교섭을 시도하면서 다른 한편으로는 지난을 우회해서 최대한 신속하게 황허를 건너라고 지시했다. 북벌군이 황허를 건넌다면 일본군은 닭 쫓던 개가 되는 셈이었다. 5일 밤부터 6일 새벽까지 북벌군의 주력은 별다른 방해 없이 황허를 무사히 건너는 데 성공했다. 도하가 끝났다는 보고를 받고 장제스도 6일 아침 지난성을 출발하여 북쪽으로 향했다. 남은 부대는 장제스 직계부대인 제1군 제2사단 제5연대(연대장 리옌녠)와 팡전우 휘하 제41군 제11사단 제2연대(연대장 덩인판鄧殷藩)의 2개 연대 3,000여 명 정도였다.

장제스는 제41군 부군장 쑤쭝저蘇宗轍를 지난 위수사령관 대리에 임명하고 지난성의 수비를 맡겼다. 일본군이 지난성을 공격한다면 이들은 전멸을 면치 못할 것이었다. 그러나 얼마간의 병력이라도 남기지 않으면 일본은 중국이 스스로 산둥성을 포기했다면서 일본군의 주둔을 정당화할 것이 뻔했다.

북벌군이 이미 황허를 건넜으며 장제스도 지난을 떠났다는 사실을 뒤늦게 안 일본군은 당황했다. 장제스가 지난에 없으면 자신들이 지난에 있는 의미가 없었다. 장쭝창이 장제스의 황허 도하를 마땅히 저지하리라 여기며 태평스레 마음을 놓고 있던 일본군 수뇌부의 오판 때문이었다. 이제 와서 일본군이 지난을 벗어나 직접 북벌군의 뒤를 쫓는 것은 불가능했다. 국제사회의 눈이 있는 데다 병력도 충분하지 않았기 때문이다. 그렇다고 아무 소득 없이 빈손으로 물러나는 것 또한 체면 문제라고 여겼다. 5월 7일 오후 4시, 후쿠다는 다음과 같은 최후통첩을 보내면서 12시간 이내에 회답하라고 요구했다.

1. 일중 양군의 충돌과 관련하여 중국군 제40군장 허야오주와 제41군장 팡전우를 처형할 것.
2. 일본군의 입회 아래 일본군에게 대항한 중국군 부대를 무장해제할 것.
3. 중국에서 모든 반일 행위와 선전을 금지할 것.
4. 지난과 자오지철도 주변 11킬로미터 이내에서 중국군은 완전히 철수할 것.
5. 이상의 조치가 제대로 지켜지는지 일본군의 감시를 허용할 것.

그리고 장제스가 공식적으로 일본에 사죄할 것과 일본 거류민이 입은 피해를 보상해줄 것도 요구했다. 장제스는 전후 사정을 조사한 뒤 필요하다면 처벌하겠지만, 일본군도 마찬가지로 관련자들을 처벌해야 한다고 주장했다. 또한 반일운동은 엄격히 단속하겠다, 자오지철도 주변의 병력은 이미 북쪽으로 이동했지만 현지의 치안을 유지하기 위해 상당한 병력을 남길 수밖에 없다, 일본군에게 억류된 북벌군 포로들과 무기는 모두 돌려달라고 답변했다. 비록 일본의 요구를 일부 받아들이기는 했지만 그렇다고 굴욕적일 만큼 일방적인 굴복은 아니었다.

장제스의 대답에 만족하지 못한 후쿠다는 "군대의 위신을 세우기 위해서는 단호하게 조치할 수밖에 없다"면서 지난성 안에 남아 있는 리엔녠과 쑤쭝저에게 투항을 권고했다. 쑤쭝저는 받아들였지만 리엔녠은 거부하고 싸울 태세를 갖추었다. 9일 밤, 지난성에 대한 일본군의 총공격이 시작되었다. 포탄이 쉴 새 없이 떨어지고 성벽이 돌파되면서 치열한 시가전이 벌어졌다. 1개 연대에 불과한 리엔녠의 군대는 압도적인 열세에 놓였다. 함락은 시간문제였다. 리엔녠은 황푸군관학교 1기생으로, 겨우 23세에 불과한 앳된 청년이었다. 그러나 한 치도 물러서지 않고 용맹하게 지휘하여 일본군을 저지했다.

예상외의 저항에 부딪힌 일본군은 리엔녠에게 안전한 후퇴를 보장할 테니 성 밖으로 철수하라고 제안했다. 리엔녠은 이 제안을 받아들여 11일 아침 잔존 병력과 함께 성문을 나섰다. 그러나 함정이었다. 일본군은 주변에 매복해 있다가 리엔녠 부대를 향해 일제사격을 가했다. 탈출에 성공한 수는 500여 명에 불과했다. 지난성에 입성한 일본군은 수백 명의 중국군 부상병을 모조리 학살했다. 5월 3일부터 11일까지 벌어진 '지난참안'에서 일본군 전사자는 26명, 부상자 157명에 불과한 반면, 중국군은 전사자가 3,945명, 부상자가 1,537명이나 되었다. 부상자보다 전사자가 훨씬 많았다는 것은 저항하지 못하는 민간인과 포로들을 무차별로 학살했다는 증거였다. 장제스를 놓친 분풀이를 실컷 한 셈이다. 또한 일본군의 포격으로 많은 가옥이 파괴되거나 불타면서 2,900만 위안의 재산 손실을 입었다.

일본은 지난성을 손에 넣었지만 본래 목적이었던 북벌 저지에는 실패했다. 일본군은 단 며칠도 북벌군의 진격을 지연시키지 못했으며, 전쟁에 아무런 영향도 주지 못했다. 오히려 중국 전역에서 반일 감정이 들끓어, 주요 도시에서는 반일 시위와 일본 제품 불매운동이 벌어졌다. 상하이에서만 10만 명이 넘는 학생들과 군중이 모여서 일본을 규탄했다. 1928년 5월부터 7월까지 일본 제품의 수입이 일시적이나마 절반으로 줄었을 정도였다. 또한 국민정부는 겉으로는 배일운동을 단속하겠다고 일본에 약속했지만 외교적인 마찰을 피하기 위한 방편이었을 뿐, 반일운동이 정권에 대한 비판으로 이어지지 않는 한 오히려 반일 단체들을 후원하고 항일 선전에 앞장섰다. '마오쩌둥 사관'이 주장하듯 장제스가 일본의 비위를 맞추기에 급급하여 국민들의 입을 틀어막았다는 것은 한쪽 측면만 보는 것이다. 장제스가 위안스카이나 장쭤린과 다르지 않았다면 일본은 굳이 주먹을 휘두를 필요조차 없었을 것이다.

일본은 공식 사죄와 거액의 배상금을 요구했지만 장제스는 오히려 일본이 사죄해야 한다고 반박하는 등 초강경으로 맞섰다. 장제스 정권은 청조나 위안스카이처럼 일본이 윽박지른다고 순순히 꼬리를 내릴 만큼 호락호락하지 않았다. 베이징 주재 주중 공사였던 요시자와 겐기치芳澤謙吉마저 본국에 보내는 보고서에 "중국 측의 손해가 우리를 훨씬 능가하므로 손해배상을 요구하기에는 무리가 있다"고 난감해할 정도였다. 일본 스스로도 명분이 없다는 사실을 인식했던 것이다.

1년에 걸친 지루한 교섭 끝에 1929년 3월 28일 양국 정부는 '중일 제안협정中日濟案協定'을 체결했다. 그에 따라 일본군은 4월 말까지 산둥성에서 완전히 철수하기로 했고, 쌍방이 주장하는 피해에 대해서는 공동 조사를 거친 후 보상하기로 했다. 1929년 6월에는 일본이 국민 정부를 중국의 정통 정부로 정식 승인했으며, 중국의 국명 또한 일본이 임의로 만든 '지나'가 아니라 '중화민국'으로 부르기로 했다. 다나카의 야심 찬 출병은 성과는 없고 잃은 것만 있었다. 그는 군부의 지지를 잃고 얼마 뒤 총리 자리를 내놓아야 했으며, 심한 우울증에 시달리다가 심장병으로 죽었다.

오우치 쓰토무大內力 도쿄대 교수는 산둥 출병에 대하여 "일본군의 폭거는 중국의 반일 감정을 한층 강화했고, 장제스 정권을 반일로 돌아서게 했다"면서 다나카 외교의 완벽한 실패라고 비판한다. 그러나 일본은 반성은커녕 제동장치가 고장 난 열차처럼 폭주하여 만주사변과 중일전쟁 그리고 태평양전쟁을 향하여 내달린다.

＼운명의 황구툰

대세는 결정 났다. 지난에서 북벌군과 일본군이 충돌한 1928년 5월 9일, 장쭤린은 전군에 총퇴각 명령을 내렸다. 일본군을 우회해서 황허를 건넌 장제스의 제1집단군은 진푸철도를 따라 파죽지세로 북상하여, 5월 28일 선봉부대가 창저우에 입성했다. 창저우는 톈진에서 남동쪽으로 100킬로미터, 베이징에서 240킬로미터 거리였다. 같은 시간 남서쪽에서는 펑위샹의 제2집단군이 징한철도를 따라 북상했고, 서쪽과 북쪽에서는 옌시산의 제3집단군이 동진하는 중이었다. 또한 제4집단군 전선 총사령관 바이충시가 지휘하는 5개 군(제12군, 제17군, 제30군, 36군, 제44군) 16개 사단이 우한에서 출동하여 펑위샹·옌시산의

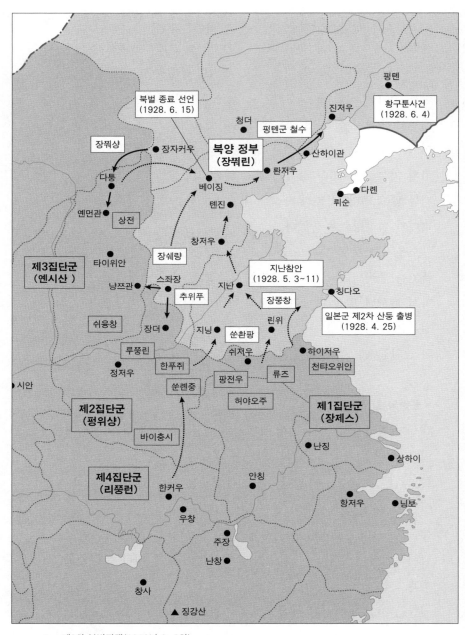

북벌 종료 선언
(1928. 6. 15)

평톈
황구툰사건
(1928. 6. 4)

진저우

청더

펑톈군 철수

장쭤샹   장자커우
                                 산하이관
북양 정부
다퉁   (장쭤린)   란저우
                                        다롄
옌먼관   베이징
                텐진   뤼순
상전
                창저우
제3집단군
(옌시산)   타이위안   지난참안
              스좌장   (1928. 5. 3~11)
            냥쯔관   지난   칭다오
              추위푸   장쭝창
쉬융창   지닝   린위
                장더   일본군 제2차 산둥 출병
          루쭝린   쑨촨팡   (1928. 4. 25)
          정저우   한푸쥐   쉬저우   하이저우
시안   팡전우   류즈   톈탸오위안
          쑨롄중   허야오주
제2집단군   제1집단군
(펑위샹)   (장제스)
          바이충시

제4집단군
(리쭝런)   한커우   난징
                              상하이
          우창   안칭
                                  항저우
            주장   닝보
          난창

창사

▲ 징강산

●— 제3차 북벌전쟁(1928년 3~6월).

부대와 합세했다. 5월 31일에는 즈리성 중부의 요충지 바오딩이 무혈 함락되었다. 펑톈군은 모든 전선에서 무너져 패주했다. 싸움은 끝난 것이나 다름없었다. 제3집단군의 선봉이 베이징 교외의 창신뎬까지 진출했다. 베이징 함락도 초읽기에 들어갔다.

상황이 급박해지자 장쭤린은 장제스에게 다시 전문을 보내 화해를 청했지만, 장제스는 성의가 보이지 않는다며 묵살했다. 백기 들고 투항하라는 의미였다. 칠전팔기의 장쭤린도 이제는 모든 계책이 막혔다. 그는 끝까지 물러서지 않고 베이징을 사수할 생각이었지만, 장쉐량과 양위팅마저 철수를 권고하자 고집을 꺾지 않을 수 없었다. 6월 1일, 장쭤린은 각국 공사들을 원수부로 초청하여 펑톈으로 철수한다고 선언했다.

대원수부를 베이징에서 펑톈으로 옮기는 데 지나지 않는다. 비록 쇠락했지만 어쨌거나 나는 장쭤린이다. 나라를 팔지는 않겠다.

이튿날, 북양의 원로 왕스전이 장쭤린을 방문했다. 위안스카이 시절 돤치루이·펑궈장과 함께 '북양 3걸'이라 일컬어졌으며 10여 년 전만 해도 육군총장으로 북양군을 호령하던 그는 지금 까마득한 후배들에게 밀려나 베이징박물관 관장이라는 한직이나 맡고 있는 신세였다. 왕스전은 장쭤린에게 자금성과 중국의 찬란한 문화유산으로 가득한 박물관이 또다시 전란에 휩싸이지 않게 해달라고 간청했다. 노인의 눈물 어린 호소는 장쭤린의 마음을 감동시켰다. 장쭤린은 베이징을 싸움터로 만들지 않겠다고 다짐했다. 장쫑창만이 마지막까지 싸울 것을 주장했다. 산둥성을 잃고 톈진으로 퇴각한 그는 장쭤린이 동북으로 물러날 경우 그야말로 갈 곳 없는 신세였기 때문이다. 그러나 장쭤린은 그의 만류를 뿌리치고 베이징을 떠나는 열차에 올랐다. 베이징은 부저항^{不抵抗} 도시로 선언되었다. 치안을 위해 바오위린^{鮑毓鱗}의 제47여단만 남기고 모든 병력이 동북으로 철수를 시작했다.

산둥 출병에도 불구하고 북벌군의 황허 도하를 저지하는 데 실패한 일본은 다음 책략으로 장쭤린과 장제스 양쪽에게 최후통첩을 보냈다.

제국 정부로서는 전란이 만주에 미치는 것을 막기 위하여 적당하고 유효한 조치를 취하지 않을 수 없다. 첫째, 남군(북벌군)이 베이징에 입성하기 전에 펑톈군이 산하이관 이북으로 철수하는 것은 인정하지만, 남군의 만주 진입은 용납하지 않는다. 둘째, 남군과 펑톈군이 베이징-톈진 지구에서 교전하거나 양군이 함께 만주로 진입할 경우 양쪽을 모두 무장해제하겠다.

관동군은 동북 각지에 배치된 병력을 모두 펑톈에 집결하게 하고 사령부도 다롄에서 펑톈으로 이동했다. 본격적으로 실력을 발휘하겠다는 의미였다. 관동군 사령관 무라오카 조타로^{村岡長太郎} 중장은 '치안 유지'를 명목으로 동북의 입구라 할 수 있는 진저우로 병력을 출동시킨 다음, 이유 여하를 막론하고 동북으로 들어오는 중국군을 모조리 붙잡아 무장해제할 속셈이었다. 그러나 관동군의 임무는 어디까지나 만철 보호이므로 엄연히 월권일뿐더러, 중국의 주권을 침해하고 워싱턴조약을 위반하는 행위였다. 국민정부는 물론이고 장쭤린도 "동북은 중국 고유의 영토이므로 이러한 조치는 결코 받아들일 수 없다"고 반발했다. 미국까지 일본을 비난하는 항의 성명을 발표하자 다나카 내각은 굴복하여 관동군의 출동을 취소했다. 잔뜩 벼르다가 김빠진 꼴이 된 관동군 내부에서는 다나카가 나약하다며 성토하는 목소리가 높아졌다. 결국 일부 참모들은 자신들이 직접 행동에 나서기로 했다.

6월 2일 오후 7시, 순승왕부를 나선 장쭤린은 심복들과 함께 전용 열차에 올랐다. 그로서는 제1차 펑즈전쟁 이래 두 번째 퇴각이었다. 그러나 절치부심하여 회심의 복수를 멋지게 해냄으로써 천하에 장쭤린이 있음을 알렸던 그때와 달리 다시는 돌아올 수 없다는 사실을 절감하고 있었다. 그의 표정은 아무렇지 않은 듯 담담했지만 베이징을 버리고 떠날 때의 기분은 어떠했을까. 평생의 야심이 물거품이 되는 순간이었으니 실로 참참하기 이를 데가 없었을 것이다. 그렇다고 그대로 주저앉을 생각 또한 없었으리라. 장쭤린은 6년 전에도 패전지장의 비참한 몰골로 동북으로 달아난 바 있었다. 우페이푸에게 패배했을 때였다. 그때에도 지금과 똑같은 길을 따라갔지만 당시 처지는 훨씬 비참했다. 장쭤린의 일생은 칠전팔기였고, 2년 동안 와신상담하여 결국에는 강적 우페이푸를 꺾었듯 언제고 재기의 순간은 다시 오리라 생각하지 않았을까. 장쭤린의 속내는 아랑곳없이 그를 태운 열차는 베이징을 출발하여 점점 속도를 올리면서 북상했다. 그리고 톈진과 산하이관을 지나 펑톈으로 향했다. 펑톈에 도착하기 전 마지막 역이 황구툰이었다.

황구툰역에서 펑톈 쪽으로 몇백 미터 가다보면 산둥차오三洞橋라는 육교가 있었다. 징펑철도와 남만주철도가 교차하는 지점으로, 1905년 12월 22일 만주선후조약滿洲善後條約이 체결된 이래 관동군이 관할하는 구역이었다. 장쭤린의 열차가 도착하기 몇 시간 전, 아직 해가 뜨기 전의 캄캄한 어둠 속에서 한 무리의 병사들이 땀을 흘리며 부지런히 뭔가를 하고 있었다. 이들은 펑톈 독립수비대 제4중대와 조선주차군 소속 가메야먀 공병대의 공병들이었다. 병사들은 기리하라 사다토시桐原貞壽 중위의 지휘 아래 철로에 폭탄을 설치했다. 폭탄의 양은 600

킬로그램에 달했다. 폭탄 설치가 끝나자, 그들은 주변에 중국인 시체 두 구를 아무렇게나 던져놓았다. 이들은 아편에 중독된 부랑자들로, 돈을 많이 준다는 말을 듣고 왔다가 살해당했다.

6월 4일 새벽 5시, 장쭤린의 전용열차는 황구툰역에 잠시 멈추었다가 다시 출발했다. 조금만 더 가면 동북의 수도 펑톈이었다. 심복인 우쥔성이 장쭤린에게 말했다. "날이 선선합니다. 옷을 더 입으십시오." "곧 도착할 텐데, 뭐." 열차가 조금씩 속도를 올리면서 산둥차오를 막 통과하는 순간, 요란한 폭음과 함께 큰 폭발이 일어났다. 폭탄은 장쭤린이 탄 차량과 식당 차량 중간에서 터졌다. 10mm의 두꺼운 철판을 두른 장갑열차도 바닥에서 터지는 강력한 폭탄의 위력 앞에서는 무용지물이었다. 장쭤린이 탄 차량은 10미터나 치솟았다가 떨어졌다. 땅에 떨어진 차체는 바퀴와 바닥만 어느 정도 남았을 뿐 원형을 찾아볼 수 없을 만큼 부서졌다. 앞뒤 차량도 폭발과 화재로 고철이 되었다. 산둥차오도 충격을 견디지 못하고 무너져버렸다. 폭탄의 위력은 상상을 초월했다. 우쥔성은 머리에 파편을 맞아 즉사했다. 사망자가 20명, 부상자가 53명이나 되었다.

아직 숨이 붙어 있던 장쭤린은 즉시 병원으로 옮겨졌지만 상처가 너무 깊었다. 오전 9시, 그는 끝내 절명했다. 그의 나이 54세. 난세에 태어나 파란만장하게 살면서 천하를 호령하던 풍운아의 마지막이었다. 동시에 앞으로 중국에 불어닥칠 더 큰 폭풍을 예고하는 것이기도 했다.

다음 날 아침, 우치다 고로內田五郎 펑톈 영사를 비롯해 일본과 펑톈 경찰이 합동으로 현장 조사에 나섰다. 일본 측은 현장에서 발견된 중국인 시체를 "남군(북벌군)의 편의대便衣隊(게릴라)"라면서 장제스가 사주한 일이라고 주장했다. 그러나 펑톈 측은 사고가 발생한 지점이 일본군이 관할하는 남만주철도의 교차점이므로 일본인의 소행이라고 주장했다. 또한 편의대가 폭탄을 철로로 던져서 터진 것이라는 우치다의 주장에 폭탄의 위력으로 보아 절대 손으로 던질 만한 것이 아니라고 반박했다. 실제로 일본 측이 현장을 확인한 결과, 멀리 떨어진 곳에서 폭탄을 던져 장쭤린의 열차에 정확하게 맞히기란 불가능하며, 철로에 폭탄을 설치한 뒤 전기선을 조작해서 폭파했을 가능성이 높다고 결론을 내렸다. 매우 치밀한 사전 준비가 있었다는 뜻이다.

그렇지만 어떻게든 책임을 면해야 했던 우치다는 펑톈 측을 협박하면서 남군 편의대의 짓으로 결론 내리자며 억지를 부렸다. 펑톈 측은 끝까지 거부했다. 또한 펑톈 측은 러시아인 전문가들을 보내 별도로 조사한 결과 현장에 대량의 폭탄이 정교하게 설치되었다는 사실을 확인했다. 일본이 남군 편의대라고 주장하는 시체도 몸에 주삿바늘 자국이 많은 것으로 보아 아편 중독자이며 도저히 군인이라고 볼 수 없었다. 아편쟁이 두 사람이 무슨 수로 철로에 정교한 폭탄을 설치하고 열차가 지나가는 순간에 맞춰 한 치의 오차도 없이 터뜨릴 수 있다는 말인가.

일본 국내도 발칵 뒤집어졌다. "사건의 주모자는 관동군"이라는 의혹이 일파만파로 퍼지면서 정치권의 비난이 쏟아지는 것은 물론이고 국제 문제로 비화할 판이었다. 다나카 내각은 부랴부랴 현장으로 조사팀을 급파했다. 이들도 관동군이 깊이 개입된 것을 확인했다. 그렇지만 속속들이 들춰내봐야 좋을 일이 없다고 생각했기 때문에 서로 쉬쉬하면서 입을 다물었다. 중국으로서는 심증은 있지만 결정적인 증거를 찾지 못한 채 사건의 전모는 밝혀지지 않았다.

20년 뒤, 도쿄전범재판에서 육군 예비역 소장이었던 다나카 류키치 田中隆吉가 법정의 증언대에 섰다. 그는 1930년대에 대중국 특무기관에

●— 황구툰사건으로 휴지 조각처럼 박살 난 장쭤린의 전용열차. 사건 직후 중일 양국 조사단이 완전히 박살 난 차체를 둘러보고 있다.

서 활동하며 화북 일대에서 온갖 첩보전과 모략을 주도한 것으로 악명을 떨쳤다. 1932년 1월에 일어난 제1차 상하이사변도 그의 공작이다. 그러나 출세욕만 있을 뿐 소인배에 불과한 인물이었다. 연합군의 처벌이 두려웠던 다나카 류키치는 혼자서만 살아남을 요량으로 재판관들 앞에서 자기가 아는 모든 사실을 술술 불었다. 도조 히데키가 A급 전범으로 기소되어 처형된 데에는 그의 증언이 결정적이었다. 개인적으로 앙숙이었던 무토 아키라武藤章 중장은 다나카 류키치의 증언으로 사형이 선고되자 "귀신이 되어 저주해주겠다"고 악담을 퍼붓는 등 웃지 못할 희극이 벌어졌다. 그런데 다나카 류키치가 폭로한 내용 중에는 장쭤린 폭사의 전모도 있었다.

장쭤린의 죽음은 당시 관동군 고급 참모였던 고모토 다이사쿠 대좌(대령)가 주도한 일이다. 그는 장쭤린을 제거하고 장쉐량을 내세워 만주를 장악하려 했다. 열차를 폭파한 것은 조선 경성에 주둔한 제20연대 소속 일부 장교와 공병들이었다.

장쭤린 폭사의 배후에 관동군이 있었다는 사실을 일본 지도부급 인사가 처음으로 인정한 것이다. 또한 고모토는 펑톈군 병사들이 격분하여 멋대로 날뛰거나 일본인을 공격할 경우 이를 빌미 삼아 관동군을 출동시켜 만주 전체를 장악하겠다는 계획까지 세워두었지만, 그런 일은 벌어지지 않아서 행동에 옮기지 못했다고 했다. 다나카 류키치의 폭로는 중국과 일본은 물론 전 세계에 큰 충격을 주었다.

╲관동군과 장쭤린

사건의 주모자로 지목된 고모토 다이사쿠는 누구인가. 그는 일본 육군유년학교와 육군사관학교를 거쳐서 러일전쟁에 참전하고 육군대학을 졸업한 엘리트 군인이었다. 1926년 4월 관동군 고급 참모에 임명되어 만주로 갔다. 고급 참모란 관동군 사령부의 직책 중의 하나로, 작전·정보·후방 등 여러 참모들 중에서도 선임 참모이며, 관동군 안에서는 중장급 사령관과 소장급 참모장, 참모부장 다음인 서열 4위였다.

본래 관동군은 일본군의 편제에서 일개 변방군에 지나지 않았다. 예하 병력도 1개 사단과 독립 수비대(6개 대대) 등 1만 4,000여 명에 불과했다. 조선주차군이 2개 사단(제19사단, 제20사단)을 고정 배치하고 병력은 평시 편제(5,000~1만 명)가 아니라 준전시 편제(1만 5,000명)를 유지한 반면, 관동군은 만주사변 이전만 해도 고정 사단이 없고 본국의 여러 부대가 2년 단위로 돌아가면서 파견 근무했다. 인원과 장비는 최소한의 수준을 유지했다. 관동군의 임무가 적과의 전투보다는 철도 경비라는 지엽적인 임무였다면, 조선군이야말로 유사시 대륙으로 즉시 출동하기 위한 실전 부대이자 신속 대응군이었다.

그러나 정치적인 힘은 조선군보다 관동군이 더 컸다. 관동군은 군부 핵심층에서 거대한 파벌을 형성하여 발언권이 막강했다. 관동군 뒤에는 남만주의 철도사업을 담당하는 남만주철도주식회사, 이른바 만철滿鐵이 있었다. 만철은 단순한 철도회사가 아니라 대륙 침략을 위한 첨병이자 식민지 정부로 일본판 '동인도회사'였다. 그러나 실질적인 경영권은 본국 정부가 아니라 관동군이 쥐고 있었다. 만철 운영은 거대한 이권을 좌우했기 때문에 관동군 장교들은 본연의 업무보다 만철과 결탁해서 이런저런 이권에 끼어들어 한몫 잡는 데 혈안이 되었다. 만철에서 나오는 막대한 자금은 일본의 정계와 군부로 흘러들어 갔다. 만주는 관동군의 '왕국'이었다. 일본군 중에서 관동군이 유독 타락하는 모습을 보인 이유도 이 때문이었다.

관동군과 장쭤린은 서로 불가분의 관계이면서도 어느 한 가지로 간단하게 말할 수 없는 복잡 미묘한 관계였다. '만몽의 특수 권리'를 주장하는 일본은 오랫동안 장쭤린 정권에 아낌없이 투자했다. 장쭤린 정권을 내세워서 만주는 물론 동몽골(러허성·차하르성)까지 지배하겠다는 것이 일본의 속셈이었다. 장쭤린이 일본에 고분고분하게 따르는 꼭두각시였다면 아무 문제가 없었겠지만 그는 야심만만하면서 걸출한 지도자였다. 뒷날 만주국의 허수아비 황제 푸이나 2차대전 때 악명 높았던 크로아티아의 괴뢰 수장이자 히틀러의 앞잡이 노릇을 했던 안테 파벨리치Ante Pavelić에 견줄 인물이 아니었다. 또한 장쭤린은 일본의 힘을 빌려 그 자리에 옹립된 것이 아니라 자신의 힘으로 차지했다.

그런 그가 일본의 손바닥 위에서 시키는 대로 춤출 리 없었다.

갈등의 직접적인 원인은 철도였다. 만주에서 철도는 크게 남만주의 남만주철도와 북만주의 중둥철도 그리고 베이징과 펑톈을 연결하는 징펑철도로 나뉘었다. 그중에서 남만주철도와 중둥철도는 각각 일본과 소련 수중에 있었다. 청나라 말기 영국에서 차관을 빌려 1912년에 개통한 847킬로미터의 징펑철도만이 중국의 국유 철도였다. 일본은 남만주철도를 조선과 연결하는 한편 꾸준히 지선을 부설하여 만주 구석구석까지 영향력을 확대해나갔다.

동3성은 중국에서도 가장 철도가 조밀하고 근대화의 속도 또한 빨랐다. 그러나 장쭤린 처지에서 반드시 반길 일만은 아니었다. 만철 세력이 확대될수록 자신에 대한 통제 또한 강화된다는 의미였기 때문이다. 장쭤린이 자기 군대를 수송하려면 만철을 이용해야 했지만 그때마다 일본의 허가를 얻어야 했다. 펑톈군 병사들은 무장해제된 채 일본군의 감시를 받았다. 무기와 장비는 따로 수송하는 식이었다. 그러면서도 일본은 장쭤린이 만철의 경영에 관여하거나 지분을 차지하는 것을 전혀 허용하지 않았다. 장쭤린은 일본의 총칼 앞에 완전히 발가벗겨진 셈이었다.

장쭤린이 아니라 어떤 지도자라도 자신의 생사여탈권이 남의 손아귀에 있는 것을 바랄 리 없다. 마적 출신의 장쭤린은 집권 초기에만 해도 정치적 토대가 취약하고 경험이 부족했기 때문에 일본의 비위를 맞추느라 급급했으며 거역할 생각을 하지 못했다. 그의 관심사는 중앙으로 진출하는 것이었다. 그러나 권력이 점점 커지고 토대가 굳건해지면서 그는 슬슬 일본의 통제를 벗어나 자립을 꿈꾸었다.

1924년 5월 7일 장쭤린은 펑톈성장 왕용장을 위원장으로 동북교통위원회를 설립하고 만철에 대항하는 철도 건설에 나섰다. 1926년 5

월 시평西豐과 카이위안開原을 연결하는 63.7킬로미터의 카이펑開豐철도 개통을 시작으로 동북 여기저기에 장쭤린 정권이 직접 투자하거나 민간에서 출자한 철도가 부설되었다. 1921년부터 1927년까지 약 6년 동안 장쭤린의 주도 아래 동북에 건설된 철도는 903킬로미터에 달했다. 같은 시기 동북을 제외한 중국 전체에서 건설된 철도가 겨우 485킬로미터에 불과했으니, 장쭤린이 철도에 얼마나 심혈을 기울였는지 알 수 있다.

장쭤린의 철도 자립화 정책은 그가 죽은 뒤 장쉐량이 이어받았다. 장쉐량은 1930년 4월 동북교통위원회에 '동북철도망건설계획' 수립을 지시했다. 향후 10년 안에 8,000킬로미터의 철도와 일본의 다롄항에 대항하는 대규모 군항을 후루다오에 건설한다는 전례 없이 장대한 계획이었다. 계획대로만 됐다면 동북에서 일본의 힘은 반감했을 것이며 동북의 주권은 중국으로 돌아왔을 것이다. 중국인들은 이런 점을 높이 평가하여, 장쭤린-장쉐량 정권이 겉으로는 친일을 했지만 실제로는 중국 민족의 자립을 꾀했으며, 이 때문에 일본의 미움을 받아서 목숨까지 잃었다고 여긴다. 장쭤린 평전을 쓴 쉬처徐徹 교수는 "장쭤린은 동북의 주권을 지키려고 일본에 대항했으며 어느 한 가지도 굴복하지 않았다. 그는 비록 봉건 군벌이지만 애국심과 민족의 기개를 갖춘 인물이었다"고 주장한다.

그러나 냉정하게 말하면, 여기에는 중요한 사실 한 가지가 빠져 있다. 또한 그들의 불우한 말로를 인간적인 동정심과 중국 특유의 관념적인 시각에서 바라볼 뿐 당시 상황이나 장쭤린 정권의 성격을 제대로 이해하지 못하고 있다. 장쭤린이 건설한 철도는 자금과 기술이 부족하고 시설이 형편없어서 수송 능력에 한계가 있었다. 또한 철도들이 서로 연결되지 못하여 만철의 지선에 불과할 뿐, 만철과 대등하게 경쟁하기에는 어림도 없었다. 애초 변방의 일개 군벌이 일본의 상대가 될 리 없었다. 실제로 만철 수뇌부는 장쭤린의 철도 건설이 그다지 위협이 되거나 이익을 침해하지 않는다고 판단했다. 일본은 사전 협의 없이 동북 정부가 철도를 직접 건설하는 것은 1905년 청조와 일본이 체결한 '동3성 사의조약東三省事宜條約'을 위반하는 것이라고 항의하면서도 강력하게 압박하지는 않았다. 일본이 마음만 먹었다면 장쭤린의 손발을 묶는 것은 아주 쉬운 일이었다. 장쭤린도 자기 힘으로 일본을 쫓아내기는 불가능하며, 그런 시도를 했을 때 뒤따를 위험을 모를리 없었다. 장쭤린-장쉐량의 배일 정책이 황구툰사건이나 그 뒤의 만주사변으로 이어졌다는 주장은 관동군이 자신들의 행위를 정당화하기 위해 의도적으로 과장한 것일 뿐 실제와는 거리가 있다.

장쭤린은 일본이 시키는 대로 따르는 꼭두각시는 아니었지만, 그렇다고 사사건건 대립하여 일본을 필요 이상으로 자극할 생각 또한 없었다. 장쭤린은 일본에 협력하면서도 때로는 'No'라고 말하기도 했다. 그가 'No'라고 말할 때는 일본이 자신의 이익을 침해할 때였다. 장쭤린이 일본의 권익을 침해하면 일본이 가만있을 리 없듯, 일본이 장쭤린의 이익을 침해했을 때 그가 반발하는 것 또한 당연했다. 장쭤린과 일본의 협력관계는 이해타산적이었으며 서로의 이익을 침해하지 않는다는 전제가 깔려 있었다. 바꾸어 말하면 서로 일정한 선을 지키기만 하면 갈등의 여지는 없는 셈이었다.

그렇다고 해서 장쭤린이 눈앞의 이익을 좇아 카멜레온처럼 변신을 거듭할 뿐 애국심이나 민족의식은 조금도 찾아볼 수 없는 소인배였을까. 이 또한 성급한 판단이다. 장쭤린에게는 다양한 면이 있었으며 그의 뒤를 이은 장쉐량도 마찬가지였다. 이들은 이상을 추구하는 도덕군자도 아니고, 그렇다고 탐욕에만 눈먼 정치 모리배도 아니었다. 나름대로 통찰력과 합리성을 갖춘 현실 정치인이었다. 현실 정치란 선과 악이라는 이분법적 논리만으로 재단할 수 없는 법이다.

⟍ 장쭤린을 왜 암살했는가

장쭤린 암살은 고모토 다이사쿠와 그에게 동조한 관동군의 몇몇 장교가 독단적으로 저지른 사건이며, 총리인 다나카는 물론이고 본국 정부나 쇼와 천황, 심지어 군부와도 무관하다는 것이 지금까지의 통설이다. 이것은 앞서 언급한 다나카 류키치의 증언과 고모토가 남긴 회고록에 근거한다. 그러나 다나카 류키치의 증언도 어디까지나 "고모토에게 들은 얘기"이며, 사건에 직접 관여했거나 사건의 전말을 자세히 알았던 것은 아니다.

고모토는 황구툰사건의 책임을 지고 예비역으로 편입된 후에도 중국에 머물렀으나 국공내전 때 잔류 일본군을 이끌고 공산군과 싸우던 중 포로가 되었다. 그는 10년 형을 선고받고 산시성 타이위안수용소에 갇혔다가 1955년 8월 25일 사망했다. 그는 중공 치하에서 전범으로 처벌받은 몇 안 되는 일본군 고급장교 중 한 사람이었다. 다나카가 직접 들었다는 고모토의 '고백'이란 반쯤은 자신의 무용담이었을 것이므로 곧이곧대로 믿을 수 없다. 또한 고모토를 제외한 다른 관련자들은 철저하게 입을 다물거나 종적을 감추었다.

한때 쑨원의 군사고문이었고 북벌전쟁 중에는 장제스를 따라 참관무관으로 잠시 종군한 적이 있는 사사키 도이치佐々木到一 중장(당시 중좌)도 황구툰사건에 관여했지만 "이 사건의 진상을 글로 옮기는 일은 영원히 불가능하다"고 말했다. 그는 일본이 패망할 때 만주에서 소련군의 포로가 됐으며, 시베리아에서 유형 생활을 하다가 푸이와 함께 푸순전범관리소로 옮겨진 지 얼마 안 되어 뇌출혈로 사망했다. 진상을 낱낱이 알 만한 사람들은 사망함으로써 사건의 전모를 영원히 무덤 속으로 가져가버린 셈이다.

과연 어디까지 진실일까. 고모토는 왜 장쭤린을 암살했는가. 황구툰사건은 고모토 한 사람의 작품인가. 일본 군부는 물론이고 관동군 내에서도 서열 4위에 불과한 일개 대좌가 그렇게 큰일을 독단적으로 저지를 수 있었는가. 쇼와 천황이나 다나카 기이치는 정녕 이 사건을 전혀 몰랐으며 관여하지 않았다는 말인가. 이와 관련해서는 아무도 확실하게 말할 수 없다. 일본의 권위 있는 쇼와사昭和史 연구가이자 논픽션 작가로 『쇼와 육군昭和陸軍の研究』을 쓴 호사카 마사야스保阪正康는 황구툰사건의 진상을 알아내려고 갖은 애를 썼지만 끝내 실패했다고 한다. 그런 점에서 관동군이 저지른 수많은 사건 가운데 장쭤린 폭사만큼 지금까지 철저하게 베일에 가려진 사건도 없으리라.

장쭤린은 자신이 암살당하리라는 것을 전혀 예상하지 못했을까. 기민하면서 타고난 정치 감각을 갖춘 그가 신변의 위험을 전혀 읽지 못했을 리 없다. 실제로 그는 베이징에서 펑톈으로 돌아오기 전부터 암살 음모가 있다는 얘기를 풍문으로 들었다. 장쭤린은 반신반의하면서도 나름대로는 돌발 상황에 대비하여 징펑철도를 따라 수천 명의 병력을 배치해 경계를 철저히 했다. 또한 베이징에서 펑톈으로 직행하는 대신에 일부러 톈진을 경유하여 열차 시간을 늦추기도 했다. 그러나 펑톈 헌병사령관이었던 지언밍齊恩銘이 "산둥차오 주변에서 일본군이 행인들의 통행을 막고 공사를 하는 것이 낌새가 수상하니 다른 길로 오는 것이 좋겠다"고 건의하자 대수롭지 않게 한 귀로 흘려버렸다.

장쭤린으로서는 위험은 있지만 설마 일본이 정말로 행동에 옮기리라고는 전혀 생각하지 않았던 것이다. 그가 일본과 '다소'의 갈등은 있었어도 그렇게 심각하지 않았다는 뜻이다. 다나카 내각의 입장은 원칙적으로 장쭤린 정권을 용인하고 협력관계를 유지하는 것이었다. 장쭤린 정권이 무너지면 자칫 동북의 안정이 흔들리면서 일본으로서도 불확실성이 커질 수밖에 없었기 때문이다. 장쭤린도 장제스에게 대항하려면 일본의 도움이 필요했기 때문에 노골적으로 일본을 배척할 생각은 없었다. 이것은 각자의 처지에서 나름대로 합리적인 판단과 경험에 근거했다고 할 수 있다.

장쭤린의 유일한 실수는 관동군이 얼마나 막나갈 수 있는 집단인지 이해하지 못했다는 점이다. 그렇지만 다나카의 불분명한 태도가 관동군의 폭주에 기름을 끼얹고 불을 붙인 격이 되었다는 사실도 간과할 수 없다. 그는 1927년 6월의 동방회의에서 "만몽에 대한 지배를 더욱 강화해야 한다"면서 장쭤린 정권을 원조하되 여차하면 다른 사람으로 교체할 수도 있음을 넌지시 드러냈다. 그의 말이 반드시 장쭤린을 없애겠다는 의미는 아니었지만, 고모토 같은 일부 모험주의자들이 오판할 여지를 준 것은 틀림없다.

또한 관동군은 장쭤린이 친일이냐 반일이냐를 떠나서 그의 존재 자체를 거추장스럽게 여겼다. 장쭤린이 관동군의 허락 없이 아무것도 할 수 없다면 관동군 역시 그의 허락 없이 아무것도 할 수 없기는 마찬가지였다. 1927년 7월 만철 사장으로 부임한 야마모토 조타로山本條太郎는 '만몽 5철도'라 하여 남만주의 주요 도시를 연결하는 대규모 철도 확장 계획을 세웠다. 그러나 장쭤린을 무시한 채 만철이 제멋대로 강행할 수는 없었다. 그는 어르고 달래는 식으로 지루한 협상을 한 끝에 1928년 5월 15일에야 장쭤린의 허락을 얻어낼 수 있었다.

동북에는 장쭤린과 관동군이라는 두 주인이 있었다. 그러나 하늘에 두 개의 해가 없듯, 동북에도 주인이 둘일 수 없다는 것이 장쭤린과 관동군의 모순이었다. 만철 세력이 커지면서 관동군의 야심은 점점 커졌고, 장쭤린을 앞세우는 대신에 아예 만주와 동몽골을 조선과 타이완처럼 직할지로 삼아서 직접 지배하겠다는 야욕을 품었다. 장쭤린이 일본에 철저하게 순종하거나 반대로 관동군이 야심을 접고 본연의 역할에만 충실한다면 몰라도, 어느 쪽도 그럴 생각이 없었던 탓에 충돌할 수밖에 없었다.

＼만주사변으로 가는 길

황구툰사건이 광기 어린 군인 한 사람의 일탈인지, 아니면 배후에 일본 수뇌부의 직접적인 개입이나 묵인이 있었는지는 알 수 없다. 그러나 누가 진범인지를 떠나서 일본에게는 얼마나 이익이 되었을까. 결론부터 얘기한다면, 전혀 이익이 되지 않았다.

1년 가까이 온갖 공을 들인 끝에 장쭤린이 죽기 직전 간신히 밀약을 맺은 '만몽 5철도' 계획은 하루아침에 허공에 붕 떠버렸다. 합의안에는 정식 비준 뒤 3개월이 지나면 착공을 시작하기로 되어 있었다. 그런데 비준을 눈앞에 둔 상태에서 장쭤린이 죽자 합의 자체가 전면 백지화하여 장쉐량을 상대로 처음부터 다시 시작해야 할 판이었다. 그러나 동북의 민심이 전에 없이 흉흉해지고 철도 교섭에 반대하는 배일운동이 격렬해지면서 일본은 훨씬 불리한 처지에 놓였다. 장쉐량도 일본의 권익을 보장한다는 원론적인 말만 반복하면서 "민중의 반대가 크다"는 이유로 비준에 대한 명확한 답변을 회피했다.

만몽 5철도 건설은 막대한 권익이 걸린 일이기 때문에 일본은 쉽게 물러날 수 없었다. 펑톈 총영사로 동북 정권과의 교섭을 책임지고 있던 하야시 규지로林久治郎는 장쉐량에게 "계약 이행에 성의를 보이지 않는다면 일본과 관계가 나빠질 것이며 그 책임은 모두 당신에게 있다"고 노골적인 협박도 서슴지 않았다. 그는 어떻게든 장쉐량을 굴복시키려 했지만, 장쉐량은 민심이 극도로 좋지 않은 데다 동북역치 선언 이후 외국과의 교섭권은 중앙정부에 있는 까닭에 지방정부의 수장인 자신이 멋대로 결정할 수 없다며 난색을 표했다. 하고 싶은 말이 있으면 장제스를 상대로 하라는 얘기였다. 협상이 지지부진한 가운데 다나카 내각이 황구툰사건의 책임을 지고 총사퇴하면서 만몽 5철도 건설은 흐지부지되었다. 그 후에도 일본 정계의 복잡한 사정으로 만주사변이 일어날 때까지 착공은커녕 결론조차 내지 못했다. 만철 입장에서 본다면 황구툰사건은 다 된 밥에 코 빠진 격이었다.

또 하나는 이 사건을 계기로 광기 어린 '쇼와 군벌' 시대가 본격적으로 열렸다는 사실이다. 다나카는 사건 직후 진상을 조사하는 동시에 고모토를 소환하여 경위를 추궁했다. 특히 메이지 시대 이래의 정치 원로이자 군부와는 대립각을 세우고 있던 사이온지 긴모치西園寺公望는 다나카를 직접 불러서 "이 문제를 제대로 조사하여 만약 범인이 일본인이라면 반드시 엄벌해야 할 것"이라고 엄포를 놓기도 했다. 그러나 다나카는 어영부영 시간만 보내다가 고모토 한 사람을 처벌하는 것으로 마무리 지었다. 처벌이라는 것도 군법에 따라 무거운 형벌을 내리는 것이 아니라 군에서 쫓아내는 것이 전부였다. 천황에게는 "장쭤린 폭살 사건과는 아무 관계가 없지만 경비를 소홀히 한 책임"이라고 보고했다. 사실상 면죄부를 부여한 셈이었다. 고모토는 만철 이사로 영전되어 온갖 부귀영화를 누렸다. 또한 고모토의 상관인 관동군 사령관 무라오카 조타로 중장, 참모장 미야케 미쓰하루三宅光治 소장 역시 아무 책임도 지지 않았다.

조사를 맡은 시라오카 육군대신은 1년이나 지난 뒤인 1929년 5월 20일 보고서를 제출하면서 "이 사건은 육군과 아무 관계가 없다"는 결론을 내렸다. 상식 밖의 처분인 탓에 마쓰이 이와네松井石根 소장을 비롯해 군부 일각에서도 비판의 목소리가 나왔다. 그러나 사건을 적당히 덮어버린 다나카는 물론이고 앞서 강경하게 책임론을 제기한 사이온지조차 갑자기 태도를 바꾸어 "육군을 자극해서는 안 된다"고 꼬리를 내렸다. 내대신 마키노 노부아키牧野伸顯가 이유를 물었을 때 그의 대답은 어이없었다. "나는 겁쟁이라서 그렇다."

일본 지도부는 어째서 군부에 굴복했는가. 천황 히로히토가 패전 뒤 구술 회고록으로 남긴 『쇼와 천황 독백론』에서는 이렇게 말한다. "들리는 바에 따르면, 군법회의를 열어서 신문한다면 고모토가 일본의 모략을 전부 폭로할 것이라고 하여 군법회의를 취소하기로 했다고 한다." 그 말대로라면 일개 대좌의 협박에 국가가 굴복했다는 사실을 자인한 꼴이다. 사면초가에 몰린 다나카 기이치는 자신이 황구툰사건의 모든 책임을 지기로 하고 1929년 7월 2일 총리 자리에서 물러났다. 그렇지만 진짜 이유는 장쭤린을 계승한 장쉐량 정권이 동북역치를 선택하고 산둥 출병도 성과 없이 끝나는 등 대중 정책이 완전히 실패하면서 군부 소장파들의 비난이 쏟아지자 더는 견딜 수 없었기 때문이었다. 다나카는 사임한 지 석 달쯤 지난 9월 28일 협심증으로 급사했다.

호사카 마사야스는 『쇼와 육군』에서 "일본군은 허술하게 쌓아올린 목재 더미였다"고 말하며 국가를 패망의 길로 내몰면서 천황조차 제동을 걸 수 없었던 군인들의 독선을 비판한다. 그 시발점이 황구툰사건이었다. 천황과 다나카를 비롯한 일본 지도부는 고모토에게 면죄부를 부여함으로써 육군사관학교와 육군대학을 졸업한 엘리트 군인은 뭘 해도 처벌받지 않는다는 선례를 보여주었다. 지도부 스스로 군의 통수권을 포기한 것이나 다름없었다. 관동군을 비롯해 군부의 야심만만한 소장파 장교들은 한층 기고만장해졌고, 고모토를 영웅처럼 떠받들었다. 그중에서도 가장 위험한 인물이 '육군의 이단아'라고 불리던 희대의 책략가 이시와라 간지였다. 얼마 뒤 관동군의 새 참모로 부임한 그는 고모토조차 감히 하지 못한 일을 벌이겠다는 속셈으로 만주를 단번에 차지하기 위한 음모를 꾸몄다.

천하통일, 그러나 새로운 전쟁

\ 풍운의 동북

중국 현대사에서 쑨원·마오쩌둥과 함께 '신화적'으로 포장된 인물 가운데 한 사람이 장쉐량이다. 시안사건 때 장제스에게 내전 중지와 항일 구국을 호소했다고 하지만, 자신은 만주사변과 러허사변 때 겁에 질린 나머지 싸우기를 포기했다. 일본군의 남하에 맞서 용맹하게 싸운 쪽은 장쉐량의 부하들이 아니라 장제스의 중앙군과 서북군이었다. 같은 중국인끼리 총부리를 겨누면 안 된다면서도 중원대전 중에는 측근들의 반대를 무릅쓰고 대군을 거느리고 중원으로 출병했다.

　관동군이 만주사변을 일으킬 수 있었던 가장 큰 이유는 장쉐량의 무리한 야심과 오판 때문이었다. 그가 집권한 직후 만철이 창다철도^長大鐵道와 지후이철도^{吉會鐵道} 연장 공사를 강행하자 동북 각지에서는 대규모 반일 시위가 일어났다. 그러나 일본을 자극할까 두려워한 그는 반일 시위를 공산당의 선동으로 몰아 탄압했다. 장쉐량은 일관되게

●— 장쉐량과 동북군 장교들.

일본에 저자세였고, 반일운동을 금지했으며, 단 한 번도 항일에 나선 적이 없었다. 그런데도 중국인들에게 '항일 영웅'으로 칭송받는다는 점이 아이러니하다.

실제로는 아무런 공헌도 하지 않은 장쉐량이 오늘날 중국의 민족 영웅이 된 이유는 '비운의 귀공자'라는 인간적인 동정심 그리고 무엇보다 시안사건 덕분이다. 1936년 12월 12일, 장쉐량은 제17로군 수장 양후청과 손잡고 쿠데타를 일으켜 화칭츠華淸池에 있던 장제스를 체포했다. 이 사건은 일본의 침략으로 격앙해 있던 대중의 지지를 받았으며, 거국적인 항일연합전선 결성을 촉발하는 계기가 되었다. 특히 궁벽한 벽촌에 갇혀 파멸의 위기에 몰려 있던 공산당은 시안사건으로 인해 공산당 토벌이 중단되자 기사회생의 기회를 잡았다. 이후 제2차 국공합작이 체결되고 독자적인 영토와 무력을 인정받음으로써 '국가 속의 국가' 지위를 누렸다. 게다가 여기에 만족하지 않은 마오쩌둥은 기민하게도 시안사건을 정세를 반전하는 기회로 삼아 자신들이 항일의 선봉대인 양 교묘하게 선전하여 국내외의 지지를 얻어냈다. 그리하여 10여 년 뒤에는 중국 대륙을 차지한다.

정작 시안사건의 주인공 장쉐량은 54년 5개월 동안 가택연금 생활을 해야 했다. 장제스는 물론 장징궈도 그를 용서하지 않았다. 연금에서 풀려난 것은 리덩후이李登輝 시절인 1990년 6월 1일, 장쉐량의 나이 89세 때였다. 그러나 그의 유폐 생활이란 그 기나긴 시간 내내 넬슨 만델라처럼 옥중에 갇혀 있거나 문짝에 대못이 박힌 채 아무도 만날 수 없고 집 밖으로도 나갈 수 없는 '산송장' 같은 삶을 의미하지는 않았다. 처음에는 가족의 접견마저 제한될 만큼 엄격했지만 시간이 흐르면서 점차 완화되었다. 누릴 것 다 누리고 사는 정도는 아니었지만 혹독하지도 않았다. 1964년에는 두 번째 결혼식을 올리기까지 했다.

장제스 말기에 이르면 가택연금은 명목에 가까웠다. 비교적 자유롭게 살면서 타이완 밖으로 달아나거나 정치적으로 재기하지 못했을 뿐이었다. 재산을 몰수당하지도 않았고 가족들과도 함께 지낼 수 있었기에 생활은 결코 궁핍하지 않았다. 또한 시안사건과 관련된 처벌은 장쉐량 한 사람에게 국한되었다. 장쉐밍張學銘·장쉐쓰張學思 등 장쉐량의 동생들과 친인척, 동북군 원로들은 시안사건에 연좌되지 않고 장제스 정권에서 고관대작을 지냈다. 마지막 황제 푸이가 푸순전범관리소에서 '사회주의 개조'라는 이름으로 9년 동안 혹독한 징벌을 받은 것이나 마오쩌둥의 눈 밖에 난 류사오치와 그의 가족들이 대중 앞에서 온갖 수모를 당하고 사회적으로 매장당한 것과는 거리가 멀었다.

장제스는 마음만 먹으면 장쉐량을 완전히 파멸시킬 수도 있었고 반란에 참여했던 동북군과 서북군을 무장해제한 다음 죄다 쫓아버릴 수도 있었다. 그러나 수장을 잃은 이들은 해산되지 않은 채 중앙군으로 편입되었다. 군사재판도, 처벌도 없었다. 장쉐량의 오랜 연금 생활이나 국공내전 말기 특무(비밀경찰)에게 살해당한 양후청의 비참한 최후는 그들에게 불행한 일이었지만, 달리 말하면 장제스는 두 사람에게만 모든 죄를 묻는 것으로 사건을 마무리함으로써 최대한의 아량을 베푼 셈이다. 그는 마오쩌둥만큼이나 독선적이고 고집불통이기는 해도 광기는 없었다. 그렇다고 확실한 관용을 베풀지도 않았다. 그런 모호한 태도가 오히려 대중적인 동정심을 불러일으켜 장쉐량 신화에 일조했다.

중국에서는 시안사건을 '항일투쟁의 전환점'으로 보지만, 엄밀히 말하면 장제스 정권이 타협 노선에서 항전 노선으로 바꾼 것은 다양한 요인이 작용한 결과이다. 전후 맥락을 생략한 채 장쉐량 한 사람 때문에 대일 노선을 하루아침에 손바닥 뒤집듯 바꾸었다는 설명은 지나친 단순화이자 정치적 평가이다. 장쉐량이 시안사건을 일으킨 이유도 정말로 항일을 위해서였던가.

군대를 이끌고 장제스 숙소를 습격했던 쑨밍주孫銘九는 중국 역사에 이름을 남겼지만, 얼마 뒤 소장파 장교들을 부추겨 쿠데타를 일으키고 동북군의 원로 왕이저王以哲를 살해했다. 쿠데타가 실패한 뒤 톈진으로 달아난 그는 중일전쟁이 일어나자 친일파로 변절하여 일본을 위해 일했다. 이런 사실은 세간에 거의 알려지지 않았다. 공산당이 시안사건의 최대 공헌자인 그를 비호하고 민족의 영웅으로 둔갑시켰기 때문이다. 쑨밍주는 공산 정권 치하에서 부귀영화를 누리며 편안한 노년을 보냈다. 중국인들이 알고 있는 시안사건이란 공산당이 만들어낸 가짜 역사에 지나지 않는다.

장쉐량과 관련해서 또 한 가지 특징은 '가십거리'가 많다는 점이다. 가장 대표적인 것이 장제스의 부인 쑹메이링과의 염문설이다. 대부분 추측성 얘기일 뿐 확실한 근거는 없다. 그럼에도 오늘날까지 끝없이 회자되는 이유는 장쉐량이 워낙 유명한 바람둥이였던 탓도 있고, 중국인들이 유명 인사들의 남녀 관계를 유별나게 흥미로워하기 때문이기도 하다.

중국인들 사이에서 '젊은 원수少師'라고 불리는 장쉐량은 장제스보다 14살 아래로, 1901년 6월 3일 평톈성 하이청에서 태어났다. 일설에 따르면 마적의 우두머리였던 장쭤린이 다른 마적단의 습격을 받아 만삭인 아내를 데리고 정신없이 달아나는 도중 수레 위에서 장쉐량을 낳았다고 한다. 장성한 뒤에는 외모 덕분에 '중국의 4공자' 중 한 사람이자 사교계의 왕자로 명성을 떨치지만, 어릴 때는 체격도 작고 허약했다.

동북의 주인이 된 장쭤린은 앞으로 자신의 후계자가 될 장남 장쉐량을 엄격하게 훈련했다. 1919년 3월 동3성 육군강무당(동북강무당)이 문을 열자 장쉐량은 포병과 1기 생도로 입교했다. 1년 뒤 장쉐량이 졸업하자 장쭤린은 그를 경호부대의 여단장으로 임명했다. 반년 후에는 평톈군 제3혼성여단장으로 승진했다. 장쉐량은 아버지의 후광을 등에 업고 승승장구했다. 제2차 평즈전쟁에서는 평톈군 최강 부대인 제3군을 지휘하여 궈쑹링과 함께 산하이관을 돌파해 승리에 결정적인 역할을 했다. 1925년 6월에는 장쭝창을 돕기 위해 약 2,000명의 병력을 이끌고 화려한 국제도시 상하이에 잠깐 주둔한 적이 있는데, 이때 한 무도회에서 우연히 쑹메이링을 만났다는 얘기도 있다.

장쭤린은 장쉐량에게 항상 자신의 최정예부대를 맡겼다. 최신 무기로 무장한 부대를 새로 창설할 때마다 그 부대의 지휘는 반드시 장쉐량이 맡았다. 구식 순방영과 토비를 재편해서 만든 다른 부대와 장쉐량의 부대는 전투력에서 하늘과 땅 차이였다. 1920년대 초반 장쭤린은 공군력을 확충하기 위해 동3성 항공처와 동북항공학교를 설립하면서 장쉐량에게 항공처장과 학교장을 겸임하게 했다. 펑톈군의 유일한 전차대대 또한 장쉐량 휘하에 있었다. 장쭤린은 아버지로서 온갖 애정을 쏟은 셈이다.

그런데 뜻밖의 사건으로 부자 관계에 금이 갔다. 1925년 12월에 일어난 궈쑹링의 반란이었다. 궈쑹링은 장쉐량의 부사령관이면서 사제 지간이자 의형제이기도 했다. 톈진에 있던 장쉐량은 궈쑹링의 반란을 막지도 못하고 설득하지도 못한 채 허둥지둥 도망쳐서 펑톈으로 돌아왔다. 격분한 장쭤린은 장쉐량을 불러 "너도 그놈과 한패가 아니냐!" 면서 호되게 야단쳤다.

궈쑹링이 몰락한 뒤에도 장쭤린과 장쉐량의 관계는 회복되지 않았다. 심지어 장쭤린이 죽을 때까지 부자가 서로 말 한마디 하지 않았다고 한다. 그 전에도 사교계를 누비며 온갖 염문을 뿌리고 다닌 장쉐량은 궈쑹링의 반란 이후 한층 난봉꾼이 되었다. 아편에도 손을 대어 만주사변이 일어날 무렵에는 아편중독으로 몸을 주체하지 못할 정도였다. 또한 평생 11명의 여인과 관계를 맺었다. 그중에는 이탈리아의 독재자 무솔리니의 장녀이자 외무장관 치아노의 부인인 에다 무솔리니도 있었다.

1933년 러허사변에서 패배하여 정치적으로 궁지에 몰린 장쉐량은 모든 군직에서 물러난 뒤 유럽으로 떠나 독일과 이탈리아 등지를 방문했다. 그 와중에도 가는 곳마다 온갖 염문을 뿌렸다. 아버지 장쭤린에게 물려받은 재능이 정치력보다는 바람기였던 모양이다. 말년에 그는 젊은 시절을 회고하면서 "아편과 여인들 틈에서 허우적거렸다. 지금 내 나이 93세, 이렇게 오래 살 줄은 몰랐다. 50세까지만 살아도 다행이라고 생각했다"며 쓴웃음을 짓기도 했다.

신화에 가려진 시안사건의 숨겨진 진실

"내가 바로 장제스다. 너희가 어찌 무례한 짓을 하느냐. 만일 너희가 나를 포로로 대하겠다면 당장 나를 쏘아라."

그들은 깜짝 놀라 자리에 주저앉았다. 그리고 "저희가 어찌 그렇게 할 수 있겠습니까?"라고 말하고는 허공을 향해 세 발의 총을 쏘았다. 그러자 한 젊은 장교가 급히 달려와 내 앞에 무릎을 꿇고 울면서 말했다. "위원장님. 어서 산을 내려가십시오." 그는 장쉐량의 경호대 제2대대장인 쑨밍주였다. 그제야 나는 장쉐량의 경호대가 공격했음을 알았다.

_장제스, 시안사건 일지 중에서

1936년 12월 12일 새벽 5시, 중국과 전 세계를 충격에 빠뜨리는 전대미문의 사건이 벌어졌다. 공산군 포위망의 일각을 맡은 동북군 수장 장쉐량과 제17로군 사령관이자 시안 수정공처 주임 양후청이 반란을 일으켜 시안 교외의 화칭츠에 머물고 있던 장제스를 체포한 것이다. 장제스는 물론이고 참모들과 시안 시내에 배치된 중앙군 병영도 반란군에 의해 무장해제되었다. 시안사건은 격동의 20세기 중국사에서 가장 드라마틱하면서 중국 역사를 완전히 바꾸어놓은 사건으로 꼽힌다. 시안사건이 없었다면 마오쩌둥이 장제스를 꺾는 일도, 지금의 중화인민공화국도 없었을 것이기 때문이다.

시안사건은 시중의 수많은 중국 근현대사 서적에서 빠지지 않고 언급되지만, 전후 사정과 관련해서는 자세한 설명 없이 두루뭉술하게 넘어간다. 민중의 항일 열망을 무시한 채 내전에만 광분하던 장제스가 시안사건으로 비로소 항일을 결심했고, 국민당과 공산당을 비롯한 중국의 모든 정당과 정파를 아우르는 항일 민족통일전선이 수립되어 일본에 대항하게 되었다는 천편일률적인 설명이다. 그러나 이것은 역사의 승자인 중국공산당의 혁명사관을 맹목적으로 답습한 설명에 불과하다. 과연 내전의 책임이 장제스 한 사람에게만 있었던가. 공산당은 싸우기를 원치 않았던가. 시안사건이 없었다면 중일전쟁과 국공합작은 일어나지 않았을까. 시안사건의 신화 뒤에는 수많은 허구와 왜곡, 가려진 진실이 있다.

다섯 차례에 걸친 장제스의 토벌 작전으로 중국공산당은 풍요로운 강남 지역에서 쫓겨나 중국에서도 가장 가난하고 척박한 서북으로 물러났다. 1935년 11월 7일, 8,000여 명의 홍군 중앙부대는 옌안에서 50킬로미터 떨어진 간취안현甘泉縣에 도착하고 마오쩌둥은 대장정의 종료를 선언했다. 또한 바오안保安을 홍군의 새로운 수도로 삼았다. 대장정에 나선 지 1년 1개월 만이었다. 그러나 한때 30만 명에 달했던 홍군은 기나긴 후퇴 과정에서 전투와 굶주림, 극심한 내부 분열로 나중에 합류한 인원까지 합해도 3만 명이 채 되지 않았다. 중공 지도부는 절망한 나머지 한때 중소 국경까지 후퇴할 것을 고려했지만 다행히도 장제스는 최후 공세를 서두르지 않았다. 일본의 압박이 갈수록 거세지면서 공산당 토벌에만 매달릴 수 없었기 때문이다. 또 한 가지 이유는 소련 때문이었다. 장제스는 소련과 손잡고 일본에 대항할 생각이었다. 샨시성에는 장쉐량·양후청이 배치되어 공산당을 견제했다.

1935년 12월부터 소련을 중재자로 삼아 국공의 협상이 시작되었다. 토벌군의 지휘를 맡은 장쉐량·양후청이 홍군과 협정을 맺고 아무것도 하지 않는다는 사실을 모를 리 없는 장제스가 그들을 내버려둔 이유도 이 때문이었다. 장제스의 목적은 맹목적인 반공이 아니라 내전 종식과 중국 통일이었다. 그럼으로써 항일에 모든 역량을 집중하기 위해서였다. 그렇지 않다면 굳이 협상 테이블에 앉을 이유도 없었을 것이다. 통념과 달리 그는 어떠한 타협도 거부한 채 공산주의자들을 모조리 몰살하려 하거나 백기 투항을 요구한 것이 아니었다(반면 1949년의 마오쩌둥은 장제스처럼 물렁하게 굴지 않았다). 장제스는 다른 군벌들에게 그러했듯, 공산당에게도 프롤레타리아혁명을 포기하고 국민당의 통치 체제를 인정한다면 관용을 베풀겠다고 약속했다. 또한 소련에도 중국공산당을 설득해달라고 요구했다. 비타협주의를 고집한 쪽은 오히려 공산당이었다. 장제스를 향한 증오와 불신을 버릴 수 없었던 중공 지도부는 계속 싸울지 무기를 내려놓고 타협할지를 놓고 쉽사리 의견을 모으지 못했다. 협상은 양측의 입장이 팽팽하게 맞서면서 1년 가까이 지지부진했다.

1936년 2월에는 마오쩌둥·펑더화이의 '중국인민항일선봉군'이 황허를 건너 동정과 서정 작전에 나섰다. 명목은 항일을 내걸었지만, 진짜 속내는 영토 확장과 물자 확보였다. 공산군은 일본군과 상관없는 산시성과 간쑤성, 내몽골을 침공하여 현지 지방군을 격파하고 몇몇 현을 점령했다. 이 사건으로 국공 담판이 경색된 것은 말할 필요도 없다. 스탈린 또한 장제스에 대한 도발로 규정하여 중공 지도부를 호되게 비판했다. 1936년 8월 15일, 소련 코민테른은 중공 지도부에 전문을 보냈다. 국공 충돌에는 공산당의 호전적이고 비타협적인 태도에도 책임이 있다는 점을 지적하면서 더 이상의 군사행동을 중단하라고 지시했다. 그제야 중공 지도부도 장제스 타도가 곧 항일이라는 주장에서 한발 물러나 내전 중지와 항일 민족통일전선을 외쳤다. 그 와중에 장제스의 위치는 한층 공고해졌다. 서부 지역 군벌들을 복종시켰고, 1936년 10월에는 마지막 군벌 반란인 양광사변을 해결했다. 만주사변 이후 최악으로 치닫던 일본과의 관계도 어느 정도 개선되었다. 남은 적은 공산당 하나였다.

어느 때보다도 유리한 위치에 선 장제스는 이참에 공산당까지 완전히 해결하기로 결심했다. 끝까지 말을 듣지 않는다면 외몽골이나 소련 경내로 쫓아버릴 생각이었다. 30만 명에 달하는 중앙군이 시안 주변으로 집결했다. 정부 측 대표였던 천리푸는 국공 담판에서도 한층 강경해지면서 소비에트 정권을 해체할 것, 공산군은 3,000명만 남기고 모두 해산할 것, 사단장 이상의 고위 간부는 해외로 나갈 것을 요구했다. 최후통첩이었다. 스탈린조차 대세는 이미 돌이킬 수 없다 여기고 11월 26일 중공 지도부에 전문을 보내 장제스의 요구를 무조건 받아들이라고 종용했다. 공산당은 이러지도 저러지도 못하는 사면초가 신세였다.

벼랑 끝에 몰린 공산당을 구원한 것이 시안사건이었다. 장쉐량의 핍박에 못 이긴 장제스는 마지못해 공산당 토벌을 중단하는 데 합의했다. 장제스는 석방되어 난징으로 돌아간 뒤에도 약속을 번복하지 않았다. 정치적 부담이 컸기 때문이다. 덕분에 숨을 돌릴 수 있었던 공산당은 버티기에 들어갔다. 협상의 가장 큰 걸림돌은 공산당의 독자성과 무력 보유를 허용할 것인가 하는 문제였다. 공산당의 요구는 '국가 속의 국가'를 인정하라는 얘기였으므로 장제스가 받아들일 리 없었다. 공산당은 장제스가 제 잇속만 챙기고 항일의 의지가 없다고 비난했지만, 항일을 정치 협상의 명분으로 이용하기는 공산당도 마찬가지였다. 양측의 교섭이 또다시 평행선을 달리는 와중에 1937년 7월 7일, '루거우차오사변'이라는 돌발적인 사건이 일어났다. 일본군이 베이핑(베이징)과 톈진을 점령한 것이다. 발등에 불이 떨어진 장제스는 더 이상 공산당과의 밀고 당기기에 시간을 낭비할 처지가 아니었다. 그로서는 공산당을 완전히 굴복시킬 수 있는 유일한 기회를 잃었지만, 그 대신 소련의 원조를 얻는 데 성공했다.

1937년 8월 21일 중소불가침조약이 체결된 후 소련은 독소전쟁이 일어날 때까지 약 4년 동안 중국에 1억 7,300만 달러의 무기와 군수품, 1,000명이 넘는 군사고문단과 조종사를 파견했다. 미국·영국 등 서구 국가들이 일본의 침략을 방관하는 동안 이루어진 소련의 원조는 중국이 개전 초반에 입었던 파멸적인 피해를 상당 부분 복구하고 장기 항전에 나설 수 있는 물적 토대가 되었다. 소련의 원조가 없었다면 장제스는 난징이 함락됐을 때 손을 들어야 했을 것이다. 소련과의 동맹은 신의 한 수이자 항일 전쟁사에서 중요한 전환점이지만 '항일의 주역은 팔로군'이라고 여기는 공산당 혁명사관에서는 어물쩍 넘어가는 부분이기도 하다. 시안사건이 일어나지 않았어도 국공합작은 실현되었겠지만 합작의 조건은 공산당에 훨씬 가혹했을 것이며, 10년 뒤 국공내전은 일어나지 않았을 것이다. 중국공산당이 시안사건의 의미를 그토록 강조하는 진짜 속내는 여기에 있다.

장쉐량은 왜 시안사건을 일으켰을까. 그가 분명한 신념과 원대한 계획을 바탕으로 반란을 치밀하게 준비한 것은 아니었다. 장쉐량 스스로도 인정했듯 특유의 충동적인 성격으로 홧김에 저지른 일이었다. 장제스처럼 기민한 인물이 쿠데타를 마지막 순간까지 눈치채지 못한 이유도 이 때문이었다. 심지어 반란군의 공격을 받으면서도 반란의 주모자가 장쉐량이 아니라 공산주의자들에게 선동된 일부 동북군 병사들이라고 여겼을 정도다.

만주사변 이후 장쉐량의 신세는 처량했다. 아버지가 물려준 광대한 영토를 모두 잃었고 머나먼 산시성까지 쫓겨와 '군식구'로 얹혀 지냈다. 동북군과 제17로군을 합하면 20만 명에 이르는 대군으로 3만 명에 불과한 홍군을 압도했다. 그러나 1935년 11월 홍군을 추격하다가 함정에 빠져 2개 사단이 전멸하자 장쉐량은 싸울 의지를 완전히 상실했다. 장제스와의 관계는 최악이었으며 부하들 또한 장쉐량의 무능함에 심한 불만을 품었다. 동북군 내부에서는 반란이 일어나 장쉐량을 끌어내릴지도 모른다는 소문이 파다했다. 장제스의 유일한 실수는 장쉐량이 얼마나 벼랑 끝에 몰려 있는지 과소평가했다는 점이었다. 이런 경우 모든 것을 내던지고 가족과 재산만 챙겨서 외국 조계로 달아나는 것이 그 시절의 몰락한 군벌들이 보여주는 흔한 모습이었다. 그러나 젊고 혈기 왕성한 장쉐량은 무기력하게 역사의 뒤안길로 사라질 생각이 없었다. 사건 전날 장쉐량은 장제스에게 크게 질책을 받자 분노를 참지 못하고 양후청과 논의한 뒤 몇몇 측근을 비밀리에 불러서 '병간兵諫'을 하겠다고 말했다.

쿠데타의 성공 여부는 장제스의 숙소인 화칭츠 공격에 달려 있었다. 그 역할을 맡은 사람이 장쉐량의 경호대대를 지휘하던 25세의 젊은 장교 쑨밍주였다. 랴오닝성 신민현 출신의 쑨밍주는 일본 육군사관학교를 졸업한 뒤 톈진에 있는 동북군 부대에 배속되어 교관을 맡았다. 상관은 장쉐량의 동생 장쉐밍으로, 톈진시장 겸 경찰국장을 맡고 있었다. 쑨밍주의 재능을 높이 평가한 장쉐밍은 그를 형에게 보내 측근으로 중용할 것을 건의했다. 장쉐량은 그 자리에서 쑨밍주를 참모 겸 경호대장으로 임명했다. 쑨밍주는 장쉐량이 가장 신뢰하는 심복 중의 심복이었다. 시안사건에서도 장쉐량의 기대를 저버리지 않고 장제스를 붙잡는 데 성공하여 최대 공신이 되었다.

그러나 장쉐량은 엉겁결에 일으킨 쿠데타에는 성공했지만 그 이후에 무얼 어떻게 하겠다는 구체적인 계획이 없었다. 게다가 그의 기대와 달리 아무도 쿠데타에 호응하지 않았다. 펑위샹·옌시산·리쭝런 같은 장제스의 오랜 정적들조차 중립을 지킨 채 상황을 관망하거나 오히려 장쉐량을 비난했다. 시안 주변에 20개 사단이 넘는 토벌군이 접근하면서 당장이라도 반란군을 토벌할 태세였다. 뜻밖의 상황에 당황한 장쉐량은 옌안으로 전보를 보내 공산당의 협조를 요청했다. 그러나 공산당에도 시안사건은 예상치 못한 일이었다. 장제스를 인민재판에 넘겨 처형해야 한다며 기세등등하던 중공 지도부는 모스크바에서 타협을 종용하는 지령이 떨어지자 꼬리를 내렸다. 스탈린은 장쉐량의 반란을 '일본의 사주'로 규정하면서 소련은 아무 도움도 줄 수 없다고 잘라 말했다. 또한 장쉐량은 무능해서 항일을 영도할 지도자 재목이 못 되며, 그 역할을 할 수 있는 사람은 장제스밖에 없다고 단정했다. 고립무원 신세가 된 장쉐량은 장제스의 선처를 바랄 수밖에 없는 처지가 되었다. 시안사건은 사건이 일어나고 13일 후인 12월 25일 평화적으로 해결되어, 장제스는 난징으로 향하는 비행기에 올랐다.

장제스와 함께 난징으로 향한 장쉐량은 그대로 체포되어 군사재판에서 10년 형을 선고받았지만 얼마 뒤 특별사면되었다. 그러나 가택연금은 해제되지 않았다. 좌불안석인 쪽은 시안에 남은 사람들이었다. 특히 쑨밍주를 비롯한 소장파 장교들은 장제스에게 속았다면서 길길이 뛰었다. 장쉐량의 대리는 동북군의 원로이자 제67군장인 왕이저가 맡고 있었다. 그는 만주사변 때 펑텐 북대영에서 관동군의 최초 공격을 받고도 맞서 싸우는 대신 장쉐량의 '부저항' 지시에 따라 물러나면서 만주사변 확대에 일조한 인물이기도 했다. 쑨밍주는 왕이저를 비롯한 주화파 원로들이 공산당의 사주에 넘어가 장제스를 성급하게 석방하는 바람에 일을 그르쳤다고 여겼다. 그는 또 한 번 총으로 해결하기로 결심했다. 소장파 장교들을 부추겨 쿠데타를 일으켜서 왕이저를 비롯해 우쉐충于學忠·허주궈何柱国 등 동북군의 군장과 사단장을 모조리 제거하기로 했다.

1937년 2월 2일, 이들은 왕이저의 사령부로 쳐들어가 그 자리에서 그를 사살했다. 칼끝은 시안에 와 있던 중공 대표들에게도 향했다. 청년 장교들은 저우언라이가 있는 곳으로 쳐들어갔다. 그러나 저우언라이가 "너희의 행위는 되레 장 사령관을 해칠 뿐이며 동북군의 단결을 파괴하는 것이다"라고 호통치자 물러섰다. 게다가 이 사실을 안 동북군 부대들이 시안으로 급히 돌아오면서 같은 편끼리 총부리를 겨눌 판이었다. 장쉐량과 달리 난징으로 가지 않고 시안에 남아 있던 양후청이 중재에 나섰다. 쑨밍주와 동북군 정치처장 잉더톈應德田, 장쉐량의 비서 먀오젠추苗劍秋 등 쿠데타 주모자들은 양후청과 저우언라이의 충고를 받아들여 시안을 빠져나갔다. 이 사건은 결과적으로 동북군 내부의 불만분자들을 처리함으로써 동북군이 장제스에게 더 이상 반항하지 않고 중앙군에 원만하게 편입되도록 했다.

쑨밍주는 한동안 톈진의 외국 조계에 숨어 지내다가 얼마 뒤 상하이에 은거했다. 동북군에게도 배신자였기에 갈 수 있는 곳이 없었다. 그는 중일전쟁이 일어나자 이번에는 친일파로 변절하여 동북군 출신 항일 부대를 회유하는 공작을 맡았다. 나중에는 왕징웨이 정권에서 산둥성의 보안 부사령관을 지내기도 했다. 일본이 항복한 뒤에는 장제스 정권에 귀순하고 국민정부군의 동북 진입에 협조하여 길잡이 노릇을 했다. 그러나 공산군과의 전투에서 포로가 되어 하얼빈으로 끌려갔다. 원칙대로라면 인민의 적으로 호된 대우를 받았겠지만, 공산당은 시안사건의 주인공이었던 쑨밍주를 잊지 않았다. 상객으로 극진히 대우하고 친일 행적도 불문에 부쳤다. 쑨밍주는 상하이시 참사관과 정협위원, 전국정치협회 위원 등을 지내는 등 2000년에 91세의 나이로 죽을 때까지 안락한 만년을 보냈다. 잉더톈도 왕징웨이 정권에서 한간 노릇을 했지만, 국공내전 이후 공산당의 보호를 받으며 천수를 누리고 80세에 사망했다.

물론 모두 운이 좋지는 않았다. 장쉐량의 참모장이자 시안사건 관련자 가운데 장쉐량, 양후청 다음의 고위직이었던 바오원위에鮑文樾 중장은 왕징웨이 정권에서 군정부장(국방장관)과 참모총장, 제3방면군 총사령관 등을 역임했으며, 산둥성과 장쑤성에서 활동하는 구동북군 부대를 회유하는 등 매국에 앞장섰다. 그는 일본이 패망한 뒤 체포되어 쑤저우고등법원에서 사형을 선고받았다. 그나마 항일 명장으로 이름을 떨친 푸쭤이가 옛정을 내세워 장제스에게 직접 구명을 호소한 덕분에 무기징역으로 감형되었다. 국공내전 말기에 타이완으로 이송돼 수감되었다가 꼭 30년 만인 1975년에야 석방된 그는 5년 뒤인 1980년 타이베이에서 88세의 나이로 병사했다.

유일하게 항일운동에 나선 사람은 먀오젠추였다. 일본으로 망명했던 그는 한동안 '자유중국自由中國'이라는 잡지사를 운영했다. 얼마 뒤 중일전쟁이 일어나자 홍콩으로 간 그는 장제스 직속의 중국군 특무부대인 군통(남의사)에 들어가 방첩 활동에 종사했다. 항전 승리 후에는 일본 주재 중국 군사대표단의 상교(대령) 요원으로 근무했으며, 1989년 타이베이에서 87세로 세상을 떠났다.

장쉐량은 시안사건을 일으켰을 때 '항일'과 '민족'을 대의명분으로 삼았다. 그러나 항일이라는 슬로건은 만주사변 이후 군벌들이 흔히 내세우던 상투적인 정치 구호일 뿐, 실제 행동은 정반대였다. 한 예가 1933년 11월 제19로군의 '푸젠사변福建事變'이었다. 제19로군은 홍군 토벌에 참여하라는 장제스의 지시에 반발하여 푸젠성에서 반란을 일으켰다. 이때도 명목은 항일이었지만 뒤로는 타이완의 일본군 사령부와 결탁하여, 푸젠성에서 일본의 권익을 보장하는 조건으로 자금과 무기를 원조받았다. 그중에는 일본 육군이 개발한 최신 전투기 나카지마 91식 전투기도 있었다. 이 전투기는 푸젠사변이 진압된 뒤 중국 공군이 접수했다. 덕분에 중일전쟁 중 일본제 전투기끼리 공중전을 벌이는 보기 드문 진풍경이 펼쳐지기도 했다. 이것이 당시 군벌들의 행태였다. 시안사건도 마찬가지였다. 진정 항일이 목적이었다면, 어째서 시안사건에 가담했던 자들은 오히려 친일 한간이 되었을까. 왜 그들 자신은 항일에 앞장서지 않았던가. 여기에 시안사건의 숨겨진 진실이 있다

＼펑텐의 3대 파벌

1991년 12월 10일, 오랜 연금에서 막 풀려난 장쉐량은 타이베이에서 일본의 NHK와 인터뷰를 했다. 이때 그는 장쭤린 폭사와 관련하여 이렇게 말했다.

나는 처음에는 아버지의 죽음을 몰랐다. 내 부하는 나에게 아버지가 부상당해서 펑텐으로 돌아가고 있다고 전해주었을 뿐이다. 게다가 나는 국민당의 북벌에 대비하여 베이징에 있었고 군을 이끌어야 했다. 따라서 당장 펑텐으로 돌아갈 수 없었다. 그렇지만 만약 부하가 처음부터 아버지의 죽음을 알려주었다면 나는 당장 돌아갔을 것이다.

장쉐량의 말대로라면 그는 사건 직후에 상황을 제대로 인지하지 못했다는 얘기이다. 그가 왜 재빨리 펑텐으로 귀환하지 않고 2주일이나 지체했는지 설명해준다. 황구툰사건이 일어났을 때 장쉐량은 롼저우에서 양위팅 등과 함께 군대 철수를 지휘하고 있었다. 장쭤린의 죽음은 극비였다. 그가 죽었다는 사실이 알려지면 동북 전체가 혼란에 빠질 것이 뻔했기 때문이다. 펑텐성장 류상칭劉尚淸은 장쭤린의 명의로 "노원수는 병원에서 치료 중"이며 모든 업무는 장쉐량이 대신할 것이라고 공식 발표했다. 장쉐량에게는 속히 펑텐으로 귀환하라고 요청했다. 장쉐량이 언제 아버지의 죽음을 알았는지는 정확히 알 수 없다. 그러나 펑텐으로 돌아가기 전에 이미 알고 있었던 것이 분명하다. 그

는 큰 충격에 빠졌지만, 서둘러 출발하지는 않았다. 정세가 워낙 혼란스러운 데다 일본의 속셈도 불분명했다. 자신의 앞날은 물론 누가 동북의 새로운 주인이 될지 한 치 앞을 내다볼 수 없었다.

장쭤린 시절 동북에는 크게 세 개의 파벌이 있었다. 첫째는 '구파舊派'라 하여 장쭤린이 동3성 순열사가 되기 이전부터 함께했던 자들이다. 대표적인 인물이 지린 독군 장쭤샹과 육군총장을 지낸 장징후이, 러허 도통 탕위린, 만푸린, 장하이펑張海鵬, 마잔산馬占山 등이었다. 이들은 대부분 젊은 시절 장쭤린과 함께 마적질을 한 자들이거나 청말의 구식 군인, 관료 출신들이었다. 역량은 부족했지만 장쭤린과 끈끈한 인간관계를 유지했고 든든한 버팀목 구실을 했다. 둘째는 펑톈군 총참모장 양위팅을 중심으로 하는 '사관파'였다. 일본 육사 출신들로 군사적인 역량이 뛰어났으며 관동군의 비호를 받았다. 양위팅은 장쭤린의 최측근이자 모사로서 '작은 제갈량'이라 불렸으며 중국 최대의 군수공장인 동3성 병공창을 장악하고 있었다. 특히 교통총장으로 동북의 재정을 한 손에 주무르던 창인화이常蔭槐가 심복이었다. 마지막 셋째는 장쉐량의 '육대파'로, 궈쑹링을 비롯해 베이징육군대학 출신의 교관들이 키워낸 동북강무당의 젊은 중하급 장교들이 주축이었다. '장쭤린의 아이들'이라고 할 수 있는 이들은 민족주의 의식이 강했으며 장쭤린·장쉐량의 전위대이기도 했다.

동북 정권은 돤치루이나 차오쿤·우페이푸의 북양 정권처럼 북양군 출신의 여러 군벌이 느슨하게 손잡은 연합정권이 아니라 장쭤린 한 사람을 구심점으로 뭉친 1인 정권이었다. 동북에서 장쭤린의 위상은 절대적이었으며, 아무도 그에게 도전하지 못했다. 민국 시대에 수많은 군벌이 있었지만, 이만한 권위를 누린 사람은 위안스카이와 쑨원·장쭤린뿐이었다.

문제는 장쭤린이 없는 경우였다. 장쭤린은 독재자이지만 그렇다고 황제는 아니었다. 그의 정권은 외형상 엄연한 공화정이었다. 또한 건강을 자신했던 장쭤린은 후계자를 지목하지 않았다. 만약을 대비하여 평화로운 권력 승계에 필요한 준비도 하지 않았다. '동북의 황태자' 장쉐량이 장쭤린의 혈육이라는 이유만으로 그 자리를 물려받는다는 보장은 없었다.

장쉐량의 지위는 애매했다. 군사적으로 펑톈군 최강인 제3·제4 방면군을 장악하고 있었지만 정치적인 기반은 취약했다. 나이도 젊고 경력에서도 불리했다. 동북에는 그를 제외하고도 쟁쟁한 경쟁자가 얼마든지 있었다. 가장 유력한 사람이 구파의 장쭤샹과 사관파의 양위팅이었다. 이 두 사람이 동북 정권의 2인자들이었다. 27세에 불과하고 지지 세력마저 허약했던 장쉐량은 전혀 생각지도 못한 아버지의 죽음으로 앞날을 쉽게 예측할 수 없는 처지였다. 그러나 평소 주변의 인망을 잃지 않았고, 동북 정권의 간부들이 장쭤린에 대한 오랜 의리를 지키며 일본의 간교한 계략으로 아버지를 잃었다는 사실을 동정했기 때문에 그를 동북의 새로운 수장으로 옹립하는 데 별다른 이견이 없었다. 장쉐량이 나이가 어리다는 이유로 장쭤샹이나 양위팅을 추천하는 사람들도 있었지만, 두 사람 모두 고사했다. 장쭤샹이 우두머리가 된다면 양위팅이 가만있지 않을 테고, 반대로 양위팅이 수장이 된다면 장쭤샹이 가만있을 리 없기 때문이었다.

중국인들의 관념적인 생각과 달리 일본은 장쉐량의 승계를 반대하지 않았다. 장쭤린의 죽음은 일본에게도 돌발적인 사건이었다. 관동군도 펑톈군을 제압하고 광대한 만주를 차지할 아무런 준비가 없었다. 고모토는 장쭤린 한 명만 제거하면 만주가 자연스레 자기들 손아귀로 굴러들 거라고 태평스럽게 낙관했다. 그러나 상황은 그렇게 돌아가지 않았다. 일본은 누가 장쮜린의 후계자가 될지 촉각을 곤두세웠다. 유력한 후보인 장쮜샹과 양위팅은 만만찮은 인물이었다. 장쮜린의 평생지기인 장쮜샹은 이전부터 반일 성향이 강했기 때문에 일본에 협조할 리 없었다. 양위팅은 동북 정권 내에서 대표적인 친일파로 꼽히긴 했지만 관동군과는 관계가 썩 좋지 못했다. 관동군은 양위팅을 후원하기는커녕 오히려 그를 불신하고 견제했다. 좀 더 고분고분한 사람이 필요했다. 바로 장쉐량이었다.

그 시절 사람들에게 알려진 장쉐량의 이미지는 바람둥이에 망나니 도련님이었다. 더구나 술과 아편에 찌들어 있다고 하니, 외세가 조종하기 좋은 꼭두각시로 이만한 적임도 없었다. 관동군 사령관 무라오카 조타로와 펑톈 특무기관장 도이하라 겐지 또한 그를 지지했다. 그러나 장쉐량은 일본인들이 생각하는 것처럼 한심하지 않았다. 아버지만큼 탁월하지는 않아도 정치적 수완과 식견, 결단력이 있는 인물이었다. 야심도 있었다. 적어도 평생 일본의 눈칫밥을 먹어야 했던 마지막 황제 푸이나, 평생 아버지의 그늘에서 벗어나지 못한 채 흥청망청 살다가 알코올중독으로 사망한 스탈린의 아들 바실리에게 견줄 바는 아니었다. 비유하자면, 강동 손씨 패업을 이룩한 손권 같은 영웅은 아니지만, 줏대 없고 흐리멍덩했던 유비 아들 유선이라기보다는 범용하면서 욕심 많은 조조 아들 조비 쪽에 더 가까웠다.

＼장쮜샹의 절개

장쮜린이 폭사한 지 13일 뒤인 6월 17일, 장쉐량은 졸병 옷을 입고 철수하는 병사들 틈에 끼어 열차를 타고 펑톈으로 돌아갔다. 전날 펑톈성 의회는 그를 펑톈성 군무독판에 추대한다고 발표했다. 19일 펑톈성 독판에 취임한 장쉐량은 장쮜린의 죽음을 정식으로 발표했다. 대권에 한 걸음 다가가긴 했지만 아직 장쭤린의 후계자가 된 것은 아니었다. 6월 24일, 동3성 의회는 장쭤샹을 동3성 보안총사령관에 추대했다. 장쭤린의 권력을 그에게 넘기겠다는 뜻이었다. 장쉐량은 부친이나 다름없는 장쭤샹과 권력을 다투는 대신 축하의 말과 함께 '동북의 옥새'인 아버지의 인장印章을 보냈다.

그러나 장쭤샹은 자신이 그만한 그릇은 아니라고 사양하면서 장쉐량에게 양보했다. 또한 다른 원로들을 설득해 장쉐량을 지지하게 했다. 성격이 우직한 장쭤샹은 허황된 야심을 품지 않고 장쉐량의 후견인 역할에 충실하기로 마음먹었다. 펑톈 제일의 원로인 장쭤샹이 장쉐량을 지지하는 이상 경쟁자인 양위팅은 물론이고 어느 누구도 이견을 달 수 없었다. 7월 3일, 장쉐량은 동3성 보안총사령관에 취임했다. 비로소 아버지의 뒤를 이어 새로운 '동북왕'이 되었다.

장쭤샹은 장쭤린의 의형제로 펑톈의 큰 어른이라 할 만한 인물이었다. 장쭤린보다 6살 아래인 그는 펑톈성 진저우 이현義縣 출신으로, 장쭤린처럼 가난한 농가에서 태어났다. 마을의 건달이었던 그는 어느 날 20여 명의 부하를 거느리고 바자오타이八角臺*에서 자경단 부두목 노릇을 하던 장쭤린을 찾아가 그의 막하에 들어갔다. 자경단 두목은 나중에 만주국 총리가 되는 장징후이였다. 셋 다 같은 '장씨'였으므로 곧 의기투합하여 형제의 연을 맺었다. 가장 나이 많은 장징후이가 큰형, 장쭤린이 둘째, 장쭤샹이 막내가 되었다. 이를테면 『삼국지』에 나오는 유관장 삼형제의 도원결의를 재현한 셈이다. 하지만 도량이 크고 처세에 능하면서 수완이 좋은 장쭤린에게 인망이 모였기 때문에 우두머리는 자연스레 장쭤린이 되었다.

---

* 지금의 랴오닝성 타이안현駘安縣. 선양 서남부에 있다.

장쭤린이 출세하면 장징후이와 장쭤샹도 덩달아 출세했다. 장쭤린이 제27사단장이 되자 장쭤샹은 예하 포병연대의 연대장이 되었다. 장쭤린이 동3성 순열사에 임명된 뒤에는 장쭤샹이 제27사단장이 되었다. 그러나 장쭤린의 세력이 커지고 동북을 벗어나 중앙으로 진출하면서, 장쭤샹처럼 충성스럽고 용맹하긴 해도 근대적인 군사교육을 받지 못한 구식 군인은 쓸모가 없었다. 녹림 시절 부하들로는 천하를 차지할 수 없다는 사실을 절감한 장쭤린은 이들에게서 군권을 빼앗았다. 양위팅·궈쑹링·장덩촨·리징린처럼 국내의 명망 있는 군사학교나 일본 육사를 졸업하고 뛰어난 역량을 갖춘 신진 세력이 일선에 등장했다. 물론 오랫동안 동고동락한 옛 심복들을 버릴 생각이 없던 장쭤린은 자신의 등 뒤를 가장 신뢰할 수 있는 부하들에게 맡겼다.

장쭤샹은 일선 지휘에는 더 이상 중용되지 못했지만, 지린 독군 겸 성장에 임명되었다. 헤이룽장성은 예전에 장쭤린과 같은 순방영 통령이었던 우쥔성이 맡았다. 이들은 헛된 야심을 품는 대신 장쭤린의 지시에 충실히 따르면서 무난하게 책무를 다했다. 제2차 펑즈전쟁과 궈쑹링의 반란, 장제스의 북벌전쟁까지 장쭤샹은 후방에서 예비대와 병참선의 보호를 맡았다. 궈쑹링의 반란군이 펑톈 코앞까지 밀고 들어왔을 때 장쭤린은 절체절명의 위기에 직면했다. 이때 장쭤샹과 우쥔성이 도우러 가지 않았으면 그대로 패망했을지도 모른다. 낙후한 지린성의 발전에 많은 노력을 기울였으며 지린대학을 설립하여 초대 교장을 맡기도 했다. 장쭤샹은 야심이 없고 강직해서 인망이 두터웠기 때문에 마음만 먹는다면 동북의 새로운 주인이 되는 것쯤 식은 죽 먹기였다. 그러나 장쉐량의 충실한 후견인을 도맡아 동북의 분열을 막았다. 복잡한 정세 속에서 장쉐량이 별다른 권력투쟁이나 유혈 없이 평화적으로 권력을 승계할 수 있었던 것은 장쭤샹 덕분이다.

그 뒤 장쭤샹은 중원 진출에 야심을 품는 장쉐량을 말렸다. 만주사변 직전에는 관동군의 동태가 수상하다며 여러 차례 경고하면서 펑톈으로 돌아올 것을 요청했다. 장쉐량이 그의 말에 귀를 기울였다면 만주사변은 일어나지 않았으리라. 그러나 베이징에서 아편 치료를 받고 있던 장쉐량은 "일본과 싸우면 무조건 진다. 우리가 패한 뒤에 그들이 배상을 요구한다면 동북은 회복할 길이 없으니 분쟁을 피하라"는 뻔한 지시만 앵무새처럼 반복했다. 게다가 자기 측근을 중용하고 구파를 홀대했으며, 양위팅이 고분고분하지 않다는 이유로 재판도 없이 처형하는 등 전횡을 일삼았다. 장쉐량 스스로 한쪽 팔을 자른 것과 마찬가지였다.

만주사변이 일어나자 그동안 장쉐량의 횡포에 불만이 많았던 동북의 수장들은 관동군의 회유에 넘어가 줄줄이 친일파가 되었다. 그중에는 장쭤린·장쭤샹과 의형제를 맺은 장징후이도 있었다. 진저우에 있던 장쭤샹은 베이핑의 장쉐량과 난징 정부에 급전을 보내 관동군이 만주사변을 일으켰다고 보고는 했지만, 급박하게 돌아가는 정세 속에서 발만 동동 구를 뿐 그의 힘으로는 어떻게 할 수 없었다.

옛 형제들이 변절한 것과 달리 장쭤샹은 두마음을 품지 않았다. 일본이 만주국을 세운 뒤 총리대신 자리에 오른 장징후이는 장쭤샹에게 부귀영화를 약속하면서 회유하려 했지만, 장쭤샹은 크게 화를 내며 일언지하에 거절했다. 시안사건으로 장쉐량이 구금당했을 때는 백방으로 뛰어다니며 장쉐량의 구명에 나섰지만 성공하지 못했다. 장쭤샹은 장제스 정권에서 어떠한 직책도 맡지 않고 친일로 전향하지도 않은 채 톈진에서 조용히 여생을 보냈다.

1945년 8월 15일, 일본이 패망하고 항전에서 승리하면서 동북은 다시 중국의 품으로 돌아왔다. 장제스는 동북 사람들에게 인망이 높은 장쭤샹을 동북의 주인으로 삼으려 했지만 그는 끝까지 고사했다. 장쭤샹의 그런 우직한 충성심을 장제스도 높이 평가했다. 국공내전 말기에 전황이 나빠지면서 톈진 함락이 초읽기에 들어가자 장제스는 비행기와 배편을 마련하여 장쭤샹에게 타이완행을 권유했다. 또한 총통부 고문이 되어달라고 청하기도 했지만 그는 수락하지 않았다. 장쭤샹에게 주인은 오직 장쭤린·장쉐량뿐이었다. 톈진이 공산군의 손에 넘어가자 장쭤샹도 한때 체포됐다. 그러나 마침 공산군 가운데 동북군 출신이 그를 알아본 덕분에 별 탈 없이 풀려날 수 있었다.

장쭤샹은 1949년 5월 7일 심장 발작으로 세상을 떠났다. 그의 나이 69세. 저우언라이가 이 사실을 알고 몹시 애석해하면서 장쭤샹의 사위에게 서신을 보냈다. "노선생이 어째서 돌아가셨는가. 우리는 노선생에게 함께 일을 도모하기를 청하고자 했다." 비천한 녹림 출신이지만 장쭤샹이 마지막까지 보여준 꿋꿋한 의리와 절개는 많은 이들이 자신의 영달만 챙기던 그 시절에 실로 보기 드문 모습이었으며, 사람들의 훌륭한 귀감이 되었다.

╲북벌 끝나다

1928년 6월 4일, 장쭤린이 황구툰에서 폭사했다. 이 사건은 중국과 일본은 물론 전 세계에 큰 충격을 주었다. 그의 죽음을 보고받은 장제스는 수단과 방법을 가리지 않는 일본의 만행에 치를 떨면서 일기에 이렇게 적었다.

나는 어젯밤 장쭤린이 펑톈에서 일본이 매설한 지뢰로 목숨을 잃었다는 사실을 알았다. 펑톈에서는 일본인의 소행이라고 의심하지만 일본인은 우리 편의대의 행위라고 한다. 일본인의 음모는 이처럼 악랄하다. 동북을 지키기가 이렇게 어려운가!

    북벌 완성을 눈앞에 두자 그동안 힘을 모았던 동맹자들 사이에 미묘한 균열이 생겼다. 5월 29일, 장제스는 평위샹과 회담하는 자리에서 베이징과 톈진 점령은 옌시산의 몫으로 하자고 권유했다. 제2집단군의 병참선이 한계에 직면하고 베이징의 열강 공사들이 평위샹에게 우호적이지 않다는 이유 때문이었다. 평위샹은 마지못해 찬성했지만 속으로 불만이 컸다. 장제스가 자신과 옌시산을 이간질하려는 속셈이 훤히 보였기 때문이다. 또한 베이징과 톈진은 본래 평위샹의 영토였는데 장쭤린에게 빼앗겨 중국에서도 가장 궁벽한 서북 지방으로 밀려난 신세였다. 금싸라기 땅인 이곳을 되찾을 기회만 노리던 평위샹은 예상치 못한 장제스의 처사에 분통을 터뜨렸다. 북벌의 맹우였던 두 사람의 관계에도 이때부터 금이 갔다.

    황구툰사건이 벌어진 날 장제스는 옌시산을 경진(베이징·톈진) 지구 위수사령관에 정식으로 임명했다. 이틀 뒤인 6일 오전, 제3집단군의 선봉대인 쑨추孫楚의 제6사단이 베이징에 처음으로 입성했다. 뒤이어 상전의 제1군이 도착했다. 베이징에 잔류하고 있던 바오위린 부대는 그 직전 란저우로 철수했다. 베이징 시내 곳곳에는 북벌군을 상징하는 청천백일기가 나부꼈으며, 수많은 인파가 모여들어 북벌군의 입성을 환영했다. 베이징은 북벌군 손에 넘어갔다.

    장쭝창은 철수 행렬에 동참하지 않은 채 잔존 부대를 이끌고 톈진에 남아 있었다. 수는 5만 명이나 됐지만 패잔병 무리에 불과했다. 가진 총은 2만 정이 채 되지 않았다. 그는 옌시산에게 사람을 보내 항복을 받아달라고 요청했지만 거절당했다. '배반장군'으로 이름난 옌시산조차 탐욕스럽고 신의 없기로는 원술과 여포를 섞어놓은 듯한 이

골치 아픈 남자를 받아들이고 싶지 않았다. 장쭝창은 다른 펑톈군의 행렬을 따라서 동북으로 퇴각할 수도 없었다. 장쉐량이 그의 동북 진입을 거부했기 때문이다. 오도 가도 못하게 된 장쭝창은 6월 11일 롼저우로 물러나 장제스의 처분을 기다려야 했다. 이튿날 푸쭤이의 제5군이 톈진에 무혈 입성했다. 또한 이날 신장성장 양쩡신이 서북역치를 선언하고 국민정부에 복종했다.

 1928년 6월 15일, 국민정부는 전국에 '북벌 종료'와 '국가 통일'을 선포했다. 장제스가 북벌에 나선 지 1년 11개월 만이었다. 전쟁은 끝났다. 베이징은 베이핑北平으로 이름이 바뀌었다. '황제가 직접 통치한다'는 의미의 즈리성은 '황허 이북'이라는 뜻의 허베이성이 되었다. 1276년 쿠빌라이가 '대도大都'라 일컬으며 원나라의 도읍으로 삼은 이래 650여 년 동안 중국의 수도였던 베이징은 허베이성의 일개 도시가 되었다. 7월 6일, 베이핑에서 북벌군의 4대 수장인 장제스·펑위샹·옌시산·리쭝런이 한자리에 모였다. 이들이 향한 곳은 베이핑 교외의 비원사. 여기에는 3년 전 눈을 감은 쑨원의 유해가 안치되어 있었다. 쑨원은 죽기 전에 북벌이 끝나면 자신을 난징에 묻어달라고 유언했다. 이제 그 유언을 지킬 때가 온 것이다.

 국민정부의 주요 인사와 장군들, 각계 대표 등 수백 명이 참석한 가운데 장제스는 쑨원의 관 앞에 무릎 꿇고 쑨원이 생전에 그토록 꿈꾸었던 북벌을 완수했다고 보고했다. 그로서는 감회가 남달랐을 것이다. 혁명에 평생을 바친 쑨원은 그 꿈을 이루지 못하고 회한만 남긴 채 눈을 감아야 했다. 그의 앞에 놓인 벽은 뛰어넘기에는 너무나 높았다. 야심 차게 시도한 북벌은 번번이 실패로 끝났다. 생전의 쑨원은 장제스를 쓸 만한 인재로만 여겼을 뿐 자신의 후계자로 점찍은 적은 한 번도 없었다. 그런 장제스가 쟁쟁한 원로들을 제치고 쑨원의 뒤를 이어서 중국을 통일했다. 리쭝런은 나중에 이렇게 회상했다. "장제스는 쑨원의 관을 붙들고 한없이 울었다. 평위샹과 옌시산도 덩달아 울었다. 나 또한 그 옆에 서서 뭐라고 애도할까 생각하는 와중에 눈물이 절로 흘러내렸다." 1년 뒤 쑨원의 운구는 난징으로 옮겨졌으며, 성대한 국장을 치른 뒤 쯔진산에 묻혔다.

평톈군의 주력은 산하이관 이북으로 철수한 반면 북벌군은 베이징에서 전진을 멈추었다. 베이징 북쪽부터 산하이관 이남의 공간은 공백지대나 다름없었다. 이곳은 평톈군의 패잔병 무리로 가득했다. 치안도 엉망이었다. 가장 악명 높은 인물이 '동릉대도' 쑨뎬잉이었다. 토비의 우두머리였던 그는 장쭝창 휘하에 있다가 장쭝창이 패하자 장제스에게 항복하여 국민혁명군 제6군단 제12군장에 임명되었다. 그러나 매우 탐욕스럽고 삼민주의나 혁명사상에는 아무 관심도 없는 위인이었다.

하루는 쑨뎬잉이 부하들을 거느리고 탕산으로 갔다. 여기에는 청나라 역대 황제의 무덤이 있었다. 혼란을 틈타 무덤을 도굴해서 한몫 잡을 속셈이었다. 그의 부하들은 서태후와 건륭황제의 묘를 마구 파헤쳤다. 쑨뎬잉은 서태후의 관을 꺼낸 다음 서태후가 입에 물고 있는 야명주를 꺼내려고 칼로 목을 찢어버렸다. 병사들은 서태후가 입고 있던 용포와 바지, 버선, 심지어 속옷까지 모두 벗겨버렸다. 서로 더 많이 약탈하려고 다투다가 밟혀 죽기까지 했다. 쑨뎬잉은 무덤을 샅샅이 뒤진 다음 마차 3대 분이나 되는 막대한 보물을 차지했다. 그중 일부는 장제스와 옌시산에게 뇌물로 바쳤다. 아무리 난세라고 하지만, 신해혁명 이래 명색이 군대라는 존재가 황제의 무덤을 도굴한 것은 전례가 없는 일이었다. 이 사건은 중국인들에게 큰 충격을 주었으며 북벌군의 도덕성을 땅에 떨어뜨렸다. 특히 톈진에서 살고 있던 푸

●— 1928년 7월 6일, 쑨원의 유해가 잠든 베이징 비윈사에서 북벌 완수를 선언하는 국민당 지도부와 북벌군 주요 지휘관들.

이는 격분했다. 훗날 그는 자신이 만주국 건설에 참여하게 된 가장 큰 이유가 이 사건 때문이었다고 회고했다.

북벌 초기의 열기는 진작에 사라졌다. 200만 명이 넘는 군대의 태반은 강도떼나 다름없었다. 장제스를 비롯한 북벌군의 수장들은 세 불리기에만 급급한 나머지 투항병들의 출신과 자질을 가리지 않고 아군으로 흡수했지만 제대로 통제할 수 없었다. 그 대가는 또 다른 전쟁으로 치러야만 했다.

＼역치냐, 독립이냐

중국 전역에서 청천백일기가 휘날리지 않는 곳은 동북밖에 없었다.

평위상은 무력으로 산하이관을 돌파해 동북을 제압하자고 강경하게
주장했지만, 장제스는 현실론을 내세워 무력보다는 정치적으로 해결
해야 한다고 주장했다.

일본이 동북을 침입한 지 오래되었다. 우리 또한 신중하고 주도면
밀하게 처리해야 한다. 그러지 않으면 전란의 도화선이 되어 수습
할 수 없게 된다. 우리는 평화통일이라는 원칙에 따라 동북에 대하
여 역치易幟(중앙으로의 귀속)를 촉구해야 한다.

장제스의 의견에 리쭝런과 옌시산도 찬성했다. 장쉐량의 저항은 문
제가 아니었다. 그렇지만 일본과 싸우는 상황은 우려하지 않을 수 없
었다. 싸우면 무조건 진다. 그것만큼은 피해야 했다. 일본에 잔뜩 겁
먹은 것은 장제스뿐만 아니라 그 시절 중국 지도자들의 공통된 모습
이기도 했다. '중화민족주의'로 교육받은 오늘날 중국인이라면 이해
하기 어려울지도 모른다. 그러나 성장기에 청일전쟁과 러일전쟁을 겪
었으며, 일본의 발전상을 자기 눈으로 보고 몸소 체험한 사람들의 공
포심과 트라우마는 상상을 초월했다. 그 정도로 일본은 두려운 존재
이자 넘을 수 없는 벽이었다.

장쭤린의 뒤를 이어 동북의 새로운 주인이 된 장쉐량도 마찬가지였
다. 노년의 장쉐량은 NHK와 인터뷰에서 분노를 터뜨리며 "일본은 아
버지의 원수이자 내 나라의 적이었다. 나는 일본이 결코 두렵지 않았
다"고 당당히 말한다. 그러나 당시 그는 오히려 비밀리에 일본에 접
근하여, 4억 엔이나 되는 거금을 원조받는 조건으로 합작을 제안했다.
일본이 받아들였다면 장쉐량은 동북역치 대신 분리 독립을 선언했을
지도 모른다. 어쩌면 터무니없는 요구로 일본이 역치를 반대하지 못

하게 하려는 고도의 계산이었는지도 모른다. 일본의 연간 예산이 18억 엔, 군사비는 5억 엔 정도였기에 장쉐량의 요구는 실현 가능성이 거의 없었기 때문이다.

장쉐량의 진짜 속셈이 무엇인지 알 수 없지만 이것만은 분명하다. 일본을 적으로 돌릴 생각은 없었다는 사실이다. 그는 아버지 죽음의 배후에 관동군이 있다는 사실을 몰랐을까. 그렇지 않다. 그는 분명히 일본을 원수로 여겼다. 그럼에도 일본에 맞서지 않고 한없이 저자세를 고수했다. 일본의 보복이 두려웠기 때문이다. 북벌군과 힘을 모아 일본과 일전을 벌이는 것은 파멸을 의미했다. 그에게는 자신의 모든 것을 걸 만한 결단력과 용기가 없었다. 반대로 일본과 힘을 합해 장제스와 싸울 것인가. 이 또한 일본의 주구로 전락하는 것이며, 동북의 민심이 허용하지 않을 것이다. 사면초가였다.

장쉐량은 장제스와 일본 사이에 양다리를 걸친 채 꾸준히 저울질했다. 어느 쪽에 붙어야 자신의 안전을 보장받으면서 지반과 권력을 유지할 수 있을지 고뇌했다. 일본의 협박, 민족주의로 격앙된 반일 여론, 장제스의 회유 사이에 끼인 처지에서 어느 하나를 선택하기란 쉽지 않았다. 장쉐량은 무능한 인물은 아니었지만 아버지의 유산을 물려받았을 뿐, 스스로 역경을 헤쳐나갈 의지는 없었다.

1928년 7월 3일 동북의 권력을 이어받은 장쉐량이 12월 29일 동북역치를 단행할 때까지 반년 동안 동북의 상황은 그야말로 긴박하게 돌아갔다. 그 과정에는 장쉐량과 장제스, 일본 사이의 치열한 암투가 있었다. 장쉐량은 동북으로 귀환한 직후부터 난징과 담판에 나섰다. 북벌군이 산하이관을 넘을 경우 일본이 묵과할 리 없었다. 기어코 병력을 출동시킬 것이고, 동북 전체가 전쟁터가 될 것이 틀림없었다. 북벌군의 동북 진입은 반드시 막아야 했다.

장쉐량은 동북역치가 불가피하다고 생각했지만, 그렇다고 장제스에게 굴복할 생각도 없었다. 그의 목적은 장제스와 일본 어느 쪽과도 싸우지 않고 간섭도 받지 않으면서 자신의 왕국에 대한 통치권을 보장받는 것이었다. 그는 권익만 건드리지 않으면 일본도 역치를 굳이 반대하지 않으리라고 생각했다. 그러나 일본의 꿍꿍이를 제대로 이해하지 못한 것이었다. 동북을 자신들의 반半식민지로 여겨온 일본은 이번 기회에 동북을 중국에서 완전히 떼어낼 요량이었다.

다나카는 하야시에게 무슨 수를 써서라도 장쉐량이 난징 정부와 타협하지 못하게 막으라고 지시했다. 하야시 펑톈 총영사는 장쉐량을 방문해 "남방과 합작하는 것은 어떤 이유로건 일본에 대항하는 것을 의미한다"며 강력하게 경고했다. 장쉐량은 하야시에게 "동북역치를 선언해도 일본이 우려할 만한 일은 없다"고 하면서도 일본의 눈치를 보지 않을 수 없었다. 관동군은 본국의 육군성에 "때가 무르익었다"고 보고하는 등 공공연히 행동에 나설 태세였다. 일본의 태도는 갈수록 고압적이었다. 하야시의 보고를 받은 다나카 기이치는 "우리 태도가 너무 호의적이라서 일본을 만만하게 본 것이다"라고 격노하며 더욱 강경하게 상대하라고 지시했다. 7월 19일, 하야시는 장쉐량에게 다나카의 편지를 전달했다.

1. 난징 정부는 지위가 불안정하고 좌파적인 색깔이 남아 있어 동북이 합작할 필요가 없다.
2. 만약 난징 정부가 무력으로 동북을 압박한다면 일본은 힘을 다하여 원조할 것이다.
3. 동북의 재정이 어렵다면 일본의 은행이 충분히 구제할 것이다.

돈과 무력을 내세워 동북을 일본의 보호령으로 삼겠다는 얘기였다. 예전에 위안스카이와 돤치루이에게 써먹던 수법이지만 장쉐량에게는 통하지 않았다. 그가 하야시에게 "나는 일본이 중국의 통일을 바라지 않으며, 일본의 간섭 때문에 동북이 역치를 할 수 없다는 것을 난징에 보고하겠다. 그래도 좋은가?"라고 묻자 하야시는 아무 대꾸도 하지 못했다. 또한 장쉐량은 "역치는 내 뜻이 아니라 부하들과 동북 인민들의 뜻이기에 내가 어떻게 할 수 없다. 만약 역치를 허용하지 않는다면 나는 하야해야 할지도 모른다"고 은근히 압박했다. 그러나 그 정도로 하야시가 쉽게 물러날 리 없었다.

장쉐량은 베이핑에 있던 장제스에게 급히 사람을 보내 일본이 역치를 완강히 반대하는 탓에 어려움을 겪고 있다며 호소했다. 장제스는 "장쉐량에게 일본의 협박에 굴복하지 말고 중앙에 복종한다는 통전을 발신하라고 전하라. 그것이 동북을 구하고 중국을 구하는 길이다!"라고 명령했다. 그러나 몇 마디 격려만으로 일본의 위협에 맞설 수는 없었다. 장제스 또한 다른 군벌들과의 모순 때문에 일촉즉발의 상황에 놓인 터라 장쉐량에게 아무 도움도 줄 수 없는 처지였다. 고립무원인 장쉐량은 고민 끝에 역치를 연기하기로 결정했다. 만약 강행할 경우 일본이 당장 무력 행동으로 나설까 두려웠기 때문이다. 장쉐량이 일본의 협박에 굴복했다는 말을 들은 장제스는 크게 통탄하면서 일기에 이렇게 썼다. "동북이 일본의 횡포로 저지당하여 계획이 암초에 걸리고 말았다. 아직도 외세는 우리 내정에 간섭하고 있다. 중국의 무력함은 이와 같다. 생각만 해도 참혹하다."

8월 4일, 펑톈에서 장쭤린의 장례식이 성대하게 치러졌다. 황구툰 사건이 일어난 지 두 달 만이었다. 예전에 베이징 주재 일본 공사를 지낸 하야시 곤스케林權助가 다나카의 특사로 펑톈에 왔다. 명목상으로는 장쭤린을 조문하기 위해서였지만, 진짜 속셈은 장쉐량을 회유하여 일본에 굴복시키기 위해서였다. 그는 일본의 권고를 무시하면 행동에 나설 것이라며 사실상 최후통첩을 전달했다. 장쉐량도 격앙하여 일본의 내정간섭은 결코 받아들이지 않겠다고 반발했다. 회유는커녕 자존심만 건드린 꼴이었다. 회담은 결렬되었다.

다나카는 장쉐량을 협박하여 역치를 잠시 연기시키는 데 성공했지만, 상대의 사정은 조금도 고려하지 않은 채 힘만 믿고 고압적으로 몰아붙이는 방식으로 반감만 샀다. 장쉐량은 장쭤린과 마찬가지로 일본의 힘을 빌려서 그 자리에 앉은 것이 아니므로 협박에 쉽사리 굴복하지 않는 것은 당연했다. 그러나 군인 출신인 다나카는 외교에 관해 아는 것이 전혀 없었다. 강자에게는 한없이 비굴하면서도 약자는 가차없이 밟아버리는 것이 일본 지도부 특유의 사고방식이었다.

평톈 총영사로 장쉐량과의 교섭을 맡은 하야시도 불만이 컸다. 북벌전쟁 이후 중국에서는 어느 때보다 열렬한 민족주의 열풍이 불고 있었다. 동북 지도부도 대부분 역치에 동조했다. 이제 와서 장쉐량이 일본의 압박에 굴복한다면 내부의 격렬한 반발에 직면하여 정권 자체가 무너질 것이 뻔했다. 장쉐량으로서는 물러서려야 물러설 수 없는 처지였다. 그러니 제아무리 일본이 그를 핍박한들 무슨 소용이 있을 것인가. 중국의 감정을 불필요하게 자극하고 일본의 처지만 더욱 곤란하게 만들 뿐이었다.

전문 외교관으로서 중국의 상황을 누구보다도 잘 아는 하야시는 장쉐량과 감정적으로 대립하기보다는 차라리 역치를 인정하되, 철도 문제에서 양보를 얻어내는 등의 실리 외교가 더 이익이라고 여겼다. 야당인 민정당도 다나카의 고압적인 외교를 비판하면서 중국 내정에 더이상 간섭하지 말라고 요구했다. 이처럼 일본 내부에서도 반발이 있었지만 다나카는 확고부동했다. 오히려 하야시에게 만주를 소련과의 완충지대로 삼으려면 반드시 중국과 분리해야 하며, 이를 위해서 어떠한 희생도 무릅써야 한다고 단언했다. 자기 체면만 앞세운 완고함이 오히려 일을 그르친 꼴이 되었다.

＼동북역치를 선언하다

롼저우에는 장쭝창이 이끄는 5만 명의 패잔병이 잔류하고 있었다. 오갈 데 없는 이들은 토비로 전락할 판이었다. 장쭝창은 옌시산에게 항복을 거부당했을 뿐 아니라 동북으로 돌아갈 수도 없었다. 장쉐량이 40만 위안의 군비를 줄 테니 군대를 스스로 해산하라고 권고하자 분개한 장쭝창은 반란을 일으켰다. 8월 2일, 러시아 용병들이 탑승한 장갑열차를 앞세운 그의 반란군은 롼허灤河를 건넌 뒤 징펑철도를 따라 동북으로 북상했다. 그렇지만 무기도 변변치 않고 굶주림에 시달리고 있었으니 자포자기나 다름없는 짓이었다. 장제스는 바이충시에게 토벌을 명령했다. 장쉐량도 양위팅을 총사령관으로 삼아 토벌군을 보냈다. 협공을 받은 장쭝창은 여지없이 패주하여 다롄으로 달아났다. 남은 병력은 백기를 들고 투항했다.

1928년 9월 16일, 장쉐량은 펑톈군을 동북변방군(약칭하여 '동북군')이라 개칭하고 대대적인 정편整編 작업에 들어갔다. 군단과 군, 사단 편제가 폐지되고 모든 부대는 '국방여단'으로 통일되었다. 각 여단은 3개 연대로 구성됐으며, 직할부대로 기병중대와 중박격포중대, 통신중대, 위생중대를 두었다. 각 연대는 3개 대대로 구성되고 연대 직할로 기관총중대와 박격포중대, 평사포중대, 통신중대가 있었다. 한때 7개 방면군 50개 군 100만 명에 달했던 동북군은 정편 작업 이후 33개 보병여단, 6개 기병여단, 8개 포병연대, 5개 공병대대, 2개 치중대, 9

개 헌병대로 축소되었다. 이와는 별도로 각 성마다 성방군^{省防軍}이라 하여 토비 척결과 치안을 담당하는 부대가 있었다. 국방군과 성방군을 합하면 25만 명 정도였다. 동북 해군은 3개 함대(제1함대, 제2함대, 강방함대)로 편성됐으며, 대소 전함 21척에 총배수량 3만 2,000톤, 수병은 3,300명이었다. 또한 해군 항공대와 해군 육전대 3개 대대 2,000명이 있었다. 동북 공군은 5개 대대로 구성됐으며, 270대의 항공기를 보유하여 중국 최강의 전력을 자랑했다.

1928년 10월 10일, 난징 정부는 북벌기의 군정을 끝내고 훈정^{訓政} 실시를 선언했다. 정부 조직은 대대적으로 개편되어 오원(입법원·행정원·사법원·고시원·감찰원) 정부가 수립되었다. 장제스는 정부 주석 겸 육해공군 총사령관에 취임했다. 장쉐량은 국민정부 지도부를 구성하는 15명의 최고위원 중 한 사람으로 선출되었다. 장쉐량은 그때까지도 국민정부에 정식으로 귀순하지 않았지만 장제스는 그를 지도부의 일원으로 임명하여 동북역치를 기정사실화했다. 또한 동북 정부의 인사권과 행정권·군사권을 모두 장쉐량에게 위임하겠다고 선언했다. 동북을 '국가 속의 국가'로 인정하겠다는 의미였다. 일본의 핍박으로 진퇴양난의 처지에 몰려 있던 장쉐량을 어떻게든 회유하려고 최대한 양보한 셈이었다.

장쉐량에게는 다행스럽게도 다나카의 기세가 몇 달 사이에 한풀 꺾였다. 사방에서 비난 여론이 쏟아지고 더 이상 장쉐량을 몰아쳐봐야 실익이 없다는 것을 깨달았기 때문이다. 지난 5월 이후 펑톈에 집결한 채 언제라도 출동할 태세였던 관동군은 10월 2일 비상이 해제되면서 본래 주둔지로 돌아갔다. 장쉐량도 일본의 분위기가 달라졌음을 체감했다. 때마침 교토에서 히로히토의 즉위식이 열리자, 그는 장쭤린 밑에서 농공부 총장과 펑톈성장을 지낸 모더후이^{莫德惠}를 축하 사절로 보내 일본의 사정을 탐색하게 했다. 다나카는 장쉐량의 사절단을 전에 없이 융숭하게 환대했다. 모더후이가 다나카와 회담하면서 "우리는 내년 초에 동북역치를 실시할 것이다. 어떻게 생각하는가?"라고 묻자 다나카는 대수롭지 않은 듯 "중국이 알아서 할 문제"라면서 흘려버렸다. 무력조차 불사하겠다는 이전과는 180도 달라진 모습이었다.

자신감을 얻은 장쉐량은 1928년 12월 29일 동북역치를 선언했다. 오색기를 대신하여 청천백일기가 각지에 나부꼈다. 중국은 하나의 깃발로 통일되었다. 그러나 장쉐량은 "비록 중앙에 복종하지만 동북을 지키는 것은 부친에 대한 효"라며 역치의 의미를 분명히 했다. 그는 장제스와 자신이 서로 섞일 수 없지만 국가를 위해 부득이 손을 잡았다고 말했다. 깃발만 바꿔 달았을 뿐 장제스에게 복종하는 것은 아니라는 뜻이었다. 장제스는 동북으로 중앙군을 보낼 수 없었고, 행정권을 행사하거나 세금을 징수할 수도 없었다. 국민당의 활동 또한 금지되었다. 동북은 여전히 장쉐량의 독립 왕국이었다. 어쨌거나 장제스는 체면을 지켰고 장쉐량은 실리를 얻었다. 일본은 아무것도 얻지 못했지만 잃은 것도 없었다. 그러나 만주를 통째로 삼킬 욕심이었던 관동군에게는 그것만으로도 굴욕이었다. 장쉐량과 관동군의 갈등은 3년 뒤 만주사변으로 폭발하게 된다.

중국에는 또다시 전운이 감돌았다. 북벌군의 4대 수장들이 승리 후의 논공행상으로 으르렁대기 시작한 것이다. 난징의 장제스, 우한의 리쭝런, 타이위안의 옌시산, 시안의 펑위샹. 여기에 동북의 장쉐량까지. 누구에게도 고개 숙일 생각이 없었던 이들은 천하의 주인 자리를 놓고 한판 겨룰 수밖에 없었다.

1929년 2월, 제4집단군의 총수 리쭝런이 제일 먼저 반장제스의 기치를 올렸다. 뒤이어 펑위샹과 장파쿠이가 차례로 반란을 일으켰다. 장제스에게 패하여 일본으로 달아났던 탕성즈도 돌아와서 반란에 가세했다. 광시성에서 시작된 반란의 불길은 마른 장작 타오르듯 순식간에 중원 전체로 퍼져나갔다. 2년에 걸쳐 진행되는 군벌 내전 최대 최후의 절정인 '신군벌 내전'이 시작되었다.

하늘의 싸움

＼항공 시대의 개막

1903년 12월 17일, 라이트 형제가 처음으로 비행에 성공하면서 인류 역사에 항공 시대가 열렸다. 중국도 예외가 아니었다. 중국의 항공 역사는 구미나 일본 못지않게 오래되었다. 인도차이나를 놓고 청불전쟁이 한창이던 1885년, 프랑스군은 열기구를 이용해 청군 진지를 정찰했다. 서양인들이 하늘에 거대한 기구를 띄우고 지상을 관측하는 모습은 중국인들에게는 놀라운 충격이었다. 1887년, 톈진 북양무비학당에서 중국 최초로 지름 1.7미터의 근대적인 열기구를 제조하는 데 성공했다. 1905년에는 후광 총독 장즈둥이 일본에서 대형 열기구 2대를 도입했다. 이 열기구는 지름 4미터, 길이 25미터였으며, 전시에 적진을 정찰하거나 포병 사격을 유도하는 역할을 했다.

　1908년 2월에는 후베이 육군 제8진은 일본에서 수입한 야마다山田 열기구 1대를 공정영工程營(공병대대) 산하에 배치하고 기구정찰대氣球

●─ 중국 최초의 군용 열기구인 일본제 야마다 열기구.

偵察隊를 편성했다. 중국 역사상 최초의 근대적인 항공부대 편성이었다. 이것이 중국 공군의 시작이었다. 같은 해 5월에는 난징의 제9진이, 6월에는 톈진의 제4진에서도 열기구부대를 편성하는 등 군용 열기구의 사용이 점차 확대되었다. 1908년 10월에는 열기구부대를 이용한 야전 훈련을 실시했다. 중국은 하늘이 군사적으로 얼마나 중요한지 점점 눈뜨고 있었다. 1910년에는 위쿤허 余焜和라는 사람이 소형 비행선을 제작하여 시험비행에 성공했다. 그는 앞으로 나라의 부강함은 하늘에 있다면서 미국으로 건너가 비행선 제작 기술을 배우고 자금을 모았다. 그가 제작한 비행선은 길이 4미터, 폭 1.7미터 크기로 중국 최초의 국산 비행선이었다.

라이트 형제가 인류 최초의 비행에 성공하고 7년 후인 1911년 2월 21일, 상하이 경마장에서 프랑스인 르네 발롱 René Vallon이 소메르

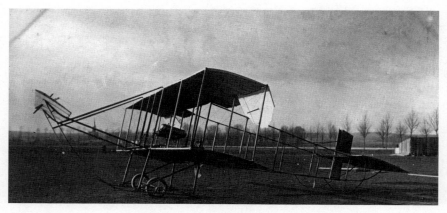

●— 소메르 복엽기|Sommer 1910 biplane는 프랑스의 대표적인 비행기 설계사 중 한 사람인 로제 소메르 Roger Sommer가 설계한 초기 비행기 가운데 하나이다. 1910년 1월 4일 첫 비행에 성공하여 약 4킬 로미터를 비행했다. 1인승에 50마력 엔진을 탑재했으며 총무게 520킬로그램, 최고속력은 90km/h 로, 라이트 형제의 플라이어 1호에 견주면 비약적인 발전이었다.

Sommer 복엽기를 타고 출발하여 10분 동안 상하이 상공을 비행했다. 발롱은 중국에서 처음으로 비행에 성공한 인물인 동시에, 항공 사고 로 죽은 첫 번째 희생자이기도 했다. 그는 1911년 5월 6일 상하이 상 공을 비행한 뒤 착륙하다가 사고로 사망했다. 짧은 도전이었지만 청 조의 관료들과 수많은 중국인들에게 깊은 인상을 남겼다.

1909년 9월 21일, 미국 오클랜드시 교외에서 평루馮如라는 젊은 화 교가 직접 제작한 '평루-1호' 비행기를 몰고 시험비행에 성공했다. 중국인으로서는 처음이었다. 비행한 거리는 6년 전 라이트 형제가 날 았던 거리보다 3배나 길었다. 캘리포니아 신문은 "중국인의 항공 기 술이 구미를 능가했다"고 보도하기도 했다. 이듬해에는 104km/h의 속도로 32킬로미터를 비행하여 세계 기록을 경신하고, 국제비행협회 가 개최한 비행 대회에서 최우수상을 받았다. 중국의 첫 비행사이자 비행기 설계사인 평루는 어릴 때부터 손재주가 뛰어났다. 16세에 미국 샌프란시스코로 건너가 막노동을 하면서 기계를 배웠다. 라이트 형제의 비행 소식에 고무된 그는 자신의 손으로 비행기를 만들겠다고 결심하고 현지 화교들에게 1,000달러를 모금했다. 그리고 3년 동안 악전고투 끝에 비로소 성공을 거두었다.

펑루는 자신을 채용하겠다는 미국 기업의 제안을 거절하고, 직접 제작한 비행기 2대와 함께 1911년 3월 중국으로 돌아왔다. 그리고 광저우에서 중국 국내에 설립된 최초의 민간 항공기 회사인 '광둥비행기공사廣東飛行器公司'를 설립했다. 얼마 뒤 신해혁명이 일어나자 그는 혁명군을 지지했고, 광둥 혁명군의 비행대장으로 임명되어 항공대를 조직했다. 그러나 1912년 8월 25일 광저우 교외에서 시험비행 중 비행기 추락 사고로 사망했다. 그의 나이 겨우 29세였다.

류쮜청劉佐成과 리바오촨李宝俊도 중국 항공 부문의 대표적인 선구자들이었다. 이들은 일본에서 동문수학하며 항공 관련 연구를 했다. 또한 일본 공병항공학교에서 비행기 제작 기술을 배운 뒤 비행기 제조에 나섰지만 일본의 비협조로 많은 어려움을 겪었다. 중국으로 돌아온 그들은 청군 군차부軍咨府(참모본부)에 항공산업의 육성을 강력하게 건의했다. 청조는 이들의 건의를 받아들여 1910년 8월 베이징 교외 난위안에 있는 의군 연병장에 비행장과 비행기 제작 공장을 건설하기로 결정했다. 난위안비행장은 중국 최초의 비행장이었다.

1911년 6월 2일 의군 연병장에서 류쮜청과 리바오촨이 제조한 '비행기 2호飛機 二號'가 하늘로 날아올랐다. 그러나 비행기 2호는 베이징 상공을 한동안 비행하다가 갑자기 방향을 잃고 땅으로 추락했다. 조종을 맡았던 류쮜청은 목숨은 건졌지만 큰 부상을 입었다.

앞서 발롱이 중국의 하늘을 처음으로 비행한 외국인이고 펑루가 미국의 하늘에서 날아오른 첫 번째 중국인이라면, 류쮜청은 중국인이 직접 만든 국산 비행기로 중국의 하늘을 비행한 첫 사례였다. 그의 비행은 구미 열강의 과학기술에 위축되어 열등감에 사로잡혀 있던 중국인들에게 큰 희망을 주었다. 중국동맹회 회원인 두 사람은 신해혁명이 일어나자 펑루와 마찬가지로 혁명군에 가담하기로 결심했다. 그리고 난징으로 가 혁명군 항공대 대장을 맡았지만, 리바오촨은 과로가 겹치면서 얼마 뒤인 1912년 10월 6일 26세의 나이로 사망했다. 류쭤청은 바오딩항공학교의 교관과 차오쿤 정권의 중앙 항공사령부 참모장, 난징 정부 항공처 참모장 등을 지내는 등, 1942년 사망할 때까지 중국 공군의 발전에 크게 기여했다.

＼신해혁명과 항공기

청조의 항공 육성은 열악한 재정난과 정치적 혼란, 관료들의 관심 부족으로 지지부진했다. 그나마 1년 뒤 신해혁명이 일어나면서 중단되었다. 중국에서 처음으로 군용 비행기를 도입한 쪽은 우창의 혁명군이었다. 후베이 신군은 앞서 언급한 소메르 복엽기 2대를 구입했다. 우창봉기가 일어나자 이 2대의 비행기는 혁명군의 손에 넘어갔다. 혁명군 총수였던 리위안훙은 중국 최초의 항공대를 조직했다. 항공대장은 류쭤청이었다. 또한 비행선과 열기구를 이용해 우창을 공격하는 청군의 진지를 정찰했다. 후베이 제조국에서는 폭격용으로 쓰기 위해 50킬로그램 폭탄 10개를 제작했다.

캐나다에서도 반청혁명에 동조하는 화교들이 뭉쳐서 1911년 11월 '화교혁명비행단'을 결성했다. 화교혁명비행단은 재미 교포 출신의 비행사 탄건譚根을 단장으로 여러 명의 비행사와 미제 커티스 비행기 6대로 조직되었다. 이들은 1911년 12월 30일 상하이로 귀국한 뒤 혁명군에 가담했다. 난징에 임시정부가 수립되고 위안스카이의 북양군과 남북으로 대치하여 일촉즉발의 긴장감이 감돌던 1912년 1월 8일, 화교혁명비행단은 3대의 비행기로 출격하여 상하이 상공을 비행하면서 폭격 연습을 하기도 했다. 그 밖에 각지의 혁명군에는 펑루가 결성한 광둥 군정부 비행대, 상하이 군도독부 항공대滬軍都督府航空隊 등이 있었다. 그러나 쑨원과 위안스카이가 남북 화의에 합의하고 황제 푸이의 퇴위가 결정되면서 이들이 전선에 나갈 일은 없었다. 또한 혁명파의 사설 비행대에 가담한 비행사들은 군인이 아니라 민간인들이었기에 엄밀히 말하면 정식 공군이라고 할 수 없었다.

소메르 복엽기는 중국 최초의 제식 항공기였지만 워낙 원시적이다 보니 군사적으로 활용하기는 어려웠다. 진정한 의미에서 첫 번째 군용 항공기는 독일의 에트리히 타우베 단엽기였다. 1차대전 이전에 제작된 걸작 항공기 중 하나인 타우베 단엽기는 오스트리아의 엔지니어이고 에트리히Igo Etrich가 설계했고 1910년에 첫 비행에 성공했다. 타우베는 1차대전 초반 독일과 오스트리아 공군의 주력 기종 가운데 하나로 훈련·정찰·전투·폭격 등 다양한 용도로 활용되었다. 일본이 칭다오를 공략할 때는 독일군의 타우베 단엽기와 일본군의 프랑스제 모리스 파르망 복엽기가 짧은 공중전을 벌이기도 했다. 이때만 해도 항공기에 무기는 탑재되지 않았으며, 조종사들이 권총으로 상대를 쏘거나 손으로 폭탄을 떨어뜨렸다.

리위안훙은 1912년 초 독일에서 타우베 항공기 2대를 구입했다. 이 비행기로 청군 진지를 폭격할 생각이었다. 그런데 얼마 뒤 쑨원과 위안스카이 사이에 남북 화의가 성사되었다. 위안스카이가 신생 중화민국의 대총통으로 선출되자 비행기는 베이징 수비를 맡고 있던 제3사단장 차오쿤의 손에 들어갔다. 그리고 난위안비행장에 배치되어 중국 최초의 정식 군용 항공기로 활용되었다. 더불어 북양 정부는 공군 창

●— 타우베 단엽 비행기. 승무원 2명에 86마력 엔진을 탑재했다. 총중량은 650킬로그램, 최고속력 100km/h에 140킬로미터를 비행할 수 있었다.

설에 본격적으로 착수했다.

1913년 3월, 대총통 위안스카이는 프랑스인 고문 브리소^{G. Brissaud}의 건의를 받아들여 베이징에 난위안항공학교를 설립했다. 난위안항공학교는 중국 최초의 항공 전문학교이자 공군사관학교였다. 또한 베이징 참모본부 산하 제4국 제3과가 설립되어 항공 사무를 전담했다. 초대 교장으로는 친궈융_{秦國鏞}이 임명되었다. 그는 프랑스에서 유학하고 육군 참모부 참사와 프랑스 주재 공사관 무관을 지낸 엘리트였다. 비행교관에는 중국인과 프랑스인이 섞여 있었다. 생도들을 훈련하기 위해 27만 위안의 예산으로 당시로서는 최신 기체였던 프랑스제 코드롱^{Caudron} G-Ⅱ 전투기와 G-Ⅲ 전투기를 각각 6대씩 총 12대를 도입했다.

●— 중국 최초의 항공학교였던 난위안항공학교의 모습. 장제스가 북벌에 성공한 뒤 폐교 조치되었다.

코드롱 G-Ⅱ/Ⅲ 전투기는 프랑스인 가스통 코드롱^{Gaston Caudron}이 설계했으며 1913년에 개발되었다. 승무원 2명에 총중량 420킬로그램, 80마력 엔진을 탑재하고 최고속력 106km/h, 경기관총 1정으로 무장했다. 1차대전 동안 3,000여 대의 기체가 생산되어 프랑스·영국·미국·벨기에·이탈리아 등 연합군의 주력 기체로 활용되었다. 1차대전이 끝난 뒤에 독립한 폴란드·핀란드 등 신생국가들도 사용한 걸작 기체이다. 일본도 몇 대 구입하여 최초의 항공기 부대를 편성했다. 중국에서는 북양 정부를 비롯한 각지의 군벌이 구매했고 내전 시기에 널리 사용된 항공기 중 하나였다. 동북군이 보유한 코드롱 G-Ⅲ 전투기 가운데 일부는 만주사변 때 관동군에게 노획되어 사용되기도 했다.

난위안항공학교는 1913년 9월에 개교했으며, 1기생으로 50명이 입교했다. 생도는 25세부터 30세 사이의 육해군 젊은 청년 장교들 중에서 매우 엄격한 기준에 따라 선발했다. 이들은 비행 조종술과 항공 전술, 항공공학, 정비 기술 등을 배웠다. 교육 기간은 원래 2년이었지만, 1

기는 1년 3개월 만인 1914년 12월에 42명이 졸업했다. 1915년 3월 2기생 50명이 입교하여 2년 후인 1917년 3월 42명이 졸업했다. 그러나 위안스카이의 죽음과 정권 교체 등 정치적인 혼란과 극심한 재정난 때문에 제대로 운영되지 못했다. 1928년 6월 장제스가 장쭤린을 격파하고 베이징을 점령하자 난위안항공학교는 폐교되었다. 15년 동안 4기 158명의 비행사를 배출했다.

＼ 공군의 발진

항공 역사에서 비행기가 실전에 처음 투입된 사례는 1911년 이탈리아-튀르크 전쟁 때였다. 오스만제국의 영토였던 리비아를 노린 이탈리아는 개전과 함께 리비아에 9대의 항공기와 2대의 비행선을 파견했다. 1911년 11월 1일, 이탈리아 육군 항공대의 줄리오 가보티^{Giulio Gavotti} 중위는 에트리히 타우베 단엽기를 타고 오스만제국 군대의 병영 위로 날아가 손으로 수류탄 4발을 떨어뜨렸다. 비행기를 이용한 최초의 폭격이었다. 이탈리아군은 전쟁 내내 86회에 이르는 항공 폭격을 실시했다. 투하한 폭탄은 330발이나 되었다.

1차대전이 일어난 직후인 1914년 8월 24일에는 최초의 전략폭격이 실시되었다. 독일의 타우베 비행기가 벨기에의 안트베르펜 상공으로 날아가 도심지에 폭탄 8발을 떨어뜨렸다. 1주일 뒤에는 파리를 공습하여 시민 2명이 목숨을 잃었다. 피해가 컸다고 할 수는 없지만 본격적인 항공 전쟁의 시작을 알리는 사건이었다. 1차대전 동안 항공기가 유럽의 하늘을 지배하면서 치열한 공중전이 벌어졌다.

중국의 첫 실전 사례는 1913년 5월 허난성에서 일어난 대규모 민란인 '바이랑白朗의 난'*이었다. 난위안항공학교에서 출동한 4대의 코드롱 전투기가 반란군의 진지를 정찰했다. 차이어가 호국전쟁을 일으켜 쓰촨성과 후난성을 침공하자 위안스카이는 북양군에게 진압을 명령했다. 난위안의 비행대도 출동했다. 비행대는 2개 부대로 조직되었고 각각 2대의 코드롱 전투기가 배치되었다. 제1대는 충칭에, 제2대는 후난성 마양㵐陽에 주둔하면서 정찰 임무를 수행했다.

1917년 7월, 장쉰의 복벽사건 중에는 돤치루이의 진압군에 소속된 코드롱 전투기 3대가 폭탄 1발씩을 탑재하고 출격했다. 이들은 자금성에 3발의 폭탄을 떨어뜨려 성내에 있던 사람들을 혼비백산하게 만들었다. 피해는 거의 없었지만 이 때문에 복벽군의 사기는 완전히 땅에 떨어졌다. 진압군이 공격에 나서자 대부분 싸우지도 않고 투항했다. 북양 정부의 실권자가 된 돤치루이는 1차대전 참전을 명목으로 항공부대 편성에 들어갔다. 그는 1918년 2월 초에 영국과 180만 파운드의 항공차관 협약을 맺었다. 그리고 영국과 프랑스 등지에서 비커스 비미Vickers Vimy 중폭격기 75대와 아브로Avro-504k 2인승 복엽기 60여 대 등 140여 대의 항공기를 구매했다.

또한 항공기를 상업용으로 이용하기 위해 베이징 정부 교통부 산하에 항공사무처를 설립하고 영국제 핸들리 페이지 O/400 폭격기 6대를 구입했다. 1차대전에서 독일을 공포에 몰아넣었던 이 거대한 폭격기는 전쟁이 끝난 뒤에는 민간에 불하되어 여객기나 화물기 등 상업용으로 사용되고 있었다. 워낙 덩치가 크다보니 중국인 중에는 조종할 수 있는 사람이 없어서 영국인을 고용했다. 한 번 비행할 때마다 6

---

* 1913년 5월 31일 허난성 바오펑寶丰에서 일어난 대규모 농민반란. 주모자는 신군 제6진 장교였던 바이랑이었다. 그는 '중원부한군대도독中原扶漢軍大都督'이라 일컫고 현지 토비와 민단, 빈농, 실업자들을 모은 뒤 위안스카이 타도를 외치면서 반란을 일으켰다. 반란은 허난성과 후베이성, 샨시성까지 확대되었다. 토벌에 나선 부대가 반란군에 가세하기도 했다. 그러나 위안스카이가 대규모 토벌대를 투입하면서 1914년 8월 진압되었다. 바이랑은 전사한 뒤 목이 잘려서 베이징으로 보내졌다.

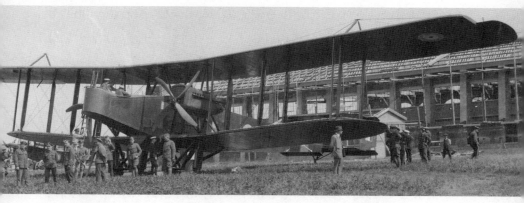

●── 영국제 핸들리 페이지 O/400 항공기. 1915년에 개발되어 1차대전 때 폭격기와 수송기 등으로 활용되었으며 당시로서는 세계에서 가장 큰 비행기였다. 총중량 3.8톤, 360마력 엔진 두 발을 탑재했다. 최고속력은 157km/h였으며, 폭탄 1톤을 탑재했다. 전쟁이 끝난 뒤에는 상업용 여객기로 개조되어 세계 각지의 하늘을 날아다녔다. 승객은 최대 14명을 태울 수 있었다. 중국에는 6대가 도입되었다.

만 프랑(현재 가치로 6억 원 이상)을 지불해야 했다. 2월 24일에는 베이징과 상하이·청두·광저우·하얼빈 등 5개 도시를 연결하는 최초의 상업용 항공 노선이 개통되었다. 또한 아브로 복엽기로 내몽골의 바오터우와 하얼빈을 연결하는 노선도 있었다.

1918년 11월 11일에는 항공사무처가 설립되어 육군총장이었던 진원펑이 초대 처장을 겸임했다. 1919년에는 해군부 산하 해군제조항공처가 설립되었다. 8월 푸젠성 마미해군기기공정처福建馬尾海軍飛機工程處에서 중국 최초의 국산 수상항공기인 '갑형일호甲型一號'를 제조했다. 갑형 수상기는 총 3대가 제작되었다. 100마력 엔진에 승무원 2명, 총중량 1톤, 최고속력 126km/h, 항속거리는 340킬로미터 정도였고, 정찰과 폭격 등의 임무를 수행했다. 비슷한 시기의 일본제 수상기와 비교해도 결코 손색이 없었다. 이후에도 중국은 을형·병형 등 국산 수상비행기를 꾸준히 제조하면서 기술을 축적했다. 그러나 정치적 혼란과 재정난 때문에 독자적인 항공산업으로 성숙할 수 없었고 대량 생산화에 이르지 못했다. 1919년부터 1930년까지 중국은 11대의 수상기를 제작했다.

1920년 7월 안즈전쟁이 일어나자 돤치루이는 항공대를 투입하여 즈리파 군대를 공격했다. 전쟁에서는 돤치루이가 패했지만 우페이푸와 장쥐린은 항공기의 위력을 처음으로 실감했다. 이들은 베이징을 점령하는 과정에서 비행기를 경쟁적으로 노획하여 자신의 비행대를 편성했다. 1921년 2월 9일, 항공사무처가 항공서로 개편되어 전국의 항공 업무를 총괄했다. 1922년 4월 제1차 펑즈전쟁에서 우페이푸는 핸들리 페이지 대형 폭격기를 투입하여 창신뎬의 펑톈군 진지를 폭격했다. 포탄과 군수품이 잔뜩 쌓여 있던 진지가 통째로 날아가 펑톈군은 막대한 손실을 입었다. 펑톈군도 항공기가 몇 대 있었지만 운용할 능력도 조종사도 없었기 때문에 베이징 하늘은 우페이푸의 독무대였다. 우페이푸는 난위안항공학교와 별도로 1922년 말 바오딩항공학교를 설립하여 파일럿을 양성했다. 교장은 난위안항공학교 2기 졸업생 선더셰瀋德燮였다. 훗날 그는 카이로회담에서 중국 공군 대표로 장제스를 수행한다.

1924년 4월 5일, 베이징에서 중앙항공사령부가 설립되었다. 사령관은 바오딩항공학교의 항공대장이었던 아오징원敖景文이었다. 우페이푸의 즈리군은 3개 비행대와 100여 대의 항공기를 보유했다. 베이징 난위안비행장에 40대, 바오딩에 40대, 뤄양에 3대, 난징에 6대 등이 배치되어 있었다. 주요 기체는 돤치루이 시절 구매했던 비커스 비미 폭격기와 아브로 전투기 외에 미제 커티스 훈련기와 프랑스제 브레게 14 경폭격기 등을 보유했다.

그러나 베이징 정부의 재정난으로 조종사와 비행교관의 봉급이 몇 달씩 체불되기 일쑤였다. 부품 수급도 제대로 이루어지지 않았다. 난위안비행장에서는 수십여 대의 항공기들이 버려진 채 녹슬어갔다. 1924년 9월 제2차 펑즈전쟁이 일어났을 때 우페이푸가 쓸 수 있는 항공기는 몇 대에 불과했다. 반면 2년 전에 호되게 당했던 장쭤린은 와신상담하여 공군력을 크게 강화하고 베이징과 산하이관 주변의 제공권을 완전히 장악했다. 펑위샹이 베이징에서 정변을 일으켜 정권을 뒤엎자 우페이푸는 크게 패하여 남쪽으로 달아났다. 베이징과 바오딩에 배치됐던 항공기들은 펑위샹과 장쭤린의 수중에 넘어갔다.

　내전이 격화하는 1920년대 중반에 이르면 군벌들은 사설 항공대를 조직하여 적게는 수대에서 많게는 수십여 대의 항공기를 보유했다. 서북군벌 펑위샹은 1925년 3월 베이징에 항공사령부를 설치하고 왕나이무王乃漢를 사령관으로 임명했다. 또한 이탈리아 피아트 안살도사에서 SVA-9 복엽기 12대를 구매했다. 서북 공군은 2개 비행단과 20여 대의 항공기를 보유했다. 조종사 중에는 항일 독립운동가이자 조선인 최초의 전투기 비행사 서왈보徐曰甫도 있었다. 그는 바오딩육군군관학교와 난위안항공학교를 졸업한 뒤 서북군 항공사령부 참모장을 역임했으나 1926년 5월 6일 장자커우에서 연습 비행 중 추락하여 사망했다. 계급은 상교(대령)였다. 펑위샹은 소련에서 군사고문단을 초빙하고 폴리카르포프Polikarpov R-1 정찰폭격기 3대를 도입하는 등 공군력 강화에 나섰지만 얼마 뒤 장쭤린·우페이푸·옌시산 연합군에게 패하여 장자커우를 빼앗기고 황량한 서쪽으로 쫓겨났다. 항공기들은 옌시산의 산시군에게 노획당하고 서북 공군은 해체되었다.

　군벌 항공대 중에서 가장 규모가 큰 쪽은 장쭤린의 동북 공군이었다. 1916년부터 1931년까지 2대에 걸쳐 동3성을 통치한 장쭤린-장쉐량 정권은 정치적인 기반이 비교적 탄탄하고 재정적으로도 안정되어 있었다. 장쭤린은 토비 출신으로 근대적인 교육은커녕 기초적인 교육조차 받지 못했지만 나름의 탁월한 식견을 갖추었으며 뛰어난 인재를 적극적으로 기용하는 포용력이 있었다. 그는 동북의 내정을 대대적으로 개혁하고 군사력의 현대화를 일관성 있게 추진했다.

장쭤린은 안즈전쟁에서 처음으로 항공기의 위력을 실감했다. 베이징으로 진격한 그는 맨 먼저 난위안비행장을 접수하고 비커스 비미 폭격기 12대를 노획했다. 비행기 한 대 없던 펑톈군이 처음으로 손에 넣은 항공기들이었다. 그 얘기를 들은 차오쿤은 "장쭤린 그놈은 역시 마적이구나!"하며 분통을 터뜨렸다. 장쭤린은 1921년 1월 동3성 항공처를 설치하고 항공 사무를 전담하게 했다. 이듬해인 1922년 9월 1일에는 펑톈 교외의 둥타東塔비행장에 동3성 항공학교를 설립하고 동북 공군 양성에 본격적으로 착수했다. 제1기 입학생은 40명이었고 학제는 2년이었다. 또한 아브로 504k와 코드롱 G-Ⅲ 복엽기를 훈련용으로 사용했다. 훈련은 난위안항공학교 못지않게 매우 엄격했다. 훈련생들은 약 180시간 동안 비행을 익혔다. 이와 별도로 동북강무당의 청년 장교 중에서 해마다 30여 명을 선발해 구미의 항공학교에 보내 비행술을 배우게 했으며 자체적으로 항공기를 제작하기도 했다.

1923년 9월에는 장남 장쉐량을 동3성 항공처 총판 겸 동북항공학교 교장에 임명했다. 비행기 조종술을 직접 배울 만큼 항공기에 관심이 많았던 장쉐량은 동북 공군의 발전에 크게 기여했다. 제2차 펑즈전쟁이 일어났을 때 동북 항공대는 3개 비행대와 100여 대의 기체를 보유했다. 보유 기체 또한 1차대전 말기에 개발된 비교적 최신 항공기들이었고, 성능에서도 즈리군이 보유한 대부분의 항공기보다 우수하여 중국 최강의 공군력을 자랑했다. 1925년 10월 1일에는 동북 항공사령부가 창설되었다. 동북 공군은 우페이푸·펑위샹·옌시산과의

기체명	분류	개발국	개발 연도	승무원 수	중량	엔진 출력	최고속력	무장	사용 군벌
Caudron G-Ⅲ	전투기	프랑스	1913년	2명	420kg	80마력	106km/h	경기관총 1정	돤치루이, 우페이푸, 장쭤린
Vickers Vimy	중폭격기	영국	1917년	4명	3.2t	360마력x2	161km/h	7.7mm 기관총 2정, 폭탄 1t	돤치루이, 우페이푸, 장쭤린
Avro 504K	전투기	영국	1913년	2명	560kg	82마력	145km/h	7.7mm 기관총 1정	돤치루이, 우페이푸, 장쭤린
Handley Page O/400	중폭격기	영국	1915년	4명	3.8t	360마력x2	157km/h	7.7mm 기관총 5정, 폭탄 1t	돤치루이, 우페이푸, 장쭤린
Curtiss JN-4	훈련기	미국	1915년	2명	630kg	90마력	121km/h	기본 무장 없음	우페이푸
Breguet 14	전투폭격기	프랑스	1916년	2명	1t	300마력	190km/h	7.7mm 기관총 1정, 폭탄 300kg	우페이푸, 장쭤린, 옌시산, 장제스
Morane-Saulnier. 35	전투기	프랑스	1915년	2명	730kg	110마력	156km/h	7.7mm 기관총 1정	우페이푸, 장쭤린
Ansaldo SVA-9	전투기	이탈리아	1917년	1명	680kg	200마력	230km/h	7.7mm 기관총 2정, 폭탄 90kg	펑위샹
Breguet 19	전투폭격기	프랑스	1922년	2명	1.3t	450마력	214km/h	7.7mm 기관총 1정	장쭤린
Potez 25	전투폭격기	프랑스	1924년	2명	1.5t	478마력	214km/h	7.7mm 기관총 3정, 폭탄 200kg	장쭤린
FBA 17	수상비행기	프랑스	1923년	2명	850kg	310마력	162km/h	기본 무장 없음	장쭤린, 옌시산, 장제스
中島甲式四型	전투기	일본	1923년	1명	1.1t	300마력	232km/h	7.7mm 기관총 2정	장쭤린, 리쭝런
Fokker D. XVI	전투기	네덜란드	1929년	1명	990kg	460마력	330km/h	7.9mm 기관총 2정	장쉐량
Dewoitine D. 27	전투기	프랑스	1928년	1명	1t	500마력	312km/h	7.5mm 기관총 2정	장쉐량
Polikarpov R-1	정찰폭격기	소련	1923년	2명	1.5t	400마력	185km/h	7.7mm 기관총 1정, 폭탄 500kg	장제스, 펑위샹

●― 군벌 내전기에 사용된 주요 항공기 목록.

싸움에 투입되어 정찰과 폭격 등의 임무를 수행했다.

동북 공군의 전력은 장쉐량의 적극적인 후원 아래 프랑스제 드와탱 Dewoitine D. 27 전투기, 슈렉Schreck FBA 17/19 수상기, 일본제 나카지마 갑식4형 전투기, 네덜란드제 포커Fokker D. XVI 전투기 같은 최신예 기체를 구매하는 등 꾸준히 확장되었다. 만주사변에 이르면 동북 공군은 300여 대의 항공기를 보유했다. 수적으로는 일본 육해군이 보유한 전체 항공기 수와 거의 맞먹을 정도였다. 만주사변 직전 동북 공군은 5개 비행대로 구성된 1개 혼성비행단을 보유했으며 펑톈과 하얼빈·진저우·창춘·베이징 등지에 배치되었다.

만주사변 직후 관동군은 펑톈 교외의 둥타비행장을 장악하면서 비행장에 늘어서 있던 100여 대의 비행기를 노획했다. 일부는 파괴되거나 노후화가 심해서 쓸 수 없었지만, 그중 70여 대는 운용할 수 있는 상태로 관동군 손에 들어갔다. 그때만 해도 일본은 모든 비행기를 본토에만 배치했고 관동군에는 단 한 대의 비행기도 없었다. 대량의 비행기를 손에 넣은 관동군은 장쉐량의 거점인 진저우를 폭격했다. 장쉐량으로서는 그동안 양성했던 공군력이 부메랑으로 돌아온 격이었다. 게다가 만주를 상실하면서 장쉐량 정권은 마비 상태나 다름없었다. 동북 공군은 뿔뿔이 흩어졌다. 일부는 동북군에 그대로 남고 일부는 난징 정부에 귀순했다. 또 일부는 친일파로 전향하여 만주국의 괴뢰 비행대에 가담하는 등 해체되어버렸다.

＼쑨원의 중산비행대

쑨원은 중국의 여러 지도자들 중에서 제일 먼저 항공기에 눈뜬 사람이었다. 그는 1911년 1월 화교들에게서 혁명 자금을 모으기 위해 미국 오클랜드시를 방문했을 때 펑루의 비행을 직접 목격했다. 펑루가 중국으로 돌아온 후 광저우에서 항공회사를 설립하자 거금 10만 위안을 후원금으로 내놓기도 했다. 또한 혁명군 비행대를 조직하기 위해 펑루에게 비행기 6대의 구입을 의뢰했다. 쑨원의 원조에 고무된 펑루는 신해혁명이 일어나자 의용 비행대를 조직해 혁명군에 가담했다.

1913년 2차 혁명이 실패한 뒤 쑨원은 일본으로 망명했다. 그는 1915년 4월 일본 시가현滋賀縣에서 중화혁명당 항공학교를 설립했다. 한 기수당 30명의 조종사와 10명의 정비관을 양성했다. 이듬해에 윈난 독군 차이어가 위안스카이의 황제 등극에 반대하고 공화제 수호를 외치면서 '토원전쟁'을 일으켰다. 쑨원도 산둥성에서 혁명전쟁을 일으키면서 '중화혁명군 화교의용비행대'를 조직했다. 총 3개 비행대로 구성되었고, 각 비행대마다 3대의 항공기를 보유했다. 이들은 적진 정찰과 폭탄 투하 등의 임무를 수행했다. 그러나 위안스카이가 죽고 토원전쟁이 끝나면서 비행대도 해체되었다.

토원전쟁은 끝났지만 남북의 대립은 여전했다. 쑨원은 추종자들과 해군 함대를 이끌고 광저우로 갔다. 항공기의 중요성을 잘 알고 있던 그는 1923년 3월 광저우 군정부를 세우면서 산하에 항공국을 설립하고 자신의 호를 딴 '중산비행대'를 조직했다. 2개 항공대와 12대의 미제 커티스 수상기, 10여 명의 비행사가 있었다. 또한 광저우항공제조창을 설립하여 수상비행기를 제작했다. 1923년 국공합작이 체결되면서 소련의 군사원조가 시작되었다. 소련은 대량의 무기와 군수품을 제공하는 한편, 국민혁명군을 훈련하기 위해 군사고문단을 파견했다. 1924년부터 1927년까지 15대의 항공기가 제공되었다. 또한 광저우에 광둥항공국과 항공학교를 설립하고 소련인 교관의 지도 아래 비행사를 양성했다. 1924년 7월부터 1928년 4월까지 3년 9개월 동안 3기 30명의 졸업생을 배출했다.

1926년 7월 1일, 장제스가 북벌을 선언했다. 그는 북벌군 총사령부 예하에 항공처를 설치하고 북벌 항공대를 조직했다. 광저우항공학교 교장인 린웨이청이 항공처장 겸 항공대 대장에 임명되었다. 항공대는 소련이 원조한 폴리카르포프 R-1 정찰폭격기 3대와 독일제 융커스 F-13 수상비행기 1대를 보유했다. 군벌의 항공대에 견주면 한 줌도 되지 않았지만 북벌군의 공격에 앞서 적진을 정찰하는 등 적극적으로 임무를 수행하여 승리에 많은 기여를 했다. 우창 포위전에서는 우창성 내의 무선 설비와 진지를 폭격하고 항복을 권고하는 전단을 뿌렸다. 우페이푸와 쑨촨팡은 별다른 항공력이 없었기에 변변한 대응을 하지 못했다.

1927년 12월 쉬저우전투에서 장쭤린은 북벌군을 상대로 자신이 자랑하는 동북 공군을 처음으로 투입했다. 산둥성으로 출동한 동북 공군의 항공기는 30여 대나 되었다. 북벌군이 보유한 항공기는 3대였다. 그러나 동북 공군에게는 전의를 찾아볼 수 없었다. 한줌에 불과한 북벌군의 항공대를 제압하기는커녕 조우할 때마다 달아났다. 장쭤린의 용병에 불과한 그들은 목숨을 걸고 싸울 생각이 없었던 것이다. 반면, 북벌군 항공대는 꾸준히 출격하여 적진을 폭격했다. 쉬저우는 북벌군의 수중으로 넘어갔다.

1928년 2월 28일, 제2차 북벌 선언과 함께 북벌군 편제가 재편되었다. 장제스 휘하의 제1집단군 산하에는 항공 사령부가 설치되어 3개 비행대, 9대의 항공기를 보유했다. 다른 집단군들 또한 각자의 사설 항공대를 보유했다. 항공대는 적진을 정찰하고 폭격하는 임무를 맡았다. 반면, 동북 공군의 활동은 거의 없었다. 4월 12일 항공기 4대가 진푸철도를 따라 북상하는 북벌군을 한 차례 폭격한 것이 전부였다. 4월 14일에는 양측의 비행기가 쉬저우 상공에서 조우했지만 공중전은 없었다.

북벌군 항공대에게 가장 유명한 작전은 1928년 5월의 '지난참안' 때였다. 장쭤린을 도와서 간섭전쟁에 나선 일본군은 산둥성 지난에서 북벌군을 포위했다. 또한 지원부대로 평양에서 1개 비행중대(프랑스제 살몽^Salmson 2 복엽기 6대)가 출동했다. 이들은 5월 2일 일본군의 수중에 들어온 칭다오에서 급유한 뒤 다시 출격하여 자오지철도 주변의 중국군을 폭격했다.

장제스는 일본과 외교적으로 교섭하면서 시간을 버는 한편, 일본군을 우회한 뒤 재빨리 황허를 건넜다. 지난성 내에는 일본군을 견제하기 위해 2개 연대 3,000여 명만이 남았다. 장제스의 주력부대가 빠져나갔다는 사실을 뒤늦게 알아차린 일본군이 지난성을 포위하면서 격전이 벌어졌다. 그사이 황허를 건너는 데 성공한 장제스는 5월 11일 폴리카르포프 R-1을 출격시켜 지난성 철수 명령이 담긴 명령서를 공중에서 떨어뜨렸다. 명령서를 본 수비대는 일본군과 정전협정을 맺은 뒤 성을 나왔다. 그러나 일본군이 협정을 위반하고 기습하는 바람에 대부분 살해당했다. 3,000여 명 가운데 생존자는 500여 명에 불과했다. 장쭤린이 폭사하고 이틀 뒤인 1928년 6월 6일, 베이징에 북벌군의 선두부대가 입성했다. 6월 15일에는 국민정부가 전국 통일과 북벌종료를 정식으로 선언하면서 내전이 끝났다.

＼야심 찼지만 미약했던 현실

1차대전이 일어난 뒤 유럽 전선의 하늘에서는 치열한 공중전이 벌어졌다. 항공기들은 적진에 대한 정찰 외에 지상군에 대한 근접 항공작전을 지원했다. 수백여 대의 폭격기와 비행선으로 구성된 폭격편대는 최전선을 넘어 적의 도시로 날아가서 폭탄을 퍼부어 엄청난 피해를 입혔다. 지금 기준으로 보면 느리고 조잡하기 짝이 없었지만 항공기는 이미 전장의 주역이었다.

일본은 유럽 전선에 직접 참가하지는 않았다. 그 대신 1914년 10월 산둥 출병 때 독일군을 상대로 첫 번째 항공전을 경험했다. 1918년 7월에는 일본 최초의 국산 항공기 '나카지마 1형 육상기'가 제작되면서 국가 주도 아래 본격적인 항공 국가로 발돋움했다. 20여 년 뒤에는 미국·영국·독일·소련과 어깨를 나란히 하는 항공 대국으로 발전한다. 반면, 중국은 일본과 비슷한 시기에 걸음마를 시작했지만 경쟁에서 완전히 뒤처져 더 이상 나아가지 못했다. 비록 국산 수상비행기를 제작하는 등 기술적으로는 꾸준히 나아갔지만, 국가가 전략산업으로 집중 육성한 일본과 달리 중앙의 혼란과 군벌들의 혼전으로 항공산업은 제대로 발전할 수 없었다.

장쭤린을 비롯하여 군벌들 중에서 최신 무기인 항공기에 주목하는 사람도 없지 않았다. 1차대전이 끝난 뒤 구미 각국에서 더 이상 필요하지 않은 중고 기체들이 중국으로 들어갔다. 항공기는 무한한 가능성이 있는 무기였기 때문에 군벌들은 경쟁적으로 항공기 구매에 나섰다. 그러나 근대적인 군사 지식에 관한 충분한 이해가 없었던 군벌들은 항공기를 실험 무기로 여겼을 뿐, 실질적으로 운용할 능력이 없었고 미래 전쟁의 양상을 내다볼 만한 식견도 부족했다. 또한 항공기는 구입하는 데 돈이 많이 들 뿐만 아니라 비행사를 양성하는 데도 적지 않은 비용과 시간을 투자해야 하는 무기였다.

중국에는 충분한 재정적 뒷받침도 없었으며 제대로 활용할 만한 인력도, 입체적인 작전을 수립할 만한 공군 전문가도 없었다. 작전 역량은 초보적이었으며 조종사들은 기초적인 비행술을 겨우 익힌 정도였다. 이따금 공중전이 벌어져서 적기를 격추한 사례가 없지는 않지만 유럽 전선처럼 '에이스'라고 불릴 만큼의 전과를 올린 것은 아니었다. 항공기 수가 손꼽을 정도밖에 안 되는 데다 제공권을 쟁탈하거나 전략폭격을 실시하는 등 적극적인 개념으로 운용되지 못했기 때문이다. 군벌들의 사설 비행대는 진정한 의미의 '공군'과는 거리가 멀었다. 항공기는 가끔씩 출동하여 적진에 대한 정찰과 폭격 등 제한적인 임무를 수행했을 뿐, 찔끔찔끔 투입되는 식으로는 실질적인 위협이 되기 어려웠다.

그렇다고 해서 항공기가 군벌들의 값비싼 장난감에 불과했다고 여기면 오산이다. 펑위샹은 장쭤린과의 전쟁에서 동북 공군의 서툰 조종술을 비웃으면서 이들의 폭격에 맞아 죽을 가능성은 우연히 새똥에 맞는 만큼이나 어려운 일이라며 조롱했다. 그러나 몇 년 뒤 중원대전에서는 장제스의 비행대가 쉬창을 폭격하여 펑위샹의 고위 지휘관인 제8방면군 사령관 판중슈가 전사했다. 변변한 비행기 한 대 없던 펑위샹에게는 뼈아픈 대가였다. 장쭤린은 1926년 3월 친황다오에서 중국 최초의 수상기부대를 편성한 뒤, 1927년 3월에는 수상기 모함 전하이를 상하이로 파견해 수상비행기로 북벌군의 진지를 폭격했다. 중국 역사상 최초로 군함에서 출격한 항공기가 폭격을 실시한 사례였다. 4년 뒤인 1931년 7월 제1차 양광사변 때는 반대로 지상에서 출격한 항공기가 군함을 격침했다. 850톤급 해방구축함 페이잉은 광둥 군벌 천지탕 쪽 항공기의 공습을 받아 침몰했다. 만주사변 직전에는 산둥성의 지배권을 놓고 장쉐량과 대립하고 있던 군벌 스유싼이 동북 공군의 맹폭격에 여지없이 얻어맞고 포병대의 절반을 잃은 채 정신없이 후퇴한 일도 있었다. 중국에서 비행기는 더 이상 무시할 수 없는 존재였다.

진정한 의미의 중국 공군은 북벌이 끝난 뒤에 탄생했다. 북벌전쟁 중에 소련이 원조하거나 노획한 비행기 몇 대가 전부였던 장제스는 전쟁이 끝난 뒤 본격적으로 공군력을 육성했다. 1928년 11월, 항공처를 항공서로 개칭하고 군사위원회 산하에서 정부 직속 기관으로 독립시켰다. 초대 항공서장으로는 서북군벌의 영수 펑위샹의 참모장이었던 슝빈熊斌이, 부서장 겸 항공대 사령관으로는 장제스의 비서였던 장징위가 임명되었다. 항공서 산하 중앙 공군은 4개 비행대(제1~3비행대와 수상비행대)로 편성되었다. 그러나 30대 미만의 잡다한 노후 기체를 보유했을 뿐, 세력은 미미하기 짝이 없었다.

1929년 9월 18일, 신임 항공서장이 된 장징위는 국민당 제2기 전국대표대회에 공군 건설 6개년 계획을 제출했다. 전국을 12개 방공구로 나누고 공군의 편제 단위를 사단으로 하며 5개 비행사단, 9개 독립비행여단, 항공기 2,000대와 파일럿 4,000명으로 확충한다는 야심 찬 내용이었다. 얼마 뒤 중원대전에서 중앙 공군은 6개 중대(제1~5중대, 정찰중대)와 항공기 60여 대로 확대되었고, 정찰과 지상 지원, 적의 사령부 폭격 등 많은 활약을 펼쳤다.

＼항일을 준비하다

1932년 1월 28일, 일본군이 상하이를 침공하면서 '1·28사변'이 시작되었다. 3월 3일 중일 양군 사이에 정전협정을 맺을 때까지 약 40일 동안 상하이를 놓고 일진일퇴의 치열한 전투가 벌어졌다. 1월 31일 상하이 앞바다에 가가加賀·호쇼鳳翔 두 척의 항공모함이 당도했다. 항공모함에서 출격한 일본 항공기들은 상하이의 하늘을 장악하고 중국군 진지를 맹렬하게 폭격했다. 중국 공군도 지켜보고만 있지는 않았다. 장제스의 명령에 따라 중앙 공군 7개 중대 가운데 3개 중대(제2중대, 제6중대, 제7중대)와 광둥 공군 제2중대 등 36대의 전투기가 난징비행장에 집결한 뒤 상하이로 출동했다. 이들은 2월 5일부터 출격하여 일본군 진지를 폭격하고 일본 폭격기 요격에 나섰다.

2월 5일, 상하이에서 서북쪽으로 50킬로미터 떨어진 쿤산^{昆山}에서 중일 양군의 첫 번째 공중전이 벌어졌다. 항공모함 가가에서 출격한 13식 함상공격기와 3식 함상전투기로 편성된 일본 편대는 9대의 중국 전투기와 마주쳤다. 중국 공군은 13식 함상공격기 1대를 격추했지만 린콕^{Lincock} Ⅲ 전투기 1대를 잃었다. 6일과 10일에도 일본 폭격기 요격에 나서 치열한 공중전을 벌였다. 하지만 수적으로나 질적으로 우세한 일본군에게 압도되어 물러날 수밖에 없었다.

중국 공군에는 외국인 의용 조종사도 참전했다. 로버트 쇼트^{Robert Short} 미 육군 예비역 중위였다. 27세의 그는 미 육군 항공대 출신으로, 1932년 2월 19일 보잉 P-12 복엽기를 타고 상하이 상공으로 첫 출격에 나섰다. 상하이의 제공권은 이미 일본 수중에 넘어간 상태였다. 열세에 놓여 있던 중국 공군이 상하이에서 철수했기 때문이다. 그는 홀로 출격해 상하이의 난샹전^{南翔鎭} 상공에서 일본기 1대를 격추했다. 사흘 후인 2월 22일, 두 번째로 출격한 그는 폭격기와 전투기 각 3대로 구성된 6대의 편대를 발견했다. 수적인 열세에도 불구하고 그는 용감하게 돌격하여 그중 1대를 격추했지만, 자신도 격추당하여 전사했다. 그의 용기와 희생을 기리는 기념비가 지금도 상하이 훙커우공원에 남아 있다.

중일 공군의 마지막 전투는 2월 26일에 벌어졌다. 이날 새벽 5시 가가와 호쇼에서 출격한 13식 함상공격기 13대와 3식 함상전투기 6대가 항저우비행장을 습격했다. 비행장 상공을 경계하던 융커스 K-47과 커세어^{Corsair} V-92C 각 1기로 편성된 2대의 중국 전투기가 반격에 나섰지만 격추당했다. 비행장에 있던 6대의 전투기와 항저우항공학교가 파괴되는 큰 피해를 입었다. 3월 1일, 일본군 제11사단이 중국군 후방에 상륙하여 총공세에 나섰다. 중국군의 방어선은 붕괴되었다. 더 이상의 예비전력이 없는 장제스는 3월 3일 전투 중지 명령을 내리는 동시에 일본과의 교섭에 들어갔다. 중국 공군은 기체가 낡고 훈련이 부족했으며 통합된 작전지휘 능력도 결여되었다. 수적으로 월등히 우세하고 잘 훈련받은 일본의 상대가 될 수 없었지만, 열악한 환경에서 최선을 다한 셈이었다.

상하이사변을 통해 현대전에서 공군력이 얼마나 중요한지 절감한 장제스는 항공기야말로 미래 전쟁의 주역이 되리라 생각했다. 그는 군사위원회 산하 항공위원회를 조직하고 자신이 위원장을 맡았다. 산하에 5개 처 17개 과를 둔 항공위원회는 항공부대와 작전, 군수, 교육, 무기 개발, 방공 등 공군의 모든 군정과 군령을 총괄하는 기관이었다. 육군과 해군이 독일을 파트너로 삼았다면 공군은 미국·이탈리아와 손을 잡았다.

1932년 7월, 장제스의 처남이자 국민정부 재정부장인 쑹쯔원이 미국에 요청하여 미 육군 항공대 출신의 주엣^{John H. Jouett} 예비역 준장을 단장으로, 비행사와 정비 요원 등 15명으로 구성된 미국인 군사고문단을 초청하는 데 성공했다. 고립주의를 고수하며 해외에 군사고문을 파견하는 데 소극적이었던 미국으로서는 드문 사례였다. 미국인들은 항저우의 중앙항공학교 교관을 맡아서 미국식으로 철저하게 훈련했다. 18세부터 24세까지 엄격한 심사를 거쳐 선발된 훈련 생도들은 6개월 과정으로 약 200시간의 비행 경험을 쌓았으며, 일본이나 구미와 비교해도 결코 뒤떨어지지 않았다. 일본의 거듭된 항의로 미국 고문단은 2년 뒤인 1934년 12월에 모두 본국으로 돌아갔지만, 초보적인 수준에 불과했던 중국 공군의 실력은 비약적으로 성장했다. 항저우항공학교는 중일전쟁 직전까지 6기생 638명의 조종사를 배출했다.

또 다른 파트너는 무솔리니가 통치하던 이탈리아였다. 1933년 7월 런던에서 쑹쯔원과 이탈리아 외무장관 치아노가 중국-이탈리아 양국의 경제협력에 합의했다. 무솔리니는 중국에 대한 군사고문단 파견과 항공기 판매를 결정했다. 1차대전 때 이탈리아 공군의 에이스였던 로베르토 로디Roberto Lordi 소장과 실비오 스카로니Silvio Scaroni 준장 등 150여 명의 대규모 군사고문단이 상하이에 도착했다. 이들은 뤄양과 난창에 설치된 중앙항공학교 분교에서 초급 비행 교육을 맡았다. 그러나 2차대전에서 증명되었듯 이탈리아인들은 책임감이 부족하고 기강이 매우 문란했으며 수준 또한 낮았다. 이탈리아 교관들에게 훈련받은 조종사들은 가장 기본적인 이착륙조차 제대로 못하는 경우가 태반이었다. 1934년부터 1937년까지 이탈리아에서 수입한 항공기는 브레다 BA-27 단엽 전투기 20대와 CR-32 복엽 전투기 20대, SM-81 폭격기 3대, 카프로니 CA-102, CR-111 폭격기 각 1대 등 모두 50여 대로 중국 공군의 한 축을 맡았다. 그러나 기체 고장이 잦아서 일선 파일럿들의 큰 불만을 사기도 했다.

1933년 2월에는 공군이 별도 군제로 육군에서 독립했다. 중국군은 육·해·공 삼군 체제가 되었다. 그때만 해도 영국·소련 등 몇몇 구미 열강을 제외한 대부분의 국가에서는 공군을 육군과 해군의 보조로 여겼다. 미국과 일본도 2차대전이 끝난 뒤에야 비로소 공군을 독립시켰다는 점에서 중국은 한발 앞서간 셈이다. 또한 1934년 1월에는 중앙방공학교를 설립하여 근대적인 방공포부대를 양성하는 한편, 독일 라인메탈사에서 당시로는 최신형이었던 20mm flak 30 대공포와 88mm flak 18 대공포를 수입하여 방공 능력을 강화했다.

1933년 4월에는 커티스사·더글러스사 등 미국의 항공기 제조회사

●── 항저우항공학교 전경. 장제스 정권은 북벌전쟁이 끝난 뒤인 1929년부터 중앙군관학교에 항공반을 편성하고 비행사 양성에 착수했다. 이듬해인 1930년 항공반을 항공학교로 개편하고 항저우 젠차오筧橋에 학교를 세웠다. 1932년에는 중앙항공군관학교로 개칭되었다. 기수당 생도 수는 70명, 훈련 기간은 1년 반이었다.

들과 항공기 생산 합작을 체결하고 항저우에 중앙비행기제조창을 건립했다. 1934년부터 1937년까지 난창과 광저우, 상하이 등지에도 비행기 제조창과 수리공장, 기자재공장을 세웠다. 항저우 제조창에서는 커티스 호크^{Hawk}-Ⅲ 복엽 전투기를 라이선스 생산했다. 이탈리아의 CR-32, 소련의 I-15와 함께 복엽기의 마지막 시대를 연 기체답게 복엽기로서는 매우 우수했으며 일본 해군의 주력 전투기였던 95식·96식 함상전투기와는 대등 이상이었다. 중일전쟁까지 90여 대가 생산되어 중국 공군의 주력 기체가 되었다. 그 밖에 노스롭 감마 $_{Northrop\ Gamma}$ 2E 경폭격기, 더글러스 정찰기 등 다양한 기체를 생산했으며, 총생산 대수는 300대였다. 외제 항공기의 라이선스 생산뿐 아니라 샤먼의 해군항공창과 광시성 난닝의 비행기공장에서는 자체적

●— 중국 최초의 항공기 제조회사인 항저우 중앙비행기제조창의 모습.

으로 국산 수상기와 훈련용 복엽기를 설계 제조했다. 1937년 7월에는 미국 화교 출신 엔지니어 주룽장朱榮章이 '광시 3형廣西三型'이라는 복엽기를 만들었다. 광시 3형은 중국이 국산 기술로 설계·제작한 최초의 복엽 전투기였다. 450마력 엔진을 탑재하고 최고속력 220km/h, 상승고도 5.5킬로미터에 7.62mm 기관총 2정으로 무장했다.

그러나 중국의 근대 공업이 매우 취약한 현실에서 자체 생산하는 항공기로는 수요를 맞추기에 턱없이 부족했다. 대부분의 항공기를 수입에 의존하여, 재정적으로 부담이 되는 것은 물론이고 기체 또한 통일되지 못했다. 영국·프랑스·이탈리아·미국·독일 등에서 들여온 잡다한 중고 기체 수십여 종의 전시장이나 다름없었다. 따라서 운용과 정비에 어려움이 클 수밖에 없었다. 더욱이 항공 기술이 하루가 다르게 변화하는 상황에서 아무리 최신 기체라도 금방 구식으로 도태되었다. 중국의 현실에서는 불가피한 상황이었지만, 시간만 충분했다면 어쨌든 해결할 수 있었을 것이다. 그러나 얼마 뒤 중일전쟁이 일어나 일본군이 항저우를 점령하면서 중국의 항공산업은 큰 타격을 입었다.

중앙 공군 외에 각지의 군벌들도 사설 공군을 운용했다. 가장 강력했던 동북 공군은 만주사변으로 와해됐지만, 두 번째로 큰 광둥 군벌 천지탕의 광둥 공군은 건재했다. 중원대전에서 리지선을 대신하여 제8로군 총사령관이 된 그는 미국 커티스항공학교 출신인 장후이창張惠長을 광저우 항공처장으로 임명하고 광둥 출신 비행사를 불러들여 비행대를 편성했다.

1931년 6월 광둥 공군은 2개 대대 5개 중대 57대의 항공기를 보유하여 장제스의 중앙 공군과 맞먹을 정도였다. 그 뒤에도 구미 각지에서 항공기를 구입하고 광저우에 비행기 제작 공장을 세워 항공기를 생산했다. 광저우에는 1924년에 설립된 광저우 군사비행학교가 있었다. 연간 20~40명의 비행사를 양성하여 1938년까지 15년 동안 450명의 졸업생을 배출했다. 광둥 공군은 전력을 꾸준히 증강하여 1936년 6월 제2차 양광사변이 일어났을 때 9개 중대에 각종 항공기 150대와 비행사 300여 명을 보유했다. 이들은 양광사변이 끝난 뒤 중앙 공군에 편입되어 중국 공군의 한 축을 맡게 된다.

난징 정부의 주요 군벌 가운데 하나였던 리쭝런-바이충시의 광시 군벌 산하에는 광시 공군이 있었다. 1개 대대 4개 중대에 항공기 90여 대를 보유했다. 보유 항공기의 절반은 영국제 암스트롱 AW-16 전투기와 에어코Airco DH. 9 경폭격기, 영국제 아브로 626 정찰기 등 1차대전 때 사용된 구닥다리였다. 나머지 절반은 나카지마 갑식4형 전투기와 미쓰비시 92식 정찰기, 나카지마 91식 전투기 등 비교적 최신

형인 일본제 항공기였다. 중일전쟁 중인 1938년 1월 8일, 일본 해군의 94식 수상정찰기와 95식 수상정찰기로 편성된 편대가 광시성 난닝을 습격하자 광시 공군 제32중대의 91식 전투기들이 출격해서 치열한 공중전을 벌이며 적기 2대를 격추했지만 91식 전투기도 1대 격추당했다. 광시 공군은 양광사변 이후 광둥 공군과 함께 중앙 공군에 편입되어 제3대대로 개편되었다. 또한 후난 군벌 허젠 휘하의 후난 공군이 3개 중대 항공기 25대를 보유했으며, 1934년 10월 중앙 공군 제11~14중대로 개편되었다. 윈난 군벌 룽윈은 항공기 10대와 32명의 비행사를 보유했다. 산시 군벌 옌시산과 충칭 군벌 류샹도 각각 10여 대의 항공기로 비행대를 운용했다. 이들도 중일전쟁이 일어난 뒤 중앙 공군에 편입되었다.

1920년대만 해도 군벌들의 소규모 비행대에 불과했던 중국 공군은 장제스 시대를 거치면서 이전과는 비교가 되지 않을 만큼 빠르게 발전했다. 중일전쟁 직전에는 항공기 600여 대, 조종사 800여 명, 훈련생 1,200여 명을 보유했다. 훈련기와 노후 기체를 제외하고 일선 작전기는 300여 대였으며, 10개 비행대대 31개 중대로 구성되었다. 그 밖에 샤먼에는 해군 항공대 소속의 수상기부대(3개 중대 항공기 17대)가 있었다. 지방 군벌들도 구식 기체 몇 대로 자체 비행대를 운영하면서 정찰과 연락 등에 활용했다. 중국 공군의 전력은 폴란드나 유고슬라비아 등 유럽 중위권 국가와 비슷한 수준이었다.

열강에 견줄 바는 아니지만, 짧은 기간 상당한 공군력을 확보하면서 중국도 일본에 대한 막연한 공포심에서 벗어날 수 있었다. 중국 공군은 1930년대 말까지 항공기를 2,000대 정도로 늘릴 계획이었지만 중일전쟁이 일어나 실현하지는 못했다. 반면, 같은 시기 일본은 육군 항공대가 960대(3개 비행연대와 54개 비행중대), 해군 항공대가 640대

(육상기 460대, 함재기 180대) 등 모두 1,600대의 작전기를 보유하여 중국 공군을 압도했다. 수적인 열세에도 불구하고 중국 공군은 용감하게 하늘로 날아올라 상하이의 일본 해군을 폭격하고 일본 폭격기들을 요격하여 큰 피해를 입히는 등 치열한 전투를 벌였다. 중국 하늘에 처음 항공기가 등장한 이래 중국 공군은 꾸준히 성장하면서 무한한 가능성을 증명해나갔다.

42

내전과 해군

＼혁명군 편에 서다

1911년 10월 10일, 후난성의 성도 우창에서 반청 깃발이 올랐다. 반란군은 변변한 지휘관도 없는 오합지졸에 불과했지만, 유약한 후광총독 루이청은 겁에 질렸다. 그는 우창의 강상에 정박 중이던 창장함대 소속의 포함 추이에 올라타고 상하이로 달아났다. 신해혁명의 시작이었다. 두 달도 채 안 되어 혁명은 중국 전역으로 확대되었다.

우창봉기가 일어나자 조정의 실권자인 순친왕 짜이펑은 급히 위안스카이를 불러들였다. 또한 펑위샹·돤치루이 등이 지휘하는 진압군과 함대를 현지로 파견했다. 진압군 중에는 중국 해군의 주력 순양함인 하이처우·하이룽·하이첸도 있었다. 세 척의 방호순양함은 총배수량 2,950톤, 최대속력 19.5노트, 승무원 324명에 독일 크루프제 150mm 40구경 속사포 3문과 105mm 40구경 속사포 8문, 47mm 43구경 속사포 6문, 맥심 중기관총 6정 등을 탑재하여 막강한 화력을 자랑했다. 구미 열강의 거함거포에 견줄 수는 없어도, 우창의 반란군을 제압하는 것은 식은 죽 먹기나 다름없었다.

그러나 청조는 신군과 마찬가지로 해군에도 반청혁명에 동조하는 병사들이 많다는 사실을 간과했다. 뿌리 깊은 한족 차별과 만주족 우대 정책은 상당한 지적 소양을 갖추고 쑨원의 혁명사상에 영향을 받은 병사들의 반감을 샀다. 또한 해군에는 만주족이 거의 없었고, 소수의 만주족 출신들은 집안 배경과 연줄을 이용하여 함장 자리를 차지했다. 이들은 부패하고 무능할 뿐만 아니라 특권의식에 사로잡혀 있었으며 부하들에게 뇌물을 챙기는 데에만 급급했다.

해군 총사령관 싸전빙도 무능한 청조에 대한 불만이 컸다. 그는 직접 함대를 지휘하여 우창으로 내려갔지만 만주족을 위해 혁명군에게 포문을 겨눌 생각이 없었다. 그렇다고 오랫동안 청조에 충성한 관리로서 황제를 배반하고 혁명군에 가담할 생각 또한 없었기에 혁명군과 청군 사이에서 마지못해 싸우는 시늉만 했다. 그가 의욕이 없는 또 한 가지 이유는 반란군의 수장이 옛 제자 리위안훙이기 때문이었다.

후베이 혁명군의 총수 리위안훙은 톈진의 북양수사학당을 졸업한 해군 출신으로, 생도 시절 싸전빙이 교관을 맡아 그를 가르친 적이 있었다. 옛 제자가 서신을 보내 혁명에 가담하라고 회유하자 싸전빙은 결정을 내리지 못한 채 함대의 뱃머리를 돌려 주장으로 향하게 했다. 10월 23일, 주장에서도 장시성 동맹회 회원들이 현지의 신군을 부추기면서 반란을 일으키고 장시성의 독립을 선언했다. 주장에 정박한 군함의 해군 수병들도 반란군에 가세했다. 만주족 함장들은 물에 뛰어들어 자결하거나 변장하고 도망쳤다. 싸전빙은 혁명군의 회유를 거절하고 사직서를 던진 후 영국 상선을 타고 상하이로 가버렸다.

싸전빙을 대신하여 참모장 탕샹밍이 함대 지휘를 맡았다. 그는 함대를 이끌고 우창으로 되돌아갔다. 이번에는 청군이 아니라 혁명군 편이었다. 군함에는 황룡기 대신 혁명군의 깃발인 철혈십팔성기가 내걸렸다. 때마침 청군의 제8진 통제 장뱌오가 주변의 병력을 끌어모아 혁명군과 치열한 싸움을 벌이고 있었다. 전투는 혁명군에 매우 불리했다. 그러나 바다에서 해군 함대가 청군 진지를 향해 포격을 퍼붓자 청군은 여지없이 패주했다. 후베이 군정부가 수립되면서 산하에 해군 사령부를 설치했다. 하이처우의 함장 황중잉黃鍾瑛을 해군부장 겸 제1함대 사령관에, 탕샹밍을 제2함대 사령관에 임명했다.

11월 3일, 우창봉기에 호응하여 상하이에서도 반란이 일어났다. 반란 주동자는 중국동맹회 중부총회의 간부이자 쑨원의 오른팔 천치메이였다. 자베이에서 경찰이 반청의 첫 깃발을 올리자 혁명은 금세 상하이 전체로 확산되어 수천 명이 가세했다. 상하이 앞바다에는 2,200톤급 구식 순양함 난천南琛, 850톤급 구축함 젠안建安을 비롯해 창장함대의 주력함들이 정박하고 있었다. 상하이 해군 도독부의 해군부장이자 중국동맹회 회원이었던 마오중팡이 해군 수병들을 선동하여 반란을 일으켰다. 상하이 도대 류옌이는 달아났다.

청조의 마지막 남은 거점은 강남기기제조총국江南機器製造總局(강남제조국)이었다. 강남제조국은 양무운동 당시 전국에 건설된 24개의 군수공장 가운데 하나로, 1865년 9월 20일 쩡궈판과 리훙장이 세웠다. 동치제(1856~1874) 시절만 해도 강남제조국은 아시아에서 가장 큰 근대적인 공장이었으며 민국 초기 한양병공창, 타이위안병공창과 함께 중국 최대 규모의 군수공장이기도 했다. 연간 생산량은 소총 3,000정과 탄약 9만 발, 지뢰 200개 정도였다. 또한 화약과 강철 생산, 기계류 제조 외에 군함을 건조하는 조선소도 있었다. 1868년에는 중국 최초의 증기선 '후이지惠吉'를 건조하는 등 1,000톤 이하의 포함을 건조할 수 있었다. 혁명군에게는 당연히 첫 번째 목표였다.

천치메이는 도쿄경감학교를 졸업한 엘리트로 평소 군사와 역사에도 관심이 있었지만 근대적인 정치가나 군인이라기보다는 『수호지』 같은 고전소설에 나옴직한 협객에 가까운 인물이었다. 천치메이뿐만 아니라 청말에 반청 비밀결사에 가담한 정객들은 대체로 의욕만 앞설 뿐 현실 감각이 부족한 아마추어들이었다. 그는 혁명 세력이 상하이 대부분을 장악했고 제조국 안에도 혁명에 동조하는 세력이 많으니 일단 자신이 공격만 하면 청군이 알아서 달아나리라고 생각했다. 겨우 200여 명의 혁명당원으로 경비병이 1,000명을 넘는 제조국을 공격했다가 여지없이 박살 났다. 천치메이는 포로가 되었다. 그 자리에서 목이 잘리지 않은 것만도 다행이었다.

천치메이가 붙들렸다는 소식을 들은 마오중팡은 수병들을 동원해 제조국 공격에 나섰다. 사방에서 수천 명의 혁명군과 군중이 물밀듯이 몰려오자 제조국 경비병들은 겁에 질려서 총 한 발 쏘지 않고 뿔뿔이 흩어졌으며, 제조국 총판 장스옌도 달아났다. 풀려난 천치메이는 상하이 군정부를 수립하고 상하이 도독이 되었다. 또한 혁명에 가담한 군함들로 '후강함대滬江艦隊'를 조직하고 마오중팡을 함대 사령관에 임명했다.

11월 4일에는 난징에 주둔한 연습순양함 퉁지, 포함 추관·추퉁楚同 등 13척의 대소 군함들이 봉기했다. 해외에 나가 있던 순양함 하이치를 제외하고 중국 해군의 주력 군함들은 모조리 혁명군 손에 넘어갔다. 중국 해군의 기함이자 배수량 4,300톤급의 최강 군함인 하이치는 때마침 영국 조지 5세의 대관식에 참석하기 위해 런던에 체류 중이었다. 하이치를 지휘하던 순양함대 통령 청비광은 신해혁명이 일어났다는 소식을 듣고 혁명군에 가담하기로 결심했다. 그는 청조의 황룡기

를 내리고 혁명군의 깃발을 내걸었다. 혁명정부는 그를 해군 총사령
관에 임명했다. 그리고 그가 귀국할 때까지 마오중팡을 대리 총사령
관으로 임명했다.

1912년 1월 1일, 난징에서 여러 혁명 세력이 모여 중화민국 임시정
부를 수립했다. 또한 청조 토벌을 위해 북벌군이 조직되었다. 그중 혁
명군 해군은 방호순양함 3척을 포함해 대소 군함 34척을 보유했다.
상하이 앞바다에는 하이룽·하이처우·하이첸 등 3척의 방호순양함과
구식 순양함 난천, 연습함 퉁지 등 중국 해군의 주력이 모두 집결했
다. 임시정부는 북벌함대를 편성하고 탕샹밍을 북벌함대 사령관에 임
명했다. 1월 17일에는 해군부가 정식으로 설립되고 황중잉이 해군총
장에, 탕샹밍이 해군차장에 임명되었다. 신생 공화국의 새로운 국기
를 놓고 '청천백일만지홍기'와 '오색기' 사이에 치열한 경합이 벌어졌
다. 1월 10일, 중화민국 임시의정원은 오족공화를 상징하는 오색기를
중국의 국기로 채택했다. 쑨원의 청천백일기는 해군기로 사용했다.

그러나 북벌은 실현되지 않았다. 조정을 장악하고 있던 위안스카이
와 쑨원 사이에 남북 평화회담이 진행되면서 전투가 중지되었기 때문
이다. 2월 12일, 황제의 모친 융유태후가 위안스카이의 종용에 못 이겨
황제 퇴위에 동의하면서 만주족의 시대는 막을 내렸다. 위안스카이는
3월 10일 베이징에서 중화민국 임시 대총통에 취임했다. 4월 3일에는
난징의 임시정부가 베이징으로 이동하면서 북양 정권이 수립되었다.
초대 국무총리가 된 탕사오이는 내각을 조직했다. 초대 해군총장에 광
둥수사廣東水師 영무처 총판을 지낸 류관슝이 임명되었다.

군제 개편에 따라 해군부는 중국 해군을 2개 함대 편제로 재편했다.
기존의 순양함대는 제1함대로, 창장함대는 제2함대로 개편되었다. 제
1함대 사령관에는 란젠수藍建樞 소장이, 제2함대 사령관에는 쉬전펑徐

●― 1912년 10월 10일, 우창봉기 1주년을 기념해 사진을 촬영한 해군부. 앞줄 왼쪽에서 아홉 번째가 해군총장 류관슝이다. 이때만 해도 위안스카이와 쑨원이 서로 총부리를 겨누는 2차 혁명 이전이었기에 청천백일기와 오색기가 함께 내걸렸다.

振鵬 소장이 각각 임명되었다. 주력함대이자 외양함대인 제1함대는 하이치·하이룽·하이처우·하이첸 4척의 방호순양함을 비롯해 1,000톤급 이상의 대형 군함으로 편성했다. 창장 방어를 맡은 제2함대는 강상에서 활동하기 쉬운 1,000톤급 미만의 소형 포함과 어뢰정을 중심으로 편성했다. 1913년 1월에는 영국제 방호순양함 잉루이·자오화가 인도되어 연습함대가 편성되었다.

1912년 4월, 해군부 산하에 2개 중대 규모의 경위대警衛隊를 조직했다. 1914년 12월에는 해군 경위대를 해군 육전대로 개칭했다. 1918년에는 2개 대대로 확장되어 제1대대는 베이징의 해군부 경비를, 제2대대는 상하이 강남조선소와 푸저우 마미조선소의 경비를 각각 맡았다. 해군 육전대는 꾸준히 늘어나 1923년에는 1개 혼성여단(8개 보병대대, 1개 산포대대)이 편성되었다.

신해혁명의 혼란에서 어느 정도 벗어난 1913년 3월 2일, 해군총장 류관슝은 위안스카이에게 '해군 건설 10년 계획'을 제출했다. 첫 번째

5년은 '수비에 전념한다'는 방침으로, 중국 연해에 있는 주요 도시와 요지 19개소의 방비를 강화하고 국내 조선소와 수리 시설을 확충하며 해군 간부를 양성한다. 두 번째 5년은 본격적인 대양해군의 건설을 목표로, 3,600만 위안의 예산으로 2만 6,000톤급 순양전함 2척과 1만 톤급 장갑순양함 10척, 5,000톤급 방호순양함 30척 등 모두 54척의 군함을 도입하여 3개 함대를 편성한다는 것이었다. 야심 찬 계획이었지만 해마다 거액의 배상금과 군비 지출로 적자에 허덕이는 베이징정부로서는 현실적으로 매우 어려운 일이었다. 더욱이 위안스카이는 제제운동에는 아낌없이 돈을 뿌리면서 해군 건설에는 인색했다. 해군부는 영국·독일·오스트리아제국 등지에서 4,900톤급 장갑순양함 1척을 포함해 연안용 구축함과 포함 몇 척을 주문했지만, 얼마 뒤 1차대전이 일어나면서 흐지부지되었다.

＼잠수함 도입에 나서다

신해혁명 동안 중국 곳곳에서 청군과 혁명군 사이에 전투가 벌어졌지만 해군이 한 역할은 거의 없었다. 대부분의 군함이 혁명 초기에 반란을 일으켜 혁명군 진영으로 넘어갔고 베이징에 남은 해군 수뇌부와 나머지 군함 역시 중립을 지키기로 했기 때문이다. 남북전쟁에서 미 해군이 북부와 남부로 나뉜 것과 달리 중국 해군이 서로에게 포문을 여는 일은 없었다.

위안스카이의 사병과 다를 바 없는 북양군이나 구식 군대인 팔기군과 순방영·용영 등에는 아직 청조에 대한 충성심이 남아 있는 경우가 적지 않았고, 분위기가 매우 보수적이었다. 반면 해군에는 쑨원의 혁명사상에 동조하는 자들이 많았다. 그들은 공화제에 찬성하고 군주제를 반대했다. 해군의 특성상 육군보다 상대적으로 서구의 사상을 접하기가 쉽고 봉건적인 면이 적었기 때문이다. 수시로 변화하는 베이징의 복잡한 정치 역학 구도 속에서 해군은 육군과 달리 특정 군벌을 지지하기보다는 정치적 중립을 지키면서 내전에서 한발 물러선 채 베이징의 주인이 누가 되었건 그 명령에 복종했다. 군벌들도 중앙 권력을 놓고 싸우기에만 급급할 뿐 해군에 대한 투자에는 인색하기 짝이 없었다. 해군은 신해혁명에서 시간이 멈춘 채 버려졌다.

청일전쟁 직후부터 신해혁명까지 약 16년 동안 청조가 독일·영국·일본 등지에 주문한 군함은 39척에 배수량 3만 5,000톤에 달했다. 그중 영국제 2,500톤급 방호순양함 2척(잉루이·자오화) 등 9척의 군함은 신해혁명 이후에 인도되었다. 하지만 신해혁명 이후 북양 정권이나 군벌들이 해외에서 대형 군함을 구입한 사례는 없었다. 재정난 때문이었다. 대신 국내 조선소에서 꾸준히 소형 군함을 건조했다. 중국 내 주요 조선소는 상하이 강남조선소와 톈진 다구조선소, 푸저우 마미선정국이었다. 1912년부터 1927년까지 건조된 국산 군함은 44척, 배수량은 3만 톤으로 모두 1,000톤 이하의 소형 포함이었다. 1922년 5월에는 미국 정부의 요청으로 1만 톤급 수송선 4척을 강남조선소에서 건조하여 인도하기도 했다.

1차대전이 일어난 뒤 항공기와 신형 어뢰, 잠수함 같은 신무기가 등장하면서 해전의 양상이 급격하게 변했다. 해군총장 류관슝은 1915년 7월 위안스카이에게 잠수함부대와 해군 항공대의 창설을 건의했다. 미국에서 차관을 빌리고 미국의 대표적인 군수 조선업체인 일렉트릭 보트사Electric Boat Company(지금의 제너럴 다이내믹스사)에 잠수함 건조를 의뢰하자는 것이었다. 일렉트릭 보트사에서는 USS-1 홀랜드급 잠수함을 건조하여 미 해군과 세계 여러 나라 해군에 판매하고 있었다. 홀랜드급 잠수함은 등장한 지 10년도 더 된 구식이라 미 해군에서는 1910년에 퇴역한 상태였다. 중국은 이 잠수함을 훈련용으로 사용해 경험을 쌓을 계획이었다.

중국 최초의 군함 설계 전문가였던 해군부 조선총감海軍部造船總監 웨이한魏瀚을 총책임자로 임명하고 옌타이해군학교 졸업생 23명을 미국으로 파견하기로 결정했다. 이들은 일렉트릭 보트사의 조선소에 체류하면서 미 해군에서 파견한 교관의 지도 아래 잠수함 건조, 정비, 수리 방법, 운용법 등을 배울 예정이었다. 교육 기간은 10개월이었다. 일렉트릭 보트사는 1척당 75만 달러의 비용으로 100척의 잠수함을 건조하자고 제안했지만, 중국의 재정 능력을 넘어서는 일이었다.

가장 큰 걸림돌은 위안스카이였다. 광서신정 때만 해도 가장 유능한 관료로서 해군 육성에 힘썼던 그는 청조가 망한 뒤 대총통이 되자 권력을 천년만년 자손들에게 물려주겠다는 허황된 욕심에 눈이 멀었다. 중국의 주변 상황은 일본이 21개조 조약을 강요하고 중국 앞바다에서 무력시위를 벌이는 등 어느 때보다도 위태로웠지만, 위안스카이는 해군력을 키워서 일본에 대항하겠다는 생각조차 하지 않았다. 그에게는 아집과 노망이 남아 있을 뿐이었다. 얼마 뒤 호국전쟁이 시작되고 위안스카이가 급사하는 등 복잡한 정세 속에서 중국 해군은 단 1척의 잠수함도 확보하지 못했다. 위안스카이의 뒤를 이은 돤치루이 정권은 한술 더 떠서, 서남 정벌과 자신의 사병 군대인 변방군의 창설에만 총력을 기울였다.

그런 와중에도 상하이와 우창·푸저우·광저우에 해군학교가 설립되어 교육생들에게 포술과 어뢰·항공기·잠수함을 가르쳤다. 1917년 12월에는 푸저우에 해군비잠학교海軍飛潛學校가 설립되어 선박 항해 기술 이외에 수상비행기 조종과 잠수함 관련 기술을 교육했다. 1919년에는 해군부 산하에 해군제조항공처가 설립되어 국산 수상항공기 제작에 나섰다. 위안스카이 시절 중국 해군은 3개 함대와 42척의 대소 군

●─ 푸저우 해군비잠학교. 중국 최초의 잠수함과 수상비행기 관련 전문 교육기관이었다. 3개 전공 과정(잠수함·비행기·선박 엔진)을 운용했으며 학생 수는 150명이었다. 교육 기간은 기초교육 2년 6개월, 특별교육 3년, 전공교육 2년 6개월 등 총 8년에 달하는 중국 해군 최고의 학부였다.

함을 보유했으며, 총배수량은 4만 5,000톤 정도였다.

﹨쑨원의 호법함대

1913년 7월 12일, 쑨원은 난징에서 위안스카이 토벌을 선언하고 '토역군'을 조직한 뒤 2차 혁명에 나섰다. 그러나 중화민국 대총통으로서 정통성을 갖추고 막강한 북양군을 쥐고 있던 위안스카이에 견주어 쑨원의 군사력은 변변치 않았다.

위안스카이는 심복인 즈리 도독 펑궈장에게 북양군 제2군을 맡기고 남방 토벌을 명령하는 한편, 해군에도 출동 명령을 내렸다. 해군부 차장 탕샹밍은 구축함 페이팅飛霆·젠안과 포함 2척, 어뢰정 1정으로 구성된 함대를 이끌고 남하했다. 장시성은 혁명파의 한 사람인 장시 도독 리례쥔이 장악하고 있었다. 7월 25일 밤 바오구이칭이 지휘하는 북양 육군 제4혼성여단은 해군의 함포 지원을 받으며 장시성의 항구도시 주장의 입구인 후커우湖口 포대를 공격하여 하루 만에 점령했다. 상하이에서는 상하이 진수사 정루청이 해군 경위대(육전대) 1,300여명을 이끌고 강남제조국과 군항, 상하이함대를 장악했다. 쑨원은 매우 불리한 처지에 놓였다.

뒤늦게 천치메이가 3,000여 명의 병력을 이끌고 강남제조국 탈환에 나섰지만 바다에서 쏟아대는 군함들의 함포사격과 정루청의 반격에 부딪혀 격퇴당했다. 7월 29일, 해군총장 류관슝이 지휘하는 제1함대 주력과 리허우지의 북양 육군 제7혼성여단, 해군 경위대가 천치메이의 후방에 상륙하여 퇴로를 차단했다. 3척의 순양함을 비롯해 다수의 군함들이 천치메이의 진지를 맹렬하게 포격하고 북양군이 양면에서 포위 공격하면서 토역군은 변변히 저항도 못하고 괴멸했다.

8월 18일, 육해군이 수륙으로 쑨원의 사령부가 있는 난징으로 진격했다. 19일에는 장인 포대를 무혈로 점령한 뒤 25일에는 해군 함대가 난징 외곽의 강변에 도착했다. 8월 26일 새벽, 중국 최강의 군함 하이치와 하이룽·하이처우·잉루이·자오화 등 방호순양함 5척의 함포들이 일제히 불을 뿜었다. 펑궈장이 지휘하는 북양군 제2군이 창장을 건너 난징성으로 밀려들었다. 일진일퇴의 전투 끝에 9월 2일 난징성은 함락되고, 쑨원과 황싱 등 혁명파 간부들은 목숨만 건져 일본 상선을 타고 일본으로 도망쳤다. 2차 혁명은 쑨원의 완패로 끝났다.

신해혁명에서 혁명군 편에 섰던 상하이함대는 위안스카이의 발 빠른 대응에 북양 정부 쪽으로 넘어갔다. 이 때문에 책임을 놓고 쑨원과 황싱 사이의 갈등이 불거져 혁명파가 분열되는 결정적인 계기가 되었다. 쑨원은 황싱이 우유부단하게 행동한 탓에 거병할 시기를 놓치고 상하이의 해군 함대가 위안스카이의 수중에 넘어가면서 전쟁에 졌다며 불만을 터뜨렸다. 구미 열강의 거대한 해군에 비하면 한 줌밖에 안된다고 해도 중국 해군은 여전히 무시할 수 없는 존재였다. 북양군은 해군의 엄호 속에 상륙전과 도강작전을 안전하게 수행할 수 있었던 반면, 해군이 없는 혁명군은 제해권을 빼앗긴 채 아무 반격도 할 수 없었다. 현대전에서 해군의 중요성을 보여준 셈이었다.

위안스카이가 죽고 리위안훙 정권이 수립되었다. 리위안훙은 류관슝을 대신하여 청비광을 새로운 해군총장에 임명했다. 그러나 장쉰의 복벽, 부원지쟁 등 베이징 정국은 매우 혼란스러웠다. 리위안훙은 북양파 군벌들과의 갈등 때문에 대총통직에서 물러났다. 청비광은 리위안훙에게 베이징을 탈출하여 제1함대를 이끌고 상하이로 가서 새로운 정권을 수립하자고 제안했다. 그러나 정치에 의욕이 없는 리위안훙은 거절하고 톈진에 은거했다. 청비광은 리위안훙 대신 쑨원을 선택했다. 상하이에 체류 중이던 쑨원은 북양 정권이 공화정을 무시한다면서 광저우로 가 북벌전쟁을 일으킬 생각이었다.

1917년 6월 9일, 청비광은 제1함대를 이끌고 상하이로 갔다. 7월 6일 그는 베이징 정부와 결별한다고 선언한 뒤 '호법함대護法艦隊'를 조직하여 쑨원과 함께 상하이를 떠나 광저우로 향했다. 호법함대는 순양함 하이치·하이처우 등 방호순양함 2척과 구축함 3척, 포함 4척, 연습함 1척 등으로 구성되었다. 전체 해군의 40퍼센트를 차지하는 만만치 않은 전력이었다. 돤치루이는 청비광과 제1함대 사령관 란젠수를 파면하고 류관슝을 해군총장으로 복직시켰다. 중국 해군은 둘로 분열되었다.

해군과 함께 광저우에 도착한 쑨원은 9월 10일 중화민국 호법 군정부를 수립하고 북벌을 선언했다. 10월 6일, 청첸을 총사령관으로 하는 광시-광둥-후난 연합군이 후난성을 침공하면서 호법전쟁이 시작되었다. 호법함대도 푸젠성으로 출동하여 성도인 푸저우 시가지에 함포사격을 하고 해군 육전대를 상륙시켰다. 그러나 우페이푸가 지휘하는 북양군의 강력한 반격에 직면하면서 전세가 점점 불리해지고, 남북 화해를 원하는 서남군벌과 쑨원 사이의 내분으로 호법전쟁은 지지부진해졌다.

청비광도 해군 지휘권을 놓고 쑨원과 충돌했다. 쑨원은 해군을 대원수부 직속으로 두고 자신이 직접 지휘하기를 원했지만 청비광은 해군 지휘권을 내놓고 싶지 않았다. 양광 순열사 루룽팅은 대총통 펑궈장과의 개인적인 친분을 이용해 호법전쟁을 중지하고 강화를 맺고 싶어했다. 쑨원이 말을 듣지 않자 그는 1918년 1월 28일 자객을 보내 광저우역에서 청비광을 암살했다. 쑨원의 힘을 약화하기 위해서였다. 이 사건으로 호법 정부는 완전히 분열했으며, 쑨원은 5월 4일 대원수에서 물러나 일본으로 망명했다. 호법함대의 지휘는 청비광을 대신하여 원수더가 맡았다.

＼군벌 할거 시대

베이징의 실세였던 국무총리 돤치루이는 1917년 8월 14일 대독 선전 포고와 함께 유럽 전쟁에 참가한다고 선언했다. 물론 중국군이 실제로 유럽으로 출병하는 일은 없었지만, 대신 중국 내 조계에 정박 중이던 독일·오스트리아 국적의 상선과 수송함·포함 등 9척의 군함을 나포한 뒤 강제로 몰수했다. 또한 러시아에서 적백내전이 일어나 연합군이 시베리아 출동을 결의하자 중국도 참전군을 편성하여 출병하기로 했다. 참전군은 2,300명 정도로, 순양함 하이룽에 타고 1918년 7월 18일 베이징을 출발했다. 이들은 7월 24일 일본군이 점령하고 있던 블라디보스토크에 상륙하여 치안 유지를 돕다가 석 달 뒤인 10월 26일 철수했다.

1920년 7월, 베이징에서 돤치루이와 우페이푸·장쭤린 사이에 안즈전쟁이 일어났다. 안즈전쟁에서 승리한 우페이푸와 장쭤린은 다시 패권 싸움을 벌여 1922년 5월 제1차 펑즈전쟁이 일어났다. 승자는 우페이푸였다. 펑톈군은 완전히 패주하여 산하이관을 넘어 만주로 도주했다. 우페이푸 산하의 중앙함대(제1함대와 제2함대)가 출동하여 친황다오 앞바다에 포진한 채 징펑철도와 산하이관을 향해 포탄을 쉴 새 없이 날렸다. 군함이 단 한 척도 없는 장쭤린은 바다에서 치고 들어오는 공격에 속수무책이었다. 일본의 엄포 덕분에 우페이푸가 산하이관을 돌파하는 것은 막을 수 있었지만, 호된 대가를 치른 장쭤린은 이때부터 총력을 기울여 해공군력 확보에 나선다.

쑨원은 다시 광저우로 복귀해 장쭤린·돤치루이와 삼각동맹을 맺은 뒤 두 번째 북벌전쟁을 일으켰다. 그러나 해군을 지휘하는 원수더는 쑨원이 무리하게 벌이는 북벌전쟁이 승산이 없다면서 미온적이었다. 그는 광둥성장 천중밍과 모의하여 해군을 이끌고 홍콩으로 탈출했다가 북상해서 베이징 정부에 투항하기로 했다. 1922년 6월 16일, 천중밍이 '6·16사변'을 일으켜 쑨원의 총통부를 기습했다. 쑨원은 간신히 빠져나와 황푸강 변에서 대기 중이던 포함 융펑에 올랐다. 그는 장장 55일 동안 광저우 해상에서 기다리며 광저우를 어떻게든 탈환하려 했지만 끝내 실패하고 상하이로 달아났다.

10월 27일, 원수더는 하이치·하이처우·자오화를 비롯한 7척의 군함을 이끌고 북상했다. 그리고 산둥성 칭다오에 입항한 뒤 우페이푸에게 투항했다. 우페이푸는 이들을 재편하여 발해함대를 창설하고 원수더를 함대 사령관에 임명했다. 발해함대는 순양함 3척과 포함 6척, 구축함 4척, 수송함 1척으로 구성되었다. 우페이푸는 중앙함대와 발해함대까지 수중에 넣음으로써 중국 해군의 90퍼센트 이상을 장악했다. 반대로 쑨원의 호법함대는 대부분의 군함이 이탈하면서 해체되었다.

안즈전쟁을 시작으로 본격적인 군벌 할거의 시대가 열렸다. 베이징의 지배자는 수시로 바뀌었다. 정치 역학 구도에 따라 해군도 분열되었다. 북방에서 베이징을 놓고 북양군벌끼리 치열한 혈전을 벌이는 동안 남방에서도 군벌들 사이에 전투가 반복되고 있었다. 1922년 10월 2일에는 쑨원과 군벌의 한 사람인 쉬충즈의 광둥군이 안후이계 군벌인 푸젠 진수사 왕융취안과 손잡고 푸젠성을 침공하여 즈리파의 푸젠 독군 리허우지와 격전을 벌였다.

광둥군의 맹렬한 공격으로 푸저우가 함락되는 등 위기에 직면하자 우페이푸는 하이룽·잉루이·퉁지 등 3척의 순양함과 포함 추관, 해군 육전대 제1혼성여단 2,000여 명을 급파했다. 그사이 광둥군의 공격에

●— 방호순양함 자오화. 청말에 영국 암스트롱사에 의뢰하여 제작한 이 전함은 1913년 중국에 인도되었다. 배수량 2,500톤, 승무원 283명, 최고속력 20노트, 152mm 속사포 2문과 102mm 부포 4문, 어뢰 발사관 2문 등을 탑재했다.

쫓긴 리허우지는 샤먼으로 후퇴했다가 푸젠 제2사단의 반란으로 샤먼에서도 쫓겨나 하야했다. 그러나 샤먼 연습함대 사령관 양수좡이 샤먼의 해군 부대를 규합하여 반격에 나선 끝에 왕융취안을 격파했다. 또한 1923년 7월 25일에는 군함 7척과 수송함 2척, 해군 육전대로 진먼다오金門島를 점령하고 8월 6일에는 푸저우를 탈환했다. 광둥군은 광둥성으로 퇴각했다.

　베이징에서는 즈리파의 우페이푸와 펑톈파의 장쭤린, 안후이파의 돤치루이 사이의 3파전이 갈수록 격화했다. 1923년 4월 8일, 칭다오에 주둔한 발해함대 휘하의 순양함 하이처우와 포함 융샹이 반란을 일으켜 상하이로 갔다. 상하이는 안후이파의 저장 독군 루융샹의 영토였다. 루융샹은 이들과 포함 젠캉, 수송함 징안, 어뢰정 2척 등으로 상하이독립함대를 창설했다.

1924년 9월 3일, 즈리파의 장쑤 독군 치셰위안이 저장성을 침공하면서 '장쑤-저장 전쟁'이 일어났다. 해군 총사령관에 임명된 양수촹은 우페이푸의 명령에 따라 치셰위안을 도와 루융샹을 공격했다. 즈리파 해군은 루융샹의 상하이독립함대를 완전히 압도했다. 양수촹은 자베이의 루융샹 쪽 진지를 포격하는 한편 우쑹 해변에 해군 육전대를 상륙시켰다. 9월 18일, 상하이는 양수촹의 손에 넘어갔다. 상하이독립함대는 제2함대와 대치했지만 실력 차이가 워낙 크고 전의가 없는 탓에 루융샹이 패퇴하자 별다른 싸움 없이 투항했다. 10월 13일 루융샹은 항복하고 일본으로 달아났다.

장쑤-저장 전쟁은 더 큰 전쟁의 서막이었다. 1924년 9월 15일, 북방에서 제2차 펑즈전쟁이 시작되었다. 우페이푸는 해군을 동원하여 장쭤린의 퇴로를 끊을 생각으로 발해함대를 출동시켰다. 9월 23일 그는 하이치에 올라 친황다오를 출발해 북상했지만 펑톈군의 공중 폭격에 가로막혀 후퇴할 수밖에 없었다. 만리장성을 놓고 치열한 전투가 벌어지는 동안 우페이푸는 후루다오 상륙을 계획했다. 10월 13일, 우페이푸는 발해함대 소속 군함 6척과 순양함 하이치, 포함 추이, 해군 육전대 2개 대대를 이끌고 북상했다. 도중에 상선을 개조한 펑톈군 군함 1척을 노획했지만 이번에도 펑톈군 비행기에 발견되면서 친황다오로 물러나야 했다. 10월 19일 펑위샹이 '베이징정변'을 일으키면서 즈리군은 붕괴했다. 우페이푸는 소수의 병력만 데리고 남쪽으로 도주했다.

＼중국 최강의 동북 해군

제1차 펑즈전쟁 이전만 해도 중국 해군은 대부분 베이징 정부에 속해 있었다. 육군은 각 성에서 자체적으로 편성한 반면, 해군은 중앙에서 일괄하여 추진했기 때문이다. 게다가 하이룽·하이처우 같은 2,950톤급 2등 순양함 1척을 구매할 돈이면 2개 사단 이상을 편성할 수 있었다. 군벌들은 해군을 육성하려면 막대한 시간과 돈이 들고, 군함을 확보한다 해도 간부와 수병, 설비 인프라가 없다보니 해군에 관심이 없었다. 그중에서 가장 열악한 곳이 장쭤린의 동북이었다. 쑹화강과 헤이룽강에는 단 한 척의 군함도 없었다. 강을 항해하는 비무장 상선들은 노략질을 하는 마적 떼의 공격을 받기 일쑤였다. 또한 러시아에서 적백내전이 일어나면서 중소 국경지대는 위험하기 이를 데 없었다.

동북이 처음으로 군함을 가진 때는 1919년 7월이었다. 헤이룽장 독군 바오구이칭은 북양 정권의 실권자였던 돤치루이와의 오랜 친분을 이용하여 제2함대 소속의 포함 4척을 넘겨받았다. 그중 3척(리쑤이·리제·리촨)은 대독 선전포고를 한 뒤 중국에 있던 독일·오스트리아 군함을 나포해서 몰수한 것이었다.

1919년 12월, 하얼빈에서 해군부 산하 지린-헤이룽장 강방함대 사령부가 설립되어 쑹화강과 헤이룽강의 경비를 맡았다. 또한 1920년 4월에는 상선을 개조한 4척의 포함을 추가로 확보했다. 강방함대의 전력은 포함 8척, 배수량 2,070톤으로 늘어났다. 그러나 강방함대는 엄연히 해군부 소속이었고 장쭤린의 지휘를 받지 않았다. 장쭤린에게는 해군력이 전혀 없었다. 반면, 숙적인 우페이푸는 중앙 해군(제1함대, 제2함대)과 발해함대를 장악하고 있었다. 제1차 펑즈전쟁에서 우페이푸의 함대는 펑톈군의 병참선을 여지없이 박살 냈다. 바다에서 쉴 새 없이 쏘아대는 함포사격으로 펑톈군은 철도와 다수의 열차, 차량을 상실했다.

무슨 수를 쓰건 해군력을 갖춰야 한다고 결심한 장쭤린은 강방함대 사령관 왕충원을 회유하여 복속시키는 데 성공했다. 1922년 5월, 강방함대는 해군부에서 독립하여 '헤이룽장 강방함대'로 개칭하고 동3성 보안사령부에 복속되었다. 장쭤린은 이 정도로 만족할 생각이 없었다. 그는 강방함대를 정규 함대로 확대하고 해군 전문 인력을 양성하기 위해 1922년 8월 항경처航警處를 설립했다. 강방함대 참모장이자 일본 해군병학교 출신인 선훙례를 항경처장으로 임명했다. 그는 일본 유학 시절의 동기생 20여 명을 영입하여 동북 해군 창설에 필요한 간부를 확보했다. 상선을 개조한 2,700톤급 전하이와 2,000톤급 웨이하이 2척을 구입해 연습함으로 사용했다.

1923년 1월, 간부를 본격적으로 양성하기 위해 후루다오에 항경학교航警學校를 설립했다. 항경학교는 나중에 후루다오해군학교로 개칭했다. 해군학교에는 기수마다 40명이 입교했으며 6개월 과정으로 교육했다. 여름에는 교육생들이 2척의 연습함을 타고 해상 항해 훈련을 하는 등, 극심한 재정난에 허덕이던 다른 해군학교에 견주면 장쭤린의 후원 아래 동북 해군의 간부 양성소 역할을 충실히 했다. 만주사변이 일어나는 1931년 9월까지 1,500명이 졸업했다. 만주사변으로 후루다오가 일본군에게 점령당하자 해군학교를 산둥성의 칭다오로 옮겼다.

1924년 11월, 제2차 펑즈전쟁이 일어났다. 해군 양성은 하루아침에 되는 일이 아니었기에 해군력은 여전히 우페이푸가 훨씬 우세했다. 펑톈군의 강방함대는 모두 소형 포함이었고 대형 군함은 한 척도 없었다. 워낙 전력 차이가 컸기 때문에 강방함대는 출동할 수 없었다. 그러나 제1차 펑즈전쟁 때와 달리 우페이푸의 해군은 거의 힘을 쓰지 못했다. 항공력에서 장쭤린이 압도했기 때문이다. 우페이푸는 후루다오에 상륙하여 펑톈군의 후방을 차단하려 했다. 그러나 펑톈군의 폭격 때문에 도저히 접근할 수 없어서 배를 돌려 철수했다. 또한 극심한

●─ 칭다오 앞바다에서 연습순양함 자오화를 타고 훈련 중인 동북 해군 생도들.

군비난으로 수병들의 봉급이 몇 달씩 체불되면서 사기도 완전히 떨어졌다. 우페이푸는 패배하여 몰락했다.

평톈군은 톈진 다구항을 점령하면서 러시아제 쇄빙선 1척과 무장수송선 딩하이를 나포했다. 발해함대를 비롯한 우페이푸 휘하의 해군은 주인 잃은 신세가 되었다. 1925년 4월, 산둥 군무독판으로 임명된 장쭝창은 군비 지급과 높은 지위를 미끼로 발해함대 사령관 원수더를 회유했다. 발해함대의 군함 중 2척의 순양함 하이처우와 자오화 그리고 구축함 1척은 노후화가 심해서 수리를 위해 칭다오에 남았다. 나머지 전함은 7월 19일 친황다오에 입항하여 동북 해군에 편입되었다. 발해함대의 편입으로 동북 해군은 명실공히 최강의 전력을 갖추었다.

1926년 1월, 평톈에서 동북해군사령부가 설립되었다. 동북 해군의 초대 사령관은 선훙례였다. 3월에는 프랑스에서 수입한 10대의 수상기로 수상항공부대가 창설되었다. 동북 해군에는 수상기를 운용할 수 있는 군함이 없었기 때문에 처음에는 칭다오와 후루다오 등지의 육상 비행장에서 운용했다. 나중에 2,700톤급 수송함 전하이를 수상기 모함으로 개조했다. 중국 해군 최초의 수상기 모함이었다. 동북 해군 산하에는 2개의 함대가 있었다. 하얼빈에 주둔한 강방함대와 발해함대를 재편한 동북해방함대였다.

1927년 초를 기준으로 전체 중국 해군의 총전력은 장병 5,400여 명에 총배수량 4만 2,000톤 정도였다. 그중에서 동북 해군의 전력은 대소 군함 27척과 장병 3,300여 명, 총배수량 3만 2,200톤으로 전체의 77퍼센트를 차지했다. 장제스의 북벌군 산하 광둥 해군이 대소 군함 60척(대부분 소형 포함)에 장병 800여 명, 총배수량 8,000여 톤에 불과했다는 점에서 동북 해군의 위용이 어느 정도였는지 알 수 있다.

1926년 7월 1일, 장제스가 북벌전쟁을 일으켰다. 반년 만에 우페이푸와 쑨촨팡이 패퇴하면서 창장 이남 전체가 북벌군 수중으로 들어갔다. 동북 해군 사령관 선훙례는 산둥성을 방어하기 위해 장쭤린에게 건의하여 1927년 7월 19일 동북해방함대를 2개 함대로 나누었다. 제1함대는 순양함 하이치, 수상기 모함 전하이, 무장 수송선 딩하이, 연습함 웨이하이, 포함 장리, 어뢰정 페이펑 등 6척의 군함으로 편성되었으며 선훙례가 함대 지휘를 맡았다. 제2함대는 순양함 2척(하이처우·자오화), 구축함 1척, 포함 6척 등 9척의 군함으로 편성되었으며 하이치의 함장이었던 우즈신이 함대 사령관으로 임명되었다. 그러나 북벌전쟁 중에 동북 해군이 출동한 것은 1927년 3월 수상기 모함 전하이와 순양함 하이치가 상하이에서 북벌 해군과 접전을 벌인 때가 전부였다. 이들은 서로에게 포문을 열고 약 3시간에 걸쳐 치열한 함포전을 벌였다. 군벌 시대를 통틀어 보기 드문 해전이었다.

1928년 6월 4일, 황구툰사건으로 장쭤린이 폭사했다. 12월 28일,

장쉐량이 동북역치를 선언하면서 군벌 할거의 시대는 끝났다. 동북 해군은 3개 함대를 보유했다. 제1함대는 칭다오에, 제2함대는 랴오둥 반도 남단의 장산다오에, 강방함대는 하얼빈에 주둔했다.

동북 해군의 편제(1928년 12월)
해군 총사령관 장쉐량, 부사령관 선훙례, 사령부 펑톈
■제1함대(사령관 링샤오凌霄, 주둔지 칭다오)
-순양함 3척(하이치·하이처우·자오화), 수상기 모함 1척, 구축함 1척, 수송함 1척
■제2함대(사령관 위안팡차오袁方喬, 주둔지 장산다오)
-포함 3척, 수송함 1척, 소형 포정(100톤 미만) 6척
■강방함대(사령관 인쭈인尹祖蔭, 주둔지 하얼빈)
-포함 7척, 소형 포정 4척

1928년 12월에는 동북 해군 육전대가 창설되었다. 규모는 2개 대대 1,200명 정도였으며 1개 대대는 4개 중대로 구성되었다. 이들은 동북 군이 장악하고 있던 산둥성 칭다오, 옌타이, 장산열도, 쑹화강, 헤이룽 강 등 여러 요지에 배치되어 군함과 항구의 경비를 맡았다.

1929년 8월, 중둥철도의 소유권을 놓고 동북 정부와 소련 사이에 '펑소전쟁'이 벌어졌다. 10월 12일, 싼장커우三江口에서 소련 원동함대遠東艦隊 소속 군함 8척과 강방함대 소속 포함 6척 사이에 해전이 벌어졌다. 이 전투에서 강방함대 4척이 격침당하고 200여 명 이상이 전사했다. 소련 측은 1척이 격침당하고 2척이 손상을 입었을 뿐이다. 다음 날 전투에서 강방함대는 나머지 2척마저 격침되거나 대파되면서 사실상 전멸했다. 그나마 침몰을 면한 함은 포함 리쑤이 1척밖에 없었다.

강방함대의 포함들이 워낙 낡고 화력·장갑·속력 등 모든 면에서 열세했기 때문이다. 승무원들의 숙련도 또한 비교가 되지 않았다. 지상에서도 동북군은 연전연패했으며 사상자 6,000여 명에 포로가 2만 명이었다. 소련군의 손실은 300여 명에 불과했다.

관동군 작전참모 이시와라 간지는 이 사건을 통해 동북군이 약하다는 사실을 알아차리고 1931년 9월 18일 만주사변을 일으켰다. 동북 정권이 무너지자 칭다오에 체류 중이던 동북 해군 제1함대는 난징 정부에 귀순하여 중화민국 해군 제3함대로 개편되었다. 동북에 남아 있던 군함들은 일본군에게 접수된 후 만주국 해군에 편입되었다.

＼북벌전쟁과 해군

호법전쟁 때만 해도 중국 해군의 태반을 이끌고 있던 쑨원의 광저우 정부는 내분이 격화하면서 해군총장 청비광이 암살당하고 천중밍이 '6·16쿠데타'를 일으키는 등 자중지란이었다. 광둥 해군 사령관 원수더는 순양함 하이치를 비롯하여 주력함 7척을 이끌고 이탈하여 베이징 정부로 넘어가버렸다. 쑨원은 1,700톤급 수송함 '푸안'의 함장 린루오스林若時를 새로운 해군 사령관에 임명했다. 그러나 광둥 해군에는 구축함 페이잉과 포함 중산·우평舞鳳, 수송함 푸안 등 4척의 군함만 초라하게 남았을 뿐이었다. 그 밖에 광둥성 강방함대 산하에는 광진廣金·광하이廣海 등 100여 척의 하천 경비용 소형 군함이 있었다. 모두 신해혁명 이전 광둥수사 시절에 도입된 100톤 미만의 구식 증기함으로 속도가 느리고 노후화가 심해서 현대 해전에 쓸모가 없었다.

1926년 7월 1일, 장제스는 북벌을 선언하고 출병했다. 북벌군은 연전연승이었다. 우페이푸가 몰락한 뒤 산둥성 칭다오의 발해함대는 장쭤린에게 넘어갔지만, 상하이와 난징에는 중앙 해군 제1함대와 제2함대가 남아 있었다. 해군은 군벌들과 달리 자립할 수 있는 토대가 없으므로 새로운 주인을 찾아야 했다.

북벌군이 난징으로 몰려들자 해군 총사령관 양수좡은 1927년 3월 8일 쑨촨팡을 엄호하기 위해 휘하의 모든 함대를 상하이 우쑹만의 난커우에 집결하게 했다. 그러나 북벌군의 기세가 워낙 대단해서 쑨촨팡의 패배가 시간문제가 되자 양수좡은 고민 끝에 장제스에게 붙기로 결심했다. 그는 장시성 주장에서 작전을 총지휘하던 장제스에게 몰래 부하를 보내 귀순할 뜻을 밝혔다. 그리고 3월 14일, 해군은 국민혁명군에 정식으로 가입을 선언했다. 중앙 해군이 평화적으로 북벌군에 넘어감으로써 북벌군의 전력은 비약적으로 강해졌다. 국민혁명군 해군은 2개 주력함대와 연습함대, 어뢰유격대, 광둥함대 등 5개 함대로 재편되었다.

북벌군 해군의 편제(1927년 12월)
해군 총사령관 양수좡 해군 상장
제1함대(함대 사령관 천지량): 방호순양함 2척(하이룽·하이처우), 포함 3척, 수송함 3척, 소형 포정(100톤 미만) 4척
제2함대(함대 사령관 천사오콴): 포함 7척, 강상용 포함 5척, 소형 포정 3척
연습함대(함대 사령관 천선융): 연습함 3척(잉루이·퉁지·징안)
어뢰유격대(함대 사령관 정이딩曾以鼎): 구축함 2척, 어뢰정 8척
광둥함대(함대 사령관 천체): 수송함 1척, 포함 2척, 강상용 소함정 60여 척

3월 22일, 천사오콴이 지휘하는 해군 제2함대가 출격하여 상하이 우쑹 포대를 포격하고 상하이·난징을 버린 채 퇴각하는 쑨촨팡-장쭝창의 즈리-산둥 연합군 철수 행렬에 많은 피해를 입혔다. 27일 새벽

에는 동북 해군의 방호순양함 하이치와 수상기 모함 전하이가 상하이를 빠져나가려다가 하이처우·잉루이와 부딪치면서 해전이 벌어졌다. 쌍방은 많은 사상자를 내고 손상을 입었지만 치명타를 안기지는 못한 채 서로 물러났다.

그런데 북벌군 사이에 내분이 일어나서 1927년 8월 13일 장제스가 하야했다. 북벌은 일시적으로 중단되고 쑨촨팡의 반격에 직면했다. 쉬저우에서 승리한 쑨촨팡은 남하하여 8월 18일 푸커우를 점령하고 창장에 있는 북벌군의 군함을 향해 포격을 퍼부었다. 푸커우와 난징 사이에는 창장만이 유일한 장애물이었다. 난징을 도로 빼앗기는 것도 시간문제였다. 공전의 위기에 직면하자 그제야 우한과 난징 두 정부는 이견을 접고 통합에 합의했다. 또한 모든 병력을 난징으로 출동시켜 쑨촨팡과 결전을 벌였다.

즈리의 명장 쑨촨팡은 11개 사단과 6개 혼성여단으로 난징 탈환에 나섰다. 쑨촨팡군의 일부가 창장을 넘어 난징 동쪽으로 도하하는 데 성공했다. 8월 25일에는 난징 교외의 우룽산과 치샤산 등 여러 고지를 점령했다. 이 때문에 샤웨이가 지휘하는 제7군의 퇴로가 차단되었다. 허잉친의 제1군도 난징으로 퇴각했다. 상황이 급박하자 북벌군 총사령관 대리인 리쭝런이 직접 독전하면서 병사들의 철퇴를 막고 적의 공격을 저지했다. 또한 천사오콴이 지휘하는 제2함대 산하 방호순양함 퉁지와 여러 포함이 출동하여 쑨촨팡군의 도하를 막고 맹렬한 포격을 퍼부었다.

8월 31일, 해군 함대의 함포 엄호 아래 세 방향에서 총반격에 나서 쑨촨팡군을 밀어내기 시작했다. 또한 천지량의 제1함대도 가세하여 쑨촨팡군의 진지를 강타했다. 쑨촨팡군 주력 6만 명은 룽탄에서 포위되어 괴멸하고 4만 명이 항복했다.

10월 10일에는 우한에서 후난 주석이자 제4집단군 총사령관 탕성즈가 반란을 선언하고 '영한전쟁'을 일으켰다. 그는 제36군에게 동진하여 난징을 공략하라고 명령했다. 난징 정부도 탕성즈 토벌을 명령하고 청첸의 제6군과 샤웨이의 제7군, 천사오콴의 제2함대 포함 6척을 출동시켰다. 서정함대西征艦隊는 창장을 따라 서진 중이던 10월 23일 안후이성 다퉁에서 탕성즈 측의 포함 5척을 만나 짧은 함포전 끝에 격퇴했다. 11월 8일에는 우한의 입구에 해당하는 요충지 톈자전田家鎭을 수륙 공동으로 점령했다.

우한 함락이 시간문제가 되자 탕성즈는 11월 11일 창사로 물러난 뒤 강화를 요청했다. 11월 14일 서정함대가 한커우에 도착하고, 18일에는 청첸의 제6군이 우한에 입성했다. 1928년 1월 17일, 제6군은 후베이성 남쪽의 요충지 웨저우를 점령했다. 서정함대도 창사를 향해 남하하면서 탕성즈 측의 포함과 증기선 등 28척의 군함을 나포하고 창장 상류의 통제권을 장악했다. 창사와 헝산·헝양이 줄줄이 함락되자 사면초가에 몰린 탕성즈는 1월 26일 하야를 선언한 뒤 일본으로 달아났다. 제8군장 리핀셴, 제35군장 허젠, 제5사단장 예치 등 남은 부하들은 바이충시 휘하에 편입되었다.

국민정부의 내분으로 한동안 중단됐던 북벌전쟁은 1928년 4월 4일 다시 시작되었다. 북벌군의 총공격 앞에서 장쭤린은 연전연패했다. 4월 19일, 일본의 다나카 기이치 내각은 제2차 산둥 출병을 결의했다. 4월 26일, 일본군 제6사단 제11혼성여단 5,000여 명이 산둥성 칭다오에 상륙한 뒤 지난성을 향해 진격했고 톈진에 주둔한 지나주둔군 3개 중대도 가세했다. 5월 3일, 일본군이 지난성에서 북벌군을 공격하는 '지난참안'이 일어났다. 일본군의 사상자는 200명이 채 안 되었던 반면, 중국군의 사상자는 민간인까지 포함해 5,000명이 넘었다. 현지에서는 잔혹한 학살이 자행되었다. '난징대학살'의 축소판이나 다름없었다.

장제스는 일본을 비난하면서도 전면전으로 확대될지 모른다는 판단 아래 모든 병력을 지난에서 철수했다. 중국 해군도 일본 해군과의 충돌을 우려하여 난징에 정박한 채 창장 이북으로 출동하지 않았다. 그만큼 청일전쟁 이래 일본에 대한 트라우마를 쉽게 극복할 수 없었다. 일본군은 한동안 산둥성을 장악하고 있다가 이듬해인 1929년 3월 28일 '중일제안협정'이 체결되자 철수했다.

1928년 6월 6일, 제3집단군 옌시산의 선봉대가 베이징을 점령했다. 북벌전쟁은 끝나고 중국은 청천백일기 아래 하나로 통일되었다. 신해혁명 이래 16년 만이었다. 분열됐던 중국 해군도 장쉐량의 동북 해군을 제외하고 하나의 깃발 아래 다시 통합되었다.

중국 해군은 군벌 내전기 동안 제해권 확보와 적 함대와의 결전 같은 근대적인 해군 역할을 하기보다는 육군을 보조하는 전통적인 '수군' 개념에서 벗어나지 못했다. 해군이 맡은 작전은 대부분 육군을 수송하고 수륙합동작전으로 지상에 대한 함포사격을 지원하는 정도였다. 군벌들의 함대가 해상에서 충돌하여 포탄을 주고받는 일은 거의 없었다. 청말에 '제해권 사상'이 형성되고 있었다는 점에서 오히려 퇴보한 셈이다.

해군 수뇌부는 대규모 함대에 대한 지휘 통제와 작전 역량이 매우 미숙했다. 신해혁명 전후에 해외에서 주문하거나 국내에서 건조한 소형 포함 외에는 대형 군함을 추가로 구매하는 등의 전력을 확충하려는 노력 또한 없었다. 보유하고 있는 군함조차 제대로 수리하거나 정비할 수 없는 형편이었다. 해군 함정들은 하나같이 시대에 뒤떨어지고 몹시 낡았다. 게다가 대우는 형편없고 몇 달씩 봉급이 체불되기 일쑤여서 병사들의 사기는 최악이었다. 겨우 명맥만 유지한 셈이다.

그러나 '명맥뿐인' 해군이라도 있는 것과 없는 것이 전쟁의 승패에 얼마나 큰 영향을 주는지는 충분히 증명했다. 우페이푸와의 전쟁에서 이 사실을 절감한 동북 군벌 장쭤린은 해군력을 확충하려고 많은 노력을 기울였다. 열악한 여건 속에서도 세계적인 추세에 따라 해군 항공대와 육전대를 창설하고 국산 수상용 항공기를 제작하는 등 적지 않은 발전이 있었다는 점 또한 간과할 수 없다.

╲해군의 부흥

북벌전쟁 이후 해군은 오랜 침체기에서 벗어나 재건에 박차를 가했다. 북벌이 끝난 직후인 1929년 6월 1일 난징에 해군부가 설립되어 초대 해군부장에는 양수좡이, 해군차장에는 천사오콴이 임명되었다. 1932년 1월에 양수좡이 푸젠성 주석으로 임명되자 천사오콴이 해군부장이 되어 해군의 실질적인 수장을 맡았다. 해군부는 해군 최고 기관으로서 군정과 군령, 작전, 함대 지휘를 총괄했다.

해군 재건을 주도한 사람은 천사오콴이었다. 1918년 30세였던 그는 런던 주재 중국공사관의 해군 무관으로 근무하면서 구미 국가들을 방문하고 해군을 시찰하며 견문을 넓혔다. 그는 1차대전의 주요 해전을 연구하며 현대전에서 제해권이 왜 중요하고 해군이 왜 필요한지 깨달았다. 북벌이 끝난 직후인 1928년 12월 16일, 천사오콴은 '세계에 해군을 필요로 하지 않는 국가가 있는가?'라는 제목으로 다음과 같이 연설했다.

바다는 국가의 문과 같다. 문을 지킬 수 없다면 외국이 마음대로 들어오고 나갈 것이다. 해군이 없는 것은 문을 지키는 사람이 없는 것과 같다. 영국·미국·일본 등이 공업과 상업이 발달한 것은 모두 해군이 강성하기 때문이다. 1등 국가인가, 2등 또는 3등 국가인가는 육지의 크고 작음이 아니라 해군 군비의 많고 적음에 달려 있다. 영국과 미국의 해군 군함은 120만 톤이며 일본도 100만 톤, 그 밖의 국가들도 70~30만 톤이다. 중국은 해안선은 매우 길지만 해군의 군함 수는 매우 적다. 그마저 거의 낡고 오래돼서 작전을 제대로 수행할 수 없어 이미 모두 폐기해야 하는 단계이다.

천사오콴은 외국이 중국을 자신들과 동등하게 여기지 않는 이유는 해군력이 취약하기 때문이며, 이것은 치욕이라고 강조했다. 그는 장제스에게 '해군 건설 계획'을 건의했다. 향후 15년 동안 20억 위안의 돈을 들여서 60만 톤 규모의 군함을 보유한 해군을 건설한다는 내용이었다. 그는 일본이 100만 톤의 해군력을 보유한 이상 여기에 맞서려면 적어도 60퍼센트 수준은 갖춰야 한다고 믿었다. 첫 단계로 6년 동안 순양함 6척과 구축함 26척, 대형 잠수함 8척 등 대소 군함 71척(총배수량 10만 5,000톤)과 보조함 34척(5만 4,000톤), 수상용 항공기 60여 대를 연차적으로 확보한다, 노후 군함은 4년 동안 점진적으로 수리하고 군항과 국내 조선소를 확충한다, 각지의 해안포대 정비 등도 추진한다, 해군 간부와 수병을 양성하기 위해 해군대학을 설립하고 각지의 해군학교를 정비하여 해군 병력을 1만 8,600명으로 확충한다는 야심 찬 계획이었다.

북벌전쟁이 끝난 직후 중국 해군은 장쉐량의 동북 해군을 제외하고 배수량 4만 톤에 군함 55척, 병력 2,000여 명에 불과했다. 원양 작전은커녕, 중국 근해나 강상 순찰조차 어려운 실정이었다. 미국·영국·일본 등 주요 해군국들은 세계의 바다를 지배하기 위해 모든 국력을 기울여 건함 경쟁을 벌이고 있었다. 일본만 해도 '8-8함대' 건설을 목표로 1922년에 배수량 3만 5,000톤급 전함 나가토와 무쓰陸奥를 건조했고, 1925년에는 최초의 대형 항공모함인 배수량 4만 톤급의 아카기赤城를 건조했다. 전함 한 척만으로도 중국 해군 전체를 능가할 정도였다. 건함 경쟁이 과도해지고 긴장 관계가 심화하자 5대 해군국이 워싱턴과 런던에 모여서 해군 군축 조약을 체결하기도 했다. 중국이 계획대로 60만 톤의 해군력을 확보한다면 이들 다음의 해군 강국으로 올라설 수 있었다.

장제스도 해군의 중요성에 원칙적으로 공감했다. 그는 1928년 8월 16일 상하이 강남조선소에서 건조한 400톤급 포함 '센닝咸寧' 진수식에 참석하여 해군의 중요성을 강조했다. 이듬해 1월 27일에는 600톤급 구축함 '융쑤이永綏'를 진수하는 자리에서도 "우리는 머지않아 열강의 해군과 대등하게 겨룰 것이다"라며 가능한 한 신속하게 해군력을 증강할 것이라고 약속했다. 신조함을 확보하기 위해 일본과 독일 등지에서 최신 군함의 구매를 의뢰하는 한편, 국내의 강남조선소와 마미조선소에서도 포함 건조에 나섰다. 1929년 6월 푸젠성 샤먼에 해군항공처가 설립되어 연습기·전투기·폭격기 등 3개 중대 17대의 항공기를 보유했다. 1930년 4월 18일에는 우리나라의 해병대 사령부에 해당하는 해군 육전대 총지휘부가 설립되었다. 해군 육전대의 규모는 2개 독립보병여단 9,600명 정도였으며, 각 여단은 소총 3,500정, 산포·기관총·박격포 각 12문과 권총 245정을 보유했다.

문제는 자금이었다. 북벌의 승리로 명목상 통일은 되었지만 중국 국토의 90퍼센트 이상은 여전히 군벌이 장악했다. 국민정부가 실질적으로 통치하는 지역은 상하이와 난징 주변에 불과했다. 또한 국민정부의 주요 세수는 관세와 염세·통세 등 간접세였고 토지세·소득세와 같은 직접세는 거둘 수 없었기에 세수 확보에 심한 압박을 받았다. 청조와 베이징 정부가 외국에 지고 있던 각종 배상금, 차관의 상환도 국민정부가 그대로 물려받아야 했다. 채무비 지출이 전체 세출의 30퍼센트를 차지할 정도였다.

북벌전쟁이 끝나자마자 국민정부의 주도권을 놓고 장제스와 군벌 사이에 내전이 벌어졌다. 1930년 5월부터 11월까지 진행된 중원대전은 중국의 절반을 전쟁터로 만들었다. 쌍방 합하여 150만 명이 넘는 병력을 투입해 신해혁명 이래 최대의 혈전을 벌였다. 장제스는 전쟁에서 승리했지만 군벌을 완전히 억누르기에는 힘이 부족했기에 적당한 선에서 정치적 타협으로 마무리했다.

또한 펑위샹은 몰락했지만 그의 휘하에 있던 서북군벌은 건재했다. 창장 이북은 옌시산과 장쉐량의 세력권이었으며 서남은 리쭝런이, 서북은 펑위샹의 서북군벌이 장악했다. 쓰촨성과 구이저우성, 윈난성도 현지 군벌들이 차지하여 국민정부가 실제로 통치하는 영역은 창장 중하류의 몇몇 성에 불과했다. 창장 이남에서는 공산당이 농촌을 중심으로 혁명 근거지를 건설하는 등 세력을 급격하게 키워나갔다. 장제스는 1930년부터 1936년까지 6차례에 걸쳐 토벌 작전을 펼쳤다. 대외적으로는 일본이 만주사변과 상하이사변을 일으킨 탓에 장제스 정권은 끝없는 군비 지출에 허덕였다. 1929년부터 1936년까지 국민정부의 연간 세출 중 군비가 차지하는 비중은 40퍼센트(2~3억 위안)나 되었다. 그러나 대부분은 군벌과 공산군 토벌에 소모되었고, 군대의 내실화를 위해서 쓸 수 있는 금액은 한정적이었다.

재정부장 쑹쯔원이 세제를 개편하고 새로운 세수를 확보하는 등 국민정부의 수입이 매년 10퍼센트 이상 늘어났는데도 거액의 군비를 감당할 수 없었다. 중일전쟁이 일어나기 직전까지 연간 20퍼센트(1억 위안)가 넘는 적자를 내고, 공채를 발행해서 겨우 메우는 실정이었다. 그나마 걸핏하면 외국에서 돈을 차입하여 중국을 경제적 반식민지로 전락시킨 청조나 위안스카이, 북양 정권의 위정자들과 달리 장제스는 현명하게도 되도록이면 해외에서 돈을 빌리지 않고 국내에서 조달하고자 최선을 다했다. 재정 자립을 위한 노력이었다.

이런 상황에서 해군에 대한 안정적인 투자는 불가능했다. 군사비의 우선순위는 육군과 공군에 있었고 해군은 완전히 밀려났다. 연간 군사비 지출에서 육군이 60퍼센트, 공군이 39퍼센트를 차지한 반면, 해군은 1퍼센트도 채 안 되는 600만 위안이었다. 그런데 400톤급 포함 셴닝만 해도 건조비가 120만 위안이었다. 2,500톤급 경순양함 닝하이의 경우 수상용 정찰기 1대까지 포함하여 450만 위안에 달했다. 일본이 1922년에 건조한 3만 5,000톤급 슈퍼 드레드노트 전함 무쓰와 동등한 대형 전함을 건조하려면 적어도 3,000~4,000만 위안이 필요했다.

이런 상황에서 천사오콴이 주장하는 세계적인 수준의 함대 건설이란 공허한 소리에 지나지 않았다. 그는 어떻게든 경비를 마련해볼 요량으로 정부와 교섭하고 각계각층에 호소하기도 했지만, 해결책을 찾을 방법이 없었다. 1932년 6월 1일 해군부 설립 3주년 기념식에서 그는 현실을 솔직하게 인정하면서 "최고 지도부는 당장의 군비 조달에도 어려움을 겪고 있으며 해군의 확충을 도모할 여력이 없다"고 한탄했다.

장제스를 비롯한 지도부도 해군의 중요성에 원칙적으로만 공감할 뿐 구체적인 인식은 없었다. 장제스의 관심은 공군이었다. 상하이사변과 러허사변 때 일본의 막강한 항공력 앞에서 여지없이 무너져버린 중국군의 모습에 충격을 받은 그는 공군력이야말로 미래 전쟁의 주역이라고 생각했다. 장제스는 자신의 부인 쑹메이링을 공군위원장 대리로 임명하여 미국·영국·프랑스·이탈리아·독일 등지에서 대량의 항공기를 사들이고 비행학교를 세워 조종사를 훈련했다. 반면, 해군 건설은 오랜 시간과 많은 비용이 들어가며 단기간에 실현될 일이 아니므로 내우외환에 시달리는 중국의 현실에는 시기상조라고 여겼다. 또한 중국은 해외에 식민지가 없으며, 그렇다고 바다 저편에 있는 남의 나라를 침략할 일도 없으므로 열강에 비견되는 해군을 시급하게 건설할 필요가 없다, 해군을 주력으로 삼아 많은 투자를 한들 중국의 빈약한 재정 여건상 일본을 비롯한 열강을 따라잡기는 어렵다, 전쟁이 일어날 경우 해군은 가장 먼저 큰 희생을 강요당할 것이고 국방에 큰 구멍이 생길 수 있다는 점을 지적했다. 장제스의 생각이 전적으로 틀린 것은 아니지만, 전통적인 대륙 중심 사상에서 벗어나지 못하고 해양의 중요성을 충분히 인식하지 못했다.

중일전쟁은 물론 국공내전에서도 중국 해군의 활동 영역은 중국 근해와 강상에 국한되어 육군과 공군을 보조하는 위치에서 벗어나지 못했다. 장제스가 타이완으로 철수한 뒤에도 마찬가지였다. 바다 한가운데에 있는 섬이라는 타이완의 지리적 특성에도 불구하고 방어의 주축은 해군이 아니라 육군과 공군이었다. 장제스의 목적은 단순히 타이완 방어가 아니라 대륙을 탈환하는 데 있었기 때문이다. 그에게 타이완은 반격의 발판에 지나지 않았다. 그러나 공산군이 군함이라고 할 수조차 없는 바지선과 어선, 목선을 타고 창장을 건너올 때나, 하이난다오와 저우산열도舟山列島 등 동남 연해를 공격할 때 해군력이 좀 더 충실했다면 전세는 틀림없이 달라졌을 것이다. 장제스는 창장 이남을 지켰을 것이고, 타이완으로 달아나지 않았을지도 모른다. 해군력을 경시한 대가를 톡톡히 치른 셈이다.

비록 찬밥 대우를 받았지만, 중원대전이 끝난 뒤 시작된 장제스의 초공 작전에서 중국 해군은 많은 활약을 했다. 후난성과 광둥성 등지에서 병력 수송과 함포 지원을 훌륭하게 수행했다. 소총밖에 없던 공산군은 강상에 포진한 채 쉴 새 없이 쏘아대는 군함에 반격할 수단이 없어 속수무책으로 당해야 했다. 샤먼에 배치된 해군 육전대 제2여단은 육군 제10사단, 제56사단, 제84사단, 지방보안대 등과 함께 출동하여 푸젠성과 저장성 접경지대에서 활동 중이던 공산군을 괴멸시켰다.

1930년 5월부터 11월까지 해군총장 천사오콴의 지휘 아래 10여 척의 대소 군함이 창장 하류에 집결하여 장제스를 비롯한 국민정부 수장들이 참관한 가운데 공격과 방어 전술, 방공훈련 등을 실시했다. 청일전쟁에서 북양함대가 괴멸한 이래 중국 해군의 첫 번째 대규모 해상 훈련이었다. 그 후로도 매년 해상 훈련을 실시하여 중국 해군의 작전 역량을 강화했다. 중일전쟁이 일어났을 때는 이전처럼 무력하게 물러나지 않았다. 창장 하류를 봉쇄하고 일본 해군의 난징 진공을 저지하는 한편 일전에 나서기도 했다.

중원대전이 끝난 직후 중국은 해군을 재건하기 위해 일본의 하리마조선소播磨造船所에 3,000톤급 경순양함의 건조를 의뢰했다. 만주사변과 상하이사변으로 중일 두 나라의 관계는 최악으로 치달았지만, 1932년 8월 닝하이급 경순양함을 예정대로 인도받았다.

닝하이급 경순양함은 말이 순양함이지 배수량 2,500톤에 지나지 않았다. 1930년 4월 22일에 체결된 런던해군군축조약에 따라 각국 해군은 경순양함은 주포 5인치(127mm) 이상, 배수량 5,000톤 이상 1만 톤 이하를 기준으로 삼았다. 이 기준에 따르면 닝하이는 구축함에 불과했다. 140mm 3식 주포 3문을 탑재했다는 것 말고는 방어력이 매우 빈약했으며, 무엇보다도 속도가 23노트였다. 그 무렵 표준 속도가 30노트 이상이었다는 점에서 거북이나 다름없는 속도였다. 하지만 1

●― 1930년 5월 상하이의 창장 우쑹만에서 실시된 해군 해상합동훈련海軍會操 광경.

차대전 이전에 건조된 낡은 방호순양함이 가장 강력한 전력이었던 중국 해군은 이 정도로도 감지덕지였다.

장제스는 국내 조선소의 기술력을 향상하기 위해 상하이 강남조선소에 닝하이급 경순양함 2호 건조를 지시하여 1936년 6월 18일 핑하이平海를 완공했다. 이 2척의 경순양함은 중국 해군의 주력이 되었다. 강남조선소와 마미조선소 등지에서 여러 척의 국산 포함을 건조하고 독일에서는 4척의 고속 어뢰정을 구매하는 등 신조함을 꾸준히 확보했다. 칭다오에 배치된 동북 해군(전 발해함대)이 국민정부에 귀순하여 해군 제3함대로 개편되었다. 광둥 해군이 제4함대로 개편되면서 중국 해군은 4개 함대와 연습함대를 보유했다. 중일전쟁이 일어나기 직전 중국 해군의 전력은 대소 군함 66척, 배수량 6만 톤 정도였다. 그중에서 닝하이·핑하이 두 경순양함과 1929년에 건조된 1,500톤급 국산 순양함 이셴逸仙, 독일제 고속 어뢰정 에스보트S-boat 4척 등 몇 척의 신조함을 제외하고는 모두 시대에 뒤떨어진 노후함이거나 강상용 소형 포함이었다. 하나같이 속도가 느려서 현대 해전에는 거의 쓸모가 없었다. 무엇보다도 방공망이 취약한 까닭에 어뢰나 항공기의 공격에는 속수무책이었다.

1937년 7월에는 독일 뤼베크에 있는 플렌더 베르케Flender Werke 조선소에 2척의 유보트U-boat 건조를 의뢰했다. 건조 모델은 당시로는 최신형인 IIB타입 연안급 잠수함으로, 배수량 330톤에 승무원 25명, 잠항 심도 80미터, 최고속도는 수상 항해 때 22km/h, 잠수 항해 때 13km/h였다. 항해거리는 3,300킬로미터에 달했다. 또한 무기로는 어뢰 발사구 3문, 20mm 대공 기관포 1문을 갖추었다. 비록 '카누'라는 별명이 붙을 만큼 덩치는 작았지만 다루기 쉽고 운동성이 뛰어났으며 급속 잠항이 가능하다는 점에서 좋은 평가를 받았다. 구입 비용은 1척당 500만 마르크였다. 또한 잠수함 승무원 훈련을 위해 80여 명의 해군 장교들이 독일로 파견되었다.

중국 해군으로서는 1차대전 당시 연합군에게 공포의 대상이었던 독일의 유보트를 손에 넣을 절호의 기회였다. 그러나 건조를 의뢰한 직후 중일전쟁이 일어나고 히틀러가 삼국동맹에 따라 대중 무기 금수 조치를 내리면서 계약은 취소되었다. 위안스카이 시절 잠수함 도입에 실패한 이후 또 한 번의 좌절이었다. 그 후 2척의 잠수함은 독일 해군이 인수하여 훈련용으로 사용했다. 그중 1척(U-120)은 2차대전이 끝나기 직전 승무원들이 자침했고, 다른 1척(U-121)은 끝까지 살아남아 1950년에 해체되었다.

중일전쟁이 일어나자 천사오콴은 주력함대인 제1함대와 제2함대를 창장 하류의 장인항에 집결시켰지만, 압도적으로 우세한 일본 해군과 정면으로 대결하는 것은 자살행위였다. 그는 일본 해군이 난징으로 거슬러 올라오지 못하도록 창장 입구에 하이치를 비롯한 노후 군함 10여 척과 수십여 척의 상선을 가라앉혔다. 또한 다수의 기뢰를 뿌려놓고 쾌속 어뢰정을 배치하여 적의 습격에 대비했다. 상하이에서는 어뢰정 2척이 일본 함대를 어뢰로 공격하기도 했다. 쌍방의 전력 차이가 크다고 해도 전통적인 함대 결전을 벌였다면 일본 해군의 피해 또한 적지 않았을 것이다.

그러나 중국 해군의 각오가 만만치 않다고 여긴 일본 해군은 정면 승부 대신 대규모 항공부대를 동원해 중국 해군을 공습해서 큰 피해를 입혔다. 게다가 일본 육군이 상하이에서 승리하고 장인 요새를 점령했다. 중국 해군은 창장 입구를 틀어막기 위해 주력함들을 일부러 얕은 곳에 좌초시켜 고정 포대 역할을 할 계획이었지만 육지가 먼저 무너지면서 계획이 무산되었다. 기동성을 잃어 움직일 수 없었던 군함들은 일본군의 공격을 받아 노획당했다. 칭다오의 제3함대와 광저우의 제4함대도 일본군의 공습을 받아 괴멸하거나 적의 손에 넘어가지 않도록 군함에 구멍을 뚫어 가라앉혀야 했다. 잔존 전력마저 1938년 10월 우한 전역에서 소멸하면서 몇 척의 강상용 포함을 제외하고 중국 해군은 전멸했다.

청일전쟁 이후 중국 해군은 수십 년 동안 온갖 부침과 시련을 겪어야 했다. 북양함대가 청일전쟁에서 무너진 뒤 조정 일각에서는 한때 해군력을 포기해야 한다는 주장도 나왔다. 그러나 리훙장·쭤쭝탕 등 일부 양무대신과 해군 지도부의 적극적인 노력 덕분에 해군을 어느 정도 재건했다. 교리와 사상에서도 육군을 보조하는 전통적인 수군에서 벗어나 서구식 근대 해군으로 발돋움했다. 또한 "한 나라의 운명은 바다에 좌우된다"고 주장하여 당대의 열강에 지대한 영향을 끼친 머핸 제독의 '해양 전략 이론'은 중국에도 많은 영향을 주었다. 중국은 뿌리 깊은 대륙 중심 사상에서 느리게나마 벗어났다. 그러나 신해혁명 이후의 혼란 속에서 위안스카이를 비롯한 베이징의 집권자들은 당장 눈앞에 닥친 국내 문제와 열악한 재정에 쫓겨 해군 건설을 등한 시했다.

쑨원이나 장제스도 다르지 않았다. 두 사람은 중국이 열강 반열에 들어서려면 강력한 해군을 키워야 한다고 제창했지만, 실질적인 행동은 뒤따르지 않았다. 바다의 중요성을 간과했다기보다는 내전이라는 혼란 속에서 중국 밖으로 눈을 돌릴 여유가 없었기 때문이다. 내전기의 중국 해군은 여전히 육군을 보조하는 위치에 머물렀으며, 외세의 침략 앞에 무기력할 수밖에 없었다.

중일전쟁이 일어난 뒤 중일 양군은 상하이를 놓고 서로 한 발짝도 물러설 수 없다며 3개월에 걸쳐 최대 혈전을 벌였다. 그러나 중국 해군이 유명무실한 현실에서 일본 해군은 중국의 해안을 마음대로 유린했다. 중국군이 정면의 적에만 신경 쓰는 사이 20만 명이나 되는 일본군이 후방에 상륙하자 퇴로가 막히면서 중국군 전체가 무너졌다. 상하이전투는 '중국판 갈리폴리'가 되지 못했다. 해군력을 등한시한 대가였다. 그러나 중국 해군이 자살에 가까운 작전으로 일본 해군의 창장 진입을 견제한 덕분에 수도를 후방으로 옮기고 장기 항전 태세를 갖출 시간을 벌 수 있었던 점은 큰 공이었다.

43

신군벌 내전

1928년 6월 6일, 제3집단군 휘하 쑨추의 산시군 제6사단이 베이징에 입성했다. 오랫동안 중국의 수도였던 베이징에는 오색기가 내려가고 붉은 바탕에 은빛 태양이 빛나는 청천백일기가 휘날렸다. 새로운 중국의 수도는 난징이었다. 베이징은 고대에 불리던 베이핑이라는 이름으로 되돌아갔다. 12일에는 푸줴이의 제5군이 톈진을 점령했다. 같은 날 신장성이 서북역치를 선언하고 국민정부에 복속했다. 광대한 중국도 하나의 깃발로 거의 통일되었다. 마지막으로 남은 것은 장쉐량이 통치하는 동북이었지만, 그 또한 더는 저항할 의사가 없었다. 드디어 북벌군이 승리를 거두었다. 북양의 시대는 끝났다.

그러나 북벌은 겨우 한 가지 목표를 달성했을 뿐이었다. 상황은 북벌 이전과 크게 달라지지 않았다. 그동안 중국을 통치하던 북양군벌들은 몰락했지만, 그 자리는 북벌에 가담한 다른 군벌로 대체되었다.

대외적으로는 외세의 위협을 받고, 대내적으로는 파산 직전의 국가 재정과 불만에 가득 찬 농민들의 반란 등 총체적인 난관에 직면했다. 가장 큰 문제는 어떻게 군벌들에게서 영토와 병권을 빼앗아 중앙으로 귀속시킬 것인가였다. 북벌군은 여러 군벌의 연합군이었고, 어느 누구 할 것 없이 저마다 자신의 몫을 원했다. 군벌들이 북벌에 참여한 이유는 복잡했다. 모두가 혁명의 의미를 충분히 이해한 것도 아니고, 외세에 맞서기 위해 강력한 통일국가를 세워야 한다는 대의에 동의한 것도 아니었다. 군벌 할거 시대를 초래한 '분치分治'의 기치를 들고 국민정부에 항거한다면 지금까지와는 비교할 수 없는 더 큰 싸움이 시작될 판이었다.

1928년의 중국은 1868년 일본의 상황과 흡사했다. 도쿠가와 막부 264년의 치세를 끝장낸 세력은 조슈·사쓰마·도사 등 여러 번藩의 연합군이었다. 메이지 신정부의 권위는 취약했다. 유신파 진영에 참여한 제번諸藩은 막부 타도에만 의견이 일치했을 뿐, 그다음에 대해서는 복잡한 이해관계가 얽혀 있었다. 메이지 천황은 유신파가 막부에 맞서기 위해 내세운 허울뿐인 구심점으로, 아무 힘도 없는 존재였다. 천황에게 통치권을 돌려준다는 대정봉환大政奉還이란 한낱 허울에 지나지 않았다. 유신의 양대 세력인 조슈와 사쓰마는 서로 으르렁대다가 세이난전쟁西南戰爭을 벌이기에 이르렀다. 막부를 지지하는 세력도 건재했다. 이들은 백기를 드는 대신 끝까지 싸우겠다는 쪽이었다.

더욱이 일본은 역사상 단 한 번도 제대로 된 통일국가를 세워본 적이 없었다. 중국이나 조선처럼 강력한 중앙 권력이 없고 지방의 봉건 영주들이 난립한 채 각자 알아서 통치하는 봉건 연합체였다. 이들이 권력을 순순히 중앙으로 내놓으리라고는 아무도 보장할 수 없었다. 하물며 '같은 일본인'이라는 의식조차 없었던 것이 그 시절 일본인들의 사고방식이었다. 유일한 구심점이었던 막부의 붕괴는 오히려 새로운 혼란으로 이어져, 수많은 소국小國이 할거하는 16세기의 전국시대로 되돌아갈 수도 있었다.

그럼에도 일본은 통일국가를 실현했다. 그 비결은 무엇인가. 첫째로는 폐번치현廢藩置縣*과 병제의 정비였다. 둘째로는 거액의 적자에 허덕이던 각 번의 재정을 중앙정부가 떠맡기로 약속하는 등 법제도를 개혁한 덕분이었다. 그러나 더 근본적인 이유는 지도부 스스로 "분열은 곧 망국"이라는 데 공감했기 때문이다. 이들은 구태의연하게 낡은 봉건제를 고집하지 않고 영토와 병권을 국가에 내놓았으며, 그 대가로 신정부의 일원이 되었다. 파벌과 반목은 있어도 국가를 여러 쪽으로 나눌 정도는 아니었다. 가고시마현(옛 사쓰마번)만 끝까지 반발하여 반란을 일으켰지만, 오히려 일본 전체를 메이지 정부를 중심으로 뭉치게 하는 데 일조했다. 일본 최강이라는 사쓰마 무사들도 전국을 상대로 이길 수는 없었기 때문에 석 달 만에 패망했다. 그 뒤로 지방이 할거하면서 중앙에 대항하는 일은 없었다. 일본 역사상 처음으로 진정한 통일이 실현되었다.

비록 북벌은 완성했지만, 중국의 미래가 장밋빛일지 더 큰 고난일지는 아무도 알 수 없었다. 북벌이 끝난 지 꼭 한 달 뒤인 7월 11일, 베이징 교외의 탕산에서 장제스 주최로 '탕산 편견회의'가 열렸다. 4대 집단군의 영수들 외에 국민정부의 군 수뇌와 주요 군벌 지도자들

---

* 1871년 8월 29일 일본의 261개 번을 폐지하고 전국을 3부 302현으로 재편하여, 중앙에서 임명한 현 지사가 다스리는 중앙집권화 정책. 그 뒤 행정구역이 여러 번 개편되면서 현재의 3부 43현이 되었다. 폐번치현은 번주들의 통치권과 병권을 중앙에서 회수하여 다이묘大名(지방 영주)들이 다스리는 봉건시대를 끝내고 중앙집권화한 근대적 통일국가로 발돋움하는 가장 중요한 전환점이었다.

이 모두 모였다. 동북의 장쉐량에게 투항을 권고하고 북벌의 성사에 따른 논공행상 그리고 군대를 편견^{編遣}하기 위해서였다. 편견이란 '엮고^編 내보낸다^遣'는 뜻으로, 비대한 군대를 줄이고 정예부대 중심으로 재편성하는 것이었다.

1926년 7월 처음 북벌을 시작할 때 국민혁명군의 총병력은 8개 군 10만 명에 불과했다. 그러나 북벌 과정에서 투항한 군벌 군대를 대거 흡수하면서 12월에는 26만 명으로, 1927년 초에는 40만 명으로 급격히 늘어났다. 북벌이 끝났을 때는 4개 집단군 84개 군 272개 사단, 18개 독립여단, 21개 독립연대 등 220만 명이나 되었다. 그중에서 장제스의 제1집단군이 55만 명, 펑위샹의 제2집단군이 40만 명, 옌시산의 제3집단군과 리쭝런의 제4집단군이 각각 20만 명이었다.

그 밖에 장쉐량의 동북군이 30만 명, 리지선의 제8로군이 15만 명 그리고 쓰촨성의 류원후이, 충칭의 류샹, 후난성의 허젠 등 각지의 중소 군벌도 적게는 수천에서 많게는 수만 명으로 모두 합하면 300만 명이 넘었다. 전 세계에서 가장 거대한 군사력이었다. 군비 지출은 연간 5억 4,600만 위안이었다. 반면 국민정부의 세수는 4억 5,000만 위안에 불과했다. 게다가 그중 1억 위안은 청조와 북양 정권이 흥청망청 낭비했던 채무 상환금이었다. 실제로 쓸 수 있는 돈은 아무리 많아야 3억 5,000만 위안이 채 안 되었다. 군대를 크게 줄여서 재정을 바로잡지 않는다면 어렵사리 이룩한 통일정부가 무너지는 것도 시간문제였다. 또한 군벌들에게서 병권을 회수하지 못한다면 소란이 거듭될

●── 북벌 직후인 1928년 6월의 전국 형세. 북벌의 승리에도 불구하고 진정한 통일정권이 수립되지 않은 채 여러 실력자가 할거하는 형국이었다. 메이지유신 직후의 일본과 비슷한 상황이었지만, 평화적인 통일정권 수립에 합의한 메이지 지도자들과 달리 북벌의 지도자들은 자신의 병권과 영토를 내놓으려 하지 않았다. 결국 또 한 번의 싸움으로 승부를 내야 했다.

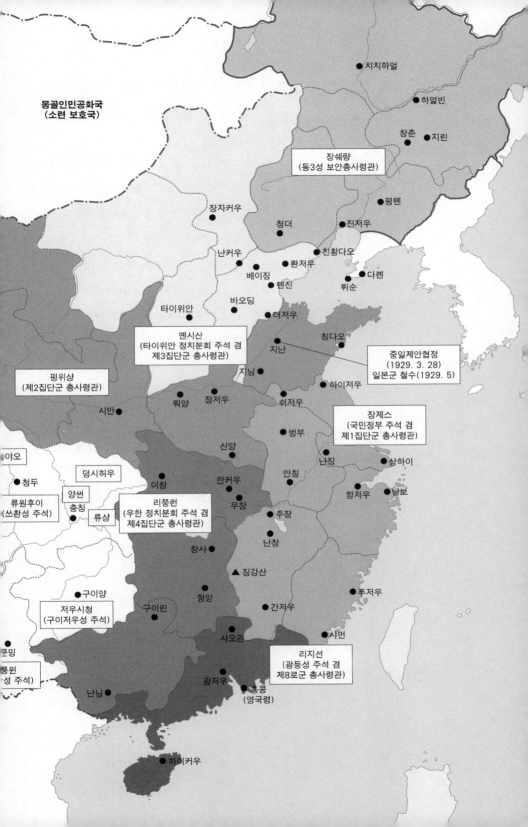

것이 뻔했다. 장제스는 북벌 이후 가장 중요한 과업을 '편견'이라고
강조했다.

우리의 군비는 정확하게 계산할 수 있는 것만도 3억 위안이나 된
다. 그렇지만 다른 지방의 군대가 징수하는 것도 있고 실제로 어느
정도의 액수가 사용되는지 알 길이 없다. 설령 3억 위안이라고 해
도 이미 어쩔 도리가 없는 금액이다. 군비가 국가 수입의 80퍼센트
가 넘는다면 그 나라는 반드시 망한다. 만일 90퍼센트가 넘는다면
벌써 망한 것과 같다. 우리의 군비는 80퍼센트를 초과했다. 이래서
는 건설을 할 수도 없고 경제적 기초도 없다. 민생을 해결할 방법도
없다. 우리는 군비를 해결해야 국가경제를 안정할 수 있으며, 경제
가 안정된 후에야 정치와 사회 문제도 비로소 해결할 수 있다.

장제스는 북벌 중에도 전쟁이 끝난 뒤를 대비하여 군대 축소를 꾸
준히 제안했다. '재병화공裁兵化工', 즉 병사를 노동자로 전환하자는 얘
기였다. 이를 위해 장쑤성에 대규모 공장을 건설하라고 명령하기도
했다. 하지만 그는 군축 작업이 결코 순탄하지 않으리라는 사실을 예
감했다. 국가를 위해 기득권을 포기하고 대승적인 결단을 내린 일본
의 유신 지도자들과 달리 중국의 군벌들과 정치 지도자들은 말로만
외세의 침략에 분개하고 중국의 허약한 운명을 한탄했다. 국난에 대
한 위기의식이나 뭘 어떻게 하겠다는 국가 대계는 없었다. 사고방식
이 중국이라는 틀을 벗어나지 못했기 때문이다.

또한 군벌들은 북벌 과정에서 공동의 적과 맞서기 위해 잠시 손을
잡았을 뿐, 일본의 유신 지도자들이 지녔던 유대나 신뢰감이 결여되
어 있었다. 오히려 리쭝런은 양호(후난성과 후베이성)를 넘보았고, 평위

샹과 옌시산은 허베이성의 지배권을 놓고 대립했다. 이들 휘하에 있던 중소 군벌들 역시 사사로운 싸움을 금지한다는 명령을 무시한 채 조금이라도 더 많은 땅을 차지하려고 혈안이 되었다. 특히 군벌 할거의 축소판이었던 쓰촨성에서는 수십 명의 중소 군벌이 서로 패권을 차지하려고 치열한 싸움을 벌였다.

시작부터 극심한 반발과 진통을 겪으리라 짐작한 장제스는 베이징에 입성한 직후인 1928년 6월 9일 "북벌이 완수됐으니 나는 더 이상 총사령관을 맡을 이유가 없다"면서 북벌군 총사령관과 군사위원회 주석에서 사퇴했다. 이틀 뒤에는 정치위원회 주석에서도 물러나 야인으로 돌아가겠다고 선언했다. 사방에서 하야를 만류하는 전문이 빗발쳤다. 물론 모든 것을 포기하고 정계에서 은퇴하겠다는 장제스나 만류하는 정적들이나 본심이 아니기는 마찬가지였을 것이다. 그의 속셈은, 권력에 사심이 없다고 강조함으로써 앞으로 시작될 첨예한 싸움에서 정치적 명분을 얻는 것이었다.

1928년 6월 27일 상하이에서 열린 제2차 전국경제회의에서 본격적인 군축 논의가 시작되었다. 주요 내용은 현재 300만 명이 넘는 전국의 군대를 3단계에 걸쳐 50개 사단 80만 명으로 축소하고 연간 군사비를 2억~2억 2,000만 위안 선으로 내린다는 것이었다. 또한 집단군과 군, 군단 편제를 모두 없애고 사단을 전략의 기본 단위로 하며, 모든 병권을 중앙으로 일원화한다는 것이었다. 특히 청말 이래 가장 큰 폐해였던 군인들의 성장·시장 겸임을 금지하고 군대와 행정을 엄격하게 분리하여 군벌 시대에 종지부를 찍겠다는 내용이었다.

전쟁이 끝난 이상 지나치게 비대한 군대를 줄여야 한다는 사실에는 아무도 이견이 없었다. 그러나 "그래야 한다"와 "어떻게 그렇게 할 것인가?"는 엄연히 다른 얘기였다. 무엇보다도 병력을 감축하면 많은 제대 군인들이 쏟아져나올 터였다. 농업국가인 중국의 산업 기반으로 는 이들을 흡수할 방법이 없었다. 군축은 실업자의 양산을 의미했다. 당장 생계에 큰 타격을 받는 군인들은 토비가 되어 치안을 어지럽히 거나 반란을 일으킬 수 있었다. 장제스보다 훨씬 강력한 권력을 쥐고 있던 마오쩌둥도 국공내전에 승리한 뒤 군축을 거론했을 때 군부의 격렬한 반발에 부딪혔다. 중국이 한국전쟁에 참여하게 된 중요한 배 경으로 미군과의 전쟁을 통해 병사들을 대량으로 소모함으로써 자연 스레 병력을 줄이려 했다는 주장이 설득력을 얻는 이유도 이런 배경 이 있기 때문이다.*

　물론 문제가 단순히 제대 군인을 처리하는 데 있다면 어떻게든 해 결책을 찾았으리라. 그러나 갈등의 근본적인 원인은 군벌들 자신에게 있었다. 군대는 권력의 척도였다. 자신의 왕국을 통치하면서 중앙을 상대로 정치적인 지분을 요구하려면 무력이 있어야 했다. 따라서 군 벌들이 할거주의를 포기하지 않는 한, 장제스가 아무리 높은 직위를 약속해도 영토와 병권을 내놓을 리 없었다. 이들이 자신의 재산과 다 를 바 없는 군대 축소에 어떻게 순순히 찬성하겠는가. 이것이 딜레마 였다. 펑위샹을 비롯한 3대 군벌 영수들은 장제스의 주장에 원칙적으 로 공감했지만 구체적인 방안을 놓고 한 치도 물러서지 않았다.

　편견회의에서 장제스는 각 집단군이 보유한 병력의 수에 비례하여 일률적으로 줄이는 방안을 내놓았다. 그러나 펑위샹은 획일적인 감축

을 반대하고 각 집단군의 질에 따라 개편해야 한다고 주장했다. 그는 제1·제2 집단군을 12개 사단으로, 제3·제4 집단군을 각 8개 사단으로 개편하고 여기에 속하지 않은 그 밖의 집단군은 각 8개 사단으로 개편하자고 주장했다. 누구를 남기고 누구를 내보낼 것인가 하는 원칙도 다음과 같이 제시했다.

건강한 자는 남긴다. 노약자는 보낸다. 총을 가진 자는 남긴다. 총이 없는 자는 보낸다. 훈련된 자는 남긴다. 훈련되지 않은 자는 보낸다. 혁명 공로가 있는 자는 남긴다. 혁명 공로가 없는 자는 보낸다.

또한 군사위원회에서 모든 군대를 접수하여 지휘권을 일원화하고, 여러 군벌 영수들은 난징에 상주하면서 중앙의 직무를 맡아야 한다고 주장했다. 그는 장제스가 인사권을 쥐고 전횡을 일삼는다면서 "이당치국以黨治國(당이 중심이 되어 나라를 통치한다)이 아니다"라고 비판의 목소리를 높였다. 그러나 그의 제안에 장제스는 물론이고 옌시산과 리쭝런도 반발했다. 펑위샹에게만 유리하고 나머지 사람들에게는 좋을 것이 없었기 때문이다. 옌시산은 다음과 같은 방안을 제시했다.

제1집단군과 제2집단군은 각각 10개 사단으로, 제3집단군과 제4집단군은 각각 8개 사단으로 개편한다. 그 밖의 군대는 6~8개 사단으로 개편한다. 또한 별도로 중앙 편견구를 정하여 6~8개 사단을 할당한다.

옌시산의 안은 장제스에게 유리하고 펑위샹에게 매우 불리했다. 펑위샹은 1개 편견구밖에 없는데 장제스는 제1편견구와 중앙 편견구까지 2개의 편견구를 차지하여 나머지 세 명보다 압도적인 우위에 설 수 있었다. 평위샹과 옌시산·리쭝런의 세력은 거의 동등해진다. 평위샹이 받아들일 리 없었다. 옌시산은 주변 사람들에게 평위샹을 가리켜 "변덕스럽고 신의가 없다"며 공공연히 헐뜯었다. 물론 옌시산의 진짜 속내는 장제스를 편들기 위한 것이 아니라 평위샹을 반대하는 데 있었다. 두 사람이 허베이성의 지배권을 놓고 대립했기 때문이다.

평위샹이 탐내는 곳은 허베이성이었다. 그의 영토는 샨시성을 중심으로 서북과 내몽골 등 중국에서도 가장 가난하고 척박한 곳이었다. 무기와 탄약을 확보하기도 어려웠다. "우리에게는 바다와 접한 곳이 없다. 군사 장비는 국외에서 사야 한다는 점에서 아주 불편하다." 따라서 부유하고 발전한 허베이성을 반드시 차지해야 한다고 생각했다. 문제는 옌시산도 평위샹만큼 야욕이 있다는 점이다. 장제스는 옌시산의 손을 들어주면서 평위샹에게 이렇게 말하며 다독였다.

제2집단군은 산둥성과 샨시성, 간쑤성, 닝샤성, 칭하이성 등 6개 성을 가졌으니 결코 적지 않다. 제3집단군은 허베이성과 산시성, 쑤이위안성, 차하르성의 4개 성을 가지고 있어 많지 않다. 게다가 베이핑과 톈진은 정세가 복잡하여 대충 처리할 수 없다. 만일 뜻밖의 일이 벌어진다면 제2의 지난참안이 일어나지 않으리라 보장하기 어렵다.

그 대신 장제스는 자신의 지분 중에서 산둥성을 평위샹에게 양보했다. 겉으로는 선심을 쓴 것처럼 보여도 성도인 지난과 칭다오 등 알짜배기는 모두 일본군 수중에 있었다. 평위샹이 차지할 수 있는 영토는 별로 없었다. 또한 허베이성은 옌시산에게 주되 옛 수도인 베이핑을 펑위샹의 몫으로 약속했다. 그러나 실권이 있는 베이핑의 경비사령관과 공안국장은 옌시산의 부하들이 차지했다. 베이핑과 톈진의 경비 총사령관은 옌시산이 직접 맡았다. 펑위샹에게 돌아온 것은 빛 좋은 개살구 같은 베이핑의 시장 자리 하나였다. 이 자리에는 그의 비서장이었던 허치궁何其鞏이 임명됐지만, 1년 뒤에는 그것마저 베이핑의 경비를 맡은 산시군 제42사단장 장인우張蔭梧에게 넘어갔다.

장제스는 옌시산에게 허베이성을 주고 펑위샹을 견제하면서 두 사람을 이간질하려는 속셈이었다. 펑위샹이 허베이성을 차지한다면 그 야말로 날개를 달아준 격이 되어 그의 위세가 장제스 자신과 맞먹게 된다. 장쉐량과 옌시산도 펑위샹에게 굴복할 것이 뻔했다. 결국 창장을 경계로 중국을 양분하는 것과 다름없었다. 장제스로서는 허용할 수 없는 일이다. 그러나 그 속내를 모를 리 없는 펑위샹은 장제스에게 깊은 증오심을 품게 되었다. 1년 전 북벌을 놓고 의기투합하여 형제의 맹세를 했을 때의 결기는 사라지고 남은 것은 불만과 반목이었다. 펑위샹은 국민정부에서 모든 군정대권을 한 손에 쥐는 군정부장에 임명되었다. 그러나 자신의 병권을 내놓을 생각은 조금도 없었다. 좌파 군벌, 애국장군이라고 불리는 그조차 봉건 군벌이라는 한계를 벗어나지 못했다.

제4집단군의 영수 리쭝런 또한 장제스가 멋대로 군축회의를 좌지우지한다는 이유로 불만을 토로하는 등 탕산회의는 전혀 진척이 없었다. 7월 11일, 다시 회의가 열렸다. 이틀에 걸친 논의 끝에 장제스는 겨우 합의안을 발표했다. 그러나 "군축을 한다"는 원칙에만 의견을 모았을 뿐 구체적인 계획이나 실천 방안은 없었다. 병권을 중앙으로 어떻게 모을지, 군 통수권을 누가 가질지도 결론을 내리지 못했다. 입장이 워낙 첨예하게 대립하면서 모두들 한 치도 양보하려 하지 않

았기 때문이다.

8월 1일, 난징에서 제5차 중앙위원회 전체회의^{五中全會}가 열려 통일 정부 구성과 군대 개편 문제를 논의했지만 난항의 연속이었다. 옌시 산은 내무부장에 임명됐지만 자리가 마음에 들지 않는다는 이유로 아 예 회의에 불참했다. 리쭝런은 장제스와 말다툼을 벌이다 상하이로 가버렸다. 장제스도 회의가 자기 뜻대로 진행되지 않자, 신병을 치료 한다는 구실로 상하이로 떠났다. 마지막까지 남은 사람은 펑위샹이었 다. 그는 장제스에게 다시 돌아와 군사 문제를 마무리하자고 독촉했 다. 그러나 장제스가 돌아오지 않자, 8월 24일 난징을 떠나 허난성으 로 돌아갈 수밖에 없었다.

두 달에 걸친 군축 논의는 쉽게 좁힐 수 없는 서로의 모순만 확인 했다. 장제스는 이들이 군벌의 습성을 버리지 못한다며 비난했고, 리 쭝런·펑위샹 등은 장제스가 권력을 독차지하려는 속셈이라고 반발했다. 서로 상대에게 책임을 떠넘겼지만, 결국 어느 쪽이건 자신들의 기득권을 내놓을 생각이 없었기 때문이다. 대승적인 차원에서 이견을 절충하기보다는 조금이라도 더 많은 지분을 차지하겠다는 욕심만 있었다.

4개월 뒤인 1929년 1월 1일부터 26일까지 편견회의가 다시 열렸다. 격론 끝에 최종 합의한 내용은 다음과 같았다. 중국 육군은 65개 사단, 기병 8개 여단, 포병 16개 여단, 공병 8개 연대 등 총병력 60만 명에서 80만 명 선으로 결정되었다. 사단의 상위 편제인 집단군과 군·로군은 폐지하기로 했다. 사단은 갑종·을종·병종 세 가지가 있었다. 갑종 사단은 3개 여단 6개 연대, 을종은 2개 여단 6개 연대, 병종은 2개 여단 4개 연대로 편성되었다. 또한 사단 직속부대로 포병대대와 공병대대, 수송대대, 기병중대, 특무중대가 각 1개씩 있었다. 1개 사단의 총 인원은 1만 명에서 1만 4,000명 정도였다.

전국을 6개 편견구로 나누고, 각 집단군이 군축 작업을 자율적으로 추진하기로 했다. 편견구는 4개 집단군 이외에 장쉐량의 동북이 제5편견구, 쓰촨성·신장성·윈난성·구이저우성을 묶어서 제6편견구로 정했다. 모든 해공군은 중앙으로 일괄 귀속되었다. 연간 군사비는 총예산의 40퍼센트 정도인 1억 9,200만 위안을 상한선으로 정했다. 군축 작업은 1929년 말까지 완료하기로 했다. 계획대로만 된다면 청말 이래 군벌 할거의 시대를 끝내고, 북벌은 중국의 '메이지유신'이 되어 진정한 통일을 실현할 참이었다.

그러나 이번에도 결정된 것은 원칙뿐이었다. 가장 중요한 문제인 각 편견구마다 병력을 어떻게 할당할 것인가를 두고 여전히 논란이 이어졌다. 옌시산의 주장과 펑위샹의 주장이 팽팽하게 대립하자 장제스는 조정자 역할을 하는 척하면서 군사위원회 주석 대리였던 허잉친을 시켜 옌시산의 손을 들어주게 했다. 본회의에서는 절충안이 통과되었다. 장제스는 중앙 편견구와 제1편견구를 차지하면서 20개 사단을 획득했다. 펑위샹은 14개 사단, 옌시산은 13개 사단, 리쫑런은 11개 사단, 리지선은 5개 사단을 얻었다. 모두 63개 사단이었다. 동북의 제5편견구와 서남의 제6편견구는 포함되지 않았는데도 벌써 상한선에 거의 도달한 셈이었다.

펑위샹은 자기 몫을 충분히 받지 못했다는 생각에 분을 참지 못하고 2월 5일 몸이 아프다는 핑계로 난징을 떠나 자신의 근거지로 돌아갔다. 그는 허난성의 후이현輝縣 바이취안춘百泉村에 은거한 채 두문불출했다. 장제스의 측근인 쿵샹시가 병문안을 오자 펑위샹은 이불을 뒤집어쓰고 다 죽어가는 시늉을 했다. 도대체 무슨 병이냐고 쿵샹시가 묻자, 펑위샹의 측근들은 "마음의 병"이라고 대답했다. 모순과 반목은 날로 깊어갔다. 말로 해결하지 못하는 이상 호소할 수단은 총칼밖에 없었다. 이들은 전쟁터에서 승부를 겨루기로 했다. 제일 먼저 칼을 뽑은 쪽은 리쫑런이었다. 이른바 신군벌 내전의 서막인 '장제스-구이린 전쟁蔣桂戰爭'이 시작됐다.

리쫑런의 반란

제4집단군 총사령관이자 구이린 군벌의 영수인 리쫑런은 오랫동안 장제스의 동맹자 역할을 충실히 해왔다. 탁월한 군사적 역량으로 탕성즈와 함께 북방의 명장 우페이푸를 단번에 멸망시켰으며, 장제스가 쑨촨팡에게 패하여 위기에 빠졌을 때도 구원에 나섰다. 공산당의 탄핵으로 궁지에 몰린 장제스가 4·12정변을 일으켰을 때나 그로 인해 국민당이 분열되었을 때도 리쫑런은 늘 장제스 편에 섰다. 리쫑런의 도움이 없었다면 장제스의 천하도 없었을 것이며 북벌 또한 성공하지 못했으리라. 두 사람은 형제의 연을 맺고 끈끈한 협력관계를 유지해왔다. 북벌군에서 리쭝런의 실력과 위상은 장제스와 어깨를 나란히 했다. 북벌이 끝났을 때 제4집단군은 16개 군과 6개 독립사단 등 약 20만 명이었고, 광시성·후난성·후베이성을 세력권으로 삼았다.

그렇지만 이런 밀월 관계도 눈앞의 이해득실 앞에서는 아무 소용이 없었다. 두 사람의 갈등이 불거진 직접적인 원인은 후난성이었다. 북벌이 한창이던 1927년 10월, 영한 합류에 반발한 탕성즈가 우한에서 반란을 일으키자 난징 정부는 진압에 나섰다. 리쭝런이 총사령관을 맡고 바이충시·주페이더·청첸 등이 연합하여 탕성즈를 단숨에 격파했다. 창사를 점령한 뒤 제6군장 청첸이 후난성장에 임명되었다. 장제스보다 5살 위, 리쭝런보다는 9살 위인 그는 쑨원 시절부터 국민당의 원로였다. 일본 육사 포병과를 졸업했으며, 국민혁명군 제6군장을 맡아 북벌전쟁에서 크게 활약했다. 또한 국민당 내에서는 탄옌카이와 함께 대표적인 후난파이기도 했다. 따라서 후난성장에 임명된 것이 잘못된 인사라고 할 수는 없었다.

그러나 탕성즈가 몰락한 뒤 그를 대신하여 우한 정치분회의 주석이 된 리쭝런은 후베이성은 물론이고 후난성 또한 마땅히 자기 몫이라고 여겼다. 리쭝런은 청첸과 대립했다. 반년 뒤인 1928년 5월에는 권력을 남용했다는 구실로 청첸을 후난성장 자리에서 쫓아내버렸다. 그리고 후난성 출신이면서 자신과 비교적 가까운 제2군장 루디펑을 추천했다. 장제스는 리쭝런의 횡포를 내심 불쾌하게 여기면서도 그와 대립하지 않으려고 일단 묵인했다. 그런데 이번에는 리쭝런과 루디펑 사이에 갈등이 빚어졌다. 뜻밖에도 루디펑이 리쭝런에게 고분고분하지 않은 데다 중앙정부에 복종하면서 세수를 중앙으로 상납했기 때문이다. 루디펑이 장제스와 내통한다고 여긴 리쭝런은 1929년 2월 21일 루디펑의 파면을 선언했다. 그리고 우한에 주둔한 제15사단장 허젠과 제52사단장 예치藥琪 등에게 명령하여 창사를 공격했다. 기습을 받은 루디펑은 달아나고, 그의 군대는 무장해제당했다.

리쭝런의 행동은 엄연한 월권이자 중앙에 대한 선전포고나 다름없었다. 난징 정부가 리쭝런에게 사건의 경위를 추궁하자 체포당할 것을 우려한 그는 가족들과 함께 난징을 탈출하여 상하이의 공동조계로 달아났다. 장제스는 최악의 상황을 막을 생각에 직접 상하이로 가서 리쭝런을 만났다. 그는 리쭝런에게 루디펑의 파면을 취소하고 병력을 본래대로 돌려놓음으로써 서로 없었던 일로 하자며 타협안을 제시했지만 거절당했다. 장제스는 난징으로 돌아온 뒤에도 리쭝런에게 여러 차례 화해 제스처를 취했지만 소용없었다. 그사이에 후난성에서 루디펑의 세력은 완전히 제거되었다. 리쭝런은 홍콩을 거쳐서 근거지인 광시성으로 들어갔다. 장제스와의 일전을 각오한 셈이었다.

3월 21일 장제스는 모든 인사권은 중앙정부에 있으며, 리쭝런의 행동은 반란이라 규정하고 모든 직위에서 파면할 것과 광시성 토벌을 선언했다. 광둥성장 리지선이 토벌을 반대하고 양쪽을 중재하러 나섰지만, 장제스는 오히려 그를 체포하고 광둥성장에서 해임했다. 그리고 천지탕을 새로운 광둥성장 겸 제8로군 총사령관에 임명했다. 또한 위한머우·차이팅카이 등 다른 광둥파 군벌들을 회유하여 광둥파가 리쭝런과 손잡지 못하게 차단했다. 장제스는 전에 없이 강경한 태도였다. 어차피 리쭝런과의 일전을 피할 수 없는 이상 자신의 강한 의지를 전국의 군벌들에게 확실히 보여주어야 한다고 판단했기 때문이다. 북벌이 끝난 뒤 1년도 안 되어 중국은 새로운 내전의 위기에 맞닥뜨렸다.

리쭝런과 함께 광시 구이린파를 이끄는 또 다른 수장인 바이충시는 북벌전쟁에서 제4집단군 주력을 이끌고 북상하여 퇴각하는 펑톈군을 추격했다. 전쟁이 끝난 뒤에는 탕산에 주둔하면서 푸쭤이의 산시군과 함께 동북을 견제했다. 그런데 중앙이 리쭝런 토벌을 선언하자 그는 난처한 처지에 놓였다. 바이충시는 고민 끝에 장제스 대신 오랜 친우이자 같은 광시파인 리쭝런 편에 서기로 결심했다. 3월 10일, 그는 대대장 이상의 간부들을 모아서 난징 공격을 선언했다. 리쭝런과 바이충시는 북쪽에서 바이충시가 진푸철도를 따라 남하하여 쉬저우를 점령하고, 우한과 광시성에서 각각 광시파 군대가 일어나 세 방향에서 난징을 공략한다는 작전 계획을 세웠다. 또한 펑위샹과 옌시산도 함께 반란의 기치를 든다면 장제스는 사면초가에 몰리게 된다. 바이충시의 전략은 실로 장대했지만 한 가지 큰 약점이 있었다. 리쭝런과 바이충시 휘하의 군대에는 광시군 말고도 탕성즈의 부하였다가 투항한 후난군도 포함되어 있어 결속력이 매우 취약하다는 사실이었다.

장제스의 심복 중 한 사람이자 베이핑 행영의 주임인 허청쥔은 모략에 매우 능했다. 그는 장제스에게 건의하여 일본에 망명 중이던 탕성즈를 재빨리 불러들였다. 그리고 예전의 원한은 서로 잊기로 하고 톈진으로 보내 바이충시 휘하의 부대를 회유하게 했다. 제51사단장 리핀셴을 비롯해 탕성즈의 옛 부하들이 줄줄이 장제스 진영으로 넘어갔다. 탕성즈는 그 공으로 군사참의원 원장과 제5로군 총사령관에 임명되어 복귀했다.

장제스는 펑위샹과 옌시산에 대해서도 리쭝런과 연합하지 못하게 재빨리 손을 썼다. '작은 제갈량'이라고 불릴 만큼 뛰어난 전략가 바이충시도 장제스의 발 빠른 대응에는 속수무책이었다. 부하들의 반란에 직면한 바이충시는 신변의 위협마저 느끼고 부랴부랴 톈진에서 배를 타고 홍콩으로 탈출했다. 그는 오랜 잠행 끝에 4월 초에야 광저우를 거쳐 광시성으로 들어갔다. 바이충시가 달아나자 중립을 지키던 나머지 부대들도 모두 옌시산에게 투항했다. 허베이성에서 리쭝런 세력은 싸움 한번 해보지 못하고 소멸하면서 반장反蔣의 한 축이 무너졌다. 시작부터 틀어진 셈이다.

리쭝런의 병력 배치는 다음과 같았다. 후난성 창사에 3만 명, 후베이성 이창에 3만 명을 배치하여 후방을 대비하는 한편, 주력부대인 제3사단·제12사단 등 6만 명의 병력을 장시성과 안후이성 접경지대에 집결시켜 난징을 공격할 태세를 갖추었다. 또한 일부 병력을 후베이성과 허난성 접경지대에 배치하여 펑위샹과 옌시산의 공격에도 대비했다. 그러나 싸움을 시작하기 전부터 형세는 매우 불리했다. 리쭝런과 아무 사전 공모가 없었던 펑위샹과 옌시산은 장제스에게 불만은 있지만 그렇다고 리쭝런 편을 들지도 않은 채 중립을 지키면서 관망했다. 또한 광시파 군대는 광범위한 지역에 흩어져 있었기 때문에 조직적으로 항전할 수 없었다. 더욱이 우두머리인 리쭝런과 바이충시가 광시성으로 들어갈 때까지 상당한 시간이 걸리면서 작전에 큰 차질이 빚어졌다. 리쭝런이 처음부터 치밀하게 계획한 것이 아니라 홧김에 반란을 일으킨 결과였다.

장제스는 펑위샹에게 행정원장 자리와 리쭝런을 토벌한 뒤 후베이성·후난성을 준다는 조건으로 출병을 요청했다. 펑위샹은 수락했다. "의견을 모아보니 형제(장제스)가 모두 떠맡기는 어렵다고 한다. 나는 13만 명의 병력을 출동시켜 그를 도울 것이다. 총지휘는 내 심복인 한푸쥐가 맡는다." 실제로 출동한 병력은 5만 명 정도였다. 물론 진짜 속셈은 따로 있었다. 장제스를 지지하는 척하면서 형세를 살피다가 리쭝런 편을 들 생각이었다. 그러나 그의 계획은 한푸쥐가 꾸물대면서 시간을 지체하는 바람에 물거품이 되었다. 청말 졸병에서 시작하여 평위샹의 신임을 받아 출세한 한푸쥐는 탐욕스러우면서 무능하기 짝이 없는 위인이었다. 쉬창에 주둔한 제24사단장 스유싼도 욕심 많기로 이름난 인물이었다. 군벌의 습성을 잘 아는 장제스는 이들에게 눈이 번쩍 뜨일 만큼 엄청난 뇌물을 건넸다. 두 사람은 당장 장제스 편에 서기로 했다.

국민정부는 리쭝런과 바이충시의 '죄악'을 열거하고 광시군의 투항을 권고했다. 또한 장제스는 장시성 주장으로 나가 토벌 작전을 진두지휘했다. 3월 31일, 장제스의 총공격령이 떨어졌다. 주페이더가 지휘하는 5개 사단이 주장과 난창 방면에서, 류즈가 지휘하는 5개 사단이 안후이성에서 각각 우한으로 진격했다. 광시군은 사기가 땅에 떨어졌다. 허젠·예치 등 후난성과 후베이성 군벌들은 장제스에게 투항한 뒤 총부리를 돌렸다. 이들은 이해타산에 눈이 멀어 리쭝런과 손잡았을 뿐, 아무런 충성심도 없었기 때문이다. 리쭝런은 일전 한번 치러보지 못한 채 우한과 창사를 상실하고 잔여 병력을 광시성으로 후퇴시켜야 했다. 4월 4일 저녁, 중앙군이 우한에 입성했다. 경제와 군사의 중심지 우한은 정치적으로도 난징 다음으로 중요한 곳이며, 한양은 중국 최대의 병기창 중 하나이기도 했기 때문에 리쭝런에게는 치명타였다.

장제스의 손길은 광시파 내부에까지 미쳤다. 그는 리쭝런과 바이충시에게 출국을 권고하는 한편, 또 다른 광시파 수장이자 광시성 주석 황사오훙에게는 항복하는 조건으로 자리를 보존해주기로 약속했다. 광시파의 여러 장군에게도 투항하면 요직을 주겠다며 회유했다. 제3로군 사령관 리밍루이李明瑞, 제57사단장 양텅후이楊騰輝, 위쬐바이兪作柏 등이 줄줄이 배반하여 장제스에게 넘어갔다.

싸워보기도 전에 승패는 결정된 것과 다름없었지만 리쭝런은 물러설 생각이 없었다. 그는 뒤늦게 전열을 정비하고 행동에 나서 5월 5일

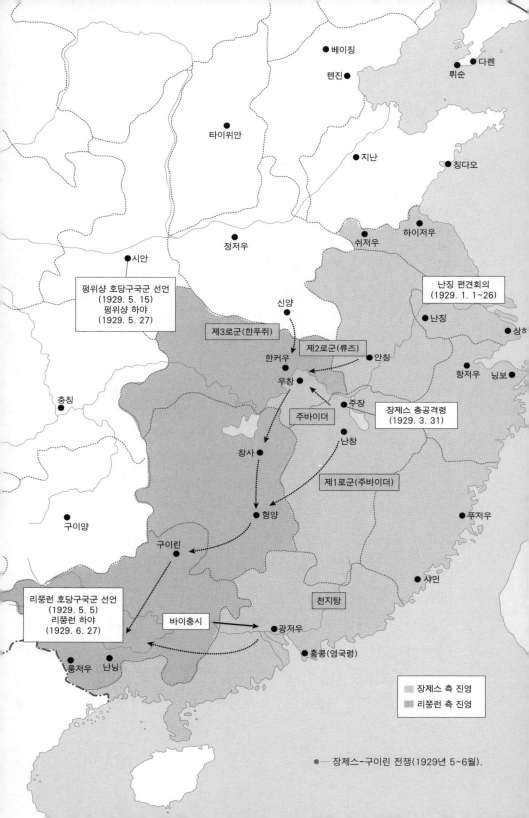

베이징

톈진

다롄

뤼순

타이위안

지난

칭다오

정저우

쉬저우

하이저우

시안

평위샹 호당구국군 선언
(1929. 5. 15)
평위샹 하야
(1929. 5. 27)

신양

난징 편견회의
(1929. 1. 1~26)

제3로군(한푸쥐)

난징

상하

제2로군(류즈)

안칭

항저우

닝보

한커우

우창

충칭

주장

주바이더

장제스 총공격령
(1929. 3. 31)

난창

창사

제1로군(주바이더)

구이양

형양

푸저우

구이린

샤먼

리쭝런 호당구국군 선언
(1929. 5. 5)
리쭝런 하야
(1929. 6. 27)

천지탕

바이충시

광저우

홍콩(영국령)

룽저우

난닝

장제스 측 진영
리쭝런 측 진영

● — 장제스-구이린 전쟁(1929년 5~6월).

●— 전선으로 출동 준비 중인 펑위샹의 서북군. 펑위샹은 장제스와 어깨를 나란히 하는 최강의 적수였다.

호당구국군護党救國軍의 조직과 장제스 토벌을 선언했다. 리쭝런이 총사령관에 오르고 바이충시·황사오훙이 부사령관이 되었다. 바이충시는 전선 총지휘를 맡아 광둥성 공격에 나섰다. 그는 천지탕의 광둥군을 격파하고 광저우로 진격했다. 광시성에서 본격적인 싸움이 시작되자 5월 15일 펑위샹은 드디어 장제스 타도의 기치를 올렸다. 그런데 뜻밖에도, 장제스에게 거액의 뇌물과 높은 자리를 약속받은 한푸쥐와 스유싼이 펑위샹을 배신했다. 이 때문에 펑위샹은 움직일 수 없었고, 리쭝런은 고립된 형국이었다.

바이충시가 광시군 주력부대를 이끌고 광둥성에서 치열하게 싸우는 동안 장제스는 중앙군을 투입하는 한편 후베이군·후난군·구이저우군·윈난군·쓰촨군을 움직여 세 방향에서 광시성을 포위했다. 바이충시는 병참난 때문에 식량과 탄약이 바닥난 상태로 5월 22일 홍콩

북쪽의 선전深圳에서 최후의 결전을 벌였다. 그러나 결사 항전에 나선 광둥군의 저항에 부딪혀 패주했다. 여세를 몰아서 천지탕이 추격에 나섰다. 광시군은 무너져 태반이 투항했고 소수만이 광시성으로 달아났다. 황사오훙은 구이린으로 남하하던 후난-윈난-구이저우 연합군을 기습하여 격파하는 데 성공했지만, 반짝 승리로는 기울어진 전세를 뒤엎기에 역부족이었다. 류저우·구이린·우저우 등 여러 요충지가 줄줄이 함락되었다. 광시군은 베트남 국경에 있는 룽저우龍州까지 밀려났다.

6월 27일, 리쭝런과 바이충시·황사오훙 세 사람은 하야를 선언하고 각각 홍콩과 프랑스령 베트남으로 망명했다. 제7군 군장 샤웨이도 부하들이 반란을 일으키자 홍콩으로 달아났다. 장제스는 위쭤바이를 새로운 광시성 주석으로 임명했다. 리쭝런의 반란은 3개월 만에 장제스의 완승으로 끝났다. 그러나 이것은 앞으로 벌어질 거대한 전쟁의 시작에 지나지 않았다. 군벌 최대의 혈전, 이른바 '중원대전'이 그 막을 열었다.

장제스 포위망

＼평위샹 한발 늦다

리쭝런이 처음 반장제스의 기치를 올렸을 때, 평위샹은 리쭝런의 편을 드는 대신에 심복인 마푸샹을 난징으로 보내 중앙을 지지한다고 선언했다. 또한 장제스의 출병 요청을 받아들여 한푸쥐의 지휘 아래 쑹저위안·쑨량청·스유싼 등 5만 명의 서북군을 우한 방면으로 출동시켰다. 그러나 장제스를 향한 분노를 가라앉힐 수 없었던 평위샹은 고심 끝에 리쭝런의 반란에 호응하기로 결심했다.

평위샹을 대신하여 서북군의 대표로 난징에 체류하던 루중린·마푸샹 등은 탈출했다. 또한 허난성 정저우에서는 서북군 부대가 핑한철도平漢鐵道(베이징이 베이핑으로 바뀌면서 징한철도도 핑한철도로 개칭되었다)를 통제하고 전선으로 군수품을 수송하던 열차 수십여 대를 억류했다. 장제스는 평위샹에게 강력하게 항의하면서 후베이성과 산둥성으로 향하던 서북군의 이동을 중지시켰다. 광둥성에서는 바이충시가 천지탕을 격파하고 광둥성의 태반을 점령하는 등 어느 쪽이 유리한지 쉽게 내다볼 수 없는 상황이었다.

5월 15일, 서북군 장군들이 '장제스의 7대 죄목'을 발표했다. 그리고 펑위샹을 총사령관으로 추대하고 호당구국군의 조직과 장제스 토벌을 선언했다.

장제스는 국민당과 전국의 공적이다. 그동안 당과 정무를 불법적으로 전횡하고 독재를 했으며 비적을 원조하는 등 반혁명적인 행동을 했다. 무엇으로 돌아가신 쑨원 총리를 뵐 것이며 인민을 대할 것인가. 양심이 있으면 스스로를 책망하고 하야하라.

펑위샹은 퉁관과 정저우·카이펑·뤄양 등 허난성의 요충지에 주력 부대를 집중시켜 안후이성과 장쑤성을 위협하는 한편, 옌시산의 산시성을 공격할 태세를 갖추었다. 병력은 기병 2개 사단과 보병 20개 사단 등 약 30만 명이었다. 또한 그는 부하들의 불만을 더욱 부추길 요량으로 일부러 봉급과 보급품을 지급하지 않고 그 책임을 장제스에게 돌리기도 했다.

장제스는 급히 난징으로 돌아와 펑위샹을 비롯한 서북군의 장군 20여 명에 대한 국민당적을 파기하고 모든 직위에서 해임했다. 쉬저우와 산둥성 남부에는 광전우의 제45사단을, 안후이성에는 슝스후이의 제5사단과 쉬위안취안의 제48사단 등이 각각 배치되어 서북군의 난징 공격에 대비했다. 또한 허잉친을 우한 방면 총사령관으로 임명하고 우한과 정저우 사이의 핑한철도를 따라서 류즈의 제1사단과 구주퉁의 제4사단, 먀오페이난繆培南의 제9사단, 장딩원蔣鼎文의 제9사단 등 8만 명의 중앙군 최강 부대를 배치하여 허난성을 공격할 태세를 갖추었다.

전혀 예상치 못했던 바는 아니지만, 리쭝런과의 싸움에 총력을 기울이는 와중에 펑위샹이 반란의 기치를 올리자 장제스도 긴장하지 않을 수 없었다. 장제스보다 5살 위인 펑위샹은 명실상부한 서북의 패자였다. 경력 또한 견줄 바가 아니었다. 서북군은 수많은 전투로 단련된 강병이었다. 휘하에는 기라성 같은 장군들이 포진했다. 그의 실력은 여느 군벌 중에서도 단연 최강이었다. 장제스에게는 가장 무서운 적수였다.

장제스의 병력은 50만 명으로, 수적으로는 월등히 우세했지만 태반이 투항병이었다. 리쭝런·바이충시를 토벌하느라 광둥성에 많은 병력을 투입한 데다 직계부대의 일부를 난징에 남겨야 했다. 이리저리 빼고 나면 펑위샹에게 대항할 수 있는 병력은 10~15만 명 정도였다. 옌시산은 중립을 지키고 있었지만 이 교활한 기회주의자가 언제 돌변할지 알 수 없었다. 그가 장제스 편에 선다고 한들 약 20만 명의 산시군은 수만 많을 뿐 오합지졸이라 도움을 기대할 수 없었다. 탕성즈도 펑위샹과 은밀히 내통하는 등 동태가 심상치 않았다. 한 발짝만 잘못 내디뎌도 나락으로 떨어질 판이었다.

5월 24일, 국민정부는 정식으로 펑위샹 토벌을 선언하고 모든 직위를 박탈했다. 장제스가 직접 동로군의 총사령관을 맡았다. 또한 옌시산을 북로군 총사령관으로, 허잉친을 남로군 총사령관으로 임명하여 펑위샹 토벌을 시작했다. 장제스는 펑위샹을 비난하는 성명을 발표하고 서북군 장병들에게 귀순을 호소했다.

제2집단군에 속한 병사들은 모두 중화민국의 장병들이지 펑위샹 한 사람의 병사가 아니다. 그대들은 펑위샹과 오랜 유대 관계로 맺어졌겠지만 그 유대도 혁명이 있을 때 비로소 존재한다. 펑위샹은 중앙정부가 제2집단군을 차별 대우한다면서 병사들을 부추겨 반란을 꾀하고 있다. 그러나 이것은 거짓이다. 중앙에서는 산둥성·허난성·산시성의 수입과 핑한철도·룽하이철도의 수입을 모두 펑위샹에게 맡기고 있다. 또한 매달 50만 위안의 군비를 보내고 있다. 중앙의 재정도 긴박하지만 가능한 일은 하고 있다. 만약 그에게 병사들의 고난을 구제할 생각이 진정으로 있다면 왜 병사들에게 급료를 지급하지 않는가.

장제스의 호소는 서북군의 사기를 크게 떨어뜨렸다. 물론 펑위샹도 손 놓고 있지 않았다. 제1로군 총사령관 쑨량청이 산둥성으로 진격하고 제2로군 총사령관 한푸쥐가 핑한철도 남단으로 진격했다. 제3로군 총사령관 스유싼은 핑한철도 북단으로 진격했다. 또한 제4로군 쑹저위안은 산시성의 수비를 맡아 중앙군과 대치했다. 총사령부는 퉁관에 두고 펑위샹이 총지휘를 맡았다. 쌍방의 주력은 우한과 정저우, 카이펑 방면에 집결한 채 수백 킬로미터에 걸쳐 대치했다. 5월 20일, 류즈의 제1사단이 선제공격에 나섰다. 그는 허난성 남부의 요충지 신양을 점령했다. 한푸쥐는 싸우지 않고 후퇴했다. 같은 시각 산둥성 남부에서는 쑨량청의 제1로군이 팡전우의 제45사단과 충돌했다.

그러나 본격적인 전투가 시작되기 직전에 뜻밖의 사건이 일어났다. 한푸쥐와 스유싼이 장제스에게 매수되어 귀순을 선언하고 총부리를 돌려 펑위샹의 하야를 요구한 것이다. 이들은 상전인 펑위샹을 향해 '10대 죄상'을 발표하고 "펑위샹은 같은 하늘 아래에서 살 수 없는 원수"라며 온갖 욕을 퍼부었다. 이들의 배반은 펑위샹에게 치명타였다. 쑨량청이 급히 병력을 되돌려 한푸쥐를 격파하고 뤄양을 탈환했지만 이미 승기는 지나갔다. 전황은 급격히 불리해졌다. 남쪽에서는 바이충시가 패하여 광둥성에서 쫓겨나고 광시성까지 침공당하면서 패망은 시간문제가 되었다. 5월 27일, 펑위샹은 옌시산의 권고를 받아들여 하야를 선언한 뒤 타이위안으로 가서 신변을 맡겼다. 상황이 이렇게 되자 서북군의 전의도 꺾일 수밖에 없었다. 쑨량청을 비롯한 일선 부대들은 허난성을 버리고 북쪽의 퉁관으로 급히 철수했다. 펑위샹의 반란은 보름도 채 안 되어 어이없이 끝나고 말았다.

장제스는 퉁관으로 진격하여 서북군의 세력을 완전히 끝장내겠다고 호언했다. 그런데 옌시산이 중재에 나서 펑위샹에 대한 체포령을 취소할 것과 화해를 요구했다. 옌시산도 펑위샹과 깊은 갈등이 있지만, 리쭝런의 광시파가 멸망하는 판에 펑위샹마저 몰락한다면 다음 차례는 틀림없이 자신이 되리라는 사실을 알았기 때문이다. 장제스의 태도가 워낙 강경하고 펑위샹도 하야를 번복하고 끝까지 싸우겠다고 천명하는 등 쌍방의 협상은 한동안 난항을 빚었다.

그러나 평화롭게 해결하라는 목소리가 높아지면서 펑위샹이 해외로 출국한다는 조건으로 타협이 이루어졌다. 1929년 7월 12일, 난징 정부 국무회의에서 펑위샹 체포령과 서북군 토벌을 취소하고 연금 상태였던 리지선도 석방하기로 했다. 장제스-구이린 전쟁과 장제스-펑위샹 전쟁에서 리쭝런이 망명하고 펑위샹도 하야하면서 장제스의 위세는 한층 올라갔다.

물론 이 정도로 전란이 끝날 리 없었다. 펑위샹은 하야를 선언했지만 일시적인 불리함을 모면하기 위해서였을 뿐 본심이 아니었다. 그는 타이위안에 은거하면서 은밀히 반反장 세력 규합에 나섰다. 장제스에게 패하여 광시성에서 쫓겨난 리쭝런도 재기를 준비했다. 이들의 세력은 여전히 건재했다. 싸움이 다시 시작되는 것은 시간문제였다.

＼군축 협상을 재개하다

펑위샹의 하야, 리쭝런과 바이충시·황사오훙 등 광시파의 도주로 약 반년에 걸친 군벌들의 반란은 일단락되었다. 장제스는 반란에 가담한 지휘관들을 군사재판에 회부하는 대신 사면해주었다. 그는 군벌들이 자신에게 복종하는 것만으로 만족했다. 히틀러였다면 패배자들에게 최대한의 굴욕을 준 뒤 가장 참혹한 방법으로 처형했을 것이다. 장제스가 그러지 않은 까닭은 내우외환에 직면한 중국의 현실에서 내전이 끝없이 확대되는 것을 막기 위해서이기도 했지만, 승자는 과거의 일을 잊고 패배자에게 너그러이 관용을 베푸는 것이 중국 사회의 오랜 덕목이었기 때문이다. 국공내전 중에도 공산군에게 투항하거나 포로가 된 국민군 지휘관과 고위 관료들은 대부분 용서받았고, 중국공산당 치하에서 실권 없는 지위나마 누리면서 그럭저럭 안락한 여생을 보낼 수 있었다.

그러나 타협은 미봉책에 불과했다. 장제스는 이들의 기반과 병권을 빼앗는 대신 중앙의 요직을 나눠주어 국민정부에 참여하게 할 생각이었다. 그는 일본의 메이지유신을 주도한 여러 번의 지도자들이 병권을 내놓고 신정부를 구성하여 강력한 통일정부를 수립한 것을 모델로 삼을 생각이었다. 그런 점에서 그는 정적들이 비난하듯 결코 권력을 독점할 의사가 없었다. 하지만 자신의 왕국을 계속 통치하기를 원했던 군벌들은 병권의 반환이 곧 장제스의 허수아비가 되는 것이라고 여겼다. 자신이 주도하는 강력한 통일국가를 꿈꾸는 장제스와 장제스에게 굴복하기를 원치 않는 군벌들. 옳고 그름을 떠나 양쪽 모두 완고하기 이를 데 없었다. 어느 한쪽이 다른 한쪽을 힘으로 굴복시키는 수밖에 없었다.

1929년 8월 1일, 난징에서 편견회의가 다시 열렸다. 내전으로 한동안 중지되었던 군축을 계속하겠다는 것이었다. 장제스로서는 국내를 통일하기 위해 군축과 군벌 세력의 해체는 결코 그냥 넘어갈 수 없는 사안이었다.

여기에서 결정된 내용은 다음과 같다. 장교는 정규 사관학교 출신 자, 경험과 공로가 인정되는 자는 남긴다. 사병은 20세부터 30세까지 체격이 좋고 무기를 갖춘 자는 남기고 나머지는 모두 제대시킨다. 또한 군축 작업은 각 집단군에서 책임지고 추진하되 이를 감독하기 위해 중앙과 현지에서 각기 책임자를 파견하여 점검하기로 한다. 해외로 도주한 리쭝런의 제4집단군에 대해서는 중앙에서 직접 개편을 담당하기로 했다. 제4집단군을 중앙이 장악하겠다는 의미였다. 그리고 모든 재정을 중앙으로 일원화할 것과 군인들이 성장과 현장·시장을 겸임하지 못하게 금지함으로써 지방 행정에 관여하는 일이 없도록 군정과 민정을 분리했다. 또한 당초 중국을 12개의 군구軍區로 나누어 군권을 분산하기로 했던 합의안을 취소하고 모든 군대의 통수권을 중앙으로 귀속했다. 중앙의 권위를 강화하고 군벌들의 힘을 약화하기 위해서였다.

당연히 군벌들은 불만이 컸다. 펑위샹은 군비 지급이 중앙군에만 집중되고 서북군에는 한 푼도 돌아오지 않는다며 불평을 늘어놓았다. 또한 일본과 소련도 군구제를 실시하는데 중국에만 맞지 않다는 논리는 어폐가 있다고 주장했다. 군벌들은 군구제가 실시되어야 자신들이 할거하면서 권력을 유지할 수 있기 때문이었다. 그는 장제스가 외유 경비에 보태라며 보내온 돈도 거절했다. 서북 토벌을 중지하는 조건으로 해외로 출국하겠다던 약속을 번복하겠다는 의미였다. 옌시산이나 다른 군벌들 역시 펑위샹처럼 조금도 물러서지 않고 자신들의 기득권을 내놓으려 하지 않았다. 결국 장제스의 통일 정책에 따를 수 없다는 것이었다. 게다가 너나없이 군비 부족으로 일부 부대가 반란을 일으킬 만큼 심각한 재정난에 허덕였다. 돈이 없기는 장제스도 마찬 가지였다. 편견회의에서 군비를 매달 1,600만 위안으로 정했지만 심의 과정에서 1,884만 위안으로 늘어나자 재정부장 쑹쯔원은 장제스에게 불만을 토로하며 사임하겠다고 말하기까지 했다.

8월 29일에는 장제스 암살 미수 사건이 일어났다. 군축 비용을 마련하기 위해 상하이은행회와 교섭차 상하이를 방문한 그는 프랑스 조계에서 머무르다 한밤중에 호위병의 습격을 받았다. 장제스는 복부에 한 발의 총탄을 맞았지만 다행히 목숨에는 지장이 없었다. 그는 9월 9일 난징으로 돌아왔다. 이 사건에 연루된 20여 명이 재판에 회부되어 총살당했다. 재정부장 쑹쯔원도 습격을 받았다. 게다가 장제스의 최대 후원자였던 상하이 금융 재벌들은 더 이상의 내전 반대를 명목으로 원조 중단을 선언했다. 장쉐량은 북만주에서 소련인들을 강제로 추방하고 중동철도를 회수했다가 소련군의 대대적인 침공으로 괴멸적인 타격을 입는 등 중국은 내우외환에 휩싸였다. 사태는 갈수록 나빠졌다.

장제스는 편견회의가 끝나는 순간까지 군벌 영수들에게 국가를 위해 거국적으로 협조해달라고 몇 번이나 호소했다. 또한 다음 달인 9월 1일부터 군축 작업에 들어가 1930년 3월 말까지는 마무리 짓겠다는 강한 의지를 드러냈다. 그러나 그의 호소에 아랑곳없이 회의가 끝나자마자 군벌들의 반격이 시작되었다. 9월 17일, 후베이성 이창에서 광둥 군벌 장파쿠이가 반장의 기치를 올렸다. 2년 전 광둥성에서 정변을 일으켰다가 패망해서 일본으로 달아났던 그는 장제스와 리쭝런 사이에 싸움이 시작되자 귀국한 뒤 장제스의 용서를 받고 제4사단장으로 임명되었다. 장제스는 평위샹을 견제하기 위해 그에게 허난성으로 북상하여 룽하이철도의 경비를 맡으라고 지시했다. 그러나 장파쿠이는 명령을 거부하고 오히려 장제스 타도를 외치며 후난성으로 방향을 돌려 남하했다. 중원의 혼란을 틈타 자신의 본래 기반이었던 광둥성을 되찾으려는 속셈이었다. 병력은 2만 명이었다.

광둥성은 중국 변방에 속하지만 서북이나 동북과 달리 지리적으로 서양 세력과 접촉하기 유리하여 중국에서 제일 먼저 근대화한 지역이다. 인구는 쓰촨성 다음으로 많고 산물이 풍부했다. 베이징과 2,000킬로미터, 난징과 1,000킬로미터나 떨어졌기 때문에 전통적으로 중앙정부에서 독립하려는 성향이 강했다. 과거 쑨원이 광둥성을 혁명의 근거지로 삼은 이유도 이 때문이었다. 북벌전쟁에서는 한동안 국민정부의 심장부 역할을 했지만, 뿌리 깊은 반反중앙 정서 때문에 중국의 수도가 되지 못한 채 변방으로 남았다. 광둥 군벌들도 장제스 정권의 핵심 세력이 되는 대신 광저우를 근거지 삼아 반半독립 세력을 형성하고 장제스와 대결 구도를 유지했다. 그중 한 사람이 장파쿠이였다.

10여 년 뒤 중일전쟁에서 일본군을 상대로 용전하여 항일 명장으로 명성을 떨치는 장파쿠이는 광둥성 스싱현始興縣 출신이었다. 광둥육군소학당과 우창육군중학당을 졸업한 뒤 광둥 신군에 들어갔다. 쑨원이 광저우에서 호법 정부를 세우자 합류하여 총통부 경호연대 제3대대장과 광둥군 제1사단 독립연대장 등을 지냈다. 또한 장제스의 동정 작전에 참여하여 천중밍을 토벌할 때 활약한 덕분에 제12사단장으로 승진했다. 북벌전쟁에서는 리지선을 대신해 제4군을 지휘했으며, 뛰어난 군사적 역량을 바탕으로 우페이푸를 격파하는 등 명성을 떨쳤다. 그의 부대는 북벌군 최강 부대의 하나로 '철군鐵軍'이라 일컬어졌다. 공산군의 유력한 장군 중 한 사람인 예팅이 그의 휘하에서 제24사단장을 지냈다. 제2차 국공합작이 결성된 뒤 주더의 팔로군과 별개로 예팅이 화남 일대의 공산군 부대를 개편하면서 '신4군'이라고 이름

붙인 것도 장파쿠이의 제4군에서 따왔다.

국민정부의 2인자인 왕징웨이는 장파쿠이의 정변으로 하야한 뒤 프랑스에 체류하고 있었다. 야심만만한 데다, 여전히 만만찮은 영향력을 가진 그는 해외를 떠돌면서도 중국의 정세를 주시했다. 장제스와 군벌들의 반목은 그가 재기할 수 있는 절호의 기회였다. 왕징웨이는 펑위샹·옌시산·리쭝런 등 반장 군벌 영수들과 서신을 주고받고 국민당 내 불만세력과도 몰래 연계하여 반장연맹을 결성했다. 그중에는 산둥성 주석 천탸오위안, 안후이성 주석 팡전우 등 그동안 장제스 편에 섰던 이들도 있었다. 장파쿠이가 반란을 일으킨 것도 왕징웨이가 뒤에서 부추긴 결과였다.

장파쿠이가 또다시 배신하자 9월 20일 장제스는 그를 파면하고 토벌을 명령했다. 우한에 주둔한 류즈의 제1사단이 출동하고 후난성·안후이성·쓰촨성에 주둔한 여러 부대에도 장파쿠이의 남하를 저지하라고 지시했다. 그런데 해외로 달아났던 바이충시가 구이저우성으로 몰래 돌아온 뒤 흩어진 군대를 모아서 광시성 탈환에 나섰다. 광시성 주석 위쭤바이도 바이충시에게 회유되어 다른 광시파 장군들과 함께 광시성 독립과 장제스 타도를 선언했다. 장제스는 이들도 파면하고 천지탕에게 반란을 진압하라고 명령했다. 또한 중앙군 제3사단과 제8사단을 광둥성으로 급파했다. 리쭝런의 몰락과 펑위샹의 하야 이후 한동안 진정되었던 중국은 장파쿠이의 반란을 계기로 다시 내전의 소용돌이에 휘말렸다. 이 기회를 놓칠세라 서북군이 움직였다.

1929년 9월 8일, 산시성 주석 쑹저위안, 간쑤성 주석 류위펀劉郁芬을 비롯해 펑위샹 휘하의 서북군 장군 20여 명이 국민정부의 재정부장 쑹쯔원이 군비를 불공평하게 배분한 탓에 서북군이 몹시 궁핍한 지경에 빠졌다고 비난하는 성명을 발표했다. 또한 외교부장 왕정팅을 향해서도 소련군의 동북 침공에 무기력하게 대응하여 중국의 주권을 땅에 떨어뜨렸다며 비난을 퍼부었다. 물론 비난의 화살이 최종적으로 향하는 쪽은 장제스였다.

17일에는 장파쿠이의 반란에 호응하여 펑위샹·옌시산·팡전우 등 전국의 주요 군벌 영수들이 국민정부 개조와 왕징웨이를 국가주석으로 추대할 것을 선언했다. 반란의 중심에는 펑위샹이 있었다. 그는 왕징웨이와 연락하면서 다른 군벌들을 회유하여 거대한 반장연합전선을 구축했다. 잠시 봉합되던 장제스와 펑위샹의 관계는 완전히 끝났다. 장파쿠이의 반란은 별것 아니지만 펑위샹이 일어나고 옌시산과 장쉐량까지 가세한다면 창장 이북 전체가 반란에 가담하는 셈이었다. 상황은 그야말로 예측불허였다. 반장전쟁의 불길은 수그러들기는커녕 갈수록 거세게 타오르면서 형세가 나날이 급박해졌다.

10월 10일, 서북군과 산시군의 주요 장군 27명이 연합하여 "국군 편견 반대"를 외치고 장제스 타도의 기치를 올렸다. 이들은 국민정부를 개조할 것, 중국의 수도를 다시 베이핑으로 옮길 것을 선언했다. 또한 타이위안에 은거 중이던 펑위샹에게 서북으로 돌아올 것을 요구했으며, 펑위샹·옌시산을 반장운동의 영수로 추대하여 시국을 수습하자고 촉구했다. 장제스는 이들의 파면과 체포령을 선포하고 서북군 토벌을 결의했다. 옌시산에게는 전문을 보내 반란에 가담하지 말라고 엄중히 경고하면서 펑위샹을 즉시 체포하여 중앙으로 인도하라고 요구했다.

군사적으로 어느 쪽이 우세한지 쉽게 말할 수 없었다. 병력에서는 장제스가 60만 명에 달하여 25만 명 정도인 서북군을 압도했지만 전선이 지나치게 길어지면서 병력이 분산되었다. 태반은 언제 배반할지 모르는 군벌들이었다. 쓸 만한 병력은 10만 명 남짓이었다. 서북군도 사정은 썩 좋지 않았다. 무기가 빈약하고 군비가 부족하여 장기간 작전을 수행하기 어려웠다. 반장연맹의 한 축인 옌시산의 태도는 여전히 모호했다. 산시군은 허약한 데다 장제스의 실력을 잘 아는 옌시산은 그와 싸우기를 두려워했기 때문이다. 배반에 재미가 들린 한푸쥐와 스유싼도 언제 다시 등을 돌릴지 알 수 없었다. 장제스와 펑위샹의 싸움은 전투라기보다 모략과 매수의 싸움이었다. 군벌을 얼마나 회유하여 세력을 규합하는가에 승패가 달려 있었다.

허난성 카이펑과 뤄양·정저우 방면에서 중앙군과 쑨량청의 서북군 사이에 치열한 전투가 시작되었다. 10월 16일 쑨량청은 중앙군의 탕성즈를 격파하고 18일에는 뤄양을 점령했다. 게다가 쉬창을 지키던 제48사단이 명령을 무시한 채 싸우지도 않고 남쪽으로 퇴각하면서 10월 21일 쉬창은 서북군의 손에 넘어갔다. 쑨량청은 핑한철도를 따라 우한을 향해 남하할 준비를 했다. 만약 이들이 남쪽의 바이충시·장파쿠이와 합류한다면 장제스는 상황이 대단히 불리해질 수 있었다. 장제스는 직계부대를 후베이성과 허난성 경계에 배치하여 우한의 방비를 강화하는 한편, 허난성 동쪽에 탕성즈를 비롯한 군벌 부대를 배치하여 서북군의 동진을 막았다.

장제스와 펑위샹 사이에 본격적인 싸움이 시작되었지만 전국의 군벌들은 두 사람을 저울질하면서 어느 편이 유리한지 형세를 관망하기만 했다. 장제스 타도를 외치던 옌시산은 막상 전투가 시작되자 슬그머니 꼬리를 내리고 내전 반대와 평화적 타협을 외치며 중재에 나섰다. 후난성 주석 허젠은 장제스의 출동 명령을 무시하고 소극적으로 행동했다. 허젠이 중립을 지킨 덕분에 장파쿠이군은 별다른 전투 없이 후난성을 관통하여 10월 15일에는 광시성으로 진입하는 데 성공했다. 탕성즈도 양다리를 걸쳤다. 누가 진짜 적이고 아군인지조차 구분 가지 않을 정도였다. 남방의 상황 역시 혼전의 연속이었다. 광둥성에서는 천지탕이 광둥성을 침입한 광시 반란군을 격파한 뒤 반격에 나서 성도 난닝을 점령했다. 바이충시가 천지탕에게 패하자 11월 16일 장파쿠이는 '호당구국군 제8로 총사령관'이라 선언하고 광둥성을 침공했다.

천지탕은 차이팅카이·위한머우 등 4만 명의 병력으로 방어선을 구축하고 장파쿠이 군대를 요격했다. 그러나 장파쿠이는 수적으로 우세한 천지탕의 방어선을 돌파하고 11월 20일에 광둥성 북부의 요충지인 사오관을 점령했다. 전세가 불리해지자 천지탕도 장파쿠이와 은밀히 내통하여 반장 진영에 가담할 기미를 보였다. 허젠의 태도 또한 심상치 않았다. 반란의 불길이 점점 확산되자 국민정부도 분열되었다. 그동안 장제스의 위세에 눌려 눈치만 보던 후한민·쉬충즈·쑨커 등 국민당 내의 반장 세력도 일제히 들고일어나 장제스를 성토하면서 서북군을 옹호했다. 반장의 기치는 허난성과 산둥성, 후베이성, 광시성, 광둥성 등 전국으로 확대되었다. 장제스는 사면초가에 몰렸다.

＼반란의 확대

장제스는 남북의 반란을 신속하게 진압하기 위해 허잉친을 우한 방면에, 주페이더를 진푸철도 방면에, 탕성즈를 핑한철도 방면에 배치하여 각각 총지휘를 맡겼다. 자신도 한커우에 총사령부를 설치하고 최전선으로 나와 독전했다. 그런데 시간이 지날수록 반장연합에 가담하는 군벌이 늘어나면서 중립파나 중앙을 지지하는 군벌조차 어느 편이 유리한지 계산하는 등 상황은 한 치 앞을 내다볼 수 없었다.

북쪽에서는 쑨량청이 지휘하는 서북군 14만 명이 허난성으로 밀려들었다. 남쪽에서는 광둥성과 광시성을 놓고 바이충시−장파쿠이 연합군과 중앙군-광둥군 연합군이 혈전을 벌였다. 쉬창과 정저우가 서북군에게 함락되자 허난성의 전황은 장제스에게 매우 불리해졌다. 장제스는 옌시산을 한편으로 끌어들이려고 허잉친을 타이위안으로 보내 만나게 했지만, 옌시산은 병을 핑계로 면담을 거절했다. 10월 26일, 쑨량청 휘하의 맹장 장쯔중·팡빙쉰 등이 지휘하는 서북군의 주력이 포병의 강력한 지원을 받아 뤄양 동쪽의 요충지 헤이스관黑石關을 점령했다. 그리고 계속 동진하여 황허를 건너려 했지만 탕성즈군의 강력한 반격과 항공 폭격에 부딪혀 결국 격퇴당했다. 10월 한 달 동안 뤄양과 쉬창 등 허난성의 태반을 빼앗기며 수세에 몰렸던 장제스는 전열을 다시 정비한 뒤 10월 28일 총공세로 전환했다. 우한의 중앙군과 정저우의 탕성즈군이 양방향에서 서북군을 협공했다.

서북군도 반격을 거듭하는 한편 일부 부대는 뤄양에서 남하하여 중앙군의 방어선을 돌파하고 후베이성 북부의 샹양과 라오허커우老河口 방면으로 진출했다. 동부 전선에서는 탕성즈가 서북군을 밀어내기 시작했다. 11월 2일에는 루뎬전呂店鎭에서 쑨량청의 서북군을 대파했다. 서북군은 사단장 1명이 전사하고 2명이 포로가 되는 큰 피해를 입고 퇴각했다. 반면, 후베이성 쪽에서는 라오허커우에서 류즈의 중앙군 제1사단이 대패하는 등 백중지세였다. 11월 11일부터 13일까지 치열한 혈전 끝에 중앙군은 허난성 동부의 덩펑과 미현密縣·숭산嵩山·린루臨汝 등을 차례로 탈환했다. 쑨량청과 쑹저위안 등 서북군의 주력은 거의 무너지고 포로만 해도 2만 명이 넘었다. 서북군은 뤄양을 버리고 서쪽으로 철수했다. 11월 19일, 왕산위王善玉가 지휘하는 중앙군 제10군이 뤄양을 무혈점령했다. 그러나 전투는 어느 편도 결정적인 승리를 거두지 못한 채 점점 지구전 양상을 띠었다. 전쟁이 장기화하면 군비와 무기, 장비에서 우세한 장제스가 유리했다. 서북군의 일선 부대는 탄약이 고갈되고 있었다. 이제 승리는 시간문제였다.

그런데 전세가 또 한 번 역전되는 일이 벌어졌다. 그동안 허난성 카이펑에 주둔하면서 탕성즈를 지원하던 한푸쥐가 반년 만에 다시 배반하고 펑위샹 휘하로 들어갔다. 12월 3일 새벽에는 장쑤성 푸커우에서 스유싼이 반란을 일으켰다. 장제스는 카멜레온이나 다름없는 두 사람이 언제 다시 배반할지 알 수 없었기 때문에, 서북군과 떼어놓기 위해 한푸쥐에게는 산둥성으로 갈 것과 스유싼에게는 광둥성으로 가서 반란 진압에 참여할 것을 명령했다. 이들은 자신들을 일부러 약화시키려는 장제스의 음모라 생각하고 불만을 터뜨렸다. 사정을 모를 리 없는 펑위샹은 두 사람에게 몰래 서신을 보내 "지나간 잘못은 묻지 않겠다"며 회유했다. 그러자 얼마 전 "펑위샹은 불구대천의 원수"라고 욕한 것도 잊은 채 당장 용서를 빌고 도로 옛 상전의 휘하에 들어갔다. 푸커우는 창장을 사이에 두고 난징을 마주 보는 곳이자 진푸철도의 종착점이기도 한 요충지였다. 대부분 비적 출신인 스유싼의 반란군은 중앙군을 기습하여 무장해제한 다음 푸커우 시내를 약탈했다. 이들은 당장이라도 창장을 넘어 난징을 공격할 태세였다.

허난성 일선에서 서북군의 진압을 진두지휘하던 장제스는 보고를 받고 급히 난징으로 돌아왔다. 그는 수도경비부대 6,000여 명과 중앙군관학교 생도들을 진압부대로 출동시켰다. 또한 난징 방어를 강화하기 위해 상하이에서 헌병부대와 경찰 수천 명을 급히 수송했다. 그러나 중앙군의 대부분이 허난성과 광둥성으로 출동한 상황에서 난징에는 믿을 만한 병력이 거의 남아 있지 않았다. 스유싼군은 수적으로 훨씬 우세했고 무기와 양식도 풍족했다. 그를 격파하지 못한다면 난징도 풍전등화였다.

다음 날인 12월 4일에는 정저우에서 서북군과 한창 싸우던 탕성즈가 돌연 반란을 일으켜 '호당구국군 제4로 총사령관'이라고 선언했다. 6일에는 그동안 모호한 태도를 보였던 산둥성 주석이자 총예비대 군단장 천탸오위안까지 반란에 가담했다. 그는 진푸철도를 장악하고 전선으로 군수품을 수송하는 열차를 억류하는 한편, 한푸쥐와 연합하여 난징을 향해 군대를 남하했다. 거의 꺼져가는 듯하던 반란의 불씨가 되살아났다. 한푸쥐·스유싼이 배반하고 탕성즈와 천탸오위안마저 반란에 가담하자 장제스는 치명타를 입었다. 그는 기자들 앞에서 "이들의 반란 따위에 비관할 필요는 없다. 오히려 낙관해도 좋다. 어찌 그들 때문에 동요하겠는가?"라며 호언장담했지만, 큰 혼란에 빠진 중앙군은 반란군의 총공격을 받고 모든 전선에서 밀려나기 시작했다.

쑨량청의 지휘 아래 서북의 대군이 룽하이철도를 따라 난징을 향해 동진했다. 탕성즈의 군대는 후베이성을 침공했으며, 광둥성에서는 천지탕이 장파쿠이에게 패주하면서 광저우도 위태로웠다. 푸커우에서는 스유싼의 반란군과 중앙군 사이에 치열한 싸움이 벌어져 난징 시내에까지 지축을 흔드는 포성이 들릴 정도였다. 겁을 먹은 정부 요인들은 가족들을 데리고 상하이로 탈출했다. 각국 선박들은 창장 진입을 중지했고 일본 군함도 출동하여 난징과 상하이의 항로를 감시했다. 난징은 분위기가 흉흉했다. 12월 6일 새벽에는 감찰원監察院* 원장을 맡고 있던 자오다이원趙戴文이 난징에서 몰래 탈출한 뒤 상하이로 달아났다. 자오다이원은 북벌전쟁 중에 제3집단군 참모장을 지냈으며 옌시산의 오랜 심복 중 한 사람이었다. 그의 탈출은 아직까지 중립을 지키는 옌시산의 동태가 심상치 않음을 의미했다.

---

* 입법원·행정원·사법원·고시원과 함께 중화민국 정부를 구성하는 5원 기관 중 하나로, 조사·감찰·탄핵 등 우리나라의 감사원에 해당하는 임무를 맡았다.

전세가 불리하자 장제스는 일단 전선 축소를 명령했다. 제일 먼저 스유싼 부대를 격파하여 난징을 위기에서 구하기로 했다. 우한 방면에서 직계인 제2사단과 제22사단을 급히 불러들인 후 공격을 명령했다. 스유싼은 적진 한가운데에 고립된 형세인 데다 전투력도 별 볼일 없었다. 서북군 지휘관들은 시안에서 군사회의를 열어 스유싼을 구원하자고 결정했지만, 그사이 스유싼은 장제스에게 안후이성 주석 자리를 받는 조건으로 도로 귀순했다. 그리고 산둥성의 천탸오위안에게 총부리를 돌렸다. 세 번째 배반이었다.

남쪽에서는 광둥 행영 주임에 임명된 허잉친이 해군 함대에 대규모 증원부대를 태우고 광저우로 내려갔다. 장제스의 부인 쑹메이링은 천지탕·위한머우 등 광둥 군벌들에게 거액의 뇌물을 뿌렸다. 뇌물의 힘은 컸다. 장제스와 펑위샹 사이에서 잠시 흔들리던 광둥 군벌들은 다시 충성을 맹세했다. 허잉친은 12월 2일 광저우에 도착한 뒤 10일 광저우 북방 화현花縣에서 장파쿠이를 대파했다. 장파쿠이는 괴멸한 채 잔존 병력 2,000명을 수습하여 광시성 우저우로 퇴각했다. 그러나 허잉친과 천지탕의 협공을 받아 19일에는 우저우도 함락되었다. 12월 말에 이르러 광시성 전역이 평정되었다. 리쭝런과 바이충시·장파쿠이는 또 한 번 베트남 국경지대까지 쫓겨났다. 덕분에 장제스는 다시 허난성으로 눈을 돌릴 수 있었다.

한때 맹렬한 기세로 타오르던 반장연합군 세력은 장제스의 발 빠른 대응과 회유 공작으로 차츰 꺼져갔다. 군벌들은 서로 보조가 제대로 맞지 않아 차례로 각개격파당하거나 장제스의 회유에 넘어갔다. 산둥성 주석 천탸오위안은 맹우인 한푸쥐와 스유싼이 귀순하자 반란을 취소했다. 우한을 공격하기 위해 후베이성을 침공한 탕성즈도 위기에 빠졌다. 반란에 함께 가담했던 제13사단장 샤더우인과 제48사단장 쉬위안취안이 장제스의 뇌물에 매수되어 다시 중앙에 귀순했기 때문이다. 이들은 류즈의 제1사단과 함께 탕성즈군을 남북으로 협공했다. 게다가 수십 년 만의 폭설로 탕성즈군은 추위와 식량 부족에 허덕였다.

1930년 1월 2일, 중앙군의 총공격이 시작되었다. 탕성즈의 부하들은 싸우지도 않고 백기를 들어 1만 6,000여 명이 항복했다. 사면초가에 몰린 탕성즈는 1월 7일 변장을 하고 톈진으로 달아난 뒤 홍콩을 거쳐 일본으로 도주했다. 중립을 지키며 관망하던 옌시산도 장제스가 사실상 승리를 굳히자 그제야 난징으로 전보를 보내 자신도 반란군 진압에 가담하겠다는 뜻을 밝혔다. 교활한 기회주의자의 전형적인 모습이었다.

한때 사면초가에 몰렸던 장제스는 무엇보다도 뇌물 공세 덕분에 위기를 넘길 수 있었다. 그는 우세한 자금력을 앞세워 막대한 돈을 사방에 뿌려대며 군벌들을 회유했다. 군벌들이 하나같이 군비 부족에 허덕인다는 사실을 잘 알았기 때문이다. 장제스는 이들을 매수하기 위해 거액의 공채를 발행하고 자기 재산까지 털었다. 덕분에 병사들의 희생을 최소화하면서 형세를 뒤엎을 수는 있었지만 군벌들의 진정한 충성심을 살 수는 없었다. 오히려 군벌들이 돈맛에 익숙해지면서 중국의 오랜 병폐인 도덕적 타락을 더욱 부추겼다. 결국 국민정부의 부패와 무능함으로 이어졌다. 그의 가장 큰 실책이었다.

＼펑위샹-옌시산 동맹

반장연합에 가담했던 군벌들이 줄줄이 이탈하면서 전황이 급격하게 나빠지자 펑위샹은 비로소 자신의 힘만으로는 장제스에게 이길 수 없다는 사실을 깨달았다. 승리하려면 무슨 수를 써서라도 옌시산과 장쉐량을 움직여야 했다.

그동안 옌시산은 반장연합에 가담하기로 약속하고도 차일피일 미루며 끝까지 신중했다. 앞에서는 장제스를 지지한다고 선언하면서 뒤로는 서북군에게 무기와 양식을 몰래 제공하는 등 양다리를 걸쳤다. 그의 바람은 어느 한쪽이 이기지도 패하지도 않은 채 '삼족정립'의 형국을 유지하는 것이었다. 펑위샹과 더불어 화북의 실력자 가운데 한 사람인 옌시산이 어느 편에 가세하는가에 따라 천하의 정세가 변할 수 있기 때문에 장제스는 어떻게든 그를 자기편으로 끌어들이려고 안간힘을 썼다. 허잉친을 타이위안으로 보내 토역군 부사령관에 취임할 것을 제안하기도 했지만, 옌시산은 만나는 것조차 거부했다. 타이위안에 여전히 은거 중이던 펑위샹도 도움을 얻기 위해 옌시산에게 회견을 요청했지만 이 또한 거절당했다.

1930년 1월 10일, 정저우에서 열린 회의에서 장제스는 옌시산을 회유하기 위해 통 큰 결정을 내렸다. 허난성과 산둥성을 옌시산에게 주고, 약 5만 명에 이르는 탕성즈의 투항병들을 산시군에 편입했다. 게다가 산시군이 서북군 토벌에 참여한다면 펑위샹을 평정한 뒤 그의 영토를 모두 옌시산의 영토로 인정하기로 약속했다. 창장 이북을 통째로 옌시산에게 넘기겠다는 의미였다. 옌시산으로서는 눈이 번쩍 뜨일 만한 제안이지만 장제스가 정말로 약속을 지킬지는 누구도 장담할 수 없었다. 1월 21일, 이번에는 서북군 지휘관들이 옌시산에게 반장연합에 참여하지 않는다면 당장 산시성을 침공하겠다고 최후통첩을 보냈다. 한푸쥐·스유싼 또한 펑위샹에게 다시 회유당해 기치를 바꿔 달고 옌시산에게 반장연합에 가담할 것을 종용했다. 장제스는 쉬저우에 주력부대를 포진하고 북상할 태세를 갖추었다. 옌시산은 더 이상 중립을 지킬 수 없었다.

1930년 2월 9일, 옌시산은 장제스에게 전문을 보내 자신과 펑위샹·장제스 세 사람이 함께 모든 직위에서 물러나 해외로 출국하자고 제안했다.

나는 당신과 함께 물러나서 쉬고 싶다. 나라를 위하여 다른 사람에게 길을 양보하는 것은 중화민국 고유의 정신이다. 재야에 있으면서 책임을 지는 것이 구국의 유일한 길이다.

사흘 뒤인 12일, 장제스는 "아직 혁명이 성공하지 못했기 때문에 지금은 때가 아니다"며 거절했다. 이제 와서 장제스가 옌시산의 공동 은퇴 제안을 받아들일 리 없었다. 옌시산도 그 사실을 모르지 않았으므로 사실상 선전포고인 셈이었다. 옌시산은 장제스의 답신이 도착하기 전인 11일 군사회의를 소집하고 산시의 주요 지휘관들 앞에서 평위샹과의 연합을 선언했다. 3월 14일, 타이위안에서 서북군·산시군·광시군의 주요 장군 57명이 모여서 반장연합을 선언했다. 총사령관은 옌시산이었으며, 평위샹과 리쭝런·장쉐량이 부사령관에 추대되었다. 반장연합군의 진용과 진군 방향은 다음과 같다.

제1방면군(리쭝런)은 광시성에서 후난성으로 북상하여 우한으로 진군한다.
제2방면군(평위샹)은 허난성에서 룽하이·핑한 철도를 따라 쉬저우와 우한으로 진군한다.
제3방면군(옌시산)은 진푸철도와 자오지철도를 따라 쉬저우를 공략한 뒤 난징으로 진군한다.
제4방면군(스유싼)은 산둥성 지닝, 옌저우를 거쳐 지난을 공략한다.

또한 장쉐량의 동북군이 제5방면군, 쓰촨성의 류원후이가 제6방면군, 후난성의 허젠이 제7방면군, 허난 군벌 판중슈가 제8방면군이 되어 반장연합의 일각을 차지했다. 이들의 병력은 거의 80만 명에 달했으며 허난성과 산둥성 이북, 광시성, 광둥성, 후난성, 후베이성, 쓰촨성에 이르기까지 중국 전역의 3분의 2가 장제스 타도에 가담했다. 거대한 반장제스 포위망의 결성이었다. 장제스 최대의 위기였다.

중원대전

＼반장연합군의 모순

타이위안에서 펑위샹과 옌시산이 합종연횡하는 동안, 전쟁의 향방을 정하게 될 핵심 지역은 두 군데였다. 하나는 난징의 길목인 쉬저우, 다른 하나는 중국의 심장부인 우한이었다. 쉬저우를 지키기 위해 류즈의 지휘 아래 후쭝난胡宗南의 제1사단 제1여단, 구주퉁의 제2사단, 천지청陳繼承의 제3사단, 리윈제李雲杰의 신편 제22사단, 펑진즈彭進之의 제12여단 등 장제스의 정예부대가 배치되었다. 그리고 오랜 심복이자 후베이성 주석 허청쥔을 시켜서 허난성과 산둥성, 후베이성의 중소 군벌들을 매수했다.

허청쥔은 일본 육사를 졸업한 엘리트이지만 군사보다는 춘추전국 시대의 장의·소진을 연상시키는 인물로 처세에 능했으며, 외교와 언변의 달인이었다. 북벌 과정에서 북양 측 소군벌들을 총 한 발 쏘지 않고 북벌군으로 끌어들이는 데는 허청쥔의 세 치 혀가 큰 역할을 했다. 지난참안 때 장제스가 일본군의 위협에 굴복하지 않은 것이나 장쭤린이 싸우지 않고 베이징에서 물러나게 한 것도 그의 공이 컸다. 중원대전에서도 많은 군벌은 장제스와 펑위샹 어느 편에 가담할지를 놓고 망설였다. 허청쥔은 술과 고기, 아편, 돈으로 이들의 환심을 샀다. 덕분에 양후청·쉬위안취안·웨이위싼·류구이탕劉桂堂 등이 반장연합군에서 줄줄이 이탈해 장제스 휘하에 들어갔다. 한때 반란에 가담했던 산둥성 주석 천탸오위안도 장제스에게 회유되어 다시 서북군과 스유싼에게 총부리를 돌렸다.

장제스의 전략은 반장 진영의 각개격파였다. 주력부대를 쉬저우에서 펑한철도와 진푸철도를 따라 북상시켜 적들 중에서 가장 약한 한푸쥐·스유싼·쑨뎬잉 등 지방 잡군들부터 제압하고 반장 진영의 일각을 무너뜨린다. 그런 다음 서북군을 향해 총공세를 퍼부어 최후의 쐐기를 박을 참이었다. 그런데 옌시산이 중립을 깨뜨리고 펑위샹과 연합한 것은 장제스에게 큰 충격이었다. 승기를 잡아가던 천하의 정세는 다시 예측불허의 혼란 속으로 빠져들었다.

그동안의 우유부단한 태도를 버리고 타이위안에서 반장의 기치를 올린 옌시산은 제일 먼저 중립 지구인 베이핑에 군대를 보내 점령했다. 베이핑 시내로 진입한 산시군은 정부 부처와 주요 기관, 국민당부를 속속 제압했다. 베이핑에 체류하고 있던 장제스 측 인사들은 체포되어 구금되었다. 또한 허베이성 주석 쉬융창, 차하르성 주석 양아이위안楊愛源을 각각 전선 총사령관과 부사령관으로 임명했다. 쑨추·양샤오취楊效歐·관푸안關福安 등 산시군의 정예부대는 속속 정저우로 남하한 뒤 허난성 동쪽의 요충지인 란펑으로 진군했다.

진푸철도 방면에서는 푸쥐이·장인우張蔭梧의 지휘 아래 산둥성을 침공하고 더저우, 지난 방면으로 진출했다. 산시군의 출동 병력은 15만 명에 달했다. 산둥성 남부에는 스유싼의 부대가 주둔했고 허난성에는 한푸쥐의 부대가 있었다. 각각 3만 명 정도였다. 안후이성에는 쑨뎬잉 부대 2만 명이 있었다. 그 외에 류춘룽^{劉春榮}·판중슈·류마오언^{劉茂恩} 등 허난성·후베이성·안후이성의 중소 군벌들도 대거 반장연합에 가세하여 호응할 태세였다. 광시성에서는 리쭝런과 바이충시가 병력을 정비하고 세력을 모아 반격을 준비했다.

샨시성 통관에 사령부를 둔 펑위샹은 루중린을 전선 총사령관으로 임명했다. 또한 장웨이시^{張維璽}가 제1로를, 쑨량청이 제2로를, 팡빙쉰이 제3로를, 쑹저위안이 제4로를, 쑨롄중이 제5로를, 완솬차이^{万選才}가 제6로를 각각 맡았다. 서북군은 병력을 크게 둘로 나누었다. 남로군은 우한 방면으로, 동로군은 카이펑으로 진군했다. 또한 간쑤성 주석 류위펀이 후방 총사령관 겸 샨시성 주석 대리를 겸하여 서북 4성의 후방 업무를 맡았다. 서북군의 군세는 6로군 26만 명에 달했다. 펑위샹은 모든 역량을 총동원하여 파부침주^{破釜沉舟}*의 각오로 장제스와 사활을 건 결전을 벌일 생각이었다. 전국에서 일어선 반장연합군의 총병력은 8개 방면군 80만 명에 달했으니, 그 위세가 어마어마했다.

반장연합군 편제(1930년 3월)

중화민국 육해공군 총사령관 옌시산, 부사령관 펑위샹, 리쭝런, 장쉐량, 총참모장 류지^{劉驥}

■제1방면군 총사령관 리쭝런, 부사령관 황사오훙, 총참모장 바이충시(3개 군 9개 사단)

---

*『초한지』에서 항우가 진나라 대군을 맞아 싸운 고사에서 나온 말로, 솥을 깨뜨리고 배를 불태워 배수진을 친다는 뜻이다.

-제1로군 사령관 장파쿠이: 제4군(제10사단, 제12사단), 제43사단

-제2로군 사령관 바이충시: 제7군(제5사단, 제8사단, 제45사단)

-제3로군 사령관 황사오훙: 제15군(제44사단, 교도 제1사단, 교도 제2사단)

■제2방면군 총사령관 루중린, 참모장 친더춘(11개 군 42개 사단)

-제1로군 사령관 장웨이시

· 제4군(제1사단, 제2사단, 제3사단)

· 제5군(제7사단, 제24사단, 사단 번호 불명인 1개 사단)

· 제7군(제8사단, 제16사단, 제17사단)

· 제12군(사단 번호 불명인 3개 사단)

-제2로군 사령관 쑨량청

· 제2군(제2사단, 제3사단, 제6사단, 제11사단)

· 제1사단, 제2사단, 제3사단

-제3로군 사령관 팡빙쉰: 제5사단, 사단 번호 불명인 1개 사단

-제4로군 사령관 쑹저위안

· 제3군(사단 번호 불명인 2개 사단), 제11군(제9사단)

· 제14군(제24사단, 제25사단, 제38사단)

-제5로군 사령관 쑨롄중: 제8군(제12사단, 제13사단, 제15사단)

-후방군 사령관 류위펀

· 제19군(제17사단, 제30사단, 사단 번호 불명인 1개 사단)

· 제22군(제25사단, 사단 번호 불명인 2개 사단)

-기병집단 사령관 정다장: 기병 제1~5사단

-총사령부 직할 경위사단

■제3방면군 총사령관 쉬융창(10개 군 30개 사단 및 4개 보안총대 등)

-제1로군 사령관 쑨추

· 제1군(제1사단, 제2사단, 제3사단)

· 제7군(제19사단, 제20사단, 제21사단)

· 포병사령부(포병 제1~6여단)

-제2로군 사령관 푸쭤이

· 제10군(제28사단, 제29사단, 제30사단)

· 제3보안총대(보안 제7~9여단)

· 제4보안총대(보안 제10~12여단)
- 제3로군 사령관 양샤오쿼
　· 제2군(제4사단, 제5사단, 제6사단)
　· 제6군(제16사단, 제17사단, 제18사단)
　· 기병집단군(포병 제1~4사단)
- 제4로군 사령관 장인우
　· 제3군(제7사단, 제8사단, 제9사단)
　· 제5군(제13사단, 제14사단, 제15사단)
- 제5로군 사령관 펑펑주馮鵬翥
　· 제8군(제23사단, 제24사단, 제25사단)
　· 제9군(제25사단, 제26사단, 제27사단)
- 제6로군 사령관 펑위시
　· 제4군(제10사단, 제11사단, 제12사단)
　· 제1보안총대(보안 제1~3여단)
　· 제2보안총대(보안 제4~6여단)
■ 제4방면군 총사령관 스유싼, 부사령관 친젠빈秦建斌
- 제2로군 사령관 스유싼: 제1군
- 제5로군 사령관 쑨뎬잉: 제14군, 제17군, 제24군
- 제6로군 사령관 완솬차이: 제12군, 제20군, 제25군, 제29군
■ 제8방면군 총사령관 판중슈
- 제1군(제1사단, 제2사단, 독립사단), 제2군, 제3군, 제15군, 제23군

※ 제4방면군과 제8방면군은 지방 잡군이기 때문에 제대로 된 편제를 갖추지 못했다. 제5방면군(장쉐량)·제6방면군(류원후이)·제7방면군(허젠)은 실제로 참여하지 않았으며, 반장연합군이 불리해지자 오히려 장제스 편에 서서 총부리를 돌렸다.

　　4월 2일, 타이위안에서 각 파 대표들이 한자리에 모여 장제스 토벌과 신정부 수립을 선언했다. 그 자리에는 천궁보·쩌우루·왕파친王法勤

등 국민정부 인사들도 있었다. 왕징웨이 계파인 이들은 장제스를 토벌한 뒤 군사는 옌시산·펑위샹·리쭝런 세 사람이 맡고 정치는 왕징웨이가 맡는 연합정권 수립에 합의했다.

겉보기에 반장연합군의 기세가 대단했지만 그 속내는 오월동주와 동상이몽이라고 할 수 있었다. 처음부터 장제스에게 깊은 반감을 드러냈던 펑위샹·리쭝런과 달리 옌시산은 마지못해 끌려들어갔기 때문이다. 그는 원래 중앙에 뜻이 없었으며, 천하의 패권을 놓고 장제스와 다툴 생각은 더더욱 없었다. 자신의 오랜 지반인 산시성을 다스리는 데 만족하는 위인이었다. 그가 중립을 버리고 반장연합에 가담한 이유는 펑위샹·리쭝런의 패배가 초읽기에 들어갔기 때문이다. 이들이 무너진다면 옌시산에게도 불똥이 튈 것은 불 보듯 뻔했다. 부하들 중에도 장제스에게 불만을 품은 자들이 많았으며, 일부는 옌시산에게 태도를 분명히 하라고 공공연히 요구하기도 했다. 상황이 이렇다보니 옌시산도 더는 침묵을 지킬 수 없었다.

옌시산은 장제스만큼이나 펑위샹과도 양립할 수 없는 갈등이 있었다. 설령 힘을 모아서 장제스를 쓰러뜨린다 해도, 그다음에는 서로에게 총부리를 들이댈 것이 뻔했다. 그는 앞에서는 군대를 출동시키면서도 뒤로는 난징과 몰래 접촉하여 싸우지 않고 화해할 수 있는 방안을 찾으려 했다. 그러다보니 실제 전선으로 출동한 산시군은 일부에 지나지 않았으며 진군 속도가 매우 느렸다. 또한 산시군은 대부분 전투 경험이 없는 오합지졸로 중앙군이나 서북군에 비하면 전투력이 형편없었다.

다른 군벌들도 마찬가지였다. 안후이성·후베이성·허난성·산둥성의 중소 군벌 군대를 모두 합하면 30만 명은 족히 넘었다. 장제스와 펑위샹이 서로 이들을 끌어들이려고 혈안이 되었던 이유도 무시할 수 없는 세력이었기 때문이다. 하지만 군벌들은 장제스와 펑위샹에게 깊은 은혜를 입거나 불구대천의 원한이 있는 것도 아니었다. 형세에 따라 그때그때 유리한 편에 붙어 자신의 지반을 지키면서 떡고물이라도 얻어먹겠다는 하찮은 욕심뿐이었다. 죽기로 싸울 이유가 없다보니 수는 많지만 막상 싸움에 참여하는 자는 얼마 되지 않았고 서로 보조도 맞지 않았다.

쌍방의 충돌이 본격적으로 시작되려는 찰나, 3월 22일 한푸쥐가 다시 한 번 변절하여 옌시산에게 총부리를 돌렸다. 장제스가 천탸오위안을 안후이성 주석으로 옮기고 한푸쥐에게는 산둥성 주석을 주겠다고 약속했기 때문이다. 아무리 반복무상이 일상이었던 군벌 시대라지만 이 정도로 낯이 두꺼운 경우는 드물었다. 물론 이런 위인을 자기편으로 끌어들이려고 한 장제스와 펑위샹도 다를 바 없었다. 한 성의 주인이 된 한푸쥐는 그 후 8년 동안 산둥성을 통치했다. 그의 위세는 '산둥왕'이라 할 만했다. 그러나 중일전쟁이 일어난 뒤 일본군이 산둥성을 침입하자 싸우지도 않고 도주하여 화북의 방어선 전체가 무너지게 했다. 그는 결국 장제스의 명령으로 체포된 후 총살당했다. 소인배에 걸맞은 최후이지만, 지조 없는 자가 제 분수에 어울리지 않는 높은 자리를 차지했을 때 국가에 얼마나 큰 폐해를 끼칠 수 있는지 증명한 셈이다.

장제스는 군벌들을 회유하여 반장연합을 와해시키는 한편, 난징에서 주요 지휘관들을 모아 군사회의를 열고 이들의 토벌을 선언했다. 토역군討逆軍은 총 4개 군단으로 나뉘었다. 한푸쥐가 제1군단 총지휘를 맡아 황허 이남의 수비와 산시군의 침입을 저지한다. 류즈는 제2군단을 맡아 장시성과 장쑤성, 안후이성의 작전을 총괄한다. 허청쥔은 제3군단을 맡아 허난성과 후베이성의 작전을 총괄한다. 천탸오위안이 제4군단을 맡아 산둥성 서쪽의 스유싼을 공격한다. 또한 양후청의 제17사단이 허난성 난양南陽을, 판스성范石生의 제51사단이 샹양 탈환을 각각 맡았다. 4월 5일, 국민정부는 옌시산과 펑위샹 토벌을 선언했다. 동원 병력은 약 100만 명에 달했다. '중원대전'이라고 불리는, 양 진영 합하여 200만 명이 참여하는 중국 역사상 공전의 대전쟁이 막을 올릴 참이었다.

토역군 편제(1930년 4월)

총사령관 장제스, 참모장 양제楊杰

■제1군단 사령관 한푸쥐

-제3로군(한푸쥐): 제20사단, 제22사단, 제29사단

-제15로군(마훙쿠이): 제64사단

-제17군(류전녠劉珍年): 제21사단

-제26군(판시지范熙績): 제46사단, 제55사단

■제2군단 사령관 류즈

-제1군(구주퉁): 제1사단, 제2사단, 제3사단

-제3군(왕쥔): 제7사단, 제10사단

-제8군(예카이신): 제52사단

-제15군(류마오언): 제65사단, 제66사단, 제67사단

-제5사단, 제45사단, 제1교도사단, 제2교도사단, 기병 제2사단, 제2포병집단

■제3군단 사령관 허청쥔

-좌익군(쉬위안취안): 제10군(제48사단)

-우익군(왕진위王金鈺): 제9군(제47사단, 제54사단)

-중앙군(양후청): 제17사단, 5개 보충여단

-제2군(장딩원): 제6사단, 제9사단

■제4군단 사령관 천탸오위안: 제26사단, 산둥군 4개 여단

■우한 행영 주임 허잉친

-제4로군(허젠): 제15사단, 제16사단, 제19사단, 신편 제31사단

-제6로군(주사오량^{朱紹良}): 제8사단, 제56사단, 신편 제20사단

-제8로군(천지탕): 제59사단, 제60사단, 제61사단, 제62사단, 제63사단

-제9로군(루디핑): 제18사단, 제20사단, 신편 제13사단

-샹판^{襄樊} 위수부대(판스성): 제44사단, 제51사단, 포병 제1여단

-위서^{豫西} 위수부대(웨웨이쥔): 신편 제3사단, 신편 제5사단

-제13군(샤더우인): 제13사단

-교도 제3사단

■토역군 총사령부 직할부대

-제19로군(장광나이^{蔣光鼐}): 제53사단, 제60사단, 제61사단

-기병 제1여단, 국민정부 경비 제1여단, 경비 제2여단

※ 장제스의 병력은 도합 17개 군 50개 사단에 달했지만, 그중에서 장제스 직계부대
는 제1군과 제2군, 3개 교도사단 등 8개 사단에 불과했다. 나머지는 투항병을 재편하
거나 소군벌들의 연합군으로, 사기와 충성심이 매우 의심스러웠다.

＼천하 쟁탈전

중국에서 '중원^{中原}'이란 크게는 산하이관 이남의 중국 본토 전체를
의미한다. 그러나 좁게는 고대 주나라 이래 황허문명의 발흥지이자
한족의 주된 터전이었던 황허 중하류 일대와 화이수이^{淮水}(회수) 이북
의 허베이평원을 가리킨다. 여기에는 허베이성 이남과 허난성·안후
이성·산둥성 일대를 포함한다. 중국 대륙의 중앙부에 위치하여 토지
가 비옥하고 인구가 많다. 또한 교통의 요충지였다. 중국이 혼란에 빠
질 때마다 수많은 군웅이 중원의 패권을 놓고 싸웠으며 중원을 차지
하는 자가 중국의 지배자가 되었다.

1930년 3월 말부터 장제스와 반장연합군의 전초전이 허난성과 산
둥성, 후베이성 일대에서 벌어졌다. 한푸쥐는 카이펑에 주둔하고 있
다가 스유싼·쑨뎬잉·루중린 등 서북군의 협공을 받았다. 오합지졸인

그의 부대는 변변히 싸우지도 않고 무너져버렸다. 카이펑은 3월 27일 완촨차이의 제6로군에게 함락되었다. 한푸쥐는 잔존 부대를 수습한 후 산둥성 서남부의 지닝으로 물러나서 마훙쿠이의 제64사단과 함께 방어 태세를 구축했다. 그러나 일부 부대가 반란을 일으켜 서북군에 가담하는 등 자중지란이었다.

북쪽에서는 산시군이, 서쪽에서는 서북군이 정저우에 집결한 뒤 남북에서 산둥성의 성도 지난을 향해 진군했다. 또한 판중슈의 제8방면군이 쉬창을 점령하고 허청쿤의 제3군단과 대치했다. 퉁관에 총사령부를 둔 펑위샹은 주요 지휘관들을 불러 "이번 전쟁에 서북군의 사활이 걸려 있으니 모두 힘을 모아서 분투하라"고 격려했다. 그의 계획은 우한과 쉬저우, 지난을 단숨에 공략한 뒤 난징으로 진군한다는 것이었다. 펑위샹은 장제스와의 일전에 자신의 모든 것을 걸 생각이었다. 남쪽에서는 구광시군, 장파쿠이군을 개편한 제1방면군 3만여 명이 천지탕의 광둥군을 격파하고 파죽지세로 북상에 나섰다.

5월 11일부터 양군의 본격적인 전투가 벌어졌다. 5월 17일, 제3방면군 총사령관 쉬융창의 산시군 주력이 루중린의 제2방면군과 합세하여 산둥성 서남부의 요충지 허쩌로 진격했다. 병력은 15만 명에 달했다. 북쪽에서는 스유싼의 제4방면군 4만 명과 푸줘이의 산시군 제2로군 10만 명이 진푸철도를 따라 산둥성 지난을 향해 남하했다. 완촨차이의 제6로군이 구이더(현재의 상추商丘)를 거쳐 쉬저우의 관문인 탕산으로 육박했다. 안후이성에서는 쑨뎬잉의 제5로군이 보저우亳州를 점령하고 쉬저우 남쪽의 요충지 쑤저우宿州와 벙부로 진격했다. 쉬저우의 세 방향에서 포위망이 좁혀오고 있었다. 쉬저우가 무너지면 난징도 위태로우며, 말 그대로 장제스의 파멸을 의미했다. 그런데 반장연합군은 기세는 대단했지만 열차와 차량이 부족하여 대부분의 병사는 도보로 진군해야 했다. 군수품 수송도 지연되면서 진격은 느렸다. 반면, 장제스는 철도를 이용해 병력과 물자를 전장으로 신속하게 나를 수 있었다. 이것이 반장연합군에 비해 가장 유리한 점이었다.

구이더와 보저우에서 각각 남하를 시작한 완솬차이와 쑨뎬잉의 부대는 류즈가 지휘하는 중앙군 제2군단의 강력한 저항에 가로막혀 며칠에 걸친 혈전 끝에 격퇴당했다. 장제스는 쉬저우에 총사령부를 설치하고 최일선에 나가 독전했다. 교도사단이 구이더를 포위한 후 격렬한 공격을 퍼부어 5월 20일 완솬차이의 부대를 괴멸시켰다. 완솬차이는 북벌전쟁에서 제2집단군 제1군을 맡아 산둥군벌 장쭝창을 격파하는 등 혁혁한 공을 세워 펑위샹에게 '상승장군'이라는 격찬을 받았지만 이 전투에서 포로가 되어 난징에 연금되었다. 그는 끝까지 절개를 지키며 전향을 거부하다가 5개월 뒤인 10월 8일 군사재판에서 사형 선고를 받고 총살당했다.

허난성에서는 장딩원의 제9사단이 진치近杞를 점령하고 란펑을 포위했다. 허난성과 안후이성의 연결이 끊기면서 보저우로 퇴각한 쑨뎬잉 부대는 퇴로가 차단되어 고립되었다. 산둥성 북쪽에서는 스유싼의 제4방면군 주력이 천탸오위안에게 가로막혀 한 발짝도 전진하지 못하는 등 전쟁은 혼전의 연속이었다. 류즈의 제2군단 주력이 란펑에 도착하여 포위를 강화하고 항공부대를 동원하여 연일 폭격했다. 옌시산도 란펑을 빼앗길 수 없었기에 결사 사수를 다짐하며 방어진지를 강화하는 한편 병력을 급히 증원했다. 또한 맹렬한 포격을 퍼부어 중앙군의 전진을 막았다. 장제스는 천청陳誠의 제11사단을 우회시킨 후 산시군의 우익을 기습하여 큰 타격을 입었다.

란펑이 위태롭자 펑위샹은 정저우에서 예비대로 남아 있던 쑨량청의 제2로군 7개 사단을 전선으로 수송해 반격에 나섰다. 쑨량청의 제

2로군은 펑위샹 직계부대로, 서북군의 최강 부대인 데다 충분한 휴식을 취하고 있었기 때문에 전력이 팔팔했다. 또한 정다장鄭大章이 지휘하는 기병집단과 장갑열차의 화력 지원까지 받아 천청의 제11사단을 맹렬하게 공격했다.

장제스의 5호상장 중 한 명이자 뒷날 중화민국 2대 부총통이 되는 천청은 손꼽히는 명장이었다. 그러나 압도적인 적군의 공격을 견디지 못하고 10여 일에 걸친 격전 끝에 막대한 손실을 입고 패퇴하고 말았다. 장제스군은 공격을 멈추고 일단 방어 태세로 들어갔다. 호기를 잡았다고 판단한 서북군 전선 총사령관 루중린은 산시군 부사령관 쉬융창에게 전보를 보내 이 기회를 놓치지 말고 산시군이 더 적극적으로 진격하기를 요구했다. 그러나 돌아온 대답은 한심하기 그지없었다. "우리는 지키는 데는 익숙하지만 공격에는 능하지 못하다." 마지못해 가담한 산시군은 장제스와 펑위샹이 서로 피를 흘려 기진맥진하기만 바랐다. 이런 불협화음이 반장연합군의 최대 취약점이었다.

카이펑과 란펑에서 치열한 혈전이 벌어지는 동안, 장제스는 서북군의 측면을 공격할 생각이었다. 그는 후베이성 방면에 배치된 허청쥔의 제3군단에게 쉬창을 탈환하여 서북군이 증원하지 못하도록 저지하라고 지시했다. 그러나 허청쥔 휘하의 부대는 직계부대인 제2군을 제외하고는 쉬위안취안·왕진위·양후청 등 지방 군벌 군대가 대부분이었다. 이들은 자신의 지반과 실력을 보존하는 것이 우선이었기에 장제스를 위해 서북군과 죽기 살기로 싸울 이유가 없었다. 5월 16일, 허청쥔은 쉬창에 대한 총공격을 명령했다. 왕진위의 제9군이 쉬창을 포위하고 판중슈 부대를 공격했지만 어차피 서로 전의라고는 없어서 전투는 지지부진했다. 그런데 6월 4일 판중슈가 전선을 순시하던 중 우연히 전투기의 폭격을 받아 전사했다. 뜻밖의 상황에 펑위샹은 전선의 붕괴를 막기 위해 부랴부랴 쑨롄중의 제5로군 3개 사단을 쉬창으로 증파해야 했다.

남쪽에서는 리쭝런·바이충시의 제1방면군이 후난성을 침공하여 5월 27일 헝양을 점령했다. 6월 5일에는 창사를 공략했다. 북쪽에서는 6월 10일부터 쑨롄중이 맹렬하게 반격했다. 그렇잖아도 싸울 의욕이 없고 남북으로 협공당할 판이 된 허청쥔의 제3군단은 공세를 견디지 못하고 허난성 남쪽의 주마뎬駐馬店으로 퇴각했다. 주마뎬마저 돌파될 경우 우한 함락도 시간문제였다. 장제스에게는 위기였지만 창사를 점령한 리쭝런과 장파쿠이 사이에 후난성 주석 자리를 놓고 싸움이 벌어졌다. 이 때문에 모처럼의 기회를 살리지 못한 채 진격이 둔해졌다.

장제스는 장광나이의 광둥군 제11군을 헝양으로 급파하여 리쭝런의 측면을 위협했다. 또한 우한 방면의 총사령관 허잉친에게는 즉시 창사를 탈환하라고 명령했다. 허잉친은 웨저우를 방어하는 제13사단에 결사 사수를 지시하고 제4로군, 제6로군 등을 증원하여 리쭝런의 북상을 저지했다. 리쭝런은 6월 8일 웨저우를 점령했지만 다음 날 남쪽에서 장광나이가 헝양을 탈환했다. 배후가 차단된 리쭝런은 웨저우를 버리고 급히 창사로 물러났다. 하지만 허잉친의 추격을 받아 괴멸하고 말았다. 리쭝런은 소수의 잔존 부대를 수습한 뒤 광시성으로 후퇴했다. 광시군과 협력하여 우한을 공략하려 했던 펑위샹의 계획은 물거품이 되었다.

기지를 발휘했다가 오히려 부하를 죽인 황당한 일화

판중슈의 전사는 군벌 내전을 통틀어 항공 폭격으로 고위 지휘관이 전사한 희귀한 사례였다. 그런데 그의 죽음과 관련하여 웃지 못할 일화 하나가 있다. 쉬창전투에서 허청쥔은 항공기 여러 대를 투입하여 날마다 폭격을 실시했다.

손실은 그리 크지 않아도 판중슈의 병사들에게 주는 공포는 컸다. 어느 날은 하늘에서 까마귀 떼 울음소리만 듣고 지레 겁을 먹어 사방으로 흩어진 적도 있었다.

이 얘기를 들은 펑위샹은 직접 전선으로 와서 병사들을 모아놓고 이렇게 말했다. "너희들 생각에 하늘에 비행기가 많으냐, 까마귀 떼가 많으냐?" 물어보나 마나 한 질문이다. 병사들은 입을 모아 대답했다. "까마귀 떼가 많습니다." "까마귀 떼가 하늘에서 오줌을 누면 너희 머리 위로 떨어지느냐?" "아닙니다." "그렇다. 비행기가 떨어뜨리는 폭탄이 너희에게 명중할 가능성은 까마귀 오줌에 맞을 확률보다 낮다. 그런데 뭐가 두려우냐?" 듣고 보니 그럴 듯했다. 병사들은 비행기가 나타나도 다시는 겁을 먹지 않았다.

일자무식의 토비 출신으로 우직하기 이를 데 없는 판중슈 또한 펑위샹의 말을 곧이곧대로 믿고는 비행기를 보고도 가만히 서 있었다. 그런데 오줌은 터지지 않지만 폭탄은 어디 그러한가. 그의 머리 위로 폭탄이 떨어지면서 몸이 산산조각 났다. 펑위샹은 병사들의 사기를 올리기 위해 나름의 기지를 발휘한 셈이지만, 어이없게도 그 때문에 가장 중요한 장군 한 명을 잃었다.

펑위샹의 주머니 전술

일진일퇴를 거듭하며 전황이 지지부진하자 장제스는 반장연맹의 정치적 지도자 왕징웨이에게 전문을 보냈다. 그는 내전을 멈추고 국민당 임시 전국대회를 개최하여 서로의 문제를 대화로 해결하자고 제안했지만 거절당했다. 또한 국민당 원로인 리스쩡李石曾을 펑톈으로 보내 장쉐량의 출병을 독촉했지만 그것도 실패했다. 란펑의 패배로 장제스 진영은 사기가 크게 떨어진 채 수세에 몰렸다. 전황은 장제스에게는 매우 불리하고 반장연합이 우세했다. 장제스 스스로 구주퉁·장딩원·천청 등 여러 심복 앞에서 한탄할 정도였다. "공격이 실패한 이후 병사들에게는 두려워하는 마음이 커졌고 병력도 부족하다. 나로서는 슬프고 분할 따름이다. 어찌 혁명 군인으로서의 내 정신이 이토록 분발하지 못하게 되었는가."

그러나 얼마 지나지 않아 장제스는 다시 기운을 차리고 새로운 공세를 준비했다. 류즈 휘하의 장딩원·천청·장즈중 등 직계 정예부대 3만 명과 포병부대를 동원하여 카이펑 탈환에 나섰다. 펑위샹도 장제스의 반격을 예측하고 그의 주력을 유인한 후 포위 섬멸할 계획을 세웠다. 그는 쑨량청·팡빙쉰·지훙창吉鴻昌에게 적과 맞서지 말고 신속하게 퇴각하여 허점을 보일 것을 명령했다. 장제스는 항공 정찰을 통해 서북군이 서쪽으로 물러나고 있다는 사실을 확인하자 그 즉시 추격에 나섰다. 장제스가 함정에 걸리자 펑위샹은 주요 제장에게 명령을 내렸다.

쑨량청·팡빙쉰 부대가 전면을 맡고 쑨롄중·장즈중 부대가 적의 배후로 진출하며 산시군은 수비를 맡으라. 쑨뎬잉 부대는 장제스의 후방을 교란하라. 적의 주력을 좁은 곳으로 유인한 후 가두어 철저하게 섬멸하라.

펑위샹의 비장의 '주머니 전술口袋戰術'이었다. 깊숙이 진격한 장제스의 선봉대는 서북군의 포위망에 걸려들었다. 전투는 그야말로 치열하여 곳곳에서 백병전이 벌어졌다. 사방에서 난타당한 장제스의 손실은 막중했다. 구이더로 후퇴하던 일부 부대는 퇴로가 차단되어 말 그대로 괴멸했다. 장제스로서는 뼈아픈 일격을 당한 것이다. 북벌전쟁이래 최악의 패배였다. 그나마 함정에 걸렸음을 직감한 그는 신속하게 퇴각 명령을 내리고 엄호 작전을 펼쳤다. 펑위샹은 포위망을 완성할 수 없어 결정적인 승리를 거두지는 못했다.

쑨뎬잉은 보저우에서 고립된 채 왕쥔의 제3군(제7사단, 제10사단)에 포위되었다. 앞서 서태후의 묘를 도굴하여 '동릉대도'라는 악명을 떨친 쑨뎬잉의 부하들은 대부분 비적들로 구성된 오합지졸의 잡군이었다. 양식도 탄약도 떨어진 상황이었다. 펑위샹은 그를 구하기 위해 루중린에게 명령하여 쑨롄중 부대를 파견했다. 쑨롄중이 왕쥔의 후방을 공격하자 쑨뎬잉도 호응하여 왕쥔을 격파하고 보저우의 포위망을 풀었다. 펑위샹은 이들에게 진푸철도를 장악하고 벙부를 거쳐 난징으로 단숨에 남하할 것을 지시했다. 벙부에서 난징까지는 지척이었다. 하지만 식량과 탄약이 바닥나고 더 이상 싸울 의지가 없었던 이 두 부대는 전진을 멈추고 서쪽으로 퇴각해버렸다. 서북군은 군비가 바닥나면서 일선 병사들이 굶주림에 허덕였다. 그런데 별다른 전투를 하지 않은 산시군은 병사들의 급료도 다달이 지급하고 식량도 풍족했다. 서북군 병사들은 산시군 병사들이 먹다 버린 빈 양철 통조림 더미를 보면서, 힘든 일은 자신들에게 죄다 떠맡긴 채 방관만 하는 옌시산을 향해 욕을 퍼부었다. 적인지 아군인지 구분이 가지 않을 정도였다.

스유싼의 제4방면군과 푸쭤이의 산시군 제2로군은 6월 3일 황허를 건넌 뒤 천탸오위안의 제4군단을 격파했다. 6월 25일에는 산둥성의 성도 지난을 점령했다. 옌시산은 그 여세를 몰아 산시군의 주력을 총동원해 쉬저우 공격에 나섰다. 하지만 장제스가 증원부대를 투입하고 천탸오위안과 한푸쥐의 완강한 저항에 부딪히자 싱겁게 주저앉았다. 이 기회주의자에게는 싸울 의지가 없었기 때문이다.

후난성에서 리쭝런을 격파하여 어느 정도 여유를 확보하자 장제스는 7월 중순부터 산시군에 대한 본격적인 공격을 시작했다. 장제스의 칼끝이 자신을 향하자 옌시산은 그제야 펑위샹에게 탄약과 식량을 보내면서 구원을 요청했다. 펑위샹의 막료들은 "옌시산은 위기에 빠지니까 부처님을 찾는구나. 좀 더 일찍 보내주었다면 쑨롄중은 벙부에서 물러나지 않았을 테고 진푸철도의 전황은 훨씬 유리했을 것이 아닌가"라며 불만을 터뜨렸다. 펑위상도 옌시산에 대한 감정이 좋을 리 없지만 한배를 탄 이상 옌시산의 위기는 자신의 위기였다. 그는 최후의 힘을 짜내 쉬저우에 대한 총공세를 준비했다. 리쭝런의 제1방면군이 패퇴한 데다 군비도 탄약도 바닥난 상황에서 자신의 모든 것을 걸고 벌이는 마지막 도박이었다.

장쑤성 북서쪽에 있는 쉬저우는 중국 최대의 곡창지대이자 진푸철도와 룽하이철도가 교차하는 교통의 요충지이다. 지리적으로는 산둥성과 허난성, 안후이성, 장쑤성을 연결하는 정치적·군사적 요지이기도 했다. 역사적으로 쉬저우를 놓고 군웅의 치열한 쟁탈전이 반복됐으며, 중일전쟁 중에는 리쭝런이 지휘하는 중국군 70만 명과 일본군 30만 명이 일대 회전을 벌였다. 국공내전 막판에는 화이하이전역淮海戰役에서 인민해방군이 쉬저우를 점령하고 국민정부군 주력 50만 명을 섬멸하면서 3년간 팽팽했던 내전의 승패에 종지부를 찍고 천하를 얻는다.

쉬저우가 펑위상의 수중에 넘어간다면 국민정부가 있는 난징도 풍전등화였다. 펑위상은 모든 병력을 셋으로 나누었다. 쑨량청의 제2로군이 좌익을 맡아 쑤이현睢縣을 거쳐 닝링으로 진격한다. 쑨롄중의 제5로군이 중앙을 맡아 타이캉太康을 거쳐 구이더로 진격한다. 쑨뎬잉의 우익군은 저청柘城을 거쳐 쉬저우 북서쪽의 마무지馬牧集로 진격하고 세 방향에서 쉬저우를 포위한다. 북쪽에서는 진푸철도를 따라 류춘룽의 산시군 제20군과 스유싼의 제4방면군 주력이 쉬저우로 남하하고 정다장의 기병집단이 우회 침투하여 적의 후방을 교란한다. 쑹저위안의 제4로군은 정저우에서 총예비대로 남는다. 펑위상은 서북군의 정예를 총동원했다.

서북군의 공세는 1930년 8월 6일 시작되었다. 쑨롄중의 중로군 선두부대는 장제스군의 최일선을 돌파했다. 쑨뎬잉의 우익 부대 또한 쏟아지는 장대비를 뚫고 마무지 부근에서 치열한 전투를 벌였다. 펑위샹은 닝링을 맡은 좌로군이 강력한 저항에 부딪혀 전진이 지지부진하자 정저우에서 예비대로 대기하고 있던 쑹저위안의 제4로군을 투입했다. 서북군은 닝링을 향해 재차 공세에 나섰다. 연일 쏟아지는 비와 병참의 곤란에도 불구하고 쑨량청의 좌로군은 닝링을 점령하여 구이더 서쪽을 제압했다. 장제스의 일각이 무너졌다.

서북군의 맹공 앞에서 전황은 전에 없이 급박했다. 장제스는 한 치도 물러서지 말라고 일선 부대에 명령하는 한편, 최정예부대를 구이더에 집중시켰다. 또한 자신도 최일선으로 나와서 병사들에게 상금을 나눠주는 등 싸움을 독려했다. 그러나 서북군의 투지는 장제스의 예상을 뛰어넘었다. 절망한 그는 한때 구이더와 보저우를 포기하고 쉬저우로 철수하는 방안을 고려했다. 그러자 총참모장 양제楊杰와 군정부 육군처장 차오하오썬曹浩森이 만류했다. 지금에 와서 섣불리 철수하면 자칫 전 전선의 붕괴로 이어질 수 있으며, 서북군은 어차피 병참이 취약하니 공격이 오래가지는 않을 것이라는 얘기였다. 대신 진지를 고수하면서 서북군의 공세를 막아내는 한편, 우선 서북군의 아킬레스건인 산시군과 스유싼을 격파할 것을 건의했다. 장제스는 이들의 건의를 받아들여 철수를 중지했다. 예상대로 지친 서북군은 더 이상 전진하지 못하고 주저앉았다.

쉬저우 주변에서 장제스와 펑위샹이 일진일퇴의 혈전을 거듭하는 동안에도 산시군의 태도는 여전히 소극적이었다. 마지못해 가담한 옌시산은 예상 이상으로 전쟁이 확대되자 어떻게든 전력을 보존하면서 발을 뺄 궁리만 했다. 따라서 서북군이 고전을 면치 못하는데도 병력과 물자 지원을 거부하고 관망했다. 옌시산의 기회주의적인 태도는 장제스에게 절호의 기회가 되었다. 장제스는 직계부대 3개 군 10만 명을 투입하여 산시군을 집중 공격했다. 산시군은 대패하여 황허 이북으로 퇴각했다.

8월 15일, 장광딩蔣光鼎의 제11군이 산둥성의 성도 지난을 탈환했다. 노획한 무기만도 소총 3만 정에 야포 200문에 달했고, 산시군의 주력은 거의 궤멸했다. 전세는 단숨에 역전되었다. 북쪽의 위협을 제거한 장제스는 서북군에 총력을 기울일 수 있게 되었다. 펑위샹에게 산둥 전선의 붕괴는 결정타였다. 승리의 기회는 지나갔다. 퇴로가 차단될까 우려한 그는 전군에 산시성으로 퇴각하라는 명령을 내렸다. 장제스는 드디어 주도권을 잡고 8월 24일 총반격에 나섰다. 그는 뤄양과 정저우에 가장 먼저 입성하는 사람에게는 100만 위안의 상금을 주겠다고 호언했다. 장제스의 각 부대들은 경쟁을 벌이며 진푸철도·평한 철도·룽하이철도를 따라 파죽지세로 진격했다.

반장연합에서 또 한 명의 주동자인 왕징웨이는 1929년 11월 홍콩으로 들어간 뒤 중원대전이 절정에 다다른 1930년 7월 말 톈진을 거쳐서 베이핑에 도착했다. 그리고 9월 9일 신정부 수립을 선언했다. 옌시산이 정부 주석에 취임하고 왕징웨이, 펑위샹, 리쭝런, 장쉐량, 국민당 원로 셰츠, 탕사오이 등 7명이 정부 위원으로 추대되었다. 베이핑을 다시 베이징으로 바꾸고 중국의 새로운 수도로 삼았다. 중국은 베이징 정부와 난징 정부로 분열되었다. 그러나 반장연합군은 도처에서 패퇴하고 있었다. 베이징 정부가 얼마나 오래갈지는 불 보듯 뻔했다. 게다가 또 하나의 결정적인 사건이 일어났다. 장쉐량이 오랜 침묵을 깨고 드디어 움직였다.

장쉐량 출병하다

장제스와 반장연합의 중대한 변수 중 하나는 동북의 지배자인 장쉐량이었다. 장쮜린 이래 탄탄한 기반과 막강한 힘을 갖춘 장쉐량은 중립을 지키면서 상황을 관망하고 있었다. 그 또한 다른 군벌들과 마찬가지로 장제스에게 굴복할 생각은 없었다. 그렇지만 펑위샹이 장제스를 쓰러뜨리고 천하의 주인이 되어 동북을 위협하는 것도 바라지 않았다.

젊고 야심만만한 장쉐량은 관내로 세력을 확대하여 예전에 아버지 장쮜린이 잃어버린 지위를 회복할 기회를 노렸다. 그에게 중원의 싸움은 일생일대의 기회였다. 그는 반장연합에 참여하지 않은 채 중앙에 복종을 선언하면서도 장제스가 병력 출동을 요청하자 동북의 안정을 명목으로 거절하고 약간의 군수물자를 제공하여 생색만 냈다. 그는 기회를 봐서 관내로 진군해 베이핑과 톈진을 장악할 생각이었다. 장제스와 펑위샹·리쭝런의 충돌이 본격화하던 1929년 5월 17일, 장쉐량은 동북의 주요 지휘관들을 비밀리에 모아서 회의를 열었다.

이번 전란은 우리 동북과 밀접한 관계가 있으며 관내로 세력을 확대하여 종래의 지위를 회복할 수 있는 절호의 기회이다. 펑위샹군은 산둥성을 점령할 야심이 있다. 우리는 방비를 단단히 해야 한다. 또한 겉으로는 동북의 보경안민에 힘을 쏟되 기회를 봐서 적극적으로 움직여야 한다. 우리는 언제라도 출동할 수 있도록 준비하고 무기와 탄약 제조에 힘써야 하며 양식을 확보해야 한다. 앞으로 모든 군사행동은 반드시 비밀을 엄수해야 한다.

장쉐량의 기회주의적인 야심을 단적으로 보여주는 말이었다. 그러나 장쮜샹·탕위린·위안진카이 등 동북의 원로들은 성급하게 발을 내밀었다가 위기를 초래할 수 있다며 출병을 완강히 반대했다. 장쭤린의 실패를 가장 가까운 곳에서 지켜본 그들로서는 장쉐량의 무모함을 우려하지 않을 수 없었다. 펑톈의 재정은 파산지경이었고 동북군 또한 출병할 형편이 아니었다. 북쪽에서는 중둥철도를 놓고 소련과 마찰이 심해지고 있었다. 일본 역시 자립 의지를 보이는 장쉐량 정권을 탐탁잖게 여기는 등 동북은 벼랑 끝에 서 있었다. 이 와중에 장쉐량이 자신의 지반을 굳히는 대신 관내 진출의 야심을 품는다는 것은 현실을 무시한 판단 착오였다.

한편, 북만주의 중소 국경에서는 전운이 감돌았다. 남만주에 일본이 건설한 남만주철도가 있다면 북만주에는 제정러시아가 건설한 중둥철도가 있었다. 중둥철도는 서쪽의 만저우리에서 하얼빈을 관통하여 동쪽의 쑤이펀허를 통해 소련 시베리아 횡단철도와 연결됐으며 철도 운영의 권리는 소련에 있었다. 중국인들에게는 대표적인 제국주의 침략의 상징이기도 했다. 1929년 7월 10일 장쉐량은 소련으로부터 중둥철도 회수를 전격 선언하고, 중둥철도의 소련인 간부들과 직원들을 체포한 후 추방했다. 또한 하얼빈의 소련영사관을 강제 수색했다. 장쉐량이 소련을 상대로 강하게 나갈 수 있었던 이유는 북벌전쟁 이후 중국 사회에서 고조된 민족주의 열기에 편승하여 자신의 위신을 높이고 가뜩이나 어려운 동북 재정에 큰 도움이 되리라 여겼기 때문이다. 또한 소련은 기근과 정치적 혼란을 겪고 있었기에 외교적인 항의는 몰라도 실질적인 대응을 하기는 어려울 것이라고 낙관했다. 그러나 정작 남만주 최대의 이권을 가진 일본에 대해서는 꼬리를 내렸다. 북만주에는 소련군이 한 명도 없지만 남만주에는 1만 명이 넘는 관동군이 배치되어 있었고, 조금이라도 비위를 건드렸다가는 당장 보복당할 것이 불 보듯 뻔했기 때문이다.

그러나 장쒜량의 예상과 달리 스탈린은 당장 초강경으로 나왔다. 그는 장쒜량에게 최후통첩을 보내는 한편, 적백내전의 영웅이자 장제스의 군사고문이었던 바실리 콘스탄티노비치 블류헤르 장군에게 장쒜량의 버릇을 고쳐놓으라고 명령했다. 8월 6일 소련 혁명군사위원회는 시베리아 하바롭스크에 극동특별적기군^{Separate Red Banner Far Eastern Army, OKDVA}을 조직했다. 총사령관은 블류헤르, 참모장은 뒷날 스탈린그라드전투의 영웅이 되는 바실리 추이코프^{Vasily Chuikov}였다. 또한 독소전쟁에서 소련군 제일의 명장 중 한 사람인 콘스탄틴 로코솝스키^{Konstanty Ksawerowicz Rokossowski}가 기병여단장을 맡는 등 소련군 최고 인재들이 투입되었다. 병력은 당초 3개 사단과 1개 기병여단 등 약 3만 명에서 꾸준히 증원되면서 3개 군단 10만 명으로 늘어났으며, 전차부대와 중포, 해공군까지 갖추었다. 동북군은 30만 명에 달했지만 북만주에 배치된 병력은 6만 명 정도에 불과했다. 대부분 사기가 낮고 훈련 상태가 형편없는 2선급 부대였다. 게다가 일본은 말로는 중립을 내걸면서도 동북군이 남만주철도를 이용하지 못하게 훼방을 놓는 등 은근히 소련 편을 들면서 병력 증원도 쉽지 않았다. 장쒜량은 일본이 소련을 견제하리라 기대했지만 오히려 일본은 소련이 이 기회에 장쒜량을 밟아주기를 바랐다.

7월 말부터 국경지대에서 소규모 도발을 일삼았던 소련군은 장쒜량과의 교섭이 결렬되자 8월 17일 만저우리 공격을 시작으로 북만주를 침공했다. '중둥철도사건' 또는 '펑소전쟁'이었다. 소련군은 장쒜량의 오합지졸 군대를 압도했다. 동북군은 연전연패였다. 10월 12일 동만주 아무르강 싼장커우^{三江口}에서 벌어진 해전에서는 소련 극동구함대(포함 9척)가 동북군 쑹화장 강방함대를 괴멸시켰다. 동북 해군은 포함 6척 중 4척이 격침되고 1척은 나포, 1척만 살아남았다. 10월 31

● — 펑소전쟁에서 동북군 제15여단의 독전기를 노획한 소련군.

일 푸진富錦에서 벌어진 전투에서는 강방함대의 잔여 함정들마저 괴
멸했다. 푸진전투에서 동북군은 300여 명이 전사했지만 소련군의 손
실은 겨우 전사 3명, 부상 11명에 불과했다. 11월 17일부터 20일까
지 서만주의 국경도시 만저우리에서 벌어진 전투에서도 동북군 제17
여단이 괴멸하고 여단장 한광디韓光第가 전사했다. 제15여단도 포위
되어 항복했다. 동북군의 손실은 전사자 1,500명에 포로는 9,000명이
넘은 반면, 소련군 사상자는 겨우 600여 명에 불과했다. 같은 날 동만
주 미산密山에서도 크게 패하여 동북군은 1,500명이 넘는 사상자를 내
고 130여 명이 포로가 되었다. 소련군은 북만주를 휩쓴 다음 하얼빈
을 눈앞에 두었지만, 충분히 실력을 보여주었다고 판단하고는 더 이
상 전진하지 않은 채 철수했다. 자칫 일본과의 마찰과 열강의 간섭으
로 이어질까 우려한 까닭이었다. 8월부터 11월까지 벌어진 전투에서

소련군의 손실은 전사 280명, 부상 730명에 불과했다. 동북군은 전사자만도 여단장 1명을 포함해 2,000명이 넘었고, 1만 명 이상이 포로가 되었다.

급박한 상황에도 장쉐량은 직계부대의 출동을 거부하고 무장이 빈약한 지린성과 헤이룽장성의 지방 부대로만 싸우게 했다. 장제스가 중앙군의 출동을 제안했지만 이 또한 거부했다. 중앙군이 동북으로 들어올 경우 자신의 지위가 흔들릴 수 있기 때문이었다. 그렇다고 자력으로 소련군을 몰아낼 방법이 있는 것도 아니었다. 게다가 때마침 중원대전이 벌어져 장제스도 제 발등에 불이 떨어지면서 도움을 줄 처지가 아니었다. 장제스는 소련에 맞서 단결을 호소했지만, 군벌들은 외세의 침략보다 장제스 타도가 우선이었다. 진퇴유곡에 빠진 장쉐량이 우물쭈물하는 사이 일선의 동북군은 괴멸했다. 백기를 든 장쉐량은 12월 6일 강화협정을 체결하고 소련 측의 요구를 모두 수용했다. 신중한 준비 없이 성급하게 행동했다가 호된 대가를 치른 셈이었다. 그나마 소련은 중둥철도의 이권을 되돌려 받는 데 만족하고 거액의 배상금이나 새로운 이권 요구, 관련자들 처벌과 같은 무리한 요구는 하지 않았다.

평소전쟁에서 동북군이 보여준 문제점은 총체적이었다. 만저우리에서 선전했던 제15혼성여단장 량중자梁忠甲는 1930년 1월 선양에서 열린 군사선후처리회의에서 패전의 원인으로 무기와 장비의 노후화, 대공 능력의 취약성, 통합적인 작전 지휘 결여 등을 꼽았다. 특히 서부 전선 총지휘를 맡은 제2군 군단장 후위쿤胡毓坤을 가리키며 최전선에도 나오지 않았고 병력 증원 요구도 무시했다면서 질타했다. 그러나 장쉐량은 와신상담하기는커녕 모든 책임을 원로들의 무능함과 소극적인 태도 탓으로 돌렸다. 장쉐량의 무책임하고 이기적인 행태는 동북군 장병들의 신뢰를 떨어뜨렸다. 관동군 특무기관 소속으로 만저우리에서 양측의 전투를 직접 지켜본 가와마타 다케토川俣雄人 대위는 "소련군의 전투력은 만만치 않은 반면, 동북군은 오합지졸과 다를 바 없었다"고 보고했다. 관동군은 동북군을 더욱 얕보았으며 결국 2년 뒤 만주사변을 일으킨다.

1929년 10월 장제스와 펑위샹·옌시산 사이의 갈등이 깊어지고 반장 세력들이 뭉치면서 정세는 갈수록 예측 불허가 되었다. 장제스의 장래가 어둡다고 여긴 장쉐량은 다시 비밀회의를 열었다. 그는 펑위샹·옌시산과 삼각동맹을 맺고 관내로 출병할 것을 제안했지만 이번에도 원로들의 강력한 반발에 부딪혔다. 원로들은 장제스가 패배한다면 펑위샹과 옌시산이 동북을 노릴 것이며, 장제스와 반장 진영 어느 쪽에 가담하건 관내의 상황에 개입하는 것은 이롭지 못하다고 주장했다. 장쉐량은 마지못해 뜻을 굽혔지만 야심을 버린 것은 아니었다.

1930년 3월 15일, 펑위샹·옌시산·리쭝런이 삼각동맹을 맺고 반장 연합 결성을 선언했다. 총사령관이 된 옌시산은 장쉐량의 의사는 물어보지도 않은 채 부사령관에 추대했다. 장쉐량의 참여를 압박하려는 술수였다. 물론 장쉐량도 호락호락하지 않은 인물이므로 "동북은 일본·소련과의 관계가 복잡해서 난징과 당장 손을 끊을 수 없다"며 비밀 전문을 보내 슬쩍 발을 뺐다. 장제스에게는 "반장연합이 나를 부사령관으로 추대한 것은 전혀 모르는 일이다"라면서 복종을 맹세하는 등 양다리를 걸친 채 정세를 살폈다.

한동안 한 치 앞을 내다볼 수 없던 혼란스러운 상황은 8월 말이 되자 승패가 장제스 쪽으로 기울면서 가닥을 잡았다. 산둥성에서 산시군은 괴멸하여 투항하거나 퇴각했다. 서북군 역시 구이더와 보저우에서 패퇴하여 서쪽으로 철수하고 있었다. 장쉐량은 자신이 나설 때가 왔다고 판단했다. 그는 동북군을 점검하는 한편, 8월 30일 주요 지휘관들을 모아 회의를 열었다. 자신이 베이핑과 톈진 등 새로운 지반을 얻으면 원로들에게는 동북의 통치를 일임하겠다고 설득하여 이들의 동의를 얻어냈다. 장제스도 연일 장쉐량의 출병을 독촉하고 1,500만 위안에 달하는 군비를 제공했다. 장쉐량은 드디어 관내 출병을 결심했다. 9월 18일, 장쉐량은 "중앙을 옹호하고 내전을 반대한다"는 '화평통전和平通電'을 선언하고 전국에 전문을 발송했다. 출동 병력은 7개 여단과 3개 기병여단 등 7만 명이었다.

동북군 관내 출동 부대 편제(1930년 9월)
제1군 군장 위쉐중: 제5여단, 제6여단, 제27여단, 기병 제1여단, 기병 제6여단
제2군 군장 왕수창王樹常: 제2여단, 제4여단, 제12여단, 제15여단, 기병 제5여단

장제스가 강력한 반격을 시작한 가운데, 동북군의 출병은 평위샹·옌시산에게는 허를 찔린 것이자 대세에 쐐기를 박는 결정타였다. 그들은 장쉐량이 기회주의적이기는 하지만 장제스와 손잡는 일은 없으리라 마음을 놓고 있었다. 따라서 모든 전력을 장제스와의 전투에 투입하고 장쉐량에 대해서는 아무 대비도 하지 않았다. 위쉐중의 동북군 3개 여단이 산하이관을 돌파하여 베이핑으로 진격하자 산시군은 무너져내렸다. 출병 나흘 만인 9월 22일, 베이핑과 톈진은 장쉐량의 손에 넘어갔다. 옌시산과 왕징웨이 등 베이징 정부 수장들은 남쪽의 스좌장으로 피신하고 정부기관은 타이위안으로 이전했지만 이미 붕괴된 것과 다름없었다. 정부 수립을 선포한 지 10여 일 만이니 중화민국 역사에서 가장 단명한 정부인 셈이었다. 25일에는 동북군 제27여

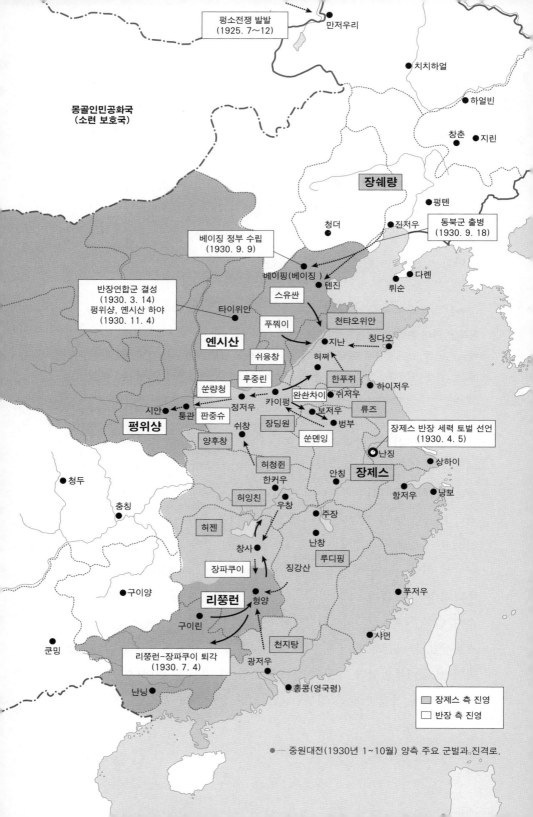

평소전쟁 발발
(1925. 7~12)

만저우리

치치하얼

하얼빈

몽골인민공화국
(소련 보호국)

창춘 · 지린

장쉐량

평톈

청더 · 진저우 · 동북군 출병
(1930. 9. 18)

베이징 정부 수립
(1930. 9. 9)

다롄

뤼순

반장연합군 결성
(1930. 3. 14)
펑위샹, 옌시산 하야
(1930. 11. 4)

타이위안

베이핑(베이징)
톈진

스유싼

옌시산

푸쭤이

천타오위안

지난 · 칭다오

쉬융창

허쩌

한푸쥐

루중린

쉬저우 · 하이저우

쑨량청

완샨차이

정저우 카이펑

류즈

시안

통관 판중슈

쉬창

장딩원 보저우

벙부

펑위샹

양후청

쑨뎬잉

장제스 반장 세력 토벌 선언
(1930. 4. 5)

허청쥔

한커우

안칭

장제스

난징 · 상하이

청두

충칭

허잉친

우창

주장

항저우 · 닝보

허젠

창사

난창

징강산

루디핑

장파쿠이

리쭝런

헝양

푸저우

구이린

천지탕

샤먼

쿤밍

리쭝런-장파쿠이 퇴각
(1930. 7. 4)

광저우

구이양

홍콩(영국령)

난닝

□ 장제스 측 진영
□ 반장 측 진영

● 중원대전(1930년 1~10월) 양측 주요 군벌과 진격로.

단 5,000여 명이 허베이성의 성도 바오딩을 점령했다.

반장연합군은 지리멸렬 상태였다. 지난에서 산시군이 패퇴하자 스유싼은 싸우지도 않고 멋대로 황허 이북으로 철수했다. 그리고 총 한발 쏘지 않고 장쉐량에게 투항했다. '동릉대도' 쑨뎬잉은 장제스에게 항복했다. 전세가 기울자 펑위샹은 쑹저위안에게 뤄양의 수비를 명령하고 일선 부대가 퉁관으로 안전하게 퇴각할 때까지 사수하라고 지시했다. 그러나 주력부대의 태반은 여전히 정저우 방면에 묶인 채 장제스군에게 퇴로를 위협받았다. 남쪽에서는 양후청의 부대가 뤄양을 향해 북상 중이었다. 뤄양이 함락될 경우 서북군 전체가 섬멸당할 판이었다.

옌시산은 비밀리에 장쉐량과 접촉했다. 허베이성과 산둥성을 내주는 대가로 동북군은 산시성으로 철수하는 자신의 군대를 추격하지 않기로 밀약을 맺었다. 장쉐량 또한 펑위샹과 옌시산을 아예 몰락시킬 생각은 없었다. 장제스를 견제하고 세력균형을 유지하려면 어쨌든 이들이 필요했기 때문이다. 그는 옌시산에게 자신이 출병한 목적은 어디까지나 내란이 확대하는 것을 막고 진정한 화평을 실현하기 위해서이며, 중앙에 무조건 복종할 생각은 없다고 전달했다. 장쉐량은 총 한발 쏘지 않고 광대한 화북 전역을 장악했다. 옌시산도 완전히 몰락하는 것은 피할 수 있었다.

9월 30일에는 란펑이, 10월 3일에는 카이펑이, 6일에는 정저우가 차례로 함락되었다. 서북군의 붕괴는 시간문제였다. 10월 7일에는 뤄양이 함락되었다. 룽하이철도를 따라 퇴각 중이던 쑨량청·쑨롄중·지훙창 등 서북군의 주력 15만 명이 퇴로가 차단되어 항복했다. 이들 중 일부는 중앙군에 편입되었고, 일부는 무장해제되어 해산되었다. 황허 이북으로 철퇴할 수 있었던 병력은 겨우 6만 명 정도였다. 펑위샹은 타이위안에서 퉁관으로 급히 돌아온 뒤 지휘관들을 모아 의견을 물었다. "이제는 어떻게 해야 하는가?" 루중린이 대답했다. "물러나서 내부를 정비하고 힘을 키워 다음을 기약해야 합니다."

10월 8일, 펑위샹은 스좌장으로 가서 옌시산을 만나 서북군의 철퇴와 정전 방안을 논의했다. 장제스가 내건 조건은 가혹했다. 옌시산과 펑위샹 두 사람이 당장 해외로 출국하고 서북군과 산시군의 지휘를 루중린과 쉬융창에게 맡기라는 것이었다. 옌시산은 두말 않고 받아들였지만 펑위샹은 서북군의 잔존 부대가 산시성까지 안전하게 퇴각할 수 있도록 끝까지 지휘하기를 원했다. 하지만 대세는 이미 결정 났다. 그 와중에 옌시산은 또 한 번 펑위샹의 뒤통수를 쳤다. 뤄양의 함락으로 퇴로를 차단당한 서북군이 산시성으로 철수하는 것을 가로막은 것이다. 10월 15일, 쑹저위안·장쯔중·류위밍·자오덩위趙登禹 등 서북군의 잔여 부대들은 장쉐량에게 투항했다. 장쉐량은 이들을 제29군으로 개편하고 쑹저위안을 군장으로 임명했다.

10월 25일, 양후청 휘하의 제27여단이 펑위샹 사령부가 있는 퉁관을 점령했다. 장제스는 시안은 물론이고 간쑤성과 칭하이성까지 진격하여 이번 기회에 서북군을 완전히 결딴내겠다고 별렀지만, 장쉐량이 중재하자 정전을 받아들이기로 했다. 11월 4일, 옌시산과 펑위샹은 하야를 선언했다. 이로써 군벌 최대의 내전이었던 중원대전은 막을 내렸다. 쌍방 합하여 200만 명이 참여했으며, 전쟁의 화마는 10여 개 성에 미쳤다. 사상자는 중앙군이 약 10만 명, 반장연합군은 20만 명이었고, 군비 지출은 1년 세수와 비슷한 5억 위안이었다. 그 파괴력은 태평천국의 난만큼은 아니었지만 북벌전쟁을 훨씬 능가했다. 또한 쓰촨성에서는 반장연합 측의 류원후이와 장제스 진영의 류샹·양썬이 서로 싸우고 윈난성에서는 탕지야오와 룽윈이 패권을 다투는 등, 중앙의 혼란을 틈타 치열한 영토 싸움이 벌어졌다. 중원대전의 축약판이었다.

＼천하를 통일하다

1930년 11월 12일, 장쉐량은 난징으로 와서 장제스와 회담했다. 장제스는 장쉐량에게 화북에서의 주도권을 인정하되 옌시산과 펑위상을 토벌하라고 요구했다. 그러나 장쉐량은 무력 대신 정치적으로 해결해야 한다고 주장했다. 결국 장제스는 장쉐량이 난징 정부의 권위를 인정하는 조건으로 화북의 군정대권을 위임하기로 했다. 장쉐량은 허베이성과 쑤이위안성, 차하르성을 차지하여 장제스 다음의 세력을 자랑했다. 또한 중화민국 육해공군 부Ⅲ총사령관에 취임했다. 그에게는 영광의 절정이었다.

그러나 위세는 오래 이어지지 않았다. 중원대전이 끝나고 1년 뒤인 1931년 5월, 스유싼이 다시 배반했다. 그는 '화북왕'이 되겠다는 허황된 야심을 품고 반란을 일으켜 동북군을 격파하고 스좌장을 빼앗았다. 허잉친의 중앙군이 출동하고 산시군, 한푸쥐의 가세로 스유싼을 격파했지만 장쉐량의 지반은 점점 줄어들었다. 베이핑과 톈진만 간신히 유지할 수 있었다. 체면 때문에라도 새로운 지반을 포기할 수 없었던 장쉐량은 동북에서 더 많은 병력을 출동시켰다. 만주사변 직전에는 관내에 출동한 병력이 15만 명에 달했다. 이 때문에 동북의 방비가 취약해지고 동북군 내부에서는 파벌 싸움이 격화했다.

관동군은 이 기회를 놓치지 않고 1931년 9월 18일 만주사변을 일으켰다. 장쉐량과 반목하던 동북의 원로들은 친일파로 전향하여 관동군의 동북 지배에 협조했다. 장쉐량은 군대를 돌려 반격하는 대신 관동군을 자극하지 않으려고 '부저항 정책'을 지시하여 부하들로 하여금 무기를 내려놓게 하고 일본과의 협상에 나섰다. 중국인들의 오랜 관념마냥 장제스가 장쉐량을 파멸시킬 요량으로 압박해서가 아니라 장쉐량 스스로 관동군의 야심을 오판했고, 동북군 내부가 분열했으며, 어렵사리 확보한 영토를 포기할 수 없다는 장쉐량의 개인적인 아집 때문이었다. 만주사변은 장쉐량의 어리석음이 자초한 결과였다. 일본은 속전속결로 광대한 동북 전역을 차지했다. 남쪽에서는 산둥성을 차지한 한푸쥐가 북상하여 베이핑과 톈진을 위협했다.

일본을 두려워했던 장쉐량은 관동군과 승산 없는 싸움을 하는 대신 남은 지반이라도 지키는 쪽을 선택했다. 1932년 3월 1일, 일본은 만주국을 세웠다. 장쉐량의 위세가 땅에 떨어지자 주변의 군벌들이 승냥이들처럼 달려들었다. 쑤이위안성은 산시파 군벌 푸쭤이가, 차하르성은 서북파 군벌 쑹저위안이 차지했다. 장쉐량은 속수무책이었다. 이듬해 1월에는 일본군이 러허사변을 일으켜 만리장성으로 밀고 내려왔다. 동북군은 싸우지도 않고 무너져버렸다. 장쉐량은 하야를 선언한 뒤 한동안 해외를 떠돌다가 귀국했다. 장제스는 그를 머나먼 산시성으로 쫓아버렸다. 장쉐량은 공산군 토벌 작전에 투입됐지만 여기서도 연전연패를 거듭했다. 궁지에 몰린 그는 1936년 12월 12일 시안 사건을 일으켰다. 장쉐량이 처음부터 허황된 야심을 품는 대신 화북의 영토를 중앙에 반환하고 동북을 단단히 지키는 쪽을 택했더라면 그 뒤의 역사는 어떻게 되었을까. 만주사변도 없었을 것이며, 중국과 일본의 명운은 물론이고 그의 운명 또한 완전히 달라졌으리라.

중원대전의 패배자들은 어떻게 됐을까. 옌시산은 하야한 뒤 랴오둥반도의 다롄으로 갔다. 그는 한동안 관동군의 보호를 받다가 만주사변 직전인 1931년 8월 5일 슬그머니 산시성으로 돌아왔다. 만주사변이 일어나자 장제스와 화해하여 다시 산시성에 대한 지배를 허락받았다. 중일전쟁이 일어난 뒤에는 제2전구 사령관에 임명되어 화북의 지휘를 총괄하고 국공내전 중에는 행정원장(행정부 수장으로, 북양 정권 시절 국무총리에 해당한다)에 임명되는 등 장제스의 중요한 정치 동반자가 되었다. 국공내전 말기 공산군에게 패한 장제스가 '국부천대國府遷臺(대륙을 버리고 타이완으로 피신했다는 의미)'를 할 때도 함께 피신하여 타이완에서 여생을 보냈다.

펑위샹은 산둥성 타이산에 은거했다. 옌시산·리쭝런·바이충시·탕성즈·장파쿠이 등이 장제스에게 머리를 숙이고 난징 정부의 고관대작을 한자리씩 차지하여 부귀영화를 누린 것과 달리 펑위샹은 끝까지 굴복하지 않았다. 중원대전은 리쭝런의 반란이 방아쇠가 되기는 했지만, 장제스와 펑위샹 두 옹고집의 고집 대결이기도 했다. 장제스 또한 그를 증오했으며, 그 뒤로 어떠한 실권도 주지 않고 재기하지 못하도록 철저하게 막았다.

만주사변이 일어나고 일본의 화북 침략이 본격화하자 펑위샹은 장제스의 유화정책을 비난하고 옛 부하들을 모아서 항일동맹군을 결성하여 대일 투쟁에 앞장섰다. 그러나 쑹저위안과 한푸쥐 등 대부분의 서북파 장군들은 이미 안락한 현실에 만족했고 일본과 무모한 싸움을 벌이기보다는 자신의 지반을 유지하고 싶어했기 때문에 더 이상 옛 주인에게 복종하지 않았다. 명목상으로만 서북군의 영수였던 그는 중일전쟁이 일어나자 잠시 제6전구를 맡았다. 그러나 산둥성 주석 한푸쥐가 비겁하게 싸우지도 않고 달아나면서 화북 전선이 무너지자 그 책임으로 해임당한 펑위샹은 더 이상 어떤 직책도 맡지 못했다. 국공내전 말기에는 미국으로 건너가 장제스의 독재를 비난하고 중공과의 타협을 추진하다가 흑해의 오데사 근처에서 의문의 사고로 죽었다.

톈진으로 달아난 왕징웨이는 1931년 5월 광둥 군벌들이 반란을 일으켜 양광사변이 일어나자 광저우로 가서 합류했다. 만주사변이 일어

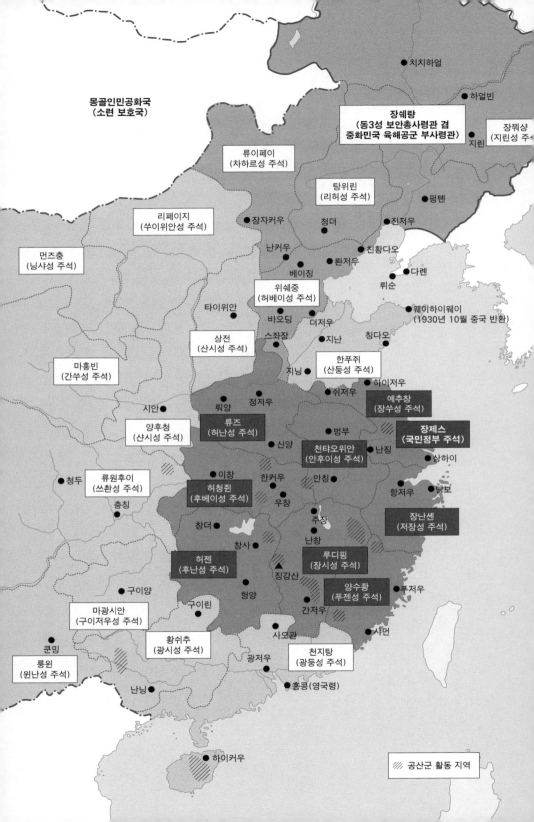

몽골인민공화국
(소련 보호국)

●치치하얼

●하얼빈

장쉐량
(동3성 보안총사령관 겸
중화민국 육해공군 부사령관)

장쮀샹
(지린성 주

지린

류이페이
(차하르성 주석)

탕위린
(리허성 주석)

펑톈●

리페이지
(쑤이위안성 주석)

장자커우●

청더

진저우●

먼즈충
(닝샤성 주석)

난커우●

란저우●

친황다오

다렌●

베이징●

뤼순

위쉐중
(허베이성 주석)

웨이하이웨이
(1930년 10월 중국 반환)

타이위안●

바오딩●

더저우●

상전
(산시성 주석)

스좌장●

지난●

칭다오●

마훙빈
(간쑤성 주석)

지닝●

한푸쥐
(산둥성 주석)

하이저우●

양후청
(산시성 주석)

시안●

뤄양●

정저우●

쉬저우●

예추창
(장쑤성 주석)

류즈
(허난성 주석)

벙부●

장제스
(국민정부 주석)

류원후이
(쓰촨성 주석)

청두●

이창●

신양●

한커우●

안칭●

천탸오위안
(안후이성 주석)

난징●

상하이●

충칭●

허청쥔
(후베이성 주석)

우창●

항저우●

닝보●

창더●

주장●

장난셴
(저장성 주석)

창사●

난창●

루디핑
(장시성 주석)

허젠
(후난성 주석)

징강산▲

구이양●

헝양●

양수창
(푸젠성 주석)

푸저우●

마광시안
(구이저우성 주석)

구이린●

간저우●

황쉬추
(광시성 주석)

사오관●

쿤밍●

광저우●

천지탕
(광둥성 주석)

샤먼●

룽윈
(윈난성 주석)

난닝●

홍콩(영국령)●

하이커우●

///// 공산군 활동 지역

난 뒤 은밀하게 일본과 결탁하려 했던 그는 장제스가 스스로 만주사변의 책임과 각 당파의 단결을 위해 하야를 선언하자 난징으로 돌아와 장제스의 자리에 앉았다. 그러나 외부적으로 일본의 침략이 거듭되고 내부적으로 여러 정파와 군벌들이 분열된 상황에서 자신의 역량으로는 역부족임을 스스로 인정하지 않을 수 없었다. 왕징웨이는 자신이 밀어낸 장제스에게 복직을 요청하여 연합정권을 수립했다. 그 뒤에도 몇 번이나 장제스와 암투를 벌이던 그는 끝까지 권력욕을 버리지 못했다. 중일전쟁이 일어난 뒤에는 중국을 침략한 일본군과 결탁해 난징에서 친일 괴뢰정권을 세웠다. 그리고 중국 현대사에 '한간(친일파) 1호'라는 가장 치졸한 매국노로 이름을 남기게 된다.

한푸쥐와 함께 중국 제일의 '후안무치厚顔無恥'라 불린 스유싼은 펑위샹을 세 번 배신하고 장쉐량에게 투항했다. 장쉐량은 동북 출신이라는 점을 높이 사서 그의 군대를 제13로군으로 개편하고 허베이성 남쪽의 싱타이邢台에 주둔시켰다. 또한 월 60만 위안의 군비도 지급했다. 그러나 야심 넘치고 반복무상한 그는 허황되게도 '허베이왕'을 꿈꾸었다. 1931년 5월 장제스가 '훈정약법訓政約法' 제정을 놓고 국민당 원로이자 광둥 군벌의 영수인 후한민과 대립하면서 그를 감금하자 광둥 군벌들이 반발하여 제1차 양광사변을 일으켰다. 스유싼은 호기라 여기고 쑨뎬잉과 함께 북상하여 장쉐량을 공격했다. 그러나 그의 예상과 달리 장제스와 장쉐량은 즉시 반격에 나섰다. 남쪽에서는 허잉친·허청쥔·류즈가 이끄는 중앙군이, 북쪽에서는 위쉐중의 동북군이

●— 중원대전 이후 전국 세력도와 홍군 근거지. 중원대전에서 승리했지만 군벌 할거 시대를 끝내기에는 역부족이었음에도 장제스의 실력은 비약적으로 커졌다. 더 이상 그에게 대적할 수 있는 실력자가 없었다. 장제스는 군벌들의 사적인 싸움을 엄격히 금지하고 서부의 독립 군벌들을 하나씩 복속시켜 진정한 통일을 향해 한 걸음 다가가게 된다.

양면에서 협공했다. 스유싼은 한때 스좌장을 점령하고 바오딩까지 위협했지만, 8월 초 중앙군과 동북군이 총공격을 해오고 산시군이 측면을 공격하자 괴멸했다. 하루아침에 몰락한 그는 옛 친구 한푸쥐를 찾아가 한동안 신변을 의탁하다가 톈진의 일본 조계에서 도히하라 겐지 등 일본 특무기관의 비호를 받으며 친일 활동을 벌이기도 했다.

중일전쟁이 일어난 뒤 스유싼은 장제스의 용서를 받아 제69군장과 제10군단장을 역임했다. 또한 지차전구冀察戰區* 부사령관이 되어 화북의 일본군 점령지대에서 유격전을 지휘했다. 그러나 중공이 자기 구역에 침투하여 해방구를 건설하자 토벌에 나섰다가 여지없이 패퇴한 뒤 일본군에게 투항하려 했다. 그의 배신을 눈치챈 장제스는 스유싼의 부하 중 한 사람인 신편 제8군장 가오수쉰高樹勳에게 비밀리에 지시하여 그를 제거하게 했다. 1940년 12월 1일, 스유싼은 부하들에게 체포되어 황허의 모래벌판에 생매장되었다. 사람을 산 채로 묻는 것은 그가 평소 즐겨 내린 형벌이었으니, 인과응보인 셈이다.

장제스는 중원대전의 승리로 명실상부한 중국의 주인이 되었다. 펑위샹과 탕성즈는 몰락했고 옌시산은 겁에 질렸다. 리쭝런은 여전히 광시성을 지배했지만 큰 타격을 입었다. 북벌전쟁에서 장제스와 어깨를 나란히 하던 군벌들은 더 이상 천하 패권을 놓고 다툴 수 있는 힘이 없었다.

그렇지만 장제스의 패업은 절반만 완성됐을 뿐이었다. 펑위샹·옌시산의 하야에도 불구하고 산시파와 서북파는 아직 건재하여 무시 못할 힘을 가지고 있었다. 장쉐량은 새로운 화북의 지배자가 되어 중국의 반쪽을 장악했다. 천지탕을 비롯한 광둥 군벌들 또한 장제스에게

---

* 중일전쟁 당시 유격전구의 하나로, 허베이성과 내몽골을 관할했다.

고분고분하지 않았다. 쓰촨성과 윈난성 등 광대한 서부 지방은 반半독립적인 군벌들이 차지한 채 할거하고 있었다. 이들은 장제스의 대등한 동맹자이지 주종 관계가 아니었다. 싸움의 단초가 된 편견 문제도 흐지부지되었다. 군벌들의 반발이 최고조에 이르던 1929년 12월 15일, 편견상무회의에서 편견 취소를 결의했다. 군축은 더 이상 논의되지 못했다. 중원대전이 끝난 지 1년 뒤인 1931년 9월 18일에는 만주사변이 일어나 일본의 중국 침략이 본격화했다.

내우외환 속에서 장제스는 자신의 고집을 끝까지 밀어붙이기보다는 군벌들과 적당히 타협하여 내전을 조속히 마무리 짓는 것이 더 중요하다고 판단했다. 장제스가 군벌들을 완전히 평정할 수 없었던 이유는 힘이 부족했기 때문이다. 직계부대는 30만 명으로, 200만 명이 넘는 전체 군대의 7분의 1에 불과했다. 장제스는 여러 군벌 중에서 가장 강한 군벌일 뿐 모든 군벌을 압도하기에는 역부족이었다. 그는 한편으로는 채찍을, 한편으로는 당근을 내밀면서 군벌들을 회유하고 그들과 타협해야 했다.

그렇다고 아무것도 얻은 것 없는 그저 무익한 싸움이었던가. 중원대전 이후 장제스의 권위에 무력으로 도전할 수 있는 사람은 더 이상 없었다. 그 후로도 양광사변과 푸젠사변 등 국지적인 반란이 반복되었지만, 그때마다 장제스에게 여지없이 박살 나거나 중앙에 대적할 수 없다는 사실을 솔직하게 인정하고 적당한 지분을 인정받는 선에서 항복했다. 중원대전은 신해혁명 이래 장장 20년에 걸쳐 진행된 군벌들의 마지막 천하 쟁탈전이자 내전에 사실상 종지부를 찍은 사건이었다. 그런 점에서 중국판 '메이지유신'은 아니더라도 도쿠가와 막부를 연 '세키가하라關ヶ原전투'**에 견줄 만했다.

중원을 평정한 장제스의 눈은 서쪽으로 향했다. 그곳에는 또 다른 적이 있었다. 마오쩌둥–주더가 지휘하는 홍군이었다. 한동안 실패를 거듭하던 중국공산당은 농촌을 새로운 투쟁 근거지로 삼아야 한다는 마오쩌둥의 건의를 받아들여 후베이성과 후난성·장시성 변경의 농촌 지역을 빠르게 잠식해나갔다. 중원대전이 한창이던 1930년 여름에는 장제스의 눈이 중원에 쏠린 것을 이용해 홍군 부대가 난창과 창사, 우한을 공격했다. 홍군의 성급한 공격은 참담한 실패로 끝났지만, 세를 불려가는 속도와 조직력은 결코 만만하게 볼 수 없었다. 장제스는 이번 기회에 이 오합지졸 농민 군대를 토벌하고 쓰촨성·구이저우성·윈난성 등 아직 중앙의 통제를 받지 않는 서부 변경의 군벌들까지 한꺼번에 손보기로 결심했다.

1930년 12월 19일, 장시성 주석 겸 제9로군 사령관 루디핑의 지휘 아래 5개 사단 4만 4,000명이 홍군 토벌 작전을 시작했다. 중국 대륙의 패권을 놓고 앞으로 20년 동안 이어질 장제스와 마오쩌둥의 첫 번째 싸움이었다.

** 임진왜란이 끝나고 약 2년 뒤인 1600년 10월 21일, 일본 중부 지방의 세키가하라에서 도쿠가와 이에야스가 이끄는 동군과 이시다 미쓰나리가 이끄는 서군 사이에 벌어진 전투. 양군 합하여 약 20만 명이 참전한 전국시대 최대의 싸움이다. 이 전투에서 이에야스가 승리하면서 일본의 패권을 손에 넣는다. 3년 뒤인 1603년 3월 24일에는 이에야스가 세이이 다이쇼군征夷大將軍에 임명되어 에도 막부 265년을 시작했다. 그러나 오사카성에는 여전히 도요토미 세력이 건재했다. 따라서 한동안 두 가문이 일본을 양분하여 서쪽은 도요토미 가문이, 동쪽은 도쿠가와 가문이 다스리는 이원적인 정치 구조를 유지했다. 도요토미 가문을 눈엣가시로 여긴 이에야스는 억지 트집을 잡은 다음 1615년 5월 20만 명의 병력으로 오사카성을 포위 공격한 끝에 기어이 도요토미 히데요리를 멸망시켜 일본을 완전히 통일했다.

몽골과 티베트

＼중국은 왜 해체되지 않았나

청조가 망하고 오늘에 이르기까지 100여 년의 시간 동안 중국은 수많은 사건들을 겪어야 했다. 그 와중에 가장 놀라운 사실 한 가지는, 수많은 부침 속에서도 거대한 제국이 끝까지 해체되지 않았다는 점이 아닐까 싶다. 오늘날 중국의 영토는 청조 시절의 판도를 그대로 물려받았다. 유일한 차이가 있다면 외몽골이 독립한 정도이다. 중국이 수십여 개 민족으로 구성된 국가라는 점과 광대한 면적을 생각한다면 경이적이다.

세계 역사를 보면 대제국이 멸망할 때 내부의 모순이 한꺼번에 터지면서 여러 개 나라로 쪼개지는 일은 다반사이다. 한때 유럽 5대 열강의 하나였던 오스트리아 합스부르크제국이 1차대전에 패망한 뒤 헝가리·체코·폴란드 등이 독립하면서 약소국으로 전락한 것이나 오스만제국이 해체된 것이 단적인 예이다. 인도만 해도 독립하는 과정에서 종교 갈등이 불거져 파키스탄·스리랑카가 분리되었고, 끝까지 통일을 호소하던 간디는 분리주의자들의 총에 맞아 암살당했다. 구소련과 유고연방도 냉전이 끝나면서 여러 개 나라로 분리되었다.

중국이 해체되지 않은 이유는 대부분의 소수민족이 중국의 테두리에 그대로 남는 쪽을 선택했기 때문이다. 중국을 지배하던 만주족조차 마음만 먹으면 동북과 내몽골에서 자신들만의 민족국가를 세울 수 있었지만 스스로 포기했다. 오스만제국이 멸망한 뒤 튀르크족이 터키공화국을 세운 것과는 대조적이다. 군벌 중에는 한족뿐 아니라 소수민족 출신들도 있었다. 대표적인 인물이 좡족 출신의 양광 순열사 루룽팅, 후이족 출신의 바이충시, 이족彝族 출신의 윈난성 주석 룽윈 등이었다. 그러나 이들은 봉건 군벌일 뿐, 자기 민족을 한족의 지배에서 독립시키겠다는 독립운동가와는 거리가 멀었다. 그러한 인식 자체가 없었기 때문이다. 중국에서 분리 독립을 시도한 예는 외몽골과 티베트·위구르 정도이며, 그나마 실제로 독립을 쟁취한 경우는 외몽골뿐이다.

로마제국이 무너진 뒤 유럽이 수많은 나라들로 분열된 것과 달리 중국이 단일 제국으로 남은 비결을 두고『총, 균, 쇠』의 저자 재레드 다이아몬드를 비롯해 많은 서구 학자들은 "중국은 유럽에 견주어 산이나 하천 같은 지리적인 경계가 적기 때문"이라고 설명한다. 그러나 필립 T. 호프먼Philip T. Hoffman 교수는『정복의 조건Why Did Europe Conquer the World?』에서 이러한 주장은 유럽의 기준에서 본 막연한 생각일 뿐, 중국에도 지리적 경계가 될 만한 산과 하천이 유럽만큼이나 많다는 점에서 설득력이 없다고 일축한다.

중국을 하나로 묶는 구심점은 자연지리가 아니라 자신을 '중국인'이라고 여기는 사람들의 정체성이다. 중국의 5,000년 역사는 한족과 주변 이민족 사이의 치열한 항쟁의 역사이다. 때로는 한족이 이들을 정복하고 때로는 한족이 정복당하기도 했다. 그러나 중요한 사실은 한족과 이민족이 지배와 피지배의 관계를 넘어 자연스레 흡수되고 동화하면서 서로의 경계가 희미해졌다는 점이다. 애초에 한족이란 무엇인가. 중국 국민의 90퍼센트 이상을 차지하는 한족은 엄밀히 말해서 우리나라나 일본처럼 혈연적인 의미의 단일민족이 아니다. 같은 한족이라도 지역마다 언어와 문화에서 상당한 차이가 있다. 중국이 워낙 넓은 나라이기 때문이다.

춘추시대만 해도 중원의 열국은 주나라를 상국으로 떠받든다는 것 말고는 동질감이 없었으며 각 나라는 도시 연맹에 머물렀다. 그러나 전국시대에 와서 더 이상 봉건적인 관계가 아니라 임금이 관료를 지방으로 보내 직접 통치하는 중앙집권화를 실현했다. 사상적으로는 유가와 법가처럼 국가와 백성을 하나로 결속하는 이데올로기가 등장했다. 전국시대 말기 6국을 통일한 진시황은 각국의 법 제도와 통치 철학·문화·사상을 진나라의 방식에 따라 하나로 통일했다. 진나라를 제외한 나머지 6국은 단순히 진나라의 피정복민이 아니라 '중원의 같은 백성'이라는 인식을 공유했다.

진나라는 진시황이 죽고 얼마 안 되어 내란으로 붕괴했다. 그러나 춘추전국시대로 되돌아가지 않고 짧은 내전 후 한고조 유방에 의해 한나라로 통일되었다. 그 뒤 2,000년이 넘는 시간 동안 중국은 왕조 교체기마다 여러 세력으로 분열되었다가 다시 하나가 되기를 반복했다. 또한 주변의 여러 이민족을 흡수하여 자신들의 일부로 삼으면서 한족의 영역을 꾸준히 넓혀나갔다. '한족漢族'이란 특정한 민족을 가리킨다기보다 수많은 민족이 융합된 다민족 집단을 통칭한다.

반면, 로마제국은 그들의 우수하고 찬란한 문화와는 별개로 정치와 사회구조상 느슨한 도시 연맹 체제에서 벗어나지 못했다. 로마제국을 유지하는 수단은 오직 '로마'에 있었다. 그 구심점이 사라지자 로마제국은 하루아침에 역사의 뒤안길로 사라졌다. 로마제국이 멸망한 뒤 정치적으로 유럽을 통합할 수 있는 세력은 더 이상 등장하지 못했다. 유럽 각국은 서로 분리된 채 대립과 경쟁을 벌이며 저마다 독자적인 정체성을 형성했다. 오스트리아와 오스만 제국도 황제의 권위와 강압적인 통제 정책으로 제국 내 여러 민족을 강제로 묶었을 뿐, 이들에게 '한 나라의 국민'이라는 동질감을 부여하지는 못했다. 통제력이 사라지자 제국도 통째로 사라졌다.

'중국인'이라는 정체성이 광대한 영토와 다양한 민족으로 구성된 중국의 해체를 막는 중요한 요인이라는 사실은 부정할 수 없다. 하지만 그 이면에는 우리가 간과해서 안 되는 또 한 가지 중요한 사실이 있다. 신해혁명 과정에서 한족 지도자들이 소수민족의 분리 독립을 결코 허락할 수 없다고 못을 박았기 때문이다. 본래 중국인들은 중원에 사는 자신들을 한족이라고 일컬으면서 여기에 속하지 않은 변방의 이민족을 모조리 '오랑캐'라며 배척했다. 세상 모든 사람들을 "한족이냐, 아니냐"라는 이분법적인 잣대로 구분하던 중국 사회에서 근대 민족주의가 등장한 것은 그리 오래된 일이 아니다. 중화민족이라는 말을 처음 제시한 사람은 근대 사상가이자 입헌파 지도자인 량치차오였다. 중화민족이란 청나라의 통치를 받는 모든 민족, 즉 중국인 전체를 가리킨다.

쑨원의 혁명파는 신해혁명 이전만 해도 만주족을 '달로達虜'*라고 부르면서 한족만이 진정한 중국인이라고 주장했다. 한족을 상징하는

---

* 타타르족 오랑캐라는 뜻.

'청천백일기'나 '철혈십팔성기'를 혁명의 깃발로 내건 이유도 이 때문이다. 그러나 만주족 천하를 때려부순 뒤에는 '오족공화'라 하여 중국의 다섯 민족(한족·만주족·후이족·티베트족·몽골족)이 힘을 모아야 한다면서 손바닥 뒤집듯 말을 바꾸었다. 쑨원은 "원래 배만排滿혁명이란 만주족 정권을 타도하기 위한 것이지 만주족을 타도하려는 것이 아니다"라고 궁색한 변명을 늘어놓았다. 바꾸어 말하면, 만주족이 한족을 다스리는 것은 불합리하지만 한족이 만주족을 다스리는 것은 상관없다는 논리였다.

1912년 1월 1일, 쑨원은 난징에서 임시 대총통에 취임했다. 신생 공화국의 이름은 '중화민국'이고, 국기는 다섯 민족을 상징하는 '오색기'였다. 쑨원은 취임식에서 "국가의 근본은 인민에게 있다. 다섯 종족이 사는 공간을 합하여 하나의 국가라 하고 다섯 종족을 합하여 하나의 국민으로 본다"고 선언하면서 다섯 종족을 합하여 '중화민족'이라 일컬었다. 중국에는 오직 중화민족만이 있으며, 다섯 종족은 중화민족을 구성하는 구성원일 뿐 서로 다른 민족이 아니라는 것이다.

하지만 쑨원의 말처럼 중국 사회에는 민족끼리의 경계나 갈등이 없었던가. 한족 지도자들의 진짜 속내는 따로 있었다. 여러 소수민족이 중국에서 분리 독립하는 것을 막고 청제국의 판도를 그대로 유지하겠다는 것이었다. 중국이 외세의 침략에 대항하고 강성한 나라로 남으려면 제국이 해체되어서는 안 된다고 생각했기 때문이다. 한마디로 자신들의 이해타산을 위해서 소수민족들의 정체성과 자결권을 부정하고 원하건 말건 모조리 '중화민족'에 집어넣은 셈이다. 심지어 쑨원은 조선과 베트남·태국·류큐(오키나와) 등 한때 청조의 영향권에 있던 주변국들까지도 '중국이 상실한 영토'로 다루었다. 그가 말하는 '상실한 영토'라는 것이 정말로 중국이 지배했다는 의미인지, 아니면 동아시아 특유의 전통적인 조공 관계를 가리키는지는 분명하지 않다. 그러나 중요한 사실은 쑨원이 주변국들을 대등한 상대가 아닌 중국의 보호와 가르침을 받는 종속국으로 여겼다는 점이다. 1923년 8월 그는 학생들 앞에서 이렇게 연설하기도 했다.

예전에 내가 태국 외무차관을 만났을 때 그가 말하기를, 중국이 혁명을 완수하여 부강해진다면 태국 또한 중국에 편입되어 한 개의 성이 되고 싶다고 하더라. 조선과 베트남 또한 그렇게 요구할 가능성이 있다.

비록 지금은 형세가 불리하여 힘을 잃었지만 앞으로 다시 부강해진다면 언제라도 중국 중심의 봉건적 동아시아 질서를 회복하겠다는 속셈이 깔려 있다. 그의 사고방식이 구미 열강이나 일본 제국주의와 어떤 차이가 있다고 할 수 있을까. 말년의 그는 '대아시아주의'라 하여 아시아의 약소민족들이 힘을 합쳐 서구의 침략에 대항해야 한다고 주장했다. 그러나 여러 민족이 호혜와 평등의 관계를 맺는 것이 아니라, 중국과 일본의 주도에 다른 민족이 따라와야 한다는 것이었다. 또한 서구의 아시아 지배는 비판하면서도 일본의 조선 지배에는 입을 다물었다. 남이 나를 지배하는 것은 부당해도 내가 남을 지배하는 것은 정당하다고 말한 일본 우익의 스승 후쿠자와 유키치福澤諭吉의 비뚤어진 침략 사상을 쑨원에게서도 그대로 엿볼 수 있다. 오늘날 시진핑이 제창하는 중국식 패권주의는 여기서 시작된 셈이다.

역사적으로 한족이 주변의 많은 이민족을 흡수하면서 자신의 덩치를 키웠다고 해서 한족과 비非한족의 관계를 전부 동화와 융합의 대상으로 보는 것은 논리 비약이다. 조선과 베트남은 중국과 오랜 항쟁을 겪었지만 끝까지 흡수되지 않은 채 독립국으로 남았다. 중국의 소수민족들도 중국의 테두리에 편입된 시기는 제각각이며, 그 방법과 형태 또한 천차만별이다.

중국 내 많은 소수민족들이 광범위한 공간에 흩어진 채 오랜 시간에 걸쳐 한족과 어울려 살다보니 자연스레 중국의 일부가 된 것은 부정할 수 없는 사실이다. 독자적인 민족 정체성을 형성하지 못한 소수민족들은 한족에게 나름의 불만이 있어도 당장 분리 독립을 요구할 정도는 아니다. 미국이 뿌리 깊은 흑백 갈등에도 불구하고 국가가 두 쪽으로 분리되지 않는 것과 마찬가지이다. 그러나 여기에 해당하지 않는 경우도 있다. 특히 몽골과 티베트, 신장웨이우얼자치구(신장위구르자치구)는 비교적 최근인 청말에 와서야 무력으로 강제 병합되었다. 오랫동안 독자적인 문화권을 형성하면서 중국에 가장 늦게 편입되고 특정 지역에 집단으로 모여 살다보니 여느 소수민족들과 달리 민족적 동질성을 비교적 강하게 유지했다. 또한 바로 얼마 전까지 국가로서 존재한 경험도 있기 때문에 독립 성향이 강할 수밖에 없다.

문제는 중국 정부가 이러한 사실을 인정하려 하지 않는다는 점이다. 이들이 언제 어떤 식으로 중국에 편입되었건, 자신의 의지이건 아니건, 일단 편입된 이상 앞으로도 영원히 '중화민족'의 일원으로 남아야 한다는 것이다. 그나마 외몽골은 청조가 망하는 과정에서 독립을 쟁취했지만 내몽골은 중국에 남았다. 티베트는 신해혁명 이후 40여 년에 걸쳐 독립을 유지하다가, 세계의 이목이 한국전쟁에 집중된 틈에 무력으로 정복되었다. 신장위구르는 1944년에 동투르키스탄공화국을 세우고 잠시 자치권을 얻었지만, 국공내전 말기에 공산군이 몰려오자 총 한 발 쏘지 않고 백기를 들어 투항했다. 1949년 8월 27일 위구르 민족주의 지도자들은 중국공산당과 협상하기 위해 베이징으로 가는 도중 바이칼호 상공에서 비행기가 추락하여 모두 사망했다.

외몽골은 어떻게 독립할 수 있었을까. 반대로, 내몽골은 어째서 함께 독립하지 못했을까. 몽골과 달리 티베트가 독립국가로 남지 못한 이유는 무엇일까. 100여 년 전의 혼란기에는 중국의 일부로 남는 쪽을 선택한 일부 소수민족들이 어째서 오늘날에 이르러 과격한 수단을 쓰면서까지 독립을 외칠까. 여기에 중국 사회가 안고 있는 '중화민족'의 모순이 있다.

중국 정부는 입만 열면 "중국에는 오직 중화민족만이 있으며 한족과 비한족의 차별은 없다"고 강조하지만 중국인들이 알고 있는 역사는 한족의 역사이다. 한족의 흥망성쇠만 거론하고 소수민족과 관련해서는 자신들이 필요할 때만 잠깐 언급하는 식이다. 신해혁명과 관련해서도 한족이 만주족을 끌어내렸다는 사실만 강조할 뿐, 그 뒤에 만주족이 어떻게 되었으며 다른 소수민족들의 상황은 어떠했는지는 관심 밖이거나 언급을 회피한다. 오늘날 중국이 소수민족 문제를 그토록 민감한 '아킬레스건'으로 치부하는 이유를 알려면 이 모순을 짚고 넘어가야 한다. 모든 소수민족을 다룰 수는 없지만 몽골과 티베트를 통해 중국 지도자들이 내세우는 '중화민족'이 얼마나 이중적인 논리 위에 서 있는지 살펴보겠다.

＼분열된 칭기즈칸의 후예들

오랜 세월 몽골 사막의 넓은 초원에 흩어져 유목 생활을 하던 몽골족은 12세기 초 테무진(칭기즈칸)이라는 걸출한 영웅이 등장한 뒤 중국은 물론 광대한 유라시아 대륙 전역을 제패하며 인류 역사상 가장 거대한 제국을 건설했다. 그러나 일단 기울기 시작하자 욱일승천하던 기세만큼이나 빠르게 쇠락했다. 1368년, 한족 반란군인 홍건적은 대원제국의 수도 칸발리크^{Qan Balig}*를 점령했다. 원의 마지막 황제인 토곤테무르妥懽帖睦爾는 가족과 남은 세력을 이끌고 북쪽의 초원으로 도망쳤다. 중앙아시아에 걸쳐 난립해 있던 여러 몽골 제국도 내분과 권력투쟁, 반란으로 와해되면서 세계제국 몽골의 시대는 끝나고 말았다. 칭기즈칸의 후예들은 과거의 영광을 완전히 잃었다. 그들의 시곗바늘은 초원에서 유목을 하던 수백 년 전으로 되돌아갔다. 조상들이 그러했던 것처럼 여러 부족으로 분열되어 자신들끼리 피비린내 나는 투쟁을 벌였다.

중원을 잃고 황량한 북쪽으로 쫓겨간 몽골족은 고비사막을 경계로 크게 세 부류로 나뉘었다. 고비사막 이남에는 내몽골이, 이북에는 알타이산맥·한가이산맥을 중심으로 할하몽골이, 알타이산맥 서쪽에는 오이라트몽골이 있었다. 수백 년 동안 몇 명의 위대한 칸이 중국의 침공을 저지하면서 몽골 부족의 재통합을 시도했지만 광활한 공간에 흩어져 원시적인 유목 생활을 이어가던 수많은 부족을 결집하기에는 역부족이었다. 아무도 몽골 부족을 하나로 통합해 강력한 중앙집권 국가를 이루는 데 성공하지 못했다.

중국의 변방 지린성에서 누르하치라는 인물이 등장했다. 건주 여진의 한 부족장에 불과했지만 칭기즈칸에 견줄 만한 영웅이었다. 강력한 지도력을 바탕으로 여진족을 빠르게 통합한 그는 1616년 '후금'의 건국을 선언하고 칸의 자리에 올랐다. 1625년에는 무크덴(지금의 선양)을 점령하고 후금의 수도로 삼았다. 또한 만주에서 명군을 연이어 격파하고 만리장성 이남까지 위협하는 한편, 동몽골을 침략하여 몽골 부족들을 복속했다. 몽골의 마지막 칸으로 차하르 일대의 몽골족을

---

* '칸의 도시'라는 뜻으로 지금의 베이징을 말한다.

지배하던 링단칸Ligden Qa'an, 林丹汗이 반격에 나섰지만 만주족의 맹렬한 공격 앞에 참패했다. 1632년 4월, 만주족의 2대 칸이자 청태종 홍타이지는 대군을 이끌고 링단칸 정복에 나섰다. 링단칸은 감히 맞서 싸우지 못한 채 칭기즈칸의 위패를 가지고 서쪽으로 도주했다가 천연두에 걸려서 죽었다. 1636년, 내몽골의 16개 아이막Aimag* 귀족들은 후금의 수도 무크덴에서 홍타이지를 몽골의 대칸으로 인정했다. 내몽골의 모든 부족이 만주족에게 무릎 꿇은 것이다. 이들은 만주 팔기의 일부가 되어 중원 정복의 선봉에 섰다.

만주족은 1644년에 베이징을 점령하여 중국의 지배자가 됐지만 그들의 정복욕은 그 정도에서 멈추지 않았다. 다음 목표는 고비사막 이북의 할하몽골이었다. 할하몽골의 귀족들은 오이라트몽골과 연계하여 청의 공격에 맞서려고 했지만 청의 회유와 내분, 강력한 지도자의 부재로 제대로 대항할 수 없었다. 서쪽에서는 오이라트몽골을 통일하고 중가르칸국을 건설한 갈단 보식트Galdan Boshigt, 噶爾丹가 청에 대항하는 강력한 몽골제국 건설을 꿈꾸며 1688년 할하몽골 정복에 나섰다. 중가르와 청 사이에서 양면 압박을 받은 할하몽골 귀족들은 회맹을 열어 청나라에 항복하기로 결정했다. 갈단은 할하몽골의 대부분을 손쉽게 점령할 수 있었다. 1696년, 강희제가 8만 대군을 이끌고 친정에 나섰다. 갈단은 서전에서 청군의 일부 부대를 격파했다. 그러나 청군의 우세한 병력과 화약 무기 앞에 연전연패했다. 궁지에 몰린 그는 독약을 먹고 자살했다.

갈단의 죽음에도 불구하고 중가르와 청의 전쟁은 쉽게 끝나지 않았

---

* 대칸 아래에 있는 몽골 부족의 단위. 오늘날에도 몽골공화국은 아이막을 가장 큰 행정단위로 사용한다.

다. 양측은 몇십 년에 걸쳐 일진일퇴를 거듭했다. 그런데 중가르칸국에서 왕위 쟁탈전이 벌어지자 건륭제는 그 기회를 놓치지 않고 1755년 3월 5만 명의 병력으로 총공격에 나섰다. 중가르의 유력 왕족들과 귀족들은 청군 앞에 투항했다. 중가르의 마지막 칸 다와치^{Dawaachi}는 7,000명의 군대로 최후의 싸움을 벌였다. 그러나 수적으로 압도적인 열세 앞에서 패배하여 포로가 되었고, 중가르제국은 멸망했다. 이후 일부 귀족들을 중심으로 반청 저항운동을 벌이기도 했지만, 청군의 초토화 전술로 1758년에 이르면 거의 진압되었다. 건륭제는 반란군을 잔혹하게 처형하는 한편, 오이라트에 대한 철저한 민족말살정책을 명령했다. 60만 명 정도로 추산되던 오이라트는 청군의 대학살과 전염병·기아로 민족 전체가 소멸했다. 청은 이 새로운 영토를 신장^{新疆}이라고 일컬었다. 오이라트몽골이 소멸하면서 그동안 이들의 지배를 받던 위구르족이 이번에는 청을 상대로 기나긴 독립투쟁을 벌이게 된다.

17세기 후반에 제정러시아가 시베리아로 진출하고 네르친스크조약과 캬흐타조약이 체결되었다. 외몽골 초원의 일부는 러시아에 넘어갔지만 몽골은 청과 러시아의 완충지대가 되었다. 청나라는 고비사막을 경계로 내몽골과 외몽골을 남북으로 분리했다. 내몽골은 청나라의 직할령이 된 반면, 외몽골은 부족의 자치권을 어느 정도 인정받되 청이 파견한 도호사^{都護使}들의 감독을 받는 속국이었다. 그러나 외몽골도 19세기에 들어와 청조의 지배가 강화되면서 직할령으로 편입되었다. 과거 대제국을 건설했던 강력한 유목민족인 몽골족의 결속을 막기 위해서였다. 이들이 서로 경계를 넘지 못하도록 '월계 금지^{越界禁止}'를 실시하여 분열을 더욱 고착화했다. 몽골족은 20세기 초반까지도 소규모 부족과 씨족 단위로 분리된 채 청의 변방으로서 가장 낙후하

●— 20세기 초반의 몽골. 청조의 가혹한 통치 아래 이들의 시곗바늘은 수백 년 전에서 멈춰 있었다.

고 미개한 사회로 남았다.

대다수 몽골족은 목축업과 원시적인 가내수공업에 의존해서 살아갔다. 무거운 공납과 부역에 시달리며 궁핍한 생활을 이어갔다. 한족 상인들의 고리대금이 하도 악독하여 몽골 사람들이 가진 재산과 가축을 모두 넘긴다고 해도 빚을 갚을 수 없을 정도였다. 19세기 말 외몽골을 방문했던 외국인 여행자들은 과중한 공납과 막대한 빚으로 외몽골 전체가 절멸할 지경에 내몰렸다고 말했다.

청의 압제가 점점 심해지고 가혹한 세금과 수탈이 반복되자 몽골 귀족들을 중심으로 독립운동이 시작되었다. 북쪽에서는 아편전쟁과 태평천국의 난, 청일전쟁 등으로 청나라가 혼란에 빠진 틈을 이용해 러시아가 북만주와 외몽골을 잠식해갔다. 1895년, 외몽골 귀족들은 러시아의 힘을 빌릴 요량으로 대표단을 비밀리에 모스크바로 파견해 자신들의 독립을 지원해달라고 요청했다. 그러나 복잡한 국제 정세와 열강의 속내를 모르는 순진한 사람들의 희망일 뿐이었다. 영국과 일본의 견제를 받고 있던 러시아는 외몽골의 요청을 수락할 처지가 아니었다. 이들은 참고 기회를 기다리라는 의례적인 대답만 했다.

1911년 8월, 외몽골의 라마교 수장인 제8대 복드 젭춘담바 후툭투 Bogd Jebtsundamba Khutuktu를 중심으로 여러 정치 지도자들이 이흐 후레Ikh Khüree(지금의 울란바토르)에서 비밀 회합을 열었다. 자신들의 힘으로는 청조를 상대로 반란을 일으켜 독립전쟁을 시작하기 어려우므로 몽골 대표단을 구성해 제정러시아의 수도 상테페테부르크로 갔다. 러시아의 원조를 요청하기 위해서였다. 만주와 외몽골에 팽창주의적인 야심을 품고 있던 러시아 정부는 이들의 요청을 받아들여 몽골에 200명의 군인과 소총 1만 5,000정, 탄약 750만 발을 지원했다.

＼몽골의 독립

중국에서 신해혁명이 일어나 청조가 무너지자 외몽골의 독립 지도자들도 기회를 놓치지 않았다. 1911년 11월 30일 후레에 몽골 임시정부를 수립하고 12월 27일 독립을 선포했다. 국호는 '몽골국Mongolia'이었다. 외몽골은 복드 젭춘담바 후툭투를 몽골의 황제로 추대하여 신정일치 국가가 되었다. 몽골의 새로운 국가원수인 복드 황제는 티베트의 달라이 라마와 비슷한 몽골의 정치·종교 지도자였다. 그는 몽골의 위대한 영웅인 칭기즈칸과 혈연관계는 아니지만 칭기즈칸의 정신적 후계자를 자처했다.

외몽골의 독립으로 청나라 도호사와 관료 700여 명이 쫓겨나듯 중국으로 돌아갔다. 몽골은 러시아에서 원조받은 무기로 국경의 경비를 강화하고 중국의 공격에 대비했다. 외몽골이 독립하자 자극을 받은 내몽골에서도 독립투쟁이 일어났다. 내몽골의 49개 호쇼(부족 단위) 가운데 35개 호쇼가 외몽골에 귀속하겠다고 선언했다. 칭기즈칸 이래로 600년 만에 모든 몽골족들을 아우르는 거대한 나라가 탄생할 것처럼 보였다.

중국 학자들은 몽골의 독립에 대하여 제국주의적 야심을 품고 있던 제정러시아와 구소련이 중국의 혼란을 이용해 몽골 귀족들을 사주해서 괴뢰정권을 수립했다고 설명하지만, 몽골인들은 엄연히 독립투쟁의 결과라고 주장한다. 몽골인들의 힘만으로는 독립을 쟁취하기 힘들어서 부득이 외세의 힘을 잠시 빌렸을 뿐 몽골은 괴뢰국이 아닌 자주독립국이라는 것이다. 실제로 몽골은 귀족들을 중심으로 수백 년에 걸쳐 독립투쟁을 벌여왔으며, 독립 과정에서도 그들 자신이 주체였다는 점에서 일본 관동군이 만주족 귀족들을 매수하여 세운 만주국과는 엄연히 다르다.

그러나 외몽골이 독립하는 과정에서 제정러시아의 후원을 받은 것은 어쨌든 사실이고, 따라서 외세의 간섭에서 완전히 자유로울 수는 없었다. 러시아는 몽골을 정식 주권국이 아니라 중국의 속국으로서 자치권을 인정한다는 입장을 취했다. 자칫 극동 문제에 지나치게 개입할 경우 영국·프랑스·독일·일본 등 다른 열강이 간섭할 수도 있었기 때문이다. 그리하여 러시아는 중국과 몽골 사이에서 어정쩡하게 양다리를 걸친 채 자국의 이익을 최대한 보장받으면서 몽골에 대한 영향력을 점차 확대하려고 했다.

러시아는 신생 몽골에 대해 보호자라는 명목으로 내정간섭을 일삼으면서 몽골 정부와 심한 갈등을 빚었다. 몽골 정부는 "우리는 러시아의 신민이 되기를 바라지 않는다. 우리의 독립을 돕지 않겠다면 차라리 중국과 협상하겠다"고 강력하게 항의했다. 또한 외몽골과 내몽골을 합하여 '대몽골'을 건설하겠다는 목적으로 일본에 접근하기도 했다. 몽골은 러시아에 예속되지 않으려고 미국·독일·벨기에·일본·덴마크·오스트리아 등 각국 정부에 몽골의 독립을 알리는 편지를 보내 승인을 요청했다. 하지만 러시아의 세력 확장에 대한 우려와 중국과의 관계 때문에 어느 나라도 승인하지 않았다.

몽골의 후견국 행세를 하던 러시아는 1912년 10월 21일 몽러우호조약을 체결하면서 몽골의 독립을 보장하고 몽골군의 육성을 원조하되, 그 대가로 몽골에서 러시아의 권익을 보장하고 최혜국 대우를 하며 외교권을 러시아에 넘기라는 등 노골적인 내정간섭에 들어갔다. 또한 신생 몽골 정부에 200만 루블의 차관을 제공하고 몽골의 정치·경제를 장악하여 예속관계로 전락시켰다.

중국의 대총통이 된 위안스카이는 몽골의 독립을 인정할 생각이 전혀 없었다. 그는 몽골 정부에 "힘도 약하고 가난하며 인구가 적은 몽골이 독립하려고 해도 유지할 수 없다. 분수에 넘치는 희망을 버리고 중화민국으로 돌아오라"는 편지를 보냈다가 거부당하자 1912년 11월 14일 몽골에 대한 무력 진압을 결정했다. 2만 명의 중국군이 몽골로 진격했다가 러시아의 원조를 받은 5,000여 명의 몽골 기병들에게 여지없이 패했다. 몽골군은 그 여세를 몰아 내몽골로 진격하여 한때 만리장성까지 남하하기도 했다. 하지만 내몽골에 야심을 품고 있던 일본이 개입할 것을 우려한 러시아의 반대에 부딪혔다. 몽골 정부는 300만 루블의 원조와 러시아의 보호를 받는 조건으로 내몽골에 주둔한 모든 몽골군을 외몽골로 철수하기로 합의했다. 러시아는 위안스카이에 대해서도 "중국의 외몽골 침공은 러시아를 침략한 것과 같다"며

●— 1912년 10월 상트페테르부르크에서 체결된 몽러우호조약 당시의 모습.

외몽골에 대한 군사작전을 중지하라고 종용하는 등 외몽골과 중국의
분리 정책을 추진했다.

위안스카이는 외몽골에서의 참패로 큰 충격을 받았다. 그는 토벌을
중지하고 러시아와 몰래 접촉하여 1913년 10월 23일 다음과 같이 합
의했다. "몽골의 독립을 취소하고 중국의 종주권을 인정하되 자치권
을 보장하며, 몽골에 대한 러시아의 권익을 보장한다." 중국과 러시아
의 밀실 야합에 몽골은 뒤통수를 맞은 격이었다. 몽골은 중러 비밀협
정이 체결되기 사흘 전에야 이 사실을 일방적으로 통보받았다. 이들
은 몽러우호조약을 근거로 러시아에 항의했지만, 러시아는 "몽골인들
이 '자치권autonomy'의 국제적인 의미를 잘못 이해했기 때문"이라며 오
리발을 내밀었다.

몽골 정부는 총리 남낭수렝을 상트페테르부르크로 보내 몽골의 독
립 승인과 차관 지원을 요구했지만 거부당했다. 러시아의 목적은 몽

골의 독립이 아니라 외몽골에서 자국의 이권을 유지하는 것이었다. 다른 국가들도 몽골의 독립을 인정하지 않았다. 결국 몽골은 러시아의 압박에 못 이겨 1915년 5월 25일 러시아와 외몽골의 국경 마을인 캬흐타에서 체결된 러시아-중국-몽골 3국 조약에 서명했다. 대신 몽골은 실질적인 중국의 내정간섭을 받지 않고 자체 정부와 군대를 보유할 수 있었다. 수도인 후레에는 중국인 도호사가 다시 파견되었다. 또한 러시아는 외몽골을, 일본은 내몽골을 각각 자국의 세력권으로 인정하기로 했다. 위안스카이는 내몽골을 러허성·차하르성·쑤이위안성 등으로 분리했다. 내몽골이 힘을 모아 독립하는 것을 막기 위한 술수였다. 내외몽골을 통합하여 과거의 대제국을 부활시키려던 몽골인들의 열망은 무산되었다.

1차대전이 일어나고 볼셰비키혁명으로 제정러시아가 붕괴하여 적백내전이 일어나면서 몽골에 대한 러시아의 영향력은 급격히 줄어들었다. 1919년 7월 25일, 레닌 정권은 '제1차 카라한 선언'을 발표해 북만주와 몽골에서 손을 떼겠다는 뜻을 중국에 알렸다. 러시아와 중국 사이의 완충지대로 자치권을 보장받던 몽골로서는 유일한 보호막마저 사라진 셈이었다. 돤치루이는 이 기회를 이용해 몽골을 중국으로 완전히 복속시켜 자신의 정치 위상을 높이는 데 이용하기로 결심했다. 1919년 6월 24일, 육군총장을 지낸 쉬수정을 서북 주비사西北籌備使로 임명하고 600명의 군대를 니슬렐 후레(울란바토르)로 파견했다. 돤치루이는 몽골 문제를 한 방에 해결하여 자신의 정치적 위상을 높일 생각이었다.

니슬렐 후레에 도착한 쉬수정은 몽골 자치정부에 64개 조항으로 이루어진 중국-러시아-몽골 협약中俄蒙協約을 받아들이라고 강요했다. 몽골의 자치권을 포기하고, 중국군이 주둔하며, 중앙정부에서 파견한 성장이 통치하는 대신 복드 황제와 몽골 왕족·귀족들에게 나름의 특전을 베풀겠다는 내용이었다. 한마디로 안락한 삶을 보장할 테니 중국에 항복하거나, 아니면 복드 황제와 각료들을 모조리 체포하여 베이징으로 압송하겠다는 것이었다. 또한 중국군을 동원해 복드 황제의 사원을 포위하고 당장이라도 공격할 준비를 했다.

쉬수정의 군대는 소수에 불과했지만, 몽골은 러시아의 도움 없이 중국과 전면전을 할 수 없었다. 복드는 백기를 들었다. 약 2,000명 정도였던 외몽골의 군대는 무장해제되어 해산당했다. 1919년 11월 22일, 외몽골 정부는 공식적으로 해산되어 중국에 다시 복속되었다. 쉬수정은 해산식을 거창하게 치르면서 상전처럼 군림했다. 몽골 관료들의 관인은 모조리 회수되었다. 복드 황제는 고령에다 실명으로 인해 앞을 볼 수 없는 노인이었지만 중화민국 대총통의 사진에 몇 번이나 머리를 조아리는 굴욕을 감수해야 했다. 중국군의 주둔비도 몽골이 부담해야 했다. 쉬수정의 고압적인 태도가 몽골인들에게 얼마나 깊은 원한을 남겼을지는 말할 필요조차 없다. 반대로 중국인들은 쉬수정이 피 한 방울 흘리지 않고 외몽골을 되찾았다며 환호했다. 쑨원은 그를 한나라 때 흉노를 정벌한 반초에 견주기까지 했다. 쉬수정은 '서북왕'으로 명성을 떨쳤고 안후이파의 위세는 하늘을 찔렀다. 돤치루이에게는 영광의 절정이기도 했다.

그러나 중국의 지배는 오래가지 않았다. 1920년 7월 베이징을 놓고 북양군벌들이 전쟁을 벌였기 때문이다. 7월 14일부터 18일까지 벌어진 짧은 전쟁에서 돤치루이의 안후이파 군대는 우페이푸가 지휘하는 즈리파 군대와 펑톈 군벌 장쭤린의 협공을 받아 나흘 만에 완패했다. 몰락한 돤치루이는 톈진의 일본 조계로 도망쳤고 쉬수정은 외국 공사관에서 숨어 지내다 일본으로 망명했다. 쉬수정은 5년 뒤인 1925

●— 1919년 11월 22일 외몽골 정부 해산식 모습. 맨 앞줄 가운데에 있는 군인이 쉬수정이다.

년 12월 즈리파 군벌 펑위샹의 사주로 살해당했다. 돤치루이를 대신해 즈리파와 펑톈파가 중국의 새로운 지배자가 됐지만, 이들도 권력을 놓고 분열되어 내전을 벌이는 등 혼전의 연속이었다. 몽골에 대한 중국의 관심 또한 멀어졌다. 몽골 독립파는 다시 봉기할 준비를 했다.

＼소련의 지배를 받다

1920년 10월 2일, 로만 폰 운게른 슈테른베르크 남작이라는 백군 출신 지휘관이 이끄는 800여 명의 러시아인 군대가 몽골 국경을 침입했다. 적백내전에서 패하여 패잔병들과 함께 몽골로 들어간 그는 몽골의 독립을 지원하겠다는 명목으로 몽골인들을 규합했다. 2,000여 명으로 늘어난 그의 군대는 1921년 2월 4일 중국군을 격파하고 니슬렐 후레를 점령했다. 운게른은 복드를 다시 황제로 추대했다. 복드 황제와 몽골인들은 그를 '영웅'으로 추앙했다. 그러나 환상은 곧 깨졌다.

러시아인들이 본색을 드러내 온갖 노략질과 학살을 일삼는 강도떼로 변했기 때문이다. 얼마 뒤에는 복드를 강제로 폐위했다. 정신분열증에다 광기 어린 운게른에게 살해당한 몽골인은 전체 인구의 10퍼센트가 넘는 8만 명이나 되었다. 그는 '미친 남작Mad Baron'이라고 불리며 공포의 대상이 되었다.

운게른이 니슬렐 후레를 점령하고 몽골의 지배자 행세를 하는 동안, 이전에 러시아의 지원을 받아 세워진 몽골 최초의 사관학교인 호지르볼란Hkujirbulan군사학교 출신 담딘 수흐바타르D. Sukhbaatar 장군이 몽골 독립군인 인민의용군을 창설했다. 1921년 3월 18일 새벽, 이들은 캬흐타에 주둔한 2,000여 명의 중국군을 기습했다. 수적으로는 월등히 우세했지만 오합지졸에 불과한 중국군은 변변히 싸우지도 않고 무기를 버린 채 도주했다.

수흐바타르의 인민의용군은 소련의 지원을 받아 니슬렐 후레로 진격했다. 소련군 1,600명을 포함해 공격군은 약 1만 명에 달했고, 대포 12문과 156정의 기관총, 소총 등으로 무장했다. 또한 약간의 장갑차와 항공기도 지원받았다. 운게른의 오합지졸 군대는 약 4,000명에 대포 10문을 가졌지만, 1921년 6월부터 7월 초까지 니슬렐 후레 북쪽에서 벌어진 여러 번의 전투에서 연전연패했다.

7월 6일 니슬렐 후레는 해방되어 이름을 울란바토르*로 바꾸었다. 운게른은 도망쳤다가 붙들려 9월 15일 시베리아로 끌려갔다. 그리고 군사재판을 받은 후 총살당했다. 1921년 7월 9일 복드 황제는 다시 군주로 추대받았다. 사회주의 입헌군주제라는 독특한 형태의 몽골 인민정부가 수립되었다. 그 뒤에도 1년에 걸쳐 외몽골 여기저기에서 할

---

* 몽골어로 '붉은 영웅'이라는 뜻이다.

거하던 백군 잔당을 토벌하여 모두 소탕했다. 그러나 이 과정에서도 소련의 원조에 의존해야 했다. 상전이 중국에서 소련으로 바뀌었을 뿐, 외몽골은 실제로 소련의 위성국에 지나지 않았다. 소련의 간섭 때문에 민족주의 계열의 혁명가들이 쫓겨나고 코민테른 출신의 친소파가 주도권을 쥐면서 소련에 대한 의존도는 더욱 높아졌다.

1924년 5월 20일, 몽골의 정신적 지주였던 복드 황제가 세상을 떠났다. 몽골 인민정부는 새로운 황제를 세우는 대신 군주제를 폐지하고 완전한 사회주의국가를 건설하기로 결정했다. 외몽골은 소련식 전체주의국가가 되어 몽골의 모든 전통적인 문화와 사유재산을 폐지하고 왕실과 귀족들의 재산을 몰수했다. 몽골 경제는 심각한 타격을 입었으며, 극심한 인플레이션과 기아에 허덕였다. 게다가 1930년대 말 소련 전체를 광기로 몰아넣은 스탈린의 대숙청은 그 여파가 외몽골에까지 고스란히 미쳤다. 부총리이자 몽골인민혁명당의 실권자 처이발상Khorloogiin Choibalsan은 소련 코민테른의 지원을 받아 대대적인 숙청에들어갔다. 정부 고위 각료부터 일반 민중까지 수많은 사람들이 일본군의 첩자, 반혁명 분자, 인민의 적으로 몰렸다.

1937년부터 1940년까지 당과 정부, 군에서 약 2만 명이 처형당했으며 6,000여 명이 감옥에 갇혔다. 내무총리 겸 외무장관 펠지딘 겐덴Peljidiin Genden을 비롯한 일부 고위 각료들은 소련까지 끌려가 총살당했다. 몽골군 장군의 80퍼센트 이상이 체포되었으며, 그중 대부분이 처형당했다. 또한 1만 7,000여 명의 승려가 체포되고 그중 1만 4,000여 명이 처형당했다. 스탈린에게 외몽골은 자국의 안보를 위한 전략적 완충국에 지나지 않았다. 경제원조는 거부하면서 외몽골군을 소련군의 괴뢰군으로 취급하고 국가 재정의 절반 이상을 국방비로 지출하게 했다. 고분고분 복종하지 않는 몽골 민족주의 지도자들은 소련으로 끌려가 소련인에게 재판받고 처형되거나 강제수용소에 갇혔다. 외몽골은 소련의 식민지나 다름없었다.

중국은 중국대로 외몽골을 포기할 생각이 없었다. 우페이푸가 장악한 베이징 정부는 1924년 5월 소련과의 협상에서 외몽골에 대한 주권을 인정받았다. 그러나 외몽골은 소련의 수중에 있었다. 소련군을 철수시킬 방법도 없었고 주권을 행사할 방법도 없었다. 광저우에서 망명 정부를 이끌고 있던 쑨원은 소련 코민테른 극동지국과 면담하는 자리에서 "외몽골은 중국의 영토이며 몽골의 독립은 거론 대상이 아니다"고 못을 박았다. 레닌의 특사로 국공합작 결성을 주도하던 요폐는 쑨원의 완강한 태도에 외몽골을 중국에서 독립시키지 않겠다고 약속했다. 그러나 진짜 속내는 따로 있었다. 내전의 혼란에 빠진 중국이 당장 이 문제로 소련을 귀찮게 할 일은 없으므로, 고집 센 쑨원을 애써 굴복시키려 하지 말고 천천히 시간을 두고 해결하면 된다고 여겼다. 겉으로는 중국의 주권을 인정하는 척하면서 뒤로는 실리를 취하는 것이 소련의 방식이었다. 쑨원이 이런 속셈을 모를 리 없었다. 그러나 소련의 원조가 절실한 그는 요폐의 속 빈 강정 같은 약속 이외에 굳이 소련군 철수나 구체적인 보장을 요구하지는 않았다. 그냥 서로 모르는 척 덮어버렸다.

북벌전쟁에서 승리해 중국의 새로운 지도 세력이 된 장제스 정권은 외몽골과 티베트는 중국의 고유한 영토이며 중앙정부의 승인 없이 외국과 국교를 맺는 등의 행위는 인정할 수 없다고 선언했다. 1931년 5월 12일에 제정된 중화민국 임시 약법 제1조에도 "중화민국의 영토에는 몽골과 티베트를 포함한다"고 명시되었다. 그러나 현실적으로 외몽골 문제를 해결하려면 외몽골의 실질적 지배자인 소련과 교섭해야 하는데 그럴 겨를이 없었다. 1931년 9월 18일 만주사변이 일어나면서 동북의 주권이 일본으로 넘어갔기 때문이다. 게다가 중일전쟁이 일어나자 중국은 일본에 대항하기 위해 소련의 원조에 점점 의존해야 했다. 외몽골 문제는 자연스레 뒤로 밀려났다. 외몽골을 소련으로부터 회복하기는커녕, 내몽골마저 일본에 야금야금 먹히는 실정이었다.

관동군은 내몽골 전체를 점령한 뒤 데므치그돈로프德穆楚克棟魯普(일명 덕왕德王)를 비롯한 일부 몽골 귀족들을 규합해 1937년 11월 22일 '몽강연합자치정부蒙疆聯合自治政府'를 수립했다. 덕왕과 내몽골의 민족 지도자들은 진정한 의미에서 몽골인들이 독립할 수 있도록 일본이 도와주기를 바랐지만, 일본은 그들을 침략을 위한 이용물로만 여겼다. 몽강국은 '제2의 만주국'에 지나지 않았으며, 실권은 일본인 고문들이 장악했다.

더욱 이율배반적인 쪽은 중국공산당이었다. 본래 중공은 창설 초기부터 일관되게 민족자결 원칙을 강조하고 소수민족들의 독립을 인정해야 한다고 주장했다. 1937년 10월 류사오치는 "항일을 위해서는 소수민족들의 자결권을 인정하고 독립을 도와줘야만 비로소 여러 소수민족이 힘을 모을 수 있다"는 성명을 발표했다. 하지만 이듬해인 1938년 6월   제6차 공산당 중앙대회에서 마오쩌둥은 "소수민족들은 한족과 연합하여 통일된 국가를 건설해야 한다"고 말을 바꾸었다. 이때부터 중공은 더 이상 공식적으로 '자결'이니 '독립'이니 하는 말을 거론하지 않았다. 자신들의 혁명에 필요할 때만 모호한 말로 소수민족들을 선동하여 이용했으며, 국공내전에 승리하자 오히려 소수민족에 대한 지배를 강화했다.

＼내몽골은 왜 독립하지 못했나

일본과의 전쟁 때문에 뒷전으로 밀려났던 외몽골 문제는 2차대전이 막바지로 치닫자 더는 피할 수 없는 중소 양국의 쟁점으로 떠올랐다. 외몽골을 실질적으로 지배하면서도 그동안 국제사회의 눈치 때문에 속내를 드러내지 않았던 스탈린은 2차대전을 거치면서 미국과 어깨를 나란히 하는 강대국이 되자 더 이상 본색을 숨길 필요가 없어졌다. 스탈린은 1945년 2월 얄타회담에서 소련군의 대일 전쟁 참가를 요청하는 루스벨트에게서, 일본을 공격하는 대가로 외몽골과 만주에 대한 막대한 이권을 보장받았다. 4개월이나 지난 뒤에야 이 사실을 통보받은 장제스는 격분하여 외무부장 쑹쯔원을 급히 모스크바로 보냈다. 그러나 스탈린은 1945년 6월 30일부터 8월 10일까지 진행된 중소 회담에서 얄타회담의 내용을 수락하라고 고압적인 태도로 쑹쯔원을 몰아붙였다.

> 우리가 일본과 전쟁을 하려면 동맹국이 필요하다. 외몽골도 그중 하나이다. 또한 다롄과 뤼순은 훗날 일본이 부활할 때를 대비해 우리가 반드시 확보해야 한다. 기간은 30년이다. 중국 역시 우리의 개입을 원할 것이다.

쑹쯔원은 스탈린에게 일본이 패망한 뒤 극동에서 소련의 안보를 위협할 국가는 없다는 점에서 소련의 주장은 말이 되지 않는다고 반박했지만 스탈린의 고집을 꺾지는 못했다. 양측의 입장이 워낙 완강해서 협상은 여러 차례 결렬되었다. 쑹쯔원은 장제스에게 보고하는 한편, 트루먼에게도 얄타 밀약이 중국의 주권을 침해한다며 밀약을 철회해달라고 요구했다. 그러나 트루먼은 "소련의 참전은 이미 기정사실이며, 미국으로서는 어쨌든 얄타회담을 지지하지 않을 수 없다"고 대답했다. 극동의 사정에 무지한 데다 대통령이 된 지 얼마 안 된 그로서는 루스벨트가 생전에 스탈린과 야합한 내용을 함부로 뒤집을 결단이 없었다.

트루먼이 소련의 손을 들어주는 이상 스탈린에게 중국의 동의 따위는 명목에 불과했다. 중국이 어떻게 나오건 얼마든지 제 마음대로 할 수 있었기 때문이다. 더구나 소련군의 참전이 임박하자 중국에 주어진 시간은 얼마 없었다. 심지어 스탈린은 "만약 중국이 협약 체결을 서두르지 않으면 중국공산당 세력이 만주에 진입하게 될 것"이라며 노골적으로 협박하면서 장제스 최대의 아킬레스건을 건드렸다. 쑹쯔원은 소련과 끝까지 대립하여 그들에게 무한대의 자유를 주기보다는 차라리 요구를 어느 정도 수용하되 다른 대가를 얻어내는 편이 낫다고 판단했다.

쑹쯔원이 모스크바에서 협상 중이던 1945년 8월 9일 새벽 0시, 소련의 대군이 만주국 국경을 넘어 파죽지세로 남하했다. 10일에는 몽골인민공화국(외몽골)도 일본에 선전포고했다. 하과수렌^{J. Lhagwasuren} 중장이 지휘하는 약 2만 명의 몽골군은 말리놉스키^{Rodion Malinovsky} 원수가 지휘하는 자바이칼 전선군 산하 소몽 기병기계화집단^{Soviet Mongolian Cavalry Mechanized Group}에 소속되어 프리예프^{Issa Pliyev} 중장의 지휘를 받았다. 이들은 자바이칼 전선군의 우익을 맡아 일본군과 친일 괴뢰군을 격파하고 950킬로미터를 행군하여 몽강국의 수도인 장자커우를 비롯해 내몽골의 대부분을 장악했다.

중소우호조약은 닷새 뒤인 8월 14일에 조인되었다. 중국이 외몽골을 포기하는 대가로 스탈린은 만주와 내몽골·신장성에 대한 중국의 주권을 보장했다. 쑹쯔원은 외몽골의 독립을 즉시 승인하는 대신 일본이 항복한 뒤 외몽골 전체 국민들을 대상으로 국민투표를 실시하여 그들의 뜻이 독립에 있다면 중국도 이에 따르겠다고 했다. 또한 외몽골과 중국의 경계는 기존의 국경선을 존중해야 한다고 못 박았다. 물론 소련이 실효적으로 지배하는 현실에서 국민투표 결과라고 해봤자 어차피 뻔했다. 중국으로서는 겉으로나마 자존심을 지키겠다는 의미였다. 또한 오랫동안 소련과의 분쟁 지역이었던 신장성에 대해서는 중국령임을 인정받고, 외몽골이 아예 소련의 일부로 편입되지 않게 막았다는 것이 그나마 성과였다.

중소우호조약이 체결된 직후인 8월 24일, 장제스는 공식 석상에서 "변방 민족의 독립 열망을 억누르는 것은 우리의 혁명 정신에 위배된다. 외몽골은 베이징 정부 시절에 이미 독립을 선언했고 사반세기가 지났다. 급변하는 세계에서 우리는 혁명 원칙과 정당한 법적 절차를 통해 외몽골의 독립을 승인하고 대등한 형제국으로 대할 것이다"라고 말했다. 마치 중국이 외몽골 이외에 소수민족들이 원한다면 언제라도 독립을 인정하겠다는 말처럼 들리지만 실속 없는 정치적 수사에 불과했다. 외몽골을 소련의 협박에 못 이겨 마지못해 포기했을 뿐이며, 어디까지나 예외적인 존재에 지나지 않았다.

외몽골의 독립은 기정사실이 되었지만, 내몽골은 중국 영토로 남아야 했다. 내몽골의 독립 세력들도 급히 내몽골인민혁명당을 결성하고 내몽골의 해방을 선언했다. 또한 대표단을 울란바토르로 보내 내몽골이 외몽골에 복속되는 형태로 한 나라가 되기를 요청했다. 그러나 외몽골 정부는 거절했다. 왜냐하면 외몽골의 독립이 스스로의 힘으로 이룬 것이 아니라 소련과 중국의 정치적 타협의 결과였기 때문이다. 소련의 위성국에 불과한 외몽골은 내몽골에 관여할 권한이 없을뿐더러, 중소우호조약 전체가 무효화될 경우 자신들의 독립마저 위협받을 수 있었다.

보다 근본적으로는 수백 년 동안 서로 분리됐던 외몽골과 내몽골은 이미 같은 '몽골인'이라는 정체성이 없기 때문이었다. 이들은 문자도, 언어도, 생활양식도 달랐다. 따라서 중국을 자극하면서까지 굳이 내몽골을 같은 동포로 여기며 '해방'해야 할 이유가 없었다. 내몽골의 일부 독립 세력이 주축이 되어 9월 9일 내몽골인민공화국 임시정부의 수립을 선언했지만 소용없었다. 그사이 국민정부군과 공산군이 내몽골로 진격해 들어갔다. 내몽골은 국공의 치열한 각축장이 되어 더 많은 땅과 요충지를 점령하기 위한 치열한 전투가 도처에서 벌어졌다. 어느 쪽이 이기건 내몽골의 독립은 물 건너간 셈이었다.

1945년 9월 21일, 몽골인민공화국 국가소회의 의장단은 중소우호조약과 몽골-중국 정부의 합의에 의거해 몽골의 독립 여부를 묻는 국민투표를 실시한다는 제76호 결정을 발표했다. 10월 20일, 몽골 전역에서 국민투표가 실시되었다. 전국 4,251개 투표소에서 18세 이상 남녀 유권자 49만 5,200명 중 98.4퍼센트가 참여하여 100퍼센트 찬성했다. 반대는 단 한 표도 없었다. 투표는 공개 방식이고, 투표지에는 자기 이름을 적어야 했다. 자기 이름을 쓸 줄 모르는 사람은 지장을 찍었다. 1945년 11월 10일, 몽골 정부는 투표 결과를 중국과 소련에 공식 통보했다. 어차피 정해진 각본에 불과했지만 중국 정부는 1946년 1월 5일 몽골의 독립을 승인했다. 2월 5일에는 정식으로 국교를 수립했다.

중국은 156만 제곱킬로미터의 넓은 영토를 잃었지만 몽골은 250년 만에 반쪽이나마 나라를 찾은 셈이었다. 국공내전에서 승리한 마오쩌둥의 신중국도 외몽골의 독립을 인정하고 1949년 10월 16일 수교했다. 반면, 타이완으로 쫓겨간 장제스 정권은 1950년 2월 14일 모스크바에서 중소상호원조조약이 체결되자 중소우호조약이 폐기된 이상 외몽골의 독립 또한 자동으로 무효가 되었으니 중국의 영토라고 주장했다. 물론 고집일 뿐 현실성 없는 소리였다.

60여 년이 지난 2012년, 타이완 행정원 대륙위원회는 "국민정부가 몽골의 독립을 승인했으며, 현재 몽골이 국제사회에서 주권국가로 인정받고 있다"면서 중국의 영토에서 몽골을 제외한다고 공식적으로 선언했다. 그러나 대륙의 공산 정권이 몽골에 대한 경제적인 영향력을 적극 확대하면서 몽골은 과거처럼 중국에 다시 흡수되지 않을까 우려하는 형편이다. 이 또한 역사의 아이러니가 아닐까 싶다.

＼중국의 화약고 티베트

한족과 55개 소수민족으로 구성된 다민족국가인 중국 사회에서 티베트는 신장위구르와 함께 '최대의 화약고'이다. 더욱이 문제가 해결될 기미가 보이기는커녕 시간이 지날수록 중국이 고집하는 '하나의 중국' 원칙에 반발하여 티베트인들의 독립을 요구하는 목소리는 더욱 높아지고 있다. 또한 이에 비례하여 중앙정부의 탄압이 갈수록 극심해지면서 반중 시위와 유혈 충돌이 끊임없이 벌어지는 등 첨예한 갈등을 빚고 있다. 티베트는 중국에 매우 중요한 정치적 사안이면서 러시아-체첸 관계에 비교될 만큼 중국의 체제와 통합을 위협하는 가장 심각한 도전 세력으로 간주되고 있다.

하늘의 나라 티베트는 평균 해발 4,000미터 이상이며 가장 낮은 지역이라도 1,000~3,000미터의 고원지대로 이루어졌다. 가장 험준한 서북부 지방은 평균 해발이 5,000미터를 넘는다. 또한 황허와 창장, 메콩강, 살윈강, 창포강 등 세계적으로 긴 강 가운데 5개의 강이 티베트에서 출발한다. 남북으로는 1,000킬로미터, 동서로는 2,000킬로미터, 총면적은 250만 제곱킬로미터로, 유럽연합 28개국을 모두 합한 면적 약 400만 제곱킬로미터의 약 3분의 2에 달하여 세계에서 가장 넓고 가장 높은 고원지대로 손꼽힌다. 그러나 티베트가 중국의 일개 행정구역으로 전락한 현재의 '시짱쨩족자치구'는 본래 티베트령의 절반에도 미치지 못하는 122만 제곱킬로미터에 불과하다. 청조가 티베트를 정복한 뒤 강제로 나눠 주변 지역에 편입시켰기 때문이다. 티베트의 역량을 약화하기 위해서였다. 그러나 티베트는 청조가 망하자 독립을 선포하고 동진에 나섰으며, 1951년 마오쩌둥에 의해 도로 강제 병합당할 때까지 칭하이성과 신장성 남부, 쓰촨성 서부에 이르는 광대한 지역에 영향력을 행사했다. 현재 티베트족(쨩족藏族)은 중국 전체 인구 13억 명 가운데 0.5퍼센트인 약 600만 명이며(전체 소수민족 중에서는 약 5퍼센트), 그중 절반이 티베트 자치구에, 나머지는 쓰촨성·칭하이성·신장성·간쑤성·윈난성 등지에 분포해 있다.

오늘날 중국 정부가 티베트에 대하여 '역사적으로도' 자국의 일부였다고 주장하는 것과 달리 티베트는 지리적으로 진사장金沙江을 경계로 중국과 분리되어 있다. 기후와 풍토도 이질적이다. 중국과는 완전히 구분되는 문화권을 형성해 독자적인 언어와 문자를 만들었으며, 벼농사 중심인 중국과 달리 유목 생활을 하는 등 특유의 전통문화와 생활양식을 유지해왔다. 종교에서도 중국 유교 문화의 영향을 받지 않고, 인도에서 전래한 불교를 받아들였다. 불교는 단순한 신앙을 넘어 티베트 사회 전반을 지배했으며, 종교 수장인 달라이 라마를 정점으로 승려들이 통치하는 세속화한 종교국가가 되었다. 그런 점에서 티베트는 중국보다는 오히려 인도 문명권에 더 가깝다.

티베트에 사람이 처음 살게 된 시기는 2만 년 전이며, 7세기경 티베트에 처음으로 '토번제국吐蕃帝國'이라는 강력한 통일왕조가 수립되었다. 토번은 산시성·칭하이성·쓰촨성·윈난성 등 중국 변경을 놓고 중국과 일진일퇴의 치열한 영토 전쟁을 벌였으며, 안록산의 난 등으로 당나라가 혼란에 빠진 763년에는 10만 명에 이르는 토번의 군대가 당나라의 수도 장안을 잠깐 점령하기도 했다. 한동안 중국과 패권을 다툴 정도로 강성했던 토번은 9세기 이후 혼란에 빠졌고 지방의 토호들이 다스리는 수많은 세력으로 분열되었다. 또한 귀족과 승려가 정치 주도권을 놓고 싸우면서 역동성을 상실하고, 폐쇄적이고 고립된 세계가 되었다. 중국과의 오랜 항쟁 속에서 자연스레 중국의 일부가 된 여진족이나 몽골·흉노·거란족 등 여타 변방의 이민족들과는 다른 길을 선택한 것이다. 이것이 티베트가 중국 문명권에 편입되지 않고 자신들의 정체성을 유지한 이유이다.

1253년, 몽골의 통치자 몽케칸^{Möngke Khan}이 티베트를 복속시키고 몽골제국의 판도에 편입시켰다. 또한 티베트의 수도 라싸에는 몽골에서 파견된 총독인 다루가치達魯花赤가 상주했다. 티베트는 처음으로 외세의 지배를 받게 되었다. 그러나 다루가치는 명목상의 감독을 할 뿐 내정에는 간섭하지 않았다. 티베트의 통치자는 티베트 최대의 종교정파 사캬의 수장인 사캬 라마였다. 라마는 티베트어로 '스승'이라는 뜻이다. 티베트 불교를 국교로 받아들인 몽골의 황제들은 사캬 라마를 정신적인 스승으로 삼았으며 티베트의 통치권을 인정했다. 이것을 '단월공시檀越供施(스승에 대한 시주)'라고 한다.

이런 점에서 티베트의 지위는 몽골군에 의해 멸망하여 직접적인 지배를 받으면서 차별과 멸시를 당했던 금나라나 서하·남송과는 달랐다. 또한 똑같은 예속관계이면서도 온갖 내정간섭에 시달린 고려나 베트남과 비교해서도 상대적으로 높은 대우를 받은 셈이다. 따라서 티베트를 단순히 원나라의 지배를 받은 속국이라고 보기는 어렵다.

동아시아 종주국으로서 주변국을 책봉하던 중국의 전통적인 '사대교린'과도 차이가 있었다.

티베트와 중국의 특수한 관계는 원나라가 멸망한 뒤 명청 시대에도 그대로 유지되었다. 단지 시주의 대상이 사캬 라마에서 달라이 라마로 바뀌었을 뿐이다. 티베트의 종교 주도권이 사캬파에서 겔룩파로 넘어갔기 때문이다. 청나라 황제들은 달라이 라마에게 자신들의 스승으로서 동등한 지위를 부여했다. 황궁을 방문할 경우 황제 아랫자리가 아니라 옆자리에 앉을 수 있었다. 순치제는 제5대 달라이 라마를 베이징의 자금성으로 초청한 뒤 금판에 만주어와 한자, 티베트어로 "대해와 같이 위대한 분, 번개를 잡은 자"라고 새겨서 증여했다. 달라이 라마 역시 순치제에게 "위대한 스승, 뛰어난 분, 하늘의 신, 보살"이라는 존칭으로 불렀다. 서로에게 최고의 존경심을 보여준 셈이다.

라싸에는 청나라에서 파견한 정2품의 주장대신駐藏大臣*이 상주했다. 이들은 내정 관여가 아니라 청과 티베트를 연결하는 외교적인 임무와 라싸에 주둔한 청군 감독을 맡았다. 티베트에서 청조의 우월적 지위를 유지하는 제한적인 역할을 했다. 오늘날 티베트 학자들은 주장대신이 중국에서 파견된 외교관에 지나지 않았다고 주장한다. 청조의 원칙은 원나라 때와 마찬가지로 "티베트는 티베트인이 다스린다"는 것이었다. 달라이 라마는 티베트의 실질적인 통치자였다.

'단월공시'로 표현되는 원나라와 티베트의 관계는 매우 중요하다. 왜냐하면 오늘날 중국이 티베트를 지배하는 근거가 "원나라 때부터 티베트는 중국의 판도에 편입되었다"는 것이기 때문이다. 중국 학자들은 몽골 황제와 사캬 라마가 대등한 관계라고 볼 수 없다면서 '단

---

* 만주어로는 '암반Amban'. 장藏은 티베트의 약칭이다.

월공시'를 조공과 책봉, 지배와 피지배 관계였다고 해석한다. 즉 티베트가 몽골제국의 일부였다는 주장이다. 또한 몽골족이 세운 원나라가 곧 중국이며 원의 황제 또한 중국의 황제이므로, 티베트는 원나라 때 이미 중국에 복속되었다고 주장한다. 청조가 주장대신을 라싸로 파견하고 군대를 주둔시켰다는 사실도 티베트가 중국의 지방정부였다는 증거라고 여긴다.

　물론 티베트 학자들은 이러한 중국의 주장을 반박한다. 중국에서 파견된 관리가 티베트의 내정에 참여한 것은 아니므로 중국의 지배를 받았다고 볼 수 없다는 것이다. 더욱이 라싸에 상주하는 중국 관리가 티베트인들에게 세금을 징수하거나 행정권을 행사한 적이 없다는 점도 중국의 지배를 부정하는 증거로 본다. 중국 황제가 명목상의 책봉을 내린 것을 두고 '중국의 지방정부'라고 하는 논리는 지나친 비약이자 억지라고 말한다. 또한 티베트는 중국에 조공을 바친 적이 없으며, 오히려 달라이 라마를 스승으로 모셨던 중국 황제가 막대한 조공품을 하사했다는 사실을 지적한다. 따라서 티베트는 중국의 지방정부가 아니라 별개의 독립된 국가이며, 양국의 관계는 상호 호혜와 평등의 관계였다는 것이다. 실제로 달라이 라마는 중국 황제가 아니라 티베트인들이 자신들의 전통적인 방법에 따라 선출한 뒤, 명목상 중국의 승인을 받는 형식이었다.

　두 나라는 '단월공시' 관계를 어떻게 보는가를 놓고도 첨예하게 대립하고 있다. 중국은 봉건적인 상하관계라고 확대 해석하는 반면, 티베트는 의례적이고 종교적인 관계에 불과했다고 의미를 축소한다. 냉철하게 말하면, 중국의 논리는 근래에 들어 자신들의 티베트 지배를 정당화하기 위해 만들어냈다는 점에서 설득력이 부족하고 억지스럽다. 엄연히 몽골족의 나라였던 원나라를 중국의 왕조라고 하는 주장부터 어폐가 있다. 중국이 다민족국가이며 중국의 테두리 안에 있는 모든 소수민족의 역사를 자신들의 역사라고 보는 데서 비롯된 오류이다. 원나라는 몽골의 역사이지 중국의 역사가 아니다. 당시의 중국은 몽골에 정복되어 일시적으로 그 지배를 받았을 뿐이다.

따라서 설령 몽골제국이 티베트를 복속시켰다고 해도 지금의 중국이 티베트를 자국 영토라고 주장할 권리는 없다. 중국의 논리대로라면, 오늘날 중국에 거주하는 미국인들을 귀화시켜서 56번째 소수민족이라고 선언하면 미국의 역사 또한 중국의 일부로 봐야 하는가. 또한 중국이 책봉했다는 이유만으로 티베트를 중국의 지방정부라고 한다면 조선·베트남 등 동아시아에서 중국 왕조의 종주권을 인정하고 책봉받았던 모든 나라에 대해서도 중국이 소유권을 요구할 수 있다는 논리마저 성립한다.

＼티베트의 독립

원나라 이래 700여 년 가까이 유지된 '단월공시'의 중국-티베트 관계는 19세기에 이르러 서구의 진출과 청조의 쇠락으로 와해되었다. 무굴제국을 식민지로 삼은 영국은 시크제국을 비롯해 북인도의 여러 왕국과 네팔·부탄 등 히말라야산맥 아래에 있는 소국들을 차례로 영국령 인도에 편입시켰다. 그러나 청조는 영국에 대항할 역량이 없었고 티베트에 대한 지배력도 상실한 상태였다. 라싸에 상주하는 주장대신들도 유약하고 무능하기 짝이 없었다. 1888년, 2,000명의 영국군이 티베트를 침공했다. 수적으로나 무장·훈련에서 빈약했던 티베트 군대는 완패하여 티베트 남부의 국경도시 야둥Yadong, 亞東을 빼앗겼다. 티베트 정부는 결사항전을 각오했지만 영국의 보복을 우려한 만주족 출신의 주장대신 창경長庚이 항전을 완강히 반대했다. 결국 야둥 탈환을 포기하고 제1차 라싸조약을 체결했다.

1904년 7월에는 영허즈번드^{Francis Younghusband} 대령이 지휘하는 영국군 3,000여 명이 재차 침공했다. 티베트군은 라싸에서 서남쪽으로 160킬로미터 떨어진 요새 간체쫑^{Gyantse dzong}에서 사흘 동안 완강하게 저항했지만 결국 함락되었다. 이들은 투항하지 않고 스스로 목숨을 끊었다. 영국군은 라싸를 점령하고 온갖 약탈을 자행했다. 무력한 티베트 정부는 제2차 라싸조약을 체결할 수밖에 없었다. 이 과정에서 영국은 청조가 아닌 티베트 정부를 상대로 라싸조약을 체결함으로써 티베트에 대한 청조의 종주권을 부정했다. 청조 역시 티베트를 방어하기 위하여 어떠한 노력도 하지 않았다. 따라서 오늘날 티베트 측은 라싸조약에 따라 자신들이 중국에서 완전히 독립했다고 주장한다.

영국의 거듭되는 침공에 대항하기 위하여 제13대 달라이 라마는 베이징으로 가서 광서제와 서태후를 만났다. 그러나 청조의 국운이 완전히 기울어 별다른 도움을 줄 형편이 되지 못하는 데다 조정의 관료들은 오히려 그동안의 선례를 무시하고 삼배고구두의 예를 갖추라고 강요했다. 달라이 라마를 스승이 아니라 신하로 취급하겠다는 의미였다. 달라이 라마가 끝까지 버텨서 삼배고구두는 철회되었다. 또한 그는 광서제에게 주장대신을 거치지 않고 자신이 직접 티베트 문제를 황제에게 상주할 수 있게 허락해달라고 했지만 거부당했다. 매우 불쾌한 감정으로 베이징을 떠난 달라이 라마는 라싸로 돌아간 뒤 청조와 관계를 끊고 티베트의 독립을 추진했다. 1909년 12월, 청조는 티베트를 직접 지배할 욕심으로 쓰촨성에서 2,000명의 군대를 출동시켜 티베트를 침공했다. 달라이 라마는 인도로 망명하고, 라싸는 청군의 손에 넘어갔다. 청조와 티베트의 우호적인 관계는 완전히 깨졌다.

1911년 10월 10일 신해혁명이 일어나고 3개월 뒤 마지막 황제 푸이가 퇴위하면서 청조는 멸망했다. 중국이 혼란에 빠지자 라싸에 주둔하고 있던 중국인 관료들과 군대도 청조에 충성하는 보황파와 공화제를 지지하는 혁명파로 분열되어 대립했다. 달라이 라마는 이때를 기회 삼아 라싸로 귀환한 뒤 1913년 2월 13일 독립을 선언했다. 그리고 군대를 동원하여 중국인들을 티베트에서 몰아냈다. 비슷한 시기에 티베트처럼 독립을 선언한 외몽골과는 몽장우호동맹을 체결했다. 물론 북양 정부의 실권자 위안스카이는 이들의 독립을 인정하지 않았다. 그 무렵 외몽골과 티베트 외에도 중국의 22개 성 가운데 즈리성과 동3성, 간쑤성, 산둥성, 허난성을 제외한 15개 성이 청조로부터 독립을 선언했다. 그렇지만 어디까지나 만주족 황실에 복종하지 않겠다는 것이지, 진정한 의미의 분리 독립이나 민족주의운동은 아니었다. 위안스카이는 티베트의 독립 선언 또한 그런 정도로 이해했다. 그는 티베트와 외몽골이 중국 영토라고 선언하는 한편, 달라이 라마의 지위와 티베트의 자치권을 보장하는 선에서 타협하려 했다. 그러나 달라이 라마는 거부했다. 중국과의 관계는 끝났다는 것이다.

1913년 10월, 인도의 심라에서 '심라회의Simla 會議'가 열렸다. 이 회의에서 영국은 티베트의 독립을 승인했다. 대신 티베트와 인도의 국경을 정하면서 동부 국경지대의 아루나찰 프라데시Arunachal Pradesh 지방을 가져갔다. 이 지역의 면적은 남한 전체와 비슷한 9만 제곱킬로미터에 달한다. 동서로 885킬로미터에 이르는 새로운 경계선은 인도 식민정부의 외무장관 헨리 맥마흔의 이름을 따서 '맥마흔 라인McMahon Line'이라고 일컬었다. 중국 외교부는 심라조약이 무효라며 서명을 거부했다. 위안스카이로서는 심라조약을 부정하려면 무력으로 응징하는 수밖에 없었지만, 중국이 내란에 빠진 상황에서 변방의 티베트까지 신경 쓸 겨를이 없었다. 덧붙여, 이 지역을 놓고 1962년 중국-인도 전쟁이 일어났으며 오늘날까지 양국의 뜨거운 감자로 남아 있다.

1918년 1월, 돤치루이 정권은 티베트에 대한 공격을 재개했다. 돤치루이는 외몽골과 티베트의 재합병을 결정했다. 외몽골은 돤치루이의 오른팔인 쉬수정이 손쉽게 점령했지만 티베트는 호락호락하지 않았다. 쓰촨 군벌 펑리성彭日升이 3만 명의 군대로 침공했지만 달라이라마에 의해 현대화한 티베트군은 10년 전보다 훨씬 강력했다. 수적으로는 열세했지만 치밀한 전술로 중국군을 유인한 뒤 포위 섬멸했다. 티베트는 여세를 몰아 쓰촨성을 침공했고 요충지인 창두를 점령했다. 펑리성을 비롯한 3,000명이 포로가 되었다. 이들은 인도를 통해 중국으로 송환되었다. 티베트는 쓰촨성 서부의 광대한 지역을 장악했다. 한반도 전체와 같은 크기였다. 돤치루이는 티베트와 평화조약을 체결할 수밖에 없었다. 중국이 티베트를 실체가 있는 주권국가로 인정했다는 증거이지만, 오늘날 중국 정부는 이 사실을 부정하고 그 시절 반복되던 지방 군벌들의 싸움에 불과하다고 일축한다.

1931년 동부 티베트에서 토후들 사이에 분쟁이 일어나자 쓰촨 군벌 류원후이가 개입했다. 1932년 2월에 벌어진 양측의 전투에서 이번에는 티베트군이 패배했다. 류원후이는 2개 여단으로 티베트군을 격파한 뒤 창두까지 위협했다. 그때 마침 류원후이가 또 다른 쓰촨 군벌인 류샹의 공격을 받아 '이류지전二劉之戰'이 벌어졌다. 티베트에는 다행스러운 일이었다. 류원후이는 진군을 멈추고 철수했다. 1932년 10월, 류원후이와 티베트는 진사장을 경계로 하는 평화조약을 맺었다. 중국군이 장악한 진사장 동쪽은 시캉성西康省*에 편입되었다. 북쪽에

---

* 1928년부터 1955년까지 존속한 중국의 옛 행정구역.

서도 마부팡馬步芳의 공격을 받아 티베트군이 패배했고 칭하이성 남부에서 물러나야 했다.

1933년 12월 17일, 제13대 달라이 라마가 58세의 나이로 사망했다. 그는 38년 동안 달라이 라마의 지위를 유지했다. 그는 죽기 전에 다음과 같은 유언을 남겼다. "인도와 중국이라는 강대한 이웃 나라와 좋은 외교관계를 유지해야 한다. 군대는 어떤 적이라도 싸워 이길 수 있을 만큼 무장과 훈련에 신경 써야 한다." 그는 티베트의 발전과 군대의 근대화에 적극적으로 노력했다. 티베트의 독립은 오직 힘으로만 지킬 수 있기 때문이었다.

난징 정권의 수장 장제스는 이전의 중국 지도자들과 마찬가지로 티베트의 독립을 인정할 의사가 없었다. '오족공화'를 제창한 쑨원의 계승자를 자처하는 장제스는 티베트가 엄연한 중국의 영토이며, 티베트의 독립이란 티베트인들의 의지가 아니라 중국의 혼란기에 제국주의 열강이 간섭한 결과라고 여겼다. 그러나 그는 무력을 통한 강압적인 방법보다 대화를 통한 해결책을 추진했다.

1934년 7월 28일, 달라이 라마의 죽음을 애도하는 난징 정부의 조문단이 라싸에 도착했다. 물론 조문은 명분일 뿐, 진짜 목적은 티베트를 중국의 영토에 도로 복속시키는 데 있었다. 중국 측은 티베트가 중국의 일부이니, 티베트 정부가 중국의 지방정부로서 중앙에 복종한다는 전제 아래 중앙정부는 티베트의 자치권을 최대한 보장하겠다고 약속했다. 또한 외교권과 국방권은 중앙이, 행정권은 티베트 정부가 각각 가지며 티베트의 정치제도와 종교·문화·생활양식 등에도 일절 관여하지 않을 것이라고 강조했다. 자치를 인정해줄 테니 중국의 품으로 돌아오라는 것이었다.

티베트 측은 티베트에 대한 중국의 종주권은 인정하되 양측의 관계는 중앙정부와 지방정부라는 종속적인 관계가 아니라 상호 대등한 관계라고 주장했다. 따라서 중앙정부의 간섭을 일절 받지 않겠다고 했다. 또한 외국과의 교섭에서도 중앙정부는 티베트와 상의하여 처리할 것, 티베트의 변경은 티베트 정부가 담당할 것, 라싸에 중앙에서 파견된 주장판사기구駐藏辦事機構를 두어 중앙과 티베트 사이의 대화 창구 역할을 할 것 등을 요구했다. '국가 속의 국가'로서, 명목상으로만 중국의 주권을 인정하고 티베트의 독립성과 자주성을 인정해달라는 얘기였다. 중앙집권을 추구하는 장제스로서는 받아들일 수 없는 조건이었다. 양측의 교섭은 별 성과 없이 중단되었다. 그러나 라싸에는 주장판사기구가 설치되었고, 장제스 정부는 티베트와 관계를 개선하기 위한 대화를 꾸준히 시도했다.

중일전쟁이 일어난 뒤 중국은 연전연패하면서 동부 해안가를 비롯해 해외 원조 루트인 홍콩과 광저우, 중국-베트남 국경을 일본에 빼앗겼다. 태평양전쟁이 일어나자 일본은 미얀마를 침공했다. 미얀마 루트는 중국이 외부와 통하는 유일한 통로였다. 중국은 10만 명의 최정예부대로 원정군을 편성해 미얀마에 파견했다. 그러나 스틸웰의 졸렬한 지휘와 영국군의 소극적인 저항으로 중국 원정군은 파멸적인 피해를 입고 극소수만이 인도와 윈난성으로 철수했다.

중국은 완전히 고립되었다. 연합국의 물자 원조가 절실했던 중국은 인도에서 히말라야산맥을 넘어 윈난성 쿤밍까지 연결하는 항공 수송 루트(일명 '험프 루트The Hump')를 통해 얼마 안 되는 물자에 매달려야 했다. 험프 루트에 할당한 수송기는 얼마 안 되는 데다 세계에서 가장 높고 험난한 산맥 사이를 곡예 비행하는 것은 몹시 위험했다. 혹독한 추위에 돌풍을 뚫다가 많은 기체가 중도에서 추락했다. 험프 루트의 바닥에는 수많은 추락 항공기의 잔해가 깔렸다. 1942년 한 해 동안 험프 루트를 거쳐 중국에 전달된 물자는 수백 톤도 되지 않았다.

　장제스는 새로운 통로를 열고자 했다. 바로 티베트였다. 그는 인도를 방문했을 때 쓰촨성에서 티베트를 거쳐 인도를 연결하는 시캉(티베트 동남부와 쓰촨성 서부를 아우르는 지역)-인도 고속도로의 건설을 미국과 영국 정부에 제안했다. 아이디어는 괜찮았지만 최대 걸림돌은 티베트 정부가 받아들일 의사가 있느냐였다. 티베트 처지에서는 자신들 목에 칼을 들이대는 것이나 다름없었다. 도로가 건설되어 중국인들이 본격적으로 티베트에 들어온다면 중국의 영향력 또한 커질 게 뻔했다.

　1942년 7월, 티베트의 수장 달라이 라마는 태평양전쟁에 대한 중립을 선포하고 라싸의 주장판사기구를 강제로 폐쇄했다. 대신 티베트 정부 산하에 외교국을 설치하여 대외 창구 역할을 맡겼다. 중국에서 완전히 독립하겠다는 의미였다. 중국으로 들어가는 모든 물자의 수송은 물론, 중국인의 입국 자체를 불허한다고 결정했다. 격분한 장제스는 무력 침공까지 고려했지만 영국의 반대로 포기했다. 일본은 티베트에 접근하여 독립을 전제로 동맹을 제안했다. 티베트 정부는 현명하게도 이 또한 거절했다. 태평양전쟁 내내 티베트는 중립을 유지하면서 외부와 고립된 세계를 고수했다.

＼공산군의 티베트 침공

신해혁명 이래 40년간 중국과 티베트의 관계는 모호한 상태를 유지해왔다. 미국을 비롯한 연합국은 티베트에 대한 중국의 주권을 인정했기 때문에 티베트가 원하는 것처럼 국제사회에서 독립국가로 인정받을 수는 없었다. 그런데 중국인들은 티베트를 자국의 일부로 여겼지만, 티베트인들은 티베트가 중국과는 별개이며 중국을 '외국'이라고 생각했다. 실제로 중국의 명령은 티베트에 아무런 영향을 끼치지 못했다. 중국은 티베트의 독립을 공식적으로 인정하지 않으면서도 실질적인 간섭은 자제했다. 이 시기의 중국과 티베트는 느슨한 연합국가에 가까웠다. 중국이 티베트에 대한 영유권을 포기해서가 아니라 자신들의 내부 문제로 인해 아직은 관여할 여력이 없었기 때문이다. 바꾸어 말해서 중국이 내부 문제를 해결한다면 칼끝이 어디로 향할지 불 보듯 뻔했다. 국공내전에서 마오쩌둥의 공산군이 점차 승기를 잡으면서 이는 곧 현실로 다가왔다.

티베트 정부는 독립국가로 인정받기 위해 미국·영국·인도 등 여러 나라와 교섭에 나섰다. 그중에서 영국·인도·네팔은 티베트를 주권국가로 인정했다. 왜냐하면 중국과의 사이에서 티베트가 완충국가로 남기를 원했기 때문이다. 인도 델리에서 열린 범아시아대회에서도 티베트 국기는 중국 국기를 비롯한 다른 나라들 국기와 나란히 게양되었다. 하지만 그 밖의 국가들은 중국의 입장을 우선적으로 고려했기 때문에 티베트는 국제사회에서 독립을 인정받지 못했다. 더욱이 중국군이 실제로 티베트를 침공할 때 이 국가들이 어떤 도움을 줄 수 있을지도 의문스러웠다. 그렇다고 인구 100만 명에 불과한 약소국 티베트가 인구 5억의 중국을 상대로 싸울 수도 없었다.

1949년 10월 1일, 베이징에서 중화인민공화국의 건국을 알리는 '개국대전開國大典'이 성대하게 열렸다. 이날 마오쩌둥은 티베트를 중국의 영토로서 제국주의로부터 해방하겠다고 천명했다. 티베트 정부는 반발했다. 라싸의 라디오 방송에서는 반박 성명을 발표했다.

티베트와 중국은 서로 독립된 관계이며, 티베트는 어떠한 외세의 정치적 통치도 받은 적이 없다. 또한 티베트에는 어떠한 제국주의 군대도 없고 외국의 통제를 받지 않는데, 존재하지도 않는 제국주의에서 해방될 필요가 어디에 있다는 말인가!

또한 미국과 영국, 인도에 서한을 보내 "중국이 침략한다면 티베트는 끝까지 싸울 것이며, 귀국의 가능한 모든 도움을 받을 수 있기를 진심으로 바란다"고 했다. 그러나 마오쩌둥은 티베트의 반발에는 아랑곳하지 않고 서방 제국주의의 위협과 낡은 봉건제와 농노제라는 반동 세력의 압제에 시달리는 티베트 민중을 반드시 해방해야 할 의무가 있다고 거듭 선언했다. 이 말은 정교일치 사회인 티베트의 전통문화를 인정하지 않겠다는 의미였다. 중공이 티베트를 점령했을 때 과연 어떤 정책을 펼칠지 예견할 수 있었다.

마오쩌둥은 왜 굳이 무력을 써서라도 티베트를 점령하려 했는가. 아무리 군사적으로 우세해도 지형이 험준한 티베트는 점령하기 만만한 나라가 아니었다. 또한 인구가 희박하고 경제적으로 그만한 가치가 있다고 말하기 어려웠다. 국제사회의 강력한 비난을 초래할 수도 있었다.

그럼에도 마오쩌둥이 티베트를 점령하려는 첫째 이유는 중국 특유의 '대중화주의' 때문이었다. 영토란 무조건 크면 클수록 좋다는 것이 중국인들의 뿌리 깊은 관념이다. 둘째는 소수민족에 대한 통제를 강화하기 위해서였다. 티베트의 독립을 인정하면 마찬가지로 독립의 의지가 있는 다른 소수민족들에게도 영향을 줄 수 있었다. 셋째는 전략적으로 외세의 침략에서 중국을 지키기 위한 완충지대가 필요했기 때문이다. 티베트는 소련과 인도 그리고 부탄·네팔·아프가니스탄·미얀마와 국경을 맞대고 있다. 당시 인도는 중국에 우호적인 동맹국이었지만 영국의 영향력 아래 있었다. 마오쩌둥은 앞으로 언제라도 서방이 인도를 중국 침략의 발판으로 삼을 수 있다고 생각했다. 따라서 티베트는 중국의 서남부를 지키기 위해 반드시 확보해야 하는 울타리였다.

1949년 7월 8일, 티베트 정부는 라싸 주재 영국 대표이자 티베트 정부의 정치고문인 리처드슨^{H. E. Richardson}의 도움을 받아 난징의 국민 정부에서 파견한 관료들을 비롯해 라싸에 있는 모든 중국인을 인도로 추방했다. 공산군이 티베트로 진입할 명분을 없애기 위해서였다. 그러나 마오쩌둥은 오히려 이것이 영국의 획책이며 티베트 정부가 외세와 결탁하여 분리 독립을 꾀하는 '비애국적인 행동'이라고 비난했다.

1950년 1월 1일, 베이징은 라디오를 통해 "1950년 중에 하이난과 타이완·티베트를 해방한다"고 떠들었다. 티베트를 점령하는 임무는 시캉성과 쓰촨성에 주둔한 덩샤오핑의 서남국과 류보청의 제2야전군에게 맡겨졌다. "극복할 수 없는 곤란이 없는 한, 금년 5월에 티베트로 진군하여 10월까지 해방하라." 장궈화^{張國華}가 지휘하는 제18군이 주력으로 시캉성에서, 윈난군구의 제14군이 윈난성에서 진격하고, 칭하이성에서는 칭하이기병부대를, 신장성에서는 신장독립기병사단을 각각 투입하여 세 방향에서 공격한다는 계획이었다. 동원 병력은 4만 명에 달했다.

티베트의 군사력은 형편없었다. 티베트는 청나라 건륭제 시절인 1793년 청나라의 제도를 모방하여 군제를 제정했다. 가장 높은 편제는 대대에 해당하는 대뿐^{戴本}이었고, 1개 대뿐은 정원이 500명이었다. 그 아래로 루뿐^{如本}(250명), 갸뿐^{甲本}(125명), 딩뿐^{定本}(25명)이 있었다. 1950년 초 티베트의 정규군은 1개 근위 대뿐을 포함해 11개 대뿐, 2개 포병대로 구성되어 도합 8,500명 정도였다. 그러나 실제 인원수는 그 절반에 불과했다는 설도 있다. 그 밖에 라마승으로 조직된 승병들과 민병대가 있었다. 군복과 무기는 모두 영국식이었고 인도와 네팔

●— 티베트 군대의 모습. 전통 무기인 활과 창, 칼, 구식 화승총 외에 현대식 무기로는 인도와 네팔에서 수입한 구식 리−엔필드 소총과 약간의 브렌 경기관총, 스텐 기관단총, 2인치(51mm) 소형 박격포가 전부였다. 훈련도 형편없었고 전투 방식 또한 중세 시절과 다를 바 없는 수준이었다.

을 통해 수입한 구식 리−엔필드^{Lee-Enfield} 소총과 브렌 경기관총, 약간의 박격포로 무장했다. 중국의 침입에 대비하여 군사력 강화에 많은 노력을 기울였던 제13대 달라이 라마가 죽은 뒤 20여 년 동안 티베트군의 현대화는 지지부진했다. 티베트 지도자들은 현실에 안주한 나머지 권력투쟁에만 열을 올렸을 뿐 군사력 증강에는 관심이 없었기 때문이다.

중국군의 침공을 앞두고 티베트 지도자들은 거국일치하여 저항하기는커녕 오히려 주화파와 주전파로 분열되었다. 주화파는 만약 중국과 싸운다면 많은 사찰이 파괴되고 수많은 무고한 민중만 희생당할 테니 중국과 협상해야 한다고 주장했다. 이에 반해 주전파는 티베트의 험준한 산악지대를 이용해 꾸준히 저항한다면 충분히 승산이 있다고 주장했다. 문관들은 대부분 주화파였고, 군부는 주전파였다.

달라이 라마의 섭정이자 티베트의 실권자인 타크트라 린포체^{Taktra} ^{Rinpoche}는 주전파의 손을 들어주었지만 싸울 의지가 없기는 마찬가지였다. 수백 년 전과 다를 바 없는 무기로 무장한 이들은 도대체 이런 상황에서 뭘 어떻게 해야 할지 대책이 없었다. 무기는 낡았고 병력은 광범위한 지역에 분산 배치되어 있었으며 방어 태세도 형편없었다. 병사들이 가진 무기는 구식 소총 1정이 전부였다. 1개 대뛤 전체에서 중화기는 경기관총 몇 정과 박격포 2, 3문에 불과했다. 병사의 태반이 40대 이상의 중장년이었고 가족들까지 데리고 다녀서 기동력이 형편없었다. 지난 수백 년간 제대로 된 실전을 한 번도 경험해보지 못한 구식 군대와 내전으로 단련된 군대의 싸움이었다. 이길 수 있을 리 없었다.

중국군은 변변한 지도조차 없었고 산소가 희박한 4,000미터의 고산지대를 행군하느라 온갖 고난을 겪었다. 그럼에도 티베트군의 저항을 거의 받지 않은 채 1일 진격 속도가 40킬로미터에 달했다. 오직 두 다리만으로 광대한 중국 대륙 전체를 2년 만에 정복한 이들답게 티베트의 험난한 지형과 기후도 장애가 되지 않았다. 또한 철저한 사전 정찰로 티베트군의 병력 배치 상황과 훈련, 사기 수준, 무기 실태까지 모두 파악했다.

국경의 요충지 창두의 방어를 맡은 사람은 창두 총독 아페 아왕 직메였다. 그는 중국군의 침공이 초읽기에 들어갔는데도 태평스럽게 린카절林卡節*을 즐기고 있었다. 적군이 코앞에 들이닥쳤다는 보고를 받

---

* 봄이 온 것을 즐기는 티베트의 전통 명절.

●— 1951년 10월 26일 라싸에서 사열식을 하는 중국군 제18군.

고서야 가족과 측근들을 데리고 부랴부랴 도망쳤지만 얼마 가지도 못
하고 붙잡혀 포로가 되었다. 그 뒤 매국노가 되어 중국의 티베트 침
공에 협력했으며, 티베트 '해방'의 공을 인정받아 인민해방군 중장과
1급 해방 훈장을 받았다. 또한 시짱자치구 인민위원회 주석, 전국인
민대표대회 민족위원회 주임위원, 중국인민정치협상회 부주석 등 고
위 직책을 두루 맡았다. 그를 비롯하여 티베트의 고관들 대부분은 달
라이 라마를 배신하고 중국과 결탁하여 호의호식하는 쪽을 선택했다.
싸우기도 전에 적의 내부부터 무너뜨리는 것이 손자병법을 신봉하는
마오쩌둥의 방식이었다.

　총독이 달아난 탓에 창두의 수비대는 혼란에 빠졌다. 이들은 중국
군의 기습을 받자 뿔뿔이 흩어져 제대로 싸우지도 못한 채 괴멸했다.
10월 19일, 창두는 중국군의 손에 넘어갔다. 중국군 전사자는 114명
에 불과한 반면 티베트군의 사상자는 4,000명이 넘었다. 그나마 티베

트군의 유일한 항전이었다. 중국군의 라싸 공략은 시간문제였지만 미국을 비롯한 국제사회는 침묵을 지켰다. 모든 관심사가 한반도에서 치열하게 벌어지는 한국전쟁에 쏠려 있었기 때문에 은둔의 나라 티베트까지 눈을 돌릴 여유가 없었다.

유일하게 반발한 나라는 인도였다. 인도 부수상 사르다르 파텔^{Sardar} ^{Patel}이 중국의 티베트 침공을 격렬하게 비난하고 주인도 중국 대사를 불러 항의했다. 그러나 그 이상의 행동은 없었다. 중국을 저지하려면 전쟁을 불사해야 하지만 인도는 티베트를 위해 그렇게까지 할 생각은 없었기 때문이다. 게다가 중국과 관계가 나빠지면 카슈미르 지역을 놓고 전쟁이 벌어질 가능성도 있었다. 달라이 라마가 인도 총리 네루에게 도움을 절실히 호소했지만 2인치(51mm) 박격포 38문, 3인치(76mm) 박격포 63문, 브렌 경기관총 294정, 구식 리-엔필드 소총 1,260정, 스텐 기관단총 168정과 약간의 탄약을 얻은 것이 전부였다. 네루에게 중국은 친구였다. 그는 티베트 문제와 관련해 자신이 양보한다면 카슈미르에서 중국의 양보를 얻을지 모른다고 은근히 기대했다. 중국에 대한 몰이해에서 비롯된 환상이었지만, 어쨌거나 인도는 중립을 지키기로 했다.

유엔도 티베트에서 등을 돌렸다. 11월 7일 티베트 정부는 유엔에 중국 침략을 제소하고 국제사회의 도움을 호소했다. 티베트는 유엔이 한국에서 그랬던 것처럼 무력으로 개입해주기를 원했다. 엘살바도르가 의제 상정에 찬성했지만, 안전보장이사회 상임국가 중 하나인 영국의 반대에 부딪혔다. 중국의 심기를 건드리면 홍콩이 위협받을지 모른다고 여겼기 때문이다. 중국의 동맹국들도 나섰다. 소련을 비롯한 공산국가들은 티베트가 유엔 회원국이 아닐뿐더러 중국의 영토라는 사실을 세계가 다 안다고 주장했다. 결국 유엔은 "티베트는 중국

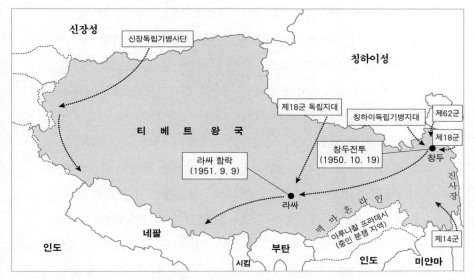

●— 공산군의 티베트 침공(1950년 10월~1951년 12월).

이 알아서 할 문제"라고 결론 내렸다.

더 이상 싸울 힘도 없고 국제사회에서 완전히 고립된 티베트는 손을 들었다. 1951년 5월 23일, 베이징에서 중국 부주석 주더와 티베트 대표단 사이에 '17개조 협정' 조인식이 열렸다. 우리의 을사늑약과 다를 바 없었다. 티베트는 독립국가로서의 지위를 완전히 잃었고 주권은 중국으로 넘어갔다. 5월 25일, 마오쩌둥은 제18군에 라싸로 진격할 것을 명령했다. 9월 9일 제52사단 선견대가 라싸에 진입했고, 10월 26일에는 장귀화의 제18군 사령부가 라싸에 들어갔다. 당·정·군 요원 합해 2만 명에 달했다. 라싸에 남아 있던 티베트군은 아무런 저항도 하지 않고 가만히 지켜보기만 했다. 주권국으로서의 티베트는 역사 속으로 사라졌다. 중국군은 12월 말까지 티베트 전역을 점령했다.

중국이 손쉽게 티베트를 점령한 것은 아니었다. 혹독한 기후와

4,000~5,000미터가 넘는 험준한 고산지대, 산소 부족과 열악한 병참으로 병사들의 고충은 이만저만이 아니었다. 또한 변변히 싸우지도 않고 백기를 든 지배층과 달리 많은 티베트인들은 스스로 무기를 들고 침략자들에 대항하여 곳곳에서 완강하게 저항했다. 중국이 티베트를 완전히 점령하는 데 1년이 넘는 시간이 걸렸다. 티베트 정부가 외부의 도움에만 기대기보다 사생결단의 각오와 나라를 지키겠다는 명확한 결의를 품고 조직적으로 중국군을 괴롭히는 전술로 맞섰다면, 겨울전쟁에서 소련군이 그러했듯 중국군도 애로가 적지 않았을 것이다.

문제는 티베트에 독립을 지키겠다는 명확한 의지가 없었다는 사실이다. 티베트인들은 오랫동안 외세의 부침에 시달려본 적도, 직접적인 지배를 받아본 적도 없었다. 이들은 광대한 티베트고원에 뿔뿔이 흩어져 자신들만의 세계에서 살아왔다. 티베트의 자연적 특수성 때문에 외부에서 티베트로 들어가기도, 티베트에서 밖으로 나가기도 매우 어려웠던 탓이다. 또한 우리나라나 베트남과 달리 그 시절 티베트인들에게는 근대 민족주의 의식이 충분히 형성되어 있지 않았다.

대다수 티베트인들은 중국의 지배를 반기지는 않았지만, 현실적으로 중국을 저지할 능력이 없는 상황에서 자신들의 일상생활에 별다른 영향만 받지 않는다면 크게 상관이 없다는 쪽이었다. 또한 중국은 무력만이 아니라 티베트 내부의 상황을 상세하게 파악한 뒤 지도자들에게 달콤한 먹잇감을 내밀어 내부부터 무너뜨렸다. 티베트의 귀족과 관료, 군 지휘관들은 중국의 지배에 순응하여 나라를 넘기는 대가로 고관대작 자리를 얻었다. 덕분에 중국군은 큰 어려움 없이 티베트를 장악할 수 있었다. 당시 16세였던 제14대 달라이 라마는 마오쩌둥과 마르크스주의에 호감을 보였으며 심지어 공산당에 입당하겠다는 의사를 밝히기까지 했다. 그는 공산당이 말하는 평등이 불교의 교리에도 위배되지 않는다고 생각했다. 자신들만의 좁은 세계에 갇힌 채 바깥 사정을 정확하게 알 수 없던 이들의 현실 인식은 막연하고 관념적인 수준을 벗어나지 못했다.

＼불만이 폭발하다

중국이 티베트를 점령한 초기에는 그럭저럭 우호적인 관계가 유지되었다. 중국군은 '해방자'를 자처하면서 티베트인들의 물건은 사소한 것이라도 함부로 손대지 않는다고 했으며 물건을 살 때는 반드시 합당한 보상을 했다. 티베트에 외부와 이어지는 도로가 건설되고 무상의료와 무상 교육이 실시되어 문맹률이 개선되었다. 또한 사회주의식 토지개혁이 실시되어 36만 명의 농노와 2만 명의 노예가 해방됐으며, 이들에게도 토지가 분배되었다. 대다수 티베트인들을 옭아매고 있던 고리대금업도 금지되었다. 티베트 사원은 보호받았다. 티베트의 생활과 종교 역시 존중받았다. 이것은 분명 긍정적인 성과였다. 따라서 티베트인들 중에는 중국식 개혁을 환영하는 사람들도 많았다.

그러나 얼마 지나지 않아 중국과 티베트의 갈등이 표면화했다. 중국식 개혁에는 일부 긍정적인 면도 있었지만 부정적인 면이 있었다. 또한 티베트인 중에는 중국식 개혁에 찬성하는 사람도 있지만 그렇지 않은 사람도 있었다. 그런데 중앙에서 파견된 한족 출신의 공산당 간부들은 대화와 타협으로 절충점을 찾기보다 당장의 성과에 급급하여 티베트인들의 반대를 무시한 채 개혁을 강압적으로 밀어붙였다. 이들은 티베트가 "반동적이고 봉건적인 노예사회"이며 자신들에게는 "티베트를 구원해야 할 사명이 있다"고 여겼다. 따라서 티베트의 전통문화는 보호해야 할 대상이 아니라 철저하게 파괴하여 사회주의식으로 개조해야 마땅한 대상이었다. 문화의 상대성을 무시한 오만하기 짝이

●── 1954년 10월 13일 베이징을 방문하여 마오쩌둥과 악수하는 달라이 라마. 티베트를 병합한 직후만 해도 마오쩌둥은 티베트의 종교와 문화를 존중하겠다고 굳게 약속했지만, 그 약속은 얼마 지나지 않아 헌신짝처럼 버려졌다.

없는 생각이었다. 덩샤오핑조차 1954년 2월 6일 중앙당 회의에서 "일부 간부들이 자신을 천하제일이라고 믿고 남의 말은 들으려 하지 않는다"고 비판할 정도였다.

라싸에 주둔한 2만 명에 달하는 중국군도 티베트인들에게는 큰 부담이었다. 지금까지 티베트 역사에는 이 정도의 대군이 주둔한 적이 없었다. 청군도 고작해야 1,000명 남짓에 불과했다. 2만 명은 티베트의 빈약한 생산력으로는 도저히 감당할 수 없는 규모였다. 게다가 이들은 필요한 식량과 물자를 티베트 현지에서 조달했기 때문에 티베트인들은 당장 극심한 인플레이션과 물자 부족에 허덕였다. 처음에는 합당한 보상을 하던 중국군은 얼마 지나지 않아 점령군처럼 행세하면서 식량과 물건을 마음대로 징발하고 티베트인들에게 숙소를 내놓으라고 요구했다. 또한 한국전쟁에 깊이 발을 담그고 있던 중국은 인적 희생과 막대한 전비 부담은 물론, 북한의 부흥에 온갖 지원을 아끼지 않았다. 이러한 지출은 전적으로 대다수 중국 민중의 부담으로 돌아왔다. 티베트도 예외가 될 수 없었다. 새로운 세금이 끝없이 부과되었다. 티베트 정부가 거부하자 중국 정부는 바로 티베트 총리를 자리에서 내쫓고 보다 고분고분한 사람으로 교체했다. 티베트의 재정은 파탄지경에 내몰렸다.

왜 이렇게 되었는가. 처음에 약속한 '존중'의 원칙은 어디로 갔는가. 갈등의 가장 큰 이유는 마오쩌둥의 이중성 때문이었다. 그는 한편으로는 티베트를 존중하고 모든 개혁은 티베트의 동의를 받아야 한다고 말하면서도 다른 한편으로는 사회주의 개조를 서둘러야 한다고 닦달했다. 현지 간부들로서는 어느 장단에 춤을 추어야 할지 알 수 없는 노릇이었다. 이들은 성과에만 집착해 무계획적으로 정책을 밀어붙였다. 자신들의 방식이 대다수 티베트인들에게 도움이 되는지는 알 바 아니었다. 무조건적인 복종을 강요하는 이상 당연히 티베트인들의 반발이 이어질 수밖에 없었다. 중국은 티베트인들을 동등한 자국민이 아니라 식민지인으로 취급했다. 이것이 마오쩌둥이 말하는 '티베트 해방'이었다.

평소 종교를 가리켜 "인민을 현혹하는 아편 같은 존재"라며 경멸감을 감추지 않았던 마오쩌둥은 달라이 라마에게 종교를 믿고 안 믿고는 개인의 자유라고 하면서도 120만 명의 티베트인 가운데 8만 명이나 되는 승려들을 국가에 아무것도 기여하는 바가 없는 무익한 존재라고 비판했다. 그동안 마오쩌둥에게 호의적이었던 달라이 라마는 큰 충격을 받고 비로소 마오쩌둥의 실체를 깨달았다. 1956년 11월 석가 모니 열반 2,500주년 기념행사에 참석하기 위해 인도를 방문한 달라이 라마는 네루에게 망명을 타진했다. 그러나 중국과의 관계 악화를 우려한 네루는 완곡하게 거절했다. 달라이 라마는 1957년 4월 라싸로 돌아왔다. 이 사건은 달라이 라마에 대한 마오쩌둥의 의심을 한층 높였다.

서로에 대한 이해 부족에서 비롯된 갈등은 시간이 지날수록 불신과 증오심으로 표출되었다. 토지개혁을 강압적으로 실시하는 과정에서 많은 사람들이 반동 지주로 몰려 집단 총살당하거나 박해를 받았다. 또한 중국군의 대규모 주둔과 과중한 세금 부담으로 식량 부족이 심화하면서 티베트 전역에 기근이 확산되었다. 더욱이 중국이 일방적으로 강요하는 근대화 정책은 티베트의 현실과 맞지 않는 경우가 많았다. 공산당 간부들은 티베트의 전통 작물인 보리 대신 밀을 심으라고 지시했지만, 추운 날씨 탓에 밀은 대부분 얼어 죽었다. 그런데도 대량의 식량을 강제 공출했다. 유목민을 정착시키겠다면서 가축을 강제로 몰수하기도 했다. 많은 사람들이 굶주림에 시달렸다. 이 과정에서 티베트인들이 오랫동안 유지해온 전통 생활양식과 문화양식이 철저하게 파괴되었다. 중국의 정책에 고분고분한 사람은 우대받았지만 불평분자들은 가차 없이 체포되어 사회주의식 재교육을 받아야 했다.

티베트인들의 감정을 격앙시킨 결정적인 원인은 종교 탄압이었다. 티베트인들에게 불교는 떼려야 뗄 수 없는 것이다. 그런데 중국은 승려들을 '붉은 도둑'이라 규정하고 탄압 대상으로 삼았다. 수많은 사원들이 파괴되고 재산을 약탈당했다. 또한 많은 승려들이 체포됐으며, 강제로 환속당하기도 했다. 심지어 중국에서 온 매춘부들과 성교를 강요받기까지 했다. 마오쩌둥은 티베트에서 일어나는 사회주의적인 변화를 보면서 "티베트의 민주혁명을 완성했다"고 흡족해했지만 실제로는 티베트인들의 삶을 심각하게 파괴하고 민족 정체성을 위협했다. 중국 치하의 티베트는 티베트인들에게 지옥이나 다름없었다.

물론 중국의 주장대로 티베트 사회는 분명 낙후하고 수백 년 전과 다를 바 없이 봉건적이면서 전근대적인 사회에 머물러 있었다. 그렇지만 이런 주장은 문화적 상대성을 무시한 편협한 시각일 뿐이다. 인간은 본능적으로 자신에게 가장 익숙한 삶을 유지하고 싶어하며, 남이 함부로 간섭하는 것을 바라지 않는다. '근대화'니 '문명화'니 하는 미명 아래 외부인들이 자신들의 잣대를 들이대면서 억지로 바꾸려 하면 오히려 피해만 줄 뿐이다. 누구에게도 그럴 권리는 없다.

마침내 티베트인들의 인내심은 바닥났고 불만이 한꺼번에 터져나왔다. 본래 티베트인들은 종교 교리에 따라 평화와 비폭력을 삶의 일부로 받아들였지만, 중국의 강압에 분개한 나머지 곳곳에서 반중 시위와 폭동을 일으켰다. 일부는 무기를 들고 중국군을 공격하기도 했다. 반중 게릴라에 가담한 수는 1만 명에 달했다. 이들은 주로 중국군의 보급부대를 습격했기 때문에 중국군은 티베트로 들어가는 길을 '죽음의 도로'라고 부를 정도였다. 중국군도 당장 진압에 나섰다. 보복이 보복을 부르면서 양측의 충돌은 최악으로 치달았다. 베이징에서 보고를 받은 마오쩌둥은 무력으로 해결하기로 결심했다. 10만 명이 넘는 중국군이 티베트로 들어갔다.

중국군은 항공기를 동원해 사원을 폭격하는 등 티베트인들을 무차별적으로 진압했다. 무기와 장비가 빈약해 여지없이 박살 난 티베트인들은 티베트 남부의 산악지대에 숨었다. 티베트의 반중 저항을 주도하는 지도자 중에는 달라이 라마의 형인 갈로 톤둡Gyalo Thondup도 있었다. 그는 황푸군관학교 출신으로, 장제스 정권과도 관련이 있는 명문가의 중국인 여성과 결혼했다. 중국군이 티베트를 점령하자 갈로 톤툽은 독립투쟁에 나서는 한편 미국·인도·영국 정부와 접촉하여 서방 세계의 원조를 호소했다. 미국 CIA는 이들을 지원하기로 결정하고 네팔 국경을 통해 자금과 무기, 군수품을 제공했다.

　1958년 6월 16일, 티베트 각지에서 몰려든 64개의 반중 무장 조직들이 연합하여 '추시 강둑Chushi Gangdrug'을 결성했다. 여기에는 라싸의 티베트 정부에서 파견된 대표도 참여했다. 추시 강둑이란 티베트어로 '4개의 강, 6개의 산'이라는 뜻이며, 캄Kham*과 암도Amdo** 지방을 가리키는 말이기도 하다. 이들의 목적은 달라이 라마를 지키고 저항전쟁을 벌여 중국군을 티베트에서 완전히 몰아내는 것이었다. 지도자는 구티베트군의 지휘관 아둑 곤포타시Andruk Gonpo Tashi였으며, 병력은 약 3만 명에 달했다. 게릴라들은 중국군에게 노획하거나 미국 CIA가 제공한 무기 그리고 인도와 네팔 등지에서 구입한 무기로 무장했다. 타이완에서도 국민정부 요원들이 파견됐으며, 1959년 5월에는 1만 5,000달러의 자금이 제공되기도 했다.

　티베트인들의 반중 봉기가 점차 확산되면서 1958년 6월에는 창두를 비롯한 남부와 동부 티베트 대부분을 장악하고, 도처에서 중국군 수비대를 공격했다. 상황이 나빠지자 마오쩌둥은 우선 내內티베트에 대한 사회주의화를 잠시 중지시키는 등 타협적인 태도를 취했다. 그러나 캄과 암도를 비롯하여 중국에 직접 편입된 외外티베트에 대해서는 사회주의화를 그대로 강행하고 반발하는 목소리를 짓밟았다. 마오쩌둥이 현지 상황을 제대로 모른 채 자기 편의대로 생각했기 때문이다. 그는 현지와의 소통에 무관심했다. 중앙의 명령은 현실과 동떨어

---

* 티베트 동부 지역으로 쓰촨성과 시짱자치구, 윈난성 등에 분할 편입되었다.
** 티베트 북동부 지역으로 칭하이성에 편입되었다.

졌고, 현지 간부들은 중앙의 질책을 받지 않으려고 미봉책에만 매달렸다. 상명하복에 익숙한 공산당의 구조적인 문제였다.

그러한 미봉책은 티베트인들의 불만을 잠재우기는커녕 오히려 반란의 불길을 티베트 전역으로 확산시켰다. 티베트인들은 거국적으로 반란에 참여했다. 중국군은 가차 없이 유혈 진압에 나섰다. 1958년 3월부터 8월까지 암도 지방에서 13만 명의 티베트인이 반중 저항에 참여했는데, 그중 11만 명이 살해되었다. 인종청소나 다름없었다. 또한 수만 명이 체포되고 2만 명 이상이 고문과 학대로 살해당했다.

본래 달라이 라마는 중국과 마오쩌둥에 우호적인 편이었다. 라싸의 궁전 깊숙한 곳에서 자란 그는 바깥세상의 현실이나 사회주의에 대한 아무런 이해가 없었기 때문이다. 1954년 베이징에서 마오쩌둥을 만난 달라이 라마는 그를 '찬란한 태양'이라며 칭송하고 마르크스주의에 흥미를 드러내기도 했다. 그러나 얼마 지나지 않아 마오쩌둥의 이중성과 중국군의 횡포를 절감했다.

1959년 3월 1일, 라싸 주재 중국 당국은 연극 관람을 구실로 라싸 교외에 있는 중국군 사령부로 달라이 라마를 초청했다. 또한 티베트인 경호부대의 호위는 필요 없으며 단신으로 오라고 요구했다. 중국이 마음만 먹으면 얼마든지 달라이 라마를 살해하거나 강제로 납치할 수 있다는 말이었다. 라싸 시민들 사이에는 달라이 라마가 살해될지 모른다는 소문이 퍼졌다. 동시에 중국의 압제에 대한 불만이 한꺼번에 터져나왔다.

달라이 라마가 중국군 사령부로 가기로 한 3월 10일 새벽, 수천 명의 티베트인들이 달라이 라마의 여름 거처인 노블링카궁전 앞에 모여들었다. 그 수는 금세 3만 명으로 늘어났다. 이들은 "중국은 물러나라!"고 외치면서 인간 바리케이드를 만들고 달라이 라마가 나가지 못하게 막았다. 중국군이 시위대를 향해 발포하면서 상황은 걷잡을 수 없이 악화되었다. 시위대와 중국군이 대치하는 상황에서 달라이 라마는 중국군을 달래기 위해 "지금은 나갈 수 없으니 인내심을 가지고 기다려달라"고 말하면서 한편으로는 라싸 주재 인도영사관에 티베트 정부 대표를 보내 티베트는 독립국이라는 사실을 강조하고 인도가 적극적으로 도와줄 것을 요청했다.

티베트 동부와 남부에서는 티베트 독립을 외치는 반중 게릴라들이 활동을 강화하고 있었다. 티베트의 상황은 폭풍전야였다. 3월 11일, 티베트 정부는 티베트 독립임시정부의 수립과 중국에서의 독립을 전격 선언했다. 또한 "16세부터 60세까지 모든 남자는 무기와 탄약, 식량을 휴대하고 지체 없이 라싸에 집결하라"는 명령을 내리고 따르지 않는 사람은 처벌하겠다고 발표했다. 중국과 전쟁을 선언한 것이었다. 중국군에 편입된 티베트 군인 3,000여 명도 이탈하여 시위대에 가담했다. 라싸에 주둔한 중국군은 적진 한가운데에 고립된 신세가 되었다. 이들은 시위대의 공격에 대비하여 수비를 강화하는 한편 대포를 끌어다가 노블링카궁전을 겨냥한 채 여차하면 발포할 태세를 갖추었다.

난창에 머무르고 있던 마오쩌둥은 보고를 받고 일단 무력 대응을 자제하라고 지시했다. 또한 정치 공세를 강화하여 달라이 라마를 비롯한 반중 성향의 티베트 지도자들을 고립시키고 티베트 민중을 중국 편으로 만들어야 한다고 강조했다. 그러나 베이징에 있던 류사오치와 덩샤오핑은 3월 17일 정치국 회의를 열어 티베트 봉기를 '반란'으로 규정했다. 그리고 현지에 병력을 증파하여 반란을 신속하게 평정하기로 결정했다. 무력으로 진압하겠다는 의미였다. 이것은 베이징의 지도자들이 마오쩌둥의 지시를 함부로 무시하고 독단적으로 결정

●── 1959년 3월 10일, 3만 명의 티베트인들이 라싸에서 일제히 봉기하여 대중 투쟁을 시작했다. 이로써 중국과 티베트의 기나긴 싸움이 시작되었다.

한 것이 아니라, 양측의 감정이 격앙된 가운데 그 전부터 티베트를 한 번 손봐주어야 한다는 데 의견이 일치했기 때문이다. 이들은 티베트에 대한 사회주의 개조를 포기할 생각이 없었다. 티베트 무력 진압은 마오쩌둥의 묵인 아래 이루어졌다. 이날 밤 달라이 라마는 소수의 측근들을 데리고 라싸를 탈출했다. 중국군이 티베트인들을 무차별로 공격하고 자신의 궁전에 대한 공격이 임박했다는 보고를 받았기 때문이다. 그가 라싸를 탈출했다는 소문이 퍼지자 반중 시위는 더욱 격화되었다.

3월 19일 밤, 중국군의 박격포 두 발이 노블링카궁전에 떨어졌다. 전투 시작을 알리는 신호탄이었다. 3월 20일 새벽 3시, 3,000여 명의 티베트군을 비롯한 티베트 시위대가 무기를 들고 중국군을 일제히 공격했다. 치열한 전투가 시작되었다. 중국군은 포문을 열고 티베트인들을 향해 무차별적으로 발포했다. 노블링카궁전에만 800발의 포탄이 떨어졌다. 공중에서는 중국군 전투기들이 라싸 시내를 폭격했고 거리에는 기관총탄이 쏟아졌다. 어린이를 포함하여 수천 명의 티베트인들이 죽었다. 티베트의 봉기는 이틀 만에 완전히 진압되었다.

1959년 3월 10일부터 22일까지 라싸를 비롯한 티베트 전역에서 일어난 반중 봉기에서 중국 정부가 공식적으로 인정하는 것만 해도 9만 명 이상이 죽었다. 또한 중국군은 8,000여 정의 총기와 기관총, 박격포 등을 노획했다. 3월 28일, 중국 정부는 티베트 정부를 해산하며 시짱자치구 위원회가 티베트를 통치한다고 선언했다. 티베트라는 이름은 사라지고 '시짱西藏'이라는 중국식 이름이 대신했다. 또한 8개 사단 15만 명에 달하는 병력이 투입되어 티베트의 저항 세력을 무참히 진압했다. 저항운동은 급격하게 위축되었다.

라싸를 탈출한 달라이 라마와 그의 가족 그리고 티베트 정부 각료들은 수백 명에 이르는 경호부대의 호위를 받으며 남쪽으로 내려갔다. 또한 수백만 달러의 금은이 비밀리에 수송되었다. 앞으로 달라이 라마가 이끄는 티베트 망명정부의 독립 자금으로 쓰일 돈이었다. 달라이 라마는 3월 24일 인도 국경에서 100킬로미터 떨어진 룬체종에 도착했다. 그는 이곳에서 중국이 티베트와 체결한 17개 협정을 무시했다고 비난하면서 새로운 티베트 정부를 수립하여 독립을 회복하겠다고 선언했다. 달라이 라마의 탈출은 전 세계에 빅뉴스가 되어 모든 시선이 이곳으로 집중되었다. 3월 30일, 달라이 라마는 인도 국경의 타왕Tawang에 도착했다. 이로써 그는 드디어 중국의 손에서 벗어났다.

4월 28일, 달라이 라마는 티베트의 유일한 합법 정부로서 티베트 망명정부Central Tibetan Administration의 수립을 선언했다. 8만여 명의 티베트인들이 탈출하여 달라이 라마 주변으로 모여들었다. 그의 망명정부는 히말라야산맥 남쪽의 작은 마을인 다람살라Dharamsala에 세워졌다.

그 주변으로 티베트인들의 난민촌이 형성되었다. 달라이 라마는 그 때부터 현재에 이르기까지 60여 년 동안 망명정부를 유지한 채 중국과 대치하고 있다. 또한 그의 망명으로 중국과 인도의 관계는 결정적으로 악화되었다. 1962년 10월에는 두 나라 국경지대에서 최악의 무력 충돌이 벌어져 인도군이 크게 패하기도 했다. 그러나 중국 정부의 입장이 워낙 완강한 탓에 달라이 라마가 티베트로 돌아가기는 아직도 요원해 보인다.

＼소수민족 정책의 모순

근대 중국에 서구식 민족주의의 유입은 소수민족들에게는 재앙이었다. 중국에서도 가장 낙후한 변방 오지에 흩어져 살던 소수민족들은 자신들만의 민족주의 정체성을 미처 형성하기도 전에 한족에 의해 강제로 '중화민족'의 일원으로 편입되었기 때문이다.

물론 이 세상에는 많은 다민족국가가 있으며, 우리처럼 반드시 1민족 1국가가 될 이유는 없다. 다민족국가라고 해도 미국이나 스위스처럼 분리주의운동을 겪지 않는 나라가 있는가 하면, 단일민족국가이면서도 이탈리아처럼 종교나 경제적인 이유로 분리 독립을 외치는 세력들이 각자의 길을 가자고 주장하는 예도 적지 않다. 독립 과정에서 외세에 의해 남북으로 분단되었던 예멘은 냉전이 끝난 직후 독일처럼 평화통일을 실현했지만, 오히려 이 때문에 갈등과 증오심이 한층 깊어지면서 내전이 일어나기도 했다. 이상적인 관점에서 본다면, 한 나라 안에서 여러 민족 사이의 갈등이 그리 크지 않고 지배와 피지배 관계가 아닌 상호 평등한 권리를 누리면서 서로 간섭하지 않고 자신들만의 고유한 전통과 생활양식을 누릴 수 있다면야 굳이 나라를 쪼개지 않아도 될 것이다.

량치차오와 쑨원은 각각 '대민족주의'와 '오족공화'를 제창했다. 이들은 어느 한 민족이 다른 민족을 지배하는 것이 아니라 중국의 여러 민족이 평등한 나라를 건설해야 한다고 주장했다. 중국인들 사이에 '같은 동포'라는 정체성이 형성되면 민족의 구분 자체가 무의미하다는 것이다. 말은 그럴싸하지만, 여러 민족 사이에 엄연히 존재하는 현실적인 갈등과 모순을 죄다 부정하고 소수민족의 선택권을 인정하지 않겠다는 의미이다. 그리고 이들의 주장에는 언젠가 소수민족들이 결국에는 한족에 동화할 것이라는 전제가 깔려 있다. 량치차오와 쑨원의 관심사는 민족이 아니라 영토에 있었기 때문이다. 소수민족은 인구에서는 한족보다 훨씬 적지만 차지하는 공간은 중국 전체의 3분의 2에 달한다. 소수민족의 자결권을 인정한다면 중국은 여러 조각으로 해체될 수밖에 없다. 한족으로서는 소수민족의 독립을 결코 인정할 수 없는 이유이다.

중국의 지도자들도 자신들이 외치는 '중화민족'의 모순을 모르지 않았다. 한족의 필요에 따라 소수민족의 자결권을 억압적으로 부정했지만 소수민족이 완강히 반발할 경우 결국에는 중국의 해체를 막을 수 없기 때문이다. 그렇다고 힘으로만 누를 수도 없는 노릇이므로 소수민족 문제에 꾸준히 관심을 기울이고 이들의 자치권을 최대한 보장하는 등 중국의 테두리 안에 가두기 위해 나름 많은 노력을 했다. 신해혁명 직후 몽골과 티베트가 독립을 선언하자 위안스카이는 독립 자체는 인정하지 않되, 명목상 중국을 종주국으로 인정해준다면 내정에 간섭하지 않기로 타협하려 했다. 그러나 소수민족들이 불신 어린 시선을 거두지 않은 이유는 한족의 태도가 일관성이 없기 때문이었다. 자신들이 불리할 때는 저자세로 나오다가 유리해지면 고압적으로 바뀌기 일쑤였다. 소수민족의 권리란 당사자의 의지와 선택이 아니라 한족의 선처에 달린 셈이다.

특히 중국공산당은 소수민족 문제에서 이중적이기 짝이 없었다. 자신들이 아직 중국의 주류 세력이 아니었던 1930년대까지만 해도 중국 내 소수민족의 자결권을 인정하고, 독립할 의사가 있다면 마땅히 존중해줘야 한다고 주장했다. 청년 시절의 마오쩌둥은 1920년 9월에 발표한 글에서 "중국의 문제는 대국주의에 있다. 민족자결의 원칙에 따라 중국을 27개의 나라로 나누어야 한다"고 외치기도 했다. 훗날 티베트를 무력으로 침공하고 소수민족들에게 온갖 탄압을 일삼은 그의 말년을 본다면 도저히 상상할 수 없는 모습이다. 1931년 11월에 제정된 중화소비에트공화국 헌법 제14조에는 "중국 영내에 있는 소수민족들은 자결권을 가지며 중국에 가입하거나 이탈할 권리가 있다"고 명시했다. 중일전쟁이 끝난 뒤 외몽골이 스탈린을 등에 업고 중국에서 분리 독립하자 공산당 지도부는 『인민일보』를 통해 "중국인들은 몽골인들에게 사죄하고 축하하고 학습해야 한다"며 적극 환영하고, 몽골의 독립을 반대하는 여론에 대해서는 '한족 쇼비니즘'이라고 비난했다.

그러나 공산당은 진정한 의미에서 소수민족 문제에 관심을 기울인 것이 아니라 장제스 정권에 대항하기 위해 잠시 이들의 지지를 얻으려 한 것에 지나지 않았다. 중일전쟁과 국공합작 이후에는 '민족자결권'이라는 말이 쏙 들어갔고, 도리어 항일을 위해 중국 내 모든 민족이 단결해야 한다고 외쳤다. 소수민족이 중국에서 분리 독립하는 것을 인정하지 않겠다는 의미였다. 국공내전 중에도 공산당의 소수민족 정책은 자신들의 편의에 따라 조삼모사로 바뀌었다. 마오쩌둥은 내전 초기에 "각 민족이 연합하여 신민주주의 연방을 수립하자"고 외쳤지만, 승리를 눈앞에 둔 국공내전 말기에 이르면 "제국주의자의 위협에 놓여 있는 중국의 여건상 연방제는 틀린 선택"이라며 말을 바꾸었다. 예전에 자신들이 한 말을 모두 부정했을 뿐 아니라 아예 거론하지 못하게 철저히 차단했다.

오늘날 중국 정부는 소수민족의 불만을 완화하기 위해 다양한 포용 정책을 펴고 차별을 철폐했으며, 경제적·재정적 특혜를 제공하는 등 나름대로 많은 노력을 하고 있는 것도 사실이다. 예컨대 신중국의 건국 초기 토지개혁이나 각종 사회주의 개혁에서도 소수민족의 반발을 우려하여 한족 지역에 먼저 실시하고 소수민족 지역에는 늦게 실시하는 등 융통성을 발휘한 바 있다. 1978년 강력하게 실시된 산아제한 정책에서도 한족에 대해서는 엄격하게 한 자녀 정책을 고수한 반면 소수민족에게는 두 자녀를 허용함으로써 이들의 반발을 줄이면서 소수민족의 비중을 확대하는 데 크게 기여했다. 또한 소수민족 지역에 고도의 자치권을 부여하고 감세 정책이나 세금 우대 정책을 실시했으며, 대학 입학에서 소수민족을 우대한다. 이런 모습은 중동이나 아프리카 여러 나라들이 정권을 유지하기 위해 주류 민족과 비주류 민족을 나누고 민족 사이의 갈등을 의도적으로 부추기는 것과는 분명 차별된다. 중국 정부는 자신들이 티베트를 비롯한 소수민족을 탄압한다는 외부의 비난은 부당하며, 중국의 특수성에 대한 이해 없이 서구의 관점에서 바라보는 데 불과하다고 일축한다. 오히려 다른 나라보다 훨씬 관용적이고 포용적이라는 주장이다.

그러나 여기에는 불편한 진실이 있다. 중국 정부는 소수민족을 우대한다고 하지만 실제로는 뿌리 깊은 한족 우월주의에서 벗어나지 못했다. 국공내전에 승리한 뒤 사회주의 개혁을 추진하면서 지도부는 소수민족을 차별해서는 안 된다고 강조했지만 말뿐이었다. 오히려 소수민족에게 불평등한 정책을 강요하거나 소수민족 출신이라는 이유로 합당한 직책을 부여하지 않는 등 온갖 차별로 불만을 샀다. 또한 그 과정에서 소수민족들이 오랫동안 지켜온 전통문화와 생활양식을 전부 '봉건 잔재'로 규정하여 철저하게 파괴했다. 반발의 목소리는 가차 없이 무력으로 짓밟았다.

이런 모습은 지금도 크게 다르지 않다. 덩샤오핑의 개혁개방 이후 중국은 놀라운 경제성장을 이룩했지만 소수민족은 철저하게 배제되었다. 소수민족이 가장 많이 거주하는 서부 지역은 중국에서도 가장 낙후한 지역이다. 중앙정부도 이 사실을 인정하고 2000년대 이후 이른바 '서부 대개발'이나 '흥변부민興邊富民'이라 하여 소수민족 지역의 경제발전에 적극적으로 나섰다.

그러나 주요 수혜자는 중앙에 연줄을 댄 한족 관료들과 당 간부, 국가·지방 기업 관리들이며 대다수 소수민족은 아무런 혜택도 받지 못하고 있다. 또한 소수민족 자치 지역의 성장이나 시장과 같은 행정 관료는 현지 출신을 뽑더라도, 실질적인 권력을 행사하는 공산당 서기와 같은 핵심 요직은 한족이 독점한다. 따라서 불만과 갈등이 해소되기는커녕 시간이 갈수록 더욱 커지는 실정이다.

이처럼 말과 행동이 다른 현실은 무엇 때문일까. 마오쩌둥을 비롯한 공산당 지도부의 소수민족 정책이란 진정으로 소수민족을 위한 것이 아니라 중국 사회의 결속력을 유지하고 이들의 분리 독립을 억제하기 위한 수단에 불과하기 때문이다. 한족과 소수민족이 어떻게 다른지, 수많은 소수민족의 다양하고 복잡한 민족적 특성은 어떤지 아무 이해도 없을뿐더러 이들의 목소리에 귀 기울이지도 않는다. 즉 공산당이 말하는 '소수민족 우대 정책'이란 공산당의 통제를 강화하여 반발을 억제하는 것이다. 정책의 수혜 또한 고분고분하게 순종하는 소수의 엘리트들에게만 해당될 뿐, 대다수 소수민족에게는 남의 얘기에 지나지 않는다.

입으로 '소수민족을 위한 정치'를 떠들기는 쉽다. 그렇지만 과연 무엇이 소수민족을 위한 정치인가. 이것은 당사자들이 직접 정하는 것이지 남이 정할 수 있는 것이 아니다. "국민을 위한" 정치는 "국민의", "국민에 의한" 정치를 배제하고는 성립할 수 없다. 그러나 중국 정부의 정책은 자신들이 정해놓은 법과 제도적 테두리 내에서 무조건 받아들이라고 강요한다. 소수가 다수를 지배하는 중국의 폐쇄적인 정치구조 속에서 소수민족이 정부 정책을 거스르고 자신들의 목소리를 내거나 중앙정부와 직접 소통하기란 거의 불가능하다. 소수민족의 자치권이라는 것도 중앙에서 권력을 독점하는 중국의 여건상 실질적인 자치와는 거리가 멀다. 게다가 소수민족들이 진정으로 바라는 생활수준의 향상이나 종교의 자유, 한족과의 소득 격차 해소, 문화 정체성의 보장 등은 중국 정부가 쉽게 받아들이기 어려운 문제들이다.

중국 정부의 소수민족 정책은 여느 다민족국가들에서 흔히 볼 수 있는 것과는 다르며 상당히 모호하다. 터키나 이라크의 쿠르드족 사례처럼 국가가 대놓고 소수민족을 철저하게 차별하거나 아예 말살하려고 하지는 않지만, 그렇다고 이들의 자결권을 충분히 보장하는 것도 아니다. 중국 정부의 목적은 소수민족에 대한 불평등 해소가 아니라 국가의 안정과 통합에 있기 때문이다. 따라서 소수민족을 우대한다면서도 실제로는 2등 국민으로 취급한다. 특히 티베트나 위구르의 분리운동을 유혈 진압하는 모습은 일본 제국주의의 행태와 다르지 않다. 소수민족을 동등한 자국민이 아니라 식민지인으로 취급하는 것이다.

본래 '중화민족주의'란 한족과 소수민족의 구분을 없애고 다 같이 평등한 세상을 열겠다는 것이다. 하지만 그 방식은 소수민족의 고유한 생활 방식이나 문화·가치관·언어·정체성을 모두 부정하고 절대 다수인 한족의 방식에 알아서 맞추라고 강요한다. 결국 중화민족주의는 한족을 위한 민족주의이다. 중국 정부는 티베트인을 비롯한 일부 소수민족의 불만을 사회 안정을 해친다는 이유로 철저하게 탄압한다. 현지 간부들은 하나같이 문제를 본질적으로 해결하기 위해 노력하기보다는 중앙의 눈치를 보면서 강경하게 진압한 뒤 적당히 덮어버린다.

이런 모습은 티베트나 위구르처럼 낙후한 지역뿐 아니라 홍콩처럼 발전한 지역에서도 마찬가지이다. 1997년 홍콩이 중국에 반환된 이후 홍콩 주민들의 반발은 날로 거세지고 있다. 반환 전에는 '특별구'라 하여 최대한 자치를 보장하겠다고 약속했지만 막상 반환된 뒤에는 태도를 바꾸어 홍콩 사람들에게 공산당이 정해놓은 자치의 틀에 맞추기를 강요했기 때문이다. "무엇이 자치인지는 우리가 정한다"는 식이다. 이것이 중국 사회 전반에서 볼 수 있는 모습이다.

티베트와 위구르 등 중국의 여러 소수민족은 20세기 초반의 혼란기에 자신들의 나라를 세우는 데 실패했다. 직접적으로는 중국의 무력에 굴복했기 때문이지만 그 시절만 해도 근대 민족주의 의식과 정체성이 충분히 형성되지 못한 탓이다. 따라서 그들은 중국의 침공에 끝까지 싸우기보다는 백기를 드는 쪽을 택했다. 그러나 갈등은 현대에 이르러 오히려 심화하는 실정이다. 이들의 정치의식이 깨어났기 때문이기도 하지만 중국 정부의 일관성 없고 고압적인 태도가 초래한 결과이다. 특히 마오쩌둥 시절 공산당이 저지른 수많은 잘못은 여러 소수민족에게 쉽사리 지울 수 없는 상처를 남겼다. 오늘날 중국 사회에서 불만과 갈등이 나날이 커지는 것도 공산당이 모든 권력을 독점하는 중국의 낙후한 정치체제가 만들어낸 산물이다. 근본적으로 중국 사회가 민주화하지 않는 한 해결 방법은 없을 듯하다.

만약 중국이 다시 20세기 초반과 같은 혼란에 빠진다면 소수민족들은 어떤 선택을 할까. 중국은 여러 개의 나라로 분리될까. 누구도 쉽게 대답할 수 있는 문제가 아니다. 그러나 분명한 사실은, 중국 정부의 태도가 바뀌지 않는 한 여러 소수민족은 "과연 중국에 남는 것이 옳은가?" 하는 의문을 품을 수밖에 없다는 것이다. 중화민족은 허울에 지나지 않는다.

연대별 주요 사건

1859년(함풍 9년)

-9월 16일 위안스카이 태어나다.

1866년(동치 5년)

-11월 12일 쑨원 태어나다.

1875년(광서 1년)

-3월 19일 장쭤린 태어나다.

1887년(광서 13년)

-10월 31일 장제스 태어나다.

1893년(광서 19년)

-12월 26일 마오쩌둥 태어나다.

1894년(광서 20년)

−8월 1일 청일전쟁 일어나다.

1895년(광서 21년)

−4월 17일 시모노세키조약 체결. 청일전쟁 청의 패배로 끝나다.

−12월 16일 위안스카이 신건육군을 창설하다.

1898년(광서 24년)

−4월 23일 광서제 무술변법에 나서다.

−6월 3일 장쉐량 태어나다.

−8월 4일 서태후, 광서제를 연금하다. 무술변법 '백일천하'로 끝나다.

1899년(광서 25년)

−11월 2일 의화단의 난 일어나다.

1901년(광서 27년)

−4월 21일 서태후 자희신정 선언. 청조 마지막 개혁에 나서다.

−9월 7일 신축조약 체결.

−11월 7일 리훙장 죽다.

1906년(광서 32년)

−2월 7일 푸이 태어나다.

1908년(광서 34년)

−11월 14일 광서제 죽다.

−11월 15일 서태후 죽다.

−12월 2일 마지막 황제 푸이 즉위하다.

1911년(선통 3년)

–10월 10일 우창봉기 일어나다.

–12월 27일 외몽골 독립 선언.

1912년(선통 4년, 민국 원년)

–1월 1일 쑨원 중화민국을 선포하다.

–2월 9일 푸이 퇴위. 청조 멸망.

–2월 13일 티베트 독립 선언.

–3월 10일 위안스카이 임시 대총통에 취임하다.

–8월 25일 쑹자오런 국민당을 창설하다.

1913년(민국 2년)

–3월 20일 쑹자오런 암살.

–6월 30일 2차 혁명 일어나다.

–9월 2일 쑨원 일본으로 망명하다.

–10월 10일 위안스카이 중화민국 초대 대총통이 되다.

1914년(민국 3년)

–8월 22일~11월 7일 일본군 독일령 칭다오를 공략하다.

1915년(민국 4년)

–1월 18일 일본 위안스카이에게 21개조 요구를 강요하다.

–12월 13일 위안스카이 옥좌에 오르다.

–12월 21일 차이어 윈난성에서 토원의 기치를 올리다.

1916년(민국 5년)

–4월 22일 장쭤린 펑톈 독군이 되다.

–6월 6일 위안스카이 죽다.

–7월 14일 호국전쟁 끝나다.

1917년(민국 6년)

-7월 1~12일 장쉰 복벽사건을 일으키다.

-7월 17일 쑨원 광저우에 오다.

-8월 14일 돤치루이 대독 선전포고하다.

-9월 10일 광저우 호법 군정부 수립. 남북 대치 형국이 되다.

-10월 6일 쑨원 제1차 북벌에 나서다. 호법전쟁 일어나다(3차 혁명).

1918년(민국 7년)

-3월 15일 장제스 광둥군 총사령부 참모로 기용되다.

-5월 21일 쑨원 하야하다. 호법전쟁 실패하다.

-7월 18일~10월 26일 중국군 시베리아에 출병하다.

-9월 7일 장쭤린 동3성 순열사가 되다.

-10월 10일 쉬스창 제2대 대총통이 되다.

1919년(민국 8년)

-4월 30일 베르사유 강화조약 체결. 산둥성의 권리를 일본에 양도하다.

-5월 4일 중국 전역에서 5·4운동이 일어나다.

-11월 22일 쉬수정 외몽골을 복속시키다.

1920년(민국 9년)

-4월 9일 차오쿤과 장쭤린 반反안후이 8성 동맹을 결성하다.

-6월 19일 장쭤린 베이징에 들어오다.

-7월 8일 돤치루이 즈리파 토벌 선언.

-7월 14일 안후이-즈리 전쟁 일어나다.

-7월 18일 돤치루이 하야하다. 안후이파 몰락.

-8월 11일 천중밍, 루룽팅 토벌을 선언하다. 제1차 웨구이전쟁第一次粤桂戰爭 일어나다.

-11월 28일 쑨원 광저우로 복귀하다.

1921년(민국 10년)

-6월 13일 천중밍 광시성을 침공하다. 제2차 웨구이전쟁 일어나다.

-7월 20일 자오헝티 후베이성을 침공하다. 샹어전쟁湘鄂戰争 일어나다.

-7월 23일 상하이에서 제1차 중국공산당 전국대회가 열리다.

1922년(민국 11년)

-2월 6일 워싱턴에서 9개국 조약 체결. 중국의 주권 보장과 기회균등을 약속하다.

-4월 3일 우페이푸, 장쭤린 토벌을 선언하다.

-4월 26일 제1차 펑톈-즈리 전쟁 일어나다.

-5월 4일 쑨원 제2차 북벌을 선언하다.

-5월 5일 장쭤린 총퇴각을 명령하다.

-5월 12일 장쭤린 동3성의 독립을 선언하다.

-6월 16일 천중밍 '6·16사변'을 일으키다.

-6월 17일 우페이푸-장쭤린 정전에 합의하다.

-8월 9일 쑨원 두 번째 하야를 선언하다.

1923년(민국 12년)

-1월 16일 요페, 쑨원을 방문하다.

-1월 26일 쑨원-요페 제1차 국공합작 결성을 선언하다.

-2월 21일 쑨원 광저우로 복귀하다.

-9월 2일 장제스 모스크바를 방문하다.

-10월 10일 차오쿤 제3대 대총통이 되다.

1924년(민국 13년)

-6월 16일 광저우 황푸군관학교 개교하다.

-9월 3일 치셰위안 상하이를 침공하다. 장쑤-저장 전쟁 일어나다.

-9월 13일 장쭤린 러허성을 침공하다. 제2차 펑톈-즈리 전쟁 일어나다.

-10월 15일 장제스 광저우 상단을 토벌하다.

-10월 22일 펑위샹 베이징정변을 일으키다.

−10월 28일 펑톈군 산하이관을 넘다.

−11월 2일 우페이푸 패주하다.

−11월 22일 돤치루이 임시 집정에 오르다.

−12월 4일 쑨원 북상하여 남북회담에 나서다.

1925년(민국 14년)

−1월 10일 장쭝창 난징을 점령하다.

−2월 1일 장제스 제1차 동정에 나서다.

−3월 12일 쑨원 서거하다.

−7월 6일 왕징웨이 중화민국 국민정부를 선언하다.

−9월 28일 장제스 제2차 동정에 나서다.

−10월 7일 쑨촨성 5성 연합군을 결성하다.

−11월 21일 궈쑹링 반펑전쟁을 일으키다.

−12월 4일 펑위샹, 리징린을 공격하다.

−12월 22일 궈쑹링 패주하다.

1926년(민국 15년)

−1월 10일 장쭤린-우페이푸 동맹을 맺다.

−1월 11일 북방대전 일어나다.

−1월 26일 왕징웨이-리쭝런, 양광 통일에 합의하다.

−3월 20일 장제스 중산함 사건을 일으키다.

−4월 16일 국민군 퇴각하다. 장쭤린 베이징을 점령하다.

−5월 18일~8월 14일 난커우 혈전. 장쭤린 북방을 평정하다.

−7월 1일 장제스 북벌을 선언하다.

−9월 17일 펑위샹 국민혁명군 가입을 선언하다.

−10월 10일 북벌군 우한 점령.

−12월 1일 장쭤린 안국군 총사령관에 취임하다.

1927년(민국 16년)

-3월 23일 장제스 난징을 점령하다.

-4월 1일 우한 정부 장제스를 파면하다.

-4월 12일 장제스 '상하이정변'을 일으키다.

-6월 1일 일본 제1차 산둥 출병.

-6월 18일 장쭤린 중화민국 대원수에 취임하다.

-7월 15일 국공합작 붕괴.

-8월 1일 중국공산당 난창봉기를 일으키다.

-8월 12일 장제스 하야하다.

-8월 25~31일 룽탄 혈전. 북벌군 승리에 쐐기를 박다.

-9월 3일 영한 합류.

-9월 9일 마오쩌둥 추수봉기를 일으키다.

-9월 28일 장제스 일본을 방문하다.

-9월 21일 탕성즈 영한전쟁을 일으키다.

-11월 17일 양광전쟁兩廣戰爭 일어나다.

-12월 1일 장제스-쑹메이링 결혼하다.

-12월 11일 중국공산당 광저우봉기를 일으키다.

-12월 13일 소련과 단교하다.

1928년(민국 17년)

-1월 4일 장제스 국민혁명군 총사령관에 복귀하다.

-2월 9일 쉬저우 회담. 4대 총수 북벌 완수에 합의하다.

-4월 1일 일본 제2차 산둥 출병.

-4월 7일 장제스 총공격에 나서다.

-5월 3~11일 지난참변.

-6월 4일 장쭤린 황구툰에서 폭사하다.

-6월 15일 장제스 북벌 완료를 선언하다.

-6월 27일 편견회의가 열리다.

-7월 3일 장쉐량 동3성 보안총사령관에 취임하다.

-10월 10일 장제스 군정을 끝내고 훈정을 시작하다.
-12월 29일 장쉐량 동북역치를 선언하다.

1929년(민국 18년)
-3월 21일 장제스, 리쭝런 토벌을 선언하다. 장구이전쟁蔣桂戰爭 일어나다.
-5월 15일 펑위샹 반란을 일으키다.
-5월 24일 장제스, 펑위샹 토벌을 선언하다. 제1차 장펑전쟁第一次蔣馮戰爭 일어나다.
-5월 27일 펑위샹 하야하다.
-6월 27일 리쭝런 하야하다.
-9월 19일 소련군 북만주를 침공하다.
-10월 10일 펑위샹 다시 반란을 일으키다. 제2차 장펑전쟁 일어나다.
-11월 16일 장파쿠이 반란을 일으키다.
-12월 4일 탕성즈 반란을 일으키다.

1930년(민국 19년)
-3월 14일 펑위샹-옌시산 연합하다. 중원대전 일어나다.
-4월 5일 장제스, 펑위샹·옌시산 토벌을 선언하다.
-6~8월 공산군 창장 중하류의 대도시들을 공격하다.
-8월 15일 장제스 지난을 점령하여 전쟁에 쐐기를 박다.
-8월 23일 마오쩌둥-주더-펑더화이 공농홍군 제1방면군을 조직하다.
-9월 18일 장쉐량 관내로 출병하다.
-10월 25일 장제스 시안을 점령하다.
-11월 4일 펑위샹·옌시산 하야하다. 장제스 천하의 주인이 되다.

청말과 중화민국 시기
중국군 계급제도

1903년 12월 청조는 연병처를 설치하고 새로운 신식 군대인 북양신군 편성에 착수했다. 연병처의 수장은 황실 종친인 경친왕 이쾅이었지만, 실제 책임자는 즈리 총독 위안스카이와 후광 총독 장즈둥이었다. 북양신군은 구식 관제 대신 프로이센식 계급 체계를 도입하고 장교를 3등급(장관·영관·위관)과 9개 계급(정·부·협)으로 분류했다. 군단장에 해당하는 제독은 정도통(상장)을, 총병(사단장)은 부도통(중장)을, 부장(여단장)은 협도통(소장)을 각각 부여받았다. 3등 9급제는 중국군 계급 체계의 기본이 되어 청조가 몰락한 뒤에도 큰 변화 없이 유지되었다. 부사관과 사병 또한 각각 3등급의 계급이 부여되었다. 장교와 부사관 사이에는 준위에 해당하는 영외군관이 있었다. 또한 서구처럼 여러 개의 병과로 분류하여 군대의 전문성을 높였다.

신해혁명 직후인 1912년 8월, 위안스카이 정권은 '육해군부관제陸海軍部官制'와 '육해군관좌사병등급표陸海軍官佐士兵等級表'를 공포하여 관등

명을 근대적으로 바꾸었다. 그러나 순열사巡閱使·경략사經略使·검열사檢閱使·호군사護軍使 같은 왕조 시절의 관직명은 북양 정권 시대에도 여전히 사용되었다. 또한 청조 시절과 마찬가지로 군정과 민정의 구분이 분명하지 않아 성의 행정장관이 군대의 지휘권을 장악하거나 반대로 군사령관이 성의 행정장관을 겸임하기도 했다.

주요 대도시에는 방어 책임자인 진수사鎭守使가 있었다. 현지에 주둔한 사단장이나 혼성여단장이 겸임했다. 정규군 이외에도 각 성과 현에는 경비대·유격대·수비대·순방영·자치군 등 권한과 책임이 모호한 준군사 조직들도 명맥을 유지했다. 봉건시대에서 근대로 넘어가는 과도기의 난맥상을 보여준다. 장제스 정권에 와서야 비로소 폐지되었다.

구분		청조				북양 정권	북벌 이후
		광서신정 이전(구군)	광서신정 이후(신군)	품계	직책		
장관급	제1급	제독	정도통正都統	종1품	각 성의 총독	상장	특급상장
							일급상장
							이급상장
	제2급	총병	부도통副都統	정2품	통제統制 (사단장)	중장	중장
	제3급	부장	협도통協都統	종2품	총참모관 또는 통령統領(여단장)	소장	소장
영관급	제1급	참장	정참령正參領	정3품	표통 통대統帶 (연대장)	상교	상교
	제2급	유격	부참령副參領	종3품	교련관, 연습관, 1등 참모관 등	중교	중교
	제3급	도사	협참령協參領	정4품	관대管帶(대대장)	소교	소교
	제1급	수비	정군교正軍校	정5품	독대督隊(중대장)	상위	상위

	제2급	천총	부군교副軍校	정6품	초관哨官(소대장)	중위	중위
위관급	제3급	파총	협군교協軍校	정7품	사무장	소위	소위

●— 관등표(1905~1928년).

청말 신군의 계급장(1911년)

신군은 어깨의 견장과 목깃의 영장領章으로 소속 부대와 병과, 계급을 나타냈다. 영장은 위와 아래로 나누어 위쪽에는 병과의 색깔과 소속 부대의 번호가 있고, 아래쪽에는 계급장이 있었다. 즉 계급장과 병과, 소속 부대를 따로 부착하는 우리나라나 서구와 달리 하나의 계급장 안에 모두 넣은 셈이다. 협도통 이상의 고급장교는 병과와 소속 부대 표시 없이 금색 바탕으로 통일했다. 가운데에는 붉은색 선이 있었다. 영관급 장교인 참령은 붉은색 바탕에 중앙에는 금색 선이 있었다. 위관급 장교와 군사軍士(부사관)는 흰색 바탕에 은색 선이 있었다. 사병은 흰색 바탕에 검은색 선을 넣었다. 계급장의 상징은 금색으로 된 육망성이었다. 준위에 해당하는 영외군관은 육망성 없이 은색 선만 있었다. 병과의 색깔에는 보병은 붉은색, 기병은 백색, 포병은 황색, 공병은 남색, 치중병은 보라색, 군의는 녹색 등으로 표현했다. 예컨대 영장이 붉은색 바탕에 '2'라고 적혀 있고 육망성이 3개라면 제2협(여단) 소속의 보병 병과 정참령(대령)이라는 뜻이다.

영장

장관				
	정도통	부도통	협도통	

영관	2 정참령	12 부참령	7 협참령	
위관	8 정군교	1 부군교	17 협군교	6 영외군관(준위)
군사 (부사관)	3 상사	5 중사	7 하사	
사병	11 정병(병장)	10 일등병	9 이등병	

북양 정권의 계급장(1912~1928년)

신해혁명 직후인 1912년 8월 육해군의 계급제도와 복식이 변경되면서 신군 시절과는 많은 차이가 있었다. 목깃의 영장에는 부대 번호와 병과를, 어깨의 견장에는 계급장을 부착했다. 계급장의 상징은 육망성에서 금색 별로 바뀌었다. 위관급 이상 장교들의 계급장은 금색 바탕이었다. 그중에서 영관급은 은색 줄 하나가, 위관급은 은색 줄 두개가 들어갔다. 부사관과 사병은 붉은색 바탕에, 부사관은 가운데에 금색 줄이 들어갔다. 위안스카이가 죽은 뒤 군벌이 할거하는 시대가 열렸지만 군제 자체에는 변화가 없었다. 군벌들은 중앙의 패권을 놓고 싸웠을 뿐, 새로운 나라를 세울 생각은 없었기 때문이다. 그러나 복식까지 완전히 똑같지는 않았으며, 군벌마다, 지역마다 각기 개성과 특성이 있었다.

반면 국민혁명군은 북양군과 전혀 달랐다. 쑨원은 소련 군사고문단의 도움을 받아 1924년 6월 황푸군관학교를 설립하고 새로운 혁명군을 양성했다. 1년 뒤인 1925년 7월 광저우 국민정부는 국민혁명군의 결성을 선언하고 북벌전쟁을 준비했다. 따라서 창설 초기 국민혁명군은 소련식 군사제도의 영향을 많이 받았다. 가장 큰 특징은 적백내전 시절 소련군처럼 직책은 있지만 계급제도가 없었다는 점이다. 장제스를 비롯해 지위 고하를 막론하고 쑨원이 처음 고안한 서양식 실용복인 중산복中山服 형태의 회색 군복을 입었다. 군복 겉에는 계급을 표시하는 영장이나 견장이 없었다. 장교들은 긴 장화를 신고 병사들은 발목에 각반을 두르고 가죽신이나 짚신을 신었다.

그러나 국민혁명군 특유의 계급제도 부재와 복식제도는 어디까지나 원칙일 뿐, 제대로 지켜지지 않는 경우도 많았다. 국민혁명군은 장제스의 제1군을 제외하고 여기저기에서 모여든 소군벌들의 연합군이었기 때문에 통일성을 찾아보기 어려웠다. 예컨대 후난 군벌 군대인 제2군은 제1군과 달리 황색 군복을 입고 왼쪽 팔에 계급장을 부착했다. 국민혁명군을 북양군과 구분할 수 있는 유일한 표식은 군모에 오각 별 대신 12각 별 모양의 청천백일 문양 모표를 달았다는 점이다. 또한 중국 공산군은 한국전쟁 때까지도 계급장이 없었다. 북벌 초기의 국민혁명군 전통을 그대로 유지했기 때문이다. 그러나 1955년 9월 27일 10명의 개국공신에게 원수 계급을 부여하면서 건군 28년 만에 처음으로 인민해방군의 계급제도를 제정했다.

견장

장관급				
	상장	중장	소장	
영관급				
	상교	중교	소교	
위관급				
	상위	중위	소위	준위
부사관				
	상사	중사	하사	
사병				
	상등병	일등병	이등병	

난징 정권 초기의 계급장(1929~1935년)

국민혁명군은 건군 초기에는 소련식 군사제도에 영향을 받았지만 북벌 과정에서 국공합작이 파기되고 소련과 단교를 선언하면서 큰 변혁을 겪었다. 한때 1,000명이 넘었던 소련 군사고문단은 모두 추방당했다. 빈자리는 독일인이 차지하면서 독일식 군사제도를 다시 받아들였다. 북벌이 끝난 직후인 1929년 1월 편견회의에서 계급제도가 부활했다. 처음에는 북양 시절의 제도를 그대로 답습했지만, 1931년 4월 '육공군군관좌사병등급표陸空軍軍官佐士兵等級表'를 제정하여 새로운 계급 체계와 계급장을 만들었다. 1935년 3월 최고 등급인 상장 계급을 3단계

(특급·1급·2급)로 나누면서 장교의 계급 체계는 3등 9급제에서 3등 11급제로 바뀌었다. 계급과 병과는 목깃의 영장으로 표시했고, 왼쪽 가슴에는 흰색 천의 흉장胸章을 부착하여 이름과 소속 부대, 계급, 직책 등을 표시했다. 군모에 청천백일 문양의 모표를 다는 것은 변함이 없었다.

소장 이상 장관급은 계급장 바탕이 금색이었다. 영관급은 병과에 따라 바탕색이 다르되, 4mm 두께의 금색 선이 두 줄 들어갔고, 위관급은 한 줄이었다. 부사관은 짙은 남색 한 줄이 들어갔다. 사병은 병과 색 이외에 별도의 줄이 없었다. 1936년 1월에 다시 개정되어 중일전쟁까지 사용되었다.

영장

장관급				
	상장	중장(군수)	소장(군의)	
영관급				
	상교(포병)	중교(기병)	소교(헌병)	
위관급				
	상위(군의)	중위(보병)	소위(포병)	준위(수송)
부사관				
	상사(포병)	중사(보병)	하사(기병)	
사병				
	상등병(수송)	일등병(공병)	이등병(헌병)	

중국군의 시기별 편제

청나라 군사력의 중핵은 오랫동안 팔기군과 녹영이었다. 중앙군에 해당하는 팔기군은 수도 베이징과 군사적으로 중요한 요충지대에 주둔했고 녹영은 각 성의 수비와 치안을 맡았다. 팔기의 기본 단위는 300명으로 구성된 우록牛錄이었다. 5개의 우록이 뭉쳐서 갑라甲喇를, 5개의 갑라가 뭉쳐서 고산固山, 즉 한 개의 기를 편성했다. 기의 산하에는 25개의 우록이 있으며 인원수는 7,500명 정도였다. 또한 청조가 중원을 정복하는 과정에서 투항하거나 새로 모집한 한족 출신 군대는 팔기와 구분하여 녹영綠營이라고 했다. 녹영의 기본 단위는 500명으로 구성된 영營이었다.

청조는 전국을 11개 군사구로 나누고 각 구마다 총독을 임명했다. 총독은 1~3개의 성을 관할했다. 각 성에는 행정장관인 순무와 군정장관인 제독이 있었으나 순무가 제독을 겸임하기도 했다. 또한 제독은 성의 육군을 관할하는 육로제독과 수군을 관할하는 수사제독으로 나뉘었다. 제독 휘하에는 총병이 있었다. 총병은 주요 도시와 군사 요충지에 주둔하면서 여러 개의 영을 통솔했다. 전국에는 83명의 총병이 있었다. 그러나 총병이 지휘하는 병력은 일정하지 않았고 영 이상의 상위 제대가 없다보니 지휘와 편제가 중구난방이었다. 태평천국의 난 때 팔기와 녹영을 대신하여 새로운 정예부대로 등장한 회군과 상군도 서양 무기를 쓰되, 제도는 녹영의 낡은 편제에서 벗어나지 못했다. 청일전쟁에서 청군은 무기와 장비에서는 뒤지지 않았지만 전근대적인 편제와 운영 방식을 고집하여 체계적인 지휘 통제가 어려웠다. 결국 서구식 사단 제도를 도입한 일본군에게 일방적으로 격파당했다.

구미 군대는 고사하고 소국이라며 만만하게 보았던 일본군에게도 연전연패를 당하자 청조는 비로소 무기가 아니라 제도 개혁이 급선무라는 사실을 절감했다. 청일전쟁 직후인 1895년부터 위안스카이의 주도로 독일식 군제를 모방하여 신식 군대를 육성했다. 러일전쟁 이후에는 일본 육군을 모델로 전국에 36개 진(사단)의 편성에 착수했다. 1906년 11월 6일에는 중앙 관제가 일제히 개편되면서 국방부에 해당하는 병부가 신설되고 군정과 군령을 총괄하는 육군부가 설치되었다. 육군부 산하에는 참모본부에 해당하는 군자부軍咨府가 있어 전략 수립과 작전 지도 등을 담당했다. 1909년에는 군자부가 육군부에서 독립했다. 명목상 모든 청군은 군정을 담당하는 육군부와 군령을 담당하는 군자부의 지휘를 받았다.

그러나 신해혁명 이후 중앙의 권위가 땅에 떨어지면서 육군부와 참모본부는 유명무실해졌고 군권은 지방 실력자들의 손으로 넘어갔다. 북양군 시절의 '진', '협', '표' 같은 편제명은 '사師(사단)', '여旅(여단)', '단團(연대)' 등으로 바뀌었다. 북양군의 편제는 신해혁명 이후에도 중국군의 기본 편제였지만 재정난으로 인원과 장비를 규정대로 갖출 수

구분	사단	여단	연대	대대	중대	소대	분대
청말 신군	진鎭	협協	표標	영營	대隊	배排	붕棚
신해혁명 이후	사師	여旅	단團	영營	연連	배排	반班

●— 중국군의 단위별 편제명.

없었다. 특히 포병과 수송 등 지원부대는 대개 여단 또는 연대, 대대 단위의 독립부대로서 운영하는 경우가 많았다. 한편 남방의 국민혁명 군은 소련의 영향을 받아 북양군과는 전혀 편제가 달랐다. 북벌 이후 장제스는 소련과 관계를 끊고 독일 고문단을 영입하여 독일의 군사제 도를 받아들였다.

참고로, 중국군의 편제명은 우리나라나 일본과 달리 독자적인 명칭 을 사용하지만, 여기서는 독자들의 편의를 위해 우리에게 익숙한 표현 으로 바꿔 쓰겠다.

1911년 북양신군 편제

1901년 11월 북양대신과 즈리 총독에 임명된 위안스카이는 본격적 으로 신식 군대 편성에 착수했다. 첫 번째 신군 부대인 북양 상비군은 영(대대)을 전술 단위로 삼았던 구식 군대와 달리 서구식 편제를 도입 했다. 군대의 모델은 프로이센과 일본 메이지 육군이었다. 서구의 사 단에 해당하는 1개 진은 2개 협(여단) 4개 표(연대)로 구성되었다. 또 한 직할부대로 1개 포병표와 기병표, 공병영, 치중병영, 위생대, 군악 대가 있었다. 포병표는 3개 영으로 구성됐으며, 독일제 크루프 75mm 야포 54문을 보유했다. 각 연대는 3개 영과 1개 기관총대로 구성되었 다. 최소 단위인 붕(분대)은 14명으로 구성되었다. 1개 진의 인원은 장 교 748명, 부사관 및 사병 1만 436명, 잡부 1,328명 등 모두 1만 2,512

명이었다. 북양 상비군의 편제는 신군만이 아니라 군벌 시대까지도
중국군의 표준 편제가 되었다.

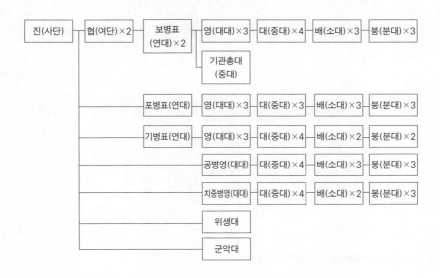

1922년 정군 작업 이후 펑톈군 편제

위안스카이나 그 뒤를 이은 북양 정권은 청조의 연장선에 있었기에
군사제도와 교리에서 큰 변혁은 없었다. 각지의 군벌들 또한 북양신
군 시절의 제도와 교리를 답습했다. 그러나 제1차 펑즈전쟁에서 패배
한 장쭤린은 동북으로 돌아간 후 동3성 보안총사령관에 취임하고 동
북의 독립을 선언했다. 물론 정말로 중국에서 분리 독립하여 주권국
가를 세우겠다는 것은 아니었다. 중국의 테두리 안에는 남아 있되, 중
앙정부의 명령에 따르지 않고 독자적인 정부를 운영하겠다는 의미였
다. 이와 더불어 군대의 편제 또한 전면 개편했다.

　장쭤린은 사단 대신 여단을 동북군의 전략 단위로 삼았다. 평시에
는 여단을 최상위 편제로 삼고, 전시에만 2개 여단씩 묶어서 사단을

편성했다. 각 여단은 3개 연대로 구성되었다. 기병과 포병 부대는 군 이상 제대에서 독립부대로 운용했다. 특히 동북 포병은 중국 최강이었다. 포병여단은 3개 연대 9개 대대로 구성되었고, 75mm 야포 108문을 보유했다. 또한 105mm 이상의 대구경 중포를 보유한 중포병연대도 있었다.

북벌 초기(1926년) 국민혁명군 편제

국민혁명군의 특징은 '3-3제'라 하여 3개 부대를 묶어서 상위 부대를 편성하는 식이었다. 또한 사단 이하 제대에는 별도의 지원부대가 없었다. 최소 단위인 1개 분대는 12명이었다. 소대가 38명, 중대가 116명, 대대가 350명, 연대가 1,056명, 사단이 3,700명에 불과했다. 말은 '사단'이지만 실제로는 다른 나라의 경보병연대에 해당했다. 기병과 포병 등 지원부대는 군 이상의 제대에서만 운용했다. 제병 협동을 위한 전략의 기본 단위는 군이었다. 1개 군은 3개 사단 외에 1개 포병연대, 1개 공병처, 1개 통신처, 1개 특무대로 편성되었다. 정수는 약 9,500명(장교 768명, 사병 8,748명)이었다.

그러나 국민혁명군은 신생 군대인 데다 급조된 군벌 연합군이었기에 실제로는 편제가 통일되지 못한 채 중구난방이었다. 장비와 무기도 빈약하기 짝이 없어 중앙군인 북양군보다 훨씬 열악했다.

북벌 후기(1928년) 국민혁명군 편제

1928년 1월 18일 '국민혁명군 육군 편제 대강'을 발표하고 전군의 편제를 개편했다. 전략 단위는 여전히 군이었다. 사단은 3-3제를 버리고 갑종과 을종 2개의 편제로 나누었다. 갑종 사단은 2개 여단 4개 연대, 을종 사단은 3개 연대로 편성되었으며, 사단 직할부대로 포병대대와 특무대대가 있었다. 갑종 사단은 7,000~8,000명, 을종 사단은

4,000~5,000명이었다. 북벌 초기보다 사단 전투력이 강해지긴 했지만 여전히 지원부대가 빈약한 탓에 제병 협동 부대로서 독립된 작전을 수행할 만한 수준에 이르지는 못했다. 또한 편제가 통일되지 못하고 매우 혼란스러웠다. 북벌이 끝난 뒤 장제스는 독일식 군사고문단을 영입하여 대대적인 현대화 작업에 착수했다.

중원대전 시기(1929년) 갑종 사단 편제

1929년 육군잠행편제표陸軍暫行編制表가 제정되어 모든 사단은 갑·을·병 3개로 구분되었다. 평시 최상위 편제는 사단이었다. 사단 이상의 상위 부대는 모두 폐지되어 전시에만 편성하는 것이 원칙이었다. 군벌들의 힘을 약화하고 지휘권을 중앙으로 일원화하기 위해서였다. 갑종 사단은 3개 여단 6개 연대, 을종 사단은 2개 여단 6개 연대, 병종 사단은 2개 여단 4개 연대로 편성되었다. 연대 이하 편제는 모두 동일했다. 사단 직할부대로 1개 포병대대(75mm 야포 18문)와 공병대대, 치중병대대(병종 사단은 중대), 기병중대, 특무중대가 있었다. 1개 분대는 10명, 1개 중대는 109명이었으며, 1개 연대의 정원은 1,685명(장교

106명과 부사관 및 사병 1,579명)이었다. 1개 사단은 1만~1만 4,000명이었다.

만주사변 이후(1931~1937년)

만주사변을 시작으로 일본의 중국 침략이 본격화하자 장제스는 항일전쟁에 대비하여 군대의 현대화를 서둘렀다. 상하이사변이 끝난 직후인 1932년 5월 12일에는 갑·을·병의 구분을 없애고 전국의 모든 사단을 2개 여단 4개 연대로 개편하기로 했다. 1933년 7월에는 '육군보병사단편제표'를 제정했다. 각 연대는 보병 3개 대대와 박격포중대, 중기관총중대, 특무중대, 수송중대, 정찰소대, 통신소대, 위생대로 편성되었다. 1개 연대의 인원수는 약 2,500명(장교 112명, 사병 2,381명)으로 늘어났다. 1934년 9월에는 민단·자경단 같은 지방 무장 단체들을 보안대로 개편하여 정부군의 초공 작전을 지원하게 했다. 보안대는 중대·대대·총대라는 3단계 편제였다.

1935년 1월에는 전국 군사정리회의를 개최하고 새로운 정군 계획을 수립했다. 독일 군사고문단의 협조를 얻어서 1935년 6월부터 3년에 걸쳐 전국의 군대를 현대화한다는 내용이었다. 또한 히틀러 집권 이후 정군 모델은 독일 보병사단이었고 갑·을 2가지가 있었다. 갑종사단(조정사調整師)은 4단위 편제(2개 여단 4개 연대)였다. 그러나 별도로 1개 보충여단(2개 연대)이 있었기 때문에 실제로는 3개 여단 6개 연대인 셈이었다. 또한 사단 직할로 1개 포병대대가 있었다. 가장 큰 특징은 대전차부대와 방공부대의 편성이었다. 포병대대 산하에는 3개 유탄포중대(75mm 산포 12문)와 대전차포중대(37mm 대전차포 4문), 고사포중대(20mm 고사포 4문)가 1개씩 배속되었다. 또한 공병대대·통신대대·치중병대대 등 각종 지원부대가 있었다. 사단 직할 포병이 대대규모에 불과하고 기갑부대가 없다는 점만 제외하면 일본이나 다른 나라의 사단과 비교해도 크게 손색이 없었다.

을종 사단(정리사整理師)은 갑종 사단처럼 4단위 편제이지만 보충여단이 없었다. 또한 사단 직속으로 포병 전력이 1개 중대였으며, 기병과 통신 부대 또한 1개 소대에 불과했다. 1개 사단의 정원은 보충 병력까지 포함해 갑종 사단이 1만 7,000여 명, 을종 사단이 1만 1,000명 정도였다. 고사포부대나 중포부대를 비롯한 특수 병종들은 대대와 연대, 여단 규모의 독립부대로 편성되어 군 이상 제대에서 운영되었다. 장제스는 공격사단인 갑종 60개 사단과 예비사단인 을종 60개 사단, 도합 120개 사단을 3년 동안 편성하여 항일을 준비할 계획이었다. 중앙군 71개 사단과 동북군 18개 사단에 대한 정편 작업이 시작되어 1937년 6월까지 30개 사단에 대한 작업이 완료되었다. 이와 별도로 광둥군 10개 사단과 쓰촨군 26개 사단이 을종 사단으로 정군되었다. 1937년 5월에는 난징 교외에서 중국 최초의 여단급 기계화부대인 장갑병단이 창설되었다. 장갑병단은 경전차 46대, 장갑차 22대, 대전차포 78문, 오토바이 72대, 지프 18대를 보유했다. 중국군의 유일한 야전 기동부대였다.

그러나 1937년 7월 중일전쟁이 일어나면서 정군 작업은 중단되었다. 본래 목표의 절반인 66개 사단만이 정군을 완료한 셈이다. 1937년 7월 당시 중국에는 10개 로군 및 53개 군 186개 보병사단, 10개 기병사단, 94개 독립여단, 40개 독립연대가 있었다. 병력은 350만 명에 달했다. 그중에서 현대전에 걸맞은 독일식 사단은 중앙군 8개 사단(교도사단, 제3사단, 제6사단, 제9사단, 제14사단, 제36사단, 제87사단, 제88사단) 10만 명 정도에 불과했다. 또한 12개 사단은 부분적으로만 독일제 무기로 무장했다. 갑작스럽게 전쟁이 벌어지면서 독일에서 최신

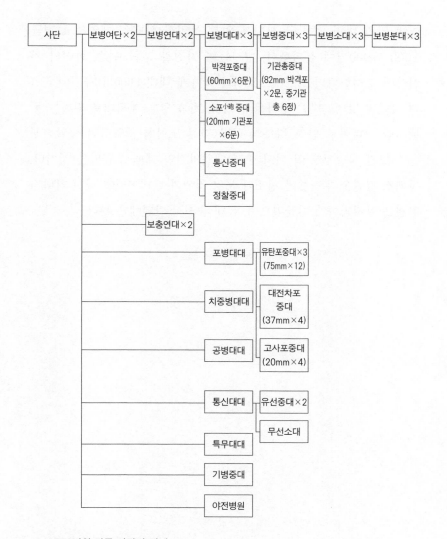

●― 1936년형 갑종 사단의 편제.

무기를 수입하는 데 차질이 빚어진 탓이었다. 나머지 대다수 중국군
은 북벌 시절과 다를 바 없었고, 장비도 여전히 빈약했다.

일본군과 비교하면 일본군 1개 사단의 인원수는 2만 5,000~3만

명에 달한 반면, 중국군 사단은 일부 독일식 사단을 제외하고 평균 6,000~8,000명에 불과했다. 병사들의 자질과 훈련 수준, 화력의 차이까지 고려한다면 통상적으로 일본군 1개 대대(1,000명)가 중국군 1개 사단과 맞먹는다는 평가를 받았다. 비록 당초 계획대로 되지는 못했지만 그나마도 난징 정부의 국방 건설 노력이 없었다면 중일전쟁은 '제2의 청일전쟁'이 되어 중국의 일방적인 패배로 끝났을 것이다. 장제스 정권은 무력했던 청조나 북양 정권과 달리 8년에 걸친 기나긴 항전을 마지막까지 이끌었으며, 끝내 승전국 반열에 오른다.

청말에서 북양 시절까지의
중국 국기와 혁명기

청조는 아편전쟁 이전만 해도 쇄국정책과 사대교린정책을 철저하게 고수했다. 몇몇 항구들을 통해 제한적인 무역을 실시한 것 말고는 외국과 상시적인 외교관계를 맺지 않았다. 서양의 배가 중국 항구에 들어올 수는 있어도 중국의 배가 서양으로 가는 일은 없었다. 서로의 수도에 공관을 두는 일도 없었고, 국기를 내걸지도 않았기에 중국의 국기라고 할 만한 것이 없었다. 그러나 아편전쟁 이후 처음으로 외국을 대등한 상대로 인정하면서 국기의 필요성을 절감했다. 1889년에 채택된 황룡기黃龍旗는 중국 최초의 근대 국기였다. 쑨원의 중국동맹회를 비롯한 혁명 단체들도 황룡기에 맞서 자신들을 상징하는 깃발을 도안했다.

신해혁명이 일어나자 각지의 혁명군은 다양한 혁명기를 내걸었다. 청천백일기靑天白日旗 · 정자기井字旗 외에도 철혈십팔성기鐵血十八省旗 · 오색기五色旗 · 홍등기紅橙旗 · 팔괘태극기八卦太極旗 · 중자기中字旗 등 수많은 깃발이 난립했다. 1912년 5월 12일, 중화민국 참정원은 여러 혁명기 중에서 '오족공화'를 상징하는 오색기를 중화민국의 국기로 선택했다. 그러나 쑨원은 끝까지 오색기를 혁명기로 인정하지 않고 광저우로 간 뒤 청천백일기를 다시 내걸었다. 장제스가 북벌에 승리하면서 청천백일기는 오색기를 대신해 중국의 새로운 국기가 되었지만 20년 뒤 국공내전에서 마오쩌둥이 승리하자 오성기가 그 자리를 대신하게 되었다. 신해혁명 이후 격동의 시대답게 국기 하나를 놓고도 온갖 우여곡절이 있었던 셈이다.

황룡기

청조의 깃발이자 중국 최초의 정식 국기. 근대적인 국기가 없었던 중국은 아편전쟁으로 세계질서에 편입되어 외국과 본격적인 교역을 시작했지만 해외에서 항해 중인 중국 선박의 국적을 식별하는 문제로 외교적인 물의를 빚는 경우가 늘어났다. 이 때문에 국가를 상징하는 국기의 필요성을 깨닫게 되었다.

즈리 총독이었던 쩡궈판은 팔기군의 군기 중 하나인 정황기正黃旗를 국기 대용으로 선박에 내걸자고 건의했다. 그러나 조정의 보수적인 분위기에서 국기가 제정되기까지는 오랜 시간이 걸렸다. 1881년 9월 리훙장은 영국에서 두 척의 서양식 군함을 직접 구입한 뒤 조정의 실권자인 서태후에게 국기 제정을 상주했다. 그는 황룡기 외에도 기린기, 호랑이기, 팔괘기 등 여러 가지 도안을 제시했는데, 오랜 논의 끝에 황룡기가 선정되었다. 1889년 톈진군기처에서 국기 도안을 설계하여

정식 채택되었다. 황룡기는 1889년부터 1912년까지 사용됐다. 1917
년 7월 1일 장쉰이 복벽사건을 일으키면서 베이징에서 며칠 동안 부
활하기도 했다.

오색기

중화민국의 첫 번째 국기. 다섯
가지 색깔은 중국의 다섯 주요 민
족인 한족(홍색)·만주족(황색)·
몽골족(남색)·후이족(백색)·티베
트족(흑색)을 각각 가리킨다. 중
국동맹회의 지도자 가운데 한 사람인 쑹자오런이 도안했다. 우창봉
기 이후 저장성·장쑤성·안후이성 등 남방 지역의 혁명군이 사용했다.
1912년 1월 10일, 난징의 중화민국 임시참의회는 오색기를 신생 공
화국의 국기로 결정했다. 또한 혁명파와 위안스카이 사이에 남북 담
판이 실현되면서 1912년 5월 10일 위안스카이 정권은 오색기를 중국
의 정식 국기로 채택했다. 만주사변 이후 만주국은 북양 시절의 오색
기에 만주족을 상징하는 황색 바탕을 넣어 국기로 사용했다.

중화제국(1915. 12. 12~1916. 3. 23)의 국기

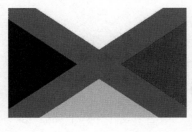

위안스카이가 옥좌에 오르면서
공화정은 다시 군주 시대로 회귀
했다. 처음 도안은 오색기를 변형
한 십자 모양이었지만 최종적으
로는 크로스 형태가 채택되었다.
그러나 윈난 독군 차이어를 시작으로 전국에서 호국전쟁이 일어나자

위안스카이는 굴복했고 군주제도 폐지되었다. 국기도 겨우 3개월 남짓 사용되었다.

청천백일기

루하오둥이 처음 도안한 청천백일기.

현재의 청천백일만지홍기靑天白日滿地紅旗.

쑨원이 조직한 흥중회의 회원 루하오둥陸皓東이 1893년에 도안했으며, 1895년 3월 16일 혁명파의 첫 번째 반청봉기인 광저우봉기에서 처음 사용되었다. 최초 도안은 파란색 바탕에 흰색 태양으로 이루어졌으며 광명·자유·평등을 상징했다. 1906년 중국동맹회가 창설되면서 새로운 혁명기로 쑨원은 청천백일기를, 황싱은 랴오중카이가 도안한 정자기를 고집했다. 최종적으로 청천백일기가 채택되었다. 그러나 청천백일기의 태양이 일본군의 군기인 '욱일기'와 비슷하다는 이유로 반대하는 목소리가 높자 쑨원은 바탕에 한족을 상징하는 붉은색을 넣어 '청천백일만지홍기'라 일컬었다. 쑨원의 도안 중에는 미국 성조기와 비슷한 모습도 있었다.

　1907년부터 1911년까지 동맹회가 주도한 8번의 봉기에서 사용되었지만 동맹회 내부에서도 청천백일만지홍기에 대한 거부감이 만만치 않아 신해혁명 중에는 몇몇 지역에서만 사용되었다. 중국동맹회 간부이자 광둥성을 해방한 천중밍조차 청천백일만지홍기 대신 정자기를 내걸었을 정도였다. 난징 임시정부는 쑨원의 반대에도 불구하고

중국 내 여러 민족의 화합을 상징하는 오색기를 선택했다. 청천백일
만지홍기는 해군기로 채택되었다. 1924년 6월 30일 광저우에서 중화
민국 국민정부가 수립되면서 청천백일만지홍기를 국민정부의 국기로
삼았다. 장제스가 북양 정부를 무너뜨리고 북벌에 성공하면서 비로소
오색기를 대신하여 중국의 정식 국기가 되었다. 90여 년이 지난 지금
까지 타이완(중화민국)의 국기로 쓰이고 있다.

철혈십팔성기

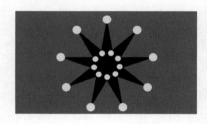

우창봉기 때 후베이 군정부의 깃
발로 사용되었다. 중국동맹회의
후베이성 지부 단체 중 하나였던
공진회가 1911년 9월 우창봉기를
준비하면서 혁명군의 깃발로 사
용하려고 도안했다. 깃발은 붉은색·황색·검은색으로 구성되었다. 붉
은 바탕은 피, 가운데의 검은 구각형은 철과 같은 굳은 의지, 18개의
둥근 황색 점은 청조 시절 한족이 거주하던 18개의 성을 가리킨다.

청조는 오랫동안 '중원'을 제외하고 이민족들의 땅인 만주와 티베
트·몽골·신장에 대해서는 한족의 이주와 정착을 엄격히 금지했다. 이
때문에 대다수 한족은 명나라 시절의 옛 강역만 자신들의 터전이라고
여겼다. 쑨원만 해도 한족과 아무런 연고가 없는 변방에는 거의 관심
이 없었으며 포기해도 상관없다는 식이었다. 그러나 1902년 량치차
오를 시작으로 일부 사상가들은 중국의 해체를 막아야 한다는 이유로
'중화 통일주의'와 '대민족주의'를 제창했다. 반청혁명이 성공한 뒤
쑨원을 비롯한 한족 지도자들 또한 태도를 180도 바꾸어 철혈십팔성
기가 "중국의 분열을 상징한다"는 이유로 사용을 금지했다.

정자기

중국동맹회의 간부 중 한 사람인 랴오중카이가 도안했다. 동맹회의 핵심 사상 가운데 하나인 "사람들은 누구나 토지를 소유하고 경작할 권리가 있다"는 평균지권 사상을 상징한다. 그러나 쑨원이 정자기를 가리켜 형태가 아름답지 못하고 복고적이라는 이유로 반대하고 자신의 친우이자 반청혁명의 첫 희생자였던 루하오둥의 청천백일기를 고집하자, 동맹회의 2인자인 황싱은 "청천백일기 역시 아름답지 못하고 일본 군기를 모방한 것 같다"며 반발했다. 두 사람 사이에 격렬한 말다툼이 벌어지면서 한때 동맹회가 해체 위기에 몰리기도 했다. 결국 황싱이 양보하여 청천백일기가 혁명기로 채택되고 정자기는 광둥성 이외에는 거의 사용되는 일이 없었다.

중국공농홍군기(1928년)

1921년 7월 23일, 상하이에서 중국공산당이 창당되었다. 중공 지도부는 프롤레타리아혁명을 상징하는 혁명기를 제작했다. 그러나 붉은 바탕에 노동자·농민을 상징하는 낫과 망치가 그려진 소련의 볼셰비키 깃발을 그대로 베꼈을 뿐 독창성은 없었다. 또한 통일된 도안과 규격이 없어 각지의 공산당 지부들이 제각기 알아서 만드는 식이었다. 1924년 국공합작이 이루어져 공산당이 국민당에 흡수되면서 적어도 표면적으로는 독자적인 활동을 할 수 없었다. 깃발 또한 붉은 깃발을 내리고 국민당의 청천백일기를 사용했다. 심지어 국공합작이 깨진 뒤 국민당에 대항하여 공산당원들이 반란을 일으킨 난창봉기에서도 청천백일기를 내걸었다.

난창봉기와 창사봉기가 실패로 끝난 뒤 마오쩌둥·주더·펑더화이·허룽 등 생존자들은 징강산으로 모여들어 자신들을 '중국공농홍군' 또는 '홍군'이라 일컬었다. 또한 청천백일기를 버리고 자신들이 새로이 도안한 볼셰비키의 붉은 깃발을 내걸었다. 이때에 와서야 공산당은 국민당과 완전히 결별하고 홀로서기를 선택했다. 새로운 혁명군인 홍군의 탄생이었다. 그러나 당의 깃발로 정식 제정되지는 않았기에 중국 각지에 수립된 지방 소비에트 정부는 독자적으로 볼셰비키 깃발을 변형한 다양한 깃발을 사용했다.

1942년 4월 28일, 옌안의 중공 중앙정치국은 표준 당기 규정을 제정하여 발표했으며 국공내전에서 사용했다. 국공내전 말 중화인민공화국의 개국을 앞두고 전국에서 3,000여 개의 도안을 공모한 뒤 중국인민정치협상회의의 의결을 거쳐 1949년 9월 30일 새로운 국기를 발표했다. 오늘날 중국 국기인 오성홍기이다.

중화민국(1912~1928년)의
역대 국가원수

대총통

신해혁명으로 청조가 망하고 공화정이 실시된 후 1913년 10월 10일
중국 최초의 총선거가 실시되었다. 그러나 북양 정부에서 선거를 거
쳐서 선출된 대총통은 3명밖에 없었다. 그나마 제헌 선거를 제외하고
는 부정선거의 연속이었다. 국회 또한 몇 번이나 해산되는 등 파행을
거듭했다. 북벌 이후에는 국민당이 훈정을 실시하면서 선거 자체가
중단되었다. 1948년 4월 19일 대총통 선거가 실시되면서 헌정 시대
가 부활했다.

시기	대	이름	계파	출신	취임	퇴임
임시정부	초대	쑨원	중국동맹회	혁명가	1912. 1. 1	1912. 4. 1
	2	위안스카이	북양군벌	관료	1912. 3. 10	1913. 10. 10

	초대	위안스카이	북양군벌	관료	1913. 10. 10	1916. 6. 6
북양	임시	리위안훙	진보당	군인	1916. 6. 7	1917. 7. 14
	대리	펑궈장	즈리파	군인	1917. 7. 14	1918. 10. 10
	2	쉬스창	북양군벌	군인	1918. 10. 10	1922. 6. 2
	직무대리	저우쯔치周自齊	교통계	외교관	1922. 6. 2	1922. 6. 11
	복직	리위안훙	연구계研究系 (구진보당)	군인	1922. 6. 11	1923. 6. 13
	직무대리	가오링웨이	즈리파	관료	1923. 6. 14	1923. 10. 10
	3	차오쿤	즈리파	군인	1923. 10. 10	1924. 11. 2
	직무대리	황푸	무당파	군인	1924. 11. 2	1924. 11. 24
	임시 집정	돤치루이	안후이파	군인	1924. 11. 24	1926. 4. 20
	직무대리	후웨이더胡惟德	무당파	외교관	1926. 4. 20	1926. 5. 13
	직무대리	옌후이칭	무당파	외교관	1926. 5. 13	1926. 6. 22
	직무대리	두시구이	즈리파	군인	1926. 6. 22	1926. 10. 1
	직무대리	구웨이쥔	무당파	외교관	1926. 10. 1	1927. 6. 18
	대원수	장쭤린	펑톈파	군인	1927. 6. 18	1928. 6. 3
북벌 이후 (훈정 시기)	1	탄옌카이	국민당	군인	1928. 2. 7	1928. 10. 10
	2	장제스	국민당	군인	1928. 10. 10	1931. 12. 15
	3	린썬	국민당	정치인	1931. 12. 15	1943. 8. 1
	4	장제스	국민당	군인	1943. 8. 1	1948. 5. 20

국무총리

1912년부터 1928년까지 16년 동안 내각이 38번 바뀌고 27명이 국무총리를 맡았다. 그중에서 가장 오래 지속된 내각은 제5대 쉬스창 내각(1년 6개월)이었으며, 횟수로 가장 많이 역임한 사람은 돤치루이(4번)였다. 가장 짧은 내각은 제12대 리징시 내각으로, 겨우 12일 동안 유지되었다. 내각이 유지된 기간은 평균 5개월이 채 되지 않았고, 한

두 달 만에 교체되는 일도 비일비재했다. 북양 시절의 혼란을 단적으로 보여준다.

시기	대	이름	계파	출신	취임	퇴임
임시정부		없음			1912. 1. 3	1912. 3. 12
북양	1	탕사오이唐紹仪	중국동맹회	외교관	1912. 3. 13	1912. 6. 27
	2	루정샹陆徵祥	무당파	외교관	1912. 6. 29	1912. 9. 22
	3	자오빙쥔赵秉钧	국민당	관료	1912. 9. 25	1913. 7. 16
	대리	돤치루이	안후이파	군인	1913. 7. 19	1913. 7. 31
	4	슝시링熊希龄	진보당	학자	1913. 7. 31	1914. 2. 12
	대리	쑨바오치孙宝琦	무당파	외교관	1914. 2. 12	1914. 5. 1
	5	쉬스창	북양군벌	군인	1914. 5. 1	1915. 10. 27
	6	루정샹	무당파	외교관	1915. 10. 27	1916. 3. 21
	7	쉬스창	북양군벌	군인	1916. 3. 21	1916. 4. 22
	8, 9	돤치루이	안후이파	군인	1916. 4. 22	1917. 5. 23
	대리	우팅팡伍廷芳	무당파	외교관	1917. 5. 23	1917. 6. 12
	10	리징시李經羲	무당파	관료	1917. 5. 28	1917. 7. 2
	11	돤치루이	안후이파	군인	1917. 7. 14	1917. 11. 30
	12	왕스전王士珍	북양군벌	군인	1917. 11. 30	1918. 3. 23
	13	돤치루이	안후이파	군인	1918. 3. 23	1918. 10. 10
	14	첸넝쉰钱能训	무당파	관료	1918. 10. 10	1919. 6. 13
	대리	궁신잔龚心湛	무당파	관료	1919. 6. 13	1919. 9. 24
	15	진윈펑靳云鹏	안후이파	군인	1919. 9. 24	1920. 7. 2
	대리	싸전빙萨镇冰	해군	군인	1920. 7. 2	1920. 8. 9
	16, 17	진윈펑	안후이파	군인	1920. 8. 9	1921. 12. 18
	18	량스이梁士詒	교통계	관료	1921. 12. 24	1922. 1. 25
	대리	옌후이칭颜惠庆	무당파	외교관	1922. 1. 25	1922. 4. 8
	대리	저우쯔치	교통계	외교관	1922. 4. 8	1922. 6. 11

북양	19	옌후이칭	무당파	외교관	1922. 6. 11	1922. 8. 5
	20	탕사오이	중국동맹회	외교관	1922. 8. 5	1922. 9. 19
	21	왕충후이王寵惠	즈리파	법률가	1922. 9. 19	1922. 11. 29
	22	왕다셰汪大燮	연구계	외교관	1922. 11. 29	1922. 12. 11
	23	장사오쩡	즈리파	군인	1923. 1. 4	1923. 6. 13
	대리	가오링웨이高凌霨	안후이파	관료	1923. 6. 14	1924. 1. 12
	24	쑨바오치	무당파	외교관	1924. 1. 12	1924. 7. 2
	대리	구웨이쥔顧維鈞	무당파	외교관	1924. 7. 2	1924. 9. 14
	25	옌후이칭	무당파	외교관	1924. 9. 14	1924. 10. 31
	26	황푸黃郛	즈리파	외교관	1924. 10. 31	1924. 11. 24
	27	쉬스잉許世英	안후이파	관료	1925. 12. 26	1926. 3. 4
	28	자더야오賈德耀	안후이파	군인	1926. 3. 4	1926. 4. 20
	29	옌후이칭顏惠庆	무당파	외교관	1926. 5. 13	1926. 6. 22
	대리	두시구이杜錫珪	해군	군인	1926. 6. 22	1926. 10. 1
	30	구웨이쥔	무당파	외교관	1926. 10. 1	1927. 6. 16
	31	판푸潘复	펑톈파	관료	1927. 6. 20	1928. 6. 3

각 성의 역대 독군 일람

청조 시절 지방장관으로 1개 성을 관할하는 16명의 순무와 1~3개 성을 총괄하는 9명의 총독이 있었다. 총독과 순무는 행정권·사법권·군사권을 모두 쥐고 군정대권의 막강한 권력을 휘둘렀다. 그러나 신해혁명이 일어나자 이들은 혁명군에게 쫓겨나거나 스스로 혁명군에 가담하기도 했다. 1912년 6월, 위안스카이 정권은 총독과 순무를 폐지하고 각 성에 도독을 임명했다. 도독은 그 성의 실질적인 지배자이자 반半독립적인 군주나 다름없는 존재였다. 1913년 1월에는 전국의 행정구역을 22개 성과 4개 특별행정구(러허·차하르·쑤이위안·쓰촨변구), 4개 지방(베이징·티베트·외몽골·칭하이)으로 개편했다.

제2차 혁명 이후 위안스카이 정권은 중앙집권화와 지방장관들의 군벌화를 막기 위해 도독제를 폐지했다. 또한 민정장관인 성장省長과 군정장관인 독군督軍으로 분리하는 군민 분치軍民分治를 추진했다. 중국의 지배에서 벗어나 있던 외몽골·티베트·쓰촨변구川邊(티베트 동부 지역) 등을 제외하고 전국에는 22명의 독군과 3명의 도통이 있었다. 도통都統이란 성급 특별구(러허·차하르·쑤이위안)의 군정장관으로, 실권은 독군과 같았다.

위안스카이가 죽은 뒤 북양군 내부의 갈등이 심화하면서 중앙은 혼란에 빠졌다. 독군들은 자신의 무력을 앞세워 군벌이 되었다. 성장은 독군의 허수아비에 불과했고 독군이 직접 성장을 겸임하기도 했다. 중앙의 권력 구도가 조석으로 바뀌고 하극상이 빈번한 상황에서 독군들은 함부로 폭정을 휘두르다 민심을 잃고 쫓겨나는 일도 비일비재했다. 또한 중앙정부의 임명을 받지 않고 멋대로 독군 자리에 오르거나 도적 출신이 '토적 총사령관' 따위의 거창한 직함을 내걸고 주변의 호족들과 손을 잡아 지배자 노릇을 하는 경우도 있었다. 군벌 시대의 전쟁은 대부분 지방에 할거하는 독군들의 싸움이거나 독군 자리를 놓고 중소 군벌들이 벌이는 쟁탈전이었다. 그중에서 한 성의 주인으로 가장 오랫동안 집권한 사람은 산시 독군 옌시산이다. 그는 신해혁명부터 국공내전 말기까지 37년 동안 자신의 왕국을 통치했다.

장제스가 북벌에 성공한 뒤 1928년 8월 정부 조직을 개편함에 따라 독군제가 폐지되고, 중앙정부에서 임명하는 민정장관인 주석제로 바뀌었다. 그러나 중앙의 권위가 여전히 취약했기 때문에 군벌들이 주석 자리를 차지하는 것을 막을 수 없었다. 장제스 정권은 꾸준히 군벌의 힘을 약화시키고 중앙정부의 힘을 강화했지만 군벌 할거 시대는 국공내전에서 공산군이 승리한 후에야 비로소 끝났다.

구분	독군	계파	임 기
펑톈성	자오얼쉰趙爾巽		1912년 3~11월
	장시롼張錫鑾		1912년 11월~1915년 8월
	돤즈구이段芝貴	안후이파	1915년 8월~1916년 6월
	장쭤린	펑톈파	1916년 7월~1928년 6월
지린성	천자오창陳昭常		1912년 3월~1913년 6월
	장시롼張錫鑾		1913년 6월~1914년 6월
	멍언위안孟恩遠		1914년 6월~1919년 7월
	바오구이칭鮑貴卿	북양파	1919년 7월~1921년 3월
	쑨례천孫烈臣	펑톈파	1921년 3월~1924년 4월
	장쭤샹張作相	펑톈파	1924년 4월~1931년 9월
헤이룽장성	쑹샤오롄宋小濂		1912년 3월~1913년 7월
	비구이팡畢桂芳		1913년 7월~1917년 7월
	바오구이칭	북양파	1917년 7월~1919년 7월
	쑨례천	펑톈파	1919년 7월~1921년 3월
	우쥔성吳俊陞	펑톈파	1921년 3월~1928년 6월
	만푸린万福麟	펑톈파	1928년 6월~1931년 9월
즈리성	장시롼		1912년 3~9월
	펑궈장	즈리파	1912년 9월~1913년 12월
	자오빙쥔趙秉鈞	북양파	1913년 12월~1914년 2월
	주자바오朱家宝		1914년 2월~1916년 9월
	차오쿤	즈리파	1916년 9월~1923년 10월
	왕청빈王承斌	즈리파	1923년 10월~1924년 11월
	루융샹盧永祥	안후이파	1924년 12월
	리징린李景林	펑톈파	1924년 12월~1925년 12월
	쑨웨孫岳	즈리파→서북파	1925년 12월~1926년 3월
	추위푸褚玉璞	펑톈파	1926년 3월~1928년 6월
	저우쯔치	북양파	1912년 3월~1913년 8월

산둥성	진윈펑	안후이파→즈리파	1913년 8월~1916년 5월
	장화이즈張懷芝	안후이파→즈리파	1916년 6월~1918년 7월
	장수위안張樹元	북양파	1918년 7월~1919년 2월
	톈중위田中玉	안후이파→즈리파	1919년 2월~1923년 10월
	정스치鄭士琦	안후이파	1923년 10월~1925년 4월
	장쭝창張宗昌	펑톈파	1925년 4월~1928년 6월
안후이성	바이원웨이柏文蔚	동맹회	1912년 4월~1913년 6월
	쑨둬선孫多森		1913년 6~7월
	니쓰충倪嗣沖	안후이파	1913년 7월~1920년 6월
	장원성張文生	즈리파	1920년 9월~1922년 10월
	마롄자馬聯甲	즈리파	1922년 10월~1924년 11월
	왕위탕王揖唐	안후이파	1924년 11월~1925년 4월
	정스치	안후이파	1925년 4~8월
	장덩솬姜登選	펑톈파	1925년 8~11월
	덩루줘鄧如琢	즈리파	1925년 11월~1926년 3월
	천탸오위안陳調元	즈리파	1925년 11월~1929년 5월
샨시성	장펑후이張鳳翽	동맹회	1911년 11월~1914년 6월
	루젠장陸建章	즈리파	1914년 6월~1916년 6월
	천수판陳樹藩	안후이파	1916년 6월~1921년 5월
	옌샹원閻相文	즈리파	1921년 6월~1921년 8월
	펑위샹	즈리파→서북파	1921년 8월~1922년 5월
	류전화劉鎭華	즈리파	1922년 5월~1925년 5월
	우신톈吳新田	안후이파	1925년 5월~1925년 8월
	쑨웨	즈리파→서북파	1925년 8월~1925년 12월
	리윈룽李雲竜	서북파	1926년 1월~1926년 4월
	진윈어靳雲鶚	즈리파	1926년 5월~1927년 6월
허난성	장전팡張鎭芳		1912년 3월~1914년 2월
	돤치루이	안후이파	1914년 2월~1914년 4월

허난성	톈원례田文烈	북양파	1914년 4월~1914년 9월
	자오티趙倜	안후이파→즈리파	1914년 9월~1922년 5월
	펑위샹	즈리파→서북파	1922년 5~10월
	장푸라이張福来	즈리파	1922년 10월~1924년 11월
	후징이胡景翼	서북파	1924년 12월~1925년 4월
	웨웨이준岳維峻	서북파	1925년 4월~1926년 3월
	커우잉제寇英傑	즈리파	1926년 3월~1927년 1월
	진원어	즈리파	1927년 3~6월
쑤이위안 특별구	장사오쩡	동맹회	1912년 10월~1914년 4월
	판쥐잉潘矩楹	즈리파	1914년 4월~1916년 10월
	장옌싱蒋雁行	즈리파	1916년 10월~1917년 7월
	천광위안陳光遠	즈리파	1917년 7~8월
	차이청쉰蔡成勳	즈리파	1917년 8월~1921년 5월
	마푸샹馬福祥	즈리파→서북파	1921년 5월~1925년 1월
	리밍중李鳴鐘	서북파	1925년 1월~1926년 1월
	류위펀劉郁芬	서북파	1926년 1월~1926년 9월
	상전商震	산시파	1926년 9월~1927년 11월
	지진춘汲金純	펑톈파	1927년 11월~1928년 6월
	리페이지李培基	산시파	1928년 6~10월
러허특별구	슝시링熊希齡	변법파	1912년 4월~1913년 7월
	장구이티姜桂題	안후이파	1913년 8월~1921년 9월
	지진춘	펑톈파	1921년 9월~1922년 5월
	왕화이칭王懷慶	즈리파	1922년 5월~1924년 7월
	미전뱌오米振標	안후이파→즈리파→서북파	1924년 7~12월
	칸자오시闞朝璽	펑톈파	1924년 12월~1925년 12월
	쑹저위안宋哲元	서북파	1925년 12월~1926년 4월
	탕위린湯玉麟	펑톈파	1926년 4월~1933년 3월
	허중롄何宗蓮	북양파	1916년 7월~1928년 6월

차하르 특별구	장화이즈張懷芝	안후이파	1915년 8월~1916년 6월
	톈중위	안후이파→즈리파	1916년 7월~1928년 6월
	장징야오張敬堯	안후이파	1915년 8월~1916년 6월
	톈중위	안후이파→즈리파	1916년 7월~1928년 6월
	왕팅전王廷楨	즈리파→안후이파→ 즈리파	1915년 8월~1916년 6월
	장징후이張景惠	펑톈파	1916년 7월~1928년 6월
	탄칭린譚慶林	즈리파→산시파	1915년 8월~1916년 6월
	장시위안張錫元	즈리파	1916년 7월~1928년 6월
	장즈장張之江	서북파	1915년 8월~1916년 6월
	루중린鹿鍾麟	서북파	1916년 7월~1928년 6월
	가오웨이웨高維嶽	펑톈파	1915년 8월~1916년 6월
	자오다이원趙戴文	산시파	1916년 7월~1928년 6월
장시성	리례쥔李烈鈞	동맹회	1912년 1월~1913년 6월
	리위안훙		1913년 6~9월
	리춘李純	즈리파	1913년 9월~1917년 8월
	천광위안陳光遠	즈리파	1917년 8월~1922년 6월
	차이청쉰	즈리파	1922년 6월~1924년 12월
	팡번런方本仁	즈리파	1924년 12월~1926년 3월
	덩루줘鄧如琢	즈리파	1926년 3~10월
푸젠성	쑨다오런孫道仁	동맹회	1911년 10월~1913년 12월
	류관슝劉冠雄	해군	1913 12월
	리허우지李厚基	안후이파→즈리파	1913년 12월~1923년 1월
	쑨촨팡孫傳芳	즈리파	1923년 2월~1924년 5월
	저우인런周蔭人	즈리파	1924년 5월~1926년 12월
저장성	장쭌구이蔣尊簋	동맹회	1912년 1~7월
	주루이朱瑞	동맹회	1912년 7월~1916년 4월
	취잉광屈映光	안후이파	1916년 4~5월
	뤼궁왕呂公望	동맹회	1916년 6월~1917년 1월

저장성	양선더楊善德	안후이파	1917년 1월~1919년 8월
	루융샹	안후이파	1919년 8월~1924년 9월
	쑨촨팡	즈리파	1924년 9월~1926년 12월
장쑤성	청더취안程德全		1911년 11월~1913년 9월
	장쉰張勳	북양파	1913년 9~12월
	펑궈장	즈리파	1913년 12월~1917년 8월
	리춘	즈리파	1917년 8월~1920년 10월
	치셰위안齊燮元	즈리파	1920년 10월~1924년 12월
	한궈쥔韓国鈞		1924년 12월~1925년 1월
	루융샹	안후이파	1925년 1~8월
	정쳰鄭謙	펑톈파	1925년 8월
	양위팅楊宇霆	펑톈파	1925년 8~11월
	쑨촨팡	즈리파	1925년 11월~1927년 3월
산시성	옌시산	산시파	1912년 3월~1949년 6월
후베이성	리위안훙		1911년 10월~1913년 12월
	돤치루이	안후이파	1913년 12월~1914년 2월
	돤즈구이	안후이파	1914년 2월~1915년 8월
	장시롼		1915년 8~12월
	왕잔위안王占元	즈리파	1915년 12월~1921년 8월
	샤오야오난蕭耀南	즈리파	1921년 8월~1926년 2월
	천자모陳嘉謨	즈리파	1926년 2~10월
후난성	탄옌카이譚延闓	국민당	1911년 10월~1913년 10월
	탕샹밍湯薌銘	즈리파	1913년 10월~1916년 7월
	탄옌카이	국민당	1916년 8월~1917년 8월
	푸량쭤傅良佐	안후이파	1917년 8~11월
	탄옌카이	국민당	1917년 12월~1918년 3월
	장징야오	안후이파	1918년 3월~1920년 6월
	우광신吳光新	안후이파	1920년 6~7월

	탄옌카이	국민당	1920년 7~11월
후난성	자오헝티趙恒惕	동맹회	1920년 11월~1926년 3월
	탕성즈	국민당	1926년 3월~1927년 4월
	장이펑張翼鵬	국민당	1927년 4~7월
	저우란周爛	국민당	1927년 7월~1928년 2월
	천자유陳嘉佑	국민당	1928년 2~5월
광시성	루룽팅陸榮廷		1911년 11월~1924년 10월
	리쭝런	국민당	1924년 11월~1925년 7월
광둥성	후한민胡漢民	국민당	1911년 10월~1913년 6월
	천중밍陳炯明	동맹회	1913년 6~7월
	룽지광竜濟光		1913년 7월~1916년 6월
	루룽팅		1916년 7월~1917년 4월
	천빙쿤陳炳焜		1917년 4~8월
	리야오한李耀漢		1917년 9월~1917년 11월
	모룽신莫榮新		1917년 11월~1920년 10월
	천중밍	동맹회	1921년 10월~1922년 5월
윈난성	차이어蔡鍔	동맹회	1911년 11월~1913년 12월
	탕지야오唐継尧	동맹회	1913년 12월~1927년 2월
	후뤄위胡若愚	국민당	1927년 3~12월
	룽윈竜雲	국민당	1928년 1월~1945년 10월
쓰촨성	인창형尹昌衡	동맹회	1912년 2월~1913년 6월
	후징이胡景伊		1913년 6월~1915년 8월
	천이陳宧		1915년 8월~1916년 5월
	저우쥔周駿		1916년 5~6월
	차이어	동맹회	1916년 7~11월
	뤄페이진羅佩金		1916년 11월~1917년 4월
	다이칸戴戡		1917년 4~7월
	저우다오강周道剛		1917년 7~12월

쓰촨성	류쩐호우劉存厚	동맹회	1917년 12월~1918년 2월
	슝커우熊克武	동맹회	1918년 2월~1920년 4월
	뤼차오呂超		1920년 7~9월
	류쩐호우	동맹회	1920년 10월~1921년 3월
	류샹劉湘	국민당	1921년 3월~1926년 7월
	덩시허우鄧錫侯	국민당	1926년 8~10월
	류원후이劉文輝	국민당	1928년 11월~1934년 12월
구이저우성	양진청楊藎誠		1911년 11월~1912년 4월
	탕지야오	동맹회	1912년 4월~1913년 9월
	류셴스劉顯世		1913년 9월~1920년 12월
	루타오盧燾	국민당	1921년 1월~1922년 4월
	위안쭈밍袁祖銘	국민당	1922년 4월~1926년 5월
	저우시청周西成	국민당	1926년 6월~1929년 5월
간쑤성	자오웨이시趙惟熙		1912년 3월~1914년 3월
	장광젠張広建	안후이파	1914년 3월~1920년 12월
	차이청쉰	즈리파	1920년 12월~1922년 5월
	루훙타오陸洪濤	안후이파→즈리파	1922년 5월~1925년 8월
	펑위샹	즈리파→서북파	1925년 8월~1926년 1월
	리밍중李鳴鐘	서북파	1926년 1월~1927년 6월
신장성	위안다화袁大化	–	1912년 3~4월
	위안훙유袁鴻祐	–	1912년 4~5월
	양쩡신楊增新	–	1912년 5월~1928년 7월
	진수런金樹仁	–	1928년 11월~1933년 5월

각 성별 인구 현황

청조 시절 중국은 인구가 폭발적으로 늘어나 19세기 초에 이미 3억 명이 넘었다. 그러나 후대 학자들의 추정일 뿐 정확한 수치는 아니다. 그 시절 호구조사란 전체 인구가 아니라 주된 세원이자 부역의 대상 인 남성의 수를 파악하는 데 있었기 때문이다. 1906년 4월 청조는 수 도 베이징을 비롯한 일부 지역에서 중국 역사상 최초의 근대적인 인 구조사를 실시했다. 1908년 12월에는 민정부에서 '조사호구장정'을 제정하고, 1910년 전국을 대상으로 인구를 조사했다. 또한 호적법을 제정하고 개인별·가구별 인적 사항의 체계적인 관리에 착수했다.

1910년에 4억 명 정도였던 중국 인구는 10년 뒤인 1920년에는 4억 5,000만 명에 달했다. 청조가 멸망한 이후 정치적 혼란과 군벌 내전 에도 불구하고 인구는 중국 역사상 전례 없이 폭발적으로 늘어난 것 이다. 내전이 중국 사회에 준 충격이 그리 크지 않았다는 뜻이다. 인 구의 대부분은 오늘날과 마찬가지로 부유한 동남 연해에 집중되었다.

반면, 가난하고 척박한 내몽골, 서북 지역은 인구가 매우 적었다. 이 시기에는 인구 변동 또한 컸다. 동북과 산시성·광둥성처럼 인구가 크게 늘어난 곳이 있는가 하면, 후베이성·장쑤성처럼 인구가 일시적으로 줄어든 곳도 있었다. 살육 때문이 아니라 농민들이 가난과 기근, 내전 때문에 식량과 일거리를 찾아 다른 지역으로 이동했기 때문이다.

각 성의 인구 분포는 군벌들의 힘을 보여주는 중요한 척도 중 하나였다. 전국 25개 성 중에서 인구가 가장 많은 성은 쓰촨성이었다. 고대에는 '파촉巴蜀'으로 불렸으며 유비가 촉나라를 세웠던 쓰촨성은 면적이 프랑스와 맞먹으며, 기후가 온난하고 농작물이 풍부하여 중국 제일의 곡창지대였다. 그러나 변경에 치우쳐 있고 근대 문물을 접할 수 없어 낙후한 지역이기도 했다. 두 번째로 인구가 많은 성은 광둥성이었다. 광저우는 아편전쟁 이후 가장 먼저 개방된 항구도시이자 중국에서 상업과 근대 문물이 가장 발달한 지역 중 하나였다. 장제스는 광둥성을 기반으로 삼아 북벌에 나섰고 중국을 통일했다. 반면, 장쭤린의 동북은 3성을 모두 합해도 인구가 광둥성의 절반 정도에 불과했다.

중국 사회에서 가장 심각한 문제는 전란이 아니라 지나친 남초 현상이었다. 남성의 비율은 여성보다 20퍼센트나 많았다. 특히 베이징 같은 대도시는 1.8 대 1에 달했다. 성비 불균형의 가장 큰 이유는 뿌리 깊은 남아 선호 사상과 가난한 농민들이 입을 덜기 위해 갓 태어난 여자아이들을 살해하는 풍습이 여전히 남아 있기 때문이었다. 남성들 중에는 배우자를 찾지 못한 미혼자의 비율이 높았다. 가구별 평균 가족 수는 5.3명 정도였으며, 연령별 인구 비율은 14세 이하가 21퍼센트, 15세부터 49세 이하가 61퍼센트, 50세 이상이 18퍼센트였다.

구분	1910년	1920년	인구 증감률
베이징	725,035	899,524	24.1%
즈리성	26,644,519	28,017,339	5.2%
산둥성	29,556,638	30,803,245	4.2%
산시성	10,099,135	11,447,257	13.3%
허난성	28,518,437	30,831,909	8.1%
펑톈성	11,018,517	12,487,583	13.3%
지린성	5,393,744	6,305,497	16.9%
헤이룽장성	1,858,792	3,140,858	69.0%
산시성	9,368,660	9,465,558	1.0%
간쑤성	5,028,180	5,927,997	17.9%
신장성	2,085,340	2,516,183	20.7%
장쑤성	32,273,781	31,423,808	-2.6%
안후이성	20,517,496	20,853,699	1.6%
장시성	23,987,713	24,080,764	0.4%
후베이성	27,646,651	26,206,844	-5.2%
후난성	27,390,230	28,443,379	3.8%
저장성	17,823,388	24,477,298	37.3%
푸젠성	15,849,296	17,067,277	7.7%
광둥성	28,010,564	37,167,701	32.7%
광시성	8,746,747	9,974,800	14.0%
쓰촨성	44,425,774	61,444,699	38.3%
구이저우성	9,665,227	11,016,400	14.0%
윈난성	9,465,596	9,839,180	3.9%
러허성	4,629,790	4,611,767	-0.4%
차하르성	110,988	1,215,205	994.9%
쑤이위안성	629,732	1,396,245	121.7%
계	401,469,970	451,062,016	12.4%

●— 중화민국 초기 성별 인구수. 출처: 清末民初人口研究(1901~1920), 楊海貴,中國社会科學院.

군벌 시대의 주요 무기

중국 전역을 뒤흔든 5·4운동 다음 날인 1919년 5월 5일, 베이징 주재 영국 공사였던 존 조던 경은 중국 내전의 확전을 반대한다는 명목으로 대중 무기 금수Arms Embargo를 선언했다. 금수 조치에는 영국을 비롯해 미국과 스페인, 포르투갈, 러시아, 브라질, 프랑스, 일본 등 8개 국이 참여했다. 또한 나중에 네덜란드와 덴마크, 벨기에, 이탈리아도 무기 금수에 동참했다.

　당시 중국은 북방의 돤치루이 정권과 남방의 쑨원 정권으로 분열되어 내전이 한창이었다. 양측은 서로 자신들이 정통 정권이라고 주장하면서 통일전쟁을 벌였다. 열강 입장에서 중국의 분열은 중국에서 자신들의 이권을 위협하는 일이었다. 또한 내전이 확대되어 열강이 직접 개입할 경우 세력균형을 흔들 수도 있었다. 열강은 남북 정부가 전투를 중지하고 대화에 나설 것을 요구하는 한편, 중국에서 통일정권이 수립되기 전까지는 무기와 군수품의 판매와 수송, 무기를 제조

●— 장쭤린 휘하 군벌 중 한 사람이었던 장쭝창의 러시아인 용병들. 적백내전에서 패한 백군들이 중국의 혼란을 틈타 몽골과 동북으로 흘러들어와 용병으로 활동했다. 이들은 대개 술주정뱅이에 기강이 형편없었지만, 그 대신 중국인이 다루기 어려운 근대 무기를 운용하는 데 익숙했다. 장쭝창은 수만 명의 러시아인을 용병으로 고용해 포병대와 장갑차, 장갑열차 등을 운용하게 했다. 특히 독립 제65사단은 러시아인들로 구성된 부대였다. 이들은 장쭝창의 몰락과 함께 모두 해산되어 추방당했다. 용병 외에도 대량의 무기와 군수품이 연해주를 통해 만주로 흘러들어왔다. 덕분에 지린성 일대에서 활동하던 우리 독립군이 보급품을 얻을 수 있었다.

할 수 있는 기계류와 설비를 팔지 않기로 결정했다.

1차대전이 끝난 뒤 유럽에서는 엄청난 양의 잉여 무기가 넘쳐났지만 무기 금수로 인해 중국에는 소화기와 탄약 이외에 중포와 전차, 항공기, 군함, 독가스와 같은 신무기를 판매할 수 없었다. 물론 금수 조치가 철저하게 지켜지지는 않았으며(특히 일본) 독일, 체코처럼 금수 조치에 참여하지 않은 나라를 통해서 수입하거나 민간에서 쓴다는 핑계로 들여오는 경우도 있었다. 돤치루이는 공군 창설을 위해 영국과 프랑스에서 100여 대가 넘는 비행기를 구매했는데, 이 역시 명목은 민수용이었다.

중국이 군벌 내전에도 불구하고 15년 후의 스페인내전과 달리 열강의 대리전쟁이 되거나 최신 무기의 각축장이 되지 않은 것은 이 때문이었다. 중국군은 구식 소총과 약간의 중화기로 싸움을 했다. 또한 중국의 군수산업은 양무운동 시절에서 정체되어버렸다. 열강의 무기 금수는 중국의 군사 발전에 장애가 되었지만 긍정적인 효과도 있었다. 군벌들이 무기 구입에 혈안이 되어 열강에게 이권을 무분별하게 팔아넘기는 일을 억제했다는 점이다. 덕분에 중국 내전은 남북전쟁이나 국공내전에 비해서도 훨씬 덜 파괴적이었다. 그렇지 않았다면 유럽에서 그러했듯 중국 역시 전차와 항공기, 독가스로 국토가 초토화되었을 것이다. 미국 정치학 교수인 루돌프 룸멜^{Rudolph Rummel}의 연구에 따르면, 군벌 시대(1916~1928년) 희생자는 63만 2,000명, 그에 비해 중일전쟁은 1,021만 명, 국공내전은 496만 8,000명이다.

그렇다고 해서 내전 내내 아무런 군사적 발전이 없었다는 얘기는 아니다. 군벌들은 1차대전을 참고하여 새로운 전술과 교리를 개발하고 신무기 도입에 열을 올렸다. 싸움에서 이기려면 단순히 머릿수만이 아니라 더 우수한 무기와 강력한 군대가 필요했기 때문이다. 대표적인 사례로 체코제 ZB vz. 26 경기관총은 1927년에 톈진 다구해군공창에서 처음 복제 생산을 시작한 뒤, 중일전쟁과 국공내전까지 중국군의 표준 분대 지원 화기로 자리 잡았다. 성능이 매우 우수하여 일본군이 가장 두려워했던 명품 무기였다. 1929년 1월에야 열강은 북벌에서 승리한 장제스 정권을 중국의 정통 정권으로 승인하는 한편, 무기 금수 조치를 해제했다. 10년 만이었다. 그때부터 중국군은 본격적인 현대화에 착수할 수 있었다.

●── 제2차 펑즈전쟁 당시 즈리군의 통신병. 근대 이전의 전쟁에서 지휘관이 명령을 전달할 때는 서신을 써서 전령을 보내거나 빛, 소리, 깃발, 동물 등을 이용했다. 그러나 1차대전에 이르면 무전기를 비롯해 다양한 통신기기가 등장한 덕분에 저 멀리 있는 부대에도 신속하게 명령을 내리고 시시각각 변화하는 상황에 효율적으로 대처하게 되었다. 초기의 통신기기는 조잡했지만 빠르게 발전하면서 전장에서 없어서는 안 되는 물건이 되었다. 물론 중국에서도 예외가 아니어서, 유럽의 전훈을 교훈 삼아 최신 장비를 전쟁에 활용했다.

●── 즈리파 최강 부대였던 우페이푸의 제3사단 제6여단, 이른바 '철모여단鋼盔旅' 병사들. 프랑스군의 제식 철모이자 세계 최초의 방탄모이기도 한 아드리안 헬멧M1915 Casque Adrian을 쓰고 있다. 우페이푸는 중국에서 천으로 된 군모 대신 방탄모를 처음으로 사용한 군벌이다. 아드리안 헬멧은 중일전쟁 중에 윈난군 제60군도 사용했다.

보병 화기

독일제 마우저 C-96 반자동 권총 1896년 독일의 군수업체인 마우저사에서 개발하여 흔히 '마우저 권총' 또는 '모젤 권총'이라 불린다. 청말부터 국공내전까지 중국에서 가장 많이 사용된 권총 가운데 하나이다. 기존의 6발들이 리볼버 권총은 총알을 모두 발사한 뒤 재장전하려면 탄피를 일일이 제거해야 하는 불편함이 있었다. 하지만 C-96은 당시로서는 혁신적이었던 고정식 탄창을 이용해 신속하게 장전할 수 있었다. 또한 탄속이 매우 빠르고 위력이 좋아서 근접 전투에서 쓸 만했다. 프랑스·일본·소련·스페인 등 많은 나라에서 사용한 베스트셀러였지만 정작 독일군은 C-96 권총 대신 얼마 뒤에 등장한 루거 권총을 제식 권총으로 채택했다.

중국에서 C-96 권총은 광서신정 시절에 위안스카이에 의해 처음 도입됐다. 해외에서 수입하는 것 이외에도 한양병공창과 타이위안병공창, 상하이 강남제조국 등 전국 각지의 군수공장에서 도합 50만 정 이상을 생산한 것으로 추산된다. 중국 최대의 군수공장 중 하나였던 한양병공창은 연간 1만 5,000정을 생산했다. 1925~1936년에 스페인을 통해 10만 정을 수입했다.

탄의 구경은 원래 7.63mm이지만 중국의 병공창에서 자체 생산한 버전 중에는 보다 위력적인 0.45 ACP(11.43mm)탄을 사용한 경우도 있었다. 장탄 수는 8~10발. 최대사거리는 400미터에 유효사거리는 권총치고는 장거리인 150~200미터였다. 중국군은 C-96 권총에 개머리판을 달고 총신을 길게 하여 기병용 소총으로 활용하기도 했다. C-96은 다른 권총들처럼 단순히 호신 목적의 휴대용 무기가 아니라 소총을 축소한 것이기에 사거리와 명중률이 꽤 우수했기 때문이다. 심지어 스코프를 단 저격용도 있었다. 탄의 위력이 강하여 근접전에

●— C-96 권총으로 사격 훈련 중인 중국군 병사들.

서 유리했기에 특히 1차대전 당시 참호전에서 많이 사용되었다. 대신 무겁고 반동이 큰 점이 단점이었다.

브라우닝 FN M1900 반자동 권총 20세기 초반의 걸작 권총 중 하나. 미국 역사상 가장 위대한 총기 개발자로 손꼽히는 존 브라우닝John Moses Browning이 1896년에 개발하여 벨기에 FN사에서 1900년부터 생산했다. 안중근 의사가 이토 히로부미를 저격할 때도 사용했다.

총 100만 정 이상이 생산되어 대부분은 해외로 수출되었다. 최대 수입국은 스페인과 중국이었다. 중국은 위안스카이 시절인 1913년에 FN사에서 라이선스를 구매하여 난징의 진링병공창과 상하이 강남제조국 등지에서 대량 생산했다. C-96 권총과 함께 국공내전까지 중국에서 가장 많이 사용된 권총이다. 탄의 구경은 7.65mm에 최대 8발을 장전할 수 있었으며 최대사거리 400미터, 유효사거리는 25미터였다.

마우저 M1871 볼트 액션 소총^{Mauser Model 1871} 보불전쟁 당시 프로이센군의 주력 소총인 드라이제 니들 단발식 소총은 최초의 후장식 볼트 액션 라이플이었지만 성능이 조잡하여 프랑스군의 신형 소총인 샤스포 소총^{Fusil Modele 1866}보다 열세였다. 보불전쟁이 끝난 직후 프로이센 군부는 신형 소총 개발에 나섰다. 1871년 독일의 총기 기술자인 마우저 형제가 드라이제 니들 소총을 개량한 M1871 소총을 제작했다. M1871 소총은 당시 기준에서는 성능이 매우 우수하여 중국과 일본, 오스만, 남미 등지에까지 수출되었다. 대한제국군도 이 총기를 대량으로 수입하여 주요 제식 총기의 하나로 사용했다.

　양무운동 시기인 1876년 청조는 M1871 소총을 청군의 제식 소총으로 결정해 독일에서 대량 수입하는 한편, 1883년 상하이 강남제조국을 비롯한 전국 각지의 병공창에서 라이선스 생산했다. M1871 소총은 청군이 처음으로 제식화한 근대식 소총 중 하나로, 청일전쟁 때의 주력 소총이었다. 탄두의 구경은 11.15mm. 본래 한 발씩 약실에 넣고 장전해서 발사하는 식이었지만 1884년에 연발 소총으로 개량되면서 8발들이 탄창을 사용할 수 있었다. 총의 길이는 1.35미터, 무게는 4.5킬로그램, 최대사거리 1.6킬로미터, 유효사거리는 440미터였다.

마우저 M1888 볼트 액션 소총^{Gewehr 1888} 1880년대 프랑스와 오스트리아는 흑색화약 대신 무연화약을 사용하면서 클립식 탄창을 이용해 연발 사격이 가능한 신형 소총을 개발했다. 이 신형 소총은 사격 속도와 명중률이 훨씬 우수했고, 구경을 8mm로 줄인 덕분에 더 가벼운 총알을 사용할 수 있어서 탄약 휴대 또한 편리했다. 이 때문에 기존의 단발식 소총은 퇴물로 전락했다. 물론 독일도 M1871 소총을 연발이 가능하게 개량한 M1871/84 소총으로 바꾸어 배치했지만 여전히 흑색화약을 사용했기 때문에 성능이 떨어졌다.

독일 군부는 부랴부랴 독일소총실험위원회를 조직해 M1888 소총 개발에 나섰고 1888년 11월에 독일군 제식 소총으로 정식 채택했다. 하지만 개발 과정에서 M1871/84 소총 설계자인 마우저 형제를 의도적으로 배제했다. 또한 M1871/84소총이 아니라 오스트리아제 만리허 M1885 소총을 기본으로 하고 M1871/84와 프랑스제 니벨 M1888 소총을 부분 복제하는 식으로 개발했다. 등장 당시에는 선진적인 소총이었지만 잦은 고장과 탄 걸림 현상, 총열 폭발 등 결함 또한 많았다. 독일 군부는 10년 뒤 마우저 형제가 직접 설계한 M1898 소총으로 교체했다.

청일전쟁이 끝난 직후인 1895년, 청조는 이 소총을 차기 제식 소총으로 결정하고 생산 라이선스를 구입했다. 그리고 양무대신 장즈둥이 설립한 후베이성 한양병공창에서 '한양식 88보총'이라는 이름으로 생산을 시작했다. 연간 생산량은 1,300정 정도였다. 한양병공창뿐 아니라 상하이·타이위안·난징 등 전국 각지에서 소총을 생산했다.

북양군은 이 소총을 주력 제식 소총으로 활용했다. 군벌 시대와 난징 정권 시절까지 가장 널리 사용된 소총이었다. 이후 장제스 정권은 1934년 독일과 합작을 맺고 보다 신형인 M1898 소총을 도입하여 '중정식 소총'이라는 이름으로 생산을 시작했다. 이와 더불어 구식인 한양식 소총은 도태시킬 생각이었다. 그러나 얼마 뒤 중일전쟁이 일어났기 때문에 한양식 소총을 계속 사용할 수밖에 없었고 태평양전쟁 중인 1943년에야 생산을 전면 중단했다. 중일전쟁 때 일본의 주력 소총이었던 아리사카 38식 소총은 위력이 약한 6.5mm 탄을 사용했기에 화력에서 중국군의 한양식 소총과 중정식 소총에 밀렸다. 그러자 일본은 38식 소총의 약실을 7.7mm 탄으로 변경한 99식 소총을 내놓았지만 공업력의 미비로 전쟁이 끝날 때까지 38식 소총과 혼용해야 했다. 물론 일본군은 분대나 소대 지원 화기가 훨씬 우세했기 때문에 전체 화력에서는 중국군이 압도당할 수밖에 없었다.

중국의 M1888 소총 총생산량은 1910년부터 1938년까지 한양병공창에서 생산한 것만도 100만 정은 넘을 것으로 추정되지만 정확한 통계는 없다. 시대에 뒤떨어진 총이기는 해도 내구성이 좋아 일부 지방 민병부대에서 1980년대까지도 사용했다고 한다. 총의 길이는 1,250mm에 무게 4킬로그램이며, 7.92mm 총알을 사용했고 5발을 클립식으로 장전할 수 있었다. 최대사거리 1.8킬로미터에 유효사거리는 500미터 정도였다.

슈타이어 만리허 M1895 볼트 액션 소총^{Steyr-Mannlicher M1895} 1차대전 당시 오스트리아제국군의 제식 소총이었다. 오스트리아의 총기 설계자 만리허^{Ferdinand Ritter von Mannlicher}가 만리허 M1885 소총을 개량하여 1895년부터 슈타이어 만리허사에서 생산을 시작했다. 견고하고 신뢰성이 높았으며 사격 속도가 빨랐다. 중국에서는 청일전쟁 직후 신건육군의 창건을 맡은 위안스카이가 이 총을 수입하여 초창기 제식 소총으로 활용했지만 얼마 뒤 독일제 M1888 소총으로 대체되었다. 총의 무게 3.8킬로그램, 길이 1.27미터, 8mm 총탄 5발 클립을 장전할 수 있었으며 최대사거리 2킬로미터, 유효사거리는 400미터 정도였다.

모신나강 M1891 볼트 액션식 연발 소총 1891년 제정러시아 육군 대위였던 세르게이 이바노비치 모신^{Sergei Ivanovich Mosin}이 개발했다. 구조가 단순하고 내구성이 좋아 양차 대전과 한국전쟁, 베트남전쟁에 이르기까지 많은 나라에서 사용했다. 심지어 오늘날 아프간 탈레반도 이 총을 썼으며, 시리아 내전 등에서도 볼 수 있을 정도이다. 소련은 제1차 국공합작 이후 광저우의 국민혁명군과 펑위샹의 국민군에게 대량으로 원조했다. 성능에서 북양군벌이 사용하던 한양식 소총이나 일본제 38식 소총에도 결코 뒤지지 않았다. 중공 정권이 수립된 뒤에는 53식 보총이라는 명칭으로 국산화해서 주력 소총으로 사용했다. 총중량 4킬로그램, 길이 1.2미터에 7.62mm 탄두를 사용했으며 5발을 장전할 수 있었다. 유효사거리는 약 500미터였다.

이탈리아제 M1891 만리허 카르카노^{Mannlicher Carcano} 볼트 액션식 소총   1891년에 개발되어 2차대전까지 50년 동안 이탈리아 육군의 제식 소총으로 사용되었다. 하지만 고장이 잦고 노리쇠가 뻑뻑하여 재장전이 매우 어려웠다. 또한 상대적으로 구경이 작은 6.5mm 탄약을 사용했기에 화력이 빈약하여 악평이 쏟아졌다. 우페이푸는 1924년에 이탈리아에서 2만 정 이상의 카르카노 소총과 500만 발의 탄약을 수입하여 주력 소총의 하나로 사용했다.

베르크만 MP18 기관단총   1차대전의 특징 중 하나가 여태껏 경험한 적 없는 치열한 참호전이었다. 좁은 참호에서 총신이 길고 재장전이 오래 걸리는 소총은 사용하기가 매우 불편했다. 적군의 참호를 공격하는 특공대원들은 소총 대신 권총과 경기관총을 사용했다. 전쟁 말기에는 더 가벼우면서 대량의 총알을 연속으로 발사하여 다수의 적군을 제압하기 위한 기관단총이 개발되었다. 독일 베르크만사의 총기 설계자인 후고 슈마이저^{Hugo Schmeisser}가 설계한 MP18은 이탈리아군이 개발한 베

●— MP18 기관단총을 든 펑톈군 병사.

레타 MAB 18^{Beretta Mod.1918}과 함께 세계 최초로 개발된 초기 기관단총의 하나로, 기존 소총보다 총신이 짧고 가벼워 휴대하기 쉬웠다. 성능도 베레타 MAB 18보다 훨씬 우수하여 9mm 권총탄 35발들이 탄창을 장전하고 유효사거리 100미터에 분당 400발의 속도로 발사했다.

중국에서는 1924년 10월 제2차 펑즈전쟁 때 산하이관전투에서 장쭤린의 펑톈군이 처음 사용했다. 참호에 뛰어든 펑톈군 병사들이 MP18을 난사하자 즈리군 수비병들은 혼비백산했다. 장쭤린에게 패하여 후베이성으로 달아난 우페이푸는 당장 한양병공창에서 MP18을 생산했다. 상하이 병공창(강남제조국)과 난징의 진링병공창에서도 1926년부터 생산을 시작했다. 중국에서 생산된 버전은 9mm 권총탄을 사용한 오리지널과 달리 C-96 권총탄과 동일한 7.63mm 마우저탄을 사용했다. MP18 기관단총은 미국제 톰프슨 기관단총과 함께 중국에서 가장 널리 사용된 기관단총이었다. 일본도 MP18을 수입하여 예하 부대에 보급했으며, 1939년에는 MP18을 국산화한 100식 기관 단총을 개발하여 공수부대에서 사용하기도 했지만 생산량은 많지 않았다.

톰프슨 기관단총 Thompson submachine gun 일명 '토미건Tommy Gun'. 1930년대를 배경으로 하는 할리우드 갱단 영화에서 흔히 볼 수 있는 총기이다. 1차대전 후반에 와서 유럽 각국에서 참호 전용 기관단총을 개발하자 미 육군의 총기 설계자 존 톰프슨John T. Thompson 준장은 1917년 말에 톰프슨 기관단총을 설계했다. 그러나 본격적인 생산에 착수했을 때는 이미 전쟁이 끝난 뒤였다. 게다가 총기 가격이 당시로서는 꽤 고가(200달러. 현재 가치로 2,800달러)였기에 처음에는 거의 팔리지 않았다. 그런데 뜻밖에도 마피아들이 이 총에 주목하면서 인기를 누렸다. 2차대전 직전 유럽에도 팔려나갔으며, 처칠은 국민들의 사기 진작을 위해 이 총을 직접 들고 선전 사진을 찍기도 했다.

중국에서는 1923년 쑨원이 초기 모델인 M1921 30정을 도입한 것이 처음이었다. 쑨원은 광저우병공창에서 총을 복제하게 했다. 광저우병공창은 설비가 낙후되고 공정을 수작업에 의존했기 때문에 1년 동안 생산한 양이 39정에 불과했다. 1927년 1월에는 옌시산의 타이위안병공창도 생산을 시작하여 1930년대에 이르면 매월 900~1,000정을 제작했다. 또한 다구병공창, 쓰촨병공창 등에서도 이 총을 생산했다. 중량은 4.9킬로그램. 탄두는 11.43mm 권총탄을 사용했지만 쓰촨병공창에서 생산된 모델은 7.63mm 마우저탄을 사용했다. 20발들이 탄창 또는 50/100발들이 드럼 탄창을 장착할 수 있었다. 분당 발사속도는 약 600~800발, 유효사거리는 150미터 정도였다. 중국에서는 상당히 흔한 총이어서 공산군도 이 총으로 무장했다. 국공내전은 물론,

●— 중일전쟁 당시 톰프슨 기관단총으로 사격 훈련 중인 팔로군 병사들. 톰프슨 기관단총은 다양한 변종이 있었으나 중국에서 사용된 것은 주로 초기형인 M1921 모델이었다.

한국전쟁에서도 사용했다.

M1889 맥심 중기관총 19세기에 등장한 여러 무기 중에서 최고 걸작으로 손꼽혔던 맥심 중기관총은 1883년 미국의 무기 발명가 하이럼 맥심Hiram S. Maxim이 발명했다. 19세기 중엽에 등장한 최초의 다총신 기관총인 개틀링 기관총보다 발사속도가 훨씬 빠른 데다(개틀링 350발/분, 맥심 550발/분) 신뢰성도 우수했다. 빠른 연사 속도와 강력한 화력은 그때까지의 전쟁 양상을 하루아침에 바꿔놓았다. 기관총으로 방비하는 적의 진지를 보병이 정면에서 돌파하는 것은 자살행위나 다름없다고 생각될 정도였다. 러일전쟁 때 뤼순공방전에서 일본군의 사상자는 5만 8,000여 명에 달했다. 대부분 기관총에 의한 희생이었다.

분당 최대발사속도는 550발에, 유효사거리는 700미터 정도였다.

●— 청말 맥심 기관총으로 훈련 중인 순방영 병사들.

청조는 1900년대 초반에 200정 이상의 맥심 기관총을 수입하여 신
군을 비롯한 여러 부대에 보급했다. 또한 라이선스를 구매하여 각지
의 병공창에서도 생산했지만 그 수는 많지 않았다. 난징 진링병공창
은 1914년부터 1921년까지 7년 동안 300여 정의 맥심 기관총을 생산
했다.

이탈리아제 피아트-레벨리Fiat-Revelli M1914 중기관총 이탈리아 군수업체인
피아트사가 맥심 기관총을 토대로 개발한 이탈리아 최초의 국산 기관
총으로, 1914년에 제식화했다. 이탈리아 육군의 주력 소총인 카르카
노 소총과 마찬가지로 6.5mm 탄약을 사용했다. 수냉식 중기관총인
데도 다른 기관총과 달리 벨트 급탄 방식이 아니라 일반 소총에 사용
하는 5발 클립을 여러 개 끼우는 식으로 사용했다. 특이한 급탄 방식

때문에 장탄 불량으로 인한 탄 걸림 현상이 수시로 발생했다. 또한 지속 사격 능력이 몹시 떨어져 중기관총으로서의 장점이 없었다. 이탈리아의 낮은 기술력을 단적으로 보여주는 사례였다. 그럼에도 공업력이 빈약했던 이탈리아 육군은 이 조잡한 기관총을 2차대전까지 사용했다. 우페이푸군의 주력 기관총이었다. 총중량 40킬로그램, 분당 발사속도 400~500발, 유효사거리 500미터, 최대 장탄 수는 5발 클립 10개(50발)였다.

소련제 M1910 맥심 수냉식 중기관총 맥심 기관총의 러시아 버전. 러일전쟁에서 맥심 기관총을 대량으로 사용하여 일본군에 엄청난 손실을 입힌 러시아는 맥심 기관총을 복제한 M1905를 제작했다. 이후 이것을 개량한 M1910 기관총을 개발했다. 총신을 구리 대신 강철로 제작했으며 방탄판으로 방호력을 높이고 수송용 마차에 연결할 수 있도록 바퀴를 달았다는 점이 특징이다. 1910년에 개발되어 2차대전과 한국전쟁, 베트남전쟁까지 사용되었다. 무게는 65킬로그램에, 7.62mm 탄두를 사용했으며 분당 발사속도는 600발 정도였다.

독일제 크루프^{Krupp} M1903 75mm 속사포 북양군의 주력 야포로 각 사단마다 1개 포병연대(야포 36문, 산포 18문)가 배치되었다. 군벌 내전과 중일전쟁, 국공내전까지 사용되었다. 제작사인 크루프사는 독일의 대표적인 군수업체로, 400년 이상의 역사를 자랑한다. 또한 철강과 철도, 병기 제작에서 세계 최고의 기술력을 가진 회사였다. 크루프사는 1856년 세계 최초로 강철 포신으로 된 90mm 전장식 야포(크루프^{Krupp} C/61)를 개발했으며, 1864년에는 보다 개량된 C/64 후장식 야포를 개발하여 보불전쟁에서 프로이센이 승리하는 데 결정적인 역할을 했

●— 신해혁명 당시 우창에서 크루프 M1903 속사포로 청군 진지를 향해 사격 중인 혁명군 포병대.

다. 이후 크루프사의 대포는 전 세계 시장을 석권했다. 1903년에 개발된 M1903 75mm 속사포는 1차대전과 2차대전에서 독일군의 주력 야포로 사용되었다. 또한 중국과 루마니아, 타이, 벨기에, 오스만, 세르비아 등 약소국들에게 수출되었다. 대한제국도 몇 문 수입했다. 일본은 이 포를 국산화하여 38식 속사포를 개발했다. 총중량 1톤에 운영 인력은 7명, 최대사거리 6킬로미터, 분당 최대 8발을 발사할 수 있었다. 북양군은 크루프 속사포 이외에 오스트리아제 스코다 M1907 72.5mm 속사포와 프랑스제 슈나이더 M1907 75mm 속사포도 사용했다.

일본제 41년식 75mm 산포 러일전쟁 당시 31년식 산포의 짧은 사거리, 화력 부족을 보완하기 위해 독일 크루프사의 M1908 산악포를 라이선스하여 1910년부터 생산했다. 중일전쟁과 태평양전쟁 말기까지 일본군의 주력 산포였다. 각 연대별로 4문씩 배치되어 '연대포'라고 불리기도 했다. 중량이 540킬로그램으로 비교적 가볍고 분해가 용이하여 운반이 간편했으며, 명중률 또한 매우 우수했다. 발사속도는 분당 10발, 최대사거리 7.1킬로미터 정도였다. 친일파였던 돤치루이와 장쭤린 군대가 사용했지만 장제스 정권도 포병 화력의 강화를 위해 많은 수를 수입하여 일선 부대에 배치했다. 또한 한양병공창, 타이위안 병공창 등지에서 한양 10식 75산포, 산시 13식 산포라는 이름으로 복제품을 생산했으며, 한국전쟁 당시 중공군도 사용했다.

장갑차량

1886년 독일의 발명가 카를 벤츠^{Karl Friedrich Benz}가 최초의 자동차를 발명한 이후 자동차는 비약적으로 발달했다. 자동차의 등장은 전쟁에도 영향을 주었다. 군대와 대포, 물자를 자동차로 신속하게 최전선까지 수송할 뿐만 아니라 차체에 두꺼운 철판을 두르고 화기를 달아 적진을 공격하는 수단으로도 사용했다. 현대적 장갑차의 시작이었다.

세계 최초의 장갑차인 'Motor War Car'와 'Charron, Girardot et Voigt 1902'가 등장한 뒤 구미 각국은 너도나도 장갑차 개발에 열을 올렸다. 리비아를 놓고 벌어진 이탈리아-오스만 전쟁 때 이탈리아군이 장갑차량을 처음 실전에 사용했다. 1차대전이 일어나자 상대의 참호를 돌파하기 위해 다양한 형태의 장갑차량이 등장했다. 그중에서도 사람들에게 가장 큰 충격을 준 것이 바로 1916년 9월 15일 북부 프랑스의 솜강전투에서 영국군이 투입한 36대의 MK-I이었다. 28톤에 달하는 육중한 덩치와 중장갑으로 철조망과 참호를 깔아뭉개면서 사방에 달린 대포와 기관총으로 쉴 새 없이 사격을 가하는 모습은 그야말로 '괴물'이었다. 전차의 등장은 전쟁의 양상을 바꿔버렸다.

●— 세계 최초의 장갑차 'Motor War Car'. 영국의 공학자 프레더릭 심스^{Frederick R. Simms}가 설계하고 비커스사에서 제작했다. 남아프리카에서 벌어지고 있던 보어전쟁에 사용할 목적이었지만, 프로토 타입의 제작이 늦어지면서 전쟁이 끝난 직후인 1902년에 완성되어 실전에 투입되지는 못했다. 독일의 자동차회사인 다임러사의 차체와 16마력 엔진을 사용하고 적의 총탄을 막기 위해 6mm 두께의 철판을 사방에 둘렀다. 상부에는 2정의 맥심 기관총을 탑재하여 360도 사격이 가능했다. 최고속도는 14.5km/h 정도였다.

일본 역시 신무기로서 자동차의 군용화에 주목했다. 일본이 실전에 자동차를 처음 사용한 것은 1900년 중국에서 일어난 의화단의 난 때였다. 팔련군으로 참전한 일본은 제5사단을 출동시켜 베이징을 공격했는데, 이때 47대에 이르는 차량을 물자 수송에 투입해 차량 운용 경험을 쌓았다. 1차대전이 일어난 직후인 1914년 9월, 독일령 칭다오 공략에 나선 일본군 제18사단은 자동차반을 편성하여 사단 직할부대로 운용했다. 자동차반은 자국산인 '병호丙號' 4륜 자동차 4대로 편성됐으며, 칭다오 요새 공략 때 공성용 포탄과 항공기 자재를 수송했다.

1918년 10월 24일에는 영국제 MK-IV 전차 1대를 수입했다. 원래 일본 육군이 원한 것은 가장 최신형이었던 MK-V 전차였지만 영국 정부는 자국의 기술이 집약된 최신 무기를 판매하기를 꺼렸다. 일본이 구입한 MK-IV는 요코하마항을 통해 들어간 뒤 지바보병학교에서 훈련용으로 사용되었다. 이것이 일본 육군 전차사의 시작이었다. 그 뒤로도 영국제 비커스 경전차와 휘펫 중형 전차, 프랑스제 르노-17, 르노-NC 경전차, 오스틴Austin 장갑차 등 유럽에서 다양한 전차와 장갑차를 수입했다. 또한 일본 국내의 자동차산업을 육성하여 전차와 장갑차의 국산화에 도전한다.

한편, 중국의 군수산업은 사실상 정체 상태였다. 아직 청조가 건재했던 양무운동과 자희신정 시기만 해도 리홍장·줘중탕을 비롯한 여러 양무대신들의 주도로 상하이·우한·난징·톈진·타이위안 등지에 대규모 병공창(군수공장)을 건설했다. 전국의 병공창은 50여 개에 달했다. 그러나 청조가 몰락한 뒤 정치적 혼란과 내전, 극심한 자금난으로 대부분의 공장은 문을 닫거나 축소되었다. 상하이 강남제조국, 산시성의 타이위안병공창, 펑톈성의 동3성 병공창, 우한의 한양병공창 등이 중국의 대표적인 군수공장이었다.

그러나 이들 공장에서 생산할 수 있는 무기는 고작해야 소화기와 중기관총, 75mm 산포, 80mm 박격포, 탄약 등 경화기였다. 그것도 중국에서 직접 설계·제작한 무기가 아니라 독일·미국·프랑스·일본 등 외국 무기를 라이선스한 것이었다.

중국에 처음으로 전차가 들어온 때는 소련의 적백내전기였다. 백군에 속한 체코 군단은 시베리아 횡단철도를 통해 1920년 8월 연해주에 도착했다. 이들 대부분은 블라디보스토크에서 배를 타고 고국으로 돌아갔지만, 일부는 중소 국경을 넘어 동북으로 들어와서 동북 군벌 장쭤린의 용병이 되었다. 또한 막대한 무기를 장쭤린에게 판매했다. 그 중에는 12대의 프랑스제 르노 FT-17 경전차도 있었다. 그러나 전차에 대한 무지함과 운용 인력 부족 등 현실적인 문제로 1922년 4월에 일어난 제1차 펑즈전쟁에서는 활용하지 못했다.

제1차 펑즈전쟁에서 우페이푸에게 호되게 패한 장쭤린은 막강한 북양군을 격파하고 중원을 차지하려면 펑톈군의 대대적인 현대화가 필요하다는 사실을 비로소 절감했다. 그가 눈을 돌린 쪽은 항공기와 전차였다. 그는 140여 대에 달하는 최신 항공기와 함께 24대의 르노-17 경전차를 추가로 구입했다. 앞서 체코 군단에서 구입한 12대까지 합하여 총 36대의 르노-17 경전차를 확보한 장쭤린은 1926년 1월 펑톈군 제1기병여단 산하에 전차대대를 편성했다. 대대장은 상예창商業틈 소교(소령)였고, 6개 중대로 구성되었다. 각 중대는 6대의 전차를 보유했다. 장쭤린은 이 부대를 자기 후계자인 장쉐량의 직속부대로 삼았다. 이것이 중국 최초의 전차부대로, 1926년 5월에야 최초의 전차대대를 편성한 일본보다도 한 발 빨랐다.

1926년 5월, 베이징 북서부의 난커우에서 펑위샹의 국민군과 장쭤린·우페이푸 연합군 사이에 북방의 패권을 놓고 전투가 벌어졌다. '난커우전역'에서 장쭤린은 중국 역사상 처음으로 전차부대를 실전에 투입했다. 8월 1일 그는 르노 FT-17 경전차 9대로 국민군의 방어선 돌파에 나섰다. 그러나 수가 너무 적고 운용 능력이 미숙한 데다 국민군 포병대의 맹렬한 사격에 부딪혀 전차 3대만 잃은 채 물러나야 했다.

전차부대가 두 번째로 투입된 때는 북벌전쟁이 한창이던 1927년 10월 24일이었다. 즈리성 남부 쥐저우성에 포위된 산시군을 공격하던 장쉐량은 6대의 전차를 투입했다. 그러나 산시군의 완강한 저항에

●── 르노 FT-17과 젊은 시절의 패튼. 1917년 4월 프랑스의 자동차회사인 르노사에서 개발했다. 덩치가 크고 매우 느린 데다(최고 6km/h) 걸핏하면 고장이 나던 영국의 MK 전차와 달리 가볍고 값이 싸며 상대적으로 신뢰성이 높아 미국과 일본·소련·이탈리아 등 많은 나라에서 사용한 걸작 전차였다. 또한 최초로 회전식 포탑을 탑재했다는 점이 매우 획기적이어서 그 뒤에 등장하는 전차들에 많은 영향을 주었다. 승무원 2명에 37mm 주포 또는 호치키스 8mm 기관총 1정을 탑재했으며 장갑은 6~22mm, 35마력 엔진을 탑재하고 최고속도는 20km/h 정도였다.

부딪혀 공격은 실패했다. 장쉐량은 10월 30일과 11월 7일, 11월 18일에도 전차부대를 거듭 투입하여 공격했지만 그때마다 격퇴당하고 도합 3대의 전차를 잃었다. 또한 1928년 4월에는 허난과 산둥 전선에서 북벌군과 싸우다 6대의 전차를 상실했다. 그중 1대는 북벌군에게 노획되어 청천백일 마크를 달고 싸웠다. 이 전차는 북벌이 끝난 뒤 난징의 중앙군사학교에서 전차병 훈련에 사용되었다. 그러나 중일전쟁 때 난징 방어전에서 일본군에게 노획된 후 일본 본토까지 끌려가 전시되는 수모를 겪기도 했다. 황구툰사건으로 장쭤린이 죽자 장쉐량은 산하이관 이북으로 후퇴를 결정했다. 잔여 전차들 또한 동북으로 모두 철수했다. 1929년 9월, '중둥로 사건(평소전쟁)'이 벌어졌다. 11월에는 소련군이 중소 국경에 위치한 만저우리를 침공했다. 이때 장쉐량은 전차부대를 출동시켰지만, 현장에 도착하기 전에 전투가 끝나면서 실전에는 참여하지 못한 채 펑톈으로 되돌아왔다.

1931년 9월 18일, 만주사변이 일어나 관동군이 펑톈을 공격했다. 펑톈 교외의 베이다잉에는 동북군 제7여단과 함께 FT-17 경전차 13대도 있었다. 그러나 장쉐량이 "저항하지 말라"는 지시를 내리면서 현지의 동북군은 무기를 모두 반납하고 퇴각하거나 탈영했다. 전차들도 고스란히 관동군의 수중에 넘어갔다. 펑톈의 둥타비행장에는 11대의 전차가 있었다. 관동군이 공격하자 전차병들은 자기들 손으로 전차를 파괴하려 했지만 실패하고 전차는 관동군에게 노획되었다. 결국 앞서 상실한 12대를 제외한 나머지 24대를 모조리 관동군이 차지한 셈이다. 이 전차들은 북만주의 항일 중국군을 공격하는 데 사용됐으며, 만주국이 건국된 후에는 만주국군 전차부대에 편입되었다. 중국 최초의 전차대대는 별다른 전과를 내지 못하고 완전히 소멸했다.

장쭤린은 전차 외에 장갑차 도입에도 적극적이었다. 장갑차 1호는 자신의 전용차였다. 암살과 테러를 두려워한 그는 미국의 자동차회사 패커드사^{Packard}에 방탄차 제작을 의뢰했다. 민수용인 패커드 트윈식스$^{Packard\ Twin\ Six}$ 차체에 20mm 두께의 장갑 철판을 두르고 당시로서는 고성능이었던 90마력 엔진을 탑재했으며 6명이 탈 수 있었다. 또한 측면에 M1917 중기관총 1정을 달았다. 장쭤린은 이 차에 '펑톈1호奉天一號'라는 이름을 붙였다. 구입가는 무려 3만 5,000달러(5만 위안)에 달했다. 원래 가격(260달러)의 100배가 넘는 금액이었기에 세계에

●— 장쭤린의 방탄차인 펑톈1호.

서 가장 비싼 차로 손꼽혔을 정도였다.

　장쭤린의 부하였던 산둥 군벌 장쭝창은 '혼세마왕'이라고 불릴 만
큼 악명을 떨쳤지만 용맹하면서 근대 무기에 관한 나름의 식견을 갖
춘 인물이었다. 적백내전 이후 소련군에 쫓겨온 많은 백군 출신 병
사들이 중소 국경을 넘어왔다. 장쭝창은 이들을 거두어 '백군 부대'
를 창설했다. 대우가 좋고 봉급이 두 배였다. 그는 나중에 러시아인
으로 구성된 독립 제65사단을 편성했다. 말은 사단이지만 실제 인원
은 3,000여 명 정도였다. 사단장과 여단장, 연대장 등 고급 지휘관들
도 모두 중국으로 망명한 러시아 귀족 출신이었다. 백군 패잔병들은
대부분 질이 매우 낮고 기강이 엉망인 오합지졸이었지만, 제정러시아
군대에서 정규군으로 복무했기에 최신 화기를 다루는 데 능했고 우
수한 기술자도 많았다. 장쭝창은 포병과 장갑열차를 운용하는 데 이
들을 활용했다. 러시아인 포병은 중국군 포병이 흉내 낼 수 없을 만큼

탁월한 포술을 자랑했다.

1924년 10월 제2차 펑즈전쟁에서 펑톈군 제2군 부사령관이었던 장쭝창은 만리장성을 돌파한 뒤 롼저우를 점령했다. 롼저우 기차역에는 대량의 무기와 탄약, 식량 외에 버려진 열차가 있었다. 장쭝창은 이 열차에 5~10mm 두께의 철판을 두르고 화포와 기관총을 달아 장갑열차로 개조했다. 그에게는 2대의 장갑열차가 있었다. '창장長江'과 '창성長城'이었다. 각각의 열차는 6량의 차량으로 구성됐다. 열차 앞뒤로 일본제 41식 75mm 산포 1문씩 배치됐으며, 4문의 기관총이 있었다. 장갑열차를 운용하는 인원은 50여 명 정도로 전부 백군 병사들이었다. 중국 내전에서 사용된 최초의 장갑열차였다. 장쭝창은 장갑열차에 자신의 병력을 태우고 남쪽으로 가 상하이를 단숨에 점령하는 등 기염을 토했으며, 산둥성과 장쑤성 북부에 걸쳐 거대한 세력을 구축했다. 또한 '타이산泰山'과 '허난河南' 등 장갑열차를 추가로 제작했다. 장쭝창의 장갑열차는 쑨촨팡·펑위샹·장제스 등과의 싸움에 투입됐지만 전쟁에 패하면서 모두 파괴되거나 북벌군에 노획되었다.

장쭝창은 중국산 전차 제작에도 나섰다. 1926년 2월 그는 산둥성의 지난병공창을 대대적으로 확충하는 한편, 미국인 무기 전문가들을 채용했다. 이들은 장쭝창에게 전차를 직접 제작할 것을 제안했으며, 영국의 마크-V 전차와 휘펫Whippet 전차, 프랑스제 르노-17 전차 등을 참고하여 1대의 시제품을 만드는 데 성공했다. 그러나 얼마 뒤 장제스의 북벌군이 산둥성으로 진격하자 장쭝창은 후퇴했다. 극심한 혼란 속에 전차도 사라져버렸고 상세한 제원도 남지 않았다. 장쭝창은 전차 이외에 몇 대의 장갑차를 제작하기도 했다.

광저우의 쑨원은 1924년 11월 대원수부 직할부대로 중대 규모의 장갑차대를 창설했다. 장갑차대는 총인원 136명에 3대 소대로 구성

●── 장쭝창의 장갑열차. 군벌 중에서 장갑열차를 가장 많이 보유한 그는 총 10대의 장갑열차를 운용했다.

됐으며, 1개 소대는 3개 반班(분대)으로 구성되었다. 장갑차대에는 1대의 장갑열차가 있었고, 장갑열차는 기관차를 포함해 5량의 차량이 있었다. 대포는 탑재되지 않았으며 화차마다 기관총 1정이 배치되었다. 장갑열차는 광저우 상단 진압과 두 차례의 동정에 투입되어 물자 수송과 병참로 확보, 화력 지원 등을 맡았다.

1차대전 당시 유럽 전선에서는 전차와 장갑차, 항공기, 독가스, 잠수함 같은 온갖 신무기가 등장하여 전쟁의 양상을 완전히 바꾸었다. 그러나 중국에서는 신무기를 찾아보기 어려웠다. 구미 열강은 자국의 기술이 집약된 최신 무기의 해외 수출을 꺼렸기 때문이다. 또한 제아무리 무시무시한 신무기라도 찔끔찔끔 사용하는 정도로는 싸움의 승패에 큰 영향을 주기 어려웠다. 신무기는 대량으로 투입할 때 의미가 있었다. 그렇게 할 수 있는 나라는 가장 부유하고 공업화한 몇몇 열강뿐이었다.

●─ 장쭤창이 제작한 중국 최초의 국산 전차. 영국제 휘펫 전차 차체에 기관총 2정을 탑재했다.

●─ 장쭤창이 제작한 장갑차. 그는 다양한 장갑차량을 제작했지만, 자료가 소실되어 몇몇 사진 말고는 자세한 제원이 남아 있지 않다.

●── 광둥 군벌 천지탕의 장갑차. 군벌들은 대개 민수용 차량에 철판과 기관총을 탑재하여 장갑차로 개조했다.

　군벌들은 전차나 장갑차보다 장갑열차에 주목했다. 중국 역시 전국에 철도가 깔려 있었고 철도는 군대와 물자 수송에 절대적이었다. 만약 철도를 이용할 수 없을 경우 군대 전체가 발목이 묶여 전쟁에 패배할 수밖에 없었다. 그러나 열차는 적군이나 토비의 공격에 쉽게 노출된다는 점이 가장 큰 약점이었다. 군벌들은 적의 공격에서 철로와 열차를 보호하고 화력을 지원하기 위해 열차를 개조하여 장갑을 덧대고 대포를 탑재했다. 장쭤린·장쫑창·쑨원 외에도 우페이푸·펑위샹·쑨촨팡 등 비교적 자금이 넉넉한 대군벌들은 여러 대의 장갑열차를 보유했다. 이들의 장갑열차는 북벌전쟁 때 대부분 북벌군 손에 넘어갔다.

　중국에서 기갑부대가 본격적으로 등장한 때는 북벌전쟁이 끝난 뒤였다. 만주사변과 상하이사변·러허사변 등 일본의 침략이 갈수록 거세지는 와중에 장제스는 일본에 대항하기 위해 군대의 현대화에 착수했다. '중국 기갑부대의 아버지'라고 불리는 제17군장 쉬팅야오徐庭瑤 장군은 장제스에게 "각국 열강 군대에서는 기갑부대가 빠르게 발전하고 있어 향후 전쟁에서 큰 역할을 하게 될 것"이라며 기갑학교 설립을 건의했다. 장제스는 그의 조언을 받아들여 난징에 육군교치학교陸軍交輜學校(전차병학교)를 설립하고 전차병 양성에 착수했다. 또한 영국·프랑스·독일 등지에서 비커스 6톤 경전차, 르노-NC 경전차, 독일 제1호 전차, 이탈리아제 L-3 탱케트 등 당시로서는 최신 전차와 장갑차를 대거 도입하여 본격적인 현대식 기갑부대를 편성했다.

항공기

1903년 12월 17일 미국 노스캐롤라이나주 키티호크 인근 킬데블 언덕에서 오빌 라이트가 조종하는 비행기가 처음 하늘을 날아올랐다. 그 이후 항공기는 빠르게 발전했다. 라이트 형제가 제작한 플라이어 1호는 조잡하기 짝이 없었지만 7, 8년이 지나자 항공기를 군사 목적으로 활용할 정도였다. 1차대전이 발발하자 유럽 상공에서 항공기들의 치열한 공중전이 벌어졌다.

중국에서도 항공 시대가 열렸다. 1887년 톈진무비학당에서 처음으로 지름 1.7미터의 열기구 제조에 성공했다. 1905년에는 후광 총독 장즈둥이 일본에서 2대의 열기구를 도입했다. 중국에 비행기가 언제 처음 들어왔는지에 대해서는 여러 설이 있어 분명하지 않다. 대략 1909년부터 1910년 사이라는 주장이 유력한데, 이것은 일본과도 거의 비슷한 시기이다. 중국에서 첫 공식 비행은 라이트 형제가 비행에 성공한 지 7년 후였다. 1911년 2월 21일, 상하이 경마장에서 르네 발롱이라는 프랑스인이 소메르 복엽기를 타고 출발하여 10분 동안 상하이 상공을 비행하는 데 성공했다.

1913년 3월 위안스카이는 베이징 난위안에 항공학교를 설립하고, 프랑스제 코드롱 G-Ⅱ 전투기와 G-Ⅲ 전투기를 각 6대씩 총 12대 도입했다. 군벌 내전기에 군벌들은 다양한 항공기를 도입하여 사설 항공대를 조직해 지상 지원과 정찰 등의 임무에 투입했다. 또한 국산 수상비행기를 자체적으로 제작하기도 했지만, 정치적 혼란과 공업력 부족 때문에 양산에는 이르지 못했다.

코드롱^{Caudron} G-Ⅲ 전투기 중국 최초의 제식 항공기로, 꼬리에는 북양 정부의 상징이었던 '오색 마크'가 그려져 있었다. 프랑스인 가스통 코드롱^{Gaston Caudron}이 설계하고 1913년에 개발되었다. 1차대전 동안 약 3,000대에 달하는 기체가 생산되어 프랑스·영국·미국·벨기에·이탈리아 등 연합군의 주력 기체로 활용되었다. 1차대전이 끝난 뒤에는 폴란드·핀란드 등 신생국가들도 사용한 걸작 기체였다. 승무원 2명에 총중량 420킬로그램, 80마력 엔진을 탑재하고 최고속도 106km/h, 경기관총 1정으로 무장했다.

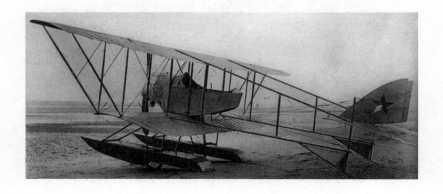

아브로^{Avro} 504K 단발 복엽 전투기 1차대전 초기 영국 공군의 주력 기체 가운데 하나. 1913년 7월 첫 비행에 성공하고, 11월 영국 공군에 정식 채택되었다. 영국 해군에서도 채택하여 해군 항공대에서 활용했다. 그러나 독일의 신예 전투기들이 속속 등장하면서 금방 구식이 되어 연습기로 사용했다. 전쟁이 끝난 뒤에는 민간용 항공기로 판매되어 1932년까지 사용되었다. 일본도 1921년에 78대(육상기 68대, 수상기 10대)를 수입한 뒤 훈련용으로 사용했다.

중국에서는 1919년 돤치루이 정권이 6대를 구매한 뒤 난위안비행학교에 배치하여 훈련용으로 사용했으며 이듬해에 6대를 추가로 구매했다. 이와 별도로 육군부에서는 60대를 구입하여 중국 최초의 전투비행대를 조직했다. 장쭤린도 26대를 구매하여 동북항공학교의 연습기로 사용했다. 승무원 2명에 총중량 560킬로그램, 82마력 엔진을 탑재하고 최고속도 145km/h, 최대 400킬로미터를 비행할 수 있었다. 무장으로는 기관총 1정을 탑재했다.

브레게^{Breguet} 14 전투폭격기 1차대전 때 프랑스 공군의 주력 기체 중 하나로 1916년 11월에 첫 비행을 했다. 설계자는 루이 샤를 브레게^{Louis}

^{Charles Breguet}였다. 당시 항공기들은 엔진 출력이 약해서 천과 목재 같은 가벼운 소재를 사용했다. 이 때문에 방어력이 취약했던 반면, 브레게 14 폭격기는 300마력 고성능 엔진을 탑재하고 동체와 주요 부위에 금속을 사용해 방어력을 강화했다. 전투기와 경폭격기, 정찰기 등 다목적으로 사용됐으며 1만여 대가 생산되었다. 프랑스 공군 이외에도 체코·브라질·덴마크·폴란드·일본 등 세계 각지로 판매되었다.

중국에는 70대가 수입되어 군벌 내전기에 가장 많이 사용된 기체 중 하나였다. 1922년 저장 독군 루융샹이 5대를 도입하여 1924년 9월 장쑤-저장 전쟁에서 즈리군을 폭격했다. 또한 산시 독군 옌시산이 2대를, 동북 군벌 장쭤린이 30대를 수입했다. 일부 기체는 장제스의 북벌전쟁 이후 난징 정권에 넘어갔다. 1932년 1월 상하이사변 때 중국 공군은 이 기체로 일본군 진지를 폭격하기도 했다. 승무원 2명에 300마력 엔진, 최고속력은 190km/h, 7.7mm 비커스 기관총 1정과 폭탄 300킬로그램을 탑재했다.

모랑-소르니에 MS. 35 전투기 1차대전 초기 연합군의 주력 기체 가운데 하나로, 1915년 4월 첫 비행에 성공했다. 승무원 2명, 총중량 730킬

로그램, 110마력 엔진을 탑재하고 최고속도 156km/h, 최대 400킬로
미터를 비행할 수 있었다. 7.7mm 기관총 1정을 탑재했다. 중국에는
1920년에 처음 도입되어 난위안항공학교의 훈련기로 사용됐으며 옌
시산도 3대를 수입했다. 북벌전쟁 중 난징에서 장제스의 북벌군에게
1대가 노획되어 청천백일기를 달고 정찰과 폭격 등에 사용되었다.

브레게 19 전투폭격기 브레게 14의 후속기. 1차대전이 끝난 뒤인 1922
년 3월 첫 비행에 성공했다. 450마력 엔진을 탑재했으며 최고속도
214km/h에 7.7mm 비커스 기관총 1정을 탑재했다. 개발된 지 20년

뒤의 스페인 내전과 2차대전에서도 사용되었을 정도로 장수한 기체이기도 하다. 중국에서는 브레게 14와 더불어 군벌 내전기에 가장 많이 사용된 항공기 중 하나로, 장쭤린과 장쉐량이 1926년부터 1929년까지 70대를 구매하여 동북 공군의 주력 기체로 사용했으며, 북벌전쟁 이후 장제스의 중앙 공군도 사용했다.

포테즈^{Potez} 25 전투폭격기 1차대전이 끝난 뒤인 1924년에 개발되었다. 설계자는 헨리 포테즈^{Henry Potez}이다. 전투와 폭격·정찰·훈련 등 다목적 항공기로 활용되었다. 브레게 19와 함께 1920년대에 프랑스가 개발한 가장 성공적인 항공기 가운데 하나로, 프랑스 공군과 스위스·브라질·벨기에·이탈리아·루마니아·에티오피아 등지에 판매되었다. 일부 기체는 2차대전에도 참전했다.

중국에도 많이 수입되어 장쭤린 휘하 동북 공군의 주력 기체 중 하나였다. 장제스의 중앙 공군과 쓰촨 군벌도 사용했다. 만주사변 직후 관동군은 펑톈비행장에서 5대를 노획한 뒤 진저우의 동북군을 폭격하기도 했다. 승무원 2명, 478마력 엔진을 탑재하고 최고속도 214km/h, 항속거리 600킬로미터에 7.7mm 기관총 3정과 폭탄 200

킬로그램을 탑재했다.

폴리카르포프^{Polikarpov} **R-1 정찰폭격기** 소련 공군의 초기 항공기 중 하나로, 본래는 영국제 에어코^{Airco} DH. 9A 폭격기의 불법 복제판이다. 1923년 5월 15일 첫 비행에 성공하고 6월에 정식 채택되었다. 1931년까지 2,800대가 생산되었다. 승무원 2명에 총중량 1.5톤, 400마력 엔진 한 대, 최고속도 185km/h, 비행거리 700킬로미터 정도였다. 기관총 1정과 폭탄 500킬로그램을 탑재했다. 소련은 국민혁명군에 총 15대를 제공했으며, 북벌전쟁 중 정찰과 폭격 임무를 수행했다.

중국으로 온 '포커의 징벌', 포커^{Fokker} **D. XVI 전투기** 1차대전 때 네덜란드 출신의 기술자 안토니 포커^{Anthony Fokker}는 고속으로 회전하는 프로펠러 사이로 총알을 발사할 수 있는 싱크로나이즈드 기어를 발명했다. 그는 독일군을 위해 세계 최초의 본격 제공전투기인 포커 전투기를 제작했다. 이 전투기는 연합군이 '포커의 징벌'이라고 부를 만큼 악명을 떨쳤다. 특히 독일군 최고의 에이스였던 '붉은 남작' 리히트호펜 _{Manfred von Richthofen}이 탑승한 포커 삼엽기^{Fokker Dr. I}는 연합군 파일럿들에게 그야말로 공포의 대상이었다. 그러나 패전과 베르사유조약으로 독일은 더 이상 항공기를 개발하거나 보유할 수 없게 되었다. 항공기 공장도 모두 연합군이 몰수했다.

포커는 그동안 모은 재산과 공장 설비, 비행기 자재까지 죄다 기차에 싣고 연합국의 눈을 피해 베를린을 거쳐서 고국인 네덜란드로 돌아갔다. 로테르담 교외에 새로운 공장을 세운 그는 주로 민수용 항공기를 제작하면서 네덜란드와 소련 등 여러 나라의 의뢰를 받아 군용기도 꾸준히 제작했다.

포커 D. XVI 복엽 전투기는 네덜란드 공군의 요청을 받아 1929년에 첫 비행을 했다. 총중량 990킬로그램에 460마력 엔진을 탑재하고 최고속도는 330km/h, 항속거리 640킬로미터를 비행할 수 있었다. 무장으로는 7.9mm 중기관총 2정을 탑재하는 등 포커의 명성답게 준수한 성능을 자랑했다. 네덜란드와 헝가리·루마니아·이탈리아 등에 판매되었다.

　중국에서는 만주사변 직전인 1931년 4월 장쉐량이 포커 C. V 정찰기와 포커 D. XVI 전투기 등 30대의 포커 항공기를 구입해 동북 공군의 주력 기체 중 하나로 활용했다. 그중 2대의 D. XVI 전투기는 관동군 손에 넘어가 만주국 공군에서 사용되기도 했다.

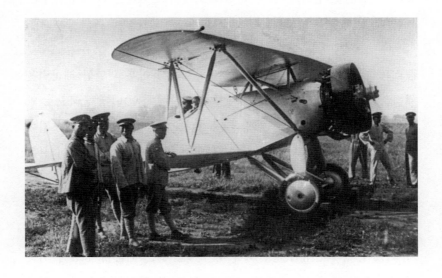

군함

청일전쟁이 끝난 직후인 1895년 11월 독일은 중국에 전前 드레드노트급(배수량 1만 톤) 전함의 판매를 제안했다. 금액은 62만 파운드였다.

그러나 청일전쟁의 충격과 극심한 자금난에 허덕이던 청조는 구매를 거부했다. 청조는 1년 뒤인 1896년에야 해군력의 재건을 위해 구미 등지에 대표단을 파견하여 신조함 구입에 나섰다. 4,300톤급 방호순 양함 하이톈과 하이치는 청일전쟁 이후 중국이 획득한 최대급 군함이 었다. 이전의 7,300톤급 철갑함 딩위안보다 크기가 작고 함포 구경도 작았지만, 속도가 빠르고 기동성과 화력이 훨씬 우수했다. 단순히 방어에만 치중하는 것은 근대 해전에서 오히려 약점이라는 사실을 황해 해전을 통해 절감했기 때문이다.

청조는 해군 근대화와 신형 군함 확보에 꾸준히 노력했다. 신해혁 명이 일어날 때까지 15년 동안 구입한 외국 군함은 39척, 배수량 3만 4,000톤에 달했다. 또한 중국 내 조선소에서도 군함을 건조했다. 규모 는 24척, 총배수량은 1만 톤 정도였다.

중국 최강의 방호순양함 하이톈과 하이치 청일전쟁 이후 괴멸한 해군력을 재건하기 위해 영국 암스트롱사에서 건조하여 1899년에 중국으로 인 도되었다. 하이톈은 1904년 장쑤성 싱다오猩島 앞바다에서 좌초되어 침몰했지만 동형함 하이치는 즈리군 휘하 발해함대에 소속되어 산둥 성 칭다오에 주둔했다. 발해함대는 1925년 제2차 펑즈전쟁에서 우페 이푸가 장쭤린에게 패배하자 동북 해군에 편입됐다. 만주사변이 일 어난 뒤 국민정부 해군에 귀순하여 1933년 7월 중국 해군 제3함대 가 되었다. 중일전쟁이 발발하자 하이치는 일본 해군이 창장을 거슬 러 올라오지 못하도록 1937년 9월 15일 창장 하류의 장인항 어귀에 다른 구식 군함들과 함께 자침했다. 함포는 해체하여 난징 방어전 등 에 활용했다. 1948년 영국 정부에서 7,000톤급 경순양함 '오로라HMS Aurora(중국명 충칭重慶)'를 공여받을 때까지 중국 해군이 보유한 가장

●— 하이텐급 방호순양함 하이치. 1911년 미국 뉴욕을 방문할 당시의 모습이다. 중국 최초로 세계 일주를 한 군함이기도 하다.

큰 군함이었다. 배수량 4,300톤에 1만 7,000마력급 엔진을 탑재하고 최대속도 24노트, 승무원 476명, 203mm 45구경 함포 2문, 120mm 40구경 속사포 10문, 어뢰 등으로 무장했다.

방호순양함 하이룽海容 철갑함 딩위안을 건조한 독일의 대표적인 조선사 불칸사Vulcan에서 건조하여 1898년에 중국으로 인도되었다. 동형함으로 하이처우와 하이쳰이 있었으며, 하이치와 함께 중국 해군의 주력함이었다. 건조 비용은 16만 3,000마르크였다. 배수량 2,950톤, 7,500마력 엔진을 탑재했으며 최고속도는 19.5노트, 승무원 수는 324명이었다. 150mm 속사포 3문과 105mm 속사포 8문, 47mm 기관포 6문, 어뢰 3문 등으로 무장했다. 3척 모두 군벌 내전에서는 끝까지 살아남았지만 워낙 노후화가 심하고 시대에 뒤떨어졌기에 중일전쟁 초반 하이치와 함께 장인항 어귀에 자침하여 해상 포대 겸 바리케이드로 활용되었다.

포함 장위안江元 추楚급 포함과 함께 중국 해군의 주력 하천용 포함. 양강 총독이었던 장즈둥이 창장을 경비하기 위해 1908년 일본에서 4척 (장위안·장리江利·장전江貞·장형江亨)을 구매했다. 한 척당 구입 비용은 30만 엔 정도였다. 배수량 550톤, 950마력 엔진을 탑재했으며 승무원

●─ 신해혁명 직전 한커우 강상에 정박 중인 장위안.

수는 85명, 최고속도 13노트에 120mm 속사포 1문과 75mm 속사포 1문, 47mm 기관포 4문, 맥심 기관총 4문 등을 탑재했다.

포함 추퉁楚同 하천용 소형 포함으로, 장즈둥이 후광 총독 시절인 1906년에 일본에서 수입했다. 총 6척(추퉁·추타이楚泰·추유楚有·추위楚 豫·추관楚觀·추첸楚謙)이며, 함명 앞에는 '추楚'라고 붙였다. 장江급 포함과 함께 '4장 6추四江六楚'라 하여 창장함대의 주력이었다. 배수량 740톤, 1,350마력 엔진을 탑재했고 최고속도는 13노트였다. 120mm 속사포 2문과 76mm 속사포 2문, 맥심 기관총 2정 등으로 무장했다. 6척 가운데 5척은 중일전쟁과 국공내전 중에 격침됐지만 추관만은 끝까지 살아남아 타이완 해군에 편입됐으며, 1956년 12월 31일 해체 처리되었다.

●— 포함 추첸. 신해혁명 직전 한커우 강상에 정박 중인 모습이다.

구축함 젠안建安 청일전쟁 뒤 중국이 직접 건조한 국산 구축함으로 1899년 푸저우 선정국에서 건조했다. 동형함으로 젠웨이建威가 있다. 배수량 870톤, 최고속도는 13노트에 100mm 주포 1문과 65mm 부포 3문, 37mm 부포 6문, 어뢰 발사관 2문 등을 탑재했다. 북벌전쟁이 끝난 뒤인 1930년에 대규모 현대식 개장과 함께 젠안은 쯔창自强으로, 젠웨이는 다퉁大同으로 함명이 바뀌었다. 개장 후 배수량은 1,050톤으로 늘어났고, 최고속도 17노트에 120mm 주포 2문과 75mm 부포 1문, 57mm 부포 2문, 20mm 고사포 1문, 7.9mm 기관총 6문 등으로 무장했다. 2척 모두 1937년 9월 상하이 장인항에서 자침했다.

방호순양함 잉루이 1909년 해군대신 싸전빙이 주문한 군함 중 하나. 영국 암스트롱사에 의뢰해 건조하고 신해혁명 이후인 1913년에 인도받았다. 자매함으로는 자오화肇和가 있다. 건조 비용은 20만 파운드(약 25만 위안). 비록 1차대전 이전에 건조된 구식함이지만 북벌전쟁 이후

에도 중국 해군의 주력함이자 연습함으로 운용되었다. 1937년 10월 23일 상하이 장인해전江陰海戰에서 일본 급강하 폭격기의 공습으로 격침당했다. 배수량 2,460톤, 승무원 270명, 최고속도 20노트에 152mm 속사포 2문과 100mm 부포 4문, 어뢰 발사관 2문 등을 탑재했다.

포함 융펑 1910년 해군대신 짜이쉰이 일본 나가사키조선소에 의뢰하여 건조한 뒤 1913년 중국에 인도되었다. 구입 비용은 68만 엔. 배수량 780톤의 소형 포함으로 1,350마력 엔진을 탑재했으며 승무원 140명, 최고속도 13.5노트에 암스트롱 102mm 속사포 1문과 호치키스 47mm 부포 4문, 37mm 부포 2문을 탑재했다. 대총통 위안스카이가 직접 융펑이라 이름 붙이고 해군 제1함대에 배속시켰다. 융펑은 1917년 호법전쟁 중에 쑨원을 따라 광저우로 간 뒤 그와 생사고락을 함께했다.

특히 1922년 '6·16사변' 때는 천중밍의 반란으로 사면초가에 몰린 쑨원을 구출하는 공을 세웠다. 만약 융펑함이 없었다면 쑨원은 천중밍에게 잡혀 죽음을 면치 못했을 것이며 이후의 중국 역사는 어떻게 되었을지 모른다. 쑨원이 죽은 뒤 국민정부는 그를 기념하기 위해 '중산中山'이라고 이름을 바꾸었다. 1926년 3월에는 국민당의 권력 구도를 바꾸는 중산함 사건이 벌어지는 등 파란만장한 사건을 경험했다. 중국 현대사의 산 증인이나 다름없다.

중일전쟁 중에는 상하이 장인해전에 참전했다. 이때 중국 해군이 보유한 대부분의 군함이 격침당했지만 중산은 운 좋게도 살아남았다. 그러나 1년 뒤인 1938년 10월 24일 우한전투에서 일본 폭격기 6대의 폭격을 받았다. 약 한 시간에 걸쳐 항전한 끝에 함장 싸스쥔薩師俊 상교(대령) 이하 25명이 전사하고, 중산 또한 격침당했다. 약 60년 뒤인

1996년에 쑨원 탄생 130주년을 기념하여 중산을 인양했다. 현재 우한중산함박물관에서 일반인에게 공개하고 있다.

포함 리쑤이利綏 본래 독일제국 해군 동양함대 소속으로 함명은 'SMS 파터란트SMS Vaterland'였다. 1903년 쉬사우Schichau조선소에서 건조되어 1905년 중국 상하이에 배치됐다. 창장을 항해하면서 중국 내 독일 조차지의 경비를 맡았다. 1917년 중국의 대독 선전포고로 압류되어 중국 해군에 편입되었다. 배수량 280톤, 승무원 47명, 최고속도 13노트에 88mm 포 1문, 50mm 포 1문, 맥심 기관총 2정 등으로 무장했다. 1920년 10월 헤이룽장의 경비를 위해 만주로 보내졌고, 이후 동북 해군 강방함대에 편입되었다. 1929년 10월 12일 소련군과 벌어진 삼장커우三江口해전에 참전하여 중국 군함 중 유일하게 살아남았다. 만주 사변에서 일본군에게 노획되었고 만주국군 강방함대에 편입되었으나 1945년 8월 소련군이 만주국을 점령하면서 강방함대는 해체되었다.

혼란 속에서 함의 기록 또한 사라졌다.

수상기 모함 전하이鎮海 중국 최초의 수상기 모함. 본래 독일 해군의 수
송선이었다. 독일이 패전한 뒤 민간 상선으로 사용되다 장쭤린이 구
입하여 연습함으로 사용했다. 1926년 3월 친황다오에서 동북 해군 산
하 '수상기부대水面飛行隊'가 창설되면서 전하이를 수상기 모함으로 개
조했다. 1927년 3월 7일 방호순양함 하이치의 호위를 받으며 상하이
로 출동한 전하이는 수상기를 출격시켜 장제스의 북벌군을 폭격했다.
배수량 2,700톤, 1,200마력 엔진, 최대속도 10.8노트에 120mm 포 2문,
76mm 포 3문, 맥심 기관총 2문 등으로 무장했으며 프랑스제 FBA-
19 수상기 2대를 탑재했다. 만주사변 이후 제3함대에 배속되어 칭다
오에 주둔했다. 중일전쟁이 일어나면서 칭다오가 일본군의 공격을 받
자 1937년 12월 12일 자침했다.

하천용 포함 광진廣金 양무운동 시절인 1891년 광저우 황푸선거黃埔船渠에서 건조했다. 건조 비용은 5만 7,000냥. 배수량 560톤, 최고속도 9노트에 105mm 주포 2문, 85mm 부포 1문, 기관총 2정 등을 탑재했다. 광둥수사(신해혁명 이후에는 광둥성 강방함대)에서 운영했으나 시대에 너무 뒤떨어졌기 때문에 북벌전쟁 직후인 1929년에 해체 처리되었다.

해방海防구축함 페이잉 청일전쟁에서 북양함대가 전멸한 뒤 해군을 재건하기 위해 청조가 독일 불칸사에 의뢰, 1895년에 건조되었다. 1917년 호법전쟁 때 쑨원과 함께 광저우로 왔다. 얼마 뒤 쑨원의 북벌군이 분열되면서 해군도 와해되어 대부분의 군함들이 북양 정권에 귀순했지만, 페이잉은 융펑과 함께 광저우에 남은 몇 안 되는 군함이었다. 그러나 건조된 지 30년도 더 된 노후함이어서 북벌전쟁 중 광둥 해군에 배속되어 지상에 대한 함포 지원을 몇 차례 한 것 말고는 별다른 활약이 없었다.

1931년 5월 27일 왕징웨이와 광둥 군벌 천지탕·쉬충즈·리쭝런 등이 손잡고 양광사변을 일으키자 광둥함대 사령관 천체는 장제스의 편을 들어 하이난다오로 퇴각했다. 천지탕은 광둥 공군을 출격시켜 이들을 추격했다. 페이잉은 항공 폭격을 받아 7월 6일 격침당했다. 중국 해군사에서 공중 폭격으로 격침된 첫 사례였다. 배수량 850톤에 5,500마력 엔진을 탑재했고 승무원 수는 145명이었다. 배의 선수와 선미에 105mm 포 각 1문을 주포로 탑재했으며, 부포로 47mm 포 6문, 중기관총 4정, 어뢰 발사관 3문을 탑재했다.

독가스 전쟁
1차대전을 상징하는 무기 가운데 하나를 꼽으라고 한다면 독가스가 빠질 수 없을 것이다. 연합군과 독일군은 서로의 참호를 돌파하기 위해 전쟁 내내 독가스를 대량으로 사용했다. 바이에른 제16보병연대에서 전령으로 복무하던 히틀러도 염소가스를 마시고 후방으로 이송된 적이 있었다. 그는 자신의 저서 『나의 투쟁』에서 독가스의 고통을 이렇게 묘사했다.

15분마다 고통이 점점 커졌다. 아침 7시쯤에는 눈이 타들어갔다. (…) 몇 시간이 지나자 내 눈은 빨갛게 타는 석탄 같았다. 그러고는 앞이 깜깜해졌다.

1915년 4월 22일, 이프르 전선에서 독일은 150톤에 달하는 염소가스를 6,000개의 깡통에 담아 곡사포로 연합군 진지를 향해 발사했다. 노르스름하고 초록빛을 띠는 가스가 참호 속으로 처음 흘러들었을 때 프랑스군 병사들은 이 기체의 정체가 무엇인지 알 수 없었다. 그러나 이내 목을 움켜잡으며 여기저기서 쓰러지기 시작했다. 이날 하루 동안 1,000여 명이 죽고 7,000여 명이 중독되었다. 인류 역사상 처음으로 독가스가 야전에서 대량으로 사용된 순간이었다. 전쟁이 끝날 때까지 두 진영은 총 12만 4,000톤의 독가스를 사용했는데, 9만 명 이상이 죽고 100만 명 이상이 중독됐다고 한다.

독가스는 기후와 풍향의 영향을 많이 받는 데다 지속성이 짧으며, 방독면을 갖추고 화학전에 잘 방호된 군대에는 큰 효과를 보기 어렵다. 그러나 반대로 화학전에 아무런 대비가 안 된 군대나 민간인들은 그야말로 속수무책이다. 실제로 무솔리니는 1935년 에티오피아 침공 때 에티오피아군의 완강한 저항에 부딪히자 비행기와 대포로 겨자가스를 무차별 살포하여 에티오피아군의 방어선을 무너뜨리고 반년 만에 전쟁에 승리했다. 전쟁 중 이탈리아군은 150~300톤에 달하는 겨자가스 무기를 사용했으며, 에티오피아인의 사상자는 최대 5만 명에 달했던 것으로 추산되고 있다. 또한 중국을 침공한 일본군도 중국군을 상대로 대량의 생화학무기를 사용했다.

독가스는 당시로서는 최신 무기이면서 효과적이고 인상적인 무기였다. 중국 군벌들은 전쟁에서 승리하기 위해 구미 각국에서 대량의 무기를 수입했다. 대부분 소화기와 기관총, 탄약이었지만, 1차대전 때 유럽 전선에서 활약한 항공기와 전차·장갑열차처럼 최신 무기들도 있었다. 그렇다면 독가스는 어떠했을까. 군벌 군대의 상당수가 장비가 매우 빈약하고 화학전에 대비해 전혀 훈련되지 않았다는 점에서 독가스 전쟁을 수행하기에 이만큼 효과적인 장소도 없었을 것이다.

중국에서 독가스가 무기로 처음 사용된 때는 이프르전투 이후 6년이 지난 1921년 8월이었다. 후난 군벌 자오헝티는 '양호왕'이 되겠다는 야심을 품고 있었다. 그는 상하이에서 5,000파운드(약 2톤)의 독가스를 1만 달러에 구입했다. 쑨원의 원조를 받아 후베이성을 침공한 그는 우페이푸의 즈리군과 전투를 벌이면서 독가스를 통에 담아 적진으로 발사했다. 그런데 사용량이 너무 적었는지 아니면 사용법이 잘못됐는지, 어쨌거나 별다른 전과는 없었던 모양이다. 자오헝티는 한 달 만에 우페이푸에게 완패해 후난성으로 도로 쫓겨왔다.

대총통 차오쿤은 1923년 6월 톈진에 있는 영국과 미국의 화학회사와 접촉해 화학무기와 이를 탑재할 수 있는 대형 폭탄의 구입을 의뢰했다. 만약 성사되었다면 중국 내전은 본격적인 독가스 전쟁으로 바뀌었을지 모른다. 그러나 그의 희망과 달리 상대 기업들이 난색을 표하면서 성사되지 않았다. 1899년 헤이그조약에서 덤덤탄과 독가스 사용을 금지했기 때문이다. 물론 구미 각국은 1차대전이 끝난 뒤에도 계속 독가스를 생산했지만, 아시아·아프리카 등 비유럽 국가에는 유럽 국가에 위협이 될 만한 대량살상무기를 판매하지 않았다.

중국이 독가스를 보유하려면 일본처럼 자국 내에 독가스를 생산할 수 있는 화학공장이 있어야 했다. 여기에 앞장선 사람이 펑톈 군벌의 수장 장쭤린이었다. 군벌 중에서 가장 부유하고 현대적인 무기와 전술에도 탁월한 식견이 있었던 그는 독일인 화학자 여러 명을 초빙하고, 1925년 3월 22일 펑톈에 중국 최초의 화학병공창을 설립했다. 이곳에서 염소가스와 머스터드가스, 포스겐 등 유럽 전선에서 악명을 떨쳤던 독가스를 생산했다. 독가스는 허난성에서 벌어진 우페이푸와의 전투에 처음 사용되었다. 펑톈군은 독가스 폭탄을 항공기에 탑재한 뒤 우페이푸 진영에 떨어뜨렸다.

장제스의 북벌전쟁 시기인 1927년 11월 28일 베이징 남서쪽 줘저우에서 벌어진 전투에서 장쭤린은 옌시산 휘하의 장군 푸쭤이가 방어하는 줘저우성을 점령하기 위해 500발에 달하는 독가스 포탄을 발사했다. 그러나 이번에도 큰 효과가 없었는지 성을 점령하는 데 실패했다. 오히려 가뜩이나 친일 매국 군벌이라고 비판받는 장쭤린을 향한 국내외의 여론만 더 나빠졌다. 장쭤린은 독가스 사용을 중지했고, 더 이상 쓰지 않았다. 중국에서 본격적으로 독가스 전쟁을 준비한 사람은 북벌에 승리하여 중국의 지도자가 된 장제스였다. 타이완의 저명한 역사학자인 중원대학의 피궈리皮國立 교수가 2015년에 발표한「중일전쟁 전후 장제스의 화학전 준비와 대응中日戰爭前後蔣介石對化學戰的準備與應對」이라는 논문에서는 당시 중국이 구미 국가들을 통해서 상당한 양의 독가스 무기를 구매했으며, 자체적으로도 화학무기를 생산하는 등 독가스전을 수행할 수 있는 능력을 갖추었다고 주장한다.

장제스가 독가스 무기에 대해 처음 접한 것은 1923년 9월 쑨이셴 방문단을 이끌고 소련을 방문했을 때였다. 그는 모스크바에 있는 군사화학학교를 참관하고 독가스 무기에 대해 배웠다. 북벌전쟁 중에는 펑위샹, 옌시산 등 북방의 동맹자들을 통해 펑톈군이 박격포를 이용해 독가스를 사용했음을 보고받았다. 1차대전이 끝난 뒤인 1925년 6월 17일 독가스의 군사적 사용을 금지하는 제네바의정서가 체결되고 중국 또한 1929년 8월에 비준했다. 그러나 장제스는 내부적으로 독가스 전쟁을 대비할 필요가 있다고 판단했다. 중국 최대의 잠재적 적국인 일본이 독가스 무기를 만들고 있었기 때문이다. 장제스의 우려는 1932년 1·28사변이 폭발하면서 한층 증폭되었다. 그는 두 명의 인재를 영입했는데, 위다웨이俞大維와 리런타오李忍濤였다. 미국 하버드대학 출신인 위다웨이는 군정부 병공처장을 맡았고 중국군의 무기 현대화에 착수했다. 리런타오는 버지니아군사학교를 졸업하고 독일 참모대학에서 군사화학을 전공했다. 장제스는 그를 중앙육군군관학교 화학전 교관으로 임명했다. 1932년 2월 8일에는 군정부 산하에 독가스 공격과 방호를 전문으로 수행하는 화학병단이 창설되었다. 단장은 리런타오였다. 1934년 9월에는 리런타오를 시켜 미국의 화학회사를 통해 1,000발의 독가스탄을 구매했다. 또한 난징에 응용화학연구소가 설립되어 화학병기와 방독 장비 연구에 착수했다. 장제스는 항일을 위해 독가스 무기의 확보에 나서는 한편, 다른 군벌들이 독가스 무기를 갖지 못하도록 외국 정부와 교섭하기도 했다. 중일전쟁 직전에 오면 중국군은 자체적으로 방독면과 각종 화학무기를 생산할 수 있는 수준에 도달했으며, 상당한 양의 화학무기를 보유하고 있었다. 시안사건 직전인 1936년 12월 5일에는 장제스가 공산군을 상대로 독가스 무기의 사용을 검토하기도 했다.

중일전쟁이 발발하자 중국군은 군정부 산하 방독처防毒處를 설립하고 각 전구 단위로 방독분처를 배치했다. 또한 집단군과 군, 사단에 방독대를 배치했으며 사단 직속으로 방독중대가 있었다. 화학전에 대한 대비가 없었던 지방 군벌들이 주축이 된 화북 전선에서는 일본군의 독가스 공격에 손쉽게 무너졌지만 중앙군이 맡은 상하이 전선에서는 일본군의 독가스 공격이 큰 위력을 발휘하지 못했다. 우쑹 항전이 3개월이나 진행된 것도 이 때문이었다. 장제스는 중앙군만이 아니라 각지의 군벌 군대와 국공합작 이후 우군이 된 공산군에게도 수천 개의 방독면을 공급했다. 우쑹 항전 초반 리런타오의 지휘하에 중국군은 영국제 독가스 박격포Livens Projector를 사용하여 독가스 포탄을 일본군 육전대 사령부와 상하이 해안가에 정박한 일본 군함을 향해 여러 차례 발사했다. 또한 일본군이 상하이에서 노획한 중국군 무기 중에는 소련제 독가스 무기도 있었다. 이 사실을 들어서 일본 외교관이자 국제법학자였던 시노부 준페이信夫淳平는 "독가스 무기를 먼저 사용한 쪽은 중국"이라고 주장하기도 했다.

물론 일본군은 훨씬 많은 독가스 무기를 사용했으며 군인만이 아니라 민간인에게도 무차별적으로 사용했기에 중국군이 독가스 무기를 얼마쯤 사용했다고 해서 일본군의 전쟁범죄가 희석되지는 않을 것이다. 중요한 사실은 에티오피아군과 달리 중국군이 독가스 전쟁을 수행할 능력이 있었다는 점이다. 중국은 미국과 독일 등지에서 화학무기와 방독면을 구매하는 것 이외에도 독일제 M1930 방독면을 자체 생산하여 예하 부대에 보급했다. 또한 화학무기의 일종인 황린탄과 황린수류탄을 생산했다. 월간 생산량은 황린포탄 1만 5,000발, 각종 화학제 90톤에 달했다. 그러나 중국은 일본군을 상대로 본격적인 독가스 전쟁을 시도할 수 없었다. 첫째로 중국군의 독가스 무기가 충분하지 않았으며, 자칫 일본군의 무차별적인 보복을 초래하여 수많은 민간인들이 독가스로 살해될 수 있다는 점, 둘째로 일본군과 승산 없는 독가스 전쟁을 벌이기보다는 차라리 일본이 국제법에 금지된 독가스를 사용하고 있다는 사실을 널리 선전하여 국제사회의 동정과 원조를 얻는 쪽이 낫다고 여겼기 때문이다.

그동안 중국 학계는 중일전쟁에서 일본군의 전쟁범죄와 비인도적인 생화학무기의 사용만을 부각할 뿐, 장제스 정권의 항전 노력과 독가스전 대비에 대해서는 변변한 연구조차 거의 없었다. 공산주의 혁명사관에서는 마오쩌둥이 무엇을 했는가가 중요하지, 그가 하지 않은 일에 대해서는 아예 관심 밖이기 때문이다. 항전의 주체는 어디까지나 마오쩌둥이어야 했다. 역사를 정치의 수단으로 활용하는 공산당 일당독재의 한계이다. 독가스 무기는 당시는 물론이고 오늘날까지도 '가난한 자의 핵무기'라고 불릴 만큼 무서운 대량살상무기이다. 따라서 당시 열강은 지금의 핵무기에 비견할 수 있는 독가스 무기를 철저히 통제했다. 양차 대전 중에 주요 열강을 제외하고 약소국가들이 독가스를 보유하거나 실전에 사용한 예는 찾아보기 어렵다. 그런 점에서 중국군이 독가스 무기를 가지고 있었고, 실제로 일본군을 상대로 사용했다는 사실은 충분히 흥미로운 일이다.

국내 자료(국역 포함)

가오훙레이, 『절반의 중국사: 한족과 소수민족, 그 얽힘의 역사』, 김선자 옮김, 메
    디치, 2017.

강경낙, 「1920-30년대 하북농촌사회의 변화」, 1998.

강톨가 외, 『몽골의 역사』, 김장구·이평래 옮김, 동북아역사재단, 2009.

국방군사연구소, 「중국군사사상사」, 1996.

김명호, 『중국인 이야기』, 한길사, 2012.

김선호, 『내몽골, 외몽골: 20세기 분단의 몽골역사』, 한국학술정보, 2014.

김세호, 「호남 군벌정권의 재편: 북벌시기(1926-27) 당생지 정권의 정치적 성
    격」, 2004.

김영신, 「북벌 전후 중국국민당의 내분」, 1997.

김영신, 「청년당과 국민당: 그 합작과 충돌의 역사」, 2002.

김영진, 『중국, 대국의 신화: 중화제국 정치의 토대』, 성균관대학교 출판부, 2015.

김지환, 「임성사건과 중국철도관리안」, 2007.

김지환, 『철도로 보는 중국역사』, 학고방, 2014.

김판수, 「중국 혁명과정에서 공산당-대중 개조체계의 형성과 변화」, 2014.

김한규, 『티베트와 중국』, 조합공동체 소나무, 2000.

김한규,『티베트와 중국의 역사적 관계』, 혜안, 2003.

나미키 요리히사·이노우에 히로마사,『아편전쟁과 중화제국의 위기』, 김명수 옮김, 논형, 2017.

나현수,「국민혁명기 호남에서의 토지문제의 제기」, 2000.

나현수,「당생지와 무한민정부」, 2006.

량치차오,『리훙장 평전』, 박희성·문세나 옮김, 프리스마, 2013.

레지널드 존스턴,『자금성의 황혼: 마지막 황제 부의의 스승 존스턴이 기록한 제국의 최후』, 김성배 옮김, 돌베개, 2008.

리우후이우,『상해근대사』, 신의식 옮김, 경인문화사, 2016.

문정진·민정기·박소현 외,『중국 근대의 풍경: 화보와 사진으로 읽는 중국 근대의 기원』, 그린비, 2008.

미야자키 이치사다,『과거: 중국의 시험지옥』, 전혜선 옮김, 역사비평사, 2016.

박명희,「송미령과 전시중국외교: 송미령의 방미활동이 중국정치에 끼친 영향을 중심으로」, 2011.

박영준,『해군의 탄생과 근대일본: 메이지유신을 향한 부국강병의 길』, 그물, 2014.

박정현,『근대중국 농촌 사회연구』, 고려대학교 출판부, 2004.

박정현,「제1차 세계대전 이후 중국 대외무역과 중국경제의 변화」, 2009.

박창희,『중국의 전략문화: 전통과 근대의 부조화』, 한울, 2015.

배경한,「북벌시기 장개석과 반제문제: 제남사건(1928.5)의 해결교섭 과정과 반일운동에의 대응을 중심으로」, 1994.

배경한,『왕징웨이 연구: 현대 중국 민족주의의 굴절』, 일조각, 2012.

백기인,「중국군사제도사」, 1998.

벤저민 양,『덩샤오핑 평전』, 권기대 옮김, 황금가지, 2004.

서문당편집실,『다큐멘터리 중국현대사 1~2』, 서문당, 1986.

서상문,『중국의 국경전쟁』, 국방부군사편찬연구소, 2013.

성시일,「북양정부 시기 재정적자 원인과 군벌통치에 미친 영향」, 2015.

셰시장,『량치차오 평전』, 김영문 옮김, 글항아리, 2015.

손승희,「1920년대 국가주의파의 군벌에 대한 인식 변화」, 2004.

손승희,「1930년대 중국청년당의 정치적·사상적 변화: 중국국민당과의 관계개선을 중심으로」, 2007.

손승희,「국가주의파의 오색국기옹호운동: 북벌에 대한 대응과 정치세력화 과정을 중심으로」, 2005.

손승희, 「국공내전시기 중국민주동맹의 독자성 모색」, 2010.

손승희, 「민국시기 국가주의파의 국가와 문화: 민족성 개조 및 사회통합 담론을 중심으로」, 2008.

송한용, 「동북군벌 지배하의 만주: 교육상황을 중심으로」, 2003.

송한용, 「장학량정권연구(1928년-1931년)」, 1998.

송한용, 『중일외교사연구』, 선인, 2004.

쉴라 피츠패트릭, 『러시아혁명 1917-1938』, 고광열 옮김, 사계절, 2017.

시프린, 『손문평전』, 민두기 옮김, 지식산업사, 2003.

쑹훙빙, 『화폐전쟁 3』, 홍순도 옮김, 랜덤하우스코리아, 2011.

알렉산더 판초프·스티븐 레빈, 『마오쩌둥 평전: 현대 중국의 마지막 절대 권력자』, 심규호 옮김, 민음사, 2017.

앤드류 망고, 『무스타파 케말 아타튀르크』, 곽영완 옮김, 애플미디어, 2012.

야마다 아키라, 『일본, 군비확장의 역사: 일본군의 팽창과 붕괴』, 윤현명 옮김, 어문학사, 2014.

야스카와 주노스케, 『후쿠자와 유키치의 아시아 침략사상을 묻는다』, 이향철 옮김, 역사비평사, 2011.

에드거 스노, 『모택동 자전』, 신복룡 옮김, 평민사, 2001.

에드거 스노, 『중국의 붉은 별』, 홍수원·안양노·신홍범 옮김, 두레, 2013.

에드워드 S. 밀러, 『오렌지전쟁계획: 태평양전쟁을 승리로 이끈 미국의 전략, 1897-1945』, 김현승 옮김, 연경문화사, 2015.

에즈라 보걸, 『덩샤오핑 평전: 현대 중국의 건설자』, 심규호 옮김, 민음사, 2014.

요코야마 히로아키, 『중화민족의 탄생: 중국의 이민족 지배논리』, 이용빈 옮김, 한울아카데미, 2012.

이상구, 「이차혁명 이후 혁명파의 분열과 구사연구회」, 2015.

이스라엘 엡스타인, 『20세기 중국을 빛낸 위대한 여성 송경령』, 이양자 옮김, 한울, 2000.

이승휘, 「소련에 대한 손문의 '외교': 요페와 관련하여」, 2007.

이승휘, 『손문의 혁명』, 한울아카데미, 2018.

이영옥, 「청말 만주족 지위하락과 반만정서」, 2008.

이은자, 「한중간 영토 분쟁에 대한 비판적 검토」, 2008.

이준희, 「20세기 초 몽골 민족주의의 전개: 독립 선언에서 임시정부 수립까지」,

    2011.

이준희, 「근대 일본인의 산동 진출」, 2005.

이준희, 『침략과 통치: 근대 독일과 일본의 산동성 식민지경영』, 제이앤씨(J&C),
    2005.

이홍길, 「모택동의 혁명주의와 중국농민의 운명」, 2003.

임계순, 『청사』, 신서원, 2000.

장밍, 『신해혁명: 흔들리는 중국, 청대 말기의 격변에서 중국의 백년사를 읽는
    다』, 허유영 옮김, 한얼미디어, 2011.

장융, 『서태후: 현대 중국의 기초를 만든 통치자』, 이종인 옮김, 책과함께, 2015.

장의식, 「청말 중국의 근대 육군 군사학당과 그 교육」, 1997.

전동현, 『두 중국의 기원』, 서해문집, 2005.

전리군, 『모택동 시대와 포스트 모택동 시대 1949~2009』, 연광석 옮김, 한울,
    2012.

정문상, 「1920年代 증기(1892~1951)의 국가주의사상과 정치활동」, 2002.

정문상, 「5·4시기 증기의 사상과 행동: '국가주의파'의 형성과 관련하여」, 2001.

정세련, 「중국 국체변혁기 만주족 단체의 정치활동 1901-1924」, 2014.

제임스 A. 밀워드, 『신장의 역사: 유라시아의 교차로』, 김찬영 옮김, 사계절, 2013.

조경란, 『20세기 중국 지식의 탄생: 전통··근대·혁명으로 본 라이벌 사상사』, 책
    세상, 2015.

조너선 D. 스펜스, 『현대 중국을 찾아서』, 김희교 옮김, 이산, 1998.

조세현, 「청말 해군의 중건과 해권 인식의 고양」, 2013.

중국공산당중앙당사연구실, 『중국공산당 역사』, 홍순도 등 옮김, 서교출판사,
    2016.

진정일, 『송미령 평전』, 한울, 2004.

찰스 톤젠드 외, 『근현대 전쟁사』, 강창부 옮김, 한울아카데미, 2016.

최관장, 「중국의 군벌정치 연구(1916년-1928년)」, 1997.

최만원, 「건국 이전 중국 공산당의 토지정책과 실천」, 2007.

쿠로노 타에루, 『참모본부와 육군대학교: 제국일본의 영광과 최후』, 최종호 옮김,
    논형, 2015.

패드리샤 버클리 에브리, 『(사진과 그림으로 보는) 케임브리지 중국사』, 이동진
    옮김, 시공사, 2010.

패멀라 카일 크로슬리, 『만주족의 역사: 변방의 민족에서 청 제국의 건설자가 되

　　다』, 양휘웅 옮김, 돌베개, 2013.

폴 케네디,『강대국의 흥망』, 이일주 옮김, 한국경제신문사, 1997.

하자마 나오키,『데이터로 본 중국근대사』, 신일섭 옮김, 신서원, 1999.

한도 가즈토시,『쇼와사: 일본이 말하는 일본 제국사』, 박현미 옮김, 루비박스, 2010.

한석정·노기식,『만주 동아시아 융합의 공간』, 소명출판, 2008.

허우이제,『(중국의 마지막 황제) 원세개』, 장지용 옮김, 지호, 2003.

W. G. 비즐리,『일본 근현대사』, 장인성 옮김, 을유문화사, 2004.

해외 자료

簡又文,『馮玉祥傳』, 岳麓書社, 2016.

姜克夫,『民國軍事史』, 中華書局, 2009.

姜根金,『民國空軍』, 中國文史出版社, 2017.

高曉星,『國民党海空軍傳奇』, 江苏人民出版社, 2015.

霍安治·馮杰,『鋼鐵抗战: 中國野战炮兵史(1900-1937)』, 中國長安出版社, 2015.

鄺智文,『民國乎? 軍國乎?: 第二次中日戰爭前的民國知識軍人, 軍學與軍事變革, 1914-1937』, 中華書局.

宮玉振,『中國近代軍系列丛書: 直軍』, 山西人民出版社, 2012.

金智,『青天白日旗下民國海軍的波濤起伏(1912-1945)』, 獨立作家, 2015.

唐德剛·張學良,『張學良口述歷史』, 山西人民出版社, 2013.

駱艺,『軍閥之國1911-1930』, 人民日报出版社, 2015.

来新夏,『北洋軍閥史套装上下』, 東方出版中心, 2016.

劉立勤,『中國近代軍系列丛書: 奉軍』, 山西人民出版社, 2012.

劉凤翰,『國民党軍事制度史』, 中國大百科, 2015.

李宗仁,『李宗仁回憶錄』, 遠流出版公司, 2010.

武月星,『中國現代史地圖集』, 中國地图出版社, 1999.

常建忠,『晋軍傳奇』, 江苏人民出版社, 2015.

徐帆·甄銳,『鋼鐵抗战:中日裝甲兵全史(1918-1937)』, 中國長安出版社, 2015.

徐平,『甲午戰爭:中日軍隊通覽 1894-1895』, 解放軍出版社, 2015.

徐平,『中國百年軍服』, 金城出版社, 2005.

申晓雲·韓文宁,『圖說北伐』, 東方出版社, 2017.

楊海貴,『淸末民初人口硏究(1901-1920)』, 中國社会科學院, 2013.

王文素,『財政百年』, 中国財政經濟出版社, 2010.

王曉華,『西北軍傳奇』, 江苏人民出版社, 2015.

袁灿興,『北洋戰史』, 时代文艺出版社, 2017.

張慶軍,『中央軍傳奇』, 江苏人民出版社, 2015.

張同新,『國民党新軍閥混戰史』, 人民出版社, 2010.

張之維,『中國武備圖誌裝甲兵篇 1930-50』, 兵器戰術圖書有限公司, 2016.

田玄,『中國近代軍系列丛書: 皖軍』, 山西人民出版社, 2012.

齐錫生,『中國的軍閥政治(1916-1928)』, 中國人民大學出版社, 2010.

曹劍浪,『中國國民黨軍簡史』, 解放軍出版社, 2010.

趙劲,『中原大戰』, 現代出版社, 2015.

宗泽亚,『淸日戰爭(中日甲午戰爭120周年纪念版)』, 北京联合出版公司, 2014.

左立平,『中國海軍史』, 華中科技大学出版社, 2015.

陳欽·梁江涛,『北洋大戰爭』, 作家出版社, 2016.

皮國立,「中日戰爭前後蔣介石對化學戰的準備與應對」, 2015.

胡耀忠,『民國海軍』, 中國文史出版社, 2017.

胡兆才,『桂軍傳奇』, 江苏人民出版社, 2015.

A. B. Chan,『CHINESE WARLORDS AND THE WESTERN ARMAMENTS TRADE, 1920-1928』, UBC Press, 1982.

Andrey D. Ukhov,「Financial Innovation and Russian Government Debt Before 1918」, 2003.

Angus Maddison,『The World Economy』, Organization for Economic Cooperation and Developm, 2001.

Diana Lary,『Warlord Soldiers: Chinese Common Soldiers, 1911-1937』, Cambridge University Press, 2010.

Edmund S. K. Fung,『The Alternative of Loyal Opposition: The Chinese Youth Party and Chinese Democracy, 1937-1949』, Sage Publications, 1991.

Edward Avery Black III,「Southwestern Chinese Warlords and Modernity, 1910-1938」, 2014.

Mengchuan Lin,「Resistance and conciliation in the Jade Marshal's nationalism, 1919-1939」, 2013.

Michael Paul Pillsbury, 「WARLORD STRATEGIC BEHAVIOR IN SZECHWAN, MANCHURIA AND THE YANGTZE DELTA」, 1980.

Michael Richard Gibson, 「CHIANG KAI-SHEK'S CENTRAL ARMY, 1924-1938」, 1985.

Odoric Ying-kwong, 「MILITARISM IN MODERN CHINA AS EXEMPLIFIED IN THE CAREER OF WU P'EI-FU, 1916-1928」, 1970.

Tsong-yao. Chen, 「Chiang Kai-shek and the Northern Expedition」, 1992.

Xiaoming Zhang, 「Toward arming China」, 1994.

杉山祐之, 『覇王と革命: 中國軍閥史 1915-28』, 白水社, 2012.

渋谷由里, 「張作霖政権の研究: '奉天文治派'からみた歴史的意義を中心に」, 1998.

渋谷由里, 「張作霖政權下の奉天省民政と社會」, 1993.

馮青, 『中國海軍と近代日中關係』, 錦正社, 2011.

지은이 권성욱

전쟁사 연구가. 개인 블로그인 '팬더 아빠의 전쟁사'에 전쟁사 관련 글을 쓰고 있으며, 특히 중국 근현대사와 2차대전이 전문 분야이다. 국내 최초로 중일전쟁을 다룬 역사서 『중일전쟁: 용, 사무라이를 꺾다 1928~1945』를 썼으며, 이 책은 한국출판문화산업진흥원 우수출판 컨텐츠(2014년)에 선정되었다. 래너 미터의 『중일전쟁: 역사가 망각한 그들 1837~1945』를 공동 번역했고, 『덩케르크: 세계사 최대 규모의 철수 작전』, 『일본 제국 패망사: 태평양 전쟁 1936~1945』, 『미드웨이: 어느 조종사가 겪은 태평양 함대항공전』을 감수했다. 현재 울산에서 공무원으로 근무 중이다.
블로그 http://blog.naver.com/atena02

중국군벌전쟁
中國軍閥戰爭

발행일	2020년 7월 20일 (초판 1쇄)
	2022년 1월 20일 (초판 3쇄)
지은이	권성욱
펴낸이	이지열
펴낸곳	미지북스
	서울시 마포구 성암로 15길 46(상암동 2-120번지) 201호
	우편번호 03930
	전화 070-7533-1848 팩스 02-713-1848
	mizibooks@naver.com
	출판 등록 2008년 2월 13일 제313-2008-000029호
편집	김미경, 이지열
출력	상지출력센터
인쇄	한영문화사
ISBN	979-11-90498-04-3 03910
값	48,000원

블로그 http://mizibooks.tistory.com
트위터 http://twitter.com/mizibooks
페이스북 http://facebook.com/pub.mizibooks